AQUARIEN ATLAS Band 1

Dieses Buch
widmen wir
dem Biologen
Dr. rer. nat. Ulrich Baensch,
dem Begründer der modernen Aquaristik
und Erfinder
der ersten industriell
hergestellten
Zierfisch-Naturnahrung.

Hans A. Baensch
Dr. Rüdiger Riehl

1977 - 2002   25 Jahre MERGUS

Umschlagfotos:

Titel:	*Paracheirodon axelrodi*	*Xenopus laevis laevis* (Krallenfrosch)
Foto:	Burkhard Kahl	Peter Lucas
Rückseite:	*Serrasalmus notatus*	*Barbus filamentosus*, juvenil
	Aaron Norman	Burkhard Kahl
	Procambarus clarkii	*Melanochromis joanjohnsonae*
	Alexander Kochetov	Aaron Norman

Foto Seite 3: *Corydoras sterbai*
Ruud Wildekamp

Riehl, Rüdiger; Baensch, Hans A.
AQUARIEN ATLAS Band 1, unter Mitarbeit von Kurt Paffrath
- 14. überarbeitete Auflage, 12. Taschenbuchausgabe 2001
Melle: Mergus 2002.

ISBN 3-88244-101-1

NE: Riehl, Rüdiger [Mitverf.]; Baensch, Hans A. [Mitverf.]

© Copyright 2002 MERGUS Verlag GmbH, Postfach 86, 49302 Melle.
Email: info@mergus.de   Internet: http://www.mergus.de

Satz:	MERGUS Verlag GmbH, Melle
Lithos:	MERGUS Lithoart, Taiwan; Büscher repro, Bielefeld
Druck:	MERGUS PRESS, Singapur
Redaktion:	Dr. Rüdiger Riehl
Herausgeber:	Hans A. Baensch

Printed in Singapore

Dr. Rüdiger Riehl   Hans A. Baensch

Band 1

Taschenbuchausgabe

MERGUS

Verlag GmbH für Natur- und Heimtierkunde
Hans A. Baensch • Melle • Germany

Inhaltsverzeichnis

Vorwort	6
Das Aquarium	**8-41**
Wohnen mit Fischen	8
Welches Aquarium ist das richtige?	20
Bodengrund	26
Etwas über Wasser und Aquarienchemie	29
Technik und Zubehör	**42-69**
Beleuchtung	42
Heizung	50
Filterung	56
Dekoration	65
Einrichtung	68
Die Pflanzen (Bearbeitung Kurt Paffrath)	**70-147**
Aquarienpflanzen in der Natur	70
Pflanzenkultur in Aquarien	71
Dekoration mit Pflanzen	72
Vermehrungsformen	76
Pflanzenpflege	79
Zeichenerklärung zu den Pflanzenbeschreibungen	82
Definition der Gruppen	84
Bildteil mit Beschreibungen von 100 der beliebtesten Aquarienpflanzen:	88-147
1. Pflanzen mit aufrechtem Stengel	88
1.1 Blätter quirlständig geordnet	88
1.2 Blätter gegenständig geordnet	92
1.3 Blätter wechselständig geordnet	102
2. Pflanzen mit rosettig geordneten Blättern	108
2.1 Schmalblättrige Rosettenpflanzen	108
2.2 Breitblättrige Rosettenpflanzen	114
2.3 Amazonaspflanzen (*Echinodorus*)	120
2.4 Wasserähren (*Aponogeton*)	128
2.5 Wasserkelche (*Cryptocoryne*)	132
3. Moospflanzen und Farne	138
4. Schwimmpflanzen	142

Inhaltsverzeichnis

Die Fische	148-204
Die Systematik der Fische	148
Einiges über Fang und Import	154
Fischkunde in Bildern	156
Die Vergesellschaftung der Zierfische	178
Zeichenerklärung zum Fischbildteil	200
Bildteil mit Beschreibungen von über 600 der beliebtesten Aquarienfische:	205-871
1. Unechte Knochenfische und Knorpelfische	205
2. Salmler	212
3. Karpfenähnliche Fische	360
4. Welse	450
5. Eierlegende Zahnkarpfen	518
6. Lebendgebärende Zahnkarpfen	586
7. Kletterfische	616
8. Cichliden	654
9. Verschiedene Barschfische	786
10. Verschiedene Echte Knochenfische	814
Haltung und Pflege	872-945
Die Ernährung der Zierfische	872
Fütterung mit Flockenfutter	873
Die Futteranalyse	873
Lebendfutter	878
Die laufende Pflege des Aquariums	892
Das Aquarium im Urlaub	902
Krankheiten	904
Andere Aquarientiere	946 - 1003
11. Amphibien, Schnecken, Garnelen, Krebse	946
Index	1000
Literaturverzeichnis	1044
Fotonachweis	1048
Die Autoren	1051

Vorwort

Der AQUARIEN ATLAS Bd. 1 ist völlig überarbeitet worden. Mit der 14. Auflage erscheint ein aktuelles Buch, welches inhaltlich dem altgewohnten Atlas entspricht. Wo es nötig war, wurden Fotos ausgetauscht und Texte auf den neuesten Stand der Wissenschaft gebracht. Die verschiedenen Indices wurden zusammengefaßt. Sie finden die gesuchte Art nach wie vor auf der gleichen Seite und können später mit dem geplanten FOTO INDEX 1 - 5 arbeiten, unabhängig davon, welche Auflage Sie zur Hand haben.

Der AQUARIEN ATLAS Bd. 1 bietet eine Vielzahl von Informationen, die dem Anfänger sowie dem fortgeschrittenen Aquarianer helfen sollen. Es gibt praxisnahe Vorschläge für die Haltung, Pflege, Zucht und Vergesellschaftung von Aquarienfischen und -pflanzen. Wir meinen, daß Pflanzen und Fische aus biologischen und optischen Gründen zusammengehören. Pflanzenbecken sind gesund für Fische und erholsam für die Augen des Betrachters.

Von Fischen verstehen die meisten Menschen viel zu wenig. Jeder Anfänger meint, und viele glauben immer noch, Fisch sei gleich Fisch - ein Diskus sei ebenso leicht zu pflegen wie ein Goldfisch. Dieses Buch möchte da helfen. Der AQUARIEN ATLAS ist für jene gedacht, die etwas mehr wissen möchten als in den kleinen Anfängerbroschüren steht, sich jedoch nicht mit großen Wälzern herumplagen möchten. Man darf getrost sagen, daß 95 Prozent des benötigten Aquarianerwissens in diesem Buch kosten- und raumsparend untergebracht wurden.

Von den ca. 15.000 Fischarten, die im Süßwasser vorkommen, haben wir im

Band 1	660 Arten
Band 2	900 Arten
Band 3	800 Arten
Band 4	700 Arten
Band 5	900 Arten
Foto-Index 1-5	ca. 4.000 Arten
Band 6	800 Arten
	(erscheint Ende 2002)

dargestellt. In jedem Band sind andere Arten! Es bleibt noch eine Fülle an Aufgaben, die wir aber als Aquarianer für den Aquarianer gern erfüllen.

Vorwort

Auf vielfachen Wunsch unserer Leser und Fachhändler sollten wir auch andere Wassertiere als Fische in unsere Atlas-Reihe aufnehmen.
Die Artenvielfalt solcher Tiere, wie Krebse, Garnelen, Schnecken, Frösche u.a., ist recht groß. Insgesamt sollen diese Tiere demnächst in einem separaten TERRARIEN ATLAS vorgestellt werden. Der AQUARIEN ATLAS Bd. 1 in der vorliegenden 14. Auflage bringt nur einen Teil der am häufigsten im Aquarium gepflegten Krebstiere und Amphibien.
Da die Einrichtung und Pflege eines Aqua-Terrariums der für die Fische recht ähnlich ist, bot es sich an, den Band des AQUARIEN ATLAS zu erweitern. Damit wird für Aquarianer eine Überleitung zum Aquaterrarianer geboten. Wir stellen in diesem Band nur solche Tiere vor, die Zeit ihres Lebens das Wasser nicht verlassen und daher keinen Landteil im Aqua-Terrarium benötigen.

Der AQUARIEN ATLAS soll auch weiterhin stets auf dem neuesten Stand bleiben. Falls erforderlich, wird jede neue Auflage korrigiert. Tragen auch Sie bitte dazu bei. Sie helfen anderen Aquarianern mit Ihren Anregungen, Neuzuchtberichten usw. dadurch, die Tiere artgerecht zu pflegen und zu vermehren. Vielen Dank!

Dr. Rüdiger Riehl   Hans A. Baensch

Sommer 2002

Wohnen mit Fischen

In Deutschland gibt es über eine Million Aquarien mit ungefähr 36 Millionen Zierfischen. In der Schweiz sind es etwa sechzigtausend Aquarien und in Österreich fünfunddreißigtausend. Jedes Jahr geben etwa 10 - 20 % Aquarianer das Hobby Aquaristik auf und stellen das Becken in die Ecke, auf den Boden oder in den Keller. Meist wird als Grund angegeben, daß die Pflanzen nicht wachsen oder die Fischzusammenstellung Verluste verursachte, über die man nicht hinwegkommt. Ein toter Fisch tut einem leid, wie jedes gestorbene Tier einem Tierfreund leid tut. Aber sitzt dieses Leid so tief, daß man gewillt ist, aus den eigenen Fehlern etwas zu lernen und sich fortan mit dem Thema Aquaristik so zu beschäftigen, um künftig Aquarienfische erfolgreich zu pflegen?
Leicht ist es, sich ein Aquarium, Zubehör und Fische zu kaufen, aber einige Kenntnisse verlangt es schon, Fische über einen längeren Zeitraum hinweg gesund am Leben zu erhalten. Immerhin werden viele Fische fünf bis zehn Jahre alt, manche sogar älter. Ein Fisch atmet nicht den Sauerstoff der Luft wie wir, wie ein Hamster oder wie ein Wellensittich im Käfig. Der Fisch atmet den Sauerstoff, den Sie ihm gönnen: gereinigt, aufbereitet und frisch oder trübe und fast ungenießbar. Ein Fisch schwimmt und atmet in seinen eigenen Ausscheidungen, wenn Sie diese nicht entfernen.

Ein Aquarium paßt in jede Wohnung

Das Argument, man habe keinen Platz für ein Aquarium, zieht nicht. Wer so etwas sagt, hat andere Aversionen gegen ein Aquarium, der Platz aber ist es bestimmt nicht.
Ein Platz findet sich überall, selbst ein Blumenfenster ist geeignet, wenn man die Wärmestrahlen der Heizung darunter durch eine Styroporplatte abschirmt und die Rückseite des Aquariums ebenfalls durch eine Styroporplatte gegen Wärmestrahlen der Sonne isoliert. Die Sonneneinstrahlung durch die Deckscheibe wird meist automatisch bei Vorhandensein einer Abdeckleuchte verhindert. Der ideale Platz für ein Aquarium ist die Fensterbank nicht, aber wen das Aquarium an jedem anderen Platz im Raum stört, der mag es dort hinstellen, nur gegen allzu heiße Sonneneinstrahlung muß man das Becken schützen; besonders im Sommer kann es in einem Südfenster zu Temperaturen über 40° C kommen. Fische vertragen jedoch in den seltensten Fällen mehr als 30° C.
Ein Aquarium soll einen lebendigen, farbigen und naturbezogenen Blickpunkt in die Wohnung bringen. Es soll im Wohnraum so unter-

Das Aquarium

gebracht sein, daß es nicht stört; auf der einen Seite muß es aber von der Sitzecke aus gut sichtbar sein, am besten vom Lieblingsplatz des Aquarianers aus; auf der anderen Seite soll es natürlich kein "Hausaltar" werden, der alles andere im Raum erdrückt - kurz: das Aquarium soll sich den Möbeln und dem Stil des Raumes anpassen.

Beispiele für die Aufstellung eines Aquariums

1. Raumtrennung
   a. Aquariummöbel
   b. Becken auf Ständern
   c. Wand mit eingebautem Becken
   d. Becken auf gemauertem Sockel
   e. zwischen zwei Räumen
   f. durch ein großes Becken am Boden

2. **Aquarium auf Podesten**
   a. Holzkasten, evtl. mit dem gleichen Teppichmaterial bespannt wie der Fußboden
   b. Bank an der Wand aus Holz oder Steinen, evtl. ebenfalls mit Teppichboden bespannt
   c. Aquariumständer
   d. auf einer (antiken) Truhe
   e. auf einem modernen Aluminiumständer (wie ein Fernseher)

3. An der Wand als "lebendes Bild"
   a. Anbauregal
   b. Einbauwand
   c. Träger in die Wand eingelassen
   d. Kästen an der Wand

Die vorstehende Liste enthält natürlich nur Vorschläge. Ihrer Fantasie sind keine Grenzen gesetzt, andere Aufstellmöglichkeiten für ein Aquarium zu finden.

Im nachfolgenden Kapitel wird eingehend besprochen, nach welchen Gesichtspunkten man den Platz für das Aquarium aussuchen sollte. In diesem Kapitel wollen wir mehr auf die innenarchitektonischen Fragen eingehen und Ihnen Tips vermitteln, wie Sie das Aquarium sowohl in die moderne, die rustikale oder die antik eingerichtete Wohnung integrieren können. Regelmäßiger Wasserwechsel (was dem Käfigsaubermachen bei einem anderen Heimtier gleichkommt), ein wenig Kenntnis von der richtigen Fütterung

Wohnen mit Fischen

und die richtige Fischzusammenstellung sind die drei kleinen Geheimnisse eines erfolgreichen Aquarienbeginners. 50% aller Mißerfolge liegen an der Unkenntnis dieser Tatsachen. Wer darüber hinaus noch etwas Verständnis für Wasserpflanzen und der damit verbundenen Wasserchemie (nur zwei bis drei Werte) aufbringt, der ist schon fast ein perfekter Aquarianer. Wissenschaftliche Namen brauchen Sie nicht auswendig zu lernen. Dieses Buch macht es Ihnen leicht, alles Wissen über die einzelnen Fischarten stets parat zu haben.

Beispiele für Aquarien in der Wohnung

Die folgenden Fotos mögen als Anhalt dienen, wie vielfältig die Möglichkeiten zur Aufstellung eines Aquariums in der Wohnung sind. Vorzugsweise wird ein Aquarium seinen Platz im Wohnzimmer finden, deshalb sind die Beispiele auch im wesentlichen auf den Wohnraum konzentriert. Ein Aquarium kann man jedoch auch in der Empfangshalle, im Treppenaufgang, zwischen zwei Räumen, ja sogar im Schlafzimmer oder im Büro aufstellen. Von den Möglichkeiten in öffentlich zugänglichen Räumen wie Sparkassen, Wartezimmern, Restaurants usw. kann hier nicht gesprochen werden.

Das Aquarium

Ein Aquarium ohne Unterschrank! Es wirkt lebendig, bringt Platz und Bewegungsfreiheit. Bedenken Sie aber bitte, daß eine solche Konstruktion bauseitig viel Sorgfalt bedarf. Die stützenden Konsolen müssen fest im Mauerwerk verankert werden. Tragfähige Winkel sollte man alle 50 - 60 cm Beckenlänge vorsehen.
Der Außenfilter wurde hier in einem separaten Kasten seitlich vom Aquarium untergebracht - eine wirklich ansprechende, elegante Lösung für die Wohnraumgestaltung.

Wohnen mit Fischen

Das mit schwarzem Silikon verklebte Aquarium steht auf einem tragfähigen Unterschrank. Dieser bietet ausreichend Platz für die technischen Anlagen wie: Filtertopf mit Kreiselpumpe sowie Heizung und Reinigungsgeräte (Vorsicht: die Futtermittel getrennt aufbewahren!). Filterschläuche werden hinter dem Aquarium geführt, es sei denn, das Aquarium ist werks- oder händlerseitig am Boden angebohrt, um so Filterein- und Auslauf platzsparend zu installieren. Schlauchschellen und Absperrhähne zur bequemen Filterreinigung sollten eine Selbstverständlichkeit sein.
Bei fertigen Aquarien mit Unterschrank (JUWEL, siehe Foto oben) sind Heizung und Filter bereits komplett installiert. Das erleichtert die Pflege und Reinigung erheblich. Der eingebaute Innenfilter benötigt weder Bohrungen durch das Glas noch Absperrhähne, Schläuche und Schlauchschellen.

Das Aquarium

Das Komplettaquarium mit Standsäule integriert sich mühelos und (fast) wartungsfrei in jeden modernen Wohnraum. Ein optischer Blickfang - nicht nur für den Aquarianer. Filterung und Heizung sind im wartungsfreundlichen Innenfilter untergebracht. Bei entsprechendem Besatz beschränken sich die Pflegemaßnahmen auf Fütterung und Filtermaterialreinigung. Algenfressende Welse übernehmen das Scheibenputzen (z. B. *Ancistrus*-Arten).

Wohnen mit Fischen

Ein Aquarium im Wohnzimmerschrank ist eine der beliebtesten Lösungen, den "lebendigen Fernseher" als Seelenmassage unterzubringen. Doch sollte man das Gewicht des Aquariums nicht jedem Möbelhersteller anvertrauen. Ein guter Tischler muß notfalls einige zusätzliche Stützen, die bis auf den Fußboden reichen sollten, einbauen. Ein Zweimeterbecken, wie hier vorgestellt, wiegt immerhin ca. eine halbe Tonne!
Die Beleuchtung in die oberen Schrankfächer und die Filteranlage in den Unterschrank einzubauen, bedeutet für den Bastler-Aquarianer oder für Ihren Zoofachhändler wohl kein Problem.

Das Aquarium

Dieses Aquarium ist schon fast ein Paludarium. Auf Pflanzen in der Wohnlandschaft wurde hier mehr Wert gelegt als auf die Fische. Das ist eine sympathische Lösung für den Botaniker. Solch ein Aqua-Terrarium kann man gut mit Brackwasserfischen (Schützenfischen, Argusfischen) besetzen, Pflanzenwurzeln können in das Wasser reichen.
Oberhalb des Aquariums fühlen sich feuchtigkeitsliebende Pflanzen, wie Farne, einige Bromelien (Tillandsien), Orchideen usw. wohl.
Sofern man Süßwasserfische pflegt, können auch Philodendronwurzeln in das Aquariumwasser reichen. Diese verzweigen sich schnell und bilden gute Versteckmöglichkeiten für Jungbrut. Vorsicht: Die Philodendronwurzeln dürfen nicht geknickt werden. Sie sondern einen Saft ab, der für einige Fische giftig sein kann.

Wohnen mit Fischen

Dieses 1,40 m Becken wurde in die Wand zwischen zwei Räumen eingelassen, ist jedoch nur von dem einen Raum von vorn einsehbar. Die Pflegearbeiten werden in dem benachbarten Raum durch eine Klappe oberhalb des Beckens vorgenommen. Der Raum über einem Aquarium in einer solchen Wand sollte wenigstens 30, besser sogar 40 cm hoch sein. Vorteilhaft ist es, unter dem Aquarium genügend Raum für den groß dimensionierten Außenfilter zu lassen. Die Abstützung erfolgt am besten durch 5 - 6 cm starke Winkel oder T-Eisen, die in eine Betonplatte eingelassen werden.
Die Fischbilder an den Wänden, die zur Dekoration in diesem Raum verwendet werden, stammen aus der "Mergus-Kollektion naturwissenschaftlicher Reproduktionen", die im Handel oder über den Verlag zu beziehen sind.

Wohnen mit Fischen

Als der Bauherr diesen Raum mit dem Kamin im Vordergrund gestaltete, wurde die halbe Trennwand zwischen Wohn- und Kaminzimmer sowie dem Wintergarten von vornherein zur Aufnahme eines Aquariums bestimmt. Von vorn sieht man nur die Aquarienscheibe, von hinten ist jedoch der Ausschnitt in der Trennwand wesentlich größer.
Über dem Aquarium, das mit den Maßen 130x60x50cm Tiefe schon zu den Großbecken zählt, sind vier Strahler in einem Schrank untergebracht. Die Strahlerbirnen sind leicht auswechselbar. Der Schrank über den Strahlern dient lediglich zur Wärmeableitung der sehr stark Wärme entwickelnden Preßkolbenlampen.
Unter dem Becken sind zur Abstützung Winkeleisen in die Wand eingelassen; darunter befindet sich ein Schrank mit Schiebetüren; der linke Teil des Schranks beherbergt die Aquarienutensilien, im rechten Teil ist der Außenfilter untergebracht; außerdem befinden sich dort ein Wasseranschluß für Leitungs- und Regenwasser sowie ein Ausguß.

Das Aquarium

Ein typisches und artgerechtes Buntbarsch-Aquarium mit Kalkgestein und Afrikanischen *Anubias*. Solch ein Becken kann durch die Farbenpracht seiner Fische durchaus mit einem Meerwasser-Aquarium mithalten, ist jedoch einfacher zu pflegen.
Blaue, gelbe, orangefarbene Cichliden miteinander zu vergesellschaften bereitet keine Probleme, sofern die Gattungen unterschiedlich sind. Bei gleichen Gattungen könnte es zu unerwünschten Kreuzungen (Vermischungen) kommen. Man kann aber auch einen ganzen Trupp blauer Männchen mit gelben Weibchen halten - oder in der Farbwahl umgekehrt. Bei den Afrikanischen Cichliden dürfte man da keine Probleme haben.

Wohnen mit Fischen

Welches Aquarium ist das richtige?

In den meisten Fällen kauft man das erste Aquarium nach folgenden Gesichtspunkten: 1. Größe - Geldbeutel
2. Platz - wo paßt es hin?
3. Auswahl des Aquariums - wie soll es aussehen?
4. Bedürfnisse der Fische

Eigentlich sollte immer Punkt 4 an erster Stelle stehen, aber man kann natürlich auch die Fische passend zum Aquarium aussuchen.

1. Die Größe

Sie richtet sich nach den Platzverhältnissen in der Wohnung und natürlich auch nach dem zur Verfügung stehenden Budget. Ein einfaches Aquarium von 60 cm Länge kostet mit aller Technik zur Zeit um ca. EUR 100,- bis EUR 200,- und darüber, ein 120 cm langes Becken sicher um die EUR 600,-.

Besonders wichtig sind die Ausmaße des Beckens: Einen Raum von unter 20 m^2 Fläche stattet man mit einem Becken unter 1,20 m Länge aus und einen Raum von unter 10 m^2 Fläche am sinnvollsten mit einem Aquarium unter 80 cm Länge.

In großen Räumen über 20 m^2 Fläche ist es beliebt, z.B. eine Sitzecke durch ein Aquarium oder ein freistehendes Anbauregal, in dem sich ein Aquarium befindet, von dem übrigen Teil des Raumes zu trennen. Das Aquarium ist also von zwei Seiten einsehbar. Solche Aquarien ohne eine Rückwand sind schwieriger zu gestalten als Becken, die mit der Rückscheibe an einer Wand stehen. Das liegt ganz einfach daran, daß man die Dekoration in die Mitte, d.h. in die Längsachse des Beckens und nicht an die Rückwand verlegen muß. Ein derartiges Aquarium, das von beiden Seiten einsehbar ist, sollte breiter sein als eines, das vor einer Wand steht. Eine Mindestbreite von 50 cm empfehlen wir für Durchsichtaquarien.

Wenn man eine bestimmte Art von Fischen oder eine bestimmte Gruppe pflegen möchte, so richtet sich die Größe nach den Bedürfnissen dieser Fische. Die Mindestbeckenlänge für jede Art ist bei den einzelnen Fischbeschreibungen aufgeführt.

Ein größeres Aquarium ist verhältnismäßig leichter zu pflegen als ein kleineres, weil die notwendigen Pflegearbeiten weniger häufig anfallen. Lassen Sie sich von Ihrem Zoofachhändler beraten, welche Beckengröße bei dem Ihnen zur Verfügung stehenden Budget die günstigste ist. Wenn es sich irgendwie verwirklichen läßt, so sollten Sie mit einem Becken von wenigstens 70 cm Länge (ca. 80 Liter Wasserinhalt) beginnen.

Das Aquarium

2. Die Aufstellmöglichkeiten

Einige der beliebtesten Beispiele in der Wohnung oder im Haus wurden im vorigen Kapitel vorgestellt. Weitere Möglichkeiten richten sich nach den Platzverhältnissen eines jeden einzelnen.
Sofern Sie keinen speziell für ein Aquarium gefertigten Ständer als Unterbau verwenden, sondern vorhandene Möbel als solchen einsetzen, ist unbedingt darauf zu achten, daß dieser Unterbau genügend haltbar und verwindungssteif ist.
Ein Aquarium mit Wasser ist sehr schwer, z. B. wiegt ein Meter-Becken mit 140 Liter Wasser inklusive Kies und Steinen ca. 200 kg.
Ein wackeliger Tisch oder ein normales, nicht verstärktes Anbauregal würde dieses Gewicht nicht aushalten.
Systemregale der verschiedenen Hersteller haben meist die lichte Weite von 80 oder 100 cm. Falls Sie beabsichtigen, ein Becken in solch ein Regal einzustellen, müssen Sie vor dem Beckenkauf in jedem Fall genau nachmessen, sonst ist das Becken nachher einen Zentimeter zu lang!
Die Anpassung der Beckentypen an die Wohnungseinrichtung ist heute durch die modernen Glasaquarien, deren Scheiben lediglich mit Silikonkautschuk verklebt sind, einfach geworden. Auch das vielseitige Aquarienmöbelprogramm der Industrie paßt sich den verschiedenen Holzarten und Stilrichtungen gut an. Dem eigenen Geschmack sind ebenfalls keine Grenzen gesetzt. Die zuvor aufgeführten Beispiele mögen lediglich als Anregung dienen.

Bevor man das Aquarium aufstellt, sollte man folgende Gesichtspunkte berücksichtigen:

a) Standort nicht zu sonnig, da die Sonne eine zu große Aufheizung bewirken kann. Außerdem veralgt das Becken leicht. Durch neuartige Lampentechnik ist ein Aquarium vom Tageslicht unabhängig.
b) Das Becken nicht direkt an oder über der Heizung oder an einem Ofen aufstellen.
c) Ein Ausguß, Waschbecken oder WC sollten mit einem Schlauch (bis 15 m lang) in erreichbarer Nähe sein. Der Wasserwechsel mit dem Eimer wird sonst leicht zur Mühe - man unterläßt bald die Pflegearbeiten, die für Fisch und Pflanze wichtig sind.
d) Stromanschluß sollte direkt neben oder hinter dem Becken liegen. Am besten ist eine Mehrfachsteckdose, da Doppelstekker in Deutschland nicht mehr erlaubt sind.
e) Das Becken sollte nicht gerade in der Nähe eines kostbaren Perserteppichs aufgestellt werden, da einige Wasserspritzer bei der Reinigung kaum vermeidbar sind. Diese verderben zwar keinen Teppich, aber die Hausfrau ist nicht erbaut darüber.

Wohnen mit Fischen

f) Es sollte geklärt werden, ob man innerhalb der Haftpflicht gegen Schäden, die durch ein evtl. Überlaufen, Leckwerden, Abspringen eines Filterschlauchs etc. bei dem darunter wohnenden Mieter entstehen, versichert ist. Bei Mitgliedschaft in einem Aquarienverein ist man automatisch versichert, wenn das Aquarium bei Glasbruch ausläuft.

g) Nach der Aufstellung eines Metallaquariums oder eines Metallbeckenständers diese niemals erden! Es sei hier erwähnt, daß Stromunfälle an Aquarien so gut wie nie vorkommen. Die Erdung beschwört sie jedoch geradezu herauf.

h) Die Tragfähigkeit der Fußbodendecke sollte bei einem Aquarium über 140 cm Länge geprüft werden. Die Füße eines Aquariumständers dürfen bei einer Altbauwohnung nicht gerade in die Mitte der Dielenbretter zwischen die Trägerbalken zu stehen kommen. Man kann die Lage der Balken durch Abklopfen ermitteln; die Nagelreihen lassen die Lage der Balken ebenfalls erkennen.

Bei Kunststoffböden können sich die Füße eines Ständers leicht in den Boden drücken. Deshalb legt man sogenannte Klavieruntersetzer unter die Füße und bringt das Becken in die Waage.

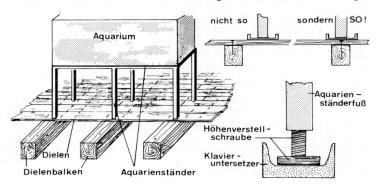

Manchmal läßt sich das Aufstellen eines Aquariums gegenüber einem Fenster nicht vermeiden. Es wird sich das Fenster dann in der Aquariumscheibe spiegeln, was nicht schön ist. Diese Spiegelung kann man durch eine Becken-Sonderkonstruktion so ablenken, daß sie den Betrachter nicht stört.

Die Beckenfrontscheibe wird in einem Winkel von 10-15° nach vorn geneigt. Die Spiegelung fällt nach unten und nicht mehr in das Auge des Betrachters!

Das Aquarium

3. Auswahl des Aquariums

Folgende Beckentypen sind im Handel erhältlich:
  a) Ganzglasaquarium (silikonverklebt)
  b) Ganzglasaquarium mit Kunststoff(halb)rahmen
  c) Plastikglasbecken
  d) Eloxiertes Aluminiumrahmenbecken
  e) Eisenrahmenbecken, kunststoffisoliert
  f) Verchromtes Eisenrahmenbecken
  g) Eternitbecken mit Frontscheibe
  h) Vollglasaquarium
  i) Aquariummöbel

Wir empfehlen Ihnen die Typen a), b), d) oder i). Zur Zucht und als kleines Versuchs- und Quarantänebecken den Typ h). Im Wintergarten und für Kaltwasserfische käme Typ g) in Frage. In Aquarienmöbel sind meistens die Typen a), d) oder g) eingebaut.

Vor- und Nachteile der einzelnen Typen:

Man kann sich sein Aquarium auch selbst bauen oder bauen lassen. Für glasgeklebte Becken gibt es von den Silikonkautschukherstellern Bauanleitungen. Aber man muß schon recht geschickt sein, um zu einem guten Endresultat zu gelangen. Es gibt Kleber auf Essigsäurebasis und solche auf Ammoniakbasis (am Geruch zu prüfen - Ammoniak ist widerlich ätzend). Verwenden Sie nur einen Kleber auf Essigsäurebasis und dann auch nur solchen, für den in der Gebrauchsanleitung ausdrücklich das Verkleben von Aquarienscheiben angeführt wird.

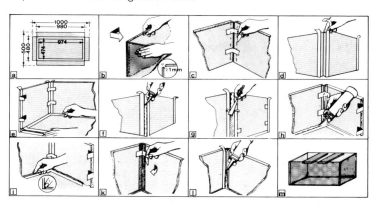

Auswahl des Aquariums

Beckentyp	Vorteile	Nachteile
a) Ganzglasaquarium	modern aussehend, überall passend	Schwer im Gewicht. Kanten stoßen leicht ab.
	Nur ein Aquarium mit Hersteller-Garantie kaufen!	
b) Ganzglasaquarium mit Kunststoff-(halb)rahmen	idealer Beckentyp, wenn der Kunststoffrahmen hält und am Glas verbleibt	Billige Becken fallen manchmal schnell auseinander. Auf Hersteller-Garantie achten! Nur ein gutes Markenbecken kaufen.
c) Acrylglasbecken (Plexiglas)	Sehr leicht; gut geeignet als Zweitbecken zur Pflege erkrankter Fische. Es lassen sich auch gebogene Formen anfertigen.	Der Kunststoff zerkratzt leicht beim Scheibenputzen, wenn Sand aufgewirbelt wird. Bei einem Becken mit rundgebogenen Scheiben verzerrt sich das Bild etwas, was manchmal allerdings einen sehr eindrucksvollen Effekt gibt.
d) Eloxiertes Aluminiumrahmenbecken	Scheiben sind leicht auswechselbar. Passende Beleuchtung erhältlich.	Undichte Becken lassen sich schlecht nachkitten.
e) Eisenrahmenbecken, kunststoffisoliert	Preiswert	Rosten nach einigen Jahren trotz der Kunststoffisolierung. Für eine evtl. Umstellung auf Meerwasser sind diese Becken nicht geeignet.
f) Verchromtes Eisenrahmenbecken	Die meist punktgeschweißten Becken sind preiswert und sehen anfangs sehr gut aus. In USA bislang der gebräuchlichste Beckentyp, der jetzt von Typ a) verdrängt wird.	Der Chrom verblaßt schnell. Es setzt sich zu schnell Rost an. Nur für Süßwasser geeignet.
g) Eternitbecken	Robuster als Glas. Gut geeignet als Miniteich mit Goldfischen im Wintergarten. Flache Becken mit Springbrunnen lassen sich gut als Dekoration ins Schaufenster einbauen.	Schwer und unhandlich. Muß mit einem Schutzanstrich (z. B. Epple-Plast LP) versehen werden, um ein Aufhärten des Wassers zu vermeiden.
h) Vollglasaquarium	Handlich. Als Zuchtbecken, z. B. für Lebendgebärende, geeignet; Kampffisch-Aquarium	Becken ab 35 cm springen möglicherweise ohne ersichtlichen Grund. Beschädigung durch "Anecken".

Das Aquarium

4. Bedürfnisse der Fische

Die Fische kümmert es nicht, wie das Becken von außen aussieht. Es soll geräumig sein, genügend Schwimmraum bieten und der Artgröße angepaßt sein:

Welse und Labyrinthfische verlangen im allgemeinen flache und tiefe Becken mit großer Oberfläche.

Salmler, Danios und die meisten Schwarmfische wollen lange Becken zum Ausschwimmen, die sogenannten "Rennbecken". Tief dürfen sie außerdem sein.

Scalare gedeihen am besten in hohen Becken.

Alle anderen Arten und Gruppen begnügen sich mit den Beckentypen, die man ihnen anbietet. In jedem Fall sollten die Mindestlängenmaße beachtet werden. Bei den einzelnen Fischbeschreibungen hätte eigentlich auch eine Mindestliterzahl stehen können anstelle der Beckenlänge. Aquarien werden jedoch in Europa nach ihrer Länge verkauft, so daß es uns sinnvoller erschien, von der Beckenlänge und nicht dem Beckeninhalt auszugehen. Je breiter (tiefer) ein Becken ist, um so mehr Platz ist für Pflanzen da und desto größer ist die Wasseroberfläche: beides wichtige Faktoren für die Gesundheit der Fische. Die Hersteller von Aquarien sollten von dem schmalen, hohen Becken auf tiefe, flachere Becken übergehen.

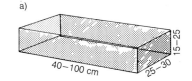

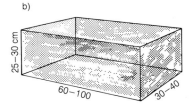

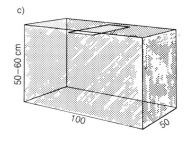

a) Wels- und Labyrinthbecken
b) Salmlerbecken
c) Scalarbecken

Bodengrund

Bodengrund

Als Pflanzenliebhaber müssen wir dem Bodengrund besondere Bedeutung beimessen. Die Qualität entscheidet über Wachsen oder Kümmern der Pflanzen.

Die Fische stellen keine besonders hohen Ansprüche an den Bodengrund. Er soll lediglich dunkel sein und nicht scharfkantig. Einige Arten verlangen auch Sand zum Gründeln, in welchem sie nach Nahrung und Detritus* suchen. Schließlich soll er nicht metallhaltig und nicht kalkhaltig sein. Den Kalkgehalt im Bodengrund kann man leicht feststellen. Man entnimmt dem Boden eine kleine Probe, der man einige Tropfen Salzsäure oder "Kalkentferner" aus dem Haushalt hinzufügt. Entsteht Schaum, befindet sich Kalk im Bodengrund. Kalk an sich ist nicht schädlich, aber er härtet das Wasser auf, was die meisten Fische nicht mögen und die Pflanzen erst recht nicht vertragen können.

Quarzkies

Basaltsplit

Flußkies

* zerfallende tierische und pflanzliche Stoffe

Geeigneter Bodengrund:	Ungeeigneter Bodengrund:
Grober Sand von ca. 2 mm Ø Feiner Kies von 3-5 mm Ø Quarzkies, Lavagrund, Basaltsplit, Flußkies, Bodengrundfertigmischungen wie Aqualit, Natalit (Fa. Hobby) aus dem Zoofachhandel	Marmorkies (kalkhaltig) Erde Bimsstein (schwimmt) Dolomitbruch (kalkhaltig) Korallenkies (kalkhaltig) Seesand (salz- und kalkhaltig) Muschelbruch (kalkhaltig)

Das Aquarium

Der gebräuchlichste Bodengrund ist Quarzkies, den man im Zoofachgeschäft erhält. Dieser ist jedoch geglüht und daher nährstofflos - dafür aber sehr leicht zu reinigen.

Kiesreinigung

Für kleine Becken bis 60 cm Länge reicht zur Reinigung ein großes Küchensieb (Durchschlag), in das jeweils zwei Tassen Kies (Sand) gegeben werden, den man unter fließendem Wasser gründlich durchspült. Größere Kiesmengen sollte man am besten im Freien mit einem Gartenschlauch im Eimer oder auf einem großen Sieb durchwaschen. Die Methode des Auswaschens im Eimer ist die gebräuchlichste, denn wer hat schon ein so großes Küchensieb? Der Eimer wird zur Hälfte mit Kies gefüllt und dann der Schlauch bis auf den Grund gehalten. Mit dem Schlauch und der Hand wird jetzt solange kräftig gerührt, bis oben nur noch klares Wasser abfließt. Je besser Kies oder Sand ausgewaschen werden, desto weniger trübes Wasser hat man später. Wer keinen Garten oder einen Schlauchanschluß im Freien hat und Kies oder Sand im Becken oder in der Badewanne wäscht, sollte Obacht geben, daß nichts in den Ausguß gelangt, da gerade durch Sand schnell eine Verstopfung die Folge ist. Kies wirbelt beim Waschen im Eimer nicht so leicht auf und ist daher besser als Sand zum Waschen im Haus geeignet. Da Kies jedoch kaum noch Nährstoffe (im Gegensatz zu Sand) enthält, muß er gedüngt werden, um später im Aquarium ein optimales Pflanzenwachstum zu erzielen. Zur Bodengrunddüngung gibt es verschiedene Möglichkeiten:

1. Eine 1 - 2 cm hohe Lage groben, ungewaschenen Bausand auf den Beckenboden geben. Das hat den Nachteil, daß diese Bodenschicht nach 1 - 2 Jahren verstopft, so daß nach dieser Zeitspanne der Bodengrund erneuert werden müßte. Über diese Sandschicht kommt eine 4-6 cm hohe Lage feiner Kies.
2. Gewaschener Kies mit einem Durchmesser von 3 - 5 mm wird mit einem Bodengrunddünger (z. B. Tetra, Dupla) vermischt und als erste Schicht ca. 3 cm hoch auf den Beckenboden geschichtet. Darüber als zweite Schicht 5 cm hoch gewaschener Kies von gleicher Korngröße wie bei der ersten Schicht. Diese Methode hat den Nachteil, daß man sie bei einem bereits eingerichteten Becken nicht an-

Bodengrund

wenden kann. Sie hat aber so viele Vorteile, daß man sich die Mühe machen sollte, das Becken auszuräumen.

3. Es gibt fertiggemischten Bodengrund mit Düngerzusatz (z.B. Hobby von Fa. Dohse). Dieser fertige Bodengrund wird mit gewaschenem Kies vermischt und auf den Beckenboden geschichtet. Es ist die einfachste Methode.
4. Bei fertig eingerichteten Becken bleibt nur die Methode, Dünger nachträglich in den Bodengrund einzubringen. Das geschieht mit getrockneten Lehmkügelchen, die im Abstand von 5 -10 cm in den Boden gedrückt werden. Wie kommt man an diese Lehmkügelchen?

a) Es gibt ein Präparat fertig im Handel zu kaufen (Die 7 Kugeln von Fa. Böhme).

b) Aus Abbruchhäusern und -mauern in ländlichen Gegenden kann man uralten Lehmmörtel abkratzen. Hierbei ist darauf zu achten, daß man nicht an Zementmörtel gerät. Bei Unklarheit sollte man über eine Lehmprobe etwas Salzsäure tropfen. Schäumt es auf, ist der Lehm kalkhaltig und damit unbrauchbar für den Bodengrund.

c) Man fertigt sich die Lehmkügelchen selbst aus fettem, ungedüngten Gartenlehm oder solchem aus Lehmkuhlen an und trocknet sie im Ofen bei ca. 200° C eine Stunde. Dem Bodengrund sollten genügend Zeit und Aufmerksamkeit zugewendet werden - ein guter Pflanzenwuchs wird der Erfolg sein.

Aufbau des Bodengrundes

Wenn man den Kies in der vorher beschriebenen Weise auf den Beckenboden schichtet, so wird man eine ebene Fläche haben, die wenig wirkungsvoll ist. Selbst wenn man den Bodengrund vorn flacher und nach hinten hin ansteigend anordnet, was wegen der vor der Rückwand stehenden Wasserpflanzen für deren größeren Wurzelraum notwendig ist, so ebnen die Fische den Bodengrund innerhalb kurzer Zeit ein. Ein nach hinten ansteigender, terrassenförmiger Aufbau kann nur mit entsprechenden Hilfsmitteln erfolgen. Hierfür geeignet sind langgestreckte Steine, Steinholz, schweres Wurzelholz und Plastik-Terrassenbausteine.

Kieselschichtung in Terrassenform mit Glasplatten oder flachen Steinen.

Das Aquarium

Etwas über Wasser und Aquarienchemie

In den letzten Jahren hat auch die Aquarienchemie einen starken Aufschwung erfahren. Der Aquarianer wird mit einer immer größeren Anzahl von Mitteln und Mittelchen konfrontiert, die ihm ein gesundes und perfektes Aquarium versprechen. Immer neue zu kontrollierende Daten wurden bekannt und als unentbehrlich gepriesen. Die Folge davon sind völlig verunsicherte Aquarianer, denen die wichtigsten chemischen Vorgänge in einem Aquarium mehr und mehr zu einem "Buch mit sieben Siegeln" werden.

Zugegeben, ohne einige Kenntnisse in Aquarienchemie sollte niemand Pflanzen und Tiere in einem Aquarium pflegen. Doch ist der Stellenwert, der Aquarienchemie von einigen Seiten in der heutigen Zeit zugemessen wird, einfach übertrieben. Wenn man sich an ein paar wenige, schon sehr lange bekannte Grundregeln der Aquaristik hält, wird man mit einem Minimum an Chemiekenntnissen auskommen. Zu den Dingen, die ein Aquarianer über Aquarienchemie wissen sollte, gehören Angaben über die Wasserhärte, das Karbonatsystem, den pH-Wert und den Stickstoffkreislauf im Wasser. Diese Schwerpunkte sollen auch nachfolgend abgehandelt werden. Ein alphabetisches Verzeichnis der wichtigsten Fachausdrücke und deren Erklärung sowie Kurzangaben für rasche Hilfe bei Wasserproblemen finden sich am Ende des Kapitels. Sie ermöglichen es dem Leser, sich schnell über die wichtigsten Punkte zu informieren.

Gesamthärte (GH oder dGH) und Karbonathärte (KH oder dKH)
= Summe der Erdalkalien (mmol/l) und Säurebindungsvermögen (SBV) in mmol/l

Fast jedes Quell- oder Flußwasser enthält mehr oder weniger große Mengen an Kalzium- und Magnesiumsalzen. Die wichtigsten dieser Salze sind Kalziumhydrogenkarbonat [$Ca(HCO_3)_2$] und Kalziumsulfat ($CaSO_4$). Ein an Kalziumsalzen reiches Wasser wird als "hart", ein kalziumsalzfreies oder -armes Wasser als "weich" bezeichnet. Gemessen wird die Härte in "Härtegraden". Ein Härtegrad entspricht 10 mg Kalzium- oder Magnesiumoxid pro Liter Wasser. Heute wird in mmol/l gerechnet, eine in der Aquaristik noch wenig verbreitete Methode (Umrechnung siehe nächste Seite).

Die durch das Kalziumhydrogenkarbonat hervorgerufene Härte wird, da sie beim Kochen des Wassers verschwindet, auch als temporäre oder vorübergehende Härte bezeichnet. Ein anderer Ausdruck dafür ist Karbonathärte (heute Säurebindungsvermögen). Diese Art der Härte wird im nächsten Abschnitt zusammen mit dem Karbonatsystem behandelt. Die zurückbleibende, auf den Gehalt

Chemie

Einteilung	Gesamt-härte	Calcium u. Magnesium (mml/l)
weich	< 7	< 1,3
mittelhart	7 - 14	1,3 - 2,5
hart	14 - 21	2,5 - 3,8
sehr hart	> 21	> 3,8

Die Summe der Konzentration von Calcium und Magnesium ist die Härte, früher Gesamthärte.
Die Hydrogencarbonatkonzentration von Leitungswasser ist identisch mit der Säurekapazität bis pH-Wert 4,3, früher Karbonathärte.

an Kalziumsulfat zurückzuführende Härte heißt bleibende oder permanente Härte. Temporäre und permanente Härte ergeben zusammen die Gesamthärte (heute Summe der Erdalkalien. Es gibt den Fall, daß die Karbonathärte größer ist als die Gesamthärte. Das hängt damit zusammen, daß neben Kalzium- und Magnesiumkationen auch noch Natrium-, Kalium- und andere kationen im Wasser enthalten sind. Diese sind zwar keine Härtebildner, können aber zusammen mit dem Hydrogenkarbonatanion vorkommen und so die Menge des Hydrogenkarbonats im Wasser erhöhen.
Die günstigsten Werte für die Gesamthärte liegen zwischen 3° und 10°, wobei allerdings für viele Cichliden aus dem Tanganjika- und Malawisee diese Werte zu niedrig sind. Diese bevorzugen 14 - 28° dGH (2,5 - 5 mmol/l).
Die Meßreagenzien der verschiedenen Hersteller sind so berechnet, daß ein Tropfen der verwendeten Meßflüssigkeit einem Grad deutscher Härte (GH oder KH) entspricht. Bei der verwendeten Titriermethode zählt man die Tropfen, die bis zum Umschlagen der Wasserprobe und Textflüssigkeit von einer Farbe in die andere verbraucht werden. Jeder Tropfen entspricht einem Härtegrad.
Bei vielen Fischen und Wasserpflanzenarten finden Sie die erwünschten Härteangaben in den **Hält.B.** (Hälterungsbedingungen).

Viele Gebrauchsanweisungen von Wasserenthärtern für Bügeleisen oder Waschmaschinen sprechen nicht mehr von Wasserhärtegraden, sondern in Europa von mol/m^3 oder mmol/l (= millimol pro Liter) als Summe der Erdalkalien (Calcium und Magnesiumionen), in den USA von ppm (parts per million) $CaCo_3$. Die Angaben in diesem Buch und in den Folgebänden des AQUARIEN ATLAS sind leicht umrechenbar in mmol/l. Dafür teilt man die hier angegebenen Werte der Gesamthärte (°dGH) durch 5,6 und hat die Angaben in mmol/l (Summe der Erdalkalien Calcium und Magnesium) oder multipliziert mit 0,18!.
Hat man Angaben seines Leitungswassers in mmol/l und sucht die entsprechende (alte) Bewertung dafür in °GH oder °dGH so multipliziert man mmol/l mit 5,6 und erhält °dGH.

Das Aquarium

Die Karbotnathärte drückt man als Säurebindungsvermögen (SBV) aus. Um von °KH auf mmol/l zu kommen, teilt man °KH durch 2,8 = mmol/l Säurekapazität oder Säurebindungsvermögen.
mmol/l SBV x 2,8 = °dKH.
Für den Aquarianer sind diese Umrechnungen weniger interessant, sofern nicht die Testindikatoren-Hersteller auf die neuen Werte umstellen. Aber Ihr Wasserwerk wird Ihnen wahrscheinlich nur neue Angaben machen. Abschließend kann gesagt werden, daß die Gesamthärte einen direkten Einfluß auf die Zellfunktionen von Fischen, Pflanzen und Mikroorganismen ausübt.

Das Karbonatsystem

Die Löslichkeit des Kohlendioxids im Wasser liegt etwa 50 mal höher als für Sauerstoff. Dagegen ist die Diffusionsgeschwindigkeit des Kohlendioxids im Wasser 10000 mal geringer als in Luft. Im Wasser gehen ungefähr 0,2% des gelösten Kohlendioxids in Kohlensäure (H_2CO_3) über. Bei Zufuhr von CO_2 steigt also auch die Kohlensäuremenge, der pH-Wert sinkt; entsprechend steigt der pH-Wert bei Entzug von CO_2. Die Kohlensäure dissoziiert (zerfällt) mäßig in zwei Stufen:

1. Stufe: $H^+ + HCO_3^-$
2. Stufe: $H^+ + CO_3^{2-}$

Bei den für das Aquarium wichtigen Salzen der Kohlensäure kann man sich auf das Kalziumhydrogenkarbonat [$Ca(HCO_3)_2$] und das Kalziumkarbonat ($CaCO_3$) beschränken. Das Kalziumhydrogenkarbonat ist gut in Wasser löslich und bedingt die zeitweise vorhandene Härte des Wassers (Karbonathärte). **Diese Härte verschwindet beim Kochen des Wassers.** Demgegenüber ist das Kalziumkarbonat praktisch wasserunlöslich und fällt größtenteils aus (z. B. als Kesselstein). Das Kalziumhydrogenkarbonat bleibt im Aquariumwasser aber nur beständig, wenn eine bestimmte, mit der Konzentration stark anwachsende Menge an Kohlendioxid in Lösung ist. Diese CO_2-Menge wird daher als Gleichgewichts-CO_2 bezeichnet. Wird sie unterschritten, zerfällt ein Teil des Kalziumhydrogenkarbonats zum kaum löslichen Karbonat. Formelmäßig kann man folgendes Gleichgewicht ausdrücken:

$$Ca(HCO_3)_2 \underset{CO_2\text{-Überschuß}}{\overset{CO_2\text{-Defizit}}{\rightleftarrows}} CaCO_3 + CO_2 + H_2O$$

Unter Gleichgewichtsbedingungen besteht eine Beziehung zwischen dem Kohlendioxidgehalt, dem pH-Wert und dem Hydrogenkarbonatgehalt. Es kommt zum Ausdruck, daß die verschiedenen

Chemie

Bindungsformen des Kohlendioxids ($CO_2 + H_2CO_3$, HCO_3^-, CO_3^{2-}) eine charakteristische, vom pH-Wert abhängige Verteilung zeigen.

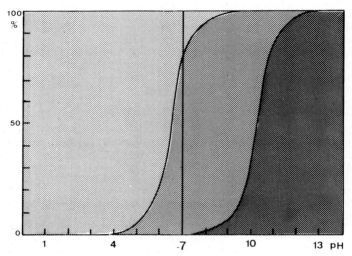

Abhängigkeit der Bindungsformen des Kohlendioxids vom pH-Wert (bei 0° C) hell: $CO_2 + H_2CO_3$, mittel HCO_3^-, dunkel: CO_3^{2-}. Bei einem pH-Wert über 8 ist praktisch kein gelöstes Kohlendioxid mehr vorhanden (nach GESSNER).

1. In saurem Wasser (pH unter 6) liegt praktisch alles CO_2 gelöst vor, die Karbonate sind bedeutungslos (Beispiel: Kalkarmut von torfhaltigem Aquariumwasser).
2. Im neutralen und schwach alkalischen Bereich (pH 7 - 8) ist fast alles CO_2 als Hydrogenkarbonat gebunden (Beispiel: normales Aquariumwasser).
3. Im stark alkalischen Bereich (pH über 10) ist der überwiegende Teil des CO_2 als Karbonat vorhanden. Gelöstes CO_2 kommt oberhalb von pH 9 praktisch nicht mehr vor (Beispiel: Natronwasser, in dem einige Cichlidenarten und Lebendgebärende leben können).

Das Karbonatsystem im Wasser ist, als das Gemisch einer schwachen Säure (Kohlensäure) mit ihren Salzen, ein typischer Puffer im chemischen Sinne. Puffer haben die Eigenschaft, mäßige Zugaben von Säuren oder Basen (Laugen) so aufzufangen, daß sich der pH-Wert kaum ändert. Gibt man eine Säure zu einem Puffer, so werden zunächst die H^+-Ionen vom Hydrogenkarbonat gebunden. Es entsteht

Das Aquarium

Kohlensäure, die aber zum größten Teil in Kohlendioxid und Wasser zerfällt.
Der verbleibende Rest der Kohlensäure dissoziiert sehr schwach, so daß sich die H$^+$-Ionen-Konzentration nur geringfügig erhöht. Der pH-Wert bleibt annähernd konstant. Gibt man eine Base zu einem Puffer, so werden die H$^+$-Ionen sofort vom CO_2 gebunden. Es bildet sich Hydrogenkarbonat. Der Verlust an Kohlendioxid wirkt sich nur geringfügig auf den Gehalt an Kohlensäure (= H$^+$-Ionen-Konzentration) aus. Der pH-Wert steigt nur schwach an.
Die Pufferung des Aquariumwassers ist um den Neutralpunkt (pH 7) herum optimal. Sie versagt bei der Zugabe von Säuren im sauren Bereich, da unter pH 6 kein Hydrogenkarbonat mehr vorhanden ist. Sie versagt ebenso bei der Zugabe von Laugen im stark alkalischen Bereich, da oberhalb von pH 10 kein Kohlendioxid mehr im Wasser vorkommt. Die Güte der Pufferung hängt also vom Kalkgehalt des Wassers ab: Hartes Wasser ist viel besser gepuffert als weiches Wasser. Je mehr Hydrogenkarbonat im Aquariumwasser enthalten ist, desto mehr freie H$^+$- Ionen können abgefangen werden. Diese Eigenschaft des Hydrogenkarbonats wird als Säure-Bindungsvermögen (SBV) bezeichnet.
Wie weiter oben schon angedeutet, besteht zwischen dem Karbonatsystem bzw. zwischen der Karbonathärte und dem pH-Wert ein enges Wechselspiel. Je höher die Karbonathärte ist, desto höher ist der pH-Wert Gleichzeitig wird der pH-Wert auch besser gepuffert (stabilisiert). Für die meisten Aquarienfische ist eine Karbonathärte zwischen 2° und 8° empfehlenswert.

Das Kohlendioxid im Wasser als ökologischer Faktor für Pflanzen

Kohlendioxid (CO_2) löst sich gut im Wasser. Es bildet dabei in geringen Mengen die Kohlensäure (H_2CO_3). Die Salze der Kohlensäure, die Hydrogenkarbonate ("Bikarbonate") und die Karbonate, stellen in der Regel im Aquarium den weitaus größten Teil der Elektrolyte. So ist das Kohlendioxid und damit dessen Aufnahme durch die Unterwasserpflanzen eng mit dem komplexen Kohlensäure- oder Karbonatsystem im Wasser verknüpft. Siehe hierzu auch das Kapitel Pflanzendüngung mit CO_2, S. 72.

Der pH-Wert (Säuregrad)

Der pH-Wert gibt den Säuregrad eines Wassers an. Ausgangspunkt ist das Säure-Base-Gleichgewicht chemisch reinen Wassers. Reines, neutrales Wasser (H_2O) enthält gleiche Mengen an Wasserstoff-Ionen (H$^+$-Ionen) und Hydroxid-Ionen (OH$^-$-Ionen). Wasserstoff-Ionen säuern das Wasser an, Hydroxid-Ionen machen es alkalisch. Ein pH-Wert von 7 kennzeichnet neutrales Wasser.

Chemie

Man sollte sich merken: je kleiner der pH-Wert (unter pH 7), desto saurer ist das Wasser; entsprechend gilt, je größer der pH-Wert (über pH 7), desto alkalischer ist das Wasser.
Die Änderungen der H$^+$-Ionen und OH$^-$-Ionen-Konzentrationen sind in Gramm meßbar. Der pH-Wert von 7 besagt, daß in einem Liter Wasser 10^{-7} (= ein Zehnmillionstel) Gramm an H$^+$-Ionen gelöst ist, bei pH 3 10^{-3} (= ein Tausendstel) Gramm, bei pH 10 10^{-10} (= ein Zehnmilliardstel) Gramm usw. Da diese negativen Potenzen in der Praxis sehr umständlich zu handhaben sind, verwendet man die pH-Skala. Diese reicht von 1 -14.

Beachtenswert ist dabei, daß die Änderung des pH-Werts um eine Einheit eine zehnfache Veränderung im Gleichgewicht bewirkt (2 Einheiten = 100-fache Veränderung, 3 Einheiten = 1000-fache Veränderung usw.). Die pH-Werte für die Aquarienfische liegen zwischen pH 5 und pH 9, die meisten Süßwasserfische bevorzugen pH-Werte zwischen 6 und 7,5, die Meerwasserfische zwischen pH 8 und 8,5.

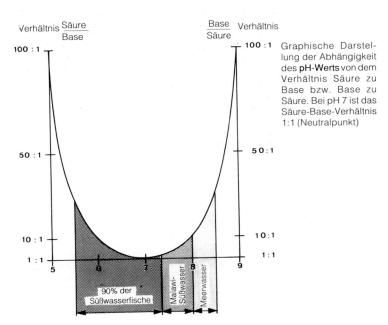

Graphische Darstellung der Abhängigkeit des **pH-Werts** von dem Verhältnis Säure zu Base bzw. Base zu Säure. Bei pH 7 ist das Säure-Base-Verhältnis 1:1 (Neutralpunkt)

Das Aquarium

In dem Abschnitt "Karbonatsystem" haben wir gesehen, daß der pH-Wert in einer engen Beziehung zu dem Hydrogenkarbonatanion bzw. der Pufferwirkung des Karbonatsystems steht. Eine regelmäßige Kontrolle des pH-Werts ist deshalb sehr wichtig. Sämtliche Aquarienbewohner (Fische, Pflanzen, Mikroorganismen) reagieren empfindlich auf ein gestörtes Verhältnis im pH-Bereich. Starke Schwankungen des pH-Werts, oft bedingt durch ein gestörtes Karbonatsystem, können zu schweren Krankheitssymptomen bei den Fischen führen (Säurekrankheit, Laugenkrankheit; siehe Kapitel Fischkrankheiten).

Der Stickstoffabbau (Nitrifikation)

Stickstoff gehört als Bestandteil der Proteine zu den lebenswichtigen Elementen. Von den grünen Pflanzen wird er vor allem in Form von Ammonium und Nitrat aufgenommen. In den meisten natürlichen Gewässern kommen diese Stoffe nur in sehr geringen Mengen vor. Stickstoff stellt dort einen Minimumfaktor für das pflanzliche Leben dar. Anders ist es im Aquarium. Hier werden auf engstem Raum Pflanzen, Fische und andere Tiere gehalten. Durch deren Ausscheidungen (Kot, Urin), Pflanzen- und Futterreste kann es zu einem starken Anwachsen der Stickstoffverbindungen kommen. Diese Stickstoffverbindungen haben in stärkeren Konzentrationen eine mehr oder weniger schädliche Wirkung auf die Organismen. Der Aquarianer muß deshalb immer bemüht sein, den Anteil der schädlichen Stickstoffverbindungen im Aquarium möglichst gering (niedrig) zu halten.

Der Abbau der organischen stickstoffhaltigen Substanzen erfolgt stufenweise und immer nur im Beisein von Sauerstoff (oxidativer Abbau). Dabei entstehen verschiedene Stickstoffverbindungen. Der Abbau läuft folgendermaßen ab:
Organische Stickstoffverbindungen -> Ammoniak und Ammonium -> Nitrit -> Nitrat.

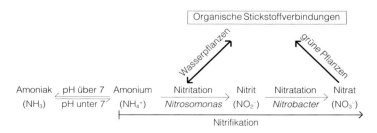

Chemie

Die ersten Abbauprodukte sind das giftige Ammoniak und das ungiftige Ammonium. Der pH-Wert bestimmt weitgehend, welche der beiden Verbindungen überwiegend gebildet wird. Bei einem pH-Wert von 7 und mehr entsteht Ammoniak, bei einem pH-Wert unter 7 Ammonium. Schon in leicht saurem Wasser kann es deshalb zu keiner Ammoniakvergiftung kommen. Daraus kann man ersehen, wie wichtig die regelmäßige pH-Wert-Kontrolle ist. Ammoniak ist von allen Stickstoffverbindungen die weitaus giftigste. Der Schwellenwert für die Giftigkeit des Ammoniaks liegt für die Elritze bei 0,6 mg/l. Das Ammonium ist dagegen eine gute Stickstoffdüngung für die Wasserpflanzen. Die zweite Stufe im Stickstoffabbau ist das Nitrit. Dieses entsteht durch bakterielle Oxidation ("Verbrennung") aus Ammoniak oder Ammonium. Die Bakterien, die die Nitritation vornehmen, gehören zu der Gattung *Nitrosomonas*. Nitrit ist ebenfalls giftig und sehr schädlich für die Fische. Für den Guppy (*Poecilia reticulata*) ist Nitrit ab 1 mg/l schädlich. Doch für viele andere Fische liegt der Schwellenwert für die Giftigkeit wesentlich niedriger.

Die dritte und letzte Stufe der Nitrifikation ist die Nitratation, die bakterielle, oxidative Überführung von Nitrit in Nitrat. Diese geschieht durch *Nitrobacter*-Bakterien. Nitrat ist wesentlich weniger giftig. Es sammelt sich im Wasser an und wirkt erst bei hohen Konzentrationen schädlich. Über die Wirkung von Nitraten auf Fische liegen bisher erst wenige Beobachtungen vor. Werte ab 150 mg/l werden für die Fische bedenklich, da die Gefahr der Nitrat-Reduktion (Denitrifikation) zu Nitrit und Ammoniak zunimmt.

Ohne Sauerstoff ist ein Stickstoffabbau im Aquarium nicht möglich. Bei Sauerstoffmangel werden die organischen Verbindungen entsprechend langsamer abgebaut, und es kommt im Wasser zu einer Anreicherung mit den giftigen Zwischenprodukten Ammoniak und Nitrit. Es kann sogar eine bakterielle Denitrifikation einsetzen, die das relativ unschädliche Nitrat in die schädlichen Zwischenstufen Nitrit und Ammoniak überführt. Ein Teil dieser Denitrifikation kann im Körper der Fische ablaufen. Das Nitrit lagert sich an die roten Blutkörperchen an. Auf diese Weise werden Sauerstoffaufnahme und Sauerstofftransport behindert.

Bei der Neueinrichtung eines Aquariums sind die nitrifizierenden Bakterien (*Nitrosomonas, Nitrobacter*) noch nicht sofort vorhanden. Sie müssen sich erst aufbauen und entwickeln. Solche Bakterien findet man hauptsächlich im Filter und im Bodengrund älterer Aquarien. Es dauert einige Wochen, bis sich genügend Bakterien angesammelt haben und somit ein ausreichender Abbau von organischen Stickstoffverbindungen gewährleistet ist. Die

Das Aquarium

Menge der im Aquarium jeweils vorkommenden Bakterien unterliegt großen Schwankungen. Jeder Wasser- und Filterwechsel führt zu einer Verminderung der Bakterienzahl und zu einer Störung des vorhandenen Gleichgewichts. Aus diesem Grund sollte man niemals Wasser und Filtermaterial gleichzeitig wechseln, sondern in einem Mindestabstand von einer Woche. Der Wasserwechsel sollte immer vor dem Wechsel des Filtermaterials erfolgen.

Hilfe bei Wasserproblemen

Senkung der Wasserhärte

1. Mischen des vorhandenen Wassers mit destilliertem oder sauberem, nicht luftverschmutztem Regenwasser.
2. Enthärtung des Wassers mit speziellen Geräten (Enthärtungsfilter, Ionenaustauscher), Osmoseanlage.
3. Filterung über Torf.

Hebung der Wasserhärte

1. Vorsichtiger Zusatz von Kalzium- oder Magnesiumsulfat.
2. Mischen mit härterem Wasser.
3. Filterung über Marmorstückchen oder Bodengrund aus kalkhaltigem Gestein oder Muschelgrus.

Senkung des pH-Werts (ansäuern)

1. Filterung über Torf
2. Kohlendioxid-Düngung durch CO_2-Diffusor.
3. Teilweiser oder vollständiger Wasserwechsel.

Hebung des pH-Werts (Steigerung der Alkalität)

1. Vorsichtiger Basenzusatz; am geeignetsten sind Natriumhydrogenkarbonat ($NaHCO_3$) oder Natriumkarbonat (Na_2CO_3).
2. Starke Durchlüftung des Beckens zum Austreiben des Kohlendioxids.
3. Teilweiser oder vollständiger Wasserwechsel (je nach Leitungswasser).

Senkung des Nitrit- und Nitratgehalts

1. Regelmäßiger teilweiser Wasserwechsel. Intervalle bei den einzelnen Fischarten unterschiedlich.
2. Bioaktive Filterung durch Bakterienfilter.
3. Zugabe von Nitrifikationsbakterien. Diese befinden sich in alten, gebrauchten Filtermaterialien.
4. Regelmäßige Reinigung des Vorfilters und des Filters unter lauwarmem Wasser ohne Spülmittel.

Chemie

5. Fütterungsmenge und Fütterungsrate genau auf die vorhandenen Fische abstimmen, da hohe Nitrit- und Nitrat-Werte oft auf zu intensive Fütterung zurückzuführen sind.
6. Dichte, gesunde Bepflanzung der Becken.
7. Tote Fische und abgestorbene Pflanzenteile aus dem Becken sofort entfernen.

Verzeichnis der wichtigsten chemischen Fachausdrücke

Ammoniak
farbloses, giftiges Gas von charakteristischem, zu Tränen reizendem Geruch. Ammoniak hat die Formel NH_3. Es ist sehr wasserlöslch: 1 Raumteil Wasser löst etwa 700 Raumteile Ammoniak.

Ammonium
ist nur als Kation NH_4^+ oder in Salzen beständig. Es hat ähnliche Eigenschaften wie die Alkalimetalle Natrium und Kalium. Ammonium ist ungiftig.

Anionen
negativ geladene Teilchen (Beispiele: CO_3^{2-}, HCO_3^-, SO_4^{2-}). Anionen wandern in einem elektrischen Feld zum Pluspol (Anode).

Base (Lauge)
Stoff, der in wässriger Lösung negativ geladene Hydroxid-Ionen (OH^--Ionen) bilden kann. Färbt rotes Lackmus-Papier blau.

Brackwasser
ist ein Mischwasser aus See- und Süßwasser. Brackwasser hat einen Salzgehalt zwischen 2 und 25$^0/_{00}$.

Denitrifikation
Reduktion von Nitrat zu Nitrit und Stickoxiden (NO, N_2O) bzw. molekularem Stickstoff.

Elektrolyte
Stoffe, die den elektrischen Strom durch Ionenwanderung leiten (Beispiele: Säuren, Basen, Salze).

Gesamthärte
Härte des Wassers, die durch Kalzium- und Magnesiumsalze hervorgerufen wird. Die Messung erfolgt über die Kationen Ca^{2+} und Mg^{2+}.

Hydrogenkarbonat(e)
Salze der Kohlensäure. Bei diesen ist nur ein Wasserstoffatom der Kohlensäure durch ein Metallatom ersetzt. Hydrogenkarbonate werden auch als primäre Karbonate, saure Karbonate oder Bikarbonate bezeichnet.

Ionen
Positiv oder negativ geladene Teilchen, die in einem elektrischen Feld wandern.

Das Aquarium

Ionenaustauscher
sind Kunstharze aus einem riesigen organischen Netzwerk mit zahlreichen sauren Sulfo-Gruppen ($-SO_3H$) oder basischen Amino-Gruppen ($-NH_2$). Läßt man einen sauren Austauscher in Wasser quellen, so bilden sich Hydronium-Ionen (H_3O^+-Ionen), die aber infolge ihrer Ladung an das (negativ geladene) Gerüst gebunden bleiben. In basischen Austauschern entstehen in entsprechender Weise Hydroxid-Ionen (OH^--Ionen). Ionenaustauscher dienen dazu, Wasser vollständig zu entsalzen. Man unterscheidet Kationenaustauscher und Anionenaustauscher. Die Kationenaustauscher sind saure Austauscher, da ihre Hydronium-Ionen gegen Kationen (z.B. Na^+ oder Ca^{2+}) ausgetauscht werden. Dagegen sind Anionenaustauscher basische Austauscher. Hier werden Hydroxid-Ionen gegen Anionen (z. B. Cl^- oder SO_4^{2-}) ausgetauscht. Der Austausch ist umkehrbar. "Erschöpfte", das heißt vollkommen mit Kationen bzw. Anionen beladene Austauscher können durch konzentrierte Säure oder Lauge wieder regeneriert werden.

Karbonat(e)
Salze der Kohlensäure (H_2CO_3). Bei diesen Salzen sind beide Wasserstoffatome der Kohlensäure durch Metallatome ersetzt. Sie werden auch sekundäre oder neutrale Karbonate genannt.

Karbonathärte
Härte des Wassers, die durch Hydrogenkarbonate hervorgerufen wird. Die Messung erfolgt über das Anion HCO_3^-.

Kationen
Positiv geladene Teilchen (Beispiele: Na^+, Ca^{2+}, Mg^{2+}). Kationen wandern in einem elektrischen Feld zum Minuspol (Kathode).

Nitrat(e)
Salze der Salpetersäure (HNO_3). Nitrat ist bei weitem nicht so giftig für Fische und Pflanzen wie Nitrit. Nitratgehalte ab 150 mg/l sind gefährlich .

Nitratation
2. Stufe des oxidativen Stickstoffabbaus. Nitrit wird durch Bakterien in Nitrat überführt.

Nitrifikation
Bakterieller Stickstoffabbau in Anwesenheit von Sauerstoff von Ammoniak (Ammonium) über Nitrit zum Nitrat.

Nitritation
1. Stufe des oxidativen Stickstoffabbaus. Bakterielle Überführung von Ammonium und Ammoniak in Nitrit.

Nitrit(e)
Salze der salpetrigen Säure (HNO_2). Nitrit ist für Lebewesen sehr giftig. Ein Nitritgehalt ab 0,2 mg/l ist bedenklich für die meisten Fische.

Chemie

Nitrobacter
Bakterien, die oxidativ Nitrit in Nitrat umwandeln.
Nitrosomas
Bakterien, die oxidativ Ammoniak oder Ammonium in Nitrit überführen.
Oxidation
= Elektronenabgabe. Nach einer früheren Definition verstand man unter Oxidation die Vereinigung von Sauerstoff mit einem Element oder einer Verbindung. Nach der heutigen Definition besteht das Wesen einer Oxidation im Entzug von Elektronen und damit in einer Erhöhung der elektropositiven Wertigkeit des zu oxidierenden Stoffes. Jede Oxidation ist mit einer Reduktion gekoppelt.
pH-Wert
Säuregrad eines Wassers. Der pH-Wert ist definiert als der negative dekadische Logarithmus der Wasserstoff-Ionenkonzentration: $pH = -^{10}\log H^+$
Die pH-Skala reicht von pH 1 (stark sauer) über pH 7 (neutral) bis pH 14 (stark alkalisch).
Puffer
sind Substanzgemische, deren pH-Wert in wässrigen Lösungen recht unempfindlich gegen Säure- oder Basenzusatz ist.
Redox Potential
= Oxidations-Reduktionspotential, ein Maß für die oxidierende (s. Oxidation) bzw. reduzierende (s. Reduktion) Wirkung eines Redox-Systems. Es sei an dieser Stelle auf den ausgezeichneten Artikel von KRAUSE (1972) = Aquarienmagazin Heft 6, S. 90-94, verwiesen, der viele Details über diese Problematik enthält.
Redox-System
Eine Lösung, z. B. Aquarienwasser, in der durch Elektronenübergänge ein Stoff (Stoffe) reduziert und gleichzeitig ein anderer (andere) oxidiert wird (werden).
Reduktion
= Elektronenaufnahme. Im ursprünglichen engeren Sinne verstand man unter Reduktion den Entzug von Sauerstoff aus einer chemischen Verbindung. Im elektrochemischen Sinne besteht das Wesen der Reduktion in der Zufuhr von Elektronen durch das Reduktionsmittel. Diese führt zu einer Verminderung der positiven Wertigkeitsstufe des zu reduzierenden Stoffes. Jede Reduktion ist mit einer Oxidation gekoppelt.
rH-Einheit
stellt den negativen Logarithmus desjenigen Wasserstoffdruckes dar, mit dem eine Platin-Elektrode beladen sein müßte, um eine der betreffenden Lösung entsprechende Reduktionswirkung hervorzurufen. Mit der rH-Einheit kann man die Oxidations- bzw.

Das Aquarium

Reduktionsfähigkeit einer Lösung eindeutig bezeichnen. Die Redoxskala ist in 42 rH-Einheiten aufgeteilt, wobei für den Aquarianer der Bereich zwischen rH 27 bis 32 interessant ist (siehe KRAUSE, Aquarienmagazin Heft 6: S. 90-94, 1972).

Säure
Stoff, der in wässriger Lösung positiv geladene Wasserstoff-Ionen (H^+ - Ionen) bilden kann. Färbt blaues Lackmus-Papier rot.

Seewasser
ist Wasser mit einem Salzgehalt ab 30°/oo. Hauptbestandteil der gelösten Salze ist Natriumchlorid NaCl (Kochsalz). Die Salzkonzentrationen sind in den einzelnen Meeren unterschiedlich: Nordsee 35°/oo, Atlantik 36°/oo, Pazifik 35°/oo, Mittelmeer 37,5°/oo, Rotes Meer 40°/oo.

SBV
Säurebindungsvermögen (s. Seite 29/30).

Wasser
Eine bei gewöhnlicher Temperatur geruch- und geschmacklose Flüssigkeit, die bei 0° C zu Eis erstarrt und bei 100° C unter Bildung von Wasserdampf siedet. Wasser besteht aus zwei Atomen Wasserstoff und einem Atom Sauerstoff (H_2O).

Zwei kämpfende Cichliden-♂♂ (*Pseudotropheus estherae* - S. 763). Das schwächere Tier mußte aus dem Becken entfernt werden, da es vom stärkeren gebissen wurde.

Beleuchtung

Die Aquarienbeleuchtung

Lampentypen:

1. **Leuchtstofflampen.** Ihre Leuchtkraft richtet sich stark nach dem Reflektor (Leuchtkasten). Ideal wäre ein verspiegelter Leuchtkasten oder wenigstens einer, der innen weiß ist. Steht nur ein innen dunkler Leuchtkasten zur Verfügung, kann man in diesen leicht Alufolie einkleben. Das verbessert die Lichtausbeute um bis zu 50%. Einige Leuchtstofflampen gibt es auch in verspiegelter Ausführung zu kaufen.
Die Brenndauer der Leuchtstofflampen liegt bei ca. 5000-7000 Std., während dieser Zeit nimmt die Lichtintensität aber ständig ab. Deshalb müssen Leuchtstofflampen bei zwölf- bis sechzehnstündiger Brenndauer täglich nach spätestens einem Jahr ausgewechselt werden. Wundern Sie sich nicht, wenn Ihre Pflanzen im Licht einer ausgedienten Leuchtstofflampe kümmern. Nach bereits sechs Monaten Brenndauer sind nur noch 50% der ursprünglichen Leuchtkraft vorhanden.
Leuchtstofflampen sind jedoch wegen ihres sparsamen Stromverbrauches, der geringen Wärmeentwicklung und der recht gleichmäßigen Ausleuchtung eines Aquariums allen anderen Lichtquellen vorzuziehen.

Tabelle Leuchtstofflampen

Aquarium		Passende Lampe	Watt	Benötigte Anzahl der Röhren
Länge in cm	Liter Inhalt ca.	Länge in mm		
30	12	212	6	1
40	25	288	8	1-2
50	35	438	15	1
60	65	517	13	2
70	100	590	20	2
80	110	720	16	3
100	180	895	30	3
110	220	970	25	4
130	325	1200	40	4
160	480	1500	65	4

Technik und Zubehör

Die Lichtfarbe
Die vor etwa 25 Jahren aufgekommenen violetten Pflanzenlichtlampen vermitteln dem Betrachter einen schaurig-schönen bis kitschigen Eindruck der Unterwasserwelt. Besonders rote Fische sehen sehr eindrucksvoll knallrot aus. Diese Lampenfarbe (Grolux, Silvania 77) ist für sich allein als Aquarienbeleuchtung wenig geeignet, zumindest nicht für guten Pflanzenwuchs. Schmieralgen wachsen dagegen prächtig. Diese Leuchtstoffröhren lassen sich jedoch wegen ihres hohen Rot- und Blauanteils im Lichtspektrum vorteilhaft mit Tageslichtröhren (Farbe 15, 22 und 25) kombinieren. PAFFRATH empfiehlt die Lichtfarben 36, 39 und die True-Lite-Röhre. Außerdem sind OSRAM 41, PHILIPS 82 und Triton empfehlenswert.

2. Glühlampen sind für kleinste Becken immer noch die preisgünstigste Lichtquelle bei der Anschaffung. Ihr hoher Rot- und Blauanteil im Spektrum läßt auf Dauer jedoch ein optimales Wachsen der Pflanzen nicht zu.

3. Preßkolbenlampen (Punktstrahler). Damit lassen sich besonders schöne Lichteffekte erzielen. Die Lampen haben jedoch keine lange Lebensdauer und sind daher im Gebrauch teuer. Unbestreitbar von Vorteil ist das individuelle Anbringen in Lichtpendeln über dem Aquarium. Zudem lassen sie sich leicht über einen Dimmer schalten. Es sollten nur Kaltlichtlampen, z. B. OSRAM Concentra PAR-EC-COOL, verwendet werden!

4. Quecksilberdampf-Hochdrucklampen mit Leuchtstoff (HQL). Diese Lampen wurden in den letzten Jahren besonders in Pendelleuchten verwendet. HQL-Licht hat jedoch für Pflanzen auf Dauer ein ungünstiges Spektrum, was sich beim Algenwachstum negativ bemerkbar macht. Gute Erfahrungen wurden jedoch mit OSRAM HQL-R 80 W DE LUXE gemacht.

5. Quecksilberdampf-Hochdrucklampen mit Halogen-Metalldampf (HQI). Diese werden in besonders hohen Räumen, z. B. Lagerhallen, aber auch in Gewächshäusern eingesetzt. Die hohe Lichtausbeute bei gleichzeitig relativ niedriger Wattleistung ermöglicht einen von den Stromkosten her rationellen Einsatz auch in größeren Aquarien (etwa ab 1 m Länge). Es gibt Birnen mit 60, 80, 125 und 250 Watt Leistung. Diese Lampen lassen sich nicht in handelsüblichen Lampenpendeln unterbringen. Es werden hierfür ein Vorschaltgerät und spezielle Lampenschirme benötigt. Beim Einschalten dieser Lampen erlebt man eine Überraschung: Zunächst glimmen sie nur, entfalten aber innerhalb von wenigen Minuten ihre gleißende Helligkeit.

Beleuchtung

Man rechnet bei einer Wassertiefe
von 50 cm = 1,8 Watt auf 1 cm Beckenlänge;
von 60 cm = 2,5 Watt auf 1 cm Beckenlänge.

Tabelle Quecksilberdampf-Hochdrucklampen (HQI)			
Wassertiefe in cm	Beckenlänge in cm	Wattzahl einer Birne	Anzahl der Lampen
40	100	60	2
50	130	80	3
60	160	125	3
60	200	125	4

Wieviel Licht brauchen Pflanzen?

Die tägliche Beleuchtungsdauer sollte 12-14 Stunden betragen.

Etwas länger schadet nicht; kürzere Zeiten hemmen das Pflanzenwachstum.
Ein Aquarium sollte unabhängig vom Tageslicht aufgestellt werden. Die Pflanzen stammen fast alle aus tropischen Gebieten (auch die gezüchteten) und sind daher an gleichbleibende Verhältnisse gewöhnt. Für die Fische ist die Beleuchtungsdauer nicht von ausschlaggebender Bedeutung. Hier würden 8 -10 Stunden täglich reichen. Eine zu schwache Beleuchtung, dafür von längerer Dauer, kann eine kürzere, starke Beleuchtung nicht ersetzen! Bei zu langer, starker Beleuchtung entwickeln sich oft Grünalgen. Die Beleuchtungsdauer muß daher reduziert werden. Wenn das Licht abends um zehn Uhr erlischt und morgens um sechs Uhr angeht, so bietet sich an, über Mittag eine Pause von ein bis zwei Stunden einzulegen (über eine Lichtschaltuhr). Das schadet Pflanzen und Fischen erwiesenermaßen nicht - und die Algen verschwinden.

Beleuchtungsstärke (Lichtmenge)

Diese ist abhängig von der Art der Pflanzen, die wir pflegen wollen, von der Beckengröße, vom Lampentyp und vom Standort. Gehen wir zunächst vom Normalfall aus:
Becken: 60 x 30 x 24 cm; Standort: weit vom Fenster entfernt; Lampenart: Leuchtstoffröhren; Pflanzen: schnellwüchsige Arten.

Nach der Formel (PAFFRATH): 1 Watt auf 2 Liter Beckenvolumen

Technik und Zubehör

benötigen wir für das 40-l-Becken ca. 20 Watt Lichtstärke bei Leuchtstofflampen.
Es gibt zwar 20 Watt Leuchtstoffröhren, aber die sind 59 cm lang - also wegen der Fassungen zu lang für das von uns gewählte 60 cm Becken. Die nächstkleinere Lampe ist eine 13 Watt Röhre von ca. 52 cm Länge. Hiervon nehmen wir zwei Stück und haben damit 26 Watt, was etwas mehr ist als geplant. Aber mehr Licht ist besser als zu wenig. Die Lichtintensität von Leuchtstoffröhren nimmt ohnehin innerhalb weniger Monate ab.
Die Berechnung der Lichtmenge nach der vereinfachten Formel

> 1 Watt auf 2 l Wasser

bezieht sich auf Becken mit max. 50 cm Höhe.

Alle Formeln und Tabellen treffen in Ausnahmefällen und besonders für den eigenen Fall manchmal nicht zu. Deshalb werden hier für den Interessierten noch einige zusätzliche Hinweise gegeben:
Die Lichtmenge mißt man in Lux.
1 Lux ist die Lichtmenge, die eine Lichtquelle von 1 Watt auf einer 1 Meter entfernten 1 qm großen weißen Fläche erzeugt.
Das tropische Tageslicht hat bis zu ca. 100 000 Lux, gemessen am Mittag ohne Wolken.
Bei Bewölkung und unter Bäumen geht dieser Wert auf ca. 10 000 Lux zurück. Je nach Wassertrübung und Wassertiefe empfangen die Wasserpflanzen dann noch Werte zwischen 50 und 5000 Lux (unter Bäumen). Im direkten Sonnenlicht können das aber auch die oben angeführten 100 000 Lux sein!
Pflanzen sind an die Lichtmenge sehr anpassungsfähig. Zuviel Licht können wir ihnen praktisch nicht bieten, wohl aber zu wenig!
Oberflächenpflanzen brauchen grundsätzlich viel Licht (ab 2 000 Lux): *Eichhornia*, *Salvinia*, *Pistia*, Riesenvallisnerien, *Nuphar* u. a. Wasserrosen, ausgenommen Wasserfarn (*Ceratopterus*) der mit ca. 1000 Lux auskommt.
Pflanzen des mittleren Wasserbereichs wachsen am besten im Aquarium bei 800 bis 1 800 Lux.
Bodengrundpflanzen und Cryptocorynen brauchen wenigstens 100 Lux, besser bis 250 oder sogar 300 Lux.
Messung der Lichtmenge
Ein Luxmeter wäre das Beste, um die Lichtmenge im Aquarium zu messen. Es gibt Geräte im Zoofachhandel (z. B. Sander).
Der Belichtungsmesser vom Fotoapparat ist ein guter Ersatz. Die folgende Tabelle (vom Lunasix-Belichtungsmesser) dient als Umrechnungshilfe:

Beleuchtung

Tabelle Lux/Beleuchtungszeiten					
Lux	Blende	Zeit sec.	Lunasix-skala	Lichtwert bei 18° DIN 50 ASA	Eignung der Lichtmenge für Wasserpflanzen
19	2,8	2	8	2	Zu schwaches Licht
38	2,8	1	9	3	Cryptocorynen und andere weniger lichtbedürftige, anpassungsfähige Pflanzen
75	2,8	1/2	10	4	
150	2,8	1/4	11	5	
300	2,8	1/8	12	6	Pflanzen im mittleren Wasserbereich; untere Lichtbedarfsgrenze
600	2,8	1/15	13	7	
1200	2,8	1/30	14	8	
2400	2,8	1/60	15	9	Oberflächenpflanzen im Aquarium
4800	2,8	1/125	16	10	
9500	2,8	1/250	17	11	Pflanzen in der Natur
19000	4	1/250	18	12	
38000	5,6	1/250	19	13	
75000	8	1/250	20	14	Tageslicht bei greller Sonne

Die Messung mit dem Belichtungsmesser ist also genauso einfach wie mit dem Luxmeter. Die einzige Schwierigkeit liegt in der Wasserundichtigkeit der Meßgeräte. Ideal wäre ein Unterwasser-Belichtungsmesser, wie ihn Taucher benutzen. Dieser wird den meisten Aquarianern nicht zur Verfügung stehen, so daß nachfolgend die Benutzungsanweisung mit einem normalen Belichtungsmesser gegeben wird:
Der Belichtungsmesser wird in einen Plastikbeutel gesteckt, den man wasserdicht verschließt. Dann mißt man am Bodengrund die von der Aquariumbeleuchtung auftreffenden Lichtstrahlen. Wem das zu umständlich und wegen des Belichtungsmessers unter Wasser zu risikoreich ist, der mißt außen an der Aquariumscheibe dicht über dem Bodengrund. Die Lichtstrahlen werden mittels eines im Becken angebrachten Spiegels reflektiert,(Zeichnung b).

Technik und Zubehör

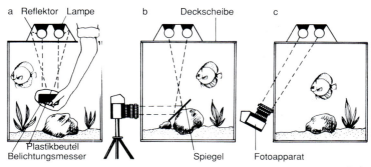

Wem sich auch diese Spiegelmethode als zu kompliziert erweist, der messe schräg gegen die Wasseroberfläche und teile die angegebenen Werte durch zwei bis drei, je nach Glasstärke. Dieses Verfahren ist zwar recht ungenau, gibt aber doch einen Anhaltspunkt ob die Lichtmenge in Bodengrundnähe ausreichend ist, s. Zeichnung c.

Quarzlampen und Leuchtstofflampen erfüllen unterschiedliche Aufgaben:
Für flache Becken ist die Leuchtstofflampe besser geeignet und für hohe Becken ab 60 cm die lichtbündelnde Quecksilberdampf-Hochdrucklampe (HQI).

Beleuchtung

Die Beleuchtungsregelung
Wie zu Anfang dieses Kapitels gesagt wurde, soll die Beleuchtungsdauer täglich regelmäßig 12 - 14 Stunden betragen. PAFFRATH empfiehlt sogar bis zu 16 Stunden. Pünktlich und sicher geschieht das Ein- und Ausschalten der Beleuchtung durch eine Schaltuhr. Stellen Sie die Schaltuhr so ein, daß das Licht eine halbe Stunde vor der Morgenfütterung angeht; der Zeitpunkt des Ausschaltens kann den jeweiligen Gewohnheiten angepaßt sein. Doch sollte das Licht erst frühestens eine halbe Stunde nach der letzten Fütterung ausgeschaltet werden. Mit dem Lichtausschalten füttern Sie gleich die Bodenfische (Welse), die oft nur während der Dunkelheit Nahrung aufnehmen. Die Schaltuhr kann auch mit einem Futterautomaten gekoppelt sein, wenn an eine derartige Anschaffung für die Urlaubszeit gedacht ist.

Dimmer
Nicht nur eine hübsche Spielerei sind Lichtstärkeregler, die allerdings für Glühlampen wesentlich einfacher einzubauen sind als für Leuchtstofflampen. Doch auch dafür gibt es Möglichkeiten. Fragen Sie am besten einen Elektriker. Die Lichtstärkeregelung zaubert am Abend gemütliche Effekte in ein Wohnzimmer. Die tagaktiven Fische ziehen sich bei gedrosseltem Licht auf ihre Schlafplätze zurück und die nachtaktiven Tiere erwachen aus ihrem Tagschlaf. Mit Futtertabletten lockt man sie aus ihren Höhlenverstecken hervor und hat die Möglichkeit, bei abgedunkeltem Licht diese Fischarten hervorragend beobachten zu können. Ein Dimmer ist also schon eine nützliche Anschaffung.

Beleuchtung an heißen Sommertagen
Die Transformatoren der Leuchtstofflampen entwickeln eine beachtliche Wärme, die das Aquariumwasser zusätzlich aufheizen. An Sommertagen kommt es daher häufig zu einer Erwärmung über 30° C hinaus, obwohl der Temperaturregler und damit die Heizung ausgeschaltet ist. An solchen Tagen sollte die Beleuchtung ausgeschaltet werden, denn zu dem starken Aufheizen tritt auch eine Verknappung des Sauerstoffs im Luftraum zwischen Wasseroberfläche und Lampenkasten ein, unter welchem besonders Labyrinthfische zu leiden haben. Deshalb sollte man für eine Luftzirkulation über der Oberfläche sorgen, indem man den Leuchtkasten anbohrt: seitliche Löcher von ca. 3 cm Durchmesser haben sich am besten bewährt. Einige Leuchten sind auch bereits mit vorgestanzten Löchern versehen. Man kann auch die Transformatoren (Drosseln) der Leuchtstofflampen aus dem Lichtkasten ausbauen, um die Wärmeentwicklung über dem Becken zu mindern.

Technik und Zubehör

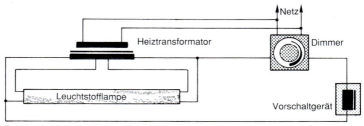

Schaltschema zum Dimmen des Lichtes der Leuchtstofflampen.

Noch ein Wort zum Lichtbedarf: je höher der Nitratgehalt (Verschmutzungsgrad) im Wasser, desto höher wird der Lichtbedarf einer Pflanze. Es kann also sein, daß in einem Becken eine bestimmte Pflanze bei wenig Licht wächst (Nitrat unter 10 mg/l) und in einem anderen Becken bei viel Licht nicht. Ein Düngen der Pflanze würde sie auch im letzteren Fall nicht besser wachsen lassen. Das Nitrat muß durch einen Wasserwechsel oder durch biologischen Abbau im Filter/Bodengrund heraus.

Für solch ein hohes Becken mit 80 cm Wasserstand sind nur HQI-Lampen geeignet. In diesem Becken wachsen die Pflanzen über die Wasseroberfläche hinaus, da keine Abdeckscheibe vorhanden ist.

Heizung

Die Heizung im Aquarium

Jedes Lebewesen braucht Nahrung und Wärme. Das eine mehr, das andere weniger. Tropische Fische brauchen mehr Wärme als unsere einheimischen, denn ihr Organismus ist den tropischen Wärmeverhältnissen in Jahrmillionen angepaßt.
Fische sind im Gegensatz zu Säugetieren und Vögeln keine Warmblüter, sondern wechselwarme Tiere. Ihr Organismus paßt sich der Außentemperatur an. Der Grund dafür ist u. a. im Aufbau des Herzens zu suchen. Bei den wechselwarmen Tieren (Fische, Reptilien, Amphibien) gibt es keinen getrennten arteriellen und venösen Blutkreislauf. Die Lebensfunktionen, wie z. B. die Futteraufnahme und der Stoffwechsel, sinken mit fallenden Temperaturen.
Wir müssen diesen Tieren also die ihnen zusagende Temperatur in ihrem Lebensbereich bieten. Glücklicherweise gibt es für die allermeisten Arten einen Mittelbereich, in dem sich alle (noch oder schon) wohlfühlen. Bei tropischen Fischen liegt dieser Bereich bei 24 - 26° C; einheimische Fische halten sich am besten bei 12 - 20° C; Goldfische bei 16 - 20° C; Schleierschwänze (Zuchtformen) bei 18 - 22° C; ausgesprochene Kaltwasserfische aus Gebirgsbächen (Forellen usw.) bei 8 - 12° C; tropische Arten aus Gebirgsbächen vertragen ebenfalls geringere Temperaturen von 15 - 20° C.
Bei der Auswahl der Fischarten für ein Gesellschaftsaquarium sollte man die Temperaturbedürfnisse der verschiedenen Arten in jedem Fall berücksichtigen. Zu geringe Temperaturen schaden den Tieren mehr als zu hohe. Letztere beeinträchtigen jedoch häufig Lebensdauer, Fruchtbarkeit und Farbenpracht der Fische.
Die Temperaturschwankungen im Naturbach sind geringer als man allgemein annimmt. Schon in einer Wassertiefe von 20 cm ist der Tag/Nacht-Unterschied eines Baches oder stehenden Gewässers nur 1 - 2° C. Ausnahme bilden Schlechtwetterzeiten, während der sich die Fische auch in der Natur unwohl fühlen. In Brasilien gibt es z. B Kaltluftperioden, bei denen Millionen von Fischen umkommen.
Im Aquarium können wir den Fischen stabile Temperaturverhältnisse bieten. Ein Regler sorgt für stets gleichbleibende Temperaturen. Die vielfach verbreitete Meinung, die Temperatur müsse sich dem tageszeitlichen Rhythmus anpassen, ist nicht aufrechtzuerhalten. Fische, die nachweislich 10, ja sogar 20 Jahre im Aquarium lebten, sind Beweis dafür. Diese Fische hätten in der Natur wesentlich geringere Lebenschancen.

Technik und Zubehör

Aquarium und Strom

Wasser und Strom zusammen sind im Haushalt normalerweise gefährlich. Wer mit der stromführenden Phase des Leitungsnetzes und mit einem Erdleiter in Berührung kommt, erleidet einen elektrischen Schlag. Das Aquarium jedoch ist eine elektrische Einheit für sich. Aus diesem Grund soll man ein Aquarium auch nicht erden. Das führt dann zu einer lebensgefährdenden Situation, wenn eine stromführende Phase das Aquariumwasser unter Strom setzt. Werden Wasser und der geerdete Aquariumständer gleichzeitig angefaßt, so schließt sich der Stromkreislauf durch den Körper.

Normalerweise entsteht ein Kurzschluß im Aquarium durch die elektrischen Geräte wie Heizer - Regler - Lampe nur dann, wenn diese schutzgeerdet sind, d. h. über drei Pole (Schukostecker) verfügen. Bei einem Defekt springt entweder die Sicherung oder noch eher der Schutzschalter* am Sicherungskasten heraus - sofern auch die Stromleitung dreipolig ist (in allen Neubauten ab etwa 1955). Bei zweipoligen Geräten schmort bei einem Defekt meist erst der Heizer, ehe es zu einem Kurzschluß kommt. In einem Becken mit sehr weichem Wasser, das wenig leitfähig ist, wird es daher eine ganze Weile dauern, bis der Schaden bemerkt wird.

Sofern man aber ins Wasser faßt und dabei über Ledersohlen und Steinfußboden Kontakt zur Erde herstellt, kann es schon einen heftigen elektrischen Schlag geben. Zum Glück schützen Gummisohlen, Holz- oder Kunststoffboden, ein Teppich oder weiches Wasser vor dem vollen Stromschlag. Besser ist es auf jeden Fall, sich nicht auf das Glück zu verlassen, sondern ein schutzgeerdetes gerät zu kaufen. Heizgeräte mit Niedervoltspannung (z. B. Dupla, Bielefeld) geben eine hundertprozentige Sicherheit vor Stromschlägen. Leider sind die erforderlichen Trafos teuer und schwer. Man achte streng darauf, nur geprüfte Geräte zu kaufen. Diese müssen das VDE- oder GS-(geprüfe Sicherheit)-Zeichen am Gerät selbst tragen. Am Stecker allein genügt das Zeichen nicht.

Verschiedene Heizersysteme

Der Stabheizer

Der Aquariumheizer ist weithin als sandgefülltes Glasrohr mit einer Heizspirale bekannt.

Der Heizwiderstanddraht wird um ein hitzebeständiges Röhrchen aus Keramik/Porzellan/Schamott gewickelt. Dieser Heizkörper steckt in einem Glasrohr aus hitzebeständigem Glas und wird mit feinstem Quarz- oder Seesand umhüllt, um die Temperatur des Widerstanddrahtes gleichmäßig zu verteilen.

* Fl-Schalter

Heizung

Diese Stabheizer gibt es in unterschiedlichen Wattstärken von 10 - 500 Watt. Der Vorteil dieser Heizer ist ihr geringer Preis. Der Nachteil ist in den relativ hohen Oberflächentemperaturen bei geringer Heizkörperoberfläche zu suchen.

Der Regler
Ein Aquariumthermostat ist eine simple Sache. Er nimmt uns über Jahre die Aufgabe ab, ständig darauf zu achten, ob der Heizer ein- oder ausgeschaltet ist. Verschiedene Typen stehen zur Auswahl: Neben den teuren Quecksilber-Kontakt-Thermometern mit Schaltrelais sind das vor allem preisgünstige Bimetallregler.

Wie funktioniert ein Regler?
Bei Erwärmung dehnt sich der Bimetallstreifen nach außen aus - der Stromkreis öffnet sich. Bei Abkühlung krümmt sich die Bimetallfeder wieder nach innen und der Stromkreis schließt sich - die Heizung beginnt zu arbeiten. Bimetall ist ein Metallstreifen aus zwei verschiedenen Metallschichten, die sich bei Temperaturveränderung unterschiedlich stark ausdehnen oder zusammenziehen. Diese Art Regler ist in fast allen Reglerheizern des In- und Auslandes eingebaut. Will man mehrere Heizer an einen Regler anschließen, so ist ein einfacher Regler dem Reglerheizer vorzuziehen. Ein Regler, unabhängig vom Heizer, hat zudem den Vorteil, daß bei einem Defekt des Heizers nur dieser erneuert zu werden braucht. Bei mehreren Heizern ist die Wattschaltleistung des Reglers zu beachten.
Es sollte immer nur ein Regler oder Reglerheizer mit einer gut dichtenden Kunststoff-/Silikonkappe gekauft werden. Auf dem Gerät muß vermerkt sein "Auch untergetaucht zu verwenden" o.ä. Es gibt eine Reihe ausländischer Fabrikate, die nicht vollständig dicht, sondern nur gegen Spritzwasser geschützt sind. Davon ist im Interesse der eigenen Sicherheit abzuraten.

Der Reglerheizer
Das am häufigsten verwendete Heizgerät ist ein kombinierter Regler (Bimetallthermostat) mit Heizer in einem Glasrohr. Die meisten Geräte sind "stehend" zu verwenden. In Europa werden gut abgedichtete Geräte verkauft, die man auch im Wasser untergetaucht verwenden kann. In den USA und Japan z. B. werden auch solche Geräte angeboten, die nur eine Kappe mit Regeleinrichtung aus Hartplastik haben, durch die schnell einmal Wasser eindringen kann. Verwenden Sie nur ein Gerät, das sehr gut abgedichtet ist und ein Untertauchen unter den Wasserspiegel vertragen kann.

Technik und Zubehör

Die Heizgeräte sind dauerhaft und nahezu unbegrenzt haltbar - nur darf man mit dem Glasrohr nicht an die Beckenkante schlagen, auch darf man das Gerät nicht eingeschaltet lassen, wenn man es über Wasser hält.

Beim Saubermachen geschieht es häufig, daß das Heizrohr beim Wasserabsaugen platzt. Machen Sie es sich zur Regel, den Heizer bzw. Reglerheizer aus der Steckdose zu ziehen, bevor Sie Wasser absaugen.

Die Temperatur wird mittels des üblichen Bimetallreglers eingehalten. Dieser schaltet den Heizstrom bei einer höheren Temperatur als der eingestellten ab und bei einer niedrigeren wieder ein. Eine Schwankungsbreite von 1 - 2° C ist für die Beckenbewohner nicht schädlich. Reglerheizer sind meistens mit einer Glimmlampe ausgerüstet zur Kontrolle, ob der Heizer eingeschaltet ist. Diese Lampe leuchtet auf, wenn der Heizer arbeitet.

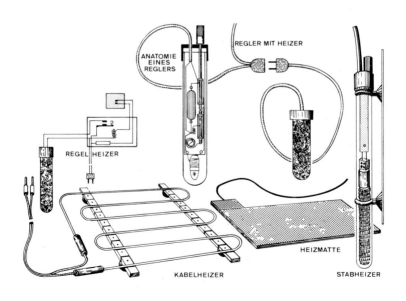

Heizung

Der Bodengrundheizer
Heizkabel in den Bodengrund zu verlegen, ist eine in der Terraristik altbekannte Methode. Für das eingerichtete Aquarium ist sie zu umständlich, denn das mehrere Meter lange, dünne Kabel in den Bodengrund zu drücken, ist nicht jedermanns Sache.
Bei Neueinrichtung eines Beckens ist der Kabelheizer schon einfacher zu verlegen. Die von Dupla entwickelten Niedervolt-Kabelheizer arbeiten mit 42 Volt (und Trafo). Das Kabel läßt sich über der Bodenscheibe in zwei Ankerleisten verlegen und mittels Silikonsaugern an der Bodenscheibe befestigen. Darüber wird Aquarienkies geschichtet.

Der Außenbodenheizer (Heizmatte)
Obwohl Glas kein guter Wärmeleiter ist, werden heute Bodenheizer außen angebracht. Eine Heizmatte mit geringer Wattstärke und großer Oberfläche, möglichst so groß wie der Boden des Aquariums, soll den Pflanzenwuchs fördern, die Stromkosten senken und die elektrische Sicherheit im Aquarium erhöhen. Aber wegen ihres hohen Preises wird die Heizmatte so schnell keine Chance haben, den viel billigeren Stabheizer zu verdrängen. Besonders dem Pflanzenwuchs kommen Kabelheizer und Heizmatte zugute. Die Heizmatte hat jedoch gegenüber dem Kabelheizer den Nachteil, daß sie eine relativ hohe Außentemperatur entwickelt und diese durch die isolierende Glasbodenscheibe abgeben muß. Dabei ergeben sich Temperaturgefälle zwischen der untersten Kiesschicht und dem Wasser von bis zu 5° C. Beim Kabelheizer im Kies ist das nicht der Fall.

Elektronische Wärmeregelung
In zunehmendem Maß werden kleine elektronische Schaltkästen verwendet, um die Temperatur im Aquarium zu regeln. Diese Methode ist verschleißfrei und hat den Vorteil der unbegrenzten Haltbarkeit und Genauigkeit. Über einen winzigen, nur streichholzgroßen Fühler wird die Temperatur im Aquarium abgetastet und über einen Halbleiter automatisch die Leistung des Heizers gesteuert. Leider sind diese elektronischen Thermostate noch teuer, zudem muß man bei einigen Geräten die Heizerstecker abschneiden und über die Lüsterklemmen des Reglers anschließen.

> **Heizleistung**
> In geheizten Räumen soll die Leistung des Heizers $1/3 - 1/2$ Watt pro Beckenliter sein.

Technik und Zubehör

In ungeheizten Räumen kann sie bis zu 1 Watt pro Beckenliter betragen. Es ist gut, einen zweiten (billigen) Heizer in Reserve zu halten für den Fall, daß ein Defekt auftritt oder für ein Quarantänebecken. Bei einem evtl. Stromausfall ist ein Absinken der Temperatur auf 20 - 18° C im Aquarium gerade noch vertretbar. Sollte sich der Stromausfall aber mehr als 15 Stunden hinziehen, muß etwas geschehen, um die Fische vor dem Kältetod zu retten. Ein Eimer voll heißes Wasser in das Becken gegossen oder eingetaucht (umgekehrtes Wasserbad), wobei vorher die gleiche Menge des abgekühlten Beckenwassers herausgenommen werden muß, hilft natürlich nur vorübergehend und auch nur bei kleinen bis mittleren Aquarien.

Thermometer

Eines der preiswürdigsten, aber wichtigsten kleinen Geräte für das Aquarium ist das Thermometer. Es sollte ein geprüftes sein, am besten ein Schwimmthermometer mit einem guten Haftsauger aus Silikon. Bei dem täglichen Ablesen der Temperatur sollte der Pfleger sich angewöhnen, den Handrücken gegen die Beckenscheibe zu halten. Auf diese Weise bekommt er mit der Zeit ein Gefühl für die richtige Temperatur- auch wenn das Thermometer einmal verschwunden oder zerbrochen ist. Die Heizgeräte sind dauerhaft und nahezu unbegrenzt haltbar. Quecksilberthermometer sind für Aquarien ungeeignet, da sie bei Bruch hochgiftig für die Fische werden.

Aufklebbare Flüssigkristallthermometer kommen immer mehr in Mode. Die sich auf der Skala verändernden Farben zeigen zwar die Temperatur hinreichend genau an, sind aber nicht immer gut abzulesen. Ihre Verwendung ist Geschmacksache. Ein großer Vorteil ist jedoch die Unzerbrechlichkeit.

Filterung

Die Filterung
Ein guter Filter erfüllt mehrere Aufgaben im Aquarium:
1. Mechanische Filterung
   (alle Filtertypen)
2. Biologische Filterung
   (alle größeren Filter mit geeignetem Filtermaterial, insbesondere Bodenfilter und Biofilter)
3. Chemische Filterung
4. Sauerstoffanreicherung
   (alle Filter mit ausreichender Leistung)
5. Oberflächenbewegung
6. Strömungserzeugung
   (Filter mit hoher Leistung)

Die Filtergröße wird in erster Linie der Größe des Aquariums, der Fischzahl und damit der Menge des anfallenden Schmutzes anzupassen sein. Im allgemeinen gilt: Je größer, desto besser. Für Pflanzenaquarien trifft das jedoch nicht zu. Diese sollten eher schwach gefiltert und dafür nur sehr sparsam mit Fischen besetzt werden!

Die Filterleistung soll sich nach den gleichen Kriterien, an erster Stelle jedoch nach dem Volumen des Beckens richten. Ein schwach besetztes 100-Liter-Becken (weniger als 1 cm Fischlänge auf 5 Liter Wasser) kann ohne weiteres mit einem Filter schwächerer Leistung auskommen als ein 60 Liter Becken mit starker Besetzung (1 cm Fischlänge auf 1 Liter Wasser). Als Faustregel sollte das Filtervolumen so groß wie möglich sein und die Leistung pro Stunde etwa der Hälfte des Beckeninhaltes entsprechen.

Tabelle Filterleistung für 100-Liter Becken			
Beckenbesetzung	1 cm Fischlänge auf x l Wasser	Filterleistung pro Std.	Filtervolumen minimum
schwach	5	50	500 ml
normal	2 - 3	100	1 l
stark	1	150	2 l
überbesetzt	0,5	über 200	4 l

Bei einem 50-l-Becken brauchen Leistung und Volumen nur halb so groß zu sein, bei einem 200-l-Becken doppelt so groß. Die Tabelle enthält nur Richtwerte, die bei der Auswahl eines Filters die Wahl erleichtern sollen.

Technik und Zubehör

Das Filtervolumen errechnet sich z. B. bei einem zylinderförmigen Körper (z. B. Schaumstoffpatronen) nach der folgenden Formel:
Radius zum Quadrat x 3,14 x Höhe

3cm x 3cm = 9cm x 3,14 x 15

also 424 cm³ I Inhalt = Volumen
hat eine solche Patrone.
Bei Filterbehältern mit rechteckiger oder quadratischer Bodenfläche ist die Berechnung:

Länge x Breite x Höhe = Volumen in cm³

Die Förderleistung eines Filters läßt mit zunehmender Verschmutzung sehr nach. Dieses Nachlassen ist auch abhängig von der Art der Filterpumpe. Luftbetriebene Pumpen sind bei Verschmutzung wesentlich anfälliger in der Leistung als Motorkreiselpumpen. Auf die einzelnen Filtertypen kommen wir gleich noch zu sprechen. Zunächst einmal wollen wir die Förderleistung eines Filters testen. Hierzu benötigen wir eine Stoppuhr oder Armbanduhr mit Sekundenzeiger sowie ein Meßglas (Labor-Meßzylinder oder Küchenmeßbecher).

Testen der Filterleistung

Der Meßbehälter wird unter Wasser getaucht oder in Höhe des Wasserspiegels über das Becken gehalten. Die Filteraustrittsöffnung wird genau in Höhe des Wasserspiegels oder nur ganz geringfügig darunter über den Meßbehälter gehalten. Dann stoppen wir mit der Uhr, wieviel Wasser in einer Minute (oder einen Bruchteil davon in den Meßbecher läuft:

   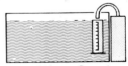

250 ml in 15 sec. bedeutet eine Leistung von 60l pro Stunde.
Bei hohen Förderleistungen und geringer Größe des Meßbehälters wird das Meßergebnis sehr ungenau ausfallen. Eine derartige Messung sollte daher mehrmals wiederholt werden. Die vorstehenden Hinweise sind auch nicht gegeben worden, um die Angaben der Filterhersteller zu prüfen, sondern um Filter ohne diese Angaben oder selbstgebaute "einzuordnen".

Filterung

Die gebräuchlichsten Filtertypen
1. Innenfilter
   a) Bodenfilter (nur bedingt geeignet)
   b) Schaumstoffpatronenfilter
   c) Plastikeckfilter
   d) Tauchkreiselpumpenfilter
   e) Biofilter
2. Außenfilter
   a) Kreiselpumpen-Topffilter
   b) Kastenfilter mit Motor oder Mammutpumpe

Aus dem vielfältigen Filterangebot (es gibt sicher über 100 Typen) das passende zu finden, dürfte einem Aquarianer-Neuling schwer fallen.
Hier einige Empfehlungen:

Für (Zucht)becken bis 40 Liter:
Schaumstoffpatronenfilter (z. B. Billi von Tetra) oder Kunststoff-Eckfilter, dazu eine Luft-Membranpumpe. Kleine Bodenfilter sind ungeeignet, denn der Schmutz muß mit der regelmäßigen Reinigung aus dem Becken heraus.

Für kleine bis mittlere Becken bis 80 Liter:
Schaumstoffilter (z. B. Brillant von Tetra)
Innenfilter verschiedenster Bauart
Kreiselpumpenfilter (z. B. Eheim Nr. 288, Fluval 101)
Außenfilterkasten mit Motor oder Mammutpumpe

Für mittlere Becken bis 150 Liter:
Tauchkreiselpumpe (z. B. Rena, Hagen)
Kreiselpumpen-Topffilter (z. B. Eheim Nr. 386, Fluval 202)
Schaumstoffpatronenfilter (z. B. Tetra Brillant-Super)

Für Becken ab 150 Liter:
Verschiedene Außenfilterfabrikate wie Eheim, Vita, Hagen; vom Beckenhersteller eingebaute Biofilter.

Für Großbecken ab 300 Liter:
Kreiselpumpen-Topffilter mit 500 Liter Leistung und darüber oder ein ins Becken eingebauter Biofilter und zur Wasserumwälzung eine starke Wasserförderpumpe (z. B. Tunze Turbelle).

Technik und Zubehör

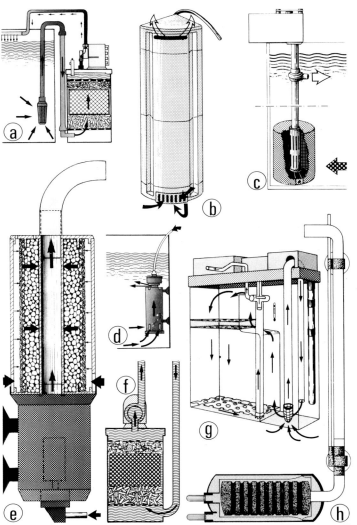

a Außenfilter (motorbetrieben) mit Düsen-Einspritzrohr; b Motor-Eckfilter; c Innenfilter (motorbetrieben); d Unterwasser-Motorfilter (Innenfilter); e Innen-(Maximal-) Filter; f Eheim-Topffilter; g Bio-Außenfilter; h Tetra Brillant-Filter

Filterung

Kehren wir zurück zum Ausgangspunkt dieses Kapitels. Jeder der vorgenannten Filtertypen erfüllt eine, mehrere oder gar alle Anforderungen, die an einen guten Aquarienfilter gestellt werden. In hohem Maße hängt die Erfüllung jedoch nicht vom Filter allein, sondern auch vom Filtermaterial ab.
Der bewährte biologische Filter wird an oder in einer Seitenwand (oder auch einer Rückwand) untergebracht.

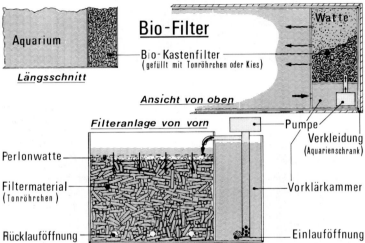

Solch einen Filter baut man am besten selbst oder kauft sich ein Becken, bei dem dieser bereits vom Hersteller eingebaut wurde. Diese Filter haben gegenüber dem Bodengrundfilter den wichtigen Vorteil der leichteren Reinigung, ohne daß das Becken ausgeräumt werden muß. Lediglich die Perlonwatte wäscht man wöchentlich aus. Die Tonröhrchen verbleiben ein Jahr oder länger im Filterkasten.

Die Aufgaben des Filters

1. Mechanische Filterung

Nahezu jedes Filtermaterial ist hierzu geeignet. Am praktischsten sind Perlonwatte und in großen Filtern Tonröhrchenabschnitte. Die Aufgabe des Filtermaterials besteht darin, die Schmutzpartikel des angesaugten Wassers festzuhalten. An der Ausflußseite des Filters soll klares Wasser hervortreten! Je nach Beschaffenheit des Materials werden feinste, feine oder auch nur grobe Schmutzpartikel festgehalten.

Technik und Zubehör

Neue, noch nicht "eingefahrene" Filter dienen zunächst einmal nur der mechanischen Filterung. Zu diesen Filtern zählen auch die sogenannten Schnellfilter, die in kurzer Zeit das Beckenwasser klären, z. B. Tunze Topffilter mit hoher Pumpenleistung, aber kleinem Volumen. Eine biologische Wasseraufbereitung findet in solchen Filtern nicht oder kaum statt. Zu den mechanischen Filtermaterialien gehört auch Aktivkohle, die infolge ihrer großen Porösität in der Lage ist, feinste Partikel, z. B. Farbstoffe, zu binden (adsorbieren). Dadurch ist Aktivkohle zum Entfernen von Giftstoffen aus dem Wasser gut geeignet. Im Falle einer medikamentösen Behandlung kranker Fische zur gleichen Zeit sollte die Kohle vorher entfernt werden. Bei längerer Anwendung von Medikamenten könnte die Kohle diese unkontrolliert wieder freigeben.

2. Biologische Filterung

Die Abbaustoffe der Fische (Urin, Kot) belasten das Aquariumwasser auf Dauer (s. Kap. Aquarienchemie). Dieser Tatsache wird allgemein nicht genügend Beachtung geschenkt, einfach deshalb, weil nichts Sichtbares passiert. Die giftigen Stickstoffverbindungen müssen durch Wasserwechsel aus dem Aquarium herausgebracht oder mittels geeigneter Filter und -materialien abgebaut werden. Dieser Abbau geschieht durch Bakterien: *Nitrosomonas* wandeln Ammoniak in Nitrit und *Nitrobacter* Nitrit in Nitrat um.* Die Bakterien können jedoch nur in geeignetem Filtermaterial mit großer Oberfläche und ausreichender Versorgung mit Sauerstoff existieren. Geeignete Filtermaterialien sind:

Bakterienresistenter Schaumstoff
Poriger Kies (Lavagestein)
Filterkohle (bedingt), diese kann nur 2 - 3 Wochen eingesetzt werden, dann ist sie verbraucht.

Ein schwach laufender Bodenfilter mit Kies von 3-5 mm Korngröße ist von der Oberfläche her der wirksamste biologische Filter. Nur sollte er nicht von oben her ansaugen, da die Poren dabei sehr schnell verschmutzen, sondern von unten her drücken. Das geht nicht nur mittels einer Kreiselpumpe, sondern auch mit der preisgünstigeren Mammutpumpe (Luftblasenförderpumpe).
Die Schichtstärke des Bodengrundes über der Filterplatte sollte wenigstens 5 cm betragen. In großen Topffiltern, die meist mit Kreiselpumpen betrieben werden, wird nur dann biologisch gefiltert, wenn die Filtermasse regelmäßig alle 2 - 4 Wochen gereinigt und dabei schonend vorgegangen wird. Klinische Sauberkeit (heißes Wasser) ist dabei allerdings von Nachteil.

* Siehe auch Kapitel Chemie, S. 35/36.

Filterung

3. Chemische Filterung (Wasseraufbereitung)

Die Filterung mit chemischen Wasseraufbereitungsmitteln ist streng genommen keine Filterung und gehört eher in das Kapitel "Chemie". Da die verschiedensten Wasseraufbereitungsmittel aber auch zusätzlich im Filtertopf angewendet werden (können), sollen diese Mittel hier Erwähnung finden.
Zu den chemischen Wasseraufbereitungsfiltermaterialien gehören u.a. die industriell erzeugten lonenaustauscher, wie z.b. Permutit und Levatit. Dem jeweiligen Verwendungszweck entsprechend, senkt das eine Material die Karbonathärte und das andere die Sulfathärte. Wiederum andere Austauscher binden sogar Nitrat.
Dem chemischen Filter sollte jeweils ein mechanischer vorgeschaltet werden, um das wertvolle Filtermaterial vor Verschmutzung zu schützen. Diese Filtermaterialien sind sehr teuer. Sie können jedoch mittels verschiedener Methoden regeneriert werden.
Bei der Geschirrspülmaschine ist uns dieser Vorgang mit Kochsalz bekannt (Regenerieren des karbonathärtebindenden Austauschers). Torf als Filtermaterial ist bisher noch weithin ungebräuchlich, da wenig bequem in der Anwendung. Zudem verfärbt Torf das Wasser bräunlich, was manchem nicht wünschenswert erscheint.
Torf hat aber als Filtermaterial so viele gute Eigenschaften, daß wir uns ihm etwas mehr widmen sollten:
Torf - hier ist guter Schwarztorf oder älterer Weißtorf, ungedüngt, gemeint - enthärtet das Wasser mit der für viele Fische zuträglichen Huminsäure. Um mit Torf eine Enthärtung durchzuführen, bedarf es je nach Wasserhärte reichlicher Geduld und häufigen Wechselns des Filtermaterials.
Um ein 100-l-Becken von 30° dGH auf 10° dGH zu bringen, braucht man 200 g trockenen Torf. In einen größeren Außenfilter gehen aber nur etwa 50 g hinein. Nach 2 - 3 Tagen bis zu einer Woche hat sich der Torf erschöpft und muß gegen neuen ausgetauscht werden.
Bei der Torffilterung wird chemisch Huminsäure abgegeben und Bikarbonat ausgefällt. Dadurch entstehen Enthärtung und gleichzeitig Ansäuerung - beides wünschenswerte Ziele der Wasseraufbereitung für viele Fischarten (s. Artenbeschreibungen). Bitte nicht für Afrikanische Cichliden verwenden.

Technik und Zubehör

4. Sauerstoffanreicherung und
5. Oberflächenbewegung

Bei Verwendung eines der gebräuchlichsten Filtertypen, dem Motoraußenfilter, erübrigt sich die Anschaffung einer Luftpumpe. Der vielfach bekannte und beliebte Ausströmerstein, der so schön Luftblasen erzeugt, fehlt also. Um das Aquarium mit Sauerstoff zu versorgen, bedarf es dieses Ausströmers nicht oder nur in besonderen Fällen, z. B. bei Außenfiltern einfacher Bauart.
Die Filteraustrittsöffnung wird so angebracht, daß sie die Wasseroberfläche ständig in Bewegung hält. Die Wasseroberfläche dient zum Gasaustausch: Sauerstoff wird aufgenommen und Kohlendioxyd abgegeben. Jedoch entweicht bei zu stark sprudelnder Oberfläche auch die als Pflanzendünger wichtige Kohlensäure. Die Oberfläche soll sich kreisend bewegen, Luftblasen brauchen nicht von einem starken Motorfilter ins Wasser "gerissen" zu werden. Schafft der Filter es aufgrund seiner geringen Leistung nicht, die gesamte Wassermenge im Becken umzuwälzen, so müssen wir zusätzlich einen Ausströmerstein in der entgegengesetzten Ecke des Filteransogs anbringen.
Die Anreicherung des Wassers mit Sauerstoff über die bewegte Wasseroberfläche geschieht aber nur dann, wenn sich darüber Sauerstoff befindet. Lüftungsöffnungen in der Lampenabdeckung und ausreichende Luftzufuhr zwischen Wasseroberfläche und Deckscheibe sind dafür Voraussetzung.

6. Strömungserzeugung

Die Wasserströmung ist sowohl für viele Fische als auch für Pflanzen wichtig. Außerdem beseitigt sie die unschöne Kahmhaut*, die durch Bakterien und Staub auf der Wasseroberfläche hervorgerufen wird. Eine ganze Reihe der bei uns gehaltenen Zierfische kommt aus strömungs- und sauerstoffreichen Gewässern. Diese Fische stehen gern im Filterstrom, warten auf Freßbares und kräftigen durch ständiges Schwimmen ihren Organismus. Pflanzen dient der Wasserstrom zum Heranführen von Nährstoffen, die teilweise direkt von den Blättern aufgenommen werden. Schließlich dient die Strömung dazu, die Wärme des Heizers im Becken zu verteilen und so Kalt- und Warmschichten zu vermeiden. Bei zu schwacher Wasserbewegung ist die untere Wasserregion häufig zu kalt; die Fische erkälten sich und die Pflanzen bekommen "kalte Füße" und wachsen nicht. Der Filter ist also auch wichtig, um im Wasser eine Temperaturumwälzung zu erzeugen.

* Zum Absaugen der Wasseroberfläche gibt es spezielle Filter im Handel.

Filterung

Zusammenfassung und wichtige Hinweise

Die mechanische und die biologische Filterung im Aquarium sind gleichermaßen wichtig.
Schmutz muß aus dem Aquarium heraus! Wassertrübung macht ein Becken unansehnlich!
Ein Filter braucht jedoch eine Anlaufzeit von einigen Tagen bis Wochen, ehe er richtig funktioniert. Die biologische Wasseraufbereitung im Filtermaterial hat sogar erst nach etwa 100 Tagen ihren Höhepunkt erreicht. Drei Monate braucht ein Filter also, um richtig "eingefahren" zu sein. In der Zwischenzeit ist er aber schon mehrere Male ausgewaschen worden, wobei "gutartige" Bakterienkulturen immer wieder zerstört wurden. Waschen Sie daher das Filtermaterial nie mit zu heißem Wasser! Ausnahme sind sterile Zuchtbecken. Lassen Sie immer einen Teil des alten Materials im Filter. So "impfen" Sie das neue Material gleich mit einem Teil des alten Bakterienbestandes. Die Entwicklung der Bakterien geht dann viel schneller.

Filterpflege ist Wasserpflege und Wasserpflege ist Fisch- und Pflanzenpflege. Ein gut gepflegter Filter ist schon der halbe Erfolg in der Aquaristik!
Es sollte schließlich noch erwähnt werden, daß Heilmittel, im Aquarium angewendet, die biologische Wirksamkeit des Filters mindern oder sogar vorübergehend unmöglich machen. Deshalb sollte nach einer Heilmittelanwendung ein nahezu vollständiger Wasserwechsel (fünf Sechstel) vorgenommen werden. Heben Sie vor der Heilmittelanwendung eine Handvoll des Filtermaterials und des Bodengrundes auf (in einem Eimer unter Wasser). Nach der Heilmittelanwendung und dem nachfolgenden Wasserwechsel reicht dieses Material, um den biologischen Kreislauf schnell wieder in Gang zu bringen. Aber Filterreinigung lesen Sie im Kapitel "Reinigung", S. 887.

Technik und Zubehör

Die Dekoration

Im Kapitel "Vergesellschaftung" wird auf den Seiten 178 bis 197 auf die verschiedenen Beckentypen eingegangen. Bevor Sie ein Aquarium einrichten, sollten Sie dieses Kapitel näher studieren. Lesen Sie dazu bitte auch im nächsten Kapitel "Dekoration mit Pflanzen", S. 72.

Wenn man sich darüber klar ist, welche Fische man halten und welchen Typ von Unterwasserlandschaft man haben will, so ist es einfacher, sich die richtigen Dekorationsmaterialien gezielt zu beschaffen. Neben Steinen, Wurzelholz, Korkrinde, Schieferplatten und auch Plastikterrassen, die man fertig kaufen kann, sind Pflanzen die hauptsächliche Dekoration. Eine Ausnahme bilden Becken für pflanzenfressende Fische und afrikanische Cichliden. Den Pflanzen ist ein separates Kapitel gewidmet.

Als Dekorationsstoffe eignen sich vor allem natürliche Materialien:

Steine:
Basalt
Porphyr
Granit
Buntsandstein (Bedingung: nicht kalkhaltig)
Lava
Schiefer
Steinholz
Blumentopf als Bruthöhle und Versteckplatz

Ungeeignet sind
Marmor und Kalkstein
Dolomit ist nur für "Hartwasserbecken" geeignet

Holz:
Wurzeln aus dem Moor (Moorkienholz)
Versuchen Sie es nicht mit anderem Holz. Fäulnisherde im Becken verbrauchen Sauerstoff und können die Fische schädigen.

Tonkingstäbe zur Nachahmung von Schilfrohrdickicht
Bambusstäbe
Kokosnußschalen als Bruthöhlen

Ungeeignet ist Metall jeder Art als Dekorationsmaterial. Besonders kupferhaltige Materialien (Messing) sind giftig.

Bevor Sie das Becken einrichten, sollten Sie sich eine kleine Skizze anfertigen; dann wissen Sie genau, was Sie benötigen, wenn Sie die Gegenstände einkaufen. Wissen Sie das nicht, so kommt es leicht bei der Auswahl im Geschäft zu Käufen, die entweder nicht vollständig sind oder aber zu einem bunten Durcheinander von Steinen, Pflanzen und Fischen führen. Zu Hause angekommen, machen Sie dann das Beste daraus - nämlich ein durchschnittliches Gesellschaftsaquarium mit "von jedem etwas". Wer ein wirklich schönes, charaktervolles Aquarium einzurichten versteht, der darf schon als "fortgeschrittener" Aquarianer gelten.

Dekoration

Dekorationsmaterial kann man auch in der freien Natur sammeln. Besonders schön gefärbte und geformte Kieselsteine vom Sonntagsauflug sind nicht nur billig, sie sind auch eine bleibende Erinnerung. In den Bachbetten unserer Mittelgebirge, in Kiesgruben oder Steinbrüchen findet man allerhand brauchbares Material. Knorriges Wurzelholz aus dem Bach mag zwar sehr skurril aussehen, ist aber als Dekoration ungeeignet, da das zwar gewässerte und manchmal auch schon ausgebleichte Holz im warmen Aquariumwasser schnell fault und bald schimmelt. Dieser Fäulnisherd ist ein starker Sauerstoffzehrer. Moorkienholz dagegen hat jahrelang in Torf, also in stark saurem Boden, unter Luftabschluß gelegen. Fäulnisherde sind in einem solchen Holz nicht mehr enthalten. Vor der Verwendung muß das Moorkienholz (kleinere Stücke) ausgekocht werden, um die darin enthaltene Luft entweichen zu lassen. Größere Stücke, die nicht mehr in einen Topf passen, werden längere Zeit mit kochendheißem Wasser in der Badewanne abgebraust. Die größeren Teile, die sich in einem Topf nicht auskochen lassen, beschwert man im Becken mit Steinen oder klemmt sie am Boden mit Bambusstäben fest.

Manche dickeren Hölzer saugen sich nie ganz voll mit Wasser und behalten so immer Auftrieb. Jedoch gibt es Möglichkeiten, derartige Hölzer zu verankern: man bohrt an einer möglichst tiefgelegenen Stelle quer zum Wurzelholz ein 12 - 15 mm starkes Loch, durch das man ein Tonkingstäbchen steckt. Ein solches Stäbchen ist 2 mm länger als das Innenmaß (die Tiefe) des Beckens und wird unterhalb der oberen Kiesschicht zwischen den Längsscheiben verklemmt; es sollte dann ganz mit Kies bedeckt werden.

a Festklemmen von Wurzelholz unterhalb des Beckenrahmens oder der Mittelspange
b Festklemmen von Wurzelholz zwischen den Längsscheiben, wie oben beschrieben
c Beschweren des Holzstückes mit einer Glasplatte

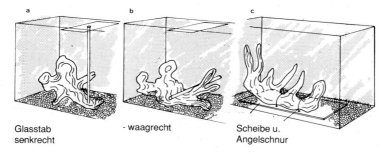

Glasstab senkrecht   - waagrecht   Scheibe u. Angelschnur

Technik und Zubehör

Die Aquariendekoration dient in erster Linie dem Betrachter. Daneben ist sie aber auch nützlich zum Verbergen der technischen Geräte und als Versteckplätze für die Fische. Je nach der Größe Ihrer Fische wählen Sie das erforderliche Material in Länge und Beschaffenheit aus. Ein Schilderwels (*Hypostomus*) benötigt eine größere Höhle als Unterschlupf am Tage als z. B. Schmerlen oder Zwergcichliden. Mit dem Dekorationsmaterial (Steinen und Wurzeln) sollten Sie sparsam umgehen, denn Fische und Pflanzen benötigen den meisten Platz in einem Aquarium. Zudem wirkt ein mit zuviel Dekorationsmaterial ausgestattetes Becken überladen und wenig geschmackvoll. Die im Handel erhältlichen Dekorationsspielzeuge wie Taucher, Meerjungfrauen, Schatzkisten usw. sind nur etwas für Kinder. Den Fischen schadet derartiges Dekorationsmaterial zwar nicht, aber auf den Betrachter wirkt es recht kitschig. Dagegen kann eine Aquariumrückwand eine sehr angenehme Wirkung haben. Sie muß nur abgestimmt sein auf die Innendekoration oder umgekehrt, z.B. sollte man eine blaue Meereslandschaft nicht für ein bepflanztes Süßwasseraquarium verwenden. Die besten Rückwände sind solche aus haltbar bedruckter Plastikfolie. Die Aquariumscheibe mit Farbe anzumalen, wie man es in Amerika oft tut, ist nicht zu empfehlen, da die Farbe nur schwer wieder heruntergeht. Am prächtigsten sieht eine selbstgebastelte Rückwand aus:

Wir fertigen uns einen Kasten von 5 -10 cm Tiefe, genau in den Abmessungen des Beckens (Länge x Höhe). In die Rückwand dieses Kastens lassen wir eine Spiegelscheibe ein oder kleben diese auf. Darüber streichen wir Leim und streuen eingefärbtes Sägemehl darüber, wobei ein Fleck in der Größe von 2 - 4 Handflächen freibleiben sollte. Dieser "Spiegelfleck" gibt dem Becken später eine enorme Tiefenwirkung. Den Holzkasten dekorieren wir noch mit Tonkingstäben, trockenen Gräsern, Steinen usw. Die Oberkante der Dekoration soll unten mit der Kiesschicht im Becken auf einer Höhe liegen.

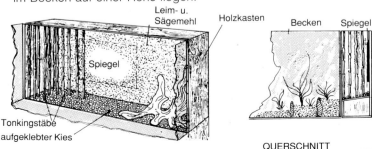

QUERSCHNITT

Einrichtung

Die Einrichtung eines Aquariums

In den vorangegangenen Kapiteln wurden die einzelnen Schritte der Einrichtung bereits ausführlich dargestellt. Zusammenfassend werden hier noch einmal die wesentlichen Punkte in der üblichen Reihenfolge aufgezählt:

1. Richtigen Standort auswählen, s. S. 21.
2. Fischgesellschaft zusammenstellen und danach Becken, Typ und Größe festlegen.
3. Becken säubern und auf Dichtigkeit prüfen.
4. Soll das Aquarium auf eine kalte Platte (z. B. Marmor) gestellt werden, so ist eine Styroporplatte von 1 cm Dicke oder eine dicke Filzplatte unter das Becken zu legen.
5. Bei Verwendung einer Heizmatte wird diese unter das Becken auf die Styroporplatte gelegt. Ein Kabelheizer wird mit speziellen Halterungen immer auf der Bodenscheibe befestigt.
6. Bei Verwendung eines Bodengrundfilters wird dieser vor Einbringen des Bodengrundes installiert. Für Pflanzenbecken ist ein Bodenfilter allerdings nicht ratsam
7. Kies waschen, s. S. 27.
8. Untere Kiesschicht mit Bodengrunddünger vermengen.
9. Sauberen Kies darüber schichten.
10. Becken zur Hälfte mit Wasser füllen. Damit der Bodengrund dabei nicht aufgewühlt wird, legt man ein größeres Blatt dickes Papier darüber oder stellt einen Teller auf den Bodengrund, Geschickte Aquarianer lassen den Wasserstrahl aus dem Schlauch oder dem Eimer in die hohle Hand fließen.
11. Heizer bzw. Regelheizer anbringen, sofern keine Heizmatte oder Kabelheizer verwendet werden. Der Regelheizer wird in einer hinteren Ecke des Beckens mit den Saugnäpfen angedrückt, jedoch noch nicht mit der Steckdose verbunden.
12. Bei Verwendung eines Bodenflächenheizers (z. B. Heizmatte) wird zusätzlich ein Thermostat benötigt, und dieser je nach Bauweise innen oder außen an der Scheibe angebracht. Der Bodenheizer wird an die Thermostate angekoppelt und kann bereits jetzt an das Netz angeschlossen werden. Einige Temperaturregler besitzen einen Temperaturfühler, der ins Wasser gesteckt und dort mittels eines kleinen Haftsaugers so verankert werden muß, daß er nicht herausrutscht.
13. Filter einbauen. Ausführliche Einbauanleitung für Kreiselpumpenfilter: Kapitel "Reinigung", S. 888.
14. Dem Wasser die entsprechende Menge Wasseraufbereitungsmittel zusetzen.

Technik und Zubehör

15. Wasser auf wenigstens 20° C heizen. Thermometer anbringen.
16. Mit Hilfe der Aquariumdekoration, z. B. Steine, Terrassenaufbauten, Schieferplatten, Korkrinde usw., werden zunächst die technischen Geräte weitgehend verborgen. Den Hauptteil der Dekoration sollten jedoch die Pflanzen bilden. Die längeren Pflanzenformen, die bis zur Wasseroberfläche reichen, kommen in die hinteren Ecken. In den Vordergrund und in die Mitte setzen wir die buschigen und kleineren Pflanzentypen. Für ein neu eingerichtetes Aquarium nimmt man am besten schnellwüchsige Pflanzen wie *Hygrophila*, Vallisnerien, Wasserstern und Schwertpflanzen. An Pflanzen sollte nicht gespart werden, da wenige Pflanzen anfangs mit dem biologischen Ungleichgewicht eines neu eingerichteten Beckens nicht fertig werden.
17. Gesamte Wassermenge einfüllen. Dabei wird insbesondere darauf geachtet, daß man Pflanzen nicht wieder aus dem Bodengrund herauswühlt.
18. Sofern man kein Durchsichtbecken hat, wird die Rückwand des Aquariums je nach Geschmack beklebt. Hierfür kann man fertige Aquariumwände kaufen, man kann sie sich aber auch selbst bauen.
19. Filter in Gang setzen.
20. Heizer anschließen. Falls sich der automatische Thermostat oder der Regelheizer nicht auf die gewünschte Temperatur von 24 - 26° C einstellt, wird an der dafür vorgesehenen Einstellschraube nachreguliert.
21. Wasserwerte prüfen: pH-Wert, Karbonathärte, evtl. Nitrit.
22. Wenn alles in Ordnung ist, können erst Schnecken, später wenige unempfindliche Fische eingesetzt werden. Wenige Fische nur deshalb, damit das Becken erst einmal biologisch "eingefahren" wird. Nützliche Bodenbakterien, die sich auch im Filtermaterial entwickeln, brauchen einige Wochen, um in der Lage zu sein, stickstoffhaltige Produkte, die die Fische ausscheiden, abzubauen. Der Plastikbeutel, in dem Sie die Fische nach Hause getragen haben, wird für etwa 10 Minuten auf die Wasseroberfläche gelegt, damit sich die Fische an die neue Wassertemperatur gewöhnen. Danach können sie aus dem Beutel ins Beckenwasser entlassen werden.
23. Jetzt wird das Aquarium mit einer Glasscheibe oder einer dafür vorgesehenen Abdeckleuchte abgedeckt. Es darf kein Spalt offenbleiben, damit die Fische nicht aus dem Becken herausspringen können. Außerdem werden durch das Abdecken eine zu hohe Wasserverdunstung und ein Wärmeverlust vermieden.
24. Licht einschalten.

Dekoration mit Pflanzen

Aquarienpflanzen in der Natur

Die aquaristische Pflanzenkunde hat einen großen Aufschwung genommen, und es werden mittlerweile über 300 verschiedene Gewächse in Aquarien gepflegt. Da von den Süßwassermacrophyten* ca. 380 Gattungen mit rund 4000 Arten bekannt sind, wird wohl noch manche Art den Weg in die Aquarien der Liebhaber finden. Die genannten Zahlen erfassen alle Pflanzen, die ständig oder periodisch im Wasser leben oder in Wassernähe wachsen. Vom ökologischen Standort her werden sie in drei Hauptgruppen gegliedert:

1. Schwimmpflanzen treiben frei auf dem Wasser, fluten kurz unterhalb des Wasserspiegels oder sind am Boden verwurzelt und entwickeln langgestielte, dem Wasser aufliegende Blätter.
2. Wasserpflanzen beginnen und beschließen ihren Lebenszyklus im Wasser, wobei besondere Eigenschaften ihre Existenz im Wasser ermöglichen. So fehlt das stützende Festigungsgewebe, damit der Pflanzenkörper schmiegsam und strömungsfest bleibt. Der Auftrieb im Wasser erfolgt durch luftgefüllte Hohlräume im Stengel, die das spezifische Gewicht der Pflanze vermindern.
3. Sumpfpflanzen wurzeln im nassen oder feuchten Boden. Ihre Blätter oder Sprosse wachsen in der freien Luft und festes Stützgewebe hält den Pflanzenkörper aufrecht. Zahlreiche amphibische Arten können bei höherem Wasserstand submers weiterleben. Dabei entstehen häufig dem Wasserleben besser angepaßte, veränderte submerse Blattformen.

Pflanzenkultur in Aquarien

Die Kultivierung von Aquarienpflanzen wird häufig zum Problem. Sie ist jedoch weniger schwierig, wenn man grundsätzliche Fehler bei der Einrichtung des Beckens vermeidet. Hierzu gehört auch die richtige Pflanzenwahl in bezug auf die geschaffenen Lebensbedingungen. Es wäre beispielsweise vollkommen falsch, eine Pflanze, die sehr weiches Wasser verlangt, in sehr hartem Wasser unterzubringen. Ähnlich sind die Wachstumsfaktoren Licht und Temperatur zu beachten. Für die Pflanzenkultur stehen im Prinzip zwei Richtungen zur Verfügung. Einmal die fachgerechte Grundeinrichtung mit den gegebenen Fakten von Bodengrund, Wasser und Licht und der entsprechenden Anpassung der Pflanzenauswahl an diese Bedingungen. Zum anderen kann diese Grundeinrichtung über Technik und Zusätze bis zum Optimum ergänzt werden. Dadurch können häufig im gleichen Lebensraum Aquarium mehr Pflanzenarten mit unterschiedlichen Ansprüchen gemeinsam gepflegt werden.

* Sumpf- und Wasserpflanzen

Pflanzen

Gesunder Bodengrund

Im Aquarium dient der Bodengrund dem Verankern der Pflanzen, der Wurzelbildung und der Nährstoffaufnahme. Mit Nährsubstanzen angereichert, kann der Pflanzenwuchs gefördert werden. Je nach seiner Struktur besteht die Möglichkeit zur Aufnahme absinkender Futterreste und Tierexkremente. Die durch Umsetzung freiwerdenden Abbauprodukte werden in Grenzen von den Pflanzen als Nährstoffe verwertet. Grundsätzliche Fehler beim Bodengrund sind eine häufige Ursache zum Kümmerwuchs der Pflanzen.

Pflanzengerechte Beleuchtung

Ein Kernproblem der submersen Pflanzenzucht ist die Beleuchtung. Die Bedeutung des Lichtes für den Pflanzenwuchs wird meist aus Unkenntnis unterschätzt. So wird vor allem die Stärke der Lichtquelle in der Regel zu schwach bemessen.
Der Aufbau organischer Pflanzenmasse kann jedoch nur mit Hilfe von Lichtenergie erfolgen. Sie muß den Pflanzen in ausreichender Stärke, genügend lange und in der richtigen Zusammensetzung zur Verfügung stehen. (Siehe auch Kapitel "Die Aquarienbeleuchtung'" ab S. 42).

Das Wasser

Lebenselement für Fische und Pflanzen ist der Wasserraum. Seine chemische Zusammensetzung entscheidet mit über das Wohlbefinden der darin untergebrachten Lebewesen. Bezüglich des Pflanzenwachstums sind auch hier die sogenannten Mittelwerte in der Regel günstig. Sie ermöglichen der Mehrheit der Arten gesunden Wuchs. Bei der Karbonathärte liegt dieser Wert etwa zwischen 5 - 12 Grad KH. Sehr weiches oder sehr hartes Wasser ist meist weniger günstig. Im pH-Bereich von 6,5 - 7,2 können die meisten Pflanzenarten gesund wachsen. Auch hier werden stärkere Abweichungen die Anzahl der möglichen Arten reduzieren. Besondere Hinweise unter "Zeichenerklärung", S. 82.

Wasserdüngung

Neben der fachgerechten Grundeinrichtung und einer entsprechend angepaßten Artenwahl stehen uns für die Pflanzen bestimmte Wuchshilfen zur Verfügung. Damit kann der Lebensraum Wasser im Aquarium verbessert werden. Gezielt eingesetzt und richtig angewendet, bieten sie eine Hilfe zum gesunden Pflanzenwuchs. Welche Zusätze gewählt werden, ergibt sich aus der Notwendigkeit. Fassen wir sie einmal kurz zusammen:

Dekoration mit Pflanzen

1. Die Eisendüngung erfüllt eine wichtige Aufgabe in der Ernährung. Sie gibt bei vorliegendem Eisenmangel (gelbe, chlorotische Blätter) eine Grundlage zum gesunden, arbeitsfähigen Blattgrün und damit zur Assimilation der vorhandenen Nährstoffe. Das Ergebnis einer Eisendüngung sind gesunde, dunkelgrüne und wüchsige Pflanzen. Spezielle Präparate sind hierfür im Handel.
2. Die Nährstoffdüngung kann weitere Lücken in der Versorgung von Pflanzen mit Nährstoffen schließen. Der Einsatz eines guten Düngers für Aquarienpflanzen ist möglich, sollte jedoch nur bei Bedarf und äußerst sparsam erfolgen. Überdüngung ist meist schädlich als gar kein Dünger.
3. Die Kohlendioxid-Düngung gibt eine weitere Voraussetzung zum optimalen Wachsen der Wasserpflanzen. Sie erleichtert allen Aquarienpflanzen das Wachstum, fördert damit die Wurzelbildung und verkürzt somit den Umpflanzschock. Zusatz von CO_2 wird im sehr harten Wasser häufiger notwendig. Das CO_2 stabilisiert den pH-Wert im wachstumsgünstigen Bereich, und der zugeführte Kohlenstoff ist gleichzeitig ein ganz wichtiger Nährstoff.

In der Praxis sieht die Kohlendioxid-Düngung ganz einfach aus: Man benötigt eine Kohlendioxidflasche, ein Reduzierventil, einen Diffusor (Reaktionsrohr) und eine Testflüssigkeit (CO_2-Test). Verschiedene Firmen bieten komplette CO_2-Systeme an. Wer einmal mit Kohlendioxid gedüngt hat und auch die anderen Faktoren für guten Pflanzenwuchs, wie Licht, Bodenwärme und Bodengrunddüngung beachten, wird fortan mit seinen Pflanzen im Aquarium Glück haben.

CO_2-Bedarf für Pflanzen

Der CO_2-Gehalt soll zwischen 10 und 40 mg/l liegen. Ein 100-Liter-Aquarium hat einen jährlichen Bedarf an CO_2 von etwa 300 - 500 g, Voraussetzung ist eine lecksichere Anlage. Die Bestimmung von CO_2 ist mit Testflüssigkeit möglich.

Dekoration mit Pflanzen

Mit gesunden Pflanzen und einer entsprechenden Auswahl läßt sich im Aquarium ein schmückender Garten aufbauen. Die wesentlichen Merkmale der Gestaltung werden schon bei der Ersteinrichtung berücksichtigt. Für die Dekoration mit Pflanzen gibt es bestimmte Regeln, die man gezielt einsetzen kann. Beachtet wird vor allem die Abwechslung in der Landschaft des Aquariums.

Pflanzen

Hintergrunddekoration

Aquarienhintergrund und Seitenpartien werden möglichst mit aufragenden, dauerhaften Rhizompflanzen* begrünt. Sie kommen aus den Gattungen *Crinum, Echinodorus, Sagittaria* und *Vallisneria*, um einige Beispiele zu nennen. Die Auswahl der Arten erfolgt nach Lichtstärke und Beckenhöhe. Im flachen Wasser gehören halbhohe Arten in den Hintergrund und das größere Becken erhält entsprechend höher aufwachsende Arten. Raschwüchsige Stengelpflanzen mit mäßigem Lichtbedarf sind ebenfalls geeignet, bedürfen allerdings häufigerer Pflegemaßnahmen. Hinweise für die Verwendung geben auch die unter dem Zeichen BH (= Beckenhöhe) gemachten Angaben.

Vordergrunddekoration

Flach bleibende Gewächse in den vorderen Bereichen ermöglichen den freien Schwimmraum für die Fische sowie ungehinderten Einblick ins Aquarium. Bei der Auswahl von Kleinpflanzen werden in der Regel wuchsfreudige Arten verwendet, die sich durch Ausläufer vermehren. Wir finden sie bei den Gattungen *Cryptocoryne, Echinodorus, Eleocharis, Marsilea* und *Sagittaria*. Die Kultur von Kleinpflanzen erfordert ausreichendes Licht oder die Auswahl lichtbescheidener Arten.

Formkontraste

In das Konzept der Rahmenpflanzung aus Vordergrund- und Hintergrundgewächsen können nun verschiedene Gruppen eingebaut werden. In der Abwechslung liegt die optische Wirkung einer Dekoration. Deshalb werden Kontraste geschaffen durch Blattformen, Wuchstypen und Größen der Pflanzen. Ähnliche Formen werden dabei räumlich getrennt untergebracht. Beispiele für Formkontraste sind: Rundblättrige *Lobelia* neben spitzblättrigen *Ludwigia*, oder geteilte Blätter der *Cabomba* neben ungeteilten Blättern von *Hygrophila*. Auch großblättrige Pflanzen neben kleinblättrigen bilden einen guten Formkontrast.

Farbkontraste

Rotblättrige Aquarienpflanzen schaffen einen zusätzlichen Effekt im Grün des Aquariums. Mit anderen Blattformen kombiniert, entsteht dann eine ausgezeichnete Wirkung. Die meisten Colorpflanzen haben jedoch einen höheren Lichtbedarf und ihre Blattfärbung wird durch Zusatz von Eisendünger intensiver. Dieser Farbkontrast wird innerhalb der Dekoration an freier Stelle untergebracht. Das steigert seine Wirkung und gewährleistet den ungehinderten Lichteinfall.

*Pflanzen mit Wurzelstock

Dekoration mit Pflanzen

Gruppenpflanzung

Stengelpflanzen wirken dekorativer, wenn mehrere Exemplare einer Art in einer Gruppe zusammengefaßt werden. Größe und Ausdehnung der Gruppe richten sich nach der Beckengröße, während die Abstände der Exemplare zueinander ihrem Blattumfang entsprechen. Ein guter optischer Effekt entsteht durch die Staffelung von artgleichen Stengelpflanzen innerhalb der Gruppe. Dabei erhalten die Stecklinge unterschiedliche Längen und werden von vorne nach hinten ansteigend gesteckt.

Ein typisches holländisches Pflanzenaquarium, in dem für Fische wenig Platz zum Schwimmen bleibt. Im Vordergrund *Cryptocoryne willisii*, in der Mitte Roter Tigerlotus,

Pflanzen

Solitärpflanzen

Größere Rhizompflanzen mit rosettförmig angeordneten Blättern werden in der Regel einzeln gehalten, sie bilden einen Solitär. Die nach Beckengröße und Wasserhöhe richtig ausgewählte und entsprechend plazierte Solitärpflanze bildet als sogenannter "starker Punkt" eine weitere optische Variante. Ihr Platz ist dabei nicht im Zentrum, sondern seitlich versetzt auf den Drittellinien der Beckenlänge. Frei herausgestellt, von Kontrastpflanzen begleitet und nach vorne durch niedrige Arten ergänzt, ergibt sich eine ausgezeichnete Wirkung.

dahinter *Lobelia cardinalis*; rechts im Mittelgrund *Heteranthera zosterifolia*, dahinter *Cryptocoryne siamensis*.

Vermehrungsformen

Bestimmte Gruppen oder Arten von Pflanzen lassen sich unterschiedlich nachzüchten. Dabei sind einfache und schwierige Formen möglich. Die Vermehrung von Aquarienpflanzen hält den finanziellen Aufwand geringer und ist besonders bei seltenen Gewächsen oder Einzelexemplaren interessant. Die kurzen Hinweise in den Porträts unter dem Stichwort Vermehrung werden hier erklärt.

Stecklinge

Der zur vegetativen Vermehrung abgetrennte Sproßabschnitt einer Stengelpflanze, den man zum Zwecke des Bewurzelns in den Boden "steckt", wird Steckling genannt. Dabei werden Triebspitzen, sogenannte Kopfstecklinge, bevorzugt. Von den unverzweigten Stengeln gewinnt man sie nach Abtrennen der Spitze, die ein Steckling ist. Der verwurzelte Stengelrest bleibt im Boden und treibt eine oder mehrere neue Spitzen. Diese werden mit 15 - 20 cm Länge abgetrennt (*Ammannia, Hygrophila, Lobelia*). Sogenannte Selbstverzweiger bilden beim Längenwachstum selbständig Seitensprosse, die man abnimmt und einsetzt (*Didiplis, Ludwigia, Mayaca, Rotala*).

Ablegerpflanzen

Neue Sprosse, die an Ausläufern der Mutterpflanze gebildet werden und selbständig am Boden festwurzeln, heißen Ableger. Diese einfachste Form der Vermehrung führt bei Arten mit kettenförmigen Ausläufern rasch zu zahlreichen neuen Pflanzen (*Echinodorus, Sagittaria, Vallisneria*). Dagegen bringt *Nymphaea* am Ausläufer jeweils ein neues Exemplar, das man mit 5 - 6 Blättchen abtrennt und separat einsetzt. Cryptocorynen reagieren ähnlich, doch läßt man hier die Ableger zur Gruppenbildung ohne Störung weiterwachsen.

Adventivpflanzen

An einem Organ der Mutterpflanze vegetativ gebildete Jungsprosse heißen Adventivpflanzen. Sie entstehen an Blättern von *Microsorium, Ceratopteris* oder *Eleocharis* und werden bei entsprechender Größe abgenommen. Der submerse Blütenstengel von bestimmten *Echinodorus* treibt aus den Quirlen Adventivsprosse. Mit 5 - 6 Blättchen und Wurzeln werden sie abgetrennt und an freier Stelle eingesetzt. Bei einigen Arten ist es meist günstiger, wenn der Stengel mit den Jungsprossen an einer freien Stelle auf den Bodengrund niedergedrückt wird. Kleine Steine oder Pflanzenklammern halten ihn dort fest. Die Adventivsprosse können sich so

Pflanzen

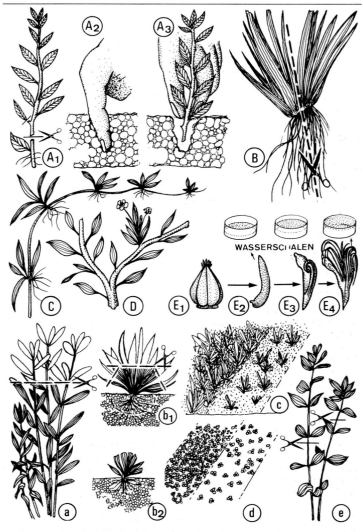

Vermehrungsformen: A) Stecklinge; B) Ablegerpflanzen; C) Adventivpflanzen;
D) Seitensprosse; E) Samenvermehrung.
Pflanzenpflege: a) Stutzen; b) Verjüngen; c) Verziehen; d) Ausdünnen; e) Rückschnitt.

Vermehrungsformen

ungestörter entwickeln und anwurzeln. Später wird der verbindende Stengel durchschnitten. Siehe auch die Hinweise bei den Artbeschreibungen.

Seitensprosse am Rhizom

Der Wurzelstock von *Echinodorus*, *Lagenandra* oder *Anubias* treibt mitunter selbständig Seitensprosse. Mit einigen Blättern werden sie abgetrennt, wobei ein Stück Rhizom vorhanden sein muß. Diese Bildung von Seitentrieben am Rhizom läßt sich auch beeinflussen, indem man den langen Wurzelstock in der Mitte seiner Länge durchschneidet und beide Teile im Boden verwurzelt läßt. Rückwärtige Rhizomstücke von 5 - 10 cm Länge, die beim Umsetzen älterer Exemplare abzunehmen sind, lassen sich ebenfalls verwenden. Dieser Rhizomabschnitt wird an freier Stelle auf den Aquarienkies gelegt, mit einer Klammer festgehalten, und treibt neue Seitensprosse, die später festwurzeln.

Samenvermehrung

Blühfähige Arten können nach Fruchtbildung durch Samen nachgezüchtet werden. In der Regel müssen die Blüten künstlich bestäubt werden. Dabei wird der Blütenpollen mit kleinem Tuschepinsel oder Wattebausch von einer Blüte zur anderen übertragen (*Aponogeton*, *Echinodorus*).
Selbstbestäubung ist möglich bei *Barclaya* und *Nymphaea*. Die Aufzucht der Sämlinge erfolgt im kleinen Plastikblumentopf in einem Sand-Ton-Torf-Gemisch von 3: 1: 1. Die Samen werden mit Zentimeterabstand in die obere Sandschicht flach eingedrückt. Das Gefäß erhält im Aquarium einen exponierten Standplatz, indem man es auf einen Stein stellt oder mittels Drahtschlinge hochhängt. Mit dem Erstarken der Sämlinge werden das Gefäß tiefer gebracht und die Jungpflanzen später ausgepflanzt.

Hinweise zur Pflanzenpflege

Rechtzeitige und fachgerechte Pflege der Pflanzen ist ein wichtiger Bestandteil der gesamten Aquarienpflege. Schon bei der Auswahl von Arten ist darauf zu achten, daß diese in das geschaffene Milieu passen. Dabei werden Licht-, Wasser- und Temperaturansprüche beachtet. Dazu gehört auch der einwandfreie Zustand, richtig durchgeführter Wurzelschnitt, fachlich richtiges Einsetzen und ausreichender Abstand bei Gruppenpflanzung. Die eigentlichen Pflegemaßnahmen werden bei den Pflanzen unterschiedlich gehandhabt und sind hier kurz erklärt.

Pflanzen

Stutzen

Hochwachsende Stengelpflanzen kommen mit dem Längenwachstum später aus dem Wasser. Dabei sterben normalerweise ihre Blätter im Wasser ab. Sobald die Triebspitze den oberen Wasserspiegel erreicht, wird der Sproß etwa in halber Höhe abgetrennt. Er kann als Steckling eingesetzt werden und der Bodentrieb zur weiteren Vermehrung dienen. Beispiele sind: *Ammannia, Hygrophila, Lobelia, Saururus.*

Verjüngen

Der mehrmals gestutzte Bestand wird rechtzeitig erneuert und dadurch verjüngt. Alle Triebe werden dem Boden entnommen, und mit den vorhandenen gesunden Spitzen wird eine neue Gruppe gebildet.
Diese Maßnahme soll dem Vergreisen der Pflanzen vorbeugen. Dies gilt auch für solche Gewächse, die sich durch Ausläufer vermehren und deren Ableger dicht verwuchern. Rechtzeitig werden die besten noch gesunden Exemplare herausgenommen und damit die Gruppe neu aufgebaut. Alle schwächeren und überflüssigen Pflanzen werden entfernt.

Verziehen

Will man den dicht verwuchernden Bestand aus Ablegerpflanzen noch nicht verjüngen, so kann man diesen durch Verziehen vor einer starken Schwächung der Individuen bewahren. Dabei wird etwa die Hälfte der Exemplare vorsichtig entfernt und so für die übrigen wieder Platz geschaffen. Beispiele sind: *Sagittaria, Vallisneria* und Zwergamazonas.

Ausdünnen

Diese Maßnahme dient dem gleichen Zweck wie das Verziehen. Ausdünnen wird bei Stengelpflanzen vorgenommen, die sich selbst verzweigen und durch die zahlreichen Seitentriebe dicht verwachsen und hochtreiben. Mit dem Ausschneiden der längsten Triebe - etwa zur Hälfte - lassen sich Stutzen oder Verjüngen etwas verzögern. Die Dekoration bleibt so besser erhalten. Als Beispiele dienen: *Hemianthus, Ludwigia, Mayaca, Rotala.*

Rückschnitt

Größere Solitärpflanzen, deren zahlreiche Blätter sich weit ausbreiten und so die Dekoration in der Umgebung ersticken können, werden gelegentlich zurückgeschnitten. Dabei werden entsprechende Außenblätter kurz über dem Wurzelstock abgeschnitten

Pflanzen

und entfernt. Rückschnitt wird auch notwendig bei Pflanzen, die zu Schwimmblättern neigen. Etwa *Echinodorus cordifolius* oder *Nymphaea lotus*. Hier werden die Schwimmblätter so lange ausgeschnitten, bis wieder kurzgestielte submerse Blätter heranwachsen.

Emers (über Wasser) wachsende *Echinodorus grandiflorus* aus Ostbrasilien. Unter Wasser kümmert sie bald. Für Paludarien bis 20 cm Wasserstand jedoch sehr gut geeignet.

Zeichenerklärungen

Zeichenerklärung zu den Pflanzenbeschreibungen

SG = Schwierigkeitsgrad
Dieses Zeichen weist darauf hin, ob die Art geringe oder höhere Ansprüche stellt. Dem Anfänger sind die Arten der Schwierigkeitsgrade 1 + 2 zu empfehlen. Die Pflanzen der Gruppe 3 erfordern etwas mehr Erfahrung. Die in Gruppe 4 eingestuften Arten sind auf sehr gutes (meist weiches) Wasser angewiesen und bleiben nur erfahrenen Pflegern vorbehalten.

SG: 1 Robuste und anpassungsfähige Art, verträgt auch hartes Wasser und begnügt sich mit weniger guten Nährstoffbedingungen. Lichtbedarf schwach bis mäßig, etwa 1 Watt auf 4 - 3 Liter Beckenvolumen.
Vermehrung meist problemlos.
pH 6,0 - 8,0, Härte bis 20° KH

SG = 2 Robuste und ausdauernde Art mit etwas höheren Ansprüchen an die Wasserqualität. Lichtbedarf mäßig bis mittel, etwa 1 Watt auf 3 - 2 Liter Beckenvolumen.
Vermehrung gut möglich.
pH 6,0 - 7,5, Härte bis 15° KH

SG: 3 Die Art bevorzugt weiches bis mittelhartes Wasser mit ausgewogenem Nährstoffhaushalt. Kann jedoch durch Zusatz von Kohlensäure in höherer Karbonathärte gesund wachsen. Lichtbedarf mittel bis hoch, etwa 1 Watt auf 2,0 - 1,5 Liter Beckenvolumen.
Vermehrung nicht immer einfach.
pH 6,0 - 7,2, Härte bis 10° KH

SG: 4 Die Art zeigt eine geringe Anpassung und benötigt überwiegend weiches Wasser. Lichtbedarf meistens hoch, etwa 1 Watt auf 1,5 Liter Beckenvolumen. Vermehrung oft schwierig.
pH 6,0 - 6,8, Härte bis 4° KH

KH = Karbonathärte

Der Anteil an Karbonathärte im Wasser entscheidet häufig das Wohlbefinden der Pflanzen. Sehr weiches Wasser unter 2° KH ist meist weniger günstig für den allgemeinen Pflanzenwuchs. Entscheidend ist jedoch die Anpassung der Arten an einen bestimmten Härtebereich. Sogenannte Kalkflieher verlangen unbedingt weiches Wasser. Zahlreiche Arten ertragen zwar eine höhere Karbonathärte, werden aber im gesunden Wachstum behindert, wenn der pH-Wert zu hoch ansteigt oder der Kohlendioxidgehalt im Wasser zu niedrig ist. Die aus der Erfahrung gewonnenen Angaben

Pflanzen

zeigen in den wachstumsgünstigen Bereich. Geringe Schwankungen sind möglich, da Verbindungen zu anderen Fakten vorliegen. Pflanzen mit stark unterschiedlichen Ansprüchen werden am besten nicht "vergesellschaftet".

pH = Wasserreaktion

Hier kann man erkennen, bei welchem Säuregrad oder basischer Reaktion die Kultur dieser Art am besten gelingt. Die meisten Pflanzen bevorzugen den günstigen Bereich von pH 6,5 - 7,2. Abweichungen nach oben oder unten sind möglich, dürfen sich aber bei bestimmten Arten oder Gattungen nicht zu weit von den angegebenen Werten entfernen. Bei Wachstumsproblemen kann durch Messungen erfahren werden, ob hier eventuell eine Fehlerquelle zu lokalisieren ist.
Pflanzen mit stark unterschiedlichen Ansprüchen am besten nicht "vergesellschaften".

T = Temperatur

Angegeben ist der mögliche Bereich, in dem die Art unter normalen Bedingungen gesund wächst. Das Optimum liegt meist etwas über der Mitte der angegebenen Werte. Bei bestimmten Arten ist eine um 2 Grad höhere Wärme möglich, sie erfordert aber wegen des stärker angeregten Stoffwechsels meist besseres Nährstoffangebot und mehr Licht als normal gegeben wird.

BH = Beckenhöhe

Das Zeichen weist auf die Beckenhöhe hin, die für die entsprechende Art geeignet ist. Hochwachsende und großwerdende Rhizompflanzen sowie raschwüchsige Stengelpflanzen wird man möglichst im entsprechend hohen und geräumigen Becken unterbringen. Im flachen Aquarium sind solche Arten deplaziert bzw. müssen zu häufig gestutzt werden. Niedrige bis halbhohe Arten sind zwar hinsichtlich der Wuchshöhe für alle Becken geeignet. Doch gilt es zu bedenken, daß höherer Wasserstand die Lichtintensität in Bodennähe stark mindert. Kleinpflanzen oder kleinblättrige Stengelpflanzen erhalten dann zu wenig Licht und kümmern, es sei denn, man erhöht die Lichtmenge. Um die Schreibweise abzukürzen, werden hier drei Gruppen der Beckenhöhe mit Zahlen angegeben.

BH = 1 Kleinere Aquarien bis etwa 35 cm Höhe
BH = 2 Mittelgroße Aquarien bis etwa 45 cm Höhe
BH = 3 Große Aquarien, über 45 cm Höhe

Definition der Gruppen

Die Auswahl der Pflanzen (Definition der Gruppen)

Die Pflanzennamen haben wir nach KASSELMANN überarbeitet
Um das Auffinden von bestimmten Pflanzen zu erleichtern, sind die Arten nach Wuchsmerkmalen in Gruppen und Untergruppen geordnet. Diese werden hier kurz erklärt:

Gruppe 1
Pflanzen mit aufrechtem Stengel

Gemeinsames Kennzeichen der hier erfaßten Pflanzen ist der mehr oder minder kräftige Stengel mit Blättern. Ihre Vertreter werden meist in kleinen oder größeren Gruppen aus gleichartigen Exemplaren in der Dekoration verwendet. Ihre Vermehrung erfolgt ausschließlich durch Stecklinge. Insgesamt umfaßt diese Gruppe 40 Gattungen mit ca. 90 Arten. Wir gliedern diese nochmals nach ihren unterschiedlichen Blattstellungen.

1.1.
Eusteralis

Untergruppe 1
Blätter quirlständig geordnet

Drei und mehr Blätter wachsen an einem Knoten in gleicher Höhe rund um den Stengel. Das Blatt ist meist in zahlreiche feine Spitzen aufgegliedert, wenige Arten sind ungeteilt. 11 Gattungen mit ca. 25 Arten sind bekannt.

Untergruppe 2
Blätter gegenständig geordnet

Zwei Blätter an einem Knoten bilden ein Paar. Die Blattform ist überwiegend ungeteilt, selten gefiedert oder gabelig. 15 Gattungen mit 45 Arten sind bekannt.

Untergruppe 3
Blätter wechselständig geordnet

Einzelne Blätter wachsen am Knoten und sind meist spiralig um den Stengel gruppiert. Die Blattform ist sehr verschieden, meist ungeteilt, seltener in mehrere Spitzen aufgegliedert. 14 Gattungen mit ca. 20 Arten sind bekannt.

1.2.
Hygrophila

Gruppe 2
Pflanzen mit rosettenförmig geordneten Blättern

Aus einem mehr oder minder dicken Wurzelstock im Boden wachsen die Blätter hoch und bilden eine kleinere oder umfangreichere Blattrosette. Die Pflanzen werden als Solitär oder bei kleineren Arten gruppenweise verwendet. Zur Zeit sind 22 Gattungen mit ca. 115 Arten bekannt.

1.3.
Lobelia

Pflanzen

Das Seegrasblättrige Trugkölbchen, *Heteranthera zosterifolia,* in einem schnellfließenden Bach des südlichen Amazonasgebietes (Brasilien). Wasserpflanzen sieht man in den Flüssen Brasiliens selten. Wegen des in der Regenzeit stark steigenden Wasserspiegels erhalten bodenwurzelnde Pflanzen nicht mehr ausreichend Licht. Der Wasserpflanzenwuchs ist somit auf Quellbäche beschränkt, deren Wasserstand viel weniger schwankt. Ausnahmen bilden natürlich Schwimmpflanzen, z. B. *Eichhornia*.

Untergruppe 1
Schmalblättrige Rosettenpflanzen

Überwiegend hochwachsende Formen mit nicht gestielten dünnen Blättern. Verwendung meist als Trupps im Hintergrund der Dekoration. Insgesamt sind 8 Gattungen mit ca. 30 Arten möglich.

2.1. *Sagittaria*

Untergruppe 2
Breitblättrige Rosettenpflanzen

Besonderes Kennzeichen sind die rundlichen, meist herzförmig eingeschnittenen Blätter und eine häufig gedrungene Wuchsform. Verwendung meist als Solitär. Die Artenzahl ist schwankend, da einige Vertreter in anderen Untergruppen vorkommen.

2.2. *Nuphar*

Definition der Gruppen

Untergruppe 3
Amazonaspflanzen (*Echinodorus*)
Die sehr verschieden gestaltete Gattung kommt mit 47 Arten auf dem amerikanischen Kontinent vor. Etwa 25 - 30 Arten können in Aquarien gepflegt werden. Ihre Verwendung erfolgt sowohl solitär als auch gruppenweise.

Untergruppe 4
Wasserähren (*Aponogeton*)
Von den 42 vorkommenden Arten (Afrika, Asien, Australien) ist etwa ein Dutzend für Aquarien geeignet. Es sind raschwüchsige Knollengewächse, die im Aquarium leicht blühen und fruchten.

2.3.
Echinodorus

Untergruppe 5
Wasserkelche (*Cryptocoryne*)
In Südostasien weit verbreitete Gattung mit über 60 beschriebenen Arten. Für die Kultur in Aquarien sind etwa 30 Arten geeignet; sie bringen sehr unterschiedliche Blattformen. Ihre Ansprüche an die Lebensbedingungen im Aquarium sind meist höher als die anderer Aquarienpflanzen.

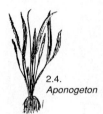

2.4.
Aponogeton

Gruppe 3
Moospflanzen und Farne
Diese weniger umfangreiche Gruppe bringt 9 Gattungen mit 15 Arten. Davon sind einige in der Gruppe Schwimmpflanzen zu finden. Die submersen Pflanzen sind normalerweise weniger raschwüchsig und meist auf weiches Wasser angewiesen. Arten mit Kriechsprossen können auf Stein oder Holz befestigt werden und darauf weiterwachsen.

2.5.
Cryptocoryne

Gruppe 4
Schwimmpflanzen
Zwei unterschiedliche Gruppen sind zu nennen: bestimmte Arten treiben frei auf dem Wasser, mit trockener Blattoberseite. Andere Schwimmpflanzen fluten flach unterhalb des Wasserspiegels und sind in der Nährstoffaufnahme den echten Wasserpflanzen gleichzustellen. Die Vegetation an der Wasseroberfläche wird mäßig verwendet, damit für die darunter wachsenden Pflanzen der Lichteinfall nicht zu sehr gehemmt wird. Zur Zucht bestimmter Fische sind Schwimmpflanzen meist unerläßlich. Innerhalb von 12 Gattungen sind etwa 25 Arten bekannt.

3.
Hydrocotyle

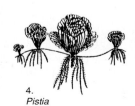

4.
Pistia

Pflanzen

Eichhornia crassipes, Beschreibung s. S. 144

1. Pflanzen mit aufrechtem Stengel
1.1. Blätter quirlständig geordnet

Ceratophyllum demersum LINNAEUS (1753) — Gemeines Hornkraut
Fam.: Ceratophyllaceae - **Hornblattgewächse**
Verbreitung: Kosmopolit
Kurz unterhalb des Wasserspiegels freitreibende Schwimmpflanze ohne Wurzeln. In der freien Natur sind die etwas brüchigen Stengel mit wurzelähnlichen Organen (Rhizoiden) am Boden verankert. Die quirlständigen Blätter sind gabelig geteilt, dunkelgrün, starr, mit weichen Dornen besetzt und etwas druckempfindlich. Die Kultur ist vollkommen problemlos. Durch rasches Wachstum und Seitensprossung entstehen bald dichte Polster, sie können Jungfischen als Zuflucht dienen. Regelmäßiges Ausdünnen verhindert stärkere Lichthemmung für die bodenständigen Pflanzen.
Vermehrung: Stecklinge, Seitensprosse sehr zahlreich.
SG: 1, **KH**: 5 - 15, **pH**: 6,0 - 7,5, **T**: 18 - 28° C, **BH**: 1 - 3

Egeria densa PLANCHON (1849) — Argentinische Wasserpest
Fam.: Hydrocharitaceae - **Froschbißgewächse**   **Syn.**: *Elodea densa*
Verbreitung: Argentinien, Paraguay, Uruguay, Brasilien
Die anpassungsfähige und raschwüchsige Art bevorzugt härteres Wasser und ist überwiegend für Kaltwasserbecken geeignet. Unter ausreichendem Licht jedoch auch für Warmwasser. Stengel etwas spröde, in engstehenden Quirlen ungestielte Blätter, linear 2 cm lang, 5 mm breit, dunkelgrün. Am glatten Blattrand ca. 30 sehr feine Zähnchen. Lange flutende Triebe gelegentlich mit Blüten über dem Wasser (Tageslicht). Diese sind eingeschlechtlich; bei uns werden fast ausschließlich männliche Exemplare kultiviert. Wegen abweichender Entwicklung der Blüten und Bestäubung durch Insekten wurde die Art von der Gattung *Elodea* getrennt.
Vermehrung: Stecklinge aus Seitensprossen.
SG: 1, **KH**: 8 - 15, **pH**: 6,5 - 7,5, **T**: 20 - 24° C, **BH**: 1 - 3

Hemianthus micranthemoides NUTTALL (1817) — Amerikanisches Perlkraut
Fam.: Scrophulariaceae - **Rachenblütler**   **Syn.**: *Micranthemum micranthemoides*
Verbreitung: Kuba und südöstliche USA
Halbhohe hellgrüne Polsterpflanze für die Region zwischen niedrigen Arten im Vordergrund und den mittelhohen Gewächsen. Dünner biegsamer Sproß, Blätter in Quirlen von drei oder vier, länglich oval 5 - 8 mm lang, ca. 3 mm breit, hellgrün und spitz. Mittlere Ansprüche an Wasserhärte und Temperatur, jedoch recht hoher Lichtbedarf. Am freien Standplatz besser einsetzen. Die Sproßspitzen bewurzeln sich gut und wachsen durch zahlreiche Seitensprosse zum dichten Polster heran. Regelmäßige Pflege ist wichtig. Sehr empfindlich gegen trypaflavinhaltige Präparate, die man ins Wasser gibt. **Vermehrung**: Stecklinge, Selbstverzweiger.
SG: 3, **KH**: 2 - 12, **pH**: 6,0 - 7,0, **T**: 22 - 28° C, **BH**: 1 - 2

Limnophila aquatica ROXBURGH (1824) — Großblättriger Sumpffreund
Fam.: Scrophulariaceae - **Rachenblütler**
Verbreitung: Indien, Sri Lanka
Raschwüchsige Stengelpflanze für Gruppen in Becken mit höherem Wasserstand. Blattquirle bis 12 cm Ø, meist kleiner, mit 18 - 22 fein aufgeteilten Blättern. Die zahlreichen Blattsegmente fast fadenförmig, dünn, ohne deutlichen Mittelnerv, mit lang ausgezogener Spitze. Wachstum nicht immer zufriedenstellend, meist lassen sich Direktimporte schlecht eingewöhnen. Weniger hartes Wasser ist überwiegend besser geeignet. Die ferrophil veranlagte Wasserpflanze spricht gut auf zusätzlichen Eisendünger an. Unter starkem Licht bleiben die Blattabstände kürzer und die Pflanze wirkt dekorativer. Triebe nicht zu häufig einkürzen.
Vermehrung: Stecklinge, Seitensprosse nach Rückschnitt.
SG: 3, **KH**: 5 - 12, **pH**: 6,5 - 7,0, **T**: 24 - 26° C, **BH**: 3

Pflanzen

Ceratophyllum demersum

Hemianthus micranthemoides

Egeria densa

Limnophila aquatica

1. Pflanzen mit aufrechtem Stengel
1.1. Blätter quirlständig geordnet

Limnophila sessiliflora VAHL (1820) Blütenstielloser Sumpffreund
Fam.: Scrophulariaceae - **Rachenblütler**
Verbreitung: Indien, Pakistan, Indonesien, Japan, Sri Lanka
Gestreckte Stengelpflanze mit Blättern in Quirlen von 8 - 13. Blatt 2 - 3 cm lang, fiederförmig aufgeteilt, untere Abschnitte zusätzlich gabelig geteilt. Segmentspitzen 1 - 2 mm breit, nach vorne schwach verbreitert. Endsegment die beiden unteren nicht überragend. Stecklinge in der Gruppe mit Abstand einzeln stecken. Die später flutend wachsenden Sprosse begrünen obere Zonen und verzweigen sich dort besser. Den älteren Bestand rechtzeitig verjüngen. Gute Anpassung zur Wasserhärte, die Art kann bei Eisenmangel im Wasser vollkommen versagen. Daher überprüfen und düngen.
Vermehrung: Stecklinge, Seitensprosse und Ausläufer.
SG: 1, **KH:** 3 - 15, **pH:** 6,0 - 7,5, **T:** 22 - 28° C, **BH:** 2 - 3

Myriophyllum mattogrossense HOEHNE (1915) Mato-Grosso-Tausendblatt
Fam.: Haloragaceae - **Seebeerengewächse**
Verbreitung: Mato Grosso, Brasilien; Ecuador, Peru.
Das beste Tausendblatt für tropische Aquarien, Gruppenpflanze aus feinfiedrig beblätterten Stengeln. Quirle überwiegend fünfzählig (seltener 3 oder 6), Blätter 3 cm lang, schmal rautenförmig, beiderseits 8 - 10 hellgrüne fadenförmige Segmente von 1,6 - 1,8 cm. Gute Anpassung, verträgt sehr weiches Wasser und niedrigen pH-Wert, mittelstarker Lichtbedarf. Nicht zu häufig einkürzen, wächst bei Erreichen der oberen Wasserfläche flutend und bringt Seitensprosse. Treibt bei hellem Tageslicht aus dem Wasser und bringt dann ziemlich grobe, kammartig geteilte Luftblätter.
Vermehrung: Stecklinge aus Seitentrieben.
SG: 1, **KH:** 2 - 12, **pH:** 5,0 - 7,5, **T:** 22 - 30° C, **BH:** 1 - 3

Myriophyllum tuberculatum ROXBURGH (1820) Rotes Tausendblatt
Fam.: Haloragaceae - **Seebeerengewächse**
Verbreitung: Indien, Pakistan, Indonesien
Das besondere Kennzeichen der Art sind die bräunlichen bis rostroten Stengel und Blätter. Quirle 5 - 7 zählig, Blattspreite 4 - 5 cm lang, beidseits 10 - 12 fadenförmige Seitenfiedern von 2,0 - 2,5 cm Länge. Wie bei allen feinfiedrigen Gewächsen ist ein Mulmbelag auf den Blättern zu vermeiden. Wasser daher gut filtern. Ausreichend starkes Licht, mäßig hohe Wasserhärte und Eisendünger sind Grundlagen für gesunden Wuchs. Blattverluste und Mangelwuchs durch Eigenbeschattung bei zu engem Stand, den Stecklingen in der Gruppe daher 5 cm Seitenabstand geben. Raschwüchsig, später flutend und dann mit mehr Seitentrieben. **Vermehrung:** Stecklinge.
SG: 2, **KH:** 5 - 12, **pH:** 6,0 - 7,2, **T:** 22 - 28° C, **BH:** 2 - 3

Myriophyllum pinnatum (WALTER) BRITTON, STERNS & POGGENBURG (1888)
Fam.: Haloragaceae - **Seebeerengewächse** Gefiedertes Tausendblatt
Verbreitung: Östliches Nordamerika, Ostmexiko, Kuba **Syn.:** *M. scabratum*
Von den übrigen Vertretern ist die Art gut zu trennen, die Blätter bilden keine echten Quirle. Meist wachsen 2 - 3 Blätter in einer Höhe am Stengel als Scheinquirl, und fast immer ist ein Blatt etwas höher angesetzt. Wildpflanzen bringen bis 4 cm lange Blätter mit über 20 Seitenfiedern. Die Aquarienform bringt überwiegend 2 - 3 cm lange Blätter mit weniger und kürzeren Seitenfiedern. Die von Natur aus kühl wachsenden Pflanzen sind eingewöhnt für Tropenbecken verwendbar. Mittelstarkes Licht, sonst keine besonderen Ansprüche. Das Wasser sollte möglichst frei von Schwebeteilen sein. Gute Filterung und Wasserbewegung vorteilhaft.
Vermehrung: Stecklinge, Seitensprosse bei flutendem Wuchs häufiger.
SG: 1, **KH:** 5 - 15, **pH:** 6,5 - 7,5, **T:** 18 - 24° C, **BH:** 1 - 3

Pflanzen

Limnophila sessiliflora

Myriophyllum tuberculatum

Myriophyllum mattogrossense

Myriophyllum pinnatum

1. Pflanzen mit aufrechtem Stengel
1.2. Blätter gegenständig geordnet

Alternanthera reineckii "lilablättrig" Großes Papageienblatt
Fam.: Amaranthaceae - **Fuchsschwanzgewächse**
Verbreitung: Tropisches Amerika
Auffällige rotblättrige Stengelpflanze mit hohem Lichtbedarf und mäßiger Anpassung. Blätter paarweise, lanzettlich, 5 - 8 cm lang, 2 - 3 cm breit, bräunlich-oliv-rötlich, unterseits tiefrot. Über dem Standplatz keine Schwimmpflanzen duldend. Den Stecklingen soviel seitlichen Abstand geben, daß sich die Blätter nicht gegenseitig beschatten. Eine solch enge Stellung, wie sie das Bild zeigt, ist nur bei starkem Licht möglich. Die Staffelung der Triebe hat hier neben dem optischen Vorteil auch Gründe des besseren Lichtempfanges der Pflanzen.
Vermehrung: Stecklinge aus Seitentrieben nach Rückschnitt. CO_2-Düngung ist bei dieser Pflanze erforderlich.
SG: 3, **KH**: 2 - 10, **pH**: 5,5 - 7,2, **T**: 24 - 30° C, **BH**: 2

Alternanthera reineckii "rotblättrig" Schmales Papageienblatt
Fam.: Amaranthaceae - **Fuchsschwanzgewächse** **Syn.**: *A. rosaefolia*
Verbreitung: Tropen der Alten und Neuen Welt (nomen nudum)
Ausgezeichneter Kontrast und Blickfang für größere Becken. Bester Vertreter der Gattung, raschwüchsig und gute Anpassung. Blätter kurz gestielt, schmallanzettlich, 8 - 10 cm lang, 5 - 10 mm breit, e nach Lichtstärke olivgrün bis tiefrot. In der Gruppe erhalten die Stecklinge etwa 10 cm Abstand, damit der ungehinderte Lichteinfall auf untere Blätter gewährleistet bleibt. Der ähnliche *A. sessilis* var. *orforma* (Roter Wasserfreund) ist ungeeignet. Blätter blutrot, unbehaart, glänzend, vorne stumpf.
Vermehrung: Stecklinge, selbstverzweigend oder nach Ruckschnitt. CO_2-Düngung ist bei dieser Pflanze erforderlich.
SG: 2, **KH**: 2 - 12, **pH**: 5,5 - 7,0, **T**: 24 - 30° C, **BH**: 2 - 3

Ammannia senegalensis LAMARCK (1791) Afrikanische Kognakpflanze
Fam.: Lythraceae - **Weiderichgewächse**
Verbreitung: Südafrika, Ostafrika
Zierliche aufrechte Stengelpflanze, geeignet für den Aufbau eines Blickpunktes in der Dekoration. Blätter gegenständig, sitzend, lanzettlich, 3 - 5 cm lang, 5 mm breit, olivgrün bis rötlich. Blattränder rückwärts und Spitze abwärts gebogen. Anspruchsvoll mit mäßiger Anpassung an die Wasserhärte. Lichtbedarf mittel bis hoch, daher an vollkommen freiem Standplatz unterbringen und keine Schwimmpflanzen darüber verwenden. Die Gruppe aus ungleich langen Stecklingen stufenförmig aufbauen, regelmäßig stutzen, sobald die Sproßspitzen den Wasserspiegel erreichen.
Vermehrung: Stecklinge, Seitensprosse nach Rückschnitt.
SG: 3, **KH**: 2 - 10, **pH**: 6,5 - 7,2, **T**: 25 - 28° C, **BH**: 2

Bacopa caroliniana (WALTER) ROBINSON (1908)
Karolina-Fettblatt, Großes Fettblatt
Fam.: Scrophulariaceae - **Rachenblütler** **Syn.**: *B. amplexicaulis*
Verbreitung: Südliche und mittlere USA
Raschwüchsige Stengelpflanze zur Bildung kleiner Gruppen. Wenn die Art im Aquarium nicht optimal wächst, ist meist der ziemlich hohe Lichtbedarf die Ursache. Magerer Bodensand oder zu grobe Kiesel begünstigen die Bildung schmächtiger Exemplare mit kümmerlichen Blättern. An Wasserhärte und Temperatur besteht eine gute Anpassung. Die gegenständigen Blätter sind ungestielt, oval geformt und werden etwa 2,5 cm lang und 1,5 cm breit, ihre Farbe ist hellgrün.
Vermehrung: Stecklinge nach Rückschnitt.
SG: 2, **KH**: 5 - 15, **pH**: 6,0 - 7,5, **T**: 22 - 28° C, **BH**: 2

Pflanzen

Alternanthera reineckii "lilablättrig"

Ammannia senegalensis

Alternanthera reineckii "rotblättrig"

Bacopa caroliniana

1. Pflanzen mit aufrechtem Stengel
1.2. Blätter gegenständig geordnet

Bacopa monnieri (LINNAEUS) PENNELL (1891)　　　　　　　　Kleines Fettblatt
Fam.: Scrophulariaceae - **Rachenblütler**
Verbreitung: Tropen und Subtropen
Die schlanken Stengel wirken besser in der Gruppe aus 15 - 20 höhenmäßig gestaffelten Trieben, gegenständige, ovale, etwas dickfleischige Blätter, 1 - 2 cm lang, bis 1 cm breit, mittelgrün, zur Basis verschmälert. Geringe Ansprüche an Wasserhärte und Bodengrund. Unter ausreichend starkem Licht bleiben die Sprosse kompakter im Wuchs und treiben weniger rasch zur oberen Wasserfläche. Das ist vor allem im flacher gebauten Becken wichtig, weil die Triebe sonst durch das häufiger notwendige Stutzen im Wachstum nachlassen. Die so entstehende Kümmerform ist dann wenig dekorativ.
Vermehrung: Stecklinge, Seitensprosse nach Rückschnitt.
SG: 2, **KH:** 2 - 15, **pH:** 6,0 - 7,5, **T:** 22 - 30° C, **BH:** 1 - 2

Cabomba aquatica AUBLET (1775)　　　　　　　　Wasserhaarnixe
Fam.: Nymphaeaceae - **Wasserrosengewächse**
Verbreitung: Nördliches Südamerika bis südliches Nordamerika
Die zierliche Wasserpflanze läßt sich nicht an negative Bedingungen gewöhnen, wie dies bei manchen anderen Gewächsen im Aquarium möglich ist. Ihre Ansprüche müssen einigermaßen erfüllt werden. Dies gilt vor allem für das saubere, klare Wasser und die hohe Lichtintensität. Der freie Standplatz ist wichtig für gesunde, kompakte Exemplare. Die Art läßt sich gut erkennen, jedes fein aufgeteilte Blatt bildet bis zu 600 dünne, langgezogene Segmente von 0,1 - 0,4 mm Breite. Die spätere Aquarienform bringt jedoch meist kleinere Blätter mit etwa bis zu 200 kürzeren Spitzen.
Vermehrung: Stecklinge, ein Selbstverzweiger.
SG: 3, **KH:** 2 - 10, **pH:** 6,0 - 6,8, **T:** 24 - 30° C, **BH:** 2 - 3

Cabomba caroliniana GRAY (1848)　　　　　　　　Karolina-Haarnixe
Fam.: Nymphaeaceae - **Wasserrosengewächse**
Verbreitung: Nördliches Südamerika bis südliches Nordamerika
Gruppenpflanze für höheren Wasserstand mit guter Kontrastwirkung. Im Vergleich zu *C. aquatica* bringt die Art weniger aufgeteilte und gröbere Blätter. Die 100 - 150 Segmentspitzen am Blatt sind 1 - 2 mm breit und zeigen einen deutlichen Mittelnerv. Kann sich den Bedingungen des Aquariums besser anpassen, verträgt mitunter eine höhere Wasserhärte, und ist auch hinsichtlich des Lichtaufwandes weniger kritisch. Belüftung des Wassers mittels Sprudelstein ist unbedingt zu vermeiden. Dies wirkt durch das Austreiben der Kohlensäure und den ansteigenden pH-Wert äußerst negativ.
Vermehrung: Stecklinge, Seitensprosse nach Rückschnitt.
SG: 2, **KH:** 2 - 12, **pH:** 6,5 - 7,2, **T:** 22 - 28° C, **BH:** 2 - 3

Cabomba furcata SCHULTES & SCHULTES (1830)　　　　　　　　Rötliche Haarnixe
Fam.: Nymphaeaceae - **Wasserrosengewächse**　　**Syn.**: *Cabomba piauhyensis*
Verbreitung: Mittel- und Südamerika
Während die übrigen Vertreter der Gattung gegenständige Blattpaare bilden, wachsen hier an einem Stengelknoten jeweils drei Blätter in einer Höhe. Einschließlich der rötlichen Knoten und Blattsegmente ist die Bestimmung der dekorativen Art daher einfach. Die Kultur im Aquarium ist jedoch ziemlich schwierig. Sie erfordert weiches Wasser, starkes Licht und zusätzliche Eisendüngung. Häufig vergilben die Triebspitzen schon nach wenigen Tagen und werden glasig. Beachtet man die Ansprüche und setzt den Stengel vorsichtig flach mit mehreren Knoten in den sauberen Grobsand, kann eine attraktive Pflanze heranwachsen.
Vermehrung: Stecklinge von Seitentrieben.
SG: 4, **KH:** 2 - 8, **pH:** 6,0 - 6,8, **T:** 24 - 28° C, **BH:** 2

Pflanzen

Bacopa monnieri

Cabomba caroliniana

Cabomba aquatica

Cabomba furcata

1. Pflanzen mit aufrechtem Stengel
1.2. Blätter gegenständig geordnet

Didiplis diandra (DE CAROLLE) WOOD (1855) Wasserportulak, Bachburgel
Fam.: Lythraceae - **Weiderichgewächse** **Syn.**: *Peplis diandra*
Verbreitung: Nordamerika
Zierliche Gruppenpflanze für gute Bedingungen mit einigen Ansprüchen an Wasserqualität und Beleuchtung. Blätter am schlanken Stengel kreuzweise gegenständig, tannennadelähnlich, 1 - 2 cm lang, 2 mm breit, einnervig, vorne spitz, Basis sitzend. Färbung überwiegend hellgrün, im Bereich der Sproßspitze nahe dem Lampenlicht häufig rötlich gefärbt. Braune Knötchen in den Blattachseln sind submerse Blüten. Mäßig lange Stecklinge in der Gruppe mit Seitenabstand in den lockeren Sandboden stecken. Durch Seitensprossung wächst ein dichter Busch heran. Probleme bei sehr hartem Wasser und schwachem Licht; gute Reaktion auf Eisendünger.
Vermehrung: Stecklinge-Selbstverzweiger.
SG: 3, **KH**: 2 - 12, **pH**: 5,8 - 7,2, **T**: 24 - 28° C, **BH**: 1 - 3

Gymnocoronis spilanthoides DE CANDOLLE (1836) Falscher Wasserfreund
Fam.: Asteraceae - **Korbblütler**
Verbreitung: Tropisches Südamerika
Anpassungsfähige Gruppenpflanze für höheren Wasserstand. Wirkung und Verwendung ähnlich dem Großen Wasserfreund (*Hygrophila*), mit dem die Art manchmal verwechselt wird. Der kräftige Stengel mit gegenständigen kurz gestielten Blättern, lanzettlich, 10 - 15 cm lang, 5 - 8 cm breit, hellgrün. Emers gezackt und beide Enden spitz, submers glattrandig und mit stumpfer Spitze. Drei hellere Hauptnerven aus der Basis, und dann netzadrig. Emerse Sprossen des Handels treiben rasch aus dem Wasser, anfangs häufiger einkürzen bis normalwüchsige submerse Stengel herangewachsen sind. **Vermehrung**: Stecklinge, Seitensprosse nach Rückschnitt.
SG: 2, **KH**: 5 - 15, **pH**: 6,5 - 7,2, **T**: 18 - 26° C, **BH**: 2 - 3

Hygrophila corymbosa (BLUME) LINDAU (1904)
Großer Wasserfreund, Riesenwasserfreund
Fam.: Acanthaceae - **Bärenklaugewächse** **Syn.**: *Nomaphila stricta, Hygrophila stricta*
Verbreitung: Indien, Malaysia, Indonesien
Als "Kirschbäumchen" sicher die bekannteste Aquarienpflanze. Raschwüchsig und anpassungsfähig, als Gruppenpflanze und Solitär gleichermaßen gut zu verwenden. Aufrechter, brauner Stengel mit gegenständiger Blattstellung. Blätter breitlanzettlich, 8 - 12 cm lang, 3 - 5 cm breit, beide Enden spitz, mittelgrün. Verträgt fast jede Wasserhärte, zeigt jedoch bei pH-Werten unter 6,0 Wuchsprobleme, die bei allen Arten der Gattung auftreten (kleinblättrig, gelbsüchtig, fleckig). Gute Verwendungsmöglichkeiten meist in der sogenannten Rahmenpflanzung. Regelmäßig stutzen und neu stecken. **Vermehrung**: Stecklinge Seitensprosse nach Rückschnitt.
SG: 1, **KH**: 2 - 15, **pH**: 6,5 - 7,5, **T**: 22 - 28 ° C, **BH**: 2 - 3

Hygrophila difformis (LINNAEUS fil.) BLUME (1826) Indischer Wasserwedel
Fam.: Acanthaceae - **Bärenklaugewächse** **Syn.**: *Synnema triflorum*
Verbreitung: Indien, Burma, Thailand, Malaysia
Lockerwüchsige Stengelpflanze für größere Gruppen. Auch bei Einzelhaltung ein guter Kontrast durch die fiederschnittig aufgeteilten Blätter. Diese gegenständig, kurzgestielt, bis 12 cm lang, hellgrün. Bei zu niedrigen Temperaturen häufig kleinblättrig und dann gelappt. Ohne besondere Anforderungen zu den allgemeinen Bedingungen, allerdings lichtbedürftiger als die übrigen Vertreter der Gattung. Blattverluste am unteren Stengelteil, längere Internodien und weniger tief eingeschnittene Blätter deuten auf akuten Lichtmangel hin.
Vermehrung: Stecklinge nach Rückschnitt, ausläuferartige Seitensprosse.
SG: 2, **KH**: 2 - 15, **pH**: 6,5 - 7,5, **T**: 24 - 28° C, **BH**: 2 - 3

Pflanzen

Didiplis diandra

Hygrophila corymbosa

Gymnocoronis spilanthoides

Hygrophila difformis

1. Pflanzen mit aufrechtem Stengel
1.2. Blätter gegenständig geordnet

Hygrophila polysperma ANDERS (1867)   Indischer Wasserfreund
Fam.: Acanthaceae - **Bärenklaugewächse**
Verbreitung: Indien
Gehört zu den besten Aquarienpflanzen, wächst in fast jeder Wasserhärte gesund, wird am schönsten bei starkem Licht, mittlerer Temperatur und auf lehmhaltigem Bodengrund. Blätter kurzgestielt, lanzettlich, 2 - 4 cm lang, bis 1 cm breit, hellgrün, mit etwas stumpfer Spitze. Mehrere Stecklinge mit Abstand gesetzt bilden durch Seitensprossung bald einen dichten Bestand. Regelmäßig stutzen, auslichten und verjüngen ist ratsam. Die bislang noch unsichere Artbezeichnung ist nun durch blühende Kulturpflanzen abgesichert. Eine Pflanze mit ähnlichen, jedoch bis 7 cm langen, bräunlichen Blättern ist gleichfalls *H. polysperma*.
Vermehrung: Stecklinge, nach Rückschnitt, auch Selbstverzweiger.
SG: 2, KH: 2 - 15, pH: 6,5 - 7,8, T: 20 - 30° C, BH: 1 - 3

Hygrophila guianensis NEES (1845)   Guyana-Wasserfreund
Fam.: Acanthaceae - **Bärenklaugewächse**   Syn.: *H. conferta*
Verbreitung: Guyana, Venezuela, Bolivien
Kräftige aufrechte Stengelpflanze, in dichter Folge kurzgestielte, lanzettliche Blätter, spitz, 10 - 15 cm lang, ca. 2 cm breit, mittelgrün. Gute Anpassung, unter starkem Licht mit ganz kurzen Blattabständen. Entwickelt als Solitär einen kompakten Busch mit Seitentrieben. Im geräumigen Becken für ausgedehnte Gruppen zu verwenden. Optisch bessere Wirkung durch stufenförmigen Aufbau der unterschiedlich lang gesteckten Exemplare. Ganz kurze Stecklinge sind möglich. Wurde 1967 erstmals eingeführt. Bildet vielleicht keine selbständige Art, sondern eine schmalblättrige Wuchsform des variablen *H. corymbosa*.
Vermehrung: Stecklinge, nach Rückschnitt oder Selbstverzweigung.
SG: 2, KH: 2- 15, pH: 6,5 - 7,2, T: 24 - 28° C, BH: 2 - 3

Ludwigia arcuata WALTER (1788)   Spitzblättrige Ludwigie
Fam.: Onagraceae - **Nachtkerzengewächse**
Verbreitung: Östliche USA, Virginia, Carolina
Unter starkem Oberlicht eine tiefrot gefärbte Kontrastpflanze. Bei schwächerem Licht vergrünend und durch die dann weiteren Blattabstände weniger dekorativ. Dünner Stengel mit paarweise gestellten Blättern, 3 - 5 cm lang, 2 - 3 mm breit, Basis stielartig schmäler, vorne lang spitz. Stellt an die Wasserqualität einige Ansprüche, zeigt einen ziemlich hohen Bedarf an Nähreisen, wobei die Blattfärbung durch Zusatz von Eisendünger intensiver wird. Den mäßig langen Stecklingen Seitenabstand geben. Unter zusagenden Bedingungen ziemlich raschwüchsig, entwickelt mit den Seitensprossen einen ausgedehnten Bestand. Vermehrung: Stecklinge, Selbstverzweiger.
SG: 2, KH: 2 - 12, pH: 6,0 - 7,2, T: 18 - 24° C, BH: 2 - 3

Ludwigia repens FORSTER (1771)   Kriechende Ludwigie
Fam.: Onagraceae - **Nachtkerzengewächse**   Syn.: *L. natans*
Verbreitung: Südliches Nordamerika bis Mittelamerika
Variable Art mit mehreren Wuchsformen hinsichtlich Blattgestalt und Färbung, jedoch ohne Status als Unterart oder Varietät. Die abgebildete großblättrige, rundliche Form ist häufiger im Angebot des Handels. Die Blätter sind gestielt, breit-oval, 2 - 4 cm lang, 2 - 3 cm breit, oberseits olivgrün-bräunlich, unterseits tiefrot. Allgemein gute Anpassung, deshalb eine empfehlenswerte Aquarienpflanze. Lichtbedarf mäßig bis mittel. Die raschwüchsigen Stengel bringen zahlreiche Nebentriebe und bilden damit dichte Bestände. Diese in den mittleren und seitlichen Regionen einplanen und regelmäßig pflegen. Vermehrung: Stecklinge, Selbstverzweiger.
SG: 2, KH: 2 - 15, pH: 5,5 - 7,5, T: 20 - 30° C. BH: 2 - 3

Pflanzen

Hygrophila polysperma

Ludwigia arcuata

Hygrophila guianensis

Ludwigia repens

1. Pflanzen mit aufrechtem Stengel
1.2. Blätter gegenständig geordnet

Ludwigia palustris x *repens* — Bastard Ludwigie
Fam.: Onagraceae - **Nachtkerzengewächse** Syn.: *L. natans, L. mullertii*
Verbreitung: Vermutlich Nordamerika
Häufigster Vertreter der Gattung in Aquarien, dessen Charakter als Bastard durch zahlreiche Merkmale eindeutig belegt ist. Veränderliche Aquarienpflanze mit rötlichen und grünblättrigen Varianten. Blätter gestielt, lanzettlich, 2 - 4 cm lang, 1 - 2 cm breit, oberseits olivgrün, unterseits rötlich. Die reingrüne Form schmalblättriger und selten. Submerse Kultur problemlos mit guter Anpassung an die verschiedenartigen Bedingungen. Durch Seitensprossung negen die Pflanzen zum buschigen Wuchs, der sich durch Entspitzen fördern läßt. Der ausgedehnte dichte Bestand bietet gute Versteckmöglichkeiten für Fische aller Art. **Vermehrung**: Stecklinge, Selbstverzweiger.
SG: 2, **KH**: 2 - 15, **pH**: 5,8 - 7,5, **T**: 18 - 30° C, **BH**: 1 - 3

Lysimachia nummularia LINNAEUS (1753) — Pfennigkraut
Fam.: Primulaceae - **Schlüsselblumengewächse**
Verbreitung: Europa, Westen der USA, Japan
An Rändern von Wassergräben und in feuchten, sumpfigen Weiden weit verbreitete, kriechend wachsende Staude mit hellgelben Blüten. Sprosse der Landform lassen sich problemlos im Aquarium submers eingewöhnen. Untergetauchter Stengel aufrecht, Blätter gegenständig, kurzgestielt, rundlich, bis 2 cm Ø, hellgrün, fiedernervig. Allgemeine Ansprüche gering, jedoch ziemlich lichthungrig. Schwimmpflanzen und größere schattenbringende Gewächse unbedingt fernhalten. Im Tropenbecken bei ständig hohen Temperaturen selten ausdauernd. Nach einer Periode zügigen Wachstums meist kümmerlich und kleinblättrig. Gegen frische Stecklinge austauschen.
SG: 1, **KH**: 5 - 15, **pH**: 6,5 - 7,5, **T**: 15 - 22° C, **BH**: 1 - 2

Rotala macrandra KOEHNE (1880) — Rotweiderich
Fam.: Lythraceae - **Weiderichgewächse**
Verbreitung: Indien
Rotblättrige Kontrastpflanze und ausgezeichneter Blickpunkt der Dekoration. In lockerer Gruppe vor hellgrünen Gewächsen frei herausstellen. Dünner, flexibler Stengel, gegenständige ungestielte Blätter, eiförmig-oval, 2 - 3 cm lang, 1,5 - 2,0 cm breit, vorne kurz spitz. Intensität der Färbung stark lichtabhängig. Läßt sich vertiefen durch Eisendünger sowie zeitweiliges Fluten der Triebe unter dem hellen Lampenlicht in der höheren Oberflächenwärme. Den gegen starken Druck empfindlichen Stengel vorsichtig mit mehreren Knoten in den groben Sandboden stecken. Rauhe Fische vermeiden. **Vermehrung**: Stecklinge nach Rückschnitt, auch Selbstverzweigung.
SG: 3, **KH**: 2 - 12, **pH**: 6,0 - 7,0, **T**: 25 - 30° C, **BH**: 2

Rotala rotundifolia (ROXBURGH) KOEHNE (1880) — Rundblättrige Rotala
Fam.: Lythraceae - **Weiderichgewächse**
Verbreitung: Südostasiatisches Festland
Die Gruppenpflanze eignet sich auch für eine großzügige Begrünung im Hintergrund geräumiger Becken. Dünner Stengel mit kurzgestielten Blattpaaren, mitunter auch Quirle von 3 oder 4 Blättern möglich. Spreite schmallanzettlich, vorne stumpf, 1 - 2 cm lang, 3 - 5 mm breit, meist grün, nahe der Wasseroberfläche oder flutend, zuweilen olivgrün bis rötlich. Anpassungsfähige Art mit zügigem Wachstum, wenn der mittelstarke Lichtbedarf erfüllt wird. Die ca. 20 cm langen Stecklinge können büschelweise gesetzt werden. Treibt beim Erreichen des Wasserspiegels nicht darüber hinaus, sondern flutend weiter und bildet dann zahlreiche Nebentriebe.
Vermehrung: Stecklinge, Selbstverzweiger.
SG: 2, **KH**: 2 - 15, **pH**: 5,5 - 7,2, **T**: 20 - 30° C, **BH**: 1 - 3

Pflanzen

Ludwigia palustris x repens

Rotala macrandra

Lysimachia nummularia

Rotala rotundifolia

1. Pflanzen mit aufrechtem Stengel
1.3. Blätter wechselständig geordnet

Blyxa novoguineensis DEN HARTOG (1957)   Stengeliges Fadenkraut
Fam.: Hydrocharitaceae - Froschbißgewächse
Verbreitung: Neuguinea
Die Gattung *Blyxa* bringt recht anspruchsvolle Aquarienpflanzen. Ihre Arten sind meist auf weiches Wasser angewiesen und bleiben daher in hoher Karbonathärte nur kurzzeitig lebensfähig. Außerdem ist das gesunde Wachstum stark lichtabhängig. Die hier vorgestellte Art bildet einen bis 30 cm hohen Stengel, an dem die Blätter wechselständig angeordnet sind. Die schmale Seite ist ungestielt, vorne lang zugespitzt, wird 10 - 15 cm lang und 5 mm breit. Die leicht brüchige und gegen feste Berührung empfindliche Pflanze wird besser mit ruhig schwimmenden Fischen vergesellschaftet.
Vermehrung: Stecklinge aus abgetrennten Seitensprossen.
SG: 3, KH: 2 - 8, pH: 5,5 - 6,5, T: 20 - 28° C, BH: 1 - 2

Cardamine lyrata BUNGE (1835)   Japanisches Schaumkraut
Fam.: Brassicaceae - Kreuzblütler
Verbreitung: Ostsibirien, Nord- und Ostchina, Japan, Korea
Die kleinblättrige Gruppenpflanze wird im Aquarium meist zu warm gehalten. Dabei ist auch der notwendige Lichteinfall unbedingt zu beachten. Hohe Wärme und schwaches Licht führen zu dünnen Stengeln und ständig kleiner werdenden Blättern. Unter geeigneten Bedingungen, wozu auch eine nicht zu hohe Wasserhärte gehört, kann die Pflanze gut und ausdauernd wachsen. Vorsicht ist geboten mit Fischmedizin oder anderen Chemikalien, die ins Wasser gegeben werden. Wo eine Zugabe erforderlich wird, sollten einige Triebe separat in ein anderes Becken gegeben werden.
Vermehrung: Stecklinge, meist ein Selbstverzweiger.
SG: 2, KH: 5 -12, pH: 6,5 - 7,0, T: 15 - 22° C, BH: 1 - 2

Eichhornia azurea (SWARTZ) KUNTH (1843)
           Azurblaue Wasserhyazinthe, Dünnstielige Eichhornia
Fam.: Pontederiaceae - Pontederiengewächse
Verbreitung: Tropen und Subtropen Amerikas
Hellgrüne Blätter, wechselständig, linear, einnervig, sitzend, 10 - 20 cm lang, 5 - 8 mm breit, am aufrechten Stamm zweizeilig und federförmig angeordnet. Es handelt sich um die Jugendform einer breitblättrigen Schwimmpflanze. Beim Erreichen der Wasserfläche beginnt die Umwandlung zu Luftblättern, daher regelmäßig und rechtzeitig einkürzen und neu stecken. Wasserhöhe nicht zu flach wählen, da sonst zu häufiges Abstecken schmächtige Exemplare mit Kümmerwuchs ergibt. Ausgesprochen hoher Lichtbedarf und geringe Anpassung an Karbonathärte.
Vermehrung: Stecklinge nach Rückschnitt, schwierig.
SG: 4, KH: 2 - 8, pH: 6,0 - 7,0, T: 24 - 28° C, BH: 2

Pflanzen

Blyxa novoguineensis

Cardamine lyrata

Eichhornia azurea

1. Pflanzen mit aufrechtem Stengel
1.3. Blätter wechselständig geordnet

Heteranthera zosterifolia MARTIUS (1823)   Seegrasblättriges Trugkölbchen
Fam.: Pontederiaceae - **Pontederiengewächse**
Verbreitung: Nordargentinien, Brasilien, Bolivien, Paraguay, Uruguay
Wird überwiegend als buschige, aufragende Gruppe im Hintergrund oder an den Seitenpartien verwendet. Am dünnen Stengel wechselständige Blätter, linear-lanzettlich, vorne spitz, 3 - 5 cm lang, 4 mm breit, hellgrün, drei schlanke Längsnerven. Raschwüchsig, daher regelmäßig stutzen, treibt nach Erreichen der oberen Wasserfläche flutend weiter, mit zahlreichen Seitensprossen. Kultur problemlos, wenn ausreichendes Licht vorhanden. Abweichend von der normalen Verwendung ist eine kriechende Wuchsform möglich. Im Vordergrund am freien Standplatz werden dafür kurze Stecklinge schräg eingesetzt. Unter starkem Licht dann Kriechsprosse und ein ausgedehntes flaches Polster. **Vermehrung:** Stecklinge, Selbstverzweiger.
SG: 2, KH: 3 - 15, pH:6,0 - 7,5, T: 24 - 28° C, BH: 1 - 3

Hydrocotyle leucocephala CHAMISSO et SCHLECHTENDAHL (1826)
Fam.: Apiaceae - **Doldenblütler**   Brasilianischer Wassernabel
Verbreitung: Brasilien
Ausgezeichnete Gruppenpflanze, deren Blattform und hellgrüne Färbung einen guten Kontrast bilden. Submerser Trieb aufrecht wachsend, Blätter wechselständig, gestielt rundlich-nierenförmig, 3 - 5 cm Ø, mit mäßig buchtigem Rand. Kultur einfach, sonst recht anspruchslos mit guter Anpassung. Die raschwüchsigen Triebe müssen regelmäßig eingekürzt und neu gesteckt werden. Bei flutender Wuchsform an der Wasseroberfläche mit zahlreichen Nebentrieben und dann ziemlich lichthemmend. Daher sparsam einplanen und überschüssige Exemplare entfernen. Im Paludarium als Sumpfpflanze mit kriechendem Wuchs. **Vermehrung:** Stecklinge, Selbstverzweiger.
SG: 1, KH: 2 - 15, pH: 6,0 - 7,8, T: 20 - 28° C, BH: 2 - 3

Lagarosiphon major MOSS (1928)   Krause Wasserpest
Fam.: Hydrocharitaceae - **Froschbißgewächse**
Syn.: *L. muscoides* var. *major*, *Elodea crispa* (nomen nudum)
Verbreitung: Südafrika
Echte Wasserpflanze, die für kühl stehende Becken besser geeignet ist. Am leicht brüchigen Stengel sitzen wechselständige Blätter in engen Spiralen. Blattspreite linear, 1 - 2 cm lang, 2 - 3 mm breit, dunkelgrün, mit feinen Randzähnen. Vor allem im Bereich der Triebspitze sind die Blätter stark rückwärts gekrümmt. Die etwas steif wirkende Pflanze läßt sich schwer in die Dekoration einfügen. Am besten mehrere Stecklinge als lockere Gruppe ganz frei stellen. Wachstum nicht immer zufriedenstellend. Vor allem in höherer Wärme wird der Stengel dünn und kleinblättrig. Starkes Licht und flacher Behälter werden bevorzugt. **Vermehrung:** Stecklinge.
SG: 2, KH: 5 - 12, pH: 6,8 - 8,0, T: 18 - 22° C, BH: 1 - 2

Lobelia cardinalis LINNAEUS (1753)   Kardinalslobelie
Fam.: Lobeliaceae - **Glockenblumengewächse**
Verbreitung: Nordamerika
Mit den hellgrünen und spatelförmigen Blättern ein guter Kontrast. Den etwas steifen Eindruck durch ungleich lange Pflanzen in der Gruppe mildern. Kräftiger aufrechter Stengel, Blätter wechselständig, 4 - 6 cm lang, 2 - 3 cm breit, Spitze stumpflich und Basis in den Stiel verlängert. Stecklinge mit Seitenabstand setzen und freien Lichteinfall beachten. Durch die vergleichsweise mäßige Zuwachsrate wenig pflegeaufwendig. Sproßspitze beim Erreichen des Wasserspiegels abtrennen und neu stecken. Der Resttrieb bringt mehrere neue Spitzen, die bei entsprechender Länge gute Stecklinge sind. Emerse Kultur problemlos, die Landpflanze mit großen purpurroten Blüten. **Vermehrung:** Stecklinge, Seitensprosse nach Rückschnitt.
SG: 2, KH: 5 - 12, pH: 6,5 - 7,2, T: 22 - 26° C, BH: 2 - 3

Pflanzen

Heteranthera zosterifolia

Lagarosiphon major

Hydrocotyle leucocephala

Lobelia cardinalis

1. Pflanzen mit aufrechtem Stengel
1.3. Blätter wechselständig geordnet

Mayaca fluviatilis AUBLET (1775)   Flußmooskraut, Brasilianisches Mooskraut
Fam.: Mayacaceae - **Mooskrautgewächse**   Syn.: *M. rotundis*
Verbreitung: Tropen und Subtropen Amerikas
Kleine niederliegende, kriechende, laubmoosähnliche Sträucher, im Sumpf oder flachen Wasser vorkommend. Submerser Stengel dünn, aufrecht mit dichten Spiralen von wechselständigen Blättern. Spreite linear, spitz, 1 - 2 cm lang, 1 mm breit, hellgrün. Verwendung der locker gesteckten Gruppe in mittleren bis vorderen Bereichen des Aquariums. Unbedingt freien Standplatz beachten, da sehr lichtbedürftig. Weiches, salzarmes Wasser wird bevorzugt, Zusatz von Kohlensäure ermöglicht jedoch die Pflege im härteren Wasser. Äußerst empfindlich gegen Zugabe trypaflavinhaltiger Präparate ins Wasser. **Vermehrung:** Stecklinge, Selbstverzweiger.
SG: 3, KH: 2 - 8, pH: 6,0 - 7,0, T: 24 - 26° C, BH: 1 - 2

Potamogeton gayii BENNET (1892)   Tropisches Laichkraut
Fam.: Potamogetonaceae - **Laichkrautgewächse**
Verbreitung: Südamerika
Von den 100 Arten der Gattung, die submers oder mit Schwimmblättern leben, sind wenige Vertreter aus wärmeren Regionen im Tropenbecken haltbar. Die hier genannte Art zeigt einen weiten Temperaturbereich, ist bezüglich der Wasserwerte nicht wählerisch, sollte aber ausreichendes, mittelstarkes Licht erhalten. Der dünne Stengel wächst später flutend weiter. Blätter wechselständig, sitzend, linear, 5 - 10 cm lang, 2 - 4 mm breit, vorne kurz spitz. Färbung meist etwas bräunlich, vor allem im Bereich der Sproßspitze. Stecklinge benötigen einige Zeit zum Anwurzeln und Eingewöhnen, wachsen dann aber zügig und durchziehen mittels Ausläufern auch größere Aquarien. **Vermehrung:** Stecklinge, ausläuferartige Seitensprosse.
SG: 1, KH: 2 -12, pH: 6,0 - 7,2, T: 20 - 30° C, BH: 1 - 3

Proserpinaca pectomata LAMARCK (1791)   Tropischer Wasserkamm
Fam.: Haloragaceae - **Seebeerengewächse**
Verbreitung: Südliche USA
Anspruchsvolle Gruppenpflanze für hellstehende Becken mit guten Wasserbedingungen. Am dünnen Stengel wechselständig fiederschnittige Blätter, 2 - 3 cm lang, ca. 1cm breit, hellgrün. Entlang der Mittelspindel kammförmig zwei Reihen fast gleich langer Segmente. Unbedingt starkes Licht geben, mittelhartes Wasser günstiger, während bei hoher KH eine Düngung mit Kohlensäure hilft. Mehrere Stecklinge, locker formiert, bringen im Vordergrund einen ausgezeichneten Effekt. Entsprechende Begleitpflanzen mit Kontrast verstärken die Wirkung des hellgrünen Wasserkammes. Regelmäßig einkürzen und neu stecken.
Vermehrung: Stecklinge, Seitensprosse häufig Selbstverzweiger.
SG: 3, KH: 2 - 10, pH: 5,5 - 7,0; T: 22 - 28 ° C, BH: 1 - 2

Utricularia aurea LOUREIRO (1780)
     Tropischer Wasserschlauch, Goldgelber Wasserschlauch
Fam.: Lentibulariaceae - **Wasserschlauchgewächse**
Verbreitung: Südostasien
Mehrere unbestimmte Arten von feinfiedrigen Wasserpflanzen. Nicht in den Bodengrund stecken (wurzellos), sondern freitreibend kultivieren. Äußerst raschwüchsig, verwuchert ziemlich dicht, daher regelmäßig ausdünnen. besondere Fangorgane an den Blättern (auf dem Foto als helle Blasen) fangen kleinste Wassertiere wie Infusorien, *Cyclops*, Daphnien. Ihre Zersetzungsprodukte werden als zusätzliche Eiweißkost aufgenommen. Für Zuchtbecken ungeeignet, weil die bis 4 mm großen Fangblasen junger Fischbrut gefährlich werden. Gelegentlich unterbleibt die Bildung der Utrikeln, wofür die Gründe nicht eindeutig geklärt sind. **Vermehrung:** Seitensprosse.
SG: 1, KH: 2 - 15, pH: 6,0 - 7,2, T: 22 - 30° C, BH: 1 - 3

Pflanzen

Mayaca fluviatilis

Proserpinaca pectinata

Potamogeton gayii

Utricularia aurea

2. Pflanzen mit rosettig geordneten Blättern
2.1. Schmalblättrige Rosettenpflanzen

Acorus gramineus SOLANDER (1789)   Zwerggraskalmus
Fam.: Araceae - **Aronstabgewächse**   Syn.: *Acorus pusillus*
Verbreitung: Asien, Japan
Beliebte Vordergrundpflanze, jedoch submers selten mit ausdauerndem Wachstum. Fächerartig gestellte, dunkelgrüne, grasartige Blätter, etwa 5 - 10 cm lang, 2 - 3 mm breit, nach vorne lang zugespitzt. In mäßig hoher Wärme bleiben die Pflanzen über einen längeren Zeitraum frisch. Im allgemeinen wird man sie zeitweilig gegen neue Exemplare austauschen. Die von Natur aus in Sümpfen lebende Art ist für Paludarien gut geeignet. Dies gilt auch für die bis 40 cm hohe Stammform.
SG: 4, KH: 2 - 10, pH: 6,0 - 6,5, T: 15 - 20° C, BH: 1 - 2

Crinum thaianum SCHULZE (1971)   Thailand-Hakenlilie
Fam.: Amaryllidaceae - **Narzissengewächse**
Verbreitung: Thailand
Mehrere Exemplare im Hintergrund bilden eine dauerhafte Begrünung, auch in den mittleren Bereichen des geräumigen Aquariums zu verwenden. Aus der bis 5 cm großen, langhalsigen Zwiebel treibt eine Blattrosette. Die ca. 2 cm schmalen, bandförmigen Blätter werden bis 150 cm lang, so daß die Verwendung auf große Becken beschränkt bleibt. Das ausreichend verwurzelte Exemplar verträgt den gelegentlichen Rückschnitt, so daß man die Blattlängen zeitweise reduzieren kann. Die ausgesprochen gute Anpassung an Aquarienbedingungen bringt somit weniger Probleme als die ähnlich gestaltete Riesenvallisnerie.
Vermehrung: Tochterzwiebeln, etwas mäßig.
SG: 1, KH: 2 - 15, pH: 6,0 - 8,0, T: 22 - 30 ° C, BH: 3

Eleocharis parvula (ROEMER et SCHULTES) LINK (1827)   Zwergnadelsimse
Fam.: Cyperaceae - **Cyperusgewächse**
Verbreitung: Küstenstriche von Nordamerika bis Kuba, Europa, Afrika
Zierliche Vordergrundpflanze mit guter Anpassung, jedoch recht lichtbedürftig. Im Bodengrund kriechende, dünne Stengel verzweigen sich und bilden an den Knoten kleine Rosetten aus sehr dünnen, fadenförmigen Blättern, etwa 4 - 8 cm lang, mittelgrün. Die kleinen Büschel mit Abstand flach einsetzen, durch zahlreiche Nebentriebe wächst dann eine ausgedehnte Wiese heran. Den dichten Bestand durch rechtzeitiges Verziehen oder Verjüngen vor dem Vergreisen bewahren. *Eleocharis acicularis* ist ziemlich ähnlich, Blätter werden jedoch bis 25 cm lang und sind kantiger im Umriß. Gleiche Bedingungen, jedoch mehr für die mittleren Zonen.
Vermehrung: Ausläufer, ziemlich zügig.
SG: 2, KH: 2 - 15, pH: 5,8 - 7,5, T: 20 - 28° C, BH: 1 - 3

Pflanzen

Acorus gramineus

Crinum thaianum

Eleocharis parvula

2. Pflanzen mit rosettig geordneten Blättern
2.1. Schmalblättrige Rosettenpflanzen

Eleocharis vivipara LINK (1827) Lebendgebärende Nadelsimse, Regenschirmsimse
Fam.: Cyperaceae - **Cyperngrasgewächse** Syn.: *E. prolifera*
Verbreitung: USA, Florida bis Nordcarolina, Virginia
Kurzer Wurzelstock mit einer Rosette aus fadendünnen Stengeln, 40 - 60 cm lang weniger als 0,5 mm dick. Unterhalb der Spitze ein winziges Blättchen, in dessen Achsel eine Adventivpflanze heranwächst. Diese häufig ebenfalls mit Jungsprossen, so daß mehrere Etagen übereinander entstehen. Die schönsten Exemplare wachsen im weichen Wasser heran, wenn das Licht mittelstark ist. Überlängen werden vermieden durch freien Stand, indem man den Solitär aus niedrigen Begleitpflanzen herauswachsen läßt. Mehreren Exemplaren in der Gruppe genügend Abstand geben.
Vermehrung: Adventivpflanzen, abtrennen und flach einsetzen.
SG: 2, **KH:** 5 - 12, **pH:** 6,0 - 7,0, **T:** 22 - 28° C, **BH:** 2 - 3

Sagittaria graminea MICHAUX (1803) Grasartiges Pfeilkraut
Fam.: Alismataceae - **Froschlöffelgewächse** Syn.: *S. eatonii*
Verbreitung: Östliches Nordamerika südwärts bis Texas
Variable Sumpfpflanze mit lanzettlichen Luftblättern, deren untergetauchte Jugendform für Aquarien geeignet ist. Blätter rosettig, 15 - 25 cm lang, bis 1 cm breit, vorne mitunter löffelförmig breiter, meist jedoch stumpf oder spitz. Aus der schmaleren Basis fünf Längsnerven, davon drei in der Spitze endigend. Unter stärkerem Licht am freien Standplatz eine halbhohe Rosette mit allseits niedergebogenen Blättern, sonst aufrecht wachsend. Im Vordergrund oder den mittleren Zonen mehrere Exemplare als lockere Gruppe einplanen. Ziemlich robuste Art mit geringen Ansprüchen.
Vermehrung: Ablegerpflanzen, mäßig.
SG: 1, **KH:** 5 - 15, **pH:** 6,5 - 7,5, **T:** 22 - 26° C, **BH:** 1 - 3

Sagittaria subulata (NUTTALL) BUCHENAU (1903) Zwergpfeilkraut
Fam.: Alismataceae - **Froschlöffelgewächse** Syn.: *S. pusilla*
Verbreitung: Östliches Nordamerika, Südamerika
Besonders robuste Art zur großflächigen Begrünung des Vordergrundes. Niedrige Rosette aus ungestielten, linearen Blättern, 5 - 15 cm lang, ca. 4 mm breit, dreinervig, davon nur der mittlere in die stumpfe Spitze auslaufend. Wächst auch dann gesund, wenn die Lebensbedingungen weniger optimal vorliegen. Verträgt sehr hartes Wasser, und paßt sich mäßigem Lichteinfall an. Stärkeres Licht fördert jedoch die Wuchsfreude und Vermehrung, so daß in relativ kurzem Zeitraum ein ausgedehnter Pflanzenrasen heranwächst. Mit geringem Kostenaufwand läßt sich so eine größere Bodenfläche begrünen. Den Ausgangspflanzen Abstand geben.
Vermehrung: Ablegerpflanzen, sehr zahlreich.
SG: 1, **KH:** 2 - 15, **pH:** 6,0 - 7,8, **T:** 22 - 30° C, **BH:** 1 - 3

Pflanzen

Eleocharis vivipara

Sagittaria graminea

Sagittaria subulata

2. Pflanzen mit rosettig geordneten Blättern
2.1. Schmalblättrige Rosettenpflanzen

Sagittaria subulata (LINNAEUS) BUCHENAU (1871)   Flutendes Pfeilkraut
Fam.: Alismataceae - Froschlöffelgewächse   **Syn.**: *S. lorata*
Verbreitung: Küstengebiete im Norden und Osten der USA
Gleiche Art wie vor, jedoch höhere Wuchsform. Variable Art mit mehreren Wuchsformen, deren Abgrenzung nicht einheitlich ist. Rosettig gestellte, lineare, ganzrandige Blätter, 20 - 30 cm lang, ca. 4 mm breit, dreinervig, wovon die äußeren Adern vor der stumpfen Spitze im Blattrand enden. Schwimmblätter bei Aquarienkultur kaum beobachtet. Blühfähig, langer, flutender, dünner Stengel mit mehreren Quirlen aus weißen Blüten. Pfeilkraut mit geringen Ansprüchen, kann sich fast allen Wasserarten anpassen, wächst auch unter mäßigem Licht zufriedenstellend. Haltbare Dekoration im Hintergrund und dort zu empfehlen, wo *Vallisneria* zu lang wird oder versagt.
Vermehrung: Ablegerpflanzen, zahlreich.
SG: 1, **KH**: 2 - 15, **pH**: 6,0 - 7,8, **T**: 22 - 28° C, **BH**: 1 - 3

Vallisneria americana var. *biwaensis* (MIKI) LOWDEN (1982)   Schraubenvallisnerie
Fam.: Hydrocharitaceae - Froschbißgewächse   **Syn.**: *V. spiralis f. tortifolia*
Verbreitung: Japan, Biwasee, Yodofluß
Kontrastreiche Gruppenpflanze, als freiwachsender Trupp oder in der Rahmenpflanzung zu verwenden. Wasserpflanze mit gestauchtem Rhizom, Blätter 30 - 40 cm lang, 8 mm breit, dunkelgrün, korkzieherartig gedreht. Typische enge Blattdrehungen stark lichtabhängig, daher Schwimmpflanzen fernhalten. Unter schwacher Beleuchtung werden die Drehungen flacher und weniger. Etwa 10 Ausgangspflanzen mit 5 cm Abstand einsetzen und Aufsicht zur Gruppe durch Kleinpflanzen freihalten. Gute Anpassung, jedoch in sehr weichem Wasser mit Wuchsproblemen.
Vermehrung: Ausläufer mit zahlreichen Ablegerpflanzen.
SG: 2, **KH**: 5 - 12, **pH**: 6,0 - 7,2, **T**: 24 - 28° C, **BH**: 1 - 3

Vallisneria americana var. *americana* MICHAUX (1803)   Riesenvallisnerie
Fam.: Hydrocharitaceae - Froschbißgewächse   **Syn.**: *V. gigantea*
Verbreitung: Neuguinea, Philippinen
Stattliche Pflanze zur dauerhaften Begrünung rückwärtiger Partien von großen, hochgebauten Aquarien. Vom Rhizom aufsteigende, bandförmige, dickliche Blätter, über 100 cm lang, 2 - 3 cm breit, dunkelgrün, Spitze abgerundet mit groben Randzähnen. Kultur nicht immer einfach. Magerer Sand oder Kiesboden bringen schwächere Pflanzen; Eisenmangel ergibt gelbsüchtige, kümmernde Exemplare mit Blattschäden. Sehr hohe Wärme scheint in salzarmem Wasser nachteilig zu sein. Die langen, flottierenden Blätter wirken lichthemmend, daher mäßig verwenden und ausreichend Abstand halten. **Vermehrung**: Ablegerpflanzen, zufriedenstellend.
SG: 2, **KH**: 5 - 15, **pH**: 6,0 - 7,2, **T**: 18 - 28° C, **BH**: 3

Vallisneria spiralis var. *spiralis* LINNAEUS (1753)   Gewöhnliche Wasserschraube
Fam.: Hydrocharitaceae - Froschbißgewächse
Verbreitung: Tropen und Subtropen
Ursprünglich in Nordafrika und Südeuropa verbreitet, nun ein weltweit eingeschleppter Kosmopolit. Eine der bekanntesten Aquarienpflanzen und ideale Dekoration im Hintergrund größerer Becken. Blätter bandförmig, 40 - 60 cm lang, 4 - 7 mm breit, zuweilen schwach gedreht. Im Bereich der stumpfen Spitze feine Randzähne und daran von ähnlichen (glattrandigen) Sagittarien zu trennen. Raschwüchsige Art mit guter Anpassung und Vermehrung, auch für Kaltwasser geeignet. Wuchsprobleme bei längerer Kultur am gleichen Standplatz können durch rechtzeitigen Standortwechsel vermieden werden. **Vermehrung**: Ausläufer mit zahlreichen Ablegerpflanzen.
SG: 1, **KH**: 5 - 12, **pH**: 6,5 - 7,5, **T**: 15 - 30°C, **BH**: 2 - 3

Pflanzen

Sagittaria subulata

Vallisneria americana var. *americana*

Vallisneria americana var. *biwaensis*

Vallisneria spiralis var. *spiralis*

2. Pflanzen mit rosettig geordneten Blättern
2.2. Breitblättrige Rosettenpflanzen

Anubias barteri var. *glabra* BROWN (1901)
Westafrikanisches Speerblatt, Kahles Speerblatt
Fam.: Araceae - **Aronstabgewächse**   Syn.: *A. lanceolata*
Verbreitung: Tropisches Westafrika
Robuste, anspruchslose und ausdauernde Solitärpflanze. Blätter ziemlich fest, lanzettlich, 15 - 25 cm lang, 5 - 8 cm breit, dunkelgrün, aus dem Mittelnerv zahlreiche Nebennerven. Wird unter geeigneten Bedingungen 40 - 50 cm groß. Lichtbedarf im allgemeinen mäßig, bei Jungpflanzen jedoch höher. Ausgesprochen langsam im Wuchs und längere Eingewöhnung. Im sterilen Bodensand verläuft das Wachstum meist wenig zufriedenstellend. Angereicherter grober Kies als Bodengrund daher ratsam und wachstumsfördernd.
Vermehrung: Seitentriebe am Rhizom. Rhizomteilung. Das Rhizom darf nicht mit Bodengrund bedeckt werden.
SG: 2, **KH**: 2 - 15, **pH**: 6,0 - 7,5, **T**: 18 - 28° C, **BH**: 2 - 3

Anubias barteri var. *nana* (ENGLER) CRUSIO (1979)   Zwergspeerblatt
Fam.: Araceae - **Aronstabgewächse**   Syn.: *A. nana*
Verbreitung: Westafrika
Dieser wohl kleinste Vertreter der Gattung erreicht im Aquarium eine Gesamthöhe von 10 cm. Ausgezeichnete Dekoration im Vordergrund. Die Art zeichnet sich aus durch kurzgestielte robuste, dunkelgrüne Blätter von etwa 10 x 5 cm Größe. Der horizontal treibende Wurzelstock neigt wesentlich häufiger zu Seitensprossen, so daß buschiger Wuchs möglich wird. Kurzfristig folgendes Umsetzen vermeiden. Ansonsten ist die Kultur im Aquarium ziemlich problemlos, auch der Lichtbedarf ist mäßig.
Vermehrung: Seitensprosse am Rhizom.
SG: 2, **KH**: 2 - 15, **pH**: 6,0 - 7,5, **T**: 22 - 28° C, **BH**: 1 - 3

Barclaya longifolia WALLICH (1827)   Langblättrige Barclaya
Fam.: Nymphaeaceae - **Wasserrosengewächse**
Verbreitung: Burma, Andamanen, südliches Thailand, Vietnam
Kleine walzenförmige Knolle mit einer Blattrosette. Blätter lanzettlich, mehr oder minder lang gestielt. 10 - 20 cm lang, 1 - 3,5 cm breit. Zwei Farbvarianten treten auf. Eine olivgrüne Form paßt sich mäßigem Licht an und kann bis 40 cm hoch aufwachsen. Die Varietät mit tiefroten Blättern wächst unter starkem Licht niedriger und breiter. Die typische Wasserpflanze gelangt im Aquarium leicht zur Blüte. Submers offene Blüten sind lichtabhängig, die Knospen öffnen sich meist nur in der freien Luft. In zu hohem Wasser bleiben sie häufig submers geschlossen, bringen aber dennoch keimfähige Samen.
Vermehrung: Sämlingsaufzucht nicht sehr schwierig, auch Seitentriebe am Rhizom, die man abtrennt.
SG: 2, **KH**: 2 - 12, **pH**: 6,0 - 7,0, **T**: 22 - 28° C, **BH**: 1 - 3.

Pflanzen

Anubias barteri var. *glabra*

Barclaya longifolia

Anubias barteri var. *nana*

2. Pflanzen mit rosettig geordneten Blättern
2.2. Breitblättrige Rosettenpflanzen

Nuphar pumila (TIMM) DE CANDOLLE (1818)　　　Zwergteichrose, Kleine Mummel
Fam.: Nymphaeaceae - **Wasserrosengewächse**
Verbreitung: Mittel- und Osteuropa, Westsibirien
Wasserpflanze mit schwimmenden und submersen Blättern. Wächst in Seen, Teichen und Gräben im 50 - 150 cm tiefen, klaren, kühlen Wasser. Im Aquarium sind daher ständig überhöhte Temperaturen von Nachteil. Anpassung zu den übrigen Lebensbedingungen ziemlich gut, und mit bis zu 20 cm Wuchshöhe auch für kleinere Becken geeignet. Die ca. 12 cm langen und bis 8 cm breiten hellgrünen Blätter bringen einen guten Kontrast. Rhizom flach in den etwas groberen Bodenkies einsetzen, eventuelle Faulstellen vorher ausschneiden, Wunden antrocknen lassen. Regelmäßiger Wasserwechsel, bewegtes Wasser, freier Standplatz und Entfernen von Schwimmblättern.
Vermehrung: Gelegentlich treten Seitensprosse am Rhizom auf.
SG: 2, **KH**: 2 - 15, **pH**: 6,0 - 7,2, **T**: 18 - 22 ° C, **BH**: 1 - 3

Nymphaea lotus LINNAEUS (1753)　　　Grüner Tigerlotus
Fam.: Nymphaeaceae - **Wasserrosengewächse**
Verbreitung: Ostafrika, Südostasien
Variable Art mit zwei submersen Formen. Grundfarbe grün mit roten Flecken (Grüner Tigerlotus) oder rot und dunkelrot gefleckt (Roter Tigerlotus). Blätter mehr oder minder lang gestielt, 10 - 18 cm lang, 8 - 10 cm breit, Basis tief gespalten, unter starkem Licht kürzer gestielt mit gedrungener Wuchsform. Auftretende Schwimmblätter im Ansatz entfernen, damit die Wasserblätter erhalten bleiben. Zur Blütenbildung schwimmende Blätter belassen. In Folge mehrere wohlduftende Einzelblüten über dem Wasser, bis 10 cm groß, weiß mit gelbem Zentrum. Nachtblüher, der sich mehrere Tage nacheinander öffnet und schließt. Fruchtbildung nach Selbstbestäubung möglich.
Vermehrung: Sämlingsaufzucht, Ablegerpflanzen an Kurztrieben.
SG: 2, **KH**: 4 - 12, **pH**: 5,5 - 7,5, **T**: 22 - 28° C, **BH**: 2 - 3

Nymphoides aquatica (WALTER) O. KUNTZE (1891)　　　Wasserbanane
Fam.: Gentianaceae - **Enziangewächse**
Verbreitung: Östliche und südliche USA (Florida)
Beliebte Pflanze, meist jedoch kurzlebig. Die typischen keulenförmig verdickten, büscheligen, grünen Stelzwurzeln sind Nährstoffspeicher. Nicht in den Bodengrund stecken, sondern flach aufsetzen, wurzeln später fest. Submerse Blätter rundlich-herzförmig, kürzer gestielt, bis 10 cm groß. Später bis 15 cm große langstielige Schwimmblätter. Aus dem Blattstiel nahe der Basis kleine gelbe Blüten mit gefransten Kronblättern. Danach treiben Adventivpflanzen, jedoch ohne "Bananen". Im Handel mitunter abgetrennte Blätter, die man auf flachem Wasser kühl und hell stehend zur Blüte bringt.
Vermehrung: Adventivpflanzen.
SG: 2, **KH**: 5 - 10, **pH**: 6,5 - 7,2, **T**: 20 - 30° C, **BH**: 1 - 2

Pflanzen

Nuphar pumila

Nymphaea lotus

Nymphoides aquatica

2. Pflanzen mit rosettig geordneten Blättern
2.2 Breitblättrige Rosettenpflanzen

Ottelia alismoides (LINNAEUS) PERSOON (1805) Froschlöffelähnliche Ottelie
Fam.: Hydrocharitaceae - **Froschbißgewächse** Syn.: *Stratiotes alismoides*
Verbreitung: Tropen und Subtropen - Asien, Afrika, Australien
Anspruchsvoller Vertreter der Wasserflora mit geringer Anpassung an Karbonathärte. Bevorzugt nährstoffhaltigen Bodengrund und starkes Licht. Eine bis 35 cm große Rosette aus gelbgrünen, gestielten Blättern. Spreite rundlich-herzförmig etwa 12 - 22 cm lang und breit mit stark aufgebogenen Rändern. Zwischen den bis zu 11 basisbürtigen Längsnerven beulig aufgetrieben. Basis und dreikantiger Stiel scharf gezähnt. Seltene Pflanze, ziemlich brüchig und anfällig gegen harte Berührung. Daher besser für Aquarien mit ruhigem Fischbesatz. Blüten über dem Wasser, häufig mit kleistogamer Frucht.
Vermehrung: Sämlingsaufzucht, sehr schwierig.
SG: 4, **KH**: 2 - 6, **pH**: 5,5 - 6,8, **T**: 24 - 26° C, **BH**: 2 - 3

Samolus valerandi LINNAEUS (1753) Bachbunge, Amerikanische Bunge
Fam.: Primulaceae - **Schlüsselblumengewächse, Primelgewächse**
Syn.: *S. floribundus*
Verbreitung: Nordamerika, Westindien, Südamerika, Europa: Kosmopolit
Etwa 10 cm hoch wachsende Vordergrundpflanze für kleinere Gruppen. Guter Kontrast in der Aquarienlandschaft, aber etwas schwierig und nicht immer ausdauernd. Grundständige Rosette aus spatelförmigen, gestielten, hellgrünen Blättern, 6 - 10 cm lang, 3 - 5 cm breit. Gesundes, dauerhaftes Wachstum möglich unter starkem Licht, in mäßig hoher Wärme. Wächst in nährstoffreichem Wasser besser (gut aufdüngen). Unbedingt auf freien, unbeschatteten Standplatz achten und die Exemplare in der Gruppe mit Abstand und flach in den Grobsand einsetzen. Emerse Kultur einfach, dann blühend, fruchtend und Sämlingsaufzucht möglich.
Vermehrung: submers fehlend.
SG: 3, **KH**: 5 - 12, **pH**: 6,5 - 7,5, **T**: 20 - 24° C, **BH**: 1 - 2

Spathiphyllum wallisii REGEL (1877) Amerikanisches Speerblatt
Fam.: Araceae - **Aronstabgewächse**
Verbreitung: Südamerika (Kolumbien)
Umstritten in der Verwendung für Aquarien, da ausdauerndes Wachstum selten. Bleibt submers zwar bis zu 6 Monate lebensfähig, wird jedoch mit der Zeit absterben. Zu empfehlen für Becken mit großen, rauhen Fischen, in denen sonst keine Aquarienpflanzen aufkommen. Die Lebenserwartung ist höher, wenn die mittelgroße Pflanze mit dem gut verwurzelten Ballen im Blumentopf eingesetzt wird. Das Gefäß im Kiesboden versenken und bei wühlenden Fischen oben mit flachen Steinen abdecken. Bei frei gestellten Exemplaren den Topf mit Steinen, Wurzeln oder Rinde verdecken. Bei Bedarf gegen frische Exemplare austauschen. Besser nur für das Aqua-Terrarium verwenden.
SG: 1, **KH**: 2 - 15, **pH**: 6,0 - 8,0, **T**: 18 - 28° C, **BH**: 2 - 3

Pflanzen

Samolus valerandi

Spathiphyllum wallisii

Ottelia alismoides

2. Pflanzen mit rosettig geordneten Blättern
2.3. Amazonaspflanzen (*Echinodorus*)

Echinodorus amazonicus RATAJ (1970)   Amazonasschwertpflanze
Fam.: Alismataceae - **Froschlöffelgewächse**   Syn.: *E. brevipedicellatus*
Verbreitung: Brasilien
Mittelgroßer Solitär, ca. 40 cm hoch und ausgezeichnet als starker Punkt der Dekoration. Blätter linear-lanzettlich, etwas schwertförmig gebogen, 30 - 40 cm lang, 2 - 3 cm breit, hellgrün. Drei Nerven von der Basis in die Spitze, und zwei schwächere nahe dem Blattrand verlaufend. Wird häufig mit *E. bleheri*, verwechselt, der jedoch breiter wird. In hoher Karbonathärte mitunter schwierig und kleinbleibend. Beleuchtung mittelstark, Bodengrund nicht zu grob, jedoch locker und gut durchwärmt.
Vermehrung: Adventivpflanzen am langgestreckten submersen Blütenstengel, absenken und später vereinzeln.
SG: 2, **KH:** 2 - 12, **pH:** 6,5 - 7,2, **T:** 24 - 28° C, **BH:** 2 - 3

Echinodorus berteroi (SPRENGLER) FASSETT (1955)   Zellophanpflanze
Fam.: Alismataceae - **Froschlöffelgewächse**   Syn.: *E. rostratus*
Verbreitung: Westindien, südliches Nordamerika
Interessante Aquarienpflanze mit variabler Blattgestalt. Jedoch beschränkt lebensfähig. Jugendform mit spitzen, schmalen, ungestielten Blättern. Altersform herzförmig, 20 - 30 cm lang, 3 - 4 cm breit, mit auffallend hellgelber Nervatur. Neigt später zu langgestielten schwimmenden Blättern, und wird dann die Wasserblätter meist abstoßen. Durch mageren Bodensand und mit einer kürzeren täglichen Lichtdauer, unter 12 Stunden, können die unbeliebten Schwimmblätter unterdrückt werden. Regelmäßiges Auskneifen derselben kann die submerse Pflanze erhalten.
Vermehrung: Seitensprosse am Rhizom, mäßig.
SG: 3, **KH:** 2 - 12, **pH:** 6,5 - 7,0, **T:** 20 - 26° C, **BH:** 2 - 3

Echinodorus bleheri RATAJ (1970) Blehers Schwertpflanze, Breite Amazonaspflanze
Fam.: Alismataceae - **Froschlöffelgewächse**   Syn.: *E. paniculatus, E. rangeri*
Verbreitung: Tropisches Südamerika
Ohne Zweifel die häufigste Art der Gattung in Aquarien. Ausgezeichnete, vielblättrige und haltbare Rosettenpflanze. Als Solitär geeignet für den starken Punkt, bei ausreichend Platz auch gruppenweise im Hintergrund. Blätter lanzettlich, 30 - 50 cm lang, 4 - 8 cm breit, dunkelgrün, beide Enden spitz. Aus dem Mittelnerv zwei innere Längsnerven ziemlich nahe liegend, zwei weitere Adern aus der Basis verlaufen in Randnähe. Zahlreiche Quernerven, mitunter bräunlich. Robuster Vertreter, bleibt auch unter mäßigem Licht und in hartem Wasser gesund. Bei Eisenmangel mit gelben, glasigen Herzblättern und meist kümmerlich wachsend.
Vermehrung: Adventivpflanzen mit dem Blütenstengel absenken.
SG: 2, **KH:** 2 -15, **pH:** 6,5 - 7,5, **T:** 24 - 28°C, **BH:** 3

Echinodorus martii MICHELI (1881)   Riesen-Schwertpflanze
Fam.: Alismataceae - **Froschlöffelgewächse**   Syn.: *E. maior, E. leopoldina*
Verbreitung: Brasilien
Stattlicher und ausladender Solitär für große Aquarien. Blätter lanzettlich, kurzgestielt, 40 - 50 cm lang, 4 - 8 (10) cm breit, hellgrün. Rand wellig, beide Enden stumpf, aus dem Mittelnerv zwei Seitenadern, übrige aus der Basis. Mittelstarkes Licht, freien Standplatz und nährstoffhaltigen lockeren Bodensand anbieten. Reagiert empfindlich auf Abkühlung der Bodenzone, und dann meist mit Kümmerwuchs. Der steife Blütenstengel wächst über das Wasser hinaus, wird bis 100 cm lang, öffnet zahlreiche Blüten und bildet Früchte nach künstlicher Bestäubung.
Vermehrung: Sämlingsaufzucht kann gelingen, Adventivpflanzen am ins Wasser gedrückten Blütenstengel abtrennen.
SG: 2, **KH:** 2 - 12, **pH:** 6,5 - 7,2, **T:** 24 - 28° C, **BH:** 3

Pflanzen

Echinodorus amazonicus

Echinodorus bleheri

Echinodorus berteroi

Echinodorus martii

2. Pflanzen mit rosettig geordneten Blättern
2.3. Amazonaspflanzen (*Echinodorus*)

Echinodorus cordifolius (LINNAEUS) GRISEBACH (1857)
Herzblättriger Wasserwegerich
Fam.: Alismataceae - Froschlöffelgewächse Syn.: *E. radicans*
Verbreitung: Mittleres und südliches Nordamerika, Mexiko
Anspruchslose Art und guter Solitär für größere Becken. Blätter herzförmig, oben stumpf, 20 - 25 cm lang, 10 - 15 cm breit, aus der Basis 5 - 7 bogige Längsnerven. In der Entwicklung mitunter rötlich und gefleckt. Langgestielte Schwimmblätter rechtzeitig abschneiden, damit die submersen Blätter erhalten bleiben. Im Bedarfsfall Wurzeln rundum abstechen und somit die Nahrungsaufnahme reduzieren. Der kräftige Blütenstengel öffnet außerhalb des Wassers große weiße Blüten. Nach Bestäubung ist Fruchtbildung möglich.
Vermehrung: Adventivsprosse am flach ins Wasser gedrückten Blütenstengel, diese abtrennen und einsetzen.
SG: 2, **KH**: 5 - 15, **pH**: 6,5 - 7,5, **T**: 22 - 28° C, **BH**: 2 - 3

Echinodorus horizontalis RATAJ (1969) Horizontale Amazonaspflanze
Fam.: Alismataceae - Froschlöffelgewächse
Verbreitung: Nördliches Südamerika, Amazonasstromgebiet
Kompakter, halbhoher Solitär für mittelgroße Becken. Typisch für die Art ist das am Stiel abgewinkelte und nahezu horizontal gestellte Blatt. Spreite herzförmig 15 - 20 cm lang, 5 - 10 cm breit, dunkelgrün, meist kurzgestielt, aus der Basis 5 - 7 Primärnerven. Herzblätter häufig rotbraun, allmählich vergrünend. Am spitzen oberen Ende gut vom ähnlichen *E. cordifolius* zu unterscheiden. Gute Anpassung, jedoch lichtbedürftiger, neigt nicht zu Schwimmblättern, benötigt meist jedoch eine längere Zeit zum Eingewöhnen. Submerser Blütenstiel mit offenen Blüten im Wasser oder kurz darüber.
Vermehrung: Adventivpflanzen vom Stengel abtrennen und einsetzen.
SG: 2, **KH**: 5 - 12, **pH**: 6,5 - 7,2, **T**: 22 - 28° C, **BH**: 2 - 3

Pflanzen

Echinodorus cordifolius

Echinodorus horizontalis

2. Pflanzen mit rosettig geordneten Blättern
2.3. Amazonaspflanzen (*Echinodorus*)

Echinodorus osiris RATAJ (1970)   Osiris-Schwertpflanze
Fam.: Alismataceae - **Froschlöffelgewächse**   **Syn.**: *E. osiris rubra, E. aureobrunata*
Verbreitung: Südbrasilien
Robuste Solitärpflanze, auch für sehr hartes Wasser geeignet. Mit 40 - 50 cm Wuchshöhe ein guter starker Punkt in der Dekoration. Blätter in der Jugend stark rötlich, 30 - 40 cm lang, 4 - 5 cm breit, häufig stärker gewellt mit auffälliger Längs- und Quernervatur. Die relativ lichtbescheidene Art zeigt Probleme im nährstoffarmen Wasser unter gleichzeitig starkem Licht. Angereicherter Bodensand fördert das Wachstum, grobes und durchlässiges Material wird vertragen. 11 Stunden Beleuchtungsdauer täglich werden angeraten.
Vermehrung: Adventivpflanzen am Blütenstengel, abtrennen, Seitensprosse am Rhizom.
SG: 2 - 3, **KH**: 5 - 15, **pH**: 6,5 - 7,5, **T**: 22 - 28° C, **BH**: 2 - 3

Echinodorus osiris

Pflanzen

Echinodorus parviflorus RATAJ (1970) Schwarze Amazonaspflanze
Fam.: Alismataceae - **Froschlöffelgewächse** Syn.: *E. peruensis, E. tocantins*
Verbreitung: Südamerika, Peru, Bolivien
In Liebhaberbecken weit verbreitete Art mit ausgezeichneter Anpassung. Auch unter mäßigem Licht wächst eine vielblättrige, kompakte Rosette heran. Extrem grobe Bodenkiesel scheinen den Wurzeln nicht zu behagen. Die kurzgestielten Blätter variabel in Form und Größe, lanzettlich, 15 - 20 cm lang, 2 - 5 cm breit, dunkelgrün. Zwischen den 5 basisbürtigen Längsnerven kurze bräunliche, enge Quernerven. Die Basis kann spitz oder abgerundet sein. In kleinen Becken als Solitär zu verwenden, kann im hohen Wasserstand als halbhohe Bodenpflanze zum Verdecken langstieliger Arten dienen.
Vermehrung: Adventivpflanzen am Blütenstiel, Wasserstand absenken.
SG: 1, **KH**: 2 - 15, **pH**: 6,0 - 7,8, **T**: 22 - 28° C, **BH**: 2 - 3

Echinodorus parviflorus

2. Pflanzen mit rosettig geordneten Blättern
2.3. Amazonaspflanzen (*Echinodorus*)

Echinodorus quadricostatus FASSET (1955)   Zwergamazonaspflanze
Fam.: Alismataceae - Froschlöffelgewächse   Syn.: *E. magdalenensis*
Verbreitung: Brasilien, Para, Rio Xingú
Ausgezeichnete Dekoration im Vordergrund für alle Beckengrößen. Nach Standdichte und Lichteinfall variiert die Wuchshöhe von 5 - 15 cm. Kleine Rosette aus lanzettlichen, spitzen, mehr oder minder lang gestielten Blättern, 5 - 15 cm lang, 5 -10 mm breit, hellgrün. Aus dem Mittelnerv mehrere bogige Seitennerven, meist undeutlich. Allgemein gute Anpassung an unterschiedliche Lichtstärken. Zu grobe Bodenkiesel bewirken Kümmerwuchs, während Eisenmangel rasch zu gelbsüchtigen Exemplaren führt. Aufgrund der reichlichen Vermehrung genügen für den Anfang wenige Exemplare. Den dichten Bestand regelmäßig verziehen, gelegentlich verjüngen.
Vermehrung: Ablegerpflanzen sehr zahlreich.
SG: 1, **KH**: 2 - 12, **pH**: 6,5 - 7,5, **T**: 22 - 28° C, **BH**: 1 - 3

Echinodorus tenellus (MARTIUS) BUCHENAU (1869)   Grasartige Schwertpflanze
Fam.: Alismataceae - Froschlöffelgewächse
Verbreitung: Brasilien bis USA
Kleinpflanze für flachen, rasenartigen Bewuchs im Vordergrund. Ausgangspflanzen mit Abstand setzen, bilden an gestreckten Ausläufern zahlreiche Ableger. Den später verfilzten Bestand zeitweilig verziehen und bei Bedarf verjüngen. Zierliche Rosettenpflanze mit dünnen Wurzeln und grasartigen, schmalen, spitzen, einnervigen Blättern. Zu unterscheiden sind: *E. tenellus* var. *tenellus*; Blätter 8-12 cm lang, 2 mm breit, dunkelgrün, mitunter rötlich. Bessere Anpassung zur Lichtstärke und Wasserhärte (**SG**: 1). *E. tenellus* var. *parvulus*: Blätter 3 - 8 cm lang, 2 mm breit, reingrün (ältere Form). Anspruchsvoller und lichtbedürftiger, mäßige Fähigkeit zur Assimilation der Bikarbonate, für hartes Wasser daher weniger geeignet.
Vermehrung: Ausläufer mit zahlreichen Ablegerpflanzen.
Echinodorus tenellus ist links im Vordergrund zu sehen. Die Pflanze im Mittelgrund ist die seltene Wasserorchis *Spiranthes cernua* L. C. RICHARD, 1818. Sie wird ca. 15 cm hoch.
SG: 1 - 2, **KH**: 2 - 15, **pH**: 6,5 - 7,2, **T**: 22 - 30° C, **BH**: 1 - 2

Pflanzen

Echinodorus quadricostatus

Echinodorus tenellus (links im Vordergrund), *Spiranthes cernua*

2. Pflanzen mit rosettig geordneten Blättern
2.4. Wasserähren (*Aponogeton*)

***Aponogeton boivinianus* BAILLON ex JUMELLE (1922)**
Genoppte Wasserähre, Boivins Wasserähre
Fam.: Aponogetonaceae - **Wasserährengewächse**
Verbreitung: Nordmadagaskar
Freistehender Solitär im Mittelteil des geräumigen Aquariums, in flachen Becken wird die Pflanze meist zu umfangreich und dann weniger dekorativ. Eine runde scheibenförmige Knolle, Blätter 30 - 45 cm lang, 3 - 6 cm breit, dunkelgrün, über die gesamte Länge beulig aufgetrieben. Die Knolle flach in den lockeren Sandboden drücken, auch in härterem Wasser treiben zahlreiche gesunde Blätter. Überlängen durch freien Stand vermeiden, ausreichend belichten.
Vermehrung: Sämlingsaufzucht schwierig. Dreischenkelige weißblütige Ähre, selbststeril.
SG: 2, KH: 2 - 12, pH: 6,5 - 7,5, T: 20 - 26° C. BH: 2 - 3

***Aponogeton crispus* THUNBERG (1781)** Krause Wasserähre
Fam.: Aponogetonaceae - **Wasserährengewächse**
Verbreitung: Sri Lanka
Allgemein bekannte Aquarienpflanze mit guter Anpassung. Ziemlich wüchsig und mit zahlreichen Blättern zum dekorativen Solitär heranwachsend. Blätter variabel, 20 - 40 cm lang, 1 - 4 cm breit, dunkelgrün-olivgrün, Blattrand gewellt und fein kraus. Unter schwachem Licht langgestielte Blätter, treiben zur Lichtquelle und liegen teilweise auf dem Wasser. Neigt im Aquarium leicht zur Blüte. Künstliche Bestäubung durch vorsichtiges Betupfen mit kleinem Wattebausch oder Tuschepinsel. Auch möglich, wenn die Ähre durch umgelegten Futterring ins Wasser gezogen wird und dann wieder hochkommt. Fruchtreife nach ca. 2 Monaten.
Vermehrung: Sämlingsaufzucht nicht schwierig. Einschenkelige weiße Blütenähre, selbstfertil.
SG: 2, KH: 2 - 15, pH: 6,5 - 7,2, T: 22 - 30° C, BH: 2 - 3

***Aponogeton elongatus* MUELLER ex BENTHAM (1878)** Langblättrige Wasserähre
Fam.: Aponogetonaceae - **Wasserährengewächse**
Verbreitung: Nord- und Ostaustralien
Raschwüchsiger mittelhoher, vielblättriger Solitär, etwa 40 cm hoch. Einer der wenigen Vertreter der australischen Wasserflora für Aquarienkultur. Blätter 30 - 40 cm lang, 3 - 5 cm breit, hellgrün, kurzgestielt, Rand schwach gewellt. Variable Art mit mehreren Wuchsformen. Die beschriebene und abgebildete Pflanze ist *A. e.* forma *latifolius*. Im Habitus ähnlich *A. ulvaceus*, jedoch blühend gut zu trennen. Problemlose, ausdauernde Art, durch Zusatz von CO_2 auch in sehr hartem Wasser. Die Ruhepause ist einzuhalten.
Vermehrung: Sämlingsaufzucht nicht ganz einfach. Einschenkelige, gelbgrüne Blütenähre, selbststeril.
SG: 2, KH: 2 - 12, pH: 6,0 - 7,5, T: 22 - 26° C. BH: 2 - 3

Pflanzen

Aponogeton boivinianus

Aponogeton crispus, Braune Form

Aponogeton elongatus

2. Pflanzen mit rosettig geordneten Blättern
2.4. Wasserähren (Aponogeton)

Aponogeton madagascariensis (MIRBEL) VAN BRUGGEN (1968)   Gitterpflanze
Fam.: Aponogetonaceae - **Wasserährengewächse**   Syn.: *A. fenestralis*
Verbreitung: Madagaskar
Eigenartigste Wasserpflanze, deren Blattgewebe fehlt und nur das Adernetz entwickelt ist. Um über längere Zeit gesunden Wuchs zu erreichen, sind die besonderen Ansprüche der Gitterpflanze zu erfüllen. Das weiche, kalkarme Wasser sei klar, sauber, bewegt und nicht zu warm. Auf den günstigen, schwach sauren pH-Wert achten und mäßig bis schwach beleuchten. Algenbelag unbedingt vermeiden, weil dieser die Blätter bald zerstört. Die Lebenserwartung bleibt jedoch im allgemeinen beschränkt und ist bei einer schmalblättrigen Wuchsform höher.
Vermehrung: Sämlingsaufzucht sehr schwierig. Mehrschenkelige weiße Blütenähre, selbstfertil.
SG: 4, **KH:** 2 - 3, **pH:** 5,5 - 6,5, **T:** 20 - 22° C, **BH:** 1 - 3

Aponogeton ulvaceus BAKER (1881)   Salat-Wasserähre, Meersalat-Wasserähre
Fam.: Aponogetonaceae - **Wasserährengewächse**
Verbreitung: Madagaskar
Als Solitärpflanze frei herausstellen und für den starken Punkt der Dekoration einplanen. Aus der glatten, runden, braunen Knolle treiben kurzgestielte wellige Blätter, 30 - 40 cm lang, 4 - 6 cm breit, hellgrün. Mäßiges Licht ist möglich, dann aber meist höher aufwachsend, meist ziemlich raschwüchsig. Nach einer Periode der Blatt- und Blütenentwicklung erfolgt eine Wachstumspause, wobei meist alle Blätter abgestoßen werden. Die gesunde Knolle wird von Blatt- und Wurzelresten befreit, auf den Bodengrund des Aquariums gelegt und nach 2 - 3 Monaten erneut eingesetzt.
Vermehrung: Sämlingsaufzucht. Zweischenkelige gelbe Blütenähre, meist selbststeril.
SG: 2, **KH:** 2 - 15, **pH:** 5,5 - 7,0, **T:** 22 - 28° C, **BH:** 2 - 3

Aponogeton undulatus ROXBURGH (1824)
Lebendgebärende Wasserähre, Gewellte Wasserähre
Fam.: Aponogetonaceae - **Wasserährengewächse**
Verbreitung: Indien, Ostpakistan, Burma
Als besonderes Kennzeichen dieser Wasserpflanze ist die Vermehrung zu erwähnen. Auf dem Stengel, der sonst die Blütenähre trägt, entwickelt sich hier eine Adventivpflanze. Diese bildet eine kleine Knolle mit Wurzeln, wird dann abgetrennt und eingesetzt. Die erwachsene Pflanze erreicht etwa 30 - 40 cm Höhe, und ihre dunkelgrünen Blätter können langgestielt sein. Entsprechend dem Lichteinfall ist der Blattrand mehr oder weniger stark gewellt. Nahe dem breiten Mittelnerv treten dunklere Zonen auf. Gute Anpassung auch an hartes Wasser, die Ruhepause wird eingehalten.
Vermehrung: Adventivpflanzen. Blütenbildung sehr selten.
SG: 2, **KH:** 5 - 15, **pH:** 6,0 - 7,5, **T:** 22 - 28 ° C, **BH:** 2 - 3

Pflanzen

Aponogeton madagascariensis, früher *A. frenestralis*

Aponogeton ulvaceus

Aponogeton undulatus

2. Pflanzen mit rosettig geordneten Blättern
2.5. Wasserkelche (*Cryptocoryne*)

Cryptocoryne affinis BROWN ex HOOKER fil. (1893)   Haertelscher Wasserkelch
Fam.: Araceae - **Aronstabgewächse**   **Syn.**: *C. haerteliana*
Verbreitung: Malaiische Halbinsel
Dies ist wohl der bekannteste Vertreter der umfangreichen Gattung. Die Anpassung an allgemeine Bedingungen ist ausgezeichnet, wobei im allgemeinen gedämpftes Licht bevorzugt wird. Mit den samtgrünen, unterseits weinroten Blättern wirkt dieser Wasserkelch äußerst dekorativ. Eine intensive Vermehrung führt bald zum ausgedehnten Pflanzendickicht. Nach Lichteinfall und Standdichte beträgt die variable Wuchshöhe 10 - 30 cm, so daß die Verwendung unterschiedlich möglich wird. Eine fast ideale Aquarienpflanze, aber etwas empfindlich gegen stärkere Veränderungen von Licht-, Temperatur- und Wasserwerten; anfällig gegen die gefürchtete Blattfäule der Cryptocorynen. **Vermehrung**: Ausläuferpflanzen sehr produktiv.
SG: 2, **KH**: 3 - 15, **pH**: 6,0 - 7,8, **T**: 22 - 28° C. **BH**: 1 - 3

Cryptocoryne var. *crispatula* ENGLER (1920)   Genoppter Wasserkelch
Fam.: Araceae - **Aronstabgewächse**   **Syn.**: *C. balansae*
Verbreitung: Thailand, Nordvietnam, Tonkin
Die besondere Wirkung dieser beliebten Art liegt in den schmalen Blättern mit der beulig-blasigen Struktur. Sie ist lichtabhängig schwächer oder stärker ausgebildet. Die meist bis 1 cm schmalen Blätter erreichen 20 - 40 cm Länge und sind nach oben spitz zulaufend. Einige Ansprüche müssen erfüllt werden, wenn die Kultur gelingen soll. Dies sind kurzhafter, lockerer, kiesiger Bodengrund, mittelstarkes Licht und mäßig hartes Wasser. Die aus mehreren Exemplaren locker gestellte Gruppe sollte möglichst freistehend wachsen, während die Blattstruktur durch anders gestaltete Blattformen in der Nähe zusätzlich betont wird. Siehe auch *C. crispatula* auf der nächsten Textseite. **Vermehrung**: Ausläufer, anfangs mäßig, später gut.
SG: 3, **KH**: 2 - 12 **pH**: 6,5 - 7,2, **T**: 25 - 28° C, **BH**: 1 - 3

Cryptocoryne ciliata (ROXBURGH), SCHOTT (1857)   Gewimperter Wasserkelch
Fam.: Araceae - **Aronstabgewächse**
Verbreitung: Weite Gebiete in Südostasien
Etwa 40 cm hoch aufwachsende Gruppenpflanze, die man zu mehreren einsetzt, da die Vermehrung ziemlich mäßig ist. Die rosettig gestellten Blätter sind lanzettlich geformt, nach oben spitz, während die keilförmige Basis seitlich vom runden Stiel angesetzt ist. Blattspreite etwa 30 cm lang und bis 4 cm breit, mittelgrün. Abweichend hiervon ist *C. ciliata* var. *latifolia*, deren Blätter 10 - 15 cm lang und bis 5 cm breit werden, und eine herzförmige Basis aufweisen. Diese Wuchsform ist kompakter mit etwa 20 cm Höhe. Geringe Anforderungen an die Wasserwerte, jedoch häufiger Wasserwechsel ratsam. Lichtbedürftiger als die meisten übrigen Vertreter der Gattung, daher keine Schwimmpflanzen verwenden.
Vermehrung: Ausläufer selten, gelegentlich mit Kurzsprossen in den Blattachseln.
SG: 2, **KH**: 5 - 12, **pH**: 6,5 - 7,5, **T**: 22 - 28° C, **BH**: 2 - 3

Cryptocoryne beckettii TRIMEN (1885)   Petchs Wasserkelch
Fam.: Araceae - **Aronstabgewächse**   **Syn.**: *C. petchii*
Verbreitung: Sri Lanka
Halbhohe Art für größere Gruppen im vorderen Bereich oder den Mittelzonen. Anpassungsfähig, läßt sich problemlos eingewöhnen, ist raschwüchsig und vermehrungsfreudig. Blätter kurzgestielt, lanzettlich, 8 - 12 cm lang, bis 1 cm breit, mit gewelltem Rand und dunkler Querzeichnung. Färbung schwankend nach Lichtintensität, braungrün-dunkeloliv, unterseits rot. Auch unter schwächerem Licht ergrünen die Blätter nicht ganz, so daß der Kontrast zu hellgrünen Begleitpflanzen erhalten bleibt. Beachtet werden muß der gleichmäßige Lichteinfall, da bei stärkeren Änderungen Blattfäule auftritt. **Vermehrung**: Ausläuferpflanzen, produktiv.
SG: 2, **KH**: 2 - 15, **pH**: 6,5 - 7,5, **T**: 24 - 30° C. **BH**: 1 - 3.

Pflanzen

Cryptocoryne affinis

Cryptocoryne ciliata

Cryptocoryne var. *crispatula*

Cryptocoryne beckettii

2. Pflanzen mit rosettig geordneten Blättern
2.5. Wasserkelche (*Cryptocoryne*)

Cryptocoryne purpurea RIDLEY (1902)   Purpurroter Wasserkelch
Fam.: Araceae - **Aronstabgewächse**   Syn.: *C. griffithii*
Verbreitung: Malaiische Halbinsel
Wenn dieser Wasserkelch ein beliebter Aquarienpflegling ist, so hängt dies vor allem mit den submersen Blüten zusammen. Der insgesamt etwa 20 cm hohe Blütenstand öffnet die purpurrote Fahne auch im wesentlich höheren Wasser. Die Anzucht von kräftigen, blühfähigen Exemplaren gelingt am besten unter gedämpftem Licht im Kurztag. Angereicherter Bodenkies, dessen Temperatur der Wasserwärme entspricht, fördert das Wachstum. Die mitunter lang gestielten Blätter sind länglich-eiförmig, 5 - 10 cm lang, 3 - 5 cm breit, oberseits grün bis schwach olivgrün, unterseits rötlich und purpurfarben gefleckt oder geädert.
Vermehrung: Ausläuferpflanzen, mittelmäßig.
SG: 3, **KH**: 2 - 12, **pH**: 5,5 - 6,8, **T**: 26 - 28° C, **BH**: 1 - 3

Cryptocoryne crispatula ENGLER (1920)   Grasblättriger Wasserkelch
Fam.: Araceae - **Aronstabgewächse**
Verbreitung: Südostasien
Die deutsche Bezeichnung weist schon auf die abweichende Wuchsform hin. Die dunkelgrünen, bandförmigen Blätter werden etwa einen Zentimeter breit und können eine Länge von 60 cm erreichen. Die Verwendung bleibt daher beschränkt auf größere Aquarien mit höherem Wasserstand, sonst fluten die Blätter wenig zierend auf dem Wasserspiegel. Die allgemeinen Ansprüche sind vergleichsweise gering, doch ist der mittelstarke Lichtbedarf zu erfüllen. Mit der produktiven Vermehrung ist die Bildung einer größeren Gruppe kaum ein Problem. Unter Kurztagbedingungen, d. h. weniger als 12 Stunden täglicher Lichtdauer, ist Blütenbildung möglich. Blütenstand bis 60 cm lang mit offener Fahne über dem Wasser.
Vermehrung: Ablegerpflanzen, ziemlich zahlreich.
SG: 1, **KH**: 2 - 15, **pH**: 6,0 - 7,5, **T**: 25 - 28° C, **BH**: 3

Cryptocoryne cordata GRIFFITH (1851)   Siamesischer Wasserkelch
Fam.: Araceae - **Aronstabgewächse**   Syn.: *C. siamensis*
Verbreitung: Thailand ·
Gruppenpflanze mit braunroten Blättern, die sich von hellgrüner Bepflanzung kontrastreich abheben. Blattspreite eiförmig, 7 - 10 cm lang, 3 - 4 cm breit, unterseits rot und dunkelrot geädert. Struktur und Färbung ähnlich der nahe verwandten *C. blassii*, diese jedoch mit breiteren, an der Basis schwach herzförmigen Blättern. Mäßiges bis mittelstarkes Licht, nicht zu hohe Wasserhärte sowie lockerer, angereicherter, warmer Bodengrund bieten Grundlagen für wüchsige Exemplare. Beachtet werden muß eine angemessene Frist zum Eingewöhnen mit ungestörtem Wachstum. Gut verwurzelte Exemplare bringen mehr Ablegerpflanzen und bilden mit der Zeit einen dekorativen Bestand.
Vermehrung: Ausläufer, im allgemeinen mäßig.
SG: 3, **KH**: 2 - 8, **pH**: 6,0 - 7,0, **T**: 25 - 28° C, **BH**: 1 - 3.

Pflanzen

Cryptocoryne purpurea

Cryptocoryne crispatula

Cryptocoryne cordata, Rote Form

2. Pflanzen mit rosettig geordneten Blättern
2.5. Wasserkelche (*Cryptocoryne*)

Cryptocoryne usteriana ENGLER (1905)
Hammerschlag-Wasserkelch, Usteris-Wasserkelch
Fam.: Araceae - **Aronstabgewächse**   Syn.: *C. aponogetifolia*
Verbreitung: Philippinen
Mit der genoppten Blattstruktur erinnert dieser Wasserkelch an ähnlich gestaltete *Aponogeton*. Dies drückt auch der als Synonym geführte Artname aus. Die außerordentlich robuste und anpassungsfähige Pflanze entwickelt aus dem kräftigen, kriechenden Wurzelstock gestielte Blätter von 50 - 100 cm Länge und 3 - 5 cm Breite. Einer derart umfangreichen Pflanze sollte daher ein geräumiges Becken mit hohem Wasserstand angeboten werden. Bereiche im Hintergrund bevorzugen oder eine seitliche Plazierung vornehmen. Der Aufblick wird durch lockere oder niedrige Vorpflanzung freigehalten. **Vermehrung**: Ausläuferpflanzen, bei älteren Exemplaren zahlreich.
SG: 1, **KH**: 5 - 15, **pH**: 6,0 - 7,8, **T**: 22 - 28° C, **BH**: 3

Cryptocoryne walkeri SCHOTT (1857)   Walkers Wasserkelch
Fam.: Araceae - **Aronstabgewächse**
Verbreitung: Sri Lanka
Mittelhohe Vordergrundpflanze mit guter Anpassung und Vermehrung. Blätter lanzettlich, 8 - 12 cm lang, 1 - 2 cm breit, meist reingrün, mitunter braune Zonen nahe dem Mittelnerv, unterseits grün bis schwach rötlich. Problemlose Art, ohne besondere Ansprüche an Wasser- und Lichtwerte. Frisch gesetzte Exemplare treiben nach kurzer Eingewöhnung zügig weiter und bilden Ausläufer. Wenige Ausgangspflanzen, mit seitlichem Abstand eingesetzt, werden somit bald zur ausgedehnten Gruppe heranwachsen. Gelegentliches Verziehen ist vorteilhaft und erhält die Wuchsfreude.
Vermehrung: Ablegerpflanzen, sehr zahlreich.
SG: 1, **KH**: 2 - 15, **pH**: 6,0 - 7,5, **T**: 22 - 30° C, **BH**: 1 - 3

Cryptocoryne wendtii DE WIT (1958)   Wendt'scher Wasserkelch
Fam.: Araceae - **Aronstabgewächse**
Verbreitung: Sri Lanka
Aufragende Dekoration im Hintergrund, bei Gruppenpflanzung mit 30 - 40 cm Wuchshöhe. Veränderliche Art mit mehreren Varietäten. Der Grundtyp mit lanzettlichen Blättern, 10 - 15 cm lang, 2 - 3 cm breit, häufig langgestielt. Oberseits olivgrün bis grün mit bleigrauen oder bräunlichen Flecken. Rand oft gewellt, Basis gerundet, Spitze zugespitzt. Wegen der guten Anpassung, auch an mäßiges Licht, eine weit verbreitete Aquarienpflanze. Bei ungestörter Entwicklung bilden die raschwüchsigen Ausläufer bald einen dichten Bestand. Kurzfristige stärkere Änderungen von Wasser und Lichtwerten vermeiden, weil dadurch leicht Blattfäule auftritt.
Vermehrung: Ablegerpflanzen, zahlreich.
SG: 1, **KH**: 5 - 15, **pH**: 6,5 - 7,5, **T**: 24 - 28° C, **BH**: 1 - 3

Cryptocoryne x *willisii* REITZ (1908)   Kleiner Wasserkelch
Fam.: Araceae - **Aronstabgewächse**   Syn.: *C. nevillii*
Verbreitung: Sri Lanka
Hier ist vor allem die geänderte Nomenklatur zu erwähnen, welche der dänische Botaniker JAKOBSEN publizierte. Robuste Vordergrundpflanze, mit 3 - 5 cm Wuchshöhe für alle Beckengrößen geeignet. Blätter lanzettlich, 3 - 5 cm lang, 5 - 8 mm breit, grün, auf kürzerem oder gleichlangem Stiel. Mehrere ähnlich aussehende Arten sind bekannt, aber seltener in Kultur (*C. parva*, *C. lucens*). Um rascher eine geschlossene Gruppe zu erhalten, werden 10 - 15 Exemplare zwar einzeln, jedoch im Horst vereint gesetzt. Ausreichende Vermehrung bei ungestörtem Wachstum und guter Beleuchtung. Verträgt auch kühleres Wasser, ist in höherer Wärme jedoch raschwüchsiger und vermehrungsfreudiger. **Vermehrung**: Ablegerpflanzen.
SG: 1, **KH**: 2 - 15, **pH**: 6,5 - 7,2, **T**: 22 - 30 ° C, **BH**: 1 - 3

Pflanzen

Cryptocoryne usteriana

Cryptocoryne wendtii

Cryptocoryne walkeri

Cryptocoryne x willisii

3. Moospflanzen und Farne

Bolbitis heudelotii (FÉE) ALSTON (1934)   Kongo-Wasserfarn
Fam.: Lomariopsidaceae
Verbreitung: Afrika; von Äthiopien bis Südafrika
In der freien Natur wächst dieser Farn an den Ufern fließender Gewässer, meist in der Spritzwasserzone mit den Wurzeln im Wasser. Seine fiederschnittigen, dunkelgrünen Wedel erreichen 40 - 50 cm Höhe und erfordern somit eine entsprechende Wassertiefe. Der im allgemeinen lichtbescheidene Farn kann auch im Schatten gedeihen. Bevorzugt wird frisches, sauberes und bewegtes Wasser. Rhizom und Wurzeln müssen vom Wasser umspült sein, daher wird der kriechend wachsende Wurzelstock auf Stein oder Holz festgebunden. Der neue Trieb wächst später auf der Unterlage fest. **Vermehrung**: Rhizomteilung, Seitensprosse.
SG: 2, **KH**: 2 - 12, **pH**: 5,8 - 7,0, **T**: 24 - 26° C, **BH**: 2 - 3

Ceratopteris cornuta (BEAUVOIS) LE PRIEUR (1810)   Wasserhornfarn
Fam.: Parkeriaceae - **Flügelfarngewächse**   **Syn.**: *C. thalictroides*
Verbreitung: Überwiegend in Afrika
Die Nomenklatur änderte sich und die frühere Bezeichnung *C. thalictroides* gilt nun ausschließlich für den feiner aufgegliederten Sumatrafarn. Hier sind die fiederschnittigen Wedel ziemlich veränderlich, können breit grob, oder schmal-feinlappig sein. Abgebildet ist eine ziemlich grobe Form, die unter starkem Licht auf dem Wasser freitreibend heranwächst. Der Farn eignet sich gut für die submerse Kultur, wird aber für kleinere Behälter meist zu umfangreich. Das Rhizom darf nicht zu tief in den Boden gelangen, daher ziemlich flach einsetzen. **Vermehrung**: Adventivpflanzen auf den Wedeln.
SG: 1, **KH**: 5 - 15, **pH**: 5,5 - 7,5, **T**: 18 - 30° C, **BH**: 2 - 3

Ceratopteris pteridioides (HOOKER) HIERONYMUS (1905)
Schwimmender Hornfarn
Fam.: Parkeriaceae - **Flügelfarngewächse**
Syn.: *C. cornuta, C. thalictroides* f. *cornuta*
Verbreitung: Tropen
Dieser Farn läßt sich nur als Schwimmpflanze verwenden, ist raschwüchsig und ziemlich robust. Am Rande der stumpf gelappten Wedel entstehen reichlich Jungsprosse, welche sich ablösen und selbständig wachsen. Die etwas schwammig aufgetriebenen Blätter hemmen den Lichteinfall, so daß regelmäßiges Auslichten angebracht ist. Gut geeignet für Zuchtbecken, wo die großlappigen Wedel den Schaumnestern von Labyrinthern Halt bieten. Das herabhängende Wurzelwerk gibt Jungfischen Schutz, während die zarten Wurzelspitzen für Vegetarier eine willkommene Zusatzkost darstellen. **Vermehrung**: Adventivpflanzen, sehr zahlreich.
SG: 1, **KH**: 5 - 15, **pH**: 6,5 - 7,5, **T**: 18 - 28° C, **BH**: 1 - 3

Ceratopteris thalictroides (LINNAEUS) BRONGNIART (1821)   Sumatrafarn
Fam.: Parkeriaceae - **Flügelfarngewächse**
Verbreitung: Tropen von Amerika, Afrika, Asien, Nordaustralien
Im Vergleich zu *C. cornuta* eine ziemlich konstante Pflanze. Die grundständigen hellgrünen Wedel sind tief fiederschnittig, mehrfach gefiedert, immer zahlreicher aufgeteilt und mit dünneren Spitzen als die grobere Wasserhornfarn. Sowohl submers als auch freitreibend zu verwenden. An der Oberfläche raschwüchsiger und verwuchert hier ziemlich dicht. Im Wasser gepflegte Exemplare sind etwas lichtbedürftiger, daher als Solitär freiwachsend kultivieren. Beim Einsetzen auf flachen Stand im Boden achten. Die Ansatzstelle der Wurzeln am Rhizom (Wurzelhals) sollte über dem Bodengrund sichtbar bleiben. **Vermehrung**: Adventivpflanzen an den Blättern.
SG: 1, **KH**: 5 - 12, **pH**: 6,5 - 7,2, **T**: 24 - 28° C, **BH**: 2 - 3

Pflanzen

Bolbitis heudelotii

Ceratopteris pteridioides

Ceratopteris cornuta

Ceratopteris thalictroides

3. Moospflanzen und Farne

Fontinalis antipyretica LINNAEUS (1753)　　　　Gewöhnliches Quellmoos
Fam.: Fontinalaceae - **Quellmoosgewächse**
Verbreitung: Europa, Nordöstliches Asien, Nordamerika, Nordafrika
Variable Art mit über zwei Dutzend Formen. Stengel ohne echte Wurzeln, kahl, dünn, schwach dreikantig, Blätter 4 - 6 mm, dunkelgrün, dicht sitzend, wechselständig in drei Reihen. Für Kaltwasser und temperierte Aquarien mit ausreichend Licht. Kann büschelweise zwischen Steinen oder Wurzeln verankert werden. Bevorzugt stärker bewegtes Wasser und wird deshalb nahe dem Filterauslauf angebracht. Versagt in sehr hartem Wasser mitunter vollkommen. Pflanzen aus weniger rasch fließendem Wasser und von wärmeren Standorten lassen sich besser im Aquarium eingewöhnen. Muß im allgemeinen nach einiger Zeit gegen frische Büschel ausgetauscht werden.
Vermehrung: Seitentriebe, Sproßverzweigungen.
SG: 1, **KH:** 2 - 12, **pH:** 6,0 - 7,2, **T:** 15 - 22° C, **BH:** 1 - 3

Vesicularia dubyana (C. MÜLLER) BROTHERUS (1925)　　　　Javamoos
Fam.: Hypnaceae - **Schlafmoosgewächse**
Verbreitung: Südostasien, Malaysia, Java, Indien
Vielseitig verwendbares Moos, kann sich fast überall festsetzen und stellt in der Kultur kaum Ansprüche. Dünner Stengel mit zwei Reihen von Blättern, ca. 2 - 4 mm lang, flach, lanzettlich, hellgrün. Durch Sprossverzweigungen entstehen gleichmäßig verteilte Fächer. Im Zuchtbecken eine beliebte Ablaichpflanze am Boden. An Stein, Rinde oder Wurzel anbinden, haftet später mit Rhizoiden und wächst kriechend. Die reich verzweigten, in der Folge übereinander wachsenden Sprosse bilden dicke Polster. Rückschnitt wird ohne weiteres vertragen. An einem Stück Korkeichenrinde befestigt, kann das Moos auch nahe der oberen Wasserfläche gehalten werden.
Vermehrung: Teilung, Abnahme von Seitentrieben.
SG: 1, **KH:** 2 - 15, **pH:** 5,8 - 7,5, **T:** 18 - 30° C, **BH:** 1 - 3

Marsilea drummondii BRAUN (1870)　　　　Zwergkleefarn
Fam.: Marsileaceae - **Pillenfruchtfarne**
Verbreitung: Australien
Flachwüchsige Vordergrundpflanze zur Bildung ausgedehnter Rasen. Für den Anfang genügen wenige Triebe, die mit Abstand flach gesetzt werden. Dünner Kriechsproß mit wechselständigen gestielten Blättern. Überwiegend einlappige Wedel, ovalverkehrt eiförmig, etwa 1 cm groß, dunkelgrün. Gelegentlich mit mehrlappigen Spreiten, seltener sind echte Vierblätter. Verträgt fast jedes Wasser und wächst in sehr hartem Wasser gesund, wenn der höhere Lichtbedarf erfüllt wird. In weichem Wasser auch bei mäßigem Licht gesund im Wuchs. Eine typische *Marsilea*-Krankheit (schwarze Blätter und Triebe) kann den gesamten Bestand in wenigen Wochen dahinraffen. Rechtzeitig mehrere gesunde Spitzen separat setzen.
Vermehrung: Verzweigungen der Kriechtriebe.
S: 2, **KH:** 2 - 15, **pH:** 6,5 - 7,5, **T:** 22 - 28 ° C, **BH:** 1 - 2

Pflanzen

Fontinalis antipyretica

Vesicularia dubyana

Marsilea drummondii

3. Moospflanzen und Farne

Microsorium pteropus (BLUME) CHING (1933)   Javafarn, Schwarzwurzelfarn
Fam.: Polypodiaceae - **Farngewächse**
Verbreitung: Tropisches Südostasien; Java bis Philippinen
Amphibisch lebender Farn, emers an Rändern von Sturzbächen in der Spritzwasserzone, submers auf Wurzeln von zeitweilig im Wasser stehenden Bäumen, auch auf Steinen, Rhizom mit Haftwurzeln an der Unterlage festwachsend. Mit Drahtklammern oder Nylonfäden auf Stein oder Holz befestigt, haftet das kriechend wachsende Rhizom später von allein. Wedel gestielt, dunkelgrün, lanzettlich, 10 - 20 cm lang, 2 - 4 cm breit, seltener mit zwei kurzen Seitenlappen an der Basis. Gute Anpassung, geringer Lichtbedarf, im Alter häufig schwarzfleckig, dann zurückschneiden. Die Pflanze ist für Becken mit pflanzenfressenden Fischen gut geeignet, da diese den Farn nicht anrühren. Es ist jedoch vorgekommen, daß nimmersatte Argusfische von dem Farn fraßen und dann verendeten, siehe Seite 810.
Vermehrung: Adventivsprosse an Blättern und Wurzeln.
SG: 1, **KH**: 2 - 12, **pH**: 5,5 - 7,0, **T**: 20 - 28° C, **BH**: 1 - 3

Azolla filiculoides LAMARCK (1783)   Algenfarn
Fam.: Azollaceae - **Moosfarngewächse**
Verbreitung: Südliches und mittleres Südamerika, in Nordamerika und Asien eingebürgert.
Freitreibender zierlicher Schwimmfarn mit guter Anpassung und Vermehrung. Der flutende Stengel bringt behaarte, kleine rundliche Blätter, welche häufig wie Dachziegel übereinander liegen. Im Hohlraum des zweilappigen Blattes, dessen Unterlappen als Wasserblatt ausgebildet ist, lebt eine stickstoffbindende Blaualge. Diese einzellige *Anabaena azollae* kommt nur dort vor. 1880 nach Europa eingeschleppt, wurden *Azolla* später in mit Malaria verseuchten Gebieten gegen Fiebermücken eingesetzt. Deren im Wasser lebende Larven ersticken, weil ihr Atemrohr die dicke Pflanzenschicht nicht durchstoßen kann.
Vermehrung: Seitensprossung.
SG: 2, **KH**: 2 - 10, **pH**: 6,0 - 7,2, **T**: 20 - 24° C, **BH**: 1 - 3

4. Schwimmpflanzen

Eichhornia crassipes (MARTIUS) SOLMS (1883)   Wasserhyazinthe
Fam.: Pontederiaceae - **Pontederiengewächse**
Verbreitung: Tropisches Amerika
Ziemlich umfangreiche Schwimmpflanze, deren Blattstiele im mittleren Teil kugelig angeschwollen sind und ein schwammig faseriges, lufthaltiges Gewebe enthalten. Die rundlich-herzförmige Blattspreite etwa bis 15 cm groß. Als Aquarienpflanze für das freistehende (nicht abgedeckte) helle Becken geeignet. In sonniger Lage ist Freilandkultur möglich, dort meist auch blühwilliger. Die ursprünglich aus Südamerika stammende Art ist heute in fast allen Tropen und Subtropen eingeschleppt. Sie wurde aufgrund ihrer enormen Ausdehnung durch Sproßpflanzen zum schädlichen Unkraut, das man chemisch bekämpft.
Vermehrung: Seitentriebe, Ablegerpflanzen.
SG: 2, **KH**: 2 - 15, **pH**: 6,0 - 7,8, **T**: 22 - 26° C, **BH**: 2-3

Pflanzen

Microsorium pteropus

Azolla filiculoides

Eichhornia crassipes (siehe auch Seite 87)

4. Schwimmpflanzen

Lemna minor LINNAEUS (1753)   Kleine Wasserlinse, Entengrütze
Fam.: Lemnaceae - **Wasserlinsengewächse**
Verbreitung: Fast ein Kosmopolit
Anspruchslose Schwimmpflanze, wird meist ungewollt in das Aquarium eingeschleppt. Auf dem Wasser treibende, rundlich-ovale, glänzende, hellgrüne Blattkörper, ca. 3 mm groß mit je einer herabhängenden Wurzel. Unterseits heller grün, immer flach und nicht gewölbt wie die ähnliche *L. gibba*. Die ungewöhnlich gute Anpassung und das ständig rasche Verzweigen der Sprosse führt bald zum ausgedehnten, dichten und lichthemmenden Pflanzenteppich. Regelmäßiges Abfischen hält den Bestand locker und gewährleistet den ausreichenden Lichteinfall für die bodenständige Aquarienflora.
Vermehrung: Sproßverzweigungen.
SG: 1, **KH**: 2 - 15, **pH**: 5,5 - 7,5, **T**:. 10 - 30° C, **BH**: 1 - 3

Limnobium laevigatum (HUMBOLDT et BONPLANDT) HEINE (1968)
                                                Südamerikanischer Froschbiß
Fam.: Hydrocharitaceae - **Froschbißgewächse**
                                   Syn.: *L. stoloniferum*, *Hydromistria stolonifera*
Verbreitung: Südamerika
Auf dem Wasser freitreibende Schwimmpflanze mit guter Anpassung. Kleine Rosette mit kurzgestielten Blättern. Spreite rundlich, schwach herzförmig, 2 - 3 cm lang, oberseits gewölbt, glatt, glänzend. dunkelgrün, selten gefleckt. Unterseits schwammig verdickt und heller grün. Zahlreiche feine behaarte Tauchwurzeln. Lichtbedarf höher als der vergleichbarer Gewächse. Um Verbrennungen zu vermeiden, ist zwischen Wasserfläche und Lampenunterkante 10 cm Abstand zu halten. Deckscheibe leicht schräg auflegen. Neue Namenskombination durch Erstbeschreibung als *Salvinia laevigata*.
Vermehrung: Ausläufer mit Ablegerpflanzen, produktiv.
SG: 2, **KH**: 2 - 12, **pH**: 6,5 - 7,5, **T**: 22 - 24° C, **BH**: 1 - 3

Pistia stratiotes LINNAEUS (1753)   Muschelblume, Wassersalat
Fam.: Araceae - **Aronstabgewächse**
Verbreitung: In allen Tropen, auch Subtropen
Freitreibende Schwimmpflanze, die eine Rosette aus blaugrünen, filzig behaarten Blättern bringt, im Wasser herabhängende fein verzweigte Wurzelbüsche. Blatt etwas fleischig, spatelförmig-keilförmig bis 15 cm lang, ca. 10 cm breit. Bei längerer Aquarienkultur häufig als Kümmerform von 2 - 3 cm Größe mit flach auf dem Wasser liegenden Blättchen. Wird dann gerne mit *Salvinia* verwechselt, diese mit flutender Sproßachse und gegenständigen Blättern. Überhitzen des Luftraumes durch starkes Lampenlicht vermeiden, auch Schwitzwasser wird weniger gut vertragen. Durch schräg gelegte Abdeckscheibe für leichte Luftbewegung sorgen.
Vermehrung: Ablegerpflanzen aus Seitentrieben, zahlreich.
SG: 1, **KH**: 5 - 15, **pH**: 6,5 - 7,2, **T**: 22 - 25° C, **BH**: 1 - 3

Pflanzen

Lemna minor

Limnobium laevigatum

Pistia stratiotes

4. Schwimmpflanzen

Riccia fluitans LINNAEUS (1753)   Teichlebermoos
Fam.: Ricciaceae - **Lebermoosgewächse**
Verbreitung: Kosmopolit
Flach unter dem Wasserspiegel flutende Schwämme bilden eine dekorative Oberflächenvegetation. Der dunkelgrüne, 1 - 2 mm breite Gewebestreifen (*Thallus*) mit gabelig geteilter Spitze. Durch fortwährende Gabelungen zum dichten Polster heranwachsend. Übermäßige Ausbreitung vermeiden, damit die Bodenpflanzen nicht zu stark schattiert werden. Widerstandsfähig, verträgt fast alle gängigen Temperaturen und bleibt auch bei mäßigem Lichteinfall gut im Wuchs. Sehr weiches Wasser mit geringem Gehalt an Nährsalzen ist offensichtlich ungünstig (nachdüngen).
Vermehrung: Teilung der Büschel.
SG: 1, **KH:** 5 - 15, **pH:** 6,0 - 8,0, **T:** 15 - 30° C, **BH:** 1 - 3

Salvinia auriculata AUBLET (1775)   Kleinohriger Büschelfarn, Schwimmfarn
Fam.: Salviniaceae - **Wasserfarngewächse**
Verbreitung: Tropisches Amerika, Kuba bis Paraguay
Freitreibende Schwimmpflanze zur lockeren Begrünung, vor allem auf kleineren Zuchtbecken. Horizontale Sproßachse auf dem Wasser, bis 20 cm lang, Blätter in Dreierquirlen. Zwei ganzrandige, rundliche Schwimmblätter, ca. 2 cm lang, 1 cm breit, oberseits kurze, steife aufrechte Borsten. Das dritte Blatt untergetaucht, haarförmig zerteilt, wurzelähnlich aussehend, und offensichtlich mit Funktionen der fehlenden Wurzeln. Bieten der jungen Fischbrut willkommenen Schutz, und die zarten Spitzen dienen als vegetarische Zusatzkost. Im abgedeckten Becken empfindlich gegen hohe Wärme durch starkes Licht sowie Kondenswasser auf den Blättern. Deckscheibe etwas schräg auflegen und so für Luftzug sorgen.
Vermehrung: Sproßverzweigungen.
SG: 2, **KH:** 5 - 12, **pH:** 6,0 - 7,0, **T:** 20 - 24° C, **BH:** 1 - 3

Utricularia gibba LINNAEUS (1753)   Zwergwasserschlauch
Fam.: Lentibulariaceae - **Wasserschlauchgewächse**
Verbreitung: Afrika, Australien, Asien
Unter der Wasseroberfläche treibende Polster. Zierliche Wasserpflanze mit fadendünnem Stengel. Bei tropischen Formen sind die nadelförmigen Blätter 2 - 3 cm lang und mehrmals gabelig geteilt. An Pflanzen aus gemäßigten Zonen Blätter meist kürzer u nd einfach gabelig. Kleine blasenartige Organe fangen und verdauen winzige Wasserlebewesen. Wegen der geringen Größe auch im Zuchtbecken zu verwenden. Bei fehlender Zusatzkost oder ausreichendem Eiweißangebot im Wasser werden mitunter keine Fangorgane entwickelt. Wüchsigkeit und Verzweigungen der Sprosse lassen dadurch allerdings nicht nach.
Vermehrung: Sproßverzweigungen, teilen.
SG: 1, **KH:** 2 - 12, **pH:** 6,5 - 7,2, **T:** 22 - 30 ° C, **BH:** 1 - 3

Pflanzen

Riccia fluitans

Salvinia auriculata

Utricularia gibba

Systematik

Die Systematik der Fische

Die Einordnung der Fischarten erfolgt in diesem Buch nach praktischen Gesichtspunkten - vor allem gut überschaubar für den Aquarianer.
Die Einteilung wurde in 10 Gruppen vorgenommen. Innerhalb dieser Gruppen (meist Ordnungen bzw. Unterordnungen oder Familien) wurde eine alphabetische Reihenfolge innerhalb der Familien durchgeführt:
Eine Ausnahme bildete die sehr artenreiche Familie der Amerikanischen Salmler (Characidae); hier wurde zusätzlich nach Unterfamilien geordnet, so daß verwandtschaftlich nahestehende Arten eng beieinander sind.
Der Nichtwissenschaftler kommt erfahrungsgemäß mit solch einer Einteilung besser zurecht als mit der Einordnung der Arten streng nach Unterfamilien im systematischen Buchteil.
So wie bei den Echten Amerikanischen Salmlern eine Einteilung nach Unterfamilien vorgenommen worden ist, wäre logischerweise bei den Buntbarschen (Cichlidae) die Eingruppierung nach Unterfamilien ebenso sinnvoll gewesen. Bei den Buntbarschen sind jedoch ständig noch neue Revisionen, insbesondere der Riesengattung *Haplochromis* und damit Zuordnung zu anderen Unterfamilien zu erwarten. Erst wenn diese Revisionen abgeschlossen sind, erscheint uns die Angabe der Unterfamilien auch für den Aquarianer sinnvoll.
Für Interessierte ist auf den folgenden Seiten die systematische Einordnung der Fischfamilien und Unterfamilien wiedergegeben. Berücksichtigt wurden dabei im wesentlichen nur die in diesem Buch aufgeführten Fischarten mit den dazugehörigen Angaben für Unterfamilie, Familie, Unterordnung und Ordnung. Der Leser kann sich damit leicht ein Bild machen, an welcher Stelle jeder Fisch dieses Buches im hierarchischen System der Fische steht.

Namengebung

Die Namengebung von Tieren ist strengen Maßstäben unterworfen, die ihren Niederschlag in den "Internationalen Regeln für die Zoologische Nomenklatur" finden. In 87 Artikeln werden alle Belange der Namengebung abgehandelt. Zwei Artikel sind auch für den Aquarianer von besonderer Wichtigkeit, da sie bestimmen, welches der gültige Name eines Fisches ist und wann Klammern um Autor und Beschreibungsjahr gesetzt werden müssen.
Der vielleicht wichtigste Artikel beinhaltet das Prioritätsgesetz. Dieses Gesetz besagt, daß der gültige Name eines Taxons der älteste verfügbare Name ist, der ihm gegeben wurde. Voraussetzung ist, daß dieser Name nicht infolge einer Bestimmung der Nomenklaturregeln ungültig oder durch die Nomenklaturkommission unterdrückt worden ist.
Beispiel: BOULENGER hat 1897 eine *Tilapia*-Art als *Tilapia aurata* beschrieben. Neuere Untersuchungen haben aber ergeben, daß dieser Buntbarsch überhaupt nicht zur Gattung *Tilapia* gehört, sondern ein Vertreter der Gattung *Melanochromis* ist. Da der Artname beibehalten werden muß (Prioritätsgesetz!), so muß dieser Fisch heute *Melanochromis auratus* (BOULENGER, 1897) heißen. Der Name *Tilapia aurata* ist ein Synonym.
Ein weiterer Artikel befaßt sich mit dem Gebrauch runder Klammern bei neuen Kombinationen. Wurde ein Taxon der Artgruppe in einer bestimmten Gattung (z. B. *Tilapia*) beschrieben und später in eine andere (z. B. *Melanochromis*) versetzt, so müssen der Name des Erstbeschreibers und das Beschreibungsjahr in runde Klammern eingeschlossen werden, wenn beide zitiert werden. Siehe Beispiel.

Die Fische

Großsystematik Fische [nach NELSON (1994) - 3. Auflage]
(Es wurden die Taxa, die nur für Meerwasser Bedeutung haben, weggelassen)

Stamm:	Chordata (Chordatiere)
U.Stamm:	Vertebrata (Wirbeltiere)
Ü. Klasse:	Agnatha (Kieferlose)
Klasse:	Cephalaspidomorphi
Ord.:	Petromyzontiformes (Rundmäuler)
Fam.:	Petromyzontidae (Neunaugen)
Ü. Klasse:	Gnathostomata (Kiefermäuler)
Klasse:	Chondrichthyes (Knorpelfische)
U. Klasse:	Elasmobranchii (Plattenkiemer)
Ord.:	Pristiophoriformes (Sägehaiartige)
Fam.:	Pristiophoridae (Sägehaie)
Ord.:	Rajiformes (Rochenartige)
U.Ord.:	Pristoidei (Rochenähnliche)
Fam.:	Pristidae (Sägerochen)
Fam.:	Dasyatidae (Stachelrochen)
Klasse:	Sarcopterygii ("Vierfüßer", Tetrapoden)
U.Klasse:	Coelacanthimorpha
Ord.:	Coelacanthiformes
Fam.:	Coelacanthidae (Quastenflosser)
U.Klasse:	Porolepimorpha und Dipnoi (Lungenfische, Lurchf.)
Ord.:	Ceratodontiformes (Unpaarige Lungenfische)
Fam.:	Ceratodontidae (Australische Lungenfische)
Ord.:	Lepidosireniformes (Paarige Lungenfische)
Fam.:	Lepidosirenidae (Amerikanische Lungenfische)
Fam.:	Protopteridae (Afrikanische Lungenfische)
U.Klasse	Tetrapoda (Molche etc.)
Klasse:	Actinopterygii (Strahlenflosser)
U.Klasse:	Chondrostei (Knorpelganoiden)
Ord.:	Polypteriformes (Flösselhechtverwandte)
Fam.:	Polypteridae (Flösselhechte)
Ord.:	Acipenseriformes (Störverwandte)
U.Ord.:	Acipenseroidei (Störartige)
Fam.:	Acipenseridae (Störe)
Fam.:	Polyodontidae (Löffelstöre)
U.Klasse:	Neopterygii
Ord.:	Semionotiformes
Fam.:	Lepisosteidae (Knochenhechte)
Ord.:	Amiiformes (Kahlhechte)
Fam.:	Amiidae (Schlammfische)

Systematik

Division:	Teleostei
Ord.:	Osteoglossiformes (Knochenzünglerartige)
U.Ord.:	Osteoglossidei (Knochenzünglerähnliche)
Fam.:	Osteoglossidae (Knochenzüngler)
Fam.:	Pantodontidae (Schmetterlingsfische)
U.Ord.:	Notopteroidei (Messerfischähnliche)
Fam.:	Notopteridae (Messerfische)
Fam.:	Mormyridae (Nilhechte)
Fam.:	Gymnarchidae (Eigentliche Nilhechte)
Ord.:	Elopiformes (Zehnpfünder)
Fam.:	Elopidae (Ladyfische)
Fam.:	Megalopidae (Tarpune)
Ord.:	Anguilliformes (Aalartige)
U.Ord.:	Anguilloidei (Aalähnliche)
Fam.:	Anguillidae (Echte Aale)
Fam.:	Muraenidae (Muränen)
Ord.:	Clupeiformes
U.Ord.:	Denticipitoidei (Heringsähnliche)
Fam.:	Denticipitidae
U.Ord.:	Clupeoidei
Fam.:	Engraulidae (Anchovis)
Fam.:	Clupeidae (Heringe, Sprotten, Sardinen)
U.Ord.:	Knerioidei
Fam.:	Kneriidae (Bohnenfische)
Fam.:	Phractolaemide (Afrikanische Schlammfische)
Ord.:	Cypriniformes (Karpfenartige)
Fam.:	Cyprinidae (Karpfenfische)
Fam.:	Gyrinocheilidae (Algenfresser, Saugschmerlen)
Fam.:	Catostomidae (Saugdöbel)
Fam.:	Cobitidae (Schmerlen, Dorngrundeln)
Fam.:	Balitoridae (Karpfenschmerlen, Flossensauger)
Ord.:	Characiformes (Salmlerartige)
Fam.:	Citharinidae (Geradsalmler)
Fam.:	Hemiodontidae (Keulensalmler)
Fam.:	Curimatidae (Barbensalmler)
Fam.:	Anostomidae (Engmaulsalmler)
Fam.:	Erythrinidae (Raubsalmler)
Fam.:	Lebiasinidae (Schlanksalmler)
Fam.:	Ctenoluciidae (Hechtsalmler)
Fam.:	Hepsetidae (Lachssalmler)
Fam.:	Gasteropelecidae (Beilbauchsalmler)
Fam.:	Characidae (Echte Amerikanische Salmler)
Ord.:	Siluriformes (Welsartige)
Fam.:	Diplomystidae
Fam.:	Ictaluridae (Katzenwelse)
Fam.:	Bagridae (Stachelwelse)
Fam.:	Olyridae (Pfeilschwanzwelse)
Fam.:	Cranoglanididae

Die Fische

Fam.:	Siluridae (Echte Welse)
Fam.:	Schilbeidae (Glaswelse)
Fam.:	Pangasiidae (Haiwelse)
Fam.:	Amphiliidae (Quappenwelse, Kaulquappenwelse)
Fam.:	Sisoridae (Gebirgsbachwelse)
Fam.:	Amblycipitidae (Strömungswelse)
Fam.:	Akysidae (Bachwelse)
Fam.:	Parakysidae
Fam.:	Chacidae (Großmaulwelse)
Fam.:	Clariidae (Kiemensackwelse)
Fam.:	Heteropneustidae (Kiemenschlauchwelse)
Fam.:	Malapteruridae (Elektrische Welse)
Fam.:	Ariidae (Kreuzwelse)
Fam.:	Plotosidae (Aalwelse)
Fam.:	Mochokidae (Fiederbartwelse)
Fam.:	Doradidae (Dornwelse)
Fam.:	Ageneiosidae (Delphinwelse)
Fam.:	Auchenipteridae (Falsche Dornwelse)
Fam.:	Pimelodidae (Antennenwelse)
Fam.:	Cetopsidae (Walwelse)
Fam.:	Helogeneidae (Fähnchenwelse)
Fam.:	Aspredinidae (Banjowelse, Bratpfannenwelse)
Fam.:	Nematogenyidae (Riesenschmerlenwelse)
Fam.:	Trichomycteridae (Bleistift-, Parasiten-, Schmerlenwelse)
Fam.:	Callichthyidae (Panzerwelse)
Fam.:	Scoloplacidae (Stachelzwergwelse)
Fam.:	Loridariidae (Harnischwelse)
Fam.:	Astroblepidae (Kletterwelse)
Ord.:	Gynotiformes (Nacktaalartige)
U.Ord.:	Sternopygoidei (Messerfische)
Fam.:	Sternopygidae (Messerfische)
Fam.:	Rhampihichthyidae (Messerfische)
Fam.:	Hypopomidae (Messerfische)
Fam.:	Apteronotidae (Messerfische)
U. Ord.:	Gymnotoidei (Nacktaalähnliche)
Fam.:	Gymnotidae (Messeraale)
Fam.:	Elektrophoridae (Elektrische Aale)
Ord.:	Escociformes (Hechtähnliche)
Fam.:	Esocidae (Hechte)
Fam.:	Umbridae (Hundsfische)
Ord.:	Osmeriformes
U.Ord.:	Osmeroidei
Fam.:	Retropinnidae
Fam.:	Lepidogalaxiidae
Fam.:	Galaxiidae (Galaxiden)
Ord.:	Salmoniformes (Lachsartige)
Fam.:	Salmonidae (Lachse)

Systematik

Ord.:	Gadiformes (Dorschartige)
Fam.:	Gadidae (Dorsche)
Ord.:	Batrachoidiformes (Froschfischartige)
Fam.:	Batrachoididae (Froschfische)
Ord.:	Mugiliformes (Meeräschenähnliche)
Fam.:	Mugilidae (Meeräschen)
Ord.:	Atheriniformes (Ährenfischartige)
U.Ord.:	Bedotioidei
Fam.:	Bedotiidae
U.Ord.:	Melanotaenioidei
Fam.:	Melanotaeniidae (Regenbogenfische)
Fam.:	Pseudomugilidae (Blauaugen)
U.Ord.:	Atherinoidei
Fam.:	Atherinidae (Ährenfische)
Fam.:	Telmatherinidae (Celebes Regenbogenfische)
Ord.:	Beloniformes
U.Ord.:	Adrianichthyoidei
Fam.:	Adrianichthyidae (Reisfische, Asiatische Leuchtaugenfische)
U.Ord.:	Belonoidei
Fam.:	Belonidae (Halbhechte)
Fam.:	Hemiramphidae (Halbschnabelhechte)
Ord.:	Cyprinodontiformes (Zahnkarpfen)
U.Ord.:	Aplocheiloidei (Leuchtaugenfische)
Fam.:	Aplocheilidae
U.Ord.:	Cyprinodontoidei
Fam.:	Profundulidae
Fam.:	Fundulidae
Fam.:	Goodeidae (Hochlandkärpflinge)
Fam.:	Valenciidae
Fam.:	Anablepidae (Vieraugen)
Fam.:	Poeciliidae (Lebendgebärende Zahnkarpfen)
Fam.:	Cyprinodontidae (Eierlegende Zahnkarpfen, Killifische)
Ord.:	Gasterosteiformes (Stichlingsfische)
U.Ord.:	Gasterosteoidei (Stichlingsähnliche)
Fam.:	Gasterosteidae (Stichlinge)
U.Ord.:	Syngnathoidei
Fam.:	Indostomidae
Fam.:	Syngnathidae (Seenadeln, Seepferdchen)
Ord.:	Synbranchiformes
U.Ord.:	Synbranchoidei
Fam.:	Synbranchidae (Kiemenschlitzaale)
U.Ord.:	Mastacembeloidei (Stachelaalähnliche)
Fam.:	Mastacembelidae (Stachelaale)
Ord.:	Scorpaeniformes (Drachenköpfe)
Fam.:	Cottidae (Groppen)
Fam:	Comephoridae (Baikal Ölfische)
Ord.:	Perciformes (Barschartige)

Die Fische

U.Ord.:	Percoidei (Barschfische)
Fam.:	Centropomidae (Riesenbarsche)
Fam.:	Chandidae (Glasbarsche)
Fam.:	Percichthyidae (Dorschbarsche)
Fam.:	Serranidae (Sägebarsche)
Fam.:	Centrarchidae (Sonnenbarsche)
Fam.:	Percidae (Echte Barsche)
Fam.:	Sillaginidae
Fam.:	Lutjanidae (Schnapper)
Fam.:	Lobotidae (Dreischwanzbarsche)
Fam.:	Monodactylidae (Flossenblätter)
Fam.:	Toxotidae (Schützenfische)
Fam.:	Nandidae (Nanderbarsche)
Fam.:	Teraponidae (Tigerfische)
Fam.:	Kuhliidae (Flaggenschwanzbarsche)
U.Ord.:	Elassomatoidei
Fam.:	Elassomatidae (Zwergsonnenbarsche)
U.Ord.:	Labroidei (Buntbarschähnliche, Lippfischähnliche)
Fam.:	Cichlidae (Buntbarsche)
Fam.:	Pomacentridae (Riffbarsche)
U.Ord.:	Blennioidei (Schleimfischähnliche)
Fam.:	Blennidae (Schleimfische)
U.Ord.:	Gobioidei (Grundelähnliche)
Fam.:	Gobiidae (Meergrundeln, Schläfergrundeln)
U.Fam.:	Eleotrinae*, Butinae, Gobiinae* [* Familien nach NELSON (1994)]
U.Ord.:	Kurtoidei
Fam.:	Kurtidae (Kurter)
U.Ord.:	Acanthuroidei
Fam.:	Scatophagidae (Argusfische)
U.Ord.:	Anabantoidei
Fam.:	Luciocephalidae (Hechtköpfe)
Fam.:	Anabantidae (Kletterfische)
Fam.:	Helostomatidae (Küssende Gouramis)
Fam.:	Belontiidae (Riesengouramis)
Fam.:	Osphronemidae
U.Ord.:	Channoidei
Fam.:	Channidae (Schlangenkopffische)
Ord.:	Pleuronectiformes
U.Ord.:	Pleuronectoidei
Fam.:	Pleuronectidae (Rechtsaugenflundern)
Fam.:	Achiridae (Amerikanische Zungen)
Fam.:	Soleidae (Seezungen)
Ord.:	Tetraodontiformes (Kugelfischartige)
U.Ord.:	Triacathoidei
Fam.:	Triacanthidae (Dreistachler)
U. Ord.:	Tetraodontoidei (Kugelfischähnliche)
Fam.:	Tetraodontidae (Kugelfische)

Fang und Import

Einiges über Fang und Import

Bis 1945 wurde nur ein bestimmtes Sortiment von Aquarienfischen bei uns gezüchtet. Die meisten Tiere waren damals Wildimporte. Heute werden nahezu 90 Prozent aller in Aquarien gehaltenen Fische in Asien und dort insbesondere in Hongkong, Thailand, Singapur, Taiwan und Japan gezüchtet. Für den amerikanischen Markt werden größere Mengen, insbesondere Lebendgebärende Zahnkarpfen, in Florida gezüchtet. Deutschlands größte Zierfischzüchterei in Bad Lauterberg züchtet etwa eine Million Zierfische jährlich. Auf der ganzen Welt werden schätzungsweise im Jahr über 300 Millionen Zierfische gezüchtet und vielleicht 30 Millionen Zierfische wild gefangen.

Die Wildfänge sind insbesondere die Arten, die sich im Aquarium nicht leicht nachzüchten lassen. Dazu gehören der Rote Neon, viele *Corydoras*-Arten, der Feuerschwanz, *Epalzeorhynchos bicolor*, die Prachtschmerle, *Botia macracanthus* (Asien), und eine ganze Anzahl seltenere Arten, für die besonders der fortgeschrittene Aquarianer aufgeschlossen ist, der sich immer wieder Neuheiten wünscht, um vielleicht Zuchtmethoden, Verhaltensweisen und ähnliches auszuprobieren und zu beobachten.

Von den ca. 25 000 bekannten Fischarten dürften etwa 8.000 als Süßwasseraquarienfische geeignet sein. Das ist eine verhältnismäßig hohe Artenzahl, wenn man bedenkt, daß nur etwa 1200 - 1300 Arten mehr oder weniger regelmäßig importiert werden. Davon züchtet man bereits über 1000 Arten in Aquarien und Freilandanlagen nach! Und ständig kommen noch neue, nachzüchtbare Arten hinzu. Der Zierfischnachzucht gebührt ein hoher Anteil an der Arterhaltung in der Natur. Der Natur entnommene Fische wachsen bei intakten Ökosystemen schnell wieder nach, da sie Platz und Nahrung für die Nachkommen schaffen. Leider sind die Verhältnisse in den Tropen auch für Fische durch Brandrodung und Gewässerverschmutzung, Staudammbau etc. in den letzten Jahren zunehmend schlechter geworden. Um so mehr müssen wir Aquarianer durch Nachzucht eine gezielte Arterhaltung betreiben.

Die in diesem Buch erfaßten Fischarten sind in den letzten Jahren mehr oder weniger häufig im Zierfischhandel aufgetaucht. Bei einigem Bemühen sollte es gelingen, fast jede der hier abgebildeten Arten im Handel aufzutreiben.

Bei den einzelnen Fischbeschreibungen steht unter "Vorkommen" meist ein Hinweis, wenn die Art hauptsächlich als Nachzucht wiederholt in den Handel gelangt. Anfänger sollten sich ausschließlich auf solche Arten konzentrieren.

Die Fische

Im Gegensatz zu vielen Korallenfischen ist eine große Anzahl von Süßwasserfischen im Überfluß in der Natur vorhanden. Der Rote Neon zum Beispiel stirbt während nahrungsarmer Trockenperioden zu Millionen ab. In der Natur wird dieser Fisch meist nicht mehr als ein, maximal zwei Jahre alt; im Aquarium dagegen kann er zehn Jahre und älter werden. In den weiten Gewässern des brasilianischen Urwaldes kann man eine Fischart praktisch nicht ausrotten. Ausnahmen sind vielleicht verschiedene Diskusarten, die nachts mit der Taschenlampe gefangen werden. Unvernünftige Fänger fangen den Diskusschwarm vollständig weg. Besser wäre es, wenn zwei bis sechs Tiere von einem 20 - 30 Köpfe zählenden Schwarm zur Vermehrung übrigbleiben würden, aber auf solche naturschützenden Ratschläge in den Herkunftsländern hat der Aquarianer ohnehin keinen Einfluß, und der Zierfischfänger wird dieses Buch kaum jemals lesen können. Dem Anfänger könnte der Hinweis lediglich als Anregung dienen, sich nicht gerade an wildgefangenen Diskus zu versuchen.

Dank verbesserter Transportmethoden, dem richtigen Futter bereits am Fangplatz und verbesserter Hälterungsbedingungen ist es gelungen, die Verlustrate bei wildgefangenen Süßwasserfischen von früher über 50% auf heute durchschnittlich unter 10% zu senken.

Bei den gezüchteten Fischen aus Asien sind die Verlustraten bestimmt ebenso hoch wie bei den Wildfängen; denn bei der engen Hälterung kommt es weitverbreitet zu Krankheiten. Wer als Zierfischimporteur nicht versteht, diese Krankheiten zu erkennen und gezielt zu behandeln, muß ebenso hohe Verluste hinnehmen wie bei Wildfängen. Eine zwei- bis dreiwöchige Quarantänezeit müssen alle importierten Fische durchmachen, damit in den Zierfischhandel nur bereits weitgehend gesunde Fische gelangen. Nur dann kann der Liebhaber sicher sein, von seinem Händler gesunde Tiere zu erhalten. Es gibt bereits Zierfischgroßhändler und -importeure, die Zierfische mit Gesundheitsgarantie an den Handel liefern. Natürlich kann man solche Fische nicht mit einem Etikett kennzeichnen, aber Sie sollten Ihren Händler fragen, ob er solche Fische mit Gesundheitsgarantie auch an Sie verkauft.

Fischkunde

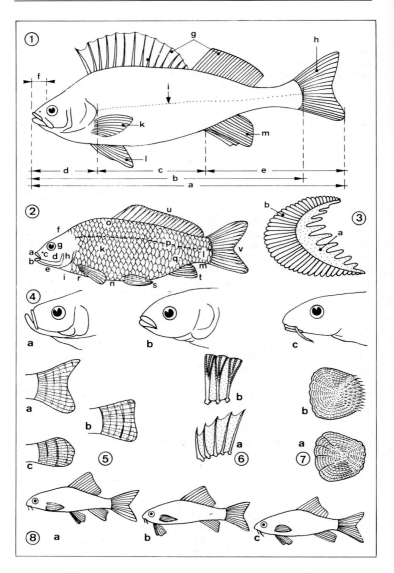

Die Fische

Fischkunde

Tafel "Bestimmungsmerkmale"

Abb. 1: Wichtige Körpermaße eines Fisches.
a. Totallänge, b. Standardlänge (Körperlänge), c. Rumpflänge, d. Kopflänge, e. Schwanzlänge, f. Schnauzenlänge, g. Rückenflossen (1. hartstrahlig, 2. weichstrahlig), h. Schwanzflosse, i. Seitenlinie (= Linea lateralis), k. Brustflossen, l. Bauchflossen, m. Afterflosse.

Abb. 2: Morphologie eines Fisches.
a. Schnauze, b. Lippen, c. Nasenloch, d. Praeoperculum (= Vorkiemendeckel), e. Kehle, f. Stirn, g. Auge, h. Operculum (= Kiemendeckel), i. Brust, k. Schuppen des Rumpfes, l. Schuppen des Schwanzstiels, m. Schwanzstiel, n. Bauch, o. Schuppen des Rückens, p. Seitenlinie, q. Schuppen der Schwanzregion, r. Brustflosse (Pectorale), s. Bauchflosse (Basale, Ventrale), t. Afterflosse (Anale), u. Rückenflosse (Dorsale), v. Schwanzflosse (Kaudale).

Abb. 3: Aufbau eines Kiemenbogens.
a. Kiemenrechen (= Kiemendornen, gill rakers im englischen Sprachgebrauch), b. Kiemenblättchen (= Resorptionsepithel für den Sauerstoff).

Abb. 4: Stellungen des Fischmaules.
a. oberständig (Beispiel: Beilbauch), b. endständig (Beispiel: Sumatrabarbe), c. unterständig (Beispiel: Panzerwels).

Abb. 5: Formen der Schwanzflosse.
a. eingeschnitten (Beispiel: Sumatrabarbe), b. eingebuchtet (Beispiel: Bartgrundel), c. gebogen (Beispiel: Schlammpeitzger).

Abb. 6: Flossenstrahlen.
a. Hartstrahlen (Stachelstrahlen), b. Weichstrahlen.

Abb. 7: Schuppenarten.
a. Rundschuppen (Cycloidschuppen), b. Kammschuppen (Ctenoidschuppen).

Abb. 8: Stellung der Bauchflossen.
a. bauchständig, Bauchflossen stehen hinter den Brustflossen, b. kehlständig, Bauchflossen stehen vor den Brustflossen, c. brustständig, Bauchflossen stehen unter den Brustflossen.

Fischkunde

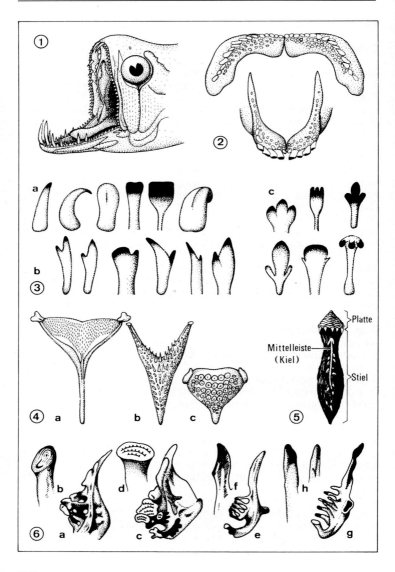

Platte
Mittelleiste (Kiel)
Stiel

Die Fische

Tafel "Gebiß- und Zahnformen"

Abb. 1:
Gebiß des Geradsalmlers *Distichodus niloticus*. Man beachte die langen Hundszähne (= Fangzähne) im Unterkiefer.

Abb. 2:
Ober- und Unterkieferbezahnung eines Cichliden (*Chilotilapia rhoadesi*, jugendlich).

Abb. 3:
Variabilität der Kieferbezahnung einiger Cichliden.
a. einspitzige (unicuspide) Zähne.
b. zweispitzige (bicuspide) Zähne.
c. dreispitzige (tricuspide) Zähne.

Abb. 4:
Bezahnung des unteren Pharynxknochens einiger Cichliden. Die Art der Zähne hängt von der Nahrung ab, die diese Fische aufnehmen.
a. winzige Zähne eines Phytoplanktonfressers (*Tilapia esculenta*).
b. lange, spitze Zähne eines Fischfressers (*Bathybates leo*).
c. Mahlzähne eines Molluskenfressers (*Haplochromis placodon*). Zum Zermalmen der harten Schnecken- und Muschelschalen sind die Zähne breitflächig und sehr kräftig.

Abb. 5:
Bezahnung des Pflugscharbeines (= Vomer) eines lachsartigen Fisches (Fam. Salmonidae). Dieser Knochen besteht aus zwei Abschnitten, dem Stiel und der Platte. Weiterhin ist noch eine Mittelleiste (= Kiel) vorhanden. Bei einigen Salmoniden ist nur die Platte bezahnt, bei anderen nur der Stiel, während bei anderen Arten Platte und Stiel bezahnt sind.

Abb. 6:
Schlundzahntypen einiger Weißfische (Fam. Cyprinidae). Die Schlundzähne sind Bildungen des 5. Kiemenbogens. Sie haben die Funktion echter Zähne, die bei diesen Fischen fehlen, übernommen.
a. Aralbarbe (Pflanzenfresser), b. löffelförmig ausgehöhlter Schlundzahn einer Aralbarbe, c. Karpfen (vorwiegend Pflanzenfresser), d. Mahlzahn eines Karpfens, e. Blei (Allesfresser),
f. Greifschlundzahn eines Bleis mit Kauplatte, g. Rapfen (Fischfresser, Räuber), h. Greifschlundzahn eines Rapfens.

Fischkunde

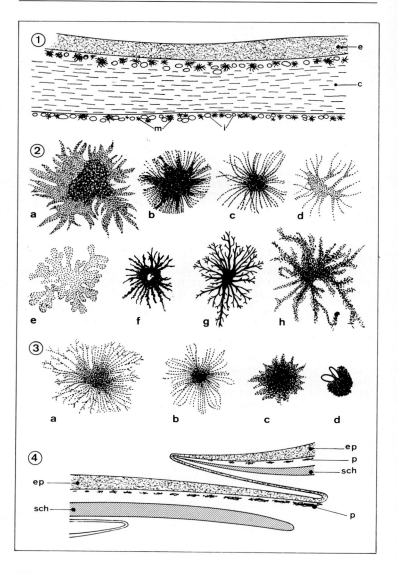

160

Die Fische

Tafel "Farben und Farbstoffe"

Abb. 1:
Schnitt durch die Haut von einem Plattfisch (Fam. Pleuronectidae).
c. Corium, e. Epidermis, i. Iridocyten (= Guanophoren),
m. Melanophoren.
Die Iridocyten bewirken die silbrigen Farben bei Fischen, die Melanophoren die schwarzen.

Abb. 2:
Verschiedene Formen von Melanophoren (Trägern des schwarzen Pigments). Der Deutlichkeit halber werden meist Melanophoren von Meerwasserfischen vorgestellt.
a. *Myoxocephalus scorpius*, b. *Agonus cataphractus*, c. *Scophthalmus maximus*, d. *Liparis* spec., e. *Anguilla anguilla*, f. *Trigla* spec., g. *Pomatoschistus minutus*, h. *Liparis reinhardti*.

Abb. 3:
Melanophoren in verschiedenen Graden der Pigmentausbreitung.
a. Pigment völlig expandiert, d. Pigment stark kontrahiert.

Abb. 4:
Schnitt durch die Haut eines Vertreters der Trachiniden. An der Basis der Schuppen befinden sich große, stark pigmentierte Melanophoren. ep. Epidermis, p. Pigment (Melanophoren),
sch. Schuppen.

Fischkunde

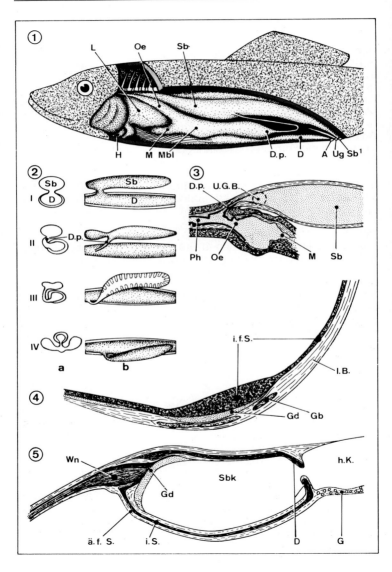

Die Fische

Tafel "Schwimmblase"

Abb. 1:
Innere Anatomie eines heringartigen Fisches (Ordnung Clupeiformes).
A = After, D = Darm, D. p. = Ductus pneumaticus (= die Verbindung zwischen Darm und Schwimmblase), H = Herz, L = Leber, M = Magen, Mbl = Magenblindsack, Oe = Oesophagus (= Speiseröhre), Sb = Schwimmblase, Sbl = hintere Öffnung der Schwimmblase, Ug = Urogenitalöffnung (= Öffnung von Geschlechts- und Harnwegen).

Abb. 2:
Die Beziehungen der pneumatischen Anhänge zum Darm der Fische.
a. im Querschnitt, b. im Profil.
D = Darm, D.p. = Ductus pneumaticus, Sb = Schwimmblase. I = Störe und Fische mit Ductus pneumaticus, II = der Raubsalmler *Erythrinus*, III = der Australische Lungenfisch *Neoceratodus forsteri*, IV = Flösselhechte (Fam. Polypteridae).

Abb. 3:
Sagittalschnitt durch die Schwimmblase vom Hundsfisch (*Umbra krameri*).
D.p. = Ductus pneumaticus, M = Magen, Oe = Oesophagus, Ph = Pharynx, Sb = Schwimmblase, U.G.B. = Umriß der jederseits liegenden Gasdrüsenbezirke.

Abb. 4:
Querschnitt durch die seitliche Wand der hinteren Schwimmblasenabteilung der Karausche (*Carassius carassius*).
Gb = Gefäßbündel, Gd = Gasdrüse, i.f.S. = innere fibrösmuskulöse Schicht. Diese ist im Bereich der Gasdrüse verdickt, l.B. = lockeres Bindegewebe.

Abb. 5:
Sagittalschnitt durch die Schwimmblase eines Büschelkiemers (Fam. Syngnathidae).
ä.f.S. = äußere fibröse Schicht der Schwimmblasenwand, D = Diaphragma (= Scheidewand), G = Gefäßschicht, Gd = Gasdrüse, h. K. = hintere Kammer der Schwimmblase, i.S. = lamellöse Schicht der bindegewebigen Schwimmblasenwand, Sbk = Schwimmblasenkörper, Wn = Wundernetz.

Fischkunde

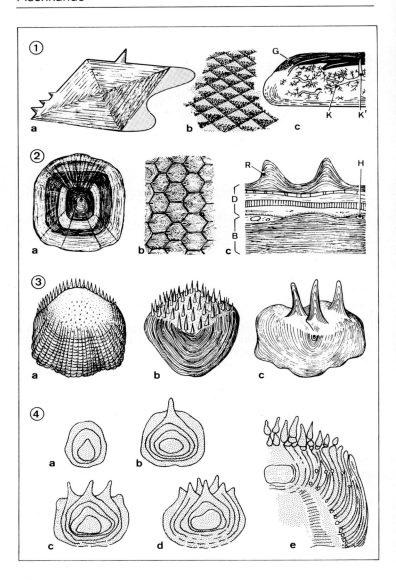

Die Fische

Tafel "Schuppenformen"

Abb. 1:
Ganoidschuppen (Schmelzschuppen); Vorkommen bei primitiven Knochenfischen (Stören, Knochenhechten).
a. einzelne Ganoidschuppe, b. Verband von Schmelzschuppen. Die Schuppen sind durch Gelenke miteinander verbunden. c. Schliff durch den hinteren Rand einer Ganoidschuppe. G = Ganoinschicht, K = gefäßführender Kanal, K' = aufsteigender Ast eines gefäßführenden Kanals.

Abb. 2:
Cycloidschuppen (Rundschuppen); dieser Schuppentyp kommt bei einem Großteil der Knochenfische vor.
a. einzelne Rundschuppe. Man beachte die mehr oder weniger konzentrischen Zuwachsstreifen (Jahresringe). b. Lage der Rundschuppen auf der Körperseite eines Fisches. c. senkrechter Schnitt durch eine Cycloidschuppe.
B = Basalschicht, D = Deckschicht, H = Hohlräume, R= Ringleisten.

Abb. 3:
Ctenoidschuppen (Kammschuppen); Vorkommen bei vielen Barschartigen.
a. - c. einige Typen von Kammschuppen.

Abb. 4:
a. - e. Entwicklung einer Kammschuppe.

Fischkunde

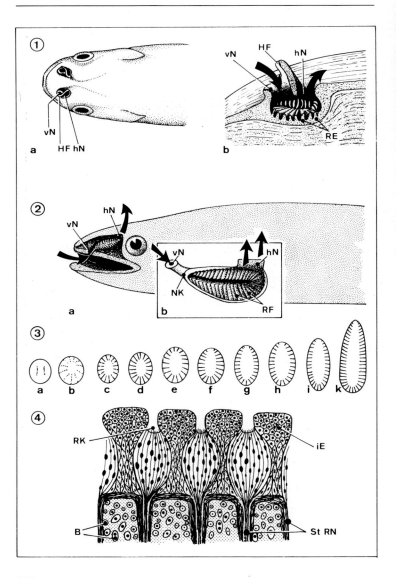

Die Fische

Tafel "Geruchsorgane"

Abb. 1:
a. Der Kopf eines Knochenfisches von oben betrachtet. Man beachte die Lage der Nasenöffnungen. b. Schematischer Längsschnitt durch eine Nasengrube eines Knochenfisches.
HF = Hautfalte, die das Wasser beim Schwimmen in die vordere Nasenöffnung leitet, hN = hintere Nasenöffnung, RE = Riechepithel, vN = vordere Nasenöffnung.

Abb. 2:
a. Lage des Geruchsorganes mit Ein- und Ausströmöffnung beim Aal.
b. Schnitt durch das Geruchsorgan von *Anguilla anguilla* (Flußaal). Die Pfeile zeigen die Durchflußrichtung des Wassers an. Der Stiel der Einflußöffnung ist aufrichtbar.
hN = hintere Nasenöffnung, NK = Nasenkapsel, RF = Riechfalte, vN = vordere Nasenöffnung.

Abb. 3:
Schemata der Riechrosetten von einigen Knochenfischen. In Klammern ist die Zahl der Riechfalten angegeben. a. Stichling, *Gasterosteus aculeatus* (2), b. Hecht, *Esox lucius* (9 - 18 reduzierte Falten), c. Regenbogenforelle, *Oncorhynchus mykiss* (13 - 18), d. Flußbarsch, *Perca fluviatilis* (13 - 18), e. Elritze, *Phoxinus phoxinus* (11 - 19), f. Gründling, *Gobio gobio* (19 - 23), g. Schleie, *Tinca tinca* (15 - 29), h. Schmerle, *Barbatula barbatula* (16 - 24), i. Quappe, *Lota lota* (30 - 32), k. Aal, *Anguilla anguilla* (68 - 93). a und b sind Augenfische, c-h sind Augen-Nasenfische und i und k sind Nasenfische.

Abb. 4:
Querschnitt durch die Riechschleimhaut eines Knochenfisches (lichtmikroskopisch).
B = Bindegewebe, iE = indifferentes Epithel, RK = Riechknospe, St = Stämmchen des Riechnervs.

Fischkunde

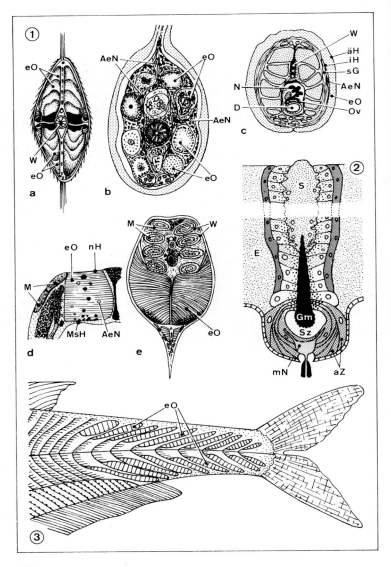

Die Fische

Tafel "Elektrische Organe"

Abb. 1:
Querschnitte durch Fische mit elektrischen Organen. Anhand dieser Querschnitte soll die Lage der Organe gezeigt werden.
a. Nilhecht (*Mormyrus*), b. *Gymnarchus*, c. Zitterwels (*Malapterurus electricus*), d. elektrischer Himmelsgucker (*Astroscopus*), e. Zitteraal (*Electrophorus electricus*).
AeN = Äste der elektrischen Nerven, äH = äußere Hautschicht, D = Darm, eO = elektrisches Organ, iH = innere Hautschicht (Coriumschicht), M = Muskulatur, nH = nackter Hautbezirk, MsH = Mundschleimhaut, Ov = Ovar (Eierstock), sG = subcutanes Gewebe (Unterhautgewebe), W = Wirbel.

Abb. 2:
Schema eines Ampullen-Organs (Elektro-Rezeptor) von *Gymnarchus niloticus*. Das Schema wurde nach den elektronenmikroskopischen Befunden von DERBIN angefertigt.
aZ = akzessorische Zellen, E = Epidermis, Gm = Granulum im Ampullen-Lumen, mN = myelinisierte Nervenfaser (Nervenfaser mit Myelinscheide), S = Schleim, Sz = Sinneszelle.

Abb. 3:
Freigelegte elektrische Organe von einem Nilhecht (*Mormyrus*).
eO = elektrische Organe.

Fischkunde

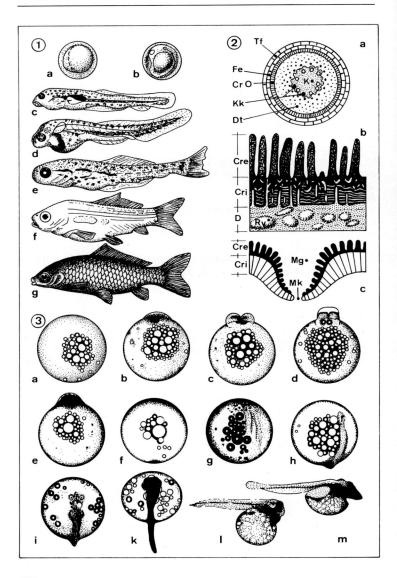

Die Fische

Tafel "Entwicklung bei Fischen"

Abb. 1:
Die Reihenfolge der Entwicklungsperioden und Entwicklungsphasen im Leben des Goldfisches (*Carassius auratus*).
a. bis c. Embryonalperiode: a. Ovularphase, b. Embryonalphase, c. Praelarvalphase.
d. + e. Larvalperiode: d. Protopterygiolarvalphase,
e. Pterygiolarvalphase.
f. Jugendperiode.
g. Reifeperiode.
h. Alterungsperiode (nicht abgebildet).

Abb. 2:
Schemazeichnung einer Fischeizelle (Oocyte). b. Eizellhüllen einer Oocyte von dem Gründling (*Gobio gobio*). c. Mikropyle (= Eindringstelle der Spermien in die Eier).
Cre = Cortex radiatus externus, Cri = Cortex radiatus internus, D = Dotter, Dt = Dottertropfen, Fe = Follikelepithel, Mg = Mikropylengrube, Mk = Mikropylenkanal, K = Kern, Kk = Kernkörperchen (Nucleolus), Rv = Rindenvakuole, Tf = Theca folliculi. Beide Cortexschichten bilden die Eihülle.

Abb. 3:
Entwicklung von *Fundulus heteroclitus*:
a. Eizelle (Oocyte), unbefruchtet; b. 1-Zellenstadium, c. 2-Zellenstadium, d. 4-Zellenstadium, e. 32-Zellenstadium, f. Blastula (Blasenkeim), g. Gastrula (Becherkeim), h. Bildung der Augenvesikeln, i. Stadium der ersten Herzbewegungen, k. Stadium der Leber- und Leibeshöhlenbildung, 1. Stadium des ersten Auftretens von Flossenstrahlen in der Schwanzflosse, m. Schlüpfstadium.

Fischkunde

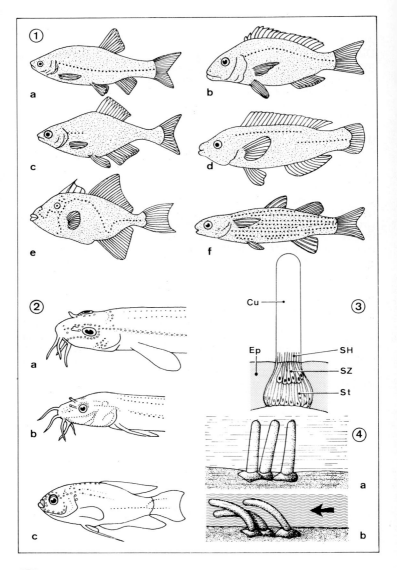

Die Fische

Tafel "Seitenlinie"

Abb. 1:
Verschiedenartige Ausbildung der Seitenlinie:
a. vollständig, fast gerade (Karpfenfisch), b. vollständig, nach oben gebogen (Barsch), c. unvollständig (Bitterling, Moderlieschen), d. zweigeteilt (Buntbarsch), e. unregelmäßig (Drückerfisch), f. unterbrochen und mehrfach (Meeräsche).

Abb. 2:
Seitenlinienorgane: a. Bartgrundel (*Barbatula barbatula*) schräg von oben betrachtet, b. Schlammpeitzger (*Misgurnus fossilis*), Seitenkanäle fehlen, c. Makropode (*Macropodus*), Seitenkanäle nur am Kopf ausgebildet.

Abb. 3:
Bau eines Seitenlinienorgans (freier Sinneshügel):
Cu = Cupula, Ep = Epidermis, SH = Sinneshaar, St = Stützzelle, SZ = Sinneszelle.

Abb. 4:
Seitenlinienorgane der Elritze (*Phoxinus phoxinus*).
a. Gruppe von drei freien Sinneshügeln aus der Rumpflinie mit Cupulae in Normalstellung. b. gleiche Cupulae beim Auftreffen eines von rechts kommenden Wasserstromes.

Fischkunde

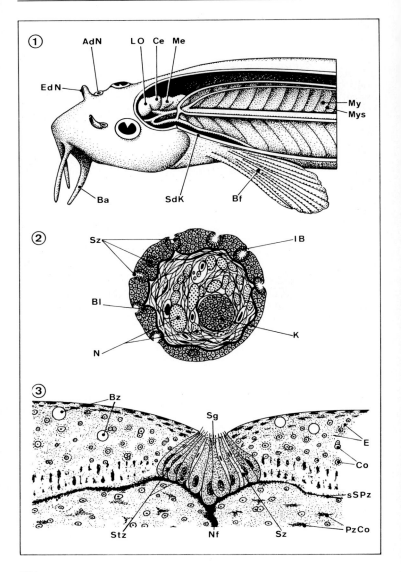

Die Fische

Tafel "Geschmacksorgane"

Abb. 1:
Lage der Barteln bei einer Schmerle (*Barbatula barbatula*). Das Tier ist teilweise aufpräpariert, um die Innervation der Geschmacksknospen zu zeigen.
AdN = Ausströmöffnung der Nase, Ba = Barteln, Bf = Brustflosse, Ce = Cerebellum, EdN = Einströmöffnung der Nase, LO = Lobus opticus, Me = Medulla, My = Myomer, Mys = Myoseptum, SdK = Schnittkante der Haut.

Abb. 2:
Querschnitt durch die Bartel des Panzerwelses *Corydoras punctatus*. Bl = Blutgefäß, lB = lockeres Bindegewebe, K = Knorpel, N = Nerven, Sz = Sinneszellen (Sinnesknospen).

Abb. 3:
Sinnesknospe eines Fisches anhand eines histologischen Schnittes.
Bz = Becherzelle, Co = Corium (Lederhaut), E = Epidermis, Nf = Nervenfortsätze, PzCo = Pigmentzelle des Coriums, Sg = Sinnesgrube, sSPz = subepidermale Schicht von Pigmentzellen, Stz = Stützzellen der Sinnesknospe, Sz = Sinneszelle.

Fischkunde

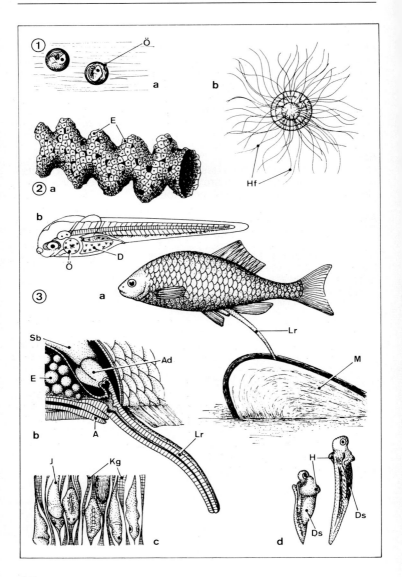

Die Fische

Tafel "Brutfürsorge und Brutpflege bei Fischen"

Abb. 1:
Anpassung von Fischeiern an unterschiedliche ökologische Anforderungen. a. Planktonische Eier; die Eier schweben nach dem Ablaichen in den oberen bis mittleren Wasserschichten. Das Schweben wird durch das Vorkommen einer oder mehrerer Ölkugeln ermöglicht. b. Ei eines substratlaichenden Fisches. Die Eihülle hat feinste klebrige Fäden ausgebildet, die die Eier am Substrat befestigen.
Hf = Haftfäden, Ö = Ölkugel.

Abb. 2:
a. Ausschnitt aus der Laichschnur eines Flußbarsches (*Perca fluviatilis*). Die Eier werden nicht einzeln, sondern in Bändern abgelegt. Die Eier haben eine dicke, klebrige Gallerthülle, die die Eier aneinander haften läßt. Diese Laichschnüre werden von den weiblichen Barschen an Wasserpflanzen und dergleichen befestigt. b. Fünf Tage alter Jungfisch des Kaulbarsches (*Gymnocephalus cernuus*). Deutlich sichtbar sind noch Ölkugel und Reste des Dotters.
D = Dotter, E = Eier, Ö = Ölkugel.

Abb. 3:
a. Bitterling bei der Eiablage (Einzelheiten siehe Seite 442). b. Schnitt durch das Ovar (Eierstock) und die Legeröhre eines weiblichen Bitterlings. c. Die Lage der Jungfische vom Bitterling zwischen den Kiemenblättchen einer Teichmuschel (*Anodonta*). d. Jungfische des Bitterlings in verschiedenen Altersstufen. Deutlich sieht man den Haftwulst und Reste des Dottersacks. Der Haftwulst ist eine Verdickung am Kopf, die die Jungfische in den Kiemen der Muschel verankert. Sind die Jungfische schlüpfbereit, so wird der Haftwulst zurückgebildet, und die 11 mm langen Fischchen verlassen die Muschel durch die Ausströmöffnung (Egestionsöffnung).
A = After, Ad = Anhangdrüse, Ds = Dottersack, E = Eier,
H = Haftwulst, J = Jungfisch, Kg = Kiemengewebe, Lr = Legeröhre,
M = Muschel, Sb = Schwimmblase.

Vergesellschaftung

Die Vergesellschaftung der Zierfische

Im Kapitel "Welches Aquarium ist das richtige?", Seite 20, wurden die Bedürfnisse der Fische an den Lebensraum "das Aquarium" angesprochen. Im Regelfall werden Sie sich für ein Aquarium entschieden haben, wie es die Industrie heute fertig anbietet. Die Maße und Abmessungen sind weitgehend standardisiert und den Wünschen der Kunden angepaßt. Nachfolgend wollen wir Ihnen eine ausführliche Information geben, nach welchen Gesichtspunkten Sie ein Becken einrichten und die dazu passende Fischgesellschaft auswählen können.

Bei vielen Fischarten, die in den Einzelbeschreibungen dargestellt wurden, finden Sie Beispiele für die Vergesellschaftung.

Für den Anfänger ist es jedoch schwierig, aus der Fülle der über 600 Arten, die in diesem Buch dargestellt werden, diejenigen herauszusuchen, die für ihn am besten geeignet sind. Es sind dies zunächst diejenigen Arten, die mit dem Schwierigkeitsgrad SG: 1 gekennzeichnet sind. Dazu gehören viele Lebendgebärende, wie Schwertträger, Guppies und Platies, einige Fadenfische (Labyrinther), wenige Cichliden, wie z. B. Skalare, viele Barbenarten und Salmler. Man könnte geneigt sein, diese alle in einem Aquarium unterzubringen, hätte dann jedoch ein buntgewürfeltes Durcheinander, bei dem keine Art so richtig zur Geltung kommt und ihr artgerechtes Verhalten zeigen kann.

Viel besser ist es, einige wenige Arten auszuwählen, dafür aber mehr Exemplare von jeder einzelnen Art.

Bei der Zusammenstellung verschiedener Fischgesellschaften gehen wir wie folgt vor:

1. Die Fische sollen im Hinblick auf ihre Temperaturbedürfnisse zusammenpassen.
2. Die Fische sollen gleiche oder ähnliche Wasseransprüche haben, z. B. sollen sie sich entweder in weichem oder in hartem Wasser wohlfühlen. Fische, die sich in hartem Wasser wohlfühlen, sollte man nicht mit solchen Arten vergesellschaften, die ein weiches Wasser bevorzugen, Für eine ganze Reihe von Arten gibt es Kompromisse.
3. Wir müssen sicherstellen, daß wir den Fischen die erforderliche Nahrung bieten können, insbesondere bei den Arten, die ausschließlich mit Lebendfutter ernährt werden müssen.
4. Die Fische müssen zueinander passen. Wir können z.B. nicht räuberische Barsche mit friedlichen kleinen Salmlern im Becken vergesellschaften.

Die Fische

5. Die Fische sollen nicht alle die gleiche Wasserregion bewohnen, sonst ist diese übervölkert und eine andere nahezu leer. Man sucht sich also eine Art für die Bodenschicht, z. B. *Corydoras*, aus; dazu einen passenden Schwarm für die mittlere Wasserschicht und dann evtl. noch einige Fische für die Wasseroberfläche. Auf diese Weise beengen sich die Arten untereinander nicht.
6. Selbstverständlich muß man bei der Artenzusammenstellung berücksichtigen, daß die Länge der ausgewachsenen Fische der Beckengröße angepaßt ist.

Die für diese Auswahl benötigten Angaben finden Sie alle bei den einzelnen Fischbeschreibungen.
Nachdem Sie sich so Ihre Fischgesellschaft zusammengestellt haben, werden Sie schnell merken, daß die Fische möglicherweise aus geographisch gänzlich verschiedenen Regionen kommen. Solange die Artenzusammenstellung nach obenstehenden Gesichtspunkten erfolgt ist, macht das aber nichts. Nur Perfektionisten gehen bei der Auswahl der Fischarten nach geographischen Regionen vor. Es macht natürlich Freude, ein Becken einzurichten, das auch diesen Ansprüchen genügt. Da passen Pflanzenarten und Fischarten aus der gleichen geographischen Region, z.B. Südostasien, zusammen. Da wird mit der Dekoration unter Wasser ein kleiner Bachlauf nachgebildet, und die Fische stammen natürlich auch aus fließenden Gewässern. Für solche Perfektionisten geben wir nachstehend die verschiedenen Einrichtungstypen für Aquarien an. Dabei ergeben sich teilweise Überschneidungen, so kann ein Asienbecken gleichzeitig ein Landschafts- und ein Artenbecken sein.
Die nachstehende Aufzählung erhebt auch nicht den Anspruch auf Vollzähligkeit, denn es gibt so viele verschiedene Biotope, Fischarten, Unterwasserlandschaftsformen und geographische Regionen, in denen diese Arten vorkommen, daß man unmöglich alle aufzählen kann. Hier nur ein kleines Beispiel: Die Schwimmpflanze *Eichhornia* ist jedem bekannt. In den Wurzeln dieser Pflanze lebt eine kleine Salmlerart, *Klausewitzia*. Diese Fischart hat sich dem Leben und der Färbung nach ganz diesem engen Biotop angepaßt. Wollte man die Fischart art- und biotopgerecht pflegen, müßte man das Becken mit torfbraunem, fast undurchsichtigem Wasser und *Eichhornia* bestücken und dazu eben diese kleine Salmlerart setzen. Das Biotop ist die Pflanze, die in träge fließenden Flüssen vorkommt oder auch in stehenden Seitengewässern dieser Flüsse. Das Ganze stammt aus Südamerika. Mit diesem Beispiel hätten wir also ein Landschaftsbecken (Flußlandschaft)

Vergesellschaftung

mit Schwimmpflanzen, ein Artenbecken (Salmler) und ein Becken nach geographischen Gesichtspunkten, nämlich Südamerika, wobei hierzu zu bemerken ist, daß *Eichhornia* als Kosmopolit überall auf der Welt vorkommt.

So spitzfindig brauchen wir also bei der Vergesellschaftung von Fischarten nicht zu sein.

Nach folgenden Gesichtspunkten kann man Aquarien einrichten und die Arten dazu auswählen:

1. Gesellschaftsbecken
2. Landschaftsbecken (Biotopaquarien).
   a. Bachlauf
   b. Flußlandschaft
   c. Schilfrohrdickicht
   d. Felsenlandschaft
   e. Sumpfaquarium
3. Artenbecken (eigentlich besser als Familien- oder Gattungsbecken zu bezeichnen), z. B. Salmler, Welse, Barben, Lebendgebärende Zahnkarpfen, Eierlegende Zahnkarpfen, Labyrinthfische (Kletterfische), Cichliden (Südamerika), Cichliden (Afrika), Goldfische.
4. Becken nach geographischen Gesichtspunkten:
   a. Südostasien
   b. Afrika ohne Große Seen
   c. Afrika, Tanganjika und Malawi
   d. Südamerika (Urwald/Steppe)
   e. Australien
   f. Nordamerika
   g. Europa (einheimische Fische)

In der Regel wird jedes Aquarium von der Einrichtung und der Artenzusammenstellung her eine Kombination aus obigen Möglichkeiten sein. Dazu kommen die weiteren Kombinationsmöglichkeiten:

5. Auswahl der Fische nach Temperatur
6. Auswahl der Fische nach Wasserbeschaffenheit
7. Auswahl der Fische nach Beckengröße
8. Becken für Pflanzenfresser
9. Das holländische Pflanzenaquarium

Beim sogenannten Gesellschaftsbecken gibt es kaum gültige Regeln für die Einrichtung und Gestaltung. Der Geschmack allein entscheidet. Hier ein typisch amerikanisches Becken mit bunter transparenter Rückscheibe. In Europa überwiegen mehr die naturgrünen Pflanzenbecken. Fotobeispiele dafür gibt es in diesem Buch genug.

Die Fische

Befassen wir uns mit den Einrichtungstypen im einzelnen:

1. Gesellschaftsbecken

Dies sind alle Aquarien, die mit mehreren Fischarten aus verschiedenen geographischen Regionen besetzt sind. Bei der Zusammenstellung der Arten achten wir besonders auf die Punkte 5 - 8, S. 180. Bei den einzelnen Fischbeschreibungen sind kurze Hinweise auf den Beckentyp gegeben worden. Jede Art, die für die Vergesellschaftung im Gesellschaftsbecken geeignet ist, trägt den entsprechenden Vermerk.

Vergesellschaftung

2. Landschaftsbecken

a) Bachlauf

Im Bach kommen Arten mit höherem Sauerstoffanspruch vor als in stehenden oder träge fließenden Gewässern. Eine schwache bis starke Strömung herrscht vor, der Boden ist mulmfrei und mit feinen bis gröberen Kieseln bedeckt; dazwischen Steine und wenig Wurzelholz. Strömung durch einen starken Filter erzeugen und Wasserpflanzen verwenden, die Strömung vertragen, z. B. Vallisnerien für einen Bach der gemäßigten Temperatur, oder *Heteranthera zosterifolia* für einen tropischen Bach; Schwimmpflanzen gibt es in diesem Biotop nicht. Vallisnerien vertragen relativ hartes Wasser bis etwa 20° KH; *Heteranthera* hat es lieber weicher und wächst am besten in Wasser unter 10° KH.

Für den **europäischen Kaltwasserbach** würden sich der Neunstachlige Stichling, *Pungitius pungitius*, eignen, bedingt auch der Dreistachlige Stichling, dazu Elritzen, evtl. Ukelei, Moderlieschen.

Für den **Bach gemäßigter Temperatur** der Kardinalfisch, *Tanichthys albonubes*, Danios, auch Zebrabärblinge genannt, und die Regenbogenfische, z. B. *Melanotaenia maccullochi,* die allerdings auch höhere Temperaturen vertragen.

Für den **Warmwasserbach** können wir verschiedene tropische Salmler und andere Schwarmfische auswählen.

Der **Cryptocorynenbach** aus Südostasien, insbesondere Sri Lanka, Thailand und Indonesien, ist bei vielen Aquarianern besonders beliebt. Experten pflegen in weichem Wasser die verschiedenen, manchmal recht schwierig zu kultivierenden Cryptocorynenarten, zusammen mit Rasboraarten und schwieriger zu haltenden Labyrinthfischen, wie Honiggurami, Zwerggurami und Knurrender Gurami. Selbstverständlich kann man auch Neonfische darin halten, aber so ganz stilecht ist das nicht, weil die südostasiatischen Cryptocorynen mit den südamerikanischen Neonfischen den Perfektionisten unter den Aquarianern nicht harmonieren.

Die Fische

Bachlauf Amazonien, Brasilien: typischer Schwarzwasserbach ohne Vegetation

Cryptocorynenbach in Südthailand

Vergesellschaftung

b) Flußlandschaft

Hier fließt das Wasser träger, die Fische sind nicht mehr so sauerstoffbedürftig. Karpfenartige Fische, wie Barben und dazu Cichliden, z. B. Skalare, beherrschen die Szene. Bei der Vergesellschaftung von Barben und Skalaren sollte man darauf achten, daß Sumatrabarben nicht zu Skalaren gehören; denn die Barben knabbern gern die langen Bauchflossen der Skalare an, auch die Tastfäden der Labyrinthfische werden nicht verschont.
Der Bodengrund besteht aus feinem Kies; allerlei Wurzelwerk bietet Deckung für viele Fischarten. Die Bepflanzung ist relativ spärlich; denn in den meisten tropischen Flüssen herrscht wegen des torfbraunen Wassers Lichtmangel, und es wachsen daher nur wenige Pflanzen. Die Wasseroberfläche ist häufig mit Schwimmpflanzen abgedeckt.

c) Schilfrohrdickicht

Dieses ist eine Abwandlung der Flußlandschaft. Das Schilfrohrdickicht kann man durch senkrecht in den Boden gesteckte Bambus- oder Tonkingstäbe nachempfinden. Leider hat dies den Nachteil, daß man zwischen den Stäben nie einen Fisch wird fangen können. Die Pflanzen der mittleren Wasserregion fehlen in diesem Biotop. Schwimmpflanzen werden durch *Salvinia*, *Pistia* oder manchmal auch Wasserlinsen ersetzt, wenn man ein abgedunkeltes Becken haben möchte. Man kann in solchen Becken auch pflanzenfressende Arten, wie *Abramites*, *Leporinus* und *Distichodus* pflegen.

d) Felsenlandschaft

Da denkt man zuerst an die einander recht ähnlichen Biotope der Tanganjika- und Malawisee-Cichliden. Viele dieser Arten leben auf felsigem Grund in Felsspalten, in ein bis 10 m Wassertiefe. Durch das relativ klare Wasser dringt noch genug Licht, um auf den Steinen Algen wachsen zu lassen. Einige harte Vallisnerien und Sagittarien können auf kiesigem Vordergrund stehen.
Der zweite Typ der Felsenlandschaft ist der südamerikanische Bach. Dunkle Schiefer- oder Basaltplatten formieren sich als Beckenaufbau; dazwischen gibt es reichlich Spalten, in denen sich Prachtkopfsteher, *Anostomus anostomus*, und andere *Anostomus*-Arten so wie *Leporinus* gern aufhalten. Mit ihrem stark oberständigem Maul weiden sie in den fast senkrechten Spalten die Steinoberfläche nach Aufwuchsnahrung ab.

Die Fische

Mit Tonkingstäben läßt sich in großen Aquarien leicht ein Schilfrohrdickicht nachahmen.

Felsenlandschaft einer Uferregion im Malawisee (UW-Aufnahme).

Vergesellschaftung

e) Sumpfaquarium

Dieses Biotop nachzuahmen, ist besonders schwierig, aber auch sehr reizvoll. Man kann z. B. einen Mangrovensumpf nachahmen. Im Wasserteil tummeln sich Schützen- und Argusfische, evtl. auch noch Silberflossenblätter (sowie vielleicht Schlammspringer). Das Wasser ist leicht salzhaltig und brackig. Da Mangroven bei uns nicht wachsen, bilden wir lieber eine Überschwemmungslandschaft aus dem brasilianischen Urwald nach. Bei einem Wasserstand von 10 - 20 cm lassen sich gut verschiedene Cichliden, auch einige Salmler, z. B. *Moenkhausia*, halten. Auf dem Landteil wachsen *Philodendron*, die mit ihren Luftwurzeln in den Wasserteil ragen. Man muß aufpassen, daß diese Wurzeln nicht abbrechen, denn dann sondern sie einen für Fische giftigen Stoff ab. Bei genügend Vorsicht ist *Philodendron* jedoch sehr gut geeignet als Dekoration um das Aquarium. Die Wurzeln verzweigen sich im Wasser sehr schnell und bieten Unterschlupf für viele kleinere Fische.
Die Rückwand des Sumpfaquariums können wir mit Kork- oder besser Torfplatten verkleiden, in denen Bromelien wachsen. Solch ein Sumpfaquarium, auch Paludarium genannt, ist gleichzeitig für den Pflanzenfreund reizvoll.

3. Artenbecken

Diese werden heute nur noch von Spezialisten gepflegt. Man versteht unter dieser Bezeichnung nicht unbedingt, daß man nur eine einzige Fischart pflegt, sondern auch Fische ähnlicher Arten vergesellschaftet. An sich müßte es daher besser Familien- oder Gattungsbecken heißen. Die Freunde Eierlegender Zahnkarpfen vergesellschaften mitunter einige Arten in einem Aquarium; meist wird von dieser Fischfamilie jedoch nur eine Art und dann nur ein Pärchen in einem kleinen Aquarium gehalten. Der Boden eines solchen Aquariums wird mit Torf ausgestattet. Als Pflanzen eignen sich Cryptocorynen oder auch andere Pflanzenarten, die weiches Wasser mögen.
In diesen sogenannten Artenbecken vergesellschaftet man in einem Becken nur zarte Salmler, in einem anderen z. B. kleine Cichlidenarten aus der Gattung *Apistogramma* und wiederum in einem anderen hält man ausschließlich Arten von Lebendgebärenden. Ein besonderes Artenbecken ist das Goldfischbecken. Es kann unbeheizt sein, weil Goldfische niedrige Temperaturen vertragen. Der Bodengrund besteht aus grobem Kies, die Bepflanzung aus harten Wasserpflanzen, wie Vallisnerien und Sagittarien sowie einigen Büscheln der kanadischen Wasserpest, *Egeria densa*.

Die Fische

Paludarium mit flachem Wasserteil, darüber Landpflanzen.

Artenbecken mit Labyrinthfischen.

Vergesellschaftung

4. Becken nach geographischen Gesichtspunkten

a) Südostasienbecken

Hier sei an erster Stelle nochmals der unter Punkt 2 a) angesprochene Cryptocorynenbach erwähnt. Dieser ist ein typisches südostasiatisches Biotop. Andere asiatische Biotope ähneln weitgehend den in den Landschaftsbecken beschriebenen Biotopaquarien, lediglich die Wasserpflanzen und die dazugehörige Auswahl der Fischarten bestimmen hier den Charakter des nach geographischen Gesichtspunkten eingerichteten Beckens. So ist z. B. ein Becken mit Labyrinthfischen und asiatischen Pflanzen ein Asienbecken (die wenigen Labyrinthfische, die in Afrika vorkommen, können wir hier vergessen).

b) Afrikabecken

Es gibt nur wenige rein afrikanische Wasserpflanzen. Dazu gehören die in den meisten Aquarien schlecht wachsenden westafrikanischen Speerblätter (*Anubias lanceolata** und *Anubias barteri*) sowie die Zwergspeerblätter (*Anubias nana**). Viele Arten Wasserpflanzen kommen als Kosmopoliten jedoch auch in afrikanischen Gewässern vor, so daß im wesentlichen die Fischgesellschaft den Charakter eines Afrikabeckens bestimmt.

Besonders empfehlenswert ist dafür ein Schwarm Kongosalmler, *Phenacogrammus interruptus*; die Männchen mit den herrlich ausgezogenen Rücken- und Schwanzflossen zeigen, daß ihr Pfleger ein Könner sein muß. Als Gesellschafter für die Kongosalmler empfehlen sich der verwandte Gelbe Kongosalmler, der Zwergdistichodus, *D. decemmaculatus*, der Großschuppensalmler, *Arnoldichthys spilopterus*. Wer es nicht so genau nimmt, vergesellschaftet die Kongosalmler mit Roten Neon und hat dann kein Artenbecken mehr, sondern ein nach Farbe ausgewähltes Gesellschaftsaquarium. Beide Fischarten haben etwa gleiche Wasseransprüche.

---

* Heute zählt man die genannten *Anubias* zu einer Art, s. S. 114.

Die Fische

Sumpfgebiet in Thailand. In diesem undurchdringlichen Unterwasserdschungel fängt man *Epalzeorhynchos bicolor* (siehe Seite 422) in Bambusröhren. Die Fische benutzen die Röhren als Höhlenverstecke und können dann von kundigen Fängern leicht erbeutet werden.

Vergesellschaftung

c) Afrikabecken (Tanganjika- und Malawisee)

Zu den Afrikabecken gehören auch die afrikanischen Cichliden, die schon unter Punkt 2 d), S. 184, angesprochen wurden. Da diese Fische eine spezielle Wasserzusammensetzung mit hoher Gesamthärte benötigen, richten wir diesen Arten im Regelfall ein eigenes Becken ein. Die Farbenpracht dieser Cichliden, die in manchen Fällen an die der Korallenfische im Meerwasser heranreicht, erklärt die Beliebtheit dieser Fische vielleicht am ehesten. Zudem sind sie robust und "hart im Nehmen". Bei Vergesellschaftung von mehreren Tieren in einem Becken muß man darauf achten, daß jedes Tier oder jedes Paar genügend Versteckmöglichkeiten in Höhlen finden kann, sonst kommt es zu dauernden territorialen Raufereien, die schließlich das schwächere Tier verenden lassen. Als Bepflanzung eignen sich nur wenige Pflanzen; denn kaum eine Pflanze hält das harte Wasser, das für diese Cichliden erwünscht ist, aus. Am ehesten noch der im Artenbecken mit afrikanischen Cichliden natürlich nicht stilechte Javafarn, der auch von diesen pflanzenfressenden Arten verschmäht wird. Der Farn wächst jedoch nicht, wenn das Becken zu sehr mit Nitrat angereichert ist, weshalb das Wasser in diesem Falle häufiger gewechselt werden muß. Will man die Cichliden züchten, ist ohnehin der regelmäßige Wasserwechsel unumgänglich. Näheres sollte den Arten- und den Familienbeschreibungen entnommen werden.

d) Südamerikabecken

Einen südamerikanischen Bach haben wir schon unter Punkt 2 a) erwähnt. Eine südamerikanische Uferlandschaft nachzubilden, dürfte dem Idealbild der meisten Aquarianer am meisten entgegenkommen. Dazu benötigen wir südamerikanische Pflanzen, wie *Echinodorus*, z. B. Schwertamazonas, Zwergamazonas, *Heteranthera*, und andere.
Im Mittelgrund liegt flach entweder ein größerer Stein oder eine beschwerte Moorkienholzwurzel. Unter diesem Versteck, das wir durch Unterlegen von zwei quer angeordneten Steinen oder Wurzeln als Hohlraum gestalten, liegen tagsüber die nachtaktiven Welse, wie *Hypostomus, Rineloricaria, Pterygoplichthys, Hemiancistrus, Peckoltia*. Zum Südamerikabecken passen neben den Welsen Salmler, friedliche Cichliden und evtl. noch einige Lebendgebärende Fische Mittelamerikas. Diese passen jedoch nur dann in solch ein Becken, wenn Pflanzen und Fische nicht zu hohe Anforderungen an weiches Wasser stellen, denn viele Lebendgebärende bevorzugen hartes Wasser ab 20° dGH.

Die Fische

Artenbecken mit Afrikanischen Cichliden. Felsenaufbauten bestimmen das Biotop.

Südamerikabecken mit Salmlern und mittelamerikanischen *Poecilia*.

Vergesellschaftung

e) Australienbecken

Aus Australien gelangen nur sehr wenige Fischarten zu uns. Sie werden meistens in Ostasien gezüchtet. Es sind dies fast ausschließlich einige Arten von Regenbogenfischen.
Diese lassen sich im Aquarium mit vielen Arten vergesellschaften, da sie friedlich und robust sind.

f) Nordamerikabecken

Zu Anfang unseres Jahrhunderts waren die "Nordamerikaner"" die wohl beliebtesten Aquarienfische, denn man hatte noch keine Heizung oder nur eine sehr unzureichende in Form eines Bunsenbrenners unter dem Becken. Die im Hinblick auf Temperaturen nicht anspruchsvollen Nordamerikaner sind allerdings gar nicht so hart, wenn man ihre Ansprüche an die Wasserbeschaffenheit und an die Nahrung berücksichtigt.
Nordamerikanische Barsche und auch einige andere kleinere Arten dieses Gebietes können herrliche Aquarienbewohner sein, sind aber weitaus schwieriger zu pflegen als die Warmwasserfische.
Wer solch ein Becken einmal pflegen will, wähle, außer für die Zwergarten, wie *Elassoma evergladei* und *Lucania goodei*, in jedem Fall ein ausreichend großes Aquarium, am besten nicht unter einem Meter Länge. Ein solches Becken wird mit mittelgrobem Kies als Bodengrund in einer Schichthöhe von 8 - 10 cm gefüllt; das Wasser kann eine Härte zwischen 10 und 25° dGH haben. Es braucht nicht geheizt zu werden. Als Pflanzen eignen sich einige unserer einheimischen Wasserpflanzen. Das Wasser muß stark gefiltert und umgewälzt werden, außerdem soll es sehr sauerstoffreich sein. Einige der nordamerikanischen Barsche sind ruppige Gesellen. Man kann nicht alle Arten miteinander vergesellschaften. Manchmal vertragen sich nicht einmal mehrere Tiere einer Art in einem Becken. Das beste wird sein, man erwirbt einen kleinen Schwarm halbwüchsiger Tiere, diese gewöhnen sich dann frühzeitig aneinander. Die größte Schwierigkeit für diese Fischgruppe ist die Ernährung mit Lebendfutter. Die meisten Arten rühren nur eigenbewegliches Futter an und verschmähen Flocken- und gefriergetrocknete Futtermittel. Tiefgefrorene Futtermittel werden dagegen manchmal ganz gerne genommen. Die großen Barsche füttert man am besten mit Regenwürmern und kleingehackten Stückchen von Leber und Herz. Solch ein Nordamerikabecken mit nordamerikanischen Barschen könnte man natürlich auch als "Artenbecken" bezeichnen.

Die Fische

Pseudotropheus estherae, siehe Seite 763; zwei maulzerrende ♂ ♂

Vergesellschaftung

g) Europabecken

Das Aquarium mit einheimischen Fischarten ist zur Zeit so gut wie ganz in Vergessenheit geraten. Welcher Junge fängt sich heute noch Stichlinge im Bach und hält diese zu Hause, abgesehen davon, daß er es ohne besondere Erlaubnis gar nicht darf? Ja, wo gibt es überhaupt noch Stichlinge, Bitterlinge, Mühlkoppen und andere Kaltwasserfische? Im Fachhandel gibt es sie selten oder überhaupt nicht zu kaufen. Ab und an findet man einige kleine Weißfische, z. B. Plötzen in Angelsportgeschäften als Köderfische, aber Plötzen eignen sich als Aquarienfische im eigentlichen Sinne nicht.

Stichlinge kommen in klaren, sauberen Wiesenbächen vor, in kleinen Teichen, z. B. in städtischen Anlagen und deren Entwässerungsgräben. Sie benötigen Lebendfutter und sind mit einem 20 cm breitem Netz relativ einfach zu fangen.

Wo Bitterlinge vorkommen, muß es auch die Malermuschel geben, denn die Bitterlinge brauchen diese zu ihrer Fortpflanzung. Die Malermuschel kommt nur in sauberen Gewässern mit schlammigem Bodengrund vor. So kommen z. B. im Dümmersee/Niedersachsen Malermuscheln vor, wahrscheinlich wird es dort auch Bitterlinge geben. Im Dümmersee kann man keine Bitterlinge fangen, da alles unter Naturschutz steht. Einige Züchtereien von Kaltwasserfischen haben sich auf die Zucht von Aquarienfischen spezialisiert. Wenn man sich bemüht, kann man also noch solche Fische erwerben.

Ein Kaltwasserbecken mit einheimischen Fischarten bietet vor allem Probleme, weil es in unseren Wohnungen zu warm wird; die Fische vertragen diese hohen Temperaturen und den meist damit einhergehenden Sauerstoffmangel nicht.

Solch ein Kaltwasserbecken könnte man sehr schön mit einheimischen Wasserpflanzen, wie Pfeilkraut, Wasserpest, Flutendem Hahnenfuß und Vallisnerien einrichten. Im Frühjahr, mit höhersteigender Sonne und wärmeren Temperaturen, können wir im Kaltwasserbecken die Balz- und Laichspiele mancher einheimischen Fische beobachten. Es wäre wirklich wünschenswert, wenn sich mehr Aquarianer diesem Gebiet zuwenden würden. Es erfordert jedoch viel Fachwissen und mehr Können als das Gebiet der Warmwasseraquaristik. Die Verschmutzung unserer Gewässer nimmt hoffentlich in Zukunft in zunehmendem Maße ab, weshalb es lohnen würde, einige jetzt vom Aussterben bedrohte Fischarten über die nächsten zehn Jahre hinwegzuretten und dann in heimische Gewässer wieder auszusetzen. Das sollte man natürlich nicht wahllos tun, sondern in Zusammenarbeit mit den örtlichen Fischereivereinen oder mit dem Angelverein, der über die Bestim-

Die Fische

mungen Bescheid wissen müßte. In einer sogenannten Roten Liste der Fischfauna Deutschlands findet man die Arten, die für den Aquarianer interessant sind und an deren Überleben er mitarbeiten kann:

1. Auf lange Sicht vom Aussterben bedrohte Arten:
   Schneider (*Alburnoides bipunctatus*)
2. Stark gefährdete Arten:
   Groppe, Schlammpeitzger, Bachschmerle, Elritze, Bitterling
3. Gefährdete Arten:
   Giebel, Dreistachliger Stichling, Kaulbarsch, Moderlieschen, Zwergstichling

Alle anderen gefährdeten europäischen Wildfischarten vermag der Aquarianer wegen ihrer Größe nicht im Becken zu halten. Wer sich mit der einheimischen Fischfauna näher befassen will, dem empfehlen wir das Heftchen "Bestandsänderungen der Fischfauna in der Bundesrepublik Deutschland" von Rüdiger Bless, ISBN 3-921427-57-6, erschienen im Kilda-Verlag, 48268 Greven. Wer behauptet, die einheimische Fischfauna biete nichts Neues mehr, der irrt. Sie bietet uns die Befriedigung, etwas für ihren Schutz tun zu können, um die Arten für zukünftige Generationen zu erhalten.

Europäische Flußlandschaft (Hortobágy, Ungarn).

Vergesellschaftung

5. Auswahl der Fische nach Temperatur

a) **Kaltwasseraquarien 8 - 18° C**
   Nordamerikanische Fische
   Einheimische Kaltwasserfische

b) **Fische der gemäßigten Temperaturen 14 - 20° C**
   Dazu gehören u.a. Makropoden
   Kardinalfische
   Goldfische
   Prachtbarben
   Papageienplaties und einige andere Lebendgebärende

c) **Tropische Fische mit Anspruch an niedrige Temperaturen**
   Dies sind Arten, die in den Tropen in höheren Lagen, z. B. in Gebirgsbächen, vorkommen. Der Temperaturbereich liegt zwischen 20 - 24° C und darunter.

d) **Tropische Fische mit Anspruch an hohe Temperaturen**
   Dies sind Arten aus den tropischen Niederungsgebieten. Sie kommen durchweg in größeren und tieferen Gewässern vor, in denen sich auch in Kälteperioden die Temperatur gleichmäßig hoch hält (24 - 30° C), z. B. Diskus.

Die Vergesellschaftung der Fische nach der Temperatur ist besonders wichtig. Bitte lesen Sie dazu auch die Ausführungen des Kapitels "Heizung", Seite 50.

6. Auswahl der Fische nach Wasserbeschaffenheit

a) **Weiches Wasser unter 8° dGH**
   Hierzu gehören vielfach die sogenannten Schwarzwasserfische.

b) **Mittelhartes Wasser von 8 -12° dGH**
   Fische, die in der Natur in diesem Wasser leben, sind als Anfängerfische im Aquarium am besten geeignet.

c) **Hartes Wasser über 18° dGH**
   In diesem Bereich fühlen sich Regenbogenfische, afrikanische Barsche und viele Lebendgebärende am wohlsten.

d) **Brackwasser mit über 30° KH und Kochsalzzusatz von ca. 0, 5%**
   In diesem Wasser können Schützen- und Argusfische, Silberflossenblätter sowie Schlammspringer am besten gehalten werden.

Die Fische

7. Auswahl der Fische nach Beckengröße

Schließlich müssen wir bei der Artenauswahl ganz besonders auch auf die Länge der ausgewachsenen Fische im Verhältnis zur Beckenlänge achten. Es gibt Fische, die ausgesprochen gut für Kleinbecken bis 40 cm Länge geeignet sind, und es gibt Fische, die verlangen ein Becken ab einem Meter Länge. Die Mindestbeckenlänge finden Sie in den Fischeinzelbeschreibungen.

8. Becken für Pflanzenfresser

Die Gattungen *Leporinus*, *Abramites*, *Distichodus* und viele Scheibensalmler verlangen eine besondere Beckeneinrichtung ohne Pflanzen. Mit "harten" Pflanzen, die den Fischen nicht schmecken, können wir solche Becken trotzdem hübsch dekorieren. Die bestgeeigneten Pflanzen sind Javafarn und Javamoos. Außerdem sollten hierfür ruhig auch Plastikpflanzen verwendet werden.
Von einem unserer Leser wurden wir darauf aufmerksam gemacht, daß Argusfische nach dem Verzehr von Javafarn verendeten. Ich selbst (H. B.) habe beobachtet, daß ein Schleierschwanz, der Javamoos gefressen hatte, ebenfalls starb. Die beiden Pflanzen sollten also nur dann zur Dekoration verwendet werden, wenn man die Fische stets ausreichend mit anderer Pflanzenkost versorgt (TetraPhyll, Salat, Feldsalat, Spinat etc.).

9. Das holländische Pflanzenaquarium

Die Holländer als große Pflanzenfreunde legen unter Wasser ganze Ziergärten mit Wasserpflanzen an. Die Fische rangieren erst an zweiter Stelle. Bei der Dekoration kommt es besonders auf die bildhafte Wirkung des Pflanzenbewuchses an. Jede Pflanze hat für sich einen besonderen Platz im Becken und wirkt am besten in einer Gruppe. Bei der Dekoration wird auch nicht auf die Zusammengehörigkeit der verschiedenen Pflanzen- oder Fischarten Rücksicht genommen, sondern ganz alleine die dekorative Wirkung entscheidet. Die Pflanzen kontrastieren zueinander in Form und Farbe. Solch ein Becken macht natürlich wie jeder Garten eine ganze Menge Arbeit. Die langwüchsigen Stengelpflanzen müssen jede Woche gekürzt werden. (Foto S. 198/199)

Vergesellschaftung

Die Fische

Dieses holländische Pflanzenaquarium unterscheidet sich von dem auf S. 74/75 abgebildeten im wesentlichen durch mehr Schwimmraum für die Fische im Vordergrund. Das Becken ist auch länger und flacher gehalten. Der Terrassenaufbau im Hintergrund wird weniger durch den Bodengrund als vielmehr durch höherwüchsige Pflanzen gestaltet.

Zeichenerklärung

Zeichenerklärung zum Fischbildteil:

Fam.: = Familie
Unterfam.: = Unterfamilie
Syn.: = Synonym = gleichlautend
In der Systematik der Tiernamen ist immer nur der Name der Art gültig, den der Erstbeschreiber festgelegt hat. Nachfolgende Neubeschreibungen der gleichen Art unter einem anderen Namen sind sog. Synonyme.
Vork.: = Vorkommen. Hier ist das ursprüngliche Verbreittungsgebiet gemeint.
Ersteinf.: = Ersteinführung. Bei vielen Arten ist recht interessant zu wissen, wie lange die Art schon in der Aquaristik bekannt ist.
GU: = Geschlechtsunterschiede
Soz.V.: = Sozialverhalten
Hält.B: = Hälterungsbedingungen
Hinter den Angaben bei pH-Wert und Härte (dGH) stehen häufig Werte in Klammern. Diese Werte sind für den Fisch am zuträglichsten.
ZU = Zucht. Die Angabe in dieser Rubrik soll lediglich einen Anhaltspunkt geben. Komplette Zuchtanleitungen entnehme man den Fachzeitschriften oder einschlägigen Fachbüchern.
FU: = Futterplan
Bes.: = Besonderheiten
T: = Temperatur
L: = Länge des Fisches ausgewachsen. Die Angabe in Klammern bezieht sich auf die mögliche Länge im Aquarium.
BL: = Beckenlänge
WR: = Wasserregion
o = obere; m = mittlere; u = untere
SG: = Schwierigkeitsgrad. Siehe hierzu Erläuterungen auf S. 203.

FU: Futterplan

Bei den einzelnen Fischbeschreibungen stehen in dieser Rubrik am Anfang die Abkürzungen, K, H, L, O.
Diese Abkürzungen bedeuten:

Die Fische

K = Karnivore = Fleischfresser

Fische mit diesem Hinweis sind meist Räuber und auf Lebendfutter angewiesen. Ihr Verdauungstrakt ist kurz, sie besitzen einen grossen Magen, der eine größere Beute auf einmal aufnehmen kann. Diese Fische erjagen sich die Beute und fressen nur ein- bis zweimal am Tag, größere Tiere sogar nur ein- bis zweimal wöchentlich große Brocken, woran sie einige Stunden oder sogar Tage zu verdauen haben. Zu diesen Fischen gehören die Raubsalmler, Schlangenköpfe und einige Barsche.

Jungfische dieser räuberischen Arten lassen sich zunächst leicht mit Flockenfutter ernähren. Großflocken sind dafür gut geeignet. Selbstverständlich gehören in diese Gruppen auch die karnivoren Arten, die keine ausgesprochenen Raubfische sind, sondern sich von Lebendfutter, wie Süßwassergarnelen, Insekten sowie deren Larven ernähren. Dazu gehören die kleinen Salmler, für die Produkte wie Tetra FD-Menü, TetraOvin, TetraRubin und gefriergetrocknete Rote Mückenlarven auf dem Markt sind. Auch Frostfutter ist für Jungfische dieser Gruppe gut geeignet.

H = Herbivore = Pflanzenfresser

Von der Ernährungsweise her sind diese genau das Gegenteil der Fleischfresser. Sie haben sich einer anderen ökologischen Nische im Hinblick auf ihre Ernährungsweise angepaßt. Man könnte auch sagen, daß sie sich entwicklungsmäßig nicht so hoch ausgebildet haben. Diese Arten nehmen in der Natur Früchte, Pflanzen und Algen. Viele Arten fressen neben der pflanzlichen Nahrung auch kräftiges Lebendfutter, aber ausgesprochene Raubfische, die z. B. Jungfischen nachstellen, findet man unter diesen Arten nicht.

Die Pflanzenfresser besitzen meist keinen Magen, dafür aber einen vielfach verlängerten Dünndarm. Fische dieses Typus fressen den ganzen Tag über und können sich nicht auf einmal sättigen. Im Aquarium müssen sie also häufiger am Tag (drei- bis viermal) gefüttert werden.

Jungfische der pflanzenfressenden Arten nehmen bevorzugt Flockenfutter auf pflanzlicher Basis, z. B.: TetraPhyll, Seraflora und andere. Ausgewachsene Tiere werden dabei meist nicht satt; diesen muß man zusätzlich überbrühten Salat, Kresse, Vogelmiere, tiefgekühlten Spinat usw. geben. Die jeweils empfohlene Futterart steht im Futterplan.

L = Limnivore = Aufwuchsfresser

Diese Gruppe ernährt sich sowohl von pflanzlichen Stoffen (Algen, Detritus) als auch von den darin vorkommenden Kleinlebewesen.

Zeichenerklärung

Sie verschmäht auch Würmer aus dem Boden und freischwebende Nahrung nicht. Den ganzen Tag über suchen diese Fische Bodengrund, Pflanzen und Wurzeln nach Futter ab. Sie müssen besonders häufig in kleinen Portionen gefüttert werden, wenn ihnen nicht im Aquarium genügend "Aufwuchs" zur Verfügung steht. Diese Arten haben meist einen kleinen Magen und einen langen Darm. Futtertabletten sind die beste Ersatznahrung für diese Arten. An einerTablette haben sie lange Zeit, daran herumzupicken und sich gemächlich sättigen zu können.

O = Omnivore = Allesfresser

Dazu gehören besonders die Karpfenartigen Fische, viele Salmler, viele Cichliden. Ausgesprochene Raubfische gibt es darunter nicht, auch keine ausschließlich auf pflanzliche Nahrung spezialisierte Arten. Allesfresser sind mit allen handelsüblichen Flockenfuttermitteln am leichtesten zu ernähren. Die Fütterung sollte zwei- bis dreimal täglich erfolgen, bei Jungfischen häufiger.

Bei den Fischbeschreibungen stehen die Buchstaben K, H, L und O nicht immer einzeln; sie sind auch kombiniert, wenn der Nahrungstypus der jeweiligen Art nicht eindeutig festzulegen ist.

Der erste Buchstabe ist jeweils kennzeichnend für die Ernährung in der Natur; der zweite dient als Hinweis, daß die Art im Aquarium nahezu ebenso gut dem anderen Nahrungstypus zuzuordnen ist.

Beispiel: *Nematobrycon palmeri*:

FU: K, O; Flockenfutter, Lebendfutter (*Artemia*, Daphnien, *Cyclops*). K bedeutet in diesem Fall, daß sich die Art in der Natur hauptsächlich von Lebendfutter ernährt. Das nachfolgende O bedeutet, daß die Art im Aquarium sich auch sehr gut mit Flockenfuttermitteln, die sowohl pflanzliche als auch tierische Bestandteile enthalten, ernähren läßt.

Das vorangestellte Flockenfutter bedeutet: Die Art läßt sich ausschließlich mit Flockenfuttermitteln ernähren. Die nachgestellten Futter sind empfehlenswerte Zusatznahrung. Wer ständig Lebendfutter zur Hand hat, kann auch naturgerecht mit abwechslungsreichem Lebendfutter füttern; dagegen ist natürlich nichts einzuwenden.

Ein vorangestelltes Lebendfutter bedeutet, daß die Art auch im Aquarium vorwiegend mit Lebendfutter ernährt werden muß und daß die anderen nachgestellten Futtermittel Zusatznahrung sind oder sein können.

Die Fische

Aus dem bei jeder Art angegebenen Schwierigkeitsgrad = **SG** läßt sich im Hinblick auf die Fütterung Weiteres ablesen:

SG: 1 (Arten für Anfänger)
Es eignen sich Flockenfutter aller Marken zur Fütterung. Diese Arten sind meistens Omnivore und stellen an die Futterzusammensetzung keine hohen Ansprüche.

SG: 2 (Arten für Anfänger mit Vorkenntnissen)
Es eignen sich Flockenfuttermittel, z. B. der Marken Aquarian, Brustmann, Sera, Tetra, Vitakraft, Wardley (in alphabetischer Reihenfolge). Aus den Buchstaben im Futterplan läßt sich ablesen, welche spezielle Futtertype dieser Marken benötigt wird. Die Aufzählung der Marken erhebt keinen Anspruch auf Vollzähligkeit und dient nur als Anhaltspunkt.

SG: 3 (Arten für Fortgeschrittene)
Bei diesen Arten steht Flockenfutter im Speiseplan selten an erster Stelle. Es können z. B. die Marken Aquarian, Sera und Tetra empfohlen werden. Je nach Futterplan sollte mit verschiedenen anderen Futtermitteln, z. B. gefriergetrocknete Stoffe, Futtertabletten und Lebendfutter, ergänzt werden.

SG: 4 (Arten für Könner und Spezialisten)
Hier sind sowohl ausgesprochene Raubfische mit Lebendfutterbedarf als auch ausgesprochene Pflanzenfresser und empfindliche Arten, wie z. B. Diskusfische zu finden, deren Problematik sowohl in der Fütterung als auch in der Wasserbeschaffenheit liegt. Hinter der Ziffer des Schwierigkeitsgrades findet sich häufig noch ein Hinweis, warum die Art dem Schwierigkeitsgrad 4 zugeordnet wurde.

Es bedeuten die Buchstaben:

H = Herbivore
Diese ausgesprochenen Pflanzenfresser kann man nicht im bepflanzten Becken halten. Man muß jedoch unterscheiden zwischen Algen- und Aufwuchsfressern, die durchaus in bepflanzten Becken gehalten werden können und "radikalen" Pflanzenfressern. Meistens haben die letzteren dann beim Schwierigkeitsgrad die Einstufung 4 (H).
Die genaue Beschreibung, wie die einzelne Art gehalten werden soll, findet man in der Artbeschreibung oder auch unter **Soz.V.:**.

Zeichenerklärung

C = Chemie
Diese Arten stellen hohe Ansprüche an die Wasserqualität oder benötigen ganz spezielle Wasserwerte.

K = Karnivore
Diese Raubfische darf man nicht mit kleineren Arten in einem Becken vergesellschaften. Es kann durchaus sein, daß diese Art einfach zu pflegen ist, wenn man sie mit Artgenossen oder größeren, anderen Arten vergesellschaftet. Außerdem bedeutet das K, daß die Art unbedingt Lebendfutter haben muß. Wer dieses ständig zur Verfügung hat, wird kaum Probleme haben. Wir möchten jedoch darauf hinweisen, daß einige Arten nur lebende Fische fressen. Diese zu beschaffen oder selbst zu Fütterungszwecken zu züchten, dürfte einem Aquarianer schwer fallen.

G = Größe
Die Art braucht große Becken mit viel Platz zum Ausschwimmen. Beim Kauf der Jungfische achte man unbedingt darauf, wie lang solch ein Tier im Aquarium werden kann.

Um die Erklärung des Schwierigkeitsgrades nicht noch weiter zu komplizieren, wurde davon abgesehen, verschiedene Faktoren für den Schwierigkeitsgrad zu kombinieren. So könnte ein Raubfisch, der das Zeichen K trägt, außerdem noch sehr groß werden und müßte daher auch das Zeichen G bekommen.
Die aufgeführten Buchstaben beziehen sich jeweils auf den wichtigsten Teil in der Beurteilung des Schwierigkeitsgrades eines Fisches.

Paratrygon sp. aus Venezuela. Das obere Bild zeigt die fast pigmentlose Unterseite des Rochens mit Maul und Kiemenschlitzen. Das untere Foto zeigt die außergewöhnliche Schwimmweise des Fisches.

Unechte Knochenfische und Knorpelfische

Gruppe 1

Unechte Knochenfische und Knorpelfische

Diese beiden Klassen haben wir von den verschiedenen Arten Echter Knochenfische getrennt aufgeführt. Sie sind für die Aquaristik weniger bedeutend, aber entwicklungsgeschichtlich sehr viel älter als die Echten Knochenfische und daher sehr interessant.

Fam.: Acipenseridae (Echte Störe)

Nur auf der nördlichen Halbkugel beheimatete Fische mit einigen primitiven Merkmalen (heterozerke Schwanzflosse, durchgängiges Spritzloch). 5 Reihen eckiger Knochenplatten in die nackte Haut des Rumpfes eingelassen. Das Maul ist unterständig und kann rüsselartig vorgestülpt werden. Vor dem Maul befinden sich 4 Barteln (Tastfäden). Der Rogen fast aller Arten wird zu Kaviar verarbeitet. Die Familie umfaßt 4 Gattungen.

Fam.: Protopteridae (Afrikanische Lungenfische)

Verbreitungsgebiet: West- und Zentralafrika. Die Körperform ist aalartig. Es ist eine paarige Lunge vorhanden. Die Tiere haben 4 Kiemenbögen und kleine Rundschuppen. Die Eier werden in Schlammhöhlen abgelegt und vom ♂ bewacht. Die Larven sind kaulquappenähnlich und atmen mit äußeren Kiemen. Diese Familie umfaßt nur eine Gattung, 4 Arten sind bekannt. Maximalgröße ca. 180 cm.

Fam.: Potamotrygonidae (Süßwasserrochen)

Die Tiere bewohnen Süßgewässer von Südamerika. Der Schwanz ist peitschenförmig und trägt auf der Oberseite einen mit Widerhaken besetzten Stachel. Der Körper ist scheibenförmig und stark abgeflacht. Bei den Süßwasserrochen kommt eine innere Befruchtung vor. Als Hilfsorgane bei der Übertragung des Spermas dienen fingerartige Verdickungen an den Bauchflossen der Männchen. Die Tiere sind lebendgebärend.

Fam.: Polypteridae (Flösselhechte)

Flösselhechte haben eine langgestreckte Gestalt. Einige Arten sind schlangenähnlich. Die Rückenflosse besteht aus 5 - 18 Flösseln. Die Brustflossen sind gestielt und fächerartig. Sie dienen der Fortbewegung. Der Körper ist mit Schmelzschuppen bedeckt. Es ist eine paarige Lunge ausgebildet, die eine Verbindung zum Darm aufweist und als akzessorisches Atmungsorgan dient. Werden Flösselhechte am Luftholen gehindert, so gehen sie nach kurzer Zeit ein. Die Larven einiger Arten haben äußere Kiemen. Flösselhechte kommen nur im tropischen Afrika vor.

Unechte Knochenfische und Knorpelfische
Fam.: Acipenseridae — Echte Störe

Acipenser ruthenus
Sterlet

LINNAEUS, 1758

Syn.: *Acipenser ruthenicus, A. dubius, A. gmelini, A. kamensis, A. ieniscensis, A. pygmaeus, Sterlethus gmelini, S. ruthenus.*

Vork.: Europa und Sibirien: Zuflüsse des Schwarzen Meeres, Asowschen Meeres, Kaspischen Meeres und Eismeeres vom Ob bis zum Kolyma. Die Art bewohnt außerdem noch einige Zuflüsse der Ostsee (Düna).

Ersteinf.: Einheimische Art.

GU: Bisher unbekannt.

Soz.V.: Harmlose und friedliche Fische. Die Art wühlt gern. Sterlets sind ausdauernd und relativ anspruchslos. Mit nicht zu kleinen Fischen vergesellschaften.

Hält.B.: Becken mit großer Grundfläche: weicher Sand als Bodengrund, keine scharfkantigen Steine im Boden; viel freier Schwimmraum. Klares, kaltes Wasser (um 15 - 20° dGH, pH 7,5). Es kann mit einer Turbelle eine Strömung erzeugt werden. Für die Aquarienhaltung eignen sich nur kleine Tiere mit einer Länge von 10 - 15 cm.

ZU: Im Aquarium aus Platzgründen nicht möglich. Im Freiland laicht *Acipenser ruthenus* auf Geröllgrund in den Monaten Mai und Juni. Die Tiere sind sehr produktiv (11.000- 135.000 Eier). Die Jungfische schlüpfen nach 4 - 5 Tagen.

FU: K; Lebendfutter, hauptsächlich Larven von Wasserinsekten (Eintagsfliegenlarven), Schnecken, kleine Fische.

Bes.: Der Name Sterlet bezieht sich auf die kleinen Knochensternchen, die sich in der Haut der Tiere befinden. Sterlets sind durch ihre urtümliche Körpergestalt sehr originelle Aquarienbewohner. Trotz der Länge der ausgewachsenen Tiere halten sich Jungtiere recht gut.

T: 10 - 18° C (Kaltwasserfisch) **L:** 100 cm, **BL:** ab 150 cm, **WR:** u, **SG:** 2 - 4 (G)

Fam.: Protopteridae

Protopterus dolloi BOULENGER, 1900

Syn.: Keine.

Vork.: Afrika: Einzugsgebiet des Zaire.

Ersteinf.: 1954.

GU: Keine bekannt.

Soz.V.: Räuberische Fische, die gegenüber Artgenossen und artfremden Fischen unverträglich und bissig sind. Brutpflegend (Vaterfamilie).

Hält.B.: Schlammiger Bodengrund, dichte Bepflanzung; der Wasserstand braucht nicht sehr hoch zu sein (25 cm). An die Wasserbeschaffenheit werden keine Ansprüche gestellt. Für die Haltung im Zimmeraquarium eignen sich nur jugendliche Exemplare; Einzelhaltung.

ZU: Die Art wurde im Aquarium noch nicht nachgezüchtet.

FU: K; Lebendfutter: Fische, Kaulquappen, Schnecken, Regenwürmer, Insektenlarven.

Bes.: *P. dolloi* ist von allen *Protopterus*-Arten am stärksten gestreckt. Während der Trockenzeit erhalten die Lungen dieser Fische eine besondere Bedeutung. Trocknen die Gewässer aus, so vergraben sich die Tiere im Schlamm, rollen sich zusammen und scheiden einen Schleim ab. Dieser erstarrt und tapeziert den im Schlamm gegrabenen Gang aus. In der Nähe des Maules ist ein Loch in der so gebildeten Kapsel, durch das die Lungenatmung ermöglicht wird. In diesen Schleimkapseln wird die vier bis sechs Monate dauernde Trockenzeit überstanden. Setzt die Regenzeit ein, so wird der Sommerschlaf der eingegrabenen Fische beendet, und die Tiere verlassen die Schleimkapseln (= Nester) unbeschadet.

T: 25 - 30° C, **L:** 85 cm, **BL:** 120 cm, **WR:** u, **SG:** 4 (K)

Unechte Knochenfische und Knorpelfische
Fam.: Potamotrygonidae — Süßwasserrochen

Potamotrygon laticeps (GARMAN, 1913)
Gemeiner Stechrochen

Syn.: *Paratrygon laticeps*.

Vork.: Südamerika: Brasilien, Paraguay, Uruguay, Argentinien.

Ersteinf.: Wahrscheinlich erst nach 1970.

GU: ♂♂ sind kontrastreicher gefärbt und haben fingerartige Verdickungen an den Bauchflossen.

Soz.V.: Friedlicher, lebhafter Bodenfisch.

Hält.B.: Becken mit möglichst großer Grundfläche und niedrigem Wasserstand (30 cm); weicher Sand als Bodengrund (10 cm dicke Schicht); viel freier Raum; keine Pflanzen außer Schwimmpflanzen. Die Fische sind heikel und besonders empfindlich gegen im Aquarium auftretende Verunreinigungen. Wasser mittelhart (um 10 ° dGH) und schwach sauer bis neutral (pH 6,5 - 7,0); Artbecken!

ZU: Über eine erfolgreiche Zucht im Aquarium ist bisher nichts bekannt.

FU: K; Lebendfutter bzw. tierische Kost. *Tubifex*, Regenwürmer, Muschelfleisch, Garnelen, Mückenlarven, Fischfleisch, tiefgefrorene Krebse.

Bes.: Die Tiere haben auf der Oberseite des Schwanzes einen mit Widerhaken versehenen Stachel. Mit diesem können bei unvorsichtigem Hantieren im Aquarium unangenehme Wunden verursacht werden. Der Stachel wird während eines Jahres zwei- bis dreimal durch einen neuen ersetzt.

T: 23 - 25° C, L: 70 cm, BL: 100 cm, WR: u, SG: 4 (C)

Fam.: Polypteridae — Flösselhechte

Erpetoichthys calabaricus (J. A. SMITH, 1865)
Flösselaal

Syn.: *Calamoichthys calabaricus, Calamichthys calabaricus, Herpetoichthys calabaricus.*

Vork.: Westafrika: Nigeria und Kamerun, besonders im Nigerdelta häufig. Die Art geht auch in Brackwasser.

Ersteinf.: 1906 von SCHNEISING, Magdeburg.

GU: ♂ mit mehr Strahlen in der Afterflosse (12 - 14, ♀ nur 9), außerdem ist die Afterflosse während der Laichzeit verdickt. Färbung der Afterflosse dunkeloliv, beim ♀ hell-ocker.

Soz.V.: Dämmerungs- und nachtaktive Fische. Die Tiere sind untereinander recht friedlich. Nicht mit kleineren Fischen vergesellschaften, da diese gefressen werden könnten.

Hält.B.: Weicher Bodengrund aus feinem Sand; dichte Bepflanzung, viele Versteckmöglichkeiten aus Wurzeln und Steinen. Wasser leicht sauer (pH 6,5 - 6,9) und mittelhart (um 10° dGH). Flösselaale sind nur bedingt für das Gesellschaftsbecken geeignet.

ZU: Die Art wurde im Aquarium noch nicht nachgezüchtet.

FU: K; die Tiere fressen nur Lebendfutter und Fleisch (Fische, Frösche, Muscheln, Krebse, Insektenlarven, Herz, Rindfleisch).

Bes.: Das Auffinden der Nahrung erfolgt mit dem Geruchssinn. Flösselaale sehen sehr schlecht. Die Tiere können für einige Stunden das Wasser verlassen, da sie mit der lungenähnlichen Schwimmblase atmosphärische Luft atmen können. Die Becken müssen deshalb sehr gut abgedeckt werden. Die Gattung *Erpetoichthys* unterscheidet sich von der verwandten Gattung *Polypterus* durch das Fehlen von Bauchflossen.

T: 22 - 28° C, **L:** 40 cm, **BL:** 100 cm, **WR:** u, **SG:** 3

Polypterus ornatipinnis BOULENGER, 1902

Syn.: Keine.

Vork.: Zentralafrika, oberer und mittlerer Zaire. Die Art kommt im reinen Süßwasser vor.

Ersteinf.: 1953.

GU: Sichere sind bisher noch nicht gefunden worden. Die Afterflosse des ♂ soll größer sein und der Kopf des ♀ breiter.

Soz.V.: Die Tiere sind untereinander zuweilen bissig, bei ausreichenden Versteckmöglichkeiten ist das jedoch selten. Gegenüber artfremden, größeren Fischen ist *Polypterus ornatipinnis* meistens friedlich.

Hält.B.: Die Becken brauchen nicht sehr hoch zu sein, 30 cm Wasserstand genügen. Versteckmöglichkeiten und Höhlen aus Steinen und Wurzeln; dichte Bepflanzung und freier Schwimmraum; feiner Bodengrund aus Sand.

ZU: Bisher nur in Einzelfällen gelungen. Nach ARMBRUST beginnt das ♂ mit der Balz. Das ♂ ist auch der aktivere Partner. Abgelaicht wird im Pflanzendickicht. Dabei wird die Afterflosse des ♂ in Form einer hohlen Hand gespannt. Sie wird dann unter die Afteröffnung des ♀ geschoben. Hier hinein werden die Eier abgelegt und besamt. Die Eizahl beträgt 200 - 300; nach 4 Tagen schlüpfen die Jungen aus (bei 25° C), siehe DATZ 1/96, S. 15.

FU: K; frißt ausschließlich Lebendfutter und Fleisch (Herz, Rindfleischstreifen). Die Tiere sind Räuber.

Bes.: ARMBRUST regte die Laichbereitschaft von *Polypterus ornatipinnis* mit Kaliumjodid (KJ) an. Er gab von einer 1%igen Lösung einen Tropfen auf 100l Wasser (nicht mehr!). Die Tiere werden danach unruhig und springen gern (Becken gut abdecken).

T: 26 - 28° C, **L:** bis 46 cm, **BL:** 100 cm, **WR:** m, **SG:** 4 (K)

Unechte Knochenfische und Knorpelfische

Erpetoichthys calabaricus

Polypterus ornatipinnis

Gruppe 2   Ordnung: Characiformes (Salmlerartige)

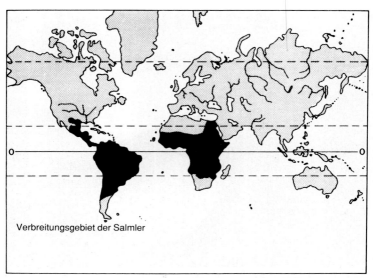

Verbreitungsgebiet der Salmler

Die Ordnung Salmler und Salmlerähnliche (Characiformes)

Manche Autoren, so WEBER (1820), BOULENGER (1904), GÉRY (1977) u. a., nahmen oder nehmen an, daß die Salmler zu den ältesten Fischordnungen zählen, wenn nicht sogar die älteste Fischunterordnung innerhalb der Ordnung der Cypriniformes (Karpfenartige) ist. Nach BOULENGER sind daraus die Unterordnungen der Welse, der Karpfenähnlichen, der Nacktaale und der Messerfische entstanden. Andere Autoren wiederum meinen, daß die ältesten Vertreter der Knochenfische die Welse seien.
Eschmeyer (1990) und Nelson (1994) geben den Salmlern eine eigene Ordnung (Characiformes). Die Unterordnung Characoidei fällt weg. 1820 hat WEBER den "Weberschen Apparat" beschrieben, der bei den Salmlern und verwandten Fischen das Gehörorgan mit der Schwimmblase (als Resonanzboden) verbindet. Salmler sind überaus schallempfindlich und wahrnehmungsfähig. Außerdem besitzt diese Fischgruppe ein "chemisches Warnsystem", das sie befähigt, bei Gefahr gewarnt zu werden und sich in Schwärmen zu formieren. Die offensichtliche Parallelentwicklung der verschiedenen Salmlerfamilien sowohl in Südamerika und auch Afrika gab den Biologen die Bestätigung, daß diese beiden Kontinente einmal zusammengehörten. Also müssen die Salmler vor dieser Landteilung im Mesozoikum (etwa vor 80-150 Millionen Jahren) entstanden sein.

Salmler

Hyphessobrycon socolofi, s. S. 284

Die Salmler kommen in einer ungeheuren Artenvielfalt in der Natur vor. Aus Südamerika sind etwa 1000 Arten, aus Afrika heute etwa 200 Arten bekannt. 1904 gab BOULENGER diese Zahl noch mit jeweils der Hälfte an. Nach GÉRY ist die Entdeckung neuer Arten noch lange nicht abgeschlossen.

Das äußere Erkennungszeichen der Salmler ist die sogenannte Fettflosse oder Adipose, außer bei den Gattungen *Erythrinus* (Tigersalmler), *Lebiasina*, *Pyrrhulina*, *Corynopoma* und *Hasemania*. Ihr Zweck ist unbekannt. Diese Flosse findet man allerdings auch bei einigen Welsen, z. B. Corydoras und Salmoniden, die aber nicht mit den Salmlern verwandt sind. Die Unterordnung der Salmler umfaßt nach GÉRY (1972) 14 Familien.

Salmler leben meist in Schwärmen zusammen, wozu sie durch die vorgenannten Merkmale und Fähigkeiten, Reize aus der Umwelt aufzunehmen, besonders in der Lage sind. Streut man z. B. Futter auf die Wasseroberfläche eines Urwaldbaches, so sind es immer zuerst die Salmler, die sich um die Futterstelle versammeln. Sie merken, wenn "was los ist".

Abgesehen von einigen räuberischen Salmlern (Piranhas), sowie Schuppen- und Flossenfressern, sind die Salmler meist friedlich, obwohl sie fast immer Karnivoren (Fleischfresser) sind. Es gibt auch ausgesprochene Pflanzenfresser (Herbivoren), wie z. B. *Distichodus* (Afrika), *Prochilodus* und *Leporinus* (Südamerika).

Limnivoren nennt man die Arten, die hauptsächlich Aufwuchsnahrung wie Algen mitsamt der sich darin befindlichen Kleinlebewelt als Nahrung aufnehmen. Schließlich gibt es noch die Allesfresser (Omnivoren), die man hauptsächlich unter den Barben und natürlich auch unter den Salmlern im Aquarium findet.

Salmler sind meist langgestreckte, flinke Fische, die in klarem, fließendem Wasser leben. In Südamerika bevorzugen sie eher die klaren Schwarzwasserregionen als die "trüben" Weißwasserflüsse. Aufgrund des reicheren Nahrungsangebotes im Weißwasser sind hier jedoch die Populationen größer. In jedem Fall sind Salmler sauerstoffbedürftig; sie sind diejenigen, die am schlechtesten bei Austrocknung von Überschwemmungsgebieten durch hohe Temperaturen und Sauerstoffmangel überdauern. Auch bei Stress durch Netzfang oder Fotografieren im Fotobecken werden Salmler schnell hinfällig. Enge und Sauerstoffmangel, die hierbei auftreten, können sie nicht vertragen. Wer also Salmler im Aquarium hält, braucht ein langes Becken zum Ausschwimmen der Fische, einen starken Filter, der für ständige Strömung sorgt, und Sauerstoffanreicherung durch Oberflächenbewegung. Ein durch Torffilterung angesäuertes, enthärtetes Wasser bräunlicher Färbung wird von

Salmler

den meisten Salmlern als "artgerecht" geschätzt. Trotz der bräunlichen Färbung sollte das Wasser stets klar und rein sein. Wer nicht gerade pflanzenfressende Arten pflegt, kann zur Bepflanzung seines Beckens sehr gut feinfiedrige Pflanzen verwenden, die ebenfalls klares, reines Wasser ohne aufgewirbelten Mulm benötigen, denn die meisten Salmler wühlen nicht.

Einige Hundert Salmler mögen nach GÉRY noch unbeschrieben sein, so dieser *Hemigrammus* sp., für den der deutsche Name "Signalsalmler" vorgeschlagen wird.

Fam.: Alestidae
Unterfam.: Alestinae

Echte Afrikanische Salmler

Arnoldichthys spilopterus (BOULENGER, 1909)
Afrikanischer Großschuppensalmler, Arnolds Rotaugensalmler

Syn.: *Petersius spilopterus*.

Vork.: Tropisches Westafrika, von Lagos bis zum Nigerdelta.

Ersteinf.: 1907 durch SIGGELKOW, Hamburg.

GU: Afterflosse beim ♂ konvex, beim ♀ fast gerade und mit schwarzem Punkt, beim ♂ dreifarbig rot-gelb-schwarz gestreift, beim ♀ blaß.

Soz.V.: Friedlicher Schwarmfisch.

Hält. B.: Geräumige, flache Becken (25-30 cm hoch) mit schwacher Bepflanzung, die Platz für großzügigen Schwimmraum läßt. Der Bodengrund sollte dunkel sein, das Wasser gut (über Torf) gefiltert. pH 6,0 - 7,5; Härte bis 20° dGH. Alle 3 - 4 Wochen teilweisen Wasserwechsel vornehmen.

ZU: Zucht in weichem, leicht sauren Wasser. Einzelpaar brachte in einem 85 cm Becken über 1000 Eier. Nach 30 - 35 Std. schlüpften die Jungen, versammelten sich am 5. Tag an der Wasseroberfläche und schwammen am 7. Tag frei. Die Jungbrut ist schreckhaft und flüchtet kopfüber in den Bodengrund, weshalb dieser weich sein sollte; man nimmt entweder Torfschnitzel oder feinsten Sand. Jungtiere wachsen schnell heran und erreichen schon nach sieben Wochen eine Länge von 4,5 cm. Die Aufzucht erfolgt zunächst mit feinstem Staubfutter, ab 2. Woche mit *Artemia*, feingemahlenem Flockenfutter, Eigelb, Liquifry und *Cyclops*. Sie bereitet nur die üblichen Schwierigkeiten der Futterbeschaffung.

FU: K, O; kräftiges Lebendfutter, Flockenfutter (Großflocken).

Bes.: Einer der schönsten Afrikanischen Salmler, den jeder Aquarianer mit einem großen Becken einmal "versuchen" sollte.

T: 23 - 28° C, **L:** 8 cm, **BL:** 100 cm, **WR:** m, **SG:** 2 - 3

Alestes imberi (PETERS, 1852)
Roter Kongosalmler

Syn.: *Alestes fuchsii, A. lemairii, A. fuchsii taeniata, A. curtus, A. bequaerti, A. humilis, Brachyalestes imberi, B. imberi affinis, B. imberi imberi, B. imberi curtis, B. imberi kingsleyi, Brycinus imberi, Myletes imberi*.

Vork.: Kamerun, Sambia, Zaire (Stanley Pool), Malawisee (Afrika).

Ersteinf.: 1965?

GU: Unbekannt.

Soz.V.: Friedlicher Schwarmfisch.

Hält.B.: Wie *Phenacogrammus interruptus*, Seite 222.

ZU: Bisher nicht beschrieben. Ein ♀ kann bis zu 14000 Eier (in der Natur) enthalten.

FU: K, O; Lebendfutter, Flockenfutter.

Bes.: Der deutsche Name ist wenig zutreffend und beruht wahrscheinlich auf einer Verwechslung mit *Micralestes stormsi*, siehe AQUARIEN ATLAS, Bd. 4, Seite 90.

T: 22 - 26° C, **L:** 10 cm, **BL:** 80 cm, **WR:** m, **SG:** 2 - 3

Afrikanische Salmler

Arnoldichthys spilopterus

Alestes imberi

Fam.: Alestidae
Unterfam.: Alestinae

Echte Afrikanische Salmler

Alestes longipinnis (GÜNTHER, 1864)
Langflossensalmler

Syn.: *Brycinus chaperi, Alestes chaperi, Bryconalestes longipinnis.*

Vork.: Nigerdelta, Goldküste, Sierra Leone, Ghana, Togo.

Ersteinf.: 1928.

GU: Strahlen der Rückenflosse beim ♂ stark verlängert.

Soz.V.: Friedlicher Schwarmfisch für das große Gesellschaftsbecken.

Hält.B.: Dieser sehr lebendige, behende Schwimmer braucht viel Platz. Sonnenlicht oder starke Beleuchtung bei nicht zu hellem Bodengrund werden geschätzt. Pflanzen werden nicht geschädigt. pH 6,5 - 7,8; Härte bis 25° dGH. In nitratüberlasteten Becken wachsen die Tiere kaum, deshalb ist eine gute Filterung notwendig, ebenso regelmäßige 1/3 Frischwasserzugabe.

ZU: Lt. PINTER ist die Zucht schon wiederholt gelungen, auch in zweiter Generation; sie unterscheidet sich kaum von der des blauen Kongosalmlers, *Phenacogrammus interruptus*. Von PINTER nachgezüchtete Fische wurden auf einer internationalen Aquarienausstellung in Polen ausgestellt; von diesen Fischen wurden auch dort Nachzuchten erzielt.

FU: K, O; kräftiges Lebendfutter, Flockenfutter (Großflocken).

Bes.: Ein herrlich lebendiger Fisch für große Aquarien.

T: 22 - 26° C, **L:** 13 cm, **BL:** 100 cm, **WR:** m, **SG:** 2

Hemigrammopetersius caudalis (BOULENGER, 1899)
Gelber Kongosalmler

Syn.: *Petersius caudalis.*

Vork.: Stanley Pool (unterer Zaire), Zaire-Nebenflüsse.

Ersteinf.: 1954.

GU: Bauch- und Afterflosse beim ♂ mit weißen Spitzen, beim ♀ klar.

Soz.V.: Friedlicher Schwarmfisch, für Gesellschaftsbecken mit friedlichen Fischen geeignet.

Hält.B.: Es sollte stets ein kleiner Schwarm von fünf oder mehr Tieren gepflegt werden, sonst ist die Art scheu. Das Gruppenverhalten im Schwarm ist sehr ausgeprägt. pH 6,5 - 7,8; Härte bis 20° dGH. Die Art frißt keine Pflanzen.

ZU: Wie beim Blauen Kongosalmler, *Phenacogrammus interruptus*.

FU: K, O; Lebendfutter, Flockenfutter.

Bes.: Eine herrliche Art für den Kenner.

T: 22 - 26° C, **L:** 7 cm, **BL:** 80 cm, **WR:** m, **SG:** 3

Afrikanische Salmler

Alestes longipinnis

Hemigrammopetersius caudalis

Fam.: Alestidae
Unterfam.: Alestinae

Echte Afrikanische Salmler

Lepidarchus adonis signifer   ISBRÜCKER, 1970
Adonissalmler

Syn.: Keine.

Vork.: Westafrika.

Ersteinf.: 1967 durch BLAIR (Schottland), 1969 durch ROLOFF, Karlsruhe.

GU: ♂ trägt zahlreiche purpurfarbene Flecken auf der hinteren Körperhälfte und der Schwanzflosse. Das ♀ ist fast durchsichtig gläsern.

Soz.V.: Friedlich, zarte Art, die nur mit kleinen Fischen, z. B. *Nannostomus* zu vergesellschaften ist.

Hält. B.: Kleine Aquarien mit dichtem Pflanzenwuchs, extrem weichem Wasser bis 4 ° dGH; pH-Wert 5,8 - 6,5. Torffilterung.

ZU: Ist relativ leicht, jedoch nicht sehr ergiebig. In sehr weichem Wasser (2° KH). Bei 24 - 26° C laichen die Tiere in kleinsten Behältern zwischen Laichfasern oder zarten Pflanzen (20 - 30 Eier). Die Larven schlüpfen nach 36 Std., schwimmen aber erst nach einer weiteren Woche frei. Die Jungfische nehmen dann frisch geschlüpfte Artemien. Das Zuchtbecken sollte abgedunkelt werden, nachdem abgelaicht wurde, da die Jungen dunkle Stellen bevorzugen; die Futterecke muß jedoch beleuchtet werden. Prüfen, ob die Jungen fressen, sonst Wasserspiegel senken und während der Fütterungen mehr Licht geben.

FU: K, O; feinstes Lebendfutter, FD-Menü.

Bes.: Einer der kleinsten Fische im Aquarium. Ein Juwel für Kenner und Könner. Da die Zucht relativ einfach ist, sollten sich mehr Aquarianer daran versuchen.

T: 22 - 26° C, **L**: 2 cm, **BL**: 20 cm, **WR**: u, **SG**: 3

Ladigesia roloffi   GÉRY, 1968
Orangeroter Zwergsalmler, Sierra-Leone-Zwergsalmler

Syn.: Keine.

Vork.: Yung-Strom, Liberia; Sierra Leone, Elfenbein- und Goldküste.

Ersteinf.: 1967 durch ROLOFF, Karlsruhe.

GU: ♂ trägt lappenartig verlängerte Afterflosse, beim ♀ ist diese gerade.

Soz.V.: Scheuer, friedlicher Schwarmfisch, der in der Natur mit *Neolebias unifasciatus*, *Epiplatys annulatus* und *E. bifasciatus* zusammenlebt. Nur für Gesellschaftsbecken mit sensiblen Arten.

Hält.B.: Becken gut abdecken, springt bei jeder Art von Störung. Dunkler Bodengrund, Torffilterung (pH 6,0 - 7,0), Härte bis 10° dGH, abgedunkelte Becken (evtl. Schwimmpflanzendecke oder Wasserrosenblätter, *Nymphaea*) sind für die erfolgreiche Pflege dieser Art unerläßlich.

ZU: Die Tiere laichen dicht über dem Boden (Torf) bei pH 6,0, Frischwasser von geringer Härte (unter 4°). Die sehr kleinen Jungen können nur mit allerfeinstem Teichstaubfutter aufgezogen werden. Die Zucht ist nicht sehr produktiv.

FU: K, O; feines Lebendfutter (Obstfliegen, Grindal, *Artemia*), Flockenfutter (FD-Menü).

Bes.: Ausgewachsen sehr hübsch gefärbt, sonst etwas unscheinbar. Der Art gebührte mehr Verbreitung durch gezielte Zucht.

T: 22 - 26 ° C, **L**: bis 4 cm, **BL**: 60 cm, **WR**: m, **SG**: 2 - 3

Afrikanische Salmler

Lepidarchus adonis signifer

Ladigesia roloffi

Fam.: Alestidae
Unterfam.: Alestinae

Echte Afrikanische Salmler

Micralestes acutidens
Spitzzahnsalmler

(PETERS, 1852)

Syn.: *Alestes acutidens, Brachyalestes acutidens.*

Vork.: Nil, Niger, Zaire, Sambesi, Togo, Ghana.

Ersteinf.: 1932 durch SCHREITMÜLLER.

GU: ♂ hat eine größere Afterflosse und ist schlanker als das ♀.

Soz.V.: Lebendiger, friedlicher Schwarmfisch. Geeignet für Gesellschaftsaquarien.

Hält..B.: Langgestreckte Becken mit guter Hintergrund- und etwas Seitenrandbepflanzung, die viel Platz zum Ausschwimmen läßt. Nicht anspruchsvoll an die Wasserbedingungen, jedoch ist gute Belüftung notwendig, pH 6,2 - 8,0; Härte bis 25° dGH.

ZU: Bisher nicht beschrieben.

FU: K, O: Flockenfutter, Lebendfutter aller Art.

Bes.: Wird leider wenig eingeführt, obwohl die Art häufig und weit verbreitet ist. Jungtiere sind recht unscheinbar. Wegen hohen Sauerstoffbedarfs transportgefährdet.

T: 22 - 26° C, **L:** 6,5 cm, **BL:** 80 cm, **WR:** m, **SG:** 2

Phenacogrammus interruptus
Blauer Kongosalmler

(BOULENGER, 1899)

Syn.: *Micralestes interruptus, Alestopetersius interruptus, Hemigrammalestes interruptus.*

Vork.: Zairegebiet.

Ersteinf.: 1950 durch "Aquarium Hamburg".

GU: ♂ größer, farbiger, mit ausgezogener Schwanz- und Rückenflosse.

Soz.V.: Friedlicher Schwarmfisch. Nicht mit aggressiven Fischen zu vergesellschaften, da *P. interruptus* dann leicht scheu wird.

Hält.B.: Große Becken mit viel Platz zum Ausschwimmen. Dunkler Bodengrund, evtl. Schwimmpflanzendecke, denn im gedämpften Licht kommen die Farben sehr viel besser zur Geltung. Wie fast alle Salmler, ist die Art sehr schallempfindlich, deshalb sollte nicht an die Scheiben geklopft werden. pH 6,2; Härte 4 - 18° dGH. Die Fische fühlen sich in torfgefiltertem, leicht bräunlichem Wasser am wohlsten.

Die Art geht manchmal an zarte Pflanzen, besonders an junge Triebe.

ZU: Sonnenlicht oder starkes Glühlampenlicht leitet oft das heftige Treiben der Zuchttiere ein. Sie laichen paarweise oder im Schwarm ab. Die Eier (bis zu 300) fallen zu Boden. Daraus schlüpfen nach sechs Tagen die Jungfische. Aufzucht mit feinstem Lebendfutter (Infusorien); ab 14. Tag *Artemia* und feines Flockenfutter.

FU: K, O; Lebendfutter, Flockenfutter (Großflocken). Sie knabbern unbeobachtet an Pflanzentrieben und nehmen nur Futter auf, wenn der Pfleger den Raum verlassen hat; so scheu können sie sein.

Bes.: Einer der schönsten Afrikanischen Salmler, der leider nicht immer problemlos ist. Kleine Gesellschaftsbecken mit schlechtem Wasser (zu kalk- und nitrathaltig) lassen den Fisch schnell kümmern.

T: 24 - 27° C, **L:** ♂ 8,5 cm, ♀ 6 cm, **BL:** 80cm, **WR:** m, o, **SG:** 2 - 3

Afrikanische Salmler

Micralestes acutidens

Phenacogrammus interruptus, oben ♂, unten ♀

Fam.: Citharinidae
Unterfam.: Distichodinae

Geradsalmler

Distichodus decemmaculatus
Zwergdistichodus, Zehnfleck-Geradsalmler

PELLEGRIN, 1925

Syn.: Keine.

Vork.: Zentrales Zairebecken.

Ersteinf.: 1970?

GU: Unbekannt.

Soz.V.: Friedlich, für jedes Aquarium mit nicht zu großen, ruhigen Fischen geeignet. Man sollte Rücksicht auf den Pflanzenkostbedarf nehmen.

Hält.B.: Aquarien nur mit "harten" Wasserpflanzen einrichten: Javafarn, Javamoos, Wasserfarn (*Ceratopteris*), Plastikpflanzen. Die Art gilt sonst als unproblematisch. pH 6,5 - 7,5; Härte bis 20° dGH.

ZU: Auf die Zucht dieses hübschen Geradsalmlers sollten sich einige Experten konzentrieren. Bisher ist sie nicht gelungen.

FU: H; Pflanzenfutterflocken, Futtertabletten, Salat, Spinat, Vogelmiere, Brunnenkresse.

Bes.: Ist die kleinste der *Distichodus*-Arten, dabei besonders hübsch. Leider vergreift auch sie sich an zarten Pflanzen. Ausgewachsene Tiere haben noch kräftigere Farben als auf dem Foto. Die untere Körperhälfte ist von der Seitenlinie bis zum Bauch moosgrün; die Flossen, insbesondere die Bauchflossen, sind rot.

T: 23 - 27° C, **L:** 7,5 cm, **BL:** 60 cm, **WR:** u, **SG:** 2

Distichodus fasciolatus
Grauband-Distichodus

BOULENGER, 1898

Syn.: *D. martini*.

Vork.: Kamerun, Zaire (Stanley Pool), Katanga, Angola.

Ersteinf.: 1953.

GU: Unbekannt.

Soz.V.: Friedliche Art; nur für große Schaubecken geeignet.

Hält.B: Wie die anderen *Distichodus*-Arten. Wegen der Aufnahme von viel pflanzlicher Nahrung (Ballaststoffe) kommt es leicht zu Wasserverunreinigungen. Deshalb ist ein starker Filter zu empfehlen. Regelmäßige Filterreinigung und Wasserwechsel begünstigen das Wachstum. pH 6,0 - 8,0; Härte bis 25° dGH.

ZU: Nicht bekannt.

FU: H; starker Pflanzenfresser, Jungtiere nehmen auch Flockenfutter.

Bes.: Kein echter Aquariumfisch. Die Art wird bis zu 3 kg schwer!

T: 23 - 27° C, **L:** 60 cm, **BL:** 250 cm, **WR:** u, m, **SG:** 3 (H)

Afrikanische Salmler

Distichodus decemmaculatus

Distichodus fasciolatus

Fam.: Citharinidae
Unterfam.: Distichodinae

Geradsalmler

Distichodus lusosso SCHILTHUIS, 1891

Syn.: *Distichodus leptorhynchus*.
Vork.: Zairebecken und Angola, Kamerun, Katanga (Afrika).
Ersteinf.: 1953.
GU: Unbekannt.
Soz.V.: Friedlich, starker Pflanzenfresser.
Hält.B.: Wie die anderen *Distichodus*, benötigt jedoch wesentlich größere Aquarien. Eine artgerechte Haltung ist nur in einem Schauaquarium möglich.

ZU: Nicht bekannt, im Aquarium wohl auch nicht möglich.
FU: H; Pflanzen! wie *D. sexfasciatus*.
Bes.: Kein Aquariumfisch, da bald zu groß. Unterscheidet sich von *D. sexfasciatus* besonders durch die länger ausgezogene Schnauze.

T: 22 - 26° C, **L**: 40 cm, **BL**: 150 cm, **WR**: u, m, **SG**: 3 (H)

Distichodus affinis GÜNTHER, 1873
Rotflossen-Distichodus

Syn.: *Distichodus abbreviatus, D. affine*.
Vork.: Afrika, unterer Zaire.
Ersteinf.: 1911 durch MAYER, Hamburg.
GU: Unbekannt.
Soz.V.: Friedlich wie der Zwergdistichodus.
Hält.B.: Guter Gesellschafter für manche Cichliden-Becken, in denen wegen des Wühlens der Fische keine Pflanzen gepflegt werden. Die Art ist im Jugendkleid wenig ansprechend, weshalb sie wohl so selten in Aquarien anzutreffen ist. Pflege wie bei *D. decemmaculatus* angegeben.

ZU: Die Art wurde durch KOCHETOV am Zoo in Moskau nachgezogen. Zwei Nachzuchten in zweiter Generation sind bisher bekannt geworden. Die Fische laichten nach heftigem Treiben in Frischwasser (dGH 6 bzw. 8). Der Schlupf erfolgte nach 40 Stunden bei etwa 26° C; nach weiteren 5 Tagen schwammen die Jungen frei. Die Jungfische benötigen viel pflanzliche Kost (Algen).
FU: H, L; Salat, Spinat (überbrüht), Flokkenfutter.

Bes.: Von den ca. 30 bekannten Arten der Gattung *Distichodus* sind nur wenige für das Aquarium geeignet. Diese Art gehört als wohl hübscheste dazu. Allerdings werden die Importe aus Zaire immer seltener, weshalb die Art zur Zeit kaum noch zu haben ist.

Die drei ähnlichen *Distichodus* mit roten Flossen und schwarzem Fleck in der Rückenflosse unterscheiden sich wie folgt:

D. affinis (Foto)
gerundete Schwanzflossenspitzen, Analflosse länger als Dorsale; A 19-21; Schuppenanzahl an der Laterallinie 37-39. Unterer Zaire.

D. noboli
Schwanzflosse ebenfalls gerundet, Anale kürzer als Dorsale; A 14 - 16; 38 - 45 Schuppen. Oberer Zaire.

D. notospilus, Aquarien Atlas, Bd. 2, S.228
Schwanzflossen enden spitz, sonst wie *D. noboli*; Körperfärbung einheitlicher als bei *D. affinis*, jedoch auf den Körperseiten weniger gescheckt. Kamerun bis Angola.

T: 23 - 27° C, **L**: 21 cm, **BL**: 80 cm, **WR**: u, m, **SG**: 3 (H)

Afrikanische Salmler

Distichodus lusosso

Distichodus affinis

Fam.: Citharinidae
Unterfam.: Distichodinae

Geradsalmler

Distichodus sexfasciatus   BOULENGER, 1897
Zebra-Geradsalmler

Syn.: Keine.

Vork.: Zairebecken und Angola.

Ersteinf.: 1953.

GU: Unbekannt.

Soz.V.: Freilaicher, Schwarmfisch, auch Einzelgänger. Einzeln gehaltene Exemplare können jedoch, vor allem wenn sie größer werden, sehr aggressiv gegenüber kleineren Fischen sein und sogar deren Tod verursachen. Evtl. mit nicht zu aggressiven Fischen vergesellschaften. Ausschließlich Pflanzenfresser. Für große Gesellschaftsbecken ohne Pflanzen geeignet.

Hält.B.: Empfehlenswert für die Aquariumhaltung ist die Art nicht. Nur Jungtiere sind sehr hübsch gefärbt. Später werden die Tiere graugelb. Die ausgeprägte rote Flossenfarbe verblaßt und wandelt sich zu Grau. Wegen des hohen Bedarfs an Pflanzennahrung sollte das Becken nur mit Steinen und Wurzeln und evtl. mit Plastikpflanzen dekoriert werden. Javafarn wird nicht gefressen, wenn sonst ausreichend Pflanzenkost zur Verfügung steht. pH 6,0 - 7,5; Härte bis 20° dGH, besser weniger (10°).

ZU: Bisher nicht gelungen.

FU: H; Pflanzen (überbrühter Salat, Feldsalat, Spinat, Brunnenkresse, Vogelmiere), Pflanzenfutterflocken, Großflocken.

Bes.: Nur für Spezialisten. Die Art erreicht ein Gewicht bis zu 11 kg, Speisefisch!

T: 22 - 26° C, **L:** 25 cm, in der Natur über 1 m, **BL:** 200 cm, **WR:** u, **SG:** 4 (H, G)

Nannaethiops unitaeniatus   GÜNTHER, 1871
Afrikanischer Einstreifensalmler

Syn.: Keine.

Vork.: Weit verbreitet vom Zaire bis zum Niger im Westen Afrikas und bis zum Weißen Nil im Osten.

Ersteinf.: 1931.

GU: ♂ schlanker und kräftiger gefärbt. Zur Laichzeit ist ein Teil der Rückenflosse sowie der obere Schwanzflossenlappen rot gefärbt.

Soz.V.: Friedlicher, scheuer Schwarmfisch, der möglichst nur im Artenbecken gehalten werden sollte. Nur dann entfaltet er seine schöne Kupferfärbung.

Hält.B.: Feiner Sand als Bodengrund, sparsame Bepflanzung mit viel Licht. Torffilterung. pH-Wert 6,5 - 7,5; Härte bis 12° dGH.

ZU: Nicht schwierig im Artenbecken. Morgensonne soll die Laichwilligkeit fördern. Weiches Wasser, pH 6,0 - 6,5. Torffilterung, Frischwasserzugabe mit einem guten Wasseraufbereitungsmittel. Die Eier werden wahllos (Freilaicher) zwischen Pflanzen und Steinen abgegeben. Die Jungen schlüpfen nach ca. 30 Std. und schwimmen nach fünf Tagen frei. Aufzucht mit Tümpelstaubfutter und *Artemia*. Das Zuchtbecken sollte wenigstens 50 Liter Inhalt haben, da die Art recht produktiv ist.

FU: K; feines Lebendfutter aller Art, gefriergetrocknetes Naturfutter wird nach Gewöhnung angenommen.

Bes.: Ein Foto vom schöneren ♂ ist im Band 3, S. 97, abgebildet.

T: 23 - 26° C, **L:** 6,5 cm, **BL:** 60 cm, **WR:** u, m, **SG:** 2 - 3

Afrikanische Salmler

Distichodus sexfasciatus

Nannaethiops unitaeniatus ♀

Fam.: Citharinidae
Unterfam.: Distichodinae

Geradsalmler

Nannocharax fasciatus   GÜNTHER, 1867
Afrikanischer Bodensalmler

Syn.: Keine.

Vork.: Afrika; Kamerun, Volta, Niger, Gabun, Unteres Guinea.

Ersteinf.: 1969.

GU: Bisher nicht beschrieben.

Soz.V.: Friedlicher Schwarm- und Einzelfisch, für gut gepflegte Gesellschaftsbecken geeignet. Die Art sollte jedoch nur mit kleinen, ruhigen Arten zusammen gehalten werden.

Hält.B.: Kleinste Becken reichen für die Art aus. Sie benötigt sauerstoffreiches Wasser mit guter Wasserumwälzung. pH-Wert 6,0 - 7,5; Härte bis 15° dGH. Spärliche Bepflanzung und viel Licht entsprechen dem natürlichen Vorkommensgebiet. Torfextraktzugabe ist zu empfehlen.

ZU: Bisher nicht gelungen (?).

FU: K; feines Lebendfutter aller Art; nach Gewöhnung werden auch gefriergetrocknete Nahrung und einzelne Flocken in der Filterströmung genommen.

Bes.: Die Gattung sieht der südamerikanischen Gattung *Characidium* recht ähnlich. Diese "steht" mit Brust- und Bauchflossen auf dem Grund, während *Nannocharax* die Bauchflossen, Afterflosse und zusätzlich noch den unteren Schwanzflossenlappen zum Ruhen benutzt. Die Art ist eher neugierig und wenig scheu. Sie schwimmt stets um ca. 45° mit dem Kopf nach oben.

T: 23 - 27° C, **L:** 7 - 8 cm, **BL:** 40 cm, **WR:** u; **SG:** 3

Neolebias ansorgii   BOULENGER, 1912
Ansorges Salmler, Roter von Kamerun, Breitbandsalmler

Syn.: *Neolebias landgrafi, Micraethiops ansorgii.*

Vork.: Kamerun, Angola, Zentralafrika, Tschiloango. In Sümpfen.

Ersteinf.: 1924.

GU: Siehe Farbfoto. ♂ prächtiger gefärbt.

Soz.V.: Friedlich und scheu. Für das Gesellschaftsaquarium nicht geeignet, da er dort stets unterdrückt wird.

Hält.B.: Kleine, abgedunkelte Aquarien ab 50 cm Länge mit mulmigem Torfboden (s. Killifische). Bei Wasserwechsel stets ein gutes Wasseraufbereitungsmittel (schnelle Alterung) verwenden, da die Art auf Frischwasser empfindlich reagiert. Wasserstand 20 cm. Filterung kann fehlen. Bepflanzung mit *Myriophyllum, Nitella, Cabomba, Nuphar.*

ZU: Ablaichen ähnlich den Killifischen. Bis 300 Eier. Die Eier fallen in das Bodensubstrat (Moos, Torffasern). Aufzucht mit feinstem Staubfutter (Infusorien). Die Jungen schlüpfen nach einem Tag, hängen sich dann an die Wasseroberfläche. Wasserstand 15-20 cm. Nach sieben Monaten sind die Fische bereits geschlechtsreif.

FU: K, O; feines Lebendfutter (Mückenlarven), FD-Menü, Flockenfutter.

Bes.: Von den zehn Arten *Neolebias* ist diese die am häufigsten angebotene. Die Gattung hat keine Fettflosse.

T: 24 - 28° C, **L:** 3,5 cm, **BL:** 50 cm, **WR:** u, m, **SG:** 2 - 3

Afrikanische Salmler

Nannocharax fasciatus

Neolebias ansorgii

Afrikanische Salmler
Fam.: Citharinidae

Geradsalmler

Phago maculatus   AHL, 1922
Gefleckter Schnabelsalmler   Unterfam.: Ichthyborinae

Syn.: Siehe unter Bes.

Vork.: Nigerdelta, Westafrika.

Ersteinf.: 1913 von HASE, Hamburg.

GU: Unbekannt.

Soz.V.: Raubfische, die nur mit größeren Fischen (ab 10 cm Länge) vergesellschaftet werden dürfen (s. FU!).

Hält.B.: Die Art liebt die Ruhe; bei starker Beunruhigung frißt sie nicht. Sie braucht Versteckmöglichkeiten zwischen Ästen und reichlicher Bepflanzung. An das Wasser stellt die Art weniger Ansprüche: pH-Wert 6, 5 - 7, 5; Härte bis 20° dGH. Eine torfbraune Färbung des Wassers kommt dem Versteckbedürfnis der Art entgegen.

ZU: Bisher nicht im Aquarium gelungen.

FU: K; kleinere Tiere nehmen grobes Lebendfutter, später fast ausschließlich lebende Fische. In der Natur fressen die Tiere Flossenteile selbst von großen Fischen.

Bes.: Selten importierte Art; nur für Spezialisten. Nach GÉRY (1977) ist der Artname nicht gesichert. Evtl. ist die Art identisch mit *Phago loricatus* GÜNTHER, 1865. Die Unterfamilie *Ichthyoborinae* wird bei uns Flossenfresser genannt.

T: 23 - 28° C, **L:** 14 cm, **BL:** 80 cm, **WR:** m, **SG:** 3 - 4(K)

Amerikanische Salmler
Engmaulsalmler
Fam.: Anostomidae

Abramites hypselonotus
Brachsensalmler

(GÜNTHER, 1868)
Unterfam.: Anostominae

Syn.: *Leporinus hypselonotus, A. microcephalus*.

Vork.: Amazonas und Orinoco Becken.

Ersteinf.: 1917.

GU: Unbekannt.

Soz.V.: Im Alter gegenüber Artgenossen streitsüchtig. Jungtiere bis 10 cm friedlich und für unbepflanzte Gesellschaftsbecken geeignet.

Hält. B.: Wie *Leporinus*-Arten: Becken ohne Bepflanzung, mit Wurzeln und Steinen. Weiches bis mittelhartes Wasser (bis 18° dGH); pH 6,0-7,5. Starke Filterung.

ZU: Bisher im Aquarium noch nicht geglückt. Allerdings werden zeitweise Nachzuchten in größerer Anzahl aus Südostasien angeboten. Deshalb sollte die Zucht im Aquarium durchaus möglich sein.

FU: L, H; weidet Pflanzen nach Algen ab, er schont dabei neue Triebe nicht. Salat, Brunnenkresse. Pflanzenfutterflocken, feines Lebendfutter.

Bes.: Als Einzelgänger ein sehr interessanter Fisch. Neben *A. hypselonotus hypselonotus* gibt es noch eine weitere Unterart: *A. hypselonotus ternetzi* (NORMAN, 1926).

T: 23 - 27° C, **L:** 13cm, **BL:** 80cm, **WR:** u, m, **SG:** 2 - 3

Fam.: Anostomidae
Unterfam.: Anostominae

Engmaulsalmler

Anostomus anostomus
Prachtkopfsteher

(LINNAEUS, 1758)

Syn.: *Salmo anostomus, Leporinus anostomus, Anostomus gronovii, A. salmoneus, Pithecocharax anostomus.*

Vork.: Amazonas, von Manaus aufwärts: Orinoco-Fluß, Venezuela, Guyana, Kolumbien.

Ersteinf.: 1924 von EIMEKE, Hamburg.

GU: Unbekannt.

Soz.V.: Bei Haltung von wenigen Tieren untereinander rauflustig, im Schwarm ab sieben Stück besser verträglich. Auch Einzeltiere können in gut gepflegten Gesellschaftsbecken gehalten werden; andere Fische werden selten belästigt.

Hält.B.: *A. anostomus* ist im bepflanzten Aquarium gut zu halten, wenn er genug Algennahrung abweiden kann oder sonst ausreichende Pflanzenkost bekommt. Nahrungskonkurrenten wie: *Hemiancistrus, Gyrinocheilus, Crossocheilus* sollten nicht im gleichen Becken gehalten werden, da der oftmals scheue *A. anostomus* dann zu kurz kommen würde.

ZU: Laut PINTER sollen in Moskau erfolgreiche Nachzuchten dieser Art mittels Kunstbefruchtung nach vorheriger Behandlung mit Hypophysenhormon erzielt worden sein.

FU: L; das oberständige Maul ist von anderen Autoren zum Abweiden von Algen an eng stehenden Halmen gedeutet worden. Tatsächlich leben fast alle Anostomus in nahezu senkrecht stehenden Felsspalten in den Stromschnellen flacher Flüsse und Bäche. Hier kommt es oftmals zu starkem Algenwuchs, der die erforderliche Aufwuchsnahrung bietet. Pflanzen- und Blatttriebe werden im Aquarium nur ersatzweise angenommen, dagegen wird Lebendfutter (Mückenlarven, Daphnien, kleine Würmer) gern erjagt, auch Pflanzenflockenfutter als Beinahrung wird angenommen, ebenso abgebrühter Salat, Brunnenkresse und Vogelmiere. Kleine Tiere nibbeln gern an FD-Futtertabletten.

Bes.: Wer diesen Fisch noch nicht gepflegt hat, ist kein rechter Aquarianer! An die Wasserbedingungen stellt die Art die üblichen Ansprüche der südamerikanischen Salmler: pH 5,8 - 7,5, besser 6,5; Härte 20° dGH, besser 8°. Der Beckenaufbau könnte artgerecht mit Felsen und Spalten ausgeführt werden; das wird aber in den meisten Fällen zu schwer, da das Gewicht der Steine für die Bodenscheibe zu groß ist. Glasgeklebte Becken mit glattem Boden auf weicher Unterlage (s. S. 24) bereiten da weniger Schwierigkeiten. Wer schon fast alles an Arten und Landschaftsbecken versucht hat, findet bei den verschiedenen *Anostomus*-Arten bestimmt noch Neuland, insbesondere über die Nachzucht könnte noch viel erforscht werden. Den Strömungsverhältnissen in der Natur entsprechend sollte ein starker Filter installiert werden: Wasserumlauf wenigstens 2 x pro Stunde den gesamten Beckeninhalt. Eine starke Beleuchtung mit HQI-Strahlern über dem Becken fördert den erforderlichen Algenwuchs zwischen und auf den Steinen. Zwischen den Felsspalten beziehen die einzelnen Tiere ihre Territorien.

T: 22 - 28° C, **L**: 18 cm, **BL**: 100 cm, **WR**: u, m, **SG**: 2 - 3

Anostomus taeniatus
Gestreifter Kopfsteher, Kupferstrichsalmler

(KNER, 1858)

Syn.: *Laemolyta taeniata.*

Vork.: Mittlerer Amazonas, Rio Negro.

Ersteinf.: 1913 von Firma C. KROPAC, Hamburg.

GU: Unbekannt.

Soz.V.: Schwarmfisch, friedlich.

Hält.B.: Lebt unter großen Pflanzendickichten (*Eichhornia*) - z. B. im Rio Moiocu, Tapajos-Zufluß, beobachtet - zusammen mit Diskus, *Osteoglossum, Klausewitzia* und Cichliden in ruhig fließendem, fast stehendem Wasser. pH 6,0; Härte nicht meßbar = 0. Im Aquarium ist die Art recht widerstandsfähig und in

Fortsetzung Seite 236

Amerikanische Salmler

Anostomus anostomus

Anostomus taeniatus oben Tagfärbung, unten juv. in Nachtfärbung

Fam.: Anostomidae — Engmaulsalmler

Fortsetzung von *Anostomus taeniatus*:
jedem Becken mit Torffilterung leicht zu pflegen. Man sollte bei Wasserwechsel in jedem Fall ein gutes Wasseraufbereitungsmittel verwenden.

ZU: Nicht bekannt.

FU: L, O; Flockenfutter, Algen, Lebendfutter, FD-Tabletten.

Bes.: Siehe bei *A. anostomus*.

T: 24 - 28°C, **L:** 20 cm, **BL:** 100 cm, **WR:** u, m, **SG:** 3

Anostomus ternetzi   FERNANDEZ-YEPEZ, 1949
Goldstreifen-Kopfsteher   Unterfam.: Anostominae

Syn.: Keine.

Vork.: Orinoco, Rio Araguaia, Rio Xingu, Brasilien.

Ersteinf.: 1965, zuvor evtl. unter anderem Namen.

GU: Unbekannt.

Soz.V.: Sehr friedliche Art, die sich untereinander und mit anderen Fischen gut verträgt.

Hält.B.: Wie *A. anostomus*, ist jedoch in manchen Fällen weniger empfindlich.

ZU: Nicht bekannt.

FU: L: Flockenfutter, Algen, feines Lebendfutter, FD-Tabletten.

Bes.: Nicht ganz so farbig wie der große Vetter *A. anostomus*, dafür friedlicher und kleiner bleibend.

T: 24 - 28° C, **L:** 16 cm, **BL:** 100 cm, **WR:** u, m, **SG:** 2 - 3

Pseudanos trimaculatus   (KNER, 1859)
Dreifleck-Anostomus, Dreitupfen-Kopfsteher

Syn.: *Schizodon trimaculatus, Pithecocharax trimaculatus, Anostomus plicatus* (nicht EIGENMANN), *Anostomus trimaculatus*.

Vork.: Amazonas, Brasilien, Guayana.

Ersteinf.: 1913 von Firma EIMEKE, Hamburg.

GU: Unbekannt.

Soz.V.: Schwarmfisch. Friedlich und meist gut verträglich. Pflanzenfresser (zarte Triebe).

Hält.B.: Im Gegensatz zu *Anostomus anostomus* leben diese Tiere in der Natur in großen Schwärmen oder Trupps von 12 - 50 Stück in tiefem Wasser, oft zusammen mit *Leporinus*-Arten (*L. frederici, L. maculata*).

Geht gern an Pflanzen. Ist sehr sauerstoffbedürftig.

ZU: Nicht bekannt.

FU: L, O; Algenaufwuchs, zarte Pflanzen, planktonisches Lebendfutter; FD-Tabletten; Pflanzenflockenfutter.

Bes.: *Pseudanos trimaculatus* ähnelt in seinem Gesamtaussehen sehr *Anostomus plicatus* (Bd. 3, Seite 100).

T: 23 - 27° C, **L:** 12 cm, **BL:** 80 cm, **WR:** u, m, **SG:** 3

Amerikanische Salmler

Anostomus ternetzi

Pseudanos trimaculatus

Fam.: Anostomidae
Unterfam.: Anostominae

Engmaulsalmler

Leporinus affinis (GÜNTHER, 1864)
Grüner Leporinus

Syn.: *Leporinus fasciatus affinis.*

Vork.: Venezuela; Paraguay, Brasilien, Kolumbien, Peru.

Ersteinf.: 1912 von KROPAC, Hamburg.

GU: Bisher nicht beschrieben.

Soz.V.: Friedlicher Pflanzenfresser; gegenüber Artgenossen zeitweise rauflustig.

Hält.B.: Große Becken mit klarem Wasser, Kiesboden, Wurzeln und sehr harten Pflanzen, z. B. Javafarn, evtl. auch Plastikpflanzen. Die Leporinus sind wegen des Abfressens jeglicher Pflanzen verpönt. Sie leben in den Gumpen (Strömungslöcher) sandiger Bäche, meiden auch die stärkste Strömung nicht und fressen alles, was an Nahrung anschwemmt, besonders Wasserpflanzen, aber auch Früchte, herabgefallene Blätter. Umgestürzte Bäume werden "abgeweidet". Da die meisten Arten sehr groß werden, ist beim Kauf Vorsicht geboten. pH 5,8 - 7,8; Härte bis 20° dGH.

ZU: Bisher nicht gelungen.

FU: H: Flockenfutter (Pflanzenkost-Großflocken), Brunnenkresse, Salat, Vogelmiere. In der Natur ernähren sich die Leporinus vielfach von Süßwasserschwämmen (nach Dr. GEISLER).

Bes.: Dieser aus Belem am häufigsten eingeführte *Leporinus* unterscheidet sich von *L. f. fasciatus* durch abgerundete Schwanzflossenspitzen (anstelle spitzer) und 9 anstelle 10 Querbändern. Diese Unterart bleibt stets grünlich, während *L. f. fasciatus* eine ziegelrote Kehle bekommt. *Leporinus* = Häschen. Ihren Namen hat die Gattung von der Hasenschnäutzchen ähnlichen Maulform (zwei vorstehende Zähne).

T: 23 - 27° C, **L:** 25 cm, **BL:** 100 cm, **WR:** u, m, **SG:** 3

Leporinus fasciatus fasciatus (BLOCH, 1794)
Gebänderter Leporinus

Syn.: *Salmo fasciatus, Salmo timbure, Chalceus fasciatus, Leporinus novem fasciatus.*

Vork.: Venezuela, Amazonas-Nebenflüsse, mittleres Südamerika.

Ersteinf.: 1912 von den Vereinigten Zierfischzüchtereien in Conradshöhe, Berlin.

GU: Unbekannt.

Soz.V.: Im allgemeinen friedliche Art, zupft jedoch auch gern mal an den Flossen der Artgenossen.

Hält.B.: Becken ohne Pflanzen, mit etwas Wurzelholz oder großen Steinen als Unterstand, Sandboden. Mit starkem Filter Strömung erzeugen. Die Tiere sind flink und können springen, daher Becken gut abdecken. Wasser weich und leicht sauer, die Art ist aber anpassungsfähig. pH 5,5 - 7,5; Härte bis 20° dGH.

ZU: Bisher nicht gelungen.

FU: H; Früchte, Blätter, Salat, Kresse, Vogelmiere. Kleine Exemplare gehen auch gut an Flockenfutter (Pflanzenkost).

Bes.: Es sind von diesem Fisch fünf Unterarten beschrieben worden: *Leporinus fasciatus affinis* (GÜNTHER, 1864); *L. f. altipinnis* (BORODIN, 1929); *L. f. fasciatus* (BLOCH, 1794) und *L. f. tigrinus* (BORODIN, 1929). Der Status der Unterart *L. fasciatus holostictus* (COPE, 1878) wird von einigen Ichthyologen angezweifelt.

T: 22 - 26° C, **L:** 30 cm, **BL:** 120 cm, **WR:** u, m, **SG:** 3

Amerikanische Salmler

Leporinus affinis

Leporinus fasciatus fasciatus

Fam.: Anostomidae
Unterfam.: Anostominae

Engmaulsalmler

Leporinus nigrotaeniatus (JARDINE, 1841)
Punktstreifen-Leporinus

Syn.: *Chalceus nigrotaeniatus, Leporinus margaritaceus, Salmo biribiri.*

Vork.: Guyana-Länder, Amazonien (Brasilien).

Ersteinf.: Nicht bekannt.

GU: Nicht beschrieben.

Soz.V.: Friedlicher Schwarmfisch, gelegentlich gegen Artgenossen zänkisch.

Hält.B.: Wie andere große *Leporinus*. Die Art wird im Handel selten angeboten und wird hier nur gezeigt, damit keiner auf die recht ansprechenden Jungfische hereinfällt. Anspruchslose Art. pH-Wert 6,0 bis 7,8; Härte bis 25° dGH.

ZU: Im Aquarium sicher nicht möglich.

FU: H: Pflanzen aller Art, Früchte: Wurzeln der Cassada-Pflanze.

Bes.: Kein Aquariumfisch aufgrund der Länge der ausgewachsenen Tiere. Die Artbestimmung nach dem Foto ist nicht ganz sicher.

T: 23 - 26° C, **L:** 40 cm, **BL:** 150 cm, **WR:** u, m, **SG:** 4 (G)

Leporinus striatus KNER, 1859
Gestreifter Leporinus

Syn.: *Salmo tiririca.*

Vork.: Bolivien, Kolumbien, Ecuador, Mato Grosso, Paraguay und Venezuela.

Ersteinf.: 1935 vom "Aquarium Hamburg".

GU: Unbekannt.

Soz.V.: Friedlicher Schwarmfisch für Großbecken.

Hält.B.: Wie die anderen *Leporinus* in großen Becken ohne Pflanzen. Die Fische lieben starke Strömung. Der Autor hat *Leporinus* in Bächen mit starker Strömung (unter Wasserfällen) gesehen, die 60 cm und mehr maßen. Diese Größe mag der Grund sein, warum *Leporinus* im Aquarium noch nicht gezüchtet wurden. Die Tiere werden dort nicht laichreif. Eine Ausnahme bildete *Leporinus "maculatus"*, der in Japan reichlich Nachwuchs brachte.

ZU: Nicht bekannt.

FU: H; Pflanzenkost: Früchte, Salat, Kresse, Vogelmiere.

Bes.: Sehr ähnlich ist die bis zu 40 cm lang werdende Art *L. arcus* aus Venezuela und den Guyana-Ländern, welche mehr rot gefärbt ist und drei schwarze Streifen auf dem Körper hat (unteres Foto).

T: 22 - 26° C, **L:** bis 25 cm, **BL:** 80 cm, **WR:** u, m, SG: 3 (H)

Amerikanische Salmler

Leporinus nigrotaeniatus, juv.

Leporinus striatus Mitte, L. arcus unten

Fam.: Characidae*
Unterfam.: Aphyocharacinae

Echte Amerikanische Salmler

Aphyocharax alburnus (GÜNTHER, 1869)
Laubensalmler

Syn.: *Chirodon alburnus, Aphyocharax avary, A. erythrurus.*

Vork.: Südbrasilien, Paraguay, Argentinien.

Ersteinf.: 1934.

GU: Nicht genau bekannt.

Soz.V.: Friedlicher Schwarmfisch, für Gesellschaftsbecken geeignet.

Hält.B.: Geräumige, flache Becken mit jeder Art Bepflanzung. Die Art ist sauerstoffbedürftiger als ihr Vetter *A. anisitsi* und wohl auch nicht ganz so anspruchslos im Hinblick auf die Wasserwerte. pH-Wert 5,5 - 7,5; Härte bis 20° dGH.

ZU: Diese Art wurde von PINTER schon mehrere Male nachgezüchtet. Die Vermehrung unterscheidet sich nicht von der von *Aphyocharax anisitsi.*

FU: O, K; Allesfresser, Flockenfutter.

Bes.: Von der bekannten Art *A. anisitsi* zu unterscheiden durch schwächere Färbung der Schwanzflosse und einen auffälligen Längsstrich.

T: 20 - 28° C, **L**: 7 cm, **BL**: 80 cm, **WR**: m, o, **SG**: 1 - 2

Aphyocharax anisitsi EIGENMANN & KENNEDY, 1903
Rotflossensalmler

Syn.: *A. rubripinnis, A. affinis, Tetragonopterus rubropictus.*

Vork.: Argentinien, Rio Paranà.

Ersteinf.: 1906 von KITTLER, Hamburg.

GU: Feinste Häkchen an der Afterflosse der ♂♂.

Soz.V.: Friedlicher Schwarmfisch für jedes Gesellschaftsbecken.

Hält.B.: Im Schwarm kommt das muntere Treiben der Art besonders zur Geltung. Rand- und Hintergrundbepflanzung mit *Vallisneria, Sagittaria.* Die Art kann leicht im ungeheizten Zimmeraquarium gepflegt werden, ist dann jedoch etwas blasser und träger. Möglichst dunkler Bodengrund. Wasser: pH 6,0 - 8,0; Härte bis 30° dGH.

ZU: Freilaicher an der Oberfläche, wahllos zwischen Pflanzen. Die Eier werden sofort gefressen, deshalb sollte man die Elterntiere entfernen. Aufzucht der Jungen mit feinstem Flockenfutter und *Artemia.* Zucht produktiv (300 bis 500 Eier).

FU: O, K; Allesfresser, Flockenfutter.

Bes.: Sehr ausdauernd; wird über zehn Jahre alt.

T: 18 - 28° C, **L**: 5 cm, **BL**: 60 cm, **WR**: m, o, **SG**: 1

Aphyocharax paraguayensis Seite 284

* Wegen Ihres Artenreichtums werden die Echten Amerikanischen Salmler zusätzlich nach Unterfamilien in alphabetischer Reihenfolge geordnet.

Amerikanische Salmler

Aphyocharax alburnus

Aphyocharax anisitsi

Fam.: Characidae — Echte Amerikanische Salmler
Unterfam.: Bryconinae

Brycon falcatus — MÜLLER & TROSCHEL, 1845
Türkensalmler

Syn.: *Brycon schomburgki.*

Vork.: Guyana-Länder: Rio Branco, Brasilien.

Ersteinf.: 1923 von Firma EIMEKE, Hamburg.

GU: Unbekannt.

Soz.V.: Zunächst ein recht friedlicher Schwarmfisch, mit zunehmender Größe jedoch ein kleiner Räuber.

Hält.B.: Bei geringer Größe bis etwa 12 cm Länge leicht zu halten. Mit kräftigen Cichliden kann die Art vergesellschaftet werden. Bepflanzung mit robusten Pflanzen möglich: Riesenvallisnerien, Schwertpflanzen. pH 5,5 - 7,5; Härte bis 25° dGH. Schneller Schwimmer und flotter Springer!

ZU: Bisher nicht versucht?

FU: 0; Allesfresser, Flockenfutter, Futtertabletten, später kräftiges Lebendfutter.

Bes.: Wegen der zu erwartenden Größe kein rechter Aquariumfisch. In Schauaquarien wächst der Fisch gut heran und entfaltet dann prächtige Farben: Die Rücken- und Bauchflossen werden orangefarben.

T: 18 - 25° C, **L:** 25 cm, **BL:** 120 cm, **WR:** m, **SG:** 3 (G)

Chalceus macrolepidotus — CUVIER, 1817
Glanzsalmler, Südamerikanischer Großschuppensalmler, Schlanksalmler

Syn.: *Brycon macrolepidotus, Chalceus ararapeera, C. erythrurus, Pellegrina heterolepsis.*

Vork.: Guyana-Länder; Amazonas.

Ersteinf.: 1913 von Firma EIMEKE, Hamburg.

GU: Unbekannt.

Soz.V.: Räuberischer Schwarmfisch, der nur mit größeren Fischen als er selbst zusammen gehalten werden kann. Kein guter Aquarienfisch.

Hält.B.: In Großbecken ist die Haltung nicht schwierig, da an die Wasserbedingungen keine hohen Ansprüche gestellt werden. In kleinen Becken kümmert die Art allerdings. Pflanzen werden nicht gefressen.

ZU: Bisher nicht gelungen.

FU: K; Räuberischer Allesfresser: Fische, Fischfleisch, Fleisch. Kleine Tiere nehmen auch Flockenfutter und können an Futtertabletten gewöhnt werden.

Bes.: Wurde 19 Jahre alt (im Tierpark Hellabrunn, München). Wird in Südamerika als vorzüglicher Speisefisch geschätzt.

T: 23 - 28° C, **L:** 25 cm, **BL:** 150 cm, **WR:** m, **SG:** 4 (K)

Triportheus angulatus — (SPIX, 1829)
Punktierter Kropfsalmler, Armbrustsalmler

Syn.: *Chalceus angulatus, Chalcinus angulatus, C. nematurus, Salmo clupeoides, Triportheus flavus, T. nematurus.*

Vork.: Amazonasbecken, in einigen Gewässern sehr häufig. Peru, Paraguay, Orinoco (Venezuela).

Ersteinf.: 1934

GU: Unbekannt.

Soz.V.: Friedlicher Schwarmfisch, der jedoch kleinen Fischen nachstellen kann.

Hält.B.: Sauerstoffbedürftig und druckempfindlich. Nach Eingewöhnung leicht haltbar in sonnigen, gut beleuchteten Aquarien mit viel Schwimmraum und freier Oberfläche. pH 6,0 - 7,5; Härte bis 15° dGH. Sehr springgewandt. Becken gut abdecken. Die Fische "fliegen", ohne die Brustflossen zu bewegen, einige Meter weit. Sie sind die häufigste Beute der Oberflächen-Raubfische Südamerikas.

Fortsetzung Seite 246

Amerikanische Salmler

Brycon falcatus

Chalceus macrolepidotus

Triportheus angulatus

Fam.: Characidae Echte Amerikanische Salmler
Unterfam.: Characinae

Fortsetzung von *Triportheus angulatus*

ZU: Nicht bekannt.

FU: K; Insektennahrung, FD-Futter, auch Flockenfutter.

Bes.: Eine recht hübsche Art, die aber merkwürdigerweise keine Liebhaber zu finden scheint. Das Tier auf dem Foto ist 10 cm lang. Nach LÜLING ernähren sich *Triportheus* besondere von Mücken, die nach dem Hochzeitstanz in dicken Teppichen tot die Wasseroberfläche bedecken. Von Triportheus *angulatus* sind fünf Unterarten beschrieben worden: *T. a. angulatus* (SPIX, 1829), *T. a. curtus* (GARMAN, 1890), *T. a. fuscus* (GARMAN, 1890), *T. a. signatus* GARMAN, 1890) und *T. a. vittatus* (GARMAN, 1890).

T: 22 - 28° C, L: über 10 cm, BL: 80 cm, WR: m, o, SG: 2

Exodon paradoxus MÜLLER & TROSCHEL, 1844
Zweitupfen-Raubsalmler

Syn.: *Epicyrtus exodon, Hystricodon paradoxus, E. paradoxus*.

Vork.: Rio Madeira, Rio Marmelo, Rio Branco, Brasilien, Guyana.

Ersteinf.: 1935.

GU: ♀ am Bauch kräftiger.

Soz.V.: Einzeln oder in kleinen Trupps. Einer der räuberischsten Fische. Wenn er seine Beute nicht verschlucken kann, reißt er auch Schuppen und Fleischteile aus anderen Fischen heraus. Nicht für Gesellschaftsbecken geeignet. In Gruppen zu 10- 15 Tieren vergesellschaftet, sind die Fische bei guter Ernährung relativ harmlos. Tiere in kleineren Gruppen beißen sich häufig die Augen aus.

Hält.B.: Die Art springt gern, daher das Becken gut abdecken. Torfgefiltertes, bräunliches, aber klares Wasser bei pH 5,5 - 7,5 (6,0) und einer Härte von 0 - 20° dGH (4° dGH) ist für die Fische am verträglichsten. Wasserpflanzen werden nicht gefressen.

ZU: Möglich. Laicht zwischen Wasserpflanzen. Jungfische schlüpfen nach 1 - 1 ½ Tagen und sind nur schwer aufzuziehen, da sie sich gegenseitig anfallen.

FU: K; Fische, Würmer, Flockenfutter (Großflocken).

Bes.: Vorsicht! Räuber. Die Jungtiere gehören zu den prächtigsten Fischen überhaupt. Jeder Aquarianer sollte einmal darauf "hereinfallen".

T: 23 - 28° C, L: 15 cm, BL: 100 cm, WR: m, SG: 3

Gnathocharax steindachneri FOWLER, 1913
Fliegensalmler, Schlußlicht-Drachenflosser

Syn.: Keine.

Vork.: Madeira-Fluß, Brasilien, bei Porto Velho.

Ersteinf.: 1970 von GEISLER (?). Oft als Beifang bei *Carnegiella*- oder *Gasteropecus*-Arten

GU: ♀ hat einen schwarzen Laichfleck.

Soz.V.: Friedlicher Schwarmfisch. Sehr leicht mit den meisten (friedlichen) Salmlern, Welsen, Cichliden zu vergesellschaften.

Hält.B.: Die Art stellt keine besonders hohen Ansprüche. Ist aber empfindlich gegen Altwasser (Nitrat). Wasser: pH 5,5 - 7,5; Härte bis 20° dGH. Geräumige Becken mit etwas Schwimmpflanzenabdeckung und viel Platz zum Schwimmen für diese sehr lebhaften Tiere. Bodengrund möglichst dunkel, gute Oberflächenbewegung, danach den Filter wählen. Torffilterung von Vorteil. Becken gut abdecken.

ZU: Lt. DATZ 7/89, S. 403, 404 von HOFFMANN nachgezüchtet in Regenwasser

Fortsetzung Seite 248

Amerikanische Salmler

Exodon paradoxus

Gnathocharax steindachneri

Fam.: Characidae
Unterfam.: Characinae

Echte Amerikanische Salmler

mit 4° dGH, KH 0°, pH 6,5. Ca. 250 schwarze, nicht haftende Eier werden dicht unter der Wasseroberfläche abgegeben. Die Eltern stellen dem Laich nicht nach. Nach 120 Std. schwimmen die Jungen frei und fressen sofort frisch geschlüpfte *Artemia*-Nauplien. Trotzdem ist die weitere Aufzucht aus nicht bekannten Gründen schwierig.

FU: K, O; Flockenfutter, Lebendfutter.

Bes.: Guter Springer.

T: 23 - 27° C, **L:** 6 cm, **BL:** 80 cm, **WR:** o, m, **SG:** 2

Roeboides caucae
Cauca-Raubglassalmler

EIGENMANN, 1922

Syn.: Keine.

Vork.: Cauca-Fluß, Kolumbien.

Ersteinf.: Nach 1950?

GU: ♂ gestreckter, ♀ hochrückiger.

Soz.V.: Räuberischer Fisch, der in der Natur hauptsächlich von den Schuppen anderer Fische lebt. Kein Fisch für das Gesellschaftsbecken.

Hält.B.: Der so zart aussehende Fisch kann innerhalb weniger Tage ein ganzes Becken mit kleinen Fischen ausräumen. Die Gattung ist mit *Exodon paradoxus* nahe verwandt. Klares, sauerstoffreiches Wasser, gute Filterung und viel Futter sind für die erfolgreiche Haltung Voraussetzung. An die Wasserqualität wird kaum Anspruch gestellt.

ZU: Freilaichend an der Oberfläche zwischen Pflanzen(-wurzeln). Die Jungen schlüpfen nach 1 - 2 Tagen und brauchen große Mengen feinster Infusorien, sonst fallen sie über die eigenen Geschwister her.

FU: K; kleine Fische, großes Lebendfutter, aber auch Flockenfutter.

Bes.: Ein interessanter Räuber für Aquarianer, die schon fast alles gepflegt haben und ständig auf der Suche nach Neuem sind. Die Arten dieser Gattung sind in Brasilien und dem nördlichen Südamerika sehr häufig.

T: 22 - 26° C, **L:** 6 cm, **BL:** 60 cm, **WR:** m, **SG:** 3

Asiphonichthys condei
Kleinschuppiger Glassalmler

GÉRY, 1976

Syn.: *Epicyrtus microlepis, Anacyrtus microlepis, Cynopotamus microlepis, Roeboides microlepis*.

Vork.: Venezuela, Asunciòn, Paraguay.

Ersteinf.: Nicht bekannt.

GU: ♂ schlanker und kräftiger gelb gefärbt, ♀ hochrückiger. Afterflosse beim ♂ breiter.

Soz.V.: Schwarmfisch oder Einzelgänger, räuberisch. Darf nicht mit anderen kleinen Fischen vergesellschaftet werden.

Hält.B.: Die Tiere brauchen gemäß ihrer Schwimmlust viel freien Raum im Becken. Niedrige Bodengrundbepflanzung und einige Schwimmpflanzen als Unterstand genügen. Torfextrakt oder Torffilterung erhöhen Wohlbefinden und Farbigkeit. Sonst nicht anspruchsvoll, pH-Wert 6,5 - 7,8; Härte bis 20° dGH. Dunkler Bodengrund.

ZU: Zur Laichzeit färbt sich die Kehle des ♂ orangerot. Über Zucht und Aufzucht ist wenig bekannt, dürften jedoch ähnlich der vorgenannten Art sein.

FU: K; kräftiges Lebendfutter, gelegentlich werden auch Flocken genommen. Bei der Fütterung auch gegenüber Artgenossen oft bissig.

Bes.: Ältere Tiere schwimmen leicht mit dem Kopf nach unten. Die Art ist in der Vergesellschaftung problematisch, weil einzelne Individuen sich auf das Fressen der Augen von den anderen Fischen spezialisieren.

T: 23 - 25° C, **L:** ♀ = 7,0 cm, ♂ = 5,5 cm, **BL:** 80 cm, **WR:** u, m, **SG:** 3

Amerikanische Salmler

Roeboides caucae

Asiphonichthys condei

Fam.: Characidae
Unterfam.: Aphyocharacinae

Echte Amerikanische Salmler

Corynopoma riisei   GILL, 1858
Zwergdrachenflosser

Syn.: *Corynopoma albipinne, C. aliata, C. searlesi, C. veedoni, Nematopoma searlesi, Stevardia albipinnis, S. aliata, S. riisei.*

Vork.: Kolumbien, Rio Meta.

Ersteinf.: 1932 von WINKELMANN, Altona.

GU: Brustflossen des ♂ lang, paddelartig ausgezogen.

Soz.V.: Friedlicher Schwarmfisch, für Gesellschaftsbecken gut geeignet.

Hält.B.: Die Fische sind sehr ichthyoanfällig. Eine gute Quarantäne ist Voraussetzung für das Überleben beim Händler. Dann sehr haltbar. Wasser pH 6,0 - 7,8; Härte bis 25° dGH. Freier Schwimmraum. Suchen etwas Deckung zwischen den Schwimmpflanzen.

ZU: Vorratsbefruchtung durch Samenkapseln. Bei Eiablage werden die Eier ohne das Beisein des ♂ befruchtet. Schlüpfen der Jungen nach 20 - 36 Stunden. Aufzucht mit *Artemia*, feinstem gemahlenen Flockenfutter, Liquifry.

FU: O; Flockenfutter, jedes Lebendfutter.

Bes.: Die Besonderheit der Befruchtung machte diesen Fisch früher sehr begehrenswert. Heute, im "Zeitalter" der farbenprächtigen Fische, wird dem Zwergdrachenflosser kaum noch Beachtung geschenkt. Jedoch ist die Art, zumindest in Holland, wieder im Handel!

T: 22 - 28° C, **L:** 6 - 7 cm, **BL:** 70 cm, **WR:** m, o, **SG:** 2

Pseudocorynopoma doriae   PERUGIA, 1891
Drachenflosser, Fransenflosser, Kehlkopfsalmler, Drüsensalmler

Syn.: *Bergia altipinnis, Chalcinopelecus argentinus.*

Vork.: Südl. Brasilien und La Plata-Gebiet (Argentinien, Uruguay, Paraguay).

Ersteinf.: 1905 von KITTLER, Hamburg.

GU: ♂ hat länger ausgezogene Rücken- und Afterflossen. Das Foto zeigt ein ♂.

Soz.V.: Gewandter Schwarmfisch, friedlich. Für Gesellschaftsbecken gut geeignet.

Hält.B.: Der lebhafte Schwimmer benötigt Bewegungsraum; ein flaches Becken mit viel Oberfläche zur Sauerstoffanreicherung. Die Bepflanzung nach Wahl des Pflegers, nicht zu dicht. Die Art ist ein idealer Anfängerfisch zum Beobachten. Wasser: pH 6,0 - 7,5; Härte bis 20° dGH.

ZU: Paarweise in Zuchtbecken ansetzen. Die Balz des ♂ ist sehenswert. Es steht auf dem Kopf, umkreist das ♀ mehrere Stunden. Bis 1000 Eier werden nach Art der Barben freilaichend zwischen feinfiedrigen Pflanzen abgegeben. Die Jungen schlüpfen bereits nach 12 - 48 Stunden. Nach 2 bis 3 Tagen ist der Dottersack aufgezehrt und man füttert mit feinstem lebenden Staubfutter und/oder feingemahlenem Flockenfutter.

FU: O; Flockenfutter.

Bes.: Unterscheidet sich von *Corynopoma* durch das Fehlen der inneren Befruchtung.

T: 20 - 24° C, **L:** 8 cm, **BL:** 80 cm, **WR:** m, o, **SG:** 1

Amerikanische Salmler

Corynopoma riisei ♂

Pseudocorynopoma doriae

Fam.: Characidae
Unterfam.: Paragoniatinae

Echte Amerikanische Salmler

Paragoniates alburnus STEINDACHNER, 1876
Blauer Glassalmler

Syn.: Keine.

Vork.: Mittlerer und oberer Amazonas, Venezuela in Bächen.

Ersteinf.: ?

GU: Nicht bekannt.

Soz.V.: Friedlicher Schwarmfisch für Gesellschaftsbecken gut geeignet.

Hält.B.: Die Art ist im Verhalten mit Danios am ehesten zu vergleichen. Sie braucht wie diese viel Schwimmraum, kräftige Filterung (Wasserströmung), helle, jedoch gut bepflanzte Becken. Sie ist sehr anpassungsfähig an die Wasserbedingungen: pH-Wert 5,6 - 7,8: Härte bis 20° dGH.

ZU: Bisher nicht bekannt; sie sind sicher Freilaicher im Schwarm zwischen Pflanzen.

FU: K, O; Allesfresser, Flockenfutter, FD-Nahrung, feines Lebendfutter.

Bes.: Wegen des Fehlens kräftiger Farben wird die Art selten in Aquarien gehalten. Guter Anfängerfisch.

T: 23 - 27° C, L: 6 cm, BL: 70 cm, WR: m, SG: 2

Xenagoniates bondi MYERS, 1942
Goldstirn-Glassalmler

Syn.: Keine.

Vork.: Kolumbien, östl. Venezuela.

Ersteinf.: ?

GU: Unbekannt.

Soz.V.: Friedlicher Schwarmfisch.

Hält.B.: In der Literatur bisher keine Angaben, auch keine eigene Erfahrung. Der Autor verläßt sich daher auf den Fotografen, der dieses Tier einige Wochen pflegte: pH 7,2; Härte 20° dGH; Temperatur 24° C. Pflanzen wurden nicht geschädigt, andere Beckeninsassen nicht belästigt. Eine scheue Art. Möglicherweise lag das daran, daß nur ein Einzeltier gepflegt wurde.

ZU: Bisher nicht gelungen.

FU: K, O; Flockenfutter, FD-Futter, Daphnien, anderes feines Lebendfutter.

Bes.: Dem afrikanischen Glaswels *Kryptopterus* sehr ähnlich, jedoch an der Rükkenflosse, der Fettflosse und den fehlenden Barteln zu unterscheiden.

T: 20 - 26° C, L: 6cm, BL: 60 cm, WR: m, SG: 2 - 3

Prionobrama filigera (COPE, 1870)
Rotflossen-Glassalmler

Syn.: *Aphyocharax filigerus, A. analialbis, A. analis, Bleptonema amazoni, Paragoniates muelleri, Prionobrama madeirae.*

Vork.: Rio Paraguay, Argentinien, Südbrasilien.

Ersteinf.: 1931 von "Aquarium Hamburg"

GU: ♂ hat länger ausgezogene Afterflosse und einen schwarzen Saum hinter dem weißen der Vorderkante.

Soz.V.: Sehr friedlicher Schwarmfisch, gut geeignet für Gesellschaftsbecken, selbst mit afrikanischen Cichliden.

Hält.B.: Man sollte stets einen kleinen Schwarm halten, sonst sind diese Fische leicht verängstigt. An der Wasseroberfläche benötigen sie etwas Schutz (Blätter von Riesenvallisnerien, Schwimmfarn). Wasser: pH 6,0 - 7,8: Härte bis 30° dGH. Ein Anfängerfisch. Die Tiere stehen besonders gern im Filterstrom.

ZU: Relativ leicht bei 26 - 30° C, weichem Wasser und Schwimmpflanzen.

FU: 0; Flockenfutter, Daphnien etc.

Bes.: Wegen ihrer unscheinbaren "gläsernen" Körperfarbe wird die Art leider wenig gehalten. Die blutroten Schwanzflossen und ihre Munterkeit entschädigen aber dafür. Die Art ist sehr dauerhaft und langlebig (über 12 Jahre). Sie verdient mehr Beachtung.

T: 22 - 30° C, L: 6cm, BL: 80 cm, WR: m, o, SG: 1 - 2

Amerikanische Salmler

Paragoniates alburnus

Xenagoniates bondi

Prionobrama filigera

Fam.: Characidae
Unterfam.: Stethaprioninae

Echte Amerikanische Salmler

Brachychalcinus orbicularis (VALENCIENNES, 1849)
Diskussalmler

Syn.: *Ephippicharax orbicularis, Tetragonopterus orbicularis, T. compressus, Fowlrina orbicularis, Gymnocorymbus nemopterus, Poptella orbicularis.*

Vork.: Nördliches und mittleres Südamerika.

Ersteinf.: 1934.

GU: Unbekannt.

Soz.V.: Friedlicher Schwarmfisch, für große Gesellschaftsbecken mit robustem Pflanzenwuchs geeignet.

Hält.B.: Die Art braucht viel Platz zum Tummeln und sollte stets im Schwarm gepflegt werden. Da zarte Wasserpflanzen angeknabbert werden, dekoriert man das Becken mit Steinen, Wurzeln, Javafarn und evtl. Plastikpflanzen. Wasser: pH 5,5 - 7,5; Härte bis 25° dGH.

ZU: Nur in Großbecken ab ca. 600 l Wasserinhalt möglich. Wasserbedingungen spielen keine große Rolle. T 22 - 30° C. 1000 - 2000 Eier. Junge schwimmen nach sechs Tagen frei. Aufzucht mit feinstem Flockenfutter und *Artemia* möglich.

FU: H, O; Allesfresser.

Bes.: Ein sehr hübscher, den Scheibensalmlern ähnlicher Fisch, der aber nicht so ausgeprägt pflanzenfressende Eigenschaften hat.

T: 18 - 24° C, **L:** 12 cm, **BL:** 140 cm, **WR:** m, o, **SG:** 3 (H)

Unterfam.: Tetragonopterinae

Amerikanische Salmler

Astyanax bimaculatus
Rautensalmler

(LINNAEUS, 1758)

Syn.: *Astyanax bartlettii, A. iacuhiensis, A. lacustris, A. orientalis, Charax bimaculatus, Poecilurichthys maculatus, Salmo bimaculatus, Tetragonopterus maculatus, Tetragonopterus jacuhiensis, T. orientalis.*

Vork.: Östliches Südamerika bis Paraguay.

Ersteinf.: 1907 von den Vereinigten Zierfischzüchtereien in Conradshöhe, Berlin.

GU: After- und Schwanzflosse bei ausgewachsenen ♂ ♂ gelbrötlich.

Soz.V.: Friedlicher Schwarmfisch für Großbecken. Vergreift sich als Jungfisch bis 10 cm Länge weder an Pflanzen noch an kleinen Fischen. Später, bei großem Appetit, werden Pflanzentriebe nicht verschmäht.

Hält.B.: Die sehr groß werdende Art verlangt Aquarien von Übergröße, eine gute Filterung, reichlich Futter, harte Pflanzen. pH 5,5 - 7,5; Härte bis 25° dGH.

ZU: In Becken ab 150 cm sicher möglich.

FU: K, O; Flockenfutter (Großflocken), jedes Lebendfutter.

Bes.: Sehr variabel in der Färbung. Wegen der Größe kein besonders geeigneter Aquarienfisch.

T: 20 - 28° C, **L:** 15 cm, **BL:** 120 cm, **WR:** m, **SG:** 2

Fam.: Characidae
Unterfam.: Tetragonopterinae

Echte Amerikanische Salmler

Astyanax fasciatus mexicanus (CUVIER, 1819)
Blinder Höhlensalmler

Syn.: *Anoptichthys jordani, A. hubbsi, A. antrobius.*

Vork.: Mexiko, Texas bis Panama.

Ersteinf.: 1949, 1951 durch "Aquarium Hamburg".

GU: ♂ schlanker als ♀.

Soz.V.: Friedlicher Schwarmfisch, für alle Gesellschaftsbecken gut geeignet.

Hält.B.: In Aquarien jeder Art zu pflegen. Die Becken brauchen nicht abgedunkelt zu werden. Pflanzen werden nicht gefressen. Wasser: pH 6,0 - 7,8; Härte bis 30° dGH.

ZU: Relativ leicht bei 18 - 20° C. Jungfische schlüpfen innerhalb 2 - 3 Tagen und schwimmen dann ab dem sechsten Tag frei. Aufzucht mit Staubfutter, *Artemia*, feinstem Flockenfutter. Jungfische können häufig zuerst noch sehen.

FU: K, O; Allesfresser.

Bes.: Die blinde Form ist die Höhlenform des in Mittelamerika weitverbreiteten Salmlers *Astyanax fasciatus*. Die blinden Fische wittern ihre Nahrung und fressen fast wie sehende.

T: 20 - 25° C, **L**: 9 cm, **BL**: 80 cm, **WR**: m, **SG**: 1

Astyanax riesei (GÉRY, 1966)
Roter Griessalmler

Syn.: *Axelrodia riesei.*

Vork.: Rio Meta, Südkolumbien.

Ersteinf.: Nach 1970.

GU: ♂ schlanker, ♀ gerundet (Foto).

Soz.V.: Friedlicher Schwarmfisch.

Hält.B.: Die Art ist um einen Grad schwieriger als der Rote Neon, hält sich zwar wie dieser auch bei etwa 20° dGH, verliert dabei jedoch die Farbe. Torfgefiltertes, weiches Wasser bis 8° dGH und ein pH-Wert bis 7,0 lassen diesen Fisch bei dunklem Bodengrund und gedämpfter Beleuchtung durch Schwimmpflanzendecke zu einem Juwel werden.

ZU: Bisher nicht gelungen, dürfte aber möglich sein. Man sollte es wie beim Neonfisch versuchen. Lebendfutter, wie z. B. Schwarze Mückenlarven, an die Zuchttiere verfüttern.

FU: K; feines Lebendfutter: TetraRubin, Flockenfutter.

Bes.: Ein selten eingeführter Fisch, der in der Natur tintenrot gefärbt ist, im Aquarium allerdings meist verblaßt.

T: 20 - 26° C, **L**: 4 cm, **BL**: 50 cm, **WR**: m, **SG**: 3

Amerikanische Salmler

Astyanax fasciatus mexicanus

Astyanax riesei

Fam.: Characidae
Unterfam.: Tetragonopterinae

Echte Amerikanische Salmler

Boehlkea fredcochui GÉRY, 1966
Blauer Perusalmler

Syn.: *Microbrycon cochui*.

Vork.: Marañon-Fluß, Peru; Leticia, Kolumbien.

Ersteinf.: 1956 in den USA; Europa?

GU: Nicht genau bekannt; ♀ kräftiger.

Soz.V.: Munterer, friedlicher Schwarmfisch. Für gut gepflegte Gesellschaftsbecken mit entsprechendem Wasser geeignet. Frißt keine Pflanzen.

Hält.B.: Torffilterung, dunkler Bodengrund und gedämpftes Licht lassen diesen herrlichen Fisch in seinen Farben erst richtig zur Geltung kommen. Das Foto zeigt seine eigentliche Farbenpracht, die in den Becken beim Verkäufer oft verblaßt ist. Wasser: pH-Wert 5,5 - 7,5; Härte bis 15° dGH.

ZU: Wurde bereits gezüchtet, Angaben liegen jedoch nicht vor. Vermutlich wie *Hemigrammus*- und *Hyphessobrycon*-Arten.

FU: K, O; feines Lebendfutter, FD-Nahrung, Flockenfutter.

Bes.: Ein prächtiger Aquariumfisch, der jedoch mangels Nachzuchten kaum zu finden ist. Die Art ist transportempfindlich und sauerstoffbedürftig; dennoch wird sie recht häufig importiert.

T: 22 - 26° C, **L**: 5 cm, **BL**: 60 cm, **WR**: m, **SG**: 2 - 3

Carlastyanax aurocaudatus (EIGENMANN, 1913)

Syn.: *Astyanax aurocaudatus*.

Vork.: Oberer Rio Cauca, Kolumbien (Barranquilla).

Ersteinf.: 1968 durch BLEHER, Kelsterbach.

GU: Unbekannt.

Soz.V.: Friedlicher Schwarmfisch.

Hält.B.: Wenig anspruchsvolle Art, die jedoch klares, fließendes Wasser liebt. Die Haltung im Schwarm empfiehlt sich, sonst kümmert sie. Etwas sauerstoffbedürftig. Torffilterung ist von Vorteil, aber nicht Bedingung, da die Fische nach Gewöhnung auch härteres Wasser akzeptieren. pH-Wert 5,8 - 7,5; Härte bis 20° dGH.

ZU: Unbekannt.

FU: K, O; Allesfresser: Lebendfutter und Flockenfutter mit FD-Stoffen.

Bes.: Ein barben- oder karpfenartig wirkender Fisch, der prächtige Farben entfaltet. Endemisch im Rio Cauca, daher sehr selten importiert.

T: 22 - 25° C, **L**: ca. 5 cm, **BL**: 60 cm, **WR**: m, u, **SG**: 2 - 3

Amerikanische Salmler

Boehlkea fredcochui

Carlastyanax aurocaudatus

Fam.: Characidae — Echte Amerikanische Salmler
Unterfam.: Tetragonopterinae

Paracheirodon axelrodi (SCHULTZ, 1956)
Roter Neon, Kardinaltetra

Syn.: *Cheirodon axelrodi, Hyphessobrycon cardinalis.*

Vork.: Sehr weites Verbreitungsgebiet von Venezuela (Orinoco) über Brasilien (Rio Vaupes, Rio Negro-Zuflüsse von Norden und Osten) bis Westkolumbien im Schwarzwasser. Um Manaus trifft man häufig in den Bächen aus den Exportstationen entkommene Tiere an.

Ersteinf.: 1956.

GU: ♀ etwas kräftiger.

Soz.V.: Ein sehr friedlicher, munterer Schwarmfisch für jedes gut gepflegte Gesellschaftsbecken.

Hält.B.: *Paracheirodon axelrodi* wurde bisher immer als Schwarzwasserfisch angesehen. Dies ist aber nicht zutreffend wie eine Untersuchung von GEISLER & ANNIBAL (1984): Amazonia 9, 53 - 86 gezeigt hat. Der Fisch bevorzugt im Freiland Biotope im Klarwasser und hält sich dort in beschatteten Arealen auf. Es besteht eine Licht-Phobie, insbesondere bei Jungfischen. Der optimale pH-Wert liegt bei 5,8, kann aber zwischen 4, 6 bis 6,2 schwanken. Das Wasser sollte sehr weich sein (um 4° dGH) und kaum Ca^{2+}- und Mg^{2+}-Ionen enthalten. Zu hartes mineralreiches Wasser kann leicht zu Schäden führen, wie beispielsweise Calconephrose (= Blockierung der Niertubuli durch Calciumsalze). Becken nicht zu stark beleuchten oder Dämpfung des Lichtes durch Schwimmpflanzen.

ZU: Im wesentlichen wie Neonfisch (S. 307). Jedoch größeres Zuchtbecken von ca. 60 cm Länge verwenden. Laicht abends bei Lampenlicht. Bis zu 500 Eier.

FU: K, O; Flockenfutter, *Artemia*, FD-Nahrung, feines Lebendfutter.

Bes.: Einer der schönsten Aquarienfische. Fast alle Tiere im Handel sind Wildimporte.

T: 23 - 27° C, **L:** 5 cm, **BL:** 60 cm, **WR:** m, u, **SG:** 2 - 3

Cheirodon parahybae EIGENMANN, 1915
Blaustrichtetra

Syn.: Keine.

Vork.: Rio Paraiba-Becken, südöstliches Brasilien (nördlich von Rio de Janeiro).

Ersteinf.: Nach 1970.

GU: ♂ deutlich schlanker, ♀ mit gerundetem Bauch (Foto), ♂ hat kleine Widerhäkchen am unteren Schwanzstiel (gattungstypisch).

Soz.V.: Friedlicher, munterer Schwarmfisch.

Hält.B.: Wie Neontetra: dunkler Bodengrund, torfgefiltertes Wasser von pH 6,5 - 7,5; Härte bis 20° dGH, Schwimmpflanzen, nicht zu grelles Licht. Nur im Schwarm pflegen. Etwas über den Durchschnitt sauerstoffbedürftig.

ZU: Bisher nicht beschrieben, dürfte aber der von *Paracheirodon axelrodi* ähnlich sein.

FU: K, O; Flockenfutter, FD-Stoffe, feines Lebendfutter.

T: 23 - 27° C, **L:** 4,5 cm, **BL:** 60 cm, **WR:** m, **SG:** 2

Amerikanische Salmler

Paracheirodon axelrodi

Cheirodon parahybae

Fam.: Characidae
Unterfam.: Tetragonopterinae

Echte Amerikanische Salmler

Ctenobrycon spilurus hauxwellianus (COPE, 1870)
Hochrückensalmler

Syn.: *Tetragonopterus spilurus.*

Vork.: Amazonas.

Ersteinf.: 1912.

GU: ♂ etwas schlanker und lebhafter gefärbt.

Soz.V.: Friedlicher Schwarmfisch, der jedoch ständig umherschwimmt und deshalb für Gesellschaftsbecken mit ruhigen Fischen wenig geeignet ist.

Hält.B.: Geräumige Becken mit großer Oberfläche, starker Filterung, robustem Pflanzenwuchs. Einige große Pflanzen sollten etwas Unterstand bieten. Die Vergesellschaftung ist mit *Corydoras* und anderen Welsen, robusten Cichliden, großen Salmlern und der ganzen Sippe der pflanzenfressenden Salmler möglich. Wasser: pH 6,0 - 8,0; Härte bis 25° dGH.

ZU: Sehr produktiv. Freilaicher zwischen Pflanzen. Elterntiere am besten entfernen, da mitunter die Eier als Nahrung angesehen werden. Junge schlüpfen bereits nach einem Tag und sind leicht mit Staubfutter, gemahlenem Flokkenfutter, Eigelb und *Artemia* aufzuziehen.

FU: K, O; Flockenfutter (Großflocken). Jedes Lebendfutter, frißt manchmal Pflanzen.

Bes.: Die sehr ähnliche Unterart *C. spilurus spilurus* ist schlanker und stammt aus der Gegend um Georgetown, Guyana und Venezuela. Beide Unterarten haben bisher leider wenig Beachtung gefunden.

T: 20 - 28° C, **L:** 8 cm, **BL:** 100 cm, **Breite:** 50 cm, **WR:** m, **SG:** 2

Gymnocorymbus ternetzi (BOULENGER, 1895)
Trauermantelsalmler

Syn.: *Tetragonopterus ternetzi, Moenkhausia ternetzi.*

Vork.: Rio Paraguay, Rio Guaporé, Bolivien.

Ersteinf.: 1935.

GU: Afterflosse beim ♂ vorn wesentlich breiter als beim ♀, dessen Afterflossensaum mehr parallel zur Bauchlinie verläuft. Rückenflosse beim ♂ etwas schlanker und spitzer.

Soz.V.: Friedlicher Schwarmfisch. Ein Fisch für jedes Gesellschaftsbecken.

Hält.B.: In den meist von Wasserblüte grün getrübten Fluten der südbrasilianischen "Weißwässer", herrscht immer diffuses Licht. Der Trauermantelsalmler gedeiht aber auch in heller beleuchteten Becken. Er bereitet seinem Pfleger überhaupt keine Schwierigkeiten. Einige hochwachsende Pflanzen und nicht zu hellen Bodengrund begrüßt er als Luxus. Wasser: pH 5,8 - 8,5: Härte über 30° dGH.

ZU: Wie vorgenannte Art.

FU: Allesfresser, jedoch keine Pflanzen. Flockenfutter, auch Pflanzenflockenfutter.

Bes.: Ein rechter Anfängerfisch, der allerdings schon vor Ablauf eines Jahres ausgewachsen ist. Die prächtige schwarze Färbung der Jungtiere wandelt sich dann in ein weniger attraktives Grau. Außerdem werden die Tiere zunehmend ruhiger. Die in jüngster Zeit angebotene Form des "Schleier-Trauermantelsalmlers" hat diesem Fisch wieder zu etwas mehr Beachtung verholfen.

T: 20 - 26° C, **L:** 5,5 cm, **BL:** 60 cm, **WR:** m, **SG:** 1

Amerikanische Salmler

Ctenobrycon spilurus hauxwellianus

Gymnocorymbus ternetzi

Fam.: Characidae Echte Amerikanische Salmler
Unterfam.: Tetragonopterinae

Gymnocorymbus thayeri EIGENMANN, 1908
Silbermantelsalmler

Syn.: *Moenkhausia bondi, M. profunda, Phenacogaster bondi.*

Vork.: Amazonas- und Orinoco-Becken.

Ersteinf.: ?, da teilweise mit *G. ternetzi* verwechselt.

GU: Afterflossensaum beim ♂ konkav, beim ♀ gerade oder konvex verlaufend.

Soz.V.: Friedlicher Schwarmfisch, gut für Gesellschaftsbecken geeignet.

Hält.B.: Der Silbermantelsalmler ist nicht ganz so hart im Nehmen wie sein Vetter *ternetzi*, da er aus klaren Gewässern mit weniger Härtegraden und geringerem pH-Wert stammt: pH 5,5 - 7,5; Härte bis 20° dGH. Am liebsten hat er torfgefiltertes Wasser, aber so "tolerant" wie ein Neonfisch ist er immer noch. Dunkler Bodengrund und kräftige Filterung sowie eine schützende Bepflanzung haben gute Färbung als Zeichen von Behagen zur Folge.

ZU: Noch nicht nachgezogen (?). Dürfte aber den *Hemigrammus*-Arten ähnlich sein, siehe Seite 276.

FU: K, O; Flockenfutter, auch gelegentlich Pflanzenflockenkost, FD-Stoffe; jedes Lebendfutter.

Bes.: Ältere Tiere sollen rote Flossen bekommen. Diese Fischart kommt wegen ihrer großen Unscheinbarkeit in der Jugend, im Gegensatz zum Vetter *G. ternetzi*, kaum in den Handel.

T: 23 - 27° C, L: 6 cm, **BL**: 60 cm, **WR**: m, **SG**: 2

Hasemania nana (REINHARDT in LÜTKEN, 1874)
Kupfersalmler

Syn.: *Hasemania melanura, H. marginata, Hemigrammus nanus.*

Vork.: Rio Sao Francisco-Becken, Ostbrasilien: Rio Purus-Zuflüsse, Westbrasilien, in kleinsten Bächen, Weiß- und Schwarzwasser.

Ersteinf.: 1937 von RÖSE, Hamburg.

GU: ♂ kräftiger gefärbt und schlanker, Spitze der Afterflosse weiß, beim ♀ gelblich.

Soz.V.: Friedlicher Schwarmfisch für jedes Gesellschaftsbecken.

Hält.B.: Die ausdauernde, muntere Art lebt in Quellbächen mit Strömung und viel Sauerstoff. Trotz schützender Bepflanzung sollte ihr genügend Platz zum Schwimmen gelassen werden. Torfgefiltertes Wasser, gedämpftes Licht und dunkler Bodengrund sind von Vorteil.

ZU: In größeren Zuchtbecken zeigt das ♂ Territorialverhalten. Die Art laicht wie *Hyphessobrycon flammeus*; Jungtiere sind auch fast ebenso leicht aufzuziehen.

FU: K, O; Flockenfutter, *Artemia*, FD-Nahrung.

Bes.: Hoffentlich endlich der richtige Name! In der Farbe je nach Herkunft sehr variable Art. Die Gattung *Hasemania* unterscheidet sich von *Hemigrammus* und *Hyphessobrycon* hauptsächlich durch das Fehlen der Fettflosse.

T: 22 - 28° C, L: 5 cm, **BL**: 60 cm, **WR**: m, **SG**: 1

Amerikanische Salmler

Gymnocorymbus thayeri

Hasemania nana

Fam.: Characidae
Unterfam.: Tetragonopterinae

Echte Amerikanische Salmler

Hemigrammus caudovittatus   AHL, 1923
Rautenflecksalmler

Syn.: *Hyphessobrycon anisitsi* (nicht EIGENMANN)

Vork.: La Plata-Gebiet, Argentinien, Paraguay und Südostbralisien.

Ersteinf.: 1922 von BECKER, Hamburg.

GU: ♂ Flossen kräftiger rot oder gelblich gefärbt. ♀ voller, rundlicher.

Soz.V.: Friedlicher Schwarmfisch für jedes Gesellschaftsbecken ohne Pflanzen.

Hält.B.: Sehr harte, ausdauernde Art, die praktisch in jedem Wasser gedeiht. pH-Wert 5,8 - 8,5: Härte bis 35° dGH. Langgestreckte Becken mit viel Schwimmraum, kräftige Filterung. Dekoration mit Steinen, Wurzelholz und Plastikpflanzen, evtl. Javafarn, der nicht gefressen wird.

ZU: Nicht schwierig bei 24° C. Freilaicher zwischen "harten" Pflanzen oder grüner Perlonfaser. Zucht ist sehr produktiv, aber die Jungen sind nicht verkäuflich.

FU: H, 0; Allesfresser.

Bes.: Frißt zarte Pflanzen und ist deshalb fast aus unseren Aquarien verschwunden. Früher einer der am häufigsten gepflegten Aquarienfische.

T: 18 - 28° C, **L:** 7 cm, **BL:** 80 cm, **WR:** m, **SG:** 1

Einige selten gepflegte *Hemigrammus*-Arten:

Hemigrammus elegans
            (STEINDACHNER, 1882)
Goldstrich-Glassalmler

Vork.: Amazonas

T: 23 - 27° C, **L:** 3,5 cm, **BL:** 50 cm, **SG:** 2

Hemigrammus levis
            DURBIN in EIGENMANN, 1908
Silberstreifentetra

Vork.: Mittlerer Amazonas

T: 24 - 28° C, **L:** 5 cm, **BL:** 60 cm, **SG:** 1 - 2

Hemigrammus marginatus
            ELLIS, 1911
Bassamsalmler

Vork.: Oberer Rio Meta, Kolumbien, Rio Sao Francisco, Ostbrasilien: Paraguay.

T: 20 - 28° C, **L:** 8 cm, **BL:** 80 cm, **SG:** 1.

Hemigrammus rodwayi
            DURBIN, 1909
Kirschfleckensalmler

Text Seite 272.

Die Abbildung zeigt die Art in der selten gehandelten Normalfärbung.

Amerikanische Salmler

Hemigrammus caudovittatus

Hemigrammus elegans

Hemigrammus levis

Hemigrammus marginatus

Hemigrammus rodwayi

Fam.: Characidae
Unterfam.: Tetragonopterinae

Echte Amerikanische Salmler

Hemigrammus erythrozonus DURBIN, 1909
Glühlichtsalmler

Syn.: *H. gracilis.*

Vork.: Endemisch im Essequibo-Fluß, Guyana. Heute in Deutschland und Asien gezüchtet.

Ersteinf.: 1933.

GU: ♀ größer und kräftiger, runde Bauchpartie. ♂ schlanker.

Soz.V.: Friedlicher Schwarmfisch für jedes gut gepflegte Gesellschaftsbecken.

Hält.B.: Dieser Fisch kommt erst im Schwarm und bei gedämpftem Licht (Torffilterung, Schwimmpflanzendecke) richtig zur Geltung. pH-Wert zwischen 5,8 und 7,5; Härte bis 15° dGH, besser 6°.

ZU: Bei 28° C zwischen feinfiedrigen Pflanzen im Schwarm oder als Einzelpaar im Zuchtbecken bei weichem, torfgefiltertem Wasser.

FU: K, O; FD-Futtermittel, feines Lebendfutter, gutes Flockenfutter, 3 - 4 mal täglich in winzigen Portionen.

Bes.: Einer der schönsten kleinen Salmler, der dem Neonfisch nicht nachsteht.

* Die Art wird nach GÉRY wahrscheinlich der Gattung *Cheirodon* zuzuordnen sein.

T: 24 - 28° C, L: 4 cm, BL: 60 cm, WR: m, SG: 2

Hemigrammus hyanuary DURBIN, 1910
Grüner Neon, Costello-Salmler

Syn.: Keine.

Vork.: Mittlerer und oberer Amazonas, Hyanuary-See bei Manaus, Brasilien. Zuchten kommen hauptsächlich aus Singapur.

Ersteinf.: Vor 1957; es kamen damals bereits Nachzuchttiere in den Handel.

GU: ♂ schlanker als laichreifes ♀, ♂ hat Widerhaken an der Afterflosse und bleibt deshalb leicht im Netz hängen.

Soz.V.: Friedlicher Schwarmfisch für jedes Gesellschaftsbecken - auch mit bewegungsfreudigen Fischen.

Hält.B.: Helle, sehr sonnige Becken mit schwacher Bepflanzung und sandigem Bodengrund. pH-Wert 6,0 - 7,5; Härte bis 15° dGH. Die Art benötigt regelmäßigen Wasserwechsel mit einem Wasseraufbereitungsmittel oder/und Torffilterung.

ZU: Wasser 24 - 26° C, pH-Wert 6,0; Härte unter 4° KH. Die Larven schlüpfen nach 24 Std., gehen an die Wasseroberfläche, um sich die Schwimmblase zu füllen und schwimmen erst ab 6. Tag frei. Feinstes Tümpel-Staubfutter ist die beste Anfangsnahrung. Ab einer Woche, nach Aufzehren des Dottersacks, werden frisch geschlüpfte Artemien genommen. Fortan bereitet die Aufzucht kein Problem mehr. Das Zuchtwasser ist jede Woche zu erneuern.

FU: K, 0; feines Flockenfutter, FD-Futtertabletten.

T: 23 - 27° C, L: 4 cm, BL: 50 cm, WR: m, SG: 1 - 2

Amerikanische Salmler

Hemigrammus erythrozonus

Hemigrammus hyanuary

Fam.: Characidae
Unterfam.: Tetragonopterinae

Echte Amerikanische Salmler

Hemigrammus ocellifer (STEINDACHNER, 1882)
Schlußlichtsalmler, Laternensalmler, Fleckensalmler

Syn.: *Tetragonopterus ocellifer, Holopristis oceilifer.*

Vork.: *H. ocellifer ocellifer* in Franz. Guayana im Küstengebiet; Amazonasgebiet, Bolivien. *H. ocellifer falsus* in Argentinien?

Ersteinf.: 1910 durch BLUMENTHAL, Hamburg (*H. ocellifer falsus*).

GU: Die Schwimmblase erscheint beim ♂ spitzer, beim ♀ ist diese teilweise verdeckt, dadurch erscheint sie unten abgerundet.

Soz.V.: Friedlicher Schwarmfisch, für Gesellschaftsbecken gut geeignet.

Hält.B.: Wie in den Angaben für die Gattung *Hemigrammus*.

ZU: Relativ leicht, die Art ist sehr produktiv. Einzelheiten s. Gattungsbeschreibung bei *Hemigrammus*.

FU: K, O; Flockenfutter, feines Lebendfutter, gefriergetrocknete Stoffe.

Bes.: Es sind zwei Unterarten bekannt: 1.) *H. ocellifer falsus* MEINKEN, 1958 (ist nach GÉRY möglicherweise *H. mattei* EIGENMANN, 1910), 2.) *H. ocellifer ocellifer* (STEINDACHNER, 1882). Einführung 1960.

T: 1.) 22 - 26° C, 2.) 24 - 28° C, **L**: 4,5 cm, **BL**: 60 cm, **WR**: m, **SG**: 1 - 2

Hemigrammus pulcher LADIGES, 1938
Karfunkelsalmler

Syn.: Keine.

Vork.: Nebenflüsse des Peruanischen Amazonas ab Iquitos, Brasilien.

Ersteinf.: 1938 durch die alte Firma "Aquarium Hamburg".

GU: ♀ voller und kräftiger. Schwimmblase unten rund. ♂ schlanker, Schwimmblase unten spitz.

Soz.V.: Friedlicher Schwarmfisch für gut gepflegte Gesellschaftsbecken mit weichem Wasser und zarten Fischen geeignet.

Hält.B.: Wie die anderen Arten der Gattung.

ZU: Bei ungeeigneten Paaren muß man evtl. die Partner tauschen, bis sich ein passendes Paar findet.

FU: K, O; Flockenfutter, FD-Stoffe, feines Lebendfutter.

Bes.: Es wurden zwei Unterarten beschrieben: 1. *H. pulcher pulcher* LADIGES, 1938. 2. *H. pulcher haraldi* GÉRY, 1961: dieser kommt im mittleren Amazonas bei Manaus vor. Wird in Aquarien kaum gepflegt.

T: 23 - 27° C, **L**: 4,5 cm, **BL**: 60 cm, **WR**: m, **SG**: 2

Amerikanische Salmler

Hemigrammus ocellifer

Hemigrammus pulcher

Fam.: Characidae
Unterfam.: Tetragonopterinae

Echte Amerikanische Salmler

Hemigrammus bleheri   GÉRY, 1986
Rotkopfsalmler

Syn.: Keine.

Vork.: Rio Vaupes, Kolumbien; Rio Negro, Brasilien.

Ersteinf.: 1965 durch BLEHER.

GU: ♂ schlanker, ♀ zur Laichzeit gedrungener und voller im Bauch.

Soz.V.: Friedlicher, flinker Schwarmfisch, der leicht mit ähnlichen Arten zu vergesellschaften ist.

Hält.B.: Eine nicht immer ganz einfach zu pflegende Art. Dem Wasser muß besondere Beachtung beigemessen werden. Häufiger Wasserwechsel soll den Nitratgehalt niedrig halten. Ein gutes Wasseraufbereitungsmittel ist dabei zu verwenden. Leitungswasser mit einem Ausgangsnitratgehalt von über 30 mg/l ist schädlich.

ZU: Bei 25 - 28° C in weichem Wasser (Torffilterung), pH 6,0 - 6,5; Härte unter 4° KH. Laicht am besten im Schwarm in größeren Becken zwischen feinfiedrigen Pflanzen. Die Eier werden vielfach gefressen. Die Jungen schlüpfen nach 30 - 36 Std. und schwimmen ab 4. Tag frei. Die Aufzucht muß mit feinstem Tümpelfutter erfolgen, da die Jungen sehr klein sind.

FU: K, O; Flockenfutter mit FD-Anteilen, FD-Tabletten, feines Lebendfutter.

Bes.: Vergleiche mit *Petitella georgiae*, Seite 308 und *H. rhodostomus* Seite 278. Die Art wurde bisher als *H. rhodostomus* AHL, 1924 bezeichnet. Bei genauer Untersuchung stellten sich jedoch zu den Färbungsunterschieden auch verschiedene Schädelknochenabweichungen heraus. *H. bleheri* und *H. rhodostomus* sind Schwarzwasserfische, während *Petitella* eher ein Weißwasserfisch ist.

T: 23 - 26° C, **L:** 4,5 cm, **BL:** 80 cm, **WR:** m, **SG:** 2 - 3

Hemigrammus rodwayi   DURBIN, 1909
Kirschfleckensalmler, Goldtetra, Glanztetra, Messingsalmler

Syn.: *H. armstrongi* (krankhafte Goldform)

Vork.: Guyana.

Ersteinf.: 1930.

GU: ♀ mit vollerer Bauchlinie, ♂ Afterflosse vorn weiß und rötlicher als beim ♀. Die goldenen Tiere sind fast immer ♂♂.

Soz.V.: Friedlicher, munterer Schwarmfisch, der mit seiner "Krankheit" keine anderen Fische anstecken kann; der für die Vermehrung wichtige Zwischenwirt fehlt.

Hält.B.: Die wegen der Goldfärbung recht interessante Art ist nicht immer einfach zu halten - so behaupten einige Autoren. Andere meinen, die Art sei problemlos. Die unterschiedlichen Auffassungen sind sicher durch die verschiedenen Verbreitungsgebiete begründet. Die Art braucht helle, mäßig bepflanzte Becken.

ZU: Die Nachzuchttiere verlieren meist die Goldfärbung und heraus kommt der "echte" Kirschfleckensalmler. Zuchttemperatur sollte bei 26° C liegen, pH-Wert 6,3, Härte bis 12° dGH.

FU: K, O; Flockenfutter, FD-Stoffe, feines Lebendfutter.

Bes.: Die Art ist krankheitsanfällig. Sie wird insbesondere von Hautparasiten (Trematoden = Saugwürmer) befallen. Die Fischhaut wehrt sich dagegen durch Guanin-Ausscheidungen, wodurch der Fisch wie mit Goldstaub überzogen erscheint. Diese andere Färbung führte dazu, ihr einen anderen Namen (*Hemigrammus armstrongi* SCHULTZ & AXELROD, 1955) zu verleihen. Foto der Normalfärbung auf S. 267.

T: 24 - 28° C, **L:** 5,5 cm, **BL:** 60 cm, **WR:** m, **SG:** 2 - 3

Amerikanische Salmler

Hemigrammus bleheri

Hemigrammus rodwayi

Fam.: Characidae
Unterfam.: Tetragonopterinae

Echte Amerikanische Salmler

Hemigrammus ulreyi (BOULENGER, 1895)
Flaggensalmler, Ulrey's Salmler

Syn.: *Tetragonopterus ulreyi*.

Vork.: Oberer Rio Paraguay, Südamerika.

Ersteinf.: 1905 durch KITTLER, Hamburg.

GU: ♀ größer und voller als ♂.

Soz.V.: Friedlicher Schwarmfisch, für Gesellschaftsbecken mit kleineren Fischen gut geeignet.

Hält.B.: Helle, geräumige Becken mit viel Platz zum Ausschwimmen, nicht zu starkem Pflanzenwuchs und einer schwachen bis starken Filterströmung sind für diese bewegungsfreudige Art richtig. pH-Wert 5,8 - 7,2; Härte bis 10° dGH.

ZU: Bisher nicht gelungen.

FU: K, O; Flockenfutter, FD-Futtermittel, feines Lebendfutter.

Bes.: Wurde früher häufig mit dem Dreibandsalmler (vergl. S. 288) verwechselt. Der "echte" *H. ulreyi* wird sehr selten importiert.

T: 23 - 27° C, **L**: 5 cm, **BL**: 80 cm, **WR**: m, **SG**: 1 - 2

Hemigrammus unilineatus (GILL, 1858)
Schwanzstrichsalmler

Syn.: *Poecilurichthys hemigrammus unilineatus, Tetragonopterus unilineatus*.

Vork.: Nördliches Südamerika, Rio Paraguay, Amazonas bis Guyana-Länder: Trinidad.

Ersteinf.: 1910 durch Vereinigte Zierfischzüchtereien Conradshöhe.

GU: ♂ schlanker und Schwimmblase spitzer ausgezogen als beim ♀.

Soz.V.: Munterer, friedlicher Schwarmfisch, für Gesellschaftsbecken gut geeignet.

Hält.B.: Die Art ist unproblematisch in der Pflege. Sie liebt helle, sonnige Becken mit reichlich Schwimmraum. pH-Wert 6 - 7,5; Härte bis 20° dGH.

ZU: Meist leicht. Zum Zuchtansatz zwei ♂♂ und ein ♀ verwenden. Nach heftigem Treiben werden zwischen Pflanzen 200 - 300 Eier abgelegt (Freilaicher). Nach 60 Stunden schlüpfen die Larven, hängen dann bis zu vier Tagen an Pflanzen und Scheiben. Die Aufzucht mit feinem Staubfutter, später MikroMin und *Artemia*, ist leicht.

FU: K, O; Flockenfutter, feines Lebendfutter aller Art.

Bes.: Selten eingeführt, da Jungtiere recht unscheinbar. GÉRY (1959) beschrieb die Unterart *H. u. cayennensis* von Surinam.

T: 23 - 28° C, **L**: 5cm, **BL**: 60 cm, **WR**: m, **SG**: 1

Amerikanische Salmler

Hemigrammus ulreyi

Hemigrammus unilineatus

Fam.: Characidae

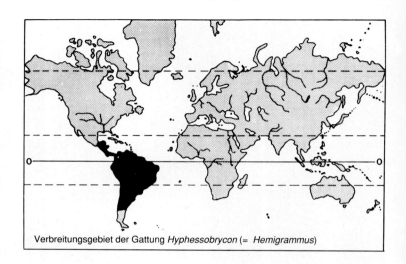

Verbreitungsgebiet der Gattung *Hyphessobrycon* (= *Hemigrammus*)

Die Gattung *Hyphessobrycon* (= *Hemigrammus*)

GÈRY (1977) stellte fest, daß der Gattungsname für die allermeisten Arten wahrscheinlich falsch ist, scheut sich aber (wegen der langjährigen Einbürgerung), einen neuen Namen festzulegen: "Dies bliebe einer Revision aller südamerikanischen *Tetragonopterinae* vorbehalten". Die Aquarianer haben schon einiges an Namensänderungen hinnehmen müssen, so wird auch die mögliche Umbenennung einiger Arten von den über 60 *Hyphessobrycon* zu ertragen sein. Die heute gültige Gattung stellte DURBIN, 1908 auf. Es unterscheiden sich die *Hyphessobrycon* (= Kleiner Brycon) von den *Hemigrammus* durch die unbeschuppte Schwanzflosse und deren Basis.

Das Verbreitungsgebiet der Gattung ist auf Südamerika beschränkt mit zwei Ausnahmen aus Mexiko und Mittelamerika.

Die Hälterungsbedingungen sind für alle Arten nicht unbedingt gleich, weshalb in der Kurzbeschreibung vom Schwierigkeitsgrad abgelesen werden kann, welche Wasserbedingungen erforderlich sind:

SG 1 = pH über 6,5 - 8,0; Härte bis 25° dGH.
SG 2 = pH zwischen 5,5 - 7,5 vorzugsweise unter 7,0; Härte bis 15° dGH.
SG 3 = pH zwischen 5,0 - 6,5; Härte bis 4° dGH.

Amerikanische Salmler

Die Arten bewohnen alle flache Gewässer mit einer Wassertiefe von etwa 50 cm. Zum Schutz halten sie sich meist zwischen Pflanzen auf (in Quellbächen) und in breiteren Gewässern zwischen allerlei Wurzel- und Astwerk. Ins freie Wasser wagen sie sich nur zur Nahrungsaufnahme.
Die Wassertemperatur ist bei der einzelnen Artbeschreibung angegeben, ebenso die Beckenlänge. Die Fische dieser Gattung halten sich im Aquarium vorzugsweise in der mittleren Wasserregion auf.

Die Zucht von *Hemigrammus* (*Hyphessobrycon*)-Arten

PINTER gibt in seinem Handbuch der Aquarienfischzucht (A. Kernen Verlag, Stuttgart) eine Tabelle über Zuchttemperaturen und Wasserhärte für das Zuchtwasser und gibt den Laichzyklus in Tagen an. Auch die Geschlechtsunterschiede sind beschrieben. Es würde zu weit führen, im Rahmen der kurzen Übersicht für dieses Buch die Werte von PINTER zu wiederholen. Wer ernsthaft züchtet, wird sich dieses Buch ohnehin anschaffen.
Eine geringe Wasserhärte von 4° KH, bei einem pH-Wert von 5,5 bis 6,5 ist fast für alle Arten anzuraten; wenige Arten laichen auch in etwas härterem Wasser. Diese Wasserwerte erreicht man durch Vollentsalzung und Torffilterung bzw. nur Torffilterung. Etwa 10 g Schwarztorf enthärten 100 Liter Wasser um 1° KH. Um ein Ausgangswasser aus der Leitung von 25° KH auf 4° KH zu bringen, braucht man also 210 g Torf. Da man diese Menge nicht auf einmal in den Außenfilter unterbringen kann, wird die Enthärtung stufenweise, d. h. mit immer neuen Filterfüllungen vorgenommen. Zu beachten ist, daß der pH-Wert nahezu konstant bleibt, bis herunter zu ca. 4° KH. Erst unter 4° KH hört die Pufferwirkung der Calciumsalze, den Härtebildnern, auf und der pH-Wert sinkt rapide. Jetzt muß häufig kontrolliert werden, sonst säuert das Wasser zu stark an und der pH-Wert sinkt unter 5,0, was einigen Fischen schaden könnte. S. auch Seite 62.
Das sorgfältig gereinigte Zuchtbecken von etwa 30 - 40 cm Länge, 30 cm Breite und ca. 25 cm Höhe wird nur schwach beleuchtet, grelles Tageslicht ist zu vermeiden. Bodengrund ist wegen der erforderlichen Hygiene nicht erwünscht. Als Laichsubstrat haben sich grüne Perlonwatte und Schwimmfarne bewährt. Zwischen deren Wurzeln wird gern gelaicht. In der Natur sind es meist *Eichhornia* oder feinblättrige Pflanzen wie *Myriophyllum*. Stengelpflanzen werden mit Glasstäben, die in der Apotheke oder in Laborbedarfsgeschäften zu kaufen sind, beschwert.
Ein kleiner Filter, am besten mit Schaumstoffpatrone, sollte installiert werden. Das Wasser ist vorzugsweise auf 24 - 26° C zu tempe-

Fam.: Characidae — Echte Amerikanische Salmler
Unterfam.: Tetragonopterinae

rieren und mittels eines kleinen Heizers von 10 - 20 W mit Regler in diesem Bereich zu halten.
Jetzt brauchen wir nur noch ein geeignetes Zuchtpaar. Die Geschlechtsunterschiede sind bei den meisten Arten leicht zu erkennen: Das ♂ ist schlanker als das Weibchen und trägt oft eine spitz ausgezogene Rückenflosse. Die ♀♀ sind meist sehr gut an der Schwimmblasenform zu erkennen, die unten stark abgerundet, beim ♂ aber zugespitzt ist. Bei durchsichtigen Arten kann man den Laich auch gut erkennen. Am besten ist es, aus dem Becken zwei Tiere, die schon einmal miteinander gebalzt haben, herauszufangen. STALLKNECHT (1965) gibt in der Zeitschrift Aquarien und Terrarien (Heft 2) eine gute Gegenüberstellung vom Balzverhalten verschiedener Salmler-Gattungen.
Besonders wichtig für den Zuchtansatz der Elterntiere ist das Futter. Ohne Lebendnahrung wird man nur bei den einfacheren Arten, wie *H. heterorhabdus*, *H. bentosi rosaceus*, *H. bifasciatus*, *H. scholzei*, *H. flammeus* auskommen. Alle anderen Arten benötigen Lebendfutter, vorzugsweise Schwarze Mückenlarven, um in Laichverfassung gebracht zu werden. Im Zuchtbecken selbst wird dann nur noch sehr sparsam gefüttert. Zur Anpassung an die neuen osmotischen Verhältnisse im Zuchtbecken sollte ein gutes Wasseraufbereitungsmittel zugegeben werden; dieses schützt sowohl die Fische als auch den Laich.
Nach dem Ablaichen (zwischen 50 und 300 Eier, je nach Art), werden die Elterntiere herausgefangen.
Die Aufzucht der Jungen erfolgt mit allerfeinstem Tümpel-Staubfutter und nach etwa 10 Tagen mit *Artemia* und feinstem Flockenfutter. Letzteres sollte sehr sparsam dosiert werden, um eine Wassertrübung zu vermeiden. Bei ausschließlicher Fütterung mit Flokkenfutter sollte wenigstens sechsmal täglich gefüttert werden; dann wachsen die Jungfische schnell und gesund heran. Das Wasser im Aufzuchtbecken sollte wöchentlich teilweise gewechselt werden.

Hemigrammus rhodostomus, der echte Rotmaulsalmler wurde von AHL, 1924 beschrieben. Bis etwa 1968 gelangte er auch sporadisch über Belem (Amazonasdelta) zu uns. 1965 wurde über Manaus aus dem Rio Negro ein weiterer Rotkopfsalmler importiert, der ebenfalls als *Hemigrammus rhodostomus* bezeichnet wurde (teilweise auch verwechselt mit *Petitella georgiae*), ebenfalls einem Rotmaulsalmler. Siehe Seiten 272 und 308! Wollte man im Deutschen eine Unterscheidung treffen, so wird hier Georgis Rotmaulsalmler und Ahls Rotmaulsalmler vorgeschlagen.
Der über Manaus und teilweise auch Kolumbien importierte Rotkopfsalmler stellte sich erst jetzt als neue Art heraus und wurde als *Hemigrammus bleheri* GÉRY, 1986 beschrieben. *H. rhodostomus* (AHLS Rotmaulsalmler) wird heute auch wieder importiert. Dieser ist nicht so farbenprächtig wie *H. bleheri*, dafür aber leichter zu halten und zu vermehren.

Amerikanische Salmler

Hemigrammus rhodostomus

Poecilocharax weitzmani

Fam.: Characidae — Echte Amerikanische Salmler
Unterfam.: Tetragonopterinae

Hyphessobrycon bentosi bentosi
Schmucksalmler

DURBIN, 1908

Syn.: *H. ornatus, H. callistus bentosi.*

Vork.: Guyana, unterer Amazonas: heute fast ausschließlich Zuchtimporte aus Asien.

Ersteinf.: 1933.

GU: ♂ mit ausgezogener spitzer Rückenflosse.

Soz.V.: Friedlicher Schwarmfisch, der gut für das Gesellschaftsbecken geeignet ist.

Hält.B.: Ein am Rande gut bepflanztes Becken mit viel Schwimmraum in der Mitte, dunklem Bodengrund und einer geringen Wasserströmung durch einen Filter sagt dieser Art am besten zu. Torffilterung nicht erforderlich, aber auch nicht nachteilig. pH-Wert 5,8 - 7,5; Härte bis 20° dGH.

ZU: Die Art laicht im Zuchtbecken bei weichem Wasser zwischen feinfiedrigen Pflanzen willig ab. Die Larven schlüpfen nach ca. 24 Std. und schwimmen ab 5. Tag frei. Fütterung mit feinstem Staubfutter, auch gemahlenes Flockenfutter wird genommen (MikroMin) etc.

FU: K, O; Flockenfutter, FD-Futtermittel, alles Lebendfutter.

Bes.: Eine der prächtigsten Salmlerarten. Sie ist je nach Herkunft kräftig rot gefärbt oder fast durchsichtig.

T: 24 - 28° C, **L**: 4cm, **BL**: 60cm, **WR**: m, **SG**: 1 - 2

Hyphessobrycon bentosi rosaceus
Rosensalmler

DURBIN, 1909

Syn.: *Hyphessobrycon rosaceus, H. callistus·rosaceus.*

Vork.: Guyana und unterer Amazonas Rio Guaporé (Paraguay).

Ersteinf.: 1912 von KROPAC, Hamburg.

GU: ♂ mit größerer Rückenflosse, kräftigerer Färbung und schlanker als ♀.

Soz.V.: Friedlicher Schwarmfisch, für Gesellschaftsbecken geeignet.

Hält.B.: s. *H. bentosi bentosi.*

ZU: s. Gattungsbeschreibung S. 276.

FU: K, O; Flockenfutter, FD-Nahrung, feines Lebendfutter.

Bes.: Die Art hat keinen Schulterfleck.

T: 24 - 28° C, **L**: 4 cm, **BL**: 60 cm, **WR**: m, **SG**: 1 - 2

Hyphessobrycon copelandi
Copelands Salmler, Federsalmler

DURBIN, 1908

Syn.: Keine.

Vork.: Oberes und mittl. Amazonasbecken.

Ersteinf.: 1934. Sporadisch als Beifang mit *Paracheirodon axelrodi.*

GU: ♂ mit extrem verlängerter Rücken- und Afterflosse, ♀ kräftiger und runder.

Soz.V.: Friedlicher Schwarmfisch mit gelegentlichen Beißereien (wie *H. callistus*) unter den Schwarmmitgliedern.

Hält.B.: Wie die anderen der Gattung; etwas sauerstoffbedürftiger und scheuer. Bevorzugt dunklen Bodengrund und Abdeckung der Wasseroberfläche mit Schwimmpflanzen. (**Fortsetzung S. 282**)

H. copelandi

Amerikanische Salmler

Hyphessobrycon bentosi bentosi

Hyphessobrycon bentosi rosaceus

Fam.: Characidae — Echte Amerikanische Salmler
Unterfam.: Tetragonopterinae

ZU: Zucht wie *Hyphessobrycon b. bentosi*, Aufzucht jedoch schwieriger, da geeignetes Erstfutter (kleiner als *Artemia*-Nauplien) erforderlich ist (Tümpelplankton).

FU: K, O; Lebendfutter, FD, Feines Flokkenfutter.

Bes.: Sehr schöne, jedoch äußerst selten eingeführte Art.

T: 24 - 28° C, L: 4,5 cm, BL: 70 cm, WR: m, SG: 2

Hyphessobrycon bifasciatus ELLIS, 1911
Gelber Salmler, "Gelber von Rio", Messingtetra

Syn.: Keine.

Vork.: Ostl. Brasilien um Rio de Janeiro in schattigen Waldbächen, Seen und Mündungsgebieten der größeren Flüsse.

Ersteinf.: 1925 von RAMSPERGER, Bremen.

GU: ♀ voller.

Soz.V.: Friedlicher, flinker Schwarmfisch, für das Gesellschaftsbecken gut geeignet. Stets ist ein kleiner Schwarm von 5 - 7 Tieren zu pflegen.

Hält.B.: Sehr leicht zu pflegende Art, die es praktisch in jedem Wasser aushält: pH-Wert 5,8 - 8,0 (7,0): Härte bis 30° dGH (l0°). Wenn grelles Licht etwas abgeschattet wird, fühlt sich der Schwarm im Beckenplatz zwischen Pflanzen am wohlsten. In dicht bepflanzten Becken mit dunklem Bodengrund verstecken sich die Tiere gern. Sie lieben starke Wasserströmung und viel Sauerstoff, gewöhnen sich aber auch schnell an sauerstoffärmere Bedingungen.

ZU: s. Gattungsbeschreibung auf Seite 277.

FU: O; Allesfresser - jedoch keine Pflanzen.

Bes.: Bei der Art kommt die Guanin-Goldfärbung in der Natur (s. *Hemigrammus rodwayi*, S. 272) ebenfalls häufig vor. Das große Foto zeigt Tiere in der Goldfärbung und das kleine Foto die Normalfärbung.

T: 20 - 25° C, L: 4 cm, BL: 60 cm, WR: m, o, SG: 1

Hyphessobrycon eques (STEINDACHNER, 1882)
Blutsalmler

Syn.: *Tetragonopterus callistus, Chirodon eques.*

Vork.: Amazonasbecken bei Villa Bella. Heute stets Asien-Importe und deutsche Nachzuchten.

Ersteinf.: 1953?

GU.: ♂ hat nach unten spitz verlaufende Schwimmblase; beim ♀ ist sie abgerundet (verdeckt). ♀ runder und höher.

Soz.V.: Schwarmfisch, jedoch nicht ganz so friedlich wie die anderen Vertreter der Gattung. Manchmal gebärden sich die Tiere im Schwarm wie kleine Piranhas: schwächere Tiere werden angefressen, mitunter fehlt einem Tier im Schwarm ein Auge als Folge von Rauferein. Meist ist dies auf nicht ausreichende Ernährung zurückzuführen. Normalerweise ist die Art für Gesellschaftsbecken gut geeignet.

Hält.B.: Wie die anderen Arten der Gattung. pH-Wert 5,8 - 7,5 (6,8); Härte bis 25° dGH (10°).

ZU: Ist mit guten Paaren leicht möglich in weichem, leicht sauren Torfwasser.

FU: K, O, FD-Nährstoffe, Flockenfutter, Lebendfutter wie Mückenlarven, *Artemia*.

Bes.: S. unter Soz.V.

T: 22 - 28° C, L: 4 cm, BL: 60 cm, WR: m, SG: 2

Amerikanische Salmler

Hyphessobrycon bifasciatus

Hyphessobrycon eques

Fam.: Characidae   Echte Amerikanische Salmler
Unterfam.: Tetragonopterinae

Aphyocharax paraguayensis   EIGENMANN, 1915
Augenfleck- oder Schwanzflecksalmler

Syn.: Wurde als "*Hyphessobrycon eos*" bezeichnet, welches jedoch eine andere Art ist.

Vork.: Westliches Guayana.

Ersteinf.: 1933.

GU: ♂ schlanker, ♀ rundere Bauchlinie.

Soz.V.: Meist friedlicher Schwarmfisch, gelegentlich kommen jedoch bei kleineren, viel langsameren Aquariengenossen Flossenverletzungen vor. Ansonsten gut für Gesellschaftsbecken mit weichem Wasser geeignet.

Hält.B.: Etwas empfindlicher als andere Vertreter der Gattung: pH-Wert 5,5 - 7,5; Härte bis 15° dGH. Flache Becken mit Randbepflanzung, viel Licht und starker Strömung. Die Art sollte stets in größerem Schwarm gepflegt werden. Torffilterung ist von Vorteil.

ZU: Abdunkelung. Senkung des Wasserspiegels, der Härte auf ca. 2 bis 4° KH und des pH-Wertes auf 6,0 lassen die Art rasch zur Zucht schreiten. Das ♂ treibt stark zwischen Pflanzen oder über Laichwatte. Eier und Jungbrut sind sehr pilzanfällig. Sie sind klein (verglichen mit anderen Tetras). Die Larven haben einen verhältnismäßig großen Dottersack. Wenn dieser aufgezehrt ist, benötigt die Jungbrut allerfeinstes Tümpel-Staubfutter, nach 20 Tagen *Artemia*.

FU: K, O; feines Lebendfutter, Flockenfutter mit FD-Anteilen.

Bes.: Ein hübscher Kontrastfisch im Gesellschaftsbecken, z. B. mit Neons.

T: 24 - 28° C, **L**: 4,5 cm, **BL**: 70 cm, **WR**: o, **SG**: 2 - 3

Hyphessobrycon erythrostigma   (FOWLER, 1943)
Perez Salmler, Fahnen-Kirschflecksalmler

Syn.: *Hyphessobrycon rubrostigma, H. callistus rubrostigma*.

Vork.: Peru; oberes Amazonasbecken.

Ersteinf.: 1956 von "Aquarium Hamburg".

GU: ♂ durch lang ausgezogene Rücken- und Afterflossen deutlich vom ♀ zu unterscheiden (siehe Foto).

Soz.V.: Friedlicher Schwarmfisch, aber auch paarweise Haltung im Aquarium möglich. Nur mit ruhigen Arten vergesellschaften, z. B. *Megalamphodus*-Arten, *Corydoras, Nannostomus*-Arten.

Hält.B.: Wie *H. bentosi*. Benötigt jedoch mehr Aufmerksamkeit in der Wasserpflege. Torffilterung mit pH-Wert von 5,6 bis 7,2; Härte bis 12° dGH. Dunkler Bodengrund: Viel freier Schwimmraum inmitten dichter Bepflanzung.

ZU: Laut PINTER wurde die Art in Skandinavien schon einige Male nachgezüchtet, wenn auch bisher mit bescheidenem Erfolg. Ansatz in weichem Wasser unter 4° dGH. Die Entwicklung von Ei und Embryo unterscheidet sich nicht von der anderer *Hyphessobrycon*-Arten.

FU: K, O; Flockenfutter, FD-Nahrung und kräftiges Lebendfutter (Mückenlarven).

Bes.: Der geläufige deutsche Name "Kirschflecksalmler" ist bereits früher für eine andere Art (*H. rodwayi*) verwendet worden. Es wird deshalb der neue deutsche Name "Fahnen-Kirschflecksalmler" vorgeschlagen, da der Name Perez-Salmler von den Aquarianern offenbar nicht verwendet wird. Das Gegenstück dieser Art aus dem Rio Negro wurde von WEITZMAN, 1977, als *Hyphessobrycon socolofi* beschrieben. Ein Foto dieser Art finden Sie auf S. 213. Näheres s. DATZ, Juli 1979, S. 222 - 224.

T: 23 - 28° C, **L**: 6 cm, **BL**: 60 cm, **WR**: m, **SG**: 2

Amerikanische Salmler

Aphyocharax paraguayensis

Hyphessobrycon erythrostigma; oben ♀, unten ♂

Fam.: Characidae
Unterfam.: Tetragonopterinae

Echte Amerikanische Salmler

Hyphessobrycon flammeus
Roter von Rio

MYERS, 1924

Syn.: *H. bifasciatus* (nicht ELLIS, 1911).

Vork.: Östl. Brasilien um Rio de Janeiro.

Ersteinf.: 1920 von BRÜNING, Hamburg.

GU: Afterflosse beim ♂ blutrot, beim ♀ heller bis gelb. Brusrflossenspitzen nur beim ♀ schwarz.

Soz.V.: Sehr friedlicher Schwarmfisch für jedes Gesellschaftsbecken geeignet.

Hält.B.: Die Art ist anspruchslos. Dunkler Bodengrund wird jedoch wie bei fast allen Salmlern bevorzugt. Gedämpftes Licht läßt die Farben erst richtig zur Geltung kommen. pH-Wert 5,8 - 7,8 (6,5 bis 7,0); Härte bis 25° dGH (10°). Torffilterung ist von Vorteil.

ZU: Ist einfach wie in der Gattungsbeschreibung angegeben.

FU: O; Allesfresser, Flockenfutter.

Bes.: Die Art ist etwas "aus der Mode" gekommen, wohl weil sie so "einfach" ist und im Händlerbecken recht farblos wirkt.

T: 22 - 28° C, **L**: 4cm, **BL**: 50cm, **WR**: m, **SG**: 1

Hyphessobrycon griemi
Roter Goldflecksalmler, Ziegelsalmler

HOEDEMAN, 1957

Syn.: Keine.

Vork.: Mittelbrasilien (Goias). Heute sind nur noch Nachzuchten im Handel.

Ersteinf.: 1956 von "Aquarium Hamburg".

GU: Afterflosse beim ♂ blutrot mit weißem Saum, beim ♀ blasser.

Soz.V.: Sehr friedlicher Schwarmfisch für alle Gesellschaftsbecken gut geeignet.

Hält.B.: Wie *H. flammeus*.

ZU: Wie in der Gattungsbeschreibung auf S. 276 angegeben. Leicht nachzuziehen.

FU: K, O; Flockenfutter, FD-Futtermittel, feines Lebendfutter.

Bes.: Ist *H. flammeus* sehr ähnlich, hat jedoch zwei Schulterflecken anstelle von drei.

T: 23 - 28° C, **L**: 4cm, **BL**: 50cm, **WR**: m, **SG**: 1 - 2

Amerikanische Salmler

Hyphessobrycon flammeus

Hyphessobrycon griemi

Fam.: Characidae   Echte Amerikanische Salmler
Unterfam.: Tetragonopterinae

Hyphessobrycon herbertaxelrodi   GÉRY, 1961
Schwarzer Flaggensalmler, "Schwarzer Neon"

Syn.: Keine.

Vork.: Rio Taquari (Nebenfluß vom Rio Paraguay), Mato Grosso, Brasilien. Heute meist Nachzuchten.

Ersteinf.: 1960 über die USA.

GU: ♀ im Bauch voller.

Soz.V.: Sehr friedlicher Schwarmfisch, der zur Vergesellschaftung mit ruhigen Arten gut geeignet ist.

Hält.B.: Die Art ist nicht ganz so einfach zu pflegen wie die Neonfische. Sie braucht zwar nicht unbedingt weiches Wasser, bevorzugt jedoch torfgefilterte Becken. pH-Wert 5,5 - 7,5 (6,5) und Härte bis 15° dGH (6°). Die Fische ziehen ständig im Schwarm durchs Becken, während Neons häufig am Boden "stehen". Wasserströmung ist von Vorteil, ebenso gedämpftes Licht und dunkler Bodengrund.

ZU: Bei guter Ernährung mit Lebendfutter (Schwarzen Mückenlarven) schreitet die Art in separaten Zuchtbecken bei Torffilterung (pH 6,0; Härte um 4° KH) willig zur Zucht. Die Larven schlüpfen nach 36 Stunden.

FU: K, O; feines Lebendfutter, FD, gutes Flockenfutter. Die Art braucht viel Abwechslung im Speiseplan.

Bes.: Der Handelsname "Schwarzer Neon" ist wohl nur aus verkaufstechnischen Gründen gewählt. Von den echten Neons unterscheidet sich die Art im Verhalten beträchtlich.

T: 23 - 27° C, **L:** 4cm, **BL:** 60cm, **WR:** m, o, **SG:** 2 - 3

Hyphessobrycon heterorhabdus   (ULREY, 1895)
Dreibandsalmler, "Falscher Ulrey",

Syn.: *Tetragonopterus heterorhabdus, Hemigrammus heterorhabdus, Tetragonopterus ulreyi* (nicht BOULENGER).

Vork.: Südl. Zuflüsse des mittl. Amazonas.

Ersteinf.: 1910 von BLUMENTHAL, Hamburg.

GU: ♀ voller und meist etwas größer.

Soz.V.: Friedlicher Schwarmfisch.

Hält.B.: Wie *H. herbertaxelrodi.*

ZU: Weiches, leicht saures Wasser (pH 6,0 - 6,5): Härte bis 4° KH bringt am ehesten Zuchterfolge, die jedoch selten ergiebig sind.

FU: K, O: FD-Futtermittel, feines Lebendfutter, selten Flockenfutter.

Bes.: Die Art wurde anfangs häufig mit *H. ulreyi*, dem "echten" *Ulreyi*, verwechselt.

T: 23 - 28° C, **L:** 4-,5 cm, **BL:** 60 cm, **WR:** m, **SG:** 2

Amerikanische Salmler

Hyphessobrycon herbertaxelrodi

Hyphessobrycon heterorhabdus

Fam.: Characidae
Unterfam.: Tetragonopterinae

Echte Amerikanische Salmler

Hyphessobrycon loretoensis   LADIGES, 1938
Loretosalmler

Syn.: *"H. metae"*.

Vork.: Amazonas in Peru, Rio Meta (Dep. Loreto).

Ersteinf.: 1938 von "Aquarium Hamburg".

GU: In der Färbung keine; ♀ dicker als ♂.

Soz.V.: Friedlicher, schwimmfreudiger Schwarmfisch für Gesellschaftsbecken bei Könnern.

Hält.B.: Wie *H. herbertaxelrodi*.

ZU: Bisher nicht gelungen (?).

FU: K, O; feines Lebendfutter *(Artemia)*, FD, gutes Flockenfutter.

Bes.: Leicht mit *H. peruvianus* (um Iquitos) zu verwechseln. *H. metae* sieht ebenfalls recht ähnlich aus. Am einfachsten kann man die Arten an den Kiemendeckeln unterscheiden. Bei *H. peruvianus* sind sie fast ohne Pigmentierung. Bei *H. loretoensis* weisen sie einen dunklen Fleck auf. Bei *H. metae* sind sie fast gänzlich (in Verlängerung der breiten Körperbinde) dunkler gefärbt. *H. peruvianus* ist nach GÉRY wahrscheinlich ein *Hemigrammus*.

T: 22 - 26° C, L: 4 cm, BL: 60 cm, WR: m, SG: 2 - 3

Hyphessobrycon inconstans
    EIGENMANN und OGLE, 1907
Flittersalmler

Vork.: Para, Ostbrasilien.

T: 22 - 28° C, L: 4,5 cm, BL: 60 cm, SG: 1

Hyphessobrycon minor
                                  DURBIN, 1909
Weißer Minor, Giasminor

Vork.: Guyana-Länder

T: 23 - 27° C, L: 3 cm, BL: 60 cm, SG: 2

Hyphessobrycon robustulus
                                    (COPE, 1870)
Kugelflecksalmler

Vork.: Amazonas in Peru.

T: 23 - 26° C, L: 4,5 cm, BL: 50 cm, SG: 2

Hyphessobrycon vilmae   GÉRY, 1966
Goldstaubsalmler

Syn.: Keine.

Vork.: Mato Grosso, Brasilien, Tapajos-Quellbäche, Rio Arinos.

Ersteinf.: 1975 durch BAENSCH, Melle.

GU: ♀ größer und runder (in der Bauchlinie).

Soz.V.: Friedlicher, munterer Schwarmfisch für Becken mit zarten Arten gut geeignet. Er lebt mit *Hemiancistrus*, *Otocinclus* und allerlei kleinen Salmlern zusammen.

Hält.B.: Im Aquarium ist die Art nur etwa zehn Tage gehalten worden. Die Fische kommen in der Natur bei folgenden Wasserwerten vor: pH-Wert 5,8 (September); Härte kaum meßbar unter 1°; Temperatur 23° C. Die ersten importierten Tiere vertrugen jedoch auch Wasserwerte von 25° dGH (18° KH). Sie kamen durch einen Unglücksfall um.

ZU: Bisher nicht genügend Tiere importiert, um nachzuzüchten.

FU: K, O; feines Lebendfutter *(Artemia*, feines Flockenfutter, FD- Futtermittel).

Bes.: Die Art kommt in Bächen vor, die ungewöhnlich stark mit Pflanzen bewachsen sind.

T: 22 - 26° C, L: 4 cm, BL: 60 cm, WR: m, o, SG: 2 - 3

Amerikanische Salmler

Hyphessobrycon loretoensis

Hyphessobrycon inconstans

Hyphessobrycon minor

Hyphessobrycon robustulus

Hyphessobrycon vilmae

Fam.: Characidae
Unterfam.: Tetragonopterinae

Echte Amerikanische Salmler

Hyphessobrycon pulchripinnis   AHL, 1937
Zitronensalmler, Schönflossensalmler

Syn.: Keine.

Vork.: Mittl. Brasilien: Tocantins-Zuflüsse in kleinen, stark verkrauteten Bächen.

Ersteinf.: 1937 von der Fa. SCHOLZE und PÖTZSOHKE, Berlin.

GU.: Die Afterflosse des ♂ ist wesentlich deutlicher schwarz gesäumt,

Soz.V.: Friedlicher und wenig scheuer Schwarmfisch,

Hält.B.: Die Art ist schwimmlustig und braucht deshalb viel Platz neben dichter Randbepflanzung. Torffilterung und dunkler Bodengrund, teilweise gedämpftes Licht und häufiger Wasserwechsel sind Voraussetzung für die artgerechte Haltung. Die Fische wachsen auch in hartem Wasser, zeigen dann aber keine Farben. pH-Wert 5,5 - 8 (6,0); Härte bis 25° dGH (8°).

ZU: Leider wird die Art wenig vermehrt, da sie bei fehlerhafter Haltung stets blaß und unscheinbar ist.

FU: K, O; Flockenfutter, FD, feines Lebendfutter.

Bes.: Die Fische färben sich nur leuchtend gelb und orange, wenn die richtige Nahrung verabreicht wird. Das einzige Flockenfutter, das diesen Ansprüchen bisher genügt, ist TetraRubin.
Die Aufnahme zeigt Wildfänge vom Rio Tocantins (in einer Fotoküvette). Aquarientiere verlieren die Orangefärbung und die roten Augen - besonders bei Nachzuchten - sehr schnell.

T: 23 - 28° C, **L:** 4,5 cm, **BL:** 60 cm, **WR:** m, o, **SG:** 1 - 2

Hyphessobrycon "robertsi"
Sichelsalmler

Syn.: Nicht beschrieben.

Vork.: Iquitos (Peru).

Ersteinf.: 1962 durch BLEHER, Kelsterbach.

GU.: ♂ mit stärker ausgezogener Rückenflosse.

Soz.V.: Friedlicher Schwarmfisch, gut für Gesellschaftsbecken mit Torffilterung geeignet.

Hält.B.: Wie *H. bentosi*, jedoch etwas anspruchsvoller an das Wasser: pH-Wert 5,5 - 7,5 (6,0); Härte bis 10° dGH. Torffilterung, dichte Bepflanzung. Wenig Licht. Bei zu grellem Licht sind die Tiere scheu und blaß.

ZU: Schwierig. Offenbar gelingt es selten, passende Paare zusammenzubringen. Bei gedämpftem Licht (Torfwasser), pH-Wert 5,5 - 6,0; Härte bis 3° KH; es wird von Zufallszuchten berichtet, wobei es sich wahrscheinlich um andere Arten handelt.

FU: K, O; Flockenfutter, FD- Futtermittel, Lebendfutter.

Bes.: Einer der prächtigsten Aquariumfische. Tiere ganz ähnlicher Zeichnung hat der Autor als Wildfänge in Iquitos bei einem Zierfischexporteur gesehen. Die Möglichkeit, daß es sich doch um eine gute Art oder Unterart handelt, ist durchaus gegeben. Kreuzungen mit *H. bentosi* (*ornatus*) sind schon erfolgt. Demnach steht "*robertsi*" sicher *Hyphessobrycon* näher als *Megalamphodus*, wie auch schon Autoren vermuteten. Vom Vorkommensgebiet her überschneidet sich "*robertsi*" mit *H. erythrostigma*. Nach SCHEEL ist die Chromosomenzahl von *H.* (*ornatus*) = *bentosi* und dem "*robertsi*" gleich. Demzufolge könnte "*robertsi*" eine Farbvariante (mit anderem Verbreitungsgebiet) von *H. bentosi* sein.
Nach GÉRY (briefliche Mitteilung) handelt es sich wahrscheinlich um eine gute Art.

T: 23 - 28° C, **L:** 5 cm, **BL:** 70 cm, **WR:** m, **SG:** 2

Amerikanische Salmler

Hyphessobrycon pulchripinnis

Hyphessobrycon robertsi, zwei ♂♂

Fam.: Characidae
Unterfam.: Tetragonopterinae

Echte Amerikanische Salmler

Hyphessobrycon scholzei AHL, 1937
Schwarzbandsalmler

Syn.: Keine.

Vork.: Ostbrasilien, Paraguay.

Ersteinf.: 1937 von SCHOLZE & POETZSCHKE, Berlin.

GU: ♀ größer als ♂; ♂ hat eine tiefer gegabelte Caudale.

Soz.V.: Friedlicher Schwarmfisch, der jedoch gern Pflanzen frißt. Gut geeignet für Gesellschaftsbecken mit "harten" Pflanzen.

Hält.B.: Die Art ist durchaus ein Anfängerfisch, aber beim heutigen Trend zu stark bepflanzten Becken findet sie nur noch wenig Anklang. Für mit Steinen, Wurzeln, hartem Javafarn dekorierten Aquarien kann die Art zu anderen pflanzenfressenden Fischen einen hübschen Kontrast bilden. Wasser: pH-Wert 6,8 bis 8,0 (7,0): Härte bis 25° dGH (15°).

ZU: Der Bodengrund des Zuchtbeckens wird vorteilhaft mit runden Kieseln ausgelegt, damit das Zuchtpaar nicht sofort an die Eier kann (Laichräuber!). Darüber ein Büschel Moos, Plastikpflanzen oder Laichwatte. 26 - 28° C. Bis 800 Eier. Die Larven schlüpfen nach 24 Std. und schwimmen nach zwei Tagen frei. Aufzucht für zwei Tage mit Infusorien, später *Artemia*, gemahlenes Flockenfutter.

FU: O, H; Allesfresser, Pflanzenkost.

Bes.: Eine empfehlenswerte Art für den Anfängerzüchter. Der Nachwuchs ist schlecht los zu werden.

T: 22 - 28°C, **L:** 5cm, **BL:** 60cm, **WR:** m, **SG:** 1 - 2 (H)

Paracheirodon simulans (GÉRY, 1963)
Blauer Neon

Syn.: *Hyphessobrycon simulans*.

Vork.: Rio Jufaris oder Tupari, Flußgebiet des Rio Negro, Brasilien.

Ersteinf.: 1962.

GU: ♀ etwas größer und voller.

Soz.V.: Friedlicher Schwarmfisch, zur Vergesellschaftung geeignet.

Hält.B.: Wie *Paracheirodon axelrodi*, S. 260, jedoch etwas zarter und empfindlich gegen Nitrat, anfällig für Oodinium. Eine Behandlung mit Tetra General Tonic oder Brustmann Cilex wird in Becken ohne oder mit unempfindlichen Pflanzen empfohlen. Torffilterung und saures, weiches Wasser (pH 5,5 - 6,0; Härte bis 4° KH) sind für die erfolgreiche Pflege Bedingung. Nach Gewöhnung werden auch härtere Wasserwerte vertragen (bis 15° KH).

ZU: Recht unergiebig und wohl nur bei extrem guten Futterbedingungen und weichem Wasser (1 -2° KH, pH 5,2 - 5,8) möglich. Möglicherweise laicht die Art besser im Schwarm. Aufzucht der Jungfische nur mit feinstem Tümpel-Staubfutter.

FU: K, O; feines Flockenfutter, FD- Futtermittel; gutes, sehr feines Flockenfutter (FD-Menü).

Bes.: Dem Neonfisch sehr ähnlich. Nach SCHULTZ soll die Art evtl. zusammen mit dem Roten Neon vorkommen. Sie wird sehr selten importiert.
SCHEEL untersuchte u. a. die drei Neonfische und stellte bei *P. simulans* 25, bei *P. innesi* 16 und bei *Paracheirodon axelrodi* 26 Chromosomen fest. Die drei Arten sind nicht eng miteinander verwandt, obwohl sie so ähnlich aussehen.
WEITZMAN und FINK vereinigten die drei Arten unter der Gattung *Paracheirodon*.

T: 23 - 27° C, **L:** 2 - 3,5 cm, **BL:** 60 cm, **WR:** m, **SG:** 2 - 3

Amerikanische Salmler

Hyphessobrycon scholzei

Paracheirodon simulans

Fam.: Characidae
Unterfam.: Tetragonopterinae

Echte Amerikanische Salmler

Iguanodectes spilurus (GÜNTHER, 1864)
Eidechsensalmler

Syn.: *Piabucus spilurus, Piabuca spilurus, Iguanodectes tenuis, I. rachovii.*

Vork.: Guyana; Madeira-Fluß, mittl. Amazonas-Zuflüsse.

Ersteinf.: 1912 von Fa. KROPAC, Hamburg.

GU: Vordere Strahlen der Afterflosse beim ♂ länger ausgezogen.

Soz, V.: Friedlicher, lebendiger Schwarmfisch; für Gesellschaftsbecken geeignet.

Hält.B.: Dieser unscheinbar aussehende Fisch kann seine Farben überraschend schnell wechseln. Auch sind die Populationen unterschiedlicher Regionen sehr verschieden gefärbt. Das Vorkommen in schnellfließenden Bächen läßt auf hohen Sauerstoffbedarf schließen. Torfgefiltertes Wasser ist keine Bedingung, da die Fische ein recht hohes Anpassungsvermögen haben. Wasser: pH 5,0 - 7,5; Härte bis 18° dGH. Der Fisch geht nicht an Pflanzen.

ZU: Über die erste gelungene Nachzucht von *Iguanodectes spilurus* gibt BÖHM (1985) in der TI International Nr. 69, S. 12 bis 13 einen kurzen Bericht. Für die Zucht wurde ein 20-Liter-Aquarium und ein Paar genommen. Auf dem Boden des Aquariums befand sich ein Laichrost. Das Wasser hatte einen pH-Wert von 6,2 und eine Härte von 2° dGH. Die Art laicht in Intervallen. Die Eier sind mit 2 mm relativ groß. Die Jungfische schlüpfen nach 10 - 14 Tagen und werden mit feinem Futter ernährt.

FU: K, O; Flockenfutter, feines Lebendfutter.

Bes.: Sehr selten eingeführt, da schwierig zu fangen und wegen der "scheinbaren" Unauffälligkeit nicht gefragt. Kenner sollten diese Fische mal versuchen.

T: 23 - 27° C, **L:** 5 - 6 cm, **BL:** 80 cm, **WR:** m,o, **SG:** 2

Inpaichthys kerri GÉRY & JUNK, 1977
Königssalmler

Syn.: Keine.

Vork.: Amazonien (Rio Aripuana); in Deutschland von "West Aquarium" gezüchtet.

Ersteinf.: 1977 durch BLEHER, Kelsterbach.

GU: Das ♂ ist größer, kräftiger und farbiger als das ♀.

Soz.V.: Friedlicher Schwarmfisch, gut für Gesellschaftsbecken mit friedlichen Arten geeignet.

Hält.B.: Die zarte Art kommt in gedämpftem Licht auf dunklem Bodengrund erst recht zur Geltung. Die munteren Fische sollten stets im kleinen Schwarm gepflegt werden. Sie brauchen freien Schwimmraum und mögen dichte Randbepflanzung. Weiches Wasser bis 10° dGH, möglichst mit Torffilterung, wird bevorzugt; pH um 7,0.

ZU: Bei weichem Wasser von 4° dGH und einem pH-Wert von 5,5 laicht ein ♂ mit zwei ♀♀ über dichtem Quellmoos. Bis zu 400 Eier pro ♀. Die Elterntiere entfernen. Zuchtbecken leicht belüften. Aufzucht mit feinstem Tümpelstaubfutter und/oder Pantoffeltierchen. Nach einer Woche mit frisch geschlüpftem *Artemia*. Täglicher Teilwasserwechsel von 50%. Nach 4 Monaten sind die Tiere ausgewachsen und nach 7 Monaten wiederum zuchtfähig (nach SCHUBERT; Das Aquarium, 6/94).

FU: K, O; Flockenfutter, feines Lebendfutter, FD-Stoffe.

Bes.: Die Art ist bei unsachgemäßer Pflege farblos und unscheinbar. Nur ausgewachsene ♂♂ begeistern mit ihrem leuchtenden Blau. Die neue Gattung *Inpaichthys* unterscheidet sich von der Gattung *Hyphessobrycon* durch die inkomplette Seitenlinie, andere Bezahnung und eine unbeschuppte Schwanzflosse.

T: 24 - 27° C, **L:** ♂ 4 cm, ♀ 3 cm, **BL:** 60 cm, **WR:** m, **SG:** 2

Amerikanische Salmler

Iguanodectes spilurus

Inpaichthys kerri, oben ♀, unten ♂

Fam.: Characidae
Unterfam.: Tetragonopterinae

Echte Amerikanische Salmler

Hyphessobrycon megalopterus (EIGENMANN, 1915)
Schwarzer Phantomsalmler

Syn.: *Megalamphodus megalopterus*.

Vork.: Rio San Francisco, Quellgebiet, Zentralbrasilien.

Ersteinf.: 1956.

GU: Ausnahme: ♀ farbenprächtiger mit roter Adipose, roten Brust- und Afterflossen. ♂ rauchglasgrau, tiefschwarze Flossen, größere Rückenflosse.

Soz.V.: Friedlicher Schwarmfisch, auch paarweise zu halten. Zwei ♂ ♂ untereinander führen Scheinkämpfe (Imponiergehabe) durch, schaden sich aber nicht.

Hält.B.: Der Schwarze Phantomsalmler ist am leichtesten aus der Gattung zu pflegen. Er legt auf weiches, saures Wasser nicht so großen Wert wie sein Vetter *H. sweglesi*; pH 6,0 - 7,5 (6,5); Härte bis 18° dGH (10°). In den Vorkommensgebieten ist die Wasseroberfläche stets mit Schwimmpflanzen bedeckt: *Salvinia, Pistia, Eichhornia*.

ZU: Sehr imposantes Balzspiel der ♂ ♂. Zucht gut möglich wie bei anderen *Hyphessobrycon*-Arten, siehe S. 276. Absenken des pH-Wertes auf 5,5 - 6,0; Härte unter 4° KH; das Zuchtbecken abdunkeln.

FU: K, O; Flockenfutter, Lebendfutter (Krebsartige), FD-Stoffe.

Bes.: Ein Fisch, den jeder Aquarianer einmal gepflegt haben sollte.

T: 22 - 28° C, **L**: 4, 5 cm, **BL**: 60 cm, **WR**: m, **SG**: 2

Hyphessobrycon sweglesi (GÉRY, 1961)
Roter Phantomsalmler

Syn.: *Megalamphodus sweglesi*.

Vork.: Oberes Orinoco-Becken, Rio Muco, Rio Meta, Kolumbien.

Ersteinf.: 1961.

GU: ♀ hat mehrfarbige Rückenflosse (rot/schwarz/weiß), ♂ hat verlängerte, einfarbig rote Rückenflosse.

Soz.V.: Friedlicher, ruhiger Schwarmfisch, für Gesellschaftsbecken mit ebenfalls ruhigen, kleinen Arten wie Zwergcichliden und andere Salmler, die kühlere Temperaturen vertragen.

Hält.B.: Die Art verlangt viel Aufmerksamkeit bei der Pflege. Der häufigste Fehler in der Pflege ist zu hohe Temperatur. Weiches, leicht saures Wasser, häufige geringe Futterportionen, regelmäßiger Wasserwechsel und gedämpftes Licht sind für das Wohlbefinden Voraussetzung. Wasser: pH 5,5 - 7,5 (6,0); Härte bis 20° dGH (4 - 8°).

ZU: Weiches Wasser von 1 - 2° dGH, pH 5,5 - 6,0; Temperatur 20 - 22° C; Zuchtbecken abdunkeln. Perlonfaser als Laichsubstrat. Peinlichste Sauberkeit. Die Eier sind rotbraun. Die Jungen schwimmen nach fünf Tagen frei und nehmen sofort frisch geschlüpfte Artemien.

FU: K, O; feines Lebendfutter wie *Artemia, Cyclops*, Flockenfutter, FD-Futtermittel.

Bes.: Junge Tiere sehen aus wie *Pristella maxillaris*.

T: 20 - 23°, **L**: 4 cm, **BL**: 60 cm, **WR**: m, **SG**: 2 - 3

Amerikanische Salmler

Hyphessobrycon megalopterus

Hyphessobrycon sweglesi

Fam.: Characidae
Unterfam.: Tetragonopterinae
Echte Amerikanische Salmler

Moenkhausia collettii (STEINDACHNER, 1882)
Colletti-Salmler

Syn.: *Tetragonopterus collettii*
Vork.: Amazonasbecken und Guyana-Länder.
Ersteinf.: 1970 durch BLEHER, Kelsterbach.
GU: Die ersten Afterflossenstrahlen sind beim ♂ länger ausgezogen.
Soz.V.: Friedlicher, munterer Schwarmfisch für Gesellschaftsbecken mit zarten Fischen.
Hält.B.: Die Art ähnelt etwas dem Glasbarsch, *Chanda ranga*, ist aber im Futter weit weniger wählerisch. Sie bevorzugt gedämpfte Beleuchtung unter Schwimmpflanzen, reichlich Schwimmraum, dunklen Bodengrund und weiches, leicht saures Wasser: pH-Wert 5,6 - 7,2; Härte bis 15° dGH.
ZU: Über die gelungene Zucht des Colletti-Salmlers berichtet ACHILLES (1988) in der TI-International Nr. 90, S. 9.

Er benutzte ein Becken mit 20 l Inhalt, die Wassertemperatur lag bei 25° C, der pH-Wert bei ca. 6,5 und das Wasser war sehr weich. Als Laichsubstrat wurde Javamoos eingebracht. In das abgedunkelte Aquarium wurde ein Zuchtpaar eingesetzt. Nach drei Tagen "Dunkelhaft" laichten die Tiere ab; die Eizahl lag bei etwa 150 Stück. Nach dem Laichen wurden die Eltern herausgefangen. In das Wasser wurde ein Mittel gegen Verpilzung gegeben. Die Jungen schlüpften nach 36 Stunden. Gefüttert wurde zuerst mit *Artemia*-Nauplien, später mit *Cyclops*, Wasserflöhen und fein geriebenem Rinderherz.
FU: K, 0; Flockenfutter, feines Lebendfutter.
Bes.: Die Schwanzwurzel bei der Gattung *Moenkhausia* ist beschuppt, bei der verwandten Gattung *Astyanax* dagegen nicht.

T: 23 - 27° C, **L:** 3 cm, **BL:** 60 cm, **WR:** m, **SG:** 2.

Moenkhausia intermedia EIGENMANN, 1908
Scherenschwanzsalmler

Syn.: Keine.
Vork.: Südamerika: Amazonasbecken, Rio Paraguay.
Ersteinf.: Nicht bekannt.
GU: Schwimmblase beim ♂ unten spitzer, Afterflosse vorn etwas länger ausgezogen als beim ♀.
Soz.V.: Friedlicher Schwarmfisch, für gut gepflegte Gesellschaftsbecken bestens geeignet.
Hält.B.: Wie *Moenkhausia pittieri*.
ZU: Klaus GRÄTZEL aus Borken gibt folgenden Erfahrungsbericht über die Zucht: 50- Liter-Becken, dessen Scheiben bis auf die Frontscheibe schwarz gestrichen waren. Teilentsalztes Wasser unter 3° dGH, pH-Wert um 6,5 bei 26° C. Als Laichsubstrat wurde *Cabomba* verwendet. Beleuchtung lediglich einige Stunden am Tag. In dies Becken wurde ein gut gefüttertes Paar gesetzt, daß am zweiten Tag nach dem Einsetzen ablaichte. Die Larven schlüpften aus den Eiern nach ca. 36 Stunden und nach weiteren drei Tagen schwammen die Jungfische frei, die in den ersten drei Tagen mit Protogengranulat gefüttert wurden; danach erhielten die Jungfische, die sehr raschwüchsig waren, frischgeschlüpfte *Artemia*-Nauplien. Da die größeren Jungfische die kleineren auffraßen, wurden sie nach zwei Wochen der Größe nach sortiert. Nach sieben Wochen konnte der Züchter die ersten Jungfische in das Hauptbecken überführen, ohne auch nur einen einzigen Verlust.
FU: K, 0; Flockenfutter, FD-Stoffe, feines Lebendfutter.
Bes.: Ähnelt stark *Moenkhausia dichroura* und unterscheidet sich davon durch das längere Prämaxillare. (Vergleiche auch mit *Rasbora trilineata*, S. 441, und *Hemigrammus marginatus*, S. 267.) M. *intermedia* ist übrigens *Schultzides axelrodi*; GÉRY, 1963, äußerlich fast gleich. Nur aufgrund der Zahnstruktur sind beide Fische unterscheidbar.

T: 23 - 27° C, **L:** 5 cm, **BL:** 60 cm, **WR:** m, **SG:** 2 - 3.

Amerikanische Salmler

Moenkhausia collettii

Moenkhausia intermedia

Fam.: Characidae
Unterfam.: Tetragonopterinae

Echte Amerikanische Salmler

Moenkhausia pittieri
Brillantsalmler

EIGENMANN, 1920

Syn.: Keine.

Vork.: See Valencia in Venezuela und nähere Umgebung (Rio Bue, Rio Tiquirito). Heute vereinzelt in Asien gezüchtet.

Ersteinf.: 1933 von WINKELMANN, Altona.

GU: Rückenflosse beim ♂ fahnenartig spitz ausgezogen (Foto).

Soz.V.: Friedlicher Schwarmfisch, der, wenn man ihm Platz läßt und das Becken nicht zu dicht besetzt, recht munter werden kann.

Hält.B.: Verlangt etwas vom Pfleger. Dauert in einem "normalen" Gesellschaftsbecken mit hartem Wasser nicht lange aus. Braucht Torffilterung, gedämpftes Licht durch Schwimmpflanzen und dunklen Bodengrund, um richtig zur Geltung zu kommen.

ZU: Schon in Kleinbecken ab 40 cm Länge möglich. Weiches, torfgefiltertes Wasser bis 4° dGH, grüne Perlonfaser als Laichsubstrat, Licht nach vorheriger Abdunklung und natürliche Fütterung mit Mückenlarven leiten die Zucht ein. Nach entzückenden Liebesspielen wird frei zwischen Pflanzen oder der Laichfaser abgelaicht. Elterntiere muß man entfernen. Die Jungtiere schlüpfen nach 2 - 3 Tagen und haben weitere 2 - 3 Tage später den Dottersack aufgezehrt. Aufzucht wie bei *M. sanctaefilomenae*.

FU: K, O; Lebendfutter, FD-Futtermittel, Flockenfutter.

Bes.: Die Fische werden erst prächtig, wenn sie ausgewachsen sind, weshalb sie unter Nichtkennern schwer Liebhaber finden.

T: 24 - 28° C, **L**: 6 cm, **BL**: 60 cm, **WR**: m, **SG**: 3

Moenkhausia sanctaefilomenae
Rotaugen-Moenkhausia

(STEINDACHNER, 1907)

Syn.: *Tetragonopterus sanctaefilomenae, Moenkhausia agassizi, M. australis, M. filomenae, Poecilurichthys agassizi*.

Vork.: Paraguay, Ostbolivien, Ostperu, Westbrasilien; heute meist in Asien gezüchtet.

Ersteinf.: 1914 durch KROPAC, Hamburg.

GU: Bei ausgewachsenen Tieren hat das ♀ einen deutlich gerundeteren Bauch.

Soz.V.: Friedlicher Schwarmfisch für jedes Gesellschaftsbecken.

Hält.B.: Diese Fische stellen wirklich keine hohen Ansprüche. Etwas Deckung durch Pflanzen und dunkler Bodengrund steigern ihr Wohlbefinden. Wasser: pH 5,5 - 8,5; Härte bis 30° dGH.

ZU: Freilaicher im Schwarm oder paarweise. Laicht auch in kleinsten Becken (ab 30 cm Länge) bei weichem Wasser (Torffilterung oder Enthärtung auf unter 4° KH) zwischen den Wurzeln von Schwimmpflanzen oder grüner Perlonwatte. Laichräuber! Daher die Elterntiere entfernen. Junge schlüpfen nach 1 - 2 Tagen und werden mit feinstem Staubfutter, nach 8 Tagen mit *Artemia* und MikroMin aufgezogen.

FU: O; Allesfresser, jedoch keine Pflanzen, jedes Flockenfutter.

Bes.: Einer der am weitesten verbreiteten Salmler in den heutigen Gesellschaftsbecken.

T: 22 - 26° C, **L**: 7 cm, **BL**: 70 cm, **WR**: m, **SG**: 1

Amerikanische Salmler

Moenkhausia pittieri

Moenkhausia sanctaefilomenae

Fam.: Characidae
Unterfam.: Tetragonopterinae

Echte Amerikanische Salmler

Nematobrycon lacortei
Regenbogentetra, Rotaugen-Kaisersalmler

WEITZMAN & FINK, 1971

Syn.: *Nematobrycon amphiloxus* = Varietät von *N. palmeri*.

Vork.: Westkolumbien, Rio Atrato.

Ersteinf.: Nach 1970 in die USA; 1967 nach Deutschland durch BLEHER, Kelsterbach.

GU: ♂ trägt länger ausgezogene Rückenflosse, wie bei *N. palmeri*.

Soz.V.: Friedlich, ruhig; wie *N. palmeri*.

Hält.B.: Wie *N. palmeri;* da die Art jedoch seltener ist, sollte ihr mehr Aufmerksamkeit geschenkt werden.Torffilterung, pH-Wert 5,6 - 7,2; Härte bis 12° dGH.

ZU: Nach eigenen Beobachtungen von PINTER unterscheidet sich die Zucht nicht von der von *Nematobrycon palmeri*; die Art läßt sich im Daueransatz gut vermehren.

FU: K, O; Lebendfutter, Flockenfutter.

Bes.: Es wurde noch eine dritte Art von *Nematobrycon* beschrieben: *N. amphiloxus* EIGENMANN & WILSON, 1914. Dies ist jedoch nach GÉRY ein Synonym von *N. palmeri*. Die "*amphiloxus*-Variante" weicht allerdings von *N. palmeri* ab. Sie ist rauchgrau, insgesamt wirkt sie düsterer.

T: 23 - 27° C, **L**: 5 cm, **BL**: 70 cm, **WR**: m, **SG**: 2-3

Nematobrycon palmeri
Kaisertetra, Kaisersalmler

EIGENMANN, 1911

Syn.: *Nematobrycon amphiloxus*.

Vork.: Westküste Kolumbiens.

Ersteinf.: 1959.

GU: Auf dem Foto deutlich ersichtlich: oben ♂, unten ♀.

Soz.V.: Sehr friedlich und ruhig. Als Schwarmfisch oder Einzelgänger zu halten.

Hält.B.: Eine Art, die ihre Ruhe haben will und nicht mit zu lebhaften Fischen vergesellschaftet werden sollte. Dichte Bepflanzung, die die Oberfläche etwas vom Licht abschirmt, dunkler Bodengrund und möglichst Torffilterung. Wasserwechsel unter Zugabe eines guten Wasseraufbereitungsmittels. pHWert 5,0 - 7,8 (6,5); Härte bis 25° dGH (10°).

ZU: Nicht sehr produktiv, aber gut möglich bei 26 - 28° C. Das Zuchtpaar sollte in ein kleines, abgedunkeltes Becken mit weichem Wasser gesetzt werden. Es wird auf feinfiedrigen Pflanzen jeweils nur ein Ei abgelegt. Die Eltern sind Laichräuber, weshalb ein Laichrost oder das Abdecken des Beckenbodens mit Quellmoos zu empfehlen ist. Nach mehrstündigem Ablaichen wird das Zuchtpaar entfernt. Nach 1 bis 1½ Tagen schlüpfen die Jungen. Die Aufzucht mit Staubfutter aus Tümpeln und bereits nach einigen Tagen mit *Artemia* bereitet keine großen Schwierigkeiten.

FU: K, O; Flockenfutter, Lebendfutter (*Artemia*, Daphnien, *Cyclops*)

Bes.: Eine sehr ruhige, hübsche Art, die nach guter Eingewöhnung auch für Anfänger gut geeignet ist. Sehr begehrt. Kann über 6 Jahre alt werden.

T: 23 - 27° C, **L**: 5 cm, **BL**: 70 cm, **WR**: m, **SG**: 2

Amerikanische Salmler

Nematobrycon lacortei

Nematobrycon palmeri

Fam.: Characidae
Unterfam.: Tetragonopterinae

Echte Amerikanische Salmler

Paracheirodon innesi

Amerikanische Salmler

Paracheirodon axelrodi Seite 260, *P. simulans* Seite 294.

Paracheirodon innesi (MYERS, 1936)
Neontetra, Neonsalmler, Neonfisch

Syn.: *Hyphessobrycon innesi.*
Vork.: Rio Putumayo, Ostperu. Heute zu 95 % in Aquarien gezüchtet, meist in Hongkong.
Ersteinf.: 1936 von RABAUT, Paris.
GU: ♂ schlanker und mit einem geraden blauen Längsstrich. ♀ runder am Bauch und mit einem "geknickten" blauen Strich.
Soz.V.: Sehr friedlicher Schwarmfisch, für jedes Gesellschaftsbecken mit nicht zu großen Fischen, z. B. nicht mit Skalaren, und guten Wasserbedingungen geeignet.
Hält.B.: Die Art wird meist nicht naturgerecht gepflegt, verträgt aber nach Eingewöhnung auch hartes Wasser bis 30 ° dGH und pH 8,0. Besser ist jedoch torfgefiltertes, leicht abdunkelndes Wasser mit einer Härte bis 10 ° dGH und unter pH 7,0. Die Art sollte immer im Schwarm von wenigstens 5 - 7 Tieren gepflegt werden. Dunkler Bodengrund, gute Bepflanzung und regelmäßiger Wasserwechsel sind Voraussetzung für eine erfolgreiche Pflege. Neonfische können über 10 Jahre alt werden.
ZU: Nur in sehr weichem Wasser von 1 - 2° dGH, bei pH 5,0 - 6,0 in abgedunkelten Becken möglich. T: 24°C. Gute Zuchtweibchen legen bis 130 Eier zwischen feinfiedrigen Pflanzen oder grüner Perlonfaser ab. Beim Laichakt umschlingt das ♂ das ♀ fast vollständig, wobei das ♀ nahezu senkrecht steht. Nach dem Laichen entfernt man das Zuchtpaar; die Eier müssen abgedunkelt bleiben, sonst verpilzen sie. Nach ca. 24 Std. schlüpfen die Jungen und sind fünf Tage danach freischwimmend. Gefüttert wird mit Tümpelstaubfutter unter 50 µm Ø.
FU: K, L; feines Flockenfutter, FD-Stoffe, Futtertabletten (am Boden), *Artemia*, feines Lebendfutter.
Bes.: Der Aquariumfisch Nr. 1 auf der Welt.

T: 20 - 26° C, **L:** 4 cm, **BL:** 60 cm, **WR:** m, u, **SG:** 1 - 2

Fam.: Characidae
Unterfam.: Tetragonopterinae

Echte Amerikanische Salmler

Petitella georgiae
Rotmaulsalmler*

GÉRY & BOUTIERE, 1964

Syn.: Keine.

Vork.: In kleinen Bächen bei Iquitos, Peru und Rio Branco (Staat Amazonas), Brasilien, im Weißwasser.

Ersteinf.: Vor 1960.

GU: Nicht leicht zu unterscheiden: ♂ kräftigere Kontraste in der Streifenfärbung der Schwanzflosse.

Soz.V.: Friedlicher Schwarmfisch.

Hält.B.: Kein typischer Schwarzwasserfisch, der mit Diskus, Neonfischen, *Corydoras*, Zwergbuntbarschen und anderen friedlichen Arten gut zu vergesellschaften ist. pH 5,5 - 7,0; Härte bis 12° dGH. Torffilterung, dichte Bepflanzung (evtl. Schwimmpflanzen) und recht dunkler Bodengrund. Wasserwechsel nur unter Zugabe eines Wasseraufbereitungsmittels.

ZU: Die Art wurde schon häufiger nachgezüchtet, so auch am WILHELMA-Aquarium in Stuttgart. Die Zucht erfordert sehr weiches Wasser, unter 3° dGH. Die Entwicklung von Ei und Embryo ist der von z. B. *Hyphessobrycon* und *Hemigrammus*-Arten sehr ähnlich.

FU: K, 0; feinstes Lebendfutter, *Artemia*, kleine Mückenlarven, FD-Flockenfutter.

Bes.: Wird heute häufiger importiert als der Rotmaulsalmler *Hemigrammus rhodostomus*, obwohl er schwieriger zu halten ist. *H. rhodostomus* vom unteren Amazonas (Belem) wird fast überhaupt nicht mehr importiert (nicht sehr farbenprächtig). Dagegen sind unter dem gleichen Namen Tiere aus Manaus (Rio Caurés und Rio Jufaris) und Iquitos im Handel. *Petitella georgiae* (wie auf dem Foto rechts) wird aus Manaus und Kolumbien importiert.

* Zur Unterscheidung von *Hemigrammus rhodostomus* (AHLS Rotmaulsalmler) sollte diese Art Georgis Rotmaulsalmler genannt werden. (Georgi ist die Ehefrau vom Erstbeschreiber GÉRY).

T: 22 - 26° C, **L:** 5 cm, **BL:** 60 cm, **WR:** m, o, **SG:** 4

Pristella maxillaris
Sternfleckensalmler, Wasserstieglitz

(ULREY, 1895)

Syn.: *Pristella riddlei, Holopristes riddlei, Aphyocharax maxillaris.*

Vork.: Venezuela, Guyana. Unterer Amazonas, Brasilien. Heute fast alles gezüchtete Tiere.

Ersteinf.: 1924 durch EIMEKE, Hamburg.

GU: ♂ schlanker, die Schwimmblase ist spitz ausgezogen. ♀ runder, Schwimmblase abgerundet, plumper (verdeckt).

Soz.V.: Friedlicher Schwarmfisch, für jedes Gesellschaftsbecken gut geeignet.

Hält.B.: Ein fast anspruchsloser Fisch, der aber nur in weichem Wasser prächtig aussieht. pH 6,0 - 8,0 (7,0); Härte bis 35° dGH. Dunkler Bodengrund und etwas gedämpftes Licht werden mit kräftigeren Farben honoriert. Die Art wurde auch schon im Brackwasser angetroffen.

ZU: Sehr produktiv (300 - 400 Eier) und recht einfach. Bei der Paarauswahl muß man allerdings eine glückliche Hand haben. Nicht jedes Tier akzeptiert den anderen Partner.

FU: K, O; Flockenfutter, auch Pflanzenflockenfutter als Abwechslung

Bes.: Bleibt in zu hellen Becken mit hartem Wasser stets blaß.

T: 24 - 28° C, **L:** 4,5 cm, **BL:** 50 cm, **WR:** m, **SG:** 1 - 2

Amerikanische Salmler

Petitella georgiae aus Manaus

Pristella maxillaris

Fam.: Characidae
Unterfam.: Tetragonopterinae
Echte Amerikanische Salmler

Tetragonopterus argenteus
Gesäumter Schillersalmler
CUVIER, 1818

Syn.: *Salmo saua, Tetragonopterus rufipes, T. sawa.*

Vork.: Amazonas (Brasilien, Peru), Venezuela?

Ersteinf.: ?, da häufig mit *T. chalceus* verwechselt.

GU: Bisher nicht beschrieben, dürfte jedoch *T. chalceus* ähnlich sein.

Soz.V.: Friedlicher Schwarmfisch.

Hält.B.: Einfacher zu halten als die nachstehende Art. Etwa so wie ein Trauermantelsalmler, siehe S. 262.

ZU: Einfach. Wird (allerdings selten) in Asien und Florida in Teichen gezüchtet. Freilaicher zwischen Pflanzen oder Laichfasern. Elterntiere entfernen. Aufzucht mit *Artemia* und feinstgemahlenem Flockenfutter, Mikro Min, Liquifry rot.

FU: O; Allesfresser, außer Pflanzen. Flockenfutter (mit Pflanzenkost).

Bes.: Unterscheidet sich von der Gattung *Moenkhausia* vor allem durch die vorn stark nach unten gebogene Seitenlinie, siehe Foto rechte Seite. Von *T. chalceus* unterscheidet sich die Art durch blassere Farben, höhere Schuppenzahl der prädorsalen Seitenlinie (12 - 16), während *T. chalceus* 8 - 10 hat. Es fällt außerdem besonders der körperseitig wesentlich stärker beschuppte Teil der Afterflosse bei *T. chalceus* auf. Der oben abgebildete Fisch hat eine Länge von 4 cm. Diese Art ist Genustyp.

T: 22 - 27 °C, **L**: 8 cm (?), **BL**: 100 cm, **WR**: m, **SG**: 1

Tetragonopterus chalceus
Schillersalmler
AGASSIZ, 1829

Syn.: *Coregonus amboinensis, Tetragonopterus artedii, T. ortonii, T. schomburgki*

Vork.: Guyana-Länder und Rio Sao Francisco, Rio Araguaia, Brasilien; Arroyo, Trementina, Paraguay.

Ersteinf.: 1913 durch KROPAC, Hamburg.

GU: ♂ hat länger ausgezogene Rückenflosse und ist schlanker als ♀.

Soz.V.: Im allgemeinen ein friedlicher Schwarmfisch, im Alter manchmal etwas unverträglich gegenüber Artgenossen.

Hält.B.: Bei gelegentlicher Fütterung mit Lebendfutter, guten Wasserbedingungen (Torffilterung) und dunklem Bodengrund sowie reichlicher Hintergrundbepflanzung als Deckung färbt sich die Art prächtig aus, s. Foto. Wasser: pH 5,0 - 7,5 (6,5); Härte bis 20° dGH.

ZU: Ist möglich, Freilaicher zwischen Pflanzen. Nach anfänglicher Abdunklung sollte das Zuchtbecken kräftig beleuchtet werden, evtl. durch Sonnenlicht. Bei vorheriger guter Fütterung und in weichem Wasser laichen die Tiere willig ab. Die Elterntiere entfernen. Aufzucht der Jungtiere wie bei *G. ternetzi*.

FU: K, O; Allesfresser, Pflanzen nur bei Nahrungsmangel. Flockenfutter, auch Pflanzenflockenfutter, FD-Stoffe, jedes Lebendfutter.

Bes.: Einige Autoren bezeichnen die unter *T. argenteus* abgebildete Art als *T. chalceus* und umgekehrt. Beide Arten sind in der Färbung recht variabel. Das Foto zeigt ein Tier von 7,5 cm Länge.

T: 20 - 28 °C, **L**: 8 - 12 cm, **B L**: 120 cm, **WR**: m, **SG**: 2 - 3

Amerikanische Salmler

Tetragonopterus argenteus

Tetragonopterus chalceus

Fam.: Characidae
Unterfam.: Tetragonopterinae

Echte Amerikanische Salmler

Thayeria boehlkei
Schrägschwimmer

WEITZMAN, 1957

Syn.: Oft mit *T. obliqua*, besonders in Abbildungen, verwechselt worden.

Vork.: Rio Araguaia, Brasilien, Amazonas, Peru.

Ersteinf.: 1935 (?); wurde bis 1957/58 mit *T. obliqua* verwechselt.

GU: In der Laichzeit sind die ♀♀ voller am Bauch.

Soz.V.: Sehr friedlicher, ruhiger Schwarmfisch für jedes Gesellschaftsbecken.

Hält.B.: Ein recht anspruchsloser Fisch, was Futter und Wasserchemie angehen, gegen Verschmutzung (Nitrit/Nitrat) jedoch empfindlich. Deshalb wird Haltung nur in gut bepflanzten Becken mit regelmäßigem Wasserwechsel (1/3 alle. 14 Tage) empfohlen, bei schwacher Beckenbesetzung auch weniger häufig. pH 5,8 bis 7,5 (6,5): Härte bis 20° dGH. Die Art verträgt hohen Salzzusatz.

ZU: Sehr produktiv. Bis 1000 Eier. Wasserwechsel nach dem Laichen, da die vielen Spermien das Wasser verderben.

FU: K, O; Flockenfutter, FD-Stoffe, Lebendfutter.

Bes.: Die Fische schwimmen fast ständig (30° von der Längsachse) mit dem Kopf nach oben. Durch die "wippende" Schwimmweise und markante Zeichnung sind sie eine gute Abwechslung im Becken.

T: 22 - 28° C, **L:** 6 cm, **BL:** 60 cm, **WR:** o, m, **SG:** 2

Thayeria obliqua
Pinguinsalmler

EIGENMANN, 1908

Syn.: Keine.

Vork.: Rio Guaporé/Mamoré (Madeira-Flußsystem), Banabal-Insel im Araguaia-Fluß, Brasilien.

Ersteinf.: 1949.

GU: Nur bei laichreifen Tieren am dickeren Bauch der ♀♀ zu sehen.

Soz.V.: Sehr friedlicher Schwarmfisch, der in jedem gut gepflegten Gesellschaftsbecken besondere Aufmerksamkeit auf sich zieht. Die Art ist, was Sauerstoff- und Frischwasserbedarf angeht, ähnlich den *Hemiodus*-Arten, mit denen sie häufig sympatrisch vorkommen. Gefunden hat der Autor sie in dicht mit Pflanzen bewachsenen Schilfregionen in Seitenarmen des Rio Mamoré. Der Boden des Gewässers war dicht mit Algen bewachsen. Normalerweise stehen die Tiere dicht unter der Oberfläche zwischen den Schilfhalmen, die ihnen Tarnung vor Räubern geben. Ob die Art immer nur zwischen Schilf vorkommt, konnte der Autor nicht feststellen. Das Wasser ist tagsüber dicht unter der Oberfläche sehr warm, 28 - 30° C, und kühlt nachts auf ca. 20° C ab, in Schlechtwetterperioden auch tiefer. Dann dürfte sich der Fisch jedoch in tiefere, also wärmere Wasserregionen zurückziehen.

ZU: Noch nicht nachgezüchtet (nach GÉRY 1977)

FU: K, O; Insekten und deren Larven. FD-Stoffe, Flockenfutter.

Bes.: Die in der Literatur bis 1957/58 abgebildeten Tiere sind immer *T. boehlkei*!

T: 22 - 28° C, **L:** 8cm, **BL:** 80cm, **WR:** o, m, **SG:** 3

Amerikanische Salmler

Thayeria boehlkei

Thayeria obliqua

Fam.: Characidae
Unterfam.: Characidiinae

Bodensalmler

Characidium fasciatum REINHARDT, 1866
Gebänderter Bodensalmler

Syn.: *Characidium zebra* (?).

Vork.: Sehr verbreitet in Südamerika in kleineren, klaren Wasserläufen.

Ersteinf.: 1913.

GU: Rückenflosse beim ♂ an der Basis gepunktet, beim ♀ klar.

Soz.V.: Friedlich. Einzeltiere (mit Revier?). Jedes Tier beansprucht in der Natur einige Quadratmeter Bodenfläche. Die Tiere sind neugierig und nicht scheu. Durch die ruckhafte Schwimmweise possierlich anzuschauen. Diese Fische sind sehr anpassungsfähig in Farbe und Muster an den Bodengrund. In Bächen mit Pflanzen sehen sie grünlich aus, auf dem dunklen Bodengrund gleich daneben dunkeloliv mit schwarzer Bänder- oder Schachbrettmusterzeichnung.

Hält.B.: Ob Haltung zu mehreren im Aquarium möglich ist, wurde bisher nicht beschrieben. Meist werden nur einzelne Tiere importiert. Die Art ist sauerstoffbedürftig und lebt in strömendem Wasser. Das Wasser muß torfgefiltert und weich, dazu leicht sauer sein. Nach Eingewöhnung wird auch härteres Wasser (bis 25° dGH) vertragen. pH 5,6 - 7,5, am besten 6,5.

ZU: Freilaicher, Zucht nicht schwierig. Die kleinen Eier fallen zwischen Pflanzen und Kies. Nach 30 - 40 Stunden schlüpfen die Jungen und brauchen reichlich Versteckmöglichkeiten zwischen Pflanzen. Am besten entfernt man die Elterntiere. Aufzucht mit feinstem Lebendfutter (Infusorien, *Artemia*).

FU: K; kleine Würmer, Mückenlarven, aber auch Tablettenfutter. Selbst in den Naturbächen wurden FD-Tabletten angenommen (gutes Witterungsvermögen).

Bes.: Zahlreiche Arten und Unterarten sind in jedem Wasserlauf oder Tümpel in Brasilien zu finden. Die einzelnen Arten sind schwer auseinanderzuhalten und wegen ungenügender Erstbeschreibungen zunächst alle in vier Gruppen zusammengefaßt. Es soll ca. 50 Arten geben. Die Artbezeichnung für *C. fasciatum* sollte als Zusammenfassung der *fasciatum*-Gruppe aufgefaßt werden.

T: 18 - 24° C, **L:** 8 - 10 cm, **BL:** 60 cm, **WR:** u, **SG:** 2

Characidium rachovii (REGAN, 1913)
Rachows Grundsalmler

Syn.: *Jobertina rachovi*.

Vork.: Südliches Brasilien.

Ersteinf.: 1912 durch KOPP.

GU: ♂ trägt gepunktete Rückenflosse, beim ♀ ist diese durchsichtig klar.

Soz.V.: Wie vorgenannte Art.

Hält.B.: Wie vorgenannte Art.

ZU: Wahrscheinlich wie vorgenannte Art.

FU: K, 0; feines Lebendfutter, FD-Tabletten; feine, schwebende Flockenfutterpartikel.

Bes.: Eine der vielen *Characidium*-Arten, die anstelle des Bändermusters lediglich einen Längsstrich entlang der Seitenlinie trägt. FOWLER zählte die Gattung *Characidium* zur Unterfamilie Nannostomatinae. Diese Bezeichnung ist heute nicht mehr gültig.

T: 20 - 24° C, **L:** 7 cm, **BL:** 50 - 60 cm, **WR:** u, **SG:** 2

Amerikanische Salmler

Characidium fasciatum

Characidium rachovii ♂

Fam.: Ctenoluciidae Hechtsalmler

Boulengerella maculata (VALENCIENNES, 1849)
Gefleckter Hechtsalmler

Syn.: *Xiphostoma maculatum, X. taedo, Hydrocynus maculatus.*

Vork.: Amazonas und ruhig fließende Nebenflüsse und Buchten.

Ersteinf.: 1913.

GU: Unbekannt.

Soz.V.: Meist paarweise oder im Rudel an der Oberfläche jagend. Die Vergesellschaftung mit Fischen der gleichen Größe ist möglich.

Hält.B.: Der Fisch hat neben hohem Platz- auch hohen Sauerstoffbedarf. Er ist scheu und besonders an der Maulspitze gegen Beschädigungen sehr empfindlich. Reichlich Schwimmraum lassen. Riesenvallisnerien sind als Bepflanzung nicht geeignet, da sie die Wasseroberfläche nahezu voll ständig abdecken. pH 6,0 bis 7,5; Härte bis 18° dGH. Die Art ist meist nicht sehr ausdauernd.

ZU: Nicht bekannt.

FU: K; kleine Fische, größere Insekten. Kleine Tiere nehmen auch Flockenfutter (Großflocken).

Bes.: Ein Oberflächenräuber, am besten nur für große Schauaquarien. In der Natur läßt er sich mit Blinker angeln.

T: 23 - 27° C, L: 35 cm, BL: 120 cm, WR: o, SG: 3

Fam.: Crenuchidae
Prachtsalmler

Amerikanische Salmler

Crenuchus spilurus GÜNTHER, 1863
Fleckschwanzsalmler, Kleiner Raubsalmler, Segelflossensalmler

Syn.: Keine.

Vork.: Guyana.

Ersteinf.: 1912 von KUNTZSCHMANN, Hamburg.

GU: ♂ trägt lang und spitz ausgezogene, rot gefärbte Rückenflosse. ♀ ist blasser gefärbt und kleiner.

Soz.V.: Meist ruhiger Fisch, jedoch wegen seiner Scheu nicht für Gesellschaftsbecken geeignet. Versteckt lebend. Gegenüber kleineren Fischen räuberisch.

Hält.B.: Ein kleines Becken mit Torfboden, lichter Bepflanzung und Steinhöhlen reicht dieser Art als Behausung. Weiches, leicht saures Wasser entspricht dem natürlichen Vorkommen. pH 5,5 bis 6,5; Härte bis 5° dGH. Wasserwechsel mit Wasseraufbereitungsmittel. Einzel- und paarweise Haltung. Die ♂♂ entwickeln gegenüber anderen Fischen und Artgenossen leicht aggressives Territorialverhalten.

ZU: Das ♂ betreibt Brutpflege. Die Laichabgabe erfolgt in engen Verstecken wie Höhlen und Röhren; die Gelege sind nur klein (bis 60 Eier). Eine Bewachung der vom achten Tag an freischwimmenden Jungfische erfolgt nicht. Die Kopfform der Jungfische macht während der Entwicklung eine starke Veränderung durch. Junge *Crenuchus spilurus* ähneln in ihrer Kopfform den Karpfenfischen. Nach PINTER sind die ♂♂ nur unter Artgenossen aggressiv. Die Art kann also auch mit viel kleineren Fischen zusammen gehalten werden.

FU: K; kleines bis grobes Lebendfutter (Mückenlarven, kleine Würmer), auch kleine Fische.

Bes.: Die Art hat im Kopf ein bisher unbekanntes Organ, mit dem nach GÉRY evtl. Wärmestrahlen (Infrarot?) geortet werden können. Im Aussehen ähnelt die Art einigen Killifischen.

Die nahe verwandte Art *Poecilocharax weitzmani*, GÉRY, 1965, ist in letzter Zeit wiederholt im Handel aufgetaucht und so wie vorgenannte Art zu pflegen, Foto S. 279 (Text Aquarien Atlas, Bd. 3, S. 147).

T: 24 - 28° C, **L:** 6 cm, **BL:** 50 cm, **WR:** u, m, **SG:** 3 - 4

Fam.: Anostomidae
Unterfam.: Chilodontinae

Barbensalmler

Chilodus punctatus   MÜLLER & TROSCHEL, 1845
Punktierter Kopfsteher

Syn.: *Chaenotropus punctatus, Citharinus chilodus.*

Vork.: Guyana-Länder, oberer Amazonas, Rio Tocatins, oberer Orinoco.

Ersteinf.: 1912 von KROPAC, Hamburg.

GU: Unbekannt, nur zur Laichzeit am gerundeteren ♀ erkennbar.

Soz.V.: Friedliche Tiere, die oftmals in kleinen Trupps vorkommen.

Hält.B.: Wasserwechsel häufig durchführen, aber nur mit einem der Beckentemperatur angepaßten Wasser unter Zusatz eines guten Wasseraufbereitungsmittels. Dunkelbraunes, klares Wasser oder gedämpftes Licht durch Schwimmpflanzen. Die Tiere benötigen große Pflanzen oder viel "Gestrüpp", um sich unterstellen zu können. In zu hellen Becken sind sie scheu und gehen nicht recht ans Futter. Wasserwerte wie bei der Zucht angegeben.

ZU: Während der Laichzeit verschwindet die punktierte Zeichnung und wird ersetzt durch ein bis zwei größere schwarze Flecke zwischen Auge und Rückenflosse.
Die Zucht wird von GEISLER in der DATZ 12, 1959, S. 138 ff., ausführlich beschrieben. Hier eine kurze Zusammenfassung: großes Becken ab einem Meter, Sandboden abwechselnd mit Wurzeln und flachen Steinen, auf denen Algenwuchs sein soll. Klares Wasser mit pH zwischen 6 und 7. Härte max. 10° KH. Torffilterung zur Ansäuerung ist oftmals der Schlüssel zum Erfolg. Daneben bilden gute Fütterung mit Roten Mückenlarven, *Cyclops* und viel Grünalgen die Nahrungsgrundlage. Dazu kann Flockenfutter und überbrühter Salat gegeben werden. T. ca. 25 bis 27° C, gedämpftes Licht. Die Paarung findet dicht unter der Wasseroberfläche zwischen Pflanzen statt. Dabei werden 3 - 5 etwa 1,5 mm große Eier ausgestoßen. Die Jungen stehen schon "Kopf" wie die Eltern. Nach dem Schlüpfen nehmen sie sofort *Artemia*. Die Aufzucht soll nicht sehr schwierig sein. Die Eltern muß man aus dem Zuchtbecken nehmen oder die Jungen entfernen. Diesen sollte man ebenfalls reichlich Algennahrung anbieten. FRANKE gibt in Aqua. Mag. 11/79 eine Anleitung, wie man nicht schlüpfende Larven (möglicherweise infolge falscher Wasserbeschaffenheit) mit Präpariernadeln aus der Eihülle befreien kann.

FU: H, L; feines Lebendfutter, Algen, Pflanzenkost.

Bes.: Ein reizender Fisch, ähnlich *Anostomus* (aber friedfertiger), der bei keinem fortgeschrittenen Aquarianer fehlen sollte. Die Fische sollen gelegentlich knarrende Laute von sich geben.

T: 24 - 28° C, **L**: 9 cm, **BL**: 100 cm, **WR**: u, m, **SG**: 3

Amerikanische Salmler

Chilodus punctatus

Fam.: Curimatidae
Unterfam.: Curimatinae

Barbensalmler

Cyphocharax multilineatus (MYERS, 1927)
Gestreifter Barbensalmler

Syn.: *Curimata multilineata.*

Vork.: Rio Negro, Brasilien.

Ersteinf.: 1968 durch BLEHER, Kelsterbach.

GU: Unbekannt.

Soz.V.: Friedlicher Schwarmfisch, der jedoch Pflanzen nicht verschont.

Hält.B.: Becken mit feiner Sand- oder Mulmschicht zum Gründeln einrichten. An Pflanzen ist Javafarn geeignet. In ihrer Heimat leben diese Fische hauptsächlich in Überschwemmungsgebieten und haben sich daher wechselnden Wasserbedingungen angepaßt. pH-Werte von 5,5 - 7,5 und Härte bis 20° dGH werden gut vertragen.

ZU: Nicht bekannt.

FU: H; Pflanzen, Algen. Jedes Trockenfutter, sogar Haferflocken.

Bes.: Fast 90 Arten dieser Gattung sind beschrieben worden. In unsere Aquarien gelangen nur ab und zu vereinzelte Tiere. Die Gattung ist wegen ihres Abfressens der Pflanzen im Aquarium nicht beliebt.

T: 23 - 27° C, **L:** 12 cm, **BL:** 80 cm, **WR:** m, **SG:** 2

Fam.: Prochilodontidae
Unterfam.: Prochilodoninae

Semaprochilodus taeniurus (VALENCIENNES in HUMBOLDT, 1817)
Schwanzstreifensalmler, Nachtsalmler

Syn.: *Curimatus taeniurus, Anodus taeniurus, Prochilodus taeniurus.*

Vork.: Brasilien, Ostkolumbien.

Ersteinf.: 1912.

GU: Sind nicht bekannt.

Soz.V.: Friedlicher Schwarmfisch, der mit allen Pflanzenfressern vergesellschaftet werden kann.

Hält.B.: Geräumige, flache Aquarien mit viel Platz zum Ausschwimmen. Die Art gründelt gern und trübt das Wasser daher leicht. Ein starker Filter ist deshalb Voraussetzung. pH 5,5 - 7,5 (besser um 6,0); Härte bis 20° dGH. Dekoration mit Wurzeln und Plastikpflanzen.

ZU: Bisher nicht gelungen.

FU: H, L; Pflanzen wie Spinat, Salat, Vogelmiere, Brunnenkresse. Pflanzenflockenfutter und tierisches Plankton (Daphnien) als Beikost.

Bes.: Ein farblich sehr ansprechender Fisch, der als angeblicher Pflanzenfresser leider wenig Liebhaber findet. Die meisten Tiere rühren Pflanzen jedoch nicht an. Hungrige Tiere nehmen Algen. Die Art wird häufig mit *Prochilodus insignis* verwechselt.

T: 22 - 26° C, **L:** bis 30 cm, **BL:** 130 cm, **WR:** m, **SG:** 3

Amerikanische Salmler

Cyphocharax multilineatus

Semaprochilodus taeniurus

Fam.: Erythrinidae — Raubsalmler

Erythrinus erythrinus (SCHNEIDER, 1801)
Blauer Raubsalmler, Lachssalmler

Syn.: *Cyprinus cylindricus, Erythrinus brevicauda, E. kessleri, E. longipinnis, E. microcephalis, E. salmoneus, Synodus erythrinus.*

Vork.: Südamerika; vom Norden bis Südbrasilien.

Ersteinf.: 1910 vom Verein "Linné", Hamburg.

GU: Unbekannt.

Soz.V.: Raubfisch, für Gesellschaftsbecken ungeeignet.

Hält.B.: Sollte nur im Artbecken gehalten werden. Die Schwimmblase kann als Atmungsorgan dienen. Deshalb kann der Fisch in sauerstoffarmen, flachen Tümpeln (austrocknende Überschwemmungsgebiete) lange überdauern. Haltung wie bei der nachfolgend beschriebenen Art. Einige Autoren weisen auf flache Becken (bis 25 cm) hin.

ZU: Nicht bekannt.

FU: K; kleine Fische, kräftiges Lebendfutter.

Bes.: Ein Salmler ohne Fettflosse. Ein Fisch nur für Spezialisten und große Schauaquarien.

T: 22 - 26° C, **L**: 25 cm, **BL**: 100 cm, **WR**: u, **SG**: 3

Hoplerythrinus unitaeniatus (AGASSIZ in SPIX, 1829)
Gestreifter Raubsalmler

Syn.: *Erythrinus unitaeniatus, E. salvus, E. gronovii, E. kessleri, E. vittatus.*

Vork.: Südamerika: Venezuela, Trinidad, Paraguay.

Ersteinf.: Nicht bekannt.

GU: Unbekannt.

Soz.V.: Einzelgänger, der in der Natur hauptsächlich von kleinen Salmlern lebt, seinerseits Nahrung für elektrische Aale ist. Nach LÜLING steigen die Raubsalmler zur Füllung des Darms mit Atemluft an die Oberfläche. Ihnen wird von elektrischen Aalen aufgelauert, die bewegungslos und mit dem Kopf direkt an der Wasseroberfläche stehen, wodurch sie die Turbulenzkreisel der aufsteigenden und die Wasseroberfläche durchstoßenden Fische wahrnehmen können. Ein elektrischer Schlag betäubt den Raubsalmer, so daß er vom Aal gefressen werden kann.

H. unltaeniatus hat neben der Kiemenatmung noch die Möglichkeit, über die Schwimmblase Sauerstoff aufzunehmen. Außerdem hat er an den Kiemendeckeln noch ein zusätzliches Blutgefäßsystem, über das Sauerstoff ins Blut gelangt. Die Art ist für das Überleben in austrocknenden, sauerstoffarmen Gewässern gut ausgerüstet.

Hält.B.: Einzelhaltung oder nur zusammen mit sehr großen Fischen. Wird in Südamerika als Speisefisch geschätzt. Keine hohen Ansprüche an Wasserbedingungen: pH 5,6 - 7,8; Härte bis 30° dGH. Becken kann bepflanzt werden. Wenig sauerstoffbedürftig. Einige (verwandte?) Exemplare wandern nachts über Land. Deshalb vorsichtshalber die Abdeckscheibe beschweren, um ein Entweichen während der Nacht zu verhindern.

ZU: Im Aquarium wohl nicht möglich.

FU: K; lebende Fische, kleinere Tiere, auch Flockenfutter, Großflocken.

Bes.: Kein Aquariumfisch, da seine Größe über die einer starken Forelle hinausgeht. Ohne Fettflosse.

T: 23 - 27° C, **L**: 40 cm, **BL**: 120 cm, **WR**: m, **SG**: 4 (G, K)

Amerikanische Salmler

Erythrinus erythrinus

Hoplerythrinus unitaeniatus

Fam.: Gasteropelecidae
Unterfam.: Gasteropelecinae

Beilbauchfische

Carnegiella marthae marthae   MYERS, 1927
Schwarzschwingen-Beilbauchfisch

Syn.: Keine.

Vork.: Rio Negro-Gebiet, in kleinen Waldbächen; Orinoco, Venezuela.

Ersteinf.: 1935.

GU: Nicht zu unterscheiden.

Soz.V.: Friedlicher, sehr empfindlicher Schwarmfisch, der nur mit sehr zarten Fischen vergesellschaftet werden darf, z. B. Loretosalmler, kleine *Corydoras*, *Crenicara filamentosa*.

Hält.B.: Wie *Carnegiella strigata*, jedoch mit höheren Anforderungen an weiches und leicht saures Wasser: pH 5,5 - 6,5; Härte bis 4° dGH. Bei Wasserwechsel muß unbedingt ein Wasseraufbereitungsmittel verwendet werden.

ZU: Bisher nicht gelungen.

FU: K; winzige Insekten (Obstfliegen), junge Schwarze Mückenlarven, FD und feinstes Flockenfutter.

Bes.: Der empfindlichste aller Beilbauchfische. Nur für Könner. Es wurde noch die Unterart *C. marthae schereri* FERNANDEZ-YEPEZ, 1950, beschrieben. Sie kommt im peruanischen Amazonasgebiet vor.

T: 23 - 27° C, **L:** 3,5 cm, **BL:** 60 cm, **WR:** o, m, **SG:** 4 (C)

Carnegiella myersi   FERNANDEZ-YEPEZ, 1950
Glasbeilbauchfisch

Syn.: Keine.

Vork.: Amazonas in Peru, Rio Ucayali, Bolivien.

Ersteinf.: 1957.

G U: Nicht bekannt.

Soz.V.: Friedlicher Schwarmfisch, der selbst Jungfischen nicht nachstellt.

Hält.B.: Wie *Carnegiella strigata*.

ZU: Bisher nicht gelungen.

FU: K; FD-Nahrung, feines Flockenfutter, junge Schwarze Mückenlarven. Von einigen Tieren wird Blütenstaub als Nahrung aufgenommen.

Bes.: Die kleinste Art unter den Beilbäuchen.

T: 23 - 26° C, **L:** 2,5 cm, **BL:** 60 cm, **WR:** o, m, **SG:** 3

Amerikanische Salmler

Carnegiella marthae marthae

Carnegiella myersi

Fam.: Gasteropelecidae
Unterfam.: Gasteropelecinae

Beilbauchfische

a) *Carnegiella strigata strigata* (GÜNTHER, 1864)
Marmorierter Beilbauchfisch
b) *Carnegiella strigata fasciata* (GARMAN, 1890)
Gabel-Beilbauchfisch

Syn.: a) *Gasteropelecus strigatus, C. vesca,* b) *Gasteropelecus fasciatus.*

Vork.: a) Iquitos, Peru, b) Guyana.

Ersteinf.: 1910 von MEYER, Hamburg.

GU: Nur am Leibesumfang der ♀♀ zu ermitteln. Evtl. scheinen bei Laichansatz die Eier durch.

Soz.V.: Friedliche Schwarmfische, von denen man wenigstens 5 Tiere halten sollte. Jungbrut im Becken wird manchmal nachgestellt.

Hält.B.: Die Fische sind pfeilschnelle Schwimmer, meist "stehen" sie jedoch in der kräftigen Filterströmung, für die man sorgen sollte. Da Schwimmpflanzen von dieser Strömung fortgetrieben würden, bietet man Schutz durch Landpflanzen, die mit ihren Blättern über die Wasseroberfläche ragen. pH 5,5 - 7,5 (6,0) und Härte bis 20° dGH sind außerhalb der Zucht erträglich.

ZU: Bei sehr guter Fütterung mit kleinen Fluginsekten (Obstfliegen) und Schwarzen Mückenlarven kommt es manchmal zu Laichansatz. Ist dieser Punkt erreicht, dürfte die Zucht in weichem Wasser (bis 5° KH) und einem pH von 5,5 - 6,5 keine zu große Schwierigkeit mehr sein. Das Becken ist abzudunkeln oder das Wasser so stark mit Torfextrakt (2 - 3 fache Dosis) zu färben, bis man kaum noch hineinschauen kann. Die Tiere laichen nach heftiger Balz und Umherschießen an der Oberfläche und darüber in dieser oder in feinfiedrigen Pflanzen ab, z. B. Wurzeln des Schwimmfarns. Die Eier fallen meist zu Boden. Die Elterntiere sollten herausgefangen werden. Die Jungen schlüpfen nach etwa 30 Stunden und schwimmen erst ab 5. Tag frei. Sie sind mit feinstem Staubfutter (Paramecien) aufzuziehen und nehmen ab 7. Tag nach dem Freischwimmen *Artemia*.

FU: K; mit Flockenfutter allein kommen die Tiere auf Dauer nicht aus. Am leichtesten zu beschaffen sind Mückenlarven, FD-Rote Mückenlarven und andere FD-Stoffe.

Bes.: Sehr anfällig gegen Ichthyo. Eine Quarantänezeit von 14 Tagen sollte eingehalten werden, bevor man diese Fische in ein Gesellschaftsbecken mit anderen Arten setzt. Die Gattung *Carnegiella* unterscheidet sich von *Gasteropelecus* durch geringere Größe und Fehlen der Fettflosse. Die Tiere aus Guyana sind im Aquarium viel unempfindlicher.

T: 24 - 28° C, **L:** 4 cm, **BL:** 70 cm, **WR:** o, m, **SG:** 3

Gasteropelecus maculatus STEINDACHNER, 1879
Gefleckter Beilbauchfisch

Syn.: *Thoracocharax magdalenae, T. maculatus.*

Vork.: Surinam, Panama, Venezuela, Kolumbien.

Ersteinf.: 1910.

GU: Nicht sicher erkennbar.

Soz.V.: Schwarmfisch, von dem man wenigstens 5 Stück halten sollte. Jagt evtl. kleine Jungfische. Kann gut mit größeren Salmlern vergesellschaftet werden.

Hält.B.: Große flache Becken mit viel Raum zwischen Wasseroberfläche und Deckscheibe. Fische springen gern. Etwas Schutz durch Pflanzen an der Wasseroberfläche bieten. Sonstige Bepflanzung spärlich. pH 6,0 - 7,0; Härte bis 15° dGH. Alle 2 - 3 Wochen ein Drittel Wasserwechsel unter Zugabe eines Wasseraufbereitungsmittels. Die Fische sind sehr sauerstoffbedürftig, deshalb sollte die Filteraustrittsöffnung einem Teil der Oberfläche stark bewegen.

ZU: Evtl. wie bei *C. strigata.*

FU: K; Insekten-Anflugnahrung, Schwarze Mückenlarven, Flockenfutter, FD-Mückenlarven.

T: 22 - 28° C, **L:** 9 cm, **BL:** 100 cm, **WR:** o, m, **SG:** 3

Amerikanische Salmler

Carnegiella strigata strigata oben, *C. s. fasciata* unten

Gasteropelecus maculatus

Fam.: Gasteropelecidae — Beilbauchfische

Gasteropelecus sternicla (LINNAEUS, 1758)
Silberbeilbauchfisch
Unterfam.: Gasteropelecinae

Syn.: *Clupea sternicla, G. coronatus, Salmo gasteropelecus.*

Vork.: Südl. Zuflüsse des Amazonas in Brasilien, Guyana, Surinam. Kleine bis mittlere Bäche mit Pfianzeninseln.

Ersteinf.: 1912 durch KROPAC, Hamburg.

GU: Nicht sicher erkennbar. Von oben gesehen ist das ♂ schlanker.

Soz.V.: Friedlicher Schwarmfisch, etwas scheu. Für ein Gesellschaftsaquarium bedingt geeignet.

Hält.B.: Fische mit Schutzbedürfnis von oben. Ein typisches Beilbauch-Becken wäre ein halbgefülltes Aquarium mit Landpflanzenbewuchs, der sich über die Wasseroberfläche neigt. Auch Schwimmpflanzen bieten diesen Schutz, nur soll die Wasseroberfläche auch genügend freien Platz für die Futteraufnahme bieten. Becken gut abdecken. Wasserbedingungen wie bei *G. maculatus.*

ZU: Noch nicht nachgezüchtet. Siehe unter *C. strigata.*

FU: K; kleine Insekten (Essigfliegen), Flockenfutter, FD-Mückenlarven.

Bes.: *Gasteropelecus sternicla* kann leicht mit *Thoracocharax securis* verwechselt werden.

T: 23 - 27° C, **L:** 6,5 cm, **BL:** 80 cm, **WR:** o, **SG:** 2

Thoracocharax securis (FILIPPI, 1853)
Platinbeilbauchfisch
Unterfam.: Thoracocharacinae

Syn.: *Gasteropelecus securis, Thoracocharax pectorosus, G. stellatus, Salmo pectoralis, Thoracocharax stellatus.*

Vork.: Weißwasserflüsse des zentralen Südamerikas in flachen Buchten des Freiwassers.

Ersteinf.: 1910 von KITTLER, Hamburg.

GU: Unbekannt.

Soz.V.: Schwarmfisch, der alles Freßbare, das sich an der Oberfläche bewegt, erjagt. Wurde zusammen mit großen *Loricaria, Triporteus albus, Hypostomus* und *Geophagus* gefunden.

Hält.B.: Dieser größte der Beilbauchfische braucht viel Platz. Er ist der König der "Flieger" unter den Süßwasserfischen. Die Haltung ist, abgesehen vom Platz und Sauerstoffbedarf, problemlos. Die Art ist leicht zu ernähren und stellt an die Wasserbedingungen keine hohen Ansprüche. pH 6,0 - 7,5; Härte bis 15° dGH.

ZU: Bisher nicht gelungen.

FU: K; alles, was auf die Wasseroberfläche gestreut wird. Insekten, Flockenfutter (Großflocken).

Bes.: Die Aufnahme zeigt ein Tier am Fundort (Rio Purus, Westbrasilien) von 8,5 cm Länge. Die Art "fliegt" über 10 m weit. Es gilt als sicher, daß dabei die Brustflossen vogelschwingenartig bewegt werden.

T: 23 - 30° C, **L:** bis 9 cm, **B L:** 120 cm, **WR:** o, m, **SG:** 3

Amerikanische Salmler

Gasteropelecus sternicla

Thoracocharax securis

Fam.: Hemiodidae — Keulensalmler

Hemiodopsis quadrimaculatus quadrimculatus
Torpedosalmler

(PELLEGRIN, 1908)
Unterfam.: Hemiodinae

Syn.: *Hemiodus quadrimaculatus.*

Vork.: Camopi-Fluß, Guyana. Die Art ist von PUYO zweifelsfrei in fließenden Gewässern um Kaw und Tonate nachgewiesen worden.

Ersteinf.: 1967 durch BLEHER, Kelsterbach.

GU: Unbekannt.

Soz.V.: Wendiger, friedlicher Schwarmfisch.

Hält.B.: Dieser sehr lebhafte Schwarmfisch braucht viel Platz, Sauerstoff und Bepflanzung mit "harten" Pflanzen. Meist werden Pflanzen verschont. Die anfangs scheuen Tiere sind stets in nervöser Bewegung. Man kann sie gut mit einigen bodenbewohnenden Fischen, z. B. *Corydoras* zusammen halten. Sie sind stark sauerstoffbedürftig und empfindlich gegen Druck beim Herausfangen (an der Luft sterben sie sehr schnell). Daher zum Herausfangen eine Fangglocke oder einen Plastikbehälter benutzen. An die Wasserbedingungen stellen sie keine hohen Ansprüche: pH 6,0 - 7,5; Härte bis 20° dGH. Stets für Frischwasser sorgen!

ZU: Nicht bekannt.

FU: O; Allesfresser, Flockenfutter, Lebendfutter, viel Pflanzenkost (Salat usw.).

Bes.: Die Art ist leicht mit *H. sterni* vom Mato Grosso zu verwechseln, die über 50 Schuppen entlang der Seitenlinie aufweist, während *H. q. quadrimaculatus* nur bis 45 Schuppen hat. Das Tier auf dem Foto ist 7,5 cm lang. STERBA führt die nah verwandte Art *H. vorderwinkleri* an, eine andere Unterart von *H. q. quadrimaculatus*, die sich nur nach dem Herkunftsgebiet und darin unterscheidet, daß sie einen Analstrahl weniger als *H. q. quadrimaculatus* hat.

T: 23 - 27° C, **L:** 10 cm, **BL:** 100 cm, **WR:** m, **SG:** 2 - 3

Parodon piracicabae
Algensalmler

EIGENMANN in EIGENMANN & OGLE, 1907
Unterfam.: Parodontinae

Syn.: Keine.

Vork.: Südostbrasilien; Tefé, Paraná.

Ersteinf.: 1977.

GU: Unbekannt.

Soz.V.: Friedlicher Schwarmfisch, der in kleinen felsigen Gewässern häufig mit *Corydoras* zusammen vorkommt.

Hält.B.: Becken mit Strömung erwünscht, aber nicht Bedingung. Die Art ist sauerstoffbedürftig. Vergesellschaftung mit fast allen nicht so aggressiven Fischen möglich. Die Fische stützen sich gern auf den Brustflossen auf. Das Becken muß mit Wurzeln und Steinen gut ausgestattet sein, die man ab und zu austauschen sollte gegen andere veralgte aus einem separaten Becken, um auf diese Weise stets frische Algennahrung zu haben. pH 6,0 - 7,5; Härte bis 15° dGH.

ZU: Nicht bekannt.

FU: L; alle Arten dieser Gattung leben von Algen und Aufwuchstierchen auf felsigem Grund. Flockenfutter, Futtertabletten (FD) werden gern genommen.

Bes.: Sieht der Rüsselbarbe (*Crossocheilus siamensis*) verblüffend ähnlich. Zu unterscheiden an der Fettflosse, den fehlenden Barteln und dem zusätzlichen schwarzen Längsstrich auf dem Rücken. Es gibt etwa 20 verschiedene Arten dieser Gattung, die sich alle mehr oder weniger ähnlich sehen.
Der Fisch auf dem nebenstehendem Foto sieht *P. pongoensis* sehr ähnlich. Der untere Teil der Schwanzflosse ist bei *P. pongoensis* dunkel gefärbt, bei *P. piracicabae* ist dieser durchsichtig. Ebenso ist die Rückenzeichnung unterschiedlich, *P. pongoensis* hat einen schwarzen Rücken, während der *P. piracicabae* einen hellen Rücken zeigt.

T: 22 - 26° C, **L:** 8 cm, **BL:** 80 cm, **WR:** u, **SG:** 2

Amerikanische Salmler

Hemiodopsis quadrimaculatus quadrimculatus

Parodon piracicabae

Fam.: Lebiasinidae
Unterfam.: Pyrrhulininae

Schlanksalmler

Copeina guttata (STEINDACHNER, 1875)
Forellensalmler

Syn.: *Pyrrhulina guttata, C. argirops.*

Vork.: Amazonasbecken.

Ersteinf.: 1912 von KROPAC, Hamburg.

GU: ♀ etwas blasser gefärbt: oberer Teil der Schwanzflosse beim ♂ länger ausgezogen.

Soz.V.: Relativ friedliche Art, außer zur Laichzeit. Für Gesellschaftsbecken mit größeren Fischen ab 8 cm Länge geeignet.

Hält.B.: Langgestreckte Becken mit Sandboden und gutem Pflanzenwuchs. Die Art frißt keine Pflanzen, reißt jedoch während des Treibens vor dem Laichakt schon einmal zartere Pflanzen aus. Torfgefiltertes Wasser bringt die Farben zur Geltung. Leider sieht die Art im Händlerbecken recht unscheinbar aus, weshalb sie wohl so wenig gehalten wird.

ZU: 28 - 30° C. In einer Sandgrube werden nach einer stürmischen Balz 100 bis 2500 Eier abgelegt. Das Ablaichen geschieht in Intervallen von jeweils einigen Minuten ca. 10 - 50 mal. Das ♂ bewacht das Gelege und befächelt den Laich. Nach 30 - 50 Std. schlüpfen die Larven und benötigen feinste Infusoriennahrung.

FU: K, O; jedes Lebendfutter, Flockenfutter (Großflocken), FD-Stoffe, Tiefkühlfutter (Mückenlarven).

Bes.: Die verwandte und sehr ähnliche Art *C. osgoodi* aus Peru hat keine Zähne im Oberkiefer.

T: 23 - 28° C, **L**: 7 cm bis 15 cm in der Natur, **BL**: 80 cm, **WR**: m, u, **SG**: 2 - 3

Copella arnoldi (REGAN, 1912)
Spritzsalmler

Syn.: *Copeina arnoldi, C. callolepis, C. carsevennensis, C. eigenmanni, Pyrrhulina filamentosa, P. racho viana.*

Vork.: Guyana.

Ersteinf.: 1905 durch KITTLER, Aquarienverein Roßmäßler, Hamburg.

GU: Siehe Foto. ♂ größer und farbiger.

Soz.V.: Geselliger, friedlicher Fisch, in kleinen Schwärmen und paarweise vorkommend. Für gut gepflegte Gesellschaftsaquarien geeignet.

Hält.B.: Große, helle Becken, möglichst mit Sonnenlichteinstrahlung. Schwimmpflanzen in einer Ecke als Abdeckung (*Nymphaea*) und in einer anderen Ecke ziemlich dichte Bepflanzung. Die Fische springen auch außerhalb der Laichzeit zur Nahrungssuche. Deshalb soll das Becken vollständig abgedeckt sein. Torffilterung und regelmäßige Wasserwechsel sind zu empfehlen. pH 6,5 - 7,5; Härte zwischen 2 und 12° dGH.

ZU: In kleineren Zuchtbecken ab 40 cm Länge schreitet die Art bei guten Wasserbedingungen und Lebendfutternahrung willig zur Zucht. Das Becken muß gut abgedeckt sein. An der Unterseite der Deckscheibe oder einem aus dem Wasser herausragenden Pflanzenblatt wird abgelaicht. Das Paar springt eng aneinandergepreßt mit der Bauchseite an die Glasfläche. Innerhalb von 4 - 10 Sek. werden etwa 10 Eier abgelegt. Der Laichvorgang wiederholt sich solange, bis 150 bis 200 Eier vorhanden sind. Die außerhalb des Wassers klebenden Eier werden vom ♂ mit Kopf und Schwanzflosse in Abständen von 20 - 30 Minuten durch Bespritzen feucht gehalten. Herunterfallende Eier werden nicht beachtet und verpilzen. Nach 2 - 3 Tagen schlüpfen die Jungen und fallen ins Wasser, leben dort zunächst 1 - 2 Tage vom Dottersack und gehen dann auf Nahrungssuche (Tümpelstaubfutter).

FU: O, K; Flockenfutter, FD, Lebendfutter.

Bes.: Wegen des außergewöhnlichen Laichvorganges jedem Anfängerzüchter zu empfehlen.

T: 25 - 29° C, **L**: ♂ 8 cm, ♀ 6 cm, **BL**: 70 cm, **WR**: o, m, **SG**: 2

Amerikanische Salmler

Copeina guttata

Copella arnoldi

Copella metae (EIGENMANN, 1914)
Metasalmler

Syn.: *Copeina metae, Pyrrhulina nigrofasciata* ?
Vork.: Amazonas in Peru, Rio Meta, Kolumbien, in verkrauteten Flußbuchten.
Ersteinf.: ?
GU: ♂ mit stärkerer und spitz ausgezogener Dorsale.
Soz.V.: Friedliche, lebendige Art, die sich für Gesellschaftsbecken bedingt eignet (etwas scheu). Es wird die Haltung eines kleinen Schwarmes empfohlen, etwaige kleine Streitereien zweier ♂♂ unterbleiben dann meist.
Hält.B.: Die Art bevorzugt kleine Becken, die ruhig stehen und durch Schwimmpflanzen etwas abgedunkelt sind. Von einer Vergesellschaftung mit lebhaften Schwarmfischen ist abzuraten. Klares, fließendes Wasser mit Torffilterung. Bepflanzung mit *Echinodorus, Heteranthera*. pH-Wert 5,8 - 7,5; Härte bis 25° dGH (nach Gewöhnung).

ZU: Bei ca. 26° C, in weichem Wasser. Sandschicht als Bodengrund, dichte Bepflanzung. Dem ♀ sollte man eine kleine Höhle, z. B. eine Kokosnußschale, als Unterschlupf einräumen, damit es sich vor dem stark treibenden ♂ verbergen kann. Die Tiere laichen gern auf einem breitblättrigen Pflanzenblatt, etwa einer jungen *Echinodorus*. Die Larven (200 - 300) schlüpfen nach ca. 30 Stunden (25°C) und schwimmen weitere 48 Stunden später frei, um sich in der Umgebung "anzuhängen". Nach 5 Tagen ist der Dottersack aufgezehrt und die Fütterung mit feiner Infusoriennahrung muß beginnen. Solange die Eier/Larven auf dem Laichblatt liegen, betreibt der ♂ Brutpflege. Torf bzw. Torfextraktzugabe und ein Laichverpilzungsmittel (antibakteriell) sollten dem Zuchtwasser zugegeben werden.
FU: K, O; wie nachfolgende Art.
Bes.: Keine.

T: 23 - 27° C, **L**: 6 cm, **BL**: 60 cm, **WR**: m, **SG**: 2 - 3

Copella nattereri (STEINDACHNER, 1875)
Blaupunktsalmler

Syn.: *Pyrrhulina nattereri, Copeina callolepis.*
Vork.: Unterer Amazonas bis Rio Negro.
Ersteinf.: 1908 von HAASE, Hamburg.
GU: ♂ ist schlanker, etwas größer, hat kräftigere Farben und ein deutlich längere Flossen als das ♀.
Soz.V.: Friedliche Art, für Gesellschaftsbecken mit zarten Arten gut geeignet.
Hält.B.: Wie *C. metae.*
ZU: Wie in DATZ 9/91, S. 562 und DATZ 8/93, S. 540, von HOFFMANN ausführlich beschrieben. Aufzucht in 250 ml Kasten.

Jungfische fressen in den ersten Tagen nach dem Freischwimmen nur feinstes Tümpelstaubfutter und sind sehr empfindlich gegen räuberische Infusorien; daher täglicher Totalwasserwechsel nötig.
FU: K, O; feinstes Lebendfutter, zur Zucht junge Mückenlarven. Flockenfutter mit FD-Anteilen.
Bes.: Nach Beobachtungen von HOFFMANN fanden alle Laichabgaben (über 50) auf Blättern von *Ceratopteris pterioides*, die auf der Wasseroberfläche lagen und auf denen sich nur kleine Wassermulden mit Zugang zu dieser befanden, statt.

T: 23 - 27° C, **L**: 5 cm, **BL**: 60 cm, **WR**: m, **SG**: 2 - 3

Copella nigrofasciata (MEINKEN, 1952)
Rehsalmler

Syn.: *Pyrrhulina nigrofasciata.*
Vork.: Um Rio de Janeiro (Brasilien).
Ersteinf.: 1950 durch "Aquarium Hamburg".
GU: Flossen beim ♂ deutlich zugespitzt, beim ♀ gerundet. ♂ in den Flossen kräftiger gefärbt.
Soz.V.: Sehr friedliche Art, zur Vergesellschaftung mit zarten Arten geeignet.
Hält.B.: Wie vorgenannte *Copella*-Arten. Bei guten Wasserbedingungen mit Torffilterung, extrem weichem Wasser und Zugabe von einem guten Wasseraufbereitungsmittel erweist sich die Art als gut halfbar. pH-Wert 6,0 - 7,0; Härte bis 8° dGH.

ZU: Das ♂ putzt Pflanzenblätter, auf denen nach heftigem Treiben abgelaicht wird. Die Larven schlüpfen nach 25 - 30 Std., und die Jungfische gehen nach dem fünften Tag auf Futtersuche.
FU: K, O; feines Lebendfutter, FD- Menü, feines Flockenfutter.
Bes: GÉRY weist darauf hin, daß die Art wahrscheinlich identisch ist mit *C. eigenmanni* (REGAN, 1912). Diese Art kommt in Guyana und Para (Ostbrasilien) vor.

T: 21 - 25° C, **L**: 6 cm, **BL**: 60 cm, **WR**: o, **SG**: 2 - 3

Amerikanische Salmler

Copella metae

Copella nattereri

Copella nigrofasciata

Fam.: Lebiasinidae
Unterfam.: Lebiasininae

Schlanksalmler

Lebiasina astrigata (REGAN, 1903)
Punktierter Zwergraubsalmler

Syn.: *Piabucina astrigata*.

Vork.: Nördl. Südamerika; Rio Esmeralda, Rio Vinces, Kolumbien.

Ersteinf.: Nach 1970.

GU: ♂ bunter, ♀ voller, gerundeter Bauch.

Soz.V.: Etwas räuberisch, daher nicht mit kleinen Fischen vergesellschaften. Für Gesellschaftsbecken nur geeignet, wenn häufig kräftiges Lebendfutter gefüttert wird.

Hält.B.: Auch in sauerstoffarmen Gewässern ausdauernd. Die Schwimmblase ist wie bei den Raubsalmlern zu einem Atmungsorgan ausgebildet. Die Art ist sehr widerstandsfähig und anpassungsfähig. Interessant zu beobachten. Dichte Bepflanzung erforderlich, sonst scheu. In kleinen Verstecken wird der Beute aufgelauert. Wasserwerte von pH 5,8 - 7,8; Härte bis 25° dGH werden gut vertragen.

ZU: Bisher nicht gelungen.

FU: K; Lebendfutter (Würmer, kleine Fische), etwas FD-Futter nach Eingewöhnung.

Bes.: In der Gestalt ganz ähnlich den Raubsalmlern (*Erythrinus*). Bei diesen Salmlern fehlt bei einigen Exemplaren die Fettflosse, trotzdem handelt es sich um die gleiche Art. (GÉRY gibt nämlich an, daß bei dieser Art die Fettflosse in der Regel vorhanden ist, während sie bei anderen Gattungsangehörigen tatsächlich meistens fehlt.)

T: 22 - 26° C, **L**: 8 cm, **BL**: 70 cm, **WR**: m, **SG**: 2 - 3

Amerikanische Salmler

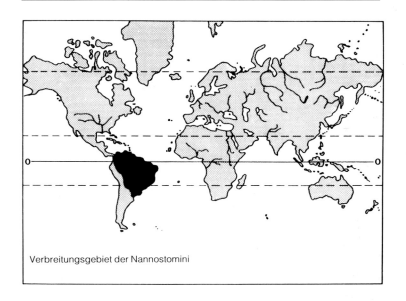

Verbreitungsgebiet der Nannostomini

Die Gattungen *Nannostomus* und *Nannobrycon* (Bleistiftfische)

Sie gehören alle zur Familie der Lebiasinidae, den Schlanksalmlern. WEITZMAN & COBB (1975) faßten alle Arten zu einer Gattung *Nannostomus* zusammen und lösten die alte Gattung *Poecilobrycon* auf. GÉRY (1977) führt für die beiden schrägstehenden Arten, *N. eques* und *N. unifasciatus*, die Gattung *Nannobrycon* HOEDEMAN, 1950, wieder ein. Dieser letzten Fassung wird in diesem Buch gefolgt, weil kein anderer als GÉRY sich so intensiv mit den Salmlern auseinandergesetzt hat.

Auf den nachfolgenden Seiten werden die acht häufigsten im Handel auftretenden Arten kurz beschrieben. Man beachte, daß die bekannten Namen *N. anomalus* und *N. aripirangensis* heute als Synonyme von *N. beckfordi* gelten.

Die wenigen weiteren bekannten Arten *Nannostomus digrammus*, FOWLER, 1913, *N. erythrurus* (EIGENMANN, 1909), *N. marilynae* WEITZMAN & COBB, 1975, eine neue Art, und *N. minimus* sind in Aussehen, Haltung und Pflege den hier behandelten Arten ähnlich, jedoch im Handel nicht zu haben.

Fam.: Lebiasinidae — Schlanksalmler

Soz.V.:
Die "Bleistiftfische" sind friedliche, scheue Tiere, die tagsüber versteckt zwischen Wurzeln und Pflanzenblättern dicht unter der Oberfläche (*Nannobrycon*) oder in den mittleren Wasserschichten zwischen im Wasser liegenden Zweigen (*Nannostomus*) stehen. Erst in der Dämmerung gehen sie auf Nahrungssuche und werden ein wenig munterer, ja oft sogar lebendig. In der Natur jagen sie dann nach kleinsten Insekten dicht unter oder an der Wasseroberfläche. Eine Vergesellschaftung mit lebhaften Fischen ist nicht angeraten. Dann werden *Nannostomus* und *Nannobrycon* scheu und gehen nicht ans Futter. Offenbar fühlen sie sich dann unwohl, ja unterdrückt.

Hält.B.:
Die Beckenlänge sollte bei allen Arten 50 cm nicht unterschreiten. Alle Arten dieser beiden Gattungen (außer *N. beckfordi*) stellen recht hohe Ansprüche an die Wasserbeschaffenheit. Das Wasser soll nitratfrei, weich und leicht sauer sein. In Gegenden mit hartem Wasser erreicht man dieses am besten über eine Entsalzungsanlage oder langfristiger Torffilterung, wozu man ungedüngten Ballentorf vom Gärtner nimmt. Der pH-Wert kann sich zwischen 5,5 und 7,0 einpendeln, soll aber keinen Schwankungen unterworfen sein (s. auch Kapitel Torffilterung, S. 62). Die Härte ist dann automatisch unter 4° KH, genau passend für diese empfindlichen Fischgattungen. Das Becken wird mit dunklem Bodengrund eingerichtet (Lavagrus, evtl. auch Torffasern) und gut, aber nicht zu dicht bepflanzt, da man sonst überhaupt nichts mehr sieht von diesen hübschen "Bleistiften". Die Wasseroberfläche kann mit schwimmendem Wasserfarn oder anderen Schwimmpflanzen abgedeckt sein. Wegen des dann mangelnden Lichtes am Boden wachsen dort lediglich Cryptocorynen, was nicht ganz stilecht wäre, denn diese kommen ja aus Asien. Es sagen ihnen aber die gleichen Wasserbedingungen zu, was sie für den vorgesehenen Zweck sehr geeignet macht. Bei regelmäßigem Wasserwechsel sollte ein gutes Wasseraufbereitungsmittel Anwendung finden, um Schwankungen im pH-Wert, Osmosedruckunterschiede usw. für die Fische erträglich zu machen. Die Temperatur wird bei den einzelnen Arten angegeben.

ZU:
Alle nachfolgend abgebildeten Arten sind im Aquarium bereits nachgezüchtet worden. Die Zucht ist schwierig bei den *Nannobrycon*-Arten und leichter bei *Nannostomus*. Alle Arten sind Laichräuber und stellen den soeben abgelaichten Eiern sofort nach. Deshalb sollte man das Zuchtbecken mit einem Ablaichrost

Amerikanische Salmler

ausstatten (große Plastikgewebe von ca. 3 - 4 mm Maschendichte). Darüber kommt ein faustgroßes Knäuel grüne Perlonwatte oder Javamoos. Das Wasser soll extrem weich (bis 2° KH) sein und einen pH-Wert von ca. 6,0 haben. Es werden nur einzelne Paare zur Zucht angesetzt. Je nach Art verschieden, werden 1 - 3 (*Nannobrycon*) oder ein bis einige Dutzend Eier pro Laichvorgang abgesetzt. Die Eier bleiben zwischen den Pflanzen hängen oder fallen auf den Boden. Wie fast alle Salmler sind auch diese Freilaicher und üben keine Brutpflege aus. Wenn man keinen Laichrost einsetzen kann, fängt man das Zuchtpaar nach dem Ablaichen heraus; bereits nach drei Tagen kann man es wieder ins Becken zurücksetzen. Dann erfolgt ein erneuter Laichakt.
Wenn man züchten will und alle Vorbedingungen dazu stimmen, wie Wasserbeschaffenheit, diffuses Licht, Bodengrund, gesunde Zuchttiere, und es trotzdem nicht klappen will, kann es am Futter liegen. Man sollte dann Schwarze Mückenlarven fangen, entweder in einem Waldtümpel, aus einem Regenfaß im Garten oder aus einer auf dem Balkon aufgestellten Milchkanne. Die Schwarzen Mückenlarven haben offenbar eine stimulierende Wirkung; in ihnen sind alle wertbestimmenden Aminosäuren (s. Kapitel Futter S. 882) enthalten. Sie kommen ihrer in der Natur vorkommenden Nahrung am nächsten. *Drosophila*-Fliegen kann man ebenfalls verwenden, um zu einem Laichansatz zu kommen. Die Aufzucht der Jungen, die nach 1 - 3 Tagen aus den Eiern schlüpfen, bereitet keine Schwierigkeit, wenn man genügend gutes Staubfutter (Infusorien, Rädertierchen) aus Tümpeln herbeischaffen kann oder dieses selbst züchtet (Bananenschalen-Aufguß usw.).

FU:
Diese Fische sind Karnivoren- und Limnovoren-Fresser (Fleisch- und Aufwuchsfresser). Wer kein gesundes, feines Lebendfutter zur Hand hat, füttert mit FD-Bestandteilen, z. B. feine Rote Mückenlarven, *Artemia* und Leber sowie ausgesiebte, bis 3 mm große Futterflocken. Lebendes *Artemia* wird von allen Arten gern genommen. Man sollte (ausgiebig) nach Feierabend füttern, da diese Fische naturgemäß dann erst auf Nahrungssuche gehen. Lebendfutter wie Artemien würden, am Morgen gefüttert, bis zum Abend eingegangen sein.

Bes.:
Einige Arten haben eine Fettflosse, einige andere dagegen nicht. Auch innerhalb derselben Art gibt es diese Unterschiede. Die Nachtfärbung aller Arten ist wesentlich anders als die Tagfärbung. Bei Nacht und auch bei schwachem Lampenlicht verschwinden die Längsstreifen fast völlig vor den unscharf abgegrenzten Querbändern, ähnlich wie bei *N. espei*.

Fam.: Lebiasinidae
Unterfam.: Pyrrhulininae

Schlanksalmler

Nannobrycon eques (STEINDACHNER, 1876)
Spitzmaul-Ziersalmler

Syn.: *Nannostomus eques, Poecilobrycon auratus.*

Vork.: Amazonas, Rio Negro (Brasilien), Ostkolumbien, Guyana.

Ersteinf.: 1910 von Aquarien-Verein Roßmäßler, Hamburg.

GU: ♀ gedrungener und rundere Bauchlinie; nicht so farbig wie das ♂.

Soz.V.: Friedlicher Schwarmfisch.

Hält.B.: Wie bei den *Nannostomus*-Arten.

ZU: s. S. 338.

FU: K; feines Lebendfutter, FD-Futtermittel, feinstes Flockenfutter.

Bes.: Bei schönen ♂ ♂ haben die Bauchflossen blauweiße Spitzen.

T: 23 - 28° C, **L**: 5 cm, **BL**: 60 cm, **WR**: o, **SG**: 3

Nannobrycon unifasciatus (STEINDACHNER, 1876)
Einbinden-Ziersalmler

Syn.: *Nannostomus unifasciatus, N. eques* (nicht STEINDACHNER), *Poecilobrycon unifasciatus, P. ocellatus.*

Vork.: Oberer Amazonas bis Kolumbien: Rio Madeira-Zuflüsse, Rio Negro; Guyana.

Ersteinf.: 1910 von WOLMER, Hamburg.

GU: Afterflosse beim ♀ schwarz, beim ♂ schwarz-rot-weiß.

Soz.V.: Friedlicher Schwarmfisch. Für Gesellschaftsbecken nur mit den zarteren, ruhigen Arten geeignet.

Hält.B.: Siehe Gattungsbeschreibung, Seite 338.

ZU: Siehe Gattungsbeschreibung, S. 338.

FU: K; feinstes Lebendfutter, am liebsten von der Wasseroberfläche. *Artemia* (nicht ausschließlich und auf Dauer). FD-Menü.

Bes.: Die bei einigen Autoren gesondert aufgeführten Art *N. (P.) ocellatus* ist wahrscheinlich eine besonders prächtig gefärbte Lokalrasse aus Guyana und vom Rio Madeira, Brasilien.

T: 25 - 28° C, **L**: 6 cm, **BL**: 60 cm, **WR**: o, **SG**: 3

Amerikanische Salmler

Nannobrycon eques

Nannobrycon unifasciatus

Fam.: Lebiasinidae
Unterfam.: Pyrrhulininae

Schlanksalmler

Nannostomus beckfordi   GÜNTHER, 1872
Längsbandziersalmler

Syn.: *Nannostomus anomalus, N. aripirangensis, N. simplex.*

Vork.: Guyana-Länder, unterer Rio Negro, mittlerer Amazonas.

Ersteinf.: 1911 durch SIGGELKOW, Hamburg.

GU: ♀ voller, ♂ schlanker und mit weißen Flossenspitzen.

Soz.V.: Friedliche, ruhige Art, die als einzige der Gattung mit lebhafteren Fischen vergesellschaftet werden kann. Sie sind für jedes Gesellschaftsbecken ohne räuberische Fische geeignet.

Hält.B.: Dichte Bepflanzung, Torffilterung, dunkler Bodengrund, klares Wasser und ruhige Beckeninsassen sind keine Notwendigkeit, die Art erfolgreich zu pflegen. Dennoch sind diese Faktoren vorteilhaft, wenn sich ein dauerhafter Erfolg zeigen soll. pH-Wert 6,0- 7,5; Härte bis 20° dGH.

ZU: Wie in der Gattungsbeschreibung auf Seite 338 angegeben. Zuchttemperatur 30° C.

FU: K, O; Flockenfutter, FD, feines Lebendfutter.

Bes.: Die am einfachsten zu pflegende Art der Gattung. Sie kommt in den unterschiedlichsten Farbvariationen vor.

T: 24 - 26° C, **L**: 6,5 cm, **BL**: 60 cm, **WR**: m, o, **SG**: 1 - 2

Nannostomus bifasciatus   HOEDEMAN, 1954
Zweibinden-Ziersalmler

Syn.: Keine.

Vork.: Surinam und Guyana.

Ersteinf.: 1953.

GU: Die Bauchflossen beim ♀ sind durchsichtig, beim ♂ bläulich-weiß.

Soz.V.: Friedlicher Schwarmfisch.

Hält.B.: Wie in der Gattungsbeschreibung, Seite 338 angegeben.

ZU: Wie in der Gattungsbeschreibung, Seite 338 angegeben.

FU: K, O; feines Lebendfutter, FD-Futtermittel, feines Flockenfutter.

T: 23 - 27° C, **L**: 4 cm, **BL**: 60 cm, **WR**: m, o, **SG**: 3

Amerikanische Salmler

Nannostomus beckfordi

Nannostomus bifasciatus

Fam.: Lebiasinidae
Unterfam.: Pyrrhulininae

Schlanksalmler

Nannostomus espei (MEINKEN, 1956)
Espes Ziersalmler, Gebänderter Ziersalmler

Syn.: *Poecilobrycon espei.*

Vork.: Südwestl. Guyana

Ersteinf.: 1955 von der Zierfischzüchterei und Importfirma ESPE, Bremen.

GU: Beim ♀ ist der Glanz des Goldstreifens schwächer als beim ♂. Die Analflosse ist beim ♂ lappenförmig verbreitert. ♂ ist schlanker als ♀.

Soz.V.: Friedlicher Schwarmfisch, von dem wenigstens zehn Stück in einem Becken gepflegt werden sollten.

Hält.B.: Siehe Gattungsbeschreibung auf Seite 338.

ZU: Wie in der DATZ 2/86, S. 49 - 50 von HOFFMANN berichtet wird, handelt es sich bei *Nannostomus espei* um einen Haftlaicher. Pro Laichvorgang, der zwischen 60 und 90 Sek. dauert, werden 5 bis 8 Eier an der Unterseite von Pflanzenblättern angeheftet, wobei herunterfallende Eier gierig von den Eltern gefressen werden. Gesamteizahl ca. 60 Stk. Die Jungfische wachsen sehr langsam, erst nach 6 Wochen ist eine schwache Barrenzeichnung zu erkennen.

FU: K, O; feinstes Lebendfutter, FD-Futtermittel (Rote Mückenlarven, Brine-Shrimps), gelegentlich Flockenfutter. Anflugnahrung wird besonders gern genommen.

Bes.: In der Entwicklung (Evolution) ist sie die am wenigsten weit entwickelte Art der Gattung. Die Art wird nur einmal im Jahr im Spätherbst bei flachstem Wasserstand gefangen. Es gelangen immer nur sehr wenige Exemplare zu uns.

T: 22 - 26° C, L: 3,5 cm, BL: 60 cm, WR: m, o, SG: 2 - 3

Nannostomus harrisoni EIGENMANN, 1909
Goldbinden-Ziersalmler

Syn.: *Archicheir minutus* (juv. Form), *N. kumirii, N. cumuni.*

Vork.: Guyana

Ersteinf.: 1968 durch BLEHER, Kelsterbach.

GU: Afterflossen beim ♂ in kräftigeren Farben.

Soz.V.: Friedlicher Schwarmfisch.

Hält.B.: Wie die *Nannobrycon*-Arten, Seite 338.

ZU: Siehe Gattungsbeschreibung, Seite 338.

FU: K; feines Lebendfutter, FD, feingemahlenes Flockenfutter.

Bes.: Gehört als einzige Art in die Untergattung *Poecilobrycon.*

T: 24 - 28° C, L: 6 cm, BL: 60 cm, WR: m,o, SG: 3 - 4

Amerikanische Salmler

Nannostomus espei

Nannostomus harrisoni

Fam.: Lebiasinidae
Unterfam.: Pyrrhulininae

Schlanksalmler

Nannostomus marginatus
Zwergziersalmler

EIGENMANN, 1909

Syn.: Keine.

Vork.: Surinam, Guyana, Amazonas-Unterlauf?

Ersteinf.: 1928 von der Fa. SCHULZE und PÖTZSCHKE, Berlin.

GU: ♀ rundlicher als ♂.

Soz.V.: Sehr friedlicher, schüchterner Fisch, mit allerkleinsten Zierfischarten gut zu vergesellschaften.

Hält.: Mit Schwimmpflanzen gut bepflanzte Becken, jedoch auch genügend freiem Schwimmraum an der Oberfläche und im Mittelbereich. Etwas Strömung und sehr klares, torfbraunes Wasser werden von der Art geschätzt. pH-Wert 5,8 - 7,5 (6,5); dGH bis 15° (4°).

ZU: S. Gattungsbeschreibung, Seite 338.

FU: K, O; feines Lebendfutter (*Artemia*), *Cyclops*, FD-Futtermittel, feine Flockenfutter, FD-Tabletten. Die erfolgreiche Pflege hängt im wesentlichen von der häufigen Fütterung in kleinen Portionen ab.

Bes.: Die kleinste Art der Gattung. Sie ist eine Augenfreude für den Liebhaber kleiner Arten.

T: 24 - 26° C, **L:** 3,5 cm, **BL:** 40 cm, **WR:** m, o, **SG:** 2 - 3

Nannostomus trifasciatus
Dreibinden-Ziersalmler

STEINDACHNER, 1876

Syn.: *Poecilobrycon vittatus, P. auratus, P. trifasciatus, N. trilineatus.*

Vork.: Brasilien, Rio Tocantins, südliche Amazonas-Nebenflüsse, Belem, Guajara-Mirim (Rio Madeira), Mato Grosso.

Ersteinf.: 1912 von EIMEKE, Hamburg.

GU: ♀ rundlicher und in den Farben weniger kräftig.

Soz.V.: Friedlicher Schwarmfisch, bedingt auch für Gesellschaftsbecken geeignet.

Hält.B.: S. Gattungsbeschreibung, Seite 338.

ZU: S. Gattungsbeschreibung, Seite 338.

FU: K, O; FD-Futtermittel, feines Lebendfutter, ausgesiebte feine Futterflocken bis 3mm Ø.

Bes.: Gilt als schönster Vertreter seiner Gattung.

T: 24 - 28° C, **L:** 5,5 cm, **BL:** 60 cm, **WR:** m, o, **SG:** 2

Amerikanische Salmler

Nannostomus marginatus

Nannostomus trifasciatus

Fam.: Lebiasinidae
Unterfam.: Pyrrhulininae

Schlanksalmler

Pyrrhulina filamentosa   VALENCIENNES, 1846

Syn.: Keine.

Vork.: Guyana-Länder, Venezuela, Amazonas.

Ersteinf.: Nicht bekannt.

GU: ♂ schlanker und größer. Das Foto zeigt drei ♀♀.

Soz.V.: Die Art ist zwar kein Räuber, aber dennoch besser im Artenbecken zu halten. Falls möglich, ist ein Schwarm von wenigstens sieben Tieren zu halten. Die manchmal streitlustigen ♂♂ behelligen sich dann weniger.

Hält.B.: Größere, dichtbepflanzte Becken mit dunklem Sandboden, kräftiger Strömung und Unterstandmöglichkeit unter der Wasseroberfläche. pH-Wert 5,8 bis 7,5; Härte bis 18° dGH.

ZU: Bisher keine Literatur, dürfte jedoch wie bei *P. vittata* sein.

FU: K, O; Lebendfutter (Mückenlarven), Flockenfutter mit FD-Anteilen.

Bes.: Die größte und seltenste Art der Gattung. Sie ist Genustype. Der Name *Pyrrhulina* bedeutet "kleiner Dompfaff".

T: 23 - 28° C, **L:** 12 cm, **BL:** 80 cm, **WR:** m, u, **SG:** 2 - 3

Pyrrhulina vittata   REGAN, 1912
Kopfbindensalmler

Syn.: Keine.

Vork.: Amazonasbecken und Rio Madeira.

Ersteinf.: 1912 von KROPAC, Hamburg.

GU: ♂ zur Laichzeit Bauch- und Afterflossen rot. ♂♂ balzen sich auch außerhalb der Laichzeit an oder verdrängen den Schwächeren von einem guten Standplatz; ♀♀ tun das nicht.

Soz.V.: Friedliche Art, s. GU; für Gesellschaftsbecken mit fingerlangen, ruhigen Fischen geeignet. Kein eigentlicher Schwarmfisch, dennoch oft in Gruppen anzutreffen.

Hält.B.: Große, nicht zu helle Becken mit kräftigem Pflanzenwuchs und einem Platz im Vordergrund zum Ausschwimmen. Sandboden. Kräftige Filterung (Strömung!) mit Torf. pH-Wert 6,0 - 7,5; Härte bis 20 ° dGH, besser 10°.

ZU: Das ♂ duldet das ♀ nur zum eigentlichen Ablaichen in seiner Nähe. Das ♂ säubert den Legeplatz auf einem breiten Pflanzenblatt oder Stein. Nach dem Ablaichen wird das ♀ verscheucht, das ♂ befächelt die Eier und verteidigt das Gelege. 200 - 300 Larven schlüpfen nach zwei Tagen und schwimmen nach 5 Tagen frei. Die Jungen nehmen am liebsten zunächst *Cyclops*-Nauplien, ab 5. Tag *Artemia*. Im Zuchtbecken Altwasser verwenden.

FU: K; Lebendfutter, Flockenfutter nur in Ausnahmefällen, da keine Partikel ohne Eigenbewegung genommen werden.

Bes.: Die Art ähnelt *P. spilota*, kann jedoch durch die andere Anordnung der Flecken und die Stellung der Dorsale unterschieden werden. Im Äußeren ist die Art *Copella arnoldi* sehr ähnlich, im Verhalten jedoch grundverschieden.

T: 23 - 27° C, **L:** 6 cm, **BL:** 60 cm, **WR:** m, o, **SG:** 3

Amerikanische Salmler

Pyrrhulina filamentosa

Pyrrhulina vittata

Fam.: Serrasalmidae — Sägesalmler

Acnodon normani
Schafpacu
GOSLINE, 1951
Unterfam.: Myleinae

Syn.: Keine.

Vork.: Rio Xingu, Rio Tocantins, Brasilien.

Ersteinf.: 1975 durch BAENSCH, Melle. Nur ein Exemplar.

GU.: Nicht bekannt.

Soz.V.: Friedliche Art, meist in Schwärmen. Pflanzenfresser. Der deutsche Name (aus dem Englischen übersetzt) bezieht sich auf das Abweiden pflanzlicher Stoffe durch den Schwarm wie von einer Schafherde. Die Fische sind recht ausdauernd, selbst unter schlechten Wasserbedingungen. Ein flaches, helles Becken mit etwas Unterstand, Plastikpflanzen, Wurzeln und Sandboden dürften für die Art am besten sein. pH-Wert 5,8 - 7,2; Härte bis 18° dGH.

ZU: Nicht bekannt.

FU: H; Früchte, Pflanzen, Samen, Flockenfutter (Pflanzenkost).

Bes.: Die Art wird bisher nicht importiert, da im Vorkommensgebiet keine Exportstation liegt. Sie ist den Scheiben- und Sägesalmlern nahe verwandt, hat jedoch auf der Brustseite keine Sägezähne.

T: 22 - 28° C, **L:** 10 - 15 cm, **BL:** 100 cm, **WR:** m, u, **SG:** 3

Colossoma macropomum
Schwarzer Pacu, Riesenpacu, Gamitana
(COPE, 1871)

Syn.: *Colossoma nigripinnis, C. oculus, Myletes nigripinnis, M. oculus, Piaractus nigripinnis*.

Vork.: Amazonasgebiet.

Ersteinf.: 1912 von RACHOW und EIMEKE, Hamburg.

GU: Das ♂ soll eine spitz ausgezogene Rückenflosse und gezähnte Afterflosse haben.

Soz.V.: Friedlicher Schwarmfisch, Pflanzenfresser.

Hält.B.: Die Art benötigt sehr viel Platz, Versteckmöglichkeiten zwischen Wurzeln und reichlich Pflanzennahrung. In einem zu kleinen Becken sind die Fische ständig verängstigt und scheu. An das Wasser werden keine hohen Anforderungen gestellt: pH 5,0 - 7,8; Härte bis 20° dGH.

ZU: Bisher nicht gelungen.

FU: H; Salat, Spinat, Vogelmiere.

Bes.: Nur für große Schauaquarien geeignet.

T: 22 - 28° C, **L:** über 60 cm, **BL:** ab 120 cm, **WR:** m, **SG:** 3 (H)

Amerikanische Salmler

Acnodon normani

Colossoma macropomum

Fam.: Serrasalmidae
Unterfam.: Myleinae

Sägesalmler

Metynnis argenteus AHL, 1923
Scheibensalmler, Silberdollar

Syn.: *Metynnis anisurus, M. dungerni, M. eigenmanni, M. heinrothi, M. smethlageae.*

Vork.: Guyana, Amazonas östlich vom Rio Negro in verkrauteten Seitenarmen der Flüsse.

Ersteinf.: 1913.

GU: Afterflosse beim ♂ vorn rot und länger ausgezogen.

Soz.V.: Friedlicher, flinker Schwarmfisch.

Hält.B.: Geräumige flache Becken mit gedämpftem Licht, Versteckmöglichkeiten aus Wurzelwerk. Plastikpflanzen sind bei Pflege dieser Fischarten als Dekoration nicht zu verachten. Gute Durchlüftung, dunkler Bodengrund. Torfgefiltertes Wasser oder Torfextrakt. pH 5,0 - 7,0; Härte bis 15° dGH.

ZU: Ähnlich wie bei *M. hypsauchen*.

FU: H; weiche Pflanzen aller Art. Salat, Kresse, Vogelmiere, Pflanzenflockenfutter (Großflocken).

Bes.: Tiere aus einigen Vorkommensgebieten haben schwache Tupfen auf den Körperseiten.

In den USA ist der "Silberdollar" einer der beliebtesten Fische. In den oft mit Plastikpflanzen und buntem Kies ausgestatteten Aquarien wirkt er sehr dekorativ. Da hier Plastikpflanzen häufig Verwendung finden, können mehr pflanzenfressende Fischarten gepflegt werden, als es bei uns der Fall ist.

T: 24 - 28° C, **L:** 14 cm, **BL:** 100 cm, **WR:** m, **SG:** 3 (H)

Metynnis hypsauchen (MÜLLER & TROSCHEL, 1844)
Dickopf-Scheibensalmler, Schreitmüller´s Scheibensalmler

Syn.: *Metynnis callichromus, M. erhardti, M. fasciatus, Myletes hypsauchen, M. orinocensis, M. schreitmülleri.*

Vork.: Guyana-Länder, Orinoco, westlicher Amazonas und Paraguay-Becken.

Ersteinf.: 1912.

GU: Afterflosse beim ♂ kräftiger rot und schwarz gesäumt, auch länger ausgezogen, beim ♀ fehlen diese Merkmale.

Soz.V.: Friedlicher Schwarmfisch.

Hält.B.: Wie *Metynnis argenteus*.

ZU: Die Zucht ist bei geeignetem Zuchtpaar(en) - es wird häufig im Schwarm abgelaicht - relativ einfach. Temperatur 26-28° C, Weichwasserzugabe. Das vorher abgedunkelte Becken wird jetzt beleuchtet. pH 6,0 - 7,0; Härte bis 10° dGH. KH unter 4°. Evtl. Torffilterung. Einige Büschel Schwimmpflanzen werden auf die Wasseroberfläche gelegt. Dazwischen laichen die Tiere gern ab. Die Eier fallen zu Boden (bis zu 2000). Die Eier werden nicht gefressen. Die Jungen schlüpfen nach drei Tagen und schwimmen nach weiteren drei Tagen frei, heften sich an die Scheiben und fangen weitere zwei Tage später an zu fressen (feinstes tierisches Plankton).

FU: H; Pflanzenkost jeder Art, einige Tiere nehmen sogar gern ausgequetschte Haferflocken.

Bes.: Gelegentlich fallen die Tiere über kranke Artgenossen her und entwickeln dann ein piranhaähnliches Verhalten.

T: 24 - 28° C, **L:** 15 cm, **BL:** 120 cm, **WR:** m, **SG:** 3 (H)

Amerikanische Salmler

Metynnis argenteus

Metynnis hypsauchen ♀

Fam.: Serrasalmidae
Unterfam.: Myleinae

Sägesalmler

Metynnis lippincottianus
Gefleckter Scheibensalmer, Roosevelt´s Scheibensalmler
(COPE, 1871)

Syn.: *Myletes lippincottianus, Metynnis roosevelti, M. seitzi, M. goeldii, M. orbicularis.*

Vork.: Amazonasbecken, im Weißwasser weit verbreitet.

Ersteinf.: 1912 von den Vereinigten Zierfischzüchtereien, Berlin-Conradshöhe.

GU: ♂ rot gesäumte Afterflosse, die vorn spitz ausgezogen ist.

Soz.V.: Friedlicher Schwarmfisch. Für Gesellschaftsbecken ohne Pflanzen geeignet.

Hält.B.: Einer der am einfachsten zu pflegenden Scheibensalmer. Die Fische leben in der Natur nur in stark gedämpftem Licht und sind deshalb bei zu heller Beleuchtung sehr scheu. Als Bepflanzung könnte Javafarn versucht werden. Die wenigsten Fische mögen diesen. Sonst viel Wurzeln und Plastikpflanzen als Dekoration. Dunkler Bodengrund. Viel Schwimmraum lassen. Wasser: pH 5,5 bis 7,5; Härte bis 22° dGH.

ZU: Siehe *M. hypsauchen.*

FU: H; Pflanzenkost aller Art, Wasserflöhe.

Bes.: Von der nahe verwandten Art *M. maculatus* am Prädorsalstachel (bei *M. maculatus* ist dieser gesägt, bei *M. lippincottianus* normalerweise ungesägt) und an der Zahl der bauchseitigen Sägezähne (*M. m.* = 36-41, *M. l.* = 29-37) zu unterscheiden. Die Fleckenmuster auf dem Körper sind sehr variabel.

T: 23 - 27° C, **L:** 13 cm, **BL:** 100 cm, **WR:** m, **SG:** 2 (H)

Myleus rubripinnis
Haken-Scheibensalmler
(MÜLLER & TROSCHEL, 1844)

Syn.: *Myloplus rubripinnis, M. asterias, M. ellipticus.*

Vork.: Guyana-Länder, Amazonasgebiet.

Ersteinf.: 1967 durch BLEHER, Kelsterbach.

GU: Nicht beschrieben.

Soz.V.: Friedliche Schwarmfische.

Hält.B.: Wie *Metynnis argenteus*, eher etwas empfindlicher. Stark sauerstoffbedürftig. Die Scheibensalmer sind häufig mit glasklaren, nadelspitzgroßen Bläschen bedeckt. Dieses sind nicht etwa Luftbläschen, sondern stammen von einer Krankheit, die bisher nicht näher beschrieben wurde.

ZU: Bisher nicht nachgezüchtet.

FU: O; pflanzliche Kost und tierisches Plankton; Flockenfutter, Wasserflöhe.

Bes.: Es wurden zwei Unterarten beschrieben:
Die adulten Tiere bleiben silberfarbig (*M. rubripinnis rubripinnis*).
Die adulten Tiere werden dunkel mit roten Sprenkeln (*M. rubripinnis luna*).
Die früher häufiger verwendete Gattungsbezeichnung *Myloplus* ist heute Untergattung von *Myleus*.

T: 23 - 27° C, **L:** 10 cm im Aqu.; bis 25 cm in der Natur, **BL:** 80 cm, **WR:** m, **SG:** 3 - 4

Amerikanische Salmler

Metynnis lippincottianus

Myleus rubripinnis

Fam.: Serrasalmidae — Sägesalmler

Mylossoma duriventre (CUVIER, 1818)
Mühlsteinsalmler
Unterfam.: Myleinae

Syn.: *Myletes duriventris, Mylossoma albicopus, M. ocellatus, M. argenteum, M. unimaculatus* (Jugendform).

Vork.: Südliches Amazonasgebiet bis Argentinien.

Ersteinf.: 1908 vom Aquarium-Verein Roßmäßler, Hamburg, durch KITTLER.

GU: Unbekannt.

Soz.V.: Friedliche Schwarmfische flacher Flüsse, wo sie als Jungtiere zwischen Wasserpflanzen leben und ständig "grasen". Die Alttiere ziehen immer dorthin, wo sie genügend Vegetation finden.

Hält.B.: Wegen der zu erwartenden Größe und des starken Pflanzenbedarfs kein beliebter Aquariumfisch. Die Art ist sehr sauerstoffbedürftig und stirbt in Massen bei stark sinkendem Wasserspiegel der Flüsse in der Trockenzeit: die Fische werden dann leicht die Beute von geierartigen Vögeln. Im Aquarium sind Jungtiere bis 10 cm Länge gut ausdauernd. Wasser: pH 5,0 - 7,8; Härte bis 20° dGH. Bei starkem Wechsel der Wasserbedingungen "kippt" die Art schnell.

ZU: Nicht bekannt: dürfte aber der von *Metynnis* ähnlich sein.

FU: H; Pflanzenkost, Kopfsalat, Spinat, Vogelmiere.

Bes.: Den Namen Sägesalmler hat diese Fischfamilie von den sägeartigen Zähnchen zwischen Bauchflossen und Afterflosse. Jungtiere sind sehr hübsch mit einem schwarzen Fleck unterhalb der Rückenflosse gezeichnet.

T: 22 - 28° C, **L**: über 20 cm, **BL**: 150 cm, **WR**: m, u, **SG**: 4 (H)

Pygocentrus nattereri (KNER, 1859)
Natterers Sägesalmler, Roter Piranha
Unterfam.: Serrasalminae

Syn.: *Pygocentrus altus, P. stigmaterythraeus, Rooseveltiella nattereri, Serrasalmo piranha, Serrasalmus nattereri, S. ternetzi*.

Vork.: Guyana bis zum La Plata-Gebiet.

Ersteinf.: 1911.

GU: ♂ mit roter Kehle und silbriggold, ♀ gelber gefärbt.

Soz.V.: Gefährlicher Schwarmfisch. Wenn sie hungrig sind, greifen diese Tiere alles Lebende an und zerstückeln es in Minuten.

Hält.B.: In großen Becken mit starker Filterung relativ einfach zu halten, wenn man die Nahrungsbeschaffung sicherstellt. Wasser: pH 5,5 - 7, 5; Härte bis 20° dGH.

ZU: In großen Schauaquarien bereits gelungen. Die Einleitung der Paarung erfolgt meist nach Frischwasserzugabe. pH neutral, ca. 6° dGH. Die ♂♂ wühlen im Kiesboden tellergroße Gruben, in die die Eier abgelegt werden. Der Laichakt erfolgt in der Dämmerung zwischen 4 - 5 Uhr morgens. ♂ verteidigt das Gelege heftig. 24 Std. verteidigt auch das ♀ das Gelege, danach wird es vom ♂ verjagt. Wenn die Eier entfernt werden, so laicht das ♂ mit einem anderen ♀ aus dem Schwarm 2 - 3 Tage später neu. Die Eier werden am ungefährlichsten durch Abteilen mittels Glasscheiben vorsichtig zusammen mit dem Kies entfernt. Die Eier kleben auf dem Kies. Sie sind goldfarbig klar. Ein Gelege besteht aus 500 - 1000 Eiern. Im Aufzuchtbecken schwimmen die Jungen vom 8. Tag an frei. Sie werden nach Aufzehren des Dottersacks ab 4. - 5. Tag mit *Artemia* gefüttert. Ab 1. Monat müssen die Jungen nach Größe sortiert werden. Ab 3. Monat erhalten sie Rote Mückenlarven (lebend), geschabtes Fleisch und Fischfilet. Füttert man Mückenlarven zu früh, besteht die Gefahr, daß Tiere ersticken.

FU: K; Fleischnahrung aller Art; Fischfilet und -abfälle.

Bes.: Vorsicht, die Art beißt beim Hantieren im Aquarium kräftig zu, wenn sie sich bedroht fühlt. In den USA ist die Einfuhr wegen der Gefahr von Verschleppung (Aussetzen) in einheimische Gewässer verboten worden.

Das Foto Seite 359 zeigt ein Tier von 12 cm Länge mit dem für Jungtiere typischen gepunkteten Jugendkleid.

T: 23 - 27° C, **L**: 28 cm, **BL**: 120 cm, **WR**: m, **SG**: 4 (K).

Amerikanische Salmler

Mylossoma duriventre

Pygocentrus nattereri adultes ♂

Fam.: Serrasalmidae
Unterfam.: Serrasalminae

Sägesalmler

Serrasalmus rhombeus
Gefleckter Sägesalmler, "Roter Piranha"

(LINNAEUS, 1766)

Syn.: *S. paraense, S. niger, Salmo rhombeus, S. albus, S. caribi, S. humeralis, S. immaculatus, S. iridopsis.*

Vork.: Guyana-Länder und Amazonasbecken.

Ersteinf.: 1913 durch EIMEKE, Hamburg.

GU: Afterflosse beim ♂ vorn spitz ausgezogen, beim ♀ gerade.

Soz.V.: Räuberischer Schwarmfisch, der aber Menschen nicht angreift. Im Aquarium ist trotzdem Vorsicht geboten. Ein Finger ist in Panik vom Fisch schnell einmal attackiert und blutet stark infolge der rasiermesserscharfen Zähne.

Hält.B.: Gut abgedunkelte Becken mit Schwimmpflanzendecke. Steinaufbauten, starke Filterung, grobkiesiger Bodengrund, der so übersichtlich sein sollte, daß keine faulen Nahrungsbrocken übersehen werden können. Weiches Wasser bis 10° dGH, pH-Wert 5,8 - 7,0. Die Art sollte nur im Artenbecken gepflegt werden, obwohl größere, auch artfremde Beckeninsassen nur dann angegriffen werden, wenn diese Zeichen von Krankheit oder Schwäche (taumeln usw.) zeigen.

ZU: Ist bereits in der Wilhelma, Stuttgart, gelungen. Nähere Angaben liegen nicht vor, evtl. wie bei *S. spilopleura*.

FU: K; als Jungtier größeres Lebendfutter, auch grobes Flockenfutter, später Fische, Fischfleisch und Rinderherz. Fütterung nur 2 - 3 mal wöchentlich.

Bes.: Die prächtig gezeichneten Jungtiere verblassen später und färben sich eintöniger grausilber mit einigen Flecken. Das Foto zeigt ein Jungtier von ca. 9 cm Länge. Bei BLOCH hieß der Fisch im Deutschen Sägebauch.

T: 23 - 27° C, **L**: 38 cm, **BL**: 120 cm, **WR**: u, m, **SG**: 4 (G)

Serrasalmus spilopleura
Schwarzband-Sägesalmler

KNER, 1860

Syn.: *Pygocentrus dulcis, P. melanurus, P. nigricans, Serrasalmus aesopus, S. maculatus.*

Vork.: Amazonasgebiet, La Plata, Orinoco.

Ersteinf.: 1899 von MATTE, Berlin-Lankwitz.

GU: ♀ hat eine tiefer gekerbte Schwanzflosse.

Soz.V.: Räuberische Schwarmfische, die nicht für das normale Aquarium geeignet sind.

Hält.B.: Gute Filterung ist erforderlich, da der hohe Stoffwechsel dieser großen Tiere das Wasser schnell mit Eiweißabbaustoffen belastet. Wasser: pH 5,0 - 7,0; Härte bis 18° dGH.

ZU: Die Zucht ist möglich. Im Duisburger Aquarium wurde eine *Serrasalmus*-Art nachgezogen. Die Paare laichten zwischen Wasserpflanzenwurzeln (*Eichhornia*) an der Oberfläche ab. Die Eier sind ca. 4 mm im Durchmesser. Nach zwei Tagen schlüpfen die Jungfische und schwimmen nach weiteren 8 - 9 Tagen frei. Aufzucht am einfachsten mit *Artemia*, nach 10 Tagen mit *Cyclops*, dann Daphnien. Temperatur 25 - 26° C.

FU: K; große Regenwürmer, Futterfische, Fleisch- und Fischreste.

Bes.: Nicht so raubgierig wie *S. nattereri* oder *S. piraya*, der hier nicht abgebildet wird.

T: 23 - 28° C, **L**: 25 cm, **BL**: 150 cm, **WR**: m, **SG**: 4 (K)

Amerikanische Salmler

Serrasalmus rhombeus

Serrasalmus spilopleura

Gruppe 3 Ordnung: Cypriniformes

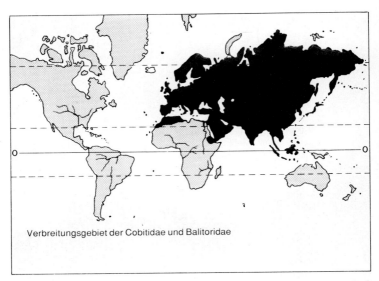

Verbreitungsgebiet der Cobitidae und Balitoridae

Die Familie Cobitidae Schmerlen, Dorngrundeln

Die Schmerlen oder Dorngrundeln stellen eine kleine Fischfamilie mit etwa 100 Arten dar. Alle Arten sind reine Süßwasserbewohner. Die Familie ist über ein großes, aber dennoch geschlossenes Gebiet verbreitet, das ausschließlich Teile der Alten Welt umfaßt. So kommen die Schmerlen in ganz Europa und Asien einschließlich des Malaiischen Archipels vor. In Afrika findet man dagegen nur einige Arten in Marokko und Äthiopien. Die größte Artenzahl erreichen die Cobitiden in Süd- und Südostasien. Die Anzahl der Arten nimmt nach Norden und Westen immer mehr ab. In Deutschland kommen deshalb nur noch drei Arten vor *(Cobitis taenia, Misgurnus fossilis, Barbatula barbatula)*.

Die Schmerlen umfassen meist kleine Arten, nur einige *Misgurnus-, Botia-* und *Noemacheilus*-Arten können 30 cm und mehr Länge erreichen. Die Dorngrundeln sind durch einen langgestreckten, meist walzenförmigen Körper charakterisiert. Einige Arten weisen einen abgeflachten Bauch auf. Das Maul ist überwiegend unterständig. All diese Merkmale deuten auf die Lebensweise als Bodenfische hin. Der Körper der Schmerlen ist mit kleinen Schuppen bedeckt oder ganz oder teilweise nackt. Das Maul ist zahnlos. An den Lippen befinden sich 3 - 6 Paar kurze bis mäßig lange

Karpfenähnliche Fische

Carassius auratus, s. S. 410

Barteln. Es sind einreihig angeordnete Schlundzähne vorhanden. Der vordere Teil der Schwimmblase ist von einer Knochenkapsel umgeben. Die Tiere haben den Namen Dorngrundeln durch die ein- oder zweispitzigen Dornen erhalten, die schräg unterhalb der Augen liegen. Diese Dornen können aufgerichtet und festgestellt werden. Zum Teil sind die Dornen in die Haut eingebettet oder fehlen ganz (einige *Noemacheilus*-Arten). Bei vielen Schmerlen fungiert der Darm als zusätzliches Atemorgan (Beispiel: *Misgurnus*-Arten). Die Aufnahme von atmosphärischem Sauerstoff im Darm ermöglicht es den Tieren, in sauerstoffarmen Gewässern zu leben. Die Nahrung der Dorngrundeln besteht überwiegend aus Insektenlarven und Würmern (*Tubifex*). Die Barteln der Schmerlen enthalten Geschmacksknospen und leisten deshalb beim Aufspüren der Nahrung gute Dienste. Trockenfutter wird von einigen Arten gefressen, ebenso pflanzliche Beikost in Form von weichen Algen. Die abgehandelten Gattungen weisen die nachfolgenden Besonderheiten auf (teilweise nach SMITH oder STERBA).

Acanthopsis: Langgestreckt, niedrig; die Augen sind von einer durchsichtigen Haut bedeckt; Kopf ohne Schuppen; 3 Paar Barteln; vollständig ausgebildete Seitenlinie; einspitziger Augendorn.

Pangio: Langgestreckt, wurmförmig, Augen sind von einer durchsichtigen Haut bedeckt; Kopf ohne Schuppen; Ansatzstelle der Bauchflosse weit vor dem Beginn der Rückenflosse; 4 Paar Barteln, davon 1 Paar am Unterkiefer; keine Seitenlinie; zweispitzige Augendornen.

Botia: Körper gedrungener und mäßig hochrückig, oft seitlich abgeflacht; Augen sind nicht mit einer durchsichtigen Haut bedeckt; Ansatzstelle der Bauchflossen unter oder hinter dem Beginn der Rückenflosse; 3 Paar Barteln; zweispitziger Augendorn.

Cobitis: Kopf seitlich stark zusammengedrückt; Augen nicht von einer durchsichtigen Haut bedeckt; 3 Paar Barteln, davon 1 Paar am Unterkiefer; unvollständige Seitenlinie; einspitziger oder zweispitziger Augendorn.

Lepidocephalus: Langgestreckt, niedrig; Augen sind von einer durchsichtigen Haut bedeckt; Kopf teilweise mit Schuppen; 4 Paar Barteln, davon 1 Paar am Unterkiefer; einspitziger Augendorn.

Misgurnus: Körper vorn fast drehrund, weiter hinten seitlich abgeflacht; 5 Paar Barteln, davon 2 Paar am Unterkiefer; rudimentäre Seitenlinie; Augendorn in Kopfhaut verborgen.

Noemacheilus: Körper teilweise rund bis abgeflacht; 3 Paar Barteln; Seitenlinie vollständig oder unvollständig; Augendorn ganz winzig und von der Haut bedeckt oder ganz fehlend.

Karpfenähnliche Fische

Die unterschiedliche Einrichtung der Becken ist bei den einzelnen Arten aufgeführt, ebenso Angaben über Wasserbeschaffenheit, Temperatur und Lichtverhältnisse im Aquarium.
Über die Fortpflanzung der Schmerlen sind bisher nur wenige Einzelheiten bekannt geworden. Über die Fortpflanzungsbiologie einiger Arten weiß man so gut wie nichts. Zuchterfolge bei Schmerlen sind meist Zufall. Eine gezielte Zucht ist trotz vieler Bemühungen noch nicht möglich. Die in der Aquarienliteratur beschriebenen Abläufe des Laichvorganges widersprechen sich oft und müssen deshalb mit einer gewissen Vorsicht aufgenommen werden. Es wird sogar über den Bau eines Schaumnestes berichtet, doch scheint diese Angabe nicht richtig zu sein. Dem Pfleger dieser Fischfamilie bleibt noch ein weites Feld, genaue Beobachtungen zur Lebensweise und Fortpflanzung vieler Schmerlen-Arten zu liefern.

Zuchtformen von *Puntius tetrazona*; oben Albino, unten "Moosbarbe"

Fam.: Cobitidae
Unterfam.: Cobitinae

Schmerlen, Dorngrundeln

Pangio kuhlii (VALENCIENNES, 1846)
Geflecktes Dornauge

Syn.: *Cobitis kuhlii, Acanthophthalmus fasciatus, A. kuhlii.*
Vork.: Südostasien: Thailand, Westmalaysia, Singapur, Sumatra, Java, Borneo.
Ersteinf.: 1909 von den Vereinigten Zierfischzüchtereien in Conradshöhe bei Berlin.
GU: Keine sicheren bekannt.
Soz.V.: Einzelgängerisch lebende, dämmerungs- bzw. nachtaktive Fische, die tagsüber ein verstecktes Leben führen.
Hält.B.: Weicher Bodengrund, dieser kann auch mit dünner Mulm- oder Torfschicht bedeckt sein. Dichte Bepflanzung mit feinfiedrigen Pflanzen. Feinfiedrige Pflanzen aber nur, wenn keine Mulmschicht vorhanden ist. Verstecke aus Wurzeln und Steinen. Schwimmpflanzen zur Dämpfung des Lichtes. Wasser kalkarm (weich) und torfsauer (pH um 6). *Pangio*-Arten sind wärmebedürftig.

ZU: Im Aquarium nur in Ausnahmefällen gelungen. Diese Erfolge sind aber meist dem Zufall zu verdanken. Die Eier werden unter der Wasseroberfläche abgegeben. Sie kleben an den Wurzeln der Schwimmpflanzen oder bleiben dort hängen. Die Eier haben eine hellgrüne Färbung und sind sehr klein.
FU: K, O; Lebendfutter aller Art, gefriergetrocknete Futtertabletten (FD). Abends füttern, da nachaktive Fische.
Bes.: Diese Art spaltet sich in zwei Unterarten, *Pangio kuhlii kuhlii* (VAL., 1846) und *P. kuhlii sumatranus*, FRASER-BRUNNER, 1940 (Sumatra Dornauge). Diese Unterart wurde zuerst eingeführt (1909), aber erst 1940 als Unterart beschrieben. Beide Unterarten unterscheiden sich nur durch Färbung und Zeichenmuster. Nach KLAUSEWITZ gehört *P. myersi* ebenfalls in diese Gruppe und hieße dann *P. kuhlii myersi*.

T: 24 - 30° C, **L**: 12 cm, **BL**: 60 cm, **WR**: u, **SG**: 2

Pangio shelfordii POPTA, 1901
Borneodornauge

Syn.: *Acanthophthalmus shelfordii.*
Vork.: Malaiischer Archipel: Borneo, Sarawak und heutiges Ostmalaysia.
Ersteinf.: 1939 (1933 ?).
GU: Bisher keine bekannt.
Soz.V.: Ähnlich dem von *Pangio kuhlii.*
Hält.B.: Siehe bei *Pangio kuhlii.*
ZU: In Gefangenschaft wahrscheinlich noch nicht gelungen.
FU: K, O; Lebendfutter, das hauptsächlich vom Boden aufgenommen wird. Flockenfutter, Tablettenfutter.
Bes.: *Pangio shelfordii* wird zur kuhlii-Gruppe gezählt. Die *P. kuhlii*-Gruppe umfaßt größere *Pangio*-Arten wie *P. kuhlii, P. semicintus, P. myersi* und *P. shelfordii*. Sie unterscheidet sich außer durch die Größe der Fische von der *P. cuneovirgatus*-Gruppe *(P. cuneovirgatus, P. robiginosus)* durch die Form der Schuppen. Bei der erstgenannten Gruppe sind sie nahezu rund und mit breiter Randfelderzone, bei der *P. cuneovirgatus*-Gruppe dagegen elliptisch mit schmaler Randfelderzone.
Nach dem Foto (vergl. auch "DATZ", 8/86) könnte es sich bei dem abgebildeten Fisch auch um *P. muraeniformis*, DE BEAUFORT, 1933, handeln. Diese Art hat 8 Barteln, während *P. shelfordii* nur 6 besitzt.

T: 24 - 30° C, **L**: 8 cm, **BL**: 50 cm, **WR**: u, **SG**: 2

Karpfenähnliche Fische

Pangio kuhlii sumatranus

Pangio kuhlii myersi

Pangio shelfordii

Fam.: Cobitidae — Schmerlen, Dorngrundeln

Acantopsis dialuzona
Rüsselschmerle

VAN HASSELT, 1823
Unterfam.: Cobitinae

Syn.: *Acanthopsis choirorhynchus, Acantopsis choerohynchos, A. dialyzona, A. biaculeata, A. diazona.*

Vork.: Südostasien: Thailand, Burma, Malaiische Halbinsel, Vietnam, Sumatra, Borneo, Java.

Ersteinf.: 1929 von RIECHERS.

GU: Unbekannt.

Soz.V.: Friedliche, nachtaktive Fische, die stark wühlen. Die Art lebt meist einzelgängerisch.

Hält.B.: Feinsandiger, weicher Bodengrund (mindestens 5 - 10 cm hoch), da sich die Tiere gern einwühlen. Wenn Bepflanzung, dann Pflanzen in Schalen setzen und durch Abdecken mit größeren Steinen ein Auswühlen verhindern. Einige Wurzeln und Steine oder halbierte Kokosnüsse als Verstecke. Wasser bis 10° dGH und leicht sauer (pH-Wert 6,0 - 6,5). Schwimmpflanzen zur Lichtdämpfung.

ZU: In Gefangenschaft vereinzelt geglückt. Die Schmerlen laichen in Höhlen, z.B. unter Steinen.

FU: K, O; frißt zwar fast alles, doch am liebsten wird Lebendfutter genommen, wie *Tubifex*, Enchyträen, wasserlebende Insektenlarven.

Bes.: Die Art kommt in vielen Farbvariationen vor. Bei Belästigung graben sich die Tiere blitzschnell in weichen Untergrund ein. Sie halten sich auch sonst viel in feinsandigem Boden auf; dann schauen nur die Augen aus dem Untergrund hervor. Die Fische sind schlechte Schwimmer.

T: 25 - 28° C, **L:** 22,5 cm (geschlechtsreif ab 6 cm), **BL:** 80 cm, **WR:** u, **SG:** 2 - 3

Botia berdmorei

(BLYTH, 1860)
Unterfam.: Botiinae

Syn.: *Syncrossus berdmorei.*

Vork.: Burma, Thailand (Pasalc-River).

Ersteinf.: Fraglich.

GU: Nicht bekannt.

Soz.V.: Gegenüber Artgenossen oft zänkisch, revierbildend, andere Beckeninsassen werden selten attackiert. Beim Füttern frißt das kräftigere Tier stets zuerst und verjagt das kleinere bis in den hintersten Beckenwinkel. Dabei werden häufig knackende Laute ausgestoßen. Für Gesellschaftsbecken geeignet.

Hält.B.: Geräumiges Becken mit Wurzel- und Steinaufbauten, Schwimmpflanzendecke über einem Teil des Aquariums. Torfextrakt oder Torffilterung und klares, nitratfreies Wasser (häufiger Wasserwechsel) sind angeraten. pH-Wert 6,5 - 7,5; Härte bis 12° dGH. Den Schmerlen der Gattung *Botia* müssen Versteckmöglichkeiten angeboten werden, da sie meist scheu sind. Die Tiere gründeln gern - deshalb scharfkantigen Kies vermeiden, besser sind Sand oder Weserkies.

ZU: ?

FU: K, O; kräftiges Lebendfutter, Futtertabletten (TetraTips), gefriergetrocknetes Futter, Flockenfutter.

Bes.: SMITH (1945) vermutete, daß *B. berdmorei, B. beauforti* und *B. hymenophysa* eine Art darstellen mit erheblicher Variationsbreite in der Färbung und anderen Merkmalen. Heute werden die Arten jedoch getrennt geführt. Unter den Augen befinden sich zwei aufklappbare Dorne, mit denen *Botia* aktiv kämpfen kann. Beim Fang verhaken sich diese Dorne leicht im Netz.

T: 22 - 26° C, **L:** bis 25 cm, im Aquarium bis 15 cm, **BL:** 100 cm, **WR:** u, **SG:** 2 - 3

Karpfenähnliche Fische

Acantopsis dialuzona

Botia berdmorei

Fam.: Cobitidae
Unterfam.: Botiinae

Schmerlen, Dorngrundeln

Botia morleti TIRANT, 1885
Hora´s Schmerle, Aalstrichschmerle
Syn.: *Botia modesta, B. horae.*
Vork.: Hinterindien: Thailand.
Ersteinf.: 1955 von TROPICARIUM, Ffm.
GU: Bisher keine bekannt.
Soz.V.: Lebhafter, friedlicher Fisch. Die Art ist dämmerungs- und nachtaktiv mit versteckter Lebensweise. Vergesellschaftung mit Barben oder Panzerwelsen.
Hält.B.: Bodengrund aus weichem, feinem Sand, da die Tiere gerne wühlen. Bepflanzung mit recht widerstandsfähigen Arten. Pflanzen in Schalen setzen und mit größeren Steinen gegen Herauswühlen sichern. Verstecke aus Steinen und Kienholzwurzeln. Steinaufbauten müssen auf dem Aquarienboden stehen, sonst Einsturzgefahr durch Unterwühlen. Halbierte Kokosnüsse werden ebenfalls gerne als Unterschlupf genommen.

Wasser weich (5° dGH) und leicht sauer (pH-Wert 6,0 - 6,5). Teilweiser Wasserwechsel (wöchentlich 10 %). Gedämpftes Licht (Schwimmpflanzen). Fast alle *Botia*-Arten können im Gesellschaftsbecken gepflegt werden. Ohne regelmäßigen Wasserwechsel kümmern sie leicht.
ZU: In Gefangenschaft noch nicht nachgezüchtet.
FU: K; frißt am liebsten Lebendfutter, nimmt jedoch auch gefriergetrocknete Futtertabletten (TetraTips, FD) und Frostfutter an, selten Flockenfutter.
Bes.: Die Tiere sind schlechte Schwimmer. Die Art hat in allen Lebensstadien eine charakteristische Färbung (siehe Foto), die sie von allen anderen *Botia*-Arten unterscheidet.

T: 26 - 30° C, **L:** 6,5 cm, **BL:** 80 cm, **WR:** u, m, **SG:** 2

Botia helodes SAUVAGE, 1876
Tigerschmerle
Syn.: Keine?
Vork.: Südostasien: Thailand, Laos und Kambodscha. In Bächen und Flüssen.
Ersteinf.: 1929 von RIECHERS.
GU: Unbekannt.
Soz.V.: Die Tiere sind nicht sehr verträglich, oft sogar ziemlich aggressiv. Die Art ist außerdem etwas unruhig und schreckhaft. Nachtaktive Tiere, die tagsüber meist versteckt leben.
Hält.B.: Wie bei *Botia morleti* angegeben. Wird *B. helodes* im Gesellschaftsbecken gehalten, nur mit gleich großen oder größeren Fischen vergesellschaften.
ZU: Im Aquarium noch nicht nachgezüchtet.

FU: K; lebendes Futter aller Art, auch kleine Fische. Nach Eingewöhnung auch Flockenfutter und Futtertabletten.
Bes.: *Botia helodes* ist am besten im Artbecken zu pflegen. Bei der Fütterung und auch Revierverteidigung stoßen die Tiere knackende Geräusche aus, was sich oftmals anhört, als würde eine Scheibe des Beckens zerspringen. Bisher wurde die Art stets als *B. hymenophysa* gehandelt. Diese Art kommt jedoch nur auf Sumatra, Borneo und Südmalaysia vor. Die echte *B. hymenophysa* gelangt neuerdings auch in den Handel. Siehe "Das Aquarium", 10/86, S. 535.

T: 24 - 30° C, **L:** 22 cm, **BL:** 100 cm, **WR:** u, (m), **SG:** 2

Karpfenähnliche Fische

Botia morleti

Botia helodes

Fam.: Cobitidae
Unterfam.: Botiinae

Schmerlen, Dorngrundeln

Botia lohachata
Netzschmerle

CHAUDHURI, 1912

Syn.: Keine.
Vork.: Vorderindien, nördliches Ostindien (Provinz Bihar) und Bangladesh.
Ersteinf.: 1956 von TROPICARIUM.
GU: Keine bekannt.
Soz.V.: Scheue, friedliche, dämmerungs- und nachtaktive Tiere. Die Art ist nicht gesellig und beansprucht ihr eigenes Revier.
Hält.B.: Wie bei *Botia morleti* angegeben.
ZU: In Gefangenschaft noch nicht nachgezüchtet.

FU: O; Allesfresser: Lebendfutter aller Art. Trockenfutter und pflanzliche Nahrung (Algen).
Bes.: Die Netzschmerle nimmt auch Futter von der Wasseroberfläche auf. Sie dreht sich dazu auf den Rücken. Diese Art hat 4 Bartelpaare und ihre Färbung ist sehr variabel. Die Fische können leise Knacklaute von sich geben.

T: 24 - 30° C, **L:** 7 cm, **BL:** 80 cm, **WR:** u, m, **SG:** 2

Botia macracanthus
Prachtschmerle

(BLEEKER, 1852)

Syn.: *Cobitis macracanthus, Hymenophysa macracantha*.
Vork.: Indonesien: Sumatra, Borneo. In fließenden und stehenden Gewässern.
Ersteinf.: 1935.
GU: Ältere ♂♂ hochrückig und gedrungen, ♀♀ schlanker. Die Schwanzflosse beim älteren ♂ ist tiefer gegabelt und die Enden sind sichelförmig nach innen gebogen. Beim ♀ sind die Schwanzflossenenden innen gerade (s. Zeichnungen).

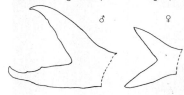

Soz.V.: Relativ schwimmfreudiger, friedlicher Schwarmfisch. Die Art ist sowohl gegenüber Artgenossen als auch gegenüber artfremden Fischen verträglich. Die Tiere sind am Tag aktiv und leben nicht so versteckt wie die meisten *Botia*-Arten. Trotzdem ist *B. macracanthus* hauptsächlich dämmerungsaktiv.
Hält.B.: Wie bei *Botia morleti* angegeben.
ZU: Die Art laicht zu Beginn der Regenzeit in schäumenden, schnellfließenden Quellbächen. Die Jungtiere wachsen später in den langsamer fließenden Unterläufen und Mündungsgebieten der Flüsse auf (mündliche Angabe von LIEM, Djakarta). WALLNER berichtete (mündl. Mitt.) von einer Kundin, deren 18jährige (!) *Botia macracanthus* regelmäßig in Höhlen abgelaicht hatten. Die Aufzucht der Jungen erfolgte mit *Artemia*. Näheres über den Verlag.
FU: O; Allesfresser: Lebend-, Flocken- und Pflanzenfutter (Algen), FD-Futtertabletten, Frostfutter.
Bes.: *Botia macracanthus* kann knackende Laute von sich geben. In ihrer Heimat ist diese Art ein geschätzter Speisefisch mit wohlschmeckendem Fleisch. Die Fische haben vier Bartelpaare. Die Art ist sehr empfindlich gegen *Ichtyophthirius*.

T: 25 - 30° C, **L:** 30 cm (im Aquarium selten länger als 16 cm), **BL:** 100 cm, **WR:** u, m, **SG:** 2 - 3

Karpfenähnliche Fische

Botia lohachata

Botia macracanthus

Fam.: Cobitidae
Unterfam.: Botiinae

Schmerlen, Dorngrundeln

Botia rubripinnis
Grüne Schmerle

SAUVAGE, 1865

Syn.: Keine.
Vork.: Hinterindien: Thailand, Vietnam; Malaiische Halbinsel. In stehenden und fließenden Gewässern.
Ersteinf.: 1935 vom Aquarium Hamburg, mit Sicherheit aber 1955 durch TROPICARIUM.
GU: Unbekannt, doch wahrscheinlich bleiben die ♂ ♂ etwas kleiner als die ♀ ♀.
Soz.V.: Recht scheuer, dämmerungs- und nachtaktiver Fisch. Die Art gilt als unverträglich. Trotzdem soll sie ein Schwarmfisch sein.

Hält.B.: Wie bei *Botia morleti* angegeben.
ZU: In Gefangenschaft noch nicht gelungen.
FU: K, O; Allesfresser: frißt sowohl Lebend- als auch Tabletten- und Flockenfutter.
Bes.: Auch diese Schmerle kann knakkende Laute erzeugen.

T: 26 - 30° C, L: 24 cm, BL: 100 cm, WR: u, (m), SG: 2

Botia sidthimunki
Zwergschmerle, Schachbrettschmerle

KLAUSEWITZ, 1959

Syn.: Keine.
Vork.: Hinterindien, nördliches Thailand. Die Art kommt dort in kleinen, schlammigen Gewässern vor.
Ersteinf.: 1959 durch WERNER.
GU: Keine erkennbar.
Soz.V.: Lebhafter und sehr friedlicher Schwarmfisch. Die Tiere sind auch am Tag aktiv und sehr schwimmfreudig.
Hält.B.: Wie bei *Botia morleti* angegeben. Außerdem sollte der Boden eine Mulmschicht aufweisen, die von *B. sidtimunki* besonders geschätzt wird. Die Tiere immer im Schwarm halten.

ZU: Die Art ist im Aquarium schon nachgezüchtet worden. Daten darüber liegen aber nicht vor.
FU: K, O; Allesfresser: Lebend- und Flockenfutter in entsprechender Größe. Die Tiere sind im Futter nicht wählerisch, bevorzugen jedoch FD-Futter und *Artemia*.
Bes.: *Botia sidthimunki* ist der kleinste Vertreter der Gattung und sollte in keinem gut gepflegten Gesellschaftsaquarium fehlen. Die Tiere können über 15 Jahre alt werden.

T: 26 - 28° C, L: 5,5 cm, BL: 50 cm, WR: u, m, SG: 2

Karpfenähnliche Fische

Botia rubripinnis

Botia sidthimunki

Fam.: Cobitidae
Unterfam.: Cobitinae

Schmerlen, Dorngrundeln

Cobitis taenia taenia   LINNAEUS, 1758
Steinbeißer, Dorngrundel

Syn.: *Acanthopsis taenia, Botia taenia, Cobitis barbatula, C. elongata.*

Vork.: Europa und Westasien: Von Portugal bis zur Lena. Die Art fehlt in Irland, Schottland, Skandinavien (außer Südschweden und Dänemark), Korsika, Sardinien und dem Peloponnes. In klaren fließenden und stehenden Gewässern.

Ersteinf.: Einheimische Art.

GU: ♂ ♂ sind kleiner als die ♀ ♀ und der 2. Strahl der Brustflossen ist bei den ♂ ♂ eigenartig verdickt.

Soz.V.: Stationärer, nachtaktiver Bodenfisch. Meist gegenüber Artgenossen und artfremden Fischen friedlich. Vergesellschaftung mit ähnlich sauerstoffbedürftigen und wärmeempfindlichen Fischen im Kaltwasserbecken.

Hält.B.: Wie bei *Barbatula barbatula* angegeben. *Cobitus taenia* ist gegen höhere Temperaturen und Sauerstoffmangel allerdings noch empfindlicher als *B. barbatula*. Einige Pflanzen, z.B. Vallisnerien oder Quellmoos, ins Becken geben.

ZU: Ähnlich der von *B. barbatula,* nur ist *C. taenia* nicht brutpflegend. Die Eier werden wahllos zwischen und an Pflanzen, Steinen und dergleichen abgelegt. Die Art laicht im Freiwasser vorwiegend von April bis Juli.

FU: K; fast ausschließlich Lebendfutter (Kleinkrebse, Mückenlarven, *Tubifex*).

Bes.: Die Art spaltet sich in mehrere Unterarten, die eine begrenzte geographische Verbreitung haben. Im Freiland sind die Fische wichtige Nahrung für Forellen.

T: 14 - 18° C (höchstens 20° C, Kaltwasserfisch), **L**: 12 cm, **BL**: 70 cm, **WR**: u, **SG**: 2 - 3

Misgurnus fossilis   (LINNAEUS, 1758)
Europäischer Schlammpeitzger, Schlammbeißer

Syn.: *Cobitis fossilis, Acanthopsis fossilis, Cobitis fossilis* var. *mohoity, C. micropus, Ussuria leptocephala.*

Vork.: Europa: Von Nordfrankreich im Westen bis zur Newa im Norden; von der Donau bis zur Wolga und zum Don. Die Art fehlt in Großbritannien, Irland, Skandinavien, Spanien, Portugal, Italien, Griechenland und auf der Krim.

Ersteinf.: Einheimische Art.

GU: ♂ kleiner und schlanker, 2. Strahl der Brustflossen verdickt; ♀ voller.

Soz.V.: Stationärer, nachtaktiver Bodenfisch, der friedlich ist.

Hält.B.: Schlammiger oder zumindest weicher Bodengrund; einheimische Kaltwasserpflanzen. Pflanzen am besten in Töpfe setzen (Art wühlt!); Verstecke aus Steinen, Wurzeln und halbierten Kokosnüssen. Keine zu helle Beleuchtung, die Tiere lieben gedämpftes Licht. Gute Filterung, da beim Wühlen Schmutz aufgewirbelt wird. An das Wasser werden keine besonderen Ansprüche gestellt.

ZU: Im Aquarium schon einige Male gelungen. Die Zuchterfolge müssen aber als Zufälle angesehen werden. Die Tiere laichen unter schlängelnden Bewegungen ab. Oft werden die Eier an Wasserpflanzen abgesetzt. Im Freiwasser erstreckt sich die Laichzeit von April bis Juli.

FU: K; Lebendfutter aller Art (Insektenlarven, Würmer, Kleinkrebse usw.). Am besten abends füttern.

Bes.: Der Schlammpeitzger wird auch Wetterfisch genannt, weil er angeblich nahende Gewitter anzeigen soll, indem er dann auch am Tage unruhig wird. Schlammpeitzger verfügen über eine ausgeprägte Darmatmung, die es ihnen ermöglicht, auch in sehr sauerstoffarmen Gewässern zu überleben.

T: 4 - 25° C, **L**: 30 cm, **BL**: 80 - 100 cm, **WR**: u, **SG**: 1 - 2

Karpfenähnliche Fische

Cobitis taenia taenia

Misgurnus fossilis

Barbatula barbatula, Beschreibung siehe Seite 376

Fam.: Balitoridae
Unterfam.: Nemacheilinae

Plattschmerlen

Barbatula barbatula (LINNAEUS, 1758)
Schmerle, Bartgrundel

Syn.: *Cobitus barbatula, Barbatula toni, B. tonifowleri, B. tonifowleri posteroventralis, Cobitis fuerstenbergii, C. toni, Nemachilus barbatulus, N. compressirostris, N. pechilensis, N. sturanyi, Oreias toni, Orthrias oreas, N. sibiricus, Noemacheilus barbatulus.*

Vork.: Europa bis nach Sibirien. Die Art fehlt auf der Iberischen Halbinsel (außer Nordostspanien), in Schottland, Skandinavien (außer Teilen Dänemarks und Südschwedens), Italien und Griechenland. Begleitfisch der Bachforelle. Sie kommt in strömenden, klaren Gewässern mit festem Grund vor.

Ersteinf.: Einheimische Art.

GU: ♂ kleiner und schlanker als ♀; die ♂♂ haben längere Brustflossen und der 2. Brustflossenstrahl ist verdickt.

Soz.V.: Stationärer, dämmerungsaktiver Bodenfisch, der gegenüber anderen Fischen sich friedlich ist.

Hält.B.: Langgestreckte Becken, sandiger Bodengrund mit einigen größeren flachen Steinen. Weitere Versteckmöglichkeiten aus umgedrehten Blumentöpfen und halbierten Kokosnüssen. Auf Bepflanzung kann verzichtet werden. Wasser klar, sauber und nicht zu warm. Gute Durchlüftung. Wenn möglich, mit einer Turbelle Strömung erzeugen. Wasser mittelhart (10 - 15° dGH) und neutral bis schwach alkalisch (pH 7,0 - 7,7). Die Schmerle kann nur mit solchen Fischen vergesellschaftet werden, die ähnliche Ansprüche an Sauerstoffgehalt und Temperatur stellen.

ZU: Für die Zucht eignen sich nur ausgewachsene Tiere. Die ♀♀ müssen Laichansatz zeigen. Die Eier sind klebrig und werden an Steinen und Kies abgegeben. Sie befinden sich meist in der dunkelsten Stelle des Aquariums. Das Gelege wird vom ♂ bewacht (nicht immer!) (vgl. RIEHL, 1974: Aquarium 8, S. 241). Die Jungfische schlüpfen nach ca. 7 Tagen und werden mit *Artemia*-Nauplien gefüttert. Die Laichzeit erstreckt sich im Freiwasser von März bis Mai.

FU: K; Lebendfutter aller Art. Die Tiere fressen zwar auch Flockenfutter, aber nur äußerst ungern.

T: 16 - 18° C (maximal 20° C), **L:** 16 cm, **BL:** 80 cm, **WR:** u, **SG:** 2 - 3

Die Familie Cyprinidae   Karpfenfische

Die Cypriniden sind die artenreichste Fischfamilie. Es sind über 1400 Arten bekannt. Karpfenfische kommen sowohl in großen Teilen Europas und Asiens vor, als auch in fast ganz Afrika und Nordamerika. In Südamerika und Australien fehlen sie dagegen völlig. Karpfenfische sind fast ausschließlich Süßwasserbewohner. Nur einige wenige Arten gehen in Brackwasser, während eine fernöstliche Rotfeder sogar ozeanische Salzgehalte verträgt.
Die Cypriniden sind durch folgende Merkmale charakterisiert:
1. eine geringe Anzahl von Zähnen, die in ein bis drei Reihen auf den unteren Schlundknochen angeordnet sind. 2. den Besitz einer hornartigen Mahlplatte, die sich an der Basis der Schlundknochen befindet. Diese dient zum Zerreiben der Nahrung. Das Maul der Karpfenfische wird nur von Zwischenkieferknochen umsäumt. Die überwiegende Zahl der Karpfenfische hat die "typische" Fischgestalt. Eine Fettflosse fehlt allen Cypriniden; Barteln fehlen ebenfalls oder es sind nicht mehr als zwei Paar vorhanden (Ausnahme

Karpfenähnliche Fische
Fam.: Cyprinidae — Karpfenfische

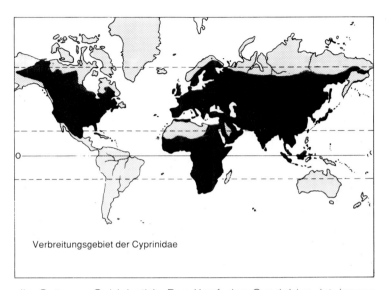

Verbreitungsgebiet der Cyprinidae

die Gattung *Gobiobotia*). Der Kopf der Cypriniden ist immer schuppenlos, ihr Körper, von einigen nackten Arten abgesehen, immer mit Rundschuppen bedeckt. Die Mundpartie ist in der Regel weit vorstreckbar. Die Schwimmblase ist gewöhnlich groß und zweigeteilt. Ihr vorderer Teil ist nur in Ausnahmefällen von einer Knochenkapsel umgeben.

Die Familie Cyprinidae umfaßt sehr kleine bis sehr große Arten. Ihr größter Vertreter ist *Barbus tor,* der in Indien beheimatet ist und maximal 2,5 m Länge erreicht. Viele Weißfische weisen ein silbern glänzendes Kleid auf, dessen Farbe durch Guanin-Kristalle hervorgerufen wird; andere wiederum sind auffällig gezeichnet und sehr schön gefärbt. Derartige optische Signale sind für Schwarmfische, wie es viele Karpfenfische sind, lebensnotwendig. Durch sie können sich Schwarmfische erkennen und sich zueinander orientieren. Grundbewohner sind oft farblich gut getarnt. Ihr Körper zeigt dunklere Fleckenzeichnungen, die die Konturen der Tiere über dem Bodengrund verschwimmen lassen.

Bei vielen Cypriniden verändern sich die Farben des ♂ in der Laichzeit. Sie werden dann besonders intensiv oder es treten neue Farben auf (Beispiel Bitterling). Wir sprechen von Hochzeitskleidern. Nach der Laichzeit nehmen die Fische wieder ihre normale Färbung an.

Fam.: Cyprinidae — Karpfenfische

Biologisch gesehen sind die Karpfenfische sehr verschiedenartig. Sie leben sowohl in kalten Gewässern (Schmelzwasser), wie die Elritze *(Phoxinus phoxinus)*, als auch in stark erwärmten Gewässern, in denen Sauerstoffmangel herrscht *(Carassius carassius, Tinca tinca)*. Cypriniden kommen in schnellfließenden Gewässern ebenso vor wie in Seen und Teichen.

Viele Cypriniden sind anspruchslose Fresser. Als Allesfresser gehen sie an jede Nahrung. Doch sollte man nicht versäumen, regelmäßig mit Lebendfutter zu füttern, da ausschließlich Ernährung mit Flockenfutter zu einem verminderten Wachstum und zum Verblassen der Farben führen kann. Eine Anzahl von Arten benötigt pflanzliche Nahrung. Man bietet sie den Tieren in Form von sehr weichen Algen, zarten Trieben von Wasserpflanzen, überbrühtem Salat oder Spinat und Haferflocken.

In bezug auf ihre Fortpflanzungsbiologie sind die Karpfenfische ebenfalls sehr verschieden. Die meisten sind Freilaicher, das heißt, Eier und Spermien werden in das Wasser abgegeben. Die Eier haften oft an irgendwelchen Substraten (Pflanzen, Steinen usw.), wo sie sich ohne Bewachung durch die Elterntiere entwickeln. Die Entwicklungszeit der Eier dieser Fische ist kurz. Die Larven der pflanzenlaichenden Arten besitzen ein besonderes Organ zum Anheften und weiterhin larvale Atmungsorgane. Bei an Steinen oder auf Sand laichenden Karpfenfischen ist bei den Larven kein Organ zum Anheften ausgebildet, und es fehlen auch die larvalen Atmungsorgane. Eine geringe Anzahl von Cypriniden hat planktonische Eier, die im freien Wasser schweben. Diese Arten sind meist sehr fruchtbar. Die Eientwicklung ist kurz. Ihre Larven besitzen keine Organe zum Anheften.

Aktive Brutpflege üben die Karpfenfische zumeist nicht aus. Nur ♂♂ von *Pseudogobio rivularis* bauen ein Nest in Form einer Grube und bewachen das Gelege. Bei einigen wenigen anderen Arten (*Pseudorasbora parva, Pseudogobio*-Arten) bewachen ebenfalls die ♂ den Laich. Brutfürsorge findet man bei den Bitterlingen *Rhodeus* und *Acanthorhodeus*, deren ♀♀ mit Hilfe einer langen Legeröhre, die sich erst während der Laichzeit entwickelt, die Eier zwischen die Kiemenblätter von Muscheln der Familie *Unionidae* ablegen. Im Muschelinneren werden die Eier zuverlässig geschützt. Einzelheiten dazu bei *Rhodeus amarus* (s.S. 442).

Wir haben in den AQUARIEN ATLAS-Bänden noch die Bezeichnung *Barbus* verwendet, obwohl viele Wissenschaftler bereits wieder *Puntius* für die asiatischen kleinen, meist hochrückigen Arten angeben. Eine wissenschaftliche Revision der Barbenarten wird noch lange auf sich warten lassen. Je nach Auffassung sind beide Gattungsnamen gültig.

Karpfenähnliche Fische

Alburnoides bipunctatus (BLOCH, 1782)
Schneider, Alandblecke
Unterfam.: Abraminae

Syn.: *Cyprinus bipunctatus, Aspius bipunctatus, Abramis bipunctatus, Alburnus bipunctatus, Leuciscus bipunctatus, Spirlinus bipunctatus.*

Vork.: Europa: Von Frankreich bis zu den Zuflüssen des Kaspischen Meeres, Rhein, Donau. Die Art fehlt südlich der Alpen und Pyrenäen, in Dänemark und Nordeuropa.

Ersteinf.: Einheimische Art.

GU: Die ♀♀ sind kräftiger gebaut.

Soz.V.: Oberflächenorientierter Schwarmfisch. Die Art wird am besten mit anderen Kaltwasser-Cypriniden vergesellschaftet.

Hält.B.: Feinsandiger Bodengrund, Randbepflanzung mit überwiegend feinblättrigen Pflanzen, freier Schwimmraum ist sehr wichtig; gute Durchlüftung des Beckens, da die Tiere sauerstoffbedürftig sind: typische Kaltwasserfische.

ZU: Im Aquarium nur in Ausnahmefällen gelungen. Die Eier werden auf kiesigem Grund abgesetzt.

FU: K, O; Lebendfutter (Pflanktonorganismen, Anflugnahrung), Flockenfutter.

Bes.: Die Tiere müssen in das Leben im Aquarium sorgfältig eingewöhnt werden. Die Fische sind empfindlich gegen plötzlichen Temperaturwechsel. Ein besonderes Kennzeichen dieses Fisches ist die oben und unten schwarz eingefaßte Seitenlinie.

T: 10 - 18° C, **L:** 14 cm, **BL:** 80 cm, **WR:** o, **SG:** 2

Fam.: Cyprinidae — Karpfenfische
Unterfam.: Cyprininae

Balantiocheilus melanopterus (BLEEKER, 1851)
Haibarbe

Syn.: *Barbus melanopterus, Punius melanopterus, Systomus melanopterus.*
Vork.: Südostasien: Thailand, Borneo, Sumatatra und Malaiische Halbinsel.
Ersteinf.: 1955 von TROPICARIUM.
GU: Äußerlich nicht erkennbar; während der Laichzeit sind die ♀♀ meist dicker als die ♂♂.
Soz.V.: Friedliche Art, die auch mit kleineren Fischen vergesellschaftet werden kann; Schwarmfisch. Einzelgänger ab einer Länge von 15 - 15 cm können jedoch zu regelrechten Räubern an kleineren Beckeninsassen werden; macht die Haibarbe Jagd auf einen kleinen Fisch, so entkommt dieser ihr selten.
Hält.B.: Lange Aquarien sind für diesen Fisch besonders geeignet; die Tiere benötigen viel freien Schwimmraum; die Becken sollten sonnig stehen. Wasser weich (um 5° dGH) und leicht sauer bis neutral (pH 6,5 - 7,0); Rand- und Hintergrundbepflanzung.
ZU: Laut PINTER gibt es Nachzuchten, wobei nicht auszuschließen ist, daß diese Nachzuchten durch Kunstbefruchtung nach Behandlung mit Hypophysenhormon erfolgt ist.
FU: O; Lebendfutter (*Tubifex*, Daphnien, Mückenlarven), Flockenfutter, pflanzliche Beikost.
Bes.: Die Becken müssen gut abgedeckt werden, da die Tiere ausgezeichnet springen können. Es wurden Sprünge bis zu 2 m beobachtet. Die Art kann Laute erzeugen.

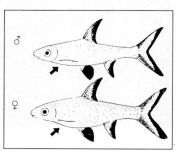

T: 22 - 28° C, **L:** 35 cm (Indonesien), 20 cm (Thailand), **BL:** 100 cm, **WR:** alle, **SG:** 2

Barbus arulius (JERDON, 1849)
Prachtglanzbarbe, Dreibandbarbe

Syn.: *Puntius arulius.*
Vork.: Südliches und südöstliches Indien.
Ersteinf.: 1954.
GU: Rückenflossenstrahlen des ♂ stark verlängert, beim ♀ nicht verlängert und ganzrandig; zur Laichzeit haben die ♂♂ Laichausschlag um das Maul (kleine, weiße Punkte); die ♀♀ sind voller.
Soz.V.: Ausdauernder, lebhafter Schwarmfisch. Die Art wird am besten mit *Barbus dunckeri, B. everetti* oder ähnlich gearteten Cypriniden vergesellschaftet.
Hält.B.: Stellenweise Bepflanzung mit derben, nicht zu feinblättrigen Arten; Unterstände aus Wurzeln und Steinen, weicher Bodengrund (Sand mit einer Mulmschicht); freier Schwimmraum. Die Fische sind für das Gesellschaftsbecken geeignet. Wasser weich (bis 10° dGH) und schwach sauer (pH 6,0 - 6,5); jede Woche ein Viertel des Wassers austauschen.
ZU: Nicht ganz einfach und nicht sehr ergiebig; nicht zu kleine Behälter wählen. Dickichte aus feinblättrigen Pflanzen. Es wird in Oberflächennähe nach heftigem Treiben abgelaicht. Eizahl meist unter 100.
FU: O; kräftiges Lebendfutter; Flockenfutter, außerdem pflanzliche Kost (Salat, Spinat, Algen).
Bes.: Eine Art, die ihre Farbenpracht erst spät entfaltet und daher, wenn im Angebot vorhanden, meist übersehen wird.

T: 19 - 25° C, **L:** 12 cm, **BL:** 80 cm, **WR:** alle, **SG:** 2 - 3

Karpfenähnliche Fische

Balantiocheilus melanopterus

Puntius arulius

Fam.: Cyprinidae
Unterfam.: Cyprininae

Karpfenfische

Barbus callipterus   BOULENGER, 1907
Prachtflossenbarbe

Syn.: Keine.

Vork.: Westafrika: von Kamerun bis Niger; in Fließgewässern.

Ersteinf.: 1913 durch SIGGELKOW.

GU: Außerhalb der Laichzeit nicht zu erkennen; während der Laichzeit sind die ♀♀ viel dicker.

Soz.V.: Friedliche, gesellig lebende Tiere. Die Art ist lebhaft, anspruchslos und nicht wärmebedürftig.

Hält.B.: Bodengrund nicht zu hell, weich; Wasseroberfläche mit einigen Schwimmpflanzen, Randbepflanzung; genügend freier Schwimmraum. Die Tiere stellen keine Ansprüche an das Wasser.

ZU: Im Aquarium noch nicht geglückt.

FU: O; Allesfresser: Lebendfutter aller Art, pflanzliche Kost, Flockenfutter usw..

Bes.: Becken gut abdecken, da *B. callipterus* gerne springt.

T: 19 - 25° C, **L:** 9 cm, **BL:** 60 cm, **WR:** alle, **SG:** 1

Puntius conchonius   (HAMILTON, 1822)
Prachtbarbe

Syn.: *Cyprinus conchonius, Barbus conchonius, Systomus conchonius.*

Vork.: Nördliches Vorderindien, Bengalen, Assam; in Flüssen, Weihern und Tümpeln.

Ersteinf.: 1903 durch STÜVE.

GU: In der Jugend nur schwer feststellbar; bei beginnender Geschlechtsreife treten farbliche Unterschiede zwischen ♂ und ♀ auf, außerdem sind die ♂♂ viel schlanker als die ♀♀ und bleiben auch meist kleiner.

Soz.V.: Lebendiger, friedlicher Schwarmfisch, der anspruchslos ist. Wird am besten mit anderen lebhaften, nicht sehr wärmebedürftigen Weißfischen vergesellschaftet. Die Tiere sind für das kältere Gesellschaftsbecken geeignet.

Hält.B.: Weicher Bodengrund mit viel Mulm; Randbepflanzung mit einigen harten Arten; viel freier Schwimmraum. An das Wasser werden keine besonderen Ansprüche gestellt. Bevorzugt wird jedoch weiches (bis 10° dGH) und schwach saures Wasser (ca. pH-Wert 6,5).

ZU: 23 - 25° C; man setzt am besten zu einem ♂ zwei ♀♀ in ein 20 - 30-l-Becken; an das Wasser stellt die Art keine besonderen Ansprüche (8 - 15° dGH, pH-Wert 6,0 - 6,5). Da alle *Puntius*-Arten gerne ihre Eier fressen, Bodengrund aus groben Kieseln oder Kunststoffrosten, durch die die Eier fallen können; ausgeprägtes Liebesspiel vor dem Laichakt und einige Scheinpaarungen; Eizahl einige Hundert; die Eier haften an Wasserpflanzen. Eltern nach dem Ablaichen herausfangen. Die Jungen schlüpfen nach 30 Stunden.

FU: O; Allesfresser: Lebendfutter aller Art, Trockenfutter, gefriergetrocknetes und tiefgefrorenes Futter.

Bes.: Für die Zucht dieser Art ist es wichtig, daß zu Beginn der Wasserstand niedrig ist (8 - 10 cm). Bei der Aufzucht müssen die Jungfische reichlich gefüttert werden.

T: 18 - 22° C, **L:** 15 cm, ab 6 cm fortpflanzungsfähig, **BL:** 70 cm, **WR:** alle, **SG:** 1

Karpfenähnliche Fische

Barbus callipterus

Puntius conchonius (rechts ♂, links ♀)

Fam.: Cyprinidae — Karpfenfische
Unterfam.: Cyprininae

Puntius cumingi (GÜNTHER, 1868)
Ceylonbarbe

Syn.: *Barbus cumingi, Puntius phutunio.*
Vork.: Sri Lanka. Die Fische kommen in den Bergwaldbächen vor.
Ersteinf.: 1936 durch AQUARIUM HAMBURG.
GU: ♂♂ sind schlanker und haben kräftiger gefärbte Flossen; ♀♀ dicker, besonders zur Laichzeit, außerdem ist ihre Bauchlinie stärker ausgebuchtet.
Soz.V.: Lebhafte Barbe, die gern mit Artgenossen spielt.
Hält.B.: Reich bepflanzte Becken mit dikker Mulmschicht; nicht zu heller Stand des Beckens; Schwimmpflanzen zur Dämpfung des Lichts. Teilweiser Wasserwechsel ist wichtig. Wasserwerte wie bei *Puntius filamentosus*. *P. cumingi* ist für das Gesellschaftsbecken geeignet.
ZU: Nicht ganz leicht, weil nicht alle Paare miteinander harmonieren. Die Zucht erfordert viel Sorgalt und Fingerspitzengefühl. Temperatur 24 - 26° C; Wasserhärte bis 8° dGH, pH-Wert 6,2 - 7,4.
FU: O; Allesfresser: Lebendfutter, Flokkenfutter, pflanzliche Kost usw.
Bes.: *Puntius cumingi* ist ein seltener Fisch in Sri Lanka.

T: 22 - 27° C, **L:** 5 cm, **BL:** 60 cm, **WR:** m, u, **SG:** 2 - 3

Puntius johorensis (DUNCKER, 1904)
Linienbarbe

Syn.: *Barbus johorensis.*
Vork.: Malaiische Halbinsel, südliches Westmalaysia (Johore), Sumatra, Borneo (Kalimantan).
Ersteinf.: 1934 durch HÄRTEL.
GU: ♂ deutlich schlanker, mit kräftigerer Linienzeichnung; ♀ viel voller, hochrückiger und Linienzeichnung blasser.
Soz.V.: Friedlicher, schwimmgewandter, etwas scheuer Fisch. Mit *Danio*- oder *Brachydanio*-Arten vergesellschaften.
Hält.B.: Wie bei *Rasbora heteromorpha* angegeben, nur benötigt *P. johorensis* ein größeres Becken.
ZU: 25 - 26° C; weiches (2 - 3° dGH) und saures (pH-Wert 5,8 - 6,3), nicht zu hoher Wasserstand (ca. 20 cm); dichte Bepflanzung, dunkler Boden mit Mulmschicht. Es wird nach heftigem Treiben in den Pflanzen abgelaicht. Tiere während des Laichens mit Enchyträen füttern. Die Art ist sehr produktiv; Elterntiere nach dem Laichen herausfangen. Die Jungfische schlüpfen nach etwa 24 - 30 Stunden. Die Aufzucht der Jungfische ist leicht.
FU: O; Allesfresser: Lebendfutter, pflanzliche Kost, gefriergetrocknetes Futter, Flockenfutter.
Bes.: Keine.

T: 23 - 25° C, **L:** 12 cm, **BL:** 80 - 100 cm, **WR:** m, u, **SG:** 2

Karpfenähnliche Fische

Puntius cumingi

Puntius johorensis

Fam.: Cyprinidae
Unterfam.: Cyprininae

Karpfenfische

Puntius everetti (BOULENGER, 1894)
Clownbarbe, Everetts Barbe
Syn.: *Barbus everetti.*
Vork.: Südostasien: Singapur, Borneo, Bunguran-Insel.
Ersteinf.: 1913 durch SIGGELKOW.
GU: ♀♀ sind vor allem zur Laichzeit wesentlich dicker als die ♂♂; ♂♂ sind schlanker und lebhafter gefärbt.
Soz.V.: Lebhafter, friedfertiger Schwarmfisch, der am besten mit anderen wärmebedürftigen Fischen vergesellschaftet wird.
Hält.B.: Zeigt in der Haltung viele Übereinstimmungen mit *P. conchonius*, ist aber wärmebedürftiger als dieser und benötigt größere Becken mit viel Platz zum Ausschwimmen; dichte Rand- und Hintergrundbepflanzung; Versteckmöglichkeiten aus Wurzeln und Steinen. Wasser weich (bis 10° dGH) und schwach sauer (pH-Wert 6,0 - 6,5); jede Woche etwa 20 - 25 % des Wassers austauschen.
ZU: 26 - 28° C; gelingt nur in großen Aquarien mit niedrigem Wasserstand. Die Zucht dieses Fisches ist nicht ganz einfach; (Wasserwerte (6 - 12° dGH, pH-Wert um 7). Die Geschlechter müssen vor einem erfolgreichen Ablaichen etwa für 2 - 3 Wochen getrennt gehalten und sehr gut gefüttert werden (Weiße Mückenlarven, Enchyträen, Salat). Das Zuchtbecken sollte *Myriophyllum* enthalten und so stehen, daß es von der Morgensonne beschienen wird.
FU: O; Allesfresser: Lebendfutter, Flockenfutter, pflanzliche Kost.
Bes.: Die Zuchtschwierigkeiten bei diesem Fisch sind meist durch zu junge ♂♂ begründet. Die Geschlechterreife des ♂ tritt nämlich frühestens nach 1½ Jahren ein, die des ♀ aber schon nach einem Jahr. Bei Geschwisterpaaren sind die ♀♀ schon reif, während die ♂ noch nicht befruchtungsfähig sind. Sind dann die ♂♂ laichreif, so können die ♀♀ oft nicht mehr den Laich abgeben.

T: 24 - 30° C, **L:** 10 cm, **BL:** 70 cm, **WR:** m, u, **SG:** 2 - 3

Puntius fasciatus (JERDON, 1849)
Glühkohlenbarbe
Syn.: *Barbus melanampyx, Cirrhinus fasciatus, Barbus fasciatus.*
Vork.: Südostasien: Malaiische Halbinsel, Teile von Indonesien.
Ersteinf.: 1960.
GU: ♂ schlanker und meist kleiner, ♀ voller und hochrückiger.
Soz.V.: Lebhafter und schwimmfreudiger Fisch. Tiere immer im Schwarm halten, da sie bei Einzelhaltung leicht scheu werden.
Hält.B.: Dunkler Bodengrund, der am besten mit Torf (Mulm) belegt ist; dichte Randbepflanzung, viel freier Schwimmraum; Versteckmöglichkeiten aus Wurzeln und Pflanzen. Wasser weich (um 5° dGH) und leicht sauer (pH-Wert 6 - 6,5).
ZU: 25 - 26° C; nicht ganz einfach; Wasserwerte wie oben angegeben.
FU: O; Lebendfutter aller Art, gefriergetrocknetes Futter, Flockenfutter, pflanzliche Beikost.
Bes.: *Puntius fasciatus* (JERDON, 1849) ist eine quergestreifte Barbe. Unter diesem Namen wird aber auch noch eine längsgestreifte Barbe geführt: *Puntius fasciatus* (BLEEKER, 1853), die Streifenbarbe, die heute *P. johorensis* heißt, siehe Seite 385.

T: 22 - 26° C, **L:** 15 cm, **BL:** 100 cm, **WR:** m, u, **SG:** 2 - 3

Karpfenähnliche Fische

Puntius everetti

Puntius fasciatus, oben ♂, unten ♀

Fam.: Cyprinidae
Unterfam.: Cyprininae

Karpfenfische

Puntius filamentosus
Schwarzfleckbarbe
Syn.: *Leuciscus filamentosus, Barbus mahecola, Barbus filamentosus, Systomus assimilis.*
Vork.: Südliches und südwestliches Indien, Sri Lanka. Die Art kommt in Gebirgsbächen vor.
Ersteinf.: 1954.
GU: ♂ schöner gefärbt und mit mehr Glanz, meist kleiner als das ♀. Laichreife ♂♂ haben auf der Oberlippe und den Kiemendeckeln einen feinkörnigen, weißlichen Laichausschlag, außerdem sind bei den ♂♂ die Strahlen der Rückenflossen verlängert.
Soz.V.: Lebhafter und schwimmfreudiger Fisch, der sich zu lockeren Schwärmen zusammenschließt. Die Art ist friedlich.
Hält.B.: Langgestreckte Becken; Rand- und Hintergrundbepflanzung mit feinblättrigen Arten; viel freier Schwimmraum; das Becken sollte am Tag wenigstens einige Zeit von der Sonne beschienen werden. Wasserhärte bis maximal 15° dGH, pH-Wert schwach sauer (6).

ZU: 24 - 26° C; Wasser weich bis mittelhart (bis 10° dGH) und leicht sauer (pH-Wert 6). Zuchtbecken nicht zu klein wählen; kiesiger Bodengrund, dichte Büschel aus feinfiedrigen Pflanzen. Die ♂♂ treiben stürmisch; es wird meistens morgens oder bei viel Licht in den eingebrachten Pflanzen abgelaicht. Je nach Temperatur schlüpfen die Jungen nach 36 - 48 Stunden. Sie sind leicht aufzuziehen. Die Elternfische müssen nach dem Ablaichen entfernt werden.
FU: O; Lebendfutter aller Art, Fleisch, weiche Pflanzenteile (Salat, Algen). Flockenfutter wird gern gefressen. Die Tiere sind sehr gefräßig.
Bes.: Nach ihrer Einführung wurde *Puntius filamentosus* zuerst als *Puntius mahecola* angesehen. *P. filamentosus* unterscheidet sich von dieser durch das Fehlen von Barteln, während *P. mahecola* ein Paar Oberkieferbarteln aufweist.
Die juvenile Färbung von *Puntius filamentosus* ist auf der Umschlagrückseite oben rechts dargestellt.

T: 20 - 24° C, **L:** 15 cm, **BL:** 100 cm, **WR:** m, **SG:** 2

Puntius gelius
Fleckenbarbe

(HAMILTON, 1822)

Syn.: *Cyprinus gelius, Systomus gelius, Barbus gelius.*
Vork.: Zentralindien, Bengalen, Assam; in ruhigen fließenden und stehenden Gewässern.
Ersteinf.: 1912 von den Vereinigten Zierfischzüchtereien in Conradshöhe bei Berlin.
GU: ♂ schlanker und kleiner, mit kräftiger, kupferfarbener Seitenbinde, ♀ plumper, besonders während der Laichzeit.
Soz.V.: Friedlicher, gesellig lebender Fisch; mit anderen kleinen Barben vergesellschaften.
Hält.B.: Dunkler, mit Mulm bedeckter Boden; alteingerichtete Becken; Bepflanzung mit Cryptocorynen oder ähnlichen Pflanzen; freier Schwimmraum; Wurzeln als Dekoration. Wasser weich (bis 10° dGH) und leicht sauer (pH-Wert 6,5). Die

Tiere nur im Schwarm nicht unter 6 - 8 Exemplare halten.
ZU: 22 - 23° C; Zuchtbecken 30 cm lang und mit 15 cm Wasserhöhe. Wasserwerte 5° dGH und pH 6 - 6,5. Zur Zucht nur die schönsten Tiere auswählen. Bepflanzung mit Ludwigien. Vor der Paarung wird stark getrieben. Die Fische laichen an der Unterseite der Ludwigien-Blätter. Eizahl 70 - 100. Nach dem Ablaichen die Elterntiere herausfangen, da sie arge Laichräuber sind. Die Jungfische schlüpfen nach ca. 24 Stunden. Sie werden mit feinstem Staubfutter ernährt.
FU: O; Lebendfutter aller Art, Flockenfutter und weiche Algen. Alles Futter muß in passender Größe gereicht werden, da die Tiere nur ein sehr kleines Maul haben.
Bes.: Siehe übernächste Seite.

T: 18 - 22° C, **L:** 4 cm, **BL:** 50 cm, **WR:** m, **SG:** 2

Karpfenähnliche Fische

Puntius filamentosus

Puntius gelius

Fam.: Cyprinidae
Unterfam.: Cyprininae

Karpfenfische

Fortsetzung von *Puntius gelius*

Bes.: Bei der Zucht nicht über 23° C gehen, da bei höheren Temperaturen viele Eier unbefruchtet bleiben. Nach den vorliegenden Beobachtungen degenerieren die Jungfische leicht und werden nicht so groß wie ihre Eltern. Das setzt sich so lange fort, bis die Fische ihre Fortpflanzungsfähigkeit ganz einbüßen. Man kann diesem Phänomen teilweise vorbeugen, indem man erstens nur voll ausgewachsene Tiere zur Zucht nimmt (ca. 2 Jahre alt) und zweitens seine Nachzuchttiere weggibt und sich neue Zuchttiere beschafft.

Barbus holotaenia BOULENGER, 1904
Vollstreifenbarbe, Afrikanische Längsstrichbarbe

Syn.: *Barbus camtacanthus* var. *cottesi*, *Barbus kessleri*.
Vork.: Afrika: von Kamerun bis Zaire und Angola.
Ersteinf.: 1913.
GU: Nicht bekannt.
Soz.V.: Schwimmfreudiger und friedlicher Schwarmfisch. Die Art ist für das Gesellschaftsbecken geeignet.
Hält.B.: Weicher Bodengrund, am besten mit Mulmschicht; Randbepflanzung mit feinblättrigen Arten *(Cabomba, Myriophyllum)*; freier Schwimmraum. Die Art wird in Altwasser gehalten, dem gelegentlich Frischwasser zugesetzt wird. Wasser weich (bis 8° dGH) und leicht sauer (pH-Wert 6 - 6,5).
ZU: *Barbus holotaenia* wurde bisher anscheinend im Aquarium noch nicht nachgezüchtet.
FU: O; Allesfresser: Lebendfutter, pflanzliche Kost (Salat, Algen), gefriergetrocknetes Futter, Flockenfutter.
Bes.: *B. holotaenia* ähnelt stark dem Salmler *Nannathiops unitaeniatus* und wurde schon öfter mit diesem verwechselt.

T: 24 - 30° C, **L**: 12 cm, **BL**: 100 cm, **WR**: alle, **SG**: 2 - 3

Barbus hulstaerti POLL, 1945
Schmetterlingsbarbe

Syn.: *Capoeta hulstaeti*.
Vork.: Afrika, im Unterlauf des Zaire, Angola; Zaire (Stanley Pool).
Ersteinf.: 1956.
GU: ♂ schlanker, der vordere Seitenfleck ist sichelförmig; ♀ wesentlich kräftiger, der vordere Seitenfleck ist rund und oft kaum zu sehen.
Soz.V.: Friedlicher, bewegungsfreudiger Schwarmfisch. Bei Einzelhaltung und bei Vergesellschaftung mit größeren Arten sind die Tiere bewegungsunlustig und scheu.
Hält.B.: Bodengrund gefleckt, d.h. mit hellen und dunklen Stellen; Rand- und Hintergrundbepflanzung des Beckens, Schwimmpflanzen zur Dämpfung des Lichts; Dekoration mit Kienholzwurzeln. Weiches (5° dGH) und schwach saures Altwasser (pH 6 - 6,5), wöchentlich etwa 10 % des Wassers ersetzen durch Frischwasser, leichte Torffilterung.
ZU: Die Zucht dieser Art ist im Aquarium bisher noch nicht oft gelungen. Die Angaben über die Nachzucht dieses Fisches differieren sehr stark. Die Zucht ist wahrscheinlich nur in sehr weichem und saurem Wasser (1 - 2° dGH, pH 5 - 5,5) möglich. Das Becken muß abgedunkelt werden. Angeblich sollen bei Temperaturen über 22° C die Jungfische nicht lebensfähig sein. Es wird in den dunkelsten Stellen des Aquariums abgelaicht.
FU: O; Allesfresser: Lebendfutter jeglicher Art, Pflanzenkost, Flockenfutter, gefriergetrocknetes und tiefgefrorenes Futter.
Bes.: Die Art ist empfindlich gegen Schwankungen der Wasserqualität (pH-Wert, Härte, Nitrit-Gehalt).

T: um 24° C, **L**: 3,5 cm, **BL**: 50 cm, **WR**: m, **SG**: 3

Karpfenähnliche Fische

Barbus holotaenia

Barbus hulstaerti

Fam.: Cyprinidae
Unterfam.: Cyprininae

Karpfenfische

Barbus lateristriga
Schwarzbandfleckbarbe

VALENCIENNES, 1842

Syn.: *Barbus zelleri, Puntius lateristriga, Systomus lateristriga.*

Vork.: Südostasien: Singapur, Thailand, Java, Borneo, Sumatra, andere Inseln des Malaiischen Archipels. Die Art kommt in klaren Fließgewässern vor.

Ersteinf.: 1914 durch WOLMER.

GU: ♂♂ sind etwas schlanker und intensiver gefärbt, besonders das Rot der Rückenflosse ist kräftiger; die ♀♀ haben zumindest während der Laichzeit eine viel dickere Bauchpartie.

Soz.V.: Lebhafter, anspruchsloser, robuster Fisch. Er wird am besten mit anderen ruhigen, nicht schreckhaften Fischen vergesellschaftet. Die Jungfische von *B. lateristriga* schließen sich zu lockeren Schwärmen zusammen, ältere Tiere leben mehr einzelgängerisch.

Hält.B: Bodengrund aus Kies mit einer dicken Mulmschicht; lockere Bepflanzung, freier Schwimmraum; Verstecke in Form von Pflanzendickichten oder Wurzeln. Wasserwerte wie bei *B. everetti.*

ZU: 26 - 28° C; Laichbecken mit dichtem Pflanzenbewuchs. Die ♂♂ treiben die ♀♀; es wird meist in den frühen Morgenstunden im Pflanzendickicht abgelaicht. Die Eier haften an den Pflanzen, Eizahl mehrere Hundert. Die Zuchttiere nach dem Ablaichen herausfangen (Laichräuber!). Die Jungfische schlüpfen nach etwa zwei Tagen. Jungfische nicht mit *Cyclops* füttern.

FU: O; Allesfresser: Lebendfutter, selbst kleine Fische; Flockenfutter, pflanzliche Kost. Ältere Tiere sind sehr gefräßig.

Bes.: Werden die Tiere gejagt, so versuchen sie sich in der Mulmschicht des Bodens zu verbergen. Nach KLAUSEWITZ, ist *Barbus zelleri* (AHL) mit der Jugendform von *Barbus lateristriga* identisch.

T: 25 - 28° C, **L:** 18 cm, **BL:** 90 cm, **WR:** m, u, **SG:** 2 - 3

Barbus nigrofasciatus
Purpurkopfbarbe

GÜNTHER, 1868

Syn.: *Puntius nigrofasciatus.*

Vork.: Südliches Sri Lanka; in pflanzenreichen, langsam fließenden Bergwaldbächen.

Ersteinf.: 1935 von WAGNER.

GU: ♂♂ sind größer und höher gebaut, außerdem sind sie viel prächtiger gefärbt (Geschlechtsdichromatismus); ♀♀ sind meist dicker, sie machen während der Laichzeit keinen Farbwandel wie die ♂♂ durch.

Soz.V.: Lebhafter und schwimmfreudiger Schwarmfisch, der sehr friedlich ist. *B. nigrofasciatus* läßt sich am besten mit anderen quergestreiften Barben vergesellschaften.

Hält.B.: Bodengrund mit dicker Mulmschicht; gute Bepflanzung des Beckens und viel Platz zum Ausschwimmen. Becken nicht zu hell stellen. Lichtdämpfung mit großblättrigen Schwimmpflanzen (*Eichhornia, Ceratopteris* usw.). Versteckmöglichkeiten bieten. In zu hellen Becken werden die Fische leicht scheu. Wasserwerte wie bei *Barbus filamentosus.*

ZU: 25 - 28° C; Wasser nicht zu hart (bis 12° dGH) und schwach sauer (pH 6). Der Laichakt wird durch das ♂ begonnen, indem es das ♀ umschwimmt und dabei die Flossen spannt. Abgelaicht wird morgens in den Wurzeln der Schwimmpflanzen oder in feinblättrigen Pflanzen. Der Laichakt dauert bis zu zwei Stunden. Nach dem Laichen die Elterntiere herausfangen. Die Jungfische schlüpfen nach ca. 24 Stunden und schwimmen nach weiteren sieben Tagen frei.

FU: O; Lebendfutter aller Art, Flockenfutter, pflanzliche Beikost.

Bes.: Wenn die Eier mehrfach nicht befruchtet werden, so kann das an dem ♂ liegen. ♂ dann herausfangen, separat setzen und einige Wochen gut und abwechslungsreich füttern.

T: 22 - 26° C, Überwinterung 20 - 22° C, **L:** 6,5 cm, **BL:** 70 cm, **WR:** m, **SG:** 1

Karpfenähnliche Fische

Barbus lateristriga

Barbus nigrofasciatus (vorn ♂, hinten ♀)

Puntius oligolepis
Eilandbarbe

Syn.: *Capoeta oligolepis, Barbus oligolepis, Systomus oligolepis.*

Vork.: Indonesien: Sumatra; in Bächen, Flüssen und Seen.

Ersteinf.: 1923 durch WOLMER.

GU: Flossen des ♂ viel intensiver gefärbt, rotbraun mit schwarzem Saum; ♂ außerdem schlanker, meist größer und kräftiger gefärbt.

Soz.V.: Friedlicher, munterer Fisch, der sich am liebsten zu kleinen Trupps vereinigt. Die ♂♂ drohen sich oft, es kommt aber kaum zu Kämpfen.

Hält.B.: Bodengrund aus Sand mit reichlicher Mulmschicht; lockere Rand- und Hintergrundbepflanzung; freier Schwimmraum; Altwasser mit gelegentlichem Frischwasserzusatz. Wasserwerte ähnlich denen von *Puntius everetti*.

ZU: 24 - 26° C; Tiere paarweise zur Zucht ansetzen., mehrere ♂♂ stören sich gegenseitig. Wasser: je ein Teil Frisch- und Altwasser; reichliche Bepflanzung mit *Myriophyllum* oder *Nitella*. Es wird in den oberen Wasserschichten an den Pflanzen abgelaicht, wobei jedes Ei einzeln abgelegt wird. Eizahl bis 300 Stück. Zuchttiere nach der Eiablage entfernen (Laichräuber!). Die Jungfische schlüpfen nach etwa 36 - 48 Stunden.

FU: O; Allesfresser. Die Tiere gehen gern an Flockenfutter. Sie benötigen zum Wohlbefinden auch pflanzliche Nahrung (feine Algen).

Bes.: *Puntius oligolepis* ist sehr schnellwüchsig und kann bei guter Fütterung und optimaler Temperatur schon nach 4 - 6 Monaten laichreif sein.

Puntius orphoides (VALENCIENNES, 1842)
Rotflossenbarbe, Rotwangenbarbe

Syn.: *Barbodes rubripinna, Barbus rubripinnis, Barbus orphoides, Puntius rubripinna.*

Vork.: Südostasien: Thailand, Java, Madura, Borneo; die Art kommt in Flüssen und stehenden Gewässern vor.

Ersteinf.: 1951.

GU: Keine bekannt.

Soz.V.: Ähnelt dem von *P. lateristriga*.

Hält.B.: Weicher Bodengrund (Mulmschicht), Bepflanzung mit harten Arten, viel freier Schwimmraum. Regelmäßiger Wasserwechsel (wöchentlich ein Fünftel des Inhalts). Wasserwerte wie bei *Puntius everetti*.

ZU: *P. orphoides* wurde in Gefangenschaft noch nicht nachgezüchtet.

FU: O; Allesfresser: Lebendfutter aller Art, pflanzliche Kost, Flockenfutter.

Bes.: *P. orphoides* gehört in der Jugend zu den schönsten *Puntius*-Arten, wird aber selten importiert, weil sie recht groß wird und auch gern an Pflanzen geht.

Puntius orphoides, adult

T: 22 - 25° C, **L:** 25 cm, ab 8 cm fortpflanzungsfähig, **BL:** 80 cm, **WR:** m, u, **SG:** 2

Karpfenähnliche Fische

Puntius oligolepis (oben ♀, unten ♂)

Puntius orphoides, juvenil

Fam.: Cyprinidae
Unterfam.: Cyprininae

Karpfenfische

Puntius pentazona
Fünfgürtelbarbe

(BOULENGER, 1894)

Syn.: *Barbodes pentazona, Barbus pentazona.*
Vork.: Südostasien: Singapur, Malaiische Halbinsel, Borneo; in ruhigen Tieflandgewässern.
Ersteinf.: 1911 von den Vereinigten Zierfischzüchtereien in Conradshöhe bei Berlin.
GU: ♂♂ sind kleiner und schlanker gebaut, außerdem ist ihre Färbung kräftiger.
Soz.V.: Ruhiger, manchmal etwas scheuer Fisch. Die Tiere sind weniger schwimmfreudig als andere *Puntius*-Arten. Vergesellschaftung mit anderen ruhigen Fischen.
Hält.B.: Wie bei *Puntius lateristriga*. Wasserwerte ähnlich denen von *P. everetti. P. pentazona* ist wärmebedürftiger als die meisten anderen *Puntius*-Arten.
ZU: 27 - 30° C; die Zucht ist nicht ganz einfach. Wasser bis 10° dGH und pH-Wert von 6 - 7. Für den Zuchterfolg ist es in ganz besonderem Maße wichtig, daß die Zuchtpaare zueinander passen und gut harmonieren. Die Laichpartner nicht vorher separat halten. Die Zuchttiere müssen beim Laichen mit Enchyträen gefüttert werden, da sie sich sonst an dem Laich vergreifen. Eizahl bis 200 Stück. Die Jungfische schlüpfen nach ca. 30 Stunden und schwimmen nach etwa 5 Tagen frei.
FU: K; Lebendfutter aller Art. Die Tiere fressen nur sehr ungern Flockenfutter. *P. pentazona* stellt an die Ernährung höhere Ansprüche als die meisten *Puntius*-Arten.
Bes.: Die Aufzucht der Jungfische erfordert peinlichste Sauberkeit und häufigen Wasserwechsel. Verschmutzte Becken und stagnierendes Wasser führen schnell zum Totalverlust der Brut oder zur Verkrüppelung der Flossen.

T: 22 - 26° C, **L**: 5 cm, **BL**: 70 cm, **WR**: m, **SG**: 2 - 3

Puntius rhomboocellatus
Rhombenbarbe

KOUMANS, 1940

Syn.: Keine.
Vork.: Borneo?
Ersteinf.: Nicht bekannt.
GU: ♂ kleiner und schlanker, Körper und Flossen sind wesentlich stärker rot gefärbt.
Soz.V.: Friedlicher Schwarmfisch, für Gesellschaftsbecken mit zarteren Arten geeignet.
Hält.B.: Abgedunkelte Becken mit guter Wasserumwälzung, nitratarmes Wasser unter 15 mg/l. Torffilterung. pH-Wert 6,5 - 7,5; Härte bis 15° dGH, besser weicheres Wasser. In hartem Wasser ist die Art nicht sehr ausdauernd.
ZU: Wie *Puntius pentazona*. Ausführlich in DATZ 3/88, S. 101-103 und DATZ 4/88, S. 60, von HOFFMANN beschrieben. Weiches, leicht saures Wasser zur Nachzucht. Bis zu 300 Eier. Durch intensives Treiben und "Rammstöße" in die Seite können (laichunwillige) ♀♀ schwer bzw. tödlich verletzt werden.
FU: O; Allesfresser; feines Lebendfutter und gesiebtes Flockenfutter. Gefriergetrocknete Futtermittel, Algen.
Bes.: Interessante Entwicklung des Zeichnungsmusters vom juvenilen zum adulten Fisch. Lange Zeit sehen die Jungfische wie Fünfgürtelbarben aus. Die Rhomben entstehen erst sehr spät.

T: 23 - 28° C, **L**: ♂ 5, cm, ♀ 7 cm cm, **BL**: 60 cm, **WR**: alle, **SG**: 2

Karpfenähnliche Fische

Puntius pentazona

Puntius rhomboocellatus

Fam.: Cyprinidae
Unterfam.: Cyprininae

Karpfenfische

Barbodes schwanenfeldi (BLEEKER, 1853)
Brassenbarbe, Schwanenfelds Barbe

Syn.: *Puntius schwanenfeldi, Barbus schwanenfeldi.*
Vork.: Südostasien: Singapur, Malaiische Halbinsel, Sumatra, Borneo.
Ersteinf.: 1951.
GU: Keine äußeren bekannt.
Soz.V.: Lebhafter Schwarmfisch, der relativ friedlich ist. Jagt und frißt allerdings kleine Fische. *B. schwanenfeldi* kann auch mit Buntbarschen vergesellschaftet werden.
Hält.B.: Große Becken sind für diesen Fisch unerläßlich; möglichst weicher Bodengrund; dichte Rand- und Hintergrundbepflanzung mit harten Arten. Die Art gründelt gern. Altwasser, Wasserwerte wie bei *Puntius gelius* angegeben. *B. schwanenfeldi* ist nur bedingt für das Gesellschaftsbecken geeignet.

ZU: Im Aquarium noch nicht gelungen.
FU: O; Allesfresser, Lebendfutter, Flockenfutter, pflanzliche Nahrung. Die Brassenbarbe ist schnellwüchsig.
Bes.: Die Art wird für die meisten Aquarianer zu groß, doch gerade große Exemplare sind herrliche Schaustücke.

T: 22 - 25° C, **L**: 35 cm, **BL**: 100 - 120 cm, **WR**: m, u, **SG**: 3 - 4 (H)

Puntius semifasciolatus (GÜNTHER, 1868)
Messingbarbe, Hongkongbarbe

Syn.: *Barbus semifasciatus, Capoeta guentheri, Puntius guentheri, P. semifasciolatus, "P. schuberti".*
Vork.: Südöstliches China, von Hongkong bis zur Insel Hainan.
Ersteinf.: 1909 von den Vereinigten Zierfischzüchtereien in Conradshöhe bei Berlin.
GU: ♂ viel kräftiger gefärbt, schlanker und viel kleiner als das ♀ mit seiner plumperen Form.
Soz.V.: Lebhafter, friedlicher Schwarmfisch. Die Tiere sind anspruchslos und schwimmfreudig.
Hält.B.: Sonniger Stand des Beckens; sandiger Bodengrund mit dunkler Mulmschicht; reichliche Bepflanzung mit genügend Raum zum Ausschwimmen. Altwasser mit gelegentlichem Frischwasserzusatz, Wasserwerte wie bei *Barbus gelius*. *P. semifasciolatus* ist nicht sehr sauerstoffbedürftig.

ZU: Um 24° C; Becken nicht unter 50 cm Seitenlänge und mit dichter Bepflanzung. Sehr stürmische Laichakte in den Morgenstunden. Jedes Ablaichen erbringt 10 - 30 Eier, die zu Boden sinken oder an den Pflanzen festkleben; es werden bis zu 300 Eier abgegeben. Nach dem Ablaichen die Elterntiere herausfangen, da sie starke Laichräuber sind. Die Jungfische schlüpfen nach 30 - 36 Stunden. Sie sind leicht aufzuziehen.
FU: O; Allesfresser; Lebendfutter aller Art, Trockenfutter, pflanzliche Kost. Die Tiere sind starke Fresser.
Bes.: Von *Puntius semifasciolatus* gibt es eine xanthische (= gelbgefärbte) Form, die als *"Puntius schuberti"* ("Brokatbarbe") bezeichnet wird.

T: 18 - 24° C, **L**: 10 cm, **BL**: 60 cm, **WR**: m, u, **SG**: 1

Karpfenähnliche Fische

Barbodes schwanenfeldi

Puntius semifasciolatus Mitte, *"Puntius schuberti"* unten

Fam.: Cyprinidae
Unterfam.: Cyprininae

Karpfenfische

Puntius tetrazona (BLEEKER, 1855)
Sumatrabarbe, Viergürtelbarbe

Syn.: *Barbus tetrazona.*
Vork.: Indonesien: Sumatra, Borneo. Das Vorkommen dieser Art in Thailand ist unsicher und umstritten.
Ersteinf.: 1935.
GU: ♂♂ sind lebhafter gefärbt, kleiner und schlanker. ♀♀ sind voller und höher.
Soz.V.: Lebhafter, spielfreudiger Schwarmfisch, im Schwarm herrscht eine Rangordnung. Die Tiere übertreiben manchmal ihre Spiellust gegenüber anderen Fischen und werden dann lästig. *P. tetrazona* zupft auch manchmal bei artfremden Fischen an den Flossen (Fadenfische, Skalare).
Hält.B.: Weicher Bodengrund (Sand mit Mulmschicht); Randbepflanzung mit harten Arten, viel freier Schwimmraum. An das Wasser werden keine hohen Ansprüche gestellt. *Puntius tetrazona* ist bedingt für das Gesellschaftsbecken geeignet.
ZU: 24 - 26° C; Wasser nicht zu hart (bis 10° dGH) und schwach sauer (pH um 6,5). Man sollte gute Zuchtpaare aus einer größeren Anzahl von Fischen auswählen. Die Zuchttiere müssen einwandfrei gezeichnet und gefärbt sein. Ansonsten die Zucht wie bei *Puntius pentazona*.
FU: O; Allesfresser, Lebendfutter, Flokkenfutter, pflanzliche Kost.
Bes.: *Barbus tetrazona* ist äußerst anfällig gegen die *Ichthyosporidium (Ichthyophonus-)* Krankheit. Von der Sumatrabarbe wurden viele Farbvarianten (Mutationen) herausgezüchtet. Besonders hübsch ist die grüne "Moosbarbe". Die Albinovarianten mit oder ohne Kiemendeckel (Foto S. 363) sind Geschmacksache.

T: 20 - 26° C, **L:** 7 cm, **BL:** 70 cm, **WR:** m, **SG:** 1 - 2

Puntius ticto (HAMILTON, 1822)
Zweipunktbarbe, Zweifleckbarbe

Syn.: *Cyprinus ticto, Barbus stoliczkanus, Barbus ticto, Rothee ticto, Systomus ticto, S. tripunctatus.*
Vork.: Vorderindien: von Sri Lanka bis zum Himalaya; in Bächen und Flüssen, teilweise auch in stehenden Gewässern.
Ersteinf.: 1903 durch STÜVE.
GU: Außerhalb der Laichzeit schwer feststellbar; laichreife ♀♀ sind kräftiger, ihre Rückenflosse ist nur selten getüpfelt; laichreife ♂♂ sind schlanker, ihre Rückenflosse ist randwärts meist schwärzlich getüpfelt und ihr Körper ist rötlichbraun überhaucht.
Soz.V.: Friedlicher, schwimmfreudiger, anspruchsloser Fisch, der die Geselligkeit liebt.
Hält.B.: Wie bei *Puntius conchonius* angegeben. *P. ticto* ist noch weniger wärmebedürftig als *P. conchonius* und bleibt ebenfalls für das Gesellschaftsbecken geeignet.
ZU: 24 - 26° C; zu einem ♀ mehrere ♂♂ setzen. Ansonsten Zucht wie bei *P. conchonius*.
FU: O; Allesfresser: Lebendfutter aller Art, gefriergetrocknetes und tiefgefrorenes Futter, Flockenfutter.
Bes.: Die Art wühlt kaum. Sie sollte bei 14 - 16° C überwintert werden.

Die kleinere und prächtigere Variante dieser Fischart wird Rubinbarbe genannt. Diese Farbform tauchte zuerst in Moskau (?) auf und eroberte schnell die Herzen der Aquarianer. Leider färben sich die ♂♂ erst nach etwa 6 - 9 Monaten richtig aus. Vorher sind sie unscheinbar blaß, fast wie die ♀♀. Diese Form wird nur 6 - 7 cm lang. Die leuchtende rubinrote Färbung der ♂♂ wird mit abwechslungsreichem Lebendfutter und/oder TetraRubin erreicht. Haltung und Pflege wie die Normalform.

T: 14 - 22° C, **L:** 10 cm, **BL:** 70 cm, **WR:** alle, **SG:** 1

Karpfenähnliche Fische

Puntius tetrazona

Puntius ticto unten ♂, oben ♀

Fam.: Cyprinidae — Karpfenfische
Unterfam.: Cyprininae

Puntius titteya
Bitterlingsbarbe (DERANIYAGALA, 1929)

Syn.: *Barbus titteya, Barbus frenatus.*
Vork.: Sri Lanka: in schattigen Bächen und Flüssen der Ebene.
Ersteinf.: 1936 von ODENWALD.
GU: ♂ zur Laichzeit herrlich rot gefärbt und voller.
Soz.V.: Friedlicher, zurückhaltender Fisch. Die Tiere leben nicht so im Schwarm, wie das bei anderen *Puntius*-Arten der Fall ist. Die ♂♂ sind untereinander sehr zänkisch.
Hält.B.: Dunkler Boden mit Mulmschicht; dichte Bepflanzung und abdunkelnde Schwimmpflanzendecke. Versteckmöglichkeiten aus Wurzeln, Steinen und Pflanzendickichten, die die Tiere gern aufsuchen und sich so der Gesellschaft anderer Fische entziehen. Schwimmraum freilassen. Wasserwerte: bis 18° dGH, pH-Wert 6,5 - 7,5.

ZU: 24 - 26° C; Wasser bis 12° dGH und leicht sauer (pH-Wert 6 - 6,5), niedriger Wasserstand im Zuchtbecken. Tiere paarweise zur Zucht ansetzen. Dichte Bepflanzung im Becken. Bei jedem Laichakt werden nur 1 - 3 Eier abgegeben. Man sollte die Tiere während des Ablaichens mit Enchyträen füttern, da sie dann weniger den Eiern nachstellen. Eizahl bis 300 Stück. Zuchttiere nach dem Ablaichen aus dem Becken entfernen. Die Jungfische schlüpfen nach etwa 24 Stunden.
FU: O; kleines Lebendfutter, pflanzliche Nahrung, gefriergetrocknetes Futter, Flockenfutter.
Bes.: Die Eier hängen mit einem Fädchen an den Wasserpflanzen.

T: 23 - 26° C, **L**: 5 cm, **BL**: 50 cm, **WR**: m, u, **SG**: 1

Barbus viviparus
Nahtbarbe, Schneiderbarbe (WEBER, 1897)

Syn.: *Puntius viviparus.*
Vork.: Südostafrika: vom Umtanvuna-Fluß durch Natal bis zum Sambesi-System.
Ersteinf.: 1955.
GU: Unbekannt.
Soz.V.: Lebhafter, anspruchsloser, recht friedfertiger Schwarmfisch.
Hält.B.: Ähnlich denen von *Puntius conchonius*.
ZU: Über die Zucht dieser Art im Aquarium ist nichts Sicheres und Genaues bekannt.

FU: K, O; Lebendfutter aller Art, gefriergetrocknetes Futter, auch Flockenfutter.
Bes.: Der Artname *"viviparus"* (= lebendgebärend) ist nicht zutreffend, da auch diese Barbe, wie alle anderen Vertreter der Gattung, Eier legt. (siehe BARNARD, 1943: Ann. S. Afr. Mus. 36 (2), 101-262).

T: 22 - 24° C, **L**: 6,5 cm, **BL**: 60 cm, **WR**: m, **SG**: 2

Karpfenähnliche Fische

Puntius titteya

Barbus viviparus

Fam.: Cyprinidae　　　　　　　　　　　　　　　　　Karpfenfische

Opsaridium chrystyi (BOULENGER, 1920)
Goldmäulchen, Sonnenmäulchen
Unterfam.: Cyprininae

Syn.: *Barilius chrystyi*.
Vork.: Afrika: Nordghana.
Ersteinf.: 1953 durch WERNER.
GU: Bisher noch keine sicheren bekannt. Die ♂♂ sollen schlanker und intensiver gefärbt sein.
Soz.V.: Bewegungsfreudiger, springlustiger Schwarmfisch.
Hält.B.: Grober Sand als Bodengrund; lockere Bepflanzung, langgestreckte Becken mit viel freiem Schwimmraum. Wasser weich (5 - 10° dGH) und leicht sauer (pH-Wert 6,5).

ZU: Im Aquarium noch nicht gelungen.
FU: K; die Tiere fressen fast alles. Besonders gern wird Anflugnahrung (Insekten) von der Wasseroberfläche genommen, ebenso Großflocken.
Bes.: Der Oberkiefer trägt einen auffälligen, rotgolden glänzenden Fleck (Name!). Die *Opsaridium*-Arten haben eine bei solchen Schwarmfischen recht seltene Querstreifung der Körperseiten.

T: 22 - 24° C, **L**: 15 cm, **BL**: 80 cm, **WR**: m, o, **SG**: 2 - 3

Brachydanio albolineatus (BLYTH, 1860)
Schillerbärbling
Unterfam.: Rasborinae

Syn.: *Nuria albolineata, Danio albolineata*.
Vork.: Südostasien: Burma, Thailand, Malaiische Halbinsel, Sumatra; in Bächen und Flüssen.
Ersteinf.: 1911 durch SCHOLZE & POETSCHKE.
GU: Erwachsene ♀♀ sind wesentlich größer und stärker als die ♂♂, die ♂♂ sind schlanker und intensiver gefärbt.
Soz.V.: Hübscher, schwimmfreudiger Schwarmfisch. Zuchttiere sind sehr gattentreu.
Hält.B.: Langgestreckte Aquarien: die Becken brauchen nicht sehr breit und hoch zu sein. Bodengrund aus grobem Kies und Steingeröll. Mäßige Bepflanzung der Ränder und des Hintergrundes. Viel freier Schwimmraum. Wasserwerte: Härte 5 - 12° dGH, pH-Wert 6,5 bis 7,0.

ZU: 26 - 30° C; beste Zuchterfolge in Frischwasser. Wasserstand 10 - 15 cm. Pflanzendickichte aus feinblättrigen Arten. Zuchtansatz 2♂♂ und 1♀. Man gibt das ♀ 1 - 2 Tage vor den ♂♂ in das Zuchtbecken. ♂ treibt stark; die Eier werden in den Pflanzen abgelegt. Zuchttiere während des Ablaichens gut füttern (Enchyträen), da sie sich sonst an den Eiern vergreifen. Nach dem Ablaichen Elterntiere herausfangen. Die Jungfische schlüpfen nach 36 - 48 Stunden.
FU: K, O; Lebendfutter aller Art *(Tubifex,* Mückenlarven, Kleinkrebse), pflanzliche Nahrung, Flockenfutter.
Bes.: Von *Brachydanio albolineatus* gibt es eine ockergelb gefärbte Varietät, die als "Gelber Danio" bezeichnet wird. Becken gut abdecken, da die Fische gute Springer sind.

T: 20 - 25° C, **L**: 6 cm, **BL**: 80 cm, **WR**: alle, **SG**: 1

Karpfenähnliche Fische

Opsaridium chrystyi

Brachydanio albolineatus

Fam.: Cyprinidae
Unterfam.: Rasborinae

Karpfenfische

Boraras brigittae, siehe Seite 440
Boraras maculatus, siehe Seite 436

Brachydanio kerri
Inselbärbling

(SMITH, 1931)

Syn.: *Danio kerri.*
Vork.: Thailand: Nur auf den Inseln Koh, Yao Yai und Koh Yao Noi nordwestlich des Isthmus von Ligos; in Bächen und Wasserstellen.
Ersteinf.: 1956 durch ROLOFF.
GU: ♂ wesentlich schlanker als das ♀.
Soz.V.: Schwimmfreudige und friedliche Schwarmfische. Vergesellschaftung mit anderen *Brachydanio-* oder *Danio-*Arten.
Hält.B.: Wie bei *Brachydanio albolineatus* angegeben. Bei *B. kerri* kann auf Wasserpflanzen verzichtet werden, da solche im natürlichen Biotop auch fehlen.
ZU: Wie bei anderen *Brachydanio-*Arten angegeben. *B. kerri* laicht aber nicht, wie *Brachydanio rerio, B. albolineatus* oder *B. nigrofasciatus* im Pflanzendickicht ab, sondern frei über dem Boden. Man kann deshalb auf die Bepflanzung des Zuchtbeckens verzichten. Aquarienboden mit einer 5 cm hohen Kieselschicht bedecken. Die Eier fallen zwischen die Kiesel und sind so vor den Nachstellungen der Elterntiere einigermaßen geschützt. Abgegebene Eier: bis 400 Stück. Die Jungfische schlüpfen bei 24° C nach etwa 4 Tagen.
FU: O; Allesfresser: Lebendfutter aller Art, Flockenfutter, gefriergetrocknetes Futter, pflanzliche Nahrung (Algen, Salat).
Bes.: *Brachydanio kerri* zeigt eine große Variationsbreite in der Färbung. Die Art läßt sich mit anderen *Brachydanio-*Arten kreuzen, wobei die Nachkommen aber immer unfruchtbar sind.

T: 23 - 25° C, **L**: 5 cm, **BL**: 70 cm, **WR**: alle, **SG**: 1 - 2

Brachydanio nigrofasciatus
Tüpfelbärbling

(DAY, 1869)

Syn.: *Barilius nigrofasciatus, Brachydanio analipunctatus, Danio anilipunctatus, Danio nigrofasciatus.*
Vork.: Burma: in Flüssen, Bächen, Weihern und Reisfeldern.
Ersteinf.: 1911 durch SCHOLZE & POETSCHKE.
GU: ♀ mit viel größerem Leibesumfang und plumperem Bau als das ♂. Die ♂♂ haben an der Unterseite der Afterflosse einen hellbraunen, bei auffallendem Licht goldglänzenden Saum. Bei den ♀♀ ist nur ein heller Rand angedeutet.
Soz.V.: Lebhafter Schwarmfisch. Die Art ist aber nicht so schwimmfreudig wie *Brachydanio rerio,* aber ebenso gattentreu.
Hält.B.: Wie bei *Brachydanio albolineatus* angegeben. *B. nigrofasciatus* ist aber wärmebedürftiger als dieser.
ZU: 26 - 28° C; Zuchtansatz 2 ♂♂ und 1 ♀. Geschlechter vor dem Ablaichen einige Tage separat halten. Vor dem Laichakt treiben die ♂ heftig. Abgelaicht wird in Pflanzendickichten. Bei jeder Paarung werden 10 - 15 Eier ausgestoßen, Gesamtzahl der Eier bis zu 300 Stück. Elterntiere nach der Eiabgabe herausfangen. Aufzucht der Jungfische wie bei *Brachydanio rerio.*
FU: K, O; Lebendfutter aller Art, gefriergetrocknetes Futter, Flockenfutter.
Bes.: Es sind Kreuzungen von *Brachydanio albolineatus-*♂ und *B. nigrofasciatus-*♀ möglich. Die Kreuzungen sind sehr schön, aber unfruchtbar.

T: 24 - 28° C, **L**: 4,5 cm, **BL**: 60 cm, **WR**: alle, **SG**: 1 - 2

Karpfenähnliche Fische

Brachydanio kerri

Brachydanio nigrofasciatus

Fam.: Cyprinidae
Unterfam.: Rasborinae

Karpfenfische

Brachydanio rerio (HAMILTON, 1822)
Zebrabärbling

Syn.: *Cyprinus rerio, Perilampus striatus, Danio rerio.*

Vork.: Östliches Vorderindien, von Kalkutta bis Masulipatam.

Ersteinf.: 1905 durch MATTE.

GU: Laichreife ♀♀ sind wesentlich dikker und größer als die ♂♂, Farben des ♀ meist etwas blasser. Beim ♂ ist der Untergrund zwischen den blauen Längsstreifen goldgelb mit feinen rötlichen Linien, beim ♀ dagegen silberweiß.

Soz.V.: Temperamentvoller, lebhafter und schwimmfreudiger Schwarmfisch. Bemerkenswert ist die Gattentreue der Tiere. Sie laichen meist mit einem bestimmten Partner ab und sind mit anderen Partnern kaum zur Fortpflanzung zu bringen.

Hält.B.: Wie bei *Brachydanio albolineatus* angegeben.

ZU: 24 - 25° C; höhere Temperaturen lassen das ♂ zu schnell ermatten. Die besten Zuchterfolge erzielt man in Frischwasser mit einem Wasserstand von 12 - 15 cm; das Becken solte sonnig stehen. Dickichte aus feinblättrigen Pflanzen. ♀ einen Tag vor dem geplanten Ablaichen ins Zuchtbecken setzen, das ♂ erst am Abend davor. Es wird meistens in den frühen Morgenstunden abgelaicht. Die Eier werden in den Pflanzendickichten abgegeben. Die Gesamteizahl beträgt 400 - 500 Stück. Zuchttiere während des Ablaichens gut mit Enchyträen füttern, anschließend aus dem Zuchtbecken entfernen. Die Jungfische schlüpfen meist nach zwei Tagen. Fütterung mit MikroMin, Protogen-Granulat, geriebenen Enchyträen und/oder Eipulver. Die Jungfische sind schnellwüchsig.

FU: O; Allesfresser: Lebendfutter, Flokkenfutter, gefriergetrocknetes und tiefgefrorenes Futter, ab und zu auch pflanzliche Nahrung bieten (Algen, TetraPhyll usw.).

Bes.: 1963 wurde *Brachydanio frankei* von MEINKEN beschrieben. Dieser Fisch läßt sich fruchtbar mit *B. rerio* kreuzen. Aus diesem Grund wird die Eigenständigkeit von *B. frankei* in Frage gestellt. *B. "frankei"* sollte bis zur endgültigen Klärung dieser Frage als Morphe von *B. rerio* angesehen werden.

T: 18 - 24° C, **L**: 6 cm, **BL**: 80 cm, **WR**: alle, **SG**: 1

Brachydanio rerio, Schleierform

Karpfenähnliche Fische

Brachydanio rerio

Brachydanio "frankei", eine Morphe von *Brachydanio rerio*?

Carassius auratus
Goldfisch

(LINNAEUS, 1758)
Unterfam.: Cyprininae

Syn.: *Cyprinus auratus.*

Vork.: Ursprünglich in China. Heute ist diese Fischart fast weltweit verbreitet.

Ersteinf.: Läßt sich nicht mehr genau ermitteln. Die Erstzucht in Europa gelang 1728 in Holland.

GU: ♂ schlanker; ♀ dicker. Die ♂♂ haben am Kopf und teilweise auch an den Körperseiten zur Laichzeit einen Laichausschlag. Ein weiteres Merkmal ist die Afterpartie, die beim ♂ konkav, beim ♀ dagegen konvex ist.

Soz.V.: Ähnelt sehr der Karausche *(Carassius carassius).*

Hält.B.: Bodengrund aus gewaschenem Sand mittlerer Körnung. Derbe Kaltwasserpflanzen, feinblättrige Pflanzen sind ungeeignet, da Goldfische gern gründeln und dadurch Schmutzpartikel aufwirbeln, die sich in diesen Pflanzen festsetzen. Dekoration aus Wurzeln, Hölzern, Bambus und Steinen ohne scharfe Kanten. Klares und frisches Wasser mit wöchentlichem Wasserwechsel (̄ des Gesamtinhaltes).

ZU: Ist im Zimmeraquarium ohne weiteres möglich, wird aber heute fast nicht mehr ausgeführt. Man benutzt große Becken mit kristallklarem Wasser. Das Wasser sollte neutral sein und eine Temperatur von 22° C aufweisen. Dem Ablaichen geht ein ausgeprägtes Liebesspiel voran. Es werden oft 1000 und mehr Eier abgelegt. Die Jungfische schlüpfen nach frühestens 5 Tagen und werden mit feinem Lebendfutter aufgezogen. Die Jungfische färben sich nach etwa 8 Monaten um; vorher sind sie einfarbig graugrün.

FU: O; Allesfresser. Die Tiere fressen jede Art von Lebend- und Trockenfutter in großen Mengen. Die Nahrung sollte nicht zu proteinreich sein (ca. 30 %).

Bes.: Der Mensch hat aus dem Goldfisch eine ganze Reihe von Zuchtformen entwickelt, von denen die wichtigsten nachfolgend aufgeführt werden: Schleierschwanz, Shubunkin (= Kaliko-Goldfisch), Komet-Goldfisch, Nymphe, Eierfisch, Löwenkopf, Oranda, Gänsekopf (= Tigerkopf), chinesischer Teleskop(fisch), Schleierschwanz-Teleskop, Schwarzer Teleskop, Himmelgucker, Blasenauge, Drachenauge, Japanisches Nasenbukett, umgewandelter Kiemendeckel (= Curled Gill) und Perlschupper. Die Formen sind im GARTENTEICH ATLAS, Mergus Verlag, abgebildet.

T: 10 - 20° C, **L:** 36 cm, **BL:** 80 - 100 cm, **WR:** m, **SG:** 1

Carassius carassius
Karausche, Moorkarpfen

(LINNAEUS, 1958)
Unterfam.: Cyprininae

Syn.: *Cyprinus carassius, Carassius vulgaris.*

Vork.: Große Teile von Europa, nicht in Irland, Nordschottland und Wales. Die Art fehlt ebenfalls in der Schweiz und auf der Iberischen Halbinsel. Sie ist im Gebiet des Schwarzen Meeres, der Kaspi-See und in Sibirien vorhanden.

Ersteinf.: Einheimische Art.

GU: ♀ während der Laichzeit dicker.

Soz.V.: Ruhiger, friedlicher Fisch. Die Art ist äußerst hart und ausdauernd.

Hält.B.: Bodengrund aus feinem Sand; Bepflanzung mit Kaltwasserpflanzen (*Egeria, Myriophyllum*). Die Tiere sind nicht sehr sauerstoffbedürftig, deshalb kann auf eine Durchlüftung verzichtet werden. Regelmäßiger Wasserwechsel (wöchentlich ein Fünftel der Gesamtmenge). Die Wasserwerte sind bei dieser Art von untergeordneter Bedeutung.

ZU: In den meisten Becken aus Platzgründen noch nicht erfolgt, aber in genügend großen Becken sicherlich möglich.

FU: O; Allesfresser: Lebendfutter aller Art, Flockenfutter, pflanzliche Kost usw. Die Tiere nehmen ihre Nahrung fast nur vom Boden auf.

Bes.: In der Natur erstreckt sich die Laichzeit über Mai und Juni. Die Art ist sehr fruchtbar. Es werden bis zu 300 000 Eier abgegeben. Die Eier werden an Wasserpflanzen abgesetzt.

T: 14 - 22° C (Kaltwasserfisch), **L:** 80 cm, meist kleiner (20 cm), **BL:** 100 cm, **WR:** m, u, **SG:** 1

Karpfenähnliche Fische

Carassius auratus

Carassius carassius

Fam.: Cyprinidae — Karpfenfische

Chela laubuca (HAMILTON, 1822)
Indische Glasbarbe, Indischer Brachsen
Unterfam.: Abraminae

Syn.: *Cyprinus laubuca, Laubuca laubuca, L. siamensis, Leuciscus laubuca, Perilampus guttatus, P. laubuca.*

Vork.: Südostasien: ganz Indien, Sri Lanka, Burma, Thailand, Malaiische Halbinsel und Sumatra.

Ersteinf.: 1925 durch RAMSPERGER.

GU: ♀♀ sind dicker als die ♂♂.

Soz.V.: Schwimmfreudiger, friedlicher Schwarmfisch. Die Tiere können gut mit *Brachydanio*-Arten vergesellschaftet werden.

Hält.B.: Reichliche und dichte Seiten- und Hintergrundbepflanzung der Becken; viel Platz zum Ausschwimmen; klares Wasser, alle 14 Tage ein Fünftel des Beckeninhaltes gegen Frischwasser austauschen; Wasserwerte ähnlich denen von *Brachydanio albolineatus. Chela laubuca* ist für das Gesellschaftsbecken geeignet.

ZU: 26 - 28° C; Wasser weich bis mittelhart (5 - 10° dGH) und leicht sauer. Die Tiere laichen in der Dämmerung. Einrichtung des Beckens wie bei *B. albolineatus*. Bei der Paarung umschlingt das ♂ das ♀, und es werden dabei je 30 - 40 Eier abgegeben. Es kommt zu vielen Paarungen. Die Elterntiere sind keine Laichräuber. Die Jungtiere schlüpfen nach ca. 24 Stunden (Temperatur 24°), ihr Freischwimmen erfolgt nach 3 - 4 Tagen.

FU: O; anspruchsloser Fresser, Allesfresser: Lebendfutter, Flockenfutter, pflanzliche Nahrung. Auf den Boden gesunkenes Futter wird nicht mehr gefressen.

Bes.: Die Tiere dürfen nicht überfüttert werden, da sie zu "Rotseuche" (= starke Blutansammlungen in den Blutgefäßen) neigen. Diese Krankheit führt in den meisten Fällen zum Tode. *Chela laubuca* springt gern, das Becken gut abdecken. Die Art ist empfindlich bei der Eingewöhnung.

T: 24 - 26° C, **L**: 6 cm, **BL**: 70 cm, **WR**: o, m, **SG**: 1 - 2

Cyclocheilichthys siamensis siehe Seite 418.

Cyclocheilichthys apogon (VALENCIENNES, 1842)
Indische Flußbarbe
Unterfam.: Cyprininae

Syn.: *Barbus apogon, Anematichthys apogon, A. apogonides, Cyclocheilichthys rubripinnis, Systomus apogon, S. apogonoides.*

Vork.: Hinterindien und Malaiische Halbinsel: Burma, Thailand, Malaysia, Sumatra, Borneo, Java.

Ersteinf.: 1934 durch KOCH.

GU: Unbekannt.

Soz.V.: Ruhige, sehr friedliche, schwimmfreudige Art.

Hält.B.: Bodengrund aus feinem Sand; dichte Rand- und Hintergrundbepflanzung. Dekoration mit Wurzeln aus Moorkienholz. Viel freier Schwimmraum. Für die normale Aquarienhaltung sind nur junge Tiere empfehlenswert, ansonsten wird die Art zu groß. Die Tiere stellen an die Wasserzusammensetzung keine großen Ansprüche.

ZU: Diese Art ist im Aquarium wahrscheinlich noch nicht nachgezüchtet worden.

FU: K; Lebend- und Flockenfutter aller Art. Die Tiere nehmen auch Futterreste vom Boden auf.

Bes.: Die Tiere sind in ihrer Heimat beliebte Speisefische.

T: 24 - 28° C, **L**: 15 - 50 cm, **BL**: 80 cm, **WR**: m, u, **SG**: 1

Karpfenähnliche Fische

Chela laubuca

Cyclocheilichthys apogon

Fam.: Cyprinidae — Karpfenfische
Unterfam.: Cyprininae

Ctenopharyngodon idella (VALENCIENNES, 1844)
Graskarpfen

Syn.: *Leuciscus idella.*
Diese Art interessiert den Aquarianer kaum, da sie zu groß wird für das normale Becken. Für Besitzer größerer Gartenteiche oder in Fischzuchtteichen ist die Art jedoch wertvoll.

Die Tiere dieser Art fressen höhere Wasserpflanzen, auch Schilf, was der Karpfen nicht tut. Sie halten somit den Teich vom Verschilfen frei. Sie gelten auch in Europa als winterhart.

T: 10 - 20° C, **L**: bis 60 cm, **BL**: ab 120 cm, **WR**: u, m, **SG**: 4 (H)

Cyprinus carpio LINNAEUS, 1758
Karpfen, Zuchtform Zierkarpfen (Koi)

Syn.: *Cyprinus acuminiatus, C. coriaceus, C. elatus, C. hungaricus, C. macrolepidotus, C. regina, C. rex cyprinorum, C. specularis.*

Vork.: Ursprüngliches Vorkommen in Japan und China. Die Art wird überall als Teichfisch gehalten und kommt deshalb in vielen europäischen Gewässern verwildert vor.

Ersteinf.: Nicht mehr feststellbar.

GU: ♂ zur Laichzeit mit schwachem Laichausschlag; ♀ zur Laichzeit viel dikker als das ♂.

Soz.V.: Jüngere Tiere sind Schwarmfische, ältere dagegen mehr Einzelgänger.

Hält.B.: Feiner Bodengrund; dichte Bepflanzung; einige Wurzeln zur Dekoration. Wasser um 10 - 15° dGH und neutral bis schwach alkalisch (pH-Wert 7 - 7,5)

ZU: Im Aquarium aus Platzmangel nicht möglich.

FU: O; Lebendfutter, am liebsten Bodentiere (Krebse, Mollusken, Würmer, Insektenlarven). Frißt auch Flockenfutter, gefriergetrocknetes Futter und pflanzliche Kost, Kartoffeln, Haferflocken und gequollenen Mais.

Bes.: Von den Karpfen gibt es neben dem Schuppenkarpfen (Wildkarpfen) einige Zuchtrassen: Lederkarpfen (ohne Schuppen), Zeilkarpfen (nur Schuppen längs der Seitenlinie) und Spiegelkarpfen (einige große Schuppen auf dem Rükken). Weil Karpfen keine Aquarienfische sind, sondern Speisefische, wurde hier auf eine Abbildung der Naturform verzichtet. Dieser Fisch ist artgerecht nur in einem großen Schaubecken ab 1000 Liter Inhalt zu pflegen.

Die Abbildung zeigt eine Mutante, den Farb- und Zierkarpfen, der in allen Farbvariationen angeboten wird. Er ist recht gut für die Aquarienhaltung in Becken ab 100 cm Länge geeignet und wird dort durchweg kaum länger als 20 cm. Diese Form läßt sich auch gut in einem Gartenteich pflegen, braucht aber mehr Wärme als die Naturform. Deshalb ist sie im Winter bei Temperaturen unter 10° C ins Haus zu nehmen wie die Goldfische. Der Zierkarpfen oder Koi wird in Japan und den USA in Teichen gehalten. In Japan gilt er als Glücksbringer.

T: 10 - 23° C, (Kaltwasserfisch), **L**: 20 - 120 cm, **BL**: 100 cm, **WR**: u, m, **SG**: 1 - 2

Karpfenähnliche Fische

Ctenopharyngodon idella

Cyprinus carpio (Zuchtform)

Fam.: Cyprinidae
Unterfam.: Rasborinae

Karpfenfische

Danio aequipinnatus
Malabarkärpfling, "Malabaricus" (McCLELLAND, 1839)

Syn.: , *Danio alburnus, D. aurolineatus, D. lineolatus, D. malabaricus, D. micronema, D. osteographus, Leuciscus lineolatus, Paradanio aurolineatus, Perilampus aurolineatus, P. canarensis, P. malabaricus, P. mysorius.*

Vork.: Westküste Vorderindiens und Sri Lankas; in stehenden und fließenden Gewässern.

Ersteinf.: 1909.

GU: ♂ wesentlich schlanker, ♀ mit matterer Färbung und gerundetem Bauch. Beim ♂ verläuft der mittlere blaue Streifen genau gerade über die Schwanzflosse, beim ♀ biegt er am Grunde der Schwanzflosse mehr nach oben.

Soz.V.: Lebhafter, schwimmfreudiger, etwas unruhiger Schwarmfisch. Die Tiere zeigen eine gewisse Gattentreue, die aber nicht so stark ausgeprägt ist wie bei den *Brachydanio*-Arten.

Hält.B.: Sandiger Bodengrund; Randbepflanzung mit mittelharten bis harten Pflanzen; freier Schwimmraum, besonders in den oberen Wasserschichten. Wasserwerte wie bei *Brachydanio albolineatus*. *Danio aequipinnatus* ist für das Gesellschaftsbecken geeignet.

ZU: 25 - 28° C; ähnelt den *Brachydanio*-Arten. Nicht zu kleine Zuchtbecken mit Frischwasser und sonnigem Standort. Einrichtung der Becken wie bei *Brachydanio*-Arten. Während des Laichaktes mit Enchyträen füttern. Elterntiere nach dem Ablaichen herausfangen. Bei jeder Paarung werden 5 - 20 Eier abgegeben. Gesamtzeizahl etwa 300 Stück. Die Jungfische schlüpfen nach 24 - 48 Stunden. Sie lassen sich leicht aufziehen.

FU: O; Allesfresser: Lebendfutter, Flockenfutter, gefriergetrocknetes Futter, pflanzliche Beikost.

Bes.: *Danio aequipinnatus* bildet in seiner Heimat eine Anzahl von Rassen, die sich sowohl im Aussehen als auch in der Färbung unterscheiden.

T: 22 - 24° C, **L:** 10 cm, **BL:** 80 cm, **WR:** alle, **SG:** 1

Danio devario
Devario-Bärbling (HAMILTON, 1822)

Syn.: *Cyprinus devario.*

Vork.: Pakistan, nördliches Indien und Bangladesh, vom Flußgebiet des Indus bis nach Assam.

Ersteinf.: 1949.

GU: ♂♂ sind schlanker und intensiver gefärbt; ♀♀ besonders zur Laichzeit mit größerer Leibesfülle, die ♀♀ sind außerdem größer.

Soz.V.: Typischer Schwarmfisch; einzeln gehaltene Tiere werden blaß und scheu. Die Art ist sehr friedlich. Vergesellschaftung mit *Brachydanio*-Arten.

Hält.B.: Wie bei *Danio aequipinnatus* angegeben. *Danio devario* ist aber in bezug auf die Temperatur viel anspruchsvoller.

ZU: 24 - 25° C; ansonsten wie bei *D. aequipinnatus* und *Brachydanio*-Arten angegeben.

FU: O; Allesfresser: Lebendfutter aller Art, pflanzliche Nahrung, Flockenfutter usw.

Bes.: *Danio devario* unterscheidet sich von allen anderen *Danio*- und *Brachydanio*-Arten durch die Anzahl der Rückenflossenstrahlen. *Danio devario* hat mit 18 oder 19 Strahlen die längste Rückenflosse.

T: 15 - 26° C, **L:** 15 cm, ab 7 cm fortpflanzungsfähig, **BL:** 80 cm, **WR:** alle, **SG:** 1

Karpfenähnliche Fische

Danio aequipinnatus

Danio devario

Fam.: Cyprinidae — Karpfenfische
Unterfam.: Garrinae

Epalzeorhynchos kalopterus (BLEEKER, 1850)
Schönflossige Rüsselbarbe

Syn.: *Barbus kalopterus.*
Vork.: Hinterindien und Indonesien: Thailand, Sumatra, Borneo; meist in Fließgewässern.
Ersteinf.: 1935 durch LADIGES.
GU: Sind keine bekannt.
Soz.V.: Die Fische sind revierbildend; die Reviere werden gegen Artgenossen verteidigt, ansonsten sind die Tiere friedlich. Die Aggressivität nimmt im Alter zu.
Hält.B.: Bodengrund aus einem Sand-Kies-Gemisch; Versteckmöglichkeiten aus Wurzeln und Steinen; dichte Bepflanzung mit großblättrigen Arten. Wasser weich (5 - 8° dGH) und leicht sauer (pH-Wert 6,5); teilweiser Wasserwechsel hebt das Wohlbefinden der Fische (jede Woche 1/4 des Beckeninhaltes).

ZU: Im Aquarium bisher noch nicht geglückt.
FU: O; Lebendfutter, gefriergetrocknetes Futter, Trockenfutter, pflanzliche Nahrung (Algen, Salat, Haferflocken). Die Tiere fressen keine Bart- und Fadenalgen.
Bes.: *Epalzeorhynchos kalopterus* hat eine interessante Ruhestellung. Die Tiere stützen sich mit den Brustflossen auf große Pflanzenblätter oder den Bodengrund auf. Die Schönflossenbarbe frißt gern Planarien.

T: 24 - 26° C, **L**: 15 cm, **BL**: 70 cm, **WR**: u, (m), **SG**: 2

Crossocheilus siamensis (SMITH, 1931)
Siamesische Rüsselbarbe, Algenfresser

Syn.: *Epalzeorhynchos siamensis.*
Vork.: Südostasien: Thailand, Malaiische Halbinsel.
Ersteinf.: 1962 durch WERNER.
GU: Unbekannt.
Soz.V.: Gegenüber anderen, auch kleineren Fischen sind die Tiere friedlich; unter Artgenossen kommt es dagegen manchmal zu Streitigkeiten. *C. siamensis* kann im Gesellschaftsbecken gehalten werden.
Hält.B.: Weicher Bodengrund; stellenweise dichter Pflanzenwuchs; Wurzeln zur Dekoration. Die Fische sind ziemlich wärmebedürftig. Wasser weich (um 5° dGH) und leicht sauer (pH 6,5). Es werden jedoch auch höhere Werte bis pH 8 und eine Härte bis 20° dGH vertragen. Die Art ist ziemlich sauerstoffbedürftig. Größere bis 10 cm Länge springen gern, daher Becken gut abdecken oder Wasserstand niedrig halten.

ZU: Im Aquarium bisher noch nicht gelungen.
FU: H; Lebendfutter aller Art, die Tiere fressen sogar Planarien; Algen, Salat, Flockenfutter. *E. siamensis* frißt auch Fadenalgen, jedoch keine Pflanzen.
Bes.: Im Gegensatz zu *Epalzeorhynchos kalopterus* sind die Flossen von *C. siamensis* transparent. *C. siamensis* hat ein Paar Oberlippenbarteln. *E. kalopterus* deren zwei. Die Art gilt heute als der beste Algenfresser im Aquarium. Sie wurde zuerst von Dr. BAENSCH als solcher erkannt und über die Zierfischzüchterei West-Aquarium bekannt gemacht. Trotz seiner Unscheinbarkeit fehlt der Algenfresser heute in keinem Zoogeschäft.
Die Gattung *Crossocheilus* unterscheidet sich von *Epalzeorhynchos* durch andersartige Rhynallappen (Nasenlappen).

T: 24 - 26° C, **L**: 14 cm, **BL**: 80 cm, **WR**: u, (m), **SG**: 1

Karpfenähnliche Fische

Epalzeorhynchos kalopterus

Crossocheilus siamensis

Fam.: Cyprinidae   Karpfenfische

Epalzeorhynchos stigmaeus   SMITH, 1945
Goldbrauner Algenfresser   Unterfam.: Cyprininae

Syn.: Keine (?).
Vork.: Nördliches und zentrales Thailand.
Ersteinf.: Gelegentlich als Beifang ab 1950.
GU: Nicht bekannt.
Soz.V.: Friedlicher Schwarmfisch - auch Einzelgänger. Für jedes größere Gesellschaftsbecken geeignet, sofern die Temperatur beachtet wird.
Hält.B.: Gemäß dem natürlichen Vorkommensbiotop in kühleren Waldbächen mit Strömung und kiesigem Untergrund sollte die Art ein langgestrecktes Becken mit guter Filterung (sauerstoffreiches Wasser) erhalten. pH-Wert neutral; Härte bis 12° dGH.
ZU: Nicht bekannt.
FU: H, O; Flockenfutter, Futtertabletten, Algen, Lebendfutter.
Bes.: Keine.

T: 18 - 22° C, **L:** 12,5 cm, **BL:** 80 cm, **WR:** u, **SG:** 2

Gobio gobio   (LINNAEUS, 1758)
Gründling   Unterfam.: Gobioninae

Syn.: *Cyprinus gobio, Gobio fluviatilis, G. venatus.*
Vork.: Ganz Europa bis zum Ural. Die Art fehlt auf der Iberischen Halbinsel, in Italien (ausgenommen Oberitalien), Griechenland, Norwegen, Nordschweden, Finnland und Schottland.
Ersteinf.: Einheimische Art.
GU: ♂ zur Laichzeit mit Laichausschlag, ansonsten sind die Geschlechter schwer zu unterscheiden.
Soz.V.: Friedlicher, sehr beweglicher Schwarmfisch. Der Gründling kann gut mit der Elritze (*Phoxinus phoxinus*) und den Schmerlen (*Barbatula barbatula, Cobitis taenia*) vergesellschaftet werden.
Hält.B.: Kiesiger Bodengrund,; Versteckmöglichkeiten aus Steinen. Gute Durchlüftung, da die Art ziemlich sauerstoffbedürftig ist. Wenn möglich, mit Turbelle Strömung erzeugen. Das Wasser muß klar und sauber sein (Kaltwasserfisch!). Wasser mittelhart bis hart (10 - 20° dGH) und neutral bis schwach alkalisch (pH-Wert 7 - 7,5).
ZU: Im Aquarium wurde *Gobio gobio* schon vereinzelt zur Fortpflanzung gebracht. Nachzuchten sind aber noch viel vom Glück abhängig.
FU: K, O; Lebendfutter aller Art (*Tubifex*, Bachflohkrebse, Wasserasseln, Mückenlarven); gefriergetrocknetes Futter, Flockenfutter, Tablettenfutter.
Bes.: Der Gründling wird in manchen Gegenden (z.B. in Frankreich) gegessen und als besondere Delikatesse geschätzt.

T: 10 - 18° C (Kaltwasserfisch), **L:** 20 cm, **BL:** 80 cm, **WR:** u, **SG:** 2

Epalzeorhynchos erythrurus, s. S. 422

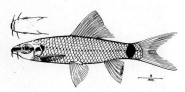

Epalzeorhynchos frenatus, s. S. 422

Karpfenähnliche Fische

Epalzeorhynchos stigmaeus

Gobio gobio

Epalzeorhynchos bicolor
Feuerschwanz-Fransenlipper

(SMITH, 1931)
Unterfam.: Garrinae

Syn.: *Labeo bicolor.*

Vork.: Thailand: Zentralthailand, Menam, Chao Phya-Bassin und die Paknampo-Region.

Ersteinf.: 1952 vom "Aquarium Hamburg".

GU: ♀ kräftiger und blasser in der Färbung als das ♂. Die Form der Rückenflosse soll ein untrügliches Merkmal sein: beim ♂ läuft sie nach hinten spitz aus, während der Hinterrand beim ♀ einen rechten Winkel bildet.

Soz.V.: Einzelgängerisch und revierbildend. Die Tiere sind gegen Artgenossen sehr unverträglich und bissig. Gegenüber anderen Beckeninsassen dagegen meist friedlich. Große Tiere können aber zu wahren Tyrannen werden, die selbst große Mitbewohner terrorisieren.

Hält.B.: Große Becken mit feinem Sand als Bodengrund; Verstecke aus Wurzeln und Steinen. Die Bepflanzung so vornehmen, daß die Tiere Reviere bilden können, ohne direkten Sichtkontakt mit ihren Nachbarn zu haben. Viel freier Schwimmraum. Weiches bis mittelhartes (bis 15° dGH) und neutrales Wasser (pH um 7). Die Art ist nur bedingt für das Gesellschaftsbecken geeignet.

ZU: Die Zucht ist wegen der Unverträglichkeit der Tiere sehr schwierig und deshalb nur selten gelungen.

FU: K, O; Lebendfutter aller Art, Flockenfutter, gefriergetrocknete Futtertabletten, Algen, Salat, Spinat.

Bes.: Über die gelungene Zucht von *E. bicolor* berichten DEAKIN & MORRILL. Zuchttemperatur 27 - 28° C, Wasser weich und mit Torf angesäuert. Es wurde in einer Steinhöhle abgelaicht. Die Jungfische schlüpften nach zwei Tagen und nach weiteren zwei Tagen schwammen sie frei. Die Jungfische haben weiße Flossenspitzen. Ihre Färbung geht von einem silbrigen Braun über Dunkelbraun zu Schwarz über. Die Schwanzflosse und wird erst ab der 7. Woche rötlich.

T: 22 - 26° C, **L:** 12 cm, **BL:** 80 cm, **WR:** u, m, **SG:** 2

Epalzeorhynchos erythrurus
Grüner Fransenlipper

(FOWLER, 1937)
Unterfam.: Garrinae

Syn.: *Labeo erythrurus.*

Vork.: Nördliches Thailand.

Ersteinf.: 1953.

GU: ♂ schlanker und mit schwarz gesäumter Afterflosse; ♀ voller und ohne schwarzen Aftersaum.

Soz.V.: Wie bei *B. bicolor* angegeben.

Hält.B.: Wie bei *B. bicolor*.

ZU: Im Aquarium schon nachgezüchtet; gelungene Zuchten sind aber sehr große Ausnahmen, siehe "DATZ": 216,6/87, Seite 282 ff.

FU: Lebendfutter, gefriergetrocknetes Futter, Flockenfutter, Algen und Salat.

Bes.: Eine gelungene Zucht beschreibt ARMSTRONG (1970), in der "DATZ" 23, 51. Dort findet man auch Einzelheiten.

T: 22 - 26° C, **L:** 15 cm, **BL:** 120 cm, **WR:** u, m, **SG:** 2

Epalzeorhynchos frenatus
Zügelfransenlipper

(FOWLER, 1934)
Unterfam.: Garrinae

Syn.: *Labeo frenatus.*

Vork.: China: Tachinfluß.

Ersteinf.: Bisher wahrscheinlich nicht eingeführt. *E. erythrurus* wurde in der Aquarien-Literatur häufiger als *E.* (früher *Labeo*) *frenatus* bezeichnet.

Sonstige Daten wie vorgenannte Art.

Bes.: Die Unterschiede zwischen *E. erythrurus* und *E. frenatus* werden deutlich auf den Zeichnungen auf Seite 420.

T: 22 - 26° C, **L:** 15 cm, **BL:** 120 cm, **WR:** u, m, **SG:** 2

Epalzeorhynchos frenatus

Karpfenähnliche Fische

Epalzeorhynchos bicolor

Epalzeorhynchos erythrurus

Fam.: Cyprinidae — Karpfenfische

Leucaspius delineatus (HECKEL, 1843)
Moderlieschen
Unterfam.: Abraminae

Syn.: *Squalius delineatus, Aspius owsianka, Leucaspius abruptus, L. relictus.*

Vork.: Europa und Westasien; vom Rhein bis zum Kaspischen Meer. Die Art fehlt in Irland, England, Skandinavien (ausgenommen Südschweden), Frankreich, Italien, großen Teilen Jugoslawiens und in Griechenland. Die Tiere sind im Donaugebiet vertreten.

Ersteinf.: Einheimische Art.

GU: ♂ schlanker, ♀ meist größer und voller.

Soz.V.: Munterer, friedlicher Schwarmfisch. Das ♂ betreibt Brutpflege.

Hält.B.: Schwarmweise in möglichst langgestreckten Becken. Bodengrund aus grobem Sand. Rand- und Hintergrundbepflanzung mit Kaltwasserarten. Die Pflanzen in Büscheln anordnen, viel Schwimmraum freilassen. Bei höheren Temperaturen Aquarium gut durchlüften.

Wasser mittelhart (um 15° dGH) und um den Neutralpunkt (pH-Wert um 7).

ZU: 18 - 20° C; am besten 3 - 4 Paare nehmen. Becken mit einigen Schilfstengeln. Die Eier werden ringförmig um die Stengel gelegt. Das ♂ betreibt Brutpflege, indem es das Gelege bewacht und es durch Anstoßen des Stengels mit Frischwasser versorgt. Außerdem bestreicht das ♂ die Eier mit einem bakterienhemmenden Sekret.

FU: O; Lebend- und Flockenfutter aller Art.

Bes.: Aus den Schuppen des Moderlieschens wurde früher Perlenessenz (Essence d'Orient) gewonnen. Mit dieser Essenz wurden die Innenseiten von Glaskügelchen überzogen. Solche Glasperlen hatten dann große Ähnlichkeit mit echten Perlen.

T: 10 - 20° C, nicht über 22° C, **L:** 9 cm, **BL:** 60 cm, **WR:** o, m, **SG:** 1 - 2

Leuciscus idus (LINNAEUS, 1758)
Aland, Orfe, Goldorfe
Unterfam.: Leuciscinae

Syn.: *Cyprinus idus, Idus idus, Idus melanotus.*

Vork.: Europa: vom Rhein bis zum Ural. Die Art fehlt in Großbritannien, Irland, Norwegen, Frankreich, Schweiz, südlich der Alpen und in der Donau.

Ersteinf.: Einheimische Art.

GU: ♂ haben Laichausschlag; ♀ sind während der Laichzeit dicker und kräftiger.

Soz.V.: Oberflächenorientierter, lebhafter Schwarmfisch, friedlich in der Jugend.

Hält.B.: Langgestreckte Aquarien; feiner Kies als Bodengrund, harte Kaltwasserpflanzen, viel freier Schwimmraum. Wasserwerte wie bei *Cyprinus carpio*, wöchentlicher Wasserwechsel oder Frischwasserzusatz ist empfehlenswert. Der Aland wächst im Aquarium nur sehr langsam.

ZU: Im normalen Aquarium kaum möglich, da fortpflanzungsfähige Tiere zu groß sind. Die Laichzeit im Freiwasser erstreckt sich von April bis Juli.

FU: K, O; Lebendfutter aller Art; gefriergetrocknetes Futter, Flockenfutter, größere Tiere sind Räuber und fressen Fische.

Bes.: Von *Leuciscus idus* gibt es eine weißgoldene, rotflossige Spielart, die Goldorfe. Sie ist sehr widerstandsfähig. Aus diesem Grund ist sie als Gartenteichbewohner besser geeignet als der Goldfisch. Siehe auch Band 5 für die natürliche Färbung.

T: 4 - 20° C, **L:** 80 cm, **BL:** 200 cm, **WR:** o, m, **SG:** 1 - 2

Karpfenähnliche Fische

Leucaspius delineatus

Leuciscus idus (Goldorfe)

Fam.: Cyprinidae — Karpfenfische

Luciosoma trinema (BLEEKER, 1855)
Hechtbärbling
Unterfam.: Rasborinae

Syn.: *Leuciscus trinema, Trinematichthys trinema*.
Vork.: Südostasien.
Ersteinf.: 1969.
GU: ♂ meist größer und mit verlängerten Bauchflossenstrahlen, Inzwischen werden die fadenartig ausgezogenen Bauchflossen von einigen Autoren als Geschlechtsmerkmal angezweifelt.
Soz.V.: Lebhafter, attraktiver Schwarmfisch.
Hält.B.: Langgestreckte, nicht zu hohe Becken mit guter Abdeckung, da die Tiere ausgezeichnet springen können; Rand- und Hintergrundbepflanzung; viel freier Schwimmraum. Wasserwerte wie bei *Epalzeorhynchos kalopterus*.

ZU: Über die Zucht dieser Art im Aquarium ist bisher noch nichts bekannt.
FU: O; Allesfresser: Kopfsalat, Rinderherz, Leber, Kalamare, Mehlwürmer, *Tubifex*, Fische, Flocken- und Tablettenfutter.
Bes.: Der Name *Luciosoma* (= "Hechtkörper") deutet auf die hechtartige Gestalt der Fische hin.

T: 24 - 27° C, **L**: 30 cm, **BL**: 100 cm, **WR**: o, m, **SG**: 2

Labeo chrysophekadion* (BLEEKER, 1849)
Schwarzer Fransenlipper
Unterfam.: Cyprininae

Syn.: *Rohita chrysophekadion, Morulius chrysophekadion, Morulius dinema, M. erythrostictus, M. pectoralis*.
Vork.: Südostasien: Thailand, Kambodscha, Laos, Java, Borneo und Sumatra.
Ersteinf.: 1932.
GU: Bisher keine bekannt.
Soz.V.: Einzelgängerisch lebende Fische, die gegen Artgenossen sehr unverträglich sind. Artfremden Fischen gegenüber nicht so aggressiv. *Morulius chrysophekadion* ist aber friedlicher als *Epalzeorhynchos bicolor*.
Hält.B.: Wie bei *E. bicolor*. *L. chrysophekadion* ist für das Gesellschaftsbecken allein schon wegen seiner Größe nur bedingt geeignet.

ZU: Nach Angabe von PINTER wurde die Art durch Kunstbefruchtung vermehrt, der eine Behandlung mit Hypophysenhormon von Karpfen vorausgegangen war.
FU: O; Allesfresser: Lebendfutter, Algen, Salat, Spinat, Flocken- und Tablettenfutter.
Bes.: *Labeo chrysophekadion* ist in seiner Heimat ein wichtiger Speisefisch und gilt als Delikatesse.

* Die Art ist nach Angaben von KOTTELAT in die Gattung *Labeo* gestellt worden.

T: 24 - 27° C, **L**: 60 cm, **BL**: 100 - 120 cm, **WR**: m, u, **SG**: 2

Karpfenähnliche Fische

Luciosoma trinema

Labeo chrysophekadion

Fam.: Cyprinidae — Karpfenfische

Notropis lutrensis (BAIRD & GIRARD, 1853)
Amerikanische Rotflossenorfe
Unterfam.: Leuciscinae

Syn.: *Leuciscus lutrensis, Cliola billingsiana, C. forbesi, C. gibbosa, C. iris, C. jugalis, C. lutrensis, C. montiregis, C. suavis, C. billingsiana, Cyprinella bubelina, C. complanata, C. forbesi, C. suavis, Hylsilepis iris, Moniona couchi, M. gibbosa, M. jugalis, M. laetabilis, M. leonina, M. pulchella, M. rutila.*
Vork.: Nordamerika: USA, vom südlichen Illinois bis nach Süddakota, Kansas und dem Rio Grande.
Ersteinf.: 1935 durch SCHREITMÜLLER.
GU: ♂ kräftiger gefärbt, Laichausschlag, Rückenflosse mit schwarzer Spitze; ♀ voller und zur Laichzeit blasser gefärbt.
Soz.V.: Anspruchsloser, schwimmfreudiger Schwarmfisch.
Hält.B.: Langgestreckte Becken mit viel freiem Schwimmraum; klares Frischwasser, häufiger Wasserwechsel; gute Durchlüftung des Beckens; Randbepflanzung mit Kaltwasserarten. Wasser mittelhart bis hart (10 - 20° dGH) und neutral bis schwach alkalisch (pH 7 - 7,5).
ZU: Ist im Aquarium anscheinend noch nicht versucht worden bzw. noch nicht gelungen. Es gibt keine Berichte über eine erfolgreiche Zucht im Aquarium.
FU: O; Allesfresser: Lebendfutter jeglicher Art, pflanzliche Beikost, gefriergetrocknetes und tiefgefrorenes Futter, Flocken-, Tablettenfutter.
Bes.: Die Art soll angeblich schon 1908 von MATTE nach Deutschland eingeführt worden sein. Diese Angabe ist leider nicht eindeutig belegt. In Nordamerika liegt die Laichzeit dieses Fisches im Mai. Die Tiere dürfen nicht zu warm überwintert werden, da sie sonst an Widerstandsfähigkeit verlieren.

T: 15 - 25° C (Kaltwasserfisch), **L**: 8 cm, **BL**: 60 cm, **WR**: o, m, **SG**: 1

Osteochilus hasselti (VALENCIENNES, 1842)
Javakarpfen, Nilem
Unterfam.: Cyprininae

Syn.: *Rohita hasselti.*
Vork.: Südostasien: Thailand, Malaiische Halbinsel, Java, Borneo, Sumatra und viele kleine Sundainseln.
Ersteinf.: 1931.
GU: Unbekannt; wahrscheinlich sind die ♀♀ dicker als die ♂♂.
Soz.V.: Bewegungsfreudiger, friedlicher Schwarmfisch. Die Tiere eignen sich nur als Jungfische für das Zimmeraquarium.
Hält.B.: Dunkler Bodengrund aus feinem Sand ohne trübende Bestandteile, da die Fische bei der Nahrungssuche gern gründeln. Dichter Pflanzenwuchs an den Rändern und im Hintergrund des Beckens; Versteckmöglichkeiten aus Wurzeln und Steinen; freier Schwimmraum. Wasserwerte ähnlich denen von *Epalzeorhynchos kalopterus.*
ZU: Über die Zucht im Aquarium ist bisher noch nichts bekannt geworden. Wahrscheinlich sind geschlechtsreife Tiere zu groß für normale Becken.
FU: O; Allesfresser, hauptsächlich Lebend- und Flockenfutter, zusätzlich pflanzliche Kost (Algen, Salat, Spinat).
Bes.: Der Javakarpfen wird für normale Aquarien zu groß. Er ist aber hervorragend für Schaubecken zoologischer Gärten geeignet.

T: 22 - 25° C, **L**: 32 cm, **BL**: 100 cm, **WR**: m, u, **SG**: 2

Karpfenähnliche Fische

Notropis lutrensis

Osteochilus hasselti

Fam.: Cyprinidae — Karpfenfische

Phoxinus phoxinus
Elritze, Pfrille

(LINNAEUS, 1758)
Unterfam.: Leuciscinae

Syn.: *Cyprinus phoxinus, Leuciscus phoxinus, Phoxinus aphya, P. laevis*.

Vork.: Europa und Asien. Die Art kommt von Nordspanien und Norditalien bis zum Amur vor. Sie fehlt im übrigen Spanien und Portugal, in Schottland, Mittel- und Süditalien und auf dem Peloponnes. Die Fische bewohnen klare, sauerstoffreiche und schnellfließende Gewässer. Sie gehen bis in 2000 m Höhe.

Ersteinf.: Einheimische Art.

GU: Außerhalb der Laichzeit schwer feststellbar; die ♂♂ sind in der Laichzeit intensiver gefärbt, die ♀♀ sind dicker, siehe Band 5, Seite 196.

Soz.V.: Oberflächenorientierter, lebhafter, aber friedlicher Schwarmfisch. Die Art wird am besten mit anderen Kaltwasserfischen (*Gobio gobio, Barbatula barbatula, Cobitis taenia*) vergesellschaftet. Die Elritze wühlt nicht.

Hält.B.: Bodengrund aus grobem, nicht zu hellem Sand, einige Steine und Wurzeln. Die Aquarien sollten langgestreckt sein und viel freien Schwimmraum aufweisen; Rand- und Hintergrundbepflanzung mit Kaltwasserarten. Frischwasser und gute Durchlüftung; Wasserwerte wie bei *Gobio gobio* angegeben.

ZU: Nicht schwierig; 16 - 20° C; kristallklares Frischwasser, feiner Sand mit einigen größeren Steinen als Bodengrund. Wasserstand höchstens 15 cm. Mehrere Zuchtpaare einsetzen; kräftige Durchlüftung der Becken. Die Tiere laichen an den Steinen ab; Elterntiere nach Eiablage herausfangen. Die Jungfische schlüpfen nach ca. 6 Tagen und werden mit Staubfutter ernährt. Sie sind sehr langsamwüchsig und werden erst nach 3 - 4 Jahren geschlechtsreif.

FU: K; Lebendfutter, Insektenlarven, Kleinkrebse, *Tubifex*, Enchyträen; Flokkenfutter (nach Gewöhnung).

Bes.: Bei beiden Geschlechtern tritt Laichausschlag auf. Die Elritze verfügt über ein ausgezeichnetes Geruchs- und Hörvermögen. Die Tiere können ebenso feine Tonunterschiede wahrnehmen wie Menschen. In einigen Gebieten wird der Fisch sauer eingelegt gegessen.

T: 12 - 20° C (Kaltwasserfisch), **L:** 14 cm, **BL:** 70 cm, **WR:** o, m, **SG:** 2

Karpfenähnliche Fische

Rasbora borapetensis   SMITH, 1934
Rotschwanzrasbora, Rotflossenrasbora   Unterfam.: Rasborinae

Syn.: Keine.

Vork.: Südostasien: Thailand, Westmalaysia bei Kuala Trengganu.

Ersteinf.: 1954.

GU: ♂ schlanker, ♀ voller; sonst keine Geschlechtsunterschiede in Färbung und Zeichnung.

Soz.V.: Friedlicher, lebhafter Schwarmfisch; am besten mit anderen *Rasbora*-Arten oder mit *Brachydanio*- und kleinen *Barbus*-Arten vergesellschaften.

Hält.B.: Dichte Bepflanzung der Becken, freier Schwimmraum; Wasseroberfläche mit Schwimmpflanzendecke, damit im Aquarium diffuses Licht herrscht, starke Sonneneinstrahlung vermeiden; Wurzeln zur Dekoration. Wasserwerte: weiches bis mittelhartes (bis 12° dGH) und leicht saures (pH 6,5) Wasser; häufiger Wasserwechsel. Die Art ist für das Gesellschaftsbecken geeignet.

ZU: 25 - 26° C; Laichbecken mit niedrigem Wasserstand (15 cm) und Schwimmpflanzen zur Dämpfung des Lichtes. Wasser nicht zu hart (bis 10° dGH) und schwach sauer bis neutral (pH 6,5 - 7); Frischwasserzusatz. Abgelaicht wird meist erst einige Tage nach dem Ansatz; dem Laichen geht ein heftiges Treiben voraus. Bei der Paarung umschlingt das ♂ das ♀ kurz; es werden bis zu 6 Eier abgegeben. *R. borapetensis* ist nicht sehr produktiv, Gesamteizahl zwischen 30 und 40 Stück. Die Elterntiere, besonders das ♂, sind schlimme Laichräuber. Sie müssen deshalb beim Laichen gut gefüttert und anschließend herausgefangen werden. Die Jungfische schlüpfen nach 36 Stunden.

FU: K, O; Lebendfutter (Kleinkrebse, Mückenlarven, *Tubifex*), Flockenfutter.

Bes.: *Rasbora borapetensis* ist eine der wenigen längsgestreiften *Rasbora*-Arten, die eine unvollständige Seitenlinie besitzen.

T: 22 - 26° C, **L:** 5 cm, **BL:** 50 cm, **WR:** o, m, **SG:** 2

Fam.: Cyprinidae
Unterfam.: Rasborinae

Karpfenfische

Rasbora dorsiocellata dorsiocellata   DUNCKER, 1904
Augenfleckbärbling

Syn.: Keine.

Vork.: Südostasien: Malaiische Halbinsel, Sumatra; in stehenden und fließenden Gewässern.

Ersteinf.: 1935 durch SCHREITMÜLLER über Paris.

GU: ♂ mit rötlicher Schwanzflosse und gerader Bauchlinie; ♀ mit gelblicher Schwanzflosse und gebogener Bauchlinie.

Soz.V.: Friedlicher, anspruchsloser und schwimmfreudiger Schwarmfisch.

Hält.B.: Wie bei *Rasbora heteromorpha* angegeben; für *R. dorsiocellata* sollte man vor allem für viel Platz zum Ausschwimmen sorgen.

ZU: 22 - 26° C; niedriger Wasserstand. Einrichtung des Zuchtbeckens wie bei *Barbus conchonius* oder *Brachydanio*-Arten. Ein laichreifes ♀ ein bis zwei Tage vor dem Laichakt allein ins Zuchtbecken geben, das ♂ am Abend vor dem geplanten Ablaichen zusetzen. Es wird stark getrieben und danach im Pflanzendickicht abgelaicht. Nach der Eiabgabe Elterntiere herausfangen (starke Laichräuber). Die Jungfische schlüpfen nach ca. 24 Stunden.

FU: O; Allesfresser.

Bes.: Es sind zwei Unterarten bekannt: *R. dorsiocellata dorsiocellata* DUNCKER, 1904, die mit dem oben vorgestellten Fisch identisch ist, und *R. dorsiocellata macrophthalma* MEINKEN, 1951, die Leuchtaugen-Rasbora. Diese Unterart wird nur 3,5 cm lang.

T: 20 - 25° C, **L:** 6,5 cm, **BL:** 70 cm, **WR:** m, **SG:** 1 - 2

Rasbora elegans elegans   VOLZ, 1903
Schmuckbärbling

Syn.: *Rasbora lateristriata* var. *elegans*.

Vork.: Südostasien: Westmalaysia, Singapur, Sumatra und Borneo; in stehenden und fließenden Gewässern.

Ersteinf.: 1909 durch die Vereinigten Zierfischzüchtereien in Conradshöhe bei Berlin.

GU: ♀ meist größer, nicht so kräftig gefärbt und während der Laichzeit plumper.

Soz.V.: Lebhafter, friedlicher Schwarmfisch; Vergesellschaftung mit anderen *Rasbora*-Arten.

Hält.B.: Alteingerichtete, dicht bepflanzte Becken mit Platz zum Ausschwimmen; dunkler Bodengrund; Dekorationen aus Wurzeln. Wasser bis 10° dGH, pH-Wert 6 - 6,5 (leicht sauer); gelegentlicher Wasserwechsel (alle 14 Tage ¼ des Inhalts). Gesellschaftsbecken.

ZU: Wie bei *Rasbora dorsiocellata* angegeben. *Rasbora elegans* ist sehr produktiv. Für die Zucht sollten keine zu jungen Tiere verwendet werden.

FU: O; Allesfresser: Lebendfutter, Flokkenfutter, teilweise pflanzliche Beikost. Die Art ist sehr gefräßig.

Bes.: *Rasbora elegans* kommt in vier Unterarten vor: *R. elegans* VOLZ, 1903, *R. elegans nematotaenia* HUBBS & BRITTAN 1954 (südöstliches Sumatra: Moesi-Fluß), *R. elegans bunguranensis* BRITTAN, 1951 (Insel Bunguran) und *R. elegans spilotaenia* HUBBS & BRITTAN, 1954 (Sumatra).

T: 22 - 25° C, **L:** 20 cm, **BL:** 100 cm, **WR:** m, **SG:** 2

Karpfenähnliche Fische

Rasbora dorsiocellata dorsiocellata

Rasbora elegans elegans

Fam.: Cyprinidae
Unterfam.: Rasborinae

Karpfenfische

Rasbora espei (MEINKEN, 1967)
Espes Bärbling
Syn.: *Rasbora heteromorpha espei.*
Vork.: Thailand.
Ersteinf.: 1967 durch ESPE.
GU: ♂ schlanker und intensiver gefärbt; ♀ mit höherer Körperform und etwas fülligerer Bauchpartie.
Soz.V.: Friedliche, schwimmgewandte Schwarmfische. Die Tiere bilden nur tagsüber einen lockeren Schwarm. Nachts löst er sich auf und jedes Tier schläft einzeln, leicht an ein Blatt gelehnt. *Rasbora espei* kann man am besten mit *Boraras maculatus* vergesellschaften.
Hält.B.: Dunkler Boden, dichte Randbepflanzung und viel freier Schwimmraum; Schwimmpflanzen zur Dämpfung des Lichts; Dekoration mit Moorkienholzwurzeln. Wasserwerte (pH 6 - 6,5; bis 12° dGH); Torffilterung. Die Art ist etwas empfindlich.

ZU: Wie bei *Rasbora heteromorpha* angegeben. *Rasbora espei* scheint aber nicht so produktiv zu sein wie diese.
FU: K, O; Allesfresser: kleines Lebendfutter und Flockenfutter. Wasserflöhe sind schon zu groß für die kleinen Mäulchen dieser Art.
Bes.: MEINKEN weist auf ein interessantes Verhalten innerhalb des Schwarms hin, das er als "Wächterstellung" bezeichnet. Sobald der Schwarm irgendwo verhält oder ganz still steht, schauen immer einige Tiere nach außen und beobachten die Umgebung genau. Drehen sie sich um und fliehen, schließt sich der ganze Schwarm der Flucht an. Die Art wird häufig mit *R. hengeli* verwechselt. Diese ist jedoch kleiner und durchsichtiger.

T: 23 - 28° C, **L:** 4,5 cm, **BL:** 50 cm, **WR:** m, o, **SG:** 2

Rasbora heteromorpha DUNCKER, 1904
Keilfleckbärbling, Keilfleckrasbora
Syn.: Keine.
Vork.: Südostasien: Westmalaysia, Singapur, Teile von Sumatra, südöstliches Thailand.
Ersteinf.: 1906 durch REICHELT.
GU: ♂ schlanker. Die Tiere unterscheiden sich auch in der Form des Keilflecks: beim ♀ ist der vordere Rand des Keilflecks gerade, während er beim ♂ nach unten leicht gerundet und die untere Spitze etwas vorgezogen ist.
Soz.V.: Lebhafter und sehr friedlicher Schwarmfisch. Mit *Rasbora espei*, *Boraras maculatus* oder *Rasboroides vaterifloris* vergesellschaften.
Hält.B.: Dunkler Bodengrund (Lavalit); Becken dicht bepflanzt und versteckreich. Schwimmpflanzen zur Dämpfung des Lichts; Dekorationen mit Wurzeln. Tiere immer in einem kleinen Schwarm halten (nicht unter 8 Stück). Wasserwerte wie bei *Rasbora espei*. *Rasbora heteromorpha* kann im Gesellschaftsbecken gehalten werden.

ZU: Nicht ganz einfach; 25 - 28° C, Wasser sehr weich (um 2° dGH) und sauer (pH 5,3 - 5,7); Torffilterung, niedriger Wasserstand (15 - 20 cm); Zuchtwasser vier Wochen vor der Zucht herrichten; einige großblättrige Pflanzen einbringen (z.B. *Cryptocoryne*); Becken möglichst sonnig stellen. Zuchtansatz: 1 junges ♀ und ein großes, zwei Jahre altes ♂. Vor dem Ablaichen treibt das ♂. Es wird an der Unterseite von Wasserpflanzenblättern abgelaicht, dabei schwimmen die Partner in Rückenlage. Nach dem Ablaichen Elterntiere herausfangen und Zuchtbecken mit Papier abdunkeln. Die Jungfische schlüpfen nach 24 Stunden und werden mit feinstem Lebendfutter (Einzellern, Rotatorien) gefüttert.
FU: O; Lebendfutter aller Art, Flockenfutter, gefriergetrocknetes Futter. Die Tiere sind relativ anspruchslose Fresser.
Bes.: Mißerfolge bei der Zucht von *R. heteromorpha* waren zumeist in dem Alter des ♀ begründet, da zu alte ♀♀ ungeeignet sind.

T: 22 - 25° C, **L:** 4,5 cm, **BL:** 50 cm, **WR:** m, (o), **SG:** 2 - 3

Karpfenähnliche Fische

Rasbora espei

Rasbora heteromorpha

Fam.: Cyprinidae
Unterfam.: Rasborinae

Karpfenfische

Rasbora kalochroma (BLEEKER, 1850)
Schönflossenrasbora, Schönflossenbärbling

Syn.: *Leuciscus kalochroma*.
Vork.: Südostasien: Westmalaysia, Sumatra, Borneo und Bangku.
Ersteinf.: 1965 durch ESPE.
GU: ♂ schlanker und intensiver gefärbt mit dunkler Afterflosse.
Soz.V.: Lebhafter, friedlicher Fisch; allerdings scheint er kein ausgesprochener Schwarmfisch zu sein. Nach MEINKEN beansprucht jedes Tier ein kleines Revier von etwa 25 - 30 cm Durchmesser, aus dem arteigene und artfremde Fische vertrieben werden.

Hält.B.: Langgestreckte Becken mit zum Teil feinblättrigen Pflanzen. Viel freier Schwimmraum, dunkler Boden (Lavalit). Wasser ab 10° dGH mit Salzzusatz; nicht zu helle Beleuchtung, einige Schwimmpflanzen zur Lichtdämpfung.
ZU: Über eine gelungene Zucht im Aquarium ist bisher noch nichts bekannt.
FU: O; Allesfresser: Lebendfutter aller Art, Flockenfutter, gefriergetrocknetes und tiefgefrorenes Futter.
Bes.: Siehe bei *Boraras maculatus*.

T: 25 - 28° C, **L:** 10 cm, **BL:** 80 cm, **WR:** m, **SG:** 2

Boraras maculatus (DUNCKER, 1904)
Zwergbärbling

Syn.: *Rasbora maculata*.
Vork.: Südostasien: Westmalaysia, Singapur und westliches Sumatra; in Teichen, Sümpfen, Gräben und langsam fließenden Gewässern.
Ersteinf.: 1905 durch REICHELT.
GU: ♂ schlanker, kleiner und intensiver gefärbt, gerade Bauchlinie; ♀ mit gerundeter Bauchlinie.
Soz.V.: Sehr friedliches, bewegliches Schwarmfischchen. Vergesellschaftung mit *Rasbora*-Arten der *Heteromorpha*-Gruppe *(R. hengeli, R. heteromorpha)*.
Hält.B.: Wie bei *Rasbora hengeli* und *Rasbora heteromorpha* angegeben. Wegen seiner geringen Größe ist *Boraras maculatus* nur bedingt für das Gesellschaftsbecken geeignet.
ZU: 24 - 28° C; schon in kleinsten Becken möglich; Becken mit Laichrost am Boden, da die Elterntiere schlimme Laichräuber sind. Wasserstand höchstens 15 cm; weiches (2 - 3° dGH) und saures (pH-Wert 5,8 - 6,3) Wasser, dichte Bepflanzung. Das ♂ treibt stark. Es wird im Pflanzendickicht abgelaicht. Der Zwergbärbling ist nicht sehr produktiv, es werden maximal 50 Eier abgelegt. Zuchttiere während der Laichperiode gut füttern, danach aus dem Zuchtbecken entfernen. Die Jungfische schlüpfen nach etwa 24 - 36 Stunden. Die Aufzucht der Jungfische erfordert Sorgfalt, da sie sehr klein sind (Futterprobleme!).
FU: O; kleines Lebendfutter aller Art, Flockenfutter, gefriergetrocknetes Futter.
Bes.: *Boraras maculatus* ist der kleinste bekannte Cyprinide (Karpfenfisch) und etwa Nr. 10 der "Rangliste". *Boraras maculatus* wurde lange Zeit als Jugendform von *Rasbora kalochroma* angesehen.

T: 22 - 25° C, **L:** 4,5 cm, **BL:** 50 cm, **WR:** m, (o), **SG:** 2 - 3

Karpfenähnliche Fische

Rasbora kalochroma

Boraras maculatus

Fam.: Cyprinidae
Unterfam.: Rasborinae

Karpfenfische

Rasbora dusonensis (BLEEKER, 1851)
Syn.: *Rasbora argyrotaenoides, Rasbora myersi.*
Vork.: Südostasien: Thailand, Malaiische Halbinsel, südwestliches und nördliches Borneo und im Moesi-Fluß auf Sumatra.
Ersteinf.: Datum unsicher, wahrscheinlich erst nach 1970.
GU: ♀ meist fülliger, mit gerundeter Bauchlinie.
Soz.V.: Friedlicher Schwarmfisch.
Hält.B.: Ähnlich denen von *Rasbora heteromorpha.*
ZU: Über eine gelungene Zucht im Aquarium ist bisher noch nichts bekannt.
FU: Lebendfutter aller Art, auch Flockenfutter und Tabletten.
Bes.: *Rasbora dusonensis* gehört mit 2 Unterarten zum *Argyrotaenia*-Komplex, der noch weitere Arten umfaßt: *Rasbora argyrotaenia* (2 Unterarten), *R. philippina, R. tawarensis* und *R. leptosoma.*

T: 23 - 26° C, **L**: 10 cm, **BL**: 80 cm, **WR**: m, o, **SG**: 1 - 2

Rasbora pauciperforata WEBER & DE BEAUFORT, 1916
Syn.: *Rasbora leptosoma.*
Vork.: Südostasien: Westmalaysia, Sumatra und Belitung.
Ersteinf.: 1928 durch SCHOLZE & POETSCHKE.
GU: ♂ schlanker, mit relativ gerader Bauchlinie; ♀ dicker, Bauchlinie stark gekrümmt.
Soz.V.: Recht scheuer, aber lebhafter Schwarmfisch. Mit anderen schwimmfreudigen Arten vergesellschaften.
Hält.B.: Becken mit dunklem Bodengrund, gute Bepflanzung, freier Schwimmraum. Wasser leicht sauer und weich (pH-Wert 5,8 - 6,5; bis 10° dGH); Torfzusatz, außerdem ist häufiger teilweiser Wasserwechsel von Vorteil.
ZU: Nicht ganz einfach, da die Tiere in der Partnerwahl sehr penibel sind. Es empfiehlt sich, einen großen Schwarm zu pflegen, damit sich passende Paare finden können. Wasser sehr weich (2 - 3° dGH) und leicht sauer (pH-Wert um 6); dichte Bepflanzung des Zuchtbeckens.
Die Tiere laichen zwischen feinblättrigen Pflanzen. Nach der Eiabgabe die Elterntiere herausfangen. Die Jungfische schlüpfen nach 24 - 30 Stunden und werden mit feinstem Staubfutter ernährt.
FU: O; Lebendfutter aller Art (*Tubifex*, Enchyträen, Mückenlarven, Kleinkrebse usw.). Die Tiere fressen auch Flockenfutter und pflanzliche Beikost (weiche Algen, Salat, Spinat).
Bes.: *Rasbora pauciperforata* ist ein typischer Vertreter der *Rasbora*-Gruppe, die eine reduzierte Seitenlinie und einen dunklen Seitenstreifen besitzen. Zu dieser Gruppe gehören *Rasbora gracilis, R. chrysotaenia, R. borapetensis, Boraras uropthalmoides, Rasbora beauforti* und *R. einthovenii,* wahrscheinlich außerdem noch *R. palustris* und *R. semilineata.*

T: 23 - 25° C, **L**: 7 cm, **BL**: 70 cm, **WR**: m, o, **SG**: 2 - 3

Karpfenähnliche Fische

Rasbora dusonensis

Rasbora pauciperforata

Fam.: Cyprinidae
Unterfam.: Rasborinae

Karpfenfische

Rasbora trilineata   STEINDACHNER, 1870
Glasrasbora, Dreilinienrasbora

Syn.: *Rasbora calliura, R. stigmatura.*
Vork.: Südostasien: Westmalaysia, Sumatra und Borneo; in Fließgewässern und Seen.
Ersteinf.: 1932 durch "Aquarium Hamburg".
GU: ♂ kleiner und schlanker, ansonsten sind die Geschlechter nicht zu unterscheiden.
Soz.V.: Lebhafter, friedlicher Schwarmfisch; ist nicht so unruhig wie manche *Rasbora*-Arten.
Hält.B.: Langgestreckte Becken; feinsandiger, dunkler Bodengrund; dichte Rand- und Hintergrundbepflanzung, viel Platz zum Ausschwimmen. Wasser wie bei *Rasbora espei*.
ZU: 25 - 28° C; Zucht nicht ganz einfach. Längliche Becken haben sich gut bewährt. Wasserstand 15 - 20 cm. Wasser weich (5 - 8° dGH) und leicht sauer (pH 6 - 6,5). Becken mit dunklem Bodengrund und dichter Bepflanzung. Der Paarung geht ein mehr oder weniger starkes Treiben voraus. Die Eiablage erfolgt in den Wasserpflanzen, Elterntiere danach herausfangen. Die Jungfische schlüpfen nach 24 Stunden. Sie werden nach Aufzehrung des Dottersacks mit *Artemia*-Nauplien und Rädertierchen gefüttert.
FU: O; Allesfresser: Lebendfutter aller Art, Flockenfutter, gefriergetrocknetes Futter.
Bes.: Eier und Jungfische sind gegen Infusorienbefall sehr empfindlich.

T: 23 - 26° C, **L:** 10 cm, **BL:** 80 cm, **WR:** m, o, **SG:** 1 - 2

Boraras brigittae   (VOGT, 1978)
Schwanzfleckbärbling

Syn.: *Rasbora urophthalma brigittae.*
Vork.: Indonesien: Sumatra.
Ersteinf.: 1976.
GU: ♂ sind kleiner, schlanker und intensiver gefärbt. Sie tragen an der Basis der Rückenflosse einen weißlichen Fleck. Über diesem Fleck befindet sich eine schwarze Binde. Diese und der Fleck fehlen beim ♀.
Soz.V.: Sehr friedlicher und lebhafter Schwarmfisch. Mit gleich großen Fischen vergesellschaften, da *Boraras brigittae* sonst leicht scheu wird.
Hält.B.: Bodengrund aus Sand mit Mulmschicht; gute Bepflanzung mit feinblättrigen Arten, Kienholzwurzeln als Dekoration. Außerhalb der Laichzeit braucht das Wasser nicht weich zu sein (bis 10° dGH): Torffilterung, wöchentlicher Wasserwechsel (10 - 15 % des Beckeninhaltes).
ZU: 26 - 28° C; Becken mit 30 cm Seitenlänge reichen zur Zucht aus. Bepflanzung mit *Ludwigia, Cryptocoryne* usw. Der Laichakt verläuft ziemlich ruhig. Die Eier werden oft an die Unterseite von Blättern angeheftet. Die Jungfische schlüpfen nach 48 Stunden, vorher aber die Elterntiere herausfangen (am besten nach dem Laichen). Aufzucht der Jungfische mit winzigstem Staubfutter (Protogen-Granulat, MikroMin). Die Art ist nicht sehr produktiv (bis 50 Eier). Wasserwerte zur Zucht siehe bei *Boraras maculatus*.
FU: K, O; kleinstes Lebendfutter, Flockenfutter, pflanzliche Kost (Algen).
Bes.: Wahrscheinlich gibt es von der Unterart noch ein Vorkommen in Südvietnam bei Saigon.

T: 23 - 25° C, **L:** 3,5 cm, **BL:** 40 cm, **WR:** m, **SG:** 2 - 3

Karpfenähnliche Fische

Rasbora trilineata

Boraras brigittae

Fam.: Cyprinidae
Unterfam.: Rhodeinae
Karpfenfische

Rhodeus amarus (BLOCH, 1782)
Bitterling

Syn.: *Cyprinus amarus, Rhodeus sericeus amarus, R. sericeus.*

Vork.: Europa und westliches Asien: von Nord- und Ostfrankreich und vom Rhônegebiet bis zur Newa; auch im Gebiet des Schwarzen und Kaspischen Meeres. Die Art fehlt südlich der Alpen und Pyrenäen; sie fehlt weiterhin in ganz Skandinavien, England und Irland.

Ersteinf.: Einheimische Art.

GU: Deutlicher Geschlechtsdichromatismus, ♂ zur Laichzeit mit farbenprächtigem Hochzeitskleid; ♀ stets schlichter gefärbt, vor der Eiablage eindeutig an einer mehrere Zentimeter langen Eiröhre zu erkennen; ♂ mit Laichausschlag.

Soz.V.: Munterer, friedlicher Fisch, der die Gesellschaft liebt. Die Art betreibt Brutfürsorge.

Hält.B.: Bodengrund aus feinem Sand mit Mulmschicht; gute Bepflanzung (Kaltwasserpflanzen), freier Schwimmraum; Durchlüftung ist nicht unbedingt erforderlich. Wasser mittelhart (10 - 15° dGH) und neutral bis leicht alkalisch (pH 7 - 7,5).

ZU: Um 20° C; Bodengrund aus feinem, gewaschenem Sand. Pflanzen in Töpfe setzen; in das Becken außerdem noch eine oder zwei Teich- oder Malermuscheln geben. Paarweise ins Zuchtbecken setzen. Der Anblick der Muscheln wirkt anregend auf die Laichbereitschaft der Tiere. Während der Laichzeit wächst dem ♀ eine 3 - 4 cm lange Legeröhre, die das ♀ in die Atemöffnung einer Muschel einführt und blitzschnell ein Ei ablegt. Auf diese Weise werden etwa 40 Eier in der Muschel deponiert. Das ♂ gibt sein Sperma ab, das ebenfalls durch die Atemöffnung in die Muschel gelangt und die Eier befruchtet. Die Eier entwickeln sich in der Kiemenhöhle der Muschel. Sie sind oval: mit einem Längsdurchmesser von 2,5 mm messen sie nur 1,27 mm im Querschnitt. Die ausschlüpfenden Jungfische haben eine Verdickung am Kopf, die verhindert, daß die Jungen mit dem Atemwasser aus der Muschel gespült werden. Nach 4 Wochen bildet sich die Verdickung zurück, und die Jungfische werden von der Muschel ausgestoßen.

FU: O; Lebendfutter, pflanzliche Kost, Flockenfutter.

Bes.: Bitterlinge sind leicht an einem blaugrün irisierenden Längsband auf dem Schwanzstiel zu identifizieren. Das Ablaichverhalten des Bitterlings ist ein typisches Beispiel für Brutfürsorge. Dagegen umfaßt die Brutpflege eine aktive Pflege der Eier und/oder der Brut durch die Eltern.

T: 5 - 24° C (Kaltwasserfisch), **L:** 10 cm, **BL:** 60 cm, **WR:** m, u, **SG:** 2

Rhodeus amarus, Paar, ♀ mit Legeröhre, ♂ oben.

Karpfenähnliche Fische

Rhodeus amarus ♀

Rhodeus amarus ♂

Fam.: Cyprinidae
Unterfam.: Leuciscinae

Karpfenfische

Rutilus rutilus (LINNAEUS, 1758)
Plötze, Rotauge

Syn.: *Leuciscus rutilus, Gardonus rutilus.*

Vork.: Europa und Teile von Asien: Von den Pyrenäen ostwärts über den Ural bis nach Sibirien. Die Art fehlt auf der Iberischen Halbinsel, südlich der Alpen, in Mittel- und Nordnorwegen und Südschweden. Sie kommt außerdem nicht in der Bretagne und in Schottland vor.

Ersteinf.: Einheimische Art.

GU: ♂ zur Laichzeit mit Laichausschlag; ♀ wesentlich kräftiger.

Soz.V.: Lebhafter, friedlicher Schwarmfisch. Mit anderen Kaltwasser-Cypriniden vergesellschaften *(Leuciscus idus, Gobio gobio, Cyprinus carpio* oder *Carassius carassius).*

Hält.B.: Aquarium so plazieren, daß es sich auch im Sommer nicht stark erwärmt. Weicher Sand als Bodengrund, Bepflanzung mit einheimischen Kaltwasserarten; Dekoration mit Steinen und Schilfrohrstengeln. Gute Filterung und Belüftung des Beckens; regelmäßig jede Woche ¼ des Beckeninhalts gegen Frischwasser austauschen. Wasserwerte wie bei anderen einheimischen Weißfischen.

ZU: Im Aquarium aus Platzgründen meist nicht möglich. In Gartenteichen gelingt die Zucht leicht. Laichzeit im Freiwasser April und Mai.

FU: O; Allesfresser: Lebendfutter, Flokkenfutter, Pflanzen, Detritus. Große Exemplare fressen auch kleine Fische.

Bes.: Die Plötze wird häufig mit der Rotfeder *(Rutilus erythrophthalmus)* verwechselt. Beide Arten unterscheiden sich durch die Stellung ihrer Bauchflossen: bei der Plötze sind die Bauchflossen unter dem Beginn der Rückenflosse eingelenkt, bei der Rotfeder dagegen deutlich vor dem Beginn der Rückenflosse.

T: 10 - 20° C (Kaltwasserfisch), **L:** 40 cm, **BL:** 80 - 100 cm, **WR:** m, u, **SG:** 1 - 2

Rutilus erythrophthalmus (LINNAEUS, 1758)
Rotfeder

Syn.: *Cyprinus erythrophthalmus, Leuciscus erythrophthalmus, L. scardafa, Scardinius erythrophthalmus.*

Vork.: Europa und Asien bis zum Aralsee. Die Art fehlt auf der Iberischen Halbinsel, auf Sizilien, auf dem Peloponnes, in großen Teilen Norwegens, in Nord- und Mittelschweden, Schottland und auf der Krim; in stehenden und langsam fließenden Gewässern.

Ersteinf.: Einheimische Art.

GU: ♂ zur Laichzeit mit Laichausschlag; ansonsten sind die Geschlechter schwer unterscheidbar.

Soz.V.: Friedlicher Schwarmfisch, der am besten mit gleich gearteten Fischen *(Rutilus rutilus, Leuciscus idus)* vergesellschaftet wird.

Hält.B.: Wie bei *Rutilus rutilus* angegeben.

ZU: Kann in sehr großen Becken nachgezüchtet werden. In normalen Aquarien ist eine Zucht aus Platzmangel meist unmöglich. Die Tiere laichen im Freiwasser von April bis Juni. Die Rotfeder ist sehr produktiv. Sie legt mehr als 100 000 Eier ab.

FU: O; Allesfresser, der aber pflanzliche Nahrung bevorzugt.

Bes.: Der Bauch der Rotfeder trägt zwischen den Bauchflossen und der Afteröffnung einen scharfkantigen Kiel.

T: 10 - 20° C (Kaltwasserfisch), **L:** 40 cm, **BL:** 80 cm, **WR:** m, u, **SG:** 1 - 2

Karpfenähnliche Fische

Rutilus rutilus

Rutilus erythrophthalmus

Fam.: Cyprinidae
Unterfam.: Rasborinae

Karpfenfische

Tanichthys albonubes
Kardinalfisch, Venusfisch
Syn.: *Aphyocypris pooni.*
Vork.: Südchina, in den Bächen der Weißen-Wolken-Berge bei Kanton, Umgebung von Hongkong.
Ersteinf.: 1938 vom "Aquarium Hamburg".
GU: ♂ intensiver gefärbt und schlanker, ♀ kräftiger.
Soz.V.: Anspruchsloser, schwimmfreudiger Schwarmfisch.
Hält.B.: Becken mit dunklem, feinsandigem Bodengrund. Dichte Rand- und Hintergrundbepflanzung, freier Schwimmraum. Die Art ist sehr wärmebedürftig. Die Tiere nur im Schwarm halten, einzeln gepflegt werden sie leicht scheu und blaß. *Tanichthys albonubes* stellt an die Wasserbeschaffenheit keine Ansprüche.
ZU: 20 - 22° C; leicht möglich; ein Becken in der Größe 25 x 20 x 15 cm reicht für die Zucht aus; dichte Bepflanzung des Zuchtbeckens. In ein solches Aquarium nur ein einziges Paar geben. Das ♂ treibt sehr stark. Die Tiere laichen in den Pflanzen ab; danach Elterntiere herausfangen. Die Jungfische schlüpfen nach ca. 36 Stunden. Sie sind sehr schnellwüchsig und werden mit feinstem Staubfutter aufgezogen.

LIN SHU-YEN, 1932

FU: O; Allesfresser, frißt jegliches Lebend- und Flockenfutter.
Bes.: Bemerkenswert sind die unterschiedlichen Zuchtergebnisse verschiedener ♀♀. Es gibt ♀♀, die selten laichen, aber dann bis zu 300 Eier ablegen. Andere ♀♀ laichen sehr oft, sind aber unproduktiv. Aquariennachzuchten von *R. albonubes* zeigen oft stark abweichende Flossenfärbungen.

Diese Färbung wurde als *Aphyocypris pooni* von MEINKEN vorgestellt: Aquarienfische in Wort und Bild, Seite 991/992, Blatt 8b.

T: 18 - 22° C, **L:** 4 cm, **BL:** 40 cm, **WR:** alle, doch werden die oberen bevorzugt, **SG:** 1

Das Bild rechts oben und das kleine Foto zeigen die unterschiedliche Färbungsmöglichkeit von *T. albonubes*. Das Foto rechts unten zeigt die Prächtigkeit der Schleierform.

Karpfenähnliche Fische

Tanichthys albonubes

Schleier-Kardinalfisch

Fam.: Gyrinocheilidae
Unterfam.: Gyrinocheilinae

Algenfresser

Gyrinocheilus aymonieri (TIRANT, 1883)
Siamesische Saugschmerle

Syn.: *Psilorhynchus aymonieri, Gyrinocheilus kaznakovi, G. kaznakoi, Gyrinocheilops kaznakoi.*

Vork.: Hinterindien; Zentralthailand.

Ersteinf.: 1956 von WERNER.

GU: Keine absolut sicheren bekannt. Geschlechtsreife Tiere haben um das Maul herum zahlreiche Dornen. Die ♂♂ sollen mehr und stärker ausgebildete Dornen haben.

Soz.V.: Typischer Revierfisch; das Revier wird gegen andere Fische energisch verteidigt. Jungfische können mit anderen Fischen vergesellschaftet werden, ältere Tiere dagegen belästigen ihre Mitbewohner oft stark, deshalb wird Haltung im Artbecken empfohlen.

Hält.B.: Da Saugschmerlen meist nur wegen ihrer Putzqualitäten gepflegt werden, müssen sie mit den unterschiedlichsten Becken vorlieb nehmen. Aus diesem Grund werden keine gesonderten Einrichtungsvorschläge gegeben. Es soll aber darauf hingewiesen werden, daß diese Art Verstecke liebt. Die Tiere sind bis zu einer Größe von 8 - 10 cm für das Gesellschaftsbecken geeignet.

ZU: Im Aquarium noch nicht nachgezüchtet. Es gibt auch keine Freiwasserbeobachtungen zur Fortpflanzung dieser Fische.

FU: H; fast nur pflanzliche Nahrung (Algen), fressen ab und zu auch Lebend- oder Flockenfutter.

Bes.: Sinkt die Temperatur unter 20° C, so stellen die Fische das Algenfressen ein; ansonsten sind sie gute Algenvertilger im Aquarium.

T: 25 - 28° C, **L:** 27 cm (fortpflanzungsfähig ab 12 cm), **BL:** 60 - 80 cm, **WR:** alle, meist u., **SG:** 2

Karpfenähnliche Fische
Flossensauger

Fam.: Balitoridae

Balitora burmanica   HORA, 1932
Karpfenschmerle, Flossensauger   Unterfam.: Homalopterinae

Syn.: *Balitora melanosoma.*

Vork.: Südostasien: Thailand, Burma; in schnellfließenden Gebirgsbächen mit steinigem Untergrund.

Ersteinf.: Nicht bekannt.

GU: Unbekannt.

Soz.V.: Sehr ruhige, friedliche Grundfische; revierbildend (?).

Hält.B.: Ähnlich denen von *Nemacheilus*-Arten. Mit einer Turbelle Strömung im Aquarium erzeugen.

ZU: Im Aquarium noch nicht gelungen. Auch für das Freiwasser gibt es keine Beobachtungen über die Fortpflanzungsweise dieser Fische.

FU: L, H; Algen, Lebendfutter; FD- und Flockenfutter werden ungern gefressen.

Bes.: Die Tiere werden selten im Handel angeboten; dann meist als Algenfresser. Die Körperunterseite ist ganz flach oder leicht eingedrückt. Zusammen mit den Brust- und Bauchflossen, die verwachsen sein können, wird eine äußerst wirksame Saugvorrichtung gebildet. Mit dieser können sich die Tiere gegen die oft starke Strömung ihrer Wohngewässer behaupten. Sofern die Algen durch Medikamentenbehandlung Giftstoffe aufgenommen haben, kann das zum Tod dieser Fischart führen. Deshalb nach oder vor einer Medikamentenbehandlung alle Algen entfernen.

Die Art wurde in früheren Ausgaben des Aquarien Atlas als *Homaloptera zollingeri* bezeichnet.

T: 22 - 24° C, **L:** 10 cm, **BL:** 80 cm, **WR:** u, **SG:** 3 - 4

Gruppe 4 — Ordnung Siluriformes (Welsartige)

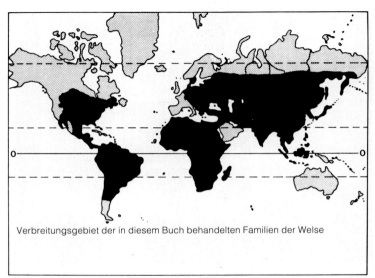

Verbreitungsgebiet der in diesem Buch behandelten Familien der Welse

Die Unterordnung Welse und Welsähnliche (Siluroidei)

Die Familien der Welse und Welsähnlichen weisen eine beinahe ebenso große Vielfalt wie die der Salmler auf. Die Artenzahl dürfte weit über tausend liegen, wovon allein über vierhundert in die Familie der *Loricariidae* (Harnischwelse) gehören.

Auf allen Kontinenten der Erde sind Vertreter dieser Unterordnung zu finden. Wir haben hier jedoch nur einige der aquaristisch interessantesten Familien und daraus die bekanntesten Arten dargestellt. Welse sind meist erkennbar an einem oder mehreren Paar Bartfäden. Sie zählen zu den Karpfenartigen Fischen. Mit den Salmlern und den Karpfenähnlichen Fischen haben Welse den sogenannten "Weberschen Apparat" gemeinsam, s. S. 212. Sie unterscheiden sich jedoch durch das Fehlen von Schuppen, d.h. der Körper ist meist nackt oder durch einen Knochenplattenpanzer geschützt (*Callichthyidae* und *Loricariidae*). Bei einigen ist nur der Kopf gepanzert (*Synodontis*).

Ebenso wie der Knochenbau verschieden ist, unterscheiden sich die Familien in der Ernährungsweise. Wie auch die Salmler haben die Welse alle ökologischen Nischen besetzt. Es gibt pflanzenfressende Arten, Allesfresser und auch viele räuberisch lebende Welse, ja sogar solche, die kleine Kinder fressen sollen! Der riesige

Unterordnung

Welse
Siluroidei

Mystus vittatus, Beschreibung s. S. 456

Unterordnung Siluroidei

Manguruyu *(Zungaro zungaro)* aus dem Amazonasgebiet wird über drei Meter lang. Das Verschwinden von kleinen badenden Kindern, z.B. im Rio Branco-Gebiet, soll auf sein Konto gehen. Der ebenfalls über drei Meter lang werdende *Pangasius gigas* aus Thailand ist dagegen ein Pflanzenfresser. Zu den kleinsten Welsen dürften die Zwergcorydoras-Arten mit nur 2,5 cm Länge zählen. Welse leben überwiegend im Süßwasser. Nur sehr wenige Arten im Meer, und auch diese sollen ihre Laichgebiete in den Brackwasserzonen der Flußmündungen haben.

Die meisten Welse sind sehr anpassungsfähig an die Wasserqualität. Sie vertragen vielfach sogar schlechtes und sauerstoffarmes Wasser. Viele Arten können zusätzlich zur Kiemenatmung noch über eine akzessorische Luftatmung das Blut mit Sauerstoff versorgen. Dazu stoßen sie die verbrauchte Luft an der Wasseroberfläche aus und pressen frische in die Schwimmblase. Wenn Welse häufig im Aquarium Luft von der Wasseroberfläche holen, so kann das ein Zeichen dafür sein, daß die Waserqualität schlecht ist. Beobachten Sie dann die Kiemendeckelbewegungen der anderen Fischarten. Könnte evtl. der Filter verstopft oder sonst eine technische Ursache für den Sauerstoffmangel verantwortlich sein?

Die meisten Welse sind in ihrer Lebens- und Ernährungsweise sehr spezialisiert. Viele Arten sind nur nachts aktiv; tagsüber führen sie ein verstecktes Dasein in der an die Fischgröße anzupassenden Höhle. Die verschiedenen Bedürfnisse der Arten finden Sie in den Einzelbeschreibungen. Die nachtaktiven Welse müssen auf jeden Fall immer abends gefüttert werden, sonst verhungern sie. Ein Abmagern erkennt man besonders bei den gepanzerten Arten nicht oder nur dann, wenn man sich die meist weiche Bauchunterseite genauer ansieht. Die friedlichen Welse sind trotz ihres meist unscheinbaren Äußeren eine große Bereicherung für jedes Gesellschaftsaquarium. Sie vertilgen alle Futterreste am Boden, und manche Art ist ein besonders guter Algenverzehrer.

Um die Auswahl für das Aquarium zu erleichtern, zeigt die nachstehende Tabelle die wichtigsten Angaben über die Welse im Hinblick auf ihre Lebensweise.

Welse

Familie		Herkunft	Verhalten				Futter		
			friedlich	räuberisch	tagaktiv	nachtaktiv	H	O	K
Aspredinidae	Bratpfannen- und Banjowelse	SA	X			X			X
Bagridae	Stachelwelse	Af/As		X		X		X	X
Callichthyidae	Schwielenwelse	SA	X		X			X	
Chacidae	Großmaulwelse	As	O			X			X
Clariidae	Raubwelse	Af/As		X		X		X	X
Doradidae	Dornwelse	SA	X			X		X	X
Ictaluridae	Katzenwelse	MA/NA		X	X				X
Loricariidae	Harnischwelse	SA	X		X	X	X		
Malapteruridae	Elektrische Welse	Af		X		X			X
Mochokidae	Fiederbartwelse	Af	X			X		X	X
Pangasiidae	Haiwelse	As		X	X			X	X
Pimelodidae	Antennenwelse	SA		X		X		X	X
Schilbeidae	Glaswelse	Af/As	X		X			X	X
Siluridae	Echte Welse	Eu/As	X	O		X		X	X
Trichomycteridae	Schmerlenwelse	SA	O		X	X			X

Zeichenerklärung
O = Besonderheiten s. Artbeschreibung
Af = Afrika
As = Asien
Eu = Europa
MA = Mittelamerika
NA = Nordamerika
SA = Südamerika
H = Herbivore
O = Omnivore
K = Karnivore

Fam.: Aspredinidae
Unterfam.: Bunocephalinae

Bratpfannen- und Banjowelse

Dysichthys coracoideus
Zweifarbiger Bratpfannenwels

COPE, 1874

Syn.: *Bunocephalus coracoideus, Bunocephalus bicolor.*
Vork.: Amazonas bis zum La Plata-Gebiet.
Ersteinf.: 1907.
GU: Unbekannt.
Soz.V.: Friedliche Art.
Hält.B.: Dunkler Bodengrund, nicht zu dichte Bepflanzung. Gute Filterung. Sandboden wird bevorzugt, da sich die Tiere gern einwühlen. Keine großen Ansprüche an die Wasserqualität. pH 5,8 - 7,8; Härte 2 - 20° dGH. Unterschiedliche Wassertemperatur je nach Herkunft.
ZU: Die Art laicht möglicherweise in Gruppen. Geschlechtsreif ab ca. 12 cm Länge. Es werden bei meist mehr als einem Laichvorgang 4000 - 5000 Eier auf den Sandboden abgelegt. Dabei können Pflanzen ausgewühlt werden. Wasserstand bis 30 cm. Aufzucht der Jungen mit feinstem Lebendfutter (Rotiferen). Ab 12 cm Länge werden gehackte *Tubifex* angenommen. Versuche mit Flockenfutter sind noch nicht erfolgt. Aufgeschwemmte FD-Tabletten dürften ebenfalls genommen werden. (Nicht überfüttern!). Wasserflöhe halten das Wasser im Zuchtbecken klar, da sie nicht als Nahrung angesehen werden. Nicht mit dem Filter absaugen.
FU: K; Lebendfutter, FD-Tabletten.
Bes.: Ein Fisch für Kenner, die nicht nur ein Gesellschaftsaquarium pflegen wollen.

T: 20 - 27° C, **L:** 15 cm, **BL:** 80 cm, **WR:** m, u, **SG:** 3

Welse
Fam.: Bagridae — Stachelwelse

Bagroides melapterus BLEEKER, 1851
Hummelwels

Syn.: Keine.
Vork.: Sumatra, Borneo.
Ersteinf.: Nicht bekannt.
GU: Unbekannt.
Soz.V.: Art verteidigt ihr Revier gegen Artgenossen und sollte deshalb einzeln gehalten werden. Nicht mit Fischen unter 5 cm vergesellschaften, da räuberisch.
Hält.B.: Große Becken mit viel Versteckmöglichkeiten. Pflanzen werden nicht gefressen, aber ausgewühlt, um sich eine Höhle zu graben. Ähnlich den rückenschwimmenden Welsen ruht das Tier tagsüber mit dem Bauch nach oben.

ZU: Bisher nicht bekannt.
FU: K, O; Lebendfutter aller Art, Regenwürmer, nach Gewöhnung auch FD-Futtertabletten.
Bes.: Stößt knurrende Laute aus, wenn er aus dem Becken genommen wird oder das Revier verteidigt.

T: 18 - 28° C, **L:** 20 cm, **BL:** 100 cm, **WR:** u, **SG:** 2 - 3

Fam.: Bagridae
Unterfam.: Bagrinae

Stachelwelse

Mystus bimaculatus
Schulterfleck-Stachelwels
VOLZ, 1904

Syn.: Keine.
Vork.: Sumatra, Malaysia: Sabak, Bernam-River.
Ersteinf.: Unbekannt.
GU: Nicht beschrieben.
Soz.V.: Geselliger Fisch für Gesellschaftsbecken mit nicht zu kleinen Fischen.
Hält.B.: Unempfindlicher Restevertilger, für geräumige Aquarien mit guter Filterung.
ZU: Bisher nicht bekannt.
FU: K, O; Allesfresser, lebendes Futter inkl. kleine Fische werden bevorzugt.
Bes.: Selten eingeführte Art, die nur als Beifang zu uns gelangt. Sie wird häufig mit *Mystus micracanthus* verwechselt.

T: 20 - 26° C, L: 9 cm, BL: 80 cm, WR: u, SG: 1

Mystus vittatus (Foto Seite 451)
Indischer Streifenwels, Kobaltwels
(BLOCH, 1794)

Syn.: *Silurus vittatus, Mystus atrifasciatus*.
Vork.: Vorderindien, Burma; in fließenden und stehenden Gewässern.
Ersteinf.: 1903 durch STÜVE.
GU: Nicht bekannt.
Soz.V.: Tagaktiver, friedlicher Wels, der jedoch Jungfischen nachstellt. Für Gesellschaftsbecken mit Fischen ab 8 cm Länge geeignet.
Hält.B.: Große, flache Aquarien mit reichlich Pflanzenwuchs und Unterschlupfmöglichkeiten. Der Bodengrund sollte aus dunklem, grobem Kies bestehen mit einem Futterplatz aus Sand. Wurzeln und Steinen, auch ein Blumentopf oder eine Kokosnußschale dienen als Versteckplatz. pH-Wert 6 - 7,5; Härte 4 - 25° dGH.
ZU: Laicht zwischen Wurzeln und niedrigen Pflanzen am Boden ab. Zucht im Aquarium bereits gelungen. Nach lebhaftem Paarungsspiel, wobei "zwitschernde" Laute ausgestoßen werden, gibt das ♀ große, gelblichweiße Eier ab.
FU: K; kräftiges Lebendfutter, Flockenfutter jeder Sorte, Futtertabletten.
Bes.: Dauerhafter, ja fast harter Wels, der wegen seiner munteren, auch tagsüber aktiven Lebensweise seine Freunde findet.

T: 22 - 28° C, L: 20 cm, BL: 100 cm, WR: u, SG: 1 - 2

Parauchenoglanis macrostoma
(PELLEGRIN, 1909)

Syn.: *Auchenoglanis macrostoma*.
Vork.: Afrika: Nigerdelta, Obervolta; in den Uferregionen.
Ersteinf.: 1934.
GU: Unbekannt.
Soz.V.: Einzelgänger, revierverteidigend. Nicht für das normale Gesellschaftsaquarium geeignet (lediglich Tiere bis ca. 8 cm Länge).
Hält.B.: Große Becken mit feinem Sand und mehreren Wurzelhölzern als Höhlenunterschlupf. Wühlt stark (nach Nahrung). Deshalb ist nur eine Bepflanzung mit Javafarn anzuraten, der oben an die Wurzelhölzer gebunden wird. Pflanzen werden nicht gefressen. Zur Abdunklung sollte das Aquarium eine Schwimmpflanzendecke erhalten. pH 6,5 - 8; Härte 4 - 25° dGH.
ZU: Bisher nicht bekannt.
FU: K, O; Lebendfutter (Würmer), Flockenfutter und FD-Tabletten. Nahrung wird stets am Boden aufgenommen, der auch durchwühlt wird, wenn darin genügend Futter vorhanden ist.
Bes.: Wegen seiner Größe ist der Fisch nur für Großaquarien geeignet.

T: 23 - 27° C, L: 24 cm, BL: 100 cm, WR: u, SG: 2

Welse

Mystus bimaculatus

Parauchenoglanis macrostoma

Fam.: Callichthyidae   Schwielenwelse

Brochis splendens (CASTELNAU, 1855)
Grüner Panzerwels, Smaragd-Panzerwels
Unterfam.: Corydoradinae

Syn.: *Brochis coeruleus, B. dipterus, Callichthys splendens, Chaenothorax bicarinatus, C. semiscutatus.*
Vork.: Iquitos (oberer Amazonas), Rio Tocantins (Brasilien), Rio Ambyiacu (Peru), Rio Napo (Ecuador).
Ersteinf.: 1938 durch "Münchener Tierpark AG".
GU: Nicht bekannt.
Soz.V.: Friedlicher Schwarmfisch. Mit fast allen Arten zu vergesellschaften.
Hält.B.: Hart im Nehmen, was die Wasserwerte anbetrifft: pH 5,8 - 8; Härte 2 - 30° dGH. Bevorzugt dunklen, grobsandigen Bodengrund. Man nehme keinen scharfkantigen Kies, da sonst die Barteln leiden. Versteckmöglichkeiten bieten. Dichte Bepflanzung, abwechselnd mit freien Sandstellen zum Gründeln. Fische holen wie viele Welse Luft von der Oberfläche (Darmatmung). Deshalb sollte die Lufttemperatur nicht zu große Unterschiede zur Wassertemperatur haben.

ZU: Ist wenig ergiebig und selten gelungen. Entspricht den anderen Arten dieser Unterfamilie. Wasserwerte bei der Zucht: pH 6 - 6,5; Härte bis 4° dGH. Erstaunlich bei dieser Art ist, daß die Jungwelse ihren Eltern erst gar nicht ähneln und die Artenzugehörigkeit erst ab etwa 4 - 5 cm Länge deutlich erkannt werden kann.
FU: O; Resteverwerter am Boden; Futtertabletten, FD; (frischtotes) Lebendfutter.
Bes.: Die Gattung *Brochis* unterscheidet sich von *Corydoras* durch die Zahl der Rückenflossenstrahlen. *Corydoras* hat 6 - 8; *Brochis splendens* 10 - 12 und *Brochis multiradiatus* 17. Die Gattung *Brochis* umfaßt nur drei Arten. 1983 wurde noch *Brochus britskii* beschrieben. Die beiden Gattungen unterscheiden sich nicht durch die Anzahl der Barteln, wie einige Autoren angeben. Sowohl *Corydoras* als auch *Brochis* haben jeweils 6 Barteln; ausgenommen zwei bisher nicht importierte *Corydoras*-Arten.

T: 22 - 28° C, **L:** 7 cm, **BL:** 70 cm, **WR:** u, **SG:** 1

Callichthys callichthys (LINNAEUS, 1758)
Schwielenwels
Unterfam.: Callichthyinae

Syn.: *Callichthys asper, C. coelatus, C. hemiphractus, C. laeviceps, C. loricatus, C. tamoata, Cataphractus callichthys, C. depressus, Silurus callichthys.*
Vork.: Ostbrasilien, Peru, Bolivien, Paraguay, Guyana, Venezuela.
Ersteinf.: 1987 durch MATTE.
GU: ♂♂ tragen stärkere und längere Brustflossenstacheln und sind etwas farbiger.
Soz.V.: Schwarmfisch, friedlich. Größere Tiere könnten nachts jedoch kleine Fische bis ca. 3 cm Länge als Futter ansehen.
Hält.B.: Dicht bepflanzte Becken mit Schlupflöchern unter Wurzeln und Steinen bieten. Die Art führt ein verstecktes Leben und wird erst zur Abenddämmerung munter. Sehr dauerhaft und anpassungsfähig. pH 5,8 - 8,3; Härte 0 - 30° dGH.

ZU: ♂ baut Schaumnest unter Schwimmpflanzen. Es wird gegenüber Beckeninsassen energisch verteidigt. Eizahl bis 120. Aufzucht der Jungen mit hartgekochtem Eigelb, *Artemia* und Flockenfutterstaub.
FU: O; Allesfresser. Abends nach oder kurz vor dem Lichtausschalten Futtertabletten verabreichen: eine kleine oder eine halbe Tablette je Tier. Lebendfutter wird am liebsten vom Boden genommen.
Bes.: Dämmerungstier. Langsam wachsend. Während der Brutpflege gibt das ♂ grunzende Laute von sich. Die Art kriecht mit den starken Bauchflossen bei austrocknenden Gewässern über Land. Die Gattung *Callichthys* ist monotypisch. Sie besteht nur aus einer einzigen Art.

T: 18 - 28° C, **L:** bis 18 cm, **BL:** 80 cm, **WR:** u, **SG:** 1

Welse

Brochis splendens

Callichthys callichthys

Fam.: Callichthyidae
Unterfam.: Corydoradinae

Schwielenwelse

Corydoras acutus
COPE, 1872
Ampiyacu-Fluß, Peru
L: bis 5,5 cm

Corydoras blochi vittatus
NIJSSEN, 1971
Rio Itapecuru, Amazonas-System
L: bis 6 cm

Corydoras armatus
(GÜNTHER, 1868)
Syn.: *Callichthys armatus, Gastrodermus armatus*
Ostbolivien
L: 6 cm

Corydoras barbatus
(QUOY & GAIMARD, 1824)
Syn.: *Callichthys barbatus, Scleromystax barbatus, S. kronei, Corydoras eigenmanni, C. kronei*
Rio de Janeiro bis Sao Paulo, Brasilien
L: 12 cm

Corydoras aeneus
(GILL, 1858)
Metall-Panzerwels
Syn.: *Hoplosternum aeneum, Callichthys aeneus, Corydoras macrosteus*
Trinidad, Venezuela bis zum La Plata
L: bis 7 cm

Corydoras arcuatus
ELWIN, 1939
Stromlinien-Panzerwels
Téfé, mittl. Amazonas
L: bis 5 cm

Corydoras axelrodi
RÖSSEL, 1962
Rosafarbener Panzerwels
Rio Meta, Kolumbien
L: bis 5 cm

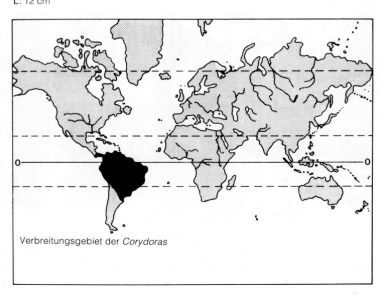

Verbreitungsgebiet der *Corydoras*

Welse

Corydoras acutus

Corydoras aeneus und Foto S. 463 oben

Corydoras blochi vittatus

Corydoras arcuatus

Corydoras armatus

Corydoras axelrodi

Corydoras barbatus ♀, Foto ♂ s. S. 474

Fam.: Callichthyidae
Unterfam.: Corydoradinae

Schwielenwelse

Corydoras blochi blochi
NIJSSEN, 1971
Guyana
L: bis 6 cm

Corydoras concolor
WEITZMAN, 1961
Einfarbiger Panzerwels
Westliches Venezuela
L: bis 6 cm

Corydoras bondi bondi
GOSLINE, 1940
Guyana, Surinam
L: bis 5,5 cm

Corydoras loxozonus
NIJSSEN & ISBRÜCKER, 1983
Rio Ariari, Westkolumbien
L: 4 cm
Diese Art wurde als *C. deckeri* gehandelt.

Die Gattung *Corydoras* — Panzerwelse

Von den etwa 180 der Wissenschaft bekannten Arten befinden sich nur etwa 50 Arten im Handel. Über 10 Arten werden regelmäßig kommerziell gezüchtet. Nahezu jedes Flußsystem in Südamerika hat seine eigene *Corydoras*-Art oder Unterart. Auf einer Reise entlang der Transamazonika südlich des Amazonas wurden vom Auto über 50 Bäche und Flüsse überquert und - wo möglich - Fische gefangen. Fast jedesmal war eine andere *Corydoras*-Art dabei. Manchmal kommen zwei bis drei, selten noch mehr Arten nebeneinander vor. Nachts, mit der Taschenlampe betrachtet, stehen die Welse im ruhigen, flachen Wasser dicht am Boden, nur wenige Zentimeter Wasser über dem Körper. Stülpt man ein Netz über sie, lassen sie sich leicht einfangen. Tagsüber schwimmen sie häufig in der stärksten Strömung mitten im Bach. Auf der Flucht vor dem Netz sind sie so flink wie andere, viel gewandter erscheinende Fische. Sie flüchten stets stromaufwärts, kehren aber bereits nach wenigen Minuten, manchmal sind es auch nur Sekunden, an ihren Standort zurück.

Welse

Corydoras aeneus

Corydoras blochi blochi

Corydoras bondi bondi

Corydoras concolor

Corydoras loxozonus

Fam.: Callichthyidae — Schwielenwelse
Unterfam.: Corydoradinae

Corydoras elegans
STEINDACHNER, 1877
Schraffierter Panzerwels
Syn.: *Gastrodermus elegans*
Mittl. Amazonas
L: bis 6 cm

Corydoras eques
STEINDACHNER, 1877
Dreieckspanzerwels
Syn.: *Osteogaster eques*
Téfé, mittlerer Amazonas
L: bis 5,5 cm

Corydoras evelynae
RÖSSEL, 1963
Nebenfluß des Purus
L: 4 cm

Corydoras ellisae
GOSLINE, 1940
Arrays Pona, Sapucay, Paraguay
L: bis 5,5 cm

Corydoras garbei
V. IHERING, 1910
Rio Xingu, Brasilien
L: 4 cm

Stets halten sie sich im Schwarm auf. Schwärme von einigen Dutzend Tieren sind häufig, meist sind es aber je nach Gewässergröße und Jahreszeit nur drei bis sechs Tiere, die in einem eng abgegrenzten Gebiet auf Nahrungssuche sind. An Ort und Stelle köderte der Autor sie im flachen Wasser mit Futtertabletten. Aus einer Entfernung von einigen Metern kamen sie bald und gründelten direkt über dem Netz, auf dem die Tabletten lagen. Ihr Witterungsvermögen muß sehr groß sein. Während einer Expedition gingen einmal einige Tausend Jungtiere von *C. garbei* ins Netz, die eine Länge von 20 - 25 mm hatten. Solche Fischzüge sind für die dortigen Zierfischexporteure lohnend, denn ein Dutzend seltener Welse aus dem Bach zu fangen, ist sehr mühevoll und zeitraubend. Deshalb gelangen wohl immer nur die gleichen häufigen Arten zu uns.

Welse

Corydoras elegans

Corydoras ellisae

Corydoras eques

Corydoras evelynae

Corydoras garbei

Fam.: Callichthyidae
Unterfam.: Corydoradinae

Schwielenwelse

Corydoras gracilis
NIJSSEN & ISBRÜCKER, 1975
Punktlinien-Zwergpanzerwels
Zufluß des Rio Madeira bei Itaituba (Transamazonika)
L: bis 2,5 cm
Bes.: Freischwimmender Wels!

Corydoras habrosus
WEITZMAN, 1960
Rio Salinas, Venezuela
L: bis 3,5 cm

Corydoras griseus
HOLLY, 1940
Grauer Panzerwels
Südl. Zuflüsse des Amazonas
L: bis 3 cm

Corydoras hastatus
EIGENMANN & EIGENMANN, 1888
Sichelfleck-Panzerwels
Syn.: *Microcorydoras hastatus*
Rio Guaporé
L: bis 3 cm
s. auch *C. pygmaeus* S. 472

Corydoras trilineatus COPE, 1872
Dreilinien-Panzerwels

Syn.: *Corydoras dubius, C. episcopi, C. julii* (Verwechslung).

Vork.: Südamerika: In Peru im Rio Ampiyacu, Rio Morona, Rio Ucayali und in der Yarina Cocha.

Ersteinf.: Ab 1950.

GU: Die ♀♀ werden größer und dicker. Ihre Körperzeichnung ist meist schwächer und der Fleck in der Rückenflosse kleiner.

Soz.V.: Eine friedliche Art, die unbedingt im kleinen Schwarm gehalten werden muß. *Corydoras trilineatus* kann sehr gut mit kleinen Weichwasserarten vergesellschaftet werden.

Hält.B.: Dicht bepflanztes Becken mit einer freien sandigen Fläche, am besten im Vordergrund, zum Gründeln. Wasser: pH-Wert 5,8 - 7,2, Härte 18° dGH, bis maximal 10° dKH.

ZU: Nach häufigen Wasserwechseln mit möglichst weichem Wasser (nach FRANKE laichen die Welse auch bei 15° dGH und pH 7) treiben die ♂♂ einige Tage, ehe es zum Ablaichen im Schwarm kommt. Oft laichen nur einzelne ♂♂ mit einzelnen ♀♀, der restliche Schwarm bleibt unbeteiligt. Die Jungen schlüpfen bei 23 - 24° C nach 4 -5 Tagen. Leider verpilzen viele Eier. Die Aufzucht der geschlüpften Jungen mit Rädertierchen, *Artemia*-Nauplien und dem Inhalt frischer Erbsen ist dagegen bei häufigen Teilwasserwechseln leicht. Bei der Fütterung mit Mikro ist Vorsicht geboten.

FU: O; Allesfresser: bevorzugt Lebendfutter, wie Mückenlarven und *Tubifex*.

Bes.: Die Art wird oft mit *C. julii* verwechselt, obwohl die Tiere leicht unterscheidbar sind (vergl. mit Bd. 2, Seite 466).

T: 22 - 26° C, L: 5 cm, BL: 60 cm, WR: u, SG: 2

Corydoras-Arten sind im gesamten südamerikanischen Raum von Trinidad bis Argentinien anzutreffen. Ihr Hauptverbreitungsgebiet mit den meisten Arten ist das Amazonasbecken. Die Hälterungsbedingungen für alle Arten sind etwa gleich:
T: 22 - 26° C, BL: 60 cm, WR: u, einige auch u + m, SG: 1 - 2.
pH 6 - 8; Härte 2 - 25° dGH. Dunkler Sandboden oder runder Kies; bei scharfkantigem Kies leiden die Barteln.
Die Panzerwelse mit ihren stark beweglichen Augen, ihrer tagaktiven munteren Putzertätigkeit begeistern wohl jeden Aquarianer.

Welse

Corydoras gracilis

Corydoras griseus

Corydoras habrosus

Corydoras hastatus

Corydoras trilineatus

Fam.: Callichthyidae — Schwielenwelse
Unterfam.: Corydoradinae

Corydoras agassizii
STEINDACHNER, 1877
Silberstreifen-Panzer-Wels
Iquitos, Peru
L: bis 6,5 cm

Foto Seite 472:
Corydoras melanistius melanistius
REGAN, 1912
Schwarzbinden-Panzerwels
Guyana
L: bis 6 cm

Corydoras melini
LÖNNBERG & RENDAHL, 1930
Kopfbinden-Panzerwels, Diagonal-Panzerwels
Kolumbien
L: bis 6 cm

Corydoras metae
EIGENMANN, 1914
Schwarzrücken-Panzerwels
Rio Meta bei Barrigona und kleineren Flüssen um Villa Vicente, Kolumbien
L: bis 5,5 cm

Corydoras rabauti
LA MONTE, 1941
Text siehe S. 472

Das kleine Foto links unten zeigt den als *C. "myersi"* bekannten Panzerwels. Er unterscheidet sich von *C. rabauti* nur durch eine über dem Kopf geringfügig länger ausgezogene schwarze Binde, die schräg über den Körper läuft. Dies Merkmal reicht für eine eigenständige Art nicht aus. Deshalb muß diese Variante zu *C. rabauti* gestellt werden.

Die Zucht von Panzerwelsen

Die Laichmethode ist unterschiedlich bei den einzelnen Arten. So legt
a) *C. aeneus* die Eier in Päckchen an Pflanzenblättern ab, während
b) die meisten Arten jeweils nur 2 - 4 Eier an ein Pflanzenblatt heften und diesen Vorgang während ein bis zwei Stunden wiederholen, bis ca. 100 (selten darüber hinaus bis zu 380) Eier abgelegt sind. Hingegen soll *C. hastatus* nur ein Ei an die Aquariumscheibe heften.

Bei Methode b) hält das ♀ 2 - 4 Eier zwischen den Bauchflossen, das ♂ befruchtet die Eier, während sich beide Tiere bäuchlings für ca. 30 Sekunden gegeneinander pressen. Erst dann schwimmt das ♀ zu einem ihm geeignet erscheinenden Pflanzenblatt, um jeweils 2 - 4 Eier daran zu heften. Die Eier sind sehr klebrig. Am ehesten wird in den Wintermonaten gelaicht; das entspricht der Regenzeit in ihrer Heimat. Die Paare, die sich z.B. in einem Gesellschaftsbecken "gefunden" haben, setzt man vorsichtig in ein vorbereitetes Zuchtbecken. Die Fütterung erfolgt mit Mückenlarven, anderem Lebendfutter und FD-Futtertabletten.

Welse

Corydoras agassizii

Corydoras melini

Corydoras metae

Corydoras rabauti ("myersi")

Corydoras rabauti

Fam.: Callichthyidae
Unterfam.: Corydoradinae

Schwielenwelse

Corydoras baderi
GEISLER, 1969
Brasilien: Rio Parú de Oeste, nördlich von Pará
L: bis 4 cm

Corydoras paleatus
(JENYNS, 1842)
Marmorierter Panzerwels
Syn.: *Callichthys paleatus, Corydoras marmoratus*
Südostbrasilien: La Plata
L: bis 7 cm
Von dieser Art ist im Handel häufiger die albinotische Zuchtform (Foto links unten) anzutreffen.

Corydoras ornatus
NIJSSEN & ISBRÜCKER, 1975
Schmuckpanzerwels
Tapajos Zufluß, 80 km östlich Jacareacanga, Brasilien. Vom Autor und BLEHER 1975 auf einer Transamazonika-Expedition entdeckt.
L: bis 5,5 cm

Corydoras punctatus
(BLOCH, 1794)
Syn.: *Cataphractus punctatus, Corydoras geoffroy.*
Surinam, südl. Zuflüsse des unteren Amazonas.
Der erste beschriebene *Corydoras*.
L: bis 6 cm

Nach dem Ablaichen entfernt man das Zuchtpaar oder überführt die Eier, evtl. unter Abschneiden der Pflanzenblätter, in ein Vollglasbecken. Dort wird gut durchlüftet und dem Wasser ein Mittel gegen das Verpilzen des Laichs und ein Wasseraufbereitungsmittel zugesetzt.
Die Wasserwerte im Zuchtbecken sind wenig ausschlaggebend, da viele Arten auch im harten Wasser laichen. Bevorzugt werden jedoch Werte von pH 6 - 7 und 6° dGH. Die beste Zuchttemperatur liegt bei 24 - 26° C.

Welse

Corydoras baderi

Corydoras ornatus

Corydoras paleatus

C. paleatus, albinotische Zuchtform

Corydoras cf. *punctatus*

Fam.: Callichthyidae
Unterfam.: Corydoradinae

Schwielenwelse

Corydoras pygmaeus
KNAACK, 1966
Zwergpanzerwels
Rio Madeira und Zuflüsse, Brasilien
L: bis 2,5 cm

Corydoras rabauti (Foto Seite 468)
LA MONTE, 1941
Rostpanzerwels
Tabatinga, Brasilien. Wird von Leticia über Bogotá, Kolumbien, exportiert.
L: bis 6 cm

Corydoras reticulatus
FRASER-BRUNNER, 1947
Netz-Panzerwels
Iquitos, Peru
L: bis 7 cm

Freischwimmender Wels, der mittleren und oberen Wasserschichten.
Flockenfutter und feines Lebendfutter werden gegenüber Futtertabletten bevorzugt.

Zu den Unterschieden zwischen *Corydoras melini* und *C. rabauti*: Besonders in den Jugendfärbungen, vergl.: FRANKE, Das Aquarium 1/88.

Corydoras melanistius melanistius

Welse

Corydoras pygmaeus

Corydoras reticulatus

Fam.: Callichthyidae
Unterfam.: Corydoradinae

Schwielenwelse

Corydoras parallelus
BURGESS, 1993
Parallelstreifen-Panzerwels
Rio Negro-Gebiet; Rio Icana.
L: bis 8 cm

Corydoras sychri
WEITZMAN, 1960
Südamerika
L: bis 4,5 cm

Corydoras napoensis
Napo-Panzerwels
NIJSSEN & ISBRÜCKER, 1986
Surinam
L: bis 5 cm

Corydoras sodalis
NIJSSEN & ISBRÜCKER, 1986
Peru: Loreto; Rio Solimoes in der Nähe von Benjamin Constant.
L: 6 cm

Corydoras septentrionalis
GOSLINE, 1940
Venezuela
L: 6 cm

Corydoras barbatus ♂, siehe Seite 460

Welse

Corydoras parallelus

Corydoras sychri

Corydoras napoensis

Corydoras sodalis

Corydoras septentrionalis

Fam.: Callichthyidae
Unterfam.: Callichthyinae

Schwielenwelse

Dianema longibarbis COPE, 1871
Schrot-Schwielenwels, Langbärtiger Panzerwels

Syn.: *Callichthys adspersus, Decapogon adspersus.*

Vork.: Rio Ambyiacu (Peru), Rio Pacaya.

Ersteinf.: Durch DUNCKER, genaues Datum unbekannt.

GU: Nur vor dem Ablaichen deutlich erkennbar (♀ voller).

Soz.V.: Friedlicher Schwarmfisch, auch einzeln zu halten. Vergreift sich nicht an kleinen Fischen, außer evtl. frischgeborenen Lebendgebärenden.

Hält.B.: Als tagsüber versteckt lebender Fisch braucht er reichlich Höhlen unter Steinen und Wurzeln oder dichten Bodenbewuchs. Wasserwerte von pH 5,5 bis 7,5 und eine Härte von 2 - 20° dGH werden gut vertragen.

ZU: Bisher wenig gezüchtet. Baut ein Schaumnest wie *C. callichthys*. Absenken des Wasserspiegels, Entsalzen des Wassers und Temperaturerhöhung auf ca. 28° C dürften helfen, die Zucht einzuleiten.

FU: O; Allesfresser, aber keine Pflanzen. Abends vor dem Lichtausschalten Futtertabletten geben.

Bes.: Unterscheidet sich von der Gattung *Hoplosternum* durch schwächere Panzerung und andere Lebensweise: Schwimmt eher im freien Wasser als am Bodengrund. Kann "freischwebend" im Wasser stehen, wobei Brust-, Rücken- und Afterflosse schwingen.

T: 22 - 26° C, **L:** 9 cm, **BL:** 70 cm, **WR:** u, m, **SG:** 1 - 2

Dianema urostriata RIBEIRO, 1912
Schwanzstreifen-Panzerwels

Syn.: *Decapogon urostriatum.*

Vork.: Rio Negro, um Manaus (Brasilien).

Ersteinf.: Ab 1963 hauptsächlich in die USA; erst 1972 nach Holland.

GU: ♂ deutlich kleiner und schlanker. Die beiden großen Brustplatten lassen bei den ♀♀ einen deutlichen Zwischenraum frei.

Soz.V.: Friedlicher Schwarmfisch.

Hält.B.: Torfbraunes Wasser mit wenig Pflanzen, dafür viel Wurzeln und Steinhöhlen dürften der Art am ehesten gerecht werden. pH 4,8 - 7,0; Härte 2 - 10° dGH.

ZU: Ist schon gelungen, aber bisher nicht veröffentlicht.

FU: K, O; Allesfresser, bevorzugt Fleischnahrung, Lebendfutter, abends auch FD-Tabletten.

Bes.: Dämmerungstier; holt ab und zu Luft von der Oberfläche.

T: 22 - 26° C, **L:** ♂ 9 cm, ♀ 12 cm, **BL:** 80 cm, **WR:** u, m, **SG:** 1 - 2

Welse

Dianema longibarbis

Dianema urostriata ♂

Fam.: Callichthyidae
Unterfam.: Callichthyinae

Schwielenwelse

Megalechis thoracatum (VALENCIENNES, 1840)
Gemalter Schwielenwels

Syn.: *Callichthys throacatus, C. longifilis, C. personatus, C. exaratrus, Hoplosternum thorae, H. thoracatum, H. longifilis, H. magdalenae.*

Vork.: Trinidad, Guyana, Martinique, Venezuela, Brasilien, Peru, Paraguay; in flachen, schlammigen Gewässern mit dichtem Pflanzen-(Schilf-)Bewuchs. Schwärme von einigen Hundert bis Tausend bewohnen manche tote Flußarme, insbesondere in der Nähe menschlicher Siedlungen, von wo viele Abfälle ins Wasser gelangen.

Ersteinf.: 1911 von den Vereinigten Zierfischzüchtereien in Conradshöhe bei Berlin.

GU: ♂ hat zur Laichzeit eine bläulichviolette Bauchunterseite, beim ♀ ist sie weiß. Der erste Brustflossenstrahl ist beim ♀ stark verbreitert und rotbraun gefärbt.

Soz.V.: Friedlich, außer zur Laichzeit. Die Tiere betreiben Brutpflege (Vaterfamilie).

Hält.B.: Anspruchslos, bevorzugt aber dunkle Becken mit viel Versteckmöglichkeiten. Auch bei schlechtesten Bedingungen einer der letzten Überlebenden. pH 5,5 - 8,3; Härte bis 30° dGH.

ZU: ♂ bei der Brut sehr aggressiv; ♀ sollte nach der Eiablage entfernt werden.

FU: L, O; Aufwuchsfutter, feines Lebendfutter, besonders abends Futtertabletten.

Bes.: Die Eier werden in einem Schaumnest untergebracht. Es kommt oft vor, daß die Eltern bzw. das ♂ Eier und Brut auffressen.

T: 18 - 28° C, **L:** 18 cm, **BL:** 70 cm, **WR:** u, **SG:** 1

Welse
Großmaulwelse

Fam.: Chacidae

Chaca chaca (HAMILTON, 1822)
Großmaulwels

Syn.: *Platystacus chaca*.

Vork.: Borneo (heute Kalimantan), Burma, Indien, Sumatra.

Ersteinf.: 1938.

GU: Unbekannt.

Soz.V.: Teilweise Räuber. Nicht für ein Gesellschaftsaquarium geeignet.

Hält.B.: Ein Nachttier, das nur zum Fressen aktiv wird, dann aber selbst vor ruhenden Fischen bis 6 cm Länge nicht haltmacht. An die Wasserbedingungen werden kaum Ansprüche gestellt. pH 6 - 8; Härte 4 - 25° dGH. Höhlenversteck aus größeren, flachen Steinen aufbauen. Pflanzen werden nicht beschädigt.

ZU: Nicht bekannt.

FU: K; nach Gewöhnung werden FD-Tabletten genommen. Das große Maul läßt auf Raubfischgewohnheiten schließen. Nach MEINKEN soll es jedoch als Reusenmaul (für Plankton) dienen. Allgemein ist der Fisch als Räuber bekannt. Bei geöffnetem Maul sollen sogar wurmförmige bewegliche Anhängsel zu sehen sein, mit denen kleinere Fische angelockt werden.

Bes.: Nur für Aquarianer, die das Außergewöhnliche lieben.

Chaca galt bisher als monotypisch. 1983 ist jedoch eine zweite Art *Chaca bankanensis* beschrieben worden. Das Foto einer dritten Art wurde in "DATZ", 6/89, S. 327, veröffentlicht.

T: 22 - 24° C, **L:** 20 cm, **BL:** 100 cm, **WR:** u, **SG:** 3

Fam.: Clariidae Raubwelse

Clarias batrachus (LINNAEUS, 1758)
Froschwels, Wanderwels

Syn.: *Silurus batrachus, Clarias magur, C. marpus, C. punctatus, Macropteronotus batrachus, M. magur.*
Vork.: Sri Lanka, Ostindien bis Malaysia.
Ersteinf.: 1899 durch STÜVE.
GU: Rückenflosse des ♂ mit Punkten, beim ♀ ohne Zeichnung.
Soz.V.: Bei der Vergesellschaftung mit anderen Arten ist die Gefräßigkeit von Tieren dieser Art besonders zu berücksichtigen.
Hält.B.: Gut abgedeckte Becken mit wenigen großwüchsigen und fest angewurzelten Pflanzen, dunklem Bodengrund und einer großen Höhle. Anpassungsfähig an alle Wasserbedingungen.
ZU: Erfolgt in Teichen Floridas.
FU: O; Allesfresser.

Bes.: Auch in unbeheizten Aquarien zu halten, sonst nur für größere Schauaquarien zu empfehlen. In den USA ist die Einfuhr wegen der möglichen Gewässerbesetzung verboten. Diese Welsart kann über Land "wandern". Sie verschließt dabei die Kiemen gegen Austrocknung. Sie bedroht die Wasserfauna Floridas, da sie Laich räubert und alles Freßbare aufstöbert. Durch Winter mit sehr niedrigen Temperaturen ist die Art dort in den letzten Jahren erheblich dezimiert worden. Im Handel ist auch eine albinotische Form.

T: 20 - 25° C (auch bis 10° C absinkend), **L:** 50 cm, **BL:** 120 cm, **WR:** u, **SG:** 2 - 3

Fam.: Doradidae
Unterfam.: Doradinae

Welse
Dornwelse

Acanthodoras cataphractus (LINNAEUS, 1758)
Gemeiner Dornwels

Syn.: *Cataphractus americanus, Doras blochii, D. cataphractus, D. polygramma, Silurus cataphractus.*

Vork.: Amazonasmündung.

Ersteinf.: Nicht bekannt.

GU: Unbekannt.

Soz.V.: Friedlich. Kann mit allen Arten vergesellschaftet werden.

Hält.B.: Anpassungsfähige Art. "Müllschlucker" für alles Verwertbare an Futter, was andere Fische bis zum Abend übrigließen. Sucht tagsüber Verstecke auf. Vorkommen in torfbraunem Wasser unter Wurzelwerk. Geht nicht an Pflanzen, wühlt aber gern in weichem, mulmigen Boden. pH 6 - 7,5; Härte 4 - 25° dGH.

ZU: Nicht bekannt.

FU: O; Allesfresser, Algen, Futtertabletten abends geben.

Bes.: Ob die Art sympatrisch mit *A. hancockii* lebt, ist nicht bekannt. In der Literatur werden gleiche Vorkommensgebiete genannt. Möglicherweise handelt es sich um Verwechslungen.

T: 22 - 26° C, **L:** 10 cm, **BL:** 70 cm, **WR:** u, **SG:** 1

Fam.: Doradidae
Unterfam.: Doradinae

Dornwelse

Agamyxis pectinifrons (COPE, 1870)
Kammdornwels
Syn.: *Doras pectinifrons*.
Vork.: Pebas (Ecuador).
Ersteinf.: 1933.
GU: Unbekannt.
Soz.V.: Friedliche Art.
Hält.B.: Lichtscheu, aber wenn eingewöhnt, auch tagsüber oft außerhalb des Versteckes. Gedämpftes Licht durch eine Schwimmpflanzendecke. Bevorzugt torfgefiltertes, saures Wasser von geringer Härte. pH 5,8 - 7,5; Härte 0 - 20° dGH. Wühlt sich gern ein, deshalb eine Sandecke einräumen, die nicht bepflanzt werden sollte. Pflanzen werden nicht beschädigt.
ZU: Nicht bekannt.
FU: O; Allesfresser, besonders kleine Würmer, auch FD-Tablettenfutter.
Bes.: Es werden kurzzeitig auch Temperaturen bis auf 15° C absinkend vertragen; die flachen Überschwemmungsgewässer in höheren Lagen der Heimat dieser Art können nachts empfindlich abkühlen. Ein Herausfangen dieses Fisches mit einem Netz ist wie bei vielen anderen Dornwelsen wegen der seitlichen Dornreihe sowie den mit kleinen Häkchen versehenen Knochenplatten nicht möglich. Am besten mit einer Röhre oder einem Becherglas fangen.

T: 20 - 26° C, **L**: 16 cm, **BL**: 100 cm, **WR**: u, **SG**: 1 - 2

Amblydoras hancockii (VALENCIENNES, 1840)
Kopfstrich-Dornwels
Syn.: *Amblyodoras affinis, Doras affinis, D. costatus, D. hancockii, D. truncatus.*
Vork.: Rio Branco, Rio Guaporé. Von Guyana bis Kolumbien. In veralgten Seitenarmen der Flüsse.
Ersteinf.: 1950.
GU: Bauchunterseite beim ♀ schmutzigweiß, beim ♂ mit braunen Sprenkeln.
Soz.V.: Friedliche, gesellige Art, für Gesellschaftsbecken geeignet.
Hält.B.: Große flache Becken möglichst dicht veralgt, anderenfalls sollte man Versteckmöglichkeiten unter breitblättrigen Pflanzen, Wurzeln etc. bieten. Sonniger Standort schadet nicht. Der Verfasser konnte einmal mit einem Netzzug ca. 2000 Tiere von 5 - 12 cm Länge erbeuten. Der Wasserstand im Aquarium sollte 10 - 20 cm betragen. Härte bis 20° dGH, pH-Wert 5,8 - 7,5.
ZU: Nur in der Natur bekannt. Nach HANCOCK soll die Art mit Pflanzen an der Oberfläche ein Schaumnest bauen Das ♂ bewacht die Brut.
FU: O; Aufwuchsnahrung in Algen, Detritus, Futtertabletten.
Bes.: Die Tiere erzeugen deutlich hörbare knurrende Töne, was ihnen auch den deutschen Namen "Knurrender Dornwels" einbrachte.

T: 23 - 28° C, **L**: bis 15 cm, **BL**: 80 cm, **WR**: u, **SG**: 1

Welse

Agamyxis pectinifrons

Amblydoras hancockii

Fam.: Doradidae
Unterfam.: Doradinae

Dornwelse

Platydoras costatus (LINNAEUS, 1766)
Liniendornwels

Syn.: *Silurus costatus, Cataphractus costatus, Doras costatus.*

Vork.: Amazonasgebiet, Peru.

Ersteinf.: 1964.

GU: Nicht eindeutig.

Soz.V.: Friedlich, gesellig. Gut für große Gesellschaftsbecken geeignet. Nachtaktiv. Die Art ist langlebig und dauerhaft. Der Autor pflegt ein Tier seit mehr als 10 Jahren. In einer Tonröhre (Drainagerohr) hält es sich tagsüber versteckt.

Hält.B.: Da die Art sich manchmal in den Boden einwühlt, braucht sie wenigstens eine Ecke mit feinem Sand. Bepflanzung ist problemlos, da diese nicht beschädigt wird. Lediglich feinfiedrige Pflanzen könnten unter dem Schmutz des aufgewühlten Bodens leiden. Am vorteilhaftesten ist eine Schwimmpflanzendecke. Höhlenverstecke aus Wurzeln bieten. pH 5,8 - 7,5; Härte 2 - 20° dGH. Torffilterung.

ZU: Bisher nicht gelungen.

FU: O; Allesfresser, Algen, Futtertabletten.

Bes.: Nicht mit dem Netz fangen, sondern mit einem Glas. *Platydoras costatus* ist einer der schönsten Dornwelse. Bei Gefahr können diese Welse aus den Brustflossen einen milchigen Stoff absondern. Bei Vergesellschaftung mit anderen Fischen kann es manchmal zu ungeklärten Todesfälllen kommen. Deshalb sollte man sich beim Umgang mit diesem Wels vor Verletzungen hüten.

T: 24 - 30° C, **L:** 22 cm, **BL:** 100 cm, **WR:** u, **SG:** 1 - 2

Welse
Fam.: Ictaluridae — Katzenwelse

Ameiurus punctatus (RAFINESQUE, 1818)
Getüpfelter Gabelwels

Syn.: *Silurus punctatus, Ictalurus punctatus, Pimelodus caerulescens, P. caudafurcatus, P. argentinus, P. argystus, P. furcifer, P. gracilis, P. graciosus, P. hammondi, P. houghi, P. maculatus, P. megalops, P. notatus, P. pallidus, P. vulpes, Ictalurus robustus, I. simpsoni, Silurus punctatus, Synechoglanis beadlei.*

Vork.: Rio Grande, südliche und westliche USA.

Ersteinf.: 1888.

GU: Unbekannt.

Soz.V.: Wegen seiner räuberischen Lebensweise ist dieser Wels nicht für das Gesellschaftsbecken geeignet.

Hält.B.: Große, etwas abgedunkelte Aquarien mit Sandboden und nur "harten" Pflanzen. pH 6 - 8; Härte 4 - 30° dGH. Die Art ist sehr robust.

ZU: Nur in Teichen möglich. Das Paar baut eine Laichgrube im Sand. Die Eier werden in Klumpen abgesetzt und vom ♂ bewacht.

FU: O; Allesfresser. Sehr gefräßig.

Bes.: Speisefisch! Nur als Jungtier für Aquarien geeignet. Die in den USA beliebten Albinos (großes Foto) werden häufig gehalten. Die verwandte Art *A. nebulosus* wurde auch in europäischen Gewässern angesetzt, wo sie sich stark vermehrt hat; sie wird nur 40 cm lang. Das kleine Foto zeigt ein Tier in Normalfärbung.

T: Zimmertemperatur, auch darunter, **L:** bis 70 cm, **BL:** 100 cm, **WR:** u, **SG:** 2 - 3

Fam.: Loricariidae
Unterfam.: Ancistrinae

Harnischwelse

Ancistrus dolichopterus KNER, 1854
Blauer Antennenwels

Syn.: *Ancistrus cirrhosus, A. temminckii, Chaetostomus dolichopterus, Xenocara dolichoptera.*

Vork.: Zuflüsse des Amazonas, schnellfließende, klare Bäche.

Ersteinf.: 1911 durch zwei Hamburger Importeure.

GU: ♂ trägt "geweihartige" Auswüchse auf der Stirn, ♀ lediglich eine Reihe kurzer, dünner Tentakel.

Soz.V.: Friedliche Art, die für große Gesellschaftsaquarien geeignet ist.

Hält.B.: Bevorzugt große, klare Becken, sauerstoffreich und mit großen Wurzeln als dunkle Rastplätze ausgestattet. Hier, gegen das Licht geschützt, verbringen die Welse den größten Teil des Tages bewegungslos. Ein starker Filter oder Ausströmer sollen für Strömung und Sauerstoffanreicherung sorgen. pH 5,8 - 7,8; Härte 2 - 30° dGH.

ZU: Die Paarungsbereitschaft ist durch Färbung erkennbar. ♂ färbt sich dunkel mit weißen Punkten, ♀ färbt Kopf graurot. Der Laichakt beginnt dann bald. Laicht in Höhlen von Wurzeln. Das ♂ betreibt Brutpflege und befächelt das Gelege. Zucht bei Wasserwerten von pH 6,5 - 7; Härte 4 - 10° dGH. Eier sind senfkornähnlich in Geleballen. Junge schlüpfen nach ca. 5 Tagen und saugen sich sogleich an den Beckenscheiben fest. Nach etwa 14 Tagen verschwindet der große Dottersack und man muß mit grünem, feinstem Flockenfutter (Mikro-Min) füttern.

FU: H; Algen in der Hauptsache, dazu etwas Flockenfutterreste und Pflanzenkost: 4 - 5 Tage eingeweichte Salatblätter, gekochte Möhren sowie tiefgefrorene Erbsen.

Bes.: Kurioser Fisch, der als guter Algenputzer nützlich ist.

T: 23 - 27° C, **L**: 13 cm, **BL**: 80 cm, **WR**: u, **SG**: 2

Ancistrus hoplogenys (?) (GÜNTHER, 1864)
Tüpfelantennenwels

Syn.: *Chaetostomus hoplogenys, C. leucostictus, C. alga, C. malacops, C. tectirostris, Ancistrus leucostictus, Xenocara hoplogenys.*

Vork.: Quellbäche der Amazonas-Zuflüsse.

Ersteinf.: Genaues Datum unbekannt, bisher selten eingeführt und meistens unter falschem Namen.

GU: ♂ größer, mit Barteln, ♀ kleiner, ohne Barteln.

Soz.V.: Friedliche Art, idealer Fisch für das gut bepflanzte Gesellschaftsaquarium.

Hält.B.: Nacht- und Dämmerungstier mit hohen Ansprüchen an den Sauerstoffgehalt im Becken Ein (möglichst) hohler Wurzelast dient tagsüber als Versteck. pH 5,5 - 7,5; Härte 2 - 20° dGH. Pflanzen werden nicht beschädigt.

ZU: Die Zucht ist bereits mehrfach im Aquarium gelungen, jedoch nicht so einfach wie bei anderen Ancistrus. Die Eier werden bevorzugt in einem hohlen Holzstück oder unter einem Stück Moorkienholz abgelegt. Das ♂ bewacht das Gelege. 10 Tage nach Eiablage haben die Jungen den Dottersack aufgezehrt und werden mit überbrühtem, zerkleinertem Salat gefüttert. Zucht siehe "DATZ", 3/1990, Seite 146.

FU: H; Algen, Futtertabletten mit Pflanzenanteil.

Bes.: Sehr hübsch gezeichnete Art. Der weiße Flaum an Rücken- und Schwanzflosse kann je nach Herkunft auch gelb oder orange gefärbt sein.

T: 22 - 26° C, **L**: 8 cm, **BL**: 60 cm, **WR**: u, **SG**: 2 - 3

Welse

Ancistrus dolichopterus

Ancistrus hoplogenys (?). Das Foto zeigt eine evtl. noch unbeschriebene Art.

Fam.: Loricariidae
Unterfam.: Loricariinae

Harnischwelse

Farlowella acus (KNER, 1853)
Gemeiner Nadelwels

Syn.: *Acestra acus.*
Vork.: La Plata, südliche Amazonas-Nebenflüsse.
Ersteinf.: 1933.
GU: ♂ und ♀ sind leicht an ihrem Schnabelfortsatz zu erkennen. Beim ♂ ist er breiter und mit vielen feinen Borsten besetzt, beim ♀ ist er dagegen schmaler und borstenlos. Außerdem bekommt das ♀ einen halben bis einen Tag vor dem Ablaichen eine deutlich sichtbare Legeröhre.
Soz.V.: Friedlich, ja scheu; keine Art für das Gesellschaftsbecken, in dem es zu lebhaft zugeht. Das ♂ betreibt Brutpflege.
Hält.B.: Nicht sehr anpassungsfähig an schwankende Wasserwerte. pH 6 - 7; Härte 3 - 8° dGH. Hauptsächlich bereitet wohl die artgerechte Ernährung Schwierigkeiten. Lebt im Gegensatz zu den verwandten *Loricaria*-Arten nicht in schnellfließenden Gewässern, sondern eher in Überschwemmungsgebieten, Sumpflöchern. Es könnte sein, daß die kurze Lebensdauer im Aquarium naturbedingt ist (Saisonfisch?). Es kommen fast nur ausgewachsene Tiere in den Handel. Wo sind die Jungtiere?

ZU: Zucht und Aufzucht von *Farlowella acus* sind, zumindest für einen Aquarianer, der schon einige Erfahrung mit anderen Welsen gesammelt hat, recht einfach. ABRAHAM (briefl. Mitt.) beobachtete, daß seine Tiere immer an derselben Stelle im Aquarium (Frontscheibe) ablaichten. Das Laichen erfolgte entweder in der Nacht oder früh am Morgen. Die Zahl der dotterarmen Eier betrug pro Gelege zwischen 40 und 60 Stück. Bei einer Temperatur von 26° C schlüpfte die Brut nach rund 24 Stunden. Das ♂ bewacht und pflegt das Gelege über den ganzen Zeitraum und befreit die Jungen aus den Eihüllen. Am besten gelingt die Zucht in sauerstoffreichem "Altwasser" und bei möglichst diffuser Beleuchtung. Der pH-Wert sollte um den Neutralpunkt, die Härte zwischen 5 und 10° dGH liegen. Man kann in das Zuchtaquarium ohne weiteres kleinere und ruhige Beifische setzen.
FU: Kleinstlebewesen in Algenrasen.
Bes.: Keine Art für Anfänger. Langweilig, da fast bewegungslos. *Farlowella*-Arten unterscheiden sich von *Loricaria*-Arten durch die Lage der Rückenflosse. Diese sitzt bei *Farlowella*-Arten der Afterflosse gegenüber, während sie bei *Loricaria*-Arten vor der Afterflosse sitzt.

T: 24 - 26° C, **L:** 15 cm, **BL:** 80 cm, **WR:** u, m, **SG:** 3 - 4

Farlowella gracilis REGAN, 1904
Kleiner Nadelwels

Syn.: *Acestra gracilis.*
Vork.: Kolumbien (Rio Caqueta, Cauca).
Ersteinf.: 1954.
GU: Unbekannt.
Soz.V.: Friedlicher Bodenbewohner, der manchmal in großen Mengen vorkommt, jedoch kein eigentlicher Schwarmfisch ist.
Hält.B.: Sauerstoffbedürftiger Fisch, der einer langen Eingewöhnungszeit bedarf. Abgedunkeltes Becken, eventuell mit Schwimmpflanzendecke. Torffilterung ist von Vorteil. Wasserwechsel nur mit einem guten Wasseraufbereitungsmittel. Dunkler, feiner Bodengrund; dichte Bepflanzung.
ZU: Bisher nicht gelungen.
FU: H, L; Aufwuchsnahrung, FD-Tabletten.
Bes.: Ein interessanter, aber leider sehr empfindlicher Pflegling für erfahrene Pfleger.

T: 22 - 26° C, **L:** bis 19 cm, **BL:** 80 cm, **WR:** u, m, **SG:** 3 - 4

Welse

Farlowella acus

Farlowella gracilis

Fam.: Loricariidae — Harnischwelse

Hypoptopoma thoracatum

GÜNTHER, 1868
Unterfam.: Hypoptopomatinae

Syn.: *Hypoptopoma bilobatum.*
Vork.: Mündung des Rio Negro in den Amazonas. Nach der Literatur auch im Rio Xebero, Mato Grosso.
Ersteinf.: Nicht bekannt.
GU: Unbekannt.
Soz.V.: Friedlicher Einzelgänger; ist nur in kleinen Trupps anzutreffen. Gut mit anderen Arten zu vergesellschaften. Fügt selbst Jungfischen keinen Schaden zu.
Hält.B.: Nicht so strömungsbedürftig wie *Otocinclus;* kommt in größeren Gewässern vor als diese. Lichtscheu, deshalb Becken mit Schattenplätzen und Unterschlupf unter Wurzeln oder Steinen (auch Blumentopf) bieten. Der kleine Fisch ist dämmerungsabhängig wie viele andere Welse, vielleicht ist er auch anpassungsfähiger. pH 6 - 7,5; Härte 4 - 15° dGH.

ZU: Unbekannt; dürfte der von *Otocinclus* ähneln.
FU: H; Algen, Futtertabletten.
Bes.: Die Art wird meist als *Otocinclus* gehandelt. Sie ist leider sehr selten. Wegen seiner geringen Größe könnte der Fisch gut als *Hypostomus*-Ersatz zum Algenabweiden in kleinen Becken dienen.

T: 23 - 27° C, **L:** 8 cm, **BL:** 70 cm, **WR:** u, m, **SG:** 2 - 3

Hypostomus punctatus
Punktierter Schilderwels

VALENCIENNES, 1840
Unterfam.: Hypostominae

Syn.: *Plecostomus ounctatus, Hypostomus subcarinatus, Plecostomus affinis, P. commersoni, P. commersoni affinis, P. commersoni scabriceps.*
Vork.: Südliches und südöstliches Brasilien.
Ersteinf.: 1928.
GU: Unbekannt.
Soz.V.: Harmloser Einzelgänger, für Gesellschaftsaquarien gut geeignet.
Hält.B.: Große Becken ab 1,20 m Länge, mäßig bepflanzt, mit Wurzeln und Höhlen aus Steinen sind gut geeignet. Dämmerungstier, das sich tagsüber versteckt hält. Die Fische dieser Gattung leben sowohl in schnellfließenden Gewässern (Jungtiere) als auch in Überschwemmungsgebieten und in tiefen Flußarmen. Die meisten Arten bevorzugen klare Gewässer, andere kommen häufig in den nach Regenfällen milchkaffeebraunen Fluten größerer Flüsse vor. Anpassungsfähig an fast alle Wasserbedingungen von pH 5 - 8; Härte 0,5 - 25° dGH, bevorzugt wird jedoch leicht saures und weiches Wasser.
ZU: Bisher nicht gelungen.
FU: H; Algen, Pflanzenkost aus überbrühtem Spinat, Salat usw.; Pflanzenflockenfutter, abends Futtertabletten.
Bes.: Die Tiere sind starke Wühler, deshalb die Pflanzen in Schalen setzen. Die größeren Arten gelten in ihrer Heimat als gute Speisefische.

T: 22 - 28° C, **L:** bis 30 cm, **BL:** 120 cm, **WR:** m, **SG:** 1

Welse

Hypoptopoma thoracatum

Hypostomus punctatus

Fam.: Loricariidae — Harnischwelse

Otocinclus affinis   STEINDACHNER, 1877
Gestreifter Ohrgitter-Harnischwels

Syn.: Keine.
Vork.: Südostbrasilien bei Rio de Janeiro in klaren, schnellfließenden Bächen mit dichtem Pflanzenwuchs oder Algenrasen auf Steinen.
Ersteinf.: 1920.
GU: ♀ rundlicher und größer.
Soz.V.: Guter Gesellschafter für zartere Arten in kleinen Gesellschaftsbecken. Nicht mit ruppigen Cichliden zusammen halten.
Hält.B.: Gut bepflanzte Becken mit starker Filterung, klarem Wasser, evtl. Torfextrakt-Zusatz, pH 5 - 7,5, Härte 2- 15° dGH, nach Gewöhnung auch bis 20° dGH.
ZU: Ähnlich wie *Corydoras* heften die ♀♀ die Eier an Pflanzenblätter. Die Jungen schlüpfen nach ca. drei Tagen und werden mit feinstem Staubfutter (Lebend- und Trockenfutter aufgezogen. Zucht wenig ergiebig.
FU: L, H; Algen, Futtertabletten.
Bes.: Die kleinste und die am häufigsten erhältliche *Otocinclus*-Art. Alle *Otocinclus*-Arten sind gute Algenvertilger. Es sind etwa 20 *Otocinclus*-Arten beschrieben worden, von denen aber nur ein knappes halbes Dutzend im Handel auftaucht.

T: 20 - 26° C, **L:** 4 cm, **BL:** 50 cm, **WR:** u, m, **SG:** 2

Panaque nigrolineatus   (PETERS, 1877)
Schwarzlinien-Harnischwels   Unterfam.: Ancistrinae

Syn.: *Cochliodon nigrolineatus, Chaetostomus nigrolineatus.*
Vork.: Südkolumbien.
Ersteinf.: 1974 (?) durch BLEHER.
GU: Unbekannt.
Soz.V.: Friedlich gegenüber allen Arten. Nur mit ruhigen Fischen vergesellschaften.
Hält.B.: Klare, große Becken mit runden Steinen, viel Licht und starker Filterung (Strömung). Unterschlupf unter einer großen Wurzel kommt ihm tagsüber sehr gelegen, ist aber nicht Bedingung. Ist nicht so lichtscheu wie andere Welse. pH 6,5 - 7,5; Härte 2 - 15° dGH. Frißt keine Pflanzen.
ZU: Nicht bekannt.
FU: Frißt keine Pflanzen.
Bes.: Ein selten skurriler Fisch für den Könner, bei welchem besonders die roten Augen auf dem zebrafarbigen Untergrund bestehen. Die Art ist Gattungstype. Die Fische sollten nicht in Plexiglasbecken gehalten werden. Algenrasen an den Scheiben wird abgeraspelt und kann die Scheiben blind machen.

T: 22 - 26° C, **L:** 25 cm (im Aquarium), **BL:** 120 cm, **WR:** u, **SG:** 3

Welse

Otocinclus affinis

Panaque nigrolineatus

Fam.: Loricariidae
Unterfam.: Ancistrinae

Harnischwelse

Zonancistrus pulcher (STEINDACHNER, 1917)
Gebänderter Zwergschilderwels
Syn.: *Ancistrus pulchra, Hemiancistrus pulcher, Peckoltia pulcher.*
Vork.: Rio Negro bei Moura.
Ersteinf.: Ca. 1960.
GU: Unbekannt.
Soz.V.: Friedlich, auch gegen Artgenossen und Jungbrut.
Hält.B.: Je nach Beckengröße können mehrere Tiere eingesetzt werden. Auf ca. 80 l Wasser ein Tier, stärkere, höhere Besetzung würde wegen Mangel an ausreichendem Algenfutter kümmern. Auch nicht mit anderen algenfressenden Fischen vergesellschaften, da sonst keiner genügend bekommt. Versteckmöglichkeiten unter Steinen (kleine Höhlen) bieten. Bepflanzung jeglicher Art ist möglich, da Pflanzen nicht gefressen werden. Behandlung des Wassers mit Algenbekämpfungsmitteln sollte vermieden werden. Wasserwerte: pH 5,5 - 7,8 (bester Mittelwert 7); Härte 2 - 30° dGH (bester Mittelwert 10° dGH, sonst wachsen keine Algen mehr).
ZU: Nicht bekannt - aber sehr erstrebenswert. Wahrscheinlich nur in gut veralgten Becken mit viel Aufwuchsnahrung möglich.
FU: L, H; lebt nur von Algen, evtl. Futtertabletten, die abends vor dem Lichtausschalten gefüttert werden sollten.
Bes.: Unaufdringliche Art, die recht ansprechend gezeichnet ist. Kümmert bei Algenmangel. Aufgrund der geringeren Größe den *Hypostomus*-Arten vorzuziehen.

T: 24 - 28° C, **L**: 6 cm, **BL**: 60 cm, **WR**: u, **SG**: 1 - 2

Peckoltia vittata (STEINDACHNER, 1882)
Zierbinden-Zwergschilderwels
Syn.: *Chaetostomus vittatus, Ancistrus vittatus, A. vittatus* var. *vermiculata, Hemiancistrus vittatus.*
Vork.: Amazonas, Tajapouru, Rio Xingu bei Porto do Moz, Rio Madeira.
Ersteinf.: Ca. 1960.
GU: Unbekannt.
Soz.V.: Friedliche Art.
Hält.B.: Ein wenig anspruchsvoller Fisch, der aber mit seinem emsigen Treiben abends viel Freude bereitet. Tagsüber ruht das Tier unterhalb von flachen Steinen. Es wühlt nicht, vergreift sich weder an Fischen noch Pflanzen. Lediglich Algennahrung ist für längere Lebensdauer Bedingung. pH 5 - 7,5; Härte 2 - 20° dGH.
ZU: Nicht bekannt.
FU: H; Algen, Algen, Algen. Diese Art kann ausschließlich mit FD-Tabletten ernährt werden; sie wird dann jedoch etwas "putzfaul".
Bes.: Nachtaktive Fische.

T: 23 - 26° C, **L**: 14 cm (im Aquarium bis 10 cm), **BL**: 60 cm, **WR**: u, **SG**: 2

Welse

Zonancistrus pulcher

Peckoltia vittata

Fam.: Loricariidae
Unterfam.: Hypostominae

Harnischwelse

Glyptoperichthys gibbiceps (KNER, 1854)
Waben-Schilderwels, Garachamawels

Syn.: *Ancistrus gibbiceps, Chaetostomus gibbiceps, Hemiancistrus gibbiceps, Liposarcus altipinnis, L. scrophus, Pterygoplichthys gibbiceps.*
Vork.: Rio Pacaya, Peru.
Ersteinf.: 1961 durch LÜLING.
GU: ♀ mit langer, spitzer; ♂ mit kurzer, runder Genitalpapille.
Soz.V.: Lebt in der Natur in Schwärmen. Friedlich, auch kleinsten Fischen gegenüber. Für große Gesellschaftsaquarien geeignet.
Hält.B.: Große Becken ab 1,40 m Länge mit ausreichend großen Höhlen oder dichten Pflanzenverstecken. Der Fisch ist dämmerungs- und nachtaktiv, sucht alles nach Algen ab, beschädigt aber dabei selbst kleinste Pflanzen nicht. pH 6,5 - 7,8; Härte 4 - 20° dGH.

ZU: Nicht bekannt.
FU: Algen, FD-Tabletten, Futterreste. Abends füttern! Große Tiere ab 30 cm Länge benötigen täglich 6 - 8 TetraTips-Tabletten oder reichlich Algen. Überbrühter Salat wird nur ungern angenommen.
Bes.: Das Becken benötigt einen starken und großvolumigen Filter, da die Art sehr stark kotet. In zu kleinen Becken wachsen die Tiere nicht oder nur sehr langsam.

T: 23 - 27° C, **L**: 50 cm, **BL**: 140 cm, **WR**: u, **SG**: 1 (trotz Größe)

Liposarcus multiradiatus (HANCOCK, 1828)

Syn.: *Ancistrus multiradiatus, Hypostomus multiradiatus, H. pardalis, Liposarcus jeanesianus, L. pardalis, L. varius, Plecostomus pardalis, Pterygoplichthys jeanesianus, P. multiradiatus, P. pardalis.*
Vork.: Weißwasserflüsse in Peru, Amazonien, Bolivien, Paraguay.
Ersteinf.: 1970 durch BLEHER (als *"Pardalis sp."*).
GU: Wie oben.
Soz.V.: Nach LÜLING kommt diese Art nicht in so großen Trupps vor wie *Glyptoperichthys gibbiceps*. Friedliche Art.

Hält.B.: Wie bei der vorher beschriebenen Art.
ZU: Nicht bekannt.
FU: Algen und Futtertabletten, die abends gereicht werden müssen.
Bes.: Sehr selten eingeführte und für das Heimaquarium eine zu groß werdende Art. Der Unterschied zu den *Hypostomus*-Arten besteht im wesentlichen in der Anzahl der Rückenflossenstrahlen, ein leicht unterscheidbares Merkmal: *Hypostomus* hat I,7; *Liposarcus* I, 10 - 13.

T: 23 - 27° C, **L**: über 50 cm, **BL**: 140 cm, **WR**: u, **SG**: 1

Welse

Glyptoperichthys gibbiceps

Liposarcus multiradiatus

Fam.: Loricariidae
Unterfam.: Loricariinae

Harnischwelse

Rineloricaria microlepidogaster (REGAN, 1904)
Gebänderter Harnischwels

Syn.: *Loricaria microlepidogaster*.
Vork.: Mittel- und Südostbrasilien, in schnellfließenden Bächen und Flüssen.
Ersteinf.: 1928.
GU: ♂ mit Borsten im Maul.
Soz.V.: Sehr friedliche Art, für Gesellschaftsbecken mit entsprechendem Wasser geeignet.
Hält.B.: Klare, sauerstoffreiche Becken mit Strömung und Unterschlupfmöglichkeiten. Fehlt Sauerstoff, so saugen sich die Fische dicht unterhalb der Wasseroberfläche an der Beckenscheibe fest. Bepflanzung jeder Art. Diese wird von den Fischen nicht beschädigt. Stets abends füttern, da die Tiere sonst leicht verhungern. Sie wühlen sich gern in weichen Bodengrund ein. pH 5,8 - 7,8 (6,8); Härte bis 20° dGH (nach Gewöhnung), besser darunter.
ZU: Wie *R. fallax*.
FU: H; Algen, Pflanzenkost, Futtertabletten (nachts).
Bes.: Kleinste der *Loricaria*-Arten. Der Artname ist nicht völlig gesichert. Nach der von ISBRÜCKER (1978) vorgenommenen Revision ist die artenreiche Gattung *Loricaria* in mehrere Gattungen aufgeteilt worden. Für die dem Aquarianer bekanntesten Arten ergaben sich dabei Änderungen in den Gattungsbezeichnungen.

T: 22 - 26° C, **L**: 20 cm, **BL**: 60 cm, **WR**: u, **SG**: 2 - 3

Rineloricaria fallax (STEINDACHNER, 1915)
Zwergharnischwels, Hexenwels

Syn.: *Loricaria parva*.
Vork.: La Plata-Gebiet, Paraguay. Schnellfließende Bäche mit einer Wasserstandshöhe von nur 10 - 30 cm mit kiesigem Untergrund.
Ersteinf.: 1908 von den Vereinigten Zierfischzüchtereien in Berlin-Conradshöhe.
GU: Wie bei anderen *Rineloricaria*-Arten tragen die ♂♂ seitlich am Maul kurze dichte Borsten. Von oben gesehen ist der Kopf des ♀ dreieckig zugespitzt, der Kopf des ♂ ist im vorderen Drittel breiter (nach STEINDACHNER).
Soz.V.: ?
Hält.B.: Wie vorgenannte Art.
ZU: Es bedarf neben günstigen Wasserbedingungen und guter Fütterung mit Pflanzenkost, insbesondere passender Laichhöhlen von 3 - 4 cm Durchmesser und ca. 20 cm Länge. Dort hinein legt das ♀ (manchmal auch mehrere) 100 - 200 senfkorngroße Eier, die sofort vom ♂ befruchtet werden. Dazu heftet sich das ♀ mit dem Saugmaul an die Brustflosse des ♂. Nach 9 - 12 Tagen schlüpfen die Jungen. Während dieser Zeit wird das Gelege vom ♂ bewacht. Es befreit die Jungen aus den Eihüllen durch Absaugen mit dem Maul. In der Natur sind schon ♂♂ gefangen worden, die das gesamte Gelege mit der Mundscheibe noch im Netz festhielten. Die Jungfische nehmen *Artemia*, später auch *Cyclops* und Daphnien. Zusätzlich muß ab zweiter Woche Pflanzenkost geboten werden. Auch feine Futterflocken und Futtertabletten dürften angenommen werden. Doch ist unbedingt auf Sauberkeit im Becken zu achten.
FU: H; Algen, Flockenfutter, Futtertabletten.
Bes.: Nicht so dauerhaft wie die *Hypostomus (Plecostomus)*-Arten.

T: 15 - 25° C, **L**: 12 cm, **BL**: 80 cm, **WR**: u, **SG**: 2

Welse

Rineloricaria microlepidogaster

Rineloricaria fallax

Fam.: Malapteruridae — Elektrische Welse

Malapterurus electricus (GMELIN, 1789)
Zitterwels

Syn.: *Silurus electricus.*

Vork.: Zentralafrika, nördlich des Sambesi-Flusses (Nil, Niger, Volta, Zaire, Tschadsee).

Ersteinf.: 1904.

GU: Unbekannt.

Soz.V.: Nachtaktiver Einzelgänger für Artenbecken.

Hält.B.: Große Schaubecken ab 500 l Inhalt mit einer großen Stein- oder Wurzelhöhle. Pflanzen in Töpfe stellen, kräftige Filterung. Härte bis 20° dGH; pH-Wert 7 - 8.

ZU: Im Aquarium nicht möglich. Die Angaben aus der Natur sind widersprüchlich. Eventuell handelt es sich um einen Offenbrüter mit Brutpflege durch das ♂. Dieses nimmt die Eier aber vielleicht auch ins Maul, um sie dort auszubrüten. Interessant wäre auch die Frage, ob und wie die Jungwelse immun gegen die elektrischen Entladungen der Alttiere sind.

FU: K; Lebendfutter (Fisch), große Würmer, Fleischbrocken.

Bes.: Obwohl in letzter Zeit gelegentlich preiswert angeboten, nur etwas für Schauaquarien. Die elektrischen Organe umhüllen den gesamten Fischkörper und können elektrische Schläge (zum Betäuben der Beute) austeilen. Diese Schläge können auch für den Menschen sehr schmerzhaft sein. Da erwachsene Tiere verblassen und fast bewegungslos auf Beute lauern, zu der alle Fische gehören, die nicht wenigstens halb so groß wie dieser Wels sind (selbst größere können empfindlich geschädigt werden), kann nur zum Kaufverzicht geraten werden.

T: 23 - 30° C, **L:** 100 cm, **BL:** 120 cm, **WR:** u, **SG:** 4

Welse
Fam.: Mochokidae — Fiederbartwelse

Synodontis decorus
BOULENGER, 1899
Unterfam.: Mochokinae

Syn.: *Synodontis vittatus, S. labeo.*
Vork.: Oberer Zaire, Kamerun.
Ersteinf.: Ca. 1960.
GU: Unbekannt.
Soz.V.: Friedlich.
Hält.B.: Wie nachfolgend beschriebene Arten. Sie sollten nicht mit einem großmaschigen Netz gefangen werden, da die Brustflossenstacheln sich mit ihren Sägezähnchen nur schwer aus den Maschen des Netzes lösen lassen und man sich selbst auch Verletzungen dabei zuziehen kann.
ZU: Nicht bekannt.
FU: O; Allesfresser, Flocken Tabletten, jegliches Lebendfutter.

Bes.: Nur Jungtiere sind als Aquarienfische geeignet.
Das obere Foto zeigt ein Jungtier, das kleine Foto ein halberwachsenes Tier.

T: 23 - 27° C, L: bis 24 cm, BL: 100 cm, WR: u, SG: 2 - 3

Fam.: Mochokidae
Unterfam.: Mochokinae

Fiederbartwelse

Synodontis alberti   SCHILTHUIS, 1891
Syn.: Keine.
Vork.: Zairegebiet (Stanley Pool), Kinshasa, Ubunghi-Banziville, Katanga: River Lukulu.
Ersteinf.: 1957 durch ESPE.
GU: Unbekannt.
Soz.V.: Friedlicher Schwarmfisch, meist Einzelgänger, der jedoch durch seine meist rastlose Schwimmweise andere Beckeninsassen beunruhigt. Auch die ständig herumtastenden Bartfäden stören andere Fische.
Hält.B.: Am besten mit Oberflächenschwarmfischen zu vergesellschaften.

Einzelhaltung in abgedunkelten Becken mit Höhlenverstecken. Senkrecht stehende Wurzeln sind als Rastplatz besonders beliebt. Bodengrund: Feiner Sand. Bepflanzung nach Belieben. pH 6 - 8; Härte 4 - 25° dGH.
ZU: Bisher nicht gelungen.
FU: Futtertabletten, Algen, Lebendfutter (Würmer).
Bes.: Hat bewegliche Unterkieferzähne, mit denen Algen abgeraspelt werden können.

T: 23 - 27° C, **L:** 16 cm, **BL:** 80 cm, **WR:** u, **SG:** 2

Synodontis angelicus   SCHILTHUIS, 1891
Perlhuhnwels
Syn.: *Synodontis angelicus zonatus, S. tholloni, S. robbianus, S. werneri.*
Vork.: Zaire (Stanley Pool), Mousembe (Oberer Zaire), Kamerun.
Ersteinf.: 1954.
GU: Unbekannt.
Soz.V.: Friedlich, nur selten gut mit Artgenossen zu vergesellschaften, eher aber mit Gattungsgenossen, da innerartlich äußerst aggressiv. Gesellschaftsfische sind z.B. Kongosalmler und andere afrikanische Salmler.
Hält.B.: Becken mit dunklem feinem Sand zum Gründeln. Große Wurzeln als Höhlenversteck. Schwimmt teilweise auf dem Rücken. Nach Gewöhnung nimmt er auch tagsüber Futter außerhalb seiner Höhle an. Er wühlt nicht, gründelt aber gern. Starker Filter für Strömung und gute Reinigung des Beckenwassers erhöhen das Wohlbefinden. Es sollte daher alle 3 Wochen ein Drittel des Wasser gewechselt und ein gutes Wasseraufbereitungsmittel zugesetzt werden. Feinfiedrige Pflanzen sind nicht gut geeignet, da sie bei wühlenden Fischen leicht verschmutzen. Algen sind unerläßlich für diese Fischart, es sollten daher Algen (keine Blaualgen!) an Rück- und Seitenscheiben und auf den Wurzeln geduldet werden. Nitratempfindlich. pH 6,5 - 7,5; Härte 4 - 15° dGH.
ZU: Die Nachzucht wäre erstrebenswert, es winkt eine Naturschutz-Beschränkung. Außer *S. nigriventris* und *S. nigrita* sind wohl noch keine *Synodontis*-Arten nachgezüchtet worden.
FU: Feines Lebendfutter, Algen und Flokkenfutter, FD-Tabletten. Abends füttern.
Bes.: Für diesen Fisch bestehen stark limitierte Exportbeschränkungen. Es gelangen nur selten Tiere zu uns und wenn, dann nur zu fast unerschwinglichen Preisen. Es ist eine Unterart *Synodontis angelicus zonatus*, POLL, 1933 (Katanga: River Lukulu), beschrieben worden. Diese ist leicht daran zu erkennen, daß sie neben den weißen Punkten auf dem Körper längere weiße Striche aufweist.

T: 20 - 25° C, **L:** 55 cm, **BL:** 250 cm, **WR:** u, **SG:** 4 (G)

Welse

Synodontis alberti

Synodontis angelicus

Fam.: Mochokidae
Unterfam.: Mochokinae

Fiederbartwelse

Synodontis decorus Seite 501
Synodontis eupterus Seite 508

Synodontis flavitaeniatus — BOULENGER, 1919
Gelbbinden-Fiederbartwels

Syn.: Keine.
Vork.: Zaire (Stanley Pool); Chiloango-Fluß.
Ersteinf.: 1970?
GU: Unbekannt.
Soz.V.: Friedlich, Gesellschaftsfisch mit allen Arten.
Hält.B.: Bevorzugt Becken mit Mulm- oder feinem Sandboden; Wurzeln, unter denen er sich verstecken kann. Ist bei weitem nicht so lichtscheu wie die anderen Fiederbartwelse und ist deshalb auch gut am Tage zu beobachten. Wühlt weniger als die großen Vertreter seiner Gattung, so daß eine Bepflanzung des Beckens möglich ist. Regelmäßiger Wasserwechsel ist angeraten. pH 6,5 - 8; Härte 4 - 25° dGH.
ZU: Nicht bekannt.
FU: O; Allesfresser, feines Lebendfutter und Futtertabletten, etwas Algen.
Bes.: Einer der hübschesten Fiederbartwelse, jedoch sehr selten und teuer. Es werden jährlich nur ca. ein Dutzend Tiere gefangen.
Im Artis-Aquarium, Amsterdam, lebt ein Tier seit über 20 Jahren.

T: 23 - 28° C, **L:** 20 cm, **BL:** 80 cm, **WR:** u, **SG:** 1

Synodontis schoutedeni — DAVID, 1936
Marmorierter Fiederbartwels

Syn.: *Synodontis depauwi* (part.).
Vork.: Mittlerer Kongo.
Ersteinf.: 1951.
GU: Sind nicht bekannt.
Soz.V.: Friedlicher Einzelgänger, der jedoch einige Beckeninsassen durch sein manchmal ruheloses Umherschwimmen mit seinen Barteln stört. Sofern mehrere Tiere einer Art oder der Gattung in einem Becken gepflegt werden, so verjagt das größere Tier mitunter heftig die kleineren.
Hält.B.: Große Becken mit sandigem bis mulmigem Untergrund. Zarte Pflanzen können bei Mangel an Futter als Nahrung angesehen werden. Die Tiere ruhen tagsüber gern an senkrechten Wänden aus Wurzelholz oder Stein. An die Wasserbeschaffenheit wird kein hoher Anspruch gestellt. Die Art reagiert jedoch empfindlich auf frisches Leitungswasser. pH-Wert 6 - 7,5; Härte 4 - 15° dGH. Das Becken benötigt einen starken Filter, um der durch die Welse hervorgerufenen Wassertrübung abzuhelfen.
ZU: Nicht bekannt.
FU: O, Allesfresser, feines bis grobes Lebendfutter und Pflanzennahrung. Flokken- und Tablettenfutter.
Bes.: Eine der am hübschesten gezeichneten *Synodontis*-Arten, die allerdings selten importiert wird.

T: 22 - 26° C, **L:** 14 cm, **BL:** 100 cm, **WR:** u, **SG:** 2 - 3

Welse

Synodontis flavitaeniatus

Synodontis schoutedeni

Fam.: Mochokidae — Fiederbartwelse
Unterfam.: Mochokinae

Synodontis nigriventris DAVID, 1936
Rückenschwimmender Kongowels

Syn.: *Synodontis ornatipinnis* (nicht BOULENGER).

Vork.: Zaire-Becken von Kinshasa bis Basonga.

Ersteinf.: 1950 nach Belgien.

GU: ♀ deutlich gerundeter und etwas blasser, verwaschener in den Farben.

Soz.V.: Friedlich, auch gegenüber Artgenossen. Guter Gesellschafter.

Hält.B.: Ein mit breitblättrigen Pflanzen (*Echinodorus*) bewachsenes Becken, das mit Wurzeln und Steinen als Unterschlupf ausgestattet sein sollte, ist das geeignetste Aquarium für diesen Wels. Gern weidet er die Blattunterseite ab, wobei viel eher nach fleischlicher Nahrung (Insektenlarven) als nach Algen gesucht wird.

ZU: Als eine der wenigen *Synodontis*-Arten wurde *S. nigriventris* einige Male im Aquarium nachgezüchtet. Die Eier werden in einer Höhle abgelegt. Die ♀ ♀ sind besonders zur Laichzeit sehr rundlich. Die Eltern betreiben eine Art Brutpflege. Die Jungen tragen bis zum 4. Tag einen Dottersack und nehmen bald darauf frischgeschlüpfte *Artemia*. Ab der 7. bis 8. Woche drehen sich die Jungen von normaler Schwimmlage auf den Rücken. Bis zu einer Länge von 5 cm (von 2 cm Länge an) bilden die Jungfische gern einen Schwarm. Später verliert sich dieses Verhalten wieder.

FU: K, O; Insektenlarven (keine Algen), FD-Tabletten. Die Rückenschwimmlage ermöglicht es dieser Welsart, besonders die Larven der Stechmücke von der Wasseroberfläche aufzunehmen. Diese Nahrung leitet häufig bei sonst günstigen Bedingungen das Brutgeschäft ein.

Bes.: Rückenschwimmlage.

T: 22 - 26° C, **L:** ♂ 8 cm, ♀ 10 cm, **BL:** 60 cm, **WR:** o, m, u, **SG:** 1

Synodontis notatus VAILLANT, 1893
Einpunkt-Fiederbartwels

Syn.: *Synodontis maculatus*.

Vork.: Zaire, vom Stanley Pool bis Mousembe.

Ersteinf.: 1952.

GU: Unbekannt.

Soz.V.: Friedliche Art.

Hält.B.: Wie andere größere *Synodontis*, wühlt gerne.

ZU: Nicht bekannt.

FU: O, Allesfresser.

Bes.: Von den über 80 Arten, die bekannt sind, wird diese besonders häufig importiert, verlangt allerdings in der Pflege nichts Besonderes. Es sind auch zwei Varietäten bekannt, *S. notatus* var. *binotatus* und *S. notatus* var. *ocellatus*. *Synodontis notatus* var. *binotata* hat zwei seitliche Punkte, *S. notatus* var. *ocellatus* drei davon. Den Unterartenstatus verloren diese Varietäten, als man fast alle Zwischenformen, vor allem auch mit unterschiedlicher Anzahl von Punkten auf beiden Körperseiten, entdeckte. Die Unterart *S. notatus* var. *ocellatus* soll wesentlich robuster sein, was nicht gerade den Status einer einzigen Art belegt.

T: 22 - 26° C, **L:** 14 cm, **BL:** 100 cm, **WR:** u, **SG:** 2 - 3

Welse

Synodontis nigriventris

Synodontis notatus

Fam.: Mochokidae
Unterfam.: Mochokinae

Fiederbartwelse

oben juvenil, unten adultes Tier.

Synodontis eupterus BOULENGER, 1901
Schmuckflossen-Fiederbartwels

Syn.: Keine.
Vork.: Weißer Nil; Tschad-Becken und Niger (Afrika).
Ersteinf.: Unbekannt.
GU: Nicht bekannt.
Soz.V.: Friedliche Art, für Gesellschaftsbecken mit nicht zu kleinen Tieren geeignet.
Hält.B.: Abgedunkeltes Becken mit Unterschlupfmöglichkeit (Wurzeln, Blumentopf oder Kokosnußschale). Feiner Sand zum Gründeln ist zur Schonung der Tastfühler wichtig. Torfextraktzusatz oder Torffilterung. Bepflanzung mit freiem Schwimmraum am Boden. pH-Wert 6,2 - 7,5; Härte bis 15 ° dGH.
ZU: Bisher nicht nachgezüchtet.
FU: O; Futtertabletten, jedes Lebendfutter.
Bes.: Wurde bisher als *S. ornatus* gehandelt, was jedoch ein Synonym von *S. nigrita* ist.

T: 22 - 26° C, **L:** ca. 15 cm, **BL:** 80 cm, **WR:** u, **SG:** 2

Fam.: Pangasiidae
Unterfam.: Pangasiinae

Welse
Haiwelse

Pangasius hypophthalmus (SAUVAGE, 1878)
Haiwels

Syn.: *Pangasius sutchi.*
Vork.: Thailand (bei Bangkok).
Ersteinf.: 1964 durch TROPICARIUM.
GU: Unbekannt.
Soz.V.: Als Jungtier im Schwarm, wird später zum Einzelgänger.
Hält.B.: Große Aquarien mit viel Schwimmraum. Die Tiere sehen schlecht. Sie holen Luft von der Oberfläche, sonst halten sie sich meist im unteren Drittel des Beckens auf. Sehr schreckhaft, daher nicht an die Scheibe klopfen und nachts kein Licht machen. Eine Schwimmpflanzendecke zur Lichtdämpfung. Verstecke nicht nötig. pH ca. 7; Härte 2 - 29° dGH.
ZU: Besatzfische in der Heimat in Teichen. Aufzucht in großen Holzbehältern (Laichabgabe durch Abstreifen?). Zucht im Aquarium nicht möglich.
FU: O; Allesfresser, vor allem jedoch kräftiges Lebendfutter als Jungtier. Aber auch Trockenfutter wird selbst von größeren Tieren noch angenommen. Die älteren Tiere sollen die Zähne verlieren und zu Pflanzennahrung übergehen (evtl. andere Art?)
Bes.: Als Besatz für große Becken mit nicht aggressiven Fischen durchaus geeignet. Braucht viel Schwimmraum. Wird als Speisefisch in die Reisfelder-Sümpfe eingesetzt. Der Besatz (fingerlange Exemplare) wird ab und zu importiert. Sein Name "Haiwels" ist es wohl, der Aquarianer immer wieder anregt, diesen in seiner Jugend recht robusten Fisch zu kaufen. Die nahe verwandte Art *P. pleurotaenia* hat nur einen Längsstreifen und bleibt wesentlich kleiner (nach ELIAS). Es gibt bisher keinen Beweis dafür, daß diese Art mit derjenigen identisch ist, die tatsächlich bis 100 cm groß wird. Diese soll auch mit zunehmendem Alter die Zähne verlieren und zu rein vegetarischer Nahrung übergehen, etwas, das bei *P. hypophthalmus* noch nie belegbar vorgekommen ist.

T: 22 - 26° C, **L:** angebl. bis 100 cm, im Aqu. ca. 30 cm, **BL:** 200 cm, **WR:** u, m, **SG:** 3

Fam.: Pimelodidae — Antennenwelse

Pimelodus blochii VALENCIENNES, 1840
Fettwels, Gemeiner Antennenwels, Langbart Unterfam.: Pimelodinae

Syn.: *Ariodes clarias, Bagrus clarias, Mystus ascita, Pimelodus arekaima, P. maculatus, P. macronema, P. schomburgki, Piramutana macrospila, Pseudariodes clarias, P. albicans, P. pantherinus, Pseudorhamdia uscita, P. piscatrix, Silurus callarias, S. clarias.*

Vork.: Nahezu alle größeren Flüsse und Ströme von Panama bis Brasilien.

Ersteinf.: 1895 durch NITSCHE.

GU: Sind nicht bekannt.

Soz.V.: Gegen Artgenossen bissig. Zu vergesellschaften mit *Hypostomus, Loricaria, Corydoras, Acanthodoras* und großen Cichliden.

Hält.B.: Der Fisch lebt in milchkaffeebraunem, undurchsichtigem Wasser auf dem Sandboden. Er riecht und ertastet sich seine Nahrung mit den Antennenfäden auf weite Entfernung. Aquarien sollten stark abgedunkelt sein und Versteckmöglichkeit für tagsüber bieten. Abends kommt der Wels aus seinem Versteck und führt ein munteres Leben, das man gut beobachten kann. pH 6 - 7,5; Härte 4 - 10° dGH.

ZU: Nichts bekannt.

FU: K, O; Allesfresser, bevorzugt Würmer, insbesondere Regenwürmer; Insektenlarven, *Tubifex*.

Bes.: Der Rückenflossenstachel soll bei Verletzungen eine allergische Vergiftung hervorrufen. Der Autor kann das nicht bestätigen. Er hatte sich auf einer Fangreise zweimal einen *Pimelodus* "in den Fuß getreten". Die Verletzung war zwar schmerzhaft (der Stachel ist einseitig mit Sägezähnen bewehrt, die wie Widerhaken funktionieren), aber die Wunden entzündete sich nicht und es traten auch keine Vergiftungserscheinungen auf. Bei schlechten Wasserbedingungen geht die Art häufig zur Darmatmung über und holt Luft von der Wasseroberfläche, was sie sonst nur sporadisch tut.

T: 20 - 26° C, **L:** 20 cm (30 cm), **BL:** 100 cm, **WR:** u, **SG:** 1 - 2

Pseudoplatystoma fasciatum (LINNAEUS, 1766)
Tigerspatelwels, Schaufelmaul Unterfam.: Sorubiminae

Syn.: *Platystoma fasciatum, P. punctifer, P. truncatum, Pseudoplatystoma punctifer, Silurus fasciatus.*

Vork.: Paraguay; Rio Lebrijo bei Santander (Venezuela); Rio Negro, Peru.

Ersteinf.: Datum unbekannt.

GU: Unbekannt.

Soz.V.: Räuber, der nur mit wirklich großen Fischen vergesellschaftet werden kann. Manchmal werden ganz kleine Fische auch unbeachtet gelassen.

Hält.B.: Große Becken mit etwas Unterschlupf. An die Wasserqualität werden keine Ansprüche gestellt. pH 6 - 8; Härte 4 - 30° dGH. Die Art ist dämmerungsaktiv.

ZU: Nicht bekannt.

FU: K; frißt alles Lebendige, was er bewältigen kann, nach Gewöhnung auch Fleisch- und Fischbrocken.

Bes.: Kein Aquarienfisch. Er ist ein Tiger, nicht nur vom Namen her, sondern auch an Freßlust. Von *P. fasciatum* sind fünf Unterarten bekannt: *P. fasciatum brevifile* EIGENMANN & EIGENMANN 1882; *P. fasciatum fasciatum* LINNAEUS, 1766; *P. fasciatum intermedium* EIGENMANN & EIGENMANN, 1888; *P. fasciatum nigricans* EIGENMANN & EIGENMANN, 1889 und *P. fasciatum reticulatum* EIGENMANN & EIGENMANN, 1889.

T: 24 - 28° C, **L:** 25 - 30 cm (bis zu 100 cm!), **BL:** 120 cm, **WR:** m, u, **SG:** 3

Welse

Pimelodus blochii

Pseudoplatystoma fasciatum

Fam.: Pimelodidae Antennenwelse

Sorubim lima (BLOCH & SCHNEIDER, 1801)
Spatelwels Unterfam.: Pimelodinae

Syn.: *Platystoma lima, P. luceri, Silurus gerupensis, S. lima, Sorumbim infraocularis, S. luceri.*

Vork.: Amazonasländer, Venezuela, Paraguay.

Ersteinf.: 1929 durch SCHOLZE & POETSCHKE.

GU: Nicht bekannt.

Soz.V.: Räuberischer Fisch, der einzeln oder in Gruppen kleinerer Beute auflauert, daher nur mit größeren Fischen vergesellschaften.

Hält.B.: Große, flache Becken mit viel Wurzelwerk als Unterschlupf und Standplatz sind richtig für diese selten eingeführte Art. Sie beschädigt Pflanzen nicht. Die Tiere suchen sich tagsüber mit Vorliebe einen erhöhten Standplatz zwischen Pflanzen und Wurzeln. In der Dämmerung erfaßt diese Art eine seltsam anmutende Unruhe - dann wird das gesamte Revier nach Freßbarem abgesucht. Wasser: Härte bis 20° dGH, pH-Wert 6,5 - 7,8.

ZU: Im Aquarium bisher nicht gelungen.

FU: K; Lebende Fische, nach Gewöhnung auch ganze Futtertabletten und große Regenwürmer.

Bes.: Nur für Aquarianer mit sicherer Lebendfutterquelle.

T: 23 - 30° C, **L:** 20 (60) cm, **BL:** 100 cm, **WR:** u, **SG:** 4 (K)

Welse
Glaswelse

Fam.: Schilbeidae

Eutropiellus buffei

GRAS, 1960
Unterfam.: Schilbeinae

Syn.: *Eutropius buffei, Eutropiellus vandeweyeri.*
Vork.: Nigerdelta, Nigeria, Afrika.
Ersteinf.: 1954 als *F. debauwi* (?).
GU: ♀ in der Bauchpartie voller.
Soz.V.: Friedlicher Schwarmfisch, lebhaft, tagaktiv. Einzeltiere fühlen sich unwohl. Für Gesellschaftsbecken geeignet.
Hält.B.: Durch eine Schwimmpflanzendecke abgedunkelte Becken mit viel Schwimmraum bieten! Ein kräftiger Filter sollte für gute Strömung sorgen. An das Wasser werden kaum Ansprüche gestellt: pH-Wert 6 - 7,5; Härte 1 - 25° dGH. Bepflanzung den Lichtverhältnissen entsprechend. Pflanzen werden nicht gefressen. Für den Bodengrund sollte dunkler Kies oder Sand verwendet werden. Torffilterung wegen der dunklen Wasserfärbung vorteilhaft, jedoch nicht unbedingt erforderlich.
ZU: Nicht bekannt, vermutlich Freilaicher.

FU: K; Flockenfutter, feines Lebendfutter.
Bes.: Die Tiere stehen oder schwimmen stets leicht mit der Schwanzflosse nach unten; hierbei wedelt diese ständig ruhelos. *E. buffei* wird meist unter dem Namen der sehr ähnlichen, aus dem Zaire-Gebiet stammenden Art *E. debauwi* angeboten. Diese wird jedoch nur sehr selten eingeführt. *E. debauwi* ist durch den dunkleren Rücken, fehlenden Flecken in den Schwanzflossenlappen und nur zwei Längsstreifen von *E. buffei* zu unterscheiden.

T: 24 - 27° C, **L:** 8 cm, **BL:** 80 cm, **WR:** m, o, **SG:** 2

Fam.: Schilbeidae — Glaswelse

Schilbe intermedius
Silberwels

RÜPPELL, 1832
Unterfam.: Schilbeinae

Syn.: *Silurus mystus, Schilbe mystus.*

Vork.: Nil, Viktoriasee, Tschad-See, Nigerdelta (Westafrika).

Ersteinf.: 1934.

GU: Unbekannt.

Soz.V.: Schwarmfisch, größere Exemplare können sich an kleinen Beckeninsassen vergreifen.

Hält.B.: Der lebhafte Schwarmfisch benötigt viel freien Schwimmraum in einem großen Aquarium ab 1,20 m Länge. Bodengrund soll erdig sein (kein Kies, kein Sand, da diese meist zu hell sind). Nur auf dunklem Bodengrund fühlt sich die Art wohl. Einzeln gehaltene Tiere kümmern leicht am Boden und fressen nicht.

ZU: Im Aquarium bereits gelungen (nach Hormongaben?), nähere Angaben fehlen jedoch noch. In großen Aquarien kann das Balzverhalten beobachtet werden. Dabei drückt das ♂ seine Kehle auf den Kopf des ♀ und beide schwimmen dicht an dicht durch das Becken.

FU: O; Allesfresser, kräftiges Lebendfutter, Großflocken.

Bes.: Ein recht ansprechender Fisch, der leider sehr groß wird. Aber wer Welse mag, wird bei dieser Art, wegen ihrer regen Schwimmweise tagsüber, stets Freude haben. Die Art hat meist keine Fettflosse. Der echte *Schilbe mystus* hat eine solche und hieß früher *Eutropius niloticus* (Nil-Glaswels).

T: 23 - 27° C, L: bis 35 cm, BL: 120 cm, WR: m, SG: 2

Fam.: Siluridae

Welse
Echte Welse

Kryptopterus minor ROBERTS 1989
Indischer Glaswels Unterfam.: Silurinae

Syn.: Keine.
Vork.: Hinterindien, Thailand, Malaysia, Indonesien: Sumatra, Java, Borneo.
Ersteinf.: 1934 durch WINKELMANN.
GU: Unbekannt.
Soz.V.: Friedlicher Schwarmfisch für Gesellschaftsbecken mit kleinen, ruhigen Arten ab 4 cm bis 6 cm Länge. Jungbrut wird verfolgt.
Hält.B.: Lichtliebender Wels des freien Wassers mit Unterstandmöglichkeiten zwischen Pflanzen. Evtl. Schwimmpflanzendecke. Dunkler Bodengrund. Viel freier Schwimmraum und kräftige Filter.
ZU: Bisher nur zufällig gelungen. Voraussetzung für die Entwicklung der Geschlechtsreife scheint die Nachahmung des natürlichen klimatischen Jahresgangs zu sein. Die sehr kleinen, durchsichtigen Eier werden über feinfiedrigen Pflanzen abgelegt. Bei den wenigen bekannten Zufallszuchten kamen immer einige Junge im Aquarium von selbst auf.
FU: K, O; feines Lebendfutter, im Filterstrom treibendes Flockenfutter, FD-Futter.

Bes.: Leider etwas empfindlich, sonst sehr interessant. Die Art wird meist unter *Kryptopterus bicirrhis* gehandelt. Wir suchen ein Foto vom echten *K. bicirrhis*.

T: 21 - 26° C, **L:** 8 cm, **BL:** 80 cm, **WR:** m, **SG:** 3

Fam.: Siluridae — Echte Welse

Ompok bimaculatus (BLOCH, 1794)
Doppelfleck-Glaswels Unterfam.: Silurinae

Syn.: *Silurus bimaculatus, Callichrous bimaculatus.*

Vork.: Malar-Küste, Nepal, Thailand, Burma/Sumatra, Java, Borneo, Vietnam, Indien, Sri Lanka.

Ersteinf.: 1934.

GU: Nicht beschrieben.

Soz.V.: Friedlicher Schwarmfisch. Leicht mit größeren Fischen zu vergesellschaften. Nicht einzeln halten.

Hält.B.: Einer der wenigen Welse, der ein Tagleben führt, so daß man einen hellen Beckenstandort wählen sollte. Die Art fühlt sich am wohlsten im freien strömenden Wasser und in Gesellschaft mehrerer Artgenossen. Es sollte ein Schwarm von wenigstens 5 Tieren gehalten werden. Dazu bedarf es natürlich eines großen Beckens und viel Nahrung, denn *Ompok* ist sehr verfressen. Bepflanzung mit großblättrigen Pflanzen. Die Art wühlt nicht. pH 6 - 8; Härte 4 - 28° dGH.

ZU: In Teichen. Im Aquarium wegen zu geringen Platzes bisher nicht nachgezüchtet.

FU: O; Allesfresser, besonders jedoch Fleischnahrung. Auch Großflocken und Tablettenstückchen.

Bes.: Als Jungtier durchsichtig wie ein Glaswels und diesem zum Verwechseln ähnlich: *Ompok bimaculatus* hat jedoch 4 Dorsalstacheln, während der Glaswels *Kryptopterus bicirrhis* nur einen (meist angelegt) hat. Die Art ist sehr weit verbreitet und wird als Speisefisch gezüchtet.

T: 20 - 26° C, **L:** 12 - 20 cm im Aquarium, bis 45 cm in der Natur, **BL:** 100 cm, **WR:** m, **SG:** 2

Fam.: Trichomycteridae — Welse / Parasitenwels

Tridensimilis brevis
"Harnröhrenwels" (EIGENMANN & EIGENMANN, 1889)

Syn.: *Tridens brevis, Tridentopsis brevis.*
Vork.: Amazonasgebiet.
Ersteinf.: 1967 durch Aquarium Rio.
GU: ♀♀ deutlich kräftiger.

Soz.V.: Vergesellschaftung mit anderen friedlichen Fischen. Haltung in kleineren Becken. Zeigt Schwarmverhalten, wenn mindestens 10 Tiere zusammen gehalten werden.

Hält.B.: Lebhafter, schwimmfreudiger Wels. Möglichst sauberes Wasser mit guter Strömung. Diese Welse leben in der Natur meist im Sand von flachen Flüssen und Bächen. Im Aquarium wird die Art selten gehalten, da sie ein unscheinbares Äußeres hat und ein verstecktes Leben führt. pH-Wert 5,5 - 7; Härte 2 - 10° dGH. Der Bodengrund soll feinsandig bis mulmig sein.

ZU: HOFFMANN & HOFFMANN fanden mehrfach sehr große, gallertige Eier auf dem Bodengrund, aus denen nach 3 Tagen Jungwelse schlüpften. Scheinbar wurde jedoch das falsche Futter gereicht, da alle Jungfische nach kurzer Zeit starben.

FU: K, L; feinstes Lebendfutter (*Artemia*), Mückenlarven. Kein Flockenfutter.

Bes.: Die Gruppe von Welsen, zu der diese Art gehört, ist berühmt-berüchtigt wegen ihrer Eigenart, in Kiemenhöhlen größerer Fische (meist Welse) zu schmarotzen. Es kommt vor, daß diese winzigen Welse in die Harnröhre von Warmblütern wandern.

T: 20 - 30° C, **L:** 3 cm, **BL:** 40 cm, **WR:** u, **SG:** 2

Larve von *T. brevis*

Gruppe 5

Ordnung: Cyprinodontiformes I
(Eierlegende Zahnkarpfen)

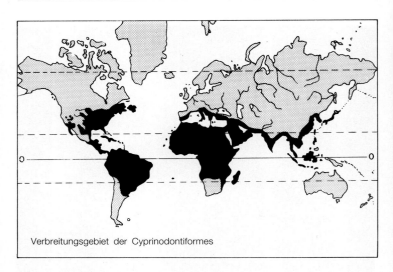

Verbreitungsgebiet der Cyprinodontiformes

Die Ordnung Cyprinodontiformes
Eierlegende Zahnkarpfen, Killifische

Die Eierlegenden Zahnkarpfen stellen mit über 450 Arten eine große Fischfamilie dar. Sie kommen, Australien ausgenommen, auf jedem Kontinent vor. Die größte Artenzahl findet man in tropischen Gebieten, doch dringen einige Unterfamilien, beispielsweise die Fundulinae oder Cyprinodontinae, weit in die gemäßigten Zonen Nordamerikas und Europas bzw. Asiens vor.

Viele Killifische sind gute Schwimmer, was sich in ihrer schlanken, oft hechtförmigen Gestalt ausdrückt. Andere haben einen mehr walzenförmigen Körper mit kurzen und rundlichen Flossen. Einige südamerikanische Bodenlaicher (*Cynolebias*-, *Pterolebias*- und *Rachovia*-Arten) haben einen höheren, nicht so schlanken Körperbau. Ihre Flossen sind größtenteils auffallend lang und breit. Die unpaaren Flossen sind besonders stark entwickelt, da die ♂♂ mit ihnen während des Ablaichens die ♀♀ umklammern.

Eierlegende Zahnkarpfen sind meist kleine Fische mit einer Länge von 5 bis 10 cm. Nur einige Arten überschreiten diese Größe. Der größte Killifisch ist *Orestias cuvieri*, der 30 cm lang wird. Die Art kommt in Südamerika vor. *Fundulus catenatus* ist mit 20 cm der stattlichste Zahnkarpfen Nordamerikas, während sich die 13, 5 cm von *Lamprichthys tanganicanus*, der größten afrikanischen Art, dagegen schon recht bescheiden ausnehmen. Es gibt aber auch wahre Zwerge unter den Killifischen. Hervorzuheben wären *Oryzias*

Killifische, Eierlegende Zahnkarpfen

Nothobranchius melanospilus

minutillus und *Aplocheilichthys myersi,* die beide nicht größer als 2 cm werden.
Der Kopf der meisten Eierlegenden Zahnkarpfen ist auf der Oberseite abgeflacht. Das Maul ist end- oder leicht oberständig. Killifische sind bartellos. Das Maul ist mit langen, spitzen Zähnen besetzt, die überwiegend gebogen sind. Die meisten Vertreter der Unterfamilien Cyprinodontinae und Aphaniinae haben tricuspide (dreispitzige) Zähne. Der Körper fast aller Cyprinodontiden ist mit Rundschuppen bedeckt. Das Seitenliniensystem beschränkt sich bei vielen Arten auf den Kopfbereich. Zur Bestimmung der Killifische werden die Beschuppung des Kopfes und die Anordnung der Seitenlinienorgane auf dem Kopf herangezogen.
Die überwiegende Anzahl der Eierlegenden Zahnkarpfen lebt nicht in Schwärmen oder Schulen. Eine Ausnahme machen die Vertreter von drei Unterfamilien, von denen einzig die Unterfamilie Oryziinae für den Aquarianer von Wichtigkeit ist. Die Individuen dieser Unterfamilien bilden in jedem Alter Schwärme. Einige Cyprinodontinen und Aphaniinen schließen sich temporär zu Schulen zusammen.
Fortpflanzung und Eientwicklung der Eierlegenden Zahnkarpfen sind äußerst interessant. In vielen Fällen wird bei den Artbeschreibungen näher darauf eingegangen. Man kann bei den Killifischen zwischen Haftlaichern, die ihre Eier an Pflanzen absetzen, und Bodenlaichern, die ihre Eier in den Bodengrund abgeben, unterscheiden. Beide Gruppen differieren nicht nur in der Wahl des Laichsubstrats, sondern auch hinsichtlich ihrer Biologie. Haftlaicher bewohnen Gewässer, die auch während der Trockenperiode Wasser führen. Die Tiere können deshalb in einem oder mehreren Jahreszyklen als Fisch überleben. Eine Anpassung der Embryonalentwicklung an den Jahreszyklus fehlt oder ist nur sehr schwach ausgebildet. Bodenlaicher besiedeln dagegen Gewässer, die zur Trockenzeit langsam austrocknen. Die Tiere leben nur bis zur Austrocknung als Fisch und überdauern die Trockenperiode als Embryo, der allerdings noch von der Eihülle umgeben ist, im feuchten Boden. Die Embryonalentwicklung der Bodenlaicher ist durch Diapausen (Entwicklungsruhe) unterbrochen. Bei den meisten Killifischen treten zwei Diapausen auf, bei den Vertretern der Unterfamilie Rivulinae kommt noch eine weitere Diapause hinzu. Wenn all diese Gegebenheiten berücksichtigt werden, können bei Eierlegenden Zahnkarpfen nicht-annuelle Arten (= gewöhnlich Haftlaicher) und annuelle Arten (= Bodenlaicher) unterschieden werden. Die bei der Zucht bei beiden Gruppen auftretenden Unterschiede und beachtenswerten Einzelheiten werden bei den abgehandelten Arten aufgeführt. Die Unterfamilien: Aphaniinae, Cyprinodontinae, Fundulinae, Proctatopodinae (Leuchtaugenfische), Rivulinae (Bachlinge).

Fam.: Fundulidae — Killifische, Eierlegende Zahnkarpfen

Adinia multifasciata   GIRARD, 1859
Diamant-Killifisch   Unterfam.: Fundulinae

Syn.: *Fundulus xenicus, Adinia xenica.*

Vork.: Südliche USA: von Texas bis zum westlichen Florida. In Brack- und Süßwasser.

Ersteinf.: Genaues Jahr unbekannt, wahrscheinlich erst ab 1975.

GU: ♂ mit 10 bis 14 schmalen, perlenfarbigen Bändern zwischen den dunklen Querstreifen, ♀ ohne diese Bänder.

Soz.V.: Die Tiere sind bei genügend Raumangebot und Versteckmöglichkeiten relativ friedlich, sonst oft sehr aggressiv. Sie können mit anderen Brackwasserfischen vergesellschaftet werden (*Cyprinodon variegatus, Monodactylus*-Arten oder einige *Fundulus*-Arten).

Hält.B.: Weicher, dunkler Bodengrund; genügend Versteckmöglichkeiten aus Steinen und Wurzeln. Lockere Bepflanzung mit Arten, die Brackwasser vertragen (z.B. *Vallisneria americana*); stark brackiges Wasser, Zugabe von ˘ bis ° Seewasser zum Süßwasser.

ZU: Um 22° C, Brackwasser; einige Büschel feinblättriger Pflanzen in das Aquarium einbringen. Die Tiere laichen in diese Pflanzen oder auf den Boden. Die Jungfische werden mit *Artemia*-Nauplien gefüttert.

FU: O; Allesfresser: Lebendfutter aller Art (Mückenlarven, Kleinkrebse usw.). Frißt auch Trockenfutter und Pflanzen (Spinat, Salat). Die Tiere sind nicht wählerisch.

Bes.: In reinem Süßwasser ist *Adinia multifasciata* wesentlich blasser gefärbt als in Wasser mit Seesalzzusatz. In Freiheit wird *Adinia multifasciata* als Mückenvertilger geschätzt und deshalb bei der biologischen Mückenbekämpfung eingesetzt.

T: 20 - 23° C, L: 5 cm, BL: 60 cm, WR: m, u, SG: 2

Fam.: Cyprinodontidae
Unterfam.: Cyprinodontinae

Aphanius iberus
Spanienkärpfling
(VALENCIENNES, 1846)

Syn.: *Cyprinodon iberus, Lebias ibericus.*
Vork.: Spanien (Katalonien, Valencia, Murcia), Marokko, Algerien. Die Art kommt nur im Süßwasser vor.
Ersteinf.: 1911.
GU: Deutlicher Geschlechtsdichromatismus, ♂ blaugrün bis aquamarinblau. Rücken- und Afterflosse dunkel mit heller Punktierung, Schwanzflosse dunkelblau mit heller Zeichnung; ♀ olivgrün oder blaugrün, mit farblosen Flossen.
Soz.V.: Friedlicher, relativ anspruchsloser Fisch. Mit ähnlich gearteten Fischen vergesellschaften.
Hält.B.: Feinsandiger Bodengrund; Becken gut bepflanzen; Wurzeln zur Dekoration, etwas freier Schwimmraum; Wasser mittelhart (8 - 10° dGH) und um den Neutralpunkt (pH 7).
ZU: Um 30° C; feinfiedrige Pflanzen, Schwimmpflanzen. Vor dem Ablaichen erfolgen heftige Liebesspiele. Die Tiere laichen an den Pflanzen. Die Elterntiere müssen gut gefüttert werden, sonst fressen sie den Laich. Die Jungfische schlüpfen nach etwa einer Woche und werden nach Aufzehrung des Dottersacks mit feinstem Staubfutter ernährt. Die Elterntiere werden vor dem Schlüpfen der Jungfische aus dem Ablaichbecken entfernt.
FU: K; Lebendfutter, besonders gerne werden Mückenlarven (Schwarze, Weiße, auch Rote) gefressen.
Bes.: Werden die Tiere kühl überwintert (12 - 16° C), so erzielt man die besten Zuchterfolge. Die Art wurde vor *Gambusia affinis* zur biologischen Mückenbekämpfung eingesetzt.

Aphanius iberus ♀

T: 10 - 32° C, **L:** 5 cm, **BL:** 50 cm, **WR:** m, **SG:** 1 - 2

Aphanius fasciatus
Zebrakärpfling, Mittelmeerkärpfling
(HUMBOLDT & VALENCIENNES, 1821)

Syn.: *Lebias fasciatus, Aphanius calaritanus, Cyprinodon calaritanus, C. fasciatus, C. marmoratus, Lebias calaritanus.*
Vork.: Europa und Asien; Mittelmeergebiet: Alpes maritimes, Sardinien, Sizilien, beide Küsten Italiens bis Venedig, ehem. Jugoslawien, Zypern, Türkei, Syrien, Israel, Küste Nordafrikas von Ägypten bis Algerien.
Ersteinf.: 1913.
GU: ♂ olivbraun, Unterseite weißlich mit 10 - 14 hellen, gelbweißen Querbinden, die sich von oben nach unten verbreitern; Flossen gelb bis orangegelb. ♀ graubraun, Unterseite hell mit einer Längsreihe von runden, dunklen Flecken; alle Flossen mehr oder weniger farblos.
Soz.V.: Meist friedfertiger, recht anspruchsloser Killifisch. Mit anderen friedfertigen Fischen vergesellschaften.
Hält.B.: Wie bei *Aphanius iberus* aufgeführt. Es wird jedoch empfohlen, dem Wasser Seesalz zuzusetzen (1 - 2 Teelöffel auf 10 l Wasser).
ZU: Ähnlich der von *A. iberus*. Detaillierte Angaben fehlen in den großen Aquarienzeitschriften.
FU: K; Lebendfutter (Schwarze und Weiße Mückenlarven).
Bes.: *Aphanias fasciatus* ist nahe mit *Aphanius iberus* und *Aphanius dispar* (RÜPPELL, 1829) verwandt, ist jedoch von diesen beiden durch Fortpflanzungsschranken getrennt.

T: 10 - 24° C, **L:** 7 cm, **BL:** 60 cm, **WR:** m, **SG:** 1 - 2

Killifische, Eierlegende Zahnkarpfen

Aphianus iberus ♂

Aphianus fasciatus

Fam.: Aplocheilidae
Unterfam.: Aplocheilinae

Aphyosemion australe
Bunter Prachtkärpfling, "Kap Lopez"

(RACHOW, 1921)

Syn.: *Haplochilus calliurus* var. *autralis, H. calliurus, Panchax polychromus, P. australe.*

Vork.: Westliches Afrika.

Ersteinf.: 1913 von WOLMER.

GU: ♂ sehr farbenprächtig, Schwanzflosse dreizipfelig, wobei die Strahlen des oberen und unteren Zipfels sowie Rücken- und Afterflosse lang ausgezogen sind; ♀ schlicht gefärbt, Schwanzflosse abgerundet; ♀ ist kleiner als ♂.

Soz.V.: Sehr friedlicher Fisch. Am besten mit anderen *Aphyosemion*-Arten und Oberflächenfischen vergesellschaften.

Hält.B.: Dichte Bepflanzung, dunkler Bodengrund (Torf- oder Mulmschicht), einige Versteckmöglichkeiten durch Wurzeln; gedämpfte Beleuchtung, Schwimmpflanzen. Wasser weich (bis 10° dGH) und mäßig sauer (pH 5,5 - 6,5), Seesalzzusatz (1 Teelöffel auf 10 l Wasser). Filterung über Torf. Die Art ist bei entsprechenden Wasserverhältnissen für das Gesellschaftsbecken geeignet.

ZU: 23° C; in kleinsten Becken möglich. Als Laichsubstrat fungieren feinblättrige Pflanzen oder Perlongespinst. Wasser weich (5° dGH) und schwach sauer (pH 6,5), Torffilterung. Zuchtansatz 1 ♂ und 2 - 3 ♀♀. Bei guter Fütterung kann man täglich 10 - 20 Eier dem Laichsubstrat entnehmen. Die Eier werden in ein kleines Aufzuchtbecken überführt, das Wasser aus dem Laichbecken enthält. Die Eientwicklung dauert 14 Tage. Die Eier dieses Haftlaichers kann man auch wie die eines Bodenlaichers behandeln (siehe bei *Cynolebias*-Arten).

FU: K, O; Lebendfutter aller Art, die Fische fressen aber auch tiefgefrorenes Futter und Flockenfutter.

Bes.: *Aphyosemion australe* ist für Killifische im Aquarium relativ langlebig. Bei sachgemäßer Hälterung können die Tiere ein Alter von drei Jahren erreichen. Die ♂♂ zeigen untereinander ein auffälliges Imponiergehabe mit stark gespreizten Flossen und intensiven Farben.

T: 21 - 24° C, **L**: 6 cm, **BL**: 50 cm, **WR**: m, u, **SG**: 2

Aphyosemion bivittatum
Gebänderter Prachtkärpfling

(LÖNNBERG, 1895)

Syn.: *Fundulus bivittatus, Fundulopanchax bivittatum.*

Vork.: Westafrika: Grenzgebiet Südostnigeria und Südwestkamerun.

Ersteinf.: 1908 durch SIGGELKOW.

GU: ♂♂ sind viel farbenprächtiger als die ♀♀, Schwanzflosse des ♂ oben und unten mit zipfelförmiger Verlängerung.

Soz.V.: Sehr schwimmfreudige, überwiegend friedliche Fische. Die ♂♂ zeigen ein stark ausgeprägtes Imponiergehabe, beschädigen dabei die ♀♀ nur in seltenen Fällen.

Hält.B.: Wie bei *Aphyosemion mirabile* angegeben. Wichtig für *A. bivittatum* ist klares, infusorien- und bakterienarmes Wasser sowie ein schattiger Standort des Beckens ohne direkte Sonneneinstrahlung.

ZU: 24 - 26° C; wie bei *A. mirabile.*

FU: K; frißt nur Lebendfutter (Daphnien, *Cyclops,* wasserlebende Insektenlarven, Enchyträen, kleine Regenwürmer).

Bes.: Von *Aphyosemion bivittatum* gibt es mehrere Stämme, die alle die typische *vittatum*-Form haben, in ihren Farben wie auch in der Bindenzeichnung aber sehr unterschiedlich sein können.

T: 22 - 24° C, **L**: 5 cm, **BL**: 60 cm, **WR**: m, u, **SG**: 2

Killifische, Eierlegende Zahnkarpfen

Aphyosemion australe

Aphyosemion bivittatum (großes Foto). Das kleine Foto zeigt *A. bitaeniatum* (früher *multicolor*), der schon häufig fälschlich als *A. bivittatum* vorgestellt wurde.

Fam.: Aplocheilidae
Unterfam.: Aplocheilinae

Aphyosemion elberti (AHL, 1924)

Syn.: *Haplochilus bualanus, Aphyosemion bualanum, A. rubrifascium, A. tessmanni.*

Vork.: Afrika: östliches Kamerun, Zentralafrikanische Republik; die Tiere bewohnen Gewässer der Savannen.

Ersteinf.: 1938.

GU: ♂ prächtiger gefärbt, mit blauem oder blauviolettem metallischem Schimmer auf den Körperseiten, unpaare Flossen mit zipfelförmigen Fortsätzen; ♀ grünlichbraun gefärbt, ohne zipfelartige Fortsätze der unpaaren Flossen.

Soz.V.: Relativ lebendiger, meist verträglicher Fisch.

Hält.B.: Wie bei *Aphyosemion australe* oder *A. mirabile* angegeben. Wasser weich bis mittelhart (5 - 15° dGH) und mäßig bis leicht sauer (pH 5,5 - 6,5); kein Seesalzzusatz erforderlich. Die Art kann mit Friedfischen im Gesellschaftsbecken gehalten werden.

ZU: Ähnlich der von *A. australe* Haftlaicher, laicht an feinfiedrigen Pflanzen. Die Brutzeit der Eier beträgt 21 Tage. Aufzucht der Jungfische ist problemlos. Zuchtwasser weich (2 - 5° dGH) und schwach sauer (pH 6 - 6,5). Die Jungfische von *A. bualanum* sind langsamwüchsig.

FU: O; Allesfresser.

Bes.: Die Tiere sind sehr empfindlich gegen pH-Werte über 7.

T: 21 - 25° C, L: 5 cm, BL: 50 cm, WR: m, u, SG: 1 - 2

Aphyosemion cognatum MEINKEN, 1951
Roter Prachtkärpfling

Syn.: Keine.

Vork.: Afrika: Zaire; in der Umgebung des Stanley Pools.

Ersteinf.: 1950 durch "Aquarium Hamburg".

GU: ♂ wesentlich prächtiger und bunter gefärbt, Rückenflosse- und Afterflosse mit rotem Saum und blauem Rand, ♀ grau bis gelblich gefärbt.

Soz.V.: Sehr schwimmlustige, überwiegend friedliche Fische. Mit anderen *Aphyosemion*-Arten vergesellschaften oder im Artbecken halten.

Hält.B.: Wie bei *Aphyosemion striatum* angegeben. Teilweise dichte Bepflanzung des Beckens, damit sich die Tiere verstecken können, Wurzeln zur Dekoration; Wasser weich (5 - 8° dGH) und schwach sauer (6 - 6,5), teilweiser Wasserwechsel ist empfehlenswert.

ZU: Siehe bei *A. striatum* Haftlaicher, Eizahl 200 - 250 Stück. Zuchtansatz 1 ♂ und 2 ♀♀. Die Eier entwickeln sich kontinuierlich ohne Diapause. Die Jungfische schlüpfen nach ungefähr 14 Tagen.

FU: K; Lebendfutter.

Bes.: *Aphyosemion cognatum* ist nahe mit *Aphyosemion elegans* (BOULENGERS, 1899) verwandt.

T: 22 - 24° C, L: 5,5 cm, BL: 70 cm, WR: m, u, SG: 2

Killifische, Eierlegende Zahnkarpfen

Aphyosemion elberti; oben: Westkamerun, unten: Ostkamerun

Aphyosemion cognatum

Fam.: Aplocheilidae
Unterfam.: Aplocheilinae

Aphyosemion deltaense   RADDA, 1976
Delta-Prachtkärpfling

Syn.: Keine.
Vork.: Westafrika: Nigeria, westliches Nigerdelta.
Ersteinf.: 1974 durch RADDA in einigen Exemplaren, die aber bald starben; dann 1975 durch PÜRZL.
GU: ♂ farbenprächtiger und größer als das ♀.
Soz.V.: Schwimmfreudiger Fisch, recht unverträglich; ♂♂ neigen untereinander zu Beißereien, daher sollte man im Aquarium nur ein ♂ oder sehr viele ♂♂ halten. Bei vielen ♂♂ "verteilen" sich die Aggressionen der Tiere besser.
Hält.B.: Wie bei *Aphyosemion sjoestedti* angegeben; viel Schwimmraum bieten.
ZU: 22 - 24° C; Bodenlaicher, Entwicklungsdauer der Eier ungefähr drei Monate. Zucht sonst wie bei *A. sjoestedti*. Bei Zuchtansätzen ist zu beachten, daß die ♀♀ laichbereit sein müssen. Gegenüber nicht laichbereiten ♀♀ werden die ♂♂ schnell ruppig. Aus diesem Grund braucht das ♀ Versteckmöglichkeiten, um den Nachstellungen des ♂ entgehen zu können. Sind zu wenige Verstecke vorhanden, kann es zum Tod des ♀ kommen.
FU: Kräftiges Lebendfutter aller Art: Mückenlarven, adulte Insekten, *Tubifex*, Enchyträen; auch Flockenfutter.
Bes.: Keine.

T: 22 - 26° C, **L**: 10 cm, **BL**: 80 cm, **WR**: m, u, **SG**: 2

Aphyosemion exigoideum   RADDA & HUBER, 1977

Syn.: Keine.
Vork.: Afrika: Gabun; in einem kleinen Regenwaldbach nahe Mandilou.
Ersteinf.: 1977.
GU: ♂ rostbraun, Unterseite weißlich mit roten Flecken, Körperseiten auf grün reflektierendem Untergrund mit tiefroten Flecken bedeckt, Flossen bunt gefärbt; ♀ braungrau, Unterseite hellbeige, Flossen farblos.
Soz.V.: Es liegen bisher noch keine Angaben vor.
Hält.B.: Spärliche Angaben bei RADDA & HUBER (1977): Aquaria 24, 138-143. Wasser weich bis mittelhart (1 - 2° dGH) und leicht alkalisch (pH 7,5).
ZU: Schon gelungen, es liegen aber noch keine Berichte vor. Die Entwicklungsdauer der Embryonen liegt zwischen 10 und 20 Tagen.
FU: K; Lebendfutter.
Bes.: Keine.

T: 22 - 24° C, **L**: 3,5 cm, **BL**: 50 cm, **WR**: m, u, **SG**: 2 - 3

Killifische, Eierlegende Zahnkarpfen

Aphyosemion deltaense

Aphyosemion exigoideum

Fam.: Aplocheilidae
Unterfam.: Aplocheilinae

Aphyosemion exiguum
Kamerun-Kärpfling

(BOULENGER, 1911)

Syn.: *Haplochilus exiguus, Aphyosemion jaundense, A. loboanum, Panchax loboanus, P. jaundensis.*

Vork.: Westafrika: östliches Kamerun, nördliches Gabun; in Gewässern der Waldgebiete.

Ersteinf.: 1966.

GU: ♂ wesentlich prächtiger und intensiver gefärbt als das ♀, Rückflosse des ♂ häufig zugespitzt.

Soz.V.: Schwimmlustige, elegante Killifische. Die Tiere sind untereinander recht friedlich.

Hält.B.: Siehe bei *Aphyosemion australe* oder *Aphyosemion mirabile*.

ZU: Ähnlich der von *A. australe*; nichtannuelle Art, Pflanzenlaicher (Haftlaicher). Die Jungfische schlüpfen nach ca. 21 Tagen. Die Elterntiere legen Laichpausen ein. Wasser zur Zucht weich (um 5° dGH) und schwach sauer (pH 6 - 6,5). Die Jungfische wachsen sehr langsam.

FU: K; Lebendfutter aller Art.

Bes.: *Aphyosemion exiguum* kann auch in hartem, alkalischen Wasser leicht gezüchtet werden. Dieser Fisch ist nahe mit *Aphyosemion bualanum* verwandt.

T: 21 - 24° C, **L**: 4 cm, **BL**: 40 - 50 cm, **WR**: m, u, **SG**: 2

Aphyosemion filamentosum
Fadenprachtkärpfling

(MEINKEN, 1933)

Syn.: *Fundulopanchax filamentosus, "Aphyosemion ruwenzori".*

Vork.: Westafrika: westliches Nigeria, Togo. Die Fische kommen in Tümpeln vor.

Ersteinf.: 1913.

GU: ♂ ist größer und farbenprächtiger als das ♀, außerdem sind bei den ♂♂ die Strahlen der Schwanz- und Afterflosse lang ausgezogen.

Soz.V.: Schwimmfreudiger, überwiegend friedlicher, annueller Killifisch. Auf Störungen während der Balz reagieren die Fische aggressiv. Tiere am besten in Artbecken halten; wenn Vergesellschaftung, dann mit anderen *Aphyosemion*-Arten und/oder Oberflächenfischen.

Hält.B.: Dunkler, weicher Bodengrund (Torf, Mulm); schattiger Stand des Aquariums mit gedämpfter Beleuchtung und Schwimmpflanzen, dichte Randbepflanzung. Viele Versteckmöglichkeiten aus Steinen und Wurzeln anbieten. Die Art stellt an die Wasserbeschaffenheit keine besonderen Ansprüche, doch wird weiches (bis 10° dGH) Wasser empfohlen.

ZU: 22 - 25° C; langgestreckte Zuchtbecken mit niedrigem Wasserstand (20 cm); dichte Bepflanzung mit feinblättrigen Arten, gedämpftes Licht. Das Zuchtbecken sollte schattig stehen und abgedunkelt sein. Bodengrund aus Torf (Bodenlaicher). Wasser schwach sauer (pH 5,5 - 6) und weich (bis 8° dGH). Zuchtansatz 1 ♂ mit 2 - 3 ♀♀. Drei Wochen nach dem Ablaichen Torf herausnehmen, kurz ausdrücken und 4 - 12 Wochen nicht zu warm und verdustungsgeschützt lagern. Dann mit weichem Wasser aufgießen. Die Jungfische nach dem Schlüpfen kräftig füttern.

FU: K, O; überwiegend Lebendfutter aller Art. Die Tiere fressen auch Flockenfutter, gefriergetrocknetes und tiefgefrorenes Futter.

Bes.: *A. filamentosum* tritt in zahlreichen Lokalformen mit unterschiedlicher Färbung, Zeichnung und Ausbildung des Flossenumrisses auf. Ein als *"Aphyosemion ruwenzori"* bezeichneter Fisch, der ab 1966 importiert wurde, ist eine Lokalform von *A. filamentosum* mit generationsweise auftretender stark rötlicher Färbung der Flossen.

T: 21 - 23° C, **L**: 5,5 cm, **BL**: 50 cm, **WR**: m, **SG**: 3

Killifische, Eierlegende Zahnkarpfen

Aphyosemion exiguum

Aphyosemion filamentosum

Fam.: Aplocheilidae
Unterfam.: Aplocheilinae

Aphyosemion gardneri
Stahlblauer Prachtkärpfling

(BOULENGER, 1911)

Syn.: *Fundulus gardneri, Fundulopanchax gardneri.*

Vork.: Westafrika: Nigeria und westliches Kamerun; die Tiere kommen in Gewässern der Savannen und der Urwälder vor.

Ersteinf.: 1913 durch BRANDT.

GU: ♂ prächtiger gefärbt, Körperseiten mit 30 - 90 roten Punkten; ♀ weniger prächtig, Körperseiten mit variabler Zahl kleiner brauner Punkte.

Soz.V.: Relativ aggressive und unverträgliche Saisonfische. Besonders die ♂♂ zerzupfen sich oft die Flossen. Die ♀♀ werden von den ♂♂ stark getrieben. Die ♂♂ bekämpfen sich untereinander.

Hält.B.: Wie bei *Aphyosemion australe* angegeben, jedoch sollte auf Seesalzzusatz verzichtet werden. Becken mit vielen Versteckmöglichkeiten. Wasser weich (5 - 8° dGH) und leicht sauer (pH 6,5).

ZU: 24 - 26° C; Haftlaicher, die ihre Eier an feinfiedrigen Wasserpflanzen absetzen. Wasserwerte wie oben angegeben. Die Jungfische schlüpfen im allgemeinen nach 14 - 21 Tagen. Legt man diese Fische trocken, dann erzwingt man eine Diapause, durch die die Embryonen allerdings auch nicht viel länger leben. Nach 28 - 30 Tagen sollte man unbedingt Wasser aufgießen.

FU: K; Lebendfutter, selten Flockenfutter.

Bes.: Bei *Aphyosemion gardneri* gibt es als Folge unterschiedlicher Färbungs- und Zeichnungsmuster einen schwierig zu überblickenden Kreis von Populationen. Von dieser Art ist eine Anzahl von Unterarten beschrieben worden.

T: 22 - 25° C, **L**: 6 cm, **BL**: 50 cm, **WR**: o, m, **SG**: 2

Aphyosemion gulare
Gelber Prachtkärpfling

(BOULENGER, 1901)

Syn.: *Fundulus gularis, Aphyosemion beauforti, A. fallax, Fundulopanchax gularis.*

Vork.: Westafrika: südliches Nigeria; die Tiere bewohnen Wasserlöcher.

Ersteinf.: 1907 durch SIGGELKOW.

GU: ♂ wesentlich prächtiger und intensiver gefärbt, mit nach außen gelb gefärbten, rot oder blau gerandeten Brustflossen und rötlichgelben Bauchflossen; Brust- und Bauchflossen des ♀ sind farblos.

Soz.V.: Untereinander sehr unverträgliche Killifische; größere Exemplare sind räuberisch und dürfen nicht mit zu kleinen Fischen vergesellschaftet werden.

Hält.B.: Wie bei *Aphyosemion filamentosum* angegeben. *A. gulare* viele Versteckmöglichkeiten bieten. Wasserwerte (pH, Härte) spielen bei *A. gulare* eine untergeordnete Rolle; Artbecken.

ZU: 22 - 24° C; annuelle Art, Bodenlaicher; Torfschicht als Bodengrund; ansonsten wie bei *A. filamentosum* angegeben. Die Jungfische schlüpfen nach drei Monaten, ihre Aufzucht ist nicht schwierig.

FU: K, Lebendfutter, Flockenfutter.

Bes.: Es gilt heute als fast sicher, daß *Aphyosemion gulare* eine Superspecies (=Überart) darstellt.

T: 20 - 22° C, **L**: 8 cm, **BL**: 70 cm, **WR**: m, u, **SG**: 2

Aphyosemion marmoratum
Marmorierter Prachtkärpfling

RADDA, 1973

Syn.: Keine.

Vork.: Westafrika: Kamerun, im Gebiet des Meme-Flusses und in der Umgebung von Mbonga.

Ersteinf.: 1972 durch RADDA.

GU: ♂♂ sind farbenprächtiger als die ♀♀.

Soz.V.: Friedfertiger Killifisch, der mit ähnlichen *Aphyosemion*-Arten vergesellschaftet oder im Artbecken gehalten werden sollte.

Fortsetzung übernächste Seite

Killifische, Eierlegende Zahnkarpfen

Aphyosemion gardneri (nigerianum)

Aphyosemion gulare

Fam.: Aplocheilidae
Unterfam.: Aplocheilinae

Fortsetzung von *Aphyosemion marmoratum*

Hält.B.: Wie bei *Aphyosemion australe* und *A. striatum* angegeben.
ZU: Leicht möglich; Einzelheiten wie bei *A. striatum*.
FU: K; hauptsächlich Lebendfutter jeglicher Art. Die Tiere fressen kein Flockenfutter, sie gehen aber an tiefgefrorenes Futter.

Bes.: *Aphyosemion marmoratum* scheint in systematischer Hinsicht zwischen *Aphyosemion mirabile*, einem Vertreter der *Aphyosemion gardneri*-Überart, und dem *Aphyosemion cameronense*-Komplex, zu stehen.

T: 20 - 22° C, L: 8 cm, BL: 70 cm, WR: m, u, SG: 2

Aphyosemion volcanum   RADDA & WILDEKAMP, 1977
Vulkan-Prachtkärpfling
Syn.: *Aphyosemion bivittatum*.
Vork.: Westafrika: vulkanische Böden des Kamerunberges sowie um Kumba und nördlich davon in Westkamerun in einem relativ kleinen Areal.
Ersteinf.: Vermutlich 1966 durch CLAUSEN & SCHEEL.
GU: ♂♂ sind bunt gefärbt, und die unpaaren Flossen sind lang ausgezogen, die Spitzen meist schön schwefelgelb. Der Körper ist bronze- bis kupferfarben. Die ♀♀ haben abgerundete und kleinere Flossen, die meist mehr oder weniger transparent sind.
Soz.V.: Gegenüber ♂♂ der eigenen Art sowie zu anderen Prachtkärpflingen etwas aggressiv, gegenüber allen übrigen Fischen jedoch eine absolut friedliche Art, die nur mit kleineren Fischen vergesellschaftet oder im Artbecken gepflegt werden sollte. Gut eignen sich hierzu auch Leuchtaugenfische.
Hält.B.: Als Fische des küstennahen tropischen Westafrika wurde *A. volcanum* in Gewässern mit höheren Temperaturen (25,5 - 27° C) und weichem, leicht saurem Wasser (1° dGH; pH 6) gefunden, doch haben sich in Gefangenschaft 23 - 26° C als ausreichend erwiesen, das Wasser sollte nicht zu hart sein und eher leicht sauer. Bei sonstigen guten Bedingungen, vor allem in gut bepflanzten Becken, sind die Wasserwerte von untergeordneter Bedeutung. Auch hier ist öfter das Wasser (teil-) zu wechseln. Damit die Farben der Fische besser zur Geltung kommen, ist es ratsam, das Becken mit dunklem Bodengrund (Torfschicht) einzurichten und nicht zu starkes Licht zu verwenden. Als Bepflanzung eignen sich hier neben Javafarn und -moos auch *Anubias barteria* forma *nana*, zur Dekoration Wurzeln und abgekochte Buchenblätter (pH-Wert öfter kontrollieren!)
ZU: Am besten setzt man die Tiere gesondert zur Zucht in einem kleinen Becken an (1 ♂, 2 ♀♀) und liest die am Ablaichsubstrat (Javamoos, Perlongespinst, Wollmop, Torffasern) abgelaichten Eier regelmäßig ab. Diese gibt man in eine Aufzuchtschale. Dem Wasser wird gegen Verpilzen eine Spur Trypaflavin oder Cilex zugesetzt. Die Jungfische schlüpfen nach etwa 14 Tagen. Auch bei dieser Art läßt sich ein gleichmäßiger Schlupf erzielen, indem Torffasern als Ablaichmaterial benutzt werden, die nach etwa 1 Woche aus dem Zuchtbecken herausgenommen, dann etwa 2 - 3 Wochen feucht in einer Plastiktüte gelagert und anschließend mit kühlerem Wasser (16° C) aufgegossen werden. Die geschlüpften Jungfische lassen sich mit *Artemia*-Nauplien problemlos aufziehen.
FU: K; Lebendfutter, für Zuchttiere nach Möglichkeit Weiße und Schwarze Mückenlarven. Flockenfutter wird ungerne angenommen.
Bes.: *A. volcanum* gehört gemeinsam mit *A. bivittatum*, *A. loennbergii*, *A. riggenbachi* und *A. splendopleure* in die Untergattung *Chromaphyosemion*. Alle Populationen dieser Art sollte man nur mit dem Fundortnamen weitergeben, da sie sich oft untereinander nicht über mehrere Generationen kreuzen lassen.

T: 23 - 26° C, L: 4,5 cm, BL: 60 cm, WR: alle, SG: 2 - 3

Killifische, Eierlegende Zahnkarpfen

Aphyosemion marmoratum

Aphyosemion volcanum

Fam.: Aplocheilidae
Unterfam.: Aplocheilinae

Aphyosemion mirabile RADDA, 1970
Lasur-Wunderkärpfling
Syn.: Keine.
Vork.: Westafrika: Westkamerun (Mbio).
Ersteinf.: 1970 durch RADDA.
GU: ♂♂ wesentlich farbenprächtiger als die ♀♀, die schlicht bräunlich gefärbt sind und eine in Reihen angeordnete Punktierung tragen.
Soz.V.: Friedlicher, relativ lebhafter Killifisch.
Hält.B.: Dunkler Bodengrund (Torf, Mulm) und gute Bepflanzung. Das Becken sollte nicht zu hell stehen. Einige Wurzeln als Verstecke und Dekoration. Wasser weich (1 - 6° dGH) und leicht sauer (pH 6 - 6,5), zeitweiliger Wasserwechsel wird empfohlen.
ZU: Gelingt auch in kleinen Becken von etwa 5 l Inhalt. Als Laichsubstrat dient Javamoos oder Perlongespinst. Wasserwerte wie oben. Zuchtansatz 1 ♂ mit 2 - 3 ♀♀. Die Eier werden von Zeit zu Zeit aus dem Substrat gesucht und in einer Schale mit Beckenwasser aufbewahrt. Dem Wasser wird etwas Trypaflavin zur Desinfektion zugesetzt. Das Wasser darf sich allerdings nur hellgelb färben (siehe bei Bes.:). Nach etwa 3 Wochen schlüpfen die Jungfische. Sie werden mit Staubfutter ernährt.
FU: K; Lebendfutter, besonders Weiße und Schwarze Mückenlarven.
Bes.: Von dieser Art wurden bisher vier Unterarten beschrieben: *Aphyosemion mirabile mirabile*, RADDA, 1970 (Foto); *A. mirabile moense*, RADDA, 1970; *A. mirabile intermittens*, RADDA, 1971, und *A. mirabile traudeae*, RADDA, 1972. Überdosierung mit Trypaflavin und ähnlichen Mitteln führt zu einer Verhärtung der Eihüllen. Die Jungfische können dann nicht mehr schlüpfen und sterben ab.

Aphyosemion mirabile traudeae

T: 22 - 25° C, **L:** 7 cm, **BL:** 60 cm, **WR:** u, **SG:** 2

Aphyosemion puerzli RADDA & SCHEEL, 1974
Syn.: Keine.
Vork.: Westafrika: westliches Kamerun.
Ersteinf.: 1973 durch RADDA & SCHEEL.
GU: ♂ etwas farbenprächtiger, die Zeichnung auf dem Kopf und den Kiemendeckeln ist kräftiger.
Soz.V.: Ähnelt dem von *Aphyosemion gardneri*.
Hält.B.: Wie bei *Aphyosemion australe* oder *Aphyosemion gardneri* angegeben, je nachdem, ob *A. puerzli* als Haft- oder Bodenlaicher behandelt werden soll.
ZU: 22 - 25° C; Wasser weich (um 5° dGH) und neutral bis schwach alkalisch (pH 7 - 7,5). *A. puerzli* kann als halbannuelle Art angesehen werden. Die Tiere können sowohl als Haft-, als auch als Bodenlaicher angesetzt werden. Bei halbannuellen Arten entwickelt sich der Laich im Wasser kontinuierlich. Bei Trockenlegung jedoch treten typische Anzeichen von Diapausen auf. Die Eientwicklung von *A. puerzli* im Wasser (Ansatz als Haftlaicher) dauert 18 - 21 Tage. Man sollte kein zu sauerstoffreiches Wasser verwenden, da sonst Schwierigkeiten beim Schlüpfen auftreten. Bei Trockenlegung der Eier (Ansatz als Bodenlaicher) beträgt die günstigste Zeitungsdauer 7 - 8 Wochen.
FU: K; Lebendfutter aller Art, besonders gern werden Weiße und Schwarze Mückenlarven gefressen.
Bes.: Keine.

T: 21 - 24° C, **L:** 6 cm, **BL:** 60 cm, **WR:** m, u, **SG:** 2

Killifische, Eierlegende Zahnkarpfen

Aphyosemion mirabile

Aphyosemion puerzli

Fam.: Aplocheilidae
Unterfam.: Aplocheilinae

Aphyosemion riggenbachi (AHL, 1924)
Syn.: *Haplochilus riggenbachi.*
Vork.: Westafrika: südwestliches Kamerun; die Art kommt in Quelltümpeln vor.
Ersteinf.: 1971 durch RADDA.
GU: ♂♂ sind intensiver gefärbt, außerdem weisen die Flossen eine karminrote Tüpfelung auf, die bei den ♀♀ fehlt. Die Flossen des ♀ sind etwas kürzer und abgerundet, die Schwanzflosse des ♂ ist oben und unten zu Spitzen ausgezogen.
Soz.V.: Relativ schwimmfreudiger, überwiegend friedlicher Killifisch. Im Artbecken halten oder mit anderen friedlichen, nicht zu kleinen *Apyosemion*-Arten vergesellschaften.
Hält.B.: Becken mit niedrigem Wasserstand, 10 cm reichen aus; Wurzeln als Verstecke; dichte Rand- und Hintergrundbepflanzung; dunkler Boden (Torfschicht oder Mulm). Wasser sehr weich (bis 5° dGH) und mäßig sauer (pH 5,5). Die Tiere reagieren empfindlich (Flossenklemmen usw.) auf Wasserverschmutzungen.
ZU: Leicht möglich; bei angemessener Fütterung sind die Fische sehr produktiv. Zucht sonst wie bei *A. mirabile* angegeben.
FU: K; Lebendfutter aller Art. Es sollte allerdings mäßig gefüttert werden, da die Tiere sich gern überfressen und daran nach einigen Wochen eingehen.
Bes.: Die Nachzuchttiere erreichen meist nicht die Größe der Wildfänge. *Aphyosemion riggenbachi* gehört zu der Überart *Aphyosemion bivittatum.*

T: 20 - 23° C, L: 10 cm, BL: 70 cm, WR: u, m, SG: 2

Aphyosemion sjoestedti (LÖNNBERG, 1895)
Blauer Prachtkärpfling
Syn.: *Fundulus sjoestedti, Fundolopanchax sjoestedti, Nothobranchius sjoestedti, Aphyosemion caeruleum, Fundulus caeruleum.*
Vork.: Westafrika: südliches Nigeria und westliches Kamerun bis Ghana. Die Tiere kommen in Wasserlöchern vor.
Ersteinf.: 1909 durch WOLMER.
GU: ♂ viel farbenprächtiger als die ♀♀, außerdem sind die ♂♂ größer.
Soz.V.: Schwimmfreudiger, oft recht aggressiver Saisonfisch.
Hält.B.: Die Becken sollten geräumig sein; ein Wasserstand von 20 - 30 cm reicht aus; dichte Bepflanzung, dunkler Bodengrund; genügend Verstecke aus Wurzeln und Steinen. Die Art stellt keine besonderen Ansprüche an die Wasserzusammensetzung, doch sind nicht zu hartes (bis 12° dGH) und leicht saures Wasser (pH 6,5) von Vorteil.
ZU: 22 - 24° C; schon in kleinen Becken möglich, aber nicht unter 10 l Inhalt pro Paar. Wasserwerte wie oben angegeben. Bodengrund aus dicker Torfschicht. Die Tiere sind Bodenlaicher. Nach dem Ablaichen wird der Torf ausgedrückt und 4 - 6 Wochen in Plastiktüten aufbewahrt (bei 18 - 20° C). Der Torf darf nicht austrocknen. Nach dieser Zeit wird mit weichem Wasser aufgegossen, und die Jungfische schlüpfen. Ernährung der Jungen mit *Artemia*-Nauplien.
FU: K, die Fische fressen nur Lebendfutter wie *Tubifex,* Enchyträen, Mückenlarven, adulte Insekten und kleine Fische.
Bes.: Der Fisch ist nach seiner Erstbeschreibung im Jahre 1895 erst wieder 1981 in der unmittelbaren Nähe des Typenfundortes in Westkamerun (Mündung des Ndian-Rivers) von einer Reisegruppe deutscher Killifischfreunde aufgefunden worden.

T: 23 - 26° C, L: 12 cm, BL: 80 cm, WR: m, SG: 3

Killifische, Eierlegende Zahnkarpfen

Aphyosemion riggenbachi

Aphyosemion sjoestedti

Fam.: Aplocheilidae
Unterfam.: Aplocheilinae

Aphyosemion striatum (BOULENGER, 1911)
Gestreifter Prachtkärpfling
Syn.: *Haplochilus striatus.*
Vork.: Afrika: Nordgabun.
Ersteinf.: 1961.
GU: ♂♂ sehr bunt, während die ♀♀ oliv gefärbt sind.
Soz.V.: Friedlicher Fisch.
Hält.B.: Dunkler Boden, dichte Bepflanzung; keine zu starke Beleuchtung und Schwimmpflanzen zur Lichtdämpfung. Versteckmöglichkeiten durch Pflanzendickichte oder Wurzeln. Wasser nicht zu hart (bis 12° dGH) und leicht sauer (pH um 6). Das Wasser muß sauber sein. Salzzusatz beugt einem Befall mit Ektoparasiten vor (1 Teelöffel auf 10 l Wasser).
ZU: Schon in flachen Schalen mit ca. 2 l Inhalt und etwas Laichsubstrat (Javamoos, Perlongespinst) möglich. Die Art ist leicht zu züchten. Wasser weich (bis 6° dGH) und leicht sauer (pH 6,5). Die Laichperiode dauert einige Wochen. Der 12- bis 24stündige Ansatz eines Paares ergibt bis zu 30 Eier. Die Eier haben winzige Haftfäden, mit denen sie am Substrat kleben. Die Entwicklung der Eier dauert durchschnittlich 10 - 15 Tage. Die geschlüpften Jungfische werden mit *Artemia*-Nauplien und/oder Pantoffeltierchen (Protogen-Granulat) gefüttert.
FU: K; hauptsächlich Lebendfutter aller Art. Die Tiere fressen auch gern gefriergetrocknetes Futter, Flockenfutter dagegen schätzen sie nicht.
Bes.: Wie bei vielen Killifischen verkürzen auch bei *Aphyosemion striatum* konstant hohe Temperaturen die Lebenszeit beträchtlich. Aquarium gut abdecken, da *A. striatum* ein guter Springer ist.

T: um 22° C, **L**: 5 cm, **BL**: 50 cm, **WR**: u, m, **SG**: 2 - 3

Callopanchax toddi (früher *Roloffia toddi*) (CLAUSEN, 1966)
Syn.: *Aphyosemion occidentale toddi, A. toddi, "Roloffia" occidentale toddi, "R." toddi.*
Vork.: Westafrika: Sierra Leone; in Urwaldquelltümpeln.
Ersteinf.: 1963 durch ROLOFF.
GU: ♂♂ sind farbenprächtiger, außerdem ist ihre Afterflosse meist spitz ausgezogen.
Soz.V.: Die Tiere sind im zuchtfähigen Alter untereinander etwas unverträglich und bissig. In kleinen Becken kann es deshalb zu Ausfällen kommen. In großen Aquarien sind die Tiere relativ friedlich, da sie sich untereinander von gefährlichen Attacken ablenken.
Hält.B.: Dunkler, weicher Bodengrund (Torf, Mulm); Verstecke aus Wurzeln; Schwimmpflanzen zur Dämpfung des Lichtes, keine zu helle Beleuchtung; Wasser weich (bis 8° dGH) und schwach sauer (pH 6 - 6,5), regelmäßiger Wasserwechsel. Tiere im Artbecken halten.
ZU: Um 22° C; Boden des Zuchtbeckens mit 5 cm dicker Torfschicht bedecken (Bodenlaicher). Nach 8 - 14 Tagen jeweils Torf aus dem Becken entnehmen, vorsichtig ausdrücken und in verschlossener Plastikschachtel an einem dunklen Ort bei einer Temperatur von 22 - 24° C verwahren. Nach etwa 5 Monaten den Torf zum ersten Mal mit Wasser übergießen. Es empfiehlt sich, die geschlüpften Jungfische mit einem Glasröhrchen herauszupipettieren und den Torf nach 24 Stunden erneut zu trocknen. Nach einem weiteren Monat übergießt man ihn nochmals mit Wasser. Meistens schlüpft dann noch eine kleinere Anzahl von Fischen. Die Jungfische fressen sofort *Artemia*-Nauplien und können nach wenigen Tagen mit Grindalwürmchen gefüttert werden.
FU: K; Lebendfutter jeglicher Art. Vorsicht mit *Tubifex;* ausschließlich *Tubifex*-Fütterung führt zu Verlusten.
Bes.: Die Art wurde zuerst als eine Unterart von *C. occidentale* angesehen. Doch Kreuzungsversuche ergeben schon in der ersten Tochtergeneration sterile Nachkommen, was eindeutig für die Eigenständigkeit beider Arten spricht.

T: 22 - 24° C, **L**: 8 cm, **BL**: 60 cm, **WR**: u, **SG**: 3

Killifische, Eierlegende Zahnkarpfen

Aphyosemion striatum

Callopanchax toddi

Fam.: Aplocheilidae

Aphyosemion volcanum Seite 534

Aphyosemion walkeri (BOULENGER, 1911)
Walkers Prachtkärpfling, Ghana Prachtkärpfling
Unterfam.: Aplocheilinae

Syn.: *Haplochilus walkeri, Aphyosemion spurrelli.*

Vork.: Westafrika: südwestliches Ghana, südöstliche Elfenbeinküste; in Urwaldgewässern.

Ersteinf.: 1952 durch SHELJUZHKO im Auftrag von WERNER.

GU: ♂♂ größer und prächtiger gefärbt.

Soz.V.: Lebhafter, aggressiver Killifisch, der nicht scheu ist. Nicht mit zu kleinen Fischen vergesellschaften, da diese sonst gefressen werden.

Hält.B.: Wie bei *Aphyosemion australe* oder *A. striatum* angegeben. Wasserwerte: 5 - 10° dGH; pH 6,5; Torffilterung.

ZU: 23 - 25° C; Zuchtansatz 1 ♂ und 2 ♀♀; *Aphyosemion walkeri* kann als Haftoder Bodenlaicher zur Zucht angesetzt werden. Einzelheiten findet man bei *A. puerzli*. Die Entwicklungszeit der Eier bei Ansatz als Haftlaicher beträgt 4 - 5 Wochen, bei Ansatz als Bodenlaicher etwa 6 Wochen.

FU: K; Lebendfutter, ungern Flockenfutter.

Bes.: Zu hohe Wassertemperaturen lassen die Farben des Fisches verblassen und machen ihn gegen Krankheiten anfällig.

T: 20 - 23° C, **L**: 6,5 cm, **BL**: 60 cm, **WR**: m, o, **SG**: 2

Fam.: Poeciliidae

Aplocheilichthys macrophthalmus MEINKEN, 1932
Roter Leuchtaugenfisch
Unterfam.: Aplocheilichthyinae

Syn.: *Fundulopanchax luxophthalmus.*

Vork.: Westafrika: vom südlichen Dahomey bis zum Nigerdelta; in Urwaldgewässern.

Ersteinf.: 1929 durch "Aquarium Hamburg".

GU: ♂ viel farbenprächtiger, Rücken- und Afterflosse hinten ausgezogen, ♀ unscheinbarer gefärbt. Flossen farblos und abgerundet.

Soz.V.: Sehr friedliche, lebhafte Schwarmfische. Vergesellschaftung am besten mit *Telmatherina ladigesi*.

Hält.B.: Dunkler Bodengrund; dichte Rand- und Hintergrundbepflanzung, Schwimmpflanzen zur Dämpfung des Lichts; freier Raum zum Ausschwimmen; einige Wurzeln zur Dekoration. Mit einer Turbelle eine schwache Strömung erzeugen. Wasser mittelhart (um 10° dGH) und leicht alkalisch (pH 7,2 - 7,5). Die Fische zeigen ihre schönsten Farben im auffallenden Licht.

ZU: 24 - 26° C; wie bei *Aplocheilichthys pumilus* angegeben, nur Wasser mittelhart (um 10° dGH) und neutral bis leicht alkalisch (pH 7 - 7,5). Die Eier sind sehr klein (Ø 1 mm) und hängen mit einem Faden an den Pflanzen fest. Ihre Entwicklung dauert 10 - 14 Tage. Aufzucht der Jungfische mit feinstem Lebendfutter.

FU: Überwiegend Lebendfutter aller Art; die Tiere fressen auch Flockenfutter, FD-Menü.

Bes.: Vom Roten Leuchtaugenfisch sind zwei Unterarten bekannt: *A. macrophthalmus macrophthalmus*, MEINKEN, 1932, und *A. macrophthalmus hannerzi*, SCHEEL, 1967. Die frühere Unterart. *A. macrophthalmus scheeli* wird heute als eigenständige Art betrachtet. Die Jungfische von *A. macrophthalmus* sind gegen Infusorien empfindlich.

T: 22 - 26° C, **L**: 4 cm, **BL**: 50 cm, **WR**: m, o, **SG**: 3

Killifische, Eierlegende Zahnkarpfen

Aphyosemion walkeri

Aplocheilichthys macrophthalmus

Fam.: Poeciliidae
Unterfam.: Aplocheilichthyinae

Aplocheilichthys pumilus (BOULENGER, 1906)

Syn.: *Haplochilus pumilus, Haplochilichthys pumilus, Haplochilus dhonti, Aplocheilichthys dhonti.*

Vork.: Ostafrikanische Kraterseen: Viktoriasee, Tanganjikasee, Edwardsee, Kivusee.

Ersteinf.: Wahrscheinlich um 1930.

GU: ♂ mit orangebraunen Flossen (Ausnahme Brustflossen), beim ♀ sind alle Flossen farblos und mehr gerundet.

Soz.V.: Friedliche, aber scheue und schreckhafte Schwarmfische. Die Art ist am besten mit Fischen zu vergesellschaften, die untere und mittlere Wasserschichten bevorzugen.

Hält.B.: Dunkler Bodengrund; Rand- und Hintergrundbepflanzung; einige Versteckmöglichkeiten aus Wurzeln, viel freier Schwimmraum. Wasser hart (ab 12° dGH) und leicht alkalisch (pH 7,5). Das Wasser darf keine Abfallprodukte enthalten. Starke Durchlüftung der Becken, da bei höherem Sauerstoffgehalt die Färbung der Tiere intensiver ist.

ZU: 25 - 27° C; Wasser zur Zucht weich (5° dGH) und leicht sauer (pH 6,5). Das Zuchtwasser sollte nicht weniger als die Hälfte der Salze enthalten als das bisherige Wasser. Bepflanzung mit feinblättrigen Pflanzen; gute Durchlüftung; sehr nieriger Wasserstand. Die Tiere laichen an den Waserpflanzen (Haftlaicher). Zeitigungsdauer der Eier im Durchschnitt 15 Tage. Lichtzutritt kann die Entwicklung beschleunigen. Aufzucht der Jungfische mit weichem Futter.

FU: K; Lebendfutter aller Art (Daphnien, Mückenlarven, *Tubifex*, Enchyträen usw.) Die Tiere fressen zum Teil auch Flockenfutter.

Bes.: *A. pumilus* ist in weichem, saurem Wasser sehr anfällig gegen Fischtuberkulose. Man sollte nachts ein schwaches Licht brennen lassen, da bei völliger Dunkelheit die Tiere oft unkontrollierte Bewegungen ausführen und sich dabei erheblich verletzen können.

T: 24 - 26° C, **L:** 5,5 cm, **BL:** 60 cm, **WR:** m, o, **SG:** 2 - 3

Aplocheilichthys spilauchen (DUMERIL, 1861)
Nackenfleckkärpfling

Syn.: *Poecilia spilauchena, Aplocheilichthys typus, Epiplatys spilauchen, Haplochilus spilauchen, Poecilia bensoni.*

Vork.: Westafrika: von Senegal bis zum unteren Zaire. Die Tiere bewohnen Flußmündungen und Mangrovensümpfe, sie gehen auch ins Brackwasser.

Ersteinf.: 1906 durch STÜVE.

GU: ♂ ♂ sind höher und größer, Schwanzstiel mit mehreren silbernen Querbinden, Flossen intensiver gefärbt.

Soz.V.: Sehr lebhafte, schwimmfreudige Schwarmfische.

Hält.B.: Wie bei *Aplocheilichthys pumilus* angegeben. *A. spilauchen* ist jedoch wärmebedürftiger als dieser. Die Temperatur sollte nach Möglichkeit nicht unter 23° C fallen. Die Art braucht zu ihrem Wohlbefinden Brackwasser (2 - 3 Teelöffel Seesalz auf 10 l Wasser).

ZU: 26 - 30° C; Wasser mit 10 - 15%igem Seewasserzusatz, sonst ähnlich wie bei *A. pumilus*. *A. spilauchen* ist allerdings weniger produktiv.

FU: K, O; Lebendfutter aller Art, Flockenfutter.

Bes.: Die Tiere sind gegen Infusorienanhäufungen im Wasser extrem empfindlich.

T: 24 - 32° C, **L:** 7 cm, **BL:** 70 cm, **WR:** m, o, **SG:** 2

Killifische, Eierlegende Zahnkarpfen

Aplocheilichthys pumilus

Aplocheilichthys spilauchen

Fam.: Aplocheilidae
Unterfam.: Aplocheilinae

Aplocheilus blockii (ARNOLD, 1911)
Madrashechtling, Zwergpanchax
Syn.: *Haplochilus panchax* var. *blockii*, *Aplocheilus parvus*, *Panchax parvus*, *P. panchax* var. *blockii*.
Vork.: Südliches Indien (Madras); Sri Lanka (?).
Ersteinf.: 1909 durch BLOCK.
GU: ♀ ist blasser gefärbt, weniger gezeichnet und kleiner als ♂.
Soz.V.: Lebhafter Fisch der oberen und mittleren Wasserschichten. Die Tiere sind meist friedlich gegenüber Artgenossen und artfremden Fischen. Mit gleich großen Fisch vergesellschaften.
Hält.B.: Wie bei *Aplocheilus lineatus* angegeben. Wasser nicht zu hart, etwa bis 10° dGH.

ZU: Siehe bei *A. lineatus*. Zuchterfolge werden von der Art der Nahrung entscheidend beeinflußt. Man sollte deshalb hauptsächlich Mückenlarven und Insekten füttern.
FU: K, O; Lebendfutter aller Art, auch Flockenfutter.
Bes.: *Aplocheilus blockii* ist die bisher kleinste bekannte *Aplocheilus*-Art.

T: 22 - 26° C, **L**: 5 cm, **BL**: 40 cm, **WR**: m, o, **SG**: 2

Aplocheilus dayi (STEINDACHNER, 1892)
Grüner Streifenhechtling
Syn.: *Haplochilus dayi*, *Panchax dayi*.
Vork.: Südliches Indien, Sri Lanka.
Ersteinf.: 1937 durch MAYER.
GU: ♀ mit kürzeren und auch mehr gegrundeten Flossen; Rückenflosse mit basalem, schwarzem Fleck.
Soz.V.: Relativ scheuer, ausdauernder Oberflächenfisch. Die Tiere sind gegenüber Artgenossen oftmals ruppig. Mit gleich großen oder größeren Fischen vergesellschaften.
Hält.B.: Wie bei *Aplocheilichthys lineatus* angegeben. *A. dayi* sind jedoch ausreichende Versteckmöglichkeiten wichtig, da sich dominante Tiere manchmal sehr derb gegenüber unterlegenen Artgenossen verhalten.

ZU: Um 25° C; siehe bei *A. lineatus*. Es werden von *A. dayi* pro Tag bis zu 10 Eier abgegeben. Die Eier haben etwa 2 mm Ø und sind farblos. Ihre Entwicklungsdauer beträgt 12 -14 Tage. Die Jungfische sind sehr schnellwüchsig.
FU: K; Lebendfutter aller Art, Flockenfutter, FD-Tabletten.
Bes.: Die Tiere sind sehr gute Springer, deshalb die Becken gut abdecken.

T: 20 - 25° C, **L**: 10 cm, **BL**: 80 cm, **WR**: o, **SG**: 2

Killifische, Eierlegende Zahnkarpfen

Aplocheilus blockii

Aplocheilus dayi

Fam.: Aplocheilidae
Unterfam.: Aplocheilinae

Aplocheilus lineatus (VALENCIENNES, 1846)
Streifenhechtling, Piku

Syn.: *Panchax lineatum, Aplocheilus affinis, A. rubrostigma, A. vittatus, Haplochilus lineatus, H. lineolatus, Panchax lineatus.*
Vork.: Vorderindien.
Ersteinf.: 1909 durch die Vereinigten Zierfischzüchtereien in Conradshöhe.
GU: ♂ meist heller und größer als die ♀♀, mit 6 - 8 schmalen, dunklen Querbinden; bei den ♀♀ ist die schwarze Körperzeichnung stärker ausgeprägt. Die ♂♂ sind wesentlich intensiver gefärbt.
Soz.V.: Räuberische Oberflächenfische. Die Tiere sind gegenüber Artgenossen oftmals aggressiv. Nur mit größeren Fischen vergesellschaften.
Hält.B.: Bodengrund aus Sand oder Kies; dichte Rand- und Hintergrundbepflanzung, einige Schwimmpflanzen zur Dämpfung des Lichts. Wurzeln als Verstecke und Dekoration; ausreichend Schwimmraum freilassen. Becken gut abdecken (springt!). Die Wasserbeschaffenheit spielt keine große Rolle, nur sollte das Wasser nicht zu hart sein.

ZU: 25 - 28° C; Zuchtbecken 20 - 30 l Inhalt; Bepflanzung mit feinblättrigen Arten und Schwimmpflanzen. Niedriger Wasserstand (20 cm) und heller Stand des Aquariums. Wasser weich bis mittelhart (bis 12° dGH) und schwach sauer (pH-Wert 6 - 6,8); evtl. Sichtscheibe abdecken. Es wird an (in) den Pflanzen oder eingebrachtem Perlongespinst abgelaicht (Haftlaicher). Eier in flache Schale überführen. Man sollte die Laichperiode nach 8 Tagen abbrechen, da sonst die Tiere zu stark geschwächt werden. Die Jungfische schlüpfen nach 12 - 14 Tagen und werden mit Staubfutter aufgezogen.
FU: K, O; Lebendfutter aller Art (Insekten, *Tubifex,* Kleinkrebse, Regenwürmer, kleine Fische), Flockenfutter, FD-Tabletten.
Bes.: Keine.

T: 22 - 25° C, **L:** 10 cm, **BL:** 80 cm, **WR:** o, teilweise m, **SG:** 2

Aplocheilus panchax (HAMILTON, 1822)
Gemeiner Hechtling, Panchax

Syn.: *Esox panchax, Aplocheilus chrysostigmus, Haplochilus panchax, Panchax buchanani, P. kuhlii, P. melanopterus, P. panchax.*
Vork.: Vorderindien, Burma, Thailand, Malaiische Halbinsel, Große Sundainseln (Sumatra, Borneo, Java) und einigen kleineren Inseln des Indo-Australischen Archipels.
Ersteinf.: 1899 durch STÜVE.
GU: Sehr geringe Unterschiede; die ♀♀ haben oft intensiver orangefarbene Flossen.
Soz.V.: Lebendiger, überwiegend friedlicher Oberflächenfisch. Die Tiere neigen zu einer räuberischen Lebensweise. Die ♂♂ rivalisieren untereinander.
Hält.B.: Wie bei *Aplocheilus lineatus* angegeben.
ZU: 23 - 28° C; sonst wie bei *A. lineatus.*
Aplocheilus panchax legt die Eier in Algen- oder Moosrasen bzw. feinblättrige Pflanzen. Die Entwicklungsdauer der Eier schwankt zwischen 10 und 14 Tagen. Die Aufzucht der Jungfische ist problemlos.
FU: K; überwiegend Lebendfutter jeglicher Art, auch kleine Fische, Flockenfutter.
Bes.: *Aplocheilus panchax* ähnelt in seinem Aussehen *Aplocheilus blockii.* Er ist aber mit diesem nicht nahe verwandt. Beide Arten sind am leichtesten an der Anzahl der Seitenlinienschuppen zu unterscheiden: *A. panchax* hat 30 - 33 Schuppen, *A. blockii* dagegen nur 24 bis 29. Von *A. panchax* sind zwei Unterarten bekannt: *A. panchax panchax* (HAMILTON, 1822) und *A. panchax siamensis,* SCHEEL, 1968. Diese Unterart kommt nur in Thailand vor.

T: 20 - 25° C, **L:** 8 cm, **BL:** 60 cm, **WR:** o, **SG:** 1 - 2

Killifische, Eierlegende Zahnkarpfen

Aplocheilus lineatus

Aplocheilus panchax

Fam.: Aplocheilidae
Unterfam.: Rivulinae

Cynolebias bellottii   STEINDACHNER, 1881
Blauer Fächerfisch
Syn.: *Cynolebias maculatus, C. gibberosus, C. robustus.*
Vork.: Südamerika: im Einzugsgebiet des Rio de la Plata.
Ersteinf.: 1906.
GU: ♂ größer als das ♀, ♂ dunkel- oder graublau, während der Laichzeit fast schwarz, ♀ gelbgrau bis oliv.
Soz.V.: Lebhafter, oft etwas unverträglicher Saisonfisch. ♂ besonders während der Laichzeit gegenüber ♀ aggressiv.
Hält.B.: Weicher Bodengrund, geringer Wasserstand (30 cm), lichte Bepflanzung mit *Myriophyllum-* und *Elodea*-Arten. Wasser weich (5° dGH) und leicht sauer (pH 6,5) häufiger Teilwasserwechsel; Haltung am besten im Artbecken.
ZU: 18 - 25° C; kleine Becken reichen zur Zucht aus; 5 cm dicke Schicht aus ausgekochtem Torf als Bodengrund, Wasserwerte wie oben angegeben; Laichansatz 1 ♂ und 2 ♀♀. Es wird in der Torfschicht abgelaicht. Nach dem Laichen Geschlechter herausfangen und trennen, da sonst das ♂ stark treibt. Anschließend kann der Torf mit den Eiern trockengelegt werden. Nach 3 - 4 Monaten wird der Torf mit Wasser aufgegossen, und die ausschlüpfenden Jungfische werden mit *Artemia*-Nauplien großgezogen.
FU: K, O; überwiegend Lebendfutter aller Art reichen. Die Fische fressen auch Flockenfutter.
Bes.: Die Fische sind sehr kurzlebig (10 Monate). *Cynolebias bellottii* laicht im Aquarium sogar auf hartem Sand- oder blanken Glasboden ab.

T: 18 - 22° C, aber auch 4° C, nicht über 25° C, **L**: 7 cm, **BL**: 60 cm, **WR**: m, u, **SG**: 3

Cynolebias alexandri   CASTELLO & LOPEZ, 1974
Syn.: Keine.
Vork.: Südamerika: Argentinien, Provinz Entre Rios bei Gualeguaychu.
Ersteinf.: 1974.
GU: ♂ graugrün bis blaugrün gefärbt, auf dem gesamten Körper befinden sich bräunliche Querbinden, Flossen gefärbt; ♀ hellbraun gefärbt, Körper mit vielen unregelmäßigen Flecken bedeckt, Flossen mehr oder weniger farblos.
Soz.V.: Lebhafter, relativ friedlicher Saisonfisch. Die ♂♂ sind während der Laichzeit zu den ♀♀ wesentlich weniger aggressiv als die ♂♂ von anderen *Cynolebias*-Arten.
Hält.B.: Wie bei *Cynolebias bellottii* angegeben. Angaben über die natürlichen Wasserwerte sind nicht bekannt. VAN DEN NIEUWENHUIZEN gibt folgendes an: mittlere Härte (um 8° dGH) und leicht saures bis neutrales Wasser (pH 6,5 - 7) ("DATZ", 30, 364 - 369, 1977). Häufig einen Teil des Wassers wechseln.
ZU: 23 - 24° C; siehe *C. bellottii*. Schichtdicke des Torfes mindestens 7 cm; Zuchtansatz 1 ♂ und 1 ♀. Nach dem Ablaichen den handfeuchten Torf in Plastikbeuteln aufbewahren. Diese werden alle drei Wochen einmal geöffnet, und der Inhalt wird gut umgeschüttelt. Die Beutel werden danach wieder gut verschlossen und bei 22 - 24° C gelagert. Nach ca. drei Monaten den Torf in einem Aufzuchtbecken mit Wasser aufgießen (Wasserhöhe 10 cm).
FU: K; Lebendfutter aller Art wie *Tubifex,* Mückenlarven, Kleinkrebse, Enchyträen, kleine Wasserkäfer.
Bes.: Die Zugabe von Trockenfutter in das Zuchtbecken kann das Schlüpfen veranlassen, da hierdurch im Wasser sauerstoffzehrende Zersetzungsprozesse erzeugt werden. Es steht nach dem bisherigen Wissensstand fest, daß die Fischlarven dann die Eihülle sprengen, sobald durch sie nicht mehr genügend Sauerstoff an den Embryo gelangt.

T: 22 - 28° C, **L**: 9 cm, **BL**: 60 cm, **WR**: u, m, **SG**: 3

Killifische, Eierlegende Zahnkarpfen

Cynolebias bellottii

Cynolebias alexandri

Fam.: Aplocheilidae
Unterfam.: Rivulinae

Cynolebias nigripinnis   REGAN, 1912
Schwarzer Fächerfisch
Syn.: Keine.
Vork.: Südamerika: Paraná, bei Rosario de Santa Fé.
Ersteinf.: 1908 durch EIMEKE.
GU: Die geschlechtsreifen ♂ ♂ sind blauschwarz bis tiefschwarz mit grün oder blau irisierenden Tüpfeln auf Körper und Flossen; ♀ hellgrau bis ocker gefärbt.
Soz.V.: Lebhafter, oft aggressiver Killifisch.
Hält.B.: Wie bei *Cynolebias bellottii* angegeben. Wasser weich (um 4° dGH) und leicht sauer (pH 6). Es wird empfohlen, regelmäßigen Wasserwechsel vorzunehmen; Artbecken.

ZU: Siehe bei *C. bellottii;* Bodenlaicher, deshalb Torfschicht als Laichsubstrat einbringen; Eier nach frühestens drei Monaten aufgießen.
FU: K; Lebendfutter, Flockenfutter.
Bes.: Die Eier von *Cynolebias nigripinnis* bleiben bis zu drei Jahre lebensfähig, wenn sie in einem geschlossenen Behälter, eingebettet in Schlamm und mit Wasser überschichtet, aufbewahrt werden. Die Art ist sehr anfällig gegen *Oodinium*.

T: 20 - 22° C, **L:** 4,5 cm, **BL:** 50 cm, **WR:** u, **SG:** 3

Cynolebias withei   MYERS, 1942
Whites Fächerfisch, Smaragd-Fächerfisch
Syn.: *Pterolebias elegans.*
Vork.: Brasilien, Umgebung von Rio de Janeiro; in periodisch austrocknenden Kleingewässern.
Ersteinf.: 1958.
GU: ♂ größer als ♀, mit zartgrünem metallischen Schimmer an den Seiten; ♂ hat kleinere und abgerundete Flossen und eine mattere Färbung.
Soz.V.: Recht lebhafte Fische, ♂ mit Imponiergehabe. Es kann auch zu Beißereien mit Flossenschäden kommen, die Verletzungen sind aber nie ernsthaft.

Hält.B.: Wie bei *Cynolebias bellottii* angegeben. Artbecken.
ZU: Siehe bei *C. bellottii;* Bodenlaicher, annuelle Art.
FU: K; Lebendfutter (Rote Mückenlarven, Wasserflöhe); ungern Flockenfutter.
Bes.: Werden die Eier mit zu warmem Wasser aufgegossen, so erhält man leicht einen hohen Prozentsatz von Bauchrutschern. Gut bewährt hat sich Wasser mit einer Temperatur von 19° C. Es ist vorteilhaft, *Cynolebias whitei* bei schwankenden Temperaturen zu halten.

T: 20 - 23° C, **L:** ♂ 8 cm, ♀ 5,5 cm, **BL:** 60 cm, **WR:** u, **SG:** 3

Killifische, Eierlegende Zahnkarpfen

Cynolebias nigripinnis

Cynolebias withei

Fam.: Aplocheilidae (oben) / Fam.: Cyprinodontidae (unten)

Cynopoecilus ladigesi (FOERSCH, 1958)
Ladiges' Fächerfisch
Unterfam.: Rivulinae

Syn.: *Cynolebias ladigesi*.

Vork.: Südamerika: Brasilien, Umgebung von Rio de Janeiro in zeitweiligen Wasseransammlungen.

Ersteinf.: 1955 von "Aquarium Hamburg".

GU: ♂ wesentlich schöner gefärbt: smaragdgrün mit dunkelroter Querstreifung; ♀ bräunlich.

Soz.V.: Friedlicher, kurzlebiger Saisonfisch.

Hält.B.: Weicher, dunkler Bodengrund; dichte Rand- und Hintergrundbepflanzung, freier Schwimmraum, Wurzeln als Verstecke und Dekoration; auf Durchlüftung und Filterung kann verzichtet werden. Wasser weich bis mittelhart (bis 10° dGH) und leicht sauer (pH um 6).

ZU: 22° C; kleinste Zuchtbecken reichen aus; Boden mit 1 - 2 cm dicker Torfschicht, da die Tiere Bodenlaicher sind. Es wird nach lebhaftem Liebesspiel in die Torfschicht abgelaicht. Die Eier haben an ihrer Oberfläche zahlreiche stempelartige Auswüchse. Der Torf mit den Eiern wird in Plastiktüten gebracht und soll dort ziemlich trocken werden. Nach 2 - 3 Monaten wird mit Wasser aufgegossen, manchmal muß man öfter aufgießen, da es bis zu 8 Monate dauert, bis alle Jungfische geschlüpft sind. Aufzucht der Jungfische mit feinstem Staubfutter.

FU: Überwiegend Lebendfutter, die Tiere gehen auch an tiefgefrorenes und teilweise an gefriergetrocknetes Futter.

Bes.: Die Fische sind sehr fruchtbar. FOERSCH (1975) berichtet, daß bei ihm ein ♀ in fünf Monaten 2140 Eier, ein anderes in knapp 12 Monaten sogar 3346 Eier abgelegt hatte (Aquarienmagazin 9, 404-409).

T: 20 - 22° C, **L:** 4 cm, **BL:** 40 - 50 cm, **WR:** u, **SG:** 3

Cyprinodon macularius BAIRD & GIRARD, 1853
Stahlblauer Wüstenfisch
Unterfam.: Cyprinodontinae

Syn.: Keine?

Vork.: Südliche USA bis Nordmexiko, von Südnevada und Kalifornien bis in die Provinz Sonora in Mexiko.

Ersteinf.: 1963 durch HAAS.

GU: ♂ während der Laichzeit mit leuchtendblauer irisierender Färbung; die ♀♀ sind trübbraun gefärbt und gefleckt.

Soz.V.: Mehr oder weniger einzelgängerisch lebende Fische; das ♂ hat einen Ruheplatz im seichten Wasser, aus dessen Nähe jeder Eindringling vertrieben wird (Revierbildung). Diese Ruheplätze sind kraterartige Vertiefungen im Sand, die selbst gegraben werden.

Hält.B.: Sandiger Bodengrund, Algen (*Chara*) und Schilf als Bepflanzung; niedriger Wasserstand (20 cm); Wasser hart (über 15° dGH) und mäßig alkalisch (pH 8), der Zusatz von Seesalz ist angebracht (2 - 3 Teelöffel auf 10 l Wasser). Die Art ist wärmebedürftig. Im Artbecken halten oder mit anderen Wüstenkärpflingen der Gattungen *Cyprinodon* und *Empetrichthys* vergesellschaften.

ZU: Die Zucht ist sehr leicht, es genügt ein kleines Becken; Wasser mit Seesalzzusatz. Als Laichsubstrat verwendet man am besten Perlongespinst, da die Zuchttiere daraus die Eier nur mit Mühe fressen können. 2 - 3 Tage vor dem Ablaichen werden die Geschlechter getrennt, und sie werden dann für etwa eine Stunde in das vorbereitete Zuchtbecken gebracht. Die Tiere laichen nach heftigem Treiben im Perlongespinst ab. Elterntiere nach dem Laichen entfernen (Laichräuber!). Die ♂♂ sind nach dem Ablaichen sehr aggressiv. Das Laichsubstrat wird mit den unempfindlichen Eiern in eine Zuchtschale überführt. Die Jungfische schlüpfen nach 6 - 10 Tagen. Aufzucht: einfach.

FU: K; Die Tiere ernähren sich hauptsächlich von Algen. Mückenlarven, Kleinkrebsen, Insekten, *Tubifex*, Flocken und Tiefkühlfutter.

Bes.: Die Tiere leben in heißen Quellen und Wasserlöchern, deren Temperatur bis auf 45° C ansteigen kann und deren Salzkonzentration bis zu sechsmal höher sein kann als Meerwasser (bis zu 20% Salzgehalt).

T: 25 - 35° C, **L:** 6,5 cm, **BL:** 50 cm, **WR:** o, m, **SG:** 3

Killifische, Eierlegende Zahnkarpfen

Cynopoecilus ladigesi

Cyprinodon macularius

Fam.: Cyprinodontidae

Cyprinodon nevadensis
Nevada-Wüstenfisch
Syn.: Keine.
Vork.: Nordamerika: westliche USA (Kalifornien).
Ersteinf.: 1963.
GU: ♂ während der Laichzeit mit irisierender Färbung; die ♀♀ sind bräunlich gefärbt.
Soz.V.: Ähnelt stark dem von *Cyprinodon macularius*.
Hält.B.: Siehe *C. macularius*.
ZU: Wie bei *C. macularius* angegeben.

EIGENMANN, 1889
Unterfam.: Cyprinodontinae
FU: O; Überwiegend pflanzliche Kost (Algen). Die Tiere fressen auch Kleinkrebse, Mückenlarven, *Tubifex* und Flockenfutter.
Bes.: Von *Cyprinodon nevadensis* sind bisher sieben Unterarten beschrieben worden.

T: 25 - 32° C, **L:** 6 cm, **BL:** 50 cm, **WR:** o, m, **SG:** 3

Fam.: Aplocheilidae

Diapteron cyanostictum

Syn.: *Aphyosemion cyanostictum*.
Vork.: Afrika: Gabun.
Ersteinf.: 1972 durch HERZOG & BOCHTLER.
GU: ♂ ist intensiver und dunkler gefärbt, außerdem tritt die Punktzeichnung stärker hervor.
Soz.V.: Sehr friedlicher Killifisch.
Hält.B.: Wie bei *Aphyosemion striatum* angegeben. Häufiger Wasserwechsel und zusätzliche, künstliche Beleuchtung sind bei *Diapteron cyanostictum* zu empfehlen, Artbecken.
ZU: Bereitet keine Schwierigkeiten; wie bei *A. striatum*. Die ersten Jungfische schlüpfen schon nach sechs Tagen. Die Aufzucht der Jungfische ist problemlos.

(LAMBERT & GÉRY, 1967)
Unterfam.: Aplocheilinae
FU: K; größtenteils kleines Lebendfutter (Kleinkrebse, Mückenlarven, *Tubifex* usw.). Die Tiere fressen auch gefriergetrocknetes Futter.
Bes.: *Diapteron cyanostictum* kann von allen anderen *Aphyosemion*-Arten dadurch unterschieden werden, daß die Rückenflosse stets vor der Afterflosse ansetzt.

T: 25 - 35° C, **L:** 6,5 cm, **BL:** 50 cm, **WR:** o, m, **SG:** 3

Killifische, Eierlegende Zahnkarpfen

Cyprinodon nevadensis mionectes

Diapteron cyanostictum

Fam.: Aplocheilidae
Unterfam.: Aplocheilinae

Pseudepiplatys annulatus (BOULENGER, 1915)
Ringelhechtling, Zwerghechtling

Syn.: *Haplochilus annulatus, Epiplatys annulatus.*
Vork.: Westafrika: von Guinea bis Niger.
Ersteinf.: 1965 durch KRETSCHMER, ROLOFF & CLAUSEN.
GU: ♂ größer als das ♀, alle Flossen des ♂ gefärbt, beim ♀ ist nur die Schwanzflosse gefärbt, außerdem fehlen ihm die roten Farben.
Soz.V.: Sehr friedliche Killifische. Die Tiere werden entweder mit anderen kleinen, friedlichen Fischen vergesellschaftet oder im Artbecken gehalten.
Hält.B.: Eine Torfschicht als Bodengrund, Schwimmpflanzen für Lichtdämpfung; Wasser weich (5 ° dGH) und leicht sauer (pH 6,5), häufiger Frischwasserzusatz.
ZU: 25 - 26° C; die Zucht ist sehr schwierig. Wasser sehr weich (1 - 3° dGH) und mäßig sauer (pH 5 - 5,5), Torfzusatz. Als Laichsubstrat feinblättrige Pflanzen oder Perlongespinst einbringen. Die Fische sind Haftlaicher. Die Eier sind sehr klein (Ø 1 mm). Ihre Entwicklungszeit beträgt 8 - 10 Tage. Da die Elterntiere keine Laichräuber sind, kann man sie im Zuchtbecken belassen. Jungfische mit Infusorien füttern. Die Jungfische sind sehr langsamwüchsig.
FU: K; kleines Lebenfutter aller Art (*Cyclops,* kleine Wasserflöhe, Grindalwürmer, Rotatorien usw.).
Bes.: Nach STERBA stellt *Pseudepiplatys annulatus* wahrscheinlich eine Reliktform dar, die auf bestimmte Wasseransammlungen des offenen Urwaldes und der Savannen beschränkt ist. Die Tiere kommen im Freiwasser sehr selten vor.

T: um 24° C, **L**: 4 cm, **BL**: 40 - 50 cm, **WR**: o, **SG**: 4

Epiplatys chevalieri (PELLEGRIN, 1904)
Zierhechtling, Chevaliers Hechtling

Syn.: *Haplochilus chevalieri, Panchax chevalieri*
Vork.: Afrika: Zaire, in der Umgebung des Stanley Pools.
Ersteinf.: 1950 vom "Aquarium Hamburg".
GU: ♂ prächtiger gefärbt, mit größeren roten Flecken, Afterflosse zugespitzt; ♀ weniger brillant gefärbt, rote Flecken kleiner, Afterflosse abgerundet.
Soz.V.: Schwimmlustiger Fisch, der relativ friedlich ist. Wird am besten mit ruhigen, nicht zu großen Fischen vergesellschaftet.
Hält.B.: Wie bei *Epiplatys dageti* angegeben. Dicht bepflanzte Becken. Wasser mittelhart (7 - 10° dGH) und schwach sauer (pH 6,5). Seesalzzusatz und regelmäßiger Wasserwechsel vorteilhaft.
ZU: 24 - 26° C; wie bei *E. dageti;* Haftlaicher, die Jungfische schlüpfen nach etwa 14 Tagen. Da die Elterntiere keine Laichräuber sind, kann man sie im Zuchtbecken belassen. Zur Zucht weiches Wasser (3 - 5° dGH) verwenden.
FU: K; Lebendfutter (Insektenlarven), Flockenfutter.
Bes.: *Epiplatys chevalieri* ist gegen Infusorien sehr empfindlich.

T: 24 - 26° C, **L**: 6 cm, **BL**: 50 cm, **WR**: o, m, **SG**: 2

Killifische, Eierlegende Zahnkarpfen

Pseudepiplatys annulatus

Epiplatys chevalieri

Fam.: Aplocheilidae
Unterfam.: Aplocheilinae

Epiplatys dageti
POLL, 1953
Querbandhechtling

Syn.: Keine.

Vork.: Westafrika: Sierra Leone, Liberia, südöstliche Elfenbeinküste und südwestliches Ghana.

Ersteinf.: 1908 durch SIGGELKOW.

GU: ♂ meist größer als das ♀; Färbung der ♂♂ sehr unterschiedlich, ♀♀ braunrot gefärbt; Afterflosse des ♂ zugespitzt, des ♀ gerundet.

Soz.V.: Als Jungtiere lebendig und verträglich, mit zunehmendem Alter werden die Tiere immer unverträglicher und angriffslustiger; Raubfisch. Zur Laichzeit kämpfen die ♂♂ untereinander. Mit gleich großen, friedlichen Frischen vergesellschaften.

Hält.B.: Dunkler, sandiger Bodengrund; dichte Rand- und Hintergrundbepflanzung, reichlich Platz zum Ausschwimmen. Wasseroberfläche mit Schwimmpflanzen bedecken, Wurzeln zur Dekoration. Wasser nicht zu hart (bis 10° dGH) und leicht sauer (pH 6 - 6,5); Wasser nicht zu häufig wechseln, Altwasser.

ZU: Sehr leicht; 24 - 26° C; Zuchtbecken etwas abdunkeln, Wasseroberfläche mit *Riccia*, Bepflanzung mit feinblättrigen Arten. Zuchtansatz 1 ♀ mit mehreren ♂♂; Eiablage in den Pflanzen; die Eier haften dort fest, Eizahl 200 - 300. Die Pflanzen nach der Eiabgabe herausnehmen, da die Elterntiere Laichräuber sind, und durch neue Pflanzen ersetzen. Die Laichperiode erstreckt sich über einige Wochen. Die Entwicklung der Eier dauert 8 - 10 Tage. Aufzucht der Jungfische mit Staubfutter.

FU: K, O; hauptsächlich Lebendfutter (Kleinkrebse, adulte Insekten, Mückenlarven, Enchyträen, kleine Fische). Die Tiere fressen gern Flockenfutter.

Bes.: Von der vorliegenden Art sind zwei Unterarten bekannt: *Epiplatys dageti dageti*, POLL, 1953, und *E. dageti monroviae*, DAGET & ARNOULT, 1964. Die letztgenannte Unterart wurde seit 1907 als *E. chaperi* bezeichnet und ist die in der Aquaristik bekanntere Unterart.

T: 21 - 23° C, **L**: 7 cm, **BL**: 60 cm, **WR**: m, o, **SG**: 2

Epiplatys lamottei
DAGET, 1954

Syn.: *Epiplatys fasciolatus lamottei*.

Vork.: Westafrika: Liberia, Guinea.

Ersteinf.: 1971 durch ROLOFF.

GU: ♂♂ sind wesentlich farbenprächtiger, ♀♀ sind schlichter gefärbt; ♂♂ haben die längeren Bauchflossen.

Soz.V.: Die Tiere sind gegen Artgenossen und artfremde Fische friedlich. Bei Hälterung in zu kleinen Becken und bei nachträglichem Einsetzen von weiteren *E. lamottei* kann es zu Beißereien kommen; revierbildend.

Hält.B.: Bodengrund nicht zu hell; Wurzeln als Versteckmöglichkeiten, dichte Hintergrundbepflanzung, Tageslicht von vorn, keine zusätzliche Beleuchtung; Rückwand und Seitenwände des Beckens abdunkeln. Die Art stellt an die Wasserbeschaffenheit keine besonderen Ansprüche, Wasser weich (3 - 5° dGH) und neutral bis schwach alkalisch (pH 7 bis 7,8). Alle 2 - 3 Wochen die Hälfte des Wassers wechseln; kein Torfzusatz.

ZU: In kleinsten Becken möglich (10 l). Versteckmöglichkeiten durch Javamoos, das gleichzeitig als Laichsubstrat dient. Zuchtwasser mittelhart (8° dGH) und leicht alkalisch (pH 7,5); 23° C. Die Laichperiode dauert ca. eine Woche und erbringt bis zu 70 Eier. Die Jungfische schlüpfen nach zwei Wochen. Die Aufzucht der Jungen ist nicht schwierig (alle Angaben nach BÖHM: "DATZ" 27, 223-225, 1974).

FU: K; hauptsächlich Insekten (Ameisen!), auch Flockenfutter.

Bes.: Zu helle Hälterung der Tiere läßt deren Farben verblassen.

T: 21 - 23° C, **L**: 5,5 cm, **BL**: 60 cm, **WR**: o, m, **SG**: 4 (K)

Killifische, Eierlegende Zahnkarpfen

Epiplatys dageti

Epiplatys lamottei

Fam.: Aplocheilidae
Unterfam.: Aplocheilinae

Epiplatys sexfasciatus (BOULENGER, 1899)
Sechsbandhechtling

Syn.: *Aplocheilus sexfasciatus, Lycocyprinus sexfasciatus, Panchax sexfasciatus*.

Vork.: Westafrika: von Togo bis nach Zaire (Mündung des Zaire).

Ersteinf.: 1905 durch SCHROOT.

GU: ♂ mit metallischem Schimmer auf den Körperseiten, der dem ♀ fehlt; Afterflosse des ♂ zugespitzt und Bauchflossen ausgezogen und gleichfalls zugespitzt, ♀ mit abgerundeter Afterflosse und kurzen, stumpfen Bauchflossen.

Soz.V.: Räuberisch lebender Oberflächenfisch. Nur mit gleich großen Fischen vergesellschaften.

Hält.B.: Wie bei *E. dageti* angegeben.

ZU: 24 - 26° C; wie bei *E. dageti*. Die Jungfische von *E. sexfasciatus* sind anfällig gegen bakterielle Flossenfäule. Zuchtbecken mit etwa 20 cm Wasserhöhe.

FU: Überwiegend Lebendfutter; fressen aber auch Tiefkühl- und Flockenfutter.

Bes.: Von *Epiplatys sexfasciatus* gibt es eine große Anzahl von Varietäten, die auf das große Verbreitungsgebiet dieser Art zurückzuführen sind. Diese Varietäten unterscheiden sich teilweise in ihrer Gestalt, aber auch in Flossen- und Körperfärbung.

T: 22 - 28° C, **L**: 11 cm, **BL**: 80 cm, **WR**: o, **SG**: 2

Epiplatys singa (BOULENGER, 1911)

Syn.: *Haplochilus macrostigma, Epiplatys chinchoxcanus, Haplochilus senegalensis, Panchax macrostigma, Epiplatys macrostigma*.

Vork.: Afrika: im Gebiet des unteren Zaire.

Ersteinf.: 1991 durch KROPAC.

GU: ♂ mit blauem, metallischem Schimmer an den Körperseiten, Färbung intensiver, Rücken- und Afterflosse zu kurzen, weißlichen Spitzen ausgezogen; ♀ ohne metallischen Schimmer, Rücken- und Afterflosse gerundet.

Soz.V.: Recht scheuer Fisch, der sich räuberisch ernährt. Die Art liebt nicht die Gesellschaft schwimmfreudiger Fische. Sie lebt dann sehr versteckt und zeigt blasse Farben.

Hält.B.: Wie bei *E. dageti* angegeben. Die Becken können aber noch dichter bepflanzt sein. *E. singa* liebt weiches, infusorienarmes Altwasser (5° dGH, pH 6). Die Tiere sind nicht für das Gesellschaftsbecken geeignet.

ZU: 23 - 24° C; wie bei *E. dageti*. Wasserstand im Zuchtbecken ca. 20 cm. Die Eier sollten nicht dem Sonnenlicht ausgesetzt werden. Sie werden wahllos an Pflanzen abgesetzt. Die Entwicklungsdauer beträgt etwa 10 Tage. Die Art ist nicht sehr produktiv (Eizahl 80 - 100 Stück). Die Jungfische sind sehr langsamwüchsig.

FU: K; Lebendfutter, am liebsten Schwarze und Weiße Mückenlarven. Die Tiere fressen Flockenfutter nur ungern.

Bes.: *Epiplatys singa* ist sehr empfindlich gegen Wasserwechsel.

T: 23 - 25° C, **L**: 5,5 cm, **BL**: 60 cm, **WR**: o, m, **SG**: 4 (K)

Killifische, Eierlegende Zahnkarpfen

Epiplatys sexfasciatus

Epiplatys singa

Fam.: Aplocheilidae (oben) / Fam.: Cyprinodontidae (unten)

Fundulosoma thierryi   AHL, 1924
Unterfam.: Aplocheilinae

Syn.: Im Aquarienhandel auch als *Aphyosemion walkeri*, *Aphyosemion spurrelli* und *Nothobranchius walkeri* angeboten.
Vork.: Westafrika: Guinea, Südghana, Obervolta, nördliches Togo, südwestliches Niger.
Ersteinf.: 1959 durch KLUGE.
GU: Körperseiten der ♂♂ mit metallisch blauem Schimmer; ♀ grau und während der Laichzeit mit dickem Bauch.
Soz.V.: Lebhafte Fische, sind gegenüber Artgenossen manchmal aggressiv. Tiere im Artbecken halten.
Hält.B.: Dunkle Becken mit niedrigem Wasserstand, dunkler Bodengrund (Torf, Mulm); dichte Randbepflanzung, freier Schwimmraum; gedämpftes Licht. Wasser mittelhart (8 - 10° dGH) und neutral (pH 7). Häufiger Teilwasserwechsel zur Erzielung sauberen Wassers.
ZU: Sehr leicht; Zuchttiere abwechslungsreich und kräftig füttern; kleine Zuchtbecken (z.B. Plastikschale); als Laichsubstrat gut gewässerten Torfmull einbringen (Schichthöhe 1 cm); Wasserwerte wie oben angegeben. Das ♂ treibt das ♀ vor dem Ablaichen. Die Eier werden über dem Boden abgegeben und fallen auf oder in das Laichsubstrat. Ablaichzeit auf vier Stunden begrenzt, damit das ♀ geschont wird. Den Torf mit den Eiern etwa 4 Wochen in der Plastikschale antrocknen lassen und ihn 3 - 4 Monate bis zum Aufguß in Plastiktüten aufbewahren. Aufzucht der Jungfische mit Infusorien.
FU: K, O; Lebendfutter (Mückenlarven, Wasserflöhe, Hüpferlinge, *Tubifex);* Flockenfutter.
Bes.: Die Gattung *Fundulosoma* wurde 1924 von dem Ichthyologen AHL aufgestellt. Sie gilt als Bindeglied zwischen den Gattungen *Aphyosemion* MYERS, 1924 und *Nothobranchius* PETERS, 1968. *Fundulosoma thierryi* ist sehr empfindlich gegen den Außenparasiten *Oodinium pillularis*. Bekämpfung dieses Parasiten mit Trypaflavin (0,6 g auf 100 l Wasser).

T: um 22° C, **L**: 3,5 cm, **BL**: 50 cm, **WR**: u, m, **SG**: 1 - 2

Jordanella floridae   GOODE & BEAN, 1879
Floridakärpfling
Unterfam.: Cyprinodontinae

Syn.: *Cyprinodon floridae.*
Vork.: Nordamerika: von Florida bis nach Yucatán in Mexiko. In Sümpfen, Tümpeln, Seen und nicht zu schnell fließenden Gewässern.
Ersteinf.: 1914 durch KURICH.
GU: ♀♀ meist etwas größer und dicker; ♂♂ sind oliv bis braungrün, die ♀♀ mehr gelblich gefärbt. Die ♀♀ haben in der Rückenflosse und über den Brustflossen einen dunklen Fleck.
Soz.V.: Die Tiere sind gegen Artgenossen und Artfremde oft sehr unverträglich, besonders die ♂♂ in der Laichzeit; gleichzeitig sind die Tiere aber schreckhaft; die Art betreibt Brutpflege (Vaterfamilie).
Hält.B.: Sonniger Stand des Aquariums; dunkler, sandiger Untergrund; dichte Rand- und Hintergrundbepflanzung, freier Schwimmraum. Es wird empfohlen, die Seitenscheiben und die Rückscheibe des Aquariums veralgen zu lassen. Die Art stellt an die Wasserbeschaffenheit keine großen Ansprüche; gelegentlicher Frischwasserzusatz sagt den Tieren zu.
ZU: 23 - 25° C; gelingt schon in kleinen Becken; dichte Bepflanzung mit feinblättrigen Arten, Schwimmpflanzen; Bodengrund aus Sand. Die Tiere laichen nach stürmischem Liebesspiel meist zwischen den Pflanzen bzw. in Gruben am Boden ab. Eizahl: bis zu 70 Stück. Die Laichperiode erstreckt sich über eine Woche. Das ♂ kümmert sich nicht bewußt um Gelege und ausschlüpfende Jungfische. ♀ nach dem Ablaichen herausfangen. Dauer der Eientwicklung knapp eine Woche. Die Jungfische werden mit Staubfutter ernährt.
FU: O; Lebendfutter, Algen, faulende Pflanzenteile, Spinat; Flocken-, gefriergetrocknetes und tiefgefrorenes Futter.
Bes.: *Jordanella floridae* bewegt sich gern sprungartig fort.

T: um 20° C, **L**: 6 cm, **BL**: 40 cm, **WR**: u, m, **SG**: 1 - 2

Killifische, Eierlegende Zahnkarpfen

Fundulosoma thierryi

Jordanella floridae ♂ oben, ♀ unten

Fam.: Poeciliidae (oben) / Fam.: Fundulidae (unten)

Lamprichthys tanganicanus (BOULENGER, 1898)
Unterfam.: Aplocheilichthyinae

Syn.: *Haplochilus tanganicanus, Lamprichthys curtianalis, Mohanga tanganicana.*

Vork.: Afrika: Endemit des Tanganjikasees. Die Art wird nur an Felsküsten gefunden. Entgegen der bisherigen Meinung kommt *L. tanganicanus* nicht im offenen See vor, die Art wurde bisher nie über Sandboden gefunden (vgl. SEEGERS, 1983: "DATZ", 36 (1): 5 - 9).

Ersteinf.: 1959.

GU: ♂ größer als das ♀; ♂ mit brillantblauen Punkten, ♀ mit silbernen Punkten an den Körperseiten.

Soz.V.: Die Tiere sind ziemlich scheue Schwarmfische. Ein hochflossiges α-Männchen beansprucht ein größeres Revier, in dessen Zentrum sich oft ein größerer Felsblock oder Stein befindet. In diesem Revier sind weiterhin mehrere untergeordnete ♂ ♂ anzutreffen. Ob diese ebenfalls Reviere beanspruchen oder nur herumstreunen, konnte bisher noch nicht geklärt werden.

Hält.B.: Großflächige Becken verwenden. Steiniger Untergrund, Steinaufbauten mit Spalten und Winkeln. Auf Bepflanzung kann verzichtet werden. Wasser mittelhart bis hart (ab 12° dGH) und mäßig alkalisch (pH um 8,5). Haltung am besten im Artbecken.

ZU: Im Aquarium Hamburg in Gefangenschaft schon gelungen. Beim Anbieten optimaler Bedingungen wahrscheinlich nicht übermäßig schwer. Über das Fortpflanzungsverhalten im Freiland liegt ein detaillierter Bericht von SEEGERS

Fortsetzung Seite 576

T: 23 - 25° C, **L**: ♂ bis 15 cm, **BL**: 80 - 100 cm, **WR**: o, m, **SG**: 3

Lucania goodei JORDAN, 1879
Rotschwanzkärpfling
Unterfam.: Fundulinae

Syn.: *Chriopeops goodei, Fundulus goodei.*

Vork.: Nordamerika: USA, Florida, südliches Georgia. Die Art kommt in ruhigen Bächen, Flüssen und Seen vor.

Ersteinf.: 1928 durch Aquarienfisch Import und Export Companie.

GU: ♂ wesentlich schöner und intensiver gefärbt, besonders die Flossen. Rückenflosse mit oranger Basis und blauer, sichelförmiger Zone; Schwanzwurzel mit roter Basis. ♀ mit gelblicher Rückenflosse und weißlicher Schwanzwurzelbasis. Die ♂ ♂ sind außerdem etwas schlanker und Rücken- und Afterflosse sind etwas größer.

Soz.V.: Anspruchsloser, schwimmfreudiger Fisch, der sehr friedlich ist gegenüber Artgenossen. Die Tiere sind gegen artfremde Fische manchmal recht zänkisch. Am besten mit anderen schwimmlustigen Fischen vergesellschaften.

Hält.B.: Bodengrund mit Mulmschicht; dichte Rand- und Seitenbepflanzung, freier Schwimmraum; Altwasser verwenden (15° dGH, pH 6,5 - 6,8). Becken nicht beheizen. Einige Verstecke aus Wurzeln.

ZU: 20 - 24° C; Bepflanzung mit feinfiedrigen Arten und Schwimmpflanzen; vor dem Ablaichen heftiges Werben und Treiben der ♀ ♀ durch die ♂ ♂. Abgelaicht wird im oberen Bereich der Pflanzen. Die Laichperiode erstreckt sich über 5 Wochen, wobei das ♀ pro Tag 3 - 5 Eier ablegt. Eizahl bis 200 Stück, die Eier hängen an kurzen Fäden. Entwicklungsdauer beträgt bei 22° C etwa eine Woche. Eltern nach dem Ablaichen aus dem Becken entfernen (Laichräuber!). Während der Laichperiode müssen die Alttiere gut gefüttert werden (alle Angaben nach BREITFELD, Aquarien Terrarien 24, 344-349, 1977).

FU: Lebendfutter aller Art, besonders Weiße und Schwarze Mückenlarven. Die Art frißt aber auch Flockenfutter.

Bes.: *Lucania goodei* wird bei zu warmen Überwinterungstemperaturen und/oder dauernd zu hohen Temperaturen sehr schreckhaft und ist gleichzeitig empfindlich gegen Wasserwechsel. Die Art ist auch bei Normalhälterung anfällig gegen Umsetzen. Frischwasserzusatz erhöht die Laichbereitschaft.

T: 16 - 22° C, Überwinterung 12 - 16° C, **L**: 6 cm, **BL**: 60 cm, **WR**: alle, **SG**: 1 - 2

Killifische, Eierlegende Zahnkarpfen

Lamprichthys tanganicanus

Lucania goodei

Fam.: Aplocheilidae
Unterfam.: Aplocheilinae

Nothobranchius guentheri (PFEFFER, 1893)
Günthers Prachtgrundkärpfling
Syn.: *Fundulus guentheri, Adiniops guentheri.*
Vork.: Afrika: Insel Sansibar.
Ersteinf.: 1913 durch SIGGELKOW.
GU: ♂ prächtiger gefärbt und größer als das ♀.
Soz.V.: Relativ aggressiver und kurzlebiger Saisonfisch.
Hält.B.: Wie bei *Nothobranchius rachoviii* angegeben. Wasser bis 10° dGH und neutral bis schwach sauer (pH 6,5 - 7); Artbecken.
ZU: 22 - 24° C; wie bei *N. rachovii* angegeben. Bodenlaicher, Entwicklungsdauer der Eier 3 - 4 Monate.
FU: Lebendfutter: Insektenlarven, Kleinkrebse, *Tubifex* Flockenfutter.
Bes.: Die Ränder der Schwanzflosse sind schwarz gesäumt.

T: 22 - 25° C, **L**: 4,5 cm, **BL**: 60 cm, **WR**: u, m, **SG**: 3

Nothobranchius kirki JUBB, 1969
Kirks Prachtfundulus
Syn.: *Nothobranchius schoenbrodti.*
Vork.: Ostafrika: Malawi, in der Nähe des Chilwa-Sees.
Ersteinf.: Genaues Datum unbekannt.
GU: ♂ wesentlich farbenprächtiger als das ♀.
Soz.V.: Lebhafter, etwas unverträglicher Saisonfisch.
Hält.B.: Wie bei *Nothobranchius rachovii.* Haltung im Artbecken.
ZU: 21 - 23° C; wie bei *N. rachovii* angegeben.
FU: Überwiegend Lebendfutter: Mückenlarven, *Tubifex,* Enchyträen, Kleinkrebse; auch Flockenfutter usw.
Bes.: Nach den bisherigen Beobachtungen scheint *N. kirki* die längste Diapause aller *Nothobranchius*-Arten bei der Entwicklung zu haben (7 Monate).

T: 20 - 23° C, **L**: 5 cm, **BL**: 50 cm, **WR**: u, m, **SG**: 3

Nothobranchius korthausae MEINKEN, 1973
Korthaus' Prachtfundulus
Syn.: Keine.
Vork.: Ostafrika: auf der Insel Mafia (Tansania); in wasserführenden Sümpfen.
Ersteinf.: 1972 durch KORTHAUS.
GU: ♂ wesentlich prächtiger gefärbt, alle Flossen mit äußerem, himmelblauem Saum, Schwanzflosse mit 6 - 8 unregelmäßigen Querbinden; ♀ grauoliv gefärbt, die Seite mit zimtfarbenem Glanz, alle Flossen sind farblos.
Soz.V.: Recht aggressive und lebhafte Saisonfische. ♂♂ treiben stark die ♀♀.
Hält.B.: Wie bei *Nothobranchius rachovii* angegeben. Das Wasser für *N. korthausae* sollte weich (um 5° dGH) und mäßig sauer (pH 5,8 - 6,4) sein. Ein pH-Wert von 6,8 führt nach einiger Zeit zum Tod der Tiere. Artbecken.
ZU: Wie die anderen *Nothobranchius*-Arten. Zuchtansatz 1 ♂ und mehrere ♀♀, da die ♂♂ sehr stark treiben.
FU: K; hauptsächlich Lebendfutter aller Art, wie Kleinkrebse, Weiße und Schwarze Mückenlarven und *Tubifex.*
Bes.: Die ♂♂ von *N. korthausae* schieben ihre Afterflosse weiter unter die ♀♀, als das die ♂♂ anderer *Nothobranchius*-Arten tun.

T: 23 - 26° C, **L**: 6 cm, **BL**: 60 cm, **WR**: u, m, **SG**: 3

Killifische, Eierlegende Zahnkarpfen

Nothobranchius guentheri

Nothobranchius kirki

Nothobranchius korthausae, Normalform

Fam.: Aplocheilidae
Unterfam.: Aplocheilinae

Nothobranchius palmqvisti
Palmqvists Prachtgrundkärpfling

(LÖNNBERG, 1907)

Syn.: *Fundulus palmqvisti, Adiniops palmqvisti.*

Vork.: Ostafrika: in Gewässern der Küstenniederungen von Südkenia und Tansania.

Ersteinf.: 1976 durch TROPICARIUM.

GU: ♂♂ sind wesentlich bunter und intensiver gefärbt, sie weisen außerdem eine Netzzeichnung auf; ♀♀ sind einfarbig grau oder braun, sie haben keine Netzzeichnung und sind kleiner. Die Rückenlinie des ♂ ist gewölbt, seine Bauchpartie ist flach, während Rücken- und Bauchlinie des ♀ etwa gleichartig gewölbt sind.

Soz.V.: Die Tiere sind sehr aggressive, kurzlebige Saisonfische; die ♂♂ treiben unentwegt die ♀♀ und rivalisieren stark untereinander.

Hält.B.: Wie bei *Nothobranchius rachovii* angegeben. Wasser nicht über 10° dGH und pH 7; Artbecken.

ZU: 22 - 24° C; die Zucht gelingt schon in kleinsten Becken. Bodengrund aus Torf. Die Tiere sind Bodenlaicher. Die Eier werden einzeln in den Bodengrund geschleudert, Eizahl bis 200 Stück. *N. palmqvisti* ist ein Dauerlaicher. Die Eier werden im Torf aufgewahrt und nach etwa 3 Monaten aufgegossen. Zur Aufzucht der Jungfische wird in Abständen von 2 Wochen ein Drittel des Wassers ausgewechselt.

FU: K; überwiegend Lebendfutter, die Tiere fressen besonders gern Insektenlarven.

Bes.: Keine.

T: 18 - 22° C, L: 5 cm, BL: 60 cm, WR: u, m, SG: 3

Nothobranchius rachovii
Rachovs Prachtfundulus

AHL, 1926

Syn.: *Adiniops rachovii.*

Vork.: Afrika: Mosambik bis Südafrika in periodisch ausgetrockneten Gewässern der Feuchtsavanne.

Ersteinf.: 1925; 1958 Wiedereinfuhr durch ROLOFF.

GU: ♂ größer und sehr farbenprächtig. ♀ kleiner und einfarbig grau bis bräunlich.

Soz.V.: Meist friedlicher, relativ ruhiger Saisonfisch. Manchmal gegenüber Artgenossen streitsüchtig; ♂♂ bilden oft Reviere.

Hält.B.: Dunkler, weicher Bodengrund; lockere Bepflanzung, genügend freien Schwimmraum lassen; Dekoration mit Moorkienholzwurzeln. Niedriger Wasserstand (20 cm); starke Strömungen im Becken vermeiden. Wasser weich (4 - 6° dGH) und leicht sauer (pH 6,5), häufiger Teilwasserwechsel. Artbecken.

ZU: 21 - 23° C; die Tiere sind Bodenlaicher, die Eier werden in Torf oder feinen Sand abgegeben. Den Torf mit den Eiern herausnehmen, in Plastikbeuteln aufbewahren und mit weichem Wasser aufgießen. Sehr weiches Wasser (2° dGH) verbessert das Schlüpfergebnis. Die Aufzucht der Jungfische ist nicht schwierig, doch werden die frischgeschlüpften Tiere oft von *Oodinium* befallen. Die Fische sind nach 12 Wochen geschlechtsreif.

FU: K; Lebendfutter, besonders Insektenlarven, aber auch Kleinkrebse, *Tubifex* und Flockenfutter.

Bes.: Bei vitaminarmer Nahrung bleiben die ♀♀ nach jeder Generationen immer mehr im Wachstum zurück. Es gibt auch eine blaue Variante. Das Foto zeigt die mehr rote Variante. Oben ♂, unten ♀.

T: 20 - 24° C, L: 5 cm, BL: 60 cm, WR: u, m, SG: 3

Killifische, Eierlegende Zahnkarpfen

Nothobranchius palmqvisti

Nothobranchius rachovii

Fam.: Adrianichthyidae
Unterfam.: Oryziinae

Reisfische

Oryzias celebensis (WEBER, 1894)
Celebesbärbling
Syn.: *Haplochilus celebensis, Aplocheilus celebensis.*
Vork.: Indonesien: südliches Celebes; in fließenden und stehenden Gewässern.
Ersteinf.: 1912.
GU: ♂♂ haben im Gegensatz zu den ♀♀ eine größere und ausgefranste Afterflosse und eine längere spitze Rückenflosse.
Soz.V.: Nicht sehr friedfertiger Fisch. Die Tiere sind untereinander oft streitsüchtig. Größere Exemplare können die kleineren terrorisieren.
Hält.B.: Die Art braucht große, dicht bepflanzte Becken, in denen unterlegene Tiere vor ihren Artgenossen fliehen und sich in Nachstellungen entziehen können. Wichtig ist die Bepflanzung bis an die Wasseroberfläche oder aber eine dichte Schwimmpflanzendecke, da nur auf diese Weise ständiger Blickkontakt vermieden werden kann.

ZU: Über die Zucht dieses Fisches berichtet FENGLER (briefl. Mitt.): Bei der Balz verfolgt das ♂ das ♀, stupst es in die Seite und umschwimmt es ständig. Gelaicht wird am Morgen. Das ♀ trägt die Eier nicht, wie bei *O. melastigmus* beschrieben, als Faden, sondern wie *O. latipes* (Bd. 2, S. 1148) als Traube mit sich herum, und nach spätestens 2 Stunden hat es sie an den Pflanzen verteilt. Wasserwerte: pH 8,5, dKH 16°, Temperatur 24° C.
FU: K, O; Lebendfutter in entsprechender Kleinheit. Die Art geht auch an Flockenfutter.
Bes.: Über *Oryzias celebensis* liegen bisher nur sehr wenige Aquarienbeobachtungen vor. Dieser Fisch ist eine ausgesprochene Rarität in unseren Aquarien.

T: 22 - 30° C, **L**: 5 cm, **BL**: 80 cm, **WR**: o, m, **SG**: 3

Oryzias melastigmus (McCLELLAND, 1839)
Schwarzfleckiger Reiskärpfling, Javakärpfling
Syn.: *Aplocheilus melastigmus, Panchax cyanophthalmus, Panchax argenteus, Aplocheilus javanicus, Oryzias javanicus.*
Vork.: Südasien: von Sri Lanka und Indien an ostwärts über Burma, Thailand, Malaysia bis Java.
Ersteinf.: November 1910 durch SCHOLZE & POETZSCHKE.
GU: Die ♀♀ sind im Bereich des Vorderkörpers voller und gelegentlich sieht man die Eier durchschimmern. Die ♂♂ haben eine stärker ausgefranste Afterflosse und auch die Rückenflosse ist oft größer.
Soz.V.: Ein friedlicher Fisch, der gerne in Trupps oder Schwärmen lebt.
Hält.B.: Es empfiehlt sich ein großes Becken, das randlich gut bepflanzt ist, in dem aber auch genügend Schwimmraum vorhanden ist. Auch bei *O. melastigmus* sind die Wasserwerte nicht entscheidend, es kann sogar ein geringer Salzgehalt vorhanden sein, da die Tiere bevorzugt in Küstennähe gefunden wurden, wenn auch in Süßwasser.
ZU: Auch bei dieser Art werden die Eier für einige Zeit als Traube von den ♀♀ getragen und dann in den Pflanzen abgestreift.
FU: O, K; Lebendfutter aller Art sowie Flocken- und Gefrierfutter.
Bes.: *O. melastigmus* ist im südostasiatischen Raum sehr weit verbreitet und weist daher auch unterschiedliche Farbformen auf, die teilweise recht stark schwarz marmoriert sein können, in anderen Gegenden sehen sie eher gelblich aus mit nur wenig schwarzer Musterung. Allgemein gilt jedoch, daß die Gattung *Oryzias* ichthyologisch nur sehr wenig erforscht ist und nur einige wenige Arten wirklich gut bekannt und abgegrenzt sind. *O. melastigmus* zählt dazu nicht.

T: 22 - 26° C, **L**: 5 cm, **BL**: 60 cm, **WR**: o, m, **SG**: 2 - 3

Killifische, Eierlegende Zahnkarpfen

Oryzias celebensis

Oryzias melastigmus

Fam.: Aplocheilidae (oben) / Fam.: Poeciliidae (unten)

Pachypanchax playfairii (GÜNTHER, 1866)
Tüpfelhechtling
Unterfam.: Aplocheilinae

Syn.: *Haplochilus playfairii, Panchax playfairii.*

Vork.: Auf Inseln vor Ostafrika: Seychellen, Sansibar, Madagaskar.

Ersteinf.: 1924 durch SCHLÜTER.

GU: ♀♀ sind eintönig gefärbt; Flossen des ♂ mit roten Tüpfelreihen, Schwanzflosse mit schwarzem Rand; Rückenflosse des ♀ basal mit dunklem Fleck.

Soz.V.: Aggressive, bissige Fische. ♂ und ♀ grenzen Reviere ab. Die Art frißt kleine Fische.

Hält.B.: Sandiger, möglichst dunkler Boden; dichte Bepflanzung, viele Versteckmöglichkeiten aus Wurzeln, Steinen oder breitblättrigen Pflanzen. Wasser mittelhart (8 - 15° dGH) und schwach sauer bis neutral (pH 6,5 - 7). Becken gut abdecken, da *P. playfairii* ein guter Springer ist.

ZU: 24 - 26° C; gelingt in Becken ab 10 l Inhalt. Wasserwerte wie oben angegeben; als Laichsubstrat Hornfarn, Javamoos, feinfiedrige Pflanzen oder Perlongespinst einbringen. Zuchtansatz 1 ♂ und 1 ♀. Die Laichperiode dauert ca. eine Woche. Eizahl 50 - 200 Stück. Die Eier kleben am Substrat. Die Elterntiere sind starke Laichräuber. Dichte Bepflanzung des Zuchtbeckens beugt dem Kannibalismus etwas vor. Bei 24° C schlüpfen die Jungfische nach 12 Tagen. Aufzucht der Jungfische mit *Artemia*-Nauplien und anderem kleinen Futter.

FU: Hauptsächlich Lebendfutter (Kleinkrebse, Insekten, Insektenlarven, *Tubifex*, kleine Fische); Flockenfutter u.ä.

Bes.: Während der Laichzeit stehen bei den ♂♂ die Schuppen etwas ab. Bei der Balz und bei der Paarung werden die Schuppen besonders abgespreizt.

T: 22 - 24° C, **L**: 10 cm, **BL**: 60 cm, **WR**: u, **SG**: 1

Procatopus nototaenia BOULENGER, 1904
Rotrückiger Procatopus
Unterfam.: Aplocheilichthyinae

Syn.: Keine (?).

Vork.: Westafrika: südliches Kamerun.

Ersteinf.: 1960.

GU: ♂ größer, mit mattem, aber intensiv blauem Schimmer an den Körperseiten, Schwanzflosse gerade; ♀ kleiner, der blaue Schimmer ist weniger kräftig. Schwanzflosse abgerundet.

Soz.V.: Lebhafter, friedfertiger Schwarmfisch. Die Tiere sind für das Gesellschaftsbecken geeignet. Nicht mit aggressiven Fischen vergesellschaften. *P. nototaenia* immer im Schwarm halten.

Hält.B.: Sandiger Bodengrund; lockere Randbepflanzung mit überwiegend feinblättrigen Arten, Wasseroberfläche mit Schwimmpflanzen; Schwimmraum freilassen; Dekoration mit Wurzeln. Wasser sehr weich (1 - 3° dGH) und leicht sauer (pH 6). Mit kräftiger Durchlüftung eine Strömung erzeugen, gegen die die Tiere unermüdlich anschwimmen können.

ZU: 22 - 24° C; Wasserwerte wie angegeben, dem Wasser etwas Trypaflavin zusetzen, um Laichverpilzungen zu vermeiden. Die Tiere gehören zu den Haftlaichern. Die Eier haben einen Ø von ca. 1,5 mm und sind gelblich. Sie werden in Spalten von Holz (Wurzeln) abgelegt. Entwicklungsdauer der Eier knapp drei Wochen. Frischwasserzusatz beschleunigt das Schlüpfen der Jungfische. Fütterung der Jungfische mit Infusorien und Rädertierchen.

FU: K; überwiegend Lebendfutter aller Art; die Tiere gehen teilweise auch an Flockenfutter.

Bes.: *Procatopus nototaenia* gilt als der schönste Vertreter der Gattung. Die Gattung *Procatopus* kann man leicht von der Gattung *Aplocheilichthys* unterscheiden: der Kiemendeckel trägt von innen heraus einen schlanken, leicht gefalteten, dreieckigen, häutigen Fortsatz.

T: 20 - 25° C, **L**: 5 cm, **BL**: 50 cm, **WR**: o, **SG**: 2 - 3

Killifische, Eierlegende Zahnkarpfen

Pachypanchax playfairii

Procatopus nototaenia

Fam.: Aplocheilidae
Unterfam.: Rivulinae

Pseudepiplatys annulatus Seite 558

Pterolebias longipinnis   GARMAN, 1895
Langflossiger Schleierkärpfling, Schleierrivulus

Syn.: *Rivulus macrurus*.

Vork.: Südamerika: Brasilien, Amazonas; Argentinien: mittlerer und unterer Rio Paraguay, mittlerer Rio Parana.

Ersteinf.: 1930.

GU: Das ♂ ist größer als das ♀ und hat zugespitzte und verlängerte Flossen; Flossen des ♀ abgerundet; ♂ mit deutlich sichtbarer Zeichnung, die dem ♀ fehlt.

Soz.V.: In der Jugend relativ schwimmfreudig und aggressiv. Die Tiere werden im Alter immer träger. Nie nur zwei ♂♂ zusammenhalten, da diese sich ununterbrochen bekämpfen. Bei der Haltung mehrerer ♂♂ kommt es kaum zu ernsthaften Auseinandersetzungen: Artbecken.

Hält.B.: Wie bei *Cynolebias bellottii* angegeben.

ZU: 20 - 22° C; ansonsten wie bei *C. bellottii*. *Pterolebias longipinnis* ist Bodenlaicher.

FU: K, O; hauptsächlich Lebendfutter jeglicher Art; tiefgefrorenes Futter und Flockenfutter. Die Art ist sehr gefräßig.

Bes.: *P. longipinnis* ist gegen plötzliche Änderungen der Wasserhärte und der Wasserzusammensetzung sehr empfindlich.

T: 17 - 22° C,   **L**: 10 cm,   **BL**: 80 cm,   **WR**: u, m,   **SG**: 3

Pterolebias zonatus   MYERS, 1935
Gestreifter Schleierkärpfling

Syn.: Keine.

Vork.: Südamerika: Venezuela; in temporären Wasseransammlungen.

Ersteinf.: 1963 in die USA, Deutschland?

GU: ♀♀ sind kleiner als die ♂♂ und haben abgerundete Flossen; ♂ mit verlängerten, zugespitzten Flossen.

Soz.V.: Ähnlich dem von *Pterolebias longipinnis*.

Hält.B.: Wie bei *Cynolebias bellottii* angegeben.

ZU: 21 - 23° C; siehe bei *C. bellottii*. Die Zucht von *Pterolebias zonatus* ist trotz aller Bemühungen unergiebig und nicht leicht.

FU: K; Lebendfutter aller Art, wie Mückenlarven, *Tubifex*, Enchyträen, Kleinkrebse, adulte Insekten usw.

Bes.: *Pterolebias zonatus* unterscheidet sich von *P. longipinnis* durch die Anzahl der Seitenlinienschuppen: *P. zonatus* hat 34, *P. longipinnis* dagegen nur 21 - 32

T: 18 - 23° C,   **L**: 9 cm,   **BL**: 70 cm,   **WR**: u, m,   **SG**: 3 - 4

Fortsetzung von Seite 566
Lamprichthys tanganicanus

(1983): "DATZ" 36 (1): 5 - 9, vor. Ein α-Männchen balzt in seinem Revier die vorüberschwimmenden ♀♀ an. Abgelaicht wird an einem Stein. *L. tanganicanus* ist ein Substratlaicher und nicht, wie bisher immer vermutet worden war, ein Freilaicher. In der Natur werden die Gelege sehr stark von Cichliden (*Lamprologus*, *Telmatochromis*- und *Julidochromis*-Arten) dezimiert. *L. tanganicanus* ist Dauerlaicher, d.h. die Eier werden über einen langen Zeitraum hinweg abgegeben.

FU: K; Lebendfutter (Kleinkrebse, Insekten usw.) und Fischschuppen!

Bes.: *Lamprichthys tanganicanus* ist der größte Killifisch Afrikas.

Killifische, Eierlegende Zahnkarpfen

Pterolebias longipinnis

Pterolebias zonatus

Fam.: Aplocheilidae
Unterfam.: Rivulinae

Rivulus cylindraceus   POEY, 1861
Kuba-Bachling
Syn.: *Rivulus marmoratus*.
Vork.: Mittelamerika: Kuba; in klaren Gebirgsbächen.
Ersteinf.: 1930 durch MAYER.
GU: ♂ intensiver gefärbt, Rücken- und Schwanzflosse oben mit bläulichem Saum; ♀ mit deutlichem, dunklem Fleck auf dem oberen Teil der Schwanzflossenwurzel, Flossen mehr abgerundet.
Soz.V.: Lebendiger und verhältnismäßig verträglicher Fisch. Zum Vergesellschaften eignen sich am besten friedliche Fische in entsprechender Größe. Die ♂♂ dieser Art bekämpfen sich stark, während die ♀♀ untereinander verträglicher sind.
Hält.B.: Dunkler, kiesiger Bodengrund; Becken mit dichter Bepflanzung, Wasseroberfläche mit Schwimmpflanzen; einige Wurzeln zur Dekoration. An die Wasserbeschaffenheit stellt *Rivulus cylindraceus* keine Ansprüche. Wasser mittelhart (um 8° dGH) und neutral (pH 7). Die Tiere lieben es, wenn einige Höhlen aus halbierten Kokosnüssen vorhanden sind.
ZU: 23 - 24° C; schon in kleinsten Becken mit 3 - 5 l Inhalt möglich. Die Zucht ist nicht schwer. Vorher Geschlechter trennen, um den ♀♀ Laichansatz zu ermöglichen. Als Laichsubstrat kann man Torffasern, Perlongespinst oder feinfiedrige Pflanzen (*Myriophyllum*) verwenden. Zuchtansatz 1 ♂ und 2 ♀♀. Nach dem Ablaichen die Zuchttiere herausfangen. Die Jungfische schlüpfen nach 12 - 14 Tagen. Aufzucht der Jungen mit *Artemia*-Nauplien. Die Jungfische haben eine charakteristische Zeichnung. Vom Maul bis zu der Schwanzflosse verläuft ein feiner, schwarzer Längsstreifen.
FU: K, O; Lebendfutter (Mückenlarven, *Tubifex*, Enchyträen, *Drosophila*), Flokkenfutter.
Bes.: Um ein gutes Wachstum der Jungfische zu erzielen, muß in 14tägigem Turnus ein Teil des Wassers gewechselt werden. Die Rivulus-Arten sind gut an ihrem mehr oder weniger walzenförmigen Körper zu erkennen.

T: 22 - 24° C, **L**: 5,5 cm, **BL**: 50 cm, **WR**: u, m, **SG**: 1 - 2

Rivulus xanthonotus   AHL, 1926
Gelber Bachling
Syn.: Keine.
Vork.: Südamerika: Amazonas (?); eine genaue Fundortangabe fehlt.
Ersteinf.: 1926 von WOLMER.
GU: ♀ dunkelbraun, Seiten mit Reihen roter Punkte; ♀ ockerfarben.
Soz.V.: Schwimmfreudige und bemerkenswert friedliche Killifische.
Hält.B.: Wie bei *Rivulus cylindraceus* angegeben. Becken gut abdecken, da die Tiere ausgezeichnet springen können. Wasser weich bis mittelhart (5 - 9° dGH) und schwach sauer (pH 6,5).
ZU: Ähnlich der von *R. cylindraceus*.
FU: K, O; Lebendfutter, Flockenfutter.
Bes.: Einige Ichtyologen sehen *Rivulus xanthonotus* nur als eine Varietät von *Rivulus urophthalmus*, GÜNTHER, 1866, an.

T: 22 - 25° C, **L**: 7 cm, **BL**: 60 cm, **WR**: u, m, **SG**: 2

Killifische, Eierlegende Zahnkarpfen

Rivulus cylindraceus

Rivulus xanthonotus

Fam.: Aplocheilidae
Unterfam.: Aplocheilinae

Aphyosemion bertholdi ROLOFF, 1965
Bertholds Prachtkärpfling

Syn.: *Aphyosemion bertholdi*, "*Aphyosemion muelleri*", "*Roloffia*" *bertholdi*.

Vork.: Westafrika: Sierra Leone, Guinea und Liberia; in beschatteten Gewässern der tropischen Regenwälder.

Ersteinf.: 1962 durch ROLOFF.

GU: ♂ größer und viel farbenprächtiger; ♀ kleiner und hellbraun bis olivgrün gefärbt. Das ♂ hat während der Laichzeit eine schwarze Kehle.

Soz.V.: Lebhafte, friedliche Fische. Sie können mit andern *Aphyosemion*-Arten oder ähnlichen Fischen vergesellschaftet werden.

Hält.B.: Wie bei *Aphyosemion chaytori* angegeben. Bodengrund als 1- 2 cm hoher Schicht von ausgekochtem Torf; häufiger Teilwasserwechsel ist wichtig.

ZU: 23 - 24° C; kleine Zuchtbecken mit niedrigem Wasserstand; Bodengrund aus dünner Torfschicht; Wasser weich (um 4° dGH) und leicht sauer (pH 6,5). Die Art ist ein Pseudobodenlaicher. Die Tiere legen nach gemäßigtem Treiben des ♂ ihre Eier auf den Bodengrund und nicht in ihn hinein. Die Eizahl beträgt 10 - 30 Stück. Die Elterntiere werden nach dem Ablaichen entfernt, dann wird die Wasserhöhe im Zuchtbecken auf 3 cm abgesenkt. Die Jungfische schlüpfen nach 14 - 18 Tagen und werden mit *Artemia*-Nauplien gefüttert. Häufiger Wasserwechsel während der Aufzucht, da sonst das Wachstum der Jungfische zu stark beeinträchtigt wird.

FU: K, Lebendfutter aller Art: Mückenlarven, adulte Insekten, Kleinkrebse, *Tubifex* usw.

Bes.: Die Art ist ein guter Springer und kann durch den kleinsten Spalt entkommen. Die Becken müssen deshalb sehr gut abgedeckt werden. Durch Trennung der Geschlechter kann man die Lebensdauer der Fische bedeutend verlängern. Nur zum Ablaichen deshalb ♂ und ♀ einige wenige Tage zusammensetzen.

T: 22 - 24° C, **L**: 5 cm, **BL**: 50 cm, **WR**: u, m, **SG**: 3

Aphyosemion roloffi AHL, 1937
Brünings Prachtkärpfling

Syn.: "*Roloffia*" *brueningi*.

Vork.: Westafrika: Sierra Leone; im Kenema-Distrikt, bei der Ortschaft Giema.

Ersteinf.: 1983 durch ROLOFF.

GU: ♂ grünblau bis dunkelblau gefärbt mit roten Brustflossen; ♀ olivbraun bis rotbraun gefärbt, Brustflossen nicht rot.

Soz.V.: Lebhafter, meist friedlicher Fisch. Am besten im Artbecken halten oder mit ähnlichen Fischen vergesellschaften.

Hält.B.: Wie bei *Aphyosemion chaytori* angegeben.

ZU: 22 - 24° C; Zucht wie bei *Aphyosemion chaytori* angegeben. *A. roloffi* ist ein ausgesprochener Bodenlaicher.

FU: Hauptsächlich Lebendfutter aller Art, vor allem Weiße und Schwarze Mückenlarven. Weiterhin Kleinkrebse, *Tubifex*, Enchyträen.

Bes.: Einige Forscher sahen "*Roloffia*" *brueningi* als eigene Art an.

T: 22 - 24° C, **L**: 5 cm, **BL**: 50 cm, **WR**: u, o, **SG**: 2 - 3

Killifische, Eierlegende Zahnkarpfen

Aphyosemion bertholdi

Aphyosemion roloffi

Fam.: Aplocheilidae
Unterfam.: Aplocheilinae

Aphyosemion chaytori ROLOFF, 1971
Chaytons Prachtkärpfling
Syn.: *"Roloffia" chaytori.*
Vork.: Westafrika: Sierra Leone. Die Art bewohnt fließende Gewässer in Quellnähe und meidet freie Gewässer mit höheren Temperaturen.
Ersteinf.: 1963 durch ROLOFF.
GU: ♂♂ wesentlich farbenprächtiger als die ♀♀; Körper und Flossen der ♀♀ sind olivbraun und mit zahlreichen roten Punkten übersät.
Soz.V.: Lebhafte, größtenteils friedliche Fische. Die Tiere im Artbecken halten oder mit gleich großen *Epiplatys*-Arten vergesellschaften.
Hält.B.: Weicher Bodengrund (ausgekochter Torf); Rand- und Hintergrundbepflanzung mit feinblättrigen Arten; freier Schwimmraum. Dekoration mit Wurzeln; Schwimmpflanzen zur Lichtdämpfung, keine Beleuchtung von oben. Es erweist sich als vorteilhaft, wenn die Frontscheibe des Aquariums Licht erhält und die übrigen Scheiben durch Zukleben verdunkelt werden. Zu helle Haltung der Tiere führt zu einem Verblassen der Farben und mindert das Wohlbefinden. Wasser sehr weich bis weich (1 - 6° dGH) und schwach sauer bis neutral (pH 6,3 - 7).
ZU: 23 - 24° C; Wasserwerte wie oben angegeben; Bepflanzung mit feinblättrigen Arten. Die Eier werden an den Pflanzen in Nähe der Wasseroberfläche abgelegt. Man sollte von Zeit zu Zeit die Eier ablesen. Die Jungfische schlüpfen nach etwa 12 - 14 Tagen und werden mit *Artemia*-Nauplien gefüttert. Der Zusatz von Trypaflavin bewirkt bei dieser Art ein vorzeitiges Schlüpfen der Jungfische und führt zu deren Tod.
FU: K; abwechslungsreiches Lebendfutter jeglicher Art (Mückenlarven, Insekten, Kleinkrebse, Enchyträen, *Tubifex* usw.).
Bes.: Die Becken müssen gut abgedeckt werden, da die Art gut springen kann. Bei nicht zu hohen Temperaturen (22 - 24° C), nicht zu hartem Wasser und geringem Lichteinfall leben die Tiere zwei bis zweieinhalb Jahre und bleiben während dieser Zeit auch fortpflanzungsfähig.

T: 22 - 24° C, **L**: 5 cm, **BL**: 50 cm, **WR**: u, m, **SG**: 2

Aphyosemion liberiensis (BOULENGER, 1908)
Liberia Prachtkärpfling, Kalabar Prachtkärpfling
Syn.: *Haplochilus liberiensis, Aphyosemion calabaricus, A. liberiense, "Roloffia" calabarica, "Roloffia" liberiensis.*
Vork.: Westafrika: westliches Liberia, Nigeria (?); in Wasserlöchern.
Ersteinf.: 1908 durch WINKELMANN.
GU: ♂♂ mit blauem bis grünem metallischem Schimmer an den Körperseiten und auf den Flossen; während der Laichzeit hat das ♂ einen sehr dunklen Kopf; das ♀ ist braun bis olivgrün gefärbt.
Soz.V.: Lebhafte, überwiegend friedliche Killifische. Sie werden am besten mit anderen *Aphyosemion*-Arten vergesellschaftet.
Hält.B.: Wie bei *Aphyosemion australe* angegeben. Wasser weich (um 5° dGH) und leicht sauer (pH 6 - 6,5), Torffilterung, kein Meersalzzusatz.
ZU: Ähnelt der von *Aphyosemion puerzli;* halb-annuelle Art; Zucht leicht; Wasser weich (4 - 7° dGH) und leicht sauer (pH 6,2).
FU: K, O; Lebendfutter, Flockenfutter.
Bes.: ROLOFF (1970) vertritt die Ansicht, daß *Aphyosemion liberiensis* und *Aphyosemion calabaricus* (AHL, 1935) zwei gute Arten sind und beide ihre Daseinsberechtigung haben (The Aquarium 12/1970:9 - 12, 46).

T: 22 - 24° C, **L**: 6 cm, **BL**: 60 cm, **WR**: u, m, **SG**: 1 - 2

Killifische, Eierlegende Zahnkarpfen

Aphyosemion chaytori

Aphyosemion liberiensis

Fam.: Aplocheilidae

Callopanchax occidentalis (früher *Roloffia occidentalis*) (CLAUSEN, 1965)
Goldfasan Prachtkärpfling
Unterfam.: Aplocheilinae

Syn.: *Aphyosemion occidentalis*, *"Roloffia" occidentalis*.
Vork.: Westafrika: Sierra Leone; in Urwald- und Savannen-Gewässern.
Ersteinf.: 1911.
GU: ♂♂ farbenprächtiger, alte ♂♂ mit im hinteren Teil fransenartig vorspringender und weiß gefärbter Afterflosse; ähnliche, aber kürzere Fortsätze auch an der Rückenflosse. ♀♀ rotbraun gefärbt, während der Laichzeit mit dunklem Fleck im vorderen Bereich der Kehle.
Soz.V.: Lebhafter, relativ aggressiver Saisonfisch.
Hält.B.: Wie bei *Aphyosemion chaytori* angegeben.

ZU: 23 - 24° C. Die Art ist ein typischer Bodenlaicher, deshalb Bodengrund aus Torfschicht. Die Eier werden in den Boden abgelegt. Die Eier haben einen Ø von ca. 1,5 mm. Sie entwickeln sich diskontinuierlich. Der Embryo ist erst nach einigen Monaten vollständig ausgebildet. Behandlung der Eier im Torf wie bei anderen Saisonfischen.
FU: K; Lebendfutter aller Art: Mückenlarven, Kleinkrebse, *Tubifex*, Insekten (*Drosophila*). Die Tiere fressen nur ausnahmsweise Flockenfutter.
Bes.: Erwachsene Exemplare sind sehr empfindlich gegen Fischtuberkulose.

T: 20 - 24° C, **L**: 9 cm, **BL**: 70 cm, **WR**: u, m, **SG**: 2 - 3

Callopanchax toddi, Seite 540

Terranatos dolichopterus (WEITZMAN & WOURMS, 1967)
Säbelkärpfling, Flügelflosser
Unterfam.: Rivulinae

Syn.: *Austrofundulus dolichopterus*, *Cynolebias dolichopterus*.
Vork.: Südamerika: Venezuela; in temporären Tümpeln.
Ersteinf.: 1967.
GU: ♂♂ mit lang ausgezogenen, sichelförmigen Rücken- und Afterflossen, intensiver gefärbt; ♀♀ ohne diese ausgezogenen Flossen, einfacher gefärbt.
Soz.V.: Friedlicher, sehr scheuer Fisch.
Hält.B.: Weicher, dunkler Bodengrund, dichte Bepflanzung; Schwimmraum freilassen; Wurzeln und Steine als Versteckplätze und Dekoration, gedämpftes Licht. Wasser weich (4 - 6° dGH) und schwach sauer (pH 6 - 6,5), gelegentlich Frischwasserzusatz. Die Tiere am besten im Artbecken halten.
ZU: Um 26° C; Becken nicht unter 15 l Inhalt; Wasser sehr weich (2 - 3° dGH) und leicht sauer (pH 6). Die Tiere sind Bodenlaicher, deshalb ausgekochten und gespülten Torf als Laichsubstrat und Bodengrund verwenden. Zuchtansatz mit einem ♂ und zwei ♀♀ oder einer größeren Anzahl von Tieren mit ♀♀-Überschuß. Die Tiere laichen im Torf ab. Der Torf mit den Eiern wird alle 2 - 3 Wochen aus dem Becken entfernt und bis zur Beendigung der Entwicklungszeit ohne Wasser aufbewahrt. Bei 22 - 23° C wird nach 5 - 6 Monaten mit weichem Wasser aufgegossen, um die Jungfische zum Schlüpfen zu bringen.
FU: K; Lebendfutter aller Art, Flockenfutter wird nur in Ausnahmefällen gefressen.
Bes.: Die Lebensdauer der Tiere liegt zwischen einem und zwei Jahren. Aquarium gut abdecken, da die Fische gute Springer sind.

T: 20 - 25° C, **L**: ♂ 5 cm, ♀ 3,5 cm, **BL**: 50 cm, **WR**: u, m, **SG**: 3

Killifische, Eierlegende Zahnkarpfen

Callopanchax occidentalis

Terranatos dolichopterus

Gruppe 6

Ordnung: Cyprinodontiformes II
(Lebendgebärende Zahnkarpfen)

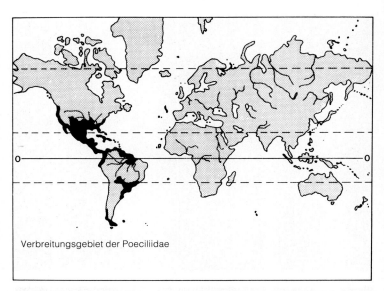

Verbreitungsgebiet der Poeciliidae

Die Familie Poeciliidae   **Lebendgebärende Zahnkarpfen**
Unterfam. Poeciliinae

Die Natur hat immer neue Variationen zur Arterhaltung und Vermehrung "erfunden". So wie nach den eierlegenden Echsen die lebendgebärenden Säugetiere entstanden, so kamen die Lebendgebärenden Zahnkarpfen entwicklungsgeschichtlich auch sehr spät im Oligozän (44 - 38,5 Mio. Jahre) und im Miozän (28,5 Mio. Jahre). Fischeier sind bis zum Freischwimmen der Jungen ständig der Gefahr von Laichräubern ausgesetzt. Die lebenden Jungen dagegen können sich sofort verbergen und sich ihren Feinden durch Flucht in solche Spalten, Pflanzendickichte und Algenteppiche entziehen, die die Verfolger aufgrund ihrer Größe nicht aufsuchen können. Deshalb brauchen lebendgebärende Arten auch nicht eine so hohe Multiplikationsrate wie die meisten Eierlegenden. 20 - 40, selten bis 150 Junge bringen die ♀ ♀ hervor. Bei den brutpflegenden eierlegenden Arten geht die Zahl oft in die Tausende und Millionen.

So wie die meisten Salmler ihre Fettflosse als Erkennungszeichen tragen, so haben die Lebendgebärenden Zahnkarpfen als untrügliches Kennzeichen bei den männlichen Tieren das Gonopodium. Diese als Begattungsorgan umgewandelte Afterflosse setzt Sper-

Lebendgebärende Zahnkarpfen
Familie Poeciliidae

Poecilia velifera, Beschreibung s. S. 604

Fam.: Poeciliidae

matophoren innerhalb der ♀♀ ab. Diese werden bei vielen Arten fast unablässig von den ♂♂ verfolgt. Die Eier reifen im Körper und erst kurz vor der Geburt platzen die Eihüllen, lebende Junge verlassen das ♀. Die Jungtiere können sofort fressen. Bei genügendem Schutz vor Feinden kommt es bei einigen Arten innerhalb kürzester Zeit zu Massenvermehrungen. Sehr interessant ist auch, daß eine sogenannte Vorratsbefruchtung es ermöglicht, daß mehrere Würfe Junge hervorgebracht werden, ohne daß ein ♂ zugegen sein müßte. Schon vielfach hat es Aquarianer verblüfft, daß Junge zur Welt kamen, obwohl nur ein ♀ im Aquarium gepflegt wurde.

Die lebendgebärenden Fische haben bei der Bekämpfung von Malariamücken in vielen tropischen und subtropischen Ländern unschätzbare Dienste geleistet.

Die leichte Züchtbarkeit, die Anpassungsfähigkeit auch an ungünstige Wasserbedingungen, z.B. an hohen Kalkgehalt, sowie die große Variationsbreite und Kreuzungsmöglichkeit einiger Arten haben die Lebendgebärenden so beliebt gemacht. Von den etwa 10 Millionen Aquarianern auf der Welt dürfte wohl schon bald jeder einmal Guppies, Schwertträger oder Platies gepflegt haben.

Die Weltgesundheitsorganisation (WHO) setzt heute noch Gambusen und Guppies ein. Selbst Trinkwasserreservoire, Brunnen und fast alle sonstigen stehenden Gewässer werden in tropischen und subtropischen Gebieten mit diesen Fischen bevölkert, um der Moskitoplage Herr zu werden. Die Anpassungsfähigkeit an hartes, salzhaltiges Wasser ist bei einigen Arten so groß, daß sie nach Gewöhnung selbst in Salzwasser oder stark brackigem Wasser von Lagunen überleben können, z. B. *Mollienesia* und einige *Gambusia*-Arten.

Da die **Hälterungsbedingungen** bei fast allen Lebendgebärenden gleich sind, werden sie hier zusammengefaßt:

Die **Beckengröße** ist bei den einzelnen Arten angegeben.

Der **Bodengrund**, wenn nur Lebendgebärende gehalten werden, sollte wie folgt beschaffen sein: normaler Sand und Flußkies, aber auch Quarzkies, je nach Wahl des Pflegers. Diese Fische nehmen so leicht nichts übel. Sogar kalkhaltiger Kies (Marmorkies) wird trotz ständig steigender Härtegrade vertragen. Hierauf sollte man allerdings verzichten, wenn die Lebendgebärenden mit anderen, nicht so härteliebenden Arten vergesellschaftet werden.

Beckenbepflanzung: "Harte" Pflanzen, die hohe Wasserhärte vertragen können, z.B. Javamoos, Javafarn, Sagittarien, Vallisnerien.

An **Sauerstoff** und **Filterung** stellen die Arten keine hohen Ansprüche.

Lebendgebärende Zahnkarpfen

Die Zucht von Lebendgebärenden Zahnkarpfen

Die Zucht geschieht "von allein". Lebendgebärende pflanzen sich fort "wie die Kaninchen". Und doch ist es nicht so leicht, die Jungen auch großzubekommen. Die Elterntiere und andere Beckeninsassen stellen der mückenlarvengroßen Jungbrut nach.

Wenn man züchten will, muß man die trächtigen ♀♀ (man sieht es an den runden, prallen Bäuchen - bei manchen Arten schimmern schon die Augen der Jungtiere durch den Mutterleib) in einen Ablaichkasten setzen. Die Jungen fallen durch einen Schlitz am Boden des Kastens und können so nicht mehr von der kannibalischen Mutter gefressen werden.

Die Aufzucht geschieht mit *Artemia salina,* feingemahlenem Flockenfutter und hartgekochtem Eigelb. Die Jungen wachsen sehr schnell heran.

Bei der selektiven Guppyzucht werden die ♂♂ schon nach drei Wochen von den ♀♀ getrennt, damit nicht fehlentwickelte ♂♂ die ♀♀ befruchten. Die Erkennung der Geschlechter in diesem Wachstumsstadium gelingt nur Fachleuten. Die Geschlechter werden fortan getrennt gehalten und zur Weiterzucht nur die schönsten Tiere ausgewählt.

Die Fütterung bei der gezielten Zucht von hochstämmigen Guppies und anderen Lebendgebärenden Zahnkarpfen sollte abwechslungsreich sein. Mit der Fütterung von Flockenfutter allein ist es nicht getan. Besonders Schwertträger-♂♂ entwickeln sich erst zu voller Größe, wenn man kräftiges Lebendfutter verabreicht. Schwarze Mückenlarven sind hierbei zu bevorzugen. Auch gefriergetrocknete Futtermittel wie Leber, Rote Mückenlarven und ausgewachsene *Artemia* (Brine Shrimps) sind gut geeignet; die bekannten Hafttabletten TetraTips FD enthalten diese Substanzen.

Flockenfutter ist wegen seines Gehaltes an pflanzenreichen Stoffen und Kalk stets hinzuzufüttern.

Wer heute neue Rassen bestimmter Arten (Schwertträger, Platies, Black Mollies, Guppies) herauszüchten will, muß sich schon anstrengen. Alle erdenklichen Farb- und Formkombinationen gibt es bereits. Manche Tiere sind infolge Überzüchtung (z.B. zu langes Gonopodium bei den ♂♂) nicht mehr fortpflanzungsfähig. Die Standardregeln für die einzelnen Arten kann man sich bei Aquarienvereinen beschaffen.

Auf die Angabe der jeweiligen Unterfamilie konnte verzichtet werden, da alle hier aufgeführten Arten der Unterfamilie *Poeciliinae* angehören.

Fam.: Poeciliidae
Unterfam.: Poeciliinae

Belonesox belizanus KNER, 1860
Hechtkärpfling
Syn.: Keine.
Vork.: Östliches Mittelamerika, Südmexiko bis Honduras.
Ersteinf.: 1909 durch SIGGELKOW.
GU: ♀ bedeutend größer; mit gelber Afterflossenbasis, seltener orange.
Soz.V.: Räuberischer Fisch, der nur mit großen, robusten Fischen vergesellschaftet werden darf. Jungtiere sind leidlich verträglich, Alttiere ständig zänkisch.
Hält.B.: Große Becken mit gutem Pflanzenwuchs (Riesenvallisnerien, die hartes Wasser vertragen), Wurzelwerk und gute Filterung. Wasser mit leichtem Salzzusatz. pH-Wert 7,5 - 8,2; Härte über 25° dGH.
ZU: Die Zucht ist in Becken ab 1,20 m Länge recht einfach. Dem Wasser gibt man pro 10 l einen Eßlöffel Kochsalz hinzu. Die lebendgeborenen Jungen sind gleich 2 - 3 cm groß und werden vom ♀ nicht gefressen. Dieses hat nach der Geburt eine Freßsperre. Die Jungen wachsen schnell bei guter Fütterung mit Lebendfutter. Bis zu 100 Junge können auf einmal geworfen werden.
FU: K; Fische, alles größere Lebendfutter. Größere Exemplare lassen sich manchmal nur mit Lebendgebärenden Zahnkarpfen ernähren. (Menge pro Tag etwa ein Guppy).
Bes.: Einzige Art der Gattung *B. belizanus,* gehört wie *Exos lucius* zum Typus des Stoßräubers. Die Tiere stehen nach Art der Hechte zwischen den Wasserpflanzen und lauern auf Beute.

T: 26 - 32° C, **L:** ♂ 12 cm, ♀ 20 cm, **BL:** 100 cm, **WR:** o, **SG:** 3

Gambusia holbrooki GIRARD, 1859
Syn.: *Gambusia affinis holbrooki, G. patruelis holbrooki, Haplochilus melanops, Heterandria holbrooki, H. uninotata, Schizophallus holbrooki, Zygonectes atrilatus, Z. melanops.*
Vork.: Nördliches Mexiko, USA von Florida bis Texas zwischen 20. und 35. Grad nördlicher Breite in Süß- und Brackwasser. Im Mittelmeerraum wurden beide Unterarten eingebürgert.
Ersteinf.: 1898 durch STÜVE & NITSCHE.
GU: ♂ mit Gonopodium und wesentlich hübscher gefärbt.
Soz.V.: Nicht ganz friedliche Art, für jedes Gesellschaftsbecken mit kräftigen Fischen geeignet.
Hält.B.: Eine der härtesten Fischarten, die es gibt. An das Wasser werden keine Ansprüche gestellt: pH-Wert 6 - 8,8; Härte bis 40° dGH.
ZU: Trotz der einfachen Haltung ist die Zucht weniger erfolgreich. Nur ausgewachsene ♀ ♀ ab 6 cm Länge sollen zur Zucht genommen werden. Bei flachem Wasserstand, 20 - 24° C und dichtem Pflanzenwuchs (Schwimmpflanzen) setzt man einige ♂ ♂ zu einem oder mehreren ♀ ♀, am besten in einen großen Ablaichkasten. Die ♀ ♀ stellen den eigenen Jungen stark nach. Alle 5 - 8 Wochen werden bei günstigen Voraussetzungen (Fütterung mit Mückenlarven) 40 - 60 Junge geworfen.
FU: K, O; Insektenlarven, Algen und Flockenfutter jeder Art.
Bes.: Neben dem Guppy sind es besonders die *Gambusia*-Arten, die zur Insektenvertilgung in Wasserbehältern und Tümpeln auf der ganzen Welt eingesetzt werden. Die Gattung *Gambusia* kommt auch in Europa vor. Heute ist zwischen ausgesetzten und wilden Formen kaum noch zu unterscheiden. Lt. HUBBS, Universität Texas, gibt es wenigstens 3 Arten: *Gambusia holbrooki* (Ostküste Nordamerika), *G. affinis* (Mississippi Valley etc.) und *G. speciosa* (nördliches Mexiko, Texas).

T: 15 - 35° C, **L:** ♂ 3,5 cm, ♀ 8 cm, **BL:** 60 cm, **WR:** m, o, **SG:** 1

Lebendgebärende Zahnkarpfen

Belonesox belizanus

Gambusia holbrooki

Fam.: Poeciliidae
Unterfam.: Poeciliinae

Girardinus metallicus — POEY, 1854
Metallkärpfling

Syn.: *Girardinus garmani, G. pygmaeus, Heterandria cubensis, H. metallica, Poecilia metallica.*

Vork.: Kuba (endemisch).

Ersteinf.: 1906 durch SCHROOT.

GU: Die metallisch glänzenden Querbinden sind beim ♂ wesentlich intensiver gefärbt, das Gonodopium ist schwarz.

Soz.V.: Lebhafter, friedlicher Fisch, für Gesellschaftsbecken gut geeignet. Ältere ♀♀ können mit zunehmendem Alter zänkisch werden.

Hält.B.: Die Art bevorzugt klares, leicht strömendes Wasser, weshalb gute Filterung sehr zum Wohlbefinden beiträgt. pH-Wert 6,5 - 7,5; Härte 10 - 25° dGH. Das Becken sollte gut bepflanzt sein und in einem Teil einige Schwimmpflanzen aufweisen.

ZU: Bei 24 - 26° C werden alle 28 - 30 Tage 10 - 100 Junge abgesetzt. Diese sind relativ klein (6 - 7 mm) und sollen von der Mutter getrennt aufwachsen, da diese die Jungen auffrißt. Die Verwendung eines Ablaichkastens ist anzuraten oder aber eine dichte Schwimmpflanzendecke z.B. aus *Pistia, Ceratopteris.*

FU: K, O; Allesfresser; Flockenfutter, Tablettenbutter, Algen, jedes feine Lebendfutter.

Bes.: Prächtige Art, die leider viel zu selten vermehrt wird. Es soll auch eine gescheckte Variante geben. Es gibt auch immer wieder ♂♂, die im Gegensatz zum normalen Aquarienstamm von der Maulunterkante über den Bauch bis in die Spitze des Gonopodiums schwarz gezeichnet sind (s. Foto).

T: 22 - 25° C, **L**: ♂ 5 cm, ♀ 9 cm, **BL**: 70 cm, **WR**: m, o, **SG**: 1- 2

Heterandria formosa — AGASSIZ, 1853
Zwergkärpfling

Syn.: *Girardinus formosus, Gabusia formosa, Heterandria ommata, Hydragyra formosa, Rivulus ommatus, Zygonectes manni.*

Vork.: Südkarolina, Florida/USA.

Ersteinf.: 1912 durch SIGGELKOW.

GU: ♂ viel kleiner, mit Gonopodium.

Soz.V.: Friedlich, zur Vergesellschaftung nur mit kleineren Arten geeignet.

Hält.B.: Dichte Bepflanzung in kleinsten Becken.

ZU: Das Gebären der Jungen erfolgt über einen Zeitraum von 10 - 14, maximal 77 Tagen. Die Zucht ist leicht.

FU: Kleine Wasserflöhe, *Artemia,* feinstes FD- und Flockenfutter.

Bes.: Einer der kleinsten Fische, Nr. 7 der "Rangliste". Nur etwas für Kenner. Er ist recht ansprechend gefärbt. Kurze Lebensdauer von einenhalb bis zwei Jahren. Die in der Aquarienliteratur weit verbreitete Ansicht, die ♀♀ von *H. formosa* seien arge Kannibalen, kann von uns nicht bestätigt werden.

T: 20 - 26° C, **L**: ♂ 2 cm, ♀ 4,5 cm, **BL**: ab 30 cm, **WR**: m, o, **SG**: 1

Lebendgebärende Zahnkarpfen

Girardinus metallicus ♀, unten ♂

Heterandria formosa ♂ oben, ♀ unten

Fam.: Poeciliidae
Unterfam.: Poeciliinae

Phallichthys amates amates (MILLER, 1907)
Guatemalakärpfling

Syn.: *Poecilia amates, Poeciliopsis amates.*

Vork.: Guatemala, Panama bis Honduras.

Ersteinf.: 1937 durch MAYER.

GU: ♂ kleiner und mit Gonopodium.

Soz.V.: Sehr friedliche Art, die jedoch den eigenen Jungtieren nachstellt. Für Gesellschaftsbecken mit nicht zu starken Fressern geeignet.

Hält.B.: Wie andere Lebendgebärende in gut bepflanzten Aquarien zu halten. Die Art ist empfindlicher als die "gewöhnlichen" Guppies, Platies, Mollies. pH-Wert 6,5 - 7,5; Härte 10 - 25° dGH).

ZU: 10 - 80 Junge werden alle 28 Tage abgesetzt. Eltern von den Jungtieren trennen bzw. Ablaichkasten verwenden. In einer dichten Schwimmpflanzendecke kommen regelmäßig einige Junge hoch.

FU: O, H; Flockenfutter, Lebendfutter, FD-Nahrung, Algen.

Bes.: Die Geschlechtsreife der ♂♂ tritt mit 6 Monaten, die der ♀♀ erst mit 12 Monaten ein. Mit einer Befruchtung können die ♀♀ mehrmals Junge bekommen. Es gibt noch die Unterart *P. a. pittieri* (MEEK, 1912).

T: 22 - 28° C, **L**: ♂ 3 cm, ♀ 6 cm, **BL**: 60 cm, **WR**: m, o, **SG**: 2

Phalloceros caudimaculatus (HENSEL, 1868)
Gefleckter Kaudi, Vielfleckkärpfling

Syn.: *Girardinus januarius reticulatus, G. reticulata, G. caudimaculatus, Poecilia caudomaculatus, Glaridichthys caudimaculatus, Phalloceros caudomaculatus.*

Vork.: Mittelbrasilien, Paraguay, Uruguay.

Ersteinf.: 1905 durch KÖPPE & SIGGELKOW.

GU: Die Rückenflosse beim ♂ ist schwarz gesäumt, die Kiemendeckel des ♂ farbiger als die vom ♀.

Soz.V.: Friedliche Art, die jedoch ihren eigenen Jungen gelegentlich nachstellt. Für Gesellschaftsbecken geeignet.

Hält.B.: Wie alle Lebendgebärenden in härterem Wasser besser zu halten als in weichem Wasser. Da die meisten Gesellschaftsbecken eher hartes Wasser aufweisen, kann die Art dort recht ausdauernd sein. pH-Wert 6,8 - 8; Härte 15 - 30° dGH.

ZU: In mäßig hartem Wasser von 15 - 20° dGH und gut bepflanzten kleinen Aquarien werden pro Wurf 10 - 40 Junge abgesetzt. Diese sind ca. 7 mm lang und schwimmen nach einer Stunde frei. Der Bodengrund soll frei von Mulm sein.

FU: K, O; Flockenfutter, FD-Futtermittel, feines Lebendfutter aller Art.

Bes.: Die Geburten verlaufen selten normal. Die Jungfische kommen oft zusammengerollt aus dem Leib der Mutter, sinken zu Boden, bleiben dort noch etwa eine Stunde liegen und schwimmen dann erst frei.

T: 20 - 24° C, **L**: ♂ 3,5 cm, ♀ 4,5 cm, **BL**: 60 cm, **WR**: m, o, **SG**: 1

Lebendgebärende Zahnkarpfen

Phallichthys amates amates

Phalloceros caudimaculatus (Goldform)

Fam.: Poeciliidae
Unterfam.: Poeciliinae

Limia melanogaster   GÜNTHER, 1866
Dreifarbiger Jamaika-Kärpfling

Syn.: *Poecilia melanogaster, Limia caudofasciata tricolor, L. tricolor*
Vork.: Jamaika und Haiti.
Ersteinf.: 1908 durch SIGGELKOW.
GU: ♂ Gonopodium, ♀ unscheinbar gefärbt, hat Trächtigkeitsfleck.
Soz.V.: Friedlicher, lebhafter Schwarmfisch.
Hält.B.: Veralgtes Becken, hartes Wasser, 20 - 30° dGH; pH 7,5 - 8,5. Mittlere Beckengröße ab 50 cm mit etwas freiem Schwimmraum; härteliebende Pflanzen wie Javamoos, *Sagittaria*, Javafarn. Bachbettgestaltung. Keine Vergesellschaftung mit räuberischen Fischen.

ZU: Gut möglich, wird aber selten durchgeführt. Da die Art Algen und Pflanzenteile als Nahrung bevorzugt, erfreut sie sich geringer Beliebtheit unter den Aquarianern.
FU: H, O; Algen, Pflanzenkost, Kleinkrebse (*Artemia*), Flockenfutter.
Bes.: Die Art wird leider selten gehalten, da sie in weichem Wasser empfindlich ist und kümmert, wenn nicht genügend Algen vorhanden sind.

T: 22 - 28° C, **L**: ♂ 4 cm, ♀ 6,5 cm, **BL**: 50 cm, **WR**: m, **SG**: 2

Limia nigrofasciata   REGAN, 1913
Schwarzbandkärpfling

Syn.: *Poecilia nigrofasciata, Limia arnoldi.*
Vork.: Haiti, in allen Gewässertypen.
Ersteinf.: 1912 durch SIGGELKOW.
GU: ♂ mit Gonopodium, hochrückig, Schwanzstiel an der Unterseite kielförmig nach oben gebogen; beim ♀ gerade.
Soz.V.: Friedliche Art, die jedoch gelegentlich den eigenen Nachwuchs frißt. Für Gesellschaftsbecken mit hartem Wasser gut geeignet.
Hält.B.: Die Art kommt sowohl in Süßwasser als auch in Brackwasser vor; in weichem Wasser kümmert sie. pH-Wert 7 - 8,5; Härte über 10° dGH. Bei Wasserwechsel gibt man ein Wasseraufbereitungsmittel und einen Teelöffel Kochsalz pro 10 l Wasser zu. Bepflanzung mit Vallisnerien und anderen Hartwasserpflanzen.

ZU: 20 - 30 Junge werden pro Wurf abgesetzt. Die Aufzucht ist einfach. Die Jungen müssen vor dem Nachstellen der Eltern, besonders des ♀, geschützt werden.
FU: H, O; Pflanzenkost, Algen, Daphnien, TabiMin-Futtertabletten.
Bes.: ♂♂ werden im Alter zunehmend hochrückiger.

T: 22 - 26° C, **L**: ♂ 6 cm, ♀ 7 cm, **BL**: 60 cm, **WR**: m, o, **SG**: 2 - 3

Lebendgebärende Zahnkarpfen

Limia melanogaster

Limia nigrofasciata

Fam.: Poeciliidae
Unterfam.: Poeciliinae

♀

Poecilia reticulata PETERS, 1859
Guppy, Millionenfisch

Syn.: *Lebistes reticulatus, Acanthocephalus guppii, A. reticulatus, Girardinus guppii, G. petersi, G. poecilioides, G. reticulatus, Haridichthys reticulatus, Heterandria guppyi, Lebistes poecilioides, Poecilia poecilioides, Poecilioides reticulatus.*

Vork.: Mittelamerika bis Brasilien, heute meist Nachzuchten aus Asien (Singapur).

Ersteinf.: 1908 durch SIGGELKOW.

GU: ♂ kleiner und prächtiger gefärbt, mit Gonopodium, ♀ mit Trächtigkeitsfleck.

Soz.V.: Lebendgebärend. Sofort nach der Geburt stellen manche Elterntiere ihren Jungen nach. Keine Brutpflege, sonst sehr friedlich.

Hält.B.: Den ausdauernden Guppy kann man nahezu in jedem Aquarium pflegen. Hochzuchtguppies sind empfindlich. pH 5,5 - 8,5 (7,0); Härte 5 - 25 (15) dGH. Möglichst gut bepflanztes Becken jeder Größe.

ZU: Oberflächenpflanzen wie Schwimmfarn zur Zufallszucht. Gezielte Zucht nur mit Ablaichkasten möglich. 20 - 40 Junge, ♂ mit drei Monaten geschlechtsreif, ♀ eher. Vorratsbesamung möglich. Jungfische mit *Artemia,* Staubfutter und pulverisiertem Flockenfutter aufziehen.

FU: O; Allesfresser, bevorzugt Mückenlarven. Flockenfutter.

Bes.: Die schnelle Vermehrbarkeit, seine Variabilität in Form und Farbe und Ausdauer machen den Guppy zu einem der beliebtesten Anfängerfische. Neuerdings wird der Guppy wieder in die Gattung *Lebistes* gestellt. Er heißt also korrekt wieder *Lebistes reticulatus.* Guppies nicht mit Kampffischen vergesellschaften. Die Flossen der ♂♂ werden von den Kampffischen beider Geschlechter angefressen.

T: 18 - 28° C, **L:** bis 6 cm, **BL:** 40 cm, **WR:** o, m, **SG:** 1

Lebendgebärende Zahnkarpfen

Fächerschwanzguppy ♂

Fächerschwanzguppy ♂

Fam.: Poeciliidae

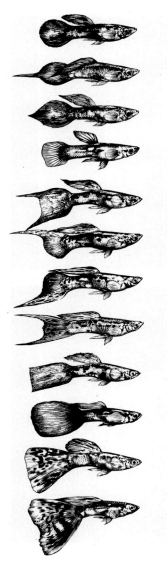

Die Fotos auf der rechten Seite zeigen:

links von oben:

Rundschwanz

Nadelschwanz

Untenschwert

Wiener Fächerschwanz

rechts von oben:

Wildguppy

Spitzschwanz

Obenschwert

Doppelschwert

Die linke Spalte zeigt verschiedene Standard-Guppy-Zuchtformen:

Rundschwanz

Nadelschwanz

Spitzschwanz

Spatenschwanz

Leierschwanz

Obenschwert

Untenschwert

Doppelschwert

Fahnenschwanz

Schleierschwanz

Fächerschwanz

Triangelschwanz

Zeichnungen: B. Kahl

Lebendgebärende Zahnkarpfen

Fam.: Poeciliidae
Unterfam.: Poeciliinae

Poecilia sphenops   VALENCIENNES, 1846
Wildform: Spitzmaulkärpfling, Wildmolly
Zuchtform: Black Molly

Syn.: *Mollienesia sphenops, Gambusia modesta, G. plumbea, Girardinus vandepolli, Lembesseia parvianalis, Platypoecilus mentalis, P. spilonotus, P. tropicus* u.v.a.

Vork.: Mexiko bis Kolumbien (?).

Ersteinf.: 1899 durch UMLAUFF. Die schwarze Zuchtform (Black Molly) tauchte erstmalig 1909 auf.

GU: ♂ schlanker, mit Gonopodium, ♀ größer und wesentlich voller.

Soz.V.: Sehr friedlich, guter Algenfresser. Im Gesellschaftsaquarium nicht sehr ausdauernd, da Zuchtformen leicht kränkeln.

Hält.B.: Die Zuchtform Black Molly ist wärmebedürftig (26 - 30°C); die Wildform verträgt Temperaturen ab 18° C. Becken mit schnellwüchsigen Pflanzen und viel Oberflächenbewuchs ausstatten. Verstecke bieten. Etwas Salzzugabe (0,1 %). pH-Wert 7,5 - 8,2; Härte 11 - 30°dGH.

ZU: Sehr vermehrungsfreudige Art. Von schwarzen Eltern kann man leicht gescheckte Junge bekommen. Zuchtformen: Leierschwanz, Mondmolly, Fahnenmolly.

FU: Algen, Pflanzenkost, Flockenfutter, Tablettenfutter.

Bes.: Black Mollies werden nicht sehr alt, die Zuchtformen meist nicht mehr als drei Jahre. Die starke Variationsbreite dieser Art hat zu der großen Zahl der Synonyma geführt.

Die Fotos zeigen oben den wildfarbenen Spitzmaulkärpfling, oben rechts den normalen Black Molly und rechts unten den Schwarzen Mondmolly.

T: 18 - 28° C, **L:** 6 cm, **BL:** 40 cm, **WR:** o, m, **SG:** 1 - 2

Lebendgebärende Zahnkarpfen

Poecilia sphenops ("Black Molly")

Poecilia latipinna, schwarze Form

Fam.: Poeciliidae
Unterfam.: Poeciliinae

Poecilia velifera (REGAN, 1914)
Segelkärpfling
Syn.: *Mollienisia velifera*.
Vork.: Yucatan, Mexiko.
Ersteinf.: 1913 durch KROPAC.
GU: ♂ mit imposanter hoher Rückenflosse.
Soz.V.: Friedlich, großartiges Imponiergehabe der ♂ ♂.
Hält.B.: Die Art liebt hartes Wasser von 25 - 35° dGH; pH 7,5 - 8,5. Zum Aufhärten Dolomitgestein. Vergesellschaftung mit Seewasserfischen (nach Gewöhnung) ist möglich. Viel Schwimmraum und Algen bieten. Nur bei genügend Schwimmraum entwickelt sich die Rückenflosse der ♂ ♂.
ZU: Schwierig: ♂ bekommt in Zimmeraquarien selten die schöne hohe Rückenflosse, wie die Wildfänge sie haben. Aufzucht mit Algen, pulverisierte Pflanzenflockenkost, *Artemia*.

FU: Algen, gekochter und fein zerteilter Spinat, Salat, Insekten(-larven), Flockenfutter.
Bes.: Im Gesellschaftsbecken nur mit extrem härte(salz)-liebenden Fischen zu vergesellschaften, z.B. mit Argusfischen, aber auch mit anderen Lebendgebärenden. Die roten und schwarzen Zuchtformen sind ausdauernder als die grüne Wildform. Die im Handel erhältlichen Tiere sind möglicherweise Kreuzungen von *P. latipinna* x *P. velifera*. Die genaue Art ist daher nur bei Wildfangimporten festzustellen. Die Rückenflossen von *P. velifera* hat 18 - 19 Strahlen, die von *latipinna* nur 14.

T: 25 - 28° C, **L**: ♂ 10 - 15 cm, ♀ bis 18 cm, **BL**: 100 cm, **WR**: m, o, **SG**: 2 - 3

Limia vittata GUICHENOT, 1853
Kubakärpfling, Bänderkärpfling
Syn.: *Gambusia vittata, G. cubensis, Limia cubensis, L. pavonina, Poecilia cubensis, P. pavonina, P. vittata*.
Vork.: Mittelamerika, Kuba.
Ersteinf.: 1907 durch SCHWARZER.
GU: ♂ ♂ in Rückenflosse und Schwanz farbiger und mit Gonopodium.
Soz.V.: Friedliche, muntere Art. Für Gesellschaftsbecken mit hartem Wasser geeignet.
Hält.B.: Der Fisch gilt als anspruchslos bei hartem Wasser von über 25° dGH. Der pH-Wert soll dabei zwischen 7,5 und 8,2 liegen. Das Aufhärten des Wasser geschieht mit Seesalz bis etwa 0,3 % (30 g auf 10 l Wasser). Die Fische dauern jedoch eine Zeitlang auch in salzarmem Wasser aus.

ZU: Alle 3 - 5 Wochen wirft das ♀ 20 - 50 Junge bei 22 - 24° C Wassertemperatur. Die Jungen werden nicht oder nur selten gefressen.
FU: H, O; Algen, Pflanzenkost, Futtertabletten, Lebendfutter, FD-Nahrung.
Bes.: Ein besonders lebhafter Fisch. Empfindlich gegen Frischwasser, daher beim Wasserwechsel ein gutes Wasseraufbereitungsmittel verwenden.

T: 18 - 24° C, **L**: 12 cm, **BL**: 70 cm, **WR**: m, o, **SG**: 2

Lebendgebärende Zahnkarpfen

Poecilia velifera

Limia vittata

Fam.: Poeciliidae
Unterfam.: Poeciliinae

Priapella intermedia ALVAREZ, 1952
Leuchtaugen-Kärpfling, Blauaugen-Kärpfling

Syn.: Keine.
Vork.: Mexiko; im Rio Coatzacoalcos, in klaren Fließgewässern.
Ersteinf.: 1964 durch Zoolog. Staatsinstitut Hamburg.
GU: ♂ ab ca. 5. Monat Gonopodium.
Soz.V.: Friedlich; für Gesellschaftsbecken geeignet, Schwarmfisch.
Hält.B.: Die Art ist sehr empfindlich gegen Temperaturschwankungen. In den breiten und tiefen Heimatgewässern treten solche kaum auf. Die Fische brauchen klares Wasser, eine gewisse Strömung und häufigen Wasserwechsel mit einem guten Wasseraufbereitungsmittel. Die Fische halten sich am liebsten unter einer dichten Schwimmpflanzendecke auf. Der Bodengrund muß dunkel sein, damit die Fische zur Geltung kommen. Die Art ist schreckhaft bei Lichtwechsel. pH-Wert 7 - 7,5; Härte 10 - 20° dGH.

ZU: Wenig produktiv. Junge ♀♀ werfen nur ca. 6 Junge, später aber 20 und auch mehr. Alle 4 - 6 Wochen werden neue abgesetzt. Die Jungen mit einer Länge von ca. 10 mm fressen *Artemia* und Aufwuchsnahrung in jungem Algenrasen.
FU: K, O; feines Lebendfutter, Flockenfutter, FD-Futtermittel.
Bes.: Eine unscheinbar wirkende Art, die nur in sanftem Licht recht zur Geltung kommt. Die Augen und der Kiemenfleck glitzern prächtig metallisch.

T: 24 - 26° C, **L:** ♂ 5 cm, ♀ bis 7 cm, **BL:** 70 cm, **WR:** m, o, **SG:** 3

Xiphophorus helleri HECKEL, 1848
Schwertträger, Helleri

Syn.: *Mollienisia helleri, Xiphophorus jalapae, X. rachovii, X. strigatus, X. brevis, X. h. helleri, X. h. brevis, X. h. strigatus.*
Vork.: Zentralamerika zwischen dem 12. und 26. Grad nördlicher Breite.
Ersteinf.: 1909 durch SCHROOT.
GU: ♂ trägt am unteren Teil der Schwanzflosse ein "Schwert" von einem Drittel bis einem Viertel der Körperlänge; Gonopodium. ♀ stärker, runder; Laichfleck.
Soz.V.: Friedlich, gegenüber kleinsten (auch eigenen) Jungfischen gelegentlich kannibalisch. Für Gesellschaftsbecken gut geeignet. ♂♂ sind untereinander oft sehr zänkisch; nur ein ♂ behauptet sich.
Hält.B.: Bepflanzte Aquarien mit viel freiem Schwimmraum. pH 7 - 8,3; Härte 12 - 30° dGH.
ZU: Lebendgebärend. Große ♀♀ werfen bis zu 80 Junge. Ablaichkasten oder dichte Schwimmpflanzendecke zum Schutz der Jungfische erforderlich. Zuchtformen in vielen Farben sind erhältlich: Roter, Grüner, Berliner (blau-schwarz), Wagtail (schwarze Schwanzflosse), Simpson (bes. große Rückenflosse), Tuxedo (schwarzrot oder schwarzgelb gefleckt), Leierschwanz-Schwertträger.
FU: Flockenfutter mit hohem Anteil an tierischer Nahrung (gefriergetrocknet), *Artemia,* Algen.
Bes.: Es ist bei *Xiphophorus* keine echte Geschlechtsumwandlung nachweisbar (= funktionelle ♀ in funktionelle ♂). In den meisten Fällen handelt es sich entweder um Spätmännchen oder um arrhenoide ♀♀; arrhenoid = männliche Merkmale aufweisend.

T: 18 - 28° C, **L:** ♂ 10 cm, ♀ bis 12 cm, **BL:** 60 cm, **WR:** m, o, **SG:** 1

Lebendgebärende Zahnkarpfen

Priapella intermedia

Oben: Neonschwertträger, unten: Rote Schwertträger.

Fam.: Poeciliidae
Unterfam.: Poeciliinae

Roter Simpson, Schwertträger

Roter Lyratail Schwertträger

Lebendgebärende Zahnkarpfen

Xiphophorus helleri   HECKEL, 1848
Gefleckter Schwertträger

Syn.: *Xiphophorus brevis, X. guentheri, X. helleri guentheri.*

Vork.: Südl. Mexiko bis Guatemala in Fließgewässern.

Ersteinf.: 1864 nach England.

GU: ♂ trägt Schwert, ♀ mit Trächtigkeitsfleck.

Soz.V.: Friedlicher, lebhafter Fisch für jedes Gesellschaftsbecken.

Hält.B.: Gut bepflanzte Becken mit klarem Wasser, etwas Strömung und einigen Schwimmpflanzen, zwischen denen sich die Jungfische verstecken können. Wenn im gleichen Becken räuberische Fische gepflegt werden, kommen die Jungen nicht hoch, weshalb man die trächtigen ♀♀ in einen Ablaichkasten setzt. Wasser: pH-Wert 7,2 - 8,4; Härte 15 - 30 dGH.

ZU: Wie Nominatform *X. helleri.*

FU: K, O; Allesfresser, insbesondere Moskitolarven. Bei mangelhafter Ernährung kümmern die ♂♂. Bei Fütterung mit abwechslungsreichem Lebendfutter oder FD-Tabletten wurden keine Mängel festgestellt.

Bes.: Das Foto zeigt eine Aquarienzüchtung. Die Wildform zeigt viel weniger Rot auf Körper und Flossen.

T: 20 - 28° C, **L:** ♂ 7 cm, ♀ bis 10 cm, **BL:** 80 cm, **WR:** m, o, **SG:** 1 - 2

Fam.: Poeciliidae
Unterfam.: Poeciliinae

Korallenplaty

Xiphophorus maculatus (GÜNTHER, 1866)
Platy, Spiegelkärpfling, Zuchtformen mit vielen Namen

Syn.: *Platypoecilus maculatus, P. nigra, P. pulchra, P. rubra, Poecilia maculata.*

Vork.: Atlantikseite von Mexiko und Guatemala, nördliche Gewässer von Honduras.

Ersteinf.: 1907 von den Vereinigten Zierfischzüchtereien Berlin-Conradshöhe durch KUHNT.

GU: ♂ kleiner, mit Gonopodium, manchmal farbiger (bei wildformähnlichen Arten).

Soz.V.: Friedlich, auch gegen Artgenossen. Für Gesellschaftsbecken gut geeignet.

Hält.B.: Becken jeder Größe mit friedlichen Fischen. Bepflanzung nur mit härteliebenden Vallisnerien, Sagittarien, Javafarn und -moos.

ZU: Mit 3 - 4 Monaten zuchtfähig. Jungfische werden oft auch im Gesellschaftsbecken groß. Nicht so produktiv wie *X. helleri.*

FU: O; Allesfresser, Flockenfutter, Algen.

Bes.: Platies sind wegen des guten Farbkontrastes (rot) ideale Ergänzungen im Gesellschaftsbecken. *Xiphophorus maculatus* ist der südlichste Vertreter der Gattung. Platies sollten keinesfalls mit großen Regenbogenfischen vergesellschaftet werden, weil sie diesen aus einem bisher unbekannten Grund (wie auch andere Lebendgebärende, so *P. sphenops*) den Körper abzuweiden versuchen, was den Regenbogenfischen sehr unangenehm ist.

T: 18 - 25° C, **L:** ♂ 3,5 cm, ♀ bis 6 cm, **BL:** ab 40 cm, **WR:** m, **SG:** 1

Lebendgebärende Zahnkarpfen

Wagtail-Platy

Blauspiegelplaty

Goldener Mondplaty

Simpson-Tuxedoplaty

Simpson-Korallenplaty

Fam.: Poeciliidae
Unterfam.: Poeciliinae

Xiphophorus montezumae   JORDAN & SNYDER, 1900
Montezuma Schwertträger

Syn.: *Xiphophorus m. montezumae.*
Vork.: Östliches Mittelmexiko.
Ersteinf.:1913 (ein weibliches Exemplar), 1933 durch MAYER.
GU: ♂ mit Gonopodium; größere Rückenflosse, kurzes Schwert. Einige Populationen haben ein langes Schwert.
Soz.V.: Friedliche Art.
Hält.B.: Ist etwas empfindlicher als *X. helleri*. Großes helles Becken mit viel Schwimmraum und etwas Versteckmöglichkeit bieten. Für Gesellschaftsbecken bedingt geeignet. Empfindlich gegen Nitrat. Regelmäßig Wasserwechsel vornehmen. pH 7 - 8; Härte 10 - 20° dGH. Gute Durchlüftung.
ZU: Kann mit *X. helleri* gekreuzt werden. Die Hybriden werden größer und kräftiger; sie sind mit unregelmäßigen schwarzen Punkten übersät.
FU: Allesfresser, bevorzugt Insektennahrung, FD, *Artemia.*
Bes.: Wird leider sehr selten eingeführt. Nachzuchten sind nicht so ergiebig.

T: 20 - 26° C, **L**: ♂ 5,5 cm, ♀ bis 6,5 cm, **BL**: 50 cm, **WR**: m, o, **SG**: 2

Xiphophorus pygmaeus   HUBBS & GORDON, 1943
Zwergschwertträger

Syn.: *Xiphophorus p. pygmaeus.*
Vork.: Mexiko, Rio Axtla.
Ersteinf.: 1959.
GU: ♂ mit Gonopodium; ♀ meist stärker und rundlicher, siehe auch unter Bes.
Soz.V.: Friedliche Art, zur Vergesellschaftung mit zarten Arten bei entsprechenden Wasserbedingungen geeignet.
Hält.B.: Klares, sauerstoffreiches und warmes Wasser mit guter Filterströmung sind Voraussetzung für die erfolgreiche Pflege der Art. Sie braucht Versteckmöglichkeiten in Wurzelgewirr und Steinaufbauten.
ZU: Nicht sehr ergiebig. Ablaichkasten verwenden, da die Elterntiere den Jungfischen manchmal nachstellen. Eine dichte Schwimmpflanzendecke in einem separaten Aufzuchtbecken sorgt für Unterschlupf der winzigen Jungfische, die mit *Artemia* aufgezogen werden.
FU: K, O; feines Lebendfutter (junge Schwarze Mückenlarven, *Artemia, Cyclops*), FD-Menü, TetraTips.
Bes.: Es sind zwei Unterarten beschrieben worden: *X. pygmaeus pygmaeus* (das ♂ hat kein Schwert); *X. pygmaeus nigrensis* (das ♂ hat ein kurzes bis mittellanges Schwert von einem Fünftel bis einem Drittel der Körperlänge). Heute gelten beide als eigenständige Arten.

T: 24 - 28° C, **L**: 4 cm, **BL**: 50 cm, **WR**: alle, **SG**: 2

Lebendgebärende Zahnkarpfen

Xiphophorus montezumae

Xiphophorus pygmaeus

Fam.: Poeciliidae
Unterfam.: Poeciliinae

Xiphophorus variatus (MEEK, 1904)
Papageienplaty

Syn.: *Platypoecilus variatus, P. maculatus dorsalis, P. variegatus, Xiphophorus variegata* (Phantasiename).

Vork.: Südliches Mexiko.

Ersteinf.: 1931 durch den Seemann CONRAD, Hamburg.

GU: ♂ mit Gonopodium; ♀ hat dunklen Trächtigkeitsfleck.

Soz.V.: Friedliche Art. Für Gesellschaftsbecken gut geeignet.

Hält.B.: Dicht bepflanztes Becken mit etwas Algenbewuchs (an der hinteren Scheibe). pH 7 - 8,3; Härte 15 - 30° dGH.

ZU: Trächtige ♀♀ in einen Ablaichkasten setzen. Aufzucht der Brut mit feinzermahlenem Flockenfutter und *Artemia*.

FU: H, O; Algen, Lebendfutter aller Art, Pflanzenflockenkost.

Bes.: Läßt sich auch im unbeheizten Aquarium, bei Gewöhnung bis 12° C, halten. Entfaltet dann besondere Farbenpracht. Kann monatelang von Algen leben. Kommt in verschiedenen Farbschlägen vor. Die Zuchtformen sollten zwischen 20 und 28° C gehalten werden.

T: 15 - 25° C, **L:** ♂ 5,5 cm, ♀ 7 cm, **BL:** 40 cm, **WR:** m, o, **SG:** 1

Lebendgebärende Zahnkarpfen

Xiphophorus xiphidium (HUBBS & GORDON, 1932)
Schwert-Platy

Syn.: *Platypoecilus xiphidium.*

Vork.: Mexiko, in verschiedenen Gewässern findet man ganz verschiedene Populationen. Das Foto zeigt Tiere aus dem Rio Purificación.

Ersteinf.: 1933 durch MAYER.

GU: ♂ trägt ein kurzes Schwert.

Soz.V.: Friedliche Art, die möglichst zu mehreren im Artenbecken gehalten werden sollte.

Hält.B.: Für Gesellschaftsbecken nur bedingt geeignet. Im Sommer können die Fische auch an kühlen Tagen im Gartenteich gepflegt werden. Im Aquarium ist durch Wasserwechsel stets der Nitratgehalt unter 20 mg/l zu halten..Viel Licht sollte für Grünalgenwachstum sorgen. pH-Wert 7,2 - 8,2; Härte 15 - 25° dGH.

ZU: Nicht sehr ergiebig. Selten werden mehr als 24 Jungtiere geboren. Algen und Lebendfutter (Mückenlarven) sind zur Zucht erforderlich.

FU: K, O; Mückenlarven, *Artemia,* FD-Stoffe, Flockenfutter, Algen.

Bes.: Empfindliche Art, die selten angeboten und im Aquarium gepflegt wird.

T: 18 - 25° C, **L:** ♂ 4 cm, ♀ 5 cm, **BL:** 50 cm, **WR:** m, **SG:** 2 - 3

Gruppe 7 — Ordnung: Perciformes (Barschartige)

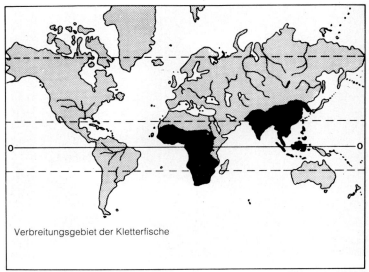

Verbreitungsgebiet der Kletterfische

Die Unterordnung Anabantoidei — Kletterfischähnliche

Ihre Entstehung dürfte vor 50 - 60 Millionen Jahren im Tertiär zu suchen sein. Sie gehören zu den Barschartigen Fischen. Fossile Funde von Guramis auf Sumatra sind bekannt. Ob solche auch aus Afrika vorliegen, konnte nicht geklärt werden. Die fossilen Pliozänschichten (7,5 - 28,5 Mio. Jahre) von Java enthalten fossile *Channa* (Schlangenköpfe).

Die Kletterfische sind demnach eine verhältnismäßig junge Gruppe in der Entwicklungsgeschichte der Fische. Interessant an dieser Fischgruppe ist, daß sie ein zusätzliches Atmungsorgan besitzt, was sie von den anderen Fischen unterscheidet. Die Kletterfische, auch Labyrinthfische genannt, können atmosphärische Luft atmen und, wenn man sie feucht hält, stundenlang ohne Wasser auskommen. Es gibt eine Art, die klettert angeblich sogar auf Bäume: *Anabas testudineus,* Kletterfisch oder Kletterbarsch. Nach ihm wurde die ganze Unterordnung "Kletterfische" benannt. Dieses Atmungsorgan befähigt die Fische, in austrocknenden Gewässern länger zu überdauern als andere Arten und sich neue Wasserstellen zu suchen, wobei sie sich mit den Brustflossen über kurze Strecken auf dem Landweg vorwärtsbewegen können. Das Labyrinth macht es den Fischen möglich, auch biologisch ungünstige Gebiete zu besiedeln.

Kletterfische
Unterordnung Anabantoidei

Ctenopoma acutirostre, Beschreibung s. S. 619

Fam.: Anabantidae
Unterfam.: Anabantinae

Es gibt einige Labyrinthfische, die besonders gut als "Anfängerfische" für das Aquarium geeignet sind. Sie vertragen fast alles, was man ihnen zumutet, nur die Luft über dem Aquarium darf nicht zu kalt sein, sonst erkälten sie sich. Die Hälterungs- und Zuchtbedingungen sind in den Einzelbeschreibungen der Fische angegeben.

Die Unterordnung der Kletterfische umfaßt fünf Familien:

Luciocephalidae (Seite 845)
Anabantidae
Belontiidae
Helostomatidae
Osphronemidae

Die Zugehörigkeit der nachfolgen Arten zur jeweiligen Familie und Unterfamilie finden Sie bei den Artbeschreibungen.

Anabas testudineus

Kletterfische

Anabas testudineus (BLOCH, 1795)
Der Kletterfisch

Syn.: *Amphiprion scansor, A. testudineus, Anabas elongatus, A. macrocephalus, A. microcephalus, A. scandens, A. spinosus, A. trifoliatus, A. variegatus. Anthias testudineus, Cojus cobujius, Lutjanus scandens, L. testudo, Perca scandens, Sparus scandens, S. testudineus.*

Vork.: Weit verbreitet in Indien, Südchina, Indonesien, Malaiischer Archipel, in fast allen Gewässern, sogar in Brackwasser.

Ersteinf.: 1991 durch SCHAD-TREPTOW.

GU: Afterflosse beim ♂ stärker ausgezogen.

Soz.V.: Das scheue, jedoch aggressive Verhalten verbietet Haltung im Gesellschaftsbecken. Vergesellschaftung nur mit robusten Großfischen.

Hält.B.: Die Art ist extrem ausdauernd, immerhin hat sie bereits Ende des vergangenen Jahrhunderts die strapaziösen Schiffsreisen aus Asien überstanden. Im Londoner Aquarium wurden bereits ca. 1870 der ersten Kletterfische gepflegt. Wer die Art halten möchte, biete ein großes, flaches Aquarium mit 20 - 30 cm Wasserstand. Schwimmpflanzenbewuchs mit Abdunklung, Versteckmöglichkeiten und eine gute Abdeckung. Die Art springt.

ZU: Ist möglich in Becken ab ca. 1,20 Länge. Bei Lebendfutternahrung werden die Tiere bereits ab ca. 12 cm Länge geschlechtsreif. Nach dem Laichakt steigen die Eier an die Wasseroberfläche. Bei hoher Temperatur schlüpfen die Jungen nach ca. 24 Stunden und benötigen Infusorien als Anfangsnahrung.

FU: O; Allesfresser, sogar rohe Reiskörner, Pflanzenkost, kräftiges Lebendfutter, Fische.

Bes.: Die Art gehört zu den ersten Aquarienfischen und gab zunächst der ganzen Familie den Namen, die sie mit den Brustflossen über Land wandert und auf Bäume klettern soll. Der Fisch kann bei feuchtem Wetter zwei Tage lebend an Land aushalten. Bei Trockenperioden gräbt er sich in den Schlamm ein. Die Art gilt als guter Speisefisch.

T: 22 - 30° C, L: 10 - 23 cm, BL: 80 cm, WR: alle, SG: 1

Ctenopoma acutirostre (Foto S. 617) PELLEGRIN, 1899

Syn.: Keine.

Vork.: Zaire (Kongo) von Lisala bis Kinshasa. Nebenflüsse und tiefe Bäche.

Ersteinf.: 1955.

GU: ♂ mit Dornenfeldern am Körper. Beim ♀ evtl. weniger Flecken in den Flossen.

Soz.V.: Nicht gut geeignet für das Gesellschaftsbecken. Die Artenzusammenstellung muß sehr sorgfältig vorgenommen werden: ruhige größere Tiere und Bodenfische.

Hält.B.: In zu kleinen Becken versteckt lebend, bei richtiger Gesellschaft (ruhige, größere Fische) wird die Art munter, ja sogar zutraulich. Schwimmraum, etwas Versteckmöglichkeit, Wurzeln, dunkler Bodengrund und sparsames Licht werden bevorzugt.

ZU: Bisher nur im Aquarium des Baseler Zoos gelungen (NANN, 1983, Der Makropode: 64). Die Fische laichten in einem dicht bepflanzten 7500-l-Becken ab und betrieben keine Brutpflege.

FU: K; Lebendfutter: Mückenlarven, bei größeren Exemplaren Regenwürmer und kleine Fische. Zusätzlich auch Flockenfutter.

Bes.: Dem Nanderbarsch im Verhalten sehr ähnlich.

T: 20 - 25° C, L: 12 - 18 cm, BL: 100 cm, WR: m, SG: 3

Fam.: Anabantidae
Unterfam.: Anabantinae

Microctenopoma ansorgii (BOULENGER, 1912)
Orange-Buschfisch

Syn.: *Anabas ansorgii, Ctenopoma ansorgii.*
Vork.: Zaire (Kinshasa), tropisches Westafrika.
Ersteinf.: 1955.
GU: ♂ etwas kräftiger gefärbt.
Soz.V.: Wenig angriffslustige Art, gegenüber kleinsten Fischen jedoch räuberisch.
Hält.B.: Weiches Wasser. Wasserwechsel mit Torfextrakt und Wasseraufbereitungsmittel. pH 6,5 - 7,5; Härte 3 - 20° dGH. Bepflanzung mit Schwimmraum im mittleren Bereich. Vergesellschaftung mit zarten Arten und Bodenfischen (*Corydoras*).
ZU: Dicht bepflanztes Zuchtbecken mit schwacher Beleuchtung, schwache Filterung, 26°C, Schwimmpflanzendecke. Lockeres Schaumnest an der Wasseroberfläche bei ca. 12 cm Wasserstand. Weiches Wasser. Aufzucht der Brut mit Staubfutter (Pantoffeltierchen-Aufguß); nach 8 Tagen *Artemia*. Das ♂ übt Brutpflege aus. Das ♀ sollte entfernt werden. Das ♂ ebenfalls, sobald man merkt, daß es sich an den Jungfischen vergreift.
FU: Kräftiges Lebendfutter, selten Flokkenfutter, etwas FD. Sparsam füttern.
Bes.: Sehr variable Färbung von türkis bis orange. Wegen Importschwierigkeiten aus dem Kongo ist die Art bei uns selten geworden.

T: 26 - 28° C, L: 8 cm, BL: 60 cm, WR: m, u, SG: 2 - 3

Ctenopoma argentoventer (SCHREITMÜLLER & AHL, 1922)
Silberner Buschfisch

Syn.: *Anabas africanus, A. argentoventer, A. peterici, Ctenopoma peterici.*.
Vork.: Niger (Westafrika).
Ersteinf.: 1912 durch KUNTZSCHMANN.
GU: Die fast ausgewachsenen ♂♂ tragen zwei gelbe Binden.
Soz.V.: Die Art ist nur zur Vergesellschaftung mit großen und robusten Fischen geeignet.
Hält.B.: Ein großes, gut bepflanztes, nicht

Kletterfische

zu hell stehendes Becken mit reichem Pflanzenwuchs und Baumwurzeln bietet diesem Buschfisch den artgerechten Lebensraum.
ZU: Schaumnestbauend, das ♂ betreibt Brutpflege, ähnlich *M. opercularis*, es frißt auch freischwimmende Brut nicht. Zuchttemperatur 26° C; pH 6 - 7 in weichem Wasser. In einer Laichphase über 1000 Eier, Schlupfzeit etwa 2 Tage, weitere 3 Tage bis zum Freischwimmen.
FU: K; kräftiges Lebendfutter; auch Flockenfutter wird nach Gewöhnung genommen (Großflocken).
Bes.: Eine äußerst selten eingeführte Art, nur für Buschfisch-Spezialisten.

T: 22 - 27° C, **L:** bis 15 cm, **BL:** 100 cm, **WR:** m, **SG:** 3

Microctenopoma fasciolatum (BOULENGER, 1899)
Gebänderter Buschfisch

Syn.: *Anabas fasciolatus, A. fasciatus, Ctenopoma fasciolatum.*
Vork.: Zaire: Stanley Pool bei Kinshasa.
Ersteinf.: 1912 durch SIGGELKOW.
GU: Rücken- und Afterflosse beim ♂ ähnlich Makropode stark verlängert, ♀ matter gefärbt.
Soz.V.: Im allgemeinen friedlich.
Hält.B.: Gut haltbare Art, die im geräumigen Becken durch Zutraulichkeit Freude bereitet. Reichlich Pflanzenbewuchs, Schwimmraum lassen. Häufiger Wasserwechsel. pH 6,5 - 7,5; 4 - 20° dGH.
ZU: Bisher unbekannt. Temperatur wahrscheinlich über 28° C, pH 6,5 und Härte 2 - 4° dGH.
FU: O; Allesfresser, Flockenfutter, Pflanzenfutter, FD, Lebendfutter.
Bes.: Sehr variable, prächtige Färbung. Das Foto zeigt ein junges ♂.

T: 24 - 28° C, **L:** 8 cm, **BL:** 80 cm, **WR:** m, u, **SG:** 2

Fam.: Anabantidae
Unterfam.: Anabantinae

Ctenopoma kingsleyae GÜNTHER, 1896
Schwarzfleck-Buschfisch

Syn.: s. Bes.

Vork.: Westafrika von Zaire bis Gambia; in Fließgewässern.

Ersteinf.: 1933.

GU: ♂♂ tragen stärkere Dornenfelder hinter dem Auge und an der Schwanzwurzel.

Soz.V.: Meist scheuer Fisch, der nicht mit zu robusten, aber auch nicht mit zu kleinen Fischen gehalten werden darf. Es wird ein Artenbecken empfohlen.

Hält.B.: Die Art benötigt geräumige Becken mit abgedunkelter Wasseroberfläche und dichtem Bestand nicht zu zarter Pflanzen. Dunkler Bodengrund ist von Vorteil. Ein Unterstand, z.B. eine große Wurzel für jedes Tier, sollte Versteckmöglichkeit bieten. Kräftige Filterung ist erforderlich. Wasser pH 6,5 - 7,5; Härte bis 15° dGH.

ZU: Ist in Großbecken möglich. Es werden bis zu 20.000 Eier abgelaicht. Diese steigen an die Wasseroberfläche und müssen von dort abgeschöpft werden. Die Larven schlüpfen bei hoher Temperatur (29° C) bereits nach 24 Stunden. Nach weiteren 48 Stunden schwimmen sie frei und fressen sofort frischgeschlüpfte Artemien.

FU: K, O; Allesfresser, jedoch hauptsächlich Fische und kräftiges Lebendfutter, wie Regenwürmer und Larven von Wasserinsekten. Flockenfutter (Großflocken); Futtertabletten.

Bes.: Der Artname ist nicht völlig gesichert. Nach DAGET könnte es sich bei dieser Art um eine Farbvariante von *Ctenopoma petherici* handeln. *C. kingsleyae* wäre dann ein Synonym.

T: 25 - 28° C, **L:** 19 cm, **BL:** 100 cm, **WR:** m, u, **SG:** 3

Ctenopoma maculatum THOMINOT, 1886
Geflecker Buschfisch

Syn.: *Anabas pleurostigena, A. maculatus, C. multifasciata.*

Vork.: Afrika: Südkamerun, Oberer Zaire.

Ersteinf.: 1954.

GU: Dornenbewehrte Schuppen der ♂♂, s. *C. kingsleyae.*

Soz.V.: Relativ verträglich gegenüber anderen Großfischen.

Kletterfische

Hält.B.: Wie *C. kingsleyae*.
ZU: Keine Brutpflege.
FU: K, O; kräftiges Lebendfutter, Großflocken, Futtertabletten.
Bes.: Die Jungtiere sind anders gefärbt als die ausgewachsenen Exemplare. Sie tragen zwei dunkelbraune Binden hinter den Augen. Die Bauchflossen sind zunächst schwarz.

T: 22 - 28° C, L: 20 cm, BL: 120 cm, WR: m, SG: 3

Ctenopoma muriei (BOULENGER, 1906)
Nilbuschfisch

Syn.: *Anaba muriei, A. houyi*.
Vork.: Nil, Albert-See, Edward-See, Tschad-Becken (Afrika); in Sumpfgebieten und langsam fließenden Gewässern.
Ersteinf.: Nicht bekannt.
GU: Dornenschuppen bei den ♂♂ wie bei *C. kingsleyae*.
Soz.V.: Muntere, schwimmfreudige Art, die mit mittelgroßen, robusten Fischen ab 6 cm Länge vergesellschaftet werden kann.
Hält.B.: Die Art ist etwas leichter als die anderen (größeren) Buschfische zu pflegen. Sie braucht mehr freien Schwimmraum, ist lebhafter und einigermaßen verträglich. pH-Wert 6 - 7,5; Härte bis 20° dGH. Das Becken sollte wenigstens teilweise mit Schwimmpflanzen gegen zu starken Lichteinfall abgedeckt werden.
ZU: Nach wildem Treiben, meist nachts, umschlingt das ♂ das ♀ für einige Sekunden. Dabei werden häufig 10 - 30 Eier ausgestoßen. Bei 27° C schlüpfen die Larven innerhalb eines Tages und brauchen zunächst Infusorien, nach einer Woche *Artemia*. Keine Brutpflege.
FU: K, O; Lebendfutter, Flockenfutter.
Bes.: Aus den Nilsümpfen im Sudan wurde die Unterart *Ctenopoma muriei ocellifer* beschrieben.

T: 23 - 28° C, L: 8,5 cm, BL: 80 cm, WR: m, SG: 2

Microctenopoma nanum (GÜNTHER, 1896)
Zwergbuntfisch

Syn.: *Anabas maculatus, A. nanus, Ctenopoma nanum*.
Vork.: Afrika: Kamerun bis Zaire.
Ersteinf.: 1933.
GU: ♂ trägt leicht ausgezogene After- und Rückenflossen. ♀♀ bleiben blasser in der Färbung.
Soz.V.: ♂♂ bilden eigene Reviere und bekämpfen sich besonders zur Laichzeit.
Hält.B.: Wasser 20° C, max. 22° C. Von den Buschfischen ist dies die Art, die noch am ehesten mit anderen Fischen vergesellschaftet werden kann. Die Art schätzt gut bepflanzte Becken mit Schwimmraum im Vordergrund sowie Schwimmpflanzen und klares Wasser bei pH 6 - 7,2 und Härte bis 15° dGH.

Fortsetzung nächste Seite

Fam.: Anabantidae
Unterfam.: Anabantinae

ZU: Bei 22 - 24° C. ♂ baut Schaumnest unter Schwimmpflanzendecke. Beim Ablaichen sinken die Tiere unter dem Nest zu Boden, die Eier steigen auf. ♂ betreibt Brutpflege. Die Larven schlüpfen nach 24 Stunden und schwimmen ab 3. Tag frei. Sie brauchen zunächst Infusorien (Rädertierchen), nach einigen Tagen *Artemia*.
FU: K; feines Lebendfutter, nach Gewöhnung auch gutes Flockenfutter.
Bes.: Kleinste Art der Buschfische.

T: 18 - 24° C, **L:** 7,5 cm, **BL:** 60 cm, **WR:** m, **SG:** 2 - 3

Ctenopoma ocellatum   PELLEGRIN, 1899
Schokoladen-Buschfisch

Syn.: *Anabas ocellatus, A. weeksii, Ctenopoma acutirostre, C. denticulatum, C. petherici.*
Vork.: Afrika: Zaire: Stanley Pool, Stanley Fälle, Kasai-Provinz.
Ersteinf.: Ca. 1957.
GU: ♂ besitzt Dornenfelder hinter dem Auge und an der Schwanzwurzel, ♀ fülliger.
Soz.V.: Gleich große Fische als Gesellschafter fördern die Zutraulichkeit. Bei Einzelhaltung scheu. Jungfische werden gelegentlich als Beute angesehen.
Hält.B.: Siehe *C. acutirostre.*

ZU: 1987 gelungen (KOKOSCHA, "DATZ" 3/1989, S. 140-142). Auslöser scheint ein plötzlicher Wechsel der Wasserqualität zu sein. Die Fische betreiben keine Brutpflege; Laichräuber. Die Eier sind glasklar und schwimmen an der Wasseroberfläche. Aufzucht der Jungen mit Rotatorien und *Artemia*. Jungfische zeigen die gefleckte Zeichnung von *C. acutirostre.*
FU: Siehe *C. acutirostre.*
Bes.: Sehr nahe mit *C. acutirostre* verwandt. Es ist nicht auszuschließen, daß es sich bei beiden lediglich um Farbformen der gleichen Art handelt.

T: 24 - 28° C, **L:** 15 cm, **BL:** 80 cm, **WR:** m, u, **SG:** 2

Ctenopoma weeksi   (BOULENGER, 1902)
Pfauenaugen-Buschfisch

Syn.: *Anabas oxyrhynchum, Ctenopoma oxyrhynchum, Ctenopona maculatum.*
Vork.: Afrika: Zaire: Stanley Pool.
Ersteinf.: 1952.
GU: ♂♂ zeigen intensivere Farben, ♀♀ schon als Jungtiere (ab 6 cm) mit deutlichem Laichansatz bei guter Fütterung.
Soz.V.: Im allgemeinen friedlich, gegenüber kleineren Fischen jedoch räuberisch. Kein Fisch für Gesellschaftsbecken.
Hält.B.: Gut bepflanzte Becken mit Schwimmraum, Wurzelverstecke, gedämpftes Licht. Torffilterung. pH 6,2 - 7,2; Härte 4 - 15° dGH.

ZU: Freilaicher, kein Schaumnestbau, keine Brutpflege. Das Laichen wird in stark strömendem Gewässer bevorzugt. Die kleinen ölhaltigen Eier steigen zur Wasseroberfläche. Nach 3 - 4 Tagen schlüpfen die Jungfische. Aufzucht wie bei anderen Labyrinthfischen.
FU: K; Lebendfutter, FD, Flockenfutter.
Bes.: Wie *C. acutirostre*, den Nanderbarschen ähnlich. Jungtiere sind anders gezeichnet. Nach LADIGES ist das hintere Körperende fast schwarz.

T: 24 - 28° C, **L:** 10 cm, **BL:** 80 cm, **WR:** alle, **SG:** 2 - 3

Kletterfische

Ctenopoma ocellatum

Ctenopoma weeksi

Fam.: Belontiidae
Unterfam.: Belontiinae

Belontia hasselti (CUVIER & VALENCIENNES, 1831)
Wabenschwanz-Makropode; Wabenschwanz-Gurami

Syn.: *Polyacanthus einthovenii, P. hasseltii, P. helfrichii, P. kuhli, P. olivaceus.*

Vork.: Java, Sumatra, Borneo, Singapur, Malakka.

Ersteinf.: 1968, Erstzucht von VERFÜHRT, 1970.

GU: ♂♂ haben kräftiger entwickelte Flossen, ♀♀ zeigen immer ein blasseres Wabenmuster.

Soz.V.: Friedlich. Nach der Eiablage jedoch das ♀ herausfangen, weil das ♂ aggressiv wird; selbst ein ins Wasser gehaltener Finger wird attackiert.

Hält.B.: Dicht bepflanztes Becken mit starker Beleuchtung, evtl. Sonnenfenster (Südostseite). pH 6,5 - 8; Härte bis 35° dGH.

ZU: 28 - 30° C; abgelaicht wird in flachem Wasser (12 - 15 cm). Danach bauen manche ♂♂ ein lockeres Schaumnest; andere wiederum bauen kein Nest. Die Jungen schlüpfen nach 24 - 48 Stunden und bewegen sich ab dem 3. Tag frei. Zucht ergiebig (500 - 700 Jungfische). Aufzucht mit Infusorien. Nach einer Woche *Artemia* und *Cyclops*. Die Luft über der Wasseroberfläche muß Wassertemperatur haben, sonst "erkälten" sich die Fische. In Gesellschaft anderer Fische wird nicht abgelaicht.

FU: K, O; Flockenfutter und pflanzliche Beikost; Lebendfutter jeder Art.

Bes.: Sehr selten eingeführte und gezüchtete Art, obwohl sie es wert wäre.

T: 25 - 30° C, **L**: 19 cm, **BL**: 100 cm, **WR**: alle, **SG**: 3 (Haltung und Zucht nicht leicht)

Belontia signata (GÜNTHER, 1861)
Ceylon-Makropode, Ceylon-Stachelflosser

Syn.: *Polyacanthus signatus.*

Vork.: Sri Lanka; in stehenden Gewässern.

Ersteinf.: 1933.

GU: Geschlechter nur schwer unterscheidbar. ♂ etwas länger ausgezogene Rückenflosse.

Soz.V.: Manchmal ruppig, daher nur mit größeren Fischen zusammen halten. Bissig, vielfach scheu. Jungtiere sind zahm.

Hält.B.: Dicht bepflanztes Becken mit Schwimmraum, Licht, Wurzelverstecke. Gut gedeihende Pflanzen. Zu vergesellschaften mit *H. temminckii* und Cichliden.

ZU: Wie bei Makropoden. Eier werden in Klumpen unter ein Pflanzenblatt abgelegt. Kein Schaumnest, meist nur große Luftblase. Junge schwimmen erst nach 6 Tagen frei und fressen dann sofort *Artemia* und feinstes Flockenfutter.

FU: O; Allesfresser: Lebendfutter, Flocken- und Pflanzenflockenfutter.

Bes.: Nur Jungtiere sind für das Gesellschaftsbecken zu empfehlen. Kürzlich wurde die Unterart *B. signata jonklaasi* beschrieben.

T: 24 - 28° C, **L**: 13 cm, **BL**: 80 cm, **WR**: alle, **SG**: 2

Kletterfische

Belontia hasselti

Belontia signata

Fam.: Belontiidae
Unterfam.: Macropodinae

Betta coccina   VIERKE, 1979
Roter Kampffisch
Syn.: Keine.
Vork.: Sumatra, Südmalaysia.
Ersteinf.: Unbekannt.
GU: ♂ kräftiger entwickelte und lang ausgezogene Rücken- und Afterflossen. ♀ in der Balz ähnlich *B. splendens*. ♀ quergestreift.
Soz.V.: Scheuer Fisch, nicht für Gesellschaftsbecken geeignet. Die ♂♂ werden vor allem zur Balz aggressiv untereinander, bei Gruppenhaltung größeres Becken verwenden.
Hält.B.: Kleines Becken mit friedlichen Fischen, Versteckmöglichkeiten. Bepflanzung bis nahe an die Wasseroberfläche. Schwache Filterung, gedämpftes Licht. Weiches Wasser bis 4° dGH (es werden auch 18° dGH vertragen. pH-Wert 6 - 7,5).
ZU: Schaumnestbauer, ♂ betreibt Brutpflege, nach ca. 2 Tagen Schlupf der Larven, nach weiteren 2 Tagen freischwimmend. 25° C, schwach saures, extrem weiches Wasser. Aufzucht wie bei anderen Labyrinthfischen.
FU: K; feines Lebendfutter wie *Artemia, Cyclops*. Zerkleinertes Flockenfutter.
Bes.: Keine.

T: 24 - 27° C, **L:** 5,5 cm, **BL:** 50 cm, **WR:** m, o, **SG:** 4 (C)

Betta bellica   REGAN, 1909
Streifenkampffisch
Syn.: *Betta fasciata*.
Vork.: Sumatra.
Ersteinf.: 1906.
GU: Bauch- und Afterflossen beim ♂ weiter ausgezogen. ♂ prächtiger gefärbt.
Soz.V.: Nicht so kämpferisch wie *B. splendens*. Es können mehrere Paare in einem Becken gehalten werden. Zur Laichzeit sollte man sie jedoch trennen.
Hält.B.: Wie die anderen *Betta*-Arten. pH-Wert 6,5 - 7,5; Härte bis 15° dGH.
ZU: Die Art baut ein Schaumnest und dürfte ähnlich *B. splendens* nachzuzüchten sein. Zuchtberichte fehlen bisher.
FU: K; feines bis grobes Lebendfutter, FD-Futtermittel, wenig Flockenfutter.
Bes.: Die Streifen treten fast nur bei konservierten Tieren auf.

T: 24 - 30° C, **L:** 10 cm, **BL:** 80 cm, **WR:** m, **SG:** 2 - 3

Kletterfische

Betta coccina

Betta bellica

Fam.: Belontiidae
Unterfam.: Macropodinae

Betta rubra   PERUGIA, 1893
Friedlicher Kämpfer, Kleiner Kampffisch
Syn.: *"Betta splendens"*, Betta imbellis.
Vork.: Südmalaysia, Kuala Lumpur.
Ersteinf.: 1970 durch SCHALLER.
GU: ♂ eindeutig farbiger, größere Flossen.
Soz.V.: Die ♂ ♂ bekämpfen sich in größeren Becken im Gegensatz zu *B. splendens* nicht zu Tode. Kampfspiele und Imponiergehabe (unblutig) machen diese Art sehr reizvoll.
Hält.B.: Wie *B. splendens*, pH 7; Härte 6 - 8° dGH.
ZU: Weniger laichfreudig als *B. splendens*, sonst ganz ähnlich.
FU: K, O; Lebendfutter, Flockenfutter, FD.
Bes.: Die Art verdient es, mehr im Handel angenommen und vermehrt zu werden. ROLOFF hat 6 Generationen in 5 Jahren gezüchtet. Alter ca. 3 Jahre.

T: 24 - 28° C, **L**: 5,5 cm, **BL**: 20 cm, **WR**: m, o, **SG**: 2

Betta pugnax   (CANTOR, 1850)
Kriegerischer Kampffisch
Syn.: *Macropodus pugnax*.
Vork.: Malaysia.
Ersteinf.: 1905 von REICHELT.
GU: ♂ hat längere Flossen und kräftigere Farben.
Soz.V.: In beengter Haltung und zur Balz können besonders die ♂ ♂ sehr aggressiv untereinander werden. In ruhigeren Gesellschaftsbecken kann ein Paar mit gehalten werden, besser ist die Pflege der ♂ ♂ in der Überzahl zu den ♀ ♀.
Hält.B.: Klares Wasser mit guter Strömung eines kräftigen Außenfilters, ein nicht zu heller Standort des Beckens und weiches Wasser dienen sehr zum Wohlbefinden der Art. pH-Wert 6 - 7,2; Härte bis 12° dGH.
ZU: Das ♂ bewahrt die Eier nach dem Laichakt im Maul auf (Maulbrüter). Maulbrutzeit 12 - 14 Tage. Über 100 Eier werden pro Laichvorgang in Einzelschüben von 10 - 20 zuerst vom ♂ mit der Afterflosse aufgefangen, dann vom ♀ dem ♂ mit dem Maul "vorgespuckt". Die Jungen können sofort mit *Artemia*- Nauplien und sehr feinen Flocken gefüttert werden und wachsen schnell heran. ♂ ♂ fressen bei falschen (zu harten oder nitratreichen) Wasserwerten oder Störungen häufig die Brut während der Maulbrutpflege.
FU: K; Lebendfutter aller Art.
Bes.: Da *Betta pugnax* nicht so auffällig bunt gefärbt ist wie beispielsweise *B. splendens*, wurde die in ihrem Verhalten sehr interessante Art von den Züchtern leider sehr vernachlässigt. *B. pugnax* wird häufig mit sehr ähnlichen Arten verwechselt, zudem ist die Art im Verbreitungsgebiet sehr variabel, schlanke und bullige Varianten. Das Foto zeigt z.B. die atypische Variante von der Insel Penang, die durch die rotbraune Körperfärbung und die Sattelschnauze auffällt.

T: 22 - 28° C, **L**: 12 cm, **BL**: 80 cm, **WR**: m, o, **SG**: 3

Kletterfische

Betta rubra

Betta pugnax

Fam.: Belontiidae
Unterfam.: Macropodinae

Betta smaragdina   LADIGES, 1972
Smaragdbetta, Smaragd-Kampffisch

Syn.: Keine.
Vork.: Nordostthailand.
Ersteinf.: 1970 durch SCHALLER.
GU: Bauchflossen beim ♂ länger, ♀ zeigt beim Paarungsverhalten einige Körperbinden. Sonst sind diese dunkler und helle nur angedeutet.
Soz.V.: Soll etwas friedlicher als *B. splendens* sein. Nach Angaben von LINKE wird die Art in ihrer Heimat jedoch auch zu Kampfspielen in kleinen Gläsern eingesetzt. Sie kann gut mit friedlichen und ruhigen Fischen vergesellschaftet werden.
Hält.B.: Wie *B. splendens*. Es können jedoch mehrere Jungtiere zusammen gepflegt werden, die, wenn sie zusammen aufwachsen, sich auch später vertragen werden.

ZU: Schaumnestbauer. Frischwasserzusatz. Temperatur 28° C. Zuchtansatz mit einem Paar in Becken ab 50 cm Länge. In einer Ecke gute Bepflanzung, auch Schwimmpflanzen - sonst reicht spärlicher Bewuchs. Manche Paare laichen nur in Höhlen!.
FU: K; feines Lebendfutter, gefriergetrocknetes Naturfutter, gelegentlich Flokkenfutter.
Bes.: Ein farbenprächtiger Fisch, der wegen seiner Ursprünglichkeit mehr Verbreitung finden sollte.

T: 24 - 27° C, **L:** 7 cm, **BL:** 70 cm, **WR:** m, o, **SG:** 2 - 3

Betta splendens   REGAN, 1910
Siamesischer Kampffisch

Syn.: *Betta trifasciata, Betta pugnax*, "*Betta rubra*".
Vork.: Thailand, Kambodscha, Laos(?).
Ersteinf.: 1892 nach Frankreich; 1896 von Moskau 10 Paare nach Deutschland an MATTE.
GU: ♂ wesentlich farbenprächtiger mit größeren Flossen.
Soz.V.: ♂ ♂ können nicht zusammen gehalten werden; sie zerfetzen sich ihre Flossen gegenseitig, meist mit den abgespreizten Kiemendeckeln. ♀ ♀ kann man zu mehreren Exemplaren im Aquarium pflegen.
Hält.B.: Einzelhaltung der ♂ ♂ in kleinen Gläsern von unter einem Liter Wasserinhalt ist als Quälerei zu bezeichnen. Bei derartig kleinen Behältern ist die Oberfläche freizuhalten, und alle paar Tage ist ein Wasserwechsel erforderlich. *Bettas* sind wärmebedürftig. Haltung eines einzelnen ♂ im Gesellschaftsbecken ist möglich. pH 6 - 8; Härte bis 25° dGH.

ZU: ♂ baut Schaumnest im flachen Wasser. Wasserstand soll max. 15 cm betragen. Filterung und Durchlüftung abstellen, da der Wasserstrom das Nest zerstören könnte. Junge schlüpfen nach ca. 24 Stunden und erhalten Staubfutter und pulverisiertes Flockenfutter, auch Eigelb (hartgekocht).
FU: Lebendfutter aller Art, Flockenfutter, FD.
Bes.: Die Art ist temperaturempfindlich. Wildfänge sind kaum noch im Handel. Die Zuchtform als "Schleierkampffisch" gibt es in vielen Farben: rot, blau, grüntürkis, weiß, schwarz und alle Mischungen.

T: 24 - 30° C, **L:** 6 - 7 cm, **BL:** 25 cm, **WR:** o, **SG:** 2

Kletterfische

Betta smaragdina

Betta splendens

Fam.: Belontiidae
Unterfam.: Trichogastrinae

Colisa chuna (HAMILTON, 1822)
Honiggurami

Syn.: *Trichopodus chuna, Trichogaster chuna, T. sota, Colisa sota.*
Vork.: Nordöstliches Indien und Assam, Bangladesh.
Ersteinf.: 1962.
GU: ♂ honigfarben bis ocker mit blauer Kehle; vorderer Teil der Anale schwarz. ♀ unscheinbar bräunlich. Außerhalb der Laichzeit sehen sich beide Geschlechter recht ähnlich.
Soz.V.: Friedlich und scheu; zur Laichzeit stark revierverteidigend.
Hält.B.: Dicht bepflanzte Becken mit teilweiser Abdeckung der Oberfläche durch Schwimmpflanzen. Nur mit ruhigen und friedlichen, kleineren Arten vergesellschaften. pH-Wert 6 - 7,5; Härte bis 15° dGH.

ZU: Während der Laichzeit grenzen die Paare ihr Revier (ca. 500 cm²) gegen Artgenossen ab. Die ♂ ♂ bauen lockeres Schaumnest, es wurde auch schon Laichabgabe ohne ein solches beobachtet. Die Larven schlüpfen nach 24 - 36 Stunden, je nach Temperatur, und schwimmen bereits nach einem Tag frei. Aufzucht der Jungen mit Infusorien, später *Artemia* und feinst gemahlenes Flockenfutter; auch pulverisierte FD-Tabletten eignen sich.
FU: K, O; feines Lebendfutter, Flockenfutter, Pflanzenfutter, FD-Tabletten.
Bes.: Nicht ganz unproblematischer Labyrinthfisch, der nur sehr bedingt für das Gesellschaftsbecken geeignet ist. Die Art ist anfällig für *Oodinium pillularis*. Das Foto zeigt oben das ♂ und unten das ♀.

T: 22 - 28° C, **L**: 5 cm, **BL**: 40 cm, **WR**: m, o, **SG**: 2 - 3

Colisa fasciata (BLOCH & SCHNEIDER, 1801)
Gestreifter Fadenfisch

Syn.: *Trichogaster fasciatus, Trichopodus colisa, T. bejeus, T. cotra, Colisa vulgaris, Polyacanthus fasciatus, Colisa bejeus, C. ponticeriana.*
Vork.: Indien, Bengalen, Assam, Burma.
Ersteinf.: 1897 durch MATTE (40 Stück aus Kalkutta).
GU: ♂ dunkler, zur Laichzeit fast schwarz. Rückenflosse spitz ausgezogen.
Soz.V.: Friedlich - außer zur Laichzeit. Für Gesellschaftsbecken geeignet.
Hält.B.: Bevorzugt dunklen Bodengrund, dichte Randbepflanzung, die ausreichend Schwimmraum lassen muß. pH 6 - 7,5; Härte 4 - 15° dGH.
ZU: Geringer Wasserstand bis 20 cm. Temperatur 28° C; pH bis 6,5 bei sehr weichem Wasser. Es wird ein großes Schaumnest gebaut. Das ♀ wird vom ♂ während des Laichaktes (20 - 50 Eier) vollständig umklammert und bauchseitig zur Wasseroberfläche gedreht. Die Eier steigen nach oben. Nach 10 - 20 Laichakten alle 15 - 20 Minuten sind ca. 500 - 600 Eier ausgestoßen worden, die nach 24 Stunden schlüpfen. Das ♂ bewacht das Nest eifersüchtig. Das ♀ sollte herausgefangen werden.
FU: O; Allesfresser. Flockenfutter, Pflanzenfutter, FD-Tabletten.
Bes.: *C. fasciata* wird in Indien vielerorts getrocknet und gegessen.

T: 22 - 28° C, **L**: 10 cm, **BL**: 60 cm, **WR**: o, m, **SG**: 2

Kletterfische

Colisa chuna

Colisa fasciata

Fam.: Belontiidae
Unterfam.: Trichogastrinae

Colisa labiosa (DAY, 1878)
Wulstlippiger Fadenfisch

Syn.: *Trichogaster labiosus.*

Vork.: Flußgebiete des Ganges, Jumna, Bramaputra.

Ersteinf.: 1904 ein Exemplar. Die 1911 durch SCHOLZE & POETZSCHKE zu mehreren eingeführten Tiere sollen *C. fasciata* gewesen sein.

GU: Deutlich bei ausgewachsenen Tieren erkennbar: ♂ farbige, spitz ausgezogene Rückenflosse.

Soz.V.: Friedlich, ruhig. Für Gesellschaftsbecken geeignet. Zur Zucht besser im Einzelbecken ab 60 cm Länge halten.

Hält.B.: Das Aquarium soll wie bei anderen Labyrinthfischen nicht zu hoch sein (max. 40 cm). Dunkler Bodengrund, gute Bepflanzung und leicht saures Wasser fördern das Wohlbefinden. pH 6 - 7,5; Härte 4 - 10° dGH.

ZU: Das Nest wird wie bei *C. lalia* gebaut, jedoch keine Pflanzenteile verwendet. Daher ist das Nest empfindlich und leicht zerstörbar. Es ist größer, bedeckt manchmal die halbe Wasseroberlfäche im Aquarium. *C. labiosa* ist sehr ausdauernd sowohl im Nestbau als auch in der Brutpflege. Es werden 500 - 600 Eier vom ♀ in Rückenlage während mehrerer Umklammerungen des ♂ abgelegt - die Eier steigen nach oben ins Schaumnest. Nach 24 Stunden schlüpfen die ersten Jungen und verlassen 2 Tage später das Nest.

FU: Allesfresser: Flockenfutter, Pflanzenfutter, FD-Tabletten.

Bes.: Wird häufig mit *C. fasciata* verwechselt. Es gibt auch Kreuzungen beider Arten, was die Unterscheidbarkeit heute schwierig macht.

T: 22 - 28° C, **L:** 9 cm, **BL:** 50 cm, **WR:** m, o, **SG:** 1

Colisa lalia (HAMILTON, 1822)
Zwergfadenfisch

Syn.: *Colisa lalius, C.unicolor, Trichogaster fasciatus, T. lalius, T. unicolor, Trichopodus lalius, T. cotra* (♀).

Vork.: Flußgebiete des Ganges, Jumna, Bramaputra; lt. PORTA kommt die Art auch in Borneo (Baram-Fluß) vor.

Ersteinf.: 1903 durch STÜVE.

GU: ♂ farbiger (s. Foto).

Soz.V.: Friedliche, scheue Art. Paare schwimmen meist zusammen.

Hält.B.: Kleines bis mittleres Aquarium, gut bepflanzt, Oberfläche teilweise abgedeckt mit Schwimmpflanzen. Vergesellschaftung nur mit ruhigen, zarten Fischen. Dunkler Bodengrund bringt die Farben der Tiere erst zur Geltung. Evtl. Torffilterung. Regelmäßiger Wasserwechsel ist notwendig, da leicht anfällig.

ZU: Hohes, festes Schaumnest wird mit Pflanzenteilen und Algen gebaut. Wasserstand im Becken in dieser Zeit nicht über 20 cm. ♂ übt Brutpflege der Jungen aus, die nach ca. 24 Stunden schlüpfen. Aufzucht wie bei *C. chuna*. Das ♀ sollte sofort und das ♂ nach 2 - 3 Tagen nach dem Ablaichen entfernt werden. Sonst bleiben von den ca. 600 Jungfischen nicht viele übrig.

FU: Allesfresser: Pflanzenfutter, Algen, FD-Tabletten.

Bes.: Einer der prächtigsten Aquarienfische, der bei keinem Aquarianer, der etwas über das Anfängerstadium hinaus ist, fehlen sollte. Die Art kränkelt schnell bei schlechten Wasserbedingungen.

T: 22 - 28° C, **L:** 5 cm, **BL:** 40 cm, **WR:** o, m, **SG:** 2

Kletterfische

Colisa labiosa

Colisa lalia

Fam.: Belontiidae
Unterfam.: Macropodinae

Macropodus concolor AHL, 1937
Schwarzer Makropode

Syn.: *"Macropodus opercularis concolor"*, *Macropodus opercularis* var *spechti*.
Vork.: Südliches China, Vietnam.
Ersteinf.: 1935.
GU: Das ♂ hat spitz ausgezogene Rücken- und Afterflossen; beim ♀ sind diese kürzer.
Soz.V.: Meist friedliche Art, für das Gesellschaftsbecken im Gegensatz zu *M. opercularis* besser geeignet. Zur Laichzeit entwickeln die ♂ ♂ allerdings etwas Aggressivität.
Hält.B.: Wie die anderen Labyrinthfische, z.B. *Trichogaster leeri*. An das Wasser wird kein hoher Anspruch gestellt: pH-Wert 6,5 - 7,8; Härte bis 20° dGH.
ZU: In weichem Wasser (bis 4° KH) und bei 26 - 30° C laichen fortpflanzungsfähige Tiere willig.
FU: K, O; Flockenfutter, feines Lebendfutter, für ausgewachsene ♂ ♂ auch Mückenlarven und kleinere Würmer.
Bes.: Die Art ist friedlicher als der Paradiesfisch und verdiente etwas mehr Beachtung beim Liebhaber.

T: 20 - 26° C, **L**: ♂ 12 cm, ♀ bis 8 cm, **BL**: 70 cm, **WR**: m, o, **SG**: 1

Macropodus opercularis (LINNAEUS, 1758)
Macropode, Großflosser, Paradiesfisch

Syn.: *Labrus opercularis, Macropodus concolor, M. filamentosus, M. viridi-auratus, M. venustus, M. opercularis* var. *viridi-auratus, M. chinensis, Platypodus furca, Polyacanthus opercularis,*
Vork.: Ostasien, in Flachgewässern (Reisfelder) von China, Korea, Taiwan, Ryukyu-Insel, Malakka.
Ersteinf.: 1869 nach Frankreich (erster Tropen-Aquarienfisch nach dem Goldfisch!); 1876 durch SASSE.
GU: ♂ hat länger ausgezogene Flossenspitzen und ist meist prächtiger gefärbt als das ♀.
Soz.V.: Problemlose Zusammenhaltung von Jungtieren; ausgewachsene ♂ ♂ bekämpfen sich fast so stark wie Kampffische.
Hält.B.: Größere Aquarien mit genügend Schwimmraum, etwas Versteckmöglichkeit für die ♂ ♂. Pflanzen werden nicht genommen, trotzdem sollte wegen der ruppigen Balz- und Kampfspiele mit Artgenossen nur auf Bewuchs mit kräftigen Pflanzen Wert gelegt werden. pH-Wert 6 - 8; Härte bis 30° dGH.
ZU: Relativ leicht. Schaumnest wird am liebsten unter einem größeren Blatt gebaut. Bis 500 Junge. Zum Zuchtansatz Wasserspiegel senken und Temperatur erhöhen. Aufzucht mit Infusorien und später mit *Artemia*.
FU: O; Allesfresser; kräftiges Lebendfutter, Flockenfutter (Großflocken), FD-Tabletten.
Bes.: Es gibt eine schwarze und eine albinotische Form (rosa mit roten Streifen). Der Fisch ist ein ausgezeichneter Vertilger von Planarien (Scheibenwürmern), wenn man ihn sonst mit Futter etwas kurz hält. Springt gern, Becken gut abdecken.

T: 16 - 26° C, **L**: 10 cm, **BL**: 70 cm, **WR**: u, m, **SG**: 1

Kletterfische

Macropodus concolor

Macropodus opercularis

Fam.: Belontiidae
Unterfam.: Macropodinae

Malpulutta kretseri DERANIYAGALA, 1937
Gefleckter Spitzschwanzmakropode

Syn.: Keine.

Vork.: Sri Lanka, auch in der Unterart *M. kretseri minor.*

Ersteinf.: 1966 durch GEISSLER & BADER, 1970 erneut durch SCHALLER.

GU: ♂ größer und mit lang ausgezogener Schwanz- und Rückenflosse.

Soz.V.: Friedliche, scheue, bewegungsarme Art, die nur mit einigen wenigen zarten Arten vergesellschaftet werden sollte, am ehesten mit kleinen Labyrinthfischen.

Hält.B.: Becken gut abdecken, die Fische springen hervorragend zielsicher. Am besten ist es, die Art für sich zu pflegen. Die Fische brauchen reichlich Versteckmöglichkeiten in Form von Steinen oder Wurzelwerk. Das Becken sollte mit dunklem Bodengrund, Cryptocorynen-Bewuchs und eventuell mit einer dünnen Schwimmpflanzendecke eingerichtet sein. pH-Wert 5,5 - 7,5; Härte bis 20° dGH.

ZU: Bei weichem Wasser und gutem Lebendfutter ist die Vermehrung der Art gut möglich. Sie laicht in kleinen Höhlen dicht am Boden. Die Eltern fressen die Larven selten. Die Larven schwimmen an die Wasseroberfläche und können nach dem Freischwimmen mit frisch geschlüpften Artemien aufgezogen werden.

FU: K; hauptsächlich Lebendfutter; Flockenfutter wird ungern genommen.

Bes.: Die Art ist auch in der Natur selten. Im Handel taucht sie fast nie auf. Nur Könner sollten sich an diese Art wagen.

T: 24 - 28° C, **L**: ♂ 9 cm, ♀ 4 cm, **BL**: 60 cm, **WR**: m, u, **SG**: 4 (C) (Aus mehreren Gründen sehr problematische Art.)

Parosphromenus deissneri (BLEEKER, 1859)
Deissners Prachtgurami

Syn.: *Osphronemus deissneri.*

Vork.: Malaysia, Singapur; in mäßig bis schnell fließenden Gewässern.

Ersteinf.: Vor 1914.

GU: ♂ prächtiger gefärbt, besonders während der Balz.

Soz.V.: Friedliche, zarte Art; nicht für Gesellschaftsbecken geeignet.

Hält.B.: Ein kleines Artenbecken mit guter Bepflanzung, guter Filterung und weiches, leicht saures Wasser sind Bedingung für die erfolgreiche Pflege. *Malpulutta kretseri* würde sich als Gesellschaftsfisch wohl eignen, wenn man nicht züchten will. pH-Wert 5,6 - 7,2; Härte bis 10° dGH.

ZU: Höhlenbrüter; das ♂ übernimmt nach dem Laichen allein die Brutpflege - das ♀ wird verdrängt. Die Larven schlüpfen nach ca. 72 Stunden bei 25° C und schwimmen erst 6 Tage danach frei. Die Jungfische wachsen langsam und benötigen extrem reines Wasser, Infusorien- und *Artemia*-Nahrung.

FU: K; feines Lebendfutter, nach Überwindung der Scheu auch FD-Flockenfutter.

Bes.: Einer der farbenprächtigsten und kleinsten Labyrinthfische - ein Juwel für den Kenner. Die Art kann über die Kiemen, also ohne Luft von der Wasseroberfläche zu holen, atmen.

T: 24 - 28° C, **L**: 3,5 cm, **BL**: 40 cm, **WR**: u, m, **SG**: 4 (C)

Kletterfische

Malpulutta kretseri

Parosphromenus deissneri

Fam.: Belontiidae
Unterfam.: Macropodinae

Pseudophromenus cupanus (CUVIER & VALENCIENNES, 1831)
"Schwarzer" Spitzschwanzmakropode
Syn.: *Polyacanthus cupanus, Macropodus cupanus.*
Vork.: Südindien, Sri Lanka.
Ersteinf.: 1903 durch STÜVE.
GU: Bei der Paarung am besten zu unterscheiden: ♂ farbiger (rot); ♀ fast schwarz. Sonst Unterscheidung schwer, ♂ hat meist eine spitzer ausgezogene Rückenflosse.
Soz.V.: Friedlicher Fisch, der am besten paarweise im Artenbecken oder mit anderen ruhigen und kleineren Arten zusammen gehalten werden sollte.
Hält.B.: Flache Becken mit guter Bepflanzung und Höhlen (Kokosnußschalen). Die Art hat einen hohen Lichtbedarf. Dunkler, feinkörniger Bodengrund und schwache Filterung. Härte bis 15° dGH; pH-Wert 6,5 - 7,8.

ZU: Schaumnestbauer unter Holz oder Steinen in der Nähe der Wasseroberfläche. 28° C. Sandboden. Das Zuchtbecken sollte nicht steril, sondern eher mit kurzen Grünalgen bewachsen sein. ♂ betreibt Brutpflege. Nach 48 Stunden (27° C) schlüpfen die Larven und 2 Tage später schwimmen sie frei. Die Elterntiere können im Becken belassen werden.
FU: K; hauptsächlich Lebendfutter; Flokkenfutter wird ungern genommen.
Bes.: Die Art ist auch in der Natur selten. Im Handel taucht sie fast nie auf. Nur Könner sollten sich an diese Art wagen.

T: 24 - 27° C, **L**: 6 cm, **BL**: 60 cm, **WR**: m, o, **SG**: 1 - 2

Parosphromenus dayi (KÖHLER, 1909)
Roter Spitzschwanzmakropode
Syn.: *Macropodus dayi, Polyacanthus cupanus* var. *dayi, P. dayi.*
Vork.: Westliches Vorderindien; in Gräben und Sümpfen.
Ersteinf.: 1908 durch SCHOLZE & POETZSCHKE.
GU: Stärkere Verlängerung der Schwanzflossenstrahlen beim ♂.
Soz.V.: Friedlich. Zur Zucht pflegen beide Elterntiere. Nicht mit ruppigen und unruhigen Arten vergesellschaften.
Hält.B.: Gedämpftes Licht, dunkler Bodengrund und guter Pflanzenbewuchs bringen die Farben erst richtig zur Geltung. pH 6,5 - 7,5; Härte 4 - 15° dGH. Torffilterung und regelmäßiger Wasserwechsel.

ZU: Schaumnestlaicher; manchmal auch in Höhlen. Beide Eltern bewachen das Nest und spucken herausfallende Eier und Junge wieder dorthin zurück. Wasserspiegel absenken auf ca. 10 cm. Junge schlüpfen nach ca. 30 Stunden. Temperatur 28° C. Zucht recht produktiv. Aufzucht einfach mit Infusorien, *Artemia* und feinem Flockenfutter.
FU: Allesfresser, Flockenfutter, Lebendfutter; *Artemia.*
Bes.: Leider wenig eingeführt. Reizvolle Art.

T: 25 - 28° C, **L**: 7,5 cm, **BL**: 60 cm, **WR**: o, m, **SG**: 2

Kletterfische

Pseudophromenus cupanus

Parosphromenus dayi

Fam.: Belontiidae
Unterfam.: Trichogastrinae

Sphaerichthys osphromenoides osphromenoides CANESTRINI, 1860
Schokoladengurami, Malaiischer Gurami

Syn.: *Osphromenus malayanus, O. notatus.*

Vork.: Malakka, Halbinsel Malaysia, Sumatra bei Djambi, Borneo.

Ersteinf.: 1905 durch REICHELT (alle Tiere starben). 1934 Wiedereinfuhr; ab 1950 regelmäßige Einfuhr.

GU: ♂ hat in After- und Schwanzflosse feinen gelben Randsaum.

Soz.V.: Friedlich, scheu. Nicht mit robusten Arten zu vergesellschaften. Am besten paarweise Haltung.

Hält.B.: Heikle Art, die viel Beachtung hinsichtlich der Wasserbeschaffenheit verlangt. Torfextrakt, weiches Wasser bei pH 6 - 7; Härte 2 - 4° dGH. Gute Bepflanzung. Ein häufiger Wasserwechsel fördert die Lebensdauer. Die Art ist krankheitsanfällig (Bakterienbefall, Hautparasiten).

ZU: Maulbrüter und/oder Bodenlaicher. Zucht wenig ergiebig, nur 20 - 40 Junge. Ablaichen am Boden. Das ♀ nimmt die Eier für ca. 14 Tage ins Maul. Einen detaillierten Zuchtbericht gibt LINKE (1983): TI 18 (62): 11-13.

FU: Lebendfutter (Schwarze und Rote Mückenlarven, *Artemia*), Flockenfutter evtl. mit FD.

Bes.: Eine Art, deren Nachzucht ein erstrebenswertes Ziel für den Könner ist. 1979 beschrieb VIERKE die Unterart *S. osphromenoides selatanensis*.

T: 25 - 30° C, **L:** 5 cm, **BL:** 80 cm, **WR:** m, u, **SG:** 3 - 4

Trichogaster leeri (BLEEKER, 1852)
Mosaikfadenfisch

Syn.: *Trichopodus leeri, Psphromenus trichopterus, Trichopus leeri.*

Vork.: Malaysia, Borneo und Sumatra; in dicht mit Pflanzen bewachsenen Flüssen.

Ersteinf.: 1933.

GU: ♂ mehr rot; ausgezogene, spitze Rücken- und Afterflossen.

Soz.V.: Sehr friedlich, zwei ♂♂ können sich allerdings häufiger bekämpfen.

Hält.B.: Wasserstand bis ca. 30 cm, Versteckmöglichkeiten an der Wasseroberfläche bieten (Schwimmfarne). Nicht mit rauflustigen Fischen vergesellschaften (z.B. Cichliden), *T. leeri* verliert dann seine prächtigen Farben und steht verschüchtert in einer Ecke, ja, traut sich nicht ans Futter. Raumtemperatur soll über 20 - 22° C liegen, da sich der Fisch sonst leicht erkältet und kümmert. pH 6,5 - 8,5; Härte 5 - 20° dGH.

ZU: Wasserspiegel auf ca. 12 cm absenken. Ein großes Schaumnest wird zwischen Wasserpflanzen gebaut und nach dem Ablaichen vom ♂ gut bewacht. Das ♂ vertreibt das ♀ nicht so brüsk wie etwa andere Labyrinthfisch-Arten.

FU: Flocken- und Pflanzenfutter, Lebendfutter, FD.

Bes.: Sehr ausdauernd, von den Labyrinthern neben dem Blauen Fadenfisch am härtesten. Wird etwa 8 Jahre alt.

T: 24 - 28° C, **L:** 12 cm, **BL:** 60 cm, **WR:** o, m, **SG:** 1

Kletterfische

Sphaerichthys osphromenoides osphromenoides

Trichogaster leeri

Fam.: Belontiidae
Unterfam.: Trichogastrinae

Trichogaster microlepis (GÜNTHER, 1861)
Mondschein-Gurami, Mondschein Fadenfisch

Syn.: *Osphromenus macrolepis, Trichopsis microlepis, Trichopodus microlepis, Trichopus microlepis, T. parvipinnis, Deschauenseeia chryseus.*

Vork.: Thailand, Kambodscha, in stehenden und langsam fließenden Gewässern.

Ersteinf.: 1952.

GU: Bauchflossenfäden beim ♂ orange bis rot, beim ♀ gelblich. Gesunde ausgewachsene Tiere haben eine rote Iris.

Soz.V.: Friedlich wie *T. leeri*, etwas scheu.

Hält.B.: Geräumiges Becken bis zu 40 cm Höhe. Gut bepflanzt mit Riesenvallisnerien, Javafarn. Feinblättrige Pflanzen werden meist zerrupft und zum Nestbau verwendet. pH 6 - 7; Härte 2 - 25° dGH.

ZU: Wasserspiegel absenken. Schaumnestlaicher. 500 - 1000 Eier. Aufzucht mit Aufguß von Salat und Bananenschalen.

FU: O; Allesfresser, Flockenfutter, Pflanzenfutter, FD.

Bes.: Die Tiere werden in ihrer Heimat als Speisefische geschätzt.

T: 26 - 30° C, **L:** 15 cm, **BL:** 80 cm, **WR:** m, o, **SG:** 2

Trichogaster pectoralis (REGAN, 1910)
Schaufelfadenfisch, Schlangenhautfadenfisch

Syn.: *Osphromenus trichopterus* var. *cantoris, Trichopodus pectoralis.*

Vork.: Thailand, Kambodscha, Malaiische Halbinsel; in seichten Fließgewässern, auch Reisfeldsümpfen.

Ersteinf.: 1896 durch UMLAUFF.

GU: ♂ spitze, ausgezogene Rückenflosse, Bauchflossenfäden orangerot (beim ♀ gelb).

Soz.V.: Sehr friedlich, auch während der Laichzeit.

Hält.B.: Einfache, flache Becken bis ca. 30 cm Höhe. Bepflanzung problemlos, je nach Wasserqualität. Etwas Versteckmöglichkeit bieten. pH-Wert 6 - 8,3; Härte 2 - 3° dGH.

ZU: Wasserspiegel absenken. Schaumnestlaicher. Zucht ähnlich wie bei *T. leeri*.

FU: O; Allesfresser.

Bes.: Wird leider nur wenig eingeführt, da etwas unscheinbar. Speisefisch.

T: 23 - 28° C, **L:** 20 cm, **BL:** 60 cm, **WR:** m, u, **SG:** 1

Kletterfische

Trichogaster microlepis

Trichogaster pectoralis

Fam.: Belontiidae
Unterfam.: Trichogastrinae

Trichogaster trichopterus (PALLAS, 1777)
Blauer Gurami, Blauer Fadenfisch

Syn.: *Labrus trichopterus, Trichopodus maculatus, T. trichopterus, Trichopus trichopterus, T. sepat, T. cantoris, T. siamensis, Osphromenus saigonensis, O. siamensis, O. trichopterus, O. trichopterus* var. *koelreuteri,.*

Vork.: Südostasien (Malaysia, Thailand, Burma, Vietnam), Inseln des Indoaustralischen Archipels.

Ersteinf.: 1896 durch UMLAUFF.

GU: ♂ hat spitze, ausgezogene Afterflossen.

Soz.V.: Friedlich, allerdings fast langweilig mit zunehmendem Alter. Jungtiere sind sehr possierlich. Mehrere ♂ ♂ sollten nicht in einem Aquarium zusammen gehalten werden.

Hält.B.: Jede Art von Einrichtung. Die Vergesellschaftung mit sehr robusten Arten verdrängt diese Art in die Ecken. Ein Fisch, der fast nicht totzukriegen ist. Er wird allerdings sehr scheu, wenn er als ausgewachsener Fisch in ein anderes, fremdes Becken umgesetzt wird; pH 6 - 8,8; Härte 5 - 35° dGH.

ZU: Wasserspiegel absenken auf 15 cm. Es wird ein Schaumnest gebaut. Nach dem Ablaichen sollte das ♀ entfernt werden, da das ♂ bösartig sein kann.

FU: O; Allesfresser; es wird jedes Ersatzfutter genommen, von Haferflocken bis zu getrockneten Wasserflöhen (deshalb in einigen unterentwickelten Aquarianer-Ländern immer noch Zierfisch Nr. 1).

Bes.: Einer der härtesten Aquarienfische überhaupt. Frißt auch Planarien (Scheibenwürmer). Auf dem Foto rechts oben ist die Zuchtform *T. trichopterus "cosby"* (Marmorierter Fadenfisch) abgebildet, darunter die Normalfärbung. Eine gelbrosa albinotische Farbform ist immer häufiger im Handel zu haben (unteres Foto).

T: 26 - 28° C, **L**: 10 cm, **BL**: 50 cm, **WR**: m, o, **SG**: 1

Kletterfische

Trichogaster trichopterus "cosby" oben, darunter die Normalfärbung.

Trichogaster trichopterus, albinotische Form.

Fam.: Belontiidae
Unterfam.: Macropodinae

Trichopsis pumila (ARNOLD, 1936)
Knurrender Zwerggurami

Syn.: *Ctenops pumilus.*
Vork.: Vietnam, Thailand, Sumatra.
Ersteinf.: 1913.
GU: Beim ♀ scheint der Laich gelblich durch die Leibeshöhle. Das ♂ hat eine etwas spitzer ausgezogene Rückenflosse.
Soz.V.: Friedlich, zart. Lediglich während der Zucht etwas angriffslustig.
Hält.B.: Ruhige Beckeninsassen; Torfboden; saures Wasser, pH 5,8 - 7; Härte 2 - 10° dGH, sind die Bedingungen für die erfolgreiche Pflege. Bepflanzung mit Cryptocorynen und feinblättrigen Pflanzen.
ZU: Lockeres Schaumnest ohne Pflanzenteile; oftmals wird der "liederliche" Nestbau gar nicht bemerkt. Meist wird das Nest unter größeren Pflanzenblättern an der Oberfläche gebaut, selten auch in Höhlen. Die ♂♂ färben sich nicht um. Knurrende Laute während der kurzen Balz. Das ♂ umschlingt das ♀ an der Kehlpartie fast völlig. Dabei werden 1 - 10 Eier (VIERKE) abgegeben, während des gesamten Laichaktes 100 - 170. Die Eier werden vom ♂ ins Nest gespuckt. Dieses betreibt Brutpflege. Die Larven schlüpfen bei 27° C innerhalb von 2 Tagen, nach weiteren 2 Tagen schwimmen sie frei. Sie wachsen bei Fütterung mit feinem Lebendfutter sehr schnell.
FU: K, O; Flockenfutter bis 4 mm Flockengröße, feines Lebendfutter, FD.
Bes.: Gibt gut hörbare knurrende Töne von sich (während des Balzspiels und in Erregung).

T: 25 - 28° C, **L**: 3,5 cm, **BL**: 40 cm, **WR**: m, **SG**: 2

Trichopsis vittata (CUVIER & VALENCIENNES, 1831)
Knurrender Gurami

Syn.: *Ctenops nobilis, C. vitatus, Osphromenus striatus, O. vittatus, Trichopsis harrisi, T. striata, Trichopus striatus,*
Vork.: Hinterindien, Thailand, Südvietnam, Malaysia, Indonesien.
Ersteinf.: 1899 durch STÜVE; 1903 Erstnachzucht.
GU: ♂ intensiver gefärbt mit rotem Saum an der spitz ausgezogenen Afterflosse.
Soz.V.: Friedliche Art, munter, je nach anderen Beckeninsassen auch versteckt lebend.
Hält.B.: Mit zarteren Salmlern, Bärblingen und anderen kleinen Labyrinthfischen vergesellschaften. pH 6,5 - 7,5; Härte 3 - 15° dGH.
ZU: Schaumnestlaicher. Meist schwierig, nicht sehr produktiv. Wasserstand auf 10 cm absenken. Gleichbleibende Temperatur bei 30° C halten. Weiches Frischwasser, mit AquaSafe aufbereitet, leitet bei geeignetem Paar die Balz ein.
FU: O; Allesfresser, feines Lebendfutter, ausgesiebte feine Flocken, FD-Menü.
Bes.: ♂ und ♀ geben knurrende Laute von sich, daher der Name der Art. Das kleine Foto zeigt die als *T. schalleri* beschriebene Art.

T: 22 - 28° C, **L**: 6,5 cm, **BL**: 50 cm, **WR**: m, **SG**: 2 - 3

Kletterfische

Trichopsis pumila

Trichopsis vittata

Fam.: Helostomatidae

Helostoma temminckii
Küssender Gurami

CUVIER & VALENCIENNES, 1831

Syn.: *Helostoma oligacanthum, H. rudolfi, H. servus, H. tambakkan.*
Vork.: Thailand und Java.
Ersteinf.: Ca. 1950 aus Florida-Zuchten.
GU: Schwer erkennbar, ♀♀ fülliger.
Soz.V.: Verträglich. ♂♂ bekämpfen sich häufiger, indem sie die Mäuler gegeneinanderpressen (küssen). Das schwächere Tier muß dabei schließlich weichen.
Hält.B.: Geräumige Becken mit Steinen und Javafarn, evtl. Javamoos. Auch Plastikpflanzen. Nahezu alle anderen Pflanzen werden als Nahrung angesehen. pH 6,8 - 8,5; Härte 5 - 30° dGH. Hintere Scheibe nicht säubern, Die Tiere weiden die Algen ab. Bodengrund nicht fein wählen, da dieser durchwühlt wird.
ZU: Weiches Wasser. Salatblätter als Laichsubstrat an der Oberfläche bieten. Kein Schaumnest. Die Eier schweben an die Oberfläche. Die Salatblätter bieten Nahrung für Bakterien und später Infusorien für Jungfische. Die ♂♂ werden von den ♀♀ zum Laichen geführt.
FU: O; Allesfresser, Pflanzenkost, Salat, den man überbrühen muß, jedes Lebendfutter. ("Normal" gehaltene Tiere verhungern im Gesellschaftsbecken). Erbsen!
Bes.: Die Kiemen dieser Art können als Filter für feinstes Lebendfutter (Plankton) eingesetzt werden. Neben der grünen Wildform exitiert eine besonders in der Aquaristik verbreitete rosa Zuchtform, die auf Java auch zur Speisefischzucht Verbreitung fand.

T: 22 - 28° C, **L**: 15 (30) cm, **BL**: ab 80 cm, **WR**: m, o, **SG**: 3 (H)

Fam.: Osphronemidae

Osphronemus gorami
Speisegurami

LACÉPÈDE, 1802

Syn.: *Osphronemus olfax, O. notatus, O. satyrus, O. gourami.*
Vork.: China, Java, Malaysia, Hinterindien, vielfach als Nutzfisch eingeführt und verbreitet.
Ersteinf.: 1895.
GU: Rücken- und Afterflossen des ♂ etwas zugespitzt.
Soz.V.: Einzelgänger. Kleine Tiere sind für Gesellschaftsbecken mit größeren Fischen geeignet. Artgenossen werden von Jungtieren häufig erbittert bekämpft. Ältere Tiere sind ruhiger und friedlicher.
Hält.B.: Die Hälterung von Jungtieren bis etwa 10 cm Länge bereitet kaum Probleme. Da die Tiere jedoch schnell wachsen, muß darauf geachtet werden, daß eine Vergesellschaftung mit zu kleinen Fischen bald deren Verlust zur Folge haben kann. Das Becken soll gut bepflanzt und an der Oberfläche teilweise mit Schwimmpflanzen abgedeckt sein. pH-Wert 6,5 - 8; Härte bis 25° dGH. Gute Filterung.
ZU: Wegen der Größe, die der Fisch erlangt, ist die Zucht im Aquarium problematisch, aber nicht unmöglich, da manche Tiere schon im Alter von 6 Monaten zuchtfähig sein sollen. Es wird ein kugeliges Schaumnest mit Pflanzenteilen unterhalb des Wasserspiegels gebaut. Die großen Eier (Ø 2,7 - 2,9 mm) schwimmen und werden in das Nest eingebracht und - wie auch später die Larven - bewacht. Diese verlassen das Nest nach etwa 2½ Wochen.
FU: O; jegliche Nahrung, von Haferflokken bis Lebendfutter; auch Fische können genommen werden.
Bes.: Geschätzter Speisefisch in seiner Heimat. Nur als Jungtier für das Aquarium geeignet. Wird manchmal mit dem Schokoladengurami verwechselt, da das Jugendkleid ähnlich gezeichnet ist.

T: 20 - 30° C, **L**: 7 cm (?), **BL**: 150 cm, **WR**: m, o, **SG**: 4 (G)

Kletterfische

Helostoma temminckii

Osphronemus gorami, juv.; adultes Tier Bd. 3, Seite 670

Gruppe 8 Ordnung: Perciformes (Barschartige)

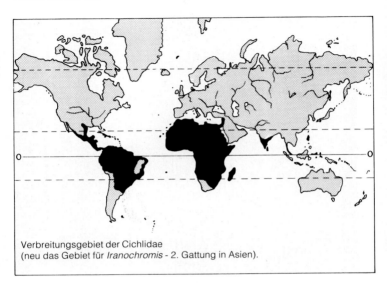

Verbreitungsgebiet der Cichlidae
(neu das Gebiet für *Iranochromis* - 2. Gattung in Asien).

Unterordnung Labroidei
Die Familie Cichlidae — Buntbarsche, Cichliden

Die Cichliden stellen mit etwa 160 Gattungen und über 900 beschriebenen Arten eine der größten Fischfamilien dar. Knapp die Hälfte aller Buntbarsche gehört zu der riesigen alten Gattung *Haplochromis*. Nach den neuesten Untersuchungen von ECCLES & TREWAVAS (1989) wurde die Gattung in mehrere Gattungen aufgeteilt. Neben den drei großen Gattungen *Haplochromis, Cichlasoma* und *Tilapia* (*Sarotherodon*) gibt es eine Anzahl Gattungen, die nur eine einzige Art (monotypische Gattungen) haben.

Das natürliche Verbreitungsgebiet der Cichliden erstreckt sich über Afrika, Mittel- und Südamerika und Teile von Asien. Afrika wird bis auf Gebiete im äußersten Nordwesten und Süden von Buntbarschen bewohnt. Auch auf Madagaskar kommen einige Cichliden-Arten vor. Die Verbreitung der Buntbarsche in Amerika reicht vom südlichen Texas über Mittelamerika, einschließlich Kuba und Haiti, bis nach Argentinien. In Feuerland und in südlichen Teilen von Chile und Argentinien fehlen sie. In Asien findet man Cichliden nur in Südindien und Sri Lanka. Die Anzahl der Arten ist in den drei Kontinenten sehr unterschiedlich. So kommen in Afrika annähernd 700 Arten vor, in Amerika über 200, in Asien dagegen nur eine einzige Gattung (*Etroplus*) mit drei Arten.

Familie	Buntbarsche, Cichliden
	Cichlidae

"Haplochromis" sp.

Fam.: Cichlidae

Die Verbreitungskarte der Cichliden zeigt, daß diese drei großen Gebiete völlig voneinander isoliert sind. Lange Zeit bereitete es Schwierigkeiten, dieses Phänomen zu deuten. Erst mit Hilfe der Kontinentalverschiebungstheorie des Geophysikers Alfred Wegener und der darauf aufbauenden Lehre von der Plattentektonik gelangte man zu einer Lösung.

Vor etwa 200 Millionen Jahren gab es nur zwei riesige Kontinente: einen auf der Nordhalbkugel und einen auf der Südhalbkugel. Der Kontinent auf der Nordhalbkugel umfaßte das heutige Nordamerika, Europa und Asien, der auf der Südhalbkugel Afrika, Südamerika, Australien und die Antarktis. Er wird Gondwanaland genannt. Es muß noch hinzugefügt werden, daß das heutige Indien ein Teil von Afrika gewesen war und deshalb zum Gondwanaland gehörte. Dieses Gondwanaland teilte sich, wobei unter anderem Indien von Afrika losgerissen wurde. Es entstanden weiterhin Afrika und Südamerika in ihrer heutigen Form, indem sie über einen Zeitraum von annähernd 60 Millionen Jahren stetig auseinanderdrifteten. Da die Vorfahren der Cichliden schon das Gondwanaland besiedelten, kann man anhand der Kontinentalverschiebungstheorie die auf den ersten Blick nicht zusammenhängenden Verbreitungsgebiete der Buntbarsche interpretieren.

Die Familie Cichlidae umfaßt kleine bis mittelgroße Fische mit überwiegend typischer Barschgestalt. Doch es gibt bei den Buntbarschen auch sehr langgestreckte sowie sehr hohe, seitlich abgeflachte Fische. Beispiele für erstere sind Vertreter aus den Gattungen *Cichla, Crenicichla, Julidochromis* und *Teleogramma*, für letztere *Symphysodon*- und *Pterophyllum*-Arten. Von verwandten Fischfamilien, so den Nanderbarschen (Nandidae), echten Barschen (Percidae) und Sonnenbarschen (Centrarchidae), unterscheiden sich die Buntbarsche zum einen durch das Vorhandensein nur einer einzigen Nasenöffnung pro Kopfseite und zum anderen durch die mehr oder weniger vollständig vereinigten Schlundknochen.

Die Cichliden haben nur eine Rückenflosse, die aus einem vorderen hartstrahligen und einem hinteren weichstrahligen Teil besteht. Die Seitenlinie ist meist zweiteilig. Der Kopf der Buntbarsche ist durchweg groß, wobei oft bei älteren ♂ ♂ auf der Stirn ein stattlicher Fettwulst ausgebildet ist. Die Körperform der Tiere erlaubt, in gewissen Grenzen natürlich, in vielen Fällen Rückschlüsse auf ihre Lebensweise. Es würde den Rahmen dieses Buches sprengen, auf alle Anpassungen der Buntbarsche an ökologische Gegebenheiten einzugehen. Es sei deshalb auf weiterführende Spezialliteratur verwiesen (STAECK, 1974, 1978; FRYER & ILES, 1972).

Die Cichliden bewohnen die unterschiedlichsten Lebensräume. Es gibt kaum eine Fischfamilie, die sich so an Umweltbedingungen und ökologische Besonderheiten angepaßt hat wie die Bunt-

Buntbarsche, Cichliden

barsche. Besonders in den großen afrikanischen Grabenseen (Tanganjikasee, Malawisee) ist es den Cichliden gelungen, die ausgefallensten ökologischen Nischen zu besetzen und sich gegen starken Konkurrenzdruck zu behaupten. Eine Anzahl von Buntbarschen kann sogar unter sehr extremen Bedingungen leben. Einige dieser ungünstigen Faktoren sind Salzgewässer, Thermalgewässer, Gewässer mit geringem Sauerstoffgehalt, Höhlengewässer und Fließgewässer mit Stromschnellen. So gibt es Cichliden, die hohe Salzkonzentrationen, ja sogar den Aufenthalt im Meerwasser vertragen. Zu ihnen gehören unter anderem *Etroplus suratensis, Etroplus maculatus, Hemichromis bimaculatus, Hemichromis fasciatus, Chromidotilapia guentheri* und einige *Tilapia (Sarotherodon)*-Arten. Ganz extreme Beispiele sind *Sarotherodon alcalicus grahami* und *Sarotherodon alcalicus alcalicus*. Diese Fische leben in sogenannten Sodaseen, Gewässern mit einem hohen Gehalt an Natriumkarbonat und einem für Fische stark alkalischen pH-Wert von 10,5! *Sarotherodon alcalicus grahami* ist auch noch in anderer Hinsicht ein ungewöhnlicher Cichlide. Diese Art kommt in Thermalgewässern (z.B. Magadisee) vor, die eine Temperatur von 40° C aufweisen. Auch sauerstoffarme Gewässer bzw. Gewässerbereiche werden von Buntbarschen bewohnt oder wenigstens zeitweise aufgesucht. *Sarotherodon aureus* besiedelt bevorzugt die stark erwärmten, flachen Ränder des Viktoriasees. Messungen haben ergeben, daß diese Tiere noch in Wasser leben können, das kaum noch Sauerstoff enthält. Der einzige bisher bekannte höhlenbewohnende Cichlide ist eine Unterart von *Cichlasoma urophthalmus,* die in Höhlengewässern der Halbinsel Yucatán beheimatet ist. Das letzte lebensfeindliche Biotop sind die Stromschnellengebiete einiger afrikanischer Flüsse. Hier können nur extrem angepaßte Arten überleben. Stromschnellenbewohner sind Vertreter der Gattungen *Steatocranus, Teleogramma* und einige *Lamprologus*-Arten *(L. congoensis, L. werneri).*

Die Nahrung der Buntbarsche ist sehr vielfältig. Generell kann man aber sagen, daß bis auf ein paar fast ausschließlich pflanzenfressende (herbivore) *Tilapia*- und *Geophagus*-Arten alle Cichliden mehr oder weniger große Raubfische sind, die im Freiwasser vorwiegend Insektenlarven, Würmer und Fische fressen. Einige Arten sind ausgesprochene Fischfresser, wie beispielsweise *Cichla ocellaris, Boulengerochromis microlepis* oder Vertreter der Gattung *Crenicichla.*

Die meisten Cichliden werden zwischen 5 und 30 cm lang. Der größte bekannte Buntbarsch ist *Boulengerochromis microlepis* mit einer Länge von 80 cm und einem Gewicht von 6 Pfund. Weitere große Cichliden-Arten sind *Cichlasoma managuense* (bis 70 cm), *Cichla ocellaris* (bis 60 cm), *Cichlasoma dovii* (bis 50 cm) und

Fam.: Cichlidae

Sarotherodon exculentum (ebenfalls 50 cm). Alle vier Arten sind in ihrer Heimat geschätzte Speisefische. Sie stellen somit eine wichtige Eiweißquelle für die Bevölkerung dar. *Sarotherodon exculentum* wird inzwischen in vielen Teilen der Erde, auch in Asien, in Fischfarmen als Speisefisch gezüchtet.

Cichliden zeigen eine große Anzahl interessanter Verhaltensweisen. Aus diesem Grund sind viele Arten als wissenschaftliche Versuchsobjekte, besonders in der Ethologie, wichtig geworden. Einzelheiten über Lernvorgänge und erfahrungsunabhängiges Verhalten, Kommunikation und Ritualisieren, Territorialverhalten, innerartliches Kampfverhalten und Rangordnung, Balzverhalten und Paarbildung sind der Spezialliteratur zu entnehmen. Auf die Verhaltensweise bei der Abgabe der Geschlechtsprodukte bzw. der Brutpflege soll aber im folgenden näher eingegangen werden. Fast alle Cichliden legen ihre Eier auf einem Substrat ab (Steine, Blätter, Holz, Sand). Nur wenige Arten stoßen ihre Eier ins freie Wasser aus, zu diesen Freilaichern gehört die Gattung *Tropheus*. Heute hat es sich allgemein durchgesetzt, die Cichliden nach der Form ihrer Brutpflege in Offenbrüter und Versteckbrüter einzuteilen, wobei sowohl Maulbrüter als auch Höhlenbrüter Sonderfälle des Versteckbrütens darstellen (WICKLER, 1966: Zool. Jb. Syst. 93, 127-138). Innerhalb der Maulbrüter kann noch zwischen den ovophilen Maulbrütern (z.B. *Haplochromis, Pseudotropheus*) und den larvophilen Maulbrütern, wie einige *Geophagus-* und *Gymnogeophagus*-Arten, unterschieden werden. Bei den ovophilen Maulbrütern werden die Eier sofort nach ihrer Abgabe ins Maul genommen, während bei den larvophilen Maulbrütern die Eier nach Manier der Offenbrüter auf einen Stein abgelegt und erst die geschlüpften Larven oder kurz vor dem Schlüpfen stehende Larven ins Maul genommen werden. Es treten also folgende Formen der Brutpflege auf.

I Offenbrüter
II Versteckbrüter
  1. Höhlenbrüter
  2. Maulbrüter
    a. ovophile Maulbrüter
    b. larvophile Maulbrüter

Offenbrüter und Versteckbrüter unterscheiden sich in vielen Punkten, die im folgenden kurz aufgeführt werden.

Offenbrüter: Eier meist klein und unscheinbar gefärbt, Eier oval, haften mit der Längsseite (l-Eier); Zahl der Eier stets sehr groß, Gelegegröße bis 10.000 Stück. Geschlechtsunterschiede von Art zu Art sehr verschieden. Es gibt nur wenige Offenbrüter mit geringfügigen oder kleinen Geschlechtsunterschieden (z.B. *Symphysodon, Pterophyllum* oder *Cichlasoma managuense*).

Buntbarsche, Cichliden

Versteckbrüter: Eier der *Höhlenbrüter* meist mittelgroß und dotterreich, Eier meist farbig, polhaftend (p-Eier) oder mit Längsseite haftend (l-Eier); Zahl der Eier reduziert, meist nicht über 200 Stück; deutlicher Geschlechtsdimorphismus bzw. -dichromatismus zwischen ♂♂ und ♀♀ - ♂ viel farbenprächtiger und größer. Eier der ovophilen Maulbrüter groß und häufig intensiv gefärbt; Zahl der Eier klein bis sehr klein, bei *Tropheus*-Arten kaum über 15 Stück, ansonsten meist unter 100 Stück; Haftfäden an den Eiern reduziert oder nicht mehr vorhanden; im allgemeinen sehr große Geschlechtsunterschiede. Die ♂♂ sind sehr farbenprächtig, während die ♀♀ unscheinbar gefärbt sind.

Die Klassifizierung, die Cichliden nach der Art der Aufbewahrung ihrer Eier in Offen- und Versteckbrüter einzuteilen, erscheint auf den ersten Blick logisch und klar. Trotzdem können aber nicht alle auftretenden individuellen Möglichkeiten der einzelnen Gattungen und Arten durch sie erklärt werden. Um diesen individuellen Möglichkeiten gerecht zu werden, muß die Art der Rollenverteilung von ♂♂ und ♀♀ bei der eigentlichen Pflege der Brut näher in Betracht gezogen werden. Danach ergeben sich fünf verschiedene Familienformen (PETERS, 1948: Grundfragen der Tierpsychologie):

1. Elternfamilie

Weitgehende Aufgabenteilung zwischen ♂♂ und ♀♀, wobei allerdings die Revierverteidigung hauptsächlich dem ♂ zukommt. Nach dem Freischwimmen der Jungfische führen beide Elterntiere in gleichem Maße; viele als monogame Offenbrüter klassifizierte Cichliden scheinen bei "Gelegenheit" polygam zu sein. Bei *Cichlasoma maculicauda* wurde beobachtet, daß dieser seine Paarbindung nur solange aufrechterhält, wie Nachwuchs vorhanden ist. Danach kann es innerhalb sehr kurzer Zeit (ein bis drei Tage) zu einer Paarung des ♂ mit einem anderen ♀ kommen. Es tritt kein oder kaum Sexualdimorphismus auf.

Beispiele: Offenbrüter *(Symphysodon, Pterophyllum)*, Höhlenbrüter *(Julidochromis)*, Maulbrüter *(Chromidotilapia, Geophagus, Sarotherodon)*.

2. Vater-Mutter-Familie:

Unterscheidet sich von der Elternfamilie nur durch die Laich- und Larvenpflege. Hier übernimmt die Mutter ausschließlich die Pflege, während der Vater sich um die Revierverteidigung kümmert. Nach dem Freischwimmen der Jungfische führen beide Elterntiere. Die Partner sind gleichfalls monogam, doch muß die "Ehe" bei dieser Familienform nicht auf Dauer sein. Es tritt Sexualdimorphismus und -chromatismus auf.

Beispiele: *Pelvicachromis*-Arten, *Cichlasoma nigrofasciatum*.

Fam.: Cichlidae

3. Mann-Mutter-Familie:

Das ♂ beansprucht ein Großrevier, welches die einzelnen kleineren Brutreviere der ♀♀ umfaßt. Das ♂ übernimmt die Revierverteidigung aller Brutreviere, ist aber an der eigentlichen Nachwuchspflege nicht mehr beteiligt. Das ♂ ist polygam. Es tritt ein deutlicher Sexualdimorphismus auf: die ♂♂ sind größer und tragen oft ein völlig anderes Farbkleid.
Beispiele: *Apistogramma*- und *Nannacara*-Arten.

Apistogramma agassizii

Cichla ocellaris

Buntbarsche, Cichliden

4. Mutterfamilie:
Nur das ♀ betreibt noch Brutpflege, diese wird aber nicht mehr in einem Männchenrevier durchgeführt. Es fehlt jegliche Bindung zwischen den Geschlechtspartnern, ♂♂ und ♀♀ sind agam; sie laichen mit mehreren Partnern ab. Es ist ein sehr starker Sexualdimorphismus bzw. -dichromatismus ausgebildet. Die Mutterfamilie tritt ausschließlich bei Maulbrütern im engeren Sinne auf. Beispiele: *Haplochromis*- und *Pseudotropheus*-Arten.

5. Vaterfamilie:
Eine echte Vaterfamilie tritt nur bei dem Maulbrüter *Sarotherodon melanotheron* auf. Bei diesem trägt das ♂ Eier und Larven im Maul. Es wurde aber beobachtet, daß bei 10 % der Laichabgaben auch das ♀ den Laich ins Maul nimmt. Haben sich zwei Partner gefunden, so sind sie zumindest während dieser einen Laichperiode monogam. ♂ und ♀ unterscheiden sich äußerlich kaum (kein Sexualdimorphismus oder -chromatismus). Bei *Crenicichla*-Arten kommt es vor, daß ebenfalls die ♂♂ die Brutpflege betreiben. Viele Autoren, so auch STAECK (1974), hält für die *Crenicichla*-Arten die Vater-Mutter-Familie als zutreffend.

Eifleckmethode:
Bei den Cichliden treten manchmal besondere farbliche Zeichnungen auf, die eine bestimmte Signalfunktion übernommen haben und bei Vertretern der gleichen Art ganz bestimmte angeborene ("instinktive") Reaktionen auslösen. Derartige Auslöser im Dienste der Verständigung oder besser im Dienste der Fortpflanzung sind bei vielen Cichliden-Arten ein oder mehrere, meist gelbliche Farbflecke auf der Afterflosse. Da diese Flecke in Größe, Form und Farbe Eiern der betreffenden Art sehr gleichen, nennt man sie Eiflecke. Diese Eiflecke dienen zur Sicherung der Besamung der Eier. Viele Maulbrüter-Weibchen nehmen sofort nach der Ablage die Eier ins Maul auf. Eine Besamung bzw. Befruchtung der Eier ist durch diese Verhaltensweise erschwert. Aus diesem Grund sind bei vielen Maulbrüter-Männchen diese Eiattrappen in der Afterflosse ausgebildet. Das ♂ spreizt nun seine Afterflosse mit den Eiattrappen vor dem ♀, so daß die Eiflecke gut zu sehen sind. Wenn nun das ♀ die vermeintlichen Eier noch ins Maul aufnehmen will, gibt das ♂ sein Sperma ab. Dieses gelangt in das Maul des ♀ und besamt bzw. befruchtet die Eier. Das Präsentieren der Afterflosse mit den Eiflecken durch die Maulbrüter-Männchen ist ein wesentlicher Bestandteil der Balz.

Fam.: Cichlidae

Acarichthys geayi Seite 666

Laetacara curviceps (AHL, 1924)
Tüpfelbuntbarsch

Syn.: *Acara curviceps, Aequidens curviceps.*

Vork.: Südamerika, Stromgebiet des Amazonas; an ruhigen und geschützten Stellen mit mäßiger Strömung. Im Handel sind teilweise Nachzuchttiere; in den letzten Jahren wurden vereinzelt Wildfänge eingeführt.

Ersteinf.: 1909 durch SIGGELKOW.

GU: ♂ größer, Rücken- und Afterflossen des ♂ lang ausgezogen.

Soz.V.: Paarweise; außerhalb der Laichzeit friedlich, während der Laichzeit unverträglich; Elternfamilie; vergreift sich nicht an Pflanzen. Die Art kann außerhalb der Laichzeit im Gesellschaftsbecken gehalten werden.

Hält.B.: Einrichtung mit Steinen, Wurzeln und Pflanzen, Verstecke und viel freier Schwimmraum erforderlich. Feinkörniger Kies als Bodengrund. pH um 7; Härte bis 20° dGH.

ZU: 25 - 30° C; Wasser weich bis mittelhart (2 - 14° dGH, optimal 2 - 6° dGH) und leicht sauer (pH-Wert 6 - 6,8). Wasser sollte regelmäßig zum Teil erneuert werden, da die Tiere im Altwasser sehr anfällig gegen Krankheiten sind (z.B. Exophthalmie = Hervorquellen der Augen mit anschließender Erblindung). Offenbrüter, Gelege 300 Eier, laicht auf flachen Steinen oder an Wurzeln; Jungfische nach dem Freischwimmen mit *Artemia*-Nauplien füttern.

FU: K, O; Lebendfutter aller Art, gefriergetrocknetes Futter, Tabletten, Flocken.

Bes.: Die ersten Gelege werden meist nach 1 - 2 Tagen aufgefressen, weitere Bruten werden dann sehr sorgfältig gepflegt und aufgezogen. Es kann vorkommen, daß sich zwei ♀♀ wie ein echtes Paar verhalten. Eines der ♀ spielt den männlichen Partner. Die Eier bleiben natürlich unbefruchtet. *Laetacara curviceps* ist in der Färbung sehr variabel.

T: 22 - 26° C, **L**: 8 - 10 cm, **BL**: 60 cm, **WR**: m, u, **SG**: 2

Laetacara dorsigera (HECKEL, 1840)

Syn.: *Acara dorsigera, Aequidens dorsigera.*

Vork.: Südamerika: Bolivien (Rio Paraguay, Villa Maria und Puerto Suarez).

Ersteinf.: Nicht bekannt.

GU: ♂ größer und hochrückiger, Beflossung stärker entwickelt. Beide Geschlechter können einen dunklen Fleck auf der Dorsale tragen.

Soz.V.: Kleiner *Laetacara* aus der *Curviceps*-Verwandtschaft mit Zwergbuntbarschcharakter. Vergreift sich nicht an den Pflanzen.

Hält.B.: Beckeneinrichtung mit Steinen, Wurzeln und Pflanzen; Verstecke und freier Schwimmraum erforderlich; feinkörniger Kies (Kies-Sand-Gemisch) als Bodengrund. pH um 7; Härte bis 20° dGH.

ZU: 25 - 30° C°; Wasser weich bis mittelhart. Die Art laicht auf horizontalen Substraten; ihre Eier sind klein. Die Jungfische sind anfällig, vor allem gegen zu reichlichen Wasserwechsel. Die Elterntiere betten die schwimmunfähigen Larven häufig um.

FU: Kleines Lebendfutter, Flockenfutter jedweder Art.

Bes.: Die Rollenverteilung bei der Brutpflege ist nicht definitiv geklärt. Es liegen Berichte vor, nach denen das ♀ am Gelege dominiert oder dem ♂ zumindest gleichberechtigt ist, während nach anderen Beobachtungen das ♂ das aktivere Tier bei der Brutpflege sein soll, und dem ♀ die Sicherung des Umfeldes obliegt. In jedem Fall begeistert die Art durch starken Farbwechsel zu völligem Rot-Schwarz.

T: 23 - 26° C, **L**: 6 - 8 (10) cm, **BL**: 60 cm, **WR**: m, u, **SG**: 3 - 4

Buntbarsche, Cichliden

Laetacara curviceps, ♀ mit Gelege

Laetacara dorsigera, ♀ mit Gelege

Fam.: Cichlidae

Aequidens pallidus
Zweipunktbuntbarsch

HECKEL, 1840

Syn.: *Aequidens duopunctatus.*
Vork.: Südamerika: Amazonas in der Gegend von Manaus.
Ersteinf.: 1968 durch BLEHER.
GU: Die Geschlechter sind sehr schwer zu unterscheiden, sicher wohl nur an der Form der Genitalpapille. Diese ist beim ♂ spitz und beim ♀ stumpf.
Soz.V.: Revierbildend, paarweise (Elternfamilie). Maulbrutpfleger mit großen Ähnlichkeiten des Verhaltensmusters bei Offenbrütern. Die Tiere sind außerhalb der Laichzeit recht friedlich. *A. pallidus* kann mit friedlichen *Cichlasoma*-Arten vergesellschaftet werden.
Hält.B.: Wie bei anderen *Aequidens*-Arten oder *Thorichthys meeki* angegeben. Wasser bis 10° dGH und um den Neutralpunkt (pH 7).
ZU: Um 25° C; Wasserwerte wie oben. Die Tiere legen ihre Eier (bis zu 300 Stück) auf einen Stein, der vorher geputzt wird. Zwei Tage nach dem Ablaichen werden die Larven ins Maul genommen. Die Brut wird einige Male zwischen den Elterntieren ausgetauscht, so daß sowohl das ♀ als auch das ♂ die Larven im Maul trägt. Nach etwa 8 Tagen schwimmen die Jungfische frei. Sie werden jetzt bei Gefahr nur noch zögernd ins Maul genommen. Die Elterntiere sind relativ gute Brutpfleger.
FU: K, O; Lebendfutter aller Art, gefriergetrocknetes Futter, Flockenfutter.
Bes.: Keine.

T: 22 - 24° C, **L:** ♂ 30 cm, ♀ 20 cm, **BL:** 150 cm, **WR:** m, u, **SG:** 3

Laetacara thayeri
Gelblippen-Buntbarsch

(STEINDACHNER, 1875)

Syn.: *Acara thayeri, Aequidens thayeri.*
Vork.: Südamerika: Peru; Stromgebiet des oberen Amazonas.
Ersteinf.: 1981 durch KULLANDER.
GU: Schwer feststellbar, da die Färbung der Geschlechter weitgehend gleich ist. Beim ♂ ist der weichstrahlige Teil der Rückenflosse zu einer kurzen Spitze ausgezogen, während er beim ♀ mehr gerundet ist.
Soz.V.: Revierbildend; in bezug auf die Verträglichkeit dieses Fisches widersprechen sich die Angaben von relativ friedlich bis sehr zänkisch; paarweise (Elternfamilie). Die Tiere sind gute Brutpfleger.
Hält.B.: Wie bei *Laetacara curviceps* angegeben.
ZU: Um 25° C; siehe bei *Aequidens tetramerus*; Offenbrüter.
FU: K; kräftiges Lebendfutter, gefriergetrocknetes und tiefgefrorenes Futter, Rindfleisch.
Bes.: Alle Tiere, die bis 1980 als *Laetacara flavilabris* eingeführt wurden, sind wahrscheinlich *L. thayeri*.

T: 22 - 26° C, **L:** 15 cm, **BL:** 80 cm, **WR:** m, u, **SG:** 2

Buntbarsche, Cichliden

Aequidens pallidus

Laetacara thayeri

Fam.: Cichlidae

Guinacara owroewefi
Sattelfleckbuntbarsch

KULLANDER & NIJSSEN, 1989

Syn.: Keine wissenschaftlichen.

Vork.: Südamerika: Guyana, nördliches Brasilien. Wildfänge, die ziemlich selten eingeführt werden.

Ersteinf.: Nicht bekannt.

GU: ♂ größer, mit steiler ansteigender Stirnpartie, ♀ zeigt oft eine stärkere Kontrastfärbung, d.h. die schwarzen Markierungen heben sich viel auffälliger vom hellen Untergrund ab; ♂ meist größer als ♀; sicheres Merkmal ist die Form der Genitalpapille, die beim ♂ spitz ist und nach hinten weist, während die des ♀ stumpf und leicht nach vorne gerichtet ist.

Soz.V.: Revierbildend, paarweise; relativ friedlich, nur während der Laichzeit unverträglich. Die Art wühlt in der Laichzeit stark; Vater-Mutter-Familie.

Hält.B.: Randbepflanzung, Blumentöpfe und Höhlen aus Steinen als Verstecke, die Steine müssen auf den Aquarienboden gelegt werden, feiner Sand als Bodengrund.

ZU: 25 - 27° C; Wasserwerte sind von untergeordneter Bedeutung. Höhlenbrüter; die Eier werden meist an einer senkrechten Höhlenwand abgelaicht; Gelege bis 500 Eier; nach dem Ablaichen darf das ♂ nicht mehr in die Bruthöhle. Das ♀ bewacht die Höhle, das ♂ bewacht das Revier. Nach dem Verlassen der Bruthöhle pflegen und führen ♀ und ♂ ungefähr 30 Tage die Jungfische intensiv.

FU: K, O; Lebendfutter aller Art (Daphnien, *Cyclops*, Mückenlarven, *Tubifex* usw.); Flockenfutter.

Bes.: Die Familienstruktur von *Guianacara owroewefi* ähnelt der von *Pelvicachromis*-Arten (Vater-Mutter-Familie). Sie ist grundlegend anders als die Elternfamilie der offenbrütenden und auch maulbrütenden *Guinacara*-Arten. Früher wurde diese Art im Bd. 1 *Acarichthys geayi* (PELLEGRIN) genannt. Diese Art gibt es nicht. PELLEGRIN beschrieb zwar eine *geayi*-Art, das war aber eine *Crenicichla*.

T: 22 - 25° C, **L:** ♂ 15 cm, ♀ 13 cm, **BL:** 80 cm, **WR:** u, **SG:** 2

Krobia guianensis
Delphinbuntbarsch

(REGAN, 1905)

Syn.: *Aequidens guianensis, Acara guianensis.*

Vork.: Südamerika: Französisch Guayana, Zuflüsse des Rio Itanyi. Nachzuchten selten im Handel.

Ersteinf.: 1963.

GU: ♂ größer als ♀ und prächtiger gefärbt; Rücken- und Afterflossen des ♂ länger ausgezogen, beim ♂ reichen die Bauchflossen bis zum weichstacheligen Teil der Afterflosse, beim ♀ nur zum Beginn der Afterflosse; ansonsten ähneln sich die Geschlechter sehr.

Soz.V.: Revierbildend; oft ziemlich aggressiv, besonders während der Laichzeit; die Art wühlt nicht übermäßig und läßt auch die Pflanzen größtenteils in Ruhe; Elternfamilie.

Hält.B.: Bodengrund aus Kies; Steine und Wurzeln, die Verstecke bilden; harte Pflanzen, freier Schwimmraum.

ZU: 25 - 26° C; Wasser weich bis mittelhart (5 - 14° dGH) und schwach sauer (pH-Wert 6 - 7), sauerstoffreiches und reines Wasser, deshalb häufiger Wasserwechsel wichtig (jede Woche ein Drittel); Offenbrüter, laicht auf Steinen, die vorher geputzt werden; Gelege bis 500 Eier; beide Elterntiere pflegen.

FU: K, O; Lebendfutter (*Tubifex*, Regenwürmer, Mückenlarven usw.) und gefriergetrocknetes Futter.

Bes.: Die Schwanzflosse dieser Art ist leicht asymetrisch abgeschnitten. Der obere Teil ist länger und endet mit einem spitzen Zipfel, während der untere Teil angerundet ist.

T: 23 - 25° C, **L:** 15 cm, **BL:** 80 cm, **WR:** m, u, **SG:** 3

Buntbarsche, Cichliden

Guinacara owroewefi ♂

Krobia guianensis

Fam.: Cichlidae

Aequidens mariae EIGENMANN, 1922
Nackenbindenbuntbarsch
Syn.: *Geophagus vittatus.*
Vork.: Südamerika: Kolumbien, westliches und nördliches Brasilien.
Ersteinf.: 1973.
GU: ♂ bis zu einem Drittel größer als ♀. Das ♀ weist während der Laichzeit eine kurze Legeröhre auf. Die Flossen sind beim ♂ stärker ausgezogen.
Soz.V.: Revierbildend, paarweise (Elternfamilie). Die Tiere sind larvophile Maulbrüter. Die Art ist für einen Cichliden äußerst friedlich.
Hält.B.: Wie bei *Cleithracara maronii* oder *Acarichthys geayi* angegeben.
ZU: 25 - 28° C, Wasser weich bis mittelhart (5 - 12° dGH) und schwach sauer (pH 6,5). Die Tiere laichen auf einem Substrat (z.B. Pflanzenblätter) wie Offenbrüter ab. Das Gelege umfaßt 100 - 400 Eier. Diese werden nach 2 Tagen von einem oder beiden Elterntieren ins Maul genommen. Nach dem Freischwimmen der Jungfische werden diese nur noch bei Gefahr und während der Nacht ins Maul aufgenommen. Die Brutpflege dauert 4 - 8 Wochen.
FU: K, O; Lebendfutter aller Art (Insekten, Insektenlarven, Regenwürmer, Kleinkrebse, *Tubifex* usw.); tiefgefrorenes und gefriergetrocknetes Futter.
Bes.: *Aequidens mariae* kann nach dem Verlauf der schwarzen Längsbinde sicher bestimmt werden. Diese beginnt unmittelbar unter den letzten Rückenflossenstrahlen und verläuft über die Seite bis zum oberen Kiemendeckelrand. Dort biegt sie nach oben zum Nacken um und vereinigt sich mit der Binde der anderen Körperseite.

T: 24 - 26° C, **L**: 15 cm, **BL**: 120 cm, **WR**: m, u, **SG**: 2

Cleithracara maronii (STEINDACHNER, 1881)
Maronibuntbarsch, Schlüssellochbuntbarsch
Syn.: *Acara maronii, Aequidens maronii.*
Vork.: Südamerika: Guyana; heute sind fast ausnahmslos Nachzuchttiere im Handel. Durch zuchtbedingte Degeneration manchmal zwergwüchsige Tiere.
Ersteinf.: 1936.
GU: Geschlechter schwer unterscheidbar; Rücken- und Afterflosse des ♂ meist länger ausgezogen als beim ♀, das oft kleiner ist. Sichere Unterscheidung nur an der Genitalpapille des ♀.
Soz.V.: Paarweise; neben *Aequidens curviceps* einer der friedlichsten Cichliden. Die Art wühlt kaum und vergreift sich äußerst selten an Pflanzen; Elternfamilie, die Art pflegt sehr lange, die Jungtiere bleiben oft mehr als 6 Monate bei den Elterntieren.
Hält.B.: Bodengrund aus Kies oder Sand, Verstecke aus Steinen und Wurzeln, freier Schwimmraum, harte Pflanzen. pH-Wert 6 - 8; Härte bis 20° dGH.
ZU: 23 - 26° C; Wasser weich bis mittelhart (4 - 12° dGH) und schwach sauer (pH-Wert um 6,5); Offenbrüter; laicht an Steinen, die vorher sorgfältig geputzt werden. Gelege wird bewacht und durch Flossenfächeln mit Frischwasser versorgt, Gelege bis zu 350 Eier.
FU: K, O; Lebendfutter aller Art, gefriergetrocknetes Futter, Flockenfutter, Tabletten.
Bes.: Die Tiere zeigen eine auffällige Schreckfärbung; bei starker Beunruhigung überzieht ein unregelmäßiges Tiefbraun ihren Körper. Die Art neigt zur Schreckhaftigkeit. Monotypisch.

T: 22 - 25° C, **L**: 10 - 15 cm, **BL**: 60 cm, **WR**: m, u, **SG**: 1 - 2

Buntbarsche, Cichliden

Aequidens mariae

Cleithracara maronii

Fam.: Cichlidae

Cichlasoma portalegrense (HENSEL, 1870)
Streifenbuntbarsch

Syn.: *Acara minuta, Aequidens portalegrenseis, Acara portalegrensis.*
Vork.: Südamerika: Südbrasilien, Bolivien, Paraguay; in Flüssen, Bächen und Seen an ruhigen und seichten Stellen. Heute fast nur Nachzuchttiere im Handel, in letzter Zeit wurden ab und zu Wildfänge angeboten.
Ersteinf.: 1913 durch SIGGELKOW.
GU: Kaum Unterschiede, Geschlechter sind nur während der Laichzeit sicher an den Genitalpapillen zu unterscheiden; ♂ oft mehr grünliche, ♀ mehr braune bis rötliche Grundfarbe.
Soz.V.: Revierbildend; paarweise; recht friedlicher Cichlide, der gerne wühlt. Gleichgeschlechtliche Artgenossen sind untereinander äußerst unverträglich. Elternfamilie, beide Tiere pflegen intensiv.
Hält.B.: Steine und Wurzeln, die Verstekke bilden sollen. Freier Schwimmraum ist wichtig; robuste Pflanzen, besser sind allerdings Schwimmpflanzen, grober Kies als Bodengrund.
ZU: 23 - 26° C, Wasser weich bis mittelhart (3 - 10° dGH) und neutral bis schwach sauer (pH 6,5 - 7). Wöchentlicher Wasserwechsel erforderlich (ein Drittel); Offenbrüter, laicht auf Steinen, die vorher geputzt werden. Gelege und Brut werden aufopferungsvoll bewacht und gepflegt, Gelege bis 500 Eier.
FU: K; Lebendfutter aller Art, gefriergetrocknetes Futter, teilweise auch Flocken und Tabletten.
Bes.: Ist im Futter wählerischer als die anderen *Cichlasoma*-Arten; Jungtiere sind oft rauflustig. In der Laichzeit sind beide Geschlechter fast schwarz gefärbt. Es kommt oft zu häufigem Maulzerren, wobei unterlegene Tiere eine ausgeprägte Inferioritätshaltung als Schutz zeigen.

T: 16 - 24° C, **L**: 15 cm, **BL**: 100 cm, **WR**: u, **SG**: 2

Aequidens pulcher (GILL, 1858)
Blaupunktbuntbarsch

Syn.: *Aequidens latifrons, Cychlasoma pulchrum.*
Vork.: Südamerika: Trinidad, Panama, nördliches Venezuela, Kolumbien. Fast nur Nachzuchttiere im Handel. Erst in den letzten Jahren wurden wunderschöne Wildfänge eingeführt.
Ersteinf.: 1906 durch STÜVE.
GU: Geschlechter schwer unterscheidbar; Beflossung des ♂ länger. Es reichen die verlängerten Strahlen der Rücken- und Afterflosse oft bogenförmig um die Schwanzflosse herum.
Soz.V.: Revierbildend, paarweise; relativ friedlich auch gegenüber Artgenossen. Art wühlt nicht die Pflanzen; Elternfamilie, sehr gute Brutpfleger.
Hält.B.: Grober Sand bzw. Kies; Steine und Wurzeln als Verstecke, harte Pflanzen (Riesenvallisnerien, *Sagittaria*). pH-Wert 6,5 - 8; Härte bis 25° dGH.
ZU: 26 - 28° C; Wasserwerte wie bei *Cichlasoma portalegrense*; Offenbrüter, laicht auf Steinen, Laich und Brut werden sorgfältig bewacht und gepflegt; Art ist sehr leicht zu züchten; gut harmonierende Paare laichen viele Male im Jahr. Die Art ist ab 7 cm Länge laichfähig.
FU: K; Lebendfutter aller Art, gefriergetrocknetes Futter, selten Flockenfutter.
Bes.: Ausscheidungsprodukte dieser Fische verursachen starke Wassertrübung, deshalb ist häufiger Teilwasserwechsel (1 - 2 mal pro Woche ein Drittel) anzuraten. Die Tiere sind in altem Wasser anfällig gegen Krankheiten.

T: 18 - 23° C, **L**: bis 20 cm, **BL**: 80 cm, **WR**: m, u, **SG**: 1

Buntbarsche, Cichliden

Cichlasoma portalegrense

Aequidens pulcher

Fam.: Cichlidae

Aequidens rivulatus
Goldsaum-Buntbarsch
(GÜNTHER, 1859)

Syn.: *Chromis rivulatus, Acara aequinoctialis, A. rivulata.*

Vork.: Südamerika: westliches Ecuador, Mittelperu.

Ersteinf.: 1971, als *"Aequidens pulcher"* schon früher.

GU: ♀♀ tendieren zur Dunkelfärbung (Kontrastfärbung). ♂♂ meist größer und im Alter mit Buckelkopf (Stirnwulst).

Soz.V.: Revierbildend; paarweise (Elternfamilie); brutpflegend. Die Brutpflege ist bei den ersten Bruten nur schwach ausgeprägt, bei späteren dagegen sehr intensiv. Die Tiere sind sehr rauhbeinig und unverträglich, sie sollten deshalb nur mit anderen wehrhaften Arten vergesellschaftet werden. Die Unverträglichkeit ist nicht bei allen Exemplaren zu beobachten.

Hält.B.: Wie bei *Cleithracara maronii* oder *Aequidens pulcher* angegeben. Für viele Versteckmöglichkeiten sorgen!

ZU: 25 - 26° C; wie bei *Cleithracara maronii* oder *Aequidens tetramerus*. Die Jungfische schlüpfen nach 3 - 4 Tagen und schwimmen fast immer am elften Tag nach dem Ablaichen frei. Fütterung mit *Artemia*. Häufiger Wasserwechsel ist zum Wachstum der Jungfische unerläßlich. Das Wachstum ist bis 2 cm Länge relativ langsam, ab 2 cm dagegen sehr rapide.

FU: K; überwiegend mit Lebendfutter aller Art füttern. Die Tiere fressen aber auch Flockenfutter, gefriergetrocknetes und tiefgefrorenes Futter, Rinderherz.

Bes.: *Aequidens rivulatus* wurde schon einige Zeit unter falschem Namen gehalten (z.B. als *A. pulcher*), ohne daß er als eigenständige Art erkannt wurde.

T: 20 - 24° C, **L**: 20 cm, **BL**: 100 cm, **WR**: m, u, **SG**: 2 - 3

Aequidens tetramerus
Grünglanzbuntbarsch
(HECKEL, 1840)

Syn.: *Acara tetramerus, A. viridis, Chromis punctata, C. uniocellatus, Pomotis bono.*

Vork.: Zentrales und nordöstliches Südamerika; in Flüssen und stehenden Gewässern an ruhigen und geschützten Stellen. Fast nur Nachzuchten im Handel, die Art wird selten angeboten, Neuimporte wären wünschenswert.

Ersteinf.: 1910 von SIGGELKOW.

GU: Geschlechter meist schwer zu unterscheiden; Rücken- und Afterflosse beim ♂ stark verlängert, beim ♀ nur wenig; ♂ intensiver gefärbt als das ♀.

Soz.V.: Revierbildend, paarweise; ist besonders im Alter extrem unverträglich und bissig; läßt Pflanzen in Ruhe; Elternfamilie. Jungtiere sind wesentlich friedlicher als alte Exemplare.

Hält.B.: Wie bei *Laetacara curviceps*.

ZU: 28 - 30° C; Wasser weich bis mittelhart (5 - 12° dGH) und leicht sauer (pH-Wert 6,5). Wasser öfter wechseln. Offenbrüter, laicht auf Steinen oder an Wurzeln, Gelege bis über 1000 Eier. Beide Elterntiere pflegen aufopferungsvoll Gelege und Brut.

FU: K; Lebendfutter aller Art, gefriergetrocknetes Futter.

Bes.: Ist in seiner Heimat ein geschätzter Speisefisch.

T: 24 - 26° C, **L**: 15 - 25 cm, **BL**: 100 cm, **WR**: m, u, **SG**: 2 - 3

Buntbarsche, Cichliden

Aequidens rivulatus

Aequidens tetramerus

Fam.: Cichlidae

Apistogramma agassizii (STEINDACHNER, 1875)
Agassiz' Zwergbuntbarsch
Syn.: *Biotodoma agassizii, Geophagus agassizii, Mesops agassizii.*
Vork.: Südamerika: Stromgebiet des Amazonas mit seinen südlichen Nebenflüssen, Brasilien.
Ersteinf.: 1909 durch SIGGELKOW.
GU: Ausgeprägter Geschlechtsdimorphismus, ♂♂ sind größer und farbenprächtiger, haben stark verlängerte Rücken-, After- und Schwanzflossen, Schwanz des ♂ spitz ausgezogen, beim ♀ Schwanzflosse abgerundet.
Soz.V.: Revierbildend; friedlich, wühlt nicht; ein ♂ beansprucht immer mehrere ♀♀. Mann-Mutter-Familie, "Arbeitsteilung" bei der Brutpflege: Das ♀ übernimmt den Schutz der Brut, während das ♂ das Revier verteidigt. In diesem Revier kann das ♂ mit verschiedenen ♀♀ ablaichen. Jedes ♀ verteidigt nach der Eiablage ein kleines Weibchenrevier, das ♂ alle Reviere seiner ♀♀. Das ♂ hat zu allen Weibchenrevieren Zutritt.
Hält.B.: Dichte Bepflanzung, Verstecke aus Steinen und Wurzeln, Bodengrund am besten dunkel (Lavalit). Klares, nitratarmes Wasser. Häufiger Wasserwechsel unter Zugabe eines guten Wasseraufbereitungsmittels ist angeraten.
ZU: 25 - 28° C; Wasser weich bis mittelhart (5 - 10° dGH) und schwach sauer (pH-Wert 6 - 6,5), häufiger Frischwasserzusatz nötig; Versteckbrüter, laicht in Höhlen am Höhlendach. Gelege bis 150 Eier, Eier werden vom ♀ mit Frischwasser befächelt. Die geschlüpften Jungen werden meist in Gruben untergebracht. ♀ führt den Jungfischschwarm; Verständigung Mutter - Jungfische durch Bewegungssignale der Mutter.
FU: K, O; kräftiges, abwechslungsreiches Lebendfutter, Flockenfutter, FD-Menü, FD-Tabletten.
Bes.: Anfällig gegen Medikamente, Gifte und Sauerstoffmangel, deshalb ist Vorsicht bei der Behandlung von Krankheiten und bei der Bekämpfung von *Hydra* angebracht. Gelege verpilzen leicht. Oft ist das Geschlechtsverhältnis der Nachkommenschaft stark zugunsten des ♂ verschoben.

T: 22 - 24° C, L: 8 cm, BL: 60 cm, WR: m, u, SG: 3

Apistogramma bitaeniata PELLEGRIN, 1936
Zweistreifen Zwergbuntbarsch
Syn.: *Apistogramma klausewitzi, A. kleei, A. pertense* var. *bitaeniata.*
Vork.: Amazonas in Peru und Brasilien.
Ersteinf.: 1961.
GU: Geschlechtsdimorphismus, ♂ größer als ♀, beim ♂ sind die Stacheln der Rückenflosse stärker ausgezogen als beim ♀, ♂♂ sind intensiver und bunter gefärbt.
Soz.V.: Revierbildend; verträgliche Art, die nicht wühlt; ♂ polygam (haremsbildend), deshalb immer 1 ♂ mit mindestens 3 ♀♀. ♂ hat Oberrevier, das die Unterreviere seiner ♀♀ umfaßt. Mann-Mutter-Familie.
Hält.B.: Die Beckengröße sollte mindestens 50 cm für 1 ♂ und mehrere ♀♀ betragen. Dichte Bepflanzung. Verstecke aus Steinen und Wurzeln, dabei diese Verstecke am besten in Nähe des Bodens anordnen. Freier Schwimmraum ist wichtig; dunkler Bodengrund.
ZU: 25 - 27° C; Wasser weich bis mittelhart (2 - 6° dGH, maximal 10° dGH) und sauer (pH 5 - 6), Torfzusatz ist von Vorteil, ebenfalls Frischwasserzusatz. Höhlenbrüter, der die Eier meist am Höhlendach befestigt. Gelege 40 - 60 Eier. ♀♀ bewachen Gelege und Brut. ♂ bewacht die Reviere seiner ♀♀, die die Jungen führen.
FU: K; Lebendfutter aller Art (Daphnien, *Tubifex,* Mückenlarven); Flockenfutter?
Bes.: Typisch für diese Art sind einige rote Punkte am Hinterrand der Kiemendeckel. Diese roten Punkte werden nicht von allen ♂ gleich stark angezeigt. Die Art wird nur selten im Handel angeboten; Nachzuchten kommen im Handel praktisch nicht vor.

T: 23 - 25° C, L: ♂ 6 cm, ♀ 4 cm, BL: 50 cm, WR: u, SG: 3

Buntbarsche, Cichliden

Apistogramma agassizii

Apistogramma bitaeniata

Fam.: Cichlidae

Apistogramma borelli (REGAN, 1906)
Borellis Zwergbuntbarsch, Reitzigs Zwergbuntbarsch

Syn.: *Heterogramma borellii, Apistogramma ritense, A. reitzigi, A. aequipinnis, A. rondoni.*

Vork.: Südamerika: Matto-Grosso-Gebiet und Stromgebiet des Rio Paraguay. Wildfänge und Nachzuchttiere sind im Handel meist zu gleichen Teilen vorhanden.

Ersteinf.: 1936.

GU: Deutlicher Geschlechtsdimorphismus, ♂ größer als ♀; Rücken- und Afterflossen des ♂ stark ausgezogen, beim ♀ sind diese Flossen nicht ausgezogen. ♂ intensiver als ♀ gefärbt.

Soz.V.: Revierbildend; friedlicher Cichlide, der kaum wühlt. ♂ polygam (haremsbildend), immer 1 ♂ mit mehreren ♀♀ halten. ♂ beansprucht Oberrevier, die ♀♀ Unterreviere. Mann-Mutter-Familie.

Hält.B.: Wie bei *Apistogramma agassizii*.

ZU: 25 - 28° C; Wasser weich bis mittelhart (2 - 15° dGH, optimal 3 - 5° dGH) und schwach sauer (pH-Wert 6 - 6,5). Höhlenbrüter. Eier werden meistens an das Höhlendach gelegt. Gelege 50 - 70 Eier. Die Tiere pflegen das Gelege oft schlecht. Nach dem Schlüpfen der Larven werden diese sorgfältig vom ♀ bewacht und nach dem Freischwimmen auch geführt.

FU: K; Lebendfutter aller Art, frißt fast nie Flockenfutter.

Bes.: Die Art ist sehr empfindlich gegen Wasserverschmutzung und Medikamente. Nach VIERKE gibt es im Harem manchmal ♀♀, die nie Eier legen. Es sind junge ♂♂, die die Brutpflegetracht der ♀♀ angelegt haben und daher vom Reviermännchen nicht als Rivalen erkannt werden. Man sollte deshalb beim Kauf dieses Fisches immer mehrere ♀♀ erstehen, damit man nicht nur "Pseudoweibchen" hat.

T: 24 - 25° C, **L**: ♂ 8 cm, ♀ 4 - 5 cm, **BL**: 50 cm, **WR**: u, **SG**: 3 - 4

Apistogramma cacatuoides HOEDEMAN, 1951
Kakadu-Zwergbuntbarsch

Syn.: *Apistogramma* U[2].

Vork.: Südamerika: Amazonasbecken zwischen 69° und 71° West. Dieser Fisch wurde von MEINKEN, 1961, irrtümlich als *Apistogramma borellii* (REGAN, 1906) identifiziert und wurde unter diesem Namen im Handel fast regelmäßig angeboten.

Ersteinf.: 1950.

GU: Deutlicher Geschlechtsdimorphismus, ♂ wesentlich größer als ♀, ♂ mit ausgezogenen Flossen, ♀ keine ausgezogenen Flossen, Schwanzflosse des ♂ zweizipfelig, ♀ färbt sich während der Brutpflege stark gelb.

Soz.V.: Revierbildend; ♂ stark polygam 1 ♂ mit 5 - 6 ♀♀. ♂ beansprucht Oberrevier, das die Unterreviere (Brutreviere) seiner ♀♀ einschließt.

Hält.B.: Feiner, dunkler Sand als Bodengrund. In der Mitte des Weibchenreviers sollte sich eine Bruthöhle aus Steinen oder ein umgestülpter Blumentopf befinden; der Ø eines Weibchenreviers beträgt 25 cm.

ZU: 25 - 27° C; Wasser bis mittelhart (bis 10° dGH) und neutral (pH um 7). Höhlenbrüter; es wird meist an der Höhlendecke abgelaicht. Gelege bis 80 Eier. ♀ bewacht und pflegt Gelege und Brut, ♂ beteiligt sich nicht an der Brutpflege, es bewacht das Gesamtrevier. Die Jungen wechseln oft von einem ♀ zum anderen über.

FU: K; Lebendfutter aller Art (Wasserflöhe, *Cyclops*, Mückenlarven, *Tubifex*).

Bes.: Die Art ist gegen Wasserverschmutzung und Medikamente empfindlich. Nach Möglichkeit sollten auch keine Mittel gegen Laichverpilzung gegeben werden. Die Art existiert in verschiedenen Farbvarianten.

T: 24 - 25° C, **L**: ♂ 9 cm, ♀ 5 cm, **BL**: 80 cm, **WR**: u, **SG**: 3

Buntbarsche, Cichliden

Apistogramma borelli

Apistogramma cacatuoides

Fam.: Cichlidae

Apistogramma macmasteri   KULLANDER, 1979
Villavicencio-Zwergbuntbarsch
Syn.: Keine.
Vork.: Südamerika: Orinoco-Becken, Rio Meta in der Umgebung der Stadt Villavicencio.
Ersteinf.: Vermutlich Anfang der 70er Jahre als *Apistogramma ornatipinnis*.
GU: Ausgeprägter Geschlechtsdimorphismus und -dichromatismus, ♂♂ werden größer, haben leicht ausgezogene Rückenflossenmembranen und eine für diese Art typische, oben und unten rot eingefaßte Schwanzflosse, die bei den meisten ♂♂ gerundet oder gestutzt ist; einzelne Individuen können jedoch auch eine zweizipfelige Schwanzflosse ausbilden. Schwanzflosse des ♀ gerundet.
Soz.V.: Revierbildender, friedlicher Zwergbuntbarsch, der kaum wühlt. ♂♂ tendieren zur Polygamie. *A. macmasteri* kann in kleineren Becken auch paarweise gehalten und gezüchtet werden, doch sollten dann Feindfische, wie z.B. oberflächenbewohnende Salmler nicht fehlen, damit das ♂ nach dem Ablaichen der ♀♀ die Außenrevierverteidigung übernehmen kann. Mann-Mutter-Familie.
Hält.B.: Dichte Bepflanzung, Verstecke in Form von Höhlen aus Steinen, Tonscherben oder Wurzeln; nicht zu grob gekörnter Bodengrund. Weiches, leicht saures Wasser (2 - 4° dGH, pH 6 - 6,5) ist zu empfehlen. Nachzuchten fühlen sich jedoch oft auch noch in mittelhartem, leicht alkalischem Wasser wohl.
ZU: 23 - 30° C; Wasser weich und schwach sauer. Versteckbrüter, der die Eier meist an einem Höhlendach unterbringt. Gelege 60 - 120 Eier. Gelege und Larven werden ausschließlich vom ♀ bewacht, ♂ sichert während dieser Zeit das Außenrevier. Etwa eine Woche nach dem Freischwimmen beteiligt sich das ♂ jedoch manchmal an der direkten Brutpflege und kann dann sogar nach etwa 2 Wochen den gesamten Schwarm übernehmen, während das ♀ erneut ablaicht und ein neues Gelege versorgt.
FU: Kräftiges, abwechslungsreiches Lebendfutter; die Art ist nur schwer an Trockenfutter zu gewöhnen.
Bes.: Die Art wurde in der Aquarienliteratur verschiedentlich als *Apistogramma ornatipinnis* vorgestellt. Dieser Name ist jedoch ein Synonym zu *A. steindachneri*. Weitere häufig benutzte Namen sind *A. taeniatum* und *A. pleurotaenia*.

T: 23 - 30° C, **L:** bis 8 cm, **BL:** 50 cm, **WR:** u, **SG:** 3

Apistogramma steindachneri   (REGAN, 1908)
Steindachners Zwergbuntbarsch
Syn.: *Heterogramma steindachneri, Apistogramma wickleri, A. ornatipinnis.*
Vork.: Guyana-Länder; selten sind Nachzuchttiere im Handel.
Ersteinf.: Nicht bekannt.
GU: Deutlicher Geschlechtsdimorphismus, ♂♂ werden größer; Schwanzflosse des ♂ in zwei Spitzen ausgezogen, wobei oben der 2. und unten der 3. Flossenstrahl verlängert ist; beim ♀ ist die Schwanzflosse nicht ausgezogen, sondern gerundet.
Soz.V.: Revierbildend; anderen Fischen gegenüber friedlich, während der Laichzeit aggressiv; Art wühlt nicht. Ein ♂ mit mehreren ♀♀ (Haremsbildung); Mann-Mutter-Familie, intensive Brutpflege.
Hält.B.: Dunkler Bodengrund (Lavalit), dichte Bepflanzung. Verstecke aus Steinen und Wurzeln am Boden, freier Schwimmraum.
ZU: 24 - 27° C; Wasser weich (3 - 5° dGH, max. 10° dGH) und schwach sauer (pH-Wert 6,2 - 6,8). Torfzusatz empfehlenswert; häufig Frischwasser zugeben. Versteckbrüter, laicht in Höhlen; ♀♀ beanspruchen Brutrevier, alle Brutreviere werden vom ♂ bewacht.
FU: K; frißt fast nur Lebendfutter, geht selten an Flockenfutter.
Bes.: Auch in größeren Aquarien nimmt meist nur ein ♂ das gesamte Becken als Revier in Anspruch; laicht in diesem mit mehreren ♀♀. Jungfische bleiben lange in der Bruthöhle.

T: 20 - 25° C, **L:** ♂ 12 cm, ♀ 7 cm, **BL:** 80 cm, **WR:** m, u, **SG:** 2

Buntbarsche, Cichliden

Apistogramma macmasteri

Apistogramma steindachneri

Fam.: Cichlidae

Apistogramma trifasciata (EIGENMANN & KENNEDY, 1903)
Dreistreifenzwergbuntbarsch

Syn.: *Biotodoma trifasciatum, Heterogramma trifasciatum.*
Vork.: Südamerika: nördlicher Rio Paraguay, Rio Guapore. Die Tiere halten sich hauptsächlich in den Pflanzendickichten besonderer Lagunen auf. Wildfänge, die nicht häufig im Handel angeboten werden.
Ersteinf.: 1959.
GU: Ausgeprägter Geschlechtsdimorphismus und -dichromatismus; bei älteren ♂♂ ist der dritte bis fünfte Hartstrahl der Rückenflosse stark verlängert.
Soz.V.: Revierbildend; ♂ polygam, immer 1 ♂ mit mehreren ♀♀ zusammen halten. ♂ mit Oberrevier, ♀♀ mit Unterrevieren. Die Art ist friedlich und wühlt etwas, besonders während der Laichzeit. Mann-Mutter-Familie.
Hält.B.: Möglichst große Becken, da erst dann die interessante Sozial- und Familienstruktur voll zur Geltung kommt.

Becken ab 80 cm Seitenlänge für einige Tiere (1 ♂ und 3 - 4 ♀♀). Revieranspruch eines ♀ liegt bei einem Ø von 25 - 30 cm. Gute Bepflanzung des Beckens, natürliche Reviergrenzen aus Steinen, Pflanzen oder Wurzeln, im Zentrum des Weibchenreviers sollte sich die Bruthöhle befinden, Bodengrund aus Sand.
ZU: 28 - 30° C; Wasser weich (2 - 5° dGH) und leicht sauer (pH um 6,5). 1 ♂ mit mindestens 3 ♀♀. Höhlenbrüter. Gelege bis 100 Eier. Oft wochenlange intensive Pflege der Jungfische durch die Mutter.
FU: K; frißt nur Lebendfutter (Daphnien, *Cyclops*, Mückenlarven usw.).
Bes.: Die Art ist sehr empfindlich gegen Wasserwechsel. Die ♀♀ kidnappen sich gern ihre Jungen. Oftmals sind die ♀♀ so pflegewütig, daß sie sogar Wasserflöhe oder *Tubifex* pflegen.

T: 26 - 29° C, **L**: ♂ 6 cm, ♀ 4,5 cm, **BL**: 80 cm, **WR**: u, **SG**: 3

Astatotilapia burtoni (GÜNTHER, 1893)
Burtons Maulbrüter

Syn.: *Chromis burtoni, Haplochromis burtoni.*
Vork.: Ost- und Zentralafrika: Tanganjikasee, Kivusee. Die meisten Tiere im Handel sind inzwischen Nachzuchten.
Ersteinf.: Datum unsicher.
GU: Deutlicher Geschlechtsdimorphismus, ♂ größer und intensiver und bunter gefärbt als ♀, ♂ mit deutlichen Eiflecken in der Afterflosse, sie treten intensiver hervor als beim ♀. ♂ mit rotem Saum in der Rückenflosse, dieser fehlt beim ♀.
Soz.V.: Revierbildend; gegenüber Artgenossen oft sehr aggressiv, gegenüber anderen Fischen friedlich. ♂ polygam, immer ein ♂ mit mehreren ♀♀. Mutterfamilie.
Hält.B.: Dichte Randbepflanzung, Versteckmöglichkeiten aus Steinen, freier Schwimmraum, Bodengrund aus Kies mit einigen sandigen Stellen.

ZU: 26 - 28° C; Wasser mittelhart (12 - 16° dGH) und alkalisch (pH-Wert 8,5 - 9). 1 ♂ mit 3 - 5 ♀♀, Maulbrüter. Eier werden in Gruben abgelegt und vom ♀ ins Maul genommen. Eizahl bis 35. Befruchtung der Eier nach der "Eifleckmethode". 4 - 6 Tage nach dem ersten Entlassen aus dem Maul können die Jungfische noch bei Gefahr oder bei Nacht das Maul der Mutter zum Schutz aufsuchen.
FU: K, O; Lebendfutter aller Art, pflanzliche Beikost (Salat, Algen); Nachzuchttiere fressen auch Flockenfutter.
Bes.: Regelmäßiger Wasserwechsel ist gut für die Tiere (einmal im Monat ein Drittel der Gesamtmenge). Neuere Untersuchungen haben ergeben, daß *Astatotilapia burtoni, Astatotilapia desfontainesii* und *Thoracochromis wingatii* eigenständige Arten sind.

T: 20 - 25° C, **L**: ♂ 12 cm, ♀ 7 cm, **BL**: 80 cm, **WR**: m, u, **SG**: 2

Buntbarsche, Cichliden

Apistogramma trifasciata

Astatotilapia burtoni

Astronotus ocellatus
Pfauenaugenbuntbarsch

(AGASSIZ in SPIX & AGASSIZ, 1829)

Syn.: *Acara ocellatus, A. crassipinnis, Cychla rubroocellata, Hygrogonus ocellatus, Lobotes ocellatus.*

Vork.: Südamerika: Amazonas, Parana, Rio Paraguay, Rio Negro. Im Handel sind hauptsächlich Nachzuchttiere; in den letzten Jahren wurden wiederholt farbenprächtige Wildfänge eingeführt.

Ersteinf.: 1929: SCHOLZE & POETZSCHKE.

GU: Schwer unterscheidbar; ♀ während der Laichzeit mit Genitalpapille.

Soz.V.: Paarweise Haltung; trotz seiner Größe relativ friedfertig, während der Laichzeit allerdings oft ruppig. Während der Balz und der Brutpflege wühlen die Tiere stark. Elternfamilie.

Hält.B.: Bodengrund aus tiefer Schicht Sand, einige dicke Steine, Pflanzen am besten in Töpfen, deren Oberfläche mit groben Steinen gut abgedeckt ist, oder Schwimmpflanzen.

ZU: 26 - 30° C; Wasserwerte von untergeordneter Bedeutung. Die Art läßt sich sowohl in weichem als auch in hartem Wasser pflegen und züchten; wichtig ist nur sauberes Wasser. Wird ab 12 cm geschlechtsreif. Offenbrüter, laichen auf sauber geputzten Steinen, Laich und Brut werden gut gepflegt und sorgfältig bewacht. Jungfische werden nach dem Schlüpfen in Gruben untergebracht und darin mehrfach umgebettet. Jungfische fressen nach dem Freischwimmen *Cyclops*. Gelege 1000 - 2000 Eier. Zur Zucht Großbecken ab 500 l verwenden.

FU: K; Lebendfutter aller Art, besonders Fische und Regenwürmer. Tiere sind gewaltige Fresser und Räuber.

Bes.: Gelegentlich wurde beobachtet, daß sich die Jungfische an die Elterntiere anheften. Eier nach Ablage undurchsichtig, werden erst nach 24 Stunden durchsichtig.

T: 22 - 25° C, **L**: 33 cm, **BL**: 200 cm, **WR**: u, m, **SG**: 4 (K)

Aulonocara hansbaenschi
Kaiserbuntbarsch

MEYER, RIEHL & ZETZSCHE, 1987

Syn.: Keine.

Vork.: Afrika: Malawisee (endemisch); im Übergang zwischen Fels- und Sandzone. Seltene Art. Nachzuchten werden jedoch regelmäßig im Handel angeboten.

Ersteinf.: 1973 durch BIBAU.

GU: Deutlicher Geschlechtsdimorphismus und -dichromatismus. ♀♀ sind sehr unscheinbar gefärbt, während die ♂♂ zu den schönsten Cichliden gehören. ♂ ab 8 cm Länge mit breitem weißen oder hellblauen Saum in der Rückenflosse. Kopf und Körper tintenblau.

Soz.V.: Revierbildend; friedlich, stark ritualisiertes Kampfverhalten. Für Gesellschaftsbecken gut geeignet, jedoch keinesfalls mit ähnlichen Cichliden. Zwei ♂♂ untereinander bekämpfen sich ständig, weshalb Jungtiere lange Zeit das unscheinbare ♀-Kleid tragen.

Hält.B.: Es sollten Steinaufbauten mit vielen Spalten und Höhlen als Versteckmöglichkeiten vorhanden sein.

ZU: 26 - 28° C; Wasser mittelhart (10 - 15° dGH) und mäßig alkalisch (pH um 8); Maulbrüter, Laichsubstrat ist steiniger Grund. ♀ nimmt die Eier anschließend sofort ins Maul; Eizahl bis 60. Befruchtung der Eier nach der Eifleckmethode.

Die Zucht ist besonders erfolgreich, wenn mehrere ♀♀ mit einem ♂ angesetzt werden. Bei einem einzelnen Paar hat das ♀ nur in einem Becken ab 80 cm Länge mit zahlreichen Unterschlupfmöglichkeiten Chancen, seine Brut aufzuziehen.

FU: K; Lebendfutter (Insekten, Insektenlarven, Kleinkrebse), tiefgefrorenes und gefriergetrocknetes Futter, Flockenfutter.

Bes.: Charakteristisch für die Gattung *Aulonocara* ist eine Anzahl kleiner Grübchen, die sich über die Kopfregion der Fische verteilen. Dieser Fisch wurde lange unter dem Namen *A. nyassae* geführt, was jedoch eine andere, größere, bisher noch nicht eingeführte Art ist. SPREINAT unterscheidet eine Farbvariante (oder Unterart?), die er *Aulonocara* sp. "Rotschulter" nennt.

T: 23 - 27° C, **L**: 18 cm, **BL**: 100 cm, **WR**: m, u, **SG**: 2 - 3

A. hansbaenschi ♀

Buntbarsche, Cichliden

Astronotus ocellatus

Aulonocara hansbaenschi ♂

Aulonocara jacobfreibergi, s. S. 780

Biotodoma cupido (HECKEL, 1840)
Schwanzstreifenbuntbarsch

Syn.: *Geophagus cupido, Acara subocularis, Mesops cupido.*

Vork.: Südamerika: mittlerer Amazonas, westliches Guyana. Wildfänge, die Art wird kaum noch im Handel angeboten und stirbt immer mehr in den Aquarien der Liebhaber aus.

Ersteinf.: 1935 von HÄRTEL.

GU: Es sind keine sicheren äußeren Geschlechtsmerkmale bekannt. Beim ♂ sind Rücken- und Afterflosse spitzer, beim ♀ mehr gerundet.

Soz.V.: Revierbildend, paarweise (monogam); die Art ist aggressiv und unverträglich, sie wühlt stark; Elternfamilie.

Hält.B.: Aquarienrückwand mit Steinaufbauten, die Höhlen und Spalten bilden, Randbepflanzung mit robusten Pflanzen, Vordergrund mit Sand und Steinen.

ZU: 24 - 27° C; Wasserwerte wie bei *Geophagus surinamensis* angegeben. Den ersten genauen Zuchtbericht einer *Biotodoma*-Art veröffentlichte KUHLMANN (1984): "DATZ" 37, 14 - 17. Seine Beobachtungen zeigten zweifelsohne, daß die Tiere Offenbrüter sind. Das ♀ wirft mit dem Maul eine Kuhle aus; das ♂ hilft dabei nicht mit. In diese Kuhle wird abgelaicht. Die Eier sind etwa 2 mm groß, haben eine grauweiße Farbe und kleben am Grund oder verklumpen sich zum Teil. Das ♀ pflegt das Gelege, das über 100 Eier umfassen kann. KUHLMANN beobachtete weiter, daß die Eltern am zehnten Tag nach der Eiablage mit den Jungfischen (3 mm lang) ausschwammen. Fütterung der Jungfische mit kleinsten Krebs-Nauplien. Intensive Betreuung der Jungen durch die Eltern.

FU: K; Lebendfutter aller Art (Wasserflöhe, *Tubifex*, Mückenlarven, Regenwürmer), Flockenfutter.

Bes.: Es scheint drei verschiedene *Biotodoma*-Arten zu geben. Eine davon ist *B. wavrini* (GOSSE, 1963).

T: 23 - 25° C, **L**: 13 cm, **BL**: 80 cm, **WR**: u, m, **SG**: 3

Chromidotilapia finleyi TREWAVAS, 1974

Syn.: Keine.

Vork.: Westafrika: südwestliches Kamerun, im Einzugsgebiet des Lobe-Rivers bei Rio Muni. Im Regenwaldgebiet der Campo Reservation.

Ersteinf.: 1972 (?).

GU: Deutlich ausgeprägter Geschlechtsdimorphismus. ♂ meist größer, Rückenflosse mit rotem Saum, kein roter Bauch; ♀ mit rotem Bauch.

Soz.V.: Siehe bei *Chromidotilapia guentheri*. Auch *C. finleyi* ist Maulbrüter. Bei diesem Fisch liegt eine Sonderform der Elternfamilie vor.

Hält.B.: Wie bei *C. guentheri* angegeben. Wasserwerte siehe unter Zucht.

ZU: 25° C; ähnlich der von *C. guentheri*, aber Abweichungen im Verhaltensmuster. Wasser sehr weich (1 - 7° dGH) und mäßig sauer (pH 4,8 - 7).

FU: Lebendfutter aller Art, gefriergetrocknetes und tiefgefrorenes Futter, auch Trockenfutter.

Bes.: Bei *Chromidotilapia finleyi* kommt eine besondere Form der Maulbrutpflege vor, die bei keinem anderen Cichliden bisher beobachtet wurde. Fortpflanzungsbereite Tiere paaren sich und beanspruchen ein Revier, das gegen jegliche Eindringlinge energisch verteidigt wird. Die Paare bilden sich schon einige Zeit vor dem Ablaichen. Die Tiere sind auf kein bestimmtes Laichsubstrat fixiert. Das Laichsubstrat richtet sich nach den Gegebenheiten im Aquarium. Die Eier werden schubweise abgelegt. Sind alle Eier abgelegt, so nimmt stets das ♀ den Laich ins Maul auf. Im Gegensatz zu der überwiegenden Zahl afrikanischer Maulbrüter bleibt die Partnerbindung bei *C. finleyi* auch nach dem Beginn der Brutpflege bestehen. Das ♂ bewacht das Revier, das ♀ hat die Eier im Maul. Nach etwa einem Tag kommt es zu einem Rollentausch. Das ♀ übergibt dem ♂ die Eier und verteidigt nun seinerseits das Revier, außerdem kann es jetzt Nahrung aufnehmen. Der Rollentausch wird einige Male wiederholt; Eier und später auch die Larven werden wechselseitig von einem Elternteil an den anderen übergeben. Die Brut wird bis zum Zeitpunkt des Freischwimmens von beiden Elternteilen beschützt.

T: 23 - 25° C, **L**: 12 cm, **BL**: 80 cm, **WR**: u, **SG**: 2

Buntbarsche, Cichliden

Biotodoma cupido

Chromidotilapia finleyi

Fam.: Cichlidae

Chromidotilapia guentheri (SAUVAGE, 1882)
Günthers Prachtbarsch

Syn.: *Hemichromis guentheri, H. tersquamatus, H. voltae, Pelmatochromis guentheri, P. pellegrini.*

Vork.: Westliches Afrika: von Sierra Leone bis Kamerun, in letzter Zeit auch in Gabun; in den Küstenflüssen und küstennahen Lagunen zu finden. Inzwischen sind auch Nachzuchttiere im Handel.

Ersteinf.: 1913 durch BRÜNING.

GU: Geschlechtsdimorphismus: ♂ immer größer als ♀; stacheliger Teil der weiblichen Rückenflosse trägt ein breites, silbern glänzendes oder perlmuttfarbenes Längsband. Dieses fehlt dem ♂, die ♀♀ sind farbenprächtiger.

Soz.V.: Revierbildend, paarweise sehr aggressiv gegenüber Artgenossen, da eine Rangfolge im Aquarium entwickelt wird. Die Art wühlt stark. Elternfamilie bzw. Vater-Mutter-Familie. Obwohl Maulbrüter, bildet die Art feste Paare. ♂ sind polygam. Die Unterschiede zwischen ♂ und ♀ sind nicht so groß wie bei anderen Maulbrütern; intensive Brutpflege beider Elterntiere.

Hält.B.: Feiner Sandboden, Verstecke aus Steinen und Wurzeln; Pflanzen am besten in abgedeckten Töpfen eingepflanzt; *Chromidotilapia guentheri* ist am besten im Artbecken zu pflegen.

ZU: 25 - 28° C; Wasser mittelhart (10° dGH) und um den Neutralpunkt (pH-Wert 7); Maulbrüter. Art laicht offen, die Eier werden anschließend vom ♂ ins Maul genommen. Eizahl bis 150. Nach dem Freischwimmen werden die Jungfische von beiden Elterntieren betreut, jetzt nimmt auch das ♀ die Jungfische bei Gefahr und über Nacht ins Maul.

FU: K, O; Lebendfutter aller Art, frißt auch gefriergetrocknetes und gefrorenes Futter. Die Art ist ungeheuer gefräßig.

Bes.: *Chromidotilapia guentheri* kann in erstaunlich kurzer Zeit das Farbkleid wechseln, viele Stimmungsfärbungen. Von der Art gibt es zwei Unterarten (*C. guentheri guentheri*, SAUVAGE, 1882; *C. guentheri loennbergi*, TREWAVAS, 1962). Siehe auch Bd. 4, Seite 586.

T: 23 - 25° C, **L:** 16 - 20 cm, **BL:** 130 cm, **WR:** u, **SG:** 2 - 3

Hypselecara temporalis (GÜNTHER, 1862)
Smaragdbuntbarsch, Rotgrüner Buntbarsch

Syn.: *Acara crassa, Astronotus crassa, Cichlasoma crassa, C. hellabrunni, C. temporale, Heros crassa, H. goeldii, Heros temporalis.*

Vork.: Südamerika: Brasilien, im oberen und mittleren Amazonasgebiet zwischen Tefé und Obidos, Lago Hyanuary, Lago Saraca, Rio Hyutay.

Ersteinf.: Nicht bekannt.

GU: Ältere ♂♂ größer, oft mit deutlichem Fettwulst auf dem Kopf, der den meisten ♀♀ fehlt. Ansonsten geschlechtsmonomorph; lang ausgezogene Flossen sind kein sicheres Kriterium zur Geschlechtsunterscheidung.

Soz.V.: Revierbildend, in Relation zu ihrer Größe aber außerordentlich friedfertige, zurückhaltende Großcichliden von majestätischem Gebaren und ruhiger Eleganz; Dekoration mit harten Pflanzen möglich.

Hält.B.: Große und hohe Becken mit derber Dekoration aus Wurzeln und Steinen, senkrechte Strukturen sollten nicht fehlen. Wasserwerte bis 20° dGH, pH um 7.

ZU: Offenbrüter, der wohl ausschließlich an senkrechten Substraten laicht. Die Larven werden gern in vorgefundenen Höhlungen (z.B. in einer Wurzelvertiefung) untergebracht. Obwohl harmonierende Paare auch außerhalb der Laichzeit zusammen bleiben, erweisen sie sich anfangs meist als ungeschickte Brutpfleger, die mehrfach "üben" müssen, bevor sie eine Brut erfolgreich aufziehen.

FU: *H. temporalis* ist gegen die Wasseroberfläche orientiert und scheint auf Anflugnahrung (Fliegen, Motten, Heupferdchen) spezialisiert zu sein, die auch im Sprung erbeutet werden. *H. temporalis* nimmt auch jedes gängige Ersatzfutter.

T: 25 - 28° C, **L:** 30 cm, **BL:** 120 cm, **WR:** u, m, **SG:** 2 - 3

Buntbarsche, Cichliden

Chromidotilapia guentheri

Hypselecara temporalis

Fam.: Cichlidae

"Cichlasoma" facetum (JENYNS, 1842)
Chanchito

Syn.: *Acara faceta, Chromis facetus, Heros acaroides, H. facetus, H. jenynsii.*

Vork.: Südamerika: Südbrasilien, Nordargentinien, Paraguay und Uruguay; in stehenden und langsam fließenden Gewässern, geht auch ins Brackwasser. Fast nur noch Nachzuchttiere im Handel, wird dort relativ selten angeboten; die Art wurde erst in den letzten Jahren wieder vereinzelt eingeführt.

Ersteinf.: 1894 durch NITSCHE, Züchtung 1894 von MATTE.

GU: Geschlechter sind kaum zu unterscheiden; die starke Beflossung des ♂ ist kein sicheres Merkmal; gut unterscheidbar nur während der Laichzeit an der Form der Genitalpapille, die beim ♂ schräg nach hinten gerichtet und zugespitzt ist, während die des ♀ senkrecht nach unten zeigt und abgerundet ist.

Soz.V.: Revierbildend, paarweise; gegen andere Fische, besonders während der Laichzeit sehr unverträglich und bissig; die Art wühlt stark; Elternfamilie mit ausgeprägtem Brutpflegeverhalten.

Hält.B.: Als Bodengrund Kies, große Steine, die zu Verstecken (Höhlen, Spalten) angeordnet sind, Steine auf den Boden des Aquariums legen, nicht auf den Kies (Art wühlt!), nur harte Pflanzen oder Schwimmpflanzen.

ZU: 25 - 27° C; Wasser weich bis mittelhart (5 - 12 ° dGH) und schwach sauer bis neutral (pH 6,5 - 7); Offenbrüter, laichen auf Steinen, die vorher geputzt werden; Gelege 300 - 1000 Eier; Jungfische werden in Pflanzenwurzeln, in Schwimmpflanzen usw. aufgehängt. Bewachung des Geleges und der Jungfische durch beide Elterntiere. Führen der Jungen. Brutpflege: 6 - 8 Wochen.

FU: K, O; Lebendfutter (*Tubifex*), Mückenlarven, Regenwürmer, Fleisch, frißt auch Trockenfutter (Flocken, Tabletten).

Bes.: Die Fische sind sehr intelligent. Sie kennen ihren Pfleger nach kurzer Zeit und fressen ihm dann oft aus der Hand. Die Art ist relativ wärmebedürftig, trotzdem ist sie widerstandsfähig gegen niedrige Temperaturen.

T: 27 - 30° C, **L:** 70 cm, im Aquarium kaum größer als 25 cm, **BL:** 120 cm, **WR:** u, m, **SG:** 2

Parachromis managuensis (GÜNTHER, 1869)
Managua-Buntbarsch

Syn.: *Heros managuense, Cichlosoma managuense, "Cichlasoma" managuense, Parapetenia managuensis.*

Vork.: Mittelamerika: östliches Honduras, Nicaragua (Managua- und Nicaragua-See), Costa Rica.

Ersteinf.: 1971.

GU: Die Geschlechter sind äußerlich kaum zu unterscheiden. ♂ meist wesentlich größer als die ♀♀ und mit spitzer ausgezogenen Rücken- und Afterflossen. Die Farben der ♂♂ sind intensiver.

Soz.V.: Revierbildend; die Tiere sind untereinander sehr unverträglich und bissig. Die Art wühlt. Elternfamilie, gute Brutpfleger.

Hält.B.: Geräumige Becken mit viel freiem Schwimmraum. Versteckmöglichkeiten aus Steinen. Die Steinaufbauten müssen auf den Aquarienboden gelegt werden, da die Tiere wühlen. Grober Kies als Bodengrund; keine Pflanzen, da diese zerbissen werden. Wasser mittelhart (10 - 15 ° dGH) und neutral bis mäßig alkalisch (pH 7 - 8,7).

ZU: Erst einige wenige Male im Aquarium gelungen. Die Art ist sehr produktiv. Ein Gelege umfaßt bis zu 5000 Eier, die eine gelbliche Farbe aufweisen. Laich und Jungfische werden von den Elterntieren gepflegt, wobei das ♀ zwei Drittel der Arbeit übernimmt (nach DI PIRRO, 1975: Tropical Fish Hobbyist 23, 227: 58-62).

FU: K, O; überwiegend großes Lebendfutter wie Insekten, Regenwürmer, Fische und Kaulquappen. Fische sind die Hauptnahrung. Die Tiere fressen auch gefriergetrocknetes und Trockenfutter.

Fortsetzung siehe Seite 689

Buntbarsche, Cichliden

"Cichlasoma" facetum

Parachromis managuensis

Bes.: *Parachromis managuensis* gehört neben *Boulengerochromis microlepis* (bis 80 cm) und *Cichlasoma dovii* (bis 60 cm) zu den größten bekannten Cichliden. In seiner Heimat ist *P. managuensis* einer der wichtigsten Süßwasser-Speisefische.

T: 23 - 25° C, L: 50 cm, BL: 200 cm, WR: u, SG: 2

Fam.: Cichlidae

Thorichthys meeki
Feuermaulbuntbarsch (BRIND, 1918)

Syn.: *Cichlasoma meeki, Thorichthys helleri meeki.*

Vork.: Mittelamerika: Guatemala, Yucatàn. Größtenteils Nachzuchttiere; ab 1972 wurden teilweise wieder farbenprächtige Wildfänge eingeführt.

Ersteinf.: 1937 durch RÖSE.

GU: Rücken- und Afterflosse des ♂ lang ausgezogen, beim ♀ nicht; ♂ intensiver gefärbt; Genitalpapille beim ♂ spitz, beim ♀ stumpf.

Soz.V.: Revierbildend, paarweise; Art wühlt stark, beschädigt aber außerhalb der Laichzeit kaum Pflanzen; gegenüber anderen Fischen außerhalb der Laichzeit recht friedlich, dagegen aggressiv gegenüber kleineren Artgenossen; manche Exemplare sind ausgesprochen bissig und rauflustig; Elternfamilie, vorzügliche Brutpflege.

Hält.B.: Bodengrund aus feinem Sand, einige Verstecke aus Steinen und Wurzeln, harte Pflanzen (*Sagittaria*), am besten in Töpfe gepflanzt und Wurzel mit Steinen abgedeckt, freier Schwimmraum wichtig.

ZU: 24 - 26° C; Wasser bis höchstens mittelhart (10° dGH) und um den Neutralpunkt (pH-Wert 7); Offenbrüter, laicht auf Steinen, die vorher geputzt werden; Gelege 100 - 500 Eier; Ausheben von Gruben und Unterbringung der Jungbrut in diesen Gruben; Elterntiere können in einem Jahr mehrere Bruten aufziehen.

FU: K, O; Lebendfutter aller Art, gefriergetrocknetes Futter, Tabletten und Flocken.

Bes.: Die ♂♂ zeigen oft auffälliges Drohen gegenüber Artgenossen durch Aufblähen der Kiemendeckel und des Kehlsackes.

T: 21 - 24° C, **L:** 15 cm, **BL:** 80 cm, **WR:** u, **SG:** 2

Cryptoheros nigrofasciatus
Zebrabuntbarsch, Grünflossenbuntbarsch, Blaukehlchen (GÜNTHER, 1866)

Syn.: *Heros nigrofasciatus, Astronotus nigrofasciatum, "Cichlasoma" nigrofasciatum.*

Vork.: Mittelamerika: Guatemala, El Salvador, Nordwesthonduras, Nicaragua, Costa Rica. Panama. Heute fast nur noch Nachzuchten im Handel; bei den Nachzuchttieren treten des öfteren zuchtbedingte Degenerationserscheinungen auf (gestörte Brutpflege, fehlendes Grün in den Flossensäumen, geringe Größe).

Ersteinf.: 1934 durch ARNOLD.

GU: ♂ weniger bunt und mit steilerer Stirn. Flossen des ♂ länger ausgezogen, ♂ wesentlich größer, bekommen im Alter auf der Stirn die Andeutung eines Fettbuckels; beim ♀ unterer Teil der Rückenflosse und in der Bauchregion orangene Schuppen, diese fehlen beim ♂.

Soz.V.: Paarweise; unverträglich, da sehr bissig; frißt Pflanzen; Vater-Mutter-Familie, beide Geschlechter nehmen bei der Brutpflege verschiedene Funktionen wahr, erste Anzeichen einer Arbeitsteilung. Für Gesellschaftsbecken ungeeignet.

Hält.B.: Kiesboden, Verstecke aus großen Steinen oder umgedrehte Blumentöpfe, Verstecke sind lebenswichtig, Schwimmpflanzen.

ZU: 24 - 26° C; stellt an das Wasser keine Ansprüche, es wird fast in jedem Wasser abgelaicht. Höhlenbrüter bzw. Übergang zwischen Offenbrüter und Höhlenbrüter; intensive Pflege des Geleges und der Jungfische; Jungfische reagieren auf Signale der Eltern (z.B. Nachfolgereaktion).

FU: O; Lebendfutter, gefriergetrocknetes Futter, Flocken- und Tablettenfutter, pflanzliche Beikost unbedingt erforderlich (Salat, Algen, TetraPhyll).

Bes.: Seit einigen Jahren gibt es eine albinotische Zuchtrasse. Den Tieren fehlen die schwarzen Farbstoffe. Die ♂♂ sind einfarbig weiß bis rosaweiß, während die ♀♀ in der Bauchregion einen großen orange gefärbten Bereich aufweisen.

T: 20 - 23° C, **L:** 15 cm, **BL:** 60 cm, **WR:** u, m, **SG:** 3

Buntbarsche, Cichliden

Thorichthys meeki

Cryptoheros nigrofasciatus

Fam.: Cichlidae

"Cichlasoma" octofasciatum (REGAN, 1903)
Achtbindenbuntbarsch
Syn.: *Heros octofasciatus, Cichlasoma hedricki, "C. biocellatum".*
Vork.: Mittelamerika: südliches Mexiko, Guatemala, Yucatán und Honduras, in Sümpfen und langsam fließenden Gewässern.
Ersteinf.: 1904 durch UMLAUFF.
GU: Geschlechter schwer zu unterscheiden; ♀ meist wesentlich heller gefärbt; beim ♂ sind Rücken- und Afterflosse stärker ausgezogen und spitzer; beim ♂ ist der obere Rand der Rückenflosse dunkelrot, beim ♀ blaßrot. Sicherstes Merkmal ist die Form der Genitalpapille, die beim ♂ spitz und beim ♀ rund ist.
Soz.V.: Revierbildend, paarweise; Tiere sind sehr unverträglich und bissig, wühlen gern und fressen Pflanzen; Elternfamilie mit intensiver Brutpflege.

Hält.B.: Bodengrund aus feinem Sand in dicker Schicht, Höhlen und Verstecke aus Steinen und Wurzeln, am besten Schwimmpflanzen.
ZU: 26 - 28° C; Wasser mittelhart (8 - 12° dGH) und schwach sauer bis neutral (pH 6,5 - 7); Offenbrüter, laicht auf Steinen, die vorher geputzt werden. Gelege 500 - 800 Eier; Jungfische werden in Gruben untergebracht und von beiden Elterntieren sorgfältig bewacht und gepflegt.
FU: O; kräftiges Lebendfutter aller Art, pflanzliche Beikost (Algen, Wasserpest, Wasserlinsen, Salat).
Bes.: *Cichlasoma octofasciatum* lebte jahrzehntelang in den Becken der europäischen Aquarianer unter dem Namen *Cichlasoma biocellatum.* Erst 1975 wies KULLANDER (Akvariet, S. 379) auf diesen Umstand hin.

T: 22 - 25° C, **L:** bis 20 cm, **BL:** 90 cm, **WR:** m, u, **SG:** 3

"Cichlasoma" salvini (GÜNTHER, 1862)
Salvins Buntbarsch
Syn.: *Heros salvini, H. triagramma.*
Vork.: Mittelamerika: südliches Mexiko, Guatemala und Honduras; in Seen und Flüssen; inzwischen sind schon Nachzuchten im Handel.
Ersteinf.: 1913 durch SIGGELKOW.
GU: Gut ausgeprägt, beim ♂ sind die Flossen mehr ausgezogen, auch ist das ♂ lebhafter gefärbt. ♀♀ sind fast völlig ohne Blauglanz, dafür ist der Kontrast schwarz-gelb stärker als beim ♂. ♀ mit Fleck an der Mitte der Dorsale und dunklem Fleck auf dem unteren Kiemendeckelrand.
Soz.V.: Revierbildend, paarweise; Art ist bissig und unverträglich, sie wühlt nicht und vergreift sich nicht an den Pflanzen, räuberisch; Elternfamilie, intensive Brutpflege beider Elterntiere.

Hält.B.: Sand- oder Kiesboden, Verstecke aus Steinen, harte, gut eingewurzelte Pflanzen, freier Schwimmraum.
ZU: 24 - 28° C; Wasserwerte wie bei *Thorichthys meeki;* Offenbrüter, laicht auf Steinen, die vorher geputzt werden. Gelege bis 500 Eier; Gelege und Jungfische werden von beiden Elterntieren aufopferungsvoll bewacht und betreut.
FU: K, O; Lebendfutter, gefriergetrocknetes Futter, tiefgefrorenes Futter, geht auch an Flockenfutter.
Bes.: MILLER (1907) berichtet von einigen Exemplaren, die er im Sulphur (Schwefel-)Fluß in der Nähe einer heißen Quelle bei einer Wassertemperatur von über 32° C erbeutet hat.

T: 22 - 26° C, **L:** 15 cm, **BL:** 90 cm, **WR:** u, m, **SG:** 2

Buntbarsche, Cichliden

"Cichlasoma" octofasciatum

"Cichlasoma" salvini

Fam.: Cichlidae

Heros severus HECKEL, 1840
Augenfleckbuntbarsch
Syn.: *Acara spuria, Astronotus severus, Heros coryphaeus, H. efasciatus, H. modestus, Cichlasoma severum, H. spurius.*
Vork.: Nördliches Südamerika bis zum Amazonasbecken, nicht im Rio Magdalena; in pflanzenreichen Seen und Flüssen; meist Wildfänge, in den letzten Jahren wurden auch wiederholt Nachzuchten angeboten.
Ersteinf.: 1909 durch SIGGELKOW.
GU: Geschlechter schwer unterscheidbar, mit Sicherheit nur an den Genitalpapillen; Flossen des ♂ stärker ausgezogen, ♂ am Kopf mit rotbrauner Tüpfelung und wurmartiger Zeichnung, ♀ ohne Kopfzeichnung und mit dunklem Fleck in der Rückenflosse.
Soz.V.: Revierbildend, paarweise; ruhige und friedliche Fische, die kaum wühlen; sind in der Laichzeit aggressiv; Elternfamilie, beide Elterntiere pflegen intensiv.
Hält.B.: Wie bei *Symphysodon*-Arten.
ZU: 25 - 28° C; Wasser weich (um 5° dGH) und mäßig sauer (pH-Wert 6 - 6,5);

Offenbrüter, laichen auf Steinen, Gelege 1000 und mehr Eier; Gelege und Jungfische werden sorgfältig gepflegt.
FU: K; Lebendfutter aller Art, tiefgefrorenes Futter wird manchmal genommen, Flockenfutter dagegen nur von gut eingewöhnten Tieren.
Bes.: *Heros severus* ist in der Auswahl des Partners recht wählerisch, die Zucht ist deshalb nicht so leicht wie bei anderen *Cichlasoma*-Verwandten. Die Fische werden sehr zutraulich und fressen oft aus der Hand des Pflegers.

Heros severus juv.

T: 23 - 25° C, **L:** bis 20 cm, **BL:** 100 cm, **WR:** u, **SG:** 2

Cryptoheros spilurus (GÜNTHER, 1862)
Schwarzfleckbuntbarsch
Syn.: *Heros spilurus, "Cichlasoma" spilurum.*
Vork.: Mittelamerika: Guatemala. Wildfänge, inzwischen auch schon Nachzuchten im Handel.
Ersteinf.: Datum unsicher, wahrscheinlich 1964.
GU: Geschlechter gut zu unterscheiden; Rücken- und Afterflosse beim ♂ stärker ausgezogen; ♂ meist größer als ♀; erwachsene ♂ Stirnwulst, laichreifes ♀ fülliger, ♂ mit steilerer Stirn.
Soz.V.: Revierbildend, paarweise; relativ friedlich, reißt keine Pflanzen aus und wühlt nur während der Laich- und Brutzeit; Elternfamilie.
Hält.B.: Einrichtung aus Steinen, die zu Höhlen angeordnet sind, die Höhlen sollen für sich abgeschlossen sein, da sonst das stärkste ♂ alle Höhlen für sich beansprucht, Kiesboden, harte Pflanzen (Sagittarien, Vallisnerien) oder Schwimmpflanzen.
ZU: 26 - 27° C; Wasserwerte bei dieser Art von untergeordneter Bedeutung; Höhlenbrüter, Gelege bis 300 Eier; nach dem Schlüpfen werden die Jungen meist allein vom ♀ in Gruben überführt, anschließend pflegen beide Elterntiere die Brut.
FU: K, O; Lebendfutter aller Art, Fleisch, gefriergetrocknetes und tiefgefrorenes Futter, Flockenfutter; Jungfische brauchen (benötigen) pflanzliche Beikost.
Bes.: *C. spilurus* ist, ähnlich wie bei *C. nigrofasciatus*, auf dem "Wege" vom Offenbrüter zum Höhlenbrüter.

T: 22 - 25° C, **L:** ♂ 12, ♀ 8 cm, **BL:** 60 cm, **WR:** u, m, **SG:** 2

Buntbarsche, Cichliden

Heros severus

Cryptoheros spilurus

Fam.: Cichlidae

Crenicara filamentosa
Gabelschwanz-Schachbrettcichlide

LADIGES, 1958

Syn.: Keine.
Vork.: Südamerika: Rio Negro und Orinocoeinzugsgebiet. Wildfänge, Art wird nur selten im Handel angeboten.
Ersteinf.: 1951.
GU: Deutlicher Geschlechtsdimorphismus, ♂ beträchtlich größer als ♀; Schwanzflosse des ♂ zweizipflelig ausgezogen; Flossen des ♂ rot, blau und schwarz, Flossen des ♀ durchsichtig.
Soz.V.: Revierbildend, die Art ist meist sehr friedlich, nur in der Laichzeit etwas aggressiver; wühlt nicht und vergreift sich nicht an Pflanzen. Mann-Mutter-Familie, ein ♂ mit mehreren ♀♀ zusammensetzen, Sozialgefüge ähnlich den *Apistogramma*-Arten, aber keine Großreviervertedigung.
Hält.B.: Dicht bepflanzte Becken, feinsandiger Bodengrund, flache Steine und einige Verstecke, da *Crenicara filamentosa* in einem Artbecken sehr scheu ist, am besten mit einigen Lebendgebärenden oder Salmlern vergesellschaften.
ZU: 26 - 27° C; Wasser sehr weich (0,1 - 2° dGH, maximal 10° dGH) und sauer (pH-Wert um 5,5). Torfzusatz sehr empfehlenswert; Offenbrüter, laicht auf Pflanzen oder Steinen, Gelege 60 - 120 Eier, ♀ bewacht das Gelege und die Jungfische.
FU: K; frißt fast nur Lebendfutter, Flockenfutter nur in Ausnahmefällen. Häufig *Artemia* geben.
Bes.: Die Art ist in vielen Belangen heikel und verlangt bei ihrer Pflege einiges Fingerspitzengefühl; sie ist sehr empfindlich gegen Wasserverschlechterungen. Ist das Wasser nicht weich genug, verpilzen die Eier.

T: 23 - 25° C, **L:** ♂ 9 cm, ♀ 6 cm, **BL:** 60 cm, **WR:** u, **SG:** 2 - 3

Crenicara punctulata

(GÜNTHER, 1863)

Syn.: *Acara punctulata, Aequidens hercules, A. madeirae, Crenicara elegans.*
Vork.: Südamerika: Guyana, nördliches Brasilien, Ecuador und Peru.
Ersteinf.: 1975.
GU: Die Bauchflossen der ♂♂ sind blau, die der ♀♀ dagegen rot. Die Schwanzflossen der ♀♀ sind ebenfalls rötlich, während die Kaudale der ♂♂ parallel zu den Flossenstrahlen angeordnete hellblau glänzende Stiche aufweist. Die Färbung der ♂♂ ist intensiver.
Soz.V.: Revierbildend; meistens friedlich, nur während der Laichzeit unverträglich. Das Sozialgefüge von *C. punctulata* ähnelt dem von *Apistogramma*-Arten; Mann-Mutter-Familie.
Hält.B.: Wie bei *Crenicara filamentosa* angegeben.
ZU: Die Art wurde noch nicht oft im Aquarium nachgezüchtet. Die Zucht ähnelt der von *C. filamentosa.* Offenbrüter.
FU: K; die Art läßt sich kaum an Flockenfutter gewöhnen. Die Tiere fressen fast ausschließlich Lebendfutter aller Art.
Bes.: Die Tiere kamen als *"Aequidens hercules"* in den Handel. Erst später stellte sich heraus, daß dieser Name ein jüngeres Synonym von *Crenicara punctulata* ist. Bei *C. punctulata* tritt ein Geschlechtswechsel in der Individualentwicklung auf. Einzelheiten findet man bei OHM (1980): DCG-Information 11 (9): 161-170.

T: 23 - 25° C, **L:** 12 cm, **BL:** 80 cm, **WR:** u, **SG:** 3

Buntbarsche, Cichliden

Crenicara filamentosa

Crenicara punctulata

Fam.: Cichlidae

Crenicichla notophthalmus REGAN, 1913
Syn.: *Crenicichla dorsocellatus.*
Vork.: Südamerika: Amazonas (Manaus/Santarem).
Ersteinf.: Nicht bekannt.
GU: Geschlechtsdimorphe Art, die wegen des offensichtlich vorhandenen Polychromatismus besonders interessant ist: Die ♀♀ tragen am Ende des hartstrahligen Teils der Dorsale unterschiedlich geformte, weiß begrenzte schwarze Flecken, manchmal mit rotem Hof. Ihre cremefarbene Bauchregion ist deutlich gerundet. Die ♂♂ erscheinen schlank, ohne Zeichnung in der Rückenflosse, zumindest im Einzelfall mit lang ausgezogenen ersten Rückenflossenstrahlen (ähnlich *Mikrogeophagus ramirezi*).
Soz.V.: Die Art gehört zu den kleinen *Crenicichla*, selbst Exemplare von 15 cm Länge wirken sehr grazil und haben Zwergbuntbarschcharakter. Zwar sind die Tiere territorial, in der Gesellschaft anderer mittelgroßer Buntbarsche aber harmlos.
Hält.B.: Diese kleinen Kammbuntbarsche lieben eine versteckreiche Dekoration und vergreifen sich nicht an Pflanzen. Wasserwerte: bis 20° dGH, pH um 7.
ZU: Die ♀♀ zeigen Balzhandlungen nach Art der westafrikanischen *Pelvicachromis,* wobei sie durch Körperbiegungen den rötlichen Bauch zur Geltung bringen. Durch zusätzliches Führungsschwimmen versuchen sie, das ♂ in eine Bruthöhle zu locken. Es darf vermutet werden, daß die direkte Brutpflege dem ♀ obliegt, während das ♂ das Umfeld sichert.
FU: Lebendfutter aller Art: Mückenlarven, Regenwürmer, kleine Fische; Rinderherz.
Bes.: Die Art steht *Crenicichla wallacii* und *C. nanus* sehr nahe, eine sichere Identifizierung scheint zur Zeit nicht möglich.

T: 24 - 27° C, **L:** bis 16 cm, **BL:** 80 cm, **WR:** u, m, **SG:** 3 - 4 (K)

Crenicichla strigata (GÜNTHER, 1862)
Gestreifter Kammbuntbarsch
Syn.: *Crenicichla johanna* var. *strigata, C. johanna* var. *vittata, C. brasiliensis* var. *strigata, C. brasiliensis* var. *vittata.*
Vork.: Südamerika: Amazonas (Guyana, nördliches Brasilien).
Ersteinf.: Nicht bekannt.
GU: Erst ab etwa 30 cm Gesamtlänge an der Färbung zu unterscheiden, ♀ mit rotviolettem Bauch.
Soz.V.: Die Art ist zwar territorial und bezieht gern geräumige Unterstände, tendiert aber im Gegensatz zu den innerartlich sehr unverträglichen *Crenicichla*-Arten der Saxatilis-Gruppe zur Truppbildung, so daß es durchaus möglich ist, mehrere Jungtiere in einem Becken zur Geschlechtsreife heranzuziehen.
Hält.B.: Pflege in möglichst großen Becken mit geräumigen Höhlen aus gut fundierten Steinplatten und Wurzeln; mit derber Bepflanzung und nicht zu greller Beleuchtung. Wasserwerte: bis 20° dGH, pH-Wert um 7.
ZU: Wahrscheinlich noch nicht nachgezüchtet, sicher aber Höhlenbrüter mit polhängenden Eiern; wegen des fehlenden Geschlechtsdimorphismus kann man erwarten, daß beide Partner die Brut gleichberechtigt umsorgen.
FU: Die räuberischen *C. strigata* sollten möglichst hin und wieder kräftiges Lebendfutter (Fische, Regenwürmer o.ä.) erhalten, nehmen aber auch Fischfleisch, Rinderherz und Futtertabletten.
Bes.: *Crenicichla strigata* (=gestreift) erhielt seinen Artnamen nach der Jugendfärbung, in der die Tiere schmale dunkle Längsstreifen und Punktreihen auf der Stirn und den Kopfseiten zeigen; womöglich ist die gleiche Art auch in der Erwachsenenfärbung als *Crenicichla lenticulata* und/oder *Crenicichla johanna* beschrieben worden.

T: 23 - 27° C, **L:** über 40 cm, **BL:** ab 150 cm, **WR:** u, m, **SG:** 4 (K, G)

Buntbarsche, Cichliden

Crenicichla notophthalmus

Crenicichla strigata

Fam.: Cichlidae

Cyphotilapia frontosa
Tanganjikasee-Beulenkopf

(BOULENGER, 1906)

Syn.: *Paratilapia frontosa, Pelmatochromis frontosus.*

Vork.: Afrika: Tanganjikasee (endemisch), sublitorales Benthal mit steinigem Untergrund; Tiere halten sich bevorzugt in einer Tiefe von 20 - 30 Metern auf. Wildfänge, die selten im Handel angeboten werden.

Ersteinf.: 1958.

GU: Sehr schwer feststellbar; man kann die Geschlechter nur aufgrund ihres Verhaltens unterscheiden; der Stirnbuckel ist beim ♂ oft stärker ausgebildet, außerdem sind die ♂♂ meist größer.

Soz.V.: Revierbildend; ruhig und relativ verträglich, wühlt kaum und vergreift sich nicht an Pflanzen; Mutterfamilie.

Hält.B.: Felsaufbauten mit vielen Spalten und Höhlen als Versteckmöglichkeiten; Bodengrund feiner Sand, Pflanzen sind nicht erforderlich.

ZU: 25 - 28° C; Wasser mittelhart (um 10° dGH) und mäßig alkalisch (pH um 8); Maulbrüter, die Eier werden in einer Höhle abgegeben und dann vom ♀ ins Maul genommen; die Eizahl ist für die Größe der Tiere gering: bis 50 Stück. ♀ pflegt die Jungfische bis zu 6 Wochen und gewährt ihnen in dieser Zeit bei Gefahr und bei Nacht Schutz im Maul.

FU: K; Lebendfutter, am besten Mollusken, Krebse und Fisch.

Bes.: Die Tiere gelten in ihrer Heimat als beliebte Speisefische. Der Stirnbuckel ist kein sekundäres Geschlechtsmerkmal, sondern entsteht bei ♂ und ♀.

T: 24 - 26° C, **L**: 35 cm, **BL**: 120 cm, **WR**: u, **SG**: 4

Cyprichromis leptosoma

(BOULENGER, 1898)

Syn.: *Paratilapia leptosoma, Limnochromis leptosoma.*

Vork.: Afrika: Tanganjikasee (endemisch); Umgebung von Kigoma und am Südende des Sees.

Ersteinf.: 1975.

GU: Deutlicher Geschlechtsdimorphismus (-dichromatismus). Die ♂♂ sind größtenteils bräunlich gefärbt; die Bauchflossen haben schwefelgelbe Spitzen, Rücken und Afterflosse sind entweder blauschwarz bzw. tintenblau oder hellblau gefärbt. Die Schwanzflosse ist entweder zitronengelb oder blauviolett. Die ♀♀ sind bis auf die silbrig glänzenden Körperseiten unscheinbar grau.

Soz.V.: Friedliche Schwarmfische, die keine Reviere bilden; Maulbrüter, Mutterfamilie.

Hält.B.: Eine wesentliche Voraussetzung zur Hälterung von *C. leptosoma* ist ein verhältnismäßig großes Aquarium, das den Fischen genügend freien Schwimmraum bietet. Da die Tiere das obere Wasserdrittel bevorzugen, kann man sie mit anderen Buntbarschen meist ohne Schwierigkeiten vergesellschaften. Die Tiere immer nur in möglichst großen Gruppen halten. Becken gut abdecken

ZU: Schon geglückt. Aquarienbeobachtungen ergaben, daß das Ablaichverhalten von *C. leptosoma* eine bemerkenswerte Besonderheit aufweist: die Tiere sind echte Freilaicher. Balz und Laichvorgang spielen sich dicht unter der Waseroberfläche ab. Nach der Ablage eines Eies dreht sich das ♀ blitzschnell um, folgt dem absinkenden Ei und nimmt es in sein Maul auf. Die Eier werden im Maul des ♀ befruchtet. Die Zeitigungsdauer der Eier beträgt etwa 3 Wochen. Durch den dünnen Kehlsack des ♀ läßt sich die Entwicklung der Embryonen von außen recht gut verfolgen. Nachdem die Jungfische das Maul der Mutter verlassen haben, halten sie sich dicht unter der Wasseroberfläche auf und nicht wie andere Cichliden dicht über dem Boden. Die Mutter kümmert sich nicht mehr um die Jungfische. Allerdings fressen die erwachsenen Fische keine Jungtiere der eigenen Art.

FU: K, O; Lebendfutter (*Cyclops, Daphnia*); Flockenfutter.

Cyrtocara moorii Seite 718

Buntbarsche, Cichliden

Cyphotilapia frontosa

Cyprichromis leptosoma

Fam.: Cichlidae

Bes.: Die ♂♂ dieses Fisches treten in zwei verschiedenen Farbmorphen auf, von denen die eine Morphe eine leuchtend gelbe, die andere eine blauviolette bzw. schwarzblaue Schwanzflosse aufweist.

T: 23 - 25° C, **L:** 14 cm, **BL:** ab 100 cm, **WR:** o, **SG:** 2 - 3

Eretmodus cyanostictus BOULENGER, 1898
Tanganjikasee-Clown, Gestreifter Grundelbuntbarsch

Syn.: Keine.
Vork.: Afrika: Tanganjikasee (endemisch), bewohnen in den flachen, ufernahen Bereichen das obere Geröll-Litoral. Im Handel sind meist Wildfänge, Nachzuchten bisher nur in Ausnahmefällen geglückt.
Ersteinf.: 1958.
GU: Sehr schwer feststellbar; einziges Unterscheidungsmerkmal sind die etwas längeren Bauchflossen der ♂♂.
Soz.V.: Revierbildend, paarweise; gegenüber Geschlechtsgenossen unverträglich; monogame Maulbrüter mit intensiver Partnerbindung, bilden Elternfamilie, was bei Maulbrütern äußerst selten ist; sowohl ♂ als auch ♀ nehmen Laich und auch Embryonen ins Maul; ♂ ohne Eiflekken.
Hält.B.: Stein- und Felsaufbauten mit vielen Höhlen und Spalten als Versteckmöglichkeiten, Wurzeln ungeeignet, da sie das Wasser ansäuern.
ZU: Sehr schwierig; 26 - 28° C; Wasser mittelhart bis hart (15 - 20° dGH) und alkalisch (pH-Wert 9); Maulbrüter, das ♀ laicht auf einem vorher gesäuberten Stein, die Eier werden vom ♂ befruchtet und vom ♀ ins Maul genommen; Eizahl 20 - 25; ♂ und ♀ pflegen Eier und Brut.
FU: Lebendfutter aller Art.
Bes.: Sind von allen Tanganjikasee-Cichliden die problematischsten. Sie stellen an den Reinheitsgrad des Wassers hohe Ansprüche. Häufiger Wasserwechsel (jede Woche ein Drittel der Gesamtmenge) ist lebenswichtig, ebenso eine gute Durchlüftung und Filterung. Die Art hat ein extrem unterständiges Maul.

T: 24 - 26° C, **L:** 8 cm, **BL:** 80 cm, **WR:** u, **SG:** 3

Etroplus maculatus (BLOCH, 1795)
Punktierter Buntbarsch, Indischer Buntbarsch

Syn.: *Chaetodon maculatus, Etroplus coruchi, Glyphisodon kakaitsel.*
Vork.: Asien: Vorderindien und Sri Lanka; kommt im Süß- und Brackwasser vor.
Ersteinf.: 1905 durch REICHELT.
GU: Unterscheidung der Geschlechter sehr schwierig; ♀♀ meist matter gefärbt und haben kein Rot in den Flossensäumen.
Soz.V.: Paarweise; recht friedlich, wühlt nicht; Elternfamilie, Laich und Brut werden aufopferungsvoll von beiden Elterntieren gepflegt.
Hält.B.: Bodengrund sandig, Becken reichlich bepflanzt, Verstecke aus Wurzeln und Steinen.
ZU: 25 - 28° C; Wasser mit 5 % Seewasserzusatz, da im reinen Süßwasser die Jungtiere oft an Pilzerkrankungen leiden; Offenbrüter, laicht an Steinen und Wurzeln, Laichstelle wird sorgfältig gereinigt. Gelege 200 - 300 Eier, die auf kurzen Stielchen sitzen. Jungfische werden nach dem Schlüpfen in Gruben untergebracht, sehr lange Brutpflege.
FU: K, O; Lebendfutter, gefriergetrocknetes Futter, Algen, teilweise auch Flokken und Tabletten.
Bes.: Empfindlich gegen Wasserwechsel und Frischwasser. Seesalzzusatz (1 - 2 Teelöffel auf 10 l Wasser) macht die Tiere widerstandsfähiger. Jungfische picken manchmal an den Seiten der Eltern herum. Sie nehmen dann wahrscheinlich als zusätzliche Nahrung ein von den Elterntieren abgesondertes schleimiges Sekret auf.

T: 20 - 25° C, **L:** 8 cm, **BL:** 50 cm, **WR:** m, u, **SG:** 2 - 3

Buntbarsche, Cichliden

Eretmodus cyanostictus

Etroplus maculatus

Fam.: Cichlidae

Geophagus brasiliensis (QUOY & GAIMARD, 1824)
Brasilperlmutterfisch
Syn.: *Acara brasiliensis, Chromis brasiliensis, Geophagus bucephalus, G. labiatus, G. obscura, G. pygmaeus, G. rhabdotus, G. scymnophilus.*
Vork.: Südamerika: östliches Brasilien, in allen Küstenflüssen, stehenden Gewässern und im Brackwasser. Liebt steile oder felsige Ufer mit vielen Höhlen. Fast nur Nachzuchttiere im Handel. Art seit einigen Jahren wieder in "Mode", deshalb wurden Wildfänge in wenigen Exemplaren eingeführt.
Ersteinf.: 1899 durch MATTE aus Argentinien.
GU: Sehr schwer auszumachen; sichere Unterscheidung nur an der Genitalpapille, die beim ♂ zugespitzt, beim ♀ rund und stumpf ist. Bei alten ♂♂ ist oft die Rücken- und Afterflosse lang ausgezogen, Andeutung eines Stirnbuckels beim ♂.
Soz.V.: Revierbildend, paarweise; Art wühlt sehr stark; verträglicher als andere *Geophagus*-Arten; Elternfamilie, ♀ bewacht Gelege und Jungfische, während das ♂ das Revier sichert.
Hält.B.: Grober Kies als Bodengrund, an einigen Stellen feiner Sand, Verstecke aus Steinen und Wurzeln; wenn Pflanzen, dann in Töpfe gepflanzt oder Schwimmpflanzen. Kurzfristiges Abfallen der Temperatur auf 10° C wird vertragen.
ZU: 24 - 27° C; Wasser weich bis mittelhart (5 - 10° dGH) und neutral bis schwach sauer (pH-Wert 6,5 - 7); Offenbrüter, Laichplatz wird geputzt, am liebsten an dunklen Stellen und Spalten. Gelege 600 - 800 Eier; Gelege und Jungfische werden intensiv bewacht und betreut.
FU: K, O; Lebendfutter aller Art, gefriergetrocknetes Futter, Flocken, frißt gerne Futtertabletten, Rinderherz, Fischfleisch.
Bes.: Es bereitet oft Schwierigkeiten, ein passendes Zuchtpaar zusammenzustellen; harmonieren die Tiere nicht richtig, so fressen die Elterntiere oft Laich und Brut ohne ersichtlichen Grund.

T: 20 - 23° C, L: 10 - 28 cm, BL: 100 cm, WR: u, SG: 3

Satanoperca jurupari (HECKEL, 1840)
Teufelsangel, Erdfresser
Syn.: *Geophagus jurupari, G. leucostictus, G. pappaterra, Satanoperca leucosticta, S. macrolepis.*
Vork.: Nordöstliches Südamerika: Brasilien, Guyana. Überwiegend sind Nachzuchttiere im Handel; in den letzten Jahren wurden wieder Wildfänge eingeführt.
Ersteinf.: 1909 durch SIGGELKOW. Erstzucht gelang 1935 HÄRTEL.
GU: Geschlechter sind schwer zu unterscheiden. Sie zeigen keine Farbunterschiede. ♂ in der Körperform schlanker als ♀; sicherstes Unterscheidungsmerkmal sind die Genitalpapillen, die beim ♂ spitz, beim ♀ kurz und stumpf sind.
Soz.V.: Revierbildend, paarweise; recht friedlicher und kaum bissiger Cichlide. *S. jurupari* ist die verträglichste Art der Gattung; die Art wühlt stark; Maulbrüter mit Elternfamilie, intensive Brutpflege.
Hält.B.: Einrichtung: Bodengrund aus feinkörnigem Sand, damit sich die Tiere beim Wühlen nicht das Maul an spitzen Steinkanten verletzten; gut verwurzelte, harte Pflanzen, Steine zum Ablaichen, einige Höhlen als Verstecke.
ZU: 27 - 29° C; Wasser weich bis mittelhart (5 - 10° dGH) und schwach sauer bis neutral (pH-wert 6,3 - 7); Maulbrüter, der die Eier auf einen vorher geputzten Stein ablegt, dort bewacht und sie frühestens nach 24 Stunden ins Maul nimmt. Beide Elterntiere nehmen die Eier auf und bewachen und pflegen die Jungfische. Ihre Mäuler dienen den Jungfischen bei Gefahr und während der Nacht als Schutz. Eizahl 150 - 400.
FU: K, O; Lebendfutter, gefriergetrocknetes Futter, tiefgefrorenes Futter und auch Flockenfutter, Tabletten.
Bes.: Bei *Satanoperca jurupari* liegen die ins Maul genommenen Eier nicht wie bei andern Maulbrütern im Kehlsack, sondern vorn oben am Gaumen. Die Art ist sehr wärmebedürftig; zu niedrige Temperaturen führen bald zum Tod der Tiere.

T: 24 - 26° C, L: 10 - 25 cm, BL: 100 cm, WR: m, u, SG: 2 - 3

Buntbarsche, Cichliden

Geophagus brasiliensis

Satanoperca jurupari

Fam.: Cichlidae

Geophagus steindachneri (REGAN, 1912)
Rotbuckel-Buntbarsch, Rothauben-Erdfresser

Syn.: *Geophagus hondae.*
Vork.: Südamerika: Kolumbien, Oberlauf des Rio Magdalena mit Zuflüssen.
Ersteinf.: 1972.
GU: Ältere ♂♂ mit kräftig ausgebildetem Stirnbuckel. Genitalpapille des ♂ erscheint schon etwa 10 Tage vor dem Ablaichen, während die des ♀ erst wenige Stunden davor zu sehen ist.
Soz.V.: Nur schwach revierbildend. Die Tiere sind gegenüber artfremden Fischen sehr friedlich, auch untereinander sind sie recht verträglich. Nur zur Laichzeit sind die Tiere aggressiv. Die Art wühlt stark. Maulbrüter mit Mutterfamilie.
Hält.B.: Bodengrund aus dicker Sandschicht (5 - 8 cm). Harte Pflanzen, die am besten in Töpfe gepflanzt werden. Verstecke aus Steinen und Wurzeln, einige flache Steine zum Ablaichen. Wasser schwach sauer bis neutral (pH 6,5 - 7) und weich bis mittelhart (5 - 15 dGH).
ZU: 26 - 28° C; Wasserwerte wie oben angegeben. Die Tiere laichen nach Art der Offenbrüter auf Substrat (Stein usw.) ab. Die Eier sind orangegelb gefärbt und werden nach der Ablage vom ♀ sofort ins Maul genommen. Nach der Aufnahme des Geleges trennt sich das ♀ vom ♂. Das maulbrütende ♀ nicht füttern, da es sonst die Eier mit verschluckt. Die Jungfische werden nach ca. 20 Tagen zum ersten Mal freigelassen.
FU: K, O; Lebendfutter, Flocken- und Tablettenfutter, gefriergetrocknetes und tiefgefrorenes Futter. Futtersticks.
Bes.: *Geophagus hondae* ist bisher der einzige bekannte südamerikanische Maulbrüter, der die Eier sofort nach der Eiablage ins Maul nimmt. Aus diesem Grund muß er zu den hochspezialisierten Maulbrütern gezählt werden. Die ♂♂ von *G. hondae* haben in den Mundwinkeln einen orangenen Fleck. Dieser wird genau wie die Eiflecken bei den *Haplochromis*-Verwandten bei der Balz eingesetzt. Gleichzeitig ermöglichen diese Flecken in den Mundwinkeln eine beschleunigte Aufnahme der Eier durch die Mutter.

T: 21 - 30° C, **L:** 25 cm, ab 7,5 cm fortpflanzungsfähig, **BL:** 150 cm, **WR:** u, **SG:** 2

Geophagus proximus (BLOCH, 1791)
Surinam-Perlfisch

Syn.: *Sparus surinamensis, Chromis proxima, Geophagus altifrons, G. megasema, G. surinamensis, Satanoperca proxima.*
Vork.: Südamerika: Guyana bis zum Amazonas; in stehenden oder langsam fließenden Gewässern mit Stein- oder Sandboden. Heute überwiegend Nachzuchttiere im Handel. Erst seit 1970 werden wieder Wildfänge eingeführt.
Ersteinf.: 1914 durch MAZATIS.
GU: Schwer zu unterscheiden; die ♀♀ sollen silbriger sein, längere Beflossung der ♂♂ ist kein sicheres Merkmal.
Soz.V.: Revierbildend, paarweise; aggressiv und unverträglich, die Art wühlt stark ("Erdfresser"), larvophiler Maulbrüter mit Elternfamilie, intensive Pflege der Jungfische. Vergesellschaftung mit großen Welsen ist möglich.
Hält.B.: Rückwand des Beckens mit Höhlen und Wurzeln; Randbepflanzung mit harten, gut verwurzelten Pflanzen (*Sagittaria, Vallisneria*, großen Cryptocorynen, Pflanzen am besten in Töpfen; Bodengrund: feiner Sand, einige flache Steine.
ZU: 25 - 28° C; Wasser mittelhart (um 10° dGH) und neutral (pH 7); Teilmaulbrüter, die Eier werden auf einem Stein abgelegt, Gelege bis 250 Eier; kurz bevor oder während die Larven schlüpfen, werden sie von beiden Elterntieren ins Maul genommen; sie finden dort Schutz vor Gefahren und während der Nacht.
FU: K, O; Lebendfutter aller Art, die Tiere fressen auch Flockenfutter und gefriergetrocknetes Futter. Futtersticks
Bes.: Unter dem Namen *Geophagus proximus* sind, wie bei *Satanoperca jurupari*, verschiedene Arten im Handel.

T: 22 - 25° C, **L:** 30 cm, **BL:** 200 cm, **WR:** u, **SG:** 3

Buntbarsche, Cichliden

Geophagus steindachneri

Geophagus proximus

Fam.: Cichlidae

Gymnogeophagus australis (EIGENMANN, 1907)
La Plata-Erdfresser

Syn.: *Geophagus australe, G. australis.*
Vork.: Südamerika: Argentinien; im La Plata-Gebiet.
Ersteinf.: 1936.
GU: Monomorph, kein Geschlechtsdimorphismus. Unterscheidung der Geschlechter während des Laichaktes an der Genitalpapille möglich. Sie ist beim ♂ spitz nach hinten gerichtet, während sie beim ♀ abgerundet und 2 mm stark ist.
Soz.V.: Revierbildend, paarweise. Die Art ist ohne jede Scheu, setzt sich aber gegenüber gleich großen oder größeren Beckengenossen kaum durch. *G. australis* wühlt weniger im Bodengrund als andere Erdfresser. Die Tiere lassen Pflanzen unbehelligt. Offenbrüter; Elternfamilie.
Hält.B.: Bodengrund aus feinkörnigem Sand. Harte Pflanzen, in Töpfe gepflanzt. Verstecke aus Wurzeln und Steinen; einige flache Steine zum Ablaichen. Die Tiere stellen keine Ansprüche an die chemische Beschaffenheit des Wassers. Die Art sollte nicht zu warm gehalten werden. Vergesellschaftung mit nicht zu aggressiven Cichliden oder anderen Fischen, die ähnliche Ansprüche stellen.
ZU: Um 24° C; die Zucht ist nicht schwierig. Die Tiere bilden echte Paare; dem Ablaichen geht eine heftige Balz voraus. Beide Partner säubern den Laichplatz und heben fast gleichzeitig eine oder mehrere Gruben aus. Um das Gelege und die Brut kümmert sich vor allem das ♀, das ♂ übernimmt gelegentlich die Ablösung. Es wird nicht vom ♀ vertrieben, wenn es sich dem Gelege oder der in der Grube befindlichen geschlüpften Brut nähert. Die Eizahl beträgt einige hundert Stück; bei 25° C schlüpfen die Jungen nach 64 Stunden und schwimmen am 6. Tag frei [WERNER (1978): Das Aquarium 12: 475-479]. Beide Eltern führen den Jungfischschwarm. Fütterung der Jungen mit *Artemia*.
FU: O; Lebendfutter aller Art, tiefgefrorenes Futter, Flockenfutter und -tabletten.
Bes.: Wegen der geringen Temperaturansprüche, nach STERBA werden 12 - 15° C vertragen, und der relativen Unempfindlichkeit kann dieser Cichlide im Sommer im Gartenteich gehalten werden.

T: 22 - 24° C, L: bis 18 cm, im Aquarium bis etwa 12 cm, BL: 100 cm, WR: u, m, SG: 2

Gymnogeophagus balzanii (PERUGIA, 1891)
Paraguay-Maulbrüter, Ballonkopf-Erdfresser

Syn.: *Geophagus balzanii, G. duodecimspinosus.*
Vork.: Südamerika: Paraguay, Rio Parana. Wildfänge selten im Handel zu haben. Nachzuchten inzwischen gelungen.
Ersteinf.: 1972 durch BLEHER & HOREMAN.
GU: Deutlich ausgeprägter Geschlechtsdimorphismus; bei älteren ♂ ♂ sind die Rücken- und Afterflossen lang ausgezogen, außerdem haben sie einen Stirnbuckel; beim ♂ ist der hintere Teil des Kiemendeckels mit grünen Glanzpunkten bedeckt, während beim ♀ der untere Bereich des Kiemendeckels organgerot gefärbt ist.
Soz.V.: Revierbildend; sehr friedlicher Cichlide, wühlt stark, vergreift sich aber nicht an den Pflanzen. Mutterfamilie.
Hält.B.: Bodengrund aus feinem Sand, einige Verstecke und Höhlen aus Steinen; harte Pflanzen, in Töpfe gepflanzt.
ZU: 25 - 28° C; Wasser mittelhart (8 - 13° dGH) und neutral (pH um 7); Maulbrüter, laicht auf Steinen ab. Nach 24 - 36 Stunden nimmt das ♀ die Eier ins Maul. Eizahl bis 500 Stück. Nach dem Ablaichen verläßt das ♂ die Nähe des Geleges; das ♀ übernimmt allein die Pflege der Jungfische. Bei Gefahr werden die Jungen von der Mutter ins Maul genommen; äußeres Signal für die Fluchtreaktion der Jungen ist Flossenschlagen des ♀.
FU: K, O; Lebendfutter aller Art, gefriergetrocknetes und tiefgefrorenes Futter, Trockenfutter (Flocken, Tabletten).
Bes.: Die Stirnlinie von *Gymnogeophagus balzanii* steigt sehr stark an.

T: 22 - 26° C, L: 20 cm, BL: 100 cm, WR: u, SG: 3

Buntbarsche, Cichliden

Gymnogeophagus australis

Gymnogeophagus balzanii

Fam.: Cichlidae

Copadichromis chrysonotus
Syn.: *Paratilapia chrysonota, Haplochromis chrysonotus, Cyrtocara chrysonota.*
Vork.: Afrika: Malawisee (endemisch) in der Nkata Bay und Monkey Bay. Die Art lebt vorwiegend in den oberen Wasserschichten unweit der Küste.
Ersteinf.: 1975.
GU: Deutlicher Geschlechtsdimorphismus, die ♂ ♂ sind viel farbenprächtiger und meist größer, ihre Afterflosse trägt die deutlicheren Eiflecken.
Soz.V.: Recht ruhige und friedliche Fische. Es bereitet keine Probleme, von dieser Art mehrere ♂ ♂ in einem Becken zu vergesellschaften. Die Tiere vergreifen sich an den Wasserpflanzen. Ein ♀ kann mit mehreren ♂ ♂ ablaichen, ♂ ♂ sind nur während der Laichzeit revierbildend; Maulbrüter, Mutterfamilie.
Hält.B.: Wie bei *Nimbochromis polystigma* angegeben. Wasserwerte wie bei ande-

(BOULENGER, 1908)

ren Malawisee-Cichliden (10 - 15° dGH, pH-Wert 8 - 8,5).
ZU: Bereitet keine Schwierigkeiten; sie läuft wie bei anderen *Copadichromis*-Arten des Malawisees ab. Im Freiland suchen die ♂ ♂ Uferzonen mit Sandboden auf. Dort bilden sie dann Balzkolonien und gründen in geringem Abstand zueinander ihr Revier, in dem sie eine flache Laichgrube anlegen.
FU: K, O; Lebendfutter, FD-Futter, Flokkenfutter.
Bes.: *Copadichromis chrysonotus* gehört zu den sogenannten Utaka. Unter diesem Begriff werden etwa 15 *Copadichromis*-Arten zusammengefaßt, die fast alle pelagisch (im freien Wasser) leben und sich von tierischen (pflanzlichen) Planktonorganismen ernähren.

T: 23 - 26° C, **L**: 15 cm, **BL**: 100 cm, **WR**: m, o, **SG**: 2 - 3

Dimidiochromis compressiceps
Messerbuntbarsch
Syn.: *Paratilapia compressiceps, Haplochromis compressiceps, Cyrtocara compressiceps.*
Vork.: Afrika: Malawisee (endemisch), lebt über Sandflächen, in denen Inseln aus angehäuften Steinblöcken verstreut sind und *Vallisneria*-Felder vorkommen. In dieser Übergangszone zwischen reinem Sand- und reinem Felsufer gibt es fast keinen Wellenschlag. Wildfänge, die vereinzelt im Handel angeboten werden.
Ersteinf.: 1964 durch GRIEM.
GU: Afterflosse des ♂ mit Eiflecken, bei geschlechtsreifen ♂ ♂ glänzt die Kopfregion in blauen und grünen Tönen, bei den ♀ ♀ in goldenen Tönen.
Soz.V.: So gut wie nichts bekannt, die Tiere sind Räuber; Mutterfamilie, das ♀ ist maulbrütend.
Hält.B.: Möglichst große Becken, tiefer Sandboden mit verstreut liegenden Steinen und Steinhaufen, dichte Randbepflanzung mit Vallisnerien oder Röhricht.
ZU: Temperatur und Wasserwerte wie bei anderen *Dimidiochromis*-Arten aus

(BOULENGER, 1908)

dem Malawisee. Die Zucht ist mehrfach gelungen.
FU: K, O; Lebendfutter, hauptsächlich Fische, Wasserinsekten, frißt auch Algen; FD-Tabletten.
Bes.: *Dimidiochromis compressiceps* gehört wie der Hecht zum Typus des Stoßräubers. Er ist der einzige bisher bekannte Raubfisch, der seine Beutefische am Schwanz beginnend, also "gegen den Strich", frißt. Einheimische Fischer haben beobachtet, daß *D. compressiceps* die Augen anderer Fische frißt. Eine experimentelle Überprüfung dieser Beobachtung hat dies bestätigt. Der vorstehende Unterkiefer mit seinen Zähnen übernimmt dabei eine wichtige Funktion.

T: 22 - 28° C, **L**: 15 - 25 cm, **BL**: 100 cm, **WR**: m, u, **SG**: 3

Buntbarsche, Cichliden

Copadichromis chrysonotus

Dimidiochromis compressiceps

Fam.: Cichlidae

Maravichromis epichorialis (TREWAVAS, 1935)
Syn.: *Haplochromis epichorialis, Cyrtocara epichorialis.*
Vork.: Afrika: Malawisee (endemisch).
Ersteinf.: 1978.
GU: ♂ intensiver gefärbt und mit deutlicheren Eiflecken in der Afterflosse.
Soz.V.: Hierüber ist bisher noch nichts bekannt.
Hält.B.: Wie bei *Cheilochromis euchilus* angegeben.
ZU: Über eine geglückte Nachzucht im Aquarium gibt es keine Angaben; wahrscheinlich wie bei anderen *Maravichromis*-Arten aus dem Malawisee.
FU: Lebendfutter aller Art, pflanzliche Beikost, Flockenfutter, gefriergetrocknetes Futter.
Bes.: Der untere Pharynxknochen von *M. epichorialis* ist ziemlich groß und trägt einige wenige, ziemlich stumpfe Zähne, die aber nicht molariform sind (backenzahnförmig).

Im Herbst 1989 ist das Buch "Malawian Cichlid Fishes - the classification of some Haplochromine genera" von ECCLES & TREWAVAS erschienen, in dem die beiden Autoren die Gattungen *Cyrtocara* (ehemals *Haplochromis*) und *Lethrinops* revidieren. Dabei werden deren Vertreter in über 20 neu aufgestellte Gattungen eingeordnet.

T: 24 - 26° C, **L**: 20 cm, **BL**: 100 cm, **WR**: m, u, **SG**: 2

Cheilochromis euchilus (TREWAVAS, 1935)
Sauglippenbuntbarsch, Großlippenmaulbrüter
Syn.: *Haplochromis euchilus, Cyrtocara euchila.*
Vork.: Afrika: Malawisee (endemisch), im Felslitoral. Wildfänge; sehr selten werden im Handel auch Nachzuchttiere angeboten.
Ersteinf.: 1964 (?).
GU: Deutlicher Geschlechtsdimorphismus, ♂♂ viel auffälliger und intensiver gefärbt als ♀.
Soz.V.: Nicht oder kaum revierbildend; sehr friedlich, zeigen oft Schwarmverhalten; ♂ kann mit mehreren ♀♀ ablaichen. Mutterfamilie.
Hält.B.: Einrichtung aus Steinaufbauten, die Spalten, Unterstände und Höhlen bilden; Pflanzen sind nicht unbedingt erforderlich.
ZU: 26 - 27° C; Wasser mittelhart (10 - 15° dGH) und leicht alkalisch (pH 8 - 8,5); 1 ♂ mit mindestens 3 ♀♀; Maulbrüter. Es wird auf einem Stein abgelaicht. ♀ nimmt anschließend die Eier ins Maul, Eizahl: 150. Befruchtung nach der Eifleckmethode; es werden vor der Balz keine Laichgruben angelegt, dies steht im Gegensatz zu anderen *Cheilochromis*-Arten. ♀ betreut noch einige Tage die Jungfische, sie nimmt sie bei Gefahr und bei Nacht ins Maul.
FU: L, O; Lebendfutter, Algen, gefriergetrocknetes und tiefgefrorenes Futter, Flockenfutter, Tabletten.
Bes.: *Cheilochromis euchilus* ist ein hochspezialisierter Aufwuchsfresser. Aufwuchs sind auf den Felsen befindliche Algenrasen mit einer reichhaltigen Mikrofauna (Mückenlarven, Rädertierchen usw.).

T: 24 - 26° C, **L**: bis 35 cm, **BL**: 100 cm, **WR**: m, u, **SG**: 3

Buntbarsche, Cichliden

Maravichromis epichorialis ♂

Cheilochromis euchilus

Fam.: Cichlidae

Labidochromis lividus LEVIS, 1982
Syn.: Keine.
Vork.: Afrika: Malawisee (endemisch), im Felslitoral. Die Art konnte bislang nur entlang der Nord- und Westküste von Likoma-Island nachgewiesen werden und siedelt hier über kleinem und großem Felsgestein in Wassertiefen bis 6 m; häufigstes Vorkommen bei 3 m, selten über 6 m.
Ersteinf.: 1978.
GU: Die Körperfärbung von balzaktiven ♂♂ ist blauschwarz mit 5 - 6 feinen, senkrechten Bändern unterhalb der Dorsale; untere Körperhälfte dunkeloliv bis blauschwarz; dunkle Augenbinde und zwei blaue Interorbitalstreifen. Rückenflosse schwarz mit weißem oder hellblauem Saum, vereinzelt mit orangebraunen Flecken. Die ♀♀ sind einfach olivbraun gefärbt.
Soz.V.: Agamer, ovophiler Maulbrüter im weiblichen Geschlecht, die ♂ sind während der balzaktiven Phase aggressiv gegen Artgenossen und andere Beckeninsassen (territorial).
Hält.B.: Steinaufbauten mit ausreichend Versteckmöglichkeiten, für sauerstoffreiches und sauberes Wasser sorgen (regelmäßiger Wasserwechsel!). Wasserwerte: pH-Wert 7,7 - 8,3; dGH 7 - 20°. Die Vergesellschaftung mit anderen Mbuna-Cichliden ist zu empfehlen.
ZU: Einfach; Maulbrüter, Mutterfamilie. Wenn die gesamte Brut aufwachsen soll, empfiehlt es sich, das tragende ♀ zu separieren; die Jungfische werden durchschnittlich nach drei Wochen Entwicklungszeit vom Muttertier aus dem Maul entlassen. Die Aufzucht der dann ca. 1 cm langen Jungfische ist mit kleinem Lebendfutter wie *Artemia* und feinem Flockenfutter problemlos.
FU: L, O; in der Natur ernährt sich die Art von losem Aufwuchs. Im Aquarium Allesfresser, besonders Mückenlarven, Kleinkrebse und Flockenfutter, FD-Futtertabletten.
Bes.: *Labidochromis lividus* zeigt im männlichen Geschlecht eine dunkle Augenbinde und 2 Interorbitalstreifen; dieses Farbmuster ist auch bei einigen anderen Mbuna-Gattungen wie *Melanochromis* und *Pseudotropheus*-Arten vorhanden (Farbkonvergenz).

T: 24 - 26° C, **L:** 7 cm, **BL:** 80 cm, **WR:** m, u, **SG:** 2

Melanochromis labrosus (TREWAVAS, 1935)
Wulstlippenbuntbarsch
Syn.: *Cyrtocara labrosa, Haplochromis labrosus.*
Vork.: Afrika: Malawisee (endemisch).
Ersteinf.: 1973 (?).
GU: ♂ mit intensiver hervortretenden Eiflecken in der Afterflosse.
Soz.V.: Bisher noch nichts bekannt, wahrscheinlich dem von anderen *Melanochromis*-Arten ähnlich.
Hält.B.: Wie bei anderen *Melanochromis*-Arten angegeben.
ZU: Typischer *Melanochromis*-Maulbrüter.
FU: O; größeres Lebendfutter, Aufwuchs, Flockenfutter und Futtertabletten.
Bes.: *Melanochromis labrosus* ist eine andere Art und Gattung als *"Haplochromis" labrosus / Cyrtocara labrosa*. Vgl. Bd. 2, Seite 896, 900, 901. *"Cyrtocara" / "Haplochromis" labrosus* heißt heute *Placidochromis milomo* (OLIVER, 1989). Wegen der sehr ähnlichen Lippen wurden die beiden Arten in der Literatur häufig durcheinandergebracht und infolge desselben Artnamens auch in eine Gattung gestellt. *Melanochromis labrosus* ist ein Mbuna-Cichlide, der jedoch evtl. in eine andere Gattung gehört. Die Funktion der wulstigen Lippen ist noch nicht eindeutig geklärt, doch es wird angenommen, daß die Lippen als Tastorgane dienen und das Aufspüren von Nahrung erleichtern.

T: 23 - 26° C, **L:** 13 cm, **BL:** 90 cm, **WR:** m, u, **SG:** 2

Buntbarsche, Cichliden

Labidochromis lividus

Melanochromis labrosus, schwarze Farbmorphe.

Fam.: Cichlidae

Nimbochromis linni
Rüssel-Polystigma

BURGESS & AXELROD, 1975

Syn.: *Haplochromis linni, Cyrtocara linni.*
Vork.: Afrika: Malawisee (endemisch).
Ersteinf.: 1973.
GU: Die Rückenflosse der ♂♂ ist rot-gelb-weiß gerandet, die der ♀♀ dagegen weiß-gelb. ♂ mit Eiflecken in der Afterflosse. Die ♀♀ sind weniger intensiv gefärbt.
Soz.V.: Gleicht dem von *N. polystigma* bis in Einzelheiten. Die Tiere sind Räuber und sollten deshalb nur mit gleich großen oder größeren Tieren vergesellschaftet werden.
Hält.B.: Einzelheiten siehe bei *N. polystigma.*
ZU: Wie bei *N. polystigma* angegeben.
FU: K, O; kräftiges Lebendfutter aller Art, hauptsächlich Fische; Fleischstückchen, Rinderherz, Leber, Futtertabletten, tiefgefrorenes Futter.

Bes.: Die Eigenständigkeit dieser Art ist umstritten. BURGESS & AXELRODs Erstbeschreibung basiert auf einem einzigen, noch nicht geschlechtsreifen Tier! *N. linni* und *N. polystigma* sind nahe verwandt. Unter Umständen ist *N. linni* nur eine Morphe von *N. polystigma.*

T: 23 - 25° C, L: 25 cm, BL: 100 cm, WR: m, u, SG: 2

Nimbochromis livingstonii
Schläfer

(GÜNTHER, 1893)

Syn.: *Hemichromis livingstonii, Haplochromis livingstonii, Cyrtocara livingstonii.*
Vork.: Afrika: Malawisee (endemisch). Die Tiere bewohnen ausschließlich die Uferregionen mit sandigem Untergrund und ausgedehnten *Vallisneria*-Feldern.
Ersteinf.: 1972 (?).
GU: ♂ mit Eiflecken in der Afterflosse, außerdem sind die ♂♂ prächtiger und intensiver gefärbt.
Soz.V.: Revierbildend; die Tiere sind ausgesprochene Räuber, untereinander aber ziemlich friedlich. ♂♂ sind polygam, deshalb immer 1 ♂ mit mehreren ♀♀ zusammensetzten, ♀ maulbrütend, Mutterfamilie.
Hält.B.: Bodengrund aus feinem Sand, dichte Bepflanzung des Beckens mit *Vallisneria*-Arten; Schwimmraum freilassen. Einige Verstecke und Höhlen aus Steinen, Steinaufbauten auf den Aquarienboden legen, nicht auf den Sand! Wasserbeschaffenheit wie bei anderen *Nimbochromis*-Arten des Malawisees.

ZU: 26 - 27° C; wie bei anderen *Cyrtocara*-Arten (z.B. *Cheilochromis euchilus* oder *Nimbochromis polystigma).* Die Eier sind klein und von der Zahl her für einen Maulbrüter ziemlich hoch (bis 100).
FU: K, O; Lebendfutter, überwiegend Fische; aber auch große Wasserflöhe, Mückenlarven, Regenwürmer, Rinderherz, Miesmuschelfleisch und sogar Großflockenfutter. Außerdem Spinat, Salat.
Bes.: *N. livingstonii* zeigt eine eigenartige Verhaltensweise. Die Tiere haben die Angewohnheit, sich zeitweilig mit einer Körperseite flach auf den Boden zu legen und in dieser Lage längere Zeit zu verweilen. Sie stellen sich tot. Kleinere Fische, die an den vermeintlichen Aas fressen wollen, werden durch einen blitzschnellen Angriff überrascht und gefressen. Dieses Verhalten wurde sowohl im Freiwasser als auch im Aquarium beobachtet und brachte dem Fisch den Namen Schläfer ein.

T: 24 - 26° C, L: 20 cm, BL: 100 cm, WR: u, SG: 2

Buntbarsche, Cichliden

Nimbochromis linni ♂

Nimbochromis livingstonii

Fam.: Cichlidae

Cyrtocara moorii BOULENGER, 1902
Beulenkopfmaulbrüter
Syn.: *Haplochromis moorii.*
Vork.: Afrika: Malawisee (endemisch), in den sandigen Küstenzonen. Wildfänge; Nachzuchten werden äußerst selten im Handel angeboten.
Ersteinf.: 1968 (?).
GU: Geschlechter sind schwer zu unterscheiden; ♂♂ sind oft größer und heller gefärbt; Stirnbuckel ist kein sicheres Kennzeichen, da er bei beiden Geschlechtern auftritt.
Soz.V.: Revierbildend; die Tiere halten sich oft als Schwarm im freien Schwimmraum auf. ♂ ist polygam, 1 ♂ immer mit mindestens 3 ♀♀ zusammen halten; friedlicher Cichlide; wühlt manchmal etwas, läßt aber größenteils die Pflanzen in Ruhe; Mutterfamilie.
Hält.B.: Einrichtung aus Steinaufbauten mit Höhlen im Hintergrund des Beckens aufstellen, im Vordergrund Sandboden, viel freier Schwimmraum ist wichtig.

ZU: 25 - 26° C; Wasser mittelhart bis hart (10 - 18° dGH) und schwach bis mäßig alkalisch (pH 7,2 - 8,8), häufiger Wasserwechsel ist für das Wachstum der Tiere von Wichtigkeit (1 - 2 mal pro Woche ein Drittel bis die Hälfte der Gesamtmenge). Maulbrüter, Eier werden auf Steinen abgelegt und sofort vom ♀ ins Maul genommen. Eizahl: 20 - 90. Befruchtung der Eier und Intensität der Brutpflege wie bei anderen Malawisee-Buntbarschen.
FU: Lebendfutter, Rinderherz, Futtertabletten.
Bes.: Häufiger Wasserwechsel ist für das Wachstum der Jungfische ein ausschlaggebender Faktor. Unterbleibt der Wasserwechsel, so wachsen die Jungfische schlecht.
Diese Art blieb in der Gattung *Cyrtocara*.

T: 24 - 26° C, **L:** 25 cm, **BL:** 100 cm, **WR:** m, u, **SG:** 3

Nimbochromis polystigma (REGAN, 1922)
Vielfleckmaulbrüter
Syn.: *Haplochromis polystigma, Cyrtocara polystigma.*
Vork.: Afrika: Malawisee (endemisch), im Felslitoral; Wildfänge, inzwischen auch schon Nachzuchten im Handel.
Ersteinf.: Nicht bekannt.
GU: ♂ mit deutlich hervortretenden Eiflekken in der Afterflosse. Eiflecken beim ♀ kaum oder überhaupt nicht zu erkennen; ♂ farbenprächtiger.
Soz.V.: Revierbildend; wühlt nicht und beißt keine Pflanzen ab. ♂ sehr aggressiv gegenüber den ♀♀, zu anderen Fischen relativ friedlich. Wichtig ist nur, daß diese Fische gleich groß oder größer sind. ♂ polygam, ein ♂ immer mit mehreren ♀♀ zusammensetzen. ♀ Maulbrüter, Mutterfamilie.
Hält.B.: Versteckmöglichkeiten aus Steinen und Felsstücken, reichliche Randbepflanzung, freier Schwimmraum (wichtig!).

ZU: 20 - 28° C; Wasser mittelhart bis hart (10 - 18° dGH) und mäßig alkalisch (pH-Wert 7,5 - 8,5). Maulbrüter, ♀ nimmt die Eier ins Maul, Eizahl bis 20. Befruchtung nach der Eifleckmethode. In der ersten Woche nach dem Ausschlüpfen intensive Brutpflege der Mutter; Jungtiere verbringen dann die Nacht stets im Maul der Mutter.
FU: K; Lebendfutter (*Tubifex*, Regenwürmer), Rinderherz, Fischfleisch, Flokkenfutter.
Bes.: Die Art ist ein großer Räuber mit einer ausgesprochenen Freßgier. Deshalb nie mit kleineren Fischen vergesellschaften.

T: 23 - 25° C, **L:** bis 23 cm, **BL:** 100 cm, **WR:** m, u, **SG:** 2 - 3

Buntbarsche, Cichliden

Cyrtocara moorii

Nimbochromis polystigma, oben ♀, unten ♂

Fam.: Cichlidae

Fossorochromis rostratus (BOULENGER, 1899)
Fünffleckmaulbrüter

Syn.: *Tilapia rostrata, Haplochromis macrorhynchus, H. rostratus, Cyrtocara rostrata*.
Vork.: Afrika: Malawisee (endemisch), in den sandigen Uferzonen.
Ersteinf.: 1968 (?).
GU: Deutlicher Geschlechtsdimorphismus (-dichromatismus), ♂ anders und intensiver gefärbt.
Soz.V.: Revierbildend; gegen Artgenossen oft sehr aggressiv und unverträglich. Maulbrüter (Mutterfamilie).
Hält.B.: Wie bei *Nimbochromis venustus*.
ZU: Über eine gelungene Zucht im Aquarium ist nichts bekannt. Wahrscheinlich wie bei anderen *Fossorochromis*-Arten aus dem Malawisee.
FU: Lebendfutter aller Art, gefriergetrocknetes und tiefgefrorenes Futter, pflanzliche Beikost, Rinderherz, Trockenfutter. Das Futter wird meist vom Grund aufgenommen.
Bes.: Bei Gefahr gräbt sich *Fossorochromis rostratus* rasch in den Sand ein. Aus diesem Grund wird diese Art nur selten mit Schleppnetzen gefangen. Zwischen *F. rostratus* und *Cyrtocara moorii* gibt es eine Art Freßgemeinschaft. *F. rostratus* wühlt den Bodengrund auf, um etwas Freßbares zu finden. *C. moorii* ist in der Nähe und sucht den aufgewirbelten Sand nach Nahrung ab.

T: 24 - 28° C, **L**: 25 cm, **BL**: 100 cm, **WR**: m, u, **SG**: 2 - 3

Nimbochromis venustus (BOULENGER, 1908)
Pfauenmaulbrüter

Syn.: *Haplochromis simulans, H. venustus, Cyrtocara venusta*.
Vork.: Afrika: Malawisee (endemisch), lebt dort in der sandigen Uferzone. Wildfänge, die selten im Handel zu haben sind.
Ersteinf.: 1970.
GU: Bei geschlechtsreifen Tieren deutlicher Sexualdichromatismus; ♂ intensiver und prächtiger gefärbt; ♀♀ sind meist etwas kleiner.
Soz.V.: Revierbildend; 1♂ laicht immer mit mehreren ♀♀. Gegenüber Artgenossen sind die Tiere aggressiv und unverträglich. Die Art wühlt etwas, läßt aber die Pflanzen größtenteils in Ruhe. Mutterfamilie.
Hält.B.: Beckeninhalt nicht unter 200 l; Steinaufbauten mit vielen Verstecken (Höhlen, Spalten) an der Aquarienrückwand. Im Vordergrund breite Sandzone, Randbepflanzung.
ZU: 26 - 29° C; Wasserwerte wie bei *Cyrtocara moorii* angegeben. Maulbrüter, ♀ nimmt die Eier ins Maul. Eizahl bis 120. Intensivere Pflege der Jungfische als bei anderen *Nimbochromis*-Arten, das ♀ pflegt etwa 10 Tage und nimmt dabei die Jungen nachts ins Maul.
FU: K, O; Lebendfutter aller Art, Rinderherz, pflanzliche Beikost (Salat, Spinat), frißt auch Flockenfutter.
Bes.: Weibliche Tiere sollten nach Aufnahme der Eier nicht erschreckt werden, da sie sonst diese wieder ausspucken. Wöchentlicher Wasserwechsel (ein Drittel der Gesamtmenge) ist von Vorteil. *Nimbochromis venustus* ist eine räuberische Art.

T: 25 - 27° C, **L**: bis 25 cm, **BL**: 120 cm, **WR**: m, u, **SG**: 3

Buntbarsche, Cichliden

Fossorochromis rostratus ♂

Nimbochromis venustus ♂

Fam.: Cichlidae

Hemichromis bimaculatus   GILL, 1862
Roter Buntbarsch

Syn.: *Hemichromis fugax, Chromidotilapia exsul.*

Vork.: Afrika: in Küstenbassins vom südlichen Guinea bis Zentralliberia. In großen Flüssen und deren Nebenflüsse. Ergebnisse von PAYNE & TREWAVAS haben gezeigt, daß die Art eng mit bewaldeten Biotopen assoziiert ist.

Ersteinf.: 1907 durch die Vereinigten Zierfischzüchtereien Conradshöhe.

GU: Geschlechter schwer unterscheidbar. Sichere Unterscheidung der Geschlechter anhand der Genitalpapille. Die basal befindlichen Flecken der Rücken- und Afterflosse sind beim ♀ weniger betont, und das beim ♂ median auf der Schwanzflosse liegende Netzwerk fehlt beim ♀.

Soz.V.: Revierbildend, paarweise; außerhalb der Laichzeit relativ friedlich; während der Laichzeit sehr bissig und aggressiv. Die Art wühlt stark, besonders in der Laichzeit; Elternfamilie, sehr ausgeprägte Brutpflege.

Hält.B.: Bepflanzung mit harten Pflanzen (*Sagittaria, Vallisneria*); einige große Steine, hinter denen die Tiere Verstecke für die Laichgruben finden; Steine auf den Boden des Aquariums legen (Art wühlt).

ZU: 23 - 26° C; in der Wasserqualität nicht anspruchsvoll (4 - 16° dGH; pH-Wert um 7). Offenbrüter, laicht auf Steinen, die vorher geputzt werden; Gelege 200 - 500 Eier. Eier und Jungfische werden in eine vorbereitete Grube gebracht und in der Folgezeit mehrmals umgebettet; Elterntiere führen die Jungfische.

FU: K, O; Lebendfutter aller Art, gefriergetrocknetes Futter, frißt auch Flockenfutter und Tabletten.

Bes.: Die Art ist bei der Partnerwahl sehr wählerisch. Passen die Partner nicht zusammen, endet es mit dem Tod eines Tieres. Die Elterntiere erkennen die Jungfische vorwiegend visuell, zum Teil sollen auch chemische Merkmale zur Erkennung beitragen.

T: 21 - 23° C, **L:** 7 - 15 cm, **BL:** 70 cm, **WR:** u, **SG:** 3

Hemichromis lifalili   LOISELLE, 1979
Lifalilis Buntbarsch

Syn.: Keine.

Vork.: Mittleres Afrika: Zaire Bassin (Zaire-River, Ruki-River; Lake Tumba, Lake Yandja) und Republik Zentralafrika (Oberlauf des Ubanghi-Rivers). Fehlt in Gewässern mit niedrigen Sauerstoffgehalten.

Ersteinf.: Gegen Ende der 60er Jahre.

GU: Sexuell inaktive ♂♂ und ♀♀ sind ähnlich gefärbt, doch haben die ♀♀ eine stärker orangerote Färbung der Seiten und des Bauches. ♂ und ♀ in Laichfärbung siehe Foto.

Soz.V.: Ähnelt dem von *Hemichromis bimaculatus.*

Hält.B.: Siehe *H. bimaculatus*. Die Art ist sauerstoffbedürftiger.

ZU: Ähnlich der von *H. bimaculatus.* Wasser weich bis mittelhart (2 - 12° dGH) und um den Neutralpunkt (pH-Wert um 7). Offenbrüter; gute Brutpflege.

FU: K, O; Lebendfutter (Insekten, Würmer, *Artemia*, Wasserasseln), Gefrierfutter, gefriergetrocknetes Futter. Die Art geht auch an Flockenfutter und Futtertabletten.

Bes.: *H. lifalili* unterscheidet sich von *H. bimaculatus* durch die Schnauzenlänge (3,6 - 4,6 mal in Kopflänge bei *lifalili* zu 3,0-3,7 bei *bimaculatus*), durch die Form des unteren Pharynxknochens und durch die Färbung.

T: 22 - 24° C, **L:** bis 10 cm, **BL:** 70 cm, **WR:** u, **SG:** 3

Buntbarsche, Cichliden

Hemichromis bimaculatus

Hemichromis lifalili

Fam.: Cichlidae

Herichthys cyanoguttatum
Perlcichlide

(BAIRD & GIRARD, 1854)

Syn.: *Heros cyanoguttatus, Heros temporalis, Neetroplus carpintis, Cichlasoma cyanoguttatum.*

Vork.: Nord- und Mittelamerika, nordöstliches Mexiko und Texas, in Flüssen und Seen. Von allen neotropischen Cichliden die am weitesten nach Norden gehende Art. Meist Nachzuchttiere, wird im Handel nur noch sehr selten angeboten.

Ersteinf.: 1992 durch VON DEM BORNE-BEREUCHEN.

GU: Geschlechter sind sehr schwer zu unterscheiden; ♀♀ sind nicht so intensiv gefärbt und meistens kleiner als die ♂♂. ♂ im Alter mit Stirnbuckel.

Soz.V.: Revierbildend, paarweise; die Art ist sehr unverträglich und bissig, sie wühlt stark und vergreift sich an den Pflanzen. Elternfamilie.

Hält.B.: Verstecke aus Steinen und Wurzeln, die Verstecke sollten das Becken in einzelne Reviere aufteilen. Möglichst harte Pflanzen, eventuell Schwimmpflanzen, Bodengrund: feiner Sand; Überwinterung bei 15 - 18° c.

T: 20 - 24° C, **L**: 10 - 30 cm, **BL**: 100 cm, **WR**: u, **SG**: 3

ZU: 25 - 28° C; Wasser weich bis mittelhart (5 - 12° dGH) und neutral (pH um 7), sauerstoffbedürftig. Offenbrüter, laicht auf Steinen, die vorher geputzt werden. Gelege bis 500 Eier. Jungfische werden nach dem Schlüpfen an Pflanzenwurzeln o.ä. aufgehängt und später von beiden Elterntieren bewacht und geführt, keine so sorgfältige Pflege wie bei *C. facetum*.

FU: K, O; Lebendfutter (Mückenlarven, *Tubifex*, Regenwürmer usw.), pflanzliche Beikost (Salat, Spinat, Haferflocken), Großflocken.

Bes.: Die Tiere sind empfindlich gegen Altwasser, deshalb möglichst häufig Wasser wechseln (jede Woche ein Drittel bis die Hälfte der Gesamtmenge). Sie fressen des öfteren ihren Laich auf.

Herotilapia multispinosa
Regenbogencichlide

(GÜNTHER, 1866)

Syn.: *Heros multispinosus.*

Vork.: Mittelamerika: Panama bis Nicaragua, Managua-See. Im Handel sind Wildfangzuchttiere aus Kanada.

Ersteinf.: 1969 durch FOERSCH.

GU: Geschlechter schwer unterscheidbar; ♂ meist etwas größer und länger und mit spitzer ausgezogener Rücken- und Afterflosse; sicherstes Merkmal ist die kurze Legeröhre des ♀.

Soz.V.: Revierbildend, paarweise nicht sehr aggressiv, außer in der Laichzeit; die Art wühlt nicht übermäßig. Elternfamilie mit Paarbindung. Im allgemeinen gute Brutpflege, manchmal fressen allerdings die Elterntiere einen Teil der Jungfische auf.

Hält.B.: Feiner Kies, Steine und Wurzeln, einige Verstecke (Blumentopf, Kokosnußschale), gut verwurzelte, harte Pflanzen.

T: 22 - 25° C, **L**: 7 - 13 cm, **BL**: 70 cm, **WR**: m, u, **SG**: 2

ZU: 26 - 27° C; Wasser weich bis mittelhart (5 - 10° dGH) und neutral (pH-Wert um 7). Offenbrüter, laichen an Wurzeln und auf Steinen. Gelege 600 - 1000 Eier. Eier werden vom ♀ durch Flossenfächeln mit Frischwasser versorgt, Jungfische werden in flachen Mulden untergebracht, mehr oder minder intensive Pflege der Jungfische durch beide Elternteile.

FU: K, O; Lebendfutter aller Art, pflanzliche Beikost (überbrühter Salat, Spinat); frißt auch Flockenfutter (Großflocken).

Bes.: Die Art kann, je nach ihrer Stimmung, schnell ihr Farbkleid wechseln. Die Gattung *Herotilapia* ist monotypisch, d.h., sie umfaßt nur eine einzige Art. Sie ist nahe mit der Gattung *Cichlasoma* verwandt und unterscheidet sich von dieser nur durch das Vorhandensein von dreispitzigen Zähnen.

Buntbarsche, Cichliden

Herichthys cyanoguttatum

Herotilapia multispinosa

Fam.: Cichlidae

Julidochromis dickfeldi
Dickfelds Schlankcichlide
STAECK, 1975

Syn.: Keine.
Vork.: Afrika: Tanganjikasee (endemisch), in der Übergangszone zwischen Geröll und Felslitoral des zu Sambia gehörenden Südwestufers.
Ersteinf.: 1975 durch STAECK.
GU: Bisher noch unsicher, wahrscheinlich werden die ♀ ♀ größer.
Soz.V.: Siehe bei *Julidochromis ornatus*.
Hält.B.: Wie bei *Julidochromis regani* angegeben.

ZU: Wie die von *J. regani*. Bei 28° C schlüpfen die Jungfische von *J. dickfeldi* etwa nach 60 Stunden.
FU: K, O; Lebendfutter aller Art, gefriergetrocknetes und tiefgefrorenes Futter, Flockenfutter.
Bes.: *Julidochromis dickfeldi* unterscheidet sich von den anderen *Julidochromis*-Arten durch seine hellbraune Grundfärbung.

T: 22 - 25° C, **L:** 8 cm, **BL:** 60 cm, **WR:** m, u, **SG:** 2

Julidochromis marlieri
Schachbrett-Schlankcichlide
POLL, 1956

Syn.: Keine.
Vork.: Afrika: Tanganjikasee (endemisch), felsige Uferzone. Wildfänge; heute schon häufiger Nachzuchten im Handel.
Ersteinf.: 1958.
GU: Geschlechter sehr schwer zu unterscheiden; ♀ während der Laichzeit an der Genitalpapille erkennbar; adulte ♂ haben auf dem Nacken eine buckelartige Vorwölbung, ♂ meist kleiner.
Soz.V.: Paarweise; oft unverträglich genüber Artgenossen. Elternfamilie, Eltern bewachen das Gelege. Tiere vergreifen sich nicht an Pflanzen.

Hält.B.: Steinaufbauten mit vielen Versteckmöglichkeiten; Pflanzen nicht unbedingt erforderlich.
ZU: 24 - 28° C; Wasser mittelhart (12° dGH) und mäßig alkalisch (pH-Wert 7,5 bis 9); Versteckbrüter, laicht in Höhlen ab. Gelege 70 - 100 Eier, maximal 360.
FU: K, O; Lebendfutter, gefriergetrocknetes Futter, Flocken, Tabletten.
Bes.: Läßt sich mit *Julidochromis ornatus* kreuzen. Die Nachzuchttiere sind jedoch steril.

T: 22 - 25° C, **L:** 10 - 15 cm, **BL:** 70 cm, **WR:** m, u, **SG:** 2

Julidochromis ornatus
Gelber Schlankcichlide
BOULENGER, 1898

Syn.: Keine.
Vork.: Afrika: Tanganjikasee (endemisch), felsige Uferzone.
Ersteinf.: 1958.
GU: Meist nur an Genitalpapille vor dem Ablaichen erkennbar. ♂ meist kleiner. In der handelsüblichen Größe sind die Geschlechter nicht zu unterscheiden.
Soz.V.: Paarweise, oft unverträglich gegen Artgenossen; Elternfamilie; Eltern kümmern sich nicht um Jungfische, trotzdem wirksamer indirekter Schutz der Jungen durch stark ausgeprägtes Revierverhalten der Alttiere, da Jungtiere mehrere Wochen in unmittelbarer Umgebung der Bruthöhe leben.
Hält.B.: Steinaufbauten mit vielen Höhlen, einzelne harte Pflanzen (Vallisnerien).

Fortsetzung übernächste Seite

Buntbarsche, Cichliden

Julidochromis dickfeldi

Julidochromis marlieri

Fam.: Cichlidae

ZU: 24 - 26° C; Wasser mittelhart bis hart (11 - 20° dGH) und mäßig alkalisch (pH-Wert 8 - 9); Versteckbrüter, laicht in Höhlen. Gelege 20 - 50 Eier, maximal 100.

FU: K, O; Lebendfutter, gefriergetrocknetes Futter, Flocken, Tabletten.

Bes.: Eiablage am Höhlendach; Jungtiere sind nach dem Freischwimmen bestrebt, mit der Bauchseite Kontakt zum Höhlendach oder der Höhlenwand zu haben.

T: 22 - 24° C, L: 8 cm, BL: 50 cm, WR: m, u, SG: 2

Julidochromis regani
Vierstreifen-Schlankcichlide

POLL, 1942

Syn.: Keine.

Vork.: Afrika: Tanganjikasee (endemisch), im Felslitoral. Wildfänge; die Art hat sich wohl endgültig in den Aquarien der Liebhaber eingebürgert. Sie wird regelmäßig im Handel angeboten.

Ersteinf.: 1958.

GU: Die Geschlechter sind schwer zu unterscheiden; ♀ meist größer als ♂, ♀ während der Laichzeit am dickeren Bauch (Laichansatz) erkennbar; sicherstes Merkmal ist die Genitalpapille, die beim ♂ spitzer ist.

Soz.V.: Revierbildend, paarweise; ist die verträglichste *Julidochromis*-Art. Sie ist nur während der Laichzeit aggressiv, wühlt etwas während der Laichzeit. Elternfamilie.

Hält.B.: Steinaufbauten mit vielen Höhlen, Spalten und Unterständen als Versteckmöglichkeiten. Einzelne harte Pflanzen (*Sagittaria, Vallisneria*), feiner Sand als Bodengrund. Reichen die Steinaufbauten bis zur Wasseroberfläche, werden dort alle Wasserregionen bewohnt.

ZU: 25 - 27° dGH; Wasser mittelhart (8 - 14° dGH) und mäßig alkalisch (pH 8,5 bis 9,2); Höhlenbrüter, Eiablage meist am Höhlendach. Gelege bis 300 Eier, Elterntiere kümmern sich kaum um die Jungfische, sie verteidigen aber intensiv das Brutrevier, an das die Jungen in der ersten Zeit ihres Lebens stark gebunden sind, und gewähren diesen so indirekt Schutz.

FU: K, O; Lebendfutter aller Art, gefriergetrocknetes und tiefgefrorenes Futter, pflanzliche Beikost, frißt auch Flockenfutter.

Bes.: Die Tiere reagieren empfindlich auf Schwefelverbindungen im Wasser. Es wurde beobachtet, daß manche ♀ Aufgaben des ♂ (Revierverteidigung) übernehmen.

T: 22 - 25° C, L: bis 30 cm, BL: 80 cm, WR: alle, SG: 2

Julidochromis transcriptus
Schwarzweißer Schlankcichlide

MATTHES, 1959

Syn.: Keine.

Vork.: Afrika: Tanganjikasee (endemisch), im Felslitoral.

Ersteinf.: 1964 (?).

GU: Das einzig sichere Geschlechtsmerkmal ist die Genitalpapille, die beim ♀ länger ist. Die ♀ sind außerdem meist etwas größer und haben einen rundlicheren Bauch.

Soz.V.: Ähnlich wie *Julidochromis marlieri*.

Hält.B.: Wie bei *Julidochromis regani* angegeben.

ZU: Wie bei *J. regani*, doch ist *J. transcriptus* weniger produktiv. Das Gelege besteht oft nur aus 30 Eiern.

FU: K, O; Lebendfutter aller Art, gefriergetrocknetes und tiefgefrorenes Futter, Flockenfutter.

Bes.: Die Stirnlinie von *J. transcriptus* verläuft flach und trägt nicht wie bei *J. marlieri* einen Buckel. *J. transcriptus* ist der kleinste Vertreter der Gattung. Von *J. marlieri* unterscheidet sich *J. transcriptus* durch den Besitz von zwei weißen Fleckenreihen (*J. marlieri* hat drei).

T: 22 - 25° C, L: 7 cm, BL: 60 cm, WR: m, u, SG: 2

Buntbarsche, Cichliden

Julidochromis ornatus

Julidochromis regani

Julidochromis transcriptus

Fam.: Cichlidae

Labeotropheus fuelleborni
Schabemundbuntbarsch AHL, 1927
Syn.: *Labeotropheus curvirostris*.
Vork.: Afrika: Malawisee (endemisch), im Geröll- und Felslitoral.
Ersteinf.: 1964.
GU: Deutlicher Geschlechtsdimorphismus, ♀ polychromatisch; Afterflosse des ♂ mit gelben Eiflecken, Afterflosse des ♀ ohne Eiflecken.
Soz.V.: Revierbildend, paarbildend nur während des Laichens. Art sehr aggressiv. ♀ Maulbrüter, immer ein ♂ mit mehreren ♀♀ zusammen halten.
Hält.B.: Steinaufbauten mit vielen Höhlen und Verstecken, Wurzeln, robuste Pflanzen. Becken sollte gut beleuchtet werden, um Algenbewuchs zu erzeugen (Aufwuchsfresser!).
ZU: 24 - 28° C; Wasser mittelhart (12° dGH) und mäßig alkalisch (pH-Wert 7,5 - 8,5). Eier werden auf blank geputztem Stein abgelegt und sofort vom ♀ ins Maul genommen, Befruchtung im Maul nach der Eifleckmethode.

T: 22 - 25° C, L: 15 cm, BL: 70 cm, WR: m, u, SG: 2

FU: K, O; Lebendfutter aller Art, Algen, Flockenfutter, Tabletten.
Bes.: ♀ treten in mehreren Farbvarianten auf. Die meisten Farbvarianten sind geschlechtsgebunden, größtenteils an das weibliche Geschlecht. Neben der Normalform, die dem ♂ sehr ähnelt, tritt hauptsächlich eine gescheckte Morphe auf (siehe kleines Foto).

Labeotropheus trewavasae
Gestreckter Schabemundmaulbrüter FRYER, 1956
Syn.: Keine.
Vork.: Afrika: Malawisee (endemisch), im Geröll- und Felslitoral. Wildfänge, inzwischen auch schon Nachzuchttiere im Handel.
Ersteinf.: 1964.
GU: Deutlicher Geschlechtsdimorphismus (-dichromatismus), ♂ mit intensiveren Eiflecken in der Afterflosse, Afterflosse des ♀ meist ohne Eiflecken oder mit nur angedeuteten Eiflecken.
Soz.V.: Revierbildend; Tiere sind sehr aggressiv und unverträglich; ♂ polygam, deshalb immer 1 ♂ mit mehreren ♀♀ zusammen halten. Mutterfamilie.
Hält.B.: Einrichtung aus Steinaufbauten mit vielen Spalten und Höhlen als Versteckmöglichkeiten; einige robuste Pflanzen (Vallisnerien, Sagittarien); gute Beleuchtung des Beckens zur Erzeugung von Algenwuchs (Mbuna-Cichlide).

T: 21 - 24° C, L: 12 cm, BL: 70 cm, WR: m, u, SG: 2

ZU: 24 - 27° C; Wasser mittelhart bis hart (10 - 15° dGH) und neutral bis schwach alkalisch (pH 7 - 8); Maulbrüter. Eiablage und Befruchtung wie bei *Labeotropheus fuelleborni*. Eizahl bis 40. ♂ nach dem Ablaichen entfernen.
FU: K, O; Lebendfutter, Algen, frißt auch tiefgefrorenes und gefriergetrocknetes Futter.
Bes.: Die Art tritt, ebenso wie *Labeotropheus fuelleborni*, in mehreren geographischen Rassen auf, die sich in ihrer Färbung deutlich unterscheiden. Es gibt auch rein weiße Exemplare. Es wurde beobachtet, daß ein ♂ im Weibchenkleid Eier im Kehlsack trug.

Buntbarsche, Cichliden

Labeotropheus fuelleborni

Labeotropheus trewavasae

Fam.: Cichlidae

Neolamprologus brichardi (POLL, 1974)
Gabelschwanzbuntbarsch, Feenbarsch
Syn.: *Lamprologus savoryi elongatus, L. brichardi.*
Vork.: Afrika: Tanganjikasee (endemisch), felsige Uferzone.
Ersteinf.: 1958.
GU: Schwer unterscheidbare Geschlechter, beim ♂ sind die Rückenflosse und die Spitzen der Schwanzflosse stark ausgezogen, beim ♀ ist die Rückenflosse stumpf.
Soz.V.: Paarweise nur in der Laichzeit, sonst im Schwarm. Elternfamilie, Brutpflege ist nicht sehr intensiv.
Hält.B.: Steinaufbauten mit vielen Höhlen und anderen Verstecken; Bepflanzung nicht unbedingt erforderlich.
ZU: 25 - 30° C; Wasser mittelhart bis hart (10 - 12° dGH) und mäßig alkalisch (pH-Wert 7,5 - 8,5); Versteckbrüter, laicht in Höhlen; die Stellen, an denen abgelaicht wird, werden geputzt, das ♀ bewacht das Gelege von etwa 200 Eiern.
FU: K, O; Lebendfutter aller Art, Flockenfutter, FD-Menü.
Bes.: Elterntiere lassen ältere Jungtiere unbehelligt, wenn sie erneut ablaichen. So findet man Jungfische aller Altersklassen vor ("Etagenzucht"). Jungfische von *N. brichardi* verteidigen jüngere Geschwister und helfen bei der Gelegebetreuung.

T: 22 - 25° C, **L:** 10 cm, **BL:** 60 cm, **WR:** m, u, **SG:** 2

Altolamprologus compressiceps (BOULENGER, 1898)
Nanderbuntbarsch
Syn.: *Lamprologus compressiceps.*
Vork.: Afrika: Tanganjikasee (endemisch), über steinigem oder felsigem Untergrund. Im Handel sind fast nur Wildfänge.
Ersteinf.: 1958.
GU: Bisher nichts bekannt.
Soz.V.: Revierbildend; gegenüber anderen Fischen von ausreichender Größe sehr friedlich, vergreift sich nicht an Pflanzen und wühlt nicht; Mann-Mutter-Familie (?).
Hält.B.: Geräumige Becken mit Stein- und Felsaufbauten mit vielen Spalten und Höhlen.
ZU: 24 - 25° C; Wasser mittelhart (um 10° dGH) und neutral (pH-Wert um 7); Versteckbrüter, laicht in Höhlen, Gelege bis 300 Eier; Gelege und Jungfische werden zumindest vom ♀ gepflegt, ♂ sichert vermutlich das Revier.
FU: K; Lebendfutter, fressen gern kleine Fische.
Bes.: Der außerordentlich hochrückige und seitlich extrem zusammengedrückte Körper der Art ist eine Anpassung an den Nahrungserwerb dieses Fisches. Diese Form ermöglicht es den Tieren, ihre Beute - kleine Krebse und Jungfische - auch noch in engen Felsspalten zu fangen.

T: 23 - 25° C, **L:** 15 cm, **BL:** 80 cm, **WR:** m, u, **SG:** 3

Buntbarsche, Cichliden

Neolamprologus brichardi

Altolamprologus compressiceps

Fam.: Cichlidae

Neolamprologus leleupi (POLL, 1956)
Tanganjikasee-Goldcichlide
Syn.: *Lamprologus leleupi.*
Vork.: Afrika: Tanganjikasee (endemisch), im Felslitoral. Die Art wird regelmäßig im Handel angeboten.
Ersteinf.: 1958.
GU: Sehr schwer feststellbar. Der Kopf des ♂ ist massiger, ♂ ♂ sind etwas größer und tragen oft einen leichten Stirnbuckel und eine längere Bauchflosse, während beim ♀ die Stirn etwas steiler ansteigt.
Soz.V.: Paarweise; relativ friedlich, ♂ ist ruppig gegenüber überzähligen und nicht erwünschten ♀ ♀. Art wühlt nicht; monogame Höhlenbrüter, bilden während der Brutpflege Elternfamilie. ♀ bewacht Gelege und Junge, ♂ übernimmt die Fernverteidigung.
Hält.B.: Feiner, sandiger Bodengrund, Steinaufbauten mit vielen Höhlen und Spalten, Wurzeln.
ZU: 25 - 30° C; Wasser mittelhart bis hart (12 - 15° dGH) und schwach alkalisch (pH-Wert 7,5 - 8); Versteckbrüter, laicht in Höhlen an der Decke. Gelege 50 - 150 Eier.
FU: K; frißt ausschließlich Lebendfutter.
Bes.: Jungfische sind empfindlich gegen Bakterienansammlungen im Wasser.

T: 24 - 26° C, L: 10 cm, BL: 60 cm, WR: m, u, SG: 3 - 4

Neolamprologus tetracanthus (BOULENGER, 1899)
Syn.: *Lamprologus brevianalis, L. marginatus, L. tetracanthus.*
Vork.: Afrika: Tanganjikasee (endemisch). Häufiger Buntbarsch der Uferzone.
Ersteinf.: 1972.
GU: ♂ wird größer und bekommt im Alter einen leichten Stirnbuckel.
Soz.V.: Revierbildend, lebt paarweise. Die Tiere sind relativ friedlich, gegenüber kleinen Fischen allerdings räuberisch. Monogame Höhlenbrüter, die während der Laichzeit eine Elternfamilie bilden. Beide Elterntiere verteidigen Gelege und Jungfische.
Hält.B.: Wie bei *Neolamprologus leleupi* aufgeführt.
ZU: 25 - 28° C; siehe *N. leleupi.* Die Tiere sind Versteckbrüter, die in Höhlen laichen. Gelege und Brut werden intensiv verteidigt.
FU: Überwiegend Lebendfutter (Kleinkrebse, Insektenlarven, Jungfische, Mollusken).
Bes.: *Neolamprologus tetracanthus* ist eine der wenigen Cichliden-Arten, die speziell in der Übergangszone zwischen Geröll- und Sandlitoral leben. Die Tiere ernähren sich bevorzugt von Schnecken, die sich in der obersten Sandschicht aufhalten.

T: 23 - 25° C, L: 19 cm, BL: 80 cm, WR: m, u, SG: 2 - 3

Buntbarsche, Cichliden

Neolamprologus leleupi

Neolamprologus tetracanthus

Fam.: Cichlidae

Neolamprologus tretocephalus (BOULENGER, 1899)
Fünfstreifen-Tanganjikaseebuntbarsch
Syn.: *Lamprologus tretocephalus*.
Vork.: Afrika: Tanganjikasee (endemisch), die Art komm im Geröll- und Felslitoral vor.
Ersteinf.: 1974.
GU: Schwer erkennbar; die ♂♂ sollen eine etwas dunklere Beflossung aufweisen und größer sein. Sie sind bei der Balz aktiver und Rücken- und Afterflosse sind etwas länger ausgezogen.
Soz.V.: Revierbildend, paarweise (Elternfamilie); das ♂ bewacht das große Revier sehr energisch.
Hält.B.: Wie bei *Neolamprologus brichardi* angegeben. Wasser mittelhart (10° dGH) und leicht alkalisch (pH 7,6 - 8).
ZU: 25 - 28° C; die Zucht verläuft ähnlich der von *Neolamprologus brichardi*. *N. tretocephalus* ist relativ produktiv (bis 400 Eier). Die Tiere sind Höhlenbrüter. Die Entwicklungsdauer der Eier beträgt 48 Stunden.
FU: L, O; Allesfresser, Lebendfutter, hauptsächlich Insektenlarven; gefriergetrocknetes und tiefgefrorenes Futter, Flockenfutter, pflanzliche Beikost.
Bes.: Oberflächlich betrachtet, kann *N. tretocephalus* mit *N. sexfasciatus* und *Cyphotilapia frontosa* verwechselt werden. Er unterscheidet sich von diesen durch nur fünf Querbänder, während die beiden anderen Arten deren sechs aufweisen.

T: 24 - 26° C, **L**: 15 cm, **BL**: ab 100 cm, **WR**: m, u, **SG**: 2 - 3

Lamprologus werneri POLL, 1959
Syn.: Keine.
Vork.: Afrika: Stromschnellengebiet des Zaire in der Nähe von Kinshasa und im Stanley Pool.
Ersteinf.: 1957.
GU: Bisher noch nicht bekannt.
Soz.V.: Revierbildend; sehr aggressiv gegenüber Artgenossen und anderen Fischen; ♂ polygam, deshalb immer 1 ♂ mit mehreren ♀♀ halten; wahrscheinlich Mann-Mutter-Familie.
Hält.B.: Kiesboden mit Steinen, wobei die Steine Höhlen und andere Verstecke bilden sollen. Die Art mit größeren Oberflächenfischen zusammen halten; eventuell mit Turbelle Strömung im Becken erzeugen. Flache Becken mit großer Grundfläche.
ZU: *L. werneri* ist Höhlenbrüter.
FU: Frißt Lebendfutter (*Tubifex*, Wasserflöhe, Mückenlarven, Regenwürmer usw.) und willig Flockenfutter.
Bes.: *Lamprologus werneri* hat sich weitgehend dem Leben in den Stromschnellen und Wasserfällen angepaßt.

T: 22 - 25° C, **L**: 12 cm, **BL**: 80 cm, **WR**: u, **SG**: 2 - 3

Buntbarsche, Cichliden

Neolamprologus tretocephalus

Lamprologus werneri

Fam.: Cichlidae

Lobochilotes labiatus (BOULENGER, 1898)
Tanganjikasee-Zebrabuntbarsch, Zebra-Wulstlippenbuntbarsch

Syn.: *Tilapia labiata*.
Vork.: Afrika: Tanganjikasee (endemisch).
Ersteinf.: 1970 (?).
GU: Die Querbalken über den Körper sind bei den ♀♀ meist kräftiger ausgebildet. Afterflosse der ♂♂ mit dunkel gerandeten Eiflecken.
Soz.V.: Revierbildender, sehr aggressiver und rauflustiger Fisch. Die Tiere wühlen zeitweise. Die Art ist wahrscheinlich Maulbrüter, da die Afterflosse Eiflecken trägt (Mutterfamilie?).
Hält.B.: Geräumige Becken mit vielen Verstecken; Steinaufbauten im Hintergrund mit Höhlen und Spalten; sandiger Bodengrund. Auf Bepflanzung der Becken kann verzichtet werden. Wasser mittelhart (um 15° dGH) und mäßig alkalisch (pH-Wert um 8).
ZU: In der Aquarienliteratur ist bisher noch nichts über eine geglückte Zucht dieses Fisches berichtet worden.
FU: K; Lebendfutter aller Art, pflanzliche Beikost, gefriergetrocknetes und tiefgefrorenes Futter, manchmal auch Flockenfutter.
Bes.: Erwachsene Exemplare von *Lobochilotes labiatus* haben, ähnlich wie *Melanochromis labrosus* oder *Cheilochromis euchilus*, stark ausgeprägte Lippen. Mit diesen spüren sie Nahrung auf.

T: 24 - 27° C, **L:** 37 cm, **BL:** 100 cm, **WR:** m, u, **SG:** 2 - 3

Melanochromis auratus (BOULENGER, 1897)
Türkisgoldbarsch

Syn.: *Tilapia aurata, Pseudotropheus auratus*.
Vork.: Afrika: Malawisee (endemisch), felsige Uferzone.
Ersteinf.: 1958.
GU: Ausgeprägter Geschlechtsdimorphismus (-dichromatismus), ♂ unterscheidet sich farblich deutlich vom ♀. ♂ hat in der Afterflosse gelbe Eiflecken und zeigt tiefschwarze Bauchpartie.
Soz.V.: Revierbildend; ♂ polygam, immer 1 ♂ mit mehreren ♀♀ halten. Tiere sehr unverträglich. Art wühlt nicht und vergreift sich nicht an Pflanzen. Maulbrüter, Mutterfamilie.
Hält.B.: Steinaufbauten mit vielen Versteckmöglichkeiten.
ZU: 25 - 28° C; Wasser mittelhart (10 - 15° dGH) und neutral bis schwach alkalisch (pH-Wert 7 - 8,5). 1 ♂ mit mindestens 4 ♀♀, die maulbrütend sind. Befruchtung der Eier nach der Eifleckmethode. Eizahl 20 - 30, maximal 40. Lockere Brutpflege der Jungfische bis ca. eine Woche nach dem Entlassen aus dem Maul.
FU: L, O; Lebendfutter, teilweise auch gefriergetrocknetes, von Nachzuchttieren wird auch Flockenfutter gefressen. Die Tiere fressen gerne Blaualgen.
Bes.: Die Art gehört zu den Mbuna-Cichliden (Aufwuchsfressern). Von der Likoma-Insel am Ostufer des Malawisees wurden unter der Bezeichnung "Weißblauer Türkisgoldbarsch" Exemplare eingeführt, die einem *Melanochromis auratus* in der Körperform extrem gleichen, aber völlig anders gefärbt sind.

T: 22 - 26° C, **L:** ♂ 11 cm, ♀ 9 cm, **BL:** 80 cm, **WR:** alle, **SG:** 2 - 3

Buntbarsche, Cichliden

Lobochilotes labiatus

Melanochromis auratus, oben ♂, unten ♀

Fam.: Cichlidae

Melanochromis joanjohnsonae (JOHNSON, 1974)
"Perle von Likoma"

Syn.: *"Labidochromis caeruleus likomae", Labidochromis janjohnsonae, Pseudotropheus joanjohnsonae, Melanochromis exasperatus.*

Vork.: Afrika: Malawisee (endemisch). Die Art kommt im Geröllitoral der Likoma-Insel vor.

Ersteinf.: 1972.

GU: Deutlicher Geschlechtsdimorphismus (-dichromatismus). ♂ ♂ haben in der Afterflosse deutlich sichtbare, gelbe Eiflecken und die Rückenflosse weist eine breite, schwarze submarginale Längsbinde auf.

Soz.V.: Wie das von *Melanochromis auratus* oder *M. johannii*.

Hält.B.: Wie *M. vermivorus*.

ZU: Läuft ab wie bei *M. auratus* angegeben.

FU: L, O; Lebendfutter aller Art; frißt auch Flockenfutter, gefriergetrocknetes Futter. Pflanzliche Beikost (Salat, Spinat, Algen) füttern.

Bes.: Wie alle *Melanochromis*-Arten gehört auch *M. joanjohnsonae* zu den Aufwuchsfressern (Mbuna-Cichliden). Die Brutpflege von *M. joanjohnsonae* hört nicht mit dem Entlassen der Jungfische aus dem Maul auf, sondern diese werden noch ein bis zwei Tage bei Gefahr ins Maul genommen. Dieses Verhalten unterscheidet sich von den meisten Mbuna-Vertretern.

♂

T: 24 - 26° C, **L**: 10 cm, **BL**: 80 cm, **WR**: alle, wenn Steinaufbauten bis zur Wasseroberfläche reichen, **SG**: 2

Melanochromis johannii (ECCLES, 1973)
Kobaltorangebarsch

Syn.: *Pseudotropheus johannii, "Pseudotropheus daviesi".*

Vork.: Afrika: Malawisee (endemisch), im Felslitoral.

Ersteinf.: 1972.

GU: Ausgeprägter Geschlechtsdimorphismus (-dichromatismus), ♂ mit Eifleck in der Afterflosse und meist größer als das ♀.

Soz.V.: Revierbildend; ♂ polygam, immer 1 ♂ mit mehreren ♀♀ halten. Die Tiere sind sehr unverträglich. Art wühlt nicht und vergreift sich nicht an Pflanzen. Maulbrüter, Mutterfamilie.

Hält.B.: Steinaufbauten mit vielen Höhlen und Spalten als Verstecke.

ZU: 26 - 27° C; Wasser mittelhart bis hart (12 - 18° dGH) und mäßig alkalisch (pH-Wert um 8,5). 1 ♂ mit mindestens 3 ♀ ♀, die maulbrütend sind. ♀ nimmt die Eier ins Maul, Eizahl bis 35. Befruchtung nach der Eifleckmethode, lockere Brutpflege durch das ♀ bis eine Woche nach dem Entlassen der Jungen aus dem Maul.

FU: L, O; bevorzugt Lebendfutter. Nachzuchttiere fressen auch gefriergetrocknetes Futter und Flockenfutter.

Bes.: Die Art gehört zu den Mbuna-Cichliden (Aufwuchsfressern). Die Jungtiere zeigen die Weibchenfärbung, ab 5 cm Länge beginnen sie sich umzufärben. Ungünstige Wasserverhältnisse führen zu einem Verblassen der Farbe bei den Tieren.

T: 22 - 25° C, **L**: 12 cm, **BL**: 80 cm, **WR**: alle, **SG**: 2

Buntbarsche, Cichliden

Melanochromis joanjohnsonae ♀

Melanochromis johannii

Fam.: Cichlidae

Melanochromis vermivorus TREWAVAS, 1935
Stahlblauer Maulbrüter
Syn.: Keine.
Vork.: Afrika: Malawisee (endemisch), im Felslitoral. Wildfänge, die relativ selten im Handel angeboten werden.
Ersteinf.: Wahrscheinlich 1958.
GU: Deutlicher Geschlechtsdimorphismus (-dichromatismus). ♂♂ haben in der Afterflosse Eiflecken.
Soz.V.: Revierbildend; ♂ agam, immer 1 ♂ mit mehreren ♀♀ zusammen halten. Die Art gehört zu den relativ friedlichen Mbuna-Cichliden, sie ist nur während der Laichzeit unverträglich und aggressiv gegenüber Artgenossen und anderen Fischen. Maulbrüter, Mutterfamilie.
Hält.B.: Becken ab 90 cm Seitenlänge für 1 ♂ mit 3 - 4 ♀♀. Steinaufbauten mit vielen Höhlen und Spalten, feiner Sand als Bodengrund. Freier Schwimmraum.
ZU: Läuft ab wie bei *M. auratus*.
FU: Lebendfutter (Daphnien, *Tubifex*, Mückenlarven usw.), pflanzliche Beikost (Algen, Salat), auch Flockenfutter und gefriergetrocknetes Futter.
Bes.: *Melanochromis vermivorus* kann auf den ersten Blick leicht mit *Melanochromis auratus* verwechselt werden; doch ist der Kopf von *M. vermivorus* bedeutend länger und spitzer und sein Maul größer und tiefer gespalten als bei *M. auratus*. Außerdem sind die ♀♀ der beiden Arten völlig anders gefärbt.

T: 22 - 26° C, L: 15 cm, BL: 90 cm, **WR:** m, u, **SG:** 2

Mesonauta festivus (HECKEL, 1840)
Flaggenbuntbarsch
Syn.: *Acara festiva, Chromys acora, Cichlasoma festivum, C. insigne, C. insignis, Herus festivus.*
Vork.: Tropisches Südamerika: Westguyana und Stromgebiet des Amazonas; in Ufernähe an ruhigen und geschützten Stellen mit Pflanzenwuchs und Versteckmöglichkeiten. Heute findet man überwiegend Nachzuchten im Handel, wobei manchmal nachzuchtbedingte Degenerationserscheinungen vorkommen, wie Zwergwuchs, Verkürzung der Flossen.
Ersteinf.: 1908 durch REICHELT. Wurde 1911 erstmalig im Aquarium von Weinhausen, Braunschweig, nachgezüchtet.
GU: Kaum erkennbar; außerhalb der Laichzeit sind die Geschlechter nicht zu unterscheiden; ♂ mit etwas stärker ausgezogenen Flossen; sicherstes Unterscheidungsmerkmal ist die Form der Genitalpapille, die beim ♂ kurz und spitz und beim ♀ länglich stumpf ist.
Soz.V.: Revierbildend; paarweise; friedlich, beschädigt keine Pflanzen; die Art ist scheu und schreckhaft; Elternfamilie.
Hält.B.: Dichte Bepflanzung mit harten Pflanzen (*Sagittaria, Vallisneria, Cryptocoryne*); Verstecke und Höhlen aus Steinen und Moorkienholzwurzeln, einige flache Steine als Laichsubstrat.
ZU: Die Zucht ist schwieriger als bei den anderen Buntbarschen. 25 - 28° C; stellt an das Wasser keine großen Ansprüche, Wasser am besten weich (um 5° dGH) und schwach sauer (pH-Wert 6,5); Offenbrüter, laicht an festen Pflanzenblättern oder Steinen nach vorheriger Säuberung des Laichplatzes; Gelege 200 - 500 Eier. Jungfische werden aufgehängt (vgl. SCHMETTKAMP 1979: DCG-Info 10 (1): 10). Beide Elterntiere bewachen sorgfältig Gelege und Brut, Führen der Jungfische durch die Eltern.
FU: K, O; Lebendfutter (*Tubifex*, Wasserflöhe, Mückenlarven), Trockenfutter, pflanzliche Beikost (Salat, Haferflocken) wichtig.
Bes.: Die Art ist empfindlich gegen Chemikalien und Nitrit. Man sollte sie nicht mit Neonfischen zusammen halten, da *Mesonauta festivus* diese Fische sehr gerne frißt. Am besten läßt sich die Art mit *Pterophyllum scalare* vergesellschaften. Die Art zählt zu den häufigsten Cichlidenart im mittleren Amazonasgebiet. Siehe auch Band 5.

T: 23 - 25° C, L: 15 cm, BL: 100 cm, **WR:** m, u, **SG:** 2 - 3

Buntbarsche, Cichliden

Melanochromis vermivorus

Mesonauta festivus ♂

Fam.: Cichlidae

Nannacara anomala REGAN, 1905
Stahlblauer Maulbrüter
Syn.: *Nannacara taenia*.
Vork.: Südamerika: westliches Guyana; heute fast nur als Nachzuchten im Handel.
Ersteinf.: 1934 durch MAYER.
GU: Deutlicher Geschlechtsdimorphismus (-dichromatismus). ♂♂ größer und intensiver gefärbt (bis 9 cm), ♀♀ kleiner (bis 5 cm).
Soz.V.: Paarweise bis zum Ablaichen; außerhalb der Laichzeit recht verträglich, während der Laichzeit unverträglich gegenüber Artgenossen; nach dem Laich ♂ herausfangen, da es sonst unbarmherzig vom ♀ gejagt wird; dagegen übernimmt in großen Aquarien das ♂ das Außenrevier und bewacht indirekt die Brut, während das ♀ die direkte Betreuung der Brut übernimmt. Die Art wühlt nicht.
Hält.B.: Gut bepflanzte Becken mit vielen Versteckmöglichkeiten (Steine, Wurzeln).
ZU: 26 - 28° C; Wasser mittelhart (10° dGH) und schwach sauer (pH-Wert 6,2 - 6,5); Versteckbrüter, laicht in Höhlen, ♀ legt während des Laichens Mutterkleid an. Gelege 50 - 300 Eier.
FU: K; frißt fast ausschließlich Lebendfutter aller Art, geht äußerst selten an Flockenfutter.
Bes.: Attrappenversuche haben gezeigt, daß als Auslöser für das Nachfolgeverhalten der Jungen die Schwarzweißfärbung der Mutter und ihre ruckartige Schwimmweise dienen.

T: 22 - 26° C, **L**: 15 cm, **BL**: 90 cm, **WR**: m, u, **SG**: 2

Nanochromis dimidiatus (PELLEGRIN, 1900)
Roter Kongocichlide
Syn.: *Pelmatochromis dimidiatus*.
Vork.: Afrika: im Fluß Ubanghi (Nebenfluß des Zaire) im Gebiet um Banghi.
Ersteinf.: 1952.
GU: ♂ meist größer als das ♀ und mit dunkler Netzzeichnung in der Rücken-, After und Schwanzflosse. Diese Zeichnung fehlt den ♀♀. ♂ mit silberglänzender Schuppe über der Afteröffnung. ♀ mit intensiver Violettfärbung und einem schwarzen Fleck im letzten Drittel der Rückenflosse.
Soz.V.: Revierbildend; relativ aggressiv, die Art wühlt, vergreift sich aber nicht an Pflanzen; Elternfamilie.
Hält.B.: Höhlen aus Steinen, dichte Randbepflanzung, umgestülpte Blumentöpfe zum Ablaichen, Kies als Bodengrund.
ZU: 25 - 28° C; Wasser weich (5 - 8° dGH) und schwach sauer (pH-Wert 6,5). Die Zucht ist bisher nur in weichem Wasser gelungen, gelegentlicher Frischwasserzusatz empfehlenswert. Verstecktbrüter, laicht in Höhlen ab. Gelege ca. 60 Eier. Nach dem Freischwimmen werden die Jungfische von beiden Elterntieren gepflegt.
FU: K, O; Lebendfutter aller Art; frißt auch gefriergetrocknetes Futter und Flockenfutter.
Bes.: Im Gegensatz zu *Nanochromis nudiceps* tritt die Genitalpapille bei *N. dimidiatus* erst wenige Stunden vor dem Ablaichen hervor. Die Art kann schnell ihr Farbkleid wechseln.

T: 23 - 25° C, **L**: ♂ 8 cm, ♀ 6 cm, **BL**: 50 cm, **WR**: m, u, **SG**: 3

Buntbarsche, Cichliden

Nannacara anomala

Nanochromis dimidiatus

Fam.: Cichlidae

Nanochromis parilus — ROBERTS & STEWART, 1976
Blauer Kongocichlide

Syn.: *Nanochromis nudiceps.*
Vork.: Afrika: im Stromgebiet des Zaire-Flusses, besonders im Stanley Pool; Nachzuchten so gut wie nie im Handel.
Ersteinf.: 1952.
GU: ♂ meistens größer, Rücken- und Afterflosse der ♂♂ sind spitz ausgezogen; laichbereite ♀♀ haben einen stark aufgetriebenen Leib; beim geschlechtsreifen ♀ tritt die Genitalpapille auch außerhalb der Laichzeit hervor.
Soz.V.: Revierbildend; ♂♂ untereinander sehr bissig, gegenüber ♀♀ meist verträglich. Läßt Pflanzen in Ruhe, wühlt aber. Mann-Mutter-Familie (Elternfamilie).
Hält.B.: Gut bepflanzte Becken mit reichlichen Versteckmöglichkeiten aus Steinen und Wurzeln, grober Kies als Bodengrund.
ZU: 25 - 28° C; Wasser weich (5 - 8° dGH) und leicht sauer (pH-Wert 6,5); Wasser sollte leicht torfig sein. Versteckbrüter, laicht in Höhlen; Gelege 80 - 120, maximal 250 Eier. ♀ betreibt Pflege des Geleges und der Brut, ♂ verteidigt das Revier, beim Verlassen der Bruthöhle werden die Jungfische von beiden Elterntieren geführt.
FU: K; Lebendfutter aller Art.
Bes.: Eier sitzen auf kleinen Stielchen. Die Gattung *Nanochromis* ist sehr nahe mit der Gattung *Pelvicachromis* verwandt. *N. parilus* ist die korrekte wissenschaftliche Bezeichnung für den seit vielen Jahren als *N. nudiceps* bekannten Cichliden. *N. nudiceps* ist wohl nur als Farbvariante von *N. parilus* anzusehen.

T: 22 - 25° C, **L:** ♂ 8 cm, ♀ 7 cm, **BL:** 50 cm, **WR:** u, **SG:** 2 - 3

Ophthalmotilapia ventralis — (BOULENGER, 1898)
Blauer Fadenmaulbrüter

Syn.: *Paratilapia ventralis, Ophthalmochromis ventralis.*
Vork.: Afrika: Tanganjikasee (endemisch), lebt in der Felszone und zwar vorzugsweise im Übergangsbereich zu sandigem Untergrund, wo zwischen größeren Steinblöcken und Geröllfeldern immer wieder kleinere Sandflächen anzutreffen sind. Wildfänge; die Art wird seit etwa fünf Jahren regelmäßig im Handel angeboten.
Ersteinf.: Wahrscheinlich 1958.
GU: Deutlicher Geschlechtsdimorphismus; Bauchflossen der ♂♂ wesentlich länger als die der ♀♀. ♂ größer, mit spitz ausgezogenen Rücken- und Afterflossen und wesentlich prächtiger gefärbt als das ♀ (grau).
Soz.V.: Revierbildend nur während der Laichzeit, leben sonst in einem lockeren Verband zusammen; sie sind während der Laichzeit unverträglich gegenüber Artgenossen und anderen Tieren; die Art wühlt manchmal während der Laichzeit; 1 ♂ mit mehreren ♀♀, Mutterfamilie.
Hält.B.: Feiner Sandboden mit einigen Inseln aus lose angeordneten Steinen, Hintergrund des Beckens mit Steinaufbauten, viel freier Schwimmraum.
ZU: 25 - 27° C; Wasser mittelhart (10° dGH) und mäßig alkalisch (pH über 7,5). Maulbrüter; ♀ nimmt die Eier ins Maul. Eizahl bis 60. Befruchtung der Eier durch eine abgewandelte Eifleckmethode. Als Eiattrappen fungieren nicht Eiflecke, sondern die gelben, verdickten Enden der männlichen Bauchflossen. Ablaichvorgang in flachen, selbstgegrabenen Sandmulden.
FU: K, O; Lebendfutter aller Art, Algen.
Bes.: Die Art tritt in zwei Unterarten auf: *O. ventralis ventralis* (BOULENGER; 1898) und *O. ventralis heterodontus* (POLL & MATTHES, 1962). Die beiden Unterarten unterscheiden sich in ihrer Bezahnung.

T: 23 - 25° C, **L:** ♂ bis 15 cm, **BL:** 90 cm, **WR:** m, u, **SG:** 2 - 3

Buntbarsche, Cichliden

Nanochromis parilus

Ophthalmotilapia ventralis

Fam.: Cichlidae

Mikrogeophagus ramirezi (MYERS & HARRY, 1948)
Südamerikanischer Schmetterlingsbuntbarsch, "Ramirezi"

Syn.: *Apistogramma ramirezi, Papiliochromis ramirezi, Microgeophagus ramirezi.*

Vork.: Westliches Venezuela, Kolumbien. Häufig nachgezüchtet; des öfteren werden zuchtbedingte Degenerationserscheinungen festgestellt (geringe Größe, Verblassen der Farben). In den letzten Jahren wurden wiederholt Wildfänge eingeführt.

Ersteinf.: 1948.

GU: Geschlechter gut zu unterscheiden: ♀ kurz vor dem Ablaichen an kurzer Legeröhre erkennbar, beim ♂ 2. Flossenstrahl der Rückenflosse sehr lang, beim ♀ ist dieser Strahl kürzer. Die ♀♀ sind oft kleiner und haben am Bauch eine Rotfärbung.

Soz.V.: Paarweise, verträglich. Elternfamilie ohne Rollenverteilung.

Hält.B.: Mehrere dichte Pflanzengruppen, freier Schwimmraum, einige Verstecke (Höhlen). Bei Wasserwechsel ist stets ein gutes Wasseraufbereitungsmittel hinzuzugeben.

ZU: 27 - 29° C; weiches Wasser bis 10° dGH (optimal 3° dGH), pH Wert um 7, teilweiser Torfzusatz empfehlenswert. Offenbrüter, Eier auf Steinen oder in Gruben, Gelege 150 - 200 Eier.

FU: K, O; Lebendfutter, gefriergetrocknetes Futter, Flocken- und Tablettenfutter.

Bes.: Äußerst empfindlich gegen Chemikalien, Umsetzen und Fischtuberkulose. Relativ kurze Lebensdauer (2 - 3 Jahre). Nachzuchttiere haben oft keine schöne Beflossung mehr.

T: 22 - 26° C, **L:** 7 cm, **BL:** 50 cm, **WR:** m, u, **SG:** 3

Anomalochromis thomasi (BOULENGER, 1915)
Afrikanischer Schmetterlingsbuntbarsch, Thomas Prachtbarsch

Syn.: *Paratilapia thomasi, Hemichromis thomasi, Pelmatochromis thomasi.*

Vork.: Afrika: Sierra Leone, Südost-Guinea und Westliberia. Wildfänge, Nachzuchten sind noch selten im Handel anzutreffen.

Ersteinf.: 1966.

GU: Geschlechter sind nur schwer zuunterscheiden. Ausgewachsene ♀♀ sind meist runder (Laichansatz) und haben eine intensivere schwarze Zeichnung als die ♂♂.

Soz.V.: Revierbildend, paarweise. Die Tiere sind sehr friedlich und wühlen nicht. Elternfamilie, beide Elterntiere bewachen und pflegen sorgfältig Gelege und Jungfische.

Hält.B.: Dichte Bepflanzung, Höhlen aus Steinen und Wurzeln, flache Steine als Laichsubstrat, freier Schwimmraum. Die Art ist auch für das Gesellschaftsbecken geeignet.

ZU: 26 - 27° C; Wasser weich (7 - 9° dGH) und leicht sauer (pH 6,5). Offenbrüter, laicht an Steinen oder Pflanzen, die vorher geputzt werden. Gelege bis 500 Eier. Jungfische werden in Gruben untergebracht und von beiden Elterntieren intensiv bewacht und geführt.

FU: K, O; Lebendfutter, teilweise pflanzliche Beikost, auch gefriergetrocknetes Futter und Flockenfutter.

Bes.: Durch die Arbeit von GREENWOOD (1985): Bull. Br. Mus. nat. Hist. (Zool.) 49, 257-272, ist die Gattungszugehörigkeit dieses Fisches endlich geklärt, indem GREENWOOD für ihn die monotypische Gattung *Anomalochromis* aufgestellt hat.

T: 23 - 27° C, **L:** ♂ 10 cm, ♀ 7 cm, **BL:** 70 cm, **WR:** u, **SG:** 1

Buntbarsche, Cichliden

Mikrogeophagus ramirezi

Anomalochromis thomasi

Fam.: Cichlidae

Pelvicachromis pulcher (BOULENGER, 1901)
Purpurprachtbarsch, Königscichlide
Syn.: *Pelmatochromis pulcher.*
Vork.: Afrika: südliches Nigeria. Die Art geht auch ins Brackwasser. Heute fast nur Nachzuchttiere in den Becken der Liebhaber und Händler. In den letzten zehn Jahren vereinzelte Einführung von Wildfängen.
Ersteinf.: 1913 durch BRÜNING.
GU: ♂ meist größer als ♀; beim ♂ Rücken- und Afterflosse spitzer, beim ♀ abgerundet. Mittlere Strahlen der Schwanzflosse beim ♂ verlängert, ♀♀ sind oft farbenprächtiger.
Soz.V.: Revierbildend, paarweise. Relativ friedlich und verträglich, wühlt gern, läßt aber die Pflanzen in Ruhe. Vater-Mutter-Familie.
Hält.B.: Gute Bepflanzung, Höhlen und Unterstände aus Wurzeln und Steinen, Bodengrund aus grobem Kies, freier Schwimmraum.
ZU: 26 - 27° C; Wasser mittelhart (8 - 12° dGH) und leicht sauer (pH-Wert 6,5). Höhlenbrüter, meist am Höhlendach. Gelege 200 - 300 Eier. ♀ bewacht und pflegt Gelege und Brut, während das ♂ die Verteidigung der Reviergrenzen übernimmt. Schwimmen die Jungfische im Schwarm, führen die Elterntiere.
FU: K, O; Flockenfutter, Lebendfutter (Daphnien, *Cyclops*, Mückenlarven).
Bes.: In einem Schwarm von Jungfischen werden meistens zuerst die ♂♂ territorial. ♀♀ sind während der Balz bedeutend aktiver als die ♂♂. Nach Möglichkeit sollten die Jungfische solange bei den Elterntieren gelassen werden, bis diese erneut ein Gelege vorbereiten. Entfernt man die Jungfische zu früh, besteht die Gefahr, daß das ♂ nach ihrem Verschwinden schnell wieder in Balzstimmung gerät und nun seine Aggressionen an dem noch nicht wieder laichbereiten ♀ ausläßt.

T: 24 - 25° C, **L**: 8 - 10 cm, **BL**: 60 cm, **WR**: u, **SG**: 1

Pelvicachromis subocellatus (GÜNTHER, 1871)
Augenfleck-Prachtbarsch, Rotvioletter Prachtbarsch
Syn.: *Hemichromis subocellatus, Pelmatochromis subocellatus.*
Vork.: Westafrika: von Gabun bis zur Mündung des Zaire (Kongo), geht bis ins Brackwasser der Flußmündungen. Wildfänge, die nur sporadisch im Handel anboten werden.
Ersteinf.: 1907 durch SCHROOT.
GU: ♂ mit zugespitzter Rücken- und Afterflosse, beim ♀ sind diese Flossen abgerundet; ♀ ist balzaktiver und zur Laichzeit prächtiger gefärbt; Bauchflossen des ♂ wesentlich länger als die des ♀.
Soz.V.: Revierbildend, paarweise. Relativ friedliche Art, die nur während der Laichzeit unverträglich ist. Wühlt gern, läßt aber dabei die Pflanzen meistens in Ruhe. Vater-Mutter-Familie.
Hält.B.: Beckenhöhe am besten zwischen 20 und 50 cm; dichte Bepflanzung. Höhlen aus Steinen und Wurzeln. Freier Schwimmraum, Bodengrund aus feinem Sand. Die Art ist für Gesellschaftsbecken geeignet.
ZU: 25 - 28° C; Wasserwerte wie bei *Pelvicachromis pulcher*. Starke Durchlüftung des Beckens; bei frisch importierten Tieren ist Salzzusatz empfehlenswert (1 Teelöffel auf 1- 5 l) Höhlenbrüter. Gelege 60 - 200 Eier. Jungfische werden in Gruben untergebracht. ♀ bewacht das Gelege, ♂ das Revier. Geführt werden die Jungfische von den Elterntieren.
FU: K, O; hauptsächlich Lebendfutter, frißt aber auch gefriergetrocknetes und tiefgefrorenes Futter und Flockenfutter.
Bes.: Eier hängen an etwa 5 mm langen Fäden. Nach THUMM soll *P. subocellatus* nachts knurrende Laute hervorbringen können.

T: 22 - 26° C, **L**: 10 cm, **BL**: 80 cm, **WR**: u, **SG**: 2

Buntbarsche, Cichliden

Pelvicachromis pulcher

Pelvicachromis subocellatus

Fam.: Cichlidae

Pelvicachromis taeniatus (BOULENGER, 1901)
Streifenprachtbarsch, Smaragdprachtbarsch

Syn.: *Pelmatochromis taeniatus, P. klugei, P. kribensis, P. kribensis klugei.*

Vork.: Afrika: südliches Nigeria und Kamerun; geht auch in die Brackwasserzonen der Flüsse. Wird selten im Handel angeboten, meist sind es nur einzelne Wildfänge.

Ersteinf.: 1911 durch BRÜNING.

GU: ♂ größer als ♀; ♀ meist schöner gefärbt; Schwanzflosse des ♂ eckiger, die des ♀ gerundet; beim ♂ sind Rücken- und Afterflosse spitz ausgezogen.

Soz.V.: Revierbildend, paarweise; friedlich gegen Artgenossen und andere Fische, etwas unverträglich in der Laichzeit; wühlt, läßt aber die Pflanzen in Ruhe. Vater-Mutter-Familie.

Hält.B.: Dichte Bepflanzung, Höhlen und andere Verstecke aus Steinen und Wurzeln, freier Schwimmraum, Bodengrund aus feinem Sand.

ZU: 25 - 28° C; Wasser weich bis mittelhart (5 - 10 ° dGH) und leicht sauer (pH 6,2 - 6,8); gute Durchlüftung. Höhlenbrüter, Gelege 40 - 150 Eier. ♀ bewacht Gelege und Brut, ♂ bewacht das Revier. Verlassen die Jungfische die Höhle, werden sie von den Elterntieren geführt.

FU: K, O; Flockenfutter, Lebendfutter aller Art.

Bes.: Aufzucht der Jungfische ist oft schwierig, da die Fische sehr empfindlich gegen Infusorien sind. Interessant ist, daß in den Nachzuchten meist die ♀♀ überwiegen. Die Art bildet mehrere Farbrassen unterschiedlicher Vorkommen. LINKE gibt dazu in TI 42 prächtige Farbbilder.

T: 22 - 25° C, **L:** ♂ 9 cm, ♀ 7 cm, **BL:** 60 cm, **WR:** u, **SG:** 1

Petrotilapia tridentiger TREWAVAS, 1935
Dicklippenmaulbrüter

Syn.: Keine.

Vork.: Afrika: Malawisee (endemisch), in der Felszone.

Ersteinf.: Nicht bekannt.

GU: Ausgeprägter Geschlechtsdimorphismus (-dichromatismus) zwischen ♂ und ♀. Eiflecken treten in der Afterflosse des ♂ mehr hervor als beim ♀.

Soz.V.: Revierbildend; gegenüber Artgenossen und anderen Buntbarschen unverträglich und bissig. Wühlt nicht. Mutterfamilie.

Hält.B.: Bodengrund aus Sand und Kies; Stein- und Felsaufbauten mit vielen Versteckmöglichkeiten und Höhlen. Starke Beleuchtung des Beckens zur Algenbildung.

ZU: 26 - 27° C; Wasser mittelhart (10 - 15° dGH) und mäßig alkalisch (pH-Wert 8,5), sauerstoffreich. Maulbrüter, ♀ nimmt die Eier ins Maul. Eizahl bis 35, Befruchtung der Eier nach der Eifleckmethode. ♀ betreibt kurze Zeit Brutpflege.

FU: L, O; Lebendfutter aller Art, Algen, überbrühter Salat.

Bes.: Die Gattung *Petrotilapia* umfaßt drei wissenschaftlich beschriebene Arten, weitere Arten und/oder geographische Rassen sind bekannt. Sie gehört zu den Mbuna-Cichliden und ist mit 25 cm deren größter Vertreter.

T: 24 - 26° C, **L:** 25 cm, **BL:** 100 cm, **WR:** m, u, **SG:** 3

Buntbarsche, Cichliden

Pelvicachromis taeniatus

Petrotilapia tridentiger

Fam.: Cichlidae

Pseudocrenilabrus multicolor (SCHOELLER, 1903)
Vielfarbiger Maulbrüter, Kleiner Maulbrüter

Syn.: *Paratilapia multicolor, Haplochromis multicolor, Hemihaplochromis multicolor.*

Vork.: Nordöstliches Afrika: vom unteren Nil bis Uganda und Tansania; heute fast nur noch Nachzuchttiere im Handel.

Ersteinf.: 1902 durch SCHOELLER.

GU: Während der Laichzeit ♂ mit Hochzeitskleid, ♀ wesentlich blasser gefärbt. Afterflosse des ♀ ohne rote Flecken.

Soz.V.: Paarweise (zumindest in der Laichzeit); oft unverträglich, Mutterfamilie.

Hält.B.: Gut bepflanztes Becken mit Versteckmöglichkeiten, freier Schwimmraum, feiner Sandboden.

ZU: 25 - 26° C; Wasser mittelhart (12 ° dGH) und neutral (pH-Wert um 7). Maulbrüter, ♀ legt Eier in Laichgrube. Nach der Befruchtung durch das ♂ werden die Eier vom ♀ ins Maul genommen. Die Jungen schlüpfen nach etwa 10 Tagen. Eizahl 30 - 80.

FU: K, O; Lebendfutter aller Art, gefriergetrocknetes Futter, Flocken, Tabletten.

Bes.: ♀ bietet den Jungen etwa eine Woche lang bei Gefahr und zur Nachtzeit Schutz im Maul. Junge flüchten auf ganz bestimmte Zeichen der Mutter in das aufgesperrte Maul. Es fehlen echte Eiflecken in der Afterflosse des ♂. ♂ nach dem Laichakt aus dem Becken entfernen, da sonst das ♀ sehr gejagt wird.

T: 20 - 24° C, **L**: 8 cm, **BL**: 40 cm, **WR**: u, m, **SG**: 2

Pseudocrenilabrus philander dispersus (TREWAVAS, 1936)
Messingmaulbrüter, Kupfermaulbrüter

Syn.: *Haplochromis philander dispersus, Hemihaplochromis philander dispersus, Tilapia philander.*

Vork.: Afrika: Südafrika, Namibia, Sambia, Mosambik, Zimbabwe, Angola, südliches Zaire. Nachzuchttiere und Wildfänge, die Art wird nur noch gelegentlich im Handel angeboten.

Ersteinf.: 1911 durch die Vereinigten Zierfischzüchtereien Conradshöhe, Berlin. Neueinführung 1969 unter dem Namen *"Haplochromis kirawira".*

GU: Deutlicher Geschlechtsdichromatismus; ♂ wesentlich farbenprächtiger, ♀ unscheinbar gefärbt. Afterflosse des ♂ mit leuchtend rotem Fleck, ♂ mit Goldglanz auf Körper.

Soz.V.: Revierbildend; die Tiere sind recht aggressiv und rauflustig. Sie wühlen während der Laichzeit stark. Die Tiere sind agam. Mutterfamilie.

Hält.B.: Harte Pflanzen, die am besten in Töpfen gesetzt werden, einige große Steine, Steinhöhlen bzw. Blumentöpfe als Verstecke, Bodengrund aus feinkörnigem Sand, freier Schwimmraum.

ZU: 24 - 27° C; Wasserwerte wie bei *Pseudocrenilabrus multicolor* angegeben; Maulbrüter, es wird in vom ♂ ausgehobenen Gruben abgelaicht, die befruchteten Eier werden vom ♀ ins Maul genommen. Eizahl bis 100. ♀ bietet den Jungfischen Schutz, indem es sie bei Gefahr und in der Nacht ins Maul nimmt.

FU: K, O; Lebendfutter aller Art, gefriergetrocknetes Futter, Flockenfutter.

Bes.: Dieser Fisch tritt in einigen Formen auf, die sich in Größe, Färbung und Herkunft unterscheiden: eine große Form aus Beira (Mosambik), bis 11 cm; kleine Form aus Beira, bis 8 cm; kleine Form aus dem Otjikotosee (Namibia), bis 8 cm.

T: 20 - 24° C, **L**: 11 cm, **BL**: 60 cm, **WR**: u, **SG**: 2 - 3

Buntbarsche, Cichliden

Pseudocrenilabrus multicolor

Pseudocrenilabrus philander dispersus

Fam.: Cichlidae

Pseudotropheus aurora   BURGESS, 1976
Syn.: *Pseudotropheus lucerna*.
Vork.: Afrika: Malawisee. Litoral der Likoma-Insel (Endemit). Der Lebensraum dieses Fisches ist die Übergangszone zwischen Sand- und Felslitoral.
Ersteinf.: 1964 (?) als *Pseudotropheus lucerna*.
GU: Deutlicher Geschlechtsdimorphismus (-dichromatismus). ♂ viel farbenprächtiger und mit deutlicher hervortretenden Eiflecken in der Afterflosse.
Soz.V.: Revierbildend; die Tiere sind unverträglich und ruppig gegen Artgenossen und artfremde Fische. ♂ ♂ sind agam, 1 ♂ mit mehreren ♀ ♀ zusammen halten. Maulbrüter, Mutterfamilie.
Hält.B.: Wie bei *Pseudotropheus tropheops* angegeben. Wasserwerte: Härte 12 - 30° dGH, pH-Wert 7,5 - 8,5.
ZU: 26 - 28° C; Wasserwerte wie oben angegeben. 1 ♂ mit mindestens 3 ♀ ♀; Maulbrüter, das ♀ nimmt die Eier nach der Ablage sofort ins Maul, Eizahl 40 - 70. Die Eier werden nach der Eifleckmethode befruchtet. Zeitungsdauer der Eier etwa 18 - 21 Tage. Die freigelassenen Jungfische lassen sich mit feinem Futter (*Artemia*-Nauplien) problemlos aufziehen.
FU: K, O; stellt an das Futter keine großen Ansprüche. Lebendfutter, zerkleinertes Rinderherz, Flockenfutter (Großflocken).
Bes.: *Pseudotropheus aurora* wurde lange Zeit für *Pseudotropheus lucerna*, TREWAVAS, 1935, gehalten. *P. aurora* unterscheidet sich von allen anderen *Pseudotropheus*-Arten durch seine großen Augen. Der Index "Augendurchmesser in Kopflänge" beträgt 2,6 - 3,2 mal und ist der kleinste bisher gefundene bei Buntbarschen.

♀

T: 24 - 26° C, **L**: 11 cm, **BL**: 120 cm, **WR**: u, m, **SG**: 1 - 2

Pseudotropheus elongatus   FRYER, 1956
Schmalbarsch
Syn.: Keine.
Vork.: Afrika: Malawisee (endemisch), in der Felsenzone. Wildfänge, Nachzuchten vereinzelt im Handel.
Ersteinf.: 1964.
GU: Farblicher Geschlechtsdimorphismus (-dichromatismus); zwischen ♂ und ♀; Eiflecke in der Afterflosse des ♂ meistens intensiver gefärbt; ♂ im allgemeinen größer als das ♀.
Soz.V.: Revierbildend; gehört zu den aggressivsten Vertretern der Gattung und ist unverträglich gegenüber Artgenossen und anderen Fischen; ♂ polygam, wegen seiner Aggressivität 1 ♂ mit mindestens 5 ♀ ♀ halten; Mutterfamilie.
Hält.B.: Steinaufbauten mit vielen Höhlen erforderlich, ansonsten nur harte Pflanzen als Revierabgrenzung.
ZU: 26 - 27° C; Wasser mittelhart bis hart (10 - 18° dGH) und mäßig alkalisch (pH-Wert 8,5). Maulbrüter, ♀ nimmt die Eier ins Maul. Eizahl bis 37, meist um 20. Befruchtung der Eier nach der Eifleckmethode. Die Pflege der Jungfische erstreckt sich höchstens auf die beiden Tage nach dem Entlassen aus dem Maul. Jungfische bleiben dann im Revier der Mutter und genießen so noch indirekten Schutz.
FU: L, O; Lebendfutter aller Art, pflanzliche Beikost (Algen, überbrühter Salat, Spinat).
Bes.: Die Art tritt in mehreren Farbvarianten auf. *Pseudotropheus elongatus* gehört zu den Mbuna-Cichliden.

T: 22 - 25° C, **L**: 13 cm, **BL**: 100 cm, **WR**: u, **SG**: 2 - 3

Buntbarsche, Cichliden

Pseudotropheus aurora

Pseudotropheus elongatus

Fam.: Cichlidae

Pseudotropheus fainzilberi — STAECK, 1976

Syn.: Keine.
Vork.: Afrika: Malawisee (endemisch). Nordöstliche Küste, unweit der Ortschaft Makonde.
Ersteinf.: 1976 durch STAECK.
GU: Deutlicher Geschlechtsdimorphismus (-dichromatismus). ♂ wesentlich intensiver und prächtiger gefärbt, außerdem treten die Eiflecken in der Afterflosse deutlicher hervor.
Soz.V.: ♂ revierbildend; gegen arteigene und artfremde Fische sehr unverträglich. Die Tiere sind sehr lebhaft. ♂ polygam. Immer 1 ♂ mit mehreren ♀ ♀ halten; Maulbrüter, Mutterfamilie.
Hält.B.: Wie bei *Pseudotropheus zebra*.
ZU: Siehe *Pseudotropheus zebra*.
FU: K, O; Lebendfutter, Algen; Flockenfutter, FD-Futter.
Bes.: *Pseudotropheus fainzilberi* unterscheidet sich durch seine Bezahnung von allen anderen *Pseudotropheus*-Arten. *P. fainzilberi* hat 5 - 7 Zahnreihen, also pro Kiefer eine oder zwei zusätzliche Reihen. Ein besonderes Merkmal ist, daß bei ihm die zweispitzigen Zähne nicht auf die äußeren Zahnreihen beschränkt sind. Er ist am nahesten mit *Pseudotropheus zebra* verwandt.

T: 22 - 26° C, **L:** 13 cm, **BL:** 80 cm, **WR:** u, m, **SG:** 2

Pseudotropheus lanisticola — BURGESS, 1976
Kleiner Schneckenbarsch

Syn.: Keine.
Vork.: Afrika: Malawisee (endemisch). Die Tiere leben über Sandboden.
Ersteinf.: 1964 (?).
GU: Deutlicher Geschlechtsdimorphismus (-dichromatismus); ♂ mit deutlich sichtbaren Eiflecken in der Afterflosse.
Soz.V.: Gleicht dem von *Pseudotropheus macrophthalmus*. Einzelheiten sind dort aufgeführt.
Hält.B.: Hintergrund mit Steinaufbauten, die viele Verstecke aufweisen; im Vordergrund 5 - 7 cm dicke Schicht aus feinem Sand. Schwimmraum freilassen. Randbepflanzung mit harten Arten. Einige größere leere Schneckenhäuser. Wasser mäßig alkalisch (pH 8 - 8,5) und mittelhart bis hart (12 - 20° dGH).
ZU: Wie bei *Pseudotropheus zebra*.
FU: O; Allesfresser: Lebendfutter aller Art, Pflanzen (Salat, Spinat, Algen), gefriergetrocknetes und tiefgefrorenes Futter, Flockenfutter, Tabletten.
Bes.: *Pseudotropheus lanisticola* gehört zu den kleinsten Cichliden des Malawisees. Die Tiere benutzen die großen leeren Gehäuse von Schnecken der Gattung *Lanistes* als Verstecke. Von *Pseudotropheus livingstonii*, der dieselbe ökologische Nische besetzt, unterscheidet sich *P. lanisticola* durch die abweichende Form der Zähne und die goldgelb gefärbte Anale.

T: 23 - 25° C, **L:** 7 cm, **BL:** 70 cm, **WR:** m, u, **SG:** 2

Buntbarsche, Cichliden

Pseudotropheus fainzilberi

Pseudotropheus lanisticola

Fam.: Cichlidae

Pseudotropheus macrophthalmus AHL, 1927
Großaugenmaulbrüter
Syn.: Keine.
Vork.: Afrika: Malawisee (endemisch), im Felslitoral. Wildfänge, die regelmäßig im Handel angeboten werden.
Ersteinf.: 1964.
GU: Deutlicher Geschlechtsdimorphismus (-dichromatismus). ♂ mit intensiver hervortretenden Eiflecken in der Afterflosse.
Soz.V.: Revierbildend; ♂ agam, 1 ♂ mit mehreren ♀♀. Die Art scheint einer der friedlichsten Mbuna-Cichliden zu sein, da die meisten ♂♂ gegenüber Artgenossen und artfremden Fischen nur wenige Aggressionen zeigen. Mutterfamilie.
Hält.B.: Felsaufbauten mit vielen Spalten und Höhlen als Versteckmöglichkeiten, Kies oder Sand als Bodengrund.
ZU: 25 - 28° C; Wasser mittelhart (12 - 18° dGH) und mäßig alkalisch (pH um 8,5); 1 ♂ mit mindestens 3 - 4 ♀♀. Maulbrüter, ♀ nimmt die Eier ins Maul. Eizahl 40 - 70; Befruchtung der Eier nach der Eifleckmethode. Die Mutter pflegt die Jungen nach dem Entlassen aus dem Maul nur noch einige Tage.
FU: L, O; Lebendfutter, gefriergetrocknetes und tiefgefrorenes Futter, pflanzliche Beikost (Algen, überbrühter Salat und Spinat), Flockenfutter, TetraTips.
Bes.: Die Eigenständigkeit von *Pseudotropheus macrophthalmus* und der nahe verwandten Art *Pseudotropheus microstoma,* TREWAVAS, 1935, wird von FRYER angezweifelt. FRYER betrachtet sowohl *P. macrophthalmus* als auch *P. microstoma* als Unterarten von *Pseudotropheus tropheops,* REGAN, 1921.

T: 23 - 25° C, **L:** 15 cm, **BL:** 100 cm, **WR:** u, m, **SG:** 2

Pseudotropheus tropheops REGAN, 1921
Gelber Maulbrüter
Syn.: Keine.
Vork.: Afrika: Malawisee (endemisch), im Felslitoral. Wildfänge, die regelmäßig im Handel zu haben sind. Inzwischen werden auch schon Nachzuchten angeboten.
Ersteinf.: 1964.
GU: Ausgeprägter Geschlechtsdimorphismus (-dichromatismus). ♂ meist größer als ♀, Afterflosse des ♂ mit Eiflecken.
Soz.V.: Revierbildend; ♂ agam, laicht mit mehren ♀♀ ab. Die Art ist gegenüber Artgenossen und anderen Fischen sehr unverträglich und aggressiv. Mutterfamilie.
Hält.B.: Stein- und Feldaufbauten mit vielen Spalten und Höhlen, Steine, feiner Sand als Bodengrund. Einige Pflanzen zur Revierabgrenzung.
ZU: 26 - 27° C; Wasser mittelhart bis hart (10 - 20° dGH) und leicht alkalisch (pH 8 - 8,5); 1 ♂ mit mindestens 3 - 4 ♀♀; Maulbrüter, ♀ nimmt die Eier nach der Ablage ins Maul. Eizahl bis 40 Stück. Befruchtung der Eier nach der Eifleckmethode; die Jungfische werden nur wenige Tage von der Mutter bewacht.
FU: K, O; Lebendfutter aller Art, pflanzliche Kost (Algen, Salat, Spinat) Rinderherz, Flockenfutter.
Bes.: Die Art ist polymorph. Die Vielgestaltigkeit von *Pseudotropheus tropheops* beruht nicht nur auf Varianten in der Färbung, sondern auch auf Unterschiede in den Maßen und Proportionen von anatomischen und morphologischen Merkmalen. Die Art kommt in zwei Unterarten vor: *P. tropheops tropheops,* REGAN, 1921, und *P. tropheops gracilior,* TREWAVAS, 1935. Die beiden Unterarten werden aber heute nur noch als Morphen der vielgestaltigen Art *P. tropheops* angesehen.

T: 24 - 26° C, **L:** bis 20 cm, **BL:** 100 cm, **WR:** u, m, **SG:** 2 - 3

Buntbarsche, Cichliden

Pseudotropheus macrophthalmus

Pseudotropheus tropheops

Fam.: Cichlidae

Pseudotropheus zebra (BOULENGER, 1899)
Blauer Malawibuntbarsch

Syn.: *Tilapia zebra*.

Vork.: Afrika: Malawisee (endemisch), im Felslitoral. Wildfänge, inzwischen schon ausreichend Nachzuchten im Handel.

Ersteinf.: 1964.

GU: Deutlicher Geschlechtsdimorphismus (-dichromatismus). ♂ mit stark entwickelten Eiflecken in der Afterflosse; Eiflecken beim ♀ schwächer oder fehlen ganz.

Soz.V.: Revierbildend; ♀♀ schwimmen oft in Gruppen (Gruppe im Sinne der Ethologen); gegenüber Artgenossen und auch anderen Fischen aggressiv und unverträglich; sehr lebhafter Fisch. ♂ polygam, deshalb immer 1 ♂ mit mehreren ♀♀. Mutterfamilie.

Hält.B.: Becken ab 80 cm Seitenlänge für 1 ♂ mit mehreren ♀♀. Steinaufbauten mit vielen Höhlen und Spalten als Versteckmöglichkeiten, robuste Pflanzen zur Revierabgrenzung.

ZU: 25 - 28° C; Wasser mittelhart bis hart (10 - 18° dGH) und mäßig alkalisch (pH um 8 - 9); 1 ♂ mit mehreren ♀♀. Maulbrütern, ♀ nimmt die Eier ins Maul. Eizahl bis 60; Befruchtung der Eier nach der Eifleckmethode. Nur kurze Pflege der Jungfische, maximal 8 Tage nach dem Entlassen aus dem Maul der Mutter.

FU: L, O; Flockenfutter, Lebendfutter aller Art, pflanzliche Beikost (Algen Salat, Spinat); Wasserlinsen!

Bes.: Die Art tritt in einer großen Zahl von Farbvarianten auf. *Pseudotropheus zebra* gehört zu den Mbuna-Cichliden. Die als "Zwergzebra" eingeführten Fische sind 1974 von JOHNSON *als Microchromis zebroides* beschrieben worden.

T: 23 - 25° C, **L:** 12 cm, **BL:** 80 cm, **WR:** u, m, **SG:** 1 - 2

Buntbarsche, Cichliden

Pseudotropheus estherae, "Roter Zebra", oben ♂, unten ♀

Der orangeblaue Maulbrüter, *Pseudotropheus estherae,* wurde vielfach als Varietät von *P. zebra* angesehen, ist jedoch eine eigenständige Art, KONINGS (1995), siehe Fotos auf dieser Seite. Die ♂♂ sind meist blau, die ♀♀ orange bis rot gefärbt. Auch gescheckte Morphen sind bekannt. Eine weitere Art wird "Bright Blue" genannt.

Pseudotropheus estherae ♂

Pseudotropheus estherae ♀

Fam.: Cichlidae

Pterophyllum altum

Buntbarsche, Cichliden

Pterophyllum altum   PELLEGRIN, 1903
Hoher Segelflosser, Altum-Scalar

Syn.: Keine.

Vork.: Südamerika: Orinoco mit Nebenflüssen. Wildfänge, die Art wird extrem selten im Handel angeboten.

Ersteinf.: 1950 durch "Aquarium Hamburg", Neueinführung 1972 durch BLEHER.

GU: Außerhalb der Laichzeit keine äußeren Unterscheidungsmerkmale; während der Laichzeit ♀ oft dicker (Laichansatz), nach MEIER-BÖKE haben die ♀♀ eine flachere Rückenlinie.

Soz.V.: Revierbildend; ruhiger Schwarmfisch. Elternfamilie.

Hält.B.: Die Einrichtung des Beckens wie bei *Pterophyllum scalare*.

ZU: 30 - 31° C; Wasser weich (1 - 5° dGH) und sauer (pH 5,8 - 6,2); Zucht wie bei *Pterophyllum scalare* angegeben. Nachzucht schon geglückt, siehe Seite 767. Die Kreuzung *P. altum* x *P. scalare* bringt gegen bakterielle Flossenfäule resistente Stämme mit besonders schönen, hohen und spitzen Flossen. Die Elterntiere werden mit Lebendfutter und TetraRubin zur Zucht angefüttert..

FU: Lebendfutter, pflanzliche Beikost (Salat, Spinat, Haferflocken), frißt auch Flockenfutter.

Bes.: Unterscheidet sich von *Pterophyllum scalare* durch die steil ansteigende Kopf-Rückenlinie, die über der Schnauze sattelförmig eingebuchtet ist. Nicht mit Neonfischen vergesellschaften, da diese gern gefressen werden. *Pterophyllum altum* ist empfindlich gegen *Ichtyosporidium*. Aus diesem Grund die hohen Hälterungstemperaturen.

T: 28 - 30° C, **L:** 18 cm, **BL:** 80 cm, **BH:** 50 cm, **WR:** m, **SG:** 3

Pterophyllum scalare, Goldform.

Fam.: Cichlidae

Pterophyllum scalare

Marmorskalar

Pterophyllum scalare (LICHTENSTEIN, 1823)
Segelflosser, Skalar

Syn.: *Platax scalaris, Zeus scalaris, Pterophyllum eimekei.*

Vork.: Südamerika: mittlerer Amazonas mit Nebenflüssen bis nach Peru und Ostecuador. Die Art ist dort mit *Mesonauta festivus* vergesellschaftet. Heute fast nur noch Nachzuchttiere im Handel. Diese zeigen oft zuchtbedingte Degenerationserscheinungen wie Zwergwuchs, blasse Farben, Defekte in der Brutpflege usw.

Ersteinf.: 1909 durch SIGGELKOW.

GU: Außerhalb der Laichzeit keine äußerlich erkennbaren Unterschiede; sichere Unterscheidung nur an der Form der Genitalpapille; diese ist beim ♂ spitz und beim ♀ abgerundet.

Soz.V.: Revierbildend; wenn die Tiere jung sind, leben sie im Schwarm, ansonsten paarweise. Friedliche Art, die nicht wühlt. Elternfamilie mit ausgeprägter Gattentreue.

Hält.B.: Gut bepflanzte Becken, am besten Randbepflanzung mit harten Pflanzen (z. B. Sagittarien, Vallisnerien); freier Schwimmraum, einige Steine und Wurzeln. Wenn junge Skalare mit Neonfischen zusammen aufwachsen, werden diese später nicht gefressen. Ausgewachsene Skalare sollten jedoch nicht mit Neonfischen zusammengesetzt werden.

ZU: 26 - 28° C; Wasserwerte wie bei *Mesonauta festivus;* Paare finden sich am besten aus einem Schwarm Jungfische. Offenbrüter, laichen am liebsten auf harten Pflanzenblättern, die vorher geputzt werden. Gelege bis 1000 Eier, intensive Bewachung und Betreuung des Geleges und der Brut; Elterntiere führen die Jungfische.

FU: K, O; Lebendfutter aller Art, pflanzliche Beikost (Salat, Spinat); frißt gern gefriergetrocknetes und Flockenfutter.

Bes.: Mückenlarven nur dosiert füttern. *Pterophyllum scalare* überfrißt sich oft an

Buntbarsche, Cichliden

Schleierskalar

Halbschwarzer Skalar

ihnen und geht dann ein. Tiere nicht zu kalt halten, da sie sonst kümmern. *Pterophyllum scalare* kommt in vielen gezüchteten Spielarten vor. Rivalisierende oder balzende ♂♂ können laute, knarrende Töne von sich geben, die sie mit den Kiefern erzeugen.

T: 24 - 28° C, L: 15 cm, BL: 80 cm, WR: m, SG: 2

Fortsetzung von Seite 765: Nachzucht von *Pterophyllum altum*

ZU: LINKE (1995) berichtet in VDA-aktuell von einer geglückten Nachzucht. Es konnten bislang über 500 Jungfische großgezogen werden. Die Zuchttiere laichten erstmals mit zweieinhalb Jahren. Die Jungtiere daraus bildeten bereits mit 18 Monaten neue Paare. Ein junges ♀ verpaarte sich mit einem vierjährigen ♂. Zwei Jungpaare laichten ebenfalls. Die Schwierigkeit liegt bei der gesunden Wasserpflege. Häufig verpilzen die Eier innerhalb von 3 Tagen. Es wurde das Filtermaterial Metasorb M 30 eingesetzt. Inzwischen gelang auch anderen Züchtern die Nachzucht. Über das Erfolgsrezept schweigt man sich noch aus - es wird aber sicher bald in einer der Fachzeitschriften zu lesen sein. Wasserwerte in der Natur: pH-Wert 4,4; T: 28 - 31° C, Leitwert 10 µS/cm.

Fam.: Cichlidae

Oreochromis mossambicus (PETERS, 1852)
Mosambik-Maulbrüter, Weißkehlbarsch

Syn.: *Chromis mossambicus, C. dumerili, Tilapia dumerili, T. mossambica, T. natalensis, Sarotherodon mossambicus.*

Vork.: Ostafrika: in fließenden und stehenden Gewässern, auch Brackwasser. Die Art wird heute nur noch selten gehalten und angeboten. Ist wegen ihrer Größe meist nur für Schaubecken geeignet.

Ersteinf.: 1925 durch DIETZ.

GU: Während der Laichzeit deutlicher Geschlechtsdichromatismus, ♂ sehr farbenprächtig, ♀ einfarbig graugrün.

Soz.V.: Revierbildend nur zur Laichzeit, ansonsten recht aggressiver Schwarmfisch, unverträglich nur gegen Artgenossen, gegenüber anderen Fischen friedlich. Die Art wühlt stark, besonders während der Laichzeit, und frißt Pflanzen. ♂ agam; Mutterfamilie.

Hält.B.: Tiefe Schicht Sand als Bodengrund, große Steine, die auf den Aquarienboden gelegt werden sollten, keine Pflanzen.

ZU: 24 - 26° C; Wasserwerte sind bei dieser Art von untergeordneter Bedeutung; ♂♂ legen Gruben an, in denen abgelaicht wird. ♀♀ nehmen die Eier ins Maul. Eizahl bis 300. ♀ bewacht und pflegt die Jungfische nach dem Entlassen aus dem Maul intensiv. Bei Gefahr und in der Nacht finden die Jungen Schutz im Maul der Mutter.

FU: Kräftiges Lebendfutter: Mückenlarven, Libellenlarven, Regenwürmer, *Tubifex*; pflanzliche Kost: Algen, Salat, Spinat, Haferflocken; Rinderherz, Flockenfutter.

Bes.: Die Art ist in ihrer Heimat ein geschätzter Speisefisch. Die fortpflanzungsbereiten ♂♂ bilden Kolonien. Auf einem Quadratmeter können bis zu 8 ♂♂ von 10 cm Länge ihre Laichgruben ausheben.

T: 20 - 24° C, **L:** 10 - 40 cm, **BL:** 100 cm, **WR:** m, **SG:** 3 - 4

Steatocranus casuarius POLL 1939
Buckelkopfbuntbarsch, Helmcichlide

Syn.: *Steatocranus elongatus.*

Vork.: Afrika: unterer und mittlerer Zaire, dort in den ruhigeren Zonen der Stromschnellen; inzwischen größtenteils als Nachzuchten im Handel.

Ersteinf.: 1956.

GU: ♂ mit mächtigem Fettpolster auf der Stirn, ♀ kleiner als ♂. Fettpolster bleibt bei den ♀♀ wesentlich niedriger.

Soz.V.: Paarweise; führen oft Einehe. Beim Tod eines Tieres wird kein neuer Partner mehr angenommen. Diese Art ist im Gesellschaftsbecken recht friedlich, nur gegenüber größeren Fischen ruppig. Sie sollte nicht mit anderen Bodenfischen zusammengesetzt werden, da diese ständig gejagt werden. Männliche Wildfänge imponieren durch ihre Größe und den mächtigen Stirnbuckel.

Hält.B.: Steinaufbauten mit vielen Versteckmöglichkeiten, umgestülpte Blumentöpfe und Kokosnußschalen als Laichhöhlen, einzelne harte Pflanzen.

ZU: 26 - 29° C; Wasser mittelhart (15 - 17° dGH), neutral bis schwach sauer (pH-Wert 6,5 - 7); Höhlenbrüter; Vater-Mutter-Familie, betreibt intensive Brutpflege. Gelege bis 150 Eier, meist aber 20 - 60.

FU: Allesfresser, Lebendfutter, gefriergetrocknetes Futter, Tabletten, Flockenfutter.

Bes.: Jungfische werden wahrscheinlich von der Mutter gefüttert. Die Schwimmblase dieser Art ist als Anpassung an das Leben in den Stromschnellen stark reduziert, dadurch können diese Fische nicht mehr im Wasser schweben, sondern bewegen sich ruckartig fort.

T: 24 - 28° C, **L:** 11 cm, ♀ 8 cm, **BL:** 80 cm, **WR:** u, **SG:** 2

Buntbarsche, Cichliden

Oreochromis mossambicus

Steatocranus casuarius

Fam.: Cichlidae

Symphysodon aequifasciatus aequifasciatus   PELLEGRIN, 1903
Grüner Diskus

Syn.: Keine.

Vork.: Südamerika: Amazonas bei Santarem und Tefé. Es handelt sich hauptsächlich um Wildfangitere, die im Handel angeboten werden.

Ersteinf.: 1921.

GU: Die Geschlechter sind außerhalb der Laichzeit nur sehr schwer unterscheidbar, während in der Laichzeit die Form der Genitalpapille das sicherste Merkmal ist; sie ist beim ♂ spitz und beim ♀ rund.

Soz.V.: Revierbildung nur während der Laichzeit, ansonsten sind die Tiere im Schwarm zusammen; sehr friedliche Cichliden, die nicht wühlen. Elternfamilie.

Hält.B.: Wie bei *Symphysodon discus* angegeben.

ZU: 28 - 31°C; Wasser weich (2 - 3° dGH) und schwach sauer (pH um 6,5). Wasserwechsel ist wichtig, alle drei Wochen etwa ¼ der Gesamtmenge. Offenbrüter, laicht auf Steinen und Blättern von Wasserpflanzen, das Laichsubstrat wird vorher sorgfältig geputzt. Das Gelege besteht aus einigen hundert Eiern. Die Jungfische ernähren sich in der ersten Zeit nach dem Freischwimmen von einem Hautsekret, das von den Elterntieren abgesondert wird, beide Eltern bewachen und pflegen die Jungfische.

FU: K; Lebendfutter: Mückenlarven, Wasserflöhe, Wasserinsekten, *Artemia*, *Tubifex*.

Bes.: Außer *Symphysodon aequifasciatus aequifasciatus*, PELLEGRIN, 1903, dem Grünen Diskus, gibt es noch zwei andere Unterarten: *S. aequifasciatus axelrodi*, SCHULTZ, 1960, den Braunen Diskus, und *S. aequifasciatus haraldi*, den Blauen Diskus. Die drei Unterarten unterscheiden sich in ihrer Färbung, aber nicht in ihrem Sozial- und Brutpflegeverhalten.

T: 26 - 30° C, **L:** bis 15 cm, **BL:** 100 cm, **WR:** m, u, **SG:** 4

Buntbarsche, Cichliden

Symphysodon aequifasciatus axelrodi

Symphysodon aquifasciatus haraldi "Royal Blue"

Fam.: Cichlidae

Symphysodon discus HECKEL, 1940
Echter Diskus, Pompadurfisch

Syn.: Keine.

Vork.: Südamerika: nur Rio Negro, in ruhigen, pflanzenreichen Buchten. Schon ausreichend Nachzuchttiere im Handel, es werden aber auch regelmäßig Wildfänge angeboten.

Ersteinf.: 1921 durch EIMEKE.

GU: Oft schwer erkennbar, sicherstes Merkmal ist während der Laichzeit die Form der Genitalpapille, die beim ♂ zugespitzt und beim ♀ rundlich und stumpf ist.

Soz.V.: Nur während der Laichzeit revierbildend, ansonsten Schwarmfisch. Die Art ist sehr friedlich gegenüber anderen Fischen und wühlt nicht. Elternfamilie.

Hält.B.: Möglichst große und hohe Becken, sie sollten nicht unter 100 - 120 cm lang und 50 cm hoch sein. Weicher Bodengrund, lichte Bepflanzung, einige Wurzeln oder Wurzelstöcke, ein paar größere Felsbrocken aus einem Gestein, das das Wasser nicht alkalisch macht. Freier Schwimmraum, keine zu starke Beleuchtung. Temperatur 26 - 28° C; Überwinterung bei 23° C, die Art ist sehr wärmebedürftig. Die Fische halten sich bevorzugt in mittleren und unteren Wasserregionen auf.

ZU: 28 - 31° C; Wasser weich (1 - 3° dGH) und leicht sauer (pH 6 - 6,5); regelmäßiger Wasserwechsel ist wichtig, s. *Symphysodon aequifasciatus;* Offenbrüter, laicht an Steinen und Pflanzen. Gelege einige hundert Eier. Jungfische werden von beiden Eltern bewacht und gepflegt. Die Jungfische fressen in den ersten Tagen ein Hautsekret, das die Eltern absondern. Die Art ist schwerer zu züchten als *S. aequifasciatus*.

FU: K; Lebendfutter aller Art, Flockenfutter wird nur ausnahmeweise gefressen, junge Discus nehmen nach Gewöhnung TetraTips (gefriergetrocknete Futtertabletten).

Bes.: Untersuchungen haben ergeben, daß das Hautsekret hauptsächlich am Rücken der Eltern abgesondert wird. Es

Buntbarsche, Cichliden

stammt aus vielen Schleimbecherzellen und enthält bisweilen einzellige Algen und Protozoen. *Symphysodon discus willischwartzi* läßt sich mit *S. aequifasciatus* kreuzen. Wahrscheinlich gehören alle Diskusfische nur einer einzigen Art an (vergl. ALLGAYER & TETON (1981): Aquarama 15 (57): 17 - 21, 58 - 59; (57): 21 - 24).

BURGESS beschrieb 1981 eine neue Unterart: *Symphysodon discus willischwartzi.*

T: 26 - 30° C, L: 20 cm, BL: 100 cm, WR: m, u, SG: 4

Symphysodon aequifasciatus haraldi mit Jungen.

Fam.: Cichlidae

Teleogramma brichardi POLL, 1959
Quappenbuntbarsch

Syn.: Keine.
Vork.: Afrika: Unterlauf des Zaire zwischen Kinshasa und Matadi; in den Stromschnellen. Wildfänge, Nachzuchten sind nicht aus dem Handel bekannt geworden.
Ersteinf.: 1957.
GU: ♀ mit breitem weißem Saum in der Rückenflosse und im oberen Teil der Schwanzflosse, beim ♂ weißer Saum wesentlich schmaler; während der Laichzeit ♀ mit breiter roter Binde, die hinter den Brustflossen beginnt und bis zum After zieht.
Soz.V.: Revierbildend; unverträglich gegenüber Artgenossen. Die Art wühlt nicht und läßt die Pflanzen in Ruhe. Mann-Mutter-Familie.
Hält.B.: Möglichst lange und weiträumige Becken, da die Tiere große Reviere beanspruchen; Becken brauchen nicht sehr hoch zu sein (20 cm genügen). Steinaufbauten mit vielen Spalten und Höhlen als Versteckmöglichkeiten. Die einzelnen Höhlen sollten optisch voneinander abgegrenzt sein, Pflanzen als Revierabgrenzung.
ZU: 23 - 25° C; Wasser mittelhart (7 - 10° dGH) und schwach sauer (pH 6,5). Gute Durchlüftung; Höhlenbrüter, nach der Befruchtung des Geleges wird das ♂ nicht mehr vom ♀ in der Bruthöhle geduldet. Gelege 10 - 30 Eier; ♀ bewacht Gelege in der Höhle, ♂ das äußere Revier. Die Jungfische werden von den Elterntieren kaum gepflegt. Die Jungen sind schon ziemlich unverträglich untereinander und kämpfen um Reviere.
FU: K, O; Lebendfutter (Mückenlarven, *Tubifex*), Flockenfutter und Futtertabletten.
Bes.: Hervorragende Anpassungen an das Leben in den Stromschnellen, wie ungewöhnlich langgestreckter Körper mit drehrundem Querschnitt, bruststständige Bauchflossen, große Schwanzflosse, fast auf der Oberseite des Kopfes liegende Augen und eine nicht mehr funktionsfähige Schwimmblase. Die Seitenlinie verläuft ungeteilt bis zur Schwanzflosse.

T: 20 - 23° C, **L:** ♂ 12 cm, ♀ 9 cm, **BL:** 80 cm, **WR:** m, u, **SG:** 2 - 3

Telmatochromis bifrenatus MYERS, 1936
Zweibandcichlide

Syn.: Keine.
Vork.: Afrika: Tanganjikasee bei Kigoma (endemisch), in der felsigen Uferzone.
Ersteinf.: 1972 (?).
GU: ♂♂ sind größer, haben stärker ausgezogene Flossen, besonders die Bauchflossen sind stark verlängert. ♀♀ sind fast immer voller.
Soz.V.: Revierbildend; die Tiere sind sehr friedlich. Sie leben überwiegend in Einehe (monogam); es kommt aber manchmal vor, daß ein ♀ zwei ♂ ♂ hat. Höhlenbrüter mit Vater-Mutter-Familie.
Hält.B.: Aufbauten aus Steinen und Felsen mit vielen Höhlen und anderen Verstecken. Pflanzen sind nicht erforderlich. Wasser mittelhart (10 - 15° dGH) und mäßig alkalisch (pH-Wert um 9).
ZU: 26 - 28° C; es wird nach heftiger Balz in einer Höhle (umgedrehter Blumentopf, Schneckenhaus, halbierte Kokosnuß) abgelaicht. Die Eier sind gelblich bis orange und haben einen Ø von ca. 1 mm, Eizahl bis 80 Stück. Das ♀ bewacht das Gelege in der Höhle. Die Entwicklungsdauer der Eier beträgt etwa 10 Tage, nach weiteren 8 Tagen schwimmen die Jungfische frei. Danach bewacht hauptsächlich das ♀ das Revier. Die Jungtiere werden nach dem Freischwimmen nicht mehr intensiv betreut.
FU: K, O; Lebendfutter, Flockenfutter, Tabletten, gefriergetrocknetes und tiefgefrorenes Futter.
Bes.: *Telmatochromis bifrenatus* gehört mit seinen 6 cm Länge zu den kleinsten bekannten Cichliden.

T: 24 - 26° C, **L:** 6 cm, **BL:** 60 cm, **WR:** u, **SG:** 2 - 3

Buntbarsche, Cichliden

Teleogramma brichardi ♀

Telmatochromis bifrenatus

Fam.: Cichlidae

Telmatochromis dhonti (BOULENGER, 1919)
Syn.: *Lamprologus dhonti, Telmatochromis caninus.*
Vork.: Afrika: Tanganjikasee (endemisch); in der Litoralzone.
Ersteinf.: Wahrscheinlich 1958.
GU: ♂♂ werden größer, haben eine stärker gewölbte Stirn und länger ausgezogene Bauchflossen.
Soz.V.: Revierbildend, ist gegen arteigene ♂♂ und artfremde Cichliden oft sehr aggressiv, besonders während der Brutpflege. Höhlenbrüter mit Vater-Mutter-Familie.
Hält.B.: Wie bei *Telmatochromis bifrenatus* angegeben. Wasser mittelhart (10 - 15° dGH) und mäßig alkalisch (pH-Wert 8,5 - 9).

ZU: 26 - 28° C; Wasserwerte siehe oben. Höhlenbrüter (Steinaufbauten, umgedrehte Blumentöpfe). Zuchtansatz 1 ♂ und mehrere ♀♀. Die Gelege sind oft recht groß (bis zu 500 Eier). Zeitigungsdauer der Eier 4 - 7 Tage. Das ♀ bewacht Gelege und Jungfische, die nach dem Freischwimmen nicht mehr intensiv betreut werden.
FU: K, O; frißt am liebsten Lebendfutter, geht aber auch an gefriergetrocknetes Futter und Flockenfutter.
Bes.: *Telmatochromis caninus* ist der größte Vertreter der Gattung. Das Foto zeigt ein ♂.

T: 24 - 26° C, **L:** 12 cm, **BL:** 90 cm, **WR:** u, **SG:** 2 - 3

Telmatochromis vittatus
Schneckenbarsch
BOULENGER, 1898
Syn.: Keine.
Vork.: Afrika: Tanganjikasee (endemisch); Mbity Rocks.
Ersteinf.: 1973.
GU: ♂♂ sind in der Regel größer und schlanker, ♀♀ haben meist mehr Körperfülle.
Soz.V.: Revierbildend, *T. vittatus* ist nicht ganz so friedlich wie *T. bifrenatus*. *T. vittatus* lebt meist in Einehe; Höhlenbrüter mit Vater-Mutter-Familie.
Hält.B.: Wie bei *Telmatochromis bifrenatus* angegeben. Wasser mittelhart bis hart (10 - 20° dGH) und mäßig alkalisch (pH 8,5 - 9).

ZU: Ähnlich der von *Telmatochromis bifrenatus*.
FU: Lebendfutter, tiefgefrorenes und gefriergetrocknetes Futter, Flockenfutter.
Bes.: Das Erkennungszeichen von *Telmatochromis vittatus* ist die in einem Bogen steil ansteigende Stirn.

T: 24 - 26° C, **L:** 4 cm, **BL:** 90 cm, **WR:** m, u, **SG:** 2 - 3

Buntbarsche, Cichliden

Telmatochromis dhonti

Telmatochromis vittatus, "Cape Nundo, Sambia", Wildfang.

Fam.: Cichlidae

Tilapia mariae BOULENGER, 1899
Marienbuntbarsch, Fünffleckfilapie

Syn.: *Tilapia dubia, T. mariae dubia, T. meeki.*

Vork.: Westafrika: im Gebiet von der Elfenbeinküste bis nach Kamerun, hauptsächlich im Einzugsgebiet des Niger. Nachzuchttiere sind im Handel selten geworden, in den letzten Jahren wurden regelmäßig Wildfänge angeboten.

Ersteinf.: 1962.

GU: Gewisser Geschlechtsdimorphismus; Rücken- und Schwanzflosse des ♂ mit zahlreichen weißen schillernden Punkten, diese fehlen beim ♀. Rücken- und Afterflosse des ♂ ausgezogen, ♂ deutlich größer als ♀. Die Stirn des ♂ steigt steiler an als beim ♀.

Soz.V.: Revierbildend, paarweise; ist oft unverträglich und ruppig gegen Artgenossen und artfremde Fische. Die Tiere wühlen stark, besonders in der Laichzeit; Vater-Mutter-Familie.

Hält.B.: Feiner Sand als Bodengrund, kein Kies, einige flache Steine, keine Pflanzen, da die Tiere Pflanzenfresser sind. Einige Wurzeln.

ZU: 25 - 27° C; Wasser weich bis mittelhart (6 - 10° dGH) und neutral bis leicht sauer (pH-Wert 6,5 - 7). Offenbrüter mit Übergang zum Verstecktbrüter, laicht unter Steinen, die das ♂ unterhöhlt hat. Gelege bis 2000 Eier. Die Eier werden am 2. Tag nach der Ablage vom ♀ in eine Grube überführt. Beide Elternteile bewachen und pflegen die Brut intensiv.

FU: L, O; Pflanzenfresser: Algen, Wasserpflanzen, Salat, Spinat, Haferflocken; frißt auch Lebendfutter und Trockenfutter.

Bes.: Im Darm von Wildfängen findet man immer 15 - 25 % Sand, der eine Aufgabe beim Zerreiben der Nahrung im Verdauungstrakt übernimmt.

T. mariae juv.

T: 20 - 25° C, **L**: bis 35 cm, **BL**: 200 cm, **WR**: u, **SG**: 3 - 4

Tilapia zillii (GERVAIS, 1848)
Zills Buntbarsch

Syn.: *Acerina zillii, Chromis andreae, C. busumanus, C. tristrami, C. zillii, Glyphisodon zillii, Haligenes tristrami, Coptodon zillii, Tilapia tristrami, T. menzalensis.*

Vork.: Afrika: nördlich des Äquators, Jordanien, Syrien, im Jordan und Nebenflüssen; im See Tiberias. Die Art geht ins Brackwasser; man findet sie auch in den Wasserstellen der Sahara. Wildfänge. Die Art ist in den letzten Jahren fast völlig aus den Aquarien verschwunden.

Ersteinf.: 1903 durch SCHOELLER.

GU: Relativ schwer zu unterscheiden. Farben des ♀ blasser. ♀ trägt am Grund der Rückenflosse zwei weiße Flecken, während das ♂ auf den ersten Strahlen der weichstrahligen Rückenflosse einen Pfauenaugenfleck aufweist; sicherstes Merkmal ist die Form der Genitalpapille: beim ♂ spitz, beim ♀ rund.

Soz.V.: Revierbildend; sehr rauflustig gegenüber Artgenossen, starker Wühler, der Pflanzen frißt; Elternfamilie.

Hält.B.: Tiefe Schicht feinkörnigen Sand, große Steine, keine Pflanzen.

ZU: 25 - 28° C; keine Ansprüche an die Werte. Offenbrüter, Eier werden auf gesäubertem Substrat abgesetzt. Gelege bis 1000 Eier; die geschlüpfte Brut wird in flache Gruben gebracht und von beiden Elterntieren intensiv gepflegt und geführt.

FU: O; kräftiges Lebendfutter und viel pflanzliche Kost unerläßlich (*Elodea*, Wasserlinsen, Algen, Salat); Flockenfutter wird nicht gerne gefressen.

Bes.: Becken gut abdecken, da die Art springt. In Afrika wird die Art als Speisefisch in Meerwasser gezogen.

T: 20 - 24° C, **L**: 15 - 30 cm, **BL**: 100 cm, **WR**: u, **SG**: 4 (G)

Buntbarsche, Cichliden

Tilapia mariae ♂

Tilapia zillii

Fam.: Cichlidae

Aulonocara jacobfreibergi
Feenbuntbarsch
(JOHNSON, 1974)

Syn.: *"Trematocranus trevori"*, *Trematocranus jacobfreibergi*.
Vork.: Afrika: Malawisee (endemisch); im Felslitoral. Die Tiere sind ausgesprochene Höhlenbewohner.
Ersteinf.: 1973.
GU: Deutlich ausgeprägter farblicher Sexualdimorphismus (-dichromatismus) bei erwachsenen Tieren. ♂ meist größer, Bauchflossen etwas verlängert und spitz ausgezogene Rücken- und Afterflossen; die ♀♀ haben einen roten Saum in der Rückenflosse.
Soz.V.: Feenbuntbarsche leben im Freiwasser in Gruppen, die bis zu 100 Individuen umfassen können. Jede Gruppe enthält nur ein einziges völlig ausgefärbtes ♂. Maulbrüter, Mutterfamilie.
Hält.B.: Wie bei *Aulonocara hansbaenschi* angegeben. Wasser mittelhart bis hart (10 - 20° dGH) und mäßig alkalisch (pH 7,5 - 8,2). Siehe S. 682.

ZU: 25 - 27° C; Wasserwerte wie vor; Maulbrüter. Die Eier werden vom ♀ ins Maul genommen. Eizahl bis 50 Stück. Die Befruchtung der Eier erfolgt nach dem Schema der Eifleckmethode, obwohl die ♂♂ von *Aulonocara jacobfreibergi* keine Eiflecken in der Afterflosse haben. Die Aufzucht der Jungfische ist leicht.
FU: K; Lebendfutter: Insekten, Insektenlarven, Kleinkrebse, *Tubifex*. Flockenfutter, gefriergetrocknetes Futter, Rinderherz.
Bes.: Die Vertreter der Gattung *Aulonocara* sind dadurch charakterisiert, daß sie im Bereich des Kopfes eine Anzahl kleiner Grübchen haben. Es handelt sich dabei um Sinnesgruben, die dem Gehörsystem angehören.

T: 24 - 26° C, **L**: 15 cm, **BL**: 80 cm, **WR**: m, u, **SG**: 2

Triglachromis otostigma
Tanganjikasee-Knurrhahn
(REGAN, 1920)

Syn.: *Limnochromis otostigma*.
Vork.: Afrika: Tanganjikasee (endemisch); die Tiere leben über schlammigem und sandigem Untergrund des sublitoralen Benthals (in 20 - 60 m Tiefe).
Ersteinf.: 1973 (?).
GU: Unbekannt.
Soz.V.: Relativ friedfertige, revierbildende Fische. Die Tiere verteidigen ihr Revier nicht so energisch wie viele andere Cichliden. Sie drohen durch Aufreißen ihres riesigen Maules.
Hält.B.: An der Rückwand des Aquariums Aufbauten aus Steinen oder Lavabrocken, die bis an die Wasseroberfläche reichen und viele Höhlen und Nischen enthalten; im vorderen Teil des Beckens eine breite Sandzone anlegen. Wasser mittelhart (10 - 15° dGH) und mäßig alkalisch (pH-Wert 8,5 - 9); regelmäßiger Wasserwechsel (alle drei Wochen ein Drittel).

ZU: Im Aquarium bisher nur in Ausnahmefällen gelungen. Die Tiere sind wahrscheinlich Maulbrüter. Einzelheiten über die Zucht dieses Fisches liegen bisher nicht vor.
FU: K, O; Lebendfutter: *Gammarus*, Mückenlarven, Fliegenmaden, Rinderherz, Flockenfutter.
Bes.: Der Gattungsname *Triglachromis* wurde von VAN DEN AUDENAERDE deshalb gewählt, weil es zwischen diesem Fisch und den im Meer lebenden Knurrhähnen (Fam. Triglidae) Parallelen hinsichtlich des Baues der Brustflossen und bestimmter Verhaltensweisen gibt.

T: 24 - 26° C, **L**: 12 cm, **BL**: 80 cm, **WR**: m, u, **SG**: 2

Buntbarsche, Cichliden

Aulonocara jacobfreibergi

Triglachromis otostigma

Fam.: Cichlidae

Tropheus duboisi
Weißpunkt-Brabantbuntbarsch
MARLIER, 1959

Syn.: Keine.

Vork.: Afrika: Tanganjikasee (endemisch); über felsigem Untergrund in Tiefen zwischen 3 und 15 m. Wildfänge; Nachzuchten bereits häufig im Handel.

Ersteinf.: 1958.

GU: Geschlechter schwer unterscheidbar, keine Unterschiede in der Färbung. ♂ ist größer und hat längere Bauchflossen; adulte ♀♀ haben am Rücken weiße Flecken, die den ♂♂ fehlen.

Soz.V.: Revierbildend; gegenüber anderen Arten friedlich, gegen Artgenossen zeitweise aggressiv; im Gegensatz zu *Tropheus moorii* nicht in Gruppen, sondern einzeln/paarweise. Mutterfamilie.

Hält.B.: Wie bei *Tropheus moorii.*

ZU: 26 - 27° C; Wasser mittelhart bis hart (10 - 12° dGH) und mäßig alkalisch (pH 8,5 - 9). Maulbrüter, laicht in Nischen über Steinen; ♀ nimmt die Eier ins Maul. Eizahl 5 - 15. Pflege der Jungfische durch das ♀ bis etwa eine Woche nach dem ersten Entlassen aus dem Maul.

FU: L, O; Lebendfutter aller Art; da hochspezialisierter Aufwuchsfresser, muß ausreichend pflanzliche Kost (Algen, Salat, Spinat, Haferflocken) gegeben werden. *Tubifex* nur in geringen Mengen, da diese zu ballaststoffarme Nahrung sind.

Bes.: *Tropheus duboisi* ist nahe mit *T. moorii* verwandt. *T. duboisi* lebt aber in größeren Tiefen (einer anderen ökologischen Nische) und weist ein anderes Sozialverhalten auf. Jungfische von *T. duboisi* tragen auf blauschwarzem Untergrund viele weißblaue Punkte (s. kl. Foto).

T. duboisi juv.

T: 24 - 26° C, **L:** 12 cm, **BL:** 80 cm, **WR:** m, u, **SG:** 3

Tropheus moorii
Brabantbuntbarsch
BOULENGER, 1898

Syn.: *Tropheus annectens.*

Vork.: Afrika: Tanganjikasee (endemisch); im Felslitoral. Wildfänge; heute schon Nachzuchten im Handel.

Ersteinf.: 1958 durch GRIEM.

GU: Sehr schwer unterscheidbar, da als Maulbrüter kein Sexualdimorphismus. ♀♀ sollen intensiver gefärbt und kleiner sein. Bauchflossen des ♂ länger; keine Eiflecken in der Afterflossen bei beiden.

Soz.V.: Revierbildend; oft unverträglich untereinander, gegenüber anderen Fischen völlig harmlos; leben ständig in Gruppen zusammen. Es gibt Anklänge zur Elternfamilie, doch nicht eheähnlich wie bei Offenbrütern.

Hält.B.: Steinaufbauten, die viele Höhlen und Spalten als Verstecke bieten; kräftige Beleuchtung von oben zur Anregung des Algenwachstum, Schwimmraum!

ZU: 27 - 28° C; Wasser mittelhart (10 - 15° dGH) und neutral bis alkalisch (pH-Wert 7 - 9); freilaichender, hochspezialisierter Maulbrüter. Eier werden ins freie Wasser abgegeben und vom ♀ ins Maul genommen, ehe die Eier den Boden berührt haben. Trotzdem werden Laichvorbereitungen getroffen: Putzen eines Steins und angedeutetes Ausheben einer Grube. Eizahl 5 - 17. ♀ pflegt die Jungtiere noch etwa eine Woche nach dem Entlassen aus dem Maul.

FU: O; Lebendfutter aller Art, Algen, genügend vegetarische Zusatzkost ist wichtig (überbrühter Salat, Spinat, Haferflocken); TetraPhyll.

Bes.: *Tropheus moorii* kommt in einer Fülle von geographischen Farbrassen vor, u.a. Gelbbauch-, Schwanzstreifen-, Regenbogen-, Roter Moori, Querstreifen-, Zitronen-, Schwarzroter Moorii.

T: 24 - 26° C, **L:** 15 cm, **BL:** 100 cm, **WR:** m, u, **SG:** 4

Buntbarsche, Cichliden

Tropheus duboisi ♂

Tropheus moorii

Fam.: Cichlidae

Thropheus polli AXELROD, 1977
Gabelschwanz-Brabantbuntbarsch
Syn.: Keine.
Vork.: Afrika: Tanganjikasee (endemisch). Die Tiere wurden bisher nur an der Südküste der Bulu-Insel und bei Bulu-Point im Kigoma-Distrikt gefunden. Die Art kommt über Felsgrund vor.
Ersteinf.: 1976.
GU: Die Geschlechter sind sehr schwer unterscheidbar. ♂ mit stärker ausgeprägtem "Gabelschwanz".
Soz.V.: Revierbildend; untereinander sind die Tiere unverträglich und aggressiv. Gegenüber artfremden Fischen meist friedlich. Das soziale Verhalten dieser Fische muß noch eingehend untersucht werden.
Hält.B.: Wie bei *Tropheus moorii*.
ZU: 26 - 28° C; ansonsten wie bei *Tropheus moorii* und *Tropheus duboisi* angegeben.
FU: O; Lebendfutter aller Art, pflanzliche Beikost (Algen, Salat, Spinat, Haferflocken).
Bes.: *Tropheus polli* ist von den anderen *Tropheus*-Arten durch die tiefgegabelte Schwanzflosse leicht zu unterscheiden.

T: 24 - 26° C, **L**: 16 cm, **BL**: 120 cm, **WR**: m, u, **SG**: 3- 4

Uaru amphiacanthoides HECKEL, 1840
Keilfleckbuntbarsch
Syn.: *Acara amphiacanthoides, Pomotis fasciatus, Uaru imperialis, U. obscurus*.
Vork.: Südamerika: Amazonas und Guyana, vereinzelt werden im Handel Wildfangtiere angeboten. Nachzuchttiere sind selten.
Ersteinf.: 1913 durch SIGGELKOW.
GU: Einzig sicheres Merkmal ist die Form der Genitalpapille: beim ♂ spitz zulaufend, beim ♀ stumpf.
Soz.V.: Schwarmfisch, paarweise nur in der Laichzeit; recht friedlich untereinander und gegenüber anderen Arten. Während der Laichzeit sind die ♂♂ unverträglich. Elternfamilie.
Hält.B.: Kiesboden, viele Höhlen und Steinaufbauten, Aquarium darf nur mildes Licht bekommen, deshalb nur zur Lichtseite einige harte Pflanzen. Torffilterung, weiches Wasser, pH 5,8 - 7,5).
ZU: Zucht nicht leicht, gehört neben *Symphysodon*-Arten zu den anspruchsvollsten Cichliden. Jungtiere ernähren sich in den ersten Lebenstagen wie Discus-Junge von einem Sekret, das von der Haut der Eltern abgesondert wird. Aufzucht ohne Eltern fast unmöglich. 28 - 30° C; Wasser weich (2 - 5° dGH) und mäßig sauer (pH-Wert 6). Torfzusatz empfehlenswert. Offenbrüter, laicht an Steinen oder Pflanzen (mit Vorliebe an dunklen Stellen, Gelege 300 Eier). Jungfische in den ersten Tagen nach dem Schlüpfen sehr anfällig, reichlich mit Staubfutter füttern.
FU: K; Lebendfutter aller Art.
Bes.: *Uaru amphiacanthoides* ist nahe mit *Cichlasoma psittacus* verwandt. *Uaru* unterscheidet sich von dieser Art im wesentlichen durch seine Bezahnung und Färbung. Ausgewachsene *Uaru amphiacanthoides* bekommen im Nacken ein starkes Fettpolster. Die Art ist in ihrer Heimat mit *Pterophyllum* und *Symphysodon* vergesellschaftet.

T: 24 - 26° C, **L**: bis 30 cm, **BL**: 120 cm, **WR**: m, u, **SG**: 3 - 4

Buntbarsche, Cichliden

Thropheus polli

Uaru amphiacanthoides

Gruppe 9 — Ordnung: Perciformes (Barschartige)

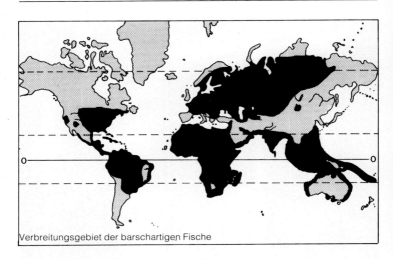

Verbreitungsgebiet der barschartigen Fische

Die Unterordnung Percoidei (Barschfische)

Die Barschfische wurden von den verschiedenen Echten Knochenfischen getrennt aufgeführt, um die Verwandtschaft miteinander besser darzustellen. Die Kletterfische (Gruppe 7) und die Buntbarsche (Gruppe 8) müßten eigentlich innerhalb dieser Gruppe (Unterordnung *Percoidei*) aufgeführt werden. Davon wurde wegen der leichteren Übersicht für den Aquarianer Abstand genommen.

Fam.: Badidae (Blaubarsche)

Die Familie Badidae wurde erst vor kurzem aufgestellt. Sie umfaßt nur eine einzige Gattung mit dieser Art, *Badis badis.* Von den Nanderbarschen unterscheidet sich der Blaubarsch durch das auffallend kleine Maul und die ungewöhnlich bunten Farben. Weiterhin treten Unterschiede in den morphometrischen Werten und im Verhalten auf, die eine Einordnung in eine eigene Familie rechtfertigen. Blaubarsche haben kein Labyrinthorgan.

Fam.: Centrarchidae (Sonnenbarsche)

Die meisten Sonnenbarsche haben eine eiförmige Gestalt und sind seitlich abgeflacht; einige Arten sind langgestreckt. Rücken- und Afterflosse sind lang und bestehen aus einem hartstrahligen vorderen und einem weichstrahligen hinteren Abschnitt. Jüngere Tiere

Barschfische
Unterordnung
Percoidei

Scatophagus argus, adult, s. S. 810.

sind meist intensiver gefärbt; die Farben blassen mit dem Alter ab. Alle Arten betreiben Brutpflege, wobei sich überwiegend das ♂ um die Eier kümmert (Vaterfamilie). Bei einigen Arten (Gattung *Micropterus*) pflegen ♂ und ♀ das Gelege (Elternfamilie).

Fam.: Chandidae (Glasbarsche)

Der Körper dieser Fische ist glasartig durchsichtig. Wirbelsäule und Schwimmblase sind gut zu erkennen. Die Rückenflosse ist zweigeteilt. Die Tiere haben überwiegend Rundschuppen, nur bei

Barschfische

einigen Arten sind die Schuppen fein gezähnelt. Die Seitenlinie reicht bis zur Schwanzflosse. Die meisten Arten leben im See- oder Brackwasser.

Fam.: Lobotidae = Coiidae (Dreischwanzbarsche)

Die Lobotiden (Coiiden) sind eine artenarme Familie. Ihre Vertreter leben vorwiegend im Brackwasser großer Flußmündungen. Das Verbreitungsgebiet liegt in Südostasien. Die Fische gehen auch ins Süßwasser. Ihr Körper ist hoch und seitlich stark abgeflacht. Die vollständige Seitenlinie ist nach oben hin gebogen. Der Körper ist mit Kammschuppen bedeckt. Die Rückenflosse besteht aus einem vorderen hartstrahligen und einem hinteren weichstrahligen Teil. Die Kiefer sind bezahnt, während Pflugscharbein und Gaumenbein zahnlos sind.

Fam.: Monodactylidae (Flossenblätter)

Fische mit scheibenförmigem Körper. Kopf und Maul sind relativ klein. Rücken- und Afterflosse haben annähernd die gleiche Form. Beide sind durchgehend. Die ersten Stacheln der Rückenflosse sind klein und stehen oft frei. Der Körper der Tiere ist mit kleinen Kammschuppen bedeckt. Flossenblätter sind Schwarmfische, die Brack- und Meerwasserbewohner in Afrika, Südasien und Australien sind. Die Tiere gehen zeitweise auch ins reine Süßwasser.

Fam.: Nandidae (Nanderbarsche)

Nanderbarsche kommen sowohl in Südamerika und Westafrika als auch in Südostasien vor. Es handelt sich meist um kleine Fische mit großem Kopf und tiefer Maulspalte. Die Stachelstrahlen der Rückenflosse sind stark entwickelt. Das Maul ist in der Regel weit vorstreckbar. Der Körper ist mit Kammschuppen bedeckt. Die Seitenlinie ist unvollständig oder fehlt ganz. Alle Nanderbarsche sind Raubfische. Bis auf eine Art betreiben alle Nandiden Brutpflege (meist Vaterfamilie).

Fam.: Percidae (Echte Barsche)

Die Echten Barsche sind Süßwasserbewohner der nördlichen Halbkugel (Europa, Asien, Nordamerika). Alle Barsche leben räuberisch. Charakteristisch für diese Familie sind zwei breite Rückenflossen, die im allgemeinen getrennt sind. Die vordere Rückenflosse besteht aus Stachelstrahlen, die hintere hauptsächlich aus

Barschfische

Weichstrahlen. Die Bauchflossen stehen bauchständig. Der Kopf ist groß und trägt ein meist tief gespaltenes Maul. Die Percidae haben auf jeder Seite zwei Nasenlöcher. Ihre Schuppen sind Kammschuppen. Die Seitenlinie ist gewöhnlich unvollständig.

Fam.: Scatophagidae (Argusfische)

Argusfische sind Küstenfische Südostasiens und Australiens. Die Tiere kommen sowohl im Meer- als auch im Brackwasser vor. Teilweise gehen sie auch in Süßwasser. Der Körper ist scheibenförmig und seitlich stark abgeflacht. Kopf, Körper und Teile der weichstrahligen Anteile von Rücken- und Afterflosse sind mit kleinen Kammschuppen bedeckt. Die Seitenlinie ist vollständig. Vor der Afterflosse befinden sich 4 Stachelstrahlen. Bei den Jungfischen der *Scatophagus*-Arten tritt zeitweise ein bestimmtes Larvenstadium, das Tholichthys-Stadium auf.

Fam.: Toxotidae (Schützenfische)

Schützenfische kommen in den brackigen Küstengewässern West-, Süd- und Südostasiens sowie Nordaustraliens vor. Sie fallen durch eine gerade Rückenlinie, einen spitzen Kopf, die großen Augen, ein weites Maul und weit schwanzwärts ansetzende Rücken- und Afterflosse auf. Ihren deutschen Namen haben die Toxotidae durch die Fähigkeit erhalten, mit gezielt gespuckten Wassertropfen über der Wasseroberfläche an Pflanzen sitzende Insekten herabzuschießen. Auf den Körpern der Tiere kommen Leuchtflecke vor, die gelb irisieren und stark lichtbrechend sind. Durch diese Flecke können die Tiere untereinander Kontakt halten. Bei alten, einzeln lebenden Exemplaren verschwinden diese Flecke. Die Familie besteht aus der Gattung *Toxotes*, die fünf Arten umfaßt. Alle Arten sind Oberflächenfische.

Fam.: Badidae — Blaubarsche

Badis badis
Blaubarsch

(HAMILTON, 1822)

Syn.: *Labrus badis, Badis buchanani.*
Vork.: Asien: Stehende Gewässer Indiens.
Ersteinf.: 1904 durch STÜVE.
GU: ♂ farbenprächtiger, mit konkaver Bauchlinie; ♀ mit konvexer Bauchlinie.
Soz.V.: Recht friedlicher Fisch. Im Artbecken ist *Badis badis* revierbildend, und die Tiere bekämpfen sich untereinander. Im Gesellschaftsbecken sind sie gegeneinander friedlich. Die Art betreibt Brutpflege (Vaterfamilie).
Hält.B.: Sandiger Bodengrund; dichte Bepflanzung, viele Verstecke aus Wurzeln und Steinen, Höhlen (halbierte Kokosnüsse, umgedrehte Blumentöpfe). Die Tiere stellen an die Wasserbeschaffenheit keine großen Ansprüche, doch wird regelmäßiger Wasserwechsel angeraten.
ZU: 26 - 30° C; leicht möglich, läßt sich in kleinsten Aquarien ausführen. Becken mit Versteckmöglichkeiten (Höhlen). Beim Laichen umschlingen sich ♂ und ♀. Meist wird in einer Höhle abgelaicht. Gelegegröße 30 - 100 Eier. Das ♂ bewacht das Gelege. Die Jungfische schlüpfen nach drei Tagen und werden vom ♂ zusammengehalten, bis der Dottersack aufgezehrt ist. Nach dem Freischwimmen der Jungfische die Elterntiere entfernen. Aufzucht der Jungen mit feinstem Lebendfutter.
FU: Lebendfutter aller Art. Die Tiere fressen auch geschabtes Fleisch und Leber.
Bes.: Von *Badis badis* sind zwei Unterarten bekannt: *Badis badis badis,* der mit dem vorgestellten Fisch identisch ist, und *B. badis burmanicus,* AHL, 1936. Dieser ist eine braunrote Form mit dunklen Tüpfeln und kommt in Burma vor (s. Bd. 2). Die Art ist anfällig gegen Fischtuberkulose.

T: 23 - 26° C, **L**: 8 cm, **BL**: 70 cm, **WR**: m, u, **SG**: 4 (K)

Barschfische
Sonnenbarsche

Fam.: Centrarchidae

Centrarchus macropterus (LACÉPÈDE, 1802)
Pfauenaugensonnenbarsch, Pfauenaugenbarsch

Syn.: *Labrus macropterus, L. irideus, Centrarchus irideus, C. sparoides.*

Vork.: Nordamerika: östliche USA, von North Carolina und Illinois bis Florida im Süden; die westliche Grenze bildet der Mississippi.

Ersteinf.: 1906 durch PREUSSE.

GU: Die Afterflosse des ♂ ist schwarz, die des ♀ weiß gesäumt. Die bei durchfallendem Licht erkennbare Schwimmblase ist beim ♂ hinten spitz und beim ♀ abgerundet. Während der Laichzeit verschwindet der Augenfleck beim ♂ fast ganz, beim ♀ tritt er hingegen hervor.

Soz.V.: Die Tiere sind meist verträglich und sehr verspielt. Sie "spielen" aber nur mit Artgenossen, artfremde Fische werden in das Spiel nicht mit einbezogen.

Hält.B.: Bodengrund aus feinem Sand; Rand- und Hintergrundbepflanzung mit *Cabomba, Myriophyllum, Egeria* usw., wobei Schwimmraum freigelassen werden sollte. Die Tiere werden sonst scheu und schwimmunlustig. Versteckmöglichkeiten aus Steinen und Wurzeln.

ZU: 20 - 22° C; Wasserstand im Aquarium nicht über 15 cm; Wasser mittelhart bis hart (ab 10° dGH) und um den Neutralpunkt. Vor dem Ablaichen heben die ♂ eine Grube aus, anschließend kommt es mit dem ♀ zu einigen Scheinpaarungen. Die abgelaichten Eier werden in dieser Grube deponiert. Die Eizahl beträgt etwa 200 Stück. Das ♀ sollte man nach dem Ablaichen herausfangen. Das ♂ betreibt Brutpflege.

FU: K, O; Lebendfutter aller Art, Tabletten, Flocken, gefriergetrocknetes Futter.

Bes.: Sind die Tiere eingewöhnt, so erkennen sie ihren Pfleger schon aus mehreren Metern Entfernung. Sehr empfindlich gegenüber Wasserwechsel und Schwankungen des pH-Wertes. Es kann dann über Nacht zur Verpilzung der Körperoberfläche kommen. Die Tiere gehen dann trotz Behandlung meist ein.

T: 12 - 22° C, **L:** 16 cm, **BL:** 60 cm, **WR:** m, u, **SG:** 2

Fam.: Centrarchidae — Sonnenbarsche

Lepomis gulosus (CUVIER in CUVIER & VALENCIENNES, 1829)

Syn.: *Pomotis gulosus, Centrarchus viridis, Calliurus floridensis, C. melanops, C. punctulatus, Chaenobryttus antistius, C. coronarius, C. gulosus, Lepomis charybdis, L. gillii.*

Vork.: Nordamerika: östliche USA, von den "Großen Seen" im Norden bis Carolina und Texas im Süden. Die westliche Verbreitungsgrenze liegt in Iowa und Kansas.

Ersteinf.: 1896.

GU: ♂♂ wesentlich intensiver gefärbt, schlanker; ♀♀ besonders während der Laichzeit dicker.

Soz.V.: Ähnelt dem der anderen *Lepomis*-Arten. *L. gulosus* bildet keine Schulen.

Hält.B.: Kann wie *Lepomis gibbosus* gehalten werden.

ZU: Ähnlich der von *Lepomis gibbosus*.

FU: K, O; Lebendfutter aller Art, Flockenfutter, tiefgefrorenes und gefriergetrocknetes Futter.

Bes.: *Lepomis gulosus* unterscheidet sich von den anderen *Lepomis*-Arten dadurch, daß seine Zunge mit vielen winzigen Zähnchen besetzt ist.

T: 10 - 20° C (Kaltwasserfisch), **L:** 20 cm, **BL:** 80 cm, **WR:** m, u, **SG:** 2

Elassoma evergladei JORDAN, 1884
Zwergbarsch, Schwarzer Zwergbarsch

Syn.: Keine.

Vork.: Nordamerika: USA, von North Carolina bis Florida.

Ersteinf.: 1925 durch RACHOW.

GU: ♂♂ zur Laichzeit mit schwarzen Flossen; ♀♀ mit farblosen Flossen, außerdem ist der Körper bei adulten Tieren höher.

Soz.V.: Friedlicher, oft scheuer Fisch, der Reviere bildet; sollte nur mit ebenso kleinen Kaltwasserfischen vergesellschaftet werden.

Hält.B.: Feinsandiger Bodengrund; dichte Bepflanzung mit Kaltwasser-Fischarten, einige Steine zur Revierabgrenzung, freier Schwimmraum; starke Veralgung der Becken ist von Vorteil. Die Tiere lieben Altwasser. Wasser mittelhart (um 10° dGH) und neutral bis schwach alkalisch (pH 7 - 7,5). Tiere im Artbecken halten.

ZU: Im Artbecken leicht möglich; 15 - 25° C. Vor der Laichabgabe erfolgen reizende Liebesspiele. Es wird wahllos an Pflanzen abgelaicht. Die Eizahl ist nicht sehr hoch und beträgt meist zwischen 40 und 60. Die Eier entwickeln sich innerhalb von 2 - 3 Tagen. Die Eltern brauchen nicht herausgefangen zu werden, da sie die Jungfische nicht verfolgen. Aufzucht mit feinstem Staubfutter.

FU: K, O; Lebendfutter aller Art (Daphnien, *Cyclops, Artemia, Tubifex*). Die Tiere fressen auch Algen und Flockenfutter.

Bes.: Um *Elassoma evergladei* zur Zucht zu bringen, muß dieser Fisch kühl überwintert werden (8 - 12° C). Der Zwergbarsch ist relativ widerstandsfähig gegen starke Temperaturschwankungen. Die Tiere bewegen sich eigenartig auf dem Boden fort. Sie "laufen" praktisch auf ihren Brustflossen.

T: 10 - 30° C (Kaltwasserfisch), **L:** 3,5 cm, **BL:** 40 cm, **WR:** m, u, **SG:** 2

Barschfische

Lepomis gulosus

Elassoma evergladei, 2 ♂, 1 ♀

Fam.: Centrarchidae — Sonnenbarsche

Enneacanthus chaetodon (BAIRD, 1854)
Scheibenbarsch

Syn.: *Pomotis chaetodon, Bryttus chaetodon, Apomotis chaetodon, Mesogonistus chaetodon.*

Vork.: Nordamerika: nur in den Bundesstaaten New York, Maryland und New Jersey. Die Tiere bewohnen Seen und ruhige Fließgewässer.

Ersteinf.: 1897 durch GEYER.

GU: Sehr schwer feststellbar. Die ♀♀ sind meist dicker und kräftiger gefärbt. Hat man Übung, kann man die Geschlechter auch an ihrem Verhalten unterscheiden.

Soz.V.: Ruhiger und friedlicher Fisch. Die Art betreibt Brutpflege (Vaterfamilie); sollte nicht mit unruhigen Fischen vergesellschaftet werden.

Hält.B.: Feiner Sand als Bodengrund; dichte Randbepflanzung mit *Egeria, Myriophyllum* usw., freier Schwimmraum, Wasser mittelhart bis hart (10 - 20° dGH) und neutral (pH 7). Becken gut durchlüften, da die Tiere sehr sauerstoffbedürftig sind.

ZU: 15 - 25° C; Wasserwerte wie oben angegeben. ♂ fächelt zur Laichzeit eine Grube aus, die dann gegen andere ♂♂ verteidigt wird. Die Grube wird meist im Schutz von Pflanzen angelegt. Vor dem Ablaichen erfolgt ein Liebesspiel. Es wird in der Grube abgelaicht; die Eier verkleben zu Klumpen. ♀ nach der Eiabgabe herausfangen. Das ♂ bewacht das Nest und befächelt die Eier und Larven mit Frischwasser. Nach dem Freischwimmen der Jungfische ♂ entfernen.

FU: K; Lebendfutter aller Art (*Tubifex*, Mückenlarven, *Cyclops*, Daphnien, *Artemia* usw.).

Bes.: Scheibenbarsche sind sehr empfindlich gegen Temperaturschwankungen, Wasserwechsel und Chemikalien. Auch auf Verschlechterung der Wasserqualität reagiert der Fisch negativ. Die Jungfische wachsen sehr schnell. Schon nach sechs Wochen sind sie vollkommen ausgefärbt.

T: 4 - 22° C (Kaltwasserfisch), **L**: 10 cm, ab 5 cm fortpflanzungsfähig, **BL**: 80 cm, **WR**: m, u, **SG**: 3

Enneacanthus gloriosus (HOLBROOK, 1855)
Kiemenfleck-Diamantbarsch

Syn.: *Bryttus gloriosus, Enneacanthus margarotis, E. pinniger, Hemioplites simulans.*

Vork.: Östliches Nordamerika: vom Bundesstaat New York bis nach Florida.

Ersteinf.: Datum unsicher, wahrscheinlich schon um die Jahrhundertwende.

GU: Schwer erkennbar; geschlechtsreife ♂♂ sind durchschnittlich höchrückiger und haben längere Flossen als die ♀♀.

Soz.V.: Lebt außerhalb der Laichzeit in lockeren Schwärmen. Die ♂♂ bilden während der Laichzeit Reviere, die gegen Artgenossen und artfremde Fische verteidigt werden. Die Art betreibt Brutpflege (Vaterfamilie).

Hält.B.: Siehe bei *Enneacanthus obesus.*

ZU: Wie bei *Enneacanthus obesus.*

FU: K; wie bei *E. obesus.*

Bes.: Im Gegensatz zu *Enneacanthus obesus* hat *E. gloriosus* einen kleinen schwarzen Fleck auf dem Kiemendecklappen; außerdem fehlt bei *E. gloriosus* im Alter die Querstreifung, die bei *E. obesus* auftritt. Bisher existierte für diese Art kein deutscher Name oder es wurde der gleiche verwendet wie für die nachfolgende Art. Deshalb wird hier zur Unterscheidung Kiemenfleck-Diamantbarsch vorgeschlagen.

T: 10 - 22° C (Kaltwasserfisch), **L**: 8 cm, **BL**: 70 cm, **WR**: m, u, **SG**: 2

Barschfische

Enneacanthus chaetodon

Enneacanthus gloriosus

Fam.: Centrarchidae — Sonnenbarsche

Enneacanthus obesus (GIRARD, 1854)
Diamantbarsch

Syn.: *Apomotis obesus, Bryttus fasciatus, B. obesus, Copelandia eriarcha, Enneacanthus eriarchus, E. margarotis, E. pinniger, E. simulans, E. guttatus, Hemioplites simulans, Pomotis guttatus, Pomotis obesus.*

Vork.: Östliches Nordamerika: nördliche Grenze Massachusetts und New Jersey, südliche Grenze Florida. Die Art kommt in den "Großen Seen" nicht vor.

Ersteinf.: 1895.

GU: Außerhalb der Laichzeit schwer erkennbar. ♂ lebhafter gefärbt, mit mehr und leuchtenderen Punkten, der weichstrahlige Teil der Rücken- und Afterflosse ist größer und höher. Die Schwimmblase ist beim ♂ hinten spitz und beim ♀ hinten gerundet (sichtbar im durchfallenden Licht).

Soz.V.: Schreckhafte Schwarmfische. ♂ ♂ werden zur Laichzeit revierbildend; betreiben Brutpflege (Vaterfamilie).

Hält.B.: Grober Sand oder feiner Kies als Bodengrund; dichte Bepflanzung mit *Eleodea-, Myriophyllum-* und *Cabomba-*Arten. Versteckmöglichkeiten aus Wurzeln und Steinen. Wasser mittelhart (um 10° dGH) und neutral bis leicht alkalisch (pH-Wert 7 - 7,5).

ZU: 18 - 22 ° C; bei der Zucht sollte der Wasserstand auf 15 cm abgesenkt werden. Zuchttiere müssen kühl überwintert worden sein. Vor dem Ablaichen erfolgt ein ausgiebiges Liebesspiel. ♂ legt oft eine flache Grube an, die sich meist in der Nähe von Wasserpflanzenbüscheln befindet. Beim Ablaichen erzeugt das ♂ einen Wasserstrom, der die abgelegten Eier in die Wasserpflanzen schwemmt, wo sie festhalten. Die Gelegegröße erreicht bis zu 500 Eier. Das ♂ übernimmt die Brutpflege, wobei sowohl die Eier als auch die Dottersacklarven betreut werden.

FU: K, O; hauptsächlich Lebendfutter aller Art. Es werden aber auch Flockenfutter und Haferflocken gefressen.

Bes.: Diamantbarsche sind gegenüber starken pH-Wert-Schwankungen empfindlich, deshalb ist beim Wasserwechsel oder Umsetzen Vorsicht geboten. Gesunde Tiere können beim Umsetzen von saurem in schwach basisches Wasser (pH 7,5 und darüber) über Nacht restlos verpilzen und anschließend daran sterben. Die Tiere graben sich oft so weit in den Bodengrund ein, daß nur Augen und Maul herausragen.

T: 10 - 22° C (Kaltwasserfisch), **L**: 10 cm, **BL**: 70 cm, **WR**: m, u, **SG**: 2

Lepomis cyanellus RAFINESQUE, 1819
Grüner Sonnenbarsch, Grasbarsch

Syn.: *Apomotis cyanellus, Bryttus longulus, B. melanops, B. Mineopas, B. murinus, B. signifer, Calliurus diaphanus, C. melanops, Icthelis cyanella, I. melanops, Chaenobryttus cyanellus, Lepidomus cyanellus, Lepomis lirus, L. melanops, L. microps, L. mineopas, L. murinus, Pomotis langulus, P. pallidus, Telipomis cyanellus.*

Vork.: Nordamerika: von Kanada bis Mexiko östlich der Rocky Mountains.

Ersteinf.: 1906 durch STÜVE.

GU: Schwer erkennbar; die ♀ ♀ sind zur Laichzeit meist dicker; die ♂ ♂ sind niedriger.

Soz.V.: Ähnelt dem von *Lepomis gibbosus*.

Hält.B.: Wie bei *Lepomis gibbosus*.

ZU: 20 - 22° C; sonst wie bei *Lepomis gibbosus*.

FU: K, O; Lebendfutter, Flockenfutter, gefriergetrocknetes und tiefgefrorenes Futter.

Bes.: *Lepomis cyanellus* ist wärmebedürftiger als die anderen *Lepomis*-Arten, trotzdem kann man die Tiere bei 10 - 12° C überwintern lassen. Ein Absinken der Temperatur unter 4° C sollte vermieden werden.

T: 18 - 22° C (Kaltwasserfisch), **L**: 20 cm, **BL**: 100 cm, **WR**: m, u, **SG**: 2

Barschfische

Enneacanthus obesus

Lepomis cyanellus

Fam.: Centrarchidae — Sonnenbarsche

Lepomis gibbosus (LINNAEUS, 1758)
Gemeiner Sonnenbarsch, Kürbiskernbarsch

Syn.: *Perca gibbosa, Eupomotis aureus, E. gibbosus, Pomotis gibbosus, P. ravenelli, P. vulgaris, Sparus aureus.*

Vork.: Nordamerika: USA, von Maine und den "Großen Seen" durch das gesamte östliche Amerika bis Florida und Texas im Süden. Heute auch in Europa. Die Art wurde um die Jahrhundertwende an vielen Stellen ausgesetzt (Oberrhein).

Ersteinf.: 1877 durch BECK.

GU: Schwer erkennbar. ♂♂ sind meist brillanter gefärbt, während die ♀♀ etwas fülliger sind. Außerdem soll beim ♀ der rote Fleck am Ende des "Ohres" kleiner und schwächer gefärbt sein. ("Ohr" = Ausbuchtung des hinteren Kiemendeckelrandes).

Soz.V.: Die Tiere sind untereinander recht friedlich. Während der Laichzeit werden sie revierbildend und unverträglich. Die Art betreibt Brutpflege (Vaterfamilie). Vergesellschaftung am besten mit ruhigen Oberflächenfischen.

Hält.B.: Bodengrund aus feinem Kies; Bepflanzung mit feinblättrigen Arten, die in Töpfe gepflanzt sind; viel freier Schwimmraum. Gute Durchlüftung der Becken, die gleichzeitig eine schwache Strömung im Becken aufbaut; keine Heizung. Wasser mittelhart (10 - 15° dGH) und neutral bis schwach alkalisch (pH 7 - 7,5).

ZU: 18 - 20° C; Wasser mittelhart (nicht unter 10° dGH). Das ♂ wedelt mit dem Schwanz eine flache Grube (Nest) von ca. 30 cm Durchmesser aus, die gegen andere ♂♂ und artfremde Fische verteidigt wird. Vor dem Ablaichen erfolgt ein ausgeprägtes Liebesspiel mit einigen Scheinpaarungen. Danach legt das ♀ in mehreren Schüben seine Eier ab. Gelegegröße bis zu 1000 Stück. ♀ nun herausfangen, da es sonst vom ♂ getötet werden kann. ♂ pflegt und verteidigt Gelege und Jungfische intensiv. Eine Führung der Jungfische wie bei Cichliden findet nicht statt.

FU: K; Lebendfutter aller Art, gefriergetrocknetes Futter, Flockenfutter.

Bes.: Werden die Tiere im Winter zu warm gehalten, so sind sie nicht oder nur schwer zur Zucht zu gebrauchen. Die Überwinterungstemperatur sollte bei 12° C liegen. *L. gibbosus* verträgt sogar Temperaturen um den Gefrierpunkt. Er ist im Gartenteich haltbar.

T: 4 - 22° C (Kaltwasserfisch), **L**: 20 cm, **BL**: 80 cm, **WR**: m, u, **SG**: 1 - 2

Lepomis macrochirus RAFINESQUE, 1819
Blauer Sonnenbarsch

Syn.: *Eupomotis macrochirus, Lepomotis nephelus.*

Vork.: Nordamerika: USA, Ohio Valley und südwestwärts bis Arkansas und Kentucky. Die Art ist selten.

Ersteinf.: Datum unsicher, wahrscheinlich erst nach 1975.

GU: Sehr schwer feststellbar.

Soz.V.: Ähnelt dem von *Lepomis gibbosus*.

Hält.B.: Siehe bei *Lepomis gibbosus*.

ZU: Über die Zucht von *Lepomis macrochirus* im Aquarium ist zumindest in Europa nichts Näheres bekannt.

FU: K; Lebendfutter aller Art: Mückenlarven, Kleinkrebse, *Tubifex*, Regenwürmer, Insekten. Die Tiere fressen nur ungern Flockenfutter.

Bes.: Die Art ist leuchtend stahlblau gefärbt.

T: 4 - 22° C (Kaltwasserfisch), **L**: 13 cm, **BL**: 70 cm, **WR**: m, u, **SG**: 2

Barschfische

Lepomis gibbosus

Lepomis macrochirus

Fam.: Chandidae — Glasbarsche

Chanda ranga
Indischer Glasbarsch (HAMILTON, 1822)

Syn.: *Ambassis lala, A. ranga, Chanda lala, Pseudambassis lala.*
Vork.: Südostasien: Indien, Burma und Thailand. Die Art kommt im Süß- und Brackwasser vor.
Ersteinf.: 1905 durch MATTE.
GU: ♀♀ sind viel matter gefärbt, Färbung gelblich; Schwimmblase hinten gerundet. ♂♂ haben blauen Saum an Rücken- und Afterflosse; Schwimmblase hinten zugespitzt.
Soz.V.: Ruhiger Schwarmfisch, der zur Schreckhaftigkeit neigt. Deshalb nur mit friedlichen, ruhigen Fischen vergesellschaften. *Chanda ranga* hält sich in bestimmten Revieren auf.
Hält.B.: Dunkler Bodengrund (Lavalit, Basaltsplit); dichte Bepflanzung, Versteckmöglichkeiten aus Steinen und Wurzeln. Die Becken sollten Altwasser enthalten und sonnig stehen. Seesalzzugabe steigert das Wohlbefinden der Tiere (1 - 2 Eßlöffel auf 10 l Wasser).
ZU: Leicht möglich; 24 - 28° C. Die Laichbereitschaft der Tiere läßt sich durch Temperaturerhöhung, Frischwasserzusatz, Trennung der Geschlechter und Morgensonne erhöhen. Die Eier werden zwischen feinblättrigen Wasserpflanzen abgegeben. Sie haften dort sofort fest. Es werden pro Laichakt 4 - 6 Eier abgegeben. Eizahl insgesamt 150 Stück. Die Jungfische schlüpfen nach ungefähr 24 Stunden und schwimmen schon am nächsten Tag frei. Aufzucht der Jungfische nicht ganz leicht.
FU: Lebendfutter aller Art. Die Tiere fressen auch Flockenfutter, sind aber mit diesem allein nicht zu halten.
Bes.: Die Eier von *Chanda ranga* sind sehr klein. Da sie leicht verpilzen, wird der Zusatz von Trypaflavin mit einer Konzentration von 1 : 100 000 (1 g auf 100 l Wasser) empfohlen.

T: 20 - 30° C, **L:** 8 cm, **BL:** 70 cm, **WR:** m, **SG:** 3

Chanda wolfii
Wolfs Glasbarsch (BLEEKER, 1851)

Syn.: *Ambassis wolfii, Acanthoperca wolfii.*
Vork.: Südostasien: Thailand, Sumatra, Borneo.
Ersteinf.: 1955.
GU: Bisher keine bekannt.
Soz.V.: Ruhiger Schwarmfisch, der Reviere bildet; mit anderen friedlichen Fischen vergesellschaften.
Hält.B.: Wie bei *Chanda ranga* angegeben.
ZU: Im Aquarium noch nicht nachgezüchtet.
FU: K; Lebendfutter aller Art. Die Fische gehen bei ausschließlicher Fütterung mit Flockenfutter ein.
Bes.: *Chanda wolfii* wird trotz guter Fütterung im Aquarium nicht viel größer als 7 cm. Fühlen sich die Tiere wohl, so zeigt das Maul einen rötlichen Schimmer.

T: 18 - 25° C, **L:** 20 cm, **BL:** 80 cm, **WR:** m, **SG:** 3 - 4

Barschfische

Chanda ranga

Chanda wolfii

Fam.: Lobotidae = Coiidae — Dreischwanzbarsche

Coius microlepis (BLEEKER, 1853)
Tigerbarsch, Tigerfisch

Syn.: *Datnioides microlepis.*

Vork.: Asien: Thailand, Kambodscha, Borneo, Sumatra. Die Tiere leben dort vorwiegend in Brackwasser.

Ersteinf.: Wahrscheinlich 1969.

GU: Bisher keine bekannt.

Soz.V.: Die Fische sind untereinander recht verträglich. Sie setzen sich aber bei Angriffen von artfremden Fischen energisch zur Wehr.

Hält.B.: Becken mit reichlicher Bepflanzung. Die Pflanzen müssen Brackwasser vertragen. Seesalzzusatz (2 - 3 Eßlöffel auf 10 l Wasser). Versteckmöglichkeiten aus Steinen, Wurzeln oder umgedrehten Kokosnüssen. Becken nicht zu stark beleuchten, da die Art dämmrige Aquarien liebt.

ZU: Von dieser Art sind bisher noch keine Zuchterfolge bekannt.

FU: K; Lebendfutter (Fische, *Tubifex*), rohe Leber, Fleisch; frißt nur selten Flockenfutter. Die Tiere sind Räuber.

Bes.: *Coius microlepis* unterscheidet sich von *C. quadrifasciatus* in folgenden Punkten: das Fehlen eines schwarzen Fleckes auf dem Kiemendeckel. Die erste Körperbinde: diese umfaßt bei *C. microlepis* die Kehle, bei *C. quadrifasciatus* ist das nicht der Fall. Den Verlauf der dritten Körperbinde (gerechnet ohne die Winkelbinden der Augen): bei *microlepis* endet sie in der Mitte der Afterflosse, bei *C. quadrifasciatus* hingegen vor der Afterflosse.

T: 22 - 26° C, **L:** 40 cm, bleibt im Aquarium wesentlich kleiner, **BL:** 90 cm, **WR:** u, **SG:** 3 - 4

Coius quadrifasciatus (SEVASTIANOV, 1809)
Vielgestreifter Tigerfisch

Syn.: *Chaetodon quadrifasciatus, Coius polota, Datnioides quadrifasciatus.*

Vork.: Asien: von Indien (Ganges) bis Burma, Thailand, Malaiische Halbinsel und Indo-Australischer Archipel. Die Art kommt im Brackwasser vor (Flußmündungen, küstennahe Seen), stößt aber gelegentlich ins Süßwasser vor.

Ersteinf.: 1955.

GU: Keine bekannt.

Soz.V.: Ähnelt dem von *Coius microlepis.*

Hält.B.: Wie bei *C. microlepis* angegeben.

ZU: Bisher im Aquarium noch nicht geglückt.

FU: K; Lebendfutter, hauptsächlich Fische. Die Art frißt auch Fleisch und Leber. *C. quadrifasciatus* ist ein gefräßiger Raubfisch.

Bes.: Die Jungfische erkennt man an dem schwarzen Fleck auf den Kiemendeckeln und den drei Streifen, die sich vom Auge aus strahlenförmig ausbreiten.

T: 22 - 26° C, **L:** 30 cm, **BL:** ab 80 cm, **WR:** u, **SG:** 3 - 4 (K)

Barschfische

Coius microlepis

Coius quadrifasciatus

Fam.: Monodactylidae — Flossenblätter

Monodactylus argenteus
Silberflossenblatt

(LINNAEUS, 1758)

Syn.: *Acanthopodus argenteus, Centrogaster rhombeus, Centropodus rhombeus, Chaetodon argenteus, Monodactylus rhombeus, Psettus argenteus, P. rhombeus, Scomber rhombeus.*

Vork.: Afrika und Asien: von der Ostküste Afrikas bis nach Indonesien. Die Tiere kommen sowohl im Brack- als auch im Seewasser vor. Die Art geht für kurze Zeit auch in reines Süßwasser.

Ersteinf.: 1908.

GU: Keine bekannt.

Soz.V.: Friedlicher, lebhafter Schwarmfisch; die Tiere sind in Gefangenschaft oft scheu und schreckhaft. Frißt kleinere Fische.

Hält.B.: Korallensand als Bodengrund. Seewasserpflanzen, viel freier Schwimmraum. Seewasserfeste Stein- und Wurzeldekorationen. Haltung nur in Brack- oder Seewasser, da reines Süßwasser den Tieren auf die Dauer nicht zusagt; gute Durchlüftung und Eiweißabschäumung.

ZU: Im Aquarium noch nicht gelungen.

FU: Allesfresser: Lebendfutter aller Art, Flockenfutter, pflanzliche Kost (Salat, Spinat). Die Fische sind sehr gefräßig.

Bes.: Je älter Silberflossenblätter werden, desto mehr verschwindet ihre Schwarz- und Gelbfärbung.

T: 24 - 28° C, **L:** 25 cm, **BL:** 100 cm, **WR:** alle, **SG:** 3 - 4

Barschfische
Nanderbarsche

Fam.: Nandidae

Monocirrhus polyacanthus   HECKEL, 1840
Blattfisch

Syn.: *Monocirrhus mimophyllus.*

Vork.: Südamerika: Amazonasgebiet, Peru; in langsam fließenden Bächen und stehenden Gewässern.

Ersteinf.: 1912 von den Vereinigten Zierfischzüchtereien und KUNTZSCHMANN.

GU: Es sind keine sicheren bekannt. ♀♀ zeigen manchmal etwas mehr Leibesfülle.

Soz.V.: Räuberische Art, die nur mit größeren Fischen vergesellschaftet werden sollte.

Hält.B.: Dichte Bepflanzung mit großblättrigen Pflanzen. Die Art liebt alteingerichtete Becken. Sie kann beim Eingewöhnen etwas heikel sein. Einige Wurzeln, hinter denen sich die Fische verbergen können, dienen als Versteck.

ZU: 25 - 28° C; Wasser sehr weich (2 - 4° dGH) und leicht sauer (pH 6 - 6,5). Vor dem Ablaichen wird das Substrat (größere Blätter, Steine, Aquarienscheibe) intensiv gereinigt. Das Liebespiel ist einfach. Das Gelege (bis zu 300 Eier) wird vom ♂ bewacht und gepflegt (Vaterfamilie). Das ♀ sollte nach dem Ablaichen entfernt werden. Die Jungen schlüpfen bei 25° C etwa nach 4 Tagen.

FU: K; die Art frißt ausschließlich Lebendfutter (Fische, Mückenlarven usw.). Die Tiere sind große Räuber. Sie benötigen am Tag eine Menge an Futter, die etwa ihrem eigenen Gewicht entspricht.

Bes.: Die Blattfische stehen im Wasser schräg mit dem Kopf nach unten zwischen den Pflanzen. Durch ihre bräunliche Färbung täuschen sie so im Wasser schwebende alte Blätter vor. Blattfische pirschen sich langsam an kleinere Fische heran. Sind sie nahe genug, reißen sie ihr riesiges Maul auf, und die Beutetiere werden durch den entstehenden Sog eingesaugt.

T: 22 - 25° C, **L:** bis 10 cm, **BL:** ab 80 cm, **WR:** m, **SG:** 3 - 4

Fam.: Nandidae — Nanderbarsche

Nandus nandus (HAMILTON, 1822)
Nanderbarsch

Syn.: *Coius nandus, Bedula hamiltonii, Nandus marmoratus.*
Vork.: Südasien: Indien, Burma, Thailand; in Süß- und Brackgewässern.
Ersteinf.: 1904 durch STÜVE.
GU: Sehr schwer erkennbar; ♂ dunkler gefärbt und mit größeren Flossen.
Soz.V.: Räuberisch lebende, dämmerungsaktive Fische; meist Einzelgänger. Die Art nicht mit kleineren Fischen vergesellschaften.
Hält.B.: Bodengrund aus Kies oder Sand; dichte Rand- und Hintergrundbepflanzung, Schwimmpflanzen; Versteckmöglichkeiten aus Wurzeln und Steinen. Wasser klar und hart (über 10° dGH), am besten mit Seesalzzusatz (1 - 2 Teelöffel auf 10 l Wasser). Keine zu helle Beleuchtung.
ZU: Im Aquarium bisher erst wenige Male gelungen. Eine geglückte Zucht beschreibt RUCKS ("DATZ" 26, 158 - 160, 1973): 25° C; Wasser weich bis mittelhart (6 - 8° dGH) und neutral (pH um 7). RUCKS hält Seesalzzusatz für schädlich. Es wird nach kurzem Liebesspiel abgelaicht. Die Eier liegen weit verstreut im Becken. Sie sind stecknadelkopfgroß und glasklar. Eizahl bis 300 Stück. Entwicklungsdauer der Eier 48 Stunden; Aufzucht der Jungfische mit kleinstem Lebendfutter. Das ♂ von *Nandus nandus* betreibt keine Brutpflege. Die Elterntiere kümmern sich weder um die Eier noch um die Jungfische.
FU: K; die Art frißt nur Lebendfutter (Regenwürmer, Mückenlarven, Libellenlarven, Kaulquappen, Fische).
Bes.: Das Maul des Nanderbarsches ist weit vorstreckbar und kann sehr gedehnt werden. Auf diese Weise können Beutetiere verschluckt werden, die annähernd halb so groß sind wie die Fische selbst. *Nandus nandus* ist der bisher einzig bekannte Nanderbarsch, der keine Brutpflege betreibt.

T: 22 - 26° C, **L:** 20 cm, **BL:** 80 cm, **WR:** m, u, **SG:** 2 - 3

Polycentrus schomburgki (LINNAEUS, 1758)
Schomburgks Vielstachler, Südamerikanischer Vielstachler

Syn.: *Polycentrus punctatus, P. tricolor, Mesonauta surinamensis.*
Vork.: Nordöstliches Südamerika: Guyana, Venezuela, Trinidad.
Ersteinf.: 1907 nach England durch VIPAN, 1909 nach Deutschland durch ARNOLD.
GU: ♂ dunkler, während der Laichzeit völlig schwarz, ansonsten braun. Das ♀ ist dagegen bräunlich, während der Laichzeit sogar hellbraun, außerdem ist es dicker.
Soz.V.: Die Tiere sind Einzelgänger und leben versteckt. Nur mit ruhigen, gleich großen Fischen vergesellschaften. Kleinere Fische werden gefressen. Vaterfamilie.
Hält.B.: Bodengrund aus feinem Sand. Rand- und/oder Hintergrundbepflanzung. Versteckmöglichkeiten (Höhlen) aus Steinen und Wurzeln, umgedrehten Blumentöpfen oder halbierten Kokosnüssen. Da die Tiere dämmerungs- und nachtaktiv sind, Aquarium nicht zu hell beleuchten.
ZU: 28 - 30° C; Wasser hart (18 - 20° dGH) und neutral bis schwach sauer (pH 6 - 7). Höhlenbrüter, doch die Tiere laichen auch an der Unterseite von Blättern ab. Gelege bis zu 600 Eier. Die Eier hängen an etwa 0,5 mm langen Fäden. Nach Beendigung des Laichaktes wird das ♀ verjagt und muß aus dem Becken entfernt werden. Das ♂ bewacht das Gelege allein. Bei 27° C schlüpfen die Jungfische nach etwa 3 Tagen; am 7. oder 8. Tag schwimmen sie frei.
FU: K; frißt nur Lebendfutter (Fische, Mükken, *Tubifex,* Daphnien und zerkleinerte Regenwürmer). Gefräßiger Räuber.
Bes.: *P. schomburgki* kann plötzlich willkürlich seine Farbe ändern.

T: 22 - 26° C, **L:** 10 cm, **BL:** 50 cm, **WR:** m, **SG:** 2

Barschfische

Nandus nandus

Polycentrus schomburgki

Fam.: Percidae — Echte Barsche

Gymnocephalus cernuus (LINNAEUS, 1758)
Kaulbarsch

Syn.: *Perca cernua, Acerina cernua, A. czekanowskii, A. fischeri, A. vulgaris.*

Vork.: Europa und Asien: von England und Nordostfrankreich bis zu den Zuflüssen des Weißen Meeres und zur Kolyma. Die Art fehlt in Irland, Schottland, großen Teilen Norwegens, auf der Pyrenäen- und Balkanhalbinsel (ausgenommen Donaugebiet), in Italien und auf der Krim.

Ersteinf.: Einheimische Art.

GU: Keine vorhanden, außer einem zur Laichzeit etwas größeren Leibesumfang des ♀.

Soz.V.: Gesellig lebender Bodenfisch, der gegenüber anderen gleich großen Fischen meist friedlich ist. Die Art frißt allerdings kleinere Fische.

Hält.B.: Wie bei *Perca fluviatilis* angegeben. Kaulbarsche sind sehr sauerstoffbedürftig (gute Durchlüftung). Die Art ist für das Kaltwasser-Gesellschaftsbecken nur bedingt geeignet.

ZU: Im Aquarium noch nicht gelungen. Im Freiwasser wird von März bis Mai gelaicht. Die Eier werden einzeln an Pflanzen und Steine der Uferregion abgesetzt. Zeitigungsdauer der Eier etwa 12 - 14 Tage.

FU: K; Lebendfutter aller Art (*Tubifex;* Flohkrebse, Insektenlarven, Fischfleisch). Die Art ist kaum oder nicht an Flockenfutter zu gewöhnen.

Bes.: Bisher sind vier Arten aus der Gattung *Gymnocephalus* bekannt. In der Fischereiwirtschaft wird der Kaulbarsch als starker Laichräuber nicht gern gesehen.

T: 10 - 20° C, (Kaltwasserfisch), **L**: 25 cm, **BL**: 80 cm, **WR**: u, **SG**: 2 - 3

Perca fluviatilis LINNAEUS, 1758
Flußbarsch

Syn.: Keine.

Vork.: Ganz Europa bis zur Kolyma als östlicher Grenze in Sibirien. Die Art fehlt in Schottland, Norwegen, nördlich des 68. Breitengrades, auf der Pyrenäenhalbinsel, in Mittel- und Süditalien, auf der westlichen Balkanhalbinsel, dem Peloponnes und der Krim.

Ersteinf.: Einheimische Art.

GU: ♂♂ sind oft lebhafter gefärbt, ♀♀ sind zur Laichzeit etwas voller; sonst keine Unterschiede.

Soz.V.: Als Jungfisch meist in Schären (Jagdverband): wird mit zunehmendem Alter immer mehr ein Einzelgänger und Raubfisch. Mit mindestens gleich großen Fischen vergesellschaften.

Hält.B.: Feinsandiger Bodengrund; dichte Bepflanzung mit Kaltwasserarten (*Elodea, Myriophyllum* usw.); einige Unterstände aus Steinen oder halbierten Kokosnüssen, Wurzeln zur Dekoration. Wasser klar und nicht zu warm; es sollte neutral bis schwach alkalisch (pH 7 - 7,5) und mittelhart (um 10° dGH) sein; regelmäßiger Wasserwechsel.

ZU: Kann aus Platzmangel in normalen Aquarien nicht nachgezüchtet werden. Laichzeit im Freiwasser März bis Juni. Die Eier werden in gallertigen Schnüren ("Barschschnüren") im Wasser an allen möglichen Gegenständen und Pflanzen angeheftet. Die Jungfische schlüpfen nach 18 - 20 Tagen.

FU: K; Lebendfutter aller Art. Kleine Barsche fressen überwiegend Wirbellose, größere fast ausschließlich Fische.

Bes.: Flußbarsche sind Fische, auf deren Wachstum der Raumfaktor eine entscheidende Rolle ausübt. In kleinen Becken wachsen die Barsche sehr schlecht, in größeren besser. Sie erreichen in Gefangenschaft aber nie die Größe wie in Freiheit.

T: 10 - 22° C (Kaltwasserfisch), **L**: 45 cm, ab 17 cm fortpflanzungsfähig, **BL**: 80 - 100 cm, **WR**: alle, **SG**: 4 (K)

Barschfische

Gymnocephalus cernuus

Perca fluviatilis

Fam.: Scatophagidae — Argusfische

Scatophagus argus argus (LINNAEUS, 1766)
Gemeiner Argusfisch, Grüner Argusfisch

Syn.: *Chaetodon argus, C. atromaculatus, C. pairatalis, Cacodoxus argus, Ephippus argus, Sargus maculatus, Scatophagus macronotus, S. ornatus.*

Vork.: Tropische Teile des Indopazifischen Raumes, besonders Indonesien und Philippinen. Die östliche Grenze der Verbreitung liegt bei Tahiti. Die Tiere kommen sowohl in Meer- und Brackwasser als auch in reinem Süßwasser vor.

Ersteinf.: 1906.

GU: Keine bekannt.

Soz.V.: Die Art ist sehr friedlich gegenüber Artgenossen und artfremden Fischen. Sie ist ein lebhafter Schwarmfisch, der gern Pflanzen frißt.

Hält.B.: Seewasserbeständige Randbepflanzung; Dekoration mit Steinen und Wurzeln, viel freier Schwimmraum; Seesalzzusatz (3 - 4 Teelöffel auf 10 l).

ZU: Bisher noch nicht geglückt. In der Natur sind von diesem Fisch weder die Laichplätze noch die Eier bekannt.

FU: O; Lebendfutter aller Art, feinblättrige Pflanzen, Algen, Salat, Haferflocken und Flockenfutter. Die Tiere sind Allesfresser.

Bes.: Die Art ist äußerst empfindlich gegen Nitrit. Jüngere Exemplare kann man in Süß- oder Brackwasser halten, ältere am besten in reinem Meerwasser. Die Tiere machen eine Metamorphose durch. Ihre Larve, das Tholichthysstadium, ist durch einen großen Kopf mit mächtigen Knochenplatten gekennzeichnet. In diesem Stadium ähnelt sie sehr den Falterfischen (*Chaetodontidae*), die aus den Meeresgewässern bekannt sind. Mit der Zeit geht das Tholichthysstadium durch Rückbildung der Kopfpanzerung in den adulten Fisch über. Die als Unterart anzusehende Form *S. argus atromaculatus* (BENNET, 1828) kommt als *S. "rubrifons"*, Rotstirnargusfisch, in den Handel (kl. Foto). Die Unterart kommt nur auf Sri Lanka und Neuguinea bis Australien vor.

T: 20 - 28° C, **L**: 30 cm, **BL**: 100 cm, **WR**: m, **SG**: 4 (C)   *S. a. atromaculatus*, adult

---

Achtung: Der in Aquarien für pflanzenfressende Fische häufig eingesetzte **Javafarn** scheint giftig zu sein. Es starben Argusfische nach Verzehr dieser Pflanze. Tiere, die den Farn nicht anrührten, überlebten.

Scatophagus tetracanthus (LACÉPÈDE, 1850)
Afrikanischer Argusfisch

Syn.: *Chaetodon tetracanthus, C. striatus, Ephippus multifasciatus, Scatophagus fasciatus, S. multifasciatus.*

Vork.: Küstengebiete von Ostafrika, in Meer-, Brack- und Süßwasser.

Ersteinf.: Im Jahre 1932 durch SCHOLZE & POETSCHKE.

GU: Keine bekannt.

Soz.V.: Friedlicher, lebhafter Schwarmfisch. Läßt Artgenossen und artfremde Fische in Ruhe. Die Tiere vergreifen sich allerdings an Pflanzen.

Hält.B.: Wie bei *Scatophagus argus.*

ZU: In Gefangenschaft bisher noch nicht nachgezüchtet.

FU: O; Allesfresser: Lebendfutter, pflanzliche Kost (Wasserpflanzen, Algen, Salat), Haferflocken, Flockenfutter.

Bes.: *Scatophagus tetracanthus* macht wie *Scatophagus argus* bei der Entwicklung eine Metamorphose durch. Einzelheiten siehe *S. argus*. Dies ist die am seltensten eingeführte Art der Argusfische.

T: 22 - 30° C, **L**: 40 cm, **BL**: 100 cm, **WR**: m, **SG**: 3

Barschfische

Scatophagus argus argus

Scatophagus tetracanthus "Mozambique"

Fam.: Toxotidae — Schützenfische

Toxotes chatareus (HAMILTON, 1822)

Syn.: *Coius chatareus*.

Vork.: Asien: Ostindien, Thailand, Malaiische Halbinsel, Vietnam, Malaiischer Archipel, Philippinen, Australien (ausgenommen Ostaustralien). Die Tiere leben vorwiegend im Brackwasser der Flußmündungen.

Ersteinf.: 1949.

GU: Keine bekannt.

Soz.V.: Untereinander im allgemeinen gut verträglich, nur ungleich große Tiere sind oft unverträglich. Mit artfremden Fischen kann *Toxotes chatareus* vergesellschaftet werden. Die Fische leben meist in kleinen Trupps zusammen.

Hält.B.: Wie bei *Toxotes jaculatrix*.

ZU: Im Aquarium bisher noch nicht gelungen. Über die Fortpflanzung der *Toxotes*-Arten in der Natur ist bisher so gut wie nichts bekannt.

FU: K; frißt ausschließlich Lebendfutter, vor allem Fliegen, Heimchen, Schaben, Heuschrecken. Das Futter wird nur von der Wasseroberfläche aufgenommen.

Bes.: *Toxotes chatareus* unterscheidet sich von *Toxotes jaculatrix* durch folgende Punkte: Die Rückenflosse von *T. chatareus* hat fünf Hartstrahlen, die von *T. jaculatrix* nur vier. Die Seitenlinie von *T. chatareus* hat 30 (29) Schuppen, die von *T. jaculatrix* 34 - 35 (33) Zeichnungsmuster. Numeriert man die senkrechten schwarzen Streifen, ausgehend vom Kopf (Augenstreifen) mit 1 bis 6, dann findet man bei *T. chatareus* zwischen den Streifen 3 und 4 an den Rückseiten einen schwarzen Zwischenfleck. Weitere solcher Flecken können auch zwischen den Streifen 2 und 3, 4 und 5 sowie 5 und 6 auftreten. Bei *T. jaculatrix* fehlen diese Zwischenflecke.

T: 25 - 30° C, **L:** 27 cm, **BL:** ab 100 cm, **WR:** o, **SG:** 3 - 4

Toxotes jaculatrix (PALLAS, 1766)

Syn.: *Sciaena jaculatrix, Labrus jaculatrix, Toxotes jaculator*.

Vork.: Asien: Golf von Aden über die Küstengebiete Indiens und Südostasiens bis nach Nordaustralien. Die Art soll außerdem noch an einigen Stellen an der Südküste Australiens vorkommen. Die Tiere treten in See-, Brack- und Süßwasser auf.

Ersteinf.: 1899 durch NITSCHE.

GU: Unbekannt.

Soz.V.: Ruhiger Schwarmfisch. Gleich große Tiere sind meist untereinander verträglich, während größere Tiere gegenüber kleineren oft aggressiv reagieren.

Hält.B.: Großflächige Aquarien mit mäßiger Bepflanzung, viel freier Schwimmraum. Der Wasserstand braucht nicht hoch zu sein (20 - 30 cm). Wasser nicht zu frisch und hart (Seesalzzusatz: 2 - 3 Teelöffel auf 10 l Wasser). Die Art ist sehr wärmebedürftig.

ZU: In Gefangenschaft bisher noch nicht gelungen.

FU: K; Lebendfutter; es werden am liebsten Insekten gefressen (Fliegen, Heuschrecken, Schaben usw.). Die Nahrung wird ausschließlich von der Wasseroberfläche aufgenommen.

Bes.: Schützenfische können Insekten, die sich außerhalb des Wassers auf Pflanzen befinden, mit einem kräftigen Wasserstrahl regelrecht abschießen. Die maximale Schußentfernung beträgt etwa 150 cm.

T: 25 - 30° C, **L:** 24 cm, **BL:** ab 100 cm, **WR:** o, **SG:** 3 - 4

Barschfische

Toxotes chatareus

Toxotes jaculatrix

Gruppe 10

In dieser Gruppe werden alle die Arten und Familien zusammengefaßt, die sich in keine der vorangestellten Gruppen einordnen ließen. Anhand der Systematik auf Seite 148 ist die Zuordnung dieser Fische leicht festzustellen.

Fam.: Anablepidae (Vieraugen)

Diese Fische sind vor allem durch die großen hervorstehenden Augen gekennzeichnet, die durch einen Gewebestreifen unterteilt sind (siehe *Anableps anableps*, Bes.). Die Familie besteht nur aus einer einzigen Gattung, die zwei Arten umfaßt. Beide Arten sind lebendgebärend, die Afterflosse des ♂ ist zu einem Gonopodium modifiziert.

Fam.: Apteronotidae (Amerikanische Messerfische)

Alle Vertreter dieser Familie haben eine kleine Schwanzflosse und eine stark reduzierte Rückenflosse. Die Leibeshöhle ist weit nach vorn verlagert; die Afteröffnung befindet sich auf der Kopfunterseite. Die Tiere sind seitlich stark abgeflacht.

Fam.: Atherinidae (Ährenfische)

Die Ährenfische bewohnen meist küstennahe, flache Teile gemäßigter und tropischer Meere. Nur wenige Arten sind reine Süßwasserbewohner geworden. Die Tiere haben zwei weit getrennte Rückenflossen. Die Brustflossen sind sehr hoch am Körper angesetzt und stehen weit vorn. Die Eier vieler Arten weisen Haftfäden bzw. fadenförmige Anhänge auf.

Fam.: Belonidae (Hornhechte)

Die Familie umfaßt sehr langgestreckte, seitlich kaum abgeflachte Fische. Der Unterkiefer ist länger als der Oberkiefer und läuft spitz zu. Ober- und Unterkiefer sind stark bezahnt. Die Flossen haben nur Weichstrahlen. Rücken- und Afterflosse stehen sich gegenüber und sind weit hinten eingelenkt. Die Seitenlinie befindet sich tief an der Bauchkante. Die Knochen sind oft hellgrün gefärbt. Die überwiegende Zahl der Hornhechte sind Hochsee- und Küstenfische.

Fam.: Blenniidae (Schleimfische)

Fische mit gestrecktem Körper, der nackt oder mit kleinen Schuppen bedeckt ist. Die Haut ist sehr drüsenreich. Es ist keine Schwimmblase vorhanden. Bei vielen Arten sind Kopftentakel ausgebildet. Die Tiere sind meist lebhaft gefärbt und kommen in den Küstenzonen der Meere vor. Nur wenige Arten sind Süßwasserbewohner. Einige Arten können zeitweise das Wasser verlassen.

Fam.: Channidae (Schlangenkopffische)

Der Körper ist langgestreckt, vorn fast rund und hinten seitlich etwas abgeflacht. Das Maul ist sehr dehnungsfähig und tief gespalten (Räuber!). Die vordere Nasenöffnung trägt einen röhrenförmigen Fortsatz.

Verschiedene Echte Knochenfische

Dreistachliger Stichling beim Ablaichen

Rücken- und Afterflossen sind sehr lang und bestehen nur aus Weichstrahlen. Schlangenköpfe können atmosphärische Luft veratmen. Viele Schlangenkopffische sind beliebte Speisefische.

Unterfam.: Eleotrinae (Schläfergrundeln)

Der Körper dieser Fische ist gestreckt, vorn ist er im Querschnitt rund, weiter hinten seitlich abgeflacht. Die Bauchflossen sind stets voneinander getrennt, ebenso die Rückenflossen. Der Körper ist mit Kammschuppen bedeckt. Eine Seitenlinie fehlt im allgemeinen. Die meisten Schläfergrundeln kommen in den Brackwasserzonen tropischer Meere vor, einige gehen auch ins Süßwasser.

Fam.: Electrophoridae (Elektrische Aale)

Die Familie umfaßt nur eine einzige Art. Die Tiere haben eine aalähnliche Gestalt und eine sehr lange Afterflosse. Rückenflosse und Bauchflossen fehlen, die Schwanzflosse ist unscheinbar. After- und Schwanzflosse gehen ineinander über und bilden einen Flossensaum.

Fam.: Gasterosteidae (Stichlinge)

Die Familie umfaßt kleine Fische. Stichlinge sind Bewohner der nördlichen gemäßigten Zone. Sie kommen sowohl im Süß- als auch im Brack- und Meerwasser vor. Der Körper ist stromlinienförmig, der Schwanzstiel sehr schlank. Das Maul ist in der Regel leicht oberständig. Die Kiefer sind bezahnt, während Pflugschar- und Gaumenbein keine Zähne tragen. Die Haut ist schuppenlos oder mit Knochenplatten bedeckt. Viele Arten bauen zur Laichzeit Nester und betreiben Brutpflege (Vaterfamilie).

Fam.: Gobiidae (Grundeln)

Das wichtigste Charakteristikum dieser Familie sind die im allgemeinen vollständig vereinigten Bauchflossen. Nur bei einigen Arten sind die Bauchflossen nur teilweise verwachsen. Die Bauchflossen bilden einen Saugnapf, mit dem sich die Tiere an eine feste Unterlage anheften können. Es sind zwei Rückenflossen vorhanden; die Schwanzflosse ist abgerundet. Eine Anzahl von Arten zeigt einen Sexualdimorphismus und -dichromatismus. Die meisten Grundeln betreiben Brutpflege, indem das ♂ das Gelege bewacht (Vaterfamilie). Grundeln leben überwiegend marin.

Fam.: Gymnotidae (Messeraale)

Die Tiere bewohnen Süßgewässer Mittel- und Südamerikas. Es handelt sich um Fische mit einem in eine Spitze auslaufenden Schwanz (keine Schwanzflosse), die nackt sind oder sehr kleine Schuppen haben. Der Kopf ist klein, ebenso Augen und Maul. Die Kiefer sind bezahnt. Die Afterflosse ist stark ausgeprägt. Die Leibeshöhle ist nach vorn verlagert, wobei sich die Afteröffnung an der Kopfunterseite befindet. Die Rückenflosse ist reduziert oder fadenförmig.

Verschiedene Echte Knochenfische

Fam.: Hemiramphidae (Halbschnäbler)

Vertreter der Familie Hemirhamphidae kommen weltweit im Meer und im Brackwasser vor, einige Arten auch im Süßwasser. Die Tiere haben überwiegend eine langgestreckte Gestalt. Bei den meisten Arten ist der Unterkiefer mehr oder weniger verlängert. Ein spezielles Merkmal ist die Verwachsung von Ober- und Zwischenkiefer; beide sind gegen den übrigen Schädel beweglich. Die Tiere verkörpern oft den Typus des Stoßräubers mit weit schwanzwärts ansetzender Rücken- und Afterflosse. Der größte Teil der Arten legt Eier, die lange Fortsätze aufweisen. Einige wenige Arten sind lebendgebärend. Die Samenübertragung erfolgt dann durch eine modifizierte Afterflosse (Andropodium).

Fam.: Kneriidae

Die Besonderheiten dieser Familie sind der Gattungsbeschreibung auf S. 844 zu entnehmen.

Fam.: Luciocephalidae (Hechtköpfe)

Der Familie gehört nur eine Gattung mit einer Art an (*Luciocephalus pulcher*). Die Tiere sind langgestreckt und haben eine hechtartige Gestalt (Stoßräuber). Eine Schwimmblase fehlt. Die Afterflosse ist tief eingeschnitten und erscheint dadurch zweiteilig. Bei den Fischen ist ein Labyrinth als zusätzliches Atmungsorgan ausgebildet.

Fam.: Mastacembelidae (Stachelaale)

Die Fische haben eine aalartige Gestalt. Sie sind Süß- und Brackwasserbewohner, die in Südostasien und im tropischen Afrika vorkommen. Die Schnauze der Tiere ist in einen beweglichen Fortsatz verlängert, wobei die vorderen Nasenöffnungen auf jeder Seite mit einem kleinen Röhrchen neben diesem Fortsatz münden. Bis auf die Gattung *Macrognathus* sind Rücken-, Schwanz- und Afterflosse zu einem Flossensaum vereinigt. Die Kiemenöffnung ist klein und befindet sich an der Kehle.

Fam.: Melanotaeniidae (Regenbogenfische)

Diese Familie kommt im östlichen Australien, Arn Inseln, Waigeu und Neuguinea vor. Sie wurde erst vor einiger Zeit von ROSEN aus der Familie Atherinidae genommen und als eigene Familie behandelt. Der Körper ist längsoval und seitlich zusammengedrückt. Die Tiere werden im Alter hochrückiger und haben zwei eng getrennte Rückenflossen. Durch das letzte Merkmal unterscheiden sich die Melanotaeniidae von den Atherinidae. Viele Arten der Regenbogenfische werden in ihrer Heimat zur biologischen Mückenbekämpfung eingesetzt.

Fam.: Mormyridae (Nilhechte)

Nilhechte oder Rüsselfische sind Süßwasserfische Afrikas. In ihrer Gestalt weichen sie oft von der bekannten Fischform stark ab. Bei manchen Arten ist das Maul rüsselartig verlängert oder es kommt am Kinn ein Fortsatz vor, der als Tastorgan fungiert. Die Haut der Tiere ist ungewöhnlich dick und sehr drüsenreich. Bei vielen Arten ist ein schwaches elektrisches Organ im Bereich des Schwanzstiels vorhanden. Dieses dient überwiegend der Abgrenzung des Reviers. Rücken- und Afterflossen stehen sehr weit hinten, die Schwanzflosse ist tief gegabelt.

Fam.: Notopteridae (Messerfische)

Diese Familie beinhaltet meist größere, langgestreckte und seitlich stark abgeflachte Fische, die ausschließlich im Süßwasser vorkommen. Das Verbreitungsgebiet liegt in Westafrika und Südostasien. Bei den Messerfischen ist der After sehr weit vorn. Die lange Afterflosse und die kleine Schwanzflosse sind zu einem Flossensaum verschmolzen. Bis auf Afterflosse und Brustflossen sind alle übrigen Flossen stark oder gänzlich reduziert.

Fam.: Osteoglossidae (Knochenzüngler)

Die Familie umfaßt große bis sehr große Süßwasserfische. Der Arapaima (*Arapaima gigas*) ist einer der größten Süßwasserfische überhaupt. Die Knochenzüngler weisen eine Anzahl primitiver Fischmerkmale auf. Die Schuppen sind groß und kräftig. Die Tiere haben auffallend große Augen, und ihr Kopf ist mit Knochenplatten bedeckt. Am 4. Kiemenbogen ist ein akzessorisches Atmungsorgan vorhanden. Die Knochenzüngler kommen sowohl im nördlichen Südamerika und westlichen Afrika, als auch in Südostasien (Malaiischer Archipel) und Nordaustralien vor. Die Familie besteht aus 4 Gattungen mit 6 Arten. Einige Arten sind maulbrütend.

Fam.: Pantodontidae (Schmetterlingsfische)

Diese Familie wird nur von der einzigen Art *Pantodon buchholzi* repräsentiert. Die Schmetterlingsfische stehen ziemlich isoliert da; einige verwandtschaftliche Beziehungen kann man zu der Familie Osteoglossidae ziehen. Die Bauchflossen der Pantodontidae sind bruststandig, die der Osteoglossidae dagegen bauchständig. Bei den Schmetterlingsfischen findet eine innere Befruchtung statt, wobei die Afterflosse der ♂♂ zu einem Begattungsorgan umgebildet ist. Die Tiere kommen in Süßgewässern des tropischen Afrika vor.

Fam.: Phractolaemidae (Afrikanische Schlammfische)

Diese Familie besteht nur aus der einzigen Art *Phractolaemus ansorgei*. Phractolaemiden sind primitive Süßwasserfische, die nur ein begrenztes Verbreitungsgebiet in Afrika aufweisen (Nigerdelta, Ethiope-Fluß, oberer Zaire). Die nächsten Verwandten dieser Fische sind die Familie Kneriidae und Chanidae. Das zahnlose Maul ist rüsselförmig vorstreckbar und wird von den dünnen Oberkieferknochen gesäumt. Bei den Tieren ist eine akzessorische Luftatmung ausgebildet.

Verschiedene Echte Knochenfische

Fam.: Rhampichthyidae (Amerikanische Messerfische)

Die Rhamphichthyiden sind im nördlichen und zentralen Südamerika beheimatet. Sie unterscheiden sich von den Apteronotiden durch das Fehlen einer Schwanzflosse und von den Gymnotiden durch die Bezahnung, da den Rhamphichthyiden die Zähne fehlen oder nur ganz winzig sind.

Fam.: Syngnathidae (Seenadeln)

Die Fische sind von einem geschlossenen Hautknochenpanzer bedeckt. Dieser setzt sich aus großen Knochenplatten zusammen. Weitere Besonderheiten sind die röhrenförmige Schnauze, die Beflossung (keine Bauchflossen), die beweglichen Augen, Büschelkiemen und teilweise eine Bruttasche. Das ♀ legt an der Bauch- oder Schwanzunterseite des ♂ die Eier ab, wobei diese gleichzeitig befruchtet werden. Die Eier werden von Bauchfalten geschützt, oder es ist ein Brutraum (Marsupium) vorhanden. Diese Art der Brutpflege (Vaterfamilie) ist einmalig im Fischreich. Die Seenadeln sind eine große Familie, die überwiegend im Meer lebt. Nur ganz wenige Arten sind ins Süßwasser vorgedrungen.

Fam.: Tetraodontidae (Kugelfische)

Die Kugelfische fallen schon durch ihre merkwürdige Gestalt auf. Ihr Körper ist meist mehr oder weniger keulenförmig und ungepanzert. Der Kopf ist groß bis sehr groß und trägt weit auseinanderstehende Augen, die sehr beweglich sind. Oftmals ist der Körper bestachelt oder mit Plättchen besetzt. Die Bauchflossen fehlen; alle Flossen sind unbestachelt. Die Zähne sind völlig vereinigt und bilden scharfe Leisten ("Papageienschnabel"). Es sind mit Luft und Wasser auffüllbare Säcke vorhanden, mit denen sich die Tiere ballonartig aufblähen können und so für die Mäuler von Angreifern zu groß werden. Die Tiere bewohnen sowohl Meer- und Brackwasser, als auch Süßwasser. Ihr Fleisch ist sehr giftig (Tetrodotoxin).

Fam.: Umbridae (Hundsfische)

Die Familie Umbridae besteht aus kleinen Fischen, die im Donaugebiet und im westlichen Nordamerika vorkommen. Es sind zwei Gattungen bekannt (*Umbra, Novumbra*). Die nahesten Verwandten der Hundsfische sind die Hechte. Beide Familien sind im Erdmittelalter aus einer gemeinsamen Stammform entstanden. Bei Gefahr bohren sich die Umbriden in den Grund ein. Der Körper der Tiere ist relativ rund und seitlich kaum abgeflacht. Kopf und Körper sind mit großen Rundschuppen bedeckt. Die Tiere atmen mit Hilfe der Schwimmblase atmosphärische Luft. Auf diese Weise kann *Umbra limi* das zeitweise Versiegen der Gewässer durch Eingraben in den feuchten Schlamm überstehen. Die Tiere betreiben Brutpflege (Mutterfamilie).

Fam.: Anablepidae — Vieraugen

Anableps anableps (LINNAEUS, 1756)
Vierauge

Syn.: *Anableps anonymus, A. gronovii, A. lineatus, A. surinamensis, A. tetrophthalmus, Cobitis anableps.*

Vork.: Tropische Küstenstriche Mittelamerikas und des nördlichen Teils von Südamerika. Die Art kommt in Brack- und Süßwasser vor.

Ersteinf.: 1938 durch das "Aquarium Hamburg".

GU: Afterflosse des ♂ zu einem Begattungsorgan (= Gonopodium) umgewandelt.

Soz.V.: Lebendgebärender, oberflächenorientierter Schwarmfisch.

Hält.B.: Am besten in einem flachen, feuchtwarmen Uferaquarium zu halten. Brackwasser, Sandboden und freier Schwimmraum an der Wasseroberfläche. Der Wasserstand braucht nicht zu hoch zu sein (20 - 30 cm). Randbepflanzung mit brackwasserbeständigen Arten.

ZU: 26 - 30° C; Becken mit niedrigem Wasserstand (10 - 15 cm); schlammiger Bodengrund, gute Durchlüftung. Reines Meerwasser verwenden. Die Jungfische messen bei der Geburt schon 3 - 4 cm.

FU: K; Lebendfutter, hauptsächlich Insekten (Anflugnahrung). Die Tiere fressen auch Flockenfutter.

Bes.: Die Begattung ist nur von einer Seite aus möglich, da das Gonopodium immer nur nach einer Seite hin bewegt werden kann. *Anableps anableps* läßt sich von *Anableps dovii* und *A. microlepis* leicht durch die Anzahl der mittleren Seitenlinienschuppen unterscheiden (*A. anableps* 11, *A. dovii* 14 - 15, *A. microlepis* 17 - 18). Die Becken müssen gut abgedeckt werden, da Vieraugen ausgezeichnet springen können. Die Augen der Vieraugen sind hervorstehend, wobei Hornhaut, Pupille und Netzhaut durch einen waagerechten Randstreifen, eine Einschnürung der Bindehaut, unterteilt sind. Es entstehen so je ein oberes und ein unteres Teilauge (Name Vierauge!). Die beiden oberen Teilaugen ragen aus dem Wasser heraus und dienen vorwiegend der Feinderkennung, während die beiden unteren Teilaugen ein Sehen unter dem Wasserspiegel ermöglichen.

T: 24 - 28° C, **L:** 30 cm, ab 15 cm fortpflanzungsfähig, **BL:** 100 cm, **WR:** o, **SG:** 3

Verschiedene Echte Knochenfische
Fam.: Apteronotidae — Amerikanische Messerfische

Apteronotus albifrons (LINNAEUS, 1766)
Amerikanischer Weißstirn Messerfisch

Syn.: *Sternarchus albifrons, S. maximiliani, Gymnotus albifrons.*

Vork.: Amazonas, Rio Paraguay, Brasilien, Peru, Ecuador, Venezuela, Guyana.

Ersteinf.: 1934.

GU: Bisher noch nicht bekannt.

Soz.V.: Untereinander sind die Tiere sehr bissig.

Hält.B.: Möglichst in dunklen Aquarien mit zahlreichen Versteckmöglichkeiten (Baumwurzeln) halten, da die Tiere anfangs meist sehr scheu sind. Sie werden aber bei richtiger Pflege oft erstaunlich zutraulich. Die Art kann mit großen ruhigen Fischen vergesellschaftet werden. Feiner Bodengrund und reichlicher Pflanzenwuchs.

ZU: In TI 129: Juni 1996 gibt USENKO einige Hinweise auf die Nachzucht. Temperatur 26° C, Härte 5 - 6° dGH, pH-Wert 6,5 - 7. Also durchaus normale Werte. Wasserströmung wurde mit zwei Innenfiltern erzeugt. Die Tiere laichten an der Filtereingangsöffnung. Ei-Ø 2 mm. Erstes Gelege 300 Eier. Nach 60 - 90 Stunden verlassen die Larven die Gallerthülle der Eier. Larvenlänge 4 mm. Ein gelber Dottersack ernährte die Larven etwa 9 Tage. Danach wurde *Artemia* gereicht. Nach 9 - 10 Wochen maßen die Tiere bereits 4 - 5 cm und fraßen Rote Mückenlarven. Die Aufzucht erfolgte in einem "Inkubator" (Kleinstaquarium) mit Filterdurchfluß. Das Filteransaugrohr mußte also aus dem Zuchtaquarium entfernt werden!

FU: K, O; Lebendfutter aller Art, Fleischstückchen, zerkleinerte Regenwürmer, teilweise auch Haferflocken!!

Bes.: Die Tiere werden für normale Aquarien zu groß. Sie sind interessante Pflegeobjekte für Schaubecken zoologischer Gärten. Die Art ist sehr empfindlich gegen Frischwasser. Bei ausschließlicher Fütterung mit Tubenfutter (BioMin), das es heute nicht mehr gibt, wurde ein Tier über 16 Jahre alt und wuchs von 15 auf über 40 cm Länge heran. Die Tiere besitzen ein schwaches elektrisches Organ, mit dem sie Nahrungsbrocken mit dem Schwanzstiel voraus orten.

T: 23 - 28° C, **L:** bis 50 cm, **BL:** 100 cm, **WR:** m, **SG:** 3

Fam.: Bedotiidae Ährenfische

Bedotia madagascariensis REGAN, 1903
Madagaskar-Ährenfisch, Rotschwanz-Ährenfisch

Syn.: Keine.

Vork.: Afrika: Madagaskar; in Süßgewässern der Berge.

Ersteinf.: 1958 durch Aquarium Westhandel, Holland.

GU: ♂ kräftiger, mit kontrastreicher gefärbten unpaaren Flossen, vordere Rückenflosse ist spitz; ♀ gelblicher gefärbt, vordere Rückenflosse gerundet.

Soz.V.: Friedlicher, schwimmfreudiger Schwarmfisch, der oft etwas empfindlich ist. Die Art läßt sich mit vielen Friedfischen vergesellschaften.

Hält.B.: Langgestreckte Becken mit viel freiem Schwimmraum; Rand- und Hintergrundbepflanzung. Wasser mittelhart bis hart (ab 10° dGH) und neutral (pH um 7); häufiger Frischwasserzusatz, ein Viertel bis ein Drittel wöchentlich). Fische nur im Schwarm pflegen.

ZU: 22 - 24° C; Becken mindestens 50 l Inhalt; Bepflanzung mit feinblättrigen Arten. Wasser klar und nicht zu weich (über 10° dGH). Die Art ist gegen durch Infusorien hervorgerufene Wassertrübungen sehr empfindlich. Die Eier werden zwischen den Pflanzen abgesetzt und hängen wie bei *Melanotaenia*-Arten an einem Fädchen. Die Jungfische schlüpfen nach ca. einer Woche. Die Elterntiere stellen weder Eiern noch Jungfischen nach. Die Aufzucht der Jungfische ist nicht ganz einfach.

FU: K, O; Lebendfutter aller Art, Flockenfutter. Es wird kein Futter vom Boden aufgenommen.

Bes.: Die ausgeschlüpften Jungfische haften sich nicht an den Pflanzen fest, sondern schwimmen mit dem Kopf schräg nach oben einige Tage frei im Wasser. Erst nach dieser Zeit nehmen sie die normale Schwimmlage ein.

T: 20 - 24° C, **L:** 15 cm, **BL:** 80 - 100 cm, **WR:** m, o, **SG:** 2

Fam.: Melanotaeniidae Regenbogenfische

Pseudomugil signifer KNER, 1864
Schmetterlingsährenfisch, Celebes-Ährenfisch

Syn.: *Atherina signata, Pseudomugil signatus.*

Vork.: Australien: nördliches und östliches Queensland.

Ersteinf.: 1936 durch MAYER.

GU: ♂ während der Laichzeit mit roter Afterflosse, außerdem meist größer und intensiver gefärbt.

Soz.V.: Friedlicher, sehr schwimmfreudiger Schwarmfisch.

Hält.B.: Wie bei *Telmatherina ladigesi* angegeben. Wasserwerte für *Pseudomugil signifer:* pH-Wert um 7, Härte 12 - 15° dGH.

ZU: Schon gelungen und bereitet keine größeren Schwierigkeiten. Sie wird wie bei anderen Regenbogenfischen ausgeführt. Zur Zucht kein zu weiches Wasser verwenden. Die Eier sind ziemlich groß. Die Eientwicklung dauert je nach Temperatur 12 - 18 Tage. Die Elterntiere können im Zuchtbecken bleiben, da sie weder Laich- noch Bruträuber sind.

FU: K, O; Lebendfutter aller Art, Flockenfutter. Es sollte aber nicht ausschließlich Flockenfutter angeboten werden.

Bes.: *Pseudomugil signifer* ist empfindlich gegen Infusorientrübungen im Wasser. Bei dem auf dem Foto abgebildeten Fisch handelt es sich um die Cairns-Form.

T: 23 - 28° C, **L:** 4,5 cm, **BL:** 60 cm, **WR:** m, o, **SG:** 2

Verschiedene Echte Knochenfische

Bedotia madagascariensis

Pseudomugil signifer

Fam.: Atherinidae (Telmatherinidae) — Ährenfische

Telmatherina ladigesi   AHL, 1936
Celebes Sonnenstrahlfisch

Syn.: Keine.

Vork.: Indonesien auf Celebes, "Hinterland von Makassar".

Ersteinf.: 1933 durch WINKELMANN.

GU: ♂ mit verlängerten Strahlen der zweiten Rücken- und Afterflosse, intensiver gefärbt.

Soz.V.: Lebhafter, friedlicher Schwarmfisch. Die Art läßt sich am besten mit *Aplocheilichthys macrophthalmus* vergesellschaften.

Hält.B.: Feinsandiger Bodengrund; mäßige Bepflanzung (Rand und Hintergrund), freier Schwimmraum. Die Becken sollten von der Morgensonne beschienen werden. Wasser hart (mehr als 12° dGH) und neutral (pH 7), regelmäßige Frischwasserzugabe (wöchentlich ¼), Seesalzzugabe (1 - 2 Eßlöffel auf 10 l Wasser). Die Art ist für das Gesellschaftsbecken geeignet.

ZU: 22 - 24° C; Wasserwerte wie oben; nicht zu kleine Becken verwenden; feinblättrige Wasserpflanzen und Schwimmpflanzen einbringen. Die Tiere treiben stark und laichen in den Pflanzen oder den Wurzeln der Schwimmpflanzen ab. Die Laichperiode dauert einige Monate. Nach der Eiabgabe Elterntiere herausfangen (Laichräuber!). Die Entwicklung der Eier dauert 8 - 11 Tage. Die Jungfische werden mit Staubfutter ernährt.

FU: K, O; Lebendfutter aller Art, Flockenfutter.

Bes.: *T. ladigesi* ist ein wenig empfindlich gegen Umsetzen in andere Aquarien mit abweichender Wasserbeschaffenheit. Die Fische vertragen Umsetzen aus weichem in hartes Wasser besser als umgekehrt.

T: 22 - 28° C, **L:** 7,5 cm, **BL:** 80 cm, **WR:** m, o, **SG:** 2 - 3

Verschiedene Echte Knochenfische
Fam.: Blenniidae — Schleimfische

Salaria fluviatilis (ASSO, 1801)

Syn.: *Blennius fluviatilis, B. alpestris, B. anticolus, B. frater, B. lupulus, Salaria varus.*

Vork.: Mittelmeergebiet, im Süßwasser: Südostspanien, südwestliches und südöstliches Frankreich, Korsika, Sardinien, Sizilien, Italien nordwärts bis zum Po, Gardasee, Jugoslawien (Vranasee), Zypern, Kleinasien, Marokko, Algerien.

Ersteinf.: Nicht bekannt.

GU: ♂ mit stärker entwickeltem Kamm auf dem Kopf.

Soz.V.: Revierbildende Grundfische. ♂ polygam, deshalb immer ein ♂ mit mehreren ♀♀ (3 - 4) halten. Tiere betreiben Brutpflege (Vaterfamilie).

Hält.B.: Becken mit großer Grundfläche und niedrigem Wasserstand (30 cm); Bodengrund aus grobem Sand oder Kies. Steine, Wurzeln und halbierte Blumentöpfe als Versteckmöglichkeiten. Wasser klar, um den Neutralpunkt (pH 7) und mittelhart (um 10° dGH). Aquarien gut durchlüften, da die Tiere sehr sauerstoffbedürftig sind. *Salaria fluviatilis* sollte man im Artbecken pflegen.

ZU: Mindestens 18° C; Wasser mittelhart (10° dGH) und neutral (pH 7). Das ♂ besitzt eine Wohnhöhle, die gegen jegliche Fische verteidigt wird. Zum Ablaichen sucht das ♀ die Wohnhöhle des ♂ auf. Die Eier werden dicht nebeneinander an Höhlenwand und -decke geheftet. Die ♀♀ laichen mehrmals nacheinander in einem Abstand von 10 - 15 Tagen. Die Gelege bestehen aus 200 - 300 Eiern. Das ♀ verläßt nun die Höhle, und das ♂ bewacht die Eier bis zum Schlüpfen.

FU: K, O; Lebendfutter aller Art, Wasserasseln, Bachflohkrebse, wasserlebende Insektenlarven, *Tubifex*, Flocken- und Tablettenfutter.

Bes.: Die Anzahl der Eier ist beim ersten Gelege größer (200 - 300) als beim letzten (10 - 100). Da mehrere ♀♀ mit einem ♂ laichen, befinden sich an Höhledecke und -wand oft Eier ganz verschiedener Entwicklungsstadien.

T: 18 - 24° C, **L:** 15 cm, **BL:** 90 cm, **WR:** u, **SG:** 2 - 3

Fam.: Belonidae — Hornhechte

Xenentodon cancila (HAMILTON, 1822)
Süßwasser-Hornhecht

Syn.: *Exos cancila, Belone cancila, Mastemcembalus cancila.*

Vork.: Asien: Indien, Sri Lanka, Thailand, Burma, Malaiische Halbinsel. Die Art kommt nur im Süßwasser vor.

Ersteinf.: 1910.

GU: Rücken- und Afterflosse des ♂ haben einen schwarzen Saum.

Soz.V.: Relativ schreckhafter Schwarmfisch, nur mit gleich großen Fischen vergesellschaften (Welse); Räuber!

Hält.B.: Becken mit großer Grundfläche und niedrigem Wasserstand (30 cm); feiner Bodengrund, Rand- und Hintergrundbepflanzung, keine Schwimmpflanzen; viel freier Schwimmraum! Die Becken nur zu einem Drittel mit Wasser füllen, um der Springleidenschaft dieser Art entgegen zu kommen. Wasser hart (ab 20° dGH) und um den Neutralpunkt (pH um 7), die Tiere vertragen auch Seesalzzusatz (1 g auf 1 l Wasser); Artbecken.

ZU: Detaillierter Zuchtbericht *X. cancila* von SCHMIED (1986) im Aquarienmagazin 20 (9): 280 - 283. Erstmals wurden die Tiere 1963 in der Biologischen Station Wilhelminenberg/Österreich nachgezüchtet. Es eignen sich geräumige Becken (149 x 45 x 40 cm), in denen sich Moorkienholz mit angebundenem Javafarn befinden. Das Wasser hatte folgende Werte: pH 6,4; 13° dGH, 25° C. Der Laichakt lief in den Vormittagsstunden ab und brachte täglich 7 - 15 Eier. Eier glasklar, Ø 3,5 mm und hängen an etwa 20 mm langen Fäden von den Blättern. Eientwicklung bei 25° C etwa 10 Tage, dann schlüpfen knapp 12 mm lange Larven. Als bestes Aufzuchtfutter stellten sich etwa einwöchige Labyrinther (*Macropodus opercularis, Betta splendens* usw.) heraus, die von den jungen *Xenentodon* gut bewältigt wurden. Später können größere Fische verfüttert werden.

FU: K; Lebendfutter; die Tiere sind nicht wählerisch. Es werden hauptsächlich Fische und Frösche gefressen.

Bes.: Ausgezeichnete Springer, deshalb das Becken gut abdecken. *Xenentodon cancila* reagiert empfindlich auf den plötzlichen Dunkel-Hell-Effekt und umgekehrt. Sie springen dann unkontrolliert und können sich schwere Schäden an der Aquarienabdeckung zuziehen.

T: 22 - 28° C, **L:** 32 cm, **BL:** ab 100 cm, **WR:** o, **SG:** 4 (K)

Verschiedene Echte Knochenfische
Fam.: Channidae — Schlangenkopffische

Channa micropeltes (CUVIER in CUVIER & VALENCIENNES, 1831)

Syn.: *Ophiocephalus micropeltes, O. serpentinus, O. micropeltes, O. stevensi.*
Vork.: Vorder- und Hinterindien; Indien, Thailand, Burma, Vietnam, Westmalaysia.
Ersteinf.: 1969 (?)
GU: Keine sicheren Angaben bekannt. ♀ wird während der Laichzeit wahrscheinlich dicker.
Soz.V.: Wie bei *Channa obscura* angegeben.

Hält.B.: Wie bei *C. obscura* aufgeführt.
ZU: 27 - 32° C; nur in großen und größten Becken möglich. Einzelheiten siehe bei *Channa obscura*.
FU: K; Lebendfutter, hauptsächlich Fische.
Bes.: *Channa micropeltes* ist in seiner Heimat ein begehrter Speisefisch. Er ist der größte Vertreter der Schlangenkopffische. Die Abbildung zeigt ein junges Tier.

T: 25 - 28° C, **L:** 60 (100) cm, **BL:** ab 120 cm, **WR:** alle, **SG:** 4 (K)

Parachanna obscura (GÜNTHER, 1861)
Dunkelbäuchiger Schlangenkopf
Beschreibung nächste Seite.

Parachanna obscura juv.

Fam.: Channidae — Schlangenkopffische

Parachanna obscura (GÜNTHER, 1861)
Dunkelbäuchiger Schlangenkopf
Syn.: *Channa obscura, Ophiocephalus obscurus, Parophiocephalus obscurus.*
Vork.: Afrika: Senegal bis zum Weißen Nil, Zentralafrika.
Ersteinf.: 1908.
GU: Unbekannt; ♀ während der Laichzeit wahrscheinlich mit dickerem Bauch.
Soz.V.: Räuberischer Einzelgänger. Einzelhaltung ist unbedingt erforderlich. ♂ betreibt Brutpflege (Vaterfamilie).
Hält.B.: Bodengrund aus feinem Sand; dichte Bepflanzung der Becken, einige Versteckmöglichkeiten aus Wurzeln oder Steinen; freier Schwimmraum. An die Wasserbeschaffenheit werden keine Ansprüche gestellt. Die Tiere sind ziemlich wärmebedürftig.
ZU: Einzelheiten beschreibt ARMBRUST (1963): "DATZ" 16, 298-301. *Parachanna obscura* legt 2000 - 3000 Eier. Eier und Jungfische werden vom ♂ bewacht. Die Pflege der Jungfische dauert 4 - 5 Tage. Untereinander sind die Jungen sehr kannibalisch.
FU: Lebendfutter aller Art, größere Tiere ernähren sich fast ausschließlich von Fischen. Diese Art läßt sich nur selten an Fleisch gewöhnen.
Bes.: ARMBRUST konnte beobachten, daß sich die Jungfische von *P. obscura* zusammenrotten und einen Abwehrpulk gegen einen großen Schlangenkopffisch bildeten. Der Abwehrpulk sollte einen noch größeren Schlangenkopffisch darstellen (Aquarien-Terrarien 18, 229, 1971). Die afrikanischen Schlangenköpfe wurden von der Gattung *Channa* als eigene Gattung *Parachanna* abgetrennt. Sehr ähnlich ist *Parachanna insignis*.

T: 26 - 28° C, **L**: 35 cm, **BL**: 100 cm, **WR**: alle, **SG**: 4 (K)

Channa orientalis BLOCH & SCHNEIDER, 1801
Syn.: *Ophicephalus kelaartii.*
Vork.: Sri Lanka.
Ersteinf.: 1929.
GU: ♀ kräftiger als ♂.
Soz.V.: Einzeltiere lassen sich in Artbecken sehr gut halten. Die Tiere werden schnell zahm und nehmen Futter aus der Hand. Leben in kleinsten Tümpeln und springen über Land, wenn diese austrocknen oder zum Fang ausgeschöpft werden.
Hält.B.: Dicht bepflanztes, abgedunkeltes Becken. pH-Wert 6,4 - 7,5; Härte bis 20° dGH. Gute Springer, daher Becken abdecken.
ZU: Maulbrüter. Einen ersten, sehr lesenswerten Bericht über die gelungene Zucht im Aquarium gibt ETTRICH (1986) in der "DATZ" 39 (7): 289 - 293. Bei der Paarung umschlingen sich die Partner nach Art der Labyrinthfische. Die Eier werden auf einmal ausgestoßen. Sie steigen nach der Befruchtung wegen ihres Ölgehaltes langsam zur Oberfläche und werden dort vom ♂ ins Maul genommen. Die Dauer des Maulbrütens ist unterschiedlich: Die Variante mit Bauchflossen hat die Eier 3 - 4 Tage im Maul, die ohne Bauchflossen etwa 9 - 10 Tage. Von ersterer werden bis zu 200 Nachkommen erbrütet, von der zweiten kaum mehr als 40. Auch im Verhalten unterscheiden sich die Jungfische beider Varianten (Einzelheiten entnehme man dem Bericht von ETTRICH). Er beobachtete bei der Variante ohne Bauchflossen, daß das ♀ eine schnell kreisende Schwimmbewegung ausführte und dabei eine Wolke von Eiern ausstieß. Diese waren schwerer als Wasser, sanken rasch zu Boden und wurden von den Jungen gierig gefressen! Junge also bei den Eltern belassen! Aufzucht mit *Artemia* und feinem Lebendfutter einfach.
FU: Lebendfutter aller Art, Würmer, Fische, auch Futtertabletten.
Bes.: *Channa orientalis* besitzt keine Bauchflossen. *Channa gachus* (mit Bauchflossen) wurde früher zu *C. orientalis* gestellt.

T: 23 - 26° C, **L**: bis 30 cm, meist nur 10 - 20 cm, **BL**: 70 cm, **WR**: u, **SG**: 4

Verschiedene Echte Knochenfische

Parachanna obscura

Channa orientalis

Fam.: Channidae — Schlangenkopffische

Channa striata (BLOCH, 1793)
Quergestreifter Schlangenkopf

Syn.: *Ophicephalus striatus, Ophiocephalus striatus, O. vagus.*

Vork.: Sri Lanka, Indien, China, Thailand, über die Philippinen bis zu den Molukken. Auf Hawaii eingebürgert.

Ersteinf.: Fraglich.

GU: Siehe DATZ 1992.

Soz.V.: Räuber, der bald allein das Becken bewohnen wird, da alle anderen Bewohner seine Beute geworden sind.

Hält.B.: Gut bepflanzte Becken mit weichem Bodengrund. Bei großen Tieren ausreichend starke Filterung wegen des hohen Anfalls von Stoffwechselprodukten. pH-Wert 7 - 8; Härte bis 20° dGH.

ZU: In der Natur: das Elternpaar beißt am Laichort alle Pflanzen weg. ♂ bewacht die an der Wasseroberfläche treibenden Eier und später für 4 - 6 Wochen die Jungtiere. Dann können diese allerdings auch Beute der Alttiere werden. Die Eier schlüpfen nach 1- 3 Tagen. Nach 9 Wochen erreichen die Jungfische bereits 17 - 20 mm Länge (nach SMITH).

FU: K; Lebendfutter aller Art.

Bes.: Bedeutender Speisefisch in Südostasien, jedoch kein Aquarienfisch. Jungtiere sind sehr zutraulich und neugierig. Während der Brutzeit können die ♂♂ nicht geangelt werden, da sie nicht beißen! Die Art kann monatelang in selbst "gebuddelten" Sumpflöchern überleben, solange die Haut feucht bleibt - auch wenn das Gewässer schon fast ausgetrocknet ist. Ist das die Erklärung für die weite Verbreitung dieser Art?

T: 23 - 27° C, **L:** 90 cm, **BL:** 120 cm, **WR:** u, m, **SG:** 4

Verschiedene Echte Knochenfische
Fam.: Electrophoridae — Elektrische Aale

Electrophorus electricus (LINNAEUS, 1766)
Zitteraal

Syn.: *Electrophorus multivalvulus, Gymnotus electricus, G. regius.*

Vork.: Amazonas, Brasilien, Peru, Venezuela, Guyana.

Ersteinf.: 1913 durch SIGGELKOW.

GU: Es sind keine sicheren Geschlechtsunterschiede bekannt.

Soz.V.: Große Exemplare sind untereinander meist friedlich, während Jungfische gegenüber Artgenossen äußerst bissig sind. Die Tiere sind dämmerungs- und nachtaktiv.

Hält.B.: Die Aquarien sollten nicht zu stark beleuchtet werden. Bodengrund aus Kies einer mittleren Körnung (3 - 5 mm). Verstecke aus Wurzeln oder Steinen anbieten. Bepflanzung mit harten Pflanzen. Die Tiere am besten im Artbecken halten.

ZU: Die Art wurde bisher noch nicht nachgezüchtet.

FU: K; bei größeren Tieren überwiegend Fische; Jungfische fressen Würmer und Insektenlarven.

Bes.: Die Zitteraale besitzen ein großes elektrisches Organ, das etwa 80% der Körperseiten einnimmt. Dieses Organ besteht aus vielen tausend Einzelelementen. Die Tiere senden orientierende Impulse mit einer Frequenz von 50 Hz aus. Es können aber auch starke Schläge ausgeteilt werden, die Stromstärke von 1 Ampère und Spannungen von bis zu 600 Volt aufweisen. Fische und große Säugetiere (Pferde) können davon betäubt werden.

T: 23 - 28° C, **L:** bis 230 cm, **BL:** 120 cm, **WR:** u, m, **SG:** 3

Fam.: Gobiidae
Unterfam.: Eleotrinae

Schläfergrundeln

Dormitator maculatus (BLOCH, 1785)
Gefleckte Schläfergrundel

Syn.: *Sciaena maculata, Eleotris mugiloides, E. grandisquama, E. sima, E. somnolentus, E. omocyaneus, E. gundlachi, Dormitator lineatus.*
Eleotris latrifrons ist eine eigenständige Art = *Dormitator latrifrons,* Syn.: *Dormitator microphthalmus.*

Vork.: Hauptsächlich im Brackwasser der oberen Bereiche von Ästuarien und Lagunen; auch in Süß- und Meerwasser.

Ersteinf.: Nicht bekannt.

GU: ♂ mit verlängerten hinteren Strahlen in und manchmal mit Kopfbuckel; Genitalpapille des ♂ sehr lang und abgeflacht, beim ♀ kürzer und stumpf.

Soz.V.: ♂♂ in der Laichzeit territorial.

Hält.B.: Brackwasser, zeitweilig auch Süßwasser.

ZU: Laicht vor allem nach Frischwasserzufuhr; daß die Jungen schnell heranwachsen, mag sein, die Aufzucht im Aquarium ist aber nicht einfach.

FU: Pflanzenfresser; ernährt sich in Freiheit vorwiegend von lebenden höheren Pflanzen (z.B. Wurzeln von Wasserhyazinthen) und Algen sowie von pflanzlichem Detritus. Außerdem werden Insektenlarven und Kleinkrebse gefressen (vgl. NORDLIE, 1981, J. Fish. Biol, 18: 88 - 101). Nimmt im Aquarium alle gängigen Arten von Trocken-, Lebend und Frostfutter (Mückenlarven, *Tubifex, Mysis,* usw.), gern gefressen werden weiches Gemüse und Obst (Tomaten, Bananen), daneben Nudeln. Weiche Wasserpflanzen werden gefressen. Bepflanzung des Aquariums mit Javafarn und Hornkraut möglich.

Bes.: Keine.

T: 22 - 24° C, **L:** 25 cm, ab 10 cm fortpflanzungsfähig, **BL:** 80 cm, **WR:** u, **SG:** 3 - 4

Oxyeleotris marmoratus (BLEEKER, 1853)
Marmorgrundel

Syn.: *Eleotris marmorata, Callieleotris platycephalus.*

Vork.: Südostasien: Indonesien (Borneo, Sumatra), Malaiische Halbinsel, Thailand. Die Art kommt im Süßwasser vor. Sie bewohnt ruhige und langsam fließende Gewässer.

Ersteinf.: 1905 durch REICHELT.

GU: Beim ♂ ist die 2. Rückenflosse höher und die Afterflosse länger, ♂ ungleichmäßiger gefärbt, Genitalpapille konisch, ♀ gleichförmiger gefärbt, Genitalpapille zylindrisch.

Soz.V.: Dämmerungs- und nachtaktive, räuberische Grundfische. Die Art bildet manchmal Reviere.

Hält.B.: Weicher Bodengrund aus feinem, dunklem Sand, in den sich die Fische gern einwühlen. Versteckmöglichkeiten und Höhlen aus Steinen; dichte Bepflanzung. Pflanzen in Schalen geben. Schwache Beleuchtung, da dunkle Aquarien der Marmorgrundel am besten zusagen.

Wasser mittelhart (10 - 15° dGH) und neutral (pH 7). Bei der Eingewöhnung kann ein schwacher Seesalzzusatz von Vorteil sein (1 - 2 Teelöffel auf 10 l Wasser).

ZU: In Gefangenschaft noch nicht gelungen.

FU: K, O; Allesfresser, am liebsten wird jedoch Lebendfutter genommen (Würmer, Rote Mückenlarven). Die Tiere sind äußerst gefräßig. Sie können täglich soviel fressen wie sie selbst wiegen.

Bes.: *Oxyeleotris marmoratus* ist eine der größten Schläfergrundeln und eine der größten Grundeln überhaupt.

T: 22 - 28° C, **L:** 50 cm, **BL:** 100 cm, **WR:** u, **SG:** 4 (G)

Verschiedene Echte Knochenfische

Dormitator maculatus

Oxyeleotris marmoratus

Fam.: Gasterosteidae — Stichlinge

Gasterosteus aculeatus LINNAEUS, 1758
Dreistachliger Stichling, Großer Stichling

Syn.: *Gasterosteus argyropomus, G. biaculeatus, G. brachycentrus, G. bispinosus, G. cataphractus, G. cuvieri, G. gymnurus, G. leiurus, G. niger, G. noveboracensis, G. obolarius, G. ponticus, G. semiarmatus, G. semiloricatus, G. spinulosus, G. teraculeatus, G. tetracanthus, G. trachurus, Leiurus aculeatus.*

Vork.: Ganz Europa, außer im Donaugebiet. Grönland, Island, Algerien, Nordasien und Nordamerika. Die Art kommt in Süß- und Brackwasser vor.

Ersteinf.: Einheimische Art.

GU: Während der Laichzeit deutlicher Geschlechtsdichromatismus. ♂♂ dann sehr farbenprächtig (rot, blau). ♀♀ unscheinbar grünlichgrau. Außerhalb der Laichzeit sind die ♂♂ schlanker und lebhafter.

Soz.V.: Die Tiere leben in Schwärmen. Während der Laichzeit bilden die ♂♂ feste Reviere, die gegen andere ♂♂ erbittert verteidigt werden. ♂ polygam (1 ♂ mit 3 - 4 ♀♀). Aufopferungsvolle Brutpflege, Vaterfamilie.

Hält.B.: Die Becken sollen sonnig stehen und mit einheimischen Pflanzen versehen sein. Gute Belüftung der Becken. Versteckmöglichkeiten (Steine, Wurzeln); sandiger Bodengrund.

ZU: 10 - 20° C; weiches, kalkfreies Wasser. 1 ♂ mit mehreren ♀♀. ♂ grenzt sein Revier ab und beginnt aus Pflanzenteilen ein Nest zu bauen. Zum Verkitten dieser Teile dient ein Stoff aus der Nebenniere. Das ♂ lockt ein laichbereites ♀ ins Nest. Nach dem Ablaichen verläßt das ♀ das Nest am entgegengesetzten Ende und schwimmt fort. Nun besamt das ♂ die Eier. Nach dem Laichen die ♀♀ herausfangen. Eizahl im Nest 20 - 50 Stück. Das ♂ betreibt intensive Brutpflege; die Jungfische werden noch einige Zeit vom Vater betreut.

FU: K; Lebendfutter (*Tubifex*, Daphnien, *Cyclops*, Insektenlarven). Die Art läßt sich selten an Flockenfutter gewöhnen.

Bes.: Die Tiere müssen im Winter kalt gehalten werden (5 - 8° C), da sie sonst im Frühjahr nicht ablaichen. Stichlinge sind sehr anfällig gegenüber *Ichtyophthirius* und das Sporentier *Glugea*. In kalkhaltigem Wasser sterben Stichlinge früher oder später ab.

T: 4 - 22° C, (Kaltwasserfisch), **L:** 12 cm, **BL:** 70 cm, **WR:** m, u, **SG:** 2

Pungitius pungitius (LINNAEUS, 1758)
Neunstachliger Stichling, Kleiner Stichling, Zwergstichling

Syn.: *Gasterostea pungitius, Gasterosteus pungitius, G. bussei, G. occidentalis, Pygosteus occidentalis, P. pungitius.*

Vork.: Wie bei *Gasterosteus aculeatus*, aber nicht so weit südlich. Der Zwergstichling fehlt im Mittelmeergebiet. Über das Verbreitungsgebiet dieser Art ist im einzelnen noch sehr wenig bekannt.

Ersteinf.: Einheimische Art.

GU: ♂ zur Laichzeit mit schwarzer Kehle und Brust und orangefarbenen Bauchflossen.

Soz.V.: Ähnelt dem von *Gasterosteus aculeatus* sehr stark, doch die Jungfische leben nicht in großen Schwärmen wie beim Großen Stichling.

Hält.B.: Wie bei *G. aculeatus* angegeben.

ZU: Gleiche Bedingungen wie bei *G. aculeatus*, nur wird das Nest nicht auf den Boden gebaut, sondern in einiger Entfernung vom Untergrund.

FU: K; Lebendfutter aller Art, nur ausnahmsweise Flockenfutter.

Bes.: *Pungitius pungitius* frißt nicht so gern Fischlaich und -larven wie *Gasterosteus aculeatus*. Vom Zwergstichling gibt es zwei Unterarten: 1. *Pungitius pungitius pungitius* (LINNAEUS, 1758). Das Verbreitungsgebiet deckt sich mit dem angegebenen. 2. *Pungitius pungitius sinensis* (GUICHENOT, 1869), der nur in Ostasien vorkommt.

T: 10 - 20° C (Kaltwasserfisch), **L:** 7 cm, **BL:** 50 cm, **WR:** u, m, **SG:** 2

Verschiedene Echte Knochenfische

Gasterosteus aculeatus

Pungitius pungitius

Fam.: Gobiidae   Grundeln

Brachygobius doriae (GÜNTHER, 1868)
Syn.: *Gobius doriae.*
Vork.: Ostmalaysia: Sarawak. Die Tiere kommen sowohl in Süßwasser als auch im Brackwasser vor.
Ersteinf.: 1905.
GU: Die ♂♂ sind meist kräftiger gefärbt. Die ♀♀ sind zur Laichzeit wesentlich dicker als die ♂♂. Etwa zwei Tage vor dem Ablaichen sind die ♀♀ sicher an ihrer Legeröhre zu identifizieren.
Soz.V.: Sehr ruhige und friedliche Fische. Jedes Tier beansprucht ein kleines Territorium, in dem keine Artgenossen geduldet werden.
Hält.B.: Das Aquarium sollte viele Versteckmöglichkeiten haben (Steine, Wurzeln, umgedrehte Blumentöpfe). Feiner, dunkler Sand als Bodengrund. Die Tiere sind am besten im Artbecken zu pflegen. pH 7,5 - 8,5, Härte 20 - 30° dGH.
ZU: 26 - 29° C; Wasser hart (ab 15° dGH, Meersalzzusatz). Die Tiere laichen nur nach abwechslungsreicher Fütterung. Frischwasserzusatz erhöht die Laichbereitschaft. Es wird unter Steinen oder in Blumentöpfen abgelaicht. Die Gelege umfassen etwa 150 - 200 Eier. Die Jungen schlüpfen nach etwa 4 Tagen. Das ♂ pflegt die Brut.
FU: K; kleines Lebendfutter (*Tubifex*, Enchyträen, Mückenlarven, Daphnien, *Cyclops* usw.).
Bes.: Die Art ist in reinem Süßwasser sehr empfindlich. Meersalzzusatz zum Wasser wird dringend angeraten (1 - 2 Eßlöffel auf 10 l Wasser). Die Jungfische von *B. doriae* schwimmen zuerst einige Zeit frei in unteren Wasserschichten. Erst ab einem bestimmten Alter gehen sie zum Bodenleben über.

B. doriae in Normalfärbung

T: 22 - 29° C, **L:** 4,2 cm, **BL:** 60 cm, **WR:** u, **SG:** 3

Hypogymnogobius xanthozona (BLEEKER, 1849)
Goldringelgrundel, Hummelgrundel
Syn.: *Gobius xanthozona, Thaigobiella sua.*
Vork.: Südostasien: Indonesien; Sumatra, Borneo, Java; im Süß- und Brackwasser.
Ersteinf.: 1905 durch REICHELT.
GU: ♀ während der Laichzeit wesentlich dicker, matter gefärbt, vor dem Ablaichen mit deutlicher Legeröhre.
Soz.V.: Ruhige, friedliche, reviebildende Fische. Innerhalb des Reviers werden keine Artgenossen geduldet. ♂ betreibt Brutpflege (Vaterfamilie).
Hält.B.: Wie bei *Brachygobius doriae* angegeben. Meersalzzusatz (1 - 2 Eßlöffel auf 10 l Wasser).
ZU: Siehe bei *Brachygobius doriae*.
FU: K; Lebendfutter aller Art (Enchyträen, *Tubifex*, Kleinkrebse, Mückenlarven). Die Tiere lassen sich fast nie an Flockenfutter gewöhnen.
Bes.: Die Jungfische von *H. xanthozona* schwimmen wie die von *Brachygobius doriae* anfänglich frei im Wasser herum. Sie gehen erst im fortgeschrittenen Alter zum Bodenleben über. Die Gattung gilt als monotypisch. Siehe "Das Aquarium" 12/1990.

T: 25 - 30° C, **L:** 4,5 cm, **BL:** 60 cm, **WR:** u, **SG:** 3

Verschiedene Echte Knochenfische

Brachygobius doriae in Laichfärbung

Hypogymnogobius xanthozona

Fam.: Gobiidae   Grundeln

Periophthalmus barbarus (LINNAEUS, 1766)
Schlammspringer
Syn.: *Gobius barbarus, Euchosistopus koelreuteri, Gobiomorus koelreuteri, Periophthalmus argentilineatus, P. dipus, P. juscatus, P. kalolo, P. koelreuteri, P. modestus.*
Vork.: Afrika: vom Roten Meer bis nach Madagaskar; Südostasien, Australien, Südsee; im Brackwasser der Flußmündungen.
Ersteinf.: 1896.
GU: Bisher keine sicheren bekannt.
Soz.V.: Revierbildender, teilweise amphibisch lebender Fisch.
Hält.B.: Die Hälterung der Tiere ist nicht leicht, da die ökologischen Bedingungen ihres Lebensraumes im Aquarium nur unvollkommen nachgeahmt werden können. Pflege in Aquarien mit großer Grundfläche, im Becken eine Uferzone aus feinem Sand schaffen. Sand durch Äste und flache Steine verfestigen. Den aquatischen Teil des Aquariums mit Brackwasser füllen. Die Becken gut abdecken und für hohe Luftfeuchtigkeit sorgen. Die Lufttemperatur sollte ebenso hoch wie die des Wassers sein; gute Filterung des Wassers. Artbecken. pH 8 - 8,5; Seesalzzusatz 1 - 2 %.
ZU: In Gefangenschaft noch nicht gelungen.
FU: K; überwiegend Lebendfutter, besonders Würmer aller Art. Die Tiere fressen gern Grillen und häufig Flockenfutter.
Bes.: Schlammspringer sind typische Fische der Gezeitenzonen tropischer Meere. In besonderem Maße werden Mangrovensümpfe bewohnt. Die Tiere leben an der Land-Wassergrenze. Bei absinkendem Wasserspiegel graben sich die Schlammspringer flache Mulden in den Sand. Die Tiere können sehr zutraulich werden.

T: 25 - 30° C, **L:** 15 cm, **BL:** 80 - 100 cm, **WR:** o und Land, **SG:** 4

Stigmatogobius sadanundio (HAMILTON, 1822)
Gefleckte Grundel, Rittergrundel
Syn.: *Gobius sadanundio, G. apogonius, Valmosa spilopleura.*
Vork.: Südostasien: Borneo, Sumatra, Java. Die Tiere kommen überwiegend im Süßwasser vor.
Ersteinf.: 1905.
GU: Die Flossen der ♂ ♂ sind meist größer als die der ♀ ♀. Die ♀ ♀ sind kleiner und gelblicher gefärbt.
Soz.V.: Friedliche Fische; sie lassen sich am besten mit Fischen vergesellschaften, die mittlere Wasserschichten bevorzugen. ♂ ♂ sind in der Laichzeit territorial.
Hält.B.: Die Becken müssen nicht sehr hoch sein; wichtiger ist, daß sie eine große Grundfläche aufweisen. Weicher, sandiger Bodengrund und Versteckmöglichkeiten (Höhlen) aus Steinen und/oder halbierten Blumentöpfen. Einige Pflanzen, die Brackwasser vertragen. Die Tiere sind am besten im Artbecken zu halten.
ZU: 24 - 28° C; hartes Wasser (Seewasserzusatz). Die Tiere laichen nach ausgeprägten Liebesspielen meist an der Decke von Höhlen ab. Gelege bis zu 1000 Eier. Gelege wird vom ♂ betreut. Die Larven treiben nach dem Schlupf frei im Wasser. Brutpflege findet nach dem Schlupf nicht mehr statt.
FU: K, H; Lebendfutter aller Art (Würmer, Mückenlarven usw.) und manchmal auch Algen (starke Beleuchtung).
Bes.: Die Tiere sind widerstandsfähiger, wenn man dem Wasser 1 - 2 Eßlöffel Seesalz auf 10 l Wasser zufügt. Man sollte auf keinen Fall versuchen, die Tiere an weiches Wasser zu gewöhnen. Die Temperatur hält man am besten nicht konstant, sondern läßt sie um einige Grade schwanken (tagsüber etwas höher, nachts niedriger).

T: 20 - 26° C, **L:** 8,5 cm, **BL:** 70 cm, **WR:** u, **SG:** 3

Verschiedene Echte Knochenfische

Periophthalmus barbarus

Stigmatogobius sadanundio

Fam.: Gymnotidae — Messeraale

Gymnotus carapo   LINNAEUS, 1758
Gebänderter Messerfisch, Amerikanischer Messerfisch

Syn.: *Carapus inaequilabiatus, C. fasciatus, Giton fasciatus, Gymnotus brachiurus, G. carapus, G. fasciatus, G. putaol, Sternopygus carapo, S. carapus.*

Vork.: Mittel- und Südamerika: von Guatemala über das Amazonasgebiet, Ecuador, Peru, Guyana, Paraguay bis zum Rio de la Plata im Süden und den Anden im Westen.

Ersteinf.: 1910 von den Vereinigten Zierfischzüchtereien in Conradshöhe.

GU: Bisher noch unbekannt.

Soz.V.: Die Tiere sind gegen Artgenossen sehr bissig; gegenüber größeren Fischen anderer Arten in den meisten Fällen friedlich.

Hält.B.: Die Art ist anspruchslos. Die Becken sollten viele Versteckmöglichkeiten aus Wurzeln und Steinen aufweisen. Die Tiere sind nachtaktiv. Dichte Bepflanzung mit harten Pflanzen wird bevorzugt. pH 6 - 7,5; Härte bis 15° dGH.

ZU: Bisher noch unbekannt.

FU: K; Lebendfutter aller Art, Regenwurmstückchen. Flockenfutter wird nicht gern genommen.

Bes.: Es wurde beobachtet, daß neu importierte Tiere manchmal auf dem "Kopf" stehen. Es handelt sich dabei wahrscheinlich um Tiere, die Schwimmblasenschäden davongetragen haben.

T: 22 - 28° C, **L:** 60 cm, **BL:** ab 100 cm, **WR:** m, u, **SG:** 2 - 3

Verschiedene Echte Knochenfische
Fam.: Hemiramphidae — Halbschnäbler

Dermogenys pusilla VAN HASSELT, 1823
Hechtköpfiger Halbschnäbler

Syn.: *Hemirhamphus fluviatilis.*

Vork.: Südostasien: Thailand, Malaiische Halbinsel, Singapur, Indonesien (Große Sundainseln); im Süß- und Brackwasser.

Ersteinf.: 1905 durch REICHELT.

GU: ♂ in der Rückenflosse ein roter Fleck, kleiner als das ♀. Afterflosse des ♂ zu einem Begattungsorgan (Andropodium) modifiziert.

Soz.V.: Lebhafter Oberflächenfisch, der gegen Artgenossen oft sehr streitsüchtig ist. ♂♂ führen erbitterte Kämpfe aus, die teilweise zu Verletzungen führen können. Die Tiere sind besonders während der Eingewöhnungszeit sehr schreckhaft.

Hält.B.: Becken mit großer Grundfläche und niedrigem Wasserstand (20 cm). Bodengrund aus Kies oder Sand. Lichte Bepflanzung der Ränder, auf der Wasseroberfläche vereinzelt Schwimmpflanzen, viel freier Schwimmraum. Bis auf die Frontscheibe alle Scheiben veralgen lassen. Die Tiere verlieren dadurch etwas ihre Schreckhaftigkeit. Die Fische vertragen auch Temperaturen bis unter 18° C, sind aber erst bei höheren Temperaturen richtig aktiv. *D. pusilla* mag Seesalzzusatz (2 - 3 Teelöffel auf 10 l Wasser). Nach der Eingewöhnung kann Wasser bis 10° dGH und mit einem pH-Wert um 7 geboten werden.

ZU: 24 - 28° C; *D. pusilla* ist lebendgebärend. Nicht leicht, da die ♀♀ oft tote Jungfische werfen. Im allgemeinen werden ein oder zwei lebensfähige Generationen geboren, spätere Generationen erbringen oft nur tote Junge. Vitaminisiertes Futter (v.a. Vitamin D) schafft hier Besserung (briefl. Mitt. HIERONIMUS). Sehr interessante Liebesspiele. Die Begattung erfolgt über das Andropodium des ♂. Die ♀♀ sind zwischen 20 und 60 Tage trächtig. Es werden zwischen 10 und 30 Junge geworfen. Aufzucht der Jungfische mit feinstem Lebendfutter.

FU: K; hauptsächlich Lebendfutter: *Drosophila,* andere Fliegen, Mückenlarven, Kleinkrebse, *Tubifex,* auch Flockenfutter.

Bes.: Die Fische nicht plötzlich erschrecken, da sie sonst wild im Becken umherschießen und sich ihren "Schnabel" verletzen können. Solche Beschädigungen führen nicht selten zum Tod. Becken gut abdecken, da die Tiere sehr gut springen können. Bei Nachzuchten verliert sich die Schreckhaftigkeit.

T: 18 - 30° C, **L:** 7 cm, **BL:** 60 cm, **WR:** o, **SG:** 3

Fam.: Hemiramphidae — Halbschnäbler

Nomorhamphus liemi liemi VOGT, 1978
Schlammspringer

Syn.: Keine (?).
Vork.: Südsulawesi (Hochland von Maros).
Ersteinf.: Nicht bekannt.
GU: Afterflosse des ♂ zu einem Begattungsorgan modifiziert (Andropodium); ♂ immer kleiner, fleischiger Lappen am Unterkiefer größer und pechschwarz, intensiver gefärbt; fleischiger Lappen beim ♀ kleiner und rot oder farblos.
Soz.V.: In lockeren Schwärmen lebender, lebhafter Oberflächenfisch. Vergesellschaftung nur mit Friedfischen.
Hält.B.: Langgestreckte Becken mit großer Grundfläche und niedrigem Wasserstand (20 cm). Empfehlenswert ist eine starke Umwälzanlage, mit der eine kräftige Strömung erzeugt werden kann. Lockere Bepflanzung, Versteckmöglichkeiten aus Steinen. Wasser mittelhart bis weich (5 - 12° dGH) und minimal sauer bis schwach alkalisch (pH 6,9 - 7,5).
ZU: 25° C; Wasserwerte: 5° dGH, pH 6,5; Schwimmpflanzendecke. Die Nachzucht gelingt in weichem Wasser besser. Die erfolgreiche Nachzucht über einen längeren Zeitraum hinweg ist problematisch.

Die ♂ ♂ balzen fast ununterbrochen. Die Tiere haben eine innere Befruchtung und sind lebendgebärend. Die befruchteten Eier entwickeln sich in einer sackartigen Erweiterung des Eierstocks, und die Embryonen wachsen hier innerhalb von 6 - 8 Wochen heran. Bei der Geburt sind die Jungfische schon 18 mm lang. Die Würfe sind klein (9 - 11 Jungfische). Die Jungen müssen sofort nach der Geburt isoliert werden, da sie sonst vom ♀ gefressen werden.
FU: K; Lebendfutter, vorwiegend anfliegende Insekten (geflügelte Ameisen, Fliegen), Mückenlarven, *Tubifex*, Flockenfutter.
Bes.: Die *Nomorhamphus*-Arten unterscheiden sich von den *Dermogenys*-Arten dadurch, daß ihr Unterkiefer nicht zu einem Schnabel ausgezogen ist. Bei *Nomorhamphus* überragt lediglich ein fleischiger Lappen am Unterkiefer den Oberkiefer. Die Gattung *Nomorhamphus* ist auf der Insel Sulawesi endemisch. Die Becken gut abdecken, da die Tiere gute Springer sind.

T: 24 - 26° C, **L:** ♂ 6 cm, ♀ 9 cm, **BL:** 70 cm, **WR:** o, **SG:** 3

Nomorhamphus liemi snijdersi VOGT, 1978

Syn.: Keine.
Vork.: Indonesien: Sulawesi, östlich der Stadt Maros.
Ersteinf.: 1977 durch VOGT.
GU: ♂ mit zu einem Begattungsorgan (Andropodium) umgewandelter Afterflosse.
Soz.V.: Sehr ähnlich dem von *Nomorhamphus liemi liemi*.
Hält.B.: Wie bei *N. liemi liemi*.
ZU: Siehe bei *N. liemi liemi*.
FU: K; Lebendfutter aller Art, sehr gern werden Insekten gefressen (Anflugnahrung); Flockenfutter.
Bes.: Keine.

T: 23 - 26° C, **L:** 9 cm, **BL:** 70 cm, **WR:** o, **SG:** 3

Verschiedene Echte Knochenfische

Nomorhamphus liemi liemi

Nomorhamphus liemi snijdersi

Fam.: Kneriidae Bohnenfische

Kneria sp.
Syn.: Keine.
Vork.: Angola bis Ostafrika. Bisher wurden zehn Arten beschrieben.
Ersteinf.: 1963 durch "Aquarium Hamburg".
GU: Siehe Bes.
Soz.V.: Friedlicher, geselliger Fisch, der durchaus im Gesellschaftsbecken mit Arten ähnlicher Ansprüche, wie kühle Temperaturen und Algennahrung, gehalten werden kann.
Hält.B.: Die Fische kommen in klaren, fließenden Bächen der "Forellenregion" vor. Naturgemäße Haltung setzt daher eine gute Filterung mit Strömung, sauerstoffreiches Wasser und kühle Temperaturen voraus. Wasser sehr weich (bis 3° dGH); im Aquarium wird auch mehr Härte (bis ca. 18° dGH) vertragen.

ZU: Nicht schwierig. Die Eier werden nach kurzem Zusammenhaften der Partner wahllos im Aquarium ausgestoßen und sinken zu Boden. Die Larven schlüpfen nach 4 Tagen. Die Eltern kümmern sich um die Brut.
FU: O; Allesfresser; Lebendfutter. In der Natur Aufwuchs aus Algenrasen.
Bes.: Die ♂♂ der Gattung haben in Höhe des "Ohrs" auf dem Kiemendeckel und dahinter ein bohnenförmiges, mit Lamellen besetztes Haftorgan (Occipitalorgan), welches zur Fortpflanzung dient (Anheften des ♂ an das ♀). Dieses Organ wird als Vorstufe des sog. Weberschen Apparates (s. S. 212) angesehen. Unter anderem deshalb werden die Kneriidae zu den Vorläufern der Karpfenartigen Fische gerechnet.

T: 18 - 22° C, **L:** 7 cm, **BL:** 60 cm, **WR:** u, **SG:** 1 - 2

Verschiedene Echte Knochenfische
Fam.: Luciocephalidae — Hechtköpfe

Luciocephalus pulcher (GRAY, 1830)
Hechtkopf

Syn.: *Diplopterus pulcher.*

Vork.: Südostasien: Malaiische Halbinsel, Singapur, Sumatra, Borneo, Bangka, Belitung; stehende Gewässer und ruhige Zonen fließender Gewässer.

Ersteinf.: 1905 durch REICHELT.

GU: ♀ fülliger. Bei dominanten und balzenden ♂♂ zerfällt die Streifenzeichnung in Punktreihen.

Soz.V.: Raubfisch der mittleren Wasserregion, der gegenüber gleich großen Fischen jedoch friedlich ist. Hechtköpfe lassen sich gut in kleinen Gruppen pflegen, sind untereinander sehr verträglich.

Hält.B.: Gut bepflanztes, geräumiges Artbecken. Im Gegensatz zu früheren Vermutungen bezüglich der Wasserwerte nicht besonders anspruchsvoll: Wasser mittlerer Härte mit pH-Wert bis zu 7,5 wird gut vertragen. Da die Fische in der Natur in sehr weichem und saurem, also relativ bakterienarmem Wasser vorkommen, werden sie im Aquarium oft Opfer von Infektionen durch Futterfische.

ZU: 1987 gelungen (KOKOSCHKA, 1988, "DATZ": 34 - 35, 80 - 81). ♂ balzt mit aufgeblähter Kehle und gegenläufigen Bewegungen der Bauchflossen. Maulbrüter im männlichen Geschlecht. Nach mindestens 28 Tagen werden bis zu 90 ca. 12 - 13 mm lange Junge entlassen. Als Erstfutter eignen sich gesiebte Schwarze Mückenlarven und die Larven schaumnestbauender Labyrinthfische, deren Schaumnest man abschöpfen und in das Aufzuchtbecken bringen kann.

FU: Nur Lebendfutter; hauptsächlich Fische, aber auch Garnelen und Insektenlarven, die im plötzlichen Zustoß (Stoßräuber) aus dem freien Wasser erbeutet werden. Das Maul wird dabei wie beim südamerikanischen Blattfisch (*Monocirrhus*) vorgestülpt. Nahrungsaufnahme vom Grund bereitet Schwierigkeiten, da dabei Kies ins Maul gerät. Futter von der Wasseroberfläche wird nicht genommen.

Bes.: Hechtköpfe besitzen ein zusätzliches Atmungsorgan (Labyrinth). Bei der Form der Schwimmblase sowie beim speziellen Hörorgan (trommelfellbedecktes *Foramen exoccipitale*) liegen Übereinstimmungen mit den Labyrinthfischen vor, in deren Verwandtschaft *Luciocephalus pulcher* mit hoher Wahrscheinlichkeit gehört. Die Afterflosse ist tief gespalten, so daß der Eindruck von zwei Flossen entsteht (daher auch *Diplopterus* im Syn.).

T: 22 - 26° C, **L:** 18 cm, **BL:** 120 cm, **WR:** m, **SG:** 4

Fam.: Mastacembelidae — Stachelaale

Mastacembelus armatus (LACÉPÈDE, 1800)
Stachelaal, Riesenstachelaal

Syn.: *Macrognathus armatus.*
Vork.: Südostasien: Indien, Sri Lanka, Thailand, Südchina, Sumatra.
Ersteinf.: 1922.
GU: ♀ zur Laichzeit wesentlich dicker.
Soz.V.: Ähnelt dem von *Mastacembelus erythrotaenia.*
Hält.B.: Wie bei *M. erythrotaenia* angegeben. Bei *M. armatus* Seesalzzusatz (2 bis 3 Teelöffel auf 10 l Wasser) und regelmäßiger Frischwasserzusatz. Für ausreichende Versteckmöglichkeiten sorgen.
ZU: Im Aquarium bisher noch nicht gelungen.

FU: K; Lebendfutter, wie Kleinkrebse, Würmer, Mückenlarven und Fische. Die Tiere sind nur schwer an Flockenfutter zu gewöhnen. Gefriergetrocknete Futtertiere und Futtertabletten werden dagegen meist gern angenommen.
Bes.: Wie andere *Mastacembelus*-Arten gräbt sich auch *M. armatus* in den Bodengrund ein. In seiner Heimat ein beliebter Speisefisch.

T: 22 - 28° C, **L**: 75 cm, **BL**: 100 cm, **WR**: u, **SG**: 3

Macrognathus circumcinctus (HORA, 1924)
Gürtelstachelaal

Syn.: *Mastacembelus circumcinctus.*
Vork.: Südostthailand.
Ersteinf.: Fraglich.
GU: Unbekannt.
Soz.V.: Angriffslustig gegenüber Art- und Gattungsgenossen. Frißt kleine Fische, kann jedoch gut mit größeren Fischen anderer Gattungen vergesellschaftet werden.
Hält.B.: Weicher Bodengrund aus Sand und Torf ist wichtig, da sich die Tiere bei Gefahr darin einwühlen. Dicht bepflanzte Becken mit Schwimmpflanzen zur Abdunklung tragen zum Ablegen der Scheu bei. *Macrognathus circumcinctus* führt ein verstecktes Leben. Manchmal sieht man ihn tagelang nicht oder nur den Kopf, der aus dem Sand herausschaut. Jedem Tier eine separate Höhle bieten.
ZU: Bisher nicht gelungen.

FU: K; Lebendfutter wie die vorige Art. Die Tiere fressen fast nur nachts (auch kleine Fische!), weshalb abends gefüttert werden muß.
Bes.: Wenn die Beleuchtung über einen Dimmer gedämpft wird, kommen die Tiere aus ihren Verstecken, wie auch bei anderen *Macrognathus*-Arten beobachtet wurde.

T: 24 - 27° C, **L**: 16 cm, **BL**: 80 cm, **WR**: u, **SG**: 3

Verschiedene Echte Knochenfische

Mastacembelus armatus

Macrognathus circumcinctus

Fam.: Mastacembelidae — Stachelaale

Macrognathus aculeatus (BLOCH, 1786)
Augenfleck-Stachelaal
Syn.: *Macrognathus maculatus.*
Vork.: Südostasien: Thailand, Sumatra, Molukken, Borneo, Java; die Art kommt im Süßwasser und im Brackwasser vor.
Ersteinf.: Unbekannt.
GU: Bisher unbekannt.
Soz.V.: S. *Mastacembelus erythrotaenia.*
Hält.B.: Wie bei *M. erythrotaenia.*
ZU: Über eine gelungene Zucht im Aquarium berichtet erstmalig STAUDE (1985) in Aquarien-Terrarien 32: 263 - 264. Die Tiere wurden abwechslungsreich gefüttert, außerdem wurde wöchentlich ein Drittel des Wassers gewechselt. Das größere Tier (19 cm) zeigte Laichansatz und konnte somit als ♀ identifiziert werden. Das kleinere (11 cm) stellte sich als ♂ heraus. Vor dem Ablaichen bekam das ♀ eine deutliche Analpapille. Nach heftigem Balzen wurden über 1000 glasklare 1,2 mm große Eier abgegeben. Die Larven schlüpften nach 3 Tagen, nach weiteren 3 Tagen schwammen die 6 mm langen Larven frei. Sie wurden mit Rädertierchen und *Cyclops*-Nauplien gefüttert. Die Wasserwerte bei Ablaichen und Aufzucht: 24 - 26° C, pH 7,2 und 39° dGH.
FU: Lebendfutter wie Mückenlarven, Enchyträen, *Tubifex*, Kleinkrebse, Regenwürmer, Fische.
Bes.: Der Augenfleck-Stachelaal ist durch das charakteristische Zeichnungsmuster von *Mastacembelus*-Arten gut zu unterscheiden. Die Gattung *Macrognathus* unterscheidet sich von der Gattung *Mastacembelus* u.a. durch eine geriffelte Unterseite der Schnauze.

T: 23 - 28° C, **L**: 35 cm, **BL**: 80 cm, **WR**: u, **SG**: 3

Mastacembelus erythrotaenia BLEEKER, 1850
Rotstreifen-Stachelaal, Feueraal
Syn.: *Macrognathus erythrotaenia.*
Vork.: Südostasien: Thailand, Burma, Sumatra, Borneo.
Ersteinf.: Unsicher, wohl erst nach 1970.
GU: Nur am geschlechtsreifen Tier feststellbar. ♀♀ sind dann dicker als ♂♂.
Soz.V.: Untereinander sehr unverträglich, deshalb wird Einzelhaltung empfohlen. *M. erythrotaenia* ist dämmerungs- und nachtaktiv und frißt kleine Fische, deshalb nur mit gleich großen oder größeren Fischen vergesellschaften.
Hält.B.: Weicher Bodengrund (feinster Sand); kräftige Pflanzen, Verstecke und Höhlen aus Steinen oder umgedrehten Blumentöpfen bzw. Tonröhren, Schwimmpflanzen zur Lichtdämpfung. Wasser weich bis mittelhart (bis 15° dGH) und neutral (pH 7). Geringer Seesalzzusatz (1 - 2 Teelöffel auf 10 l Wasser); gute Durchlüftung.
ZU: Im Aquarium noch nicht gelungen.
FU: K; Lebendfutter aller Art (*Tubifex*, Daphnien, *Cyclops*, *Artemia*, Mückenlarven). Größere Tiere fressen auch Fische.
Bes.: *M. erythrotaenia* scheint nach den bisherigen Erfahrungen der empfindlichste Vertreter der Familie zu sein; gegenüber Hauttrübern (parasitischen Wimperntierchen) und Verletzungen.

T: 24 - 28° C, **L**: 100 cm, **BL**: ab 100 cm, **WR**: u, **SG**: 3

Mastacembelus zebrinus BLYTH, 1848
Bänder-Stachelaal
Syn.: Keine.
Vork.: Hinterindien; Thailand; in einem Fluß mit Wasserfällen in der Nähe von Trang.
Ersteinf.: Unbekannt.
GU: Unbekannt.
Soz.V.: Wie bei *M. erythrotaenia.*
Hält.B.: Wie bei *M. erythrotaenia.*
ZU: Im Aquarium noch nicht gezüchtet.
FU: K; Lebendfutter aller Art: Mückenlarven, Kleinkrebse, *Tubifex*, kleine Regenwürmer.
Bes.: *M. zebrinus* hat gegenüber anderen *Mastacembelus*-Arten weit weniger Stachelstrahlen (16) in der Rückenflosse.

T: 24 - 28° C, **L**: 9 cm, **BL**: 50 cm, **WR**: u, **SG**: 3

Verschiedene Echte Knochenfische

Macrognathus aculeatus

Mastacembelus erythrotaenia

Mastacembelus zebrinus

Fam.: Melanotaeniidae — Regenbogenfische

Glossolepis incisus WEBER, 1908
**Lachsroter Regenbogenfisch, Kammschuppen-Regenbogenfisch,
Roter Guinea Regenbogenfisch**

Syn.: Keine.

Vork.: Nördliches Neuguinea in der Umgebung des Sentani-Sees und im See selbst.

Ersteinf.: 1973 durch WERNER & FRECH.

GU: Deutlicher Geschlechtsdimorphismus (-dichromatismus). ♂ wesentlich hochrückiger, Körper und Flossen sind leuchtend lachsrot; ♀ gestreckter. Körper gelboliv mit goldgelb glänzenden Schuppen. Flossen sind durchscheinend gelb gefärbt.

Soz.V.: Sehr friedlicher, schwimmfreudiger Schwarmfisch; die Tiere sind sehr schreckhaft.

Hält.B.: Wie bei *Melanotaenia*-Arten. Wasser hart (18 - 25° dGH) und neutral bis schwach alkalisch (pH 7 - 7,5).

ZU: 24 - 26° C; die Zucht ist nicht schwierig. Ablauf der Balz und der Paarung wie bei *Melanotaenia*-Arten. Als Laichsubstrat Javamoos einbringen. Die Eier sind stark haftend und anfangs glasklar. Die Entwicklungsdauer der Eier beträgt 7 - 8 Tage. Die geschlüpften Jungfische schwimmen sofort und suchen ihre Nahrung direkt unter der Wasseroberfläche. Die Fütterung erfolgt mit Rädertierchen und pulverisiertem Eigelb. Die Jungfische sind anfangs sehr langsamwüchsig.

FU: Lebendfutter aller Art, geschabtes Rindfleisch.

Bes.: An die Jungfische von *Glossolepis incisus* keine *Cyclops*-Nauplien verfüttern, da diese nach der Häutung zum *Cyclops* die Jungfische anfallen und töten können. Die Umfärbung des ♂ beginnt erst bei einer Länge von 5 - 7 cm. Vorher sind die Fische recht unscheinbar gefärbt, siehe DATZ 12/95, Seite 770.

T: 22 - 24° C, L: 15 cm, BL: 80 cm, **WR**: m, o, **SG**: 2

Melanotaenia fluviatilis (CASTELNAU 1878)
Australischer Perlmutterregenbogenfisch

Syn.: *Aristeus fluviatilis, Melanotaenia splendida fluviatilis, Nematocentris fluviatilis.*

Vork.: Australien: New South Wales und Queensland im Inlandsgebiet des Murray-Darling Systems.

Ersteinf.: 1927 als *M. nigrans*.

GU: ♂ intensiver gefärbt mit roten Linien auf dem Schwanzstiel; ♀ matter gefärbt und ohne rote Linien auf dem Schwanzstiel.

Soz.V.: Siehe bei *Melanotaenia maccullochi*.

Hält.B.: Wie bei anderen *Melanotaenia*-Arten. Wasser weich bis mittelhart (um 10° dGH), klar und sauerstoffreich.

ZU: Wie bei *Melanotaenia maccullochi* angegeben. Die Zucht von *M. fluviatilis* ist nicht schwierig.

FU: K, O; Lebendfutter, Flockenfutter.

Bes.: Sehr ähnlich der beschriebenen Art ist *M. duboulayi* (CASTELNAU, 1878). Diese Art ist im Küstenbereich von New South Wales und Süd-Queensland anzutreffen. Sie gilt als Synonym zu *Melanotaenia fluviatilis*.

T: 22 - 25° C, **L:** 10 cm, BL: 80 cm, **WR**: m, **SG**: 2

Verschiedene Echte Knochenfische

Glossolepis incisus ♂

Melanotaenia fluviatilis

Fam.: Melanotaeniidae — Regenbogenfische

Melanotaenia maccullochi OGILBY, 1915
Zwergregenbogenfisch

Syn.: *Nematocentris maccullochi.*

Vork.: Süßgewässer des nordöstlichen Australien, im Süden bis Sydney.

Ersteinf.: 1974 durch "Aquarium Hamburg".

GU: ♂♂ wesentlich kräftiger gefärbt als ♀♀, weiterhin sind die 2. Rückenflosse und die Afterflosse beim ♂ spitzer ausgezogen.

Soz.V.: Lebhafter, friedlicher Schwarmfisch.

Hält.B.: Mäßige Bepflanzung mit feingliedrigen Pflanzen, am besten nur die Aquarienränder oder den -hintergrund bepflanzen; viel freien Schwimmraum lassen. Feiner Bodengrund. Das Aquarium sollte so stehen, daß es von der Morgensonne beschienen wird (Osten).

ZU: 24 - 26° C; Wasser am besten mittelhart bis hart (ab 10° dGH). Die Tiere laichen in feingliedrigen Pflanzen meistens morgens ab. Freilaicher! Die Zahl der abgegebenen Eier beträgt 150 - 200 Stück. Die Eier haben kurze Fäden, die der Haftung dienen. Die Entwicklungszeit der Eier beträgt bei 25° C etwa 7 Tage. Bei guter Fütterung sind die Elterntiere keine Laichräuber.

FU: Lebendfutter aller Art. Der Zwergregenbogenfisch frißt auch Flockenfutter (TetraMenü) u.a..

Bes.: Die Tiere lieben den Zusatz von Frischwasser. Die Eier dieser Art sind sehr lichtempfindlich.

T: 20 - 25° C, **L:** 7 cm, **BL:** 70 cm, **WR:** m, o, **SG:** 1

Melanotaenia splendida splendida PETERS, 1866
Kap York-Regenbogenfisch

Syn.: *Nematocentris splendida, Strabo nigrofascitatus, Aristeus fitzroyensis, A. rufescens.*

Vork.: Australien: östliches Queenland, Kap York-Halbinsel.

Ersteinf.: 1968 (?), 1970 über die USA.

GU: ♂♂ sind höher gebaut, lebhafter gefärbt und After- und Rückenflosse sind zugespitzt.

Soz.V.: Ähnelt dem von *Melanotaenia maccullochi.*

Hält.B.: Wie bei *Melanotaenia maccullochi* angegeben.

ZU: Wie bei anderen *Melanotaenia*-Arten. Die Tiere sind ab 5 cm geschlechtsreif. Die männlichen Tiere sind während der Balz und Paarung sehr lebhaft.

FU: K; Lebendfutter aller Art, *Tubifex,* Daphnien, *Cyclops, Artemia,* Mückenlarven; Flockenfutter.

Bes.: *M. splendida* macht einen Gestaltswechsel durch. So sind jugendliche Exemplare sehr schlank, während alte Tiere außerordentlich hochrückig sind. Das betrifft besonders die ♂♂. Die Eier dieser Art können feucht verschickt werden.

T: 20 - 25° C, **L:** 15 cm, **BL:** 90 cm, **WR:** u, besonders ältere Tiere, **SG:** 2

Verschiedene Echte Knochenfische

Melanotaenia maccullochi

Melanotaenia splendida splendida

Fam.: Mormyridae　　　　　　　　　　　　　　　　　Nilhechte

Gnathonemus petersii (GÜNTHER, 1862)
Tapirfisch, Elefanten-Rüsselfisch, Spitzbartfisch

Syn.: *Mormyrus petersii, Gnathonemus pictus.*

Vork.: West- und Zentralafrika: Nigeria, Kamerun und Zairegebiet.

Ersteinf.: 1950.

GU: Siehe Zeichnung unten.

Soz.V.: *G. petersii* ist gegenüber artfremden Fischen friedlich. Dagegen werden Tiere der eigenen Art unterdrückt, wenn sie schwächer sind. Die Art ist revierbildend.

Hält.B.: Dichte Bepflanzung mit dunklen Stellen (dämmerungs- und nachtaktive Tiere). Höhlen und andere Verstecke aus Wurzeln und Steinen; weicher Bodengrund (feinster Sand), da die Fische gern im Boden wühlen und dort auch ihre Nahrung suchen. Gelegentliche Frischwasserzugabe ist angebracht. Dabei ein gutes Wasseraufbereitungsmittel verwenden.

ZU: Bisher im Aquarium noch nicht gelungen.

FU: K, O; Lebendfutter (*Tubifex*, Enchyträen, Daphnien, *Cyclops*, Mückenlarven). Die Art geht auch an Flockenfutter und gefriergetrocknete Futtermittel.

Bes.: Bei diesen Fischen ist ein elektrisches Organ ausgebildet. Das Verhältnis Gehirngewicht zu Körpergewicht ist bei *G. petersii* günstiger als beim Menschen. Doch ist im Gegensatz zum Menschen nicht das Vorderhirn, sondern das Kleinhirn stark vergrößert. Im Wasserwerk Göppingen wird diese Fischart als Trinkwasserwächter eingesetzt. Normalerweise können 800 Stromschläge pro Minute gemessen werden.

T: 22 - 28° C, **L**: 23 cm, **BL**: 80 cm, **WR**: u, **SG**: 3

Campylomormyrus tamandua (GÜNTHER, 1864)
Kap York-Regenbogenfisch

Syn.: *Mormyrus tamandua, Gnathonemus tamandua.*

Vork.: Westafrika: Volta, Niger, Tschad-, Schari- und Zairebecken.

Ersteinf.: Unbekannt.

GU: Afterflosse beim ♂ an der Basis eingebuchtet, beim ♀ gerade, siehe Zeichnung.

Soz.V.: Lebt in Trupps oder kleinen Schwärmen, nachtaktiv.

Hält.B.: Möglichst weiches Wasser; die Art ist nicht sehr empfindlich, verträgt auch saures Wasser: pH 5 und weniger.

ZU: Sehr schwierig, wenn überhaupt geglückt. Voraussetzung ist die Veränderung von pH-Wert und Leitfähigkeit des Wassers, des Wasserstandes und eine Imitation von Regen (KIRSCHBAUM, 1977).

FU: Lebendfutter bevorzugt, *Tubifex*, Chironomidenlarven, auch Wasserflöhe, nimmt aber auch Trockenfutter.

Bes.: Wie alle Mormyriden mit elektrischem Organ im Schwanzstiel. Entladungen, kurze Pulse, leicht hörbar zu machen, z.B. mit Transistorradio: einen Draht an die Masse legen, einen anderen an den "Schleifer" des Lautstärkereglers, andere Enden ins Aquarium tauchen. Die Entladungen beeinträchtigen andere Fischarten nicht!

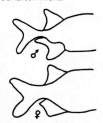

Geschlechtsunterschiede bei *Gnathonemus/Campylomormyrus*

T: 22 - 24° C, **L**: 43 cm, **BL**: ab 120 cm, **WR**: u, m, **SG**: 4 (G)

Verschiedene Echte Knochenfische

Gnathonemus petersii

Campylomormyrus tamandua

Fam.: Notopteridae — Messerfische

Notopterus notopterus (PALLAS, 1769)
Asiatischer Fähnchen-Messerfisch

Syn.: *Gymnotus notopterus, Notopterus kapirat.*

Vork.: Südostasien: Indien, Burma, Thailand, Malaysia, Sumatra und Java.

Ersteinf.: 1933.

GU: Unbekannt.

Soz.V.: Unverträgliche, dämmerungs- und nachtaktive Fische. Die Tiere leben einzelgängerisch und werden am besten auch einzeln gehalten. Brutpflegend, Vaterfamilie.

Hält.B.: Wie bei *Xenomystus nigri* angegeben.

ZU: Über eine gelungene Zucht im Aquarium berichtet VAN PINXTEREN (1974): "DATZ" 27, 364 - 369. Die Tiere hatten über Nacht abgelaicht. Die Eier befanden sich auf dem Boden und an Steinen. Die Eier wurden vom ♂ bewacht. Es wedelt mit seinen Brustflossen frisches Wasser über die Eier und verjagt alle anderen Fische. Die Eientwicklung dauert etwa 2 Wochen. Die frischgeschlüpften Jungen sind gegen Manipulationen empfindlich. Fütterung mit *Artemia*-Nauplien.

FU: K; frißt ausschließlich Lebendfutter (Kleinkrebse, wasserlebende Insektenlarven, Schnecken, Würmer, Fische).

Bes.: Die Familie Notopteridae besteht aus den Gattungen *Notopterus* LACÉPÈDE, 1800, *Xenomystus* GÜNTHER, 1868 und *Papyrocranus* GREENWOOD; 1963. Die beiden Gattungen sind leicht an der Rückenflosse unterscheidbar, da diese den *Xenomystus*-Arten fehlt.

T: 24 - 28° C, **L**: 35 cm, **BL**: 100 cm, **WR**: u, **SG**: 3

Xenomystus nigri (GÜNTHER, 1868)
Afrikanischer Messerfisch

Syn.: *Notopterus nigri.*

Vork.: Afrika: Oberlauf des Nils, Zaire, Gabun, Niger, Liberia.

Ersteinf.: 1909 durch SIGGELKOW.

GU: Es sind keine sicheren äußeren Geschlechtsunterschiede bekannt.

Soz.V.: Jungfische sind Schwarmtiere, während ältere Exemplare Einzelgänger sind. Sie sind dann untereinander häufig unverträglich. Gegen Fische anderer Arten sind sie verträglich.

Hält.B.: Dichte Randbepflanzung, freier Schwimmraum (wichtig). Einige Verstecke aus Wurzeln oder Steinen. Becken etwas abdunkeln. Die Art ist dämmerungs- und nachtaktiv. Sie ist am besten im Artbecken zu halten. Das Wasser sollte weich (um 5° dGH) und schwach sauer (pH 6 - 6,5) sein.

ZU: Über Zuchterfolge im Aquarium ist bisher nichts bekannt. In Freiheit legt *Xenomystus nigri* etwa 150 - 200 Eier mit einem Ø von ungefähr 2 mm.

FU: K; die Art ist ein gefräßiger Räuber. Sie frißt Lebendfutter aller Art (*Tubifex,* Enchyträen, Insekten, Insektenlarven, Mollusken, Fische, Regenwürmer usw.). Sie kann auch mit Fleischstückchen gefüttert werden.

Bes.: *Xenomystus nigri* kann Töne von sich geben, die an Bellen erinnern. Diese Töne werden durch den Übertritt von Luft aus dem *Ductus pneumaticus* (Schwimmblasengang) in den Vorderdarm erzeugt. Die Art kann von anderen Messerfischen leicht durch das Fehlen der Rückenflosse unterschieden werden.

T: 22 - 28° C, **L**: 30 cm, **BL**: 90 cm, **WR**: m, **SG**: 2 - 3

Verschiedene Echte Knochenfische

Notopterus notopterus

Xenomystus nigri

Fam.: Osteoglossidae — Knochenzüngler

Osteoglossum bicirrhosum (CUVIER, 1829)
Gabelbart, Arowana, Knochenzüngler, Arahuana

Syn.: *Ischnosoma bicirrhosum, Osteoglossum vandelli.*
Vork.: Stromgebiet des Amazonas.
Ersteinf.: 1912 durch RACHOW.
GU: Geschlechtsreife ♀♀ sind dicker als die ♂♂; bei adulten ♂♂ ist der Unterkiefer länger als der Oberkiefer, außerdem ist die Afterflosse länger ausgezogen.
Soz.V.: Die Tiere sind Raubfische und untereinander sehr bissig. Man sollte sie nur mit größeren Fischen vergesellschaften.
Hält.B.: Weiches, leicht torfhaltiges Wasser, aufgelockerte Bepflanzung mit mittelharten bis harten Pflanzen; in der oberen Wasserschicht freier Schwimmraum, feiner Bodengrund.
ZU: Für den normalen Liebhaber nicht möglich, da die Tiere zu groß werden. Die Zucht ist aber inzwischen gelungen. Dem Ablaichen geht ein einfaches Liebesspiel voraus. Die Eier sind sehr groß (Ø bis 1,6 cm!). Sie werden vom ♂ ins Maul genommen und dort erbrütet. Die Zeitigungsdauer der Eier im Maul beträgt 50 - 60 Tage. Die Jungfische sind beim Entlassen aus dem Maul 8 - 10 cm lang und haben keinen Dottersack mehr.
FU: K; bei großen Tieren hauptsächlich Fische, sonst Wasserflöhe, Mückenlarven usw. Geht teilweise auch an Flockenfutter und Tabletten.
Bes.: Die Becken müssen gut abgedeckt sein, da die Gabelbärte gute Springer sind. Die Tiere können mit ihrer Schwimmblase atmosphärische Luft aufnehmen. Die Tiere können sowohl unter als auch über Wasser sehen.

T: 24 - 30° C, **L:** bis 120 cm, **BL:** ab 100 cm, **WR:** o, **SG:** 4 (K)

Osteoglossum ferreirai KANAZAWA, 1966
Schwarzer Knochenzüngler

Syn.: Keine.
Vork.: Südamerika: Rio Negro.
Ersteinf.: 1968.
GU: Bisher keine sicheren bekannt.
Soz.V.: Ähnelt dem von *Osteoglossum bicirrhosum*.
Hält.B.: Wie bei *O. bicirrhosum* angegeben. Wasser bis 10° dGH und leicht sauer (pH 6,5), Torfzusatz.
ZU: Im Aquarium schon gelungen, aber nur in sehr großen Becken. Die Zucht ist für den Liebhaber normalerweise aus Platzgründen nicht möglich. Die Tiere sind Maulbrüter, das ♂ nimmt die kirschgroßen Eier ins Maul. Die Entwicklungsdauer der Eier beträgt 6 - 8 Wochen. Die Jungfische sind beim Verlassen des Maules schon etwa durchschnittlich 9 cm lang.
FU: K; Lebendfutter, hauptsächlich Fische. Die Tiere fressen auch Kaulquappen, große Insekten und Insektenlarven.
Bes.: Becken gut abdecken, da die Tiere gute Springer sind.

T: 24 - 30° C, **L:** 100 cm, **BL:** ab 100 cm, **WR:** o, **SG:** 4 (K)

Verschiedene Echte Knochenfische

Osteoglossum bicirrhosum

Osteoglossum ferreirai

Fam.: Pantodontidae Schmetterlingsfische

Pantodon buchholzi PETERS, 1876
Schmetterlingsfisch

Syn.: Keine.

Vork.: Westafrika: Nigeria, Kamerun, Zaire.

Ersteinf.: 1905 durch SCHROOT.

GU: Beim ♂ Hinterrand der Afterflosse stark bogenförmig eingebuchtet, wobei die mittleren Strahlen eine Röhre bilden; beim ♀ bildet der Hinterrand der Afterflosse eine gerade Linie.

Soz.V.: Oft recht unverträgliche Oberflächenfische. Sie werden am besten mit Fischen vergesellschaftet, die mittlere und untere Wasserschichten bevorzugen. Zu kleine Fische werden gefressen.

Hält.B.: Niedrige Becken mit großer Grundfläche; ein Wasserstand von 15 - 20 cm reicht aus. Die Art der Bepflanzung ist von untergeordneter Bedeutung, doch sollten immer einige Schwimmpflanzen vorhanden sein. Wasserwerte wie bei der Zucht.

ZU: 25 - 28° C; weiches bis mittelhartes Wasser (bis 10° dGH), das leicht sauer ist (pH um 6,5); Torfzusatz; Becken mit mindestens 50 l Inhalt. Zuchtansatz 1 ♂ und 1 ♀. Gute, abwechslungsreiche Fütterung der Zuchttiere ist Voraussetzung für eine erfolgreiche Zucht. Fütterung mit Ameisenpuppen beeinflußt den Laichansatz besonders günstig. Vor dem Laichen wird das ♀ stark getrieben. Bei jeder Paarung werden 3 - 7 Eier abgegeben. Die Eier sind leichter als Wasser und steigen auf zur Wasseroberfläche. Schmetterlingsfische laichen über einen längeren Zeitraum jeden Tag ab (Eizahl 80 - 220). Man schöpft deshalb die Eier vorsichtig mit einem Eßlöffel ab und überführt sie in ein spezielles Aufzuchtaquarium. Bei 25° C schlüpfen die Jungfische nach ca. 36 Stunden. Die Aufzucht der Jungen ist schwierig und verlangt ein genaues Studium der Spezialliteratur (z.B. PINTER: Aquarienfischzucht).

FU: K; Lebendfutter (Fliegen, Mückenlarven, Heimchen, Mehlwürmer und Fische), Flockenfutter (Großflocken).

Bes.: Die Eier sind bei der Abgabe durchsichtig. Sie nehmen aber innerhalb von 8 - 10 Stunden eine dunkelbraune bis schwarze Färbung an. Da *P. buchholzi* gut springt, Becken gut abdecken.

T: 23 - 30° C, **L:** 10 cm, **BL:** 80 cm, **WR:** o, **SG:** 3

Verschiedene Echte Knochenfische
Fam.: Phractolaemidae — Afrikanische Schlammfische

Phractolaemus ansorgei — BOULENGER, 1901
Afrikanischer Schlammfisch

Syn.: Keine.

Vork.: Westafrika: Nigerdelta, Ethiope-Fluß, oberer Zaire; an schlammigen, stark verkrauteten Stellen; Süßwasserfisch

Ersteinf.: 1906 durch SIGGELKOW.

GU: Geschlechtsreife ♂ ♂ haben am Kopf weiße Knötchen und am Schwanzstiel zwei Reihen spitzer Auswüchse.

Soz.V.: Friedlicher, stark gründelnder Bodenfisch.

Hält.B.: Weicher, schlammiger Bodengrund; sehr dichte Bepflanzung; Becken etwas abdunkeln. Verstecke aus Wurzeln. Die Tiere stellen an die Wasserbeschaffenheit keine Ansprüche, sind aber sehr wärmebedürftig. pH-Wert 6 - 8; Härte bis 25°dGH.

ZU: Im Aquarium noch nicht gelungen.

FU: Lebendfutter aller Art, Schabefleisch, Flockenfutter, Futtertabletten.

Bes.: Die Fische haben ein winziges, kaum wahrnehmbares Maul. Dieses wird bei der Nahrungsaufnahme rüsselartig vorgestülpt. Die Tiere haben eine akzessorische Luftatmung.

T: 25 - 30° C, **L:** 15 cm, **BL:** 80 cm, **WR:** u, **SG:** 2

Fam.: Rhamphichthyidae — Amerikanische Messerfische

Eigenmannia virescens (VALENCIENNES, 1849)
Grüner Messerfisch

Syn.: *Cryptops humboldtii, C. lineatus, C. virescens, Eigenmannia humboldtii, Sternarchus virescens, Sternopygus humboldtii, S. limbatus, S. lineatus, S. microstomus, S. tumifrons.*

Vork.: Tropisches Südamerika: vom Stromgebiet des Rio Magdalena bis zum Rio de la Plata. Die Art kommt nur im Süßwasser vor.

Ersteinf.: 1909.

GU: Deutlicher Geschlechtsdimorphismus bezüglich der Größe. Die ♂♂ werden erheblich größer.

Soz.V.: Nachtaktive, recht scheue, aber ziemlich gesellig lebende Fische. Eine Gruppe von Fischen bildet eine feste Sozialstruktur. Es gibt dominierende und weniger aggressive Tiere. Es kommt aber nie zu ernsthaften Verletzungen.

Hält.B.: Bodengrund aus nicht zu grobem Kies; auf Bepflanzung kann verzichtet werden. Schwimmpflanzen zur Schaffung von Halbschatten. Verstecke aus Wurzeln, Steinen und Tonröhren. Die Art scheint keine Ansprüche an das Wasser zu stellen, liebt aber Altwasser. Gute Filterung und gedämpftes Licht. Tiere am besten im Artbecken halten. pH-Wert 6 - 7; Härte 2 - 15° dGH. Die Art lebt gern in strömungsreichen Becken inmitten starker Bepflanzung.

ZU: Im Aquarium bereits gelungen. Genaue Informationen enthält der Artikel von KIRSCHBAUM (1982): Aquarienmagazin 16 (12): 738 - 742. Vier Umweltfaktoren lösen nach KIRSCHBAUM die Reifung der Geschlechtsorgane aus: 1. Eine kontinuierlich abfallende elektrische Leitfähigkeit, 2. ein Absinken des pH-Wertes, 3. ein Anstieg des Wasserniveaus und 4. die Imitation von Regen. Das Ablaichen der Fische erfolgt in der zweiten Hälfte der Nacht. Es laicht jeweils das dominante ♂ der Gruppe, das fast immer auch das größte Tier der Gruppe ist, mit dem paarungsbereiten ♀ ab. Die Eier sind klebrig, und es werden pro Laichakt einige wenige Eier, bevorzugt an Schwimmpflanzen, abgesetzt. Pro Ablaichen werden je nach Größe der ♀♀ 100 - 200 Eier abgelegt. Das Ablaichen erstreckt sich über mehrere Stunden.

FU: K; Lebendfutter aller Art (*Tubifex*, Mückenlarven, Kleinkrebse, Schnecken, kleine Fische).

Bes.: Die Tiere haben weder Rücken- noch Schwanzflossen. Die Afterflosse weist ungefähr 240 Strahlen auf. *E. virescens* ist empfindlich gegen Frischwasser. Deshalb ist bei Wasserwechsel stets ein gutes Aufbereitungsmittel zu verwenden.

T: 22 - 28° C, **L:** ♂ 45 cm, ♀ 20 cm, **BL:** 120 cm, **WR:** m, u, **SG:** 2 - 3

Steatogenes elegans (STEINDACHNER, 1880)

Syn.: *Rhamphichthys elegans, R. mirabilis, Brachyrhamphichthys elegans.*

Vork.: Nordöstliches Südamerika: Peru, Guyana, Brasilien (Amazonien). Die Tiere leben im Süßwasser.

Ersteinf.: 1912 durch ZELLER.

GU: Unbekannt.

Soz.V.: Die Art ist vollkommen harmlos, wird aber trotzdem von anderen Fischen im Aquarium gemieden. Mit ruhigen gleich großen oder größeren Fischen vergesellschaften.

Hält.B.: Dunkle Aquarien mit vielen Versteckmöglichkeiten aus Wurzeln und Steinen; dichte Bepflanzung; Altwasser. Wasser leicht sauer (pH 6 - 6,5) und weich bis mittelhart (bis 12° dGH).

ZU: Im Aquarium noch nicht gelungen.

FU: K; kleines Lebendfutter (Daphnien, *Cyclops*, Mückenlarven, *Tubifex*).

Bes.: Die Kiefer von *Steatogenes elegans* sind, im Gegensatz zu denen anderer Messerfische, unbezahnt. Empfindlich gegen Frischwasserzusatz.

T: 22 - 26° C, **L:** 20 cm, **BL:** 80 cm, **WR:** m, u, **SG:** 3

Verschiedene Echte Knochenfische

Eigenmannia virescens

Steatogenes elegans

Fam.: Syngnathidae — Seenadeln

Enneacampus ansorgii (BOULENGER, 1910)
Kleine Süßwassernadel

Syn.: *Syngnathus ansorgii, S. pulchellus.*
Vork.: Westafrika: von Kamerun bis Gabun, im Zaire- und Ogowe-River; sowohl im Süß- als auch im Brackwasser.
Ersteinf.: 1973.
GU: ♂ ♂ mit auffälliger Bauchfurche. Diese wird während der Laichzeit zu einer Bruttasche.
Soz.V.: Friedliche, harmlose Fische. Die Tiere betreiben Brutpflege. Nur mit ebenso ruhigen Fischen vergesellschaften oder im Artbecken halten.
Hält.B.: Feinsandiger Bodengrund; lockere Bepflanzung mit Vallisnerien und ähnlichen Pflanzen. Sonniger Stand des Beckens, schwache Durchlüftung. Wasser mittelhart bis hart (10 - 18° dGH) und neutral (pH 7), Seewasserzusatz (1 - 2 Teelöffel Seesalz auf 10 l). Die Tiere gehen in weichem, saurem Wasser ein.
ZU: Über eine gelungene Zucht im Aquarium berichten PEKAR und ZUKAL im Tropical Fish Hobbyist 30 (11): 28 -33 (1985). Das ♀ laicht über der Bruttasche des ♂ ab. Die Eier werden beim ♂ hinter der Afteröffnung angeheftet und von zwei seitlichen Falten bedeckt, die die Bruttasche bilden.
FU: K; frißt ausschließlich Lebendfutter: Kleinkrebse (Daphnien), *Bosmina, Cyclops Diaptomus, Artemia*), Weiße Mückenlarven, kleinste Fische (Guppies).
Bes.: Die Nahrungstiere werden nicht geschnappt, sondern eingesaugt. Unter der Mundröhre (in Augenhöhe), befindet sich ein dehnbares Häutchen. In diesem ist das Zungenbein eingebettet. Soll ein Beutetier aufgenommen werden, wird das Zungenbein nach unten gedrückt. Dadurch dehnt sich das Häutchen. Gleichzeitig werden die Kiemendeckel und die Mundöffnung verschlossen. Es entsteht im Inneren der Mundröhre ein Unterdruck, der sich beim Öffnen des Maules mit einem kräftigen Wasserstrom ausgleicht. Die Beute wird mit diesem Wasserstrom in die Mundröhre eingesaugt.

T: 24 - 28° C, **L:** 15 cm, **BL:** 80 cm, **WR:** m, u, **SG:** 4

Verschiedene Echte Knochenfische

Microphis (KAUP, 1856)
(Oostethus) brachyurus aculeatus
Große Süßwassernadel

Syn.: *Doryichthys juillerati, D. lineatus (partim), D. macropterus, Microphis aculeatus, M. (Dorichthys) aculeat, M. brachyurus, M. (D.) smithii, M smithii, Oostethus brachyurus aculeatus, Syngnathus pulchellus.*

Vork.: Afrika: Küstengewässer (Süß- und Meerwasser) von Senegal bis Angola.

Ersteinf.: 1954.

GU: ♂♂ mit Bauchtasche, die durch zwei Längsleisten gebildet wird. Beim ♀ ist der Bauch abgerundet.

Soz.V.: Ruhige, friedliche Art, vorzugsweise für Artbecken.

Hält.B.: Sandboden mit harten Pflanzen, die Salzzusatz vertragen, wie z. B. einige Vallisnerien. Salzzusatz 10 g(l Wasser. pH-Wert 7,5 - 8,2; Härte über 20 - 30° dGH.

ZU: Die Zucht dürfte der vorigen Art gleichen.

FU: Wie vorige Unterart.

Bes.: Die Eier werden beim ♂ auf der Bauchseite angeheftet. Dieses Eifeld wird seitlich von zwei vorspringenden Längskanten geschützt.

T: 22 - 26° C, **L:** 20 cm, **BL:** 100 cm, **WR:** m, **SG:** 4

Fam.: Tetraodontidae — Kugelfische

Carinotetraodon lorteti (TIRANT, 1885)
Kammkugelfisch

Syn.: *Tetraodon somphongsi, T. lorteti, Carinotetraodon chlupatyi, C. somphongsi.*

Vork.: Hinterindien: Thailand; im Flußgebiet des Tachin (=Nakornchaisri). Die Tiere leben nur im Süßwasser.

Ersteinf.: 1957 durch TROPICARIUM.

GU: ♂ mit rostroter, oben graublauer und hinten weiß gesäumter Rückenflosse. Bauchunterseite rötlich, beim ♀ hellgrau mit dunklen Punkten und Strichen.

Soz.V.: Versteckt lebend, beansprucht ein bestimmtes Revier, das energisch gegen Artgenossen verteidigt wird. Die Tiere sind gegen Artgenossen und manchmal auch gegen artfremde Fische unverträglich und bissig. Die ♂♂ zeigen nach HOLLY eine "Imponierstellung": auf der Bauchseite tritt ein Kiel hervor (Gattungsname!) und gleichzeitig erhebt sich am Rücken ein Kamm.

Hält.B.: Wie bei *Tetraodon biocellatus* angegeben, ebenfalls kein Meersalzzusatz. Wasser nicht mehr als 10° dGH, besser 5° dGH, und pH 6,5.

ZU: Möglich und in Einzelfällen gelungen. Temperatur um 26° C; Wasser weich (5° dGH) und schwach sauer (pH 6,5). Bepflanzung mit Javamoos. Vor dem Ablaichen erfolgt ein ausgeprägtes, temperamentvolles Liebesspiel, wobei sich das ♂ beim Laichakt am ♀ festbeißt. Die Eier werden im Javamoos abgegeben, Eizahl bis 350 Stück. Nach dem Ablaichen Elterntiere herausfangen. Entwicklungszeit der Eier 30 Stunden. Aufzucht der Jungfische aus Mangel an geeignetem Aufzuchtfutter sehr schwierig.

FU: K; Lebendfutter (Schnecken, Muschelfleisch, Regenwürmer). Manchmal auch Tablettenfutter (TetraTips).

Bes.: Der Kammkugelfisch kann einen starken physiologischen Farbwechsel durchführen. Bei heller Umgebung weist der Fisch eine helle Färbung auf und umgekehrt. Die Art ist in der Lage, bei Unbehagen, Furcht o.ä., sich tot zu stellen. Der Kugelfisch schwimmt dann bauchwärts an der Wasseroberfläche, regungslos bis zu 15 min. Das bedeutet für den unwissenden Aquarianer, der oft genug dem Tier ein Seemannsbegräbnis gibt, den dann sicheren Tod des Tieres verursacht zu haben.

T: 24 - 28° C, **L:** 6,5 cm, **BL:** 60 cm, **WR:** m, u, **SG:** 3

Tetraodon nigroviridis DE PROCÉ, 1822
Grüner Kugelfisch

Syn.: *Tetraodon similans.*

Vork.: Südostasien: Indonesien, Sumatra, Borneo; im Süß- und Brackwasser.

Ersteinf.: 1905 durch REICHELT.

GU: Keine sicheren bekannt.

Soz.V.: Lebhafte, aber unverträgliche und bissige Fische; Jungfische sind relativ friedlich. Ältere Tiere sind aggressiv gegen Artgenossen und artfremde Fische. Nur gleich große Exemplare vergesellschaften, am besten Einzelhaltung. Das ♂ betreibt Brutpflege. Die Tiere vergreifen sich manchmal an Pflanzen.

Hält.B.: Bodengrund aus Sand oder Kies; dichte Rand- und Hintergrundbepflanzung, viel freier Schwimmraum; Verstecke aus Steinen, Wurzeln und umgedrehten Blumentöpfen. Wasser hart (ab 10° dGH) und neutral (pH 7). Die Art verträgt Süßwasser gut, fühlt sich aber am wohlsten in Brackwasser. In reinem Meerwasser sterben die Fische.

ZU: Die Art wurde schon nachgezüchtet. Die Zucht gelingt nur in Brackwasser. Die Tiere sind Substratlaicher und das ♂ betreibt Brutpflege.

FU: K, O; Schnecken, Muschelfleisch, Regenwürmer, *Tubifex,* Wasserflöhe, Mückenlarven, Salat, Tablettenfutter (TetraTips).

Bes.: Das Fleisch von *Tetraodon nigroviridis* ist für den Menschen und für Haustiere (Schwein, Katze, Hund, Ente) äußerst giftig. Es verliert seine Giftwirkung auch nicht in gekochtem Zustand.

T: 24 - 28° C, **L:** 17 cm, **BL:** 80 cm, **WR:** alle, **SG:** 3

Verschiedene Echte Knochenfische

Carinotetraodon lorteti, oben ♀, unten ♂

Tetraodon nigroviridis

Fam.: Tetraodontidae — Kugelfische

Tetraodon biocellatus   TIRANT, 1885
Palembang-Kugelfisch
Syn.: Keine.
Vork.: Südostasien: Thailand, Malaiische Halbinsel, Borneo, Sumatra. Die Art kommt nur im Süßwasser vor.
Ersteinf.: 1953 durch MÜHLHÄUSER.
GU: Schwer erkennbar und nur bei erwachsenen Tieren feststellbar; ♀ werden größer und gedrungener.
Soz.V.: Die Tiere sind untereinander unverträglich und bissig. Die Fische vergreifen sich manchmal an Pflanzen und beißen Löcher in die Blätter (wenn Schnecken auf der anderen Blattseite kriechen). Siehe Foto Seite 895.
Hält.B.: Bodengrund aus Sand; dichte Rand- und Hintergrundbepflanzung, freier Schwimmraum. Verstecke aus Steinen, Wurzeln und umgedrehten Blumentöpfen. Süßwasser, kein Brack- oder Meerwasser! Wasser weich bis mittelhart (5 - 12° dGH) und um den Neutralpunkt (pH 7). Einzelhaltung der Tiere.
ZU: Über eine erfolgreiche Zucht dieser Art im Aquarium ist bisher noch nichts bekannt.
FU: K; Lebendfutter, vorwiegend Weichtiere (Schnecken, Muschelfleisch). Die Fische fressen aber auch Leber und Salat.
Bes.: *T. biocellatus* ist leicht an dem feinen Netzwerk von schwarzen Linien erkennbar, die den gesamten Kopf und Körper überziehen.

T: 22 - 26° C, **L:** 6 cm, **BL:** 70 cm, **WR:** m, u, **SG:** 2 - 3

Tetraodon schoutedeni   PELLEGRIN, 1926
Kongokugelfisch, Leopardkugelfisch
Syn.: *Arthrodon schoutedeni.*
Vork.: Zentralafrika: unterer Zaire, Stanley Pool; nur im Süßwasser.
Ersteinf.: 1953 durch REICHELT.
GU: ♂ wesentlich kleiner als ♀.
Soz.V.: *T. schoutedeni* ist einer der friedlichsten Kugelfische. Die Tiere sind artfremden Fischen gegenüber sehr verträglich. Bei der Sichtung von Artgenossen kommt es zu Rivalitätskämpfen. Dabei kommt es zur Spreizung aller Flossen und zum Anstupsen des Kontrahenten. Das ♂ betreibt Brutpflege. Die Art vergreift sich manchmal an den Pflanzen, ohne diese zu fressen.
Hält.B.: Wie bei *Tetraodon nigroviridis* angegeben.
ZU: Ist schon mehrmals in Gefangenschaft gelungen. Temperatur um 25° C, Wasser mittelhart bis hart (10 - 20° dGH) und neutral (pH 7). Dichte Bepflanzung des Zuchtbeckens. *T. schoutedeni* gibt seine Eier oft ins freie Wasser ab. Das ♂ beißt sich an der Bauchseite des stets größeren ♀ fest und besamt die Eier sofort nach ihrer Abgabe. Manchmal werden die Eier auch auf Blättern abgesetzt und vom ♂ bewacht. Die Aufzucht der Jungfische ist sehr schwer, da es meist an geeignetem Futter mangelt.
FU: K; ausschließlich Lebendfutter (*Tubifex,* Enchyträen, dünnschalige Schnecken und Muscheln, Regenwürmer).
Bes.: Die Haut von *Tetraodon schoutedeni* ist mit winzigen Stacheln versehen, die nur an der Schnauze und in der Schwanzgegend fehlen.

T: 22 - 26° C, **L:** 10 cm, **BL:** 70 cm, **WR:** alle, **SG:** 3

Verschiedene Echte Knochenfische

Tetraodon biocellatus

Tetraodon schoutedeni

Fam.: Umbridae — Hundsfische

Umbra limi (KIRTLAND, 1840)
Amerikanischer Hundsfisch (Central Mudminnow)

Syn.: *Hydrargyra limi, H. fusca, H. atricauda.*

Vork.: Nordamerika: Kanada und USA von Quebec bis Minnesota und südlich bis zum Ohio-River. Die Art kommt auch im Gebiet der "Großen Seen" vor.

Ersteinf.: 1901.

GU: ♂ wesentlich kleiner, während der Laichzeit zitronengelb bis orangerot.

Soz.V.: Friedliche, ruhige Fische, die zur Laichzeit Reviere bilden und dann recht unverträglich sind. Das ♀ betreibt Brutpflege (Mutterfamilie).

Hält.B.: Weicher Bodengrund (feiner Sand); dichte Rand- und Hintergrundbepflanzung mit Kaltwasserarten, freien Schwimmraum lassen. Die Becken nicht zu hell stellen. Die Tiere lieben torfiges, weiches (um 5° dGH) und leicht saures (pH 6 - 6,5) Wasser. Auf eine Belüftung in den Becken kann verzichtet werden.

ZU: *Umbra limi* ist ein typischer Frühjahrslaicher. Die Entwicklungsdauer der Eier beträgt etwa 12 Tage. Sonst wie bei *U. pygmaea*.

FU: Lebendfutter aller Art, wie Zuckmückenlarven und andere Mückenlarven, Wasserasseln und andere Krebse, *Tubifex*; frißt auch gern Fischbrut.

Bes.: *Umbra limi* kann wie alle Hundsfische zusätzlich mit der Schwimmblase Luft atmen. Doch ist bei dieser Art die Luftatmung lebensnotwendig. Hindert man die Tiere daran, an der Wasseroberfläche nach Luft zu schnappen, so sterben sie selbst im sauerstoffreichsten Wasser. Der in der europäischen Fachliteratur meist zitierte Ungarische Hundsfisch (*Umbra krameri*) ist im Handel nicht zu haben. Die Art scheint fast ausgestorben zu sein.

T: 17 - 22° C (Kaltwasserfisch), **L:** ♂ 11,5 cm, ♀ 15 cm, **BL:** 80 cm, **WR:** u, **SG:** 2

Umbra pygmaea (DE KAY, 1842)
Amerikanischer Hundsfisch (Eastern Mudminnow)

Syn.: *Leuciscus pygmaeus, Fundulus fuscus, Melanura annulata, Umbra limipygmaea.*

Vork.: Nordamerika: USA, von Long Island bis zum Neuse-River. Die Fische bewohnen Niederungsflüsse und Sümpfe.

Ersteinf.: 1901 (?).

GU: ♂ ist kleiner.

Soz.V.: Ruhiger und anspruchsloser Schwarmfisch, der zur Laichzeit Reviere bildet. ♀ betreibt Brutpflege (Mutterfamilie).

Hält.B.: Wie bei *Umbra limi* angegeben. *Umbra pygmaea* eignet sich für das Kaltwasser-Gesellschaftsbecken.

ZU: 19 - 23° C. Die Jungfische von *U. pygmaea* schlüpfen bei 23° C nach etwa 6 Tagen. Das ♀ hebt eine Nestgrube aus, die gegen andere Fische energisch verteidigt wird. Während des Laichens legt das ♀ seine Bissigkeit ab, nach der Eiablage steigert sich die Bissigkeit wieder. Eizahl 200 - 300 Stück. Die Eier werden vom ♀ bewacht und saubergehalten. Die Brutpflege erlischt beim Schlüpfen der Jungen. Die Jungfische lassen sich leicht aufziehen. Sie sind allerdings sehr große Kannibalen.

FU: Lebendfutter aller Art, auch Flockenfutter.

Bes.: *Umbra pygmaea* unterscheidet sich von *U. krameri* durch die Anzahl der Stachelstrahlen in der Rückenflosse; *U. pygmaea* hat deren drei, *U. krameri* dagegen nur einen. Die Fische werden sehr zutraulich und lernen ihren Pfleger gut kennen. Hundsfische können über ihre Schwimmblase atmen (= akzessorische Atmung) und können auf diese Weise ihren Sauerstoffbedarf fast zu 100 % decken.

T: 17 - 23° C (Kaltwasserfisch), **L:** ♂ 12 cm, ♀ 15 cm, **BL:** 70 cm, **WR:** u, **SG:** 2

Verschiedene Echte Knochenfische

Umbra limi

Umbra pygmaea

Flockenfutter

Die Ernährung der Zierfische

Die Bedeutung der Flockenfutter in der Aquaristik

80 % aller Aquarianer füttern ihre Zierfische heute ausschließlich mit Flockenfutter* und Futtertabletten.

Etwa 15 % der Aquarianer füttern regelmäßig etwa einmal pro Woche zusätzlich Lebendfutter, wie Tubifex, Mückenlarven oder Daphnien, die sie selbst fangen oder in Zoogeschäften kaufen.

Nur 5 % aller Aquarianer füttern von Frühjahr bis Herbst Lebendfutter und im Winter Flockenfutter nur dann, wenn es draußen nichts mehr zu fangen gibt. Diese Aquarianer züchten häufig noch selbst Essigfliegen, Fruchtfliegen, Enchyträen oder Grindalwürmchen als Lebendfutter für Zuchttiere und besonders schwierig zu ernährende Arten.

In fast allen Aquarienbüchern der Welt finden sich immer wieder negative Hinweise auf Trocken-* oder Kunstfutter*. Die neuen modernen Flockenfuttermittel werden oft ignoriert oder als zu einseitig dargestellt, was sie durchaus nicht sein müssen.

Ohne die verschiedenen guten Zierfischflockenfuttermittel wäre die Aquaristik heute arm dran. Eine Millionen Aquarianer pflegen ca. 36 Millionen Zierfische allein in Deutschland. Diese brauchten ca. 3.000 Tonnen Lebendfutter im Jahr. Wo gäbe es dieses? Die Mehrzahl der Aquarianer würden ihr Aquarium und die Fische abschaffen, müßten sie ausschließlich mit Lebendfutter füttern. Noch ein paar Zahlen zum besseren Verständnis:

Ein Aquariumfisch frißt durchschnittlich 0,038 g Flockenfutter pro Tag (zum Vergleich: ein Neonfisch 0,014 g). Im Jahr sind das 13,88 g Futter pro Fisch. Bei 36 Millionen Fischen sind dies mehr als 500 Tonnen oder 500.000 kg Flockenfutter!

Fütterung mit Flockenfutter

Das Flockenfutter quillt innerhalb weniger Sekunden auf das drei- bis vierfache seines Ursprungsvolumens. Ein Nachquellen im Fischmagen und -darm ist unerwünscht und erfolgt nur dann, wenn die Fische die noch trockenen Flocken zu hastig schlucken, z. B. tun Sumatrabarben das häufig. Nach der Fütterung stehen sie dann mit aufgetriebenem Bauch schräg mit dem Kopf nach unten. Für solch hastige Fresser taucht man die Flocken zwischen zwei Fingerspitzen etwa zehn Sekunden unter Wasser. Normalerweise

---

* In diesem Buch werden die Begriffe Trocken- oder Kunstfutter nicht verwendet. Als solche wurden früher Ersatzfuttermittel wie Haferflocken, getrocknete Daphnien, Magermilch-, Hefeflocken usw. bezeichnet. Diese Stoffe waren in der Tat Kunstfutter und sind den wissenschaftlich entwickelten Flockenfuttermitteln von heute nicht gleichzusetzen.

Haltung und Pflege

reicht es jedoch, die Futterflocken einfach auf die Wasseroberfläche zu streuen. Einen Futterring sollte man nicht verwenden, da die Flocken auf engem Raum nicht genügend Zeit und Platz haben, schnell genug zu quellen. Zudem kommen auf zu engem Raum die scheuen Fische beim Fressen nicht zu ihrem Recht.

Wie häufig füttert man Flockenfutter?

In Gesellschaftsbecken reichen zwei bis vier Fütterungen am Tag. Eine halbe Stunde vor dem Lichtausschalten wird nicht mehr mit Flockenfutter gefüttert. Nachtaktive Fische, wie z. B. viele Welse, erhalten jedoch ihre Futterration erst zum Zeitpunkt des Lichtausschaltens: pro 5 cm "Welslänge" rechnet man etwa 1/2 - 1 TabiMin-Tablette oder 1/2 TetraTips oder ähnliche Tablettenfuttermittel. Jungfische bis ca. 2 cm Länge sollten 4 - 6 mal täglich Nahrung erhalten. In Züchtereien füttert man sogar bis zu 8 mal täglich.

Die Futteranalyse

Eine Deklarationspflicht für Analysewerte auf Fischfutterpackungen besteht in Deutschland nicht. Der Platz auf den Dosen ist vielfach zu klein. Dennoch sollten dem interessierten Verbraucher diese Daten vom Hersteller in leicht zugänglichen Merkblättern (Prospekte) offengelegt werden.

Der Fettgehalt

Dieser spielt eine wesentliche Rolle für die Qualität eines Futtermittels. Bei Fischfutter sollte er möglichst niedrig sein! 3 - 6 % sind optimal für fleischfressende Fische (Karnivoren). Ein höherer Gehalt ist schädlich und kann zu Leberverfettungen und Schädigungen der Fortpflanzungsorgane führen. Für Pflanzenfresser sollte der Gehalt nicht höher als 3 % sein.

Der Rohfasergehalt

Im Gegensatz zum Fett sollte Rohfaser im Futter in ausreichender Menge vorhanden sein. Der Mindestgehalt sollte 2 % betragen, besser wäre mehr, damit die Darmtätigkeit angeregt wird.

Der Eiweiß- oder Proteingehalt

Der erforderliche Eiweißgehalt des Futters ist stark abhängig davon, welche Fischarten man pflegt:
Fische, die in der Artbeschreibung unter FU ein K (=Karnivore) stehen haben, benötigen ein Futter, dessen Proteingehalt unter 30 % liegt (zwischen 15 und 30 %).

Flockenfutter

Der Kohlenhydratgehalt

Was sind Kohlenhydrate? Kohlenhydrate sind organische Verbindungen, die aus Kohlenstoff, Wasserstoff und Sauerstoff bestehen. Zucker und Stärke sind typische Vertreter. Sie sind in Kartoffeln, Getreide und Hülsenfrüchten enthalten. Einige Autoren weisen darauf hin, daß Kohlenhydrate im Fischfutter für manche Fischgruppen schädlich seien, z. B. sollen bei Labyrinthfischen und Salmlern durch Kohlenhydrate im Futter Leberverfettung, Verfettung der Geschlechtsorgane (Unfruchtbarkeit) usw. auftreten. Die Fettleber als krankhafte Veränderung nach Aufnahme einiger Flockenfuttersorten braucht nicht von den Kohlenhydraten zu stammen. Labyrinthfische können jahrelang mit Flockenfutter ernährt werden, ohne daß es zur Fettleber kommt. Diese bildet sich vielmehr durch die falsche Zusammensetzung von Eiweiß und zu hohem Fettgehalt (falsches Eiweiß und falsches Fett), und ist in viel geringerem Maße auf die Verfütterung von zuviel Kohlenhydraten zurückzuführen. Einige Fische, z. B. Karpfenfische, H (=Herbivoren), sind in der Lage, aus Kohlenhydraten körpereigenes Fett zu bilden. Raubfische, K (= Karnivoren), dagegen können das nicht. Deshalb scheiden diese Arten Kohlenhydrate weitgehend unverdaut wieder aus.

Der Wassergehalt

Dieser liegt im Flockenfutter zwischen 6 und 12 %; bei darüber liegenden Werten besteht die Gefahr, daß das Futter leicht verdirbt. Da es hygroskopisch (wasseranziehend) ist, sollte man Futterdosen immer gut verschlossen aufbewahren und nicht länger als ein Jahr stehen lassen. Bei Aufnahme von Feuchtigkeit im Futter kommt es zu einer vermehrten Bakterienbildung. Diese Bakterien zersetzen manchmal altes Futter, bis es zu bräunlichem Staub zerfällt und übel nach Ammoniak riecht. Durch sorgfältiges Verschließen der Dose gelangt wenig Sauerstoff an das Futter, wodurch eine vorzeitige Oxydation der Vitamine verhindert wird.

Der Vitamingehalt

Durch den Gehalt an Vitaminen und ihrem ausgewogenen Verhältnis zueinander wird die Qualität eines Nahrungs- und Futtermittels entscheidend bestimmt. Da der Verbraucher auf den Packungen über den Vitamingehalt nichts erfährt, weiß er nicht, wieviel er verabreicht. Mangels fehlender Veröffentlichung weiß er auch nicht, wieviel Vitamine eine bestimmte Fischart benötigt. Aus der Nutzfischzucht sind uns zwar die Bedürfnisse von Karpfen und Forellen bekannt, aber lassen sich diese z. B. auf Neonfische und andere Aquarienfische übertragen?

Haltung und Pflege

Welche Vitamine gibt es?
a) Fettlösliche Vitamine sind A, D_3, E, K.
b) Wasserlösliche Vitamine sind B_1 (Thiamin), B_2 (Riboflavin), B_3 (Nikotinsäure), B_5 (Pantothensäure), B_6 (Pyridoxin), B_{12} (Cyanocobalamin), C (Ascorbinsäure), Folsäure.

Die Aufgabe der Vitamine und ihre Wirksamkeit

Vitamin A ist wichtig für das Zellwachstum, insbesondere bei Jungfischen. Inwieweit es Einfluß auf die Augen der Fische hat, ist wenig geklärt.
Mangelerscheinungen: Schlechtes Wachstum, Verkrüppelungen des Rückgrats und der Flossen. Da Vitamin A fettlöslich ist, kann es nicht über das Wasser zugeführt werden, sondern immer nur über das Futter. Es ist instabil und empfindlich gegen Luftsauerstoff und Licht.

Vitamin D_3 spielt eine maßgebliche Rolle beim Knochenaufbau des Fisches. Da die meisten Futtermittel viel Fischmehl enthalten, und im Fischmehl viel Fischleber mit hohem Anteil an Vitamin D_3 ist, sind Mangelerscheinungen nicht bekannt.

Vitamin E, das sogenannte Fruchtbarkeits-Vitamin, ist besonders für Zuchttiere bei der Entwicklung der Geschlechtsorgane wichtig. Der Gehalt von Vitamin A und E muß immer in einem bestimmten Verhältnis stehen. Ohne Vitamin E kann z. B. Vitamin A nicht wirken und umgekehrt.

Vitamin K ist wichtig für die Blutbildung und -gerinnung.
Bei Mangelerscheinungen kann es zu anämischen Folgen oder Tod bei Verwundungen kommen.

Vitamin B_1 ist wichtig zur Aufspaltung der Kohlenhydrate und wird benötigt, um die normale Funktion des Nervensystems aufrecht zu erhalten. Ferner fördert es Wachstum und Fruchtbarkeit, außerdem spielt es eine wesentliche Rolle bei der Verdauung.
Bei Mangel stehen die Fische lustlos im Wasser, fressen kaum oder gar nicht und sind scheu.

Vitamin B_2 wird benötigt, um verschiedene Verdauungsfunktionen und andere Enzyme im Körper zu steuern; es wird außerdem zum Proteinaufbau benötigt.
Wiederum sind schlechtes Wachstum und geringer Appetit äußere Kennzeichen bei Mangel. Außerdem kann es auch zu Augentrübungen kommen.

Vitamin B$_3$ braucht der Organismus, um aus der Nahrung die verschiedenen Bauelemente der Aminosäuren zu körpereigenem Eiweiß zu entnehmen. Es dient also dem Nahrungsaufschluß. Mangelerscheinungen: Schwäche, schlechte Verdauung, ziellose Bewegungen und in einem späterem Stadium Geschwüre.

Vitamin B$_5$ steuert die Hormonproduktion der Nebenniere und den Stoffwechsel. Bei Mangel kann es zu Zellverkrümmung, zusammengeklebten Kiemen und allgemeiner Schwächung kommen.

Vitamin B$_6$ spielt eine gewichtige Rolle im Enzymsystem des Fischkörpers, außerdem wird es zum Stoffwechsel des Proteinhaushalts benötigt. Bei Mangel kann es zu schneller Atemtätigkeit, Appetitverlust, mangelndem Wachstum und Scheu kommen.

Vitamin B$_{12}$ ist ebenfalls für den Stoffwechsel wichtig.

Vitamin C wird bei der Ausbildung von Zähnen und Knochen benötigt. Es beeinflußt die Heilung von Wunden positiv, wird im Enzymsystem zur Verdauung benötigt und fördert die Knorpelbildung. Bei Mangel kommt es zu Veränderungen der Haut, der Leber, der Nieren und des Muskelgewebes. Die Bedeutung von Vitamin C für Fische ist noch weitgehend unerforscht.

Vitamin H (= Biotin) wird als Wachstumsfaktor in jeder lebenden Zelle benötigt. Bei Mangel kommt es zu schlechter Blutbildung, insbesondere bei den roten Blutkörperchen.

Cholin ist wichtig für das Wachstum sowie für die Aufspaltung der Nährstoffe, insbesondere von Fett. Bei Fehlen kann es zu krankhaften Nieren- und Lebervergrößerungen kommen.

Vitamin M, Folsäure, spielt ebenfalls bei der Blutbildung eine Rolle und beim Stoffwechsel. Es reguliert den Glukose (Zucker)-Gehalt im Blut. Bei Fehlen oder Mangel äußert sich dies durch dunkle Hautpigmentierung, Schwäche und Veränderung der Nieren und anderer Organe.

Inositol spielt eine wesentliche Rolle für die Durchlässigkeit der Zellmembranen. Bei Mangel wird die Nahrung schlecht verwertet, wodurch es zu Appetitverlust, schlechtem Wachstum und manchmal Geschwüren kommen kann.

p-Aminobenzoidsäure ist ein Wachstumsstimulator. Bisher ist die Notwendigkeit dieses Vitamins für die Fische nicht nachgewiesen. Lebend- und tiefgekühlte Futter erhalten nicht unbedingt mehr Vitamine als Flockenfuttermittel. Sofern die Futterpackung einer Marke ein Herstellungs- und Verfalldatum trägt, sollte es einer anderen Marke vorgezogen werden, da dann die Sicherheit gegeben ist, frische Ware zu kaufen. Diese Frische ist besonders im Hin-

Haltung und Pflege

blick auf den ausreichend hohen und ausgewogenen Vitamingehalt wichtig. Alleinfuttermittel müssen die für Tiere notwendigen Vitamine und alle anderen Stoffe in ausreichender Menge enthalten.

Mineralstoffe und Spurenelemente

Für Fische sind besonders Kalzium und Phosphor zum Knochenaufbau wichtig. Im Fischfutter sind diese Stoffe naturgemäß in den Fischmehlen, in denen die Gräten anderer Fische verarbeitet werden, enthalten.

Da die für die Fischfutterherstellung verwendeten natürlichen Rohstoffe, besonders auch solche pflanzlicher Herkunft, diese Spurenstoffe in genügender Menge enthalten, fehlt es hieran in den im Handel angebotenen Flockenfutter nicht.

Vermerkt sei noch, daß im Gegensatz zum Vitamingehalt der Gehalt an Mineralstoffen und Spurenelementen nicht durch längerfristige Lagerung beeinträchtigt wird.

Folgende Richtwerte gelten für die wichtigsten Analysenwerte in einem guten Fischfutter:

Fischgruppe	Protein (Eiweiß)	Fett	Rohfaser
K*	> 45%	3–6%	2–4%
H	15–30%	1–3%	5–10%
L	30–40%	2–5%	2–6%
O	35–42%	2–5%	3–8%

Diese Grenzwerte sollten Richtlinien für den Hersteller sein. Für das einzelne Markenprodukt dürfen die Schwankungen nur viel geringer sein.

* Erklärung siehe S. 200.

Lebendfutter

Lebendfutter

Lebendfutter aus freien Gewässern birgt fast immer die Gefahr des Einschleppens von Krankheitserregern, die sich im warmen Wasser des Tropenaquariums schnell ausbreiten können. Zu diesen Krankheiten gehört der berüchtigte *Ichthyophthirius multifiliis* (Pünktchenseuche). Außerdem werden *Hydra* (Süßwasserpolypen), Fischläuse, Fischegel und andere Ektoparasiten eingeschleppt. Lebendfutter aus Teichen dagegen, in denen garantiert keine Fische leben, bergen weitaus weniger Krankheitserreger. Am besten wäre es jedoch, man hielte das benötigte Lebendfutter im eigenen Gartenteich (ohne Fische!), in einer ausgedienten Badewanne, in größeren Milchkannen oder ähnlichen Gefäßen.

Die Lebendfutter-Arten:

1. Krebsartige

Wasserflöhe (*Daphnia pulex, Daphnia magna, Cyclops* u.a.)
Als Abwechslung sind diese Wasserflöhe, einmal wöchentlich verfüttert, eine gute Beikost. Der Chitinpanzer und der mit einzelligen Algen gefüllte Darmkanal ist für viele Fischarten (K, L, O im Futterplan) ein wertvoller Ballaststoff. Der Darm wird dadurch zu gesunder Verdauung angeregt. Viele Arten spucken die Flöhe jedoch nach häufiger Fütterung wieder aus oder lutschen nur darauf herum und spucken die leere Hülle wieder aus. Fische nur mit Wasserflöhen zu ernähren, ist auf Dauer nur bei wenigen Arten möglich, bei den meisten Arten treten schnell Mangelerscheinungen auf. Doch das Vergnügen, seinen Fischen beim Verzehren von Wasserflöhen zuzuschauen, sollte man sich ab und zu gönnen. Der Beuteinstinkt der Fische, der bei der Fütterung mit Flockenfutter nur noch andeutungsweise vorhanden ist, entwickelt sich in Sekundenschnelle wieder voll und alle Fischarten machen Jagd.

Cyclops sind, besonders wenn sie kräftig rot gefärbt sind, eine recht gute Nahrung für Jungfische ab ca. 15 mm Länge. Ganz jungen Fischen können *Cyclops* jedoch gefährlich werden, denn der kleine Krebs kann sich mit seinen Zangen in den Körper der Jungfische bohren und daran fressen.

Bachflohkrebse (*Gammarus*-Arten) sind für größere Cichliden ein willkommenes Futter. Man findet sie in kleinen, sauberen Bächen zwischen Pflanzenwurzeln, von deren verwesenden Teilen diese Tiere leben. Ihre harte Schale wird jedoch von den meisten Fischen verschmäht. Wegen Sauerstoffmangel und zu hoher Temperatur sterben diese Futtertiere im Aquarium bald ab, deshalb sollte man bei der Verfütterung vorsichtig sein. *Gammarus* ist das Hauptfutter

Haltung und Pflege

der Forellen in unseren Bächen. Sie haben einen guten Nährwert, sind aber für die meisten unserer tropischen Zierfische wenig geeignet. Es ist beschwerlich, *Gammarus* zu fangen.

Artemia, Brine-Shrimps (*Artemia salina*). Diese sind inzwischen die Hauptnährtiere der Züchtereien auf der ganzen Welt. Da es im Wasser der Salzseen von Utah, der San Francisco Bay und anderen Salzseen auf der Erde vorkommt, in denen wegen ihres hohen Salzgehaltes keine Fische mehr leben können, gibt es keine Gefahr der Krankheitsübertragung. Die Eier von *Artemia* werden im Herbst tonnenweise an den Ufern der Salzgärten gesammelt, später getrocknet, gereinigt und unter Vakuum in Dosen abgefüllt. Besondere Produktionsverfahren sichern eine hohe Schlupfausbeute in Jahren mit guter Ernte. In schlechten Erntejahren werden viele unfruchtbare Eier produziert. Diese Tiere schlüpfen dann nicht aus ihren Schalen oder die Nauplien (Larven) sterben in der Eihülle ab. Am vorteilhaftesten ist es, nur Ware mit garantierter Schlupfausbeute zu kaufen.

Die Eier von *Artemia* können über zehn Jahre bei kühler und trockener Vakuumlagerung überdauern.

Diese Nauplien sind ein hervorragendes Anfangsfutter für die meisten Jungfische, z. B. der lebendgebärenden Arten und auch vieler größerer eierlegender Arten. Die Nauplien aus San Francisco sind etwas kleiner als die frisch geschlüpften Utah-Nauplien. Die San Francisco-Nauplien sind daher bei den Züchtereien begehrter. Mit diesem einfach zu kultivierenden Futter kann man Jungfische einige Zeit versorgen.

Artemia-Kultur-Methode

Bringt man die Eier in eine schwache Salzlösung (1 - 2 % Kochsalz, jodfrei, oder ein gehäufter Teelöffel Salz auf einen Liter Wasser) so schlüpfen nach 24 - 36 Stunden bei einer Temperatur von ca. 24° C die ersten Nauplien aus.

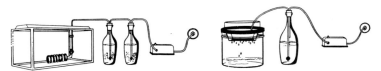

Bei richtiger Anordnung und Luftausnutzung lassen sich mit einer Membranpumpe sowohl *Artemia*-Kulturgeräte als auch Aquariumfilter betreiben.

Zur Entnahme der *Artemia*-Nauplien werden die Luftschläuche am Kulturgerät umgesteckt. Der Druckschlauch kommt auf das kürzere Schlauchende der Kulturflasche. Die Nauplien werden mit einem *Artemia*-Sieb aufgefangen.

Lebendfutter

Die *Artemia*-Krebschen lassen sich im Salzwasser bei einer Konzentration von etwa 3 % mit Spezialsalz und Fütterung mit einzelligen Algen zu ausgewachsenen Tieren heranziehen. Sie werden etwa 8 - 10 mm lang. Für ein Süßwasseraquarium ist das allerdings ein recht hoher Aufwand. Seewasseraquarianer nehmen dies in Kauf, um stets gutes Lebendfutter zur Hand zu haben. Eine Dauerfütterung mit *Artemia*-Nauplien ist selbst für kleine Fische nur einige Wochen ausreichend, später stellen sich dann doch einige Mangelerscheinungen ein. Deshalb füttert der erfahrene Züchter zu *Artemia* stets noch entweder Teichlebendfutter oder aber vitaminisiertes und zerkleinertes Flockenfutter.

2. Würmer

Bachröhrenwürmer (*Tubifex*).
Wenn man die Herkunft aus schlammigen Gewässern berücksichtigt, in denen wegen der Verschmutzung kein Fisch mehr vorkommt, so ist von einer Verfütterung allein aus diesem Grund abzuraten. *Tubifex* sind ausgesprochene Notfutter für Arten, die kein unbewegliches Futter anrühren. Zudem ist *Tubifex* wegen seines hohen Eiweißgehaltes, der zu schleimigem Kot führen kann, und der großen Gefahr der Giftstoffaufnahme aus den Abwässern, in denen die Röhrenwürmer vorkommen, abzulehnen. Wenn schon *Tubifex*-Fütterung vorgenommen wird, so sollte das Futter einige Tage gewässert werden, z. B. unter einer tropfenden Wasserleitung oder in einem Eimer, auf dessen Wasseroberfläche der *Tubifex*-Behälter mit feinem Siebboden schwimmt.

Tubifex sollte nur äußerst sparsam und in geringen Mengen verabreicht werden. Die Fische müssen die ca. 1 mm dicken und 3 - 5 cm langen Würmchen sofort ganz herunterschlucken, sonst fallen Reste auf den Bodengrund, wo sich die Würmer schnell eingraben und verwesen können.

Tubifex heißt wissenschaftlich *Limnodrilus hoffmeisteri*

Haltung und Pflege

Enchyträen

Im Komposthaufen unter feuchtem Laub, auch zwischen Seetang am Meeresstrand, sind diese 10 - 30 mm langen, weißen Würmer zu Hause. Sie sind sehr fetthaltig und führen bei Dauerfütterung zu Verstopfung und Fettleber. Anfangs werden die Würmer von vielen Fischen gierig genommen. Sie sollten jedoch stets sparsame Zusatznahrung bleiben. Die Kultur kann man im kühlen Keller (bei ca. 15° C) selbst vornehmen:
In einem Kunststoffblumenkasten oder einer Styroporschale wird lockere Gartenerde, vermischt mit 1/3 Sand und 1/3 Torfmull (ungedüngt), eingefüllt und schwach befeuchtet. Zuchtansätze werden in Fachzeitschriften oder im Zoofachhandel angeboten. Gefüttert wird mit TetraPhyll und etwas Haferbrei; dieser wird mit 1/3 Milch und 2/3 Wasser kurz aufgekocht, dann abgekühlt.
Etwa tausend Enchyträenwürmer brauchen alle zwei Tage einen gehäuften Teelöffel Futter. Wenn die Futterreste angesäuert sind, müssen sie entfernt werden.
Auf den Futterbrei wird eine Glasplatte gelegt, um das Austrocknen der Erde zu verhindern, denn die Würmer leben auch in der Natur stets an feuchten Stellen. Am Meeresstrand werden sie sogar zeitweilig vom Seewasser überflutet.
Auf der Kultur sammeln sich schnell Milben, die die Entwicklung der Enchyträen beeinträchtigen. Von Zeit zu Zeit entnimmt man daher die gesamte Menge der Würmer und bringt sie auf neuer Erde unter. Die Kultur muß stets dunkel stehen.

Grindalwürmchen

Diese lassen sich vorteilhaft in einer Schale auf Schaumstoff kultivieren. Dann hat man wenig Ärger mit der Erde und kaum Milben. Sonst sind Fütterung und Kultur ähnlich wie bei den Enchyträen.
Die "Grindals" lassen sich an Jungfische bis ca. 2 cm Länge gut als Ersatzfutter einsetzen; man verabreicht pro Fütterung 5 - 10 Würmchen pro Fisch. Jungfische überfressen sich jedoch leicht an diesem offenbar wohlschmeckenden Futter.

Regenwürmer

Große Cichliden und andere räuberisch lebende Fische lassen sich gut mit Regenwürmern ernähren. Die Würmer sollen ausgekotet und sich von der sie umgebenden Schleimhülle durch Kriechen im feuchten Gras befreit haben.
Der rote Tauwurm, der in Angelfachgeschäften als beliebter Fischköder angeboten wird, ist für die Verfütterung gut geeignet. Der

Lebendfutter

grau-blaue sogenannte Mistwurm wird weniger gern von Fischen gefressen.
Regenwürmer sind sehr eiweißreich. Da ihr Eiweiß eine für Fische offenbar zuträgliche Zusammensetzung hat, kommt es bei dauernder Fütterung mit Regenwürmern weder zu Mangelerscheinungen noch zu Verfettung.
Die Zucht von Regenwürmern ist beschwerlich und erfordert eine ganze Menge Platz. Wenn man einen Garten hat, kann man eine Zucht im Komposthaufen versuchen. Fette, jedoch lockere Erde, die man mit Sägespänen vermischen kann, wird von den Würmern bevorzugt. Gefüttert wird mit pflanzlichen Gartenabfällen, z. B. Unkraut und Gras.

Mückenlarven, Stummelfliegen und Tümpelfutter

Rote Mückenlarven (*Chironomus elumosus*)

Diese Larve wird von Fischen sehr geschätzt. Ihr roter Blutfarbstoff ähnelt merkwürdigerweise dem Hämoglobin im menschlichen Blut. Lebende rote Mückenlarven zu fangen, ist schwierig, weil sich die Larven am Boden von sauberen Gewässern einen kleinen Köcher, ähnlich dem der Köcherfliegenlarve, aus Schleim, Erde und winzigen Pflanzenpartikelchen bauen. Man kann die Larven nur aus Gewässern mit dem gesamten Laub und schlammigem Bodengrund entnehmen und unter fließendem Wasser freispülen. Von Herbst bis Frühjahr schlüpfen die Roten Mückenlarven und bilden dann Schwärme von einigen Hundert bis einigen Millionen Stück. Solch ein Mückenschwarm kann wie eine schwarze Wolke in der Landschaft aussehen. Während dieses Schwärmens erfolgt die Befruchtung, gleich danach werden Eier abgelegt, und wieder beginnt das Leben der Roten Mückenlarve am Gewässerboden. Die *Chironomus*-Mücken stechen nicht.

Schwarze Mückenlarve (*Culex pipiens*)

Die Larven gehören durchweg zu den verschiedenen Stechmückenarten. Die Männchen haben büschelartige Fühler, während die Weibchen einen Stechrüssel tragen, mit dem sie das Blut von Säugetieren aufnehmen können. Diese Mückenarten halten stets ihre beiden Hinterbeine nach oben gerichtet, während die Zuckmücken alle sechs Beine aufsetzen.
Die schwarzen Mückenlarven sind ein hervorragendes Futter für Aquariumfische. Offenbar enthalten sie Stoffe, wie z. B. Vitamine und fischgerechtes Eiweiß, die viele Fischarten zum Laichen anregen. Diese Mückenlarven sind wesentlich einfacher zu fangen als die Roten Mückenlarven, denn sie führen ein Leben an der Wasseroberfläche. Durch ein Atemrohr, das wie ein Stachel aussieht,

Haltung und Pflege

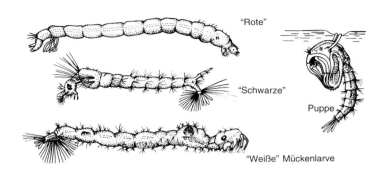

entnehmen sie atmosphärische Luft an der Wasseroberfläche. Dieses Atemrohr befindet sich am Hinterende der Larve. Sobald sich diese Larve verpuppt, befinden sich zwei Atemröhrchen am Kopfende.
Bei Störungen an der Wasseroberfläche, z. B. durch Erschütterungen, verschwindet die Larve durch zuckende Bewegungen in Richtung Gewässerboden. Man muß also das Netz schon sehr schnell eintauchen, um die Larve im freien Wasser zu erwischen. Nach der Verfütterung sollte man das Aquarium gut abdecken, damit nicht geschlüpfte Larven bzw. Puppen sich nicht zu ausschlüpfenden Stechmücken entwickeln. Die Schwarzen Mückenlarven kann man am Schlüpfen einige Zeit lang hindern, indem man sie in einer halbprozentigen Kochsalzlösung hältert. Das Schlüpfen wird dann trotz wärmerer Temperaturen um zwei bis drei Tage verzögert. Wenn man das Glück hat, viele Schwarze Mückenlarven auf einmal zu fangen, so friert man die überschüssige Menge ein.

Weiße Mückenlarven

Sie werden auch Glasstäbchen genannt und kommen ebenfalls nur in sauberen Gewässern vor und sind wie diese recht selten geworden. Für die Ernährung von Zierfischen in der Aquaristik spielen sie kaum noch eine Rolle. Diese Larven gehören zur Gattung *Corethra** oder Büschelmücken. Sie halten sich im freien Wasser auf, schwimmen meistens waagerecht und leben räuberisch von allerlei Kleingetier. Manche Züchter sagen, daß sie sich sogar an kleinen Jungfischen vergreifen. Für Fische ab 5 cm Länge sind sie jedoch ein geschätztes Futter. Auch sie stechen nicht.

* heute *Chaoborus plumicornis*

Lebendfutter

Drosophila

Zuchtansätze der stummelflügeligen Frucht- und Essigfliegen kann man bei einschlägigen Züchtern kaufen. Anzeigen findet man in den Aquarienfachzeitschriften. Flugfähige Insekten kann man selbst auf saurem Obst oder in einer offenstehenden Rotweinflasche fangen. Nur sind diese Fliegen kaum als Fischfutter zu verwenden. Sie entweichen sofort aus dem Aquarium.

Es ist wichtig, daß in die Zuchten im Zimmer keine geflügelten normalen Essigfliegen zum Zuchtansatz gelangen, denn durch die Einkreuzung erhält man wieder massenweise geflügelte Tiere, die zum Verfüttern im Aquarium ungeeignet sind oder zumindest im Zimmer lästig werden.

Die Stummelfliegen setzen sich auf die Wasseroberfläche und können dort von verschiedenen Fischarten, wie Beilbauchfischen, *Nannostomus*-Arten zur Anfütterung laichbereiter Zuchttiere verwendet werden, insbesondere dann, wenn kein lebendes Tümpelfutter im Winter zur Verfügung steht.

Die Zuchtfliegen werden mit einem sauren Nährbrei oder faulenden Früchten, wie Bananen und Pfirsichen, gefüttert. Man kann sich diesen Nährbrei auch aus eingeweckten Früchten, wie Pflaumen, Birnen und Pfirsichen selbst herstellen. Er wird mit Weizenkleie angedickt und gekocht, mittels eines haselnußgroßen Stükkes Hefe wird der Brei zur Gärung gebracht und nach dem Erkalten in ein Weckglas gegeben, welches man mit feinem Mull oder einem Damenstrumpf abdeckt, damit die Fliegen nicht entweichen können. Man muß mehrere Zuchtgläser ansetzen, damit nach dem Verfüttern eines Zuchtansatzes am nächsten Tag ein anderes Glas zur Verfügung steht. Die Temperatur der Kultur sollte zwischen 20° und 24° C liegen. Solch eine Fliegenzucht ist eine mühsame Sache, wird aber belohnt, wenn ein Zuchterfolg bei einer seltenen Fischart eintritt.

Staubfutter

Gutes Tümpelstaubfutter kann man nicht kaufen. Man muß es mit dem Käscher selbst fangen. Die Maschenweite des Netzstoffes sollte unter 0,1 mm (Vornetz) und bei 0,01 mm für das Hauptnetz liegen. Solche Netzstoffe bekommt man unter der Bezeichnung Müllergaze nur auf Bestellung im Fachhandel. Lieferant ist z. B. die Vereinigte Seidenweberei in 47830 Krefeld, Industriestr. 56.

Staubfutter besteht aus allerlei planktonischen Kleinstlebewesen, wie Pantoffeltierchen (nicht gut geeignet, da diese Tiere nesseln und von manchen Jungfischen verschmäht werden), Bosmiden, Rädertierchen usw. Wer sich näher für Staubfutter interessiert,

Haltung und Pflege

sollte sich das Buch: "Das Leben im Wassertropfen", Kosmos Verlag, oder "Tümpel-Teiche und Weiher", Landbuch-Verlag, beschaffen. Mit Mikroskop oder 10-fach Lupe wird dann jede Tümpeltour ein Erlebnis.

Die Aufzucht mancher Jungfische ist ohne Tümpelstaubfutter undenkbar. Man kann sich solches Staubfutter auch selbst heranzüchten. Dafür gibt es verschiedene Rezepte:

Die einen schwören auf Heuaufguß, die anderen auf Protogen-Granulat, wiederum andere versuchen es mit getrockneten Bananenschalen.

4. Tiefkühlfutter

Rote Mückenlarven, Schwarze Mückenlarven, verschiedene kleine Garnelenarten und ausgewachsene Brine-Shrimps (*Artemia*) werden von manchen Zoofachgeschäften portionsweise, in Päckchen oder Schachteln verpackt, als Tiefkühlware angeboten.

Tiefkühlfutter hat nahezu den gleichen Nährwert wie Lebendfutter, vorausgesetzt, daß es richtig schockgefrostet und später kühl genug bis mindestens minus 20° C gelagert wird. Die Lagerfähigkeit beträgt maximal ein Jahr.

Gefriergetrocknete Futtermittel

Dazu gehören *Tubifex*, Rote Mückenlarven, Brine-Shrimps, verschiedene andere kleine Garnelen, Muschelfleisch, *Calanus* (norwegisches Meeresplankton), um nur die wichtigsten zu nennen. Für alle Sorten gilt das gleiche wie für Lebendfutter. Gefriergetrocknete Futtermittel haben den unbestreitbaren Vorteil, daß sie nahezu unbegrenzt lagerfähig sind, sofern man sie kühl und trocken aufbewahrt. Bei guter Gefriertrocknung dürften alle Nährstoffe, die im Lebendfutter sind, auch in den gefriergetrockneten Futterstoffen enthalten sein.

Von einer einseitigen Verfütterung mit diesen Futtermittel ist abzuraten; insbesondere bei *Tubifex*, Brine-Shrimps und *Calanus* kommt es zu Mangelerscheinungen oder sogar zu Schädigungen. Vor allem *Calanus* ist sehr vorsichtig einzusetzen, er ist stark fetthaltig. In der Natur dient er zur Ernährung von Heringen und anderen Planktonfressern. Bei längerer Verfütterung treten Veränderungen in den Fischeingeweiden, besonders an der Leber (Fettleber) und den Nieren auf.

Bei Brine-Shrimps besteht die Gefahr des zu hohen Salzgehaltes. Wenn dieser 1 - 2 % übersteigt, kann das Salz auf die Dauer giftig für die Fische werden. Am geeignetsten von den gefriergetrockneten Futterstoffen sind Rote Mückenlarven, die heute sogar kommerziell für die Gefriertrocknung gezüchtet werden.

Pflege und Reinigung

Die laufende Pflege des Aquariums

Wenn das Becken erst einmal eingerichtet ist, die Pflanzen wachsen, die Fische fressen und die Technik funktioniert, so bleibt für eine Weile nichts am Aquarium zu tun. Die Unterwasserwelt braucht jetzt ihre Ruhe. Für einige Monate sollte auch nichts an der Neupflanzung geändert werden.
Nach ein paar Wochen wird der erste Mulm abzusaugen sein, der sich aus Fischkot, abgestorbenen Pflanzenblättern, Algen usw. gebildet hat. Die Algen bekämpfen Sie einerseits durch eine gute Wasserhygiene und andererseits durch algenfressende Fische.

Die Aquarienreinigung

In regelmäßigen Abständen sollte man sein Aquarium alle zwei bis sechs Wochen nach folgendem Schema reinigen:

1. Die elektrischen Geräte, wie Beckenheizung und Beleuchtung werden abgestellt, indem man den Netzstecker zieht.

2. Die Abdeckleuchte und -scheibe werden abgehoben und gereinigt. Kalkflecken entfernt man mit Essigwasser, Kalkentferner (aus dem Haushalt) oder leicht verdünnter Salzsäure. In jedem Fall muß anschließend hier mit klarem Wasser kräftig nachgespült werden.

3. Mit einem Algenmagnet oder Klingenreiniger wird zumindest die vordere Sichtscheibe völlig von Algen befreit, die Seitenscheiben können veralgt bleiben, sofern man algenfressende Fische im Becken pflegt, die diese Beikost brauchen. Die hintere Scheibe wird nur dann von Algen gereinigt, wenn sich dahinter eine dekorative Rückwand befindet. Sollten die Scheiben mit Blaualgen überzogen sein oder mit bräunlichen Kieselalgen, so reinigt man in jedem Fall alle Scheiben. Auch nach einer Heilmittelbehandlung sollten alle im Becken befindlichen Algen entfernt werden, weil diese eventuell Giftstoffe aufnehmen und speichern könnten, die wiederum den Fischen schaden könnten.

4. Jetzt betätigen wir uns als Unterwassergärtner und entfernen abgestorbene Pflanzenblätter, knipsen mit dem Fingernagel hochwachsende Pflanzentriebe ab und setzen Pflanzen, die von wühlenden Fischen eine freigelegte Wurzel haben, wieder tiefer oder bedecken den Wurzelhals mit einigen größeren Kieseln.

5. Mit einem Schlauch oder einem Bodengrundreiniger saugen wir den Mulm vom Aquariumboden ab. Diese Arbeit wird besonders sorgfältig durchgeführt, da der Mulm stark sauerstoffzehrend wirkt. Das Ansaugkörbchen des Außenfilters wird vom angesaugten Pflanzenmaterial befreit. Während dieser Reinigung wird etwa

Haltung und Pflege

1/3 des Beckenwassers abgesaugt. Beim Absaugen mit einem transparenten Schlauch beachten wir sorgfältig, daß nicht etwa kleinere Fische (Black Mollies sind besonders neugierig) mit abgesaugt werden. Das Schlauchende wird deshalb nicht direkt in einen Abfluß gesteckt, sonders es wird vor das Schlauchende ein Fischnetz  gehängt, um eventuell abgesaugte Fische wieder aufzufangen. Beim Absaugen steckt gewöhnlich ein Schlauchende im Eimer, mit dem anderen Ende fährt man über den Bodengrund; dabei passiert es leicht, daß Steinchen mit angesaugt werden. Um dieses zu verhindern, steckt man einen kleinen Trichter auf das Schlauchende oder das Absaugkörbchen vom Außenfilter. Es passiert auch immer wieder, daß der Eimer überläuft. Er sollte deshalb in eine größere Schüssel gestellt werden, so daß man durch das Plätschern des überlaufenden Wassers gewarnt wird.

6. Jetzt wird die Luftzufuhr zum Filter unterbrochen, oder aber der Netzstecker des Motorfilters herausgezogen. Sollte der Filter einen Schnurschalter zum Ausschalten haben, darf dieser nicht mit der nassen Hand angefaßt werden. Besser ist es, ein trockenes Handtuch zu benutzen.

Das Reinigen eines Kreiselpumpen-Außenfilters ist für Ungeübte etwas kompliziert, weshalb die Reinigung eines solchen Filters auch mitunter einige Monate bis zu einem Jahr unterbleibt, was natürlich für das Aquarium nicht förderlich ist. Die Abbaustoffe des Filters wirken sauerstoffzehrend, das Wasser fängt an muffig zu riechen und auch die Fische können erkranken. Dabei ist die Reinigung des Außenfilters gar nicht so schwierig: Man entfernt das Ansaugrohr aus dem Aquarium; einen Teil des Wassers in Schlauch und Filterbehälter wird die Pumpe jetzt noch ins Becken pumpen. Sobald aus dem Auslaufrohr kein Wasser mehr austritt, wird auch dieses Schlauchende aus dem Becken genommen und in einen Eimer gehalten, bis der Schlauch sich entleert hat (oberhalb der Filteroberkante). Wenn das Schlauch-

Pflege und Reinigung

ende für den Wassereinlauf jetzt ebenfalls in den Eimer und dabei unterhalb des Filterbodens gehalten wird (Filter anheben!) läuft der Filter leer. Man kann natürlich auch den Filtertopf nehmen und sowohl Ansaug- als auch Abflußschlauch in die Höhe halten und alles in die Badewanne transportieren.

Das Lösen des Filtertopfdeckels ist oft nicht einfach, zumindest bei den älteren Modellen. Ein kleiner Trick hilft, den Deckel zu heben: mit dem Daumen verschließt man eine der Schlauchöffnungen und zwar entweder den Stutzen an der Filterpumpe oder am Filterbehälter. In das andere Schlauchende wird kräftig hineingeblasen. Durch den entstehenden Überdruck im Filterbehälter hebt sich der Deckel fast mühelos.

7. Die Filtermasse wird erneuert oder ausgewaschen. Dazu sollte man kein heißes Wasser verwenden, damit nützliche biologische Bakterien nicht abgetötet werden. Die Schaumstoff-Filterpatrone kleinerer Innenfilter werden unter kräftigem Ausdrücken in fließendem Wasser gereinigt. Die Reinigung anderer Filtermaterialien sollte man der Gebrauchsanweisung der jeweiligen Produkte entnehmen. Es sei darauf hingewiesen, daß einmal verwendete Aktivkohle kein zweites Mal verwendet werden kann; die Wirkung ist vorbei und alte Kohle hat oftmals Giftstoffe aufgenommen, die unter Umständen später wieder frei werden können. Bei Torffilterung ist die Wiederverwendung der Torfmasse nutzlos. Deshalb sollte man in jedem Fall neuen Torf nehmen, wenn man das Wasser enthärten will.

8. Jetzt wird der Filter wieder zusammengebaut und erneut am Becken installiert. Der Anschluß des Motor-Außenfilters kann für Ungeübte eine technische Komplikation werden. Am einfachsten geht man wie folgt vor:
Zuerst wird das Becken bis zur normalen Wasserstandshöhe aufgefüllt. Entsprechend der entnommenen Wassermenge wird ein Wasseraufbereitungsmittel zugesetzt. Die Wasseraustrittsöffnung des Filters liegt jetzt wieder unterhalb der Wasseroberfläche. An der Einlauföffnung wird Wasser angesaugt und dabei das Schlauchende dicht oberhalb des Wasserspiegels, aber außerhalb des Beckens gehalten. Der Filter wird sich jetzt schnell mit Wasser füllen. Sobald der Wasserstand im Einlaufschlauch dem Wasserstand im Aquarium gleicht, werden Schlauch und Ansaugkrümmer verbunden.

Man kann jetzt den Motor des Filters wieder einschalten. Die anfänglich mahlenden Geräusche in der Pumpe kommen von restlichen Luftblasen in der Filtermasse, die aber bald vom Filter nach außen befördert werden. Beschleunigen kann man diesen

Haltung und Pflege

Vorgang, indem man den Filtertopf einige Male schüttelt. Es ist darauf zu achten, daß ein kräftiger Strahl austritt, dann saugt der Filter auch wieder ordnungsgemäß an. Für die Geübten dauert die Reinigung eines Motor-Außenfilters zehn Minuten, für Ungeübte bis zu einer Stunde. Erleichtert werden kann die ganze Arbeit durch Verwendung von Absperrhähnen und Schlauchschnelltrennkupplungen. Diese Ausgabe sollte im Interesse der Sauberkeit im Aquarium und wegen der eigenen Bequemlichkeit nicht gescheut werden. Außerdem soll noch einmal darauf hingewiesen werden, daß an allen Schlauch-Rohr-Verbindungen Schlauchschellen angebracht werden sollten, sonst hat man eventuell Aquariumwasser im Wohnzimmer stehen. Wer bisher noch kein Sicherheitsloch im Ansaugschlauch eines Außenfilters hat, sollte die kleine Mühe nicht scheuen und ein 2 bis 3 mm starkes Loch ca. 5 cm unterhalb des Wasserspiegels anbringen. Bei Abplatzen eines Schlauches laufen so nur max. 5 cm des Wassers aus und nicht der ganze Inhalt.

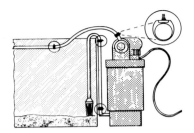

Absperrhähne erleichtern die Filterreinigung

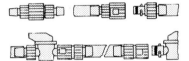

Schlauchschellen bewahren vor Wasserschäden

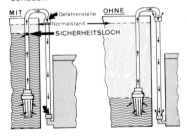

9. Jetzt wird auch die Heizung wieder eingeschaltet. Eine Bodenheizmatte oder ein Kabel kann während des Reinigungsvorganges eingeschaltet bleiben.

10. Nachdem die Deckscheibe wieder aufgelegt und die Abdeckleuchte wieder eingeschaltet ist, muß das Becken noch von außen gereinigt werden. Am einfachsten geht dies mit einem Fenster-

Pflege und Reinigung

putzmittel. Dabei muß darauf geachtet werden, daß von dem Reinigungsmittel nichts ins Becken gelangt, da Fischvergiftungen hervorgerufen werden können.

Noch ein Wort zum Wasserwechsel: Ältere Aquarianer vertreten die Meinung, daß das Wasser im Aquarium nicht alt genug sein könne. Diese Altwasser-Theorie ist aber heute überholt. Gift- und Schadstoffe, insbesondere die Eiweißabbaustoffe aus Futter und Kot, müssen aus dem Aquarium heraus! Die Häufigkeit des Wasserwechsels richtet sich nach Pflanzenwuchs und Fischbesatz: je mehr Pflanzen, desto weniger Wasser muß gewechselt werden; je mehr Fische im Aquarium sind, desto häufiger muß Wasser gewechselt werden. Unter Wasserwechsel versteht man aber nicht den gesamten Austausch des Beckenwassers, sondern in der Regel wird nur ein Viertel bis ein Drittel bei der Bodengrundreinigung mit abgesaugt und durch frisches Leitungswasser ersetzt. Dieses Leitungswasser enthält oftmals Chlor und andere für Fische schädliche Stoffe. Wenn das Leitungswasser zu hart ist, wird es über einen Enthärtungsfilter aufbereitet (s. Kapitel Chemie, S. 37). Auch ein Abkochen des Wassers hilft, den Kalkgehalt zu senken. Den Chlorgehalt bindet man durch ein Entchlorungsmittel, z. B. Natriumthiosulfat (auch als Fixiersalz bekannt). Einfacher ist es, ein gutes Wasseraufbereitungsmittel zu verwenden, das sowohl den Chlorgehalt als auch verschiedene Metallionen bindet und den pH-Wert stabilisiert.

Vielfach wird empfohlen, das neu hinzuzufügende Leitungswasser auf Beckentemperatur vorzuwärmen. Dieser Vorgang des Temperierens ist recht mühevoll, wenn man nicht über einen Warmwasserboiler verfügt. Man kann ruhig kaltes Wasser ins Becken geben, wenn man es langsam hineinlaufen läßt und der Wasserwechsel nicht über ein Drittel hinausgeht. Nehmen wir an, die Temperatur des Leitungswassers beträgt 12° C und die Wassertemperatur im Becken liegt bei 26° C, dann würde nach der Mischung die Endtemperatur 21° C betragen, was für die meisten Fische noch durchaus verträglich ist. Für empfindliche Arten wie, z. B. Diskus, kann dies allerdings schädlich sein. Der Füllvorgang wird deshalb etappenweise vorgenommen, wobei man jeweils wartet, bis der Aquariumheizer das Wasser auf die benötigte Temperatur gebracht hat, erst dann füllt man wieder etwas kaltes Wasser nach. Man kann in diesem Fall aber auch temperiertes Wasser von 20 - 22° C ins Becken zugeben.

Bei einem arg verschmutzten Aquarium kann es erforderlich sein, daß man mehr als ein Drittel des Beckenwassers absaugen muß. Dann sollte man jedoch nicht die Hälfte des Wassers absaugen,

Haltung und Pflege

sondern gleich zwei Drittel. Ist das Wasser nämlich stark ammoniumhaltig, könnte sich das Ammonium nach dem halben Wasserwechsel durch Veränderung des pH-Wertes in Ammoniak umwandeln und folglich die Fische vergiften. Bei einem Wechsel von zwei Dritteln wird bereits soviel Ammonium entfernt, daß beim Wiederauffüllen eine Vergiftungsgefahr nicht so leicht besteht.

Wenn ein vollständiger Wasserwechsel vorgenommen werden muß, so fängt man alle Fische aus dem Aquarium heraus und setzt sie in einen Eimer oder eine Plastikwanne. Mit einer Membranpumpe und einem Ausströmerstein wird dieses Notquartier belüftet. Man sollte nicht vergessen, diese Behälter mit einem Handtuch abzudecken, da sonst springende Fische leicht zu Schaden kommen könnten. Sofern die Fische über einen längeren Zeitraum in diesem Quartier bleiben, muß dafür gesorgt werden, daß die Wassertemperatur den Bedürfnissen der Fische angepaßt bleibt, insbesondere auf Steinfußböden kühlt eine geringe Wassermenge schnell ab.

Sobald die komplette Reinigung des Beckens beendet und es neu mit Wasser gefüllt ist, müssen die Wasserwerte, also Temperatur, pH-Wert und Härte, den Werten angepaßt werden, die die Fische entweder benötigen oder die vorher im Becken geherrscht haben. Eine Senkung des pH-Wertes von z. B. 8,0 auf 7,0 ist für die Fische nicht gefährlich (außer bei Meerwasser). Hingegen Fische von einem Wasser mit pH-Wert 6.5 in ein Wasser mit pH-Wert 8,0 zu setzen, könnte bei einigen Arten schon zu ernsthaften Schockwirkungen führen. Durch Zugabe von Aqua Safe (Tetra) kann man derartige Schocks (Osmoseveränderungen) verhindern. Eine Differenz in der Wasserhärte von etwa 10° dürfte den Fischen nicht schaden, die Temperaturdifferenz sollte aber nicht höher als 3° C sein.

Plagegeister

Plagegeister im Aquarium

1. Algen
2. Wasserlinsen
3. *Hydra*, Egel, Scheibenwürmer
4. Schnecken

1. Algen

Grünalgen

Diese entwickeln sich meistens infolge eines starken Nährstoffüberangebots und bei zuviel Licht. Um einen Grünalgenbewuchs gar nicht erst aufkommen zu lassen, setzt man in ein neu eingerichtetes Becken von Anfang an algenfressende Fische ein. Dies sind verschiedene Welsarten, wie *Hypostomus*, *Ancistrus* und *Hemiancistrus*, *Pterygoplichthys* und die siamesische Rüsselbarbe, *Crossocheilus siamensis*. Auch Arten aus der Gattung *Poecilia* (früher *Limia*), z. B. *Poecilia melanogaster*, sind gute Algenfresser. Da diese Tiere zum Teil nachtaktiv sind, bekommen sie von der Futtertagesration nichts ab. Wenn also keine Algen im Aquarium mehr übrig sind, hungern diese Tiere und müssen dann vor dem Lichtabschalten mit Futtertabletten gefüttert werden.

Grünalgenwuchs mit einem Algenbekämpfungsmittel einschränken zu wollen, bedeutet gleichzeitig den Pflanzenwuchs zu hemmen, wenn nicht gar zu stören. Wie schon im Kapitel "Beckenreinigung" erwähnt, sollten Grünalgen an den Beckenscheiben und eventuell auf Steinen und anderen Dekorationsgegenständen für die algenfressenden Fische bleiben.

Auch Fadenalgen gehören zu den Grünalgen. Wie der Name besagt, bilden sie lange Fäden, die sich mit dem Scheibenreiniger oder einem Holzspan gut entfernen lassen.

Weiter zählen zu den Grünalgen einzellige Algen, die die sogenannte Wasserblüte verursachen. Infolge von zuviel Licht und einem Überangebot an Nährstoffen kann es besonders im Frühjahr zu explosionsartigen Vermehrungen kommen. Das Wasser wird innerhalb weniger Tage undurchsichtig grün. Ein Wasserwechsel bringt nur dann Hilfe, wenn das Becken gleichzeitig abgedunkelt wird, sonst vermehren sich die Algen sofort wieder im neuen Wasser. Die besten Hilfsmittel, um der Wasserblüte Herr zu werden, sind das Einsetzen von Wasserflöhen (Daphnien) oder stärkste Feinfilterung, wobei die Filtermasse jeden Tag gewechselt werden muß.

Haltung und Pflege

Pelzalgen (Grünalgen)

Bartalgen (Rotalgen)

Freiwachsende Fadenalgen (Grünalgen)

Plagegeister

Blaualgen

Diese bilden sich meist bei schlechter Wasserqualität infolge zu hohen Nitrit- und Nitratgehalts. Grünalgen können bei schlechten Wasserbedingungen nicht mehr wachsen, Blaualgen aber noch bei Nitratwerten von ca. 200 mg/Liter (Grünalgen nur bis zu 30 mg/Liter). Das Nitrat bekommt man durch Wasserwechsel aus dem Wasser. Ein Entfernen des Nitrats durch Lewatit M 600 ist nicht in allen Fällen ratsam, da bei diesem Ionenaustauscher Nitrationen gegen Chloridionen ausgetauscht werden (Regenerierung mit Kochsalz). Ein höherer Chloridgehalt kann jedoch für manche Fische und Pflanzen schädlich sein.

Blaualgen werden von *Ancistrus*- und *Peckoltia*-Saugwelsen, vielen Lebendgebärenden und vielen Schnecken, z. B. Apfelschnecken (s. TI-International, Nr. 70, Juni 1985, S. 11 f.), gefressen. Ein regelmäßiger Wasserwechsel ist jedoch wirksamer, zumal man ohnehin öfters den Mulm absaugen muß. Sollte im Leitungswasser jedoch bereits ein Nitrat-Gehalt von über 30 mg/Liter (z. B. Köln) sein, wird man Grünalgenwachstum im Becken selten beobachten können. Auch die Pflanzen werden sich niemals voll entwickeln. Je höher der Nitrat-Gehalt im Wasser ist, desto mehr Licht brauchen die Pflanzen und Algen, um wachsen zu können. Pflanzen und Algen nehmen Nitrate nur in ganz geringen Mengen als Nährstoffe auf. In diesem Fall wäre die Entnitratisierung von großem Vorteil.

Man kann das Wachstum von Blaualgen mit einem Algenbekämpfungsmittel in Grenzen halten, es ist aber besser, die Ursachen durch einen Wasserwechsel abzustellen.

Kieselalgen

Kieselalgen werden oft fälschlicherweise Braunalgen genannt. Braunalgen sind jedoch die im Meer vorkommenden Seetangarten, z. B. Kelp.

Das Wachstum sogenannter "Braunalgen" auf der Aquariumscheibe zeigt Lichtmangel und schlechte Wasserqualität an. Kieselalgen bilden sich meist in zu hartem Wasser. In derartig befallenen Becken ist ein guter Pflanzenwuchs selten. Die Scheiben sehen bräunlich aus und sind mit einer dünnen Schicht Kalk überzogen. Mit einem scharfen Klingenreiniger sind die Algen leicht zu entfernen. Bei schwachem oder völlig ausbleibendem Pflanzenwuchs müssen unbedingt die Wasserwerte überprüft werden. Ein Teil des Beckenwassers sollte gegen weiches, entsalztes Wasser ausgetauscht werden. Außerdem sollte die Lichtmenge zumindest verdoppelt werden, d.h. eine weitere Leuchtstoffröhre sollte hinzugeschaltet werden.

Haltung und Pflege

Blaualgen

Pinselalgen (Rotalgen)

Kieselalgen

Plagegeister

Bartalgen

Diese sind den Grünalgen sehr ähnlich, entwickeln jedoch größere, bis bindfadendicke Triebe von stark dunkelgrüner Farbe. Bartalgen zählen zu den Rotalgen.
Keine Fischart frißt diese Algenart, und auch ein Algenbekämpfungsmittel gibt es hierfür nicht. Es hilft nur eine selektive Aussonderung der befallenen Pflanzen und Dekorationsteile. Man benutzt ein dünnes, aufgerauhtes Stöckchen, daß man um die Algenfäden dreht, um sie abzureißen. Bei häufiger Wiederholung kann man dieser Plage so Herr werden.
Bartalgen entwickeln sich besonders gern in der Filterströmung. Von Bartalgen befallene Dekorationsteile wie Wurzelholz und Steine sollte man aus dem Aquarium herausnehmen und nach Möglichkeit auskochen.

Pinselalgen

Sie gehören ebenfalls zu den Rotalgen, treten sehr häufig auf und sind die schlimmsten Algen im Aquarium. Ursache sind zuviel Nährstoffe im Wasser bei gleichzeitigem CO_2-Mangel. Meistens werden sie durch neu hinzugekaufte größere Pflanzen eingeschleppt. Auf jungen Aquariumpflanzen entwickeln sich Büschelalgen kaum. Sie sind dunkelgrün bis schwarz gefärbt.
Diese Algenart läßt sich am schwierigsten entfernen. Eine selektive Bekämpfung, wie z. B. bei den Fadenalgen, ist kaum möglich, da die Büschelhaare nur 2 - 10 mm lang sind und nicht um ein Stöckchen gewickelt werden können. Pinselalgen müssen sofort bekämpft werden. Am besten geht dies, wenn man die befallenen Pflanzenblätter mit den Fingernägeln abknipst. Algenbekämpfungsmittel sind nur in Becken sinnvoll, die nicht bepflanzt sind, z. B. in Becken mit Barschen.
Es gibt noch eine Reihe anderer Algen, die selten sind und sich schwer beschreiben lassen. Erwähnt seien z.B. "Schmieralgen", das sind Blaualgen, die bereits in die Zersetzung übergegangen sind (s. Foto S. 897 oben).
Die im Seewasserbecken bekannten Rotalgen entwickeln sich wegen des zu niedrigen pH-Wertes im Süßwasserbecken nicht. In einem Becken mit steinigen Aufbauten für Afrikanische Barsche, die pH-Werte bis 9,0 vertragen, könnten sich jedoch auch Rotalgen entwickeln. Will man sie bekämpfen, senkt man am besten den pH-Wert auf 7,5 ab; die Barsche vertragen dies recht gut.

Foto rechts oben:
Becken mit gelbem Wasser, veralgten Pflanzenblättern und veralgten Sichtscheiben bedürfen dringend einer Vollreinigung mit Wasserwechsel. Ansonsten ist ein baldiges Absterben von Pflanzen und Fischen zu befürchten.

Haltung und Pflege

Blaualgen

Rotalgen

Plagegeister

2. Wasserlinsen

Diese schleppen wir leicht bei der Fütterung von Lebendfutter ein. Die Wasserlinsen werden von einigen pflanzenfressenden Fischen gern genommen, z. B. Scheibensalmlern (*Metynnis*), *Distichodus*, *Abramites*- und *Leporinus*-Arten; auch einige Afrikanische Cichliden, z. B. *Pseudotropheus estherae*, fressen Wasserlinsen zumindest in Hungerzeiten. Wasserlinsen sind bei guter Vermehrung ein Zeichen für gute Wasserqualität, dämpfen jedoch das Licht für die am Boden lebenden Pflanzen so stark, daß diese kümmern.

Wir bekommen die Wasserlinsen aus dem Becken nur heraus, wenn wir die Oberfläche mit einem feinmaschigen Netz peinlich genau abfischen.

3. *Hydra*, Egel, Scheibenwürmer

Diese tierischen Plagegeister werden ebenfalls nur durch Lebendfutter in das Becken eingeschleppt. *Hydra* kann mit Kupfersulfat bekämpft werden, jedoch ist dies für Fische und Pflanzen sehr gefährlich. Die Dosierung sollte bei 0,5 - 0,8 ppm (parts per million) liegen. Achtung: bei Verwendung von AquaSafe (Tetra) hilft Kupfersulfat wegen des hohen Metallionen-Bindevermögens nicht. An sich ist *Hydra* für unsere Aquariumfische nicht gefährlich, lediglich kleine Jungfische können von diesem kleinen Süßwasserpolypen festgehalten und gefressen werden. *Hydra* ernährt sich nur von Lebendfutter. Wenn man die Fütterung damit einstellt, haben sie keine Nahrung mehr und gehen langsam ein (s. auch S. 909).

Egel werden wir selten im Aquarium finden. Sie fallen bereits im Lebendfutter auf und können vor der Verfütterung daraus entfernt werden. Am besten geschieht dies durch Sieben des Lebendfutters.

Scheibenwürmer, auch Planarien genannt, schaden den Fischen nicht. Bei starker Überfütterung im Aquarium werden sie jedoch lästig. Man kann sie ebenfalls mit Kupfersulfat bekämpfen, jedoch ist davon abzuraten. Planarien können auch durch größere Labyrinthfische, wie dem Blauen Fadenfisch, *Trichogaster trichopterus* oder *Makropoden* bekämpft werden. Einer richtigen Planarien-Plage kann man nur zu Leibe rücken, indem das ganze Aquarium ausgeräumt

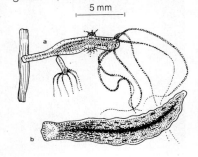

a) Hydra; b) Scheibenwurm

Haltung und Pflege

und Bodengrund, Dekorationsteile sowie das Aquarium selbst desinfiziert werden, z. B. mit Natronlauge. Selbstverständlich muß danach alles sorgsam mit klarem Wasser gespült werden. Planarien kann man außerdem bekämpfen, indem man die Wassertemperatur im Becken auf 32° C erhöht, wobei die Fische vorher ausquartiert werden müssen. Die meisten Aquariumpflanzen vertragen kurzfristig eine derart hohe Temperatur.

4. Schnecken

Turmdeckelschnecken

Turmdeckelschnecken

Diese malaiische Turmdeckelschnecke mit ihrem hübschen, gedehnten, spitzen Häuschen ist nicht gefährlich für Fische, ja sie ist sogar nützlich, weil sie den Bodengrund durchwühlt und locker hält. Die Schnecken kommen nachts aus dem Bodengrund heraus und sammeln sich massenweise unter der Wasseroberfläche an der Scheibe, wo man sie leicht mit einem Netz abnehmen kann. Sie können an andere Aquarianer verschenkt werden. Turmdeckelschnecken vergreifen sich selten an Pflanzen, sie leben von Futterresten, und je nach dem Grad der Überfütterung kann man ihre Vermehrung gut in Grenzen halten. Siehe auch Seite 966f.

Posthornschnecken

Kleine Schlammschnecken

Schneckenlaich

Plagegeister

Posthornschnecken

Da gibt es rote, schwarze und gescheckte. Diese Schnecke kommt, wenn auch nur selten, in unseren heimischen Gewässern vor. Bei starker Vermehrung durch Überfütterung vergreift sich diese Schneckensart schon mal an zarte Pflanzen. 10 bis 20 dieser Schnecken kann man im Becken ruhig dulden, werden es mehr, sollte man sie absammeln.

Schlammspitzschnecken

Diese kleinen Schnecken kommen aus einheimischen Gewässern und werden leicht mit Lebendfutter eingeschleppt. Es gibt sowohl eine linksgedrehte als auch eine rechtsgedrehte Art. Die größeren Schnecken vergreifen sich gern an Pflanzen; man sollte sie deshalb frühzeitig bekämpfen. Es gibt dafür zwei empfehlenswerte Möglichkeiten:
1. Kugelfische einsetzen, sie fressen diese Schnecken gerne
2. Abends, vor dem Ausschalten der Beleuchtung, wird eine Untertasse verkehrt herum auf den Bodengrund gestellt; auf die kleine Vertiefung im Tellerboden legt man zwei bis drei Futtertabletten. Nach einigen Stunden haben sich massenweise Schnecken auf der Untertasse gesammelt, man kann diese dann mit den Schecken herausnehmen. Diese Methode funktioniert allerdings nicht, wenn nachtaktive Welse im Aquarium sind, da die Welse die Futtertabletten eher verspeist haben, als die Schnecken diese erreichen können. Bei sparsamer Fütterung vermehren sich auch diese Schneckenarten nicht übermäßig im Aquarium.

Apfelschnecken

Die bis zu Tischtennisballgröße heranwachsende Apfelschnecke *Ampullaria* ist der Stolz eines jeden Aquarianers. Ihre erfolgreiche Pflege und Zucht gelingt nicht jedem. Die Apfelschnecke stellt erhöhte Ansprüche an die Wasserqualität. Mit großen Fischen, die ihrem empfindlichem Atemrohr gefährlich werden können, darf sie nicht vergesellschaftet werden. Wenn eine solche Schnecke im Aquarium stirbt, so ist dies ein Fäulnisherd, der sogar Fische vergiften kann. Wer eine oder mehrere Apfelschnecken pflegt, sollte täglich ein Auge darauf haben und nachzählen, ob noch alle Tiere lebend im Becken sind. Wer die Apfelschnecke züchten will,

Haltung und Pflege

sollte dies in einem separaten Becken ohne Fische tun.
Sie fressen am liebsten Flockenfutter von der Wasseroberfläche. Die Eier werden in wabenartigen Kalkzellen oberhalb der Wasseroberfläche abgelegt. Apfelschnecken sind in Aufzuchtbecken von Jungfischen als Futterrestvertilger beliebt. An lebenden Fischen vergreifen sie sich nie.
Schnecken sollte man niemals mit chemischen Mitteln bekämpfen wollen. Der stark proteinhaltige, fleischige Teil der Schnecke verpestet schnell das Wasser. Besser ist es, sie einfach herauszusammeln, wenn sie überhand nehmen. Die meisten Schneckenbekämpfungsmittel enthalten Metallsalze, die wiederum bei Anwendung eines Metallaufbereitungsmittels von diesen unwirksam gemacht, d. h. gebunden werden. Man muß sich also nicht wundern, wenn die Schnecken trotz Schneckenbekämpfungsmittel munter weiterleben.

Ampullaria (Apfelschnecke)

Urlaub

Das Aquarium im Urlaub

Fische bieten gegenüber anderen Heimtieren den unbestreitbaren Vorteil, daß man sie ohne jegliche Pflege während einer vorübergehenden Abwesenheit sich selbst überlassen kann. Ein Wochenendurlaub ist also überhaupt kein Problem. Ausgewachsene, gut ernährte Fische vermögen sogar über einige Wochen hinweg zu hungern. Jungtiere dagegen sollte man nicht mehr als einen Tag hungern lassen. Für sie übernimmt entweder ein Futterautomat, oder aber besser eine Pflegeperson die Fütterung während des Urlaubs.

Die wichtigste Voraussetzung, Ihre Fische gesund durch den Urlaub zu bringen, sind gesunde Tiere. Sechs Wochen vor dem Urlaub sollten keine neuen Fische angeschafft werden, damit die Neuankömmlinge keine Krankheiten einschleppen, durch die sich die alten Beckeninsassen infizieren könnten.

Vor dem Urlaub reinigen Sie das Becken gründlich und wechseln mindestens ein Drittel des Beckenwassers gegen frisches, aufbereitetes Leitungswasser aus. Algen werden während dieser Reinigung nicht entfernt, weil sie manchen Fischarten als wertvolle, zusätzliche Beikost dienen können. Besonders wichtig ist die Reinigung des Aquariumfilters, damit bei eventuellem Stromausfall die Bakterienflora im Filter nicht abstirbt.

Die Versorgung eines normalen Gesellschaftsbeckens mit durchaus anspruchslosen Fischen läßt sich ohne weiteres durch einen Futterautomaten aufrecht erhalten. Gute Automaten schalten zudem auch noch das Licht morgens ein und abends wieder aus. Dieses ist für den kontinuierlichen guten Pflanzenwuchs wichtig. Sollten Sie während Ihres Urlaubs das Licht ausgeschaltet lassen, so kann es trotz des Einfalls von Tageslicht zu empfindlichen Störungen im Pflanzenwuchs kommen.

Die Futterautomaten sollten nur einmal, im Höchstfall zweimal täglich füttern. Das ist abhängig von der Größe und Anzahl der Fische im Becken. Oft sind die Futterrationen für ein kleines Aquarium schon zu groß bemessen. Man muß das ausprobieren, am besten eine Woche, bevor man in den Urlaub fährt. Wenn man die Kosten für einen Futterautomaten mit ca. DM 100,- veranschlagt und diese zu den Aquariumgesamtkosten oder gar zu einer teuren Urlaubsreise ins Verhältnis setzt, so ist solch eine Anschaffung doch sehr nützlich und auf mehrere Jahre gesehen gar nicht mal teuer.

Wer die Kosten für einen Futterautomaten nicht aufbringen kann, der sollte die Fische entweder zwei bis drei Wochen hungern oder durch eine Pflegeperson versorgen lassen. Die notwendigen Handgriffe sind einer Pflegeperson schnell erklärt: auf jeden Fall ist die

Haltung und Pflege

Temperatur täglich zu kontrollieren, am besten, sie erstellen eine kleine Checkliste mit den wichtigsten Daten. Da es die meisten Leute mit den Fischen gut meinen, wird leicht überfüttert, deshalb portionieren Sie die tägliche Futterration in kleinen Plastikdöschen. Wenn eine unerfahrene Person nur den Inhalt eines Futterdöschens, das auch ein oder zwei Futtertabletten enthalten darf, in das Becken zu geben braucht, so kann eigentlich wenig schief gehen. Das Zimmer, in dem das Becken steht, sollte mit Jalousien abgedunkelt werden, dann kann die Sonneneinstrahlung das Beckenwasser nicht zu stark aufheizen. Zwischen Abdeckscheibe und Abdeckleuchte legen Sie zwei etwa 3 cm starke Holzleisten quer, auf diese Weise gelangt die Wärme der Drosseln nicht zu leicht ins Becken. Es ist ratsam, die Pflegeperson einige Abende vor Ihrer Abreise die notwendigen Handgriffe zu erklären und selbst durchführen zu lassen.
Eine dritte Möglichkeit, die Fische zu versorgen, ist, diese aus dem Becken herauszufangen und bei einem befreundeten Aquarianer in Pflege zu geben. Auch in diesem Fall sollten Sie Beckenheizung und -beleuchtung eingeschaltet lassen bzw. über eine Lichtschaltuhr steuern. Solche Geräte gibt es im Handel schon für DM 30,- bis 40,-. Da die Pflanzen dann während Ihres Urlaubs nicht eingehen, macht sich diese Anschaffung schnell bezahlt. Der Filter muß in jedem Fall eingeschaltet bleiben, damit die Bakterienfauna, die vom Licht unabhängig ist, aufrechterhalten bleibt, und Sie das Becken sofort nach Rückkehr aus dem Urlaub wieder mit Fischen besetzen können. Ein längerer Urlaub ist jedenfalls kein Hinderungsgrund für die Anschaffung eines Aquariums.

Hygiene und Quarantäne bei Aquariumfischen

Um der Einschleppung von parasitären und infektiösen Krankheitserregern vorzubeugen, sollte man grundsätzlich alle Aquariumfische, die zu Beständen anderer Fische oder zu Zuchtfischen neu hinzugesetzt werden, einer Quarantäne unterziehen. Das geschieht in der Regel in Quarantänebecken, die am besten in gesonderten Räumen untergebracht sind. Als Quarantänebecken sind kleine Glas- oder Kunststoffbehälter geeignet. Für tropische Zierfische müssen die Becken beheizt sein. Oft empfiehlt sich auch eine gute Durchlüftung. Für Futter, Pflanzen, Steine, Kies usw. sollte die Quarantäne mindestens drei Tage betragen, Für neu gekaufte Fische in der Regel vier, besser sogar sechs Wochen. Erst nach dieser Zeit kann man sicher sein, das Becken nicht durch unliebsame Erreger zu infizieren.

Fischkrankheiten

Viele Liebhaber der Aquaristik geben ihr Hobby wieder auf, weil ihnen die Fische aus unerklärlichen Gründen erkranken oder sterben. Hinzu kommt noch, daß oft eine falsche Diagnose für die betreffende Krankheit gestellt wird, die eine falsche Behandlung zur Folge hat. Dann gehen neben den Fischen auch noch die Pflanzen zugrunde. Der Aquarianer ist nun völlig verunsichert und wagt es nicht, sein Aquarium wieder neu zu besetzen.

Tritt im Aquarium einmal eine Krankheit auf, sollte man den Weg zu einem guten Zoofachgeschäft nicht scheuen. Viele Fachhändler sind auch Aquarianer und verfügen über einen reichen Erfahrungsschatz und das Wissen, was bei dieser oder jener Krankheit getan werden muß. In den meisten Fällen überblickt der Fachhändler das große Spektrum der im Handel befindlichen Präparate und wird den Hilfesuchenden mit den richtigen Medikamenten versorgen können. Ein seriöser Händler wird seinen Kunden nie ein Präparat gegen eine unheilbare Krankheit verkaufen, sondern Sie in diesem Fall über den Ernst der Lage aufklären.

Es gibt eine solche Fülle von Fischkrankheiten, daß es unmöglich ist, in einem einzigen Kapitel auch nur annähernd eine komplette Übersicht zu geben. Es soll deshalb eine Auswahl der wichtigsten Krankheiten getroffen werden. Jede Fischkrankheit wurde, soweit dies möglich war, in fünf Punkte unterteilt:
Krankheitsbild, Untersuchungstechnik, Ursache (Erreger, Parasit), Pathogenität und Therapie. Auf diese Weise kann der Leser bei den wichtigsten Krankheiten schnell und relativ sicher eine Diagnose stellen. Er erfährt außerdem etwas über die Ursache und die Gefährlichkeit der Krankheit und findet schließlich auch die Angaben zu deren Bekämpfung.

Bei der gesamten Problematik der Fischkrankheiten soll nicht versäumt werden, die Faktoren zu betrachten, die eine Fischkrankheit hervorrufen können und somit die auslösenden Faktoren sind. Oft sind es Fehler, die der Aquarianer selbst begeht, die aber bei der Beurteilung der Sachlage übersehen werden. Aus diesem Grund sollen im folgendem die wichtigsten negativen abiotischen (unbelebten) und biotischen (belebten) Faktoren im Aquarium kurz behandelt werden.

Negative biotische und abiotische Faktoren

Die Zierfische stehen im Aquarium in einer sehr engen Wechselbeziehung zu beiden Faktoren ihrer Umwelt. Verändert sich nur einer dieser Faktoren, so kommt es zu einer Störung des vorhandenen

Krankheiten

Gleichgewichts und der Fortbestand der Lebensgemeinschaft "Aquarium" ist gefährdet oder sogar unmöglich gemacht.

Abiotische Faktoren sind: Temperatur, Licht, pH-Wert, Qualität des Wassers, also Art und Menge der Ionen im Wasser, Nitrat- und Nitritgehalt bzw. Karbonat- und Gesamthärte.

Biotische Faktoren sind: Futter, Wasserpflanzen, eingeschleppte und unerwünschte tierische und pflanzliche Lebewesen (Süßwasserpolypen, Strudelwürmer, Blau- und Grünalgen) und die Fische selber.

Im Aquarium häufig auftretende Krankheitssymptome und Schädigungen bei Fischen sind auf Vergiftungen zurückzuführen. Vergiftungen im Aquarium werden meist durch abiotische Faktoren hervorgerufen:

1. **Schwermetallionen** (Eisen, Blei, Kupfer usw.): Es kommt bei den Fischen zu einer vermehrten Schleimabsonderung und zur Zerstörung des Kiemenepithels. Das bedingt Atemnot bis zum Atemstillstand (Tod). Bleivergiftung führt außerdem noch zu Blutarmut. Man sollte deshalb keinerlei Metallteile mit dem Wasser in Berührung bringen.

2. **Freies Chlor**: Es ist ein sehr toxischer Stoff. 0,1 mg pro Liter können schon tödlich sein. Chlor greift die Kiemen an, was zu deren Aufhellung und Zerstörung führt (Tod durch Ersticken). Das Chlor kann weitestgehend entfernt werden, wenn das Wasser vorab gekocht oder mit Natriumthiosulfat neutralisiert wird. Die erste Methode ist die schonendere.

3. **Phenol und Phenolderivate**: Diese organischen Verbindungen sind Nervengifte. Außerdem schädigen sie die Epithelien von Kiemen, Darm und Haut. Über den Blutkreislauf werden auch Leber, Muskulatur und Eierstöcke vergiftet. Phenolvergiftungen sind aber für den Aquarianer von untergeordneter Bedeutung. Sie sind meist unheilbar.

4. **Schwefelwasserstoff**: Es ist ein nach faulenden Eiern riechendes Gas, welches als eines der stärksten Gifte angesehen wird und schon in geringsten Mengen zum Tode führt. Schwefelwasserstoff entsteht im Aquarium durch faulenden Bodengrund (Faulschlamm). Erstes Anzeichen für die Bildung von Faulschlamm ist ein verstärktes Algenwachstum. Schwefelwasserstoff bindet das Eisen im Hämoglobin. Fische zeigen bei derartigen Vergiftungen violette Kiemen und Atemnot (Luftschnappen an der Wasseroberfläche). Schwefelwasserstoffproduktion kann durch Verwendung von grobem Kies und durch häufige Säuberung des Bodengrundes verhindert werden.

5. **Detergenzien:** Diese Mittel setzen die Oberflächenspannung des Wassers herab. Detergenzien zerstören den Schleim, der den gesamten Körper der Fische bedeckt, hemmen die resorptive Wirkung der Keime und zerstören die roten Blutkörperchen. Es dürfen aus diesem Grund niemals Wasch- und Spülmittel zur Reinigung von Aquarien und Geräten benutzt werden.
6. **Stickstoffverbindungen:** In allen Aquarien sind Stickstoffverbindungen zu finden. Sie entstehen immer dort, wo Eiweiße abgebaut werden (z. B. Stoffwechselprodukte der Fische, faulende Pflanzen- und Futterreste). Die wichtigsten und häufigsten im Aquarium auftauchenden Stickstoffverbindungen sind Ammoniak (NH_3), Ammonium (NH_4^+), Nitrit (NO_2^-), Nitrat (NO_3^-) und Harnstoff. Diese Verbindungen können nur im Zusammenhang mit Sauerstoff abgebaut werden. Sauerstoffmangel führt zu einer Verlangsamung des Abbaus und zu einer Anreicherung des hochgiftigen Ammoniaks. Die tödliche Dosis von Ammoniak beträgt 0,2 mg pro Liter, die von Nitrit 1 mg pro Liter und die von Nitrat 200 - 300 mg pro Liter. Die Schädigungen durch Stickstoffverbindungen können bis zum Tod der Fische führen. Die Giftwirkung des Ammoniaks wird wesentlich vom pH-Wert bestimmt. Alkalisches Wasser begünstigt die Wirkung von Ammoniak.

Die Mengen der oben angesprochenen Stickstoffverbindungen können heute mit einfachen Testmethoden (z. B. Tetra) kontrolliert und korrigiert werden. Weiterhin ist es wichtig, daß die Aquarien gut durchlüftet werden, dies beschleunigt den Stickstoffabbau. Regelmäßig sollten pH-Wert- und Sauerstoffkontrollen durchgeführt werden. Außerdem sollten die Fische nur die Futtermenge erhalten, die sie restlos auffressen können.

Sauerstoffmangel

Krankheitsbild: Erste Anzeichen sind beschleunigte Atemfrequenz, Unruhe und fortwährendes Luftschnappen der Fische. Ihre Farben verblassen und die Kiemendeckel werden abgespreizt. Endstadium ist der Tod durch Ersticken. Sauerstoffmangel ist eine der häufigsten Todesursachen bei Fischen.

Ursache: Die Krankheit wird dadurch hervorgerufen, daß das Wasser zu wenig oder gar keinen Sauerstoff mehr enthält. Bekanntlich ist Sauerstoff für den Stoffwechsel lebenswichtig. Sauerstoffmangel kann auf verschiedene Weisen entstehen: zum einen durch Fäulnisvorgänge (überschüssiges Futter, abgestorbene Pflanzenteile), zum anderen durch die nächtliche Atmung von Pflanzen und durch zu hohe Temperaturen im Aquarium. Bei

Krankheiten

höheren Temperaturen löst sich weniger Sauerstoff im Wasser als bei niedrigen. Man sollte aber nicht vergessen, daß der normale Sauerstoffbedarf von Fischart zu Fischart unterschiedlich ist. So benötigen Fische aus strömenden Gewässern mehr Sauerstoff als solche aus stehenden.

Pathogenität: Wird der Sauerstoffmangel nicht behoben, so führt er zum Tod der Fische. Durch zeitweilig auftretenden Sauerstoffmangel wird das Entstehen von Krankheiten aller Art begünstigt, da die Tiere hierdurch in ihrem Allgemeinzustand geschwächt werden.

Therapie: Gute Durchlüftung und ein funktionsfähiger Filter beugen Sauerstoffmangel im Aquarium vor. Weiterhin sollte man alle abgestorbenen Pflanzenteile und Fische aus dem Becken entfernen, da diese zu einer Sauerstoffzehrung führen. Eine ausgewogene Bepflanzung wirkt auf den Sauerstoffhaushalt stabilisierend. Die Fische sollten außerdem immer bei der für sie optimalen Temperatur gehalten werden. Bei akutem Sauerstoffmangel helfen nur rascher Wasserwechsel oder Verstärkung der Durchlüftung.

Gasblasenkrankheit

Krankheitsbild: Es bilden sich Blasen unter der Haut und im Körperinneren. Diese Gasblasen findet man hauptsächlich am Kopf in Augennähe und in den Augen selbst. Nach SCHUBERT sollen größere Fische knistern, wenn man sie aus dem Wasser nimmt.

Untersuchungstechnik: Die Krankheit kann makroskopisch bei äußerer Betrachtung der erkrankten Fische leicht festgestellt werden.

Ursache: Unter bestimmten Bedingungen (Druck, Temperatur) wird in Flüssigkeiten (Wasser, Blut usw.) immer eine bestimmte Menge Gas gelöst. Ist für die gegebenen Bedingungen zuviel Gas in einer Flüssigkeit gelöst, so nennt man das Übersättigung. Dieser Zustand ist sehr instabil. So hat die gasübersättigte Flüssigkeit immer das Bestreben, das überschüssige Gas in Form kleiner Bläschen wieder abzugeben. Eine Sauerstoffübersättigung kann in Aquarien mit starkem Pflanzen- oder Algenwuchs bei intensiver Sonneneinstrahlung auftreten, da die Pflanzen assimilieren und viel Sauerstoff abgeben. Das Blut der Fische ist dann entsprechend dem Sauerstoffgehalt im Wasser ebenfalls übersättigt. Hört nun die starke Sonneneinstrahlung und die damit verbundene starke Sauerstoffabgabe der Pflanzen auf, sinkt die Übersättigung (=Gasdruck) im Wasser schnell ab, nicht aber im Blut der Fische. Es entstehen daher im Blut Gasbläschen.

Pathogenität: Die Gasblasenkrankheit kann in schwersten Fällen zu einer Sauerstoffnekrose und zum Erstickungstod führen (Gasembolie).

Gasblasenkrankheit bei einer Seewasser-Demoiselle. Deutlich ist das aufgeblähte Auge zu sehen.

Therapie: Eine Heilung gasblasenerkrankter Fische ist durch Umsetzen in normales Wasser möglich. Gute Durchlüftung mit Hilfe eines Ausströmerstein verhindert im Aquarium eine Sauerstoffübersättigung. Außerdem sollte man stark bepflanzte Aquarien keiner intensiven Sonneneinstrahlung aussetzen.

Säure- und Laugenkrankheit

Krankheitsbild: Geschädigte Fische zeigen übermäßige Schleimbildung, Hautentzündungen, Verätzungen und Blutungen der Kiemen. Die Fische fallen auch durch schießende Bewegungen auf. Oft versuchen sie durch Springen das Wasser zu verlassen. Ein weiteres Symptom ist Luftschnappen an der Wasseroberfläche und eine erhöhte Atemfrequenz.

Ursache: Säure- und Laugenkrankheiten beruhen auf Schwankungen des pH-Wertes (=Wasserstoffionenkonzentration). Jede Fischart hat einen für sie zutreffenden pH-Bereich. Für die meisten Aquarienfische ist ein pH-Wert zwischen 6 (schwach sauer) und 8 (schwach alkalisch) optimal. Doch ist die Empfindlichkeit der einzelnen Fischarten innerhalb dieser Werte unterschiedlich. So ertragen manche Fischarten größere Schwankungen, andere können nur innerhalb kleinerer Schwankungen leben. Die optimalen Werte liegen für manche Fische im sauren Bereich (*Rasbora* pH 5 bis 6), für andere im alkalischen Bereich (*Barbus* 7 - 8,5). Für die Mehrzahl der Fische ist ein Absinken des pH-Wertes unter 5,5 mit der Zerstörung der Haut verbunden (Säurekrankheit), und ein Ansteigen des pH-Wertes über 9 führt zu Verätzungen der Haut und der Kiemen (Laugenkrankheit). Sowohl ein zu niedriger als auch ein zu hoher pH-Wert bedingt den Tod der Fische. Besonders gefährlich sind zu niedrige pH-Werte im Zusammenhang mit weichem Wasser.

Therapie: Regelmäßige Kontrolle des pH-Wertes (1 - 2 mal wöchentlich) mit den handelsüblichen Indikatoren (Stäbchen, Papier) ist die beste Vorbeugung gegen Säure- und Laugenkrankheit. Man

Krankheiten

sollte darauf achten, daß der pH-Bereich im Aquarium nie unter 5,5 sinkt und über 8,5 hinausgeht. Eine Ausnahme machen die Cichliden aus dem Malawisee, von denen sich manche erst bei pH 8,5 - 9,2 richtig wohl fühlen. Bei akuter Säure- und Laugenkrankheit hilft am schnellsten sofortiger Wasserwechsel oder umsetzen der Fische in neutrales Wasser. Um einer Alkalisierung des Wassers entgegenzuwirken, müssen zu starker Pflanzenwuchs und langanhaltende intensive Sonneneinstrahlung vermieden werden (biogene Entkalkung).

Ungünstige biogene Faktoren

Als Beispiel für ungünstige biotische Faktoren sollen die Süßwasserpolypen (*Hydra*) und die Strudelwürmer (*Turbellaria*) genannt werden. *Hydra* ist ein süßwasserbewohnendes Nesseltier (*Coelenterata*). Es besteht aus einem Stiel, an dessen einem Ende sich mehrere Fangarme befinden. Diese tragen Nesselzellen mit deren Hilfe *Hydra* ihre Beute fängt. Beutetiere werden gelähmt und festgehalten. Hydren können sich im Aquarium stark vermehren. Sie sind für größere Fische meist ungefährlich, dagegen werden Fischlarven und Jungfische oft gefressen. Weiterhin kann *Hydra* bei einem massenhaften Auftreten zu einem Nahrungskonkurrenten der Fische werden.

Therapie: Die Bekämpfung erfolgt entweder auf biologischem Wege durch Makropoden und *Trichogaster*-Arten, die die Hydren fressen, oder auf chemischem Wege durch die Zugabe von Kupfersulfat (vgl. Angaben S. 898). Nach einigen Tagen sterben die Hydren ab. Bei Verwendung von AquaSafe wirkt das Kupfersulfat nicht.

Strudelwürmer, auch Scheibenwürmer genannt, werden meist mit Lebendfutter eingeschleppt. Durch günstige Lebensbedingungen vermehren sie sich im Aquarium oft sehr stark. Die Strudelwürmer leben räuberisch, auch sie sind Nahrungskonkurrenten der Fische. Weiterhin fressen Strudelwürmer besonders gern Fischeier, was sich sehr negativ auf Zuchterfolge auswirken kann. Nach extremer Vermehrung wurden Strudelwürmer auch schon auf Jungfischen gefunden.

Therapie: Die Bekämpfung der Turbellarien ist ziemlich schwierig. Am besten eignet sich die Ködermethode. Man füllt in ein Gaze- oder Stoffbeutelchen Fleisch, und hängt es abends dicht über den Boden ins Aquarium. Die Tiere wittern das Fleisch und sammeln sich in großen Mengen auf dem Beutel. Dieser wird noch vor dem Hellwerden aus dem Wasser genommen und vernichtet (kochendes Wasser). Strudelwürmer werden ebenfalls von Makropoden gefressen und können so bekämpft werden.

Von außen sichtbare Krankheiten (Parasitosen)

1. *Einzeller*

Oodinium-Krankheit (Oodiniasis) - Samtkrankheit
Krankheitsbild: Auf dem Körper der Fische befindet sich ein samtig grauer oder bläulicher Überzug. Dieser besteht bei mikroskopischer Betrachtung aus zahlreichen birnenförmigen bis kugeligen Einzellern. Die Parasiten können gelegentlich auch in die Unterhaut eindringen und flächenartige Entzündungen hervorrufen. Bei Befall der Kiemen werden Blutungen, Entzündungen und Gewebezerfall beobachtet. Bei starkem Befall kann sich die Haut in ganzen Streifen ablösen. Die Fische scheuern sich und magern ab. Bei Kiemenbefall schnappen die Fische oft nach Luft.
Untersuchungstechnik: Am besten läßt sich lebendes Material untersuchen. Es werden Haut- und Kiemenabstriche angefertigt. Es können auch einzelne Kiemenblätter und Flossen abgeschnitten und betrachtet werden. Eine mikroskopische Betrachtung bei 120 - 600 facher Vergrößerung ist angebracht.
Erreger: Der Erreger der Samtkrankheit ist das Panzergeißeltierchen (Dinoflagellat) *Oodinium pillularis*, das 1951 von SCHÄPERCLAUS auf *Colisa lalia* entdeckt und wissenschaftlich beschrieben wurde. Die Art befällt vorwiegend Zierfische. *Oodinium pillularis* hat eine rund-ovale bis birnenförmige Gestalt. Seine Größe schwankt zwischen 30 und 140 μm; der Mittelwert liegt bei etwa 65 μm. An einem Körperende ist die das Tier umgebende Chitinhülle spitz ausgezogen. Mit diesem "Flaschenhals" sitzen die Parasiten auf dem Fisch und verankern sich mit wurzelartigen Protoplasmaausläufen zwischen dessen Epithelzellen. Der Lebenskreislauf von *Oodinium pillularis* umfaßt drei Stationen: 1. ein parasitäres, unbewegliches Stadium auf der Haut und den Kiemen (Wachstumsstadium), 2. ein Cystenstadium. Es wird außerhalb der Fische gebildet, nachdem der Parasit seinen Wirt verlassen hat. Innerhalb der Zyste finden viele Teilungen statt (Teilungsstadium), 3. ein Schwärmerstadium (=infektiöses Stadium). Die Schwärmer (=Dinosporen) sind die Teilungsprodukte des vorhergehenden Stadien. Die Dinosporen haben eine ellipsoide Gestalt. Sei besitzen zwei Geißeln, davon befindet sich eine in einer Ringfurche. Finden die Dinosporen innerhalb von 12 - 24 Stunden keinen neuen Wirt, sterben sie ab.
Pathogenität: Massenbefall führt zu starken Schäden der Haut und der Kiemen. Es kann der Erstickungstod eintreten. Die Krankheit ist sehr ansteckend.

Krankheiten

Dinoflagellata = Panzergeißeltierchen
Oodinium pillularis

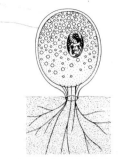

Therapie: für die Bekämpfung von *Oodinium pillularis* wird ein lang andauerndes Bad mit Trypaflavin empfohlen (1 g Trypaflavin auf 100 l Wasser). Gleichzeitig wird die Temperatur auf 30° C erhöht. Die Bäder sollten im Becken vorgenommen werden, die keine Pflanzen und keinen Bodengrund enthalten und außerdem abgedunkelt sind. Weitere Mittel gegen diese Parasiten sind Kupfersulfat (0,3 g auf 100 l Wasser), Chininhydrochlorid (1,5 g auf 100 l Wasser) oder eine 3 %ige Kochsalzlösung. Fertige, wirksame Präparate gibt es im Zoofachhandel.

Costia-Krankheit (Costiasis)

Krankheitsbild: Auf der Körperoberfläche und den Kiemen befindet sich ein grauer, schleierartiger Belag. Stärkerer Befall verursacht blutunterlaufene und gerötete Stellen. Die Fische zeigen oft schaukelnde Schwimmbewegungen. Die Tiere scheuern sich an festen Gegenständen und klemmen die Flossen. Mattigkeit, Trägheit und Abmagerung der befallenen Fische sind weitere Krankheitsmerkmale.

Untersuchungstechnik: Zur Untersuchung eignet sich nur lebendes Material. Frische Kiemen- und Hautabstriche werden bei 100 bis 120 facher Vergrößerung betrachtet. Den Erreger *Costia* erkennt man an der taumelnden Fortbewegungsweise.

Erreger: Die Krankheit wird von dem Geißeltierchen (Flagellat) *Costia necatrix* verursacht. Seine Gestalt ist bohnenförmig und wenig veränderlich. Seine Länge beträgt 8 - 20 µm, seine Breite 8 bis 10 µm. Es sind zwei Geißeln vorhanden, die zur Fortbewegung dienen. Die Parasiten heften sich mit protoplasmatischen Fortsätzen des Vorderendes (= spitzes Ende) am Fischepithel an. Das Vorderende bildet dabei eine Haftscheibe aus. Die Fortpflanzung geschieht durch Längsteilung im festgeheftetem Zustand. *Costia* ist ohne Wirt nur eine halbe bis eine Stunde lebensfähig. Lebensfähige Dauerstadien sind bisher nicht bekannt. *Costia* kommt meist nur dort vor, wo Fische dicht zusammen stehen. Temperaturen über 25° C sagen dem Parasiten nicht zu, bei 30° C stirbt er ab. Untersuchungen haben ergeben, daß Costia sich am stärksten bei 25° C und einem pH-Wert zwischen 4,5 und 5,5 (mäßig sauer) vermehrt.

Pathogenität: Die Parasiten verursachen bei Massenbefall schwere Schäden. Besonders gefährdet sind Jungfische. Die Krankheit wird direkt übertragen und ist sehr ansteckend. Für kleine Fische ist sie oft tödlich.

Therapie: Bäder in 1 - 2 %iger Kochsalzlösung für 20 Minuten töten die Parasiten ab. In Aquarien hat sich ein Dauerbad mit Trypaflavin (1 g Trypaflavin auf 100 l Wasser, 2 Tage) gegen *Costia* bestens bewährt. Die Fische müssen allerdings in einem gesonderten Becken gebadet werden. Ebenso hilft eine Temperaturerhöhung auf 30° C, den Parasiten absterben zu lassen. Fertige wirksame Präparate gibt es im Zoofachhandel.

Flagellata = Geißeltierchen
Costia (Ichtyobodo) necatrix

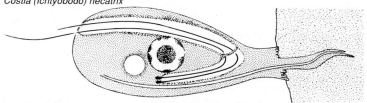

Ichthyophthirius-Krankheit (Ichthyophthiriasis)

Grießkörnchen- oder Weißpünktchenkrankheit

Krankheitsbild: Es befinden sich weiße Knötchen am ganzen Körper, an den Flossen und an den Kiemen. Bei starkem Befall können sich die Pünktchen zu grauen Flecken vereinigen. Die Haut ist dann stark verschleimt und entzündet. Typische Verhaltensweisen der Fische sind: Flossenklemmen, heftige Scheuerbewegungen an Gegenständen und schließlich Apathie und Abmagerung.

Erreger: Die Grießkörnchenkrankheit wird vom Wimpertierchen *Ichthyophthirius multifiliis* verursacht. Die Tiere haben einen birnenförmigen bis kugeligen Körper, ihre Größe schwankt zwischen 0,2 und 1,0 mm. Ihr Großkern (Makronucleus) ist hufeisenförmig, der Kleinkern (Mikronucleus) kugelig. *Ichthyophthirius* lebt parasitisch in der Haut von Fischen, in die er nach außen abgeschlossene Höhlen gegraben hat. Er ernährt sich von der Haut seines Wirtes.

Krankheiten

Der Lebenskreislauf des Parasiten umfaßt drei Stadien: 1. ein Hauptstadium (Wachstumsstadium), 2. ein Bodenstadium (Cystenstadium) und 3. ein Schwärmerstadium (Infektionsstadium. Die in der Haut herangereiften Tiere verlassen ihren Wirt, fallen zu Boden, umgeben sich dort mit einer Gallerthülle (=Zyste) und teilen sich in bis zu 1.000 birnenförmige Schwärmer von 30 - 50 µm Größe. Sie suchen einen neuen Fisch auf; finden sie innerhalb von 70 Stunden keinen neuen Wirt, so sterben die Schwärmer ab.

Pathogenität: *Ichthyopthirius* ist bei starkem Befall pathogen. Die Krankheit ist sehr ansteckend und befällt alle Fischarten. Überstehen Fische die Erkrankung, so erwerben sie eine Immunität gegen *Ichthyopthirius*. Solche Fische sind besonders gefährlich, da sie den Parasiten übertragen können, ohne selbst zu erkranken.

Therapie: Jede Bekämpfung der Ichthyopthiriasis hat nur dann Erfolg, wenn die Stärke des Befalls festgestellt worden ist. *Ichthyopthirius* kann nach den bisherigen Erfahrungen nicht direkt abgetötet werden. Die Bekämpfung richtet sich auf die Vernichtung der frei schwimmenden Schwärmer. Im Aquarium geschieht das am besten mit Hilfe von Malachitgrünoxalat, Trypaflavin, Atebrin, Aureomycin oder Chininverbindungen. Diese Medikamente werden ins Wasser gegeben und verbleiben dort je nach Temperatur 15 - 20 Tage, da die Parasiten bis zu 20 Tagen in der Haut aufzufinden sind.

Gute Medikamente gegen Ichthyo hält der Zoofachhandel bereit.

Ein Meerwasserkugelfisch *Colomesus psittacus* mit *Ichthyophthirius multifiliis*-Befall. Die einzelnen Parasiten sind als weiße Pünktchen deutlich auf den Flossen erkennbar.

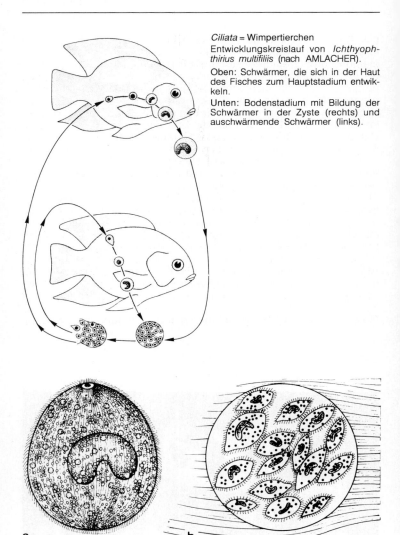

Ciliata = Wimpertierchen

Entwicklungskreislauf von *Ichthyophthirius multifiliis* (nach AMLACHER).

Oben: Schwärmer, die sich in der Haut des Fisches zum Hauptstadium entwickeln.

Unten: Bodenstadium mit Bildung der Schwärmer in der Zyste (rechts) und auschwärmende Schwärmer (links).

Ichthyophthirius multifiliis: a) ausgewachsenens Individuum, b) Bodenstadium mit zahlreichen bewimperten Schwärmern.

Krankheiten

Chilodonella-Krankheit (Chilodonelliasis)

Krankheitsbild: Bei den erkrankten Tieren zeigen Haut und Kiemen eine weißbläuliche bis graue Trübung. Meist ist die Nackenregion bis zum Ansatz der Rückenflossen besonders stark befallen. Die Haut kann sich in Fetzen ablösen. Die Fische scheuern sich oft an festen Gegenständen. Ihre Schwimmweise ist träge.

Untersuchungstechnik: Zur Untersuchung eignen sich nur lebende Fische, da tote Fische schnell von *Chilodonella* verlassen werden. Man fertigt Haut- und Kiemenabstriche an, die mit etwas Tusche versetzt werden können. Die mikroskopische Betrachtung erfolgt bei 50 - 120 facher Vergrößerung.

Erreger: Die Krankheit wird durch holotriche Ciliaten (Wimpertiere) der Gattung *Chilodonella* hervorgerufen. Diese Gestalt von *Chilodonella cyprini* ist oval und deren Größe schwankt zwischen 40 und 70 µm. Am hinteren Körperende ist eine Einkerbung, die dem Parasiten den Namen "herzförmiger Hauttrüber" eingebracht hat. Dieses Merkmal sollte allerdings nur unter Vorbehalt zu einer Diagnose herangezogen werden. Ein guter Anhaltspunkt zur Bestimmung sind neben der Körpergröße zahlreiche kleine Vakuolen, die das Protoplasma grobkörnig erscheinen lassen. Der Makronukleus ist eiförmig und nimmt etwa ein Drittel der Gesamtlänge des Parasiten ein, der Mikronukleus ist rund. Die Fortpflanzung erfolgt durch Querteilung. Die Ernährungsweise von *Chilodonella* ist noch nicht bekannt. Bei ungünstigen Lebensbedingungen werden Ruhezysten ausgebildet.

Pathogenität: Die Krankheit verläuft bei starkem Befall tödlich. Die Fische werden auf zweierlei Weisen geschädigt: 1. Bei Befall der Kiemen wird die atmende Oberfläche der Kiemenblättchen zerstört und verkleinert (Erstickungstod). 2. Die Haut, die ebenfalls lebenswichtige Funktionen zu verrichten hat, wird zerstört.

Therapie: Malachitgrün-Behandlung (0,15 - 0,2 ml einer 1%igen Stammlösung auf 10 l) tötet *Chilodonella* sicher ab. Es helfen auch ein 10-minütiges Kurzbad in 1 %iger Kochsalzlösung oder ein 10-stündiges Bad in Trypaflavin bei gleichzeitiger Erhöhung der Temperatur auf 28° C. Zum Vorbeugen der *Chilodonella*-Krankheit im Aquarium gilt: kein zu hoher Fischbesatz (5 Liter Wasser pro Fisch, ausreichende Sauerstoffversorgung, artgemäßer pH-Wert, optimale Temperatur, regelmäßiger Wasserwechsel sowie die Quarantäne bei neu eingebrachten Fischen. Medikamente aus dem Zoofachhandel heilen die Krankheit.

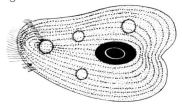

Ciliata = Wimpertierchen
Chilodonella sp.

Befall mit *Trichodina* (Trichodiniasis)

Krankheitsbild: Der Befall ist mit bloßem Auge nicht feststellbar, erst bei starkem Befall sieht man graue Beläge auf Haut oder Kiemen. Befallene Fische können abmagern und schnappen an der Wasseroberfläche nach Luft. Die Trichodiniasis tritt meist zusammen mit der Ichthyophthiriasis auf.

Untersuchungstechnik: Haut- und Kiemenabstriche werden in einem Wassertopf bei 100 - 200 facher Vergrößerung untersucht.

Erreger: Die Krankheit wird durch perritriche Wimpertierchen (Ciliaten) der Gattung *Trichodina*, *Trichodinella* und *Tripartiella* verursacht. Der Zelleib der Parasiten ist kreisrund und hat einen Durchmesser von 25 - 75 µm. Ein halbkreisförmiger Großkern und der Kleinkern sind neben Nahrungsvakuolen im Cytoplasma erkennbar. Die Tiere besitzen auf ihrer Unterseite einen mit Haken versehenen Haftring. Ihre Vermehrung erfolgt durch Querteilung. *Trichodina*-Arten können freischwimmend etwa 24 Stunden am Leben bleiben und in dieser Zeit einen neuen Fisch befallen. *Trichodina pediculus* kann zusammen mit *Hydra* über das Tümpelfutter in das Aquarium eingeschleppt werden.

Pathogenität: *Trichodina*-Arten treten hauptsächlich als Schwächeparasiten auf. Sie sind nur gelegentlich primär pathogen und können dann in die Unterhaut eindringen. In diesem Fall steigt die Sterberate der Fische schnell an.

Therapie: Es helfen gegen Trichodiniasis 5 - 10 minütige Kurzbäder in 1 - 3 % iger Kochsalzlösung, in Eisessig (1 ml auf 5 Liter Wasser). Am besten ist ein Trypaflavin- oder Malachitgrün-Dauerbad (1,5 mg auf 10 Liter Wasser für 10 Stunden). Diese Bäder töten die Parasiten sicher ab.

Ciliata = Wimpertierchen
Trichodina sp.
Ventralansicht

Krankheiten

2. Tierische Vielzeller

Befall mit *Dactylogyrus*
Kiemenwurmkrankheit

Krankheitsbild: Das äußere Krankheitsbild ist unauffällig. Es ist mit bloßem Auge direkt nicht feststellbar. Indirekt ist der Befall mit *Dactylogyrus* an folgenden Kriterien erkennbar: Kiemenschäden, Kiemenrötungen, Kiemenblutungen und Verwachsungen, Schwellungen und Verschleimungen der Kiemen. Bei starkem Befall magern die Fische ab. Die mikroskopische Untersuchung erbringt leicht Gewißheit über den Krankheitserreger. Die Würmer sitzen vorwiegend an den Enden der Kiemenblättchen.

Untersuchungstechnik: Die Untersuchung erfolgt bei 50 - 120 facher Vergrößerung. Neben lebendem kann auch formolfixiertes Material verwendet werden. Die Kiemen werden abgeschnitten und unter einem Deckglas im Wasserglas betrachtet.

Erreger: Dabei handelt es sich um monogene Saugwürmer (Trematoden) der Gattung *Dactylogyrus* (*D. vastator, D. anchoratus, D. minutus, D. extensus, D. crassus, D. lamellatus, D. formosus*). Monogene Saugwürmer haben keinen Generationswechsel. Bei Zierfischen ist *Dactylogyrus*-Befall verhältnismäßig selten, dagegen scheinen in Aquarien *Tetraonchus monenteron* und *Cichlidogyrus tilapiae* viel häufiger zu sein. *Tetraonchus* wurde vorwiegend bei Skalaren und Glasbarschen gefunden. Der Vorderkörper von *Dactylogyrus* ist vierzipfelig, an ihm sind vier schwarze Augen und ein Bauchsaugnapf zu erkennen. Die Festheftung erfolgt mit Hilfe eines Haftapparates. Dieser besteht aus einer Haftscheibe und zwei Zentralhaken. Am Rand der Haftscheibe befinden sich 14 Häkchen. *Dactylogyrus* legt Eier, aus denen bewimperte Larven schlüpfen. Die Länge der *Dactylogyrus*-Arten schwankt zwischen 0,5 und 2,3 mm.

Pathogenität: *Dactylogyrus* ist besonders bei starkem Befall hochpathogen und schädigt die Fische sehr stark. Am meisten sind Jungfische gefährdet. Der Befall mit *Dactylogyrus* führt durch Zerstörung des Kiemenepithels und durch Beschädigung von Blutgefäßen zum Ausfall der Atemtätigkeit und letzten Endes zum Erstickungstod der Fische.

Therapie: Folgende Bäder versprechen Erfolg bei der Bekämpfung von *Dactylogyrus*: Kurzbad mit Ammoniumhydroxid für 60 Sekunden (keinesfalls länger!). Pro Liter Wasser wird 1 ml 25 %iges Ammoniumhydroxid (Ammoniaklösung) zugegeben. 2,5 %ige Kochsalzlösung (15 min) und Dauerbäder (mehrere Tage) mit Trypaflavin (1 g auf 100 l).

Befall mit Gyrodactyliden

Krankheitsbild: *Gyrodactylus* lebt im Gegensatz zu *Dactylogyrus* vorwiegend auf der Haut der Fische. *Gyrodactylus* ist in der Regel makroskopisch direkt nicht feststellbar. Starker Befall führt zu Hauttrübungen und rötlich entzündeten Stellen. Mikroskopisch sind die augenlosen Würmer an ihrer typischen Hakenbewaffnung erkennbar.

Untersuchungstechnik: Es werden Hautabstriche vom lebenden Fisch angefertigt und in einem Wassertropfen unter einem Deckglas bei 50 - 120 facher Vergrößerung untersucht. Tote Fische sind für eine Untersuchung nicht geeignet, da die Parasiten diese schnell verlassen. Ebenso ungeeignet ist konserviertes Material.

Erreger: Es handelt sich um monogene Saugwürmer (Trematoden) der Gattung *Gyrodactylus* (*G. elegans, G. medius, G. cyprini, G. bullatarudis*). Die Größe dieser Art schwankt zwischen 0,25 und 0,8 mm. *Gyrodactylus*-Arten haben keine Augen. An ihrem Hinterende befindet sich eine Haftschale mit zwei Zentralhaken und 16 Randhaken. Die Zentralhaken sind kleiner als bei *Dactylogyrus*. *Gyrodactylus* legt keine Eier, sondern ist lebendgebärend. Im Wurm entsteht ein Tochtertier, in dessen Inneren bereits ein Enkelkind und in diesem wiederum ein Urenkelkind zu sehen sind. Die Ineinanderschachtelung von vier Generationen kann als extreme Pädogenese aufgefaßt werden. Der Befall mit *Gyrodactylus* ist meist eine Folge schlechter Hälterungsbedingungen.

Pathogenität: Bei starkem Auftreten ist der Befall mit *Gyrodactylus* stark gesundheitsschädigend, besonders für kleinere Fische und Jungfische. *Gyrodactylus* ernährt sich von Epidermiszellen, wobei nur die oberen Schichten der Epidermis geschädigt werden.

Therapie: Sie ähnelt der bei *Dactylogyrus* beschriebenen. Fragen Sie Ihren Fachhändler nach einem geeigneten Präparat.

Befall mit *Diplozoon*
Doppeltierkrankheit

Krankheitserreger: Ausgewachsene Doppeltierchen sind schon mit bloßem Auge sichtbar. Sie befinden sich als graubraune, wurmähnliche Gebilde zwischen den Kiemenblättern. Bei starkem Befall treten Verwachsungen und Schwellungen der Kiemen auf. Es können auch Blutungen vorkommen. Die Fische schnappen dann an der Wasseroberfläche nach Luft.

Untersuchungstechnik: wie bei *Dactylogyrus* und *Gyrodactylus*.

Erreger: Die Krankheit wird durch Doppeltiere der Gattung *Diplozoon* (*D. paradoxum, D. barbi, D. tetragonopterini*) hervorgerufen. Diplozoen sind ebenfalls monogene Trematoden. Sie werden 1 bis

Krankheiten

5 mm lang. Augen sind keine vorhanden. Am Vorderende befinden sich zwei Saugnäpfe, am Hinterende je vier Paar Haftklappen. Die Eier dieser Tiere sind groß und gelblich und haben einen langen Faden. Aus den Eiern entwickeln sich freischwimmende Larven, die neue Fische befallen. Die heranwachsenden Würmer bekommen einen Rückenzapfen. Nun nähern sich zwei Tiere einander. Jedes der Tiere ergreift mit seinem Bauchsaugnapf den Rückenzapfen seines Partners. Auf diese Weise wachsen die Einzeltiere zusammen, und es ist ein Doppeltier entstanden. Bei *Diplozoon paradoxum* verwachsen die beiden Würmer über Kreuz miteinander, während sie bei *D. barbi* mit den Flachseiten der Körpermitte verwachsen.

Pathogenität: Die Gesundheit der Fische wird nur bei starkem Befall beeinträchtigt. Durch Zerstörung von Kiemengewebe leiden die Fische an Atemnot. *Diplozoon barbi* befällt überwiegend Cypriniden (*Barbus*-Arten) und *D. tetragonopterini* hauptsächlich Characiden (Salmler).

Therapie: Die *Diplozoon*-Arten lassen sich schwerer bekämpfen als *Gyrodactylus*- und *Dactylogyrus*-Arten. Kochsalz-Kurzbäder (15 g Kochsalz pro Liter Wasser) sowie Dauerbäder mit Trypaflavin, Rivanol oder Atebrin (je 1 g des Medikaments auf 100 l Wasser für mehrere Tage) haben die besten Aussichten auf Erfolg. Einige Präparate sind bedingt wirksam.

Befall mit Cercarien und Metacercarien

Krankheitsbild: Cercarien bzw. Metacercarien erkennt man als längliche, gelbliche Knötchen (Zysten) in der Haut der Fische. Sie kommen auch in der Muskulatur, Augen, Kiemen, Blut und inneren Organen vor. In den Augen verursacht ein Befall die Trübung der Linse (Wurmstar). Bei manchen Arten sind die Zysten schwarz gefärbt (Schwarzfleckenkrankheit).

Untersuchungstechnik: Von kurz vorher abgetöteten Fischen werden Zupfpräparate aus dem Auge (Linsenkammer) und der Muskulatur hergestellt. Die Untersuchung erfolgt bei 50 - 120 facher Vergrößerung.
Erreger: Verursacht wird diese Krankheit durch die Larven (Cercarien, Metacercarien) von verschiedenen digenen Saugwürmern. Digene Trematoden haben einen Generationswechsel. Besonders hervorzuheben sind die Larven von *Diplostomum spathaceum* und *Clinostomum*-Arten. Die Larven liegen in U-förmigen Biegungen im Inneren der Zyste. Der Entwicklungskreislauf eines solchen Saugwurms ist immer von einem Wirtswechsel begleitet. Die Eier gelangen ins Wasser und dort schlüpft eine bewimperte Larve, das Miracidium. Diese dringt in eine Wasserschnecke (= 1. Zwischenwirt) ein. In der Leber der Schnecke entwickelt sich das Miracidium zu einer zweiten Larvenform, die Sporocyste genannt wird. Aus dieser entsteht durch Jungfernzeugung (Parthenogenese) eine dritte Larvenform, die Redie. Die Redien bringen ebenfalls auf parthenogentischem Weg Schwanzlarven (Cercarien) hervor, die die Schnecke verlassen und freischwimmend einen Fisch (= 2. Zwischenwirt) aufsuchen. Sie werfen ihren Gabelschwanz ab und dringen in den Fisch ein. Der Fisch bildet um die eingebohrte Larve herum eine Hülle (= Zyste). Ab diesem Zeitpunkt wird die Larve Metacercarien genannt. Wird nun ein mit Metacercarien befallener Fisch von einem Wasservogel (= Endwirt) gefressen, so lösen sich in dessen Magen die Zysten um die Metacercarien auf, und die Metacercarien wachsen zu geschlechtsreifen Würmern heran. Somit ist der Entwicklungskreislauf geschlossen. Die Metacercarien von *Diplostomum spathaceum* sind 0,5 mm groß.
Pathogenität: Bei Aquarienfischen kann ein starker Befall zu einer großen Beeinträchtigung der Gesundheit führen. Es kommt zu Muskelzerstörungen und Lähmungen, bei Befall der Augen auch zu Erblindungen. Es können weiterhin allgemeine Stoffwechselstörungen auftreten. Die Krankheit ist nicht ansteckend.
Therapie: Bei Befall ist eine Heilung nicht möglich. Operatives Entfernen der in der Haut steckenden Parasiten ist mit einer sterilen Nadel möglich, jedoch ist dies bei der geringen Größe der meisten Aquarienfische äußerst schwer durchführbar. Dagegen kann einer Infektion mit Metacercarien wirksam vorgebeugt werden, indem man keine in freien Gewässern gesammelten Schnecken in das Aquarium setzt. Am besten hält man Schnecken grundsätzlich von den Aquarien fern, da sie als Redienträger die späteren Cercarien "liefern" können. Metacercarienbefallene Fische sind im Aquarium zum Glück selten und meist nur bei Neuimporten zu beobachten.

(Abbildung siehe S. 922)

Krankheiten

Ventralansicht einer *Trichodina*-Art (Wimpertierchen)

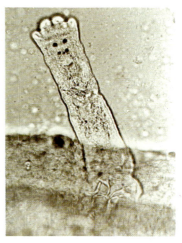

Dactylogyrus an der Haut festgeheftet: Typisch ist das vierzipflige Vorderende, das bei *Gyrodactylus* nur zweizipflig ist.

Oodinium pillularis auf *Aphyosemion gardneri*.

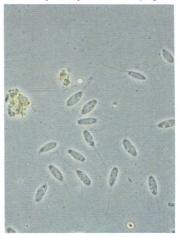

Spironucleus symphysodonis von einem Diskusfisch. Diese Geißeltierchen sind mit *Hexamita* nahe verwandt.

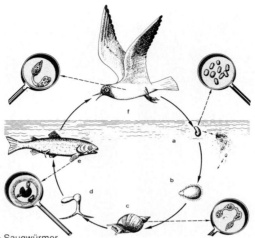

Trematoda = Saugwürmer
Entwicklungskreislauf von *Proalaria spathaceum* = "Wurmstar" bei Fischen:
a) Ei, b) Miracidium, c) Sporocyste, d) Cercarie, e) Wurmstar (*Diplostomum volvens*),
f) geschlechtsreifer Wurm im Darm einer Möwe.

Befall mit *Ergasilus*
Kiemenkrankheit

Krankheitsbild: Erkrankten Fischen ist äußerlich nichts anzusehen. Starker Befall führt zur Abmagerung des betreffenden Fisches (Meeresrücken). Nach dem Hochheben der Kiemendeckel sieht man die Parasiten als längliche, weiße Pünktchen auf den Kiemenblättchen. Dabei sind die Kiemen oft verschleimt und blaß.

Untersuchungstechnik: Wird der Befall mit *Ergasilus* vermutet, so werden dem Fisch mit einer Pinzette die Kiemendeckel hochgehoben. Jetzt werden mit einem stumpfen Gegenstand die Kiemenblättchen abgehoben und auf *Ergasilus* hin untersucht. Zur genaueren Bestimmung schneidet man einem kurz zuvor getöteten Fisch einzelne Kiemenblättchen ab und betrachtet sie bei 50 - 120 facher Vergrößerung.

Erreger: Der häufigste Erreger der Kiemenkrankheit ist der Ruderfußkrebs (*Copepoda*) *Ergasilus sieboldii*. Nur die Weibchen dieses Krebses leben parasitär, während die Männchen freilebende Planktonorganismen sind. Die Weibchen haben eine Länge von 1,3 bis 1,7 mm und eine Breite von 0,4 - 0,7 mm. Bei ihnen ist das zweite Antennenpaar zu großen Klammerhaken umgewandelt, die zum

Krankheiten

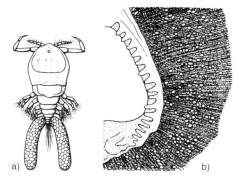

Crustacea = Krebse
Copepoda = Ruderfußkrebse = Hüpferlinge
Ergasilus sieboldii (Kiemenkrebs): a) erwachsenes Weibchen, b) Kiemenkrebse (weiße Pünktchen) auf Fischkiemen.

festheften an den Kiemen der Fische dienen. Ältere Tiere erkennt man an einem blauen Pigment. Aus den abgelegten Eiern schlüpft eine Larve (Nauplius), die zum geschlechtsreifen Tier heranwächst. Im Laufe eines Sommers entstehen zwei Generationen. Die Fische werden im Freiwasser in Bodennähe befallen.
Pathogentität: Starker Befall mit *Ergasilus* schädigt die Fische sehr. *Ergasilus* ernährt sich vom Kiemenepithel und vom Blut der Fische. Durch das Festhaken mit den zweiten Antennen kommt es zur Zerstörung von Kiemenepithel und zum Abklemmen von Blutkapillaren. Das führt zu einer Beeinträchtigung der Atmung und zu Blutarmut der Fische. Abmagerung der Tiere ist die Folge. Außerdem können bei *Ergasilus*-Befall sekundär Verpilzungen durch *Saprolegnia* und *Achlya* hinzukommen.
Therapie: Eine medikamentöse Bekämpfung von *Ergasilus* kann mit folgenden Mitteln vorgenommen werden: Masoten* (0,25 %ige Lösung, 5 - 10 Minuten), Kaliumpermanganat (1 : 100.000 = 1 g pro 100 l, 5 - 10 Minuten) und Formol (1 : 4.000 = 1 ml 37 %iges Formol auf 4 l Wasser, 1 Stunde). Weiterhin können die Parasiten mit schwachen Insektizidgaben getötet werden: DDP-*, Lindan-* und Gesarol-Dauerbäder (einige Tage) in einer Konzentration von 1 : 100 Millionen (1 mg auf 100 l Wasser).

* Vorsicht giftig! Nur auf Rezept vom Tierarzt erhältlich.

Befall mit *Lernaea*

Krankheitsbild: Das Vorkommen von *Lernaea* ist mit bloßem Auge gut feststellbar, da ein Teil ihres Körpers oder zumindest die Eiersäcke aus dem Körper des Fisches ragen. *Lernaeaceen* parasitieren hauptsächlich in der Haut, weniger auf den Kiemen. *Lernaea* kann auch in innere Organe (Leber) eindringen.

Untersuchungstechnik: Befallene Fische werden von außen mit einer Lupe auf *Lernaea* abgesucht. Zur genauen Bestimmung werden von der Muskulatur eines vorher getöteten Fisches Zupfpräparate angefertigt und bei 50 - 120 facher Vergrößerung betrachtet.

Erreger: Krankheitsursache sind parasitische Ruderfußkrebse (*Copepoda*) der Gattung *Lernaea* und *Lernaeocera*. Häufigste Arten sind *Lernaea cyprinacea* und *L. carassii*. Bei diesen Krebsen ist die typische Copepodengestalt mehr oder weniger stark abgewandelt. So sind die Weibchen im festsitzenden Zustand überhaupt nicht mehr gegliedert. Ihr Körper ist zylindrisch und wurmartig. Die Kopfregion ist durch ankerförmige, chitinöse Fortsätze charakterisiert, mit denen sie das Tier im Wirtsgewebe (Muskulatur) festhält. Diese Kopfhörner sind um den Mund angeordnet. Antennen und Mundwerkzeuge sind zurückgebildet. Im geschlechtsreifen Zustand sind die Genitalsegmente stark angeschwollen. Die Eipakete (Eischläuche) sind sehr lang und schlank. *Lernaea cyprinacea* ist zwischen 9 und 22 mm lang, während die *Lernaeocera*-Arten bis 4 cm lang werden können. Die Entwicklung dieser Krebse erfolgt ohne Wirtwechsel.

Pathogenität: Die Schädigung durch *Lernaea* und *Lernaeocera* ist groß, da sie mit ihren chitinösen Kopfhörnern tief in die Muskulatur und Blutgefäße der Fische eindringen. Blutarmut und Abmagerung sind die Folge. Besonders *Lernaea*-gefährdet sind Goldfische, Cichliden und Nanderbarsche.

Therapie: Kurzbäder mit Kochsalz (20 g auf 1 Liter Wasser, 10 - 20 Minuten) und Masoten* (0,25 %ige Lösung, 1 - 10 Minuten), sowie ein Dauerbad mit Lindan* (1 mg in 100 l Wasser, mehrere Tage) töten die Parasiten ab.

* Nicht frei erhältlich. Vorsicht giftig!

Lernaea, die sich hinter der Rückenflosse festgesetzt hat.

Lernaea cyprinacea; man beachte die Eiersäcke am Hinterende.

Krankheiten

Befall mit *Argulus*
Fischlauskrankheit

Krankheitsbild: Befallene Fische zeigen oft Flossenklemmen, sind sehr unruhig und führen scheuernde Bewegungen aus. Die Einstichstellen der Fischläuse können gerötet und entzündet sein. Es sind kleine roten Punkte mit einem rosa Hof.

Untersuchungstechnik: Fischläuse sind mit bloßem Auge auf der Haut der Fische erkennbar und können mit einer Pinzette leicht abgelesen werden.

Erreger: Es handelt sich bei diesem Parasiten um Krebse aus der Unterklasse *Branchiura*. Die Fischläuse gehören alle der Gattung *Argulus* an. Häufigster Vertreter ist *Argulus foliaceus*, die Karpfenlaus. Diese Art wird 6 - 7 mm lang und hat einen gerundeten, bedornten Hinterleib. Arguliden sind schildförmig abgeflacht. Ihre Kopfextremitäten sind dem Parasitenleben gut angepaßt. So sind die Antennen mit Klammerhaken versehen, ein Maxillenpaar ist zu Saugnäpfen umgewandelt und die Mandibeln bilden einen Stachel. Klammerhaken und Saugnäpfe dienen zum Festhalten auf dem Wirt, während die Tiere mit dem Stachel das Blut des Tieres saugen. Zur Eiablage verlassen die Karpfenläuse den Fisch und legen die 20 - 250 Eier an festen Gegenständen ab. Aus den Eiern entwickeln sich in über neun Larvenstadien die geschlechtsreifen Tiere.

Pathogenität: Das Gift von *Argulus* kann Aquarienfische töten oder zumindest lähmen. Das Saugen von Blut führt bei kleinen Fischen schnell zur Blutarmut und Abmagerung. Außerdem kann der Stich von *Argulus* den Erreger der infektiösen Bauchwassersucht übertragen oder dessen Eindringen begünstigen. Entzündete Stichstellen können sich sekundär mit *Saprolegnia* infizieren.

Therapie: Mit Karpfenläusen befallene Fische lassen sich gut behandeln. Hinzu kommt noch, daß sich die eingeschleppten einheimischen *Argulus*-Arten nicht lange im Wasserbecken halten. Arguliden kann man in folgenden Bädern abtöten: Kurzbäder mit Lysol (1 ml auf 5 l Wasser, 15 - 60 Sekunden), Kaliumpermanganat (1 g auf 100 l, 90 Minuten), Neguvon* (2 - 3 %ige Lösung, 10

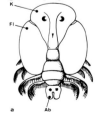 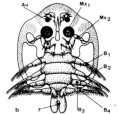

Argulus foliaceus = Karpfenlaus

a) Rückenansicht, b) Bauchansicht; AB = Abdominalplatte; Au = Komplexauge; B_1 - B_4 = Thorakopoden (Schwimmbeine); F = Furca; Fl = lateraler "Flügel" des Carapax; K = Kopfteil des Carapax.

bis 30 Minuten) und Masoten* (0,25 %ige Lösung, 1 - 10 Minuten) sowie Dauerbäder mit DDP* und Lindan* (je 1 mg auf 100 l Wasser, einige Tage).

* Nicht frei erhältlich. Vorsicht giftig!

3. Pilze

Befall mit *Saprolegnia* und *Achlya*
Fischschimmel

Krankheitsbild: Die befallenen Hautstellen zeigen einen wattebauschähnlichen Belag, der sich zunehmend bräunlich verfärbt. Dies beruht auf der Ausbildung von Sporangien. Nimmt man die erkrankten Fische aus dem Wasser, so fällt der Belag zusammen. Es können Haut, Kiemen, Flossen und Augen befallen werden.

Untersuchungstechnik: Es werden Hautabstriche vom frischen Material angefertigt, die mit 50 - 120 facher Vergrößerung betrachtet werden. Man sieht dünne, durchsichtige Fäden (Hyphen) mit dunklen Sporangien.

Erreger: Es handelt sich um Pilze der Gattung *Saprolegnia* und *Achlya*, die zu der Ordnung Oomycetales gehören. Die Gesamtheit der einzelnen Pilzfäden wird Mycel genannt. Das Mycel der oben

Verpilzung bei Sumatrabarben (*Barbus tetrazona*) durch *Saprolegnia*. Besonders stark sind die Flossen betroffen.

Krankheiten

aufgeführten Pilze ist schlauchförmig und vierkernig. Es hat keine Querwände. Der ungeschlechtlichen Vermehrung dienen einkernige Zoosporen, die in keulenförmigen Sporenbehältern (Sporangien) gebildet werden. Nach vorübergehendem Gestaltswechsel setzen sich die Zoosporen auf einer Grundlage (Insektenleiche, geschädigte Fische) fest und bilden einen neuen Pilzschlauch.

Pathogenität: Dieser Hautpilz ist gering pathogen. *Saprolegnia* und *Achlya* befallen nur geschädigte und geschwächte Tiere. Gesunde Fische werden nicht infiziert. Die *Saprolegnia*- und *Achlya*-Arten können sich nur dann auf Fischen ansiedeln, wenn die Abwehrfunktionen der Schleimhaut beeinträchtigt sind oder wenn die Schleimhaut beschädigt ist. Durch die Schädigung verändert sich der pH-Wert der Schleimhaut, und die Pilze finden nun optimale Lebensbedingungen vor. Bei starkem Befall dringen die Mycelien bis in die Muskulatur ein und verursachen dort schwere Schäden. Folgende Ursachen können eine Infektion mit *Saprolegnia* und *Achlya* auslösen: 1. Mechanische Verletzungen der Schleimhaut. 2. zu niedrige Wassertemperaturen für die betreffende Fischart. Dies ist der häufigste Grund für einen Befall bei Aquarienfischen. 3. Verätzungen der Schleimhaut durch Säuren oder Laugen. Schon schwächste Konzentrationen sind gefährlich. 4. Schädigung durch bakterielle Flossen- und Kiemenfäule, 5. Geschwüre der Muskulatur, die nach außen aufbrechen und dann verpilzen.

Therapie: Oft hilft schon eine Erhöhung der Wassertemperatur oder ein Umsetzen in sauberes, abgestandenes Wasser. Weiterhin haben sich Bäder mit Kaliumpermanganat (1 g in 100 l Wasser, 30 Minuten) und Bepinseln der befallenen Stellen mit Rivanol bewährt. Vorbeugend kann Malachitgrün verwendet werden, da es hemmend auf die Entwicklung von *Saprolegnia*- und *Achlya*-Arten wirkt. Es gibt einige Präparate im Fachhandel, die zwar nicht den Schimmel, aber zumindest die bakterielle Primärinfektion bekämpfen (Tetra General Tonic u. a.)

Entwicklungskreislauf von *Saprolegnia* sp.

Oberer Kreis: asexuelle Vermehrungsphase. Bei Fischen kommt meist nur die asexuelle Phase vor.
a) Pilzhyphe, b) Bildung eines Sporangiums, c) Sporangium mit Zoosporen, d) Zoospore mit zwei Geißeln (endständige Geißeln), e) Sporen (geißellos), f) Zoospore mit zwei Geißeln (seitenständige Geißeln), g) Sporen, h) auskeimende Sporen.
f) und g) laufen nur ab, wenn der Pilz schlecht ernährt ist.
Unterer Kreis: sexuelle Vermehrungsphase.

4. Bakterien und Viren

Infektiöse Bauchwassersucht (IBW)

Krankheitsbild: Die Krankheit kommt in zwei deutlich unterscheidbaren Erscheinungsformen vor: in der typischen Bauchwassersucht und in einer Geschwürform. Die typische Bauchwassersucht äußert sich durch folgende Symptome: Ausbildung von Glotzaugen; eingefallene Augen, vorgestülpter, entzündeter After und helle Kiemen. Es kommen auch Rötungen der Haut und zeitweilige Zerstörung der Flossen vor. In der Leibeshöhle befindet sich eine eitrig-wässerige Flüssigkeit (Ascites), die den Leib der Fische auftreibt. Innere Verwachsungen und eine gelb bis grün gefärbte Leber sind ebenfalls typische Merkmale. Treten Geschwüre auf, so haben diese eine charakteristische Farbsequenz. Das eigentliche Geschwür ist rot. Es ist von einem weißen Ring umgeben, um den herum die Haut schwarz gefärbt ist. Hervorstehende, schwabbelige, schuppenfreie Hautstellen ("Bibberbeulen") und Schuppendefekte sind weitere Symptome der Geschwürform.

Untersuchungstechnik: Das äußere Erscheinungsbild der erkrankten Fische reicht meist schon für eine Diagnose aus. Ansonsten wird ein erkrankter Fisch seziert. Dabei wird auf die Leber geachtet: Grün-, Gelb-, Rostrot- bis Blaufärbung und Fleckigkeit der Leber sind sichere Anzeichen für die Infektiöse Bauchwassersucht.

Erreger: Er ist umstritten, viele Untersucher sehen die Bakterien *Aeromonas punctata* und *Pseudomonas fluorescens* als Krankheitsursache an. *Aeromonas punctata* ist ein gramnegatives, mit einer Geißel versehenes Stäbchen von 1 - 2,2 μm Länge und 0,5 - 0,8 μm Breite. Wird das Bakterium zwei Stunden Temperaturen über 50° C ausgesetzt, so stirbt es ab. Austrocknung führt ebenfalls zum Tod.

Pathogenität: Die Krankheit ist äußerst ansteckend. Meist tritt die IBW nur nach geschwächter Widerstandsfähigkeit der Fische, z. B. nach einer anderen Krankheit, oder bei ungünstigen Umweltbedingungen auf. Die Krankheit schädigt die Fische durch Zerstörung der Darmschleimhaut und durch die Ausbildung von Geschwüren. Es werden rote Blutkörperchen abgebaut und zerstört, was zu einer Veränderung des Blutes führt. Weiterhin zeigt die Leber schwere Schädigungen und Zerstörungen. Die pathogenen Wirkungen der Infektiösen Bauchwassersucht sind nach diesen wenigen Beispielen bei weitem noch nicht vollständig. Befallen werden hauptsächlich Cypriniden. Zum Glück ist die Krankheit im Aquarium selten.

Krankheiten

Schuppensträube bei einem Cichliden (*Pseudotropheus estherae*). Die Schuppen stehen vom Körper ab. Schuppensträube tritt meist als Folge der Infektiösen Bauchwassersucht auf. Sie kann außerdem noch durch eine Schwellung der inneren Organe nach Fütterung mit Roten Mückenlarven hervorgerufen werden.

Therapie: Die Infektiöse Bauchwassersucht ist medikamentös nur bedingt bekämpfbar. Viel wichtiger sind die vorbeugenden Maßnahmen, die über die Gabe von Antibiotika (Chloramphenicol, Streptomycin, Leucomycin) im Futter bis zu einer abwechslungsreichen Fütterung reichen. Einseitige, die Leber belastende Fütterung (Ernährung) kann der Krankheit Vorschub leisten. Einmal erkrankte Fische fängt man am besten heraus und vernichtet sie.

Typisches Erscheinungsbild von Fischtuberkulose: Blutende Schuppen- und Flossenansätze. Auch durch Streßbedingungen kann dieses Krankheitsbild erscheinen. Raufereien, die zu Wunden an Haut und Flossen führen, sind oft Auslöser für weitere Krankheiten. Deshalb rechtzeitig schwache und erkrankte Tiere herausfangen.

Fischtuberkulose (*Tuberculosis piscium*)

Krankheitsbild: Die Symptome dieser Krankheit sind außerordentlich mannigfaltig. Die Tiere zeigen oft Freßunlust und es kommt zur Abmagerung der Fische ("Hohlbäuchigkeit", "Meeresrücken"). Die Farben hellen auf, es entstehen Entzündungen der Haut, die Flossen bilden sich zurück und innere Organe werden nekrotisch bzw. an und in ihnen bilden sich Knötchen. Weiterhin sind befallene Fische apathisch und zeigen Schwimmstörungen. Andere Anzeichen der Krankheit sind Glotzaugen und Herausfallen der Augen, Schuppendefekte und Verkrüppelungen des Kiefers und der Wirbelsäule.

Untersuchungstechnik: Eine genaue Diagnose der Fischtuberkulose kann nur durch den Nachweis von säurefesten, unbeweglichen grampositiven Stäbchen gegeben werden. Für den Laien ist ein solcher Nachweis schwierig. Man fertigt von Darm, Herz, Niere und Leber Zupfpräparate, außerdem werden von Milz und Niere Organausstriche hergestellt. Die Untersuchung erfolgt bei 120 - 600 facher Vergrößerung für die Zupfpräparate und mit Ölimmersion (1.300 fach) für die Organausstriche.

Erreger: Wahrscheinlich sind es Bakterien der Gattung *Mycobacterium*. Es handelt sich bei diesen Bakterien um gerade oder kommaförmige Stäbchen, die säurefest und grampositiv sind. *Mycobacterium* kann sich in einem Temperaturbecken zwischen 10 und 37° C vermehren. Das Temperaturoptimum liegt bei 25° C. Die Länge der Stäbchen beträgt 1 - 6 μm. *Mycobacterium piscium* kann fast alle Arten von Süßwasserfischen befallen.

Pathogenität: Die Fischtuberkulose ist die gefährlichste Krankheit der Aquarienfische. Sie ist sehr ansteckend und wird meist von Fisch zu Fisch übertragen. Ansteckung kann auch über den Bodengrund erfolgen. Fischtuberkulose kann akut ausbrechen und dann die Fische schlagartig ohne deutlich erkennbare Symptome vernichten. Der Krankheitsverlauf kann auch langsam (latent) sein und die Symptome sind je nach dem befallenen Organ unterschiedlich (siehe Krankheitsbild). Die Gefährlichkeit dieser Krankheit liegt hauptsächlich darin, daß durch sie die befallenen Gewebe nekrotisch werden.

Therapie: Eine medikamentöse Behandlung ist nur in engen Grenzen mit Antibiotika (Tetracyclin) möglich. Es ist eine Schwächekrankheit, daher sollte man das Hauptaugenmerk auf ihre Verhütung legen. Eine vielseitige Ernährung der Fische ist vorteilhaft. Die Becken dürfen keinen zu hohen Besatz aufweisen, d. h. Wassermenge und Anzahl der gehaltenen Fische müssen in der richtigen Relation stehen (5 l Wasser pro Fisch). Weiterhin muß auf absolute Sauberkeit im Becken geachtet werden.

Krankheiten

Bakterielle Flossenfäule (*Bacteriosis pinnarum*)

Krankheitsbild: Die ersten, leicht zu übersehenden Symptome sind zarte Trübung der Flossenränder. Je weiter die Krankheit fortschreitet, desto augenfälliger werden die Symptome. Die Flossen zerfasern, fransen aus und verkürzen sich immer mehr. Der Flossenrand ist dabei meist leicht eingekerbt. Im Endstadium der Krankheit bleiben nur noch faulende Flossenstummel übrig. Auf diese Weise geschädigte Fische werden sekundär von Schimmelpilzen (*Saprolegnia, Achlya*) befallen. Die Pilze beschleunigen den Flossenabbau.

Untersuchungstechnik: Von erkrankten Flossen wird ein Probe abgeschabt und mit mindestens 600 facher Vergrößerung mikroskopisch betrachtet.

Erreger: Folgende Bakterien rufen die Krankheit hervor: *Pseudomonas fluorescens*, verschiedene *Aeromonas*-Arten und *Haemophilus piscium*. Erreger der Kiemenfäule (Branchiomykose) dagegen sind Augenpilze der Gattung *Branchiomyces*. Diese Krankheit führt zur Zerstörung der Kiemen.

Pathogenität: Die meisten Autoren halten die bakterielle Flossenfäule für sehr ansteckend. STERBA vertritt die Ansicht, daß umweltbedingte Faktoren den Ausbruch der Bakteriellen Flossenfäule begünstigen. Versäumter Wasserwechsel und zu kühle Hälterung der Fische können gleichfalls zum Auftreten der Krankheit führen. Die befallenen Fische verkrüppeln und werden in ihren Bewegungsabläufen stark eingeschränkt.

Therapie: Manchen Untersuchern zu Folge hat die medikamentöse Behandlung der Bakteriellen Flossenfäule wenig Aussicht auf Erfolg. Trotzdem scheinen Bäder mit Trypaflavin (1 g pro 100 Liter) oder Sulfonamiden (Albucid, Globicid; 1 g pro Liter) zu helfen. Gute Pflege und Temperaturerhöhung sollen sich ebenfalls positiv auswirken. Dauerbäder mit Chloramphenicol* (60 mg pro Liter für 6 Tage) sollen vollständige Heilung bringen.

* Nur auf Rezept erhältlich.

Bakterielle Flossenfäule

a - d) Fortschreitende Stadien der Erkrankung; e) erkrankte Schwanzflosse (stärker vergrößert).

Columnaris-Krankheit
"Maulschimmel"

Krankheitsbild: Hauptsymptom der Krankheit sind grauweiße Flecken an Kopf, Flossen, Kiemen und Körper. Dieser baumwollartige Flaum tritt besonders in der Maulgegend auf. Die Flecken werden mit der Zeit zu flachen Geschwüren.

Untersuchungstechnik: Infizierte Stellen werden ausgeschabt, das Ausgeschabte wird bei starker Vergrößerung (mindestens 600 fach) mikroskopisch untersucht. Zu einer genauen Bestimmung müssen die Erreger gezüchtet werden, was Laien aus apparativen Gründen nicht möglich ist.

Erreger: Die Columnaris-Krankheit wird durch gramnegative Bakterien hervorgerufen. Die Gram-Färbung ist eine spezielle Färbemethode für Bakterien. Werden diese angefärbt, so spricht man von grampositiven Bakterien. Es handelt sich bei den Erregern der Columnaris-Krankheit um zwei verschiedene Myxobakterien, *Chondrococcus columnaris* und *Cytophage columnaris*. Die Größe beider Bakterien schwankt zwischen 0,5 x 5 - 10 μm. Die Fische werden über defekte Hautstellen infiziert.

Pathogenität: Die Columnaris-Krankheit ist sehr ansteckend und gefährlich. Sie kann den gesamten Fischbestand eines Aquariums vernichten. Die Blutkapillaren sind hyperämisch (blutüberfüllt) und können zerrissen sein. Die Muskulatur ist oft entzündet.

Therapie: Durch nicht zu hohen Fischbesatz, ausreichende Durchlüftung und ständiges Herausfangen der erkrankten Fische kann der Columnaris-Krankheit in gewissem Maße vorgebeugt werden. Sonst wie bei *Saprolegnia*.

Lymphocystis-Krankheit (Lymphocystose)

Krankheitsbild: Erkrankte Fische haben an verschiedenen Stellen des Körpers maulbeerartige Wucherungen. Besonders die Flossen sind oft stark betroffen. Es können auch einzelne kleine, perlschnurartige Knötchen auftreten.

Untersuchungstechnik: Eine genaue Untersuchung ist für einen Laien leider nicht möglich, da die befallenen Gewebe mit licht- und elektronenmikroskopischen Methoden behandelt werden müssen.

Erreger: Die Lymphocystis-Krankheit wird durch einen DNA-Virus hervorgerufen. Das Virus lebt und vermehrt sich im Cytoplasma. Seine Größe schwankt zwischen 180 - 200 nm (1 nm = 1 millionstel mm). Das Lympocystis-Virus gehört auf Grund seiner hexagonalen Konturen zu der Gruppe der kubischen Viren. Das Virus infiziert Zellen bei Temperaturen bis zu 25° C innerhalb von 2 - 3 Tagen. Cytoplasmatische Veränderungen sind am sechsten Tag nach-

Krankheiten

weisbar und am fünfzehnten Tag ist der Höhepunkt der Infektiosität erreicht. Die befallenen Zellen degenerieren, platzen auf und geben das infektionsfähige Virus frei. Das Virus bleibt nun noch zwei Monate infektiös.

Pathogenität: Die Lymphocystis-Krankheit ist ansteckend. Sie kann manchmal epidemieartig auftreten und dann den ganzen Fischbestand vernichten. Lymphocystis-Wucherungen bestehen aus enorm angewachsenen Bindegewebszellen (Riesenzellen). Die befallenen Zellen werden während der Virusvermehrung langsam zerstört. Auffallend ist, daß lymphocystiskranke Fische in ihren Lebensäußerungen oft nicht beeinträchtigt sind.

Therapie: Mittel gegen Lymphocystose gibt es nicht. Sind nur Teile der Flossen befallen, kann man diese mit einer Schere abschneiden. Lymphocystiskranke Fische müssen herausgefangen und sofort vernichtet werden. Gesunde Fische kommen in ein anderes Becken und werden dort für mindestens zwei Monate belassen. Erst nach dieser Quarantänezeit können die Fische als gesund angesehen werden. Verseuchte Aquarien sollte man ausräumen und mit Salzsäure desinfizieren. Versuchen Sie, die befallenen Flossenteile mit Jodtinktur zu bepinseln. Das hat in manchen Fällen schon Erfolg gebracht.

Von außen nicht sichtbare Krankheiten

1. Einzeller

Cryptobia-Krankheit (Cryptobiasis)
"Schlafkrankheit" der Fische

Krankheitsbild: Befallene Tiere nehmen oft eine schräge Stellung ("Kopfstand") über dem Bodengrund ein. Sie werden träge und lassen sich im Extremfall mit den Händen ergreifen, sie "schlafen". Es treten vereinzelt drehende Schwimmbewegungen auf. Die Augen sind tief eingefallen, die Tiere magern ab. Die Kiemen sind blaß (Blutarmut).

Untersuchungstechnik: Ein frisch getöteter Fisch wird geöffnet und ihm wird Nierengewebe entnommen. Aus diesem wird ein Zupfpräparat hergestellt. Bei toten Fischen sind die Parasiten auch noch im Blut auffindbar. Es werden Blutausstriche angefertigt. Die Parasiten sind ab 150 facher Vergrößerung erkennbar.

Erreger: Die Krankheit wird durch Geißeltierchen der Gattung *Cryptobia* hervorgerufen. Besonders hervorzuheben ist *Cryptobia cyprini*. Diese Art ist 20 - 25 µm lang. *Cryptobia cyprini* lebt im Darm von Fischegeln (*Piscicola*) und wird durch deren Biß auf Fische übertragen. Nach sieben Tagen kann man *Cryptobia* im Blut der Fische nachweisen. Die Tiere besitzen zwei Geißeln.

Pathogenität: Starker *Cryptobia*-Befall kann zum Tod der Fische führen. Beim Auftreten von *Cryptobia* kann sich der Hämoglobingehalt des Blutes um 10 % und die Zahl der roten Blutkörperchen sogar um 40 % verringern. Da im Aquarium kaum Fischegel geduldet werden, kommt Cryptobiasis dort auch nur selten vor. Sie wurden bisher bei Goldfischen und bei Wildfängen von Malawisee-Cichliden festgestellt.

Therapie: Die Krankheit ist nicht heilbar. Befallene Tiere sollte man herausfangen und vernichten. Eingeschleppte Fischegel sind aus dem Aquarium zu entfernen.

Befall mit *Plistophora hyphessobryconis* bei einem Neonfisch (*Paracheirodon innesi*).

Cryptobia spec.: 3 *Cryptobia* und 5 rote Blutkörperchen mit Kern

Plistophora-Krankheit (Sporozoasis myolytica)
"Neonkrankheit"

Krankheitsbild: Die Krankheit kann sehr verschieden verlaufen, da die Symptome nicht einheitlich sind. Bei befallenen Fischen ist oft die Körperfarbe ausgebleicht und bei Salmlern ist mitunter das leuchtende Farbband unterbrochen (dies ist allerdings kein absolutes Symptom). Die Muskulatur der Fische ist durchscheinend, hell und erscheint oft milchig trüb. Die Tiere sind matt und zeigen Gleichgewichtsstörungen. Sie schwimmen torkelnd und mit dem Kopf oder Bauch nach oben. Durch ruckartige Bewegungen versuchen sie wieder in die Normallage zu kommen. Plistophorakranke Neonfische verhalten sich atypisch. Sie sondern sich von ihrem Schwarm ab und schwimmen nachts ununterbrochen umher. Gesunde Neonfische haben eine charakteristische Schlafstellung (sie verharren ruhig einige Zentimeter über dem Boden). Weitere Symptome sind Abmagerung und eingefallene Bäuche.

Krankheiten

Untersuchungstechnik: Zur genauen Untersuchung werden von lebendfrischer Muskulatur Zupf- und Quetschpräparate angefertigt. Man kann nun bei 150 - 200 facher Vergrößerung die charakteristischen Pansporoblasten als stark lichtbrechende, dunkel erscheinende, keglige Gestalt erkennen.

Erreger: Die Krankheit wird hauptsächlich durch das Sporentierchen *Plistophora hyphessobryconis* hervorgerufen. Aber auch andere *Plistophora*-Arten können die Erreger dieser Krankheit sein. Der Entwicklungskreislauf von *Plistophora hyphessobryconis* ist noch nicht aufgeklärt. Der Erreger wurde 1941 von SCHÄPERCLAUS am normalen Neonfisch (*Paracheirodon innesi*) entdeckt und beschrieben. Da er bei einer Neonart gefunden wurde, kam es zu der nicht ganz zutreffenden Bezeichnung "Neonkrankheit". Heute weiß man, daß auch andere Salmler und karpfenartige Fische bzw. Cichliden infiziert werden können. Befallen wird überwiegend die Rumpfmuskulatur. Sie enthält die schon erwähnten Pansporoblasten, das sind kugelige Zysten, die 13 - 32 Sporen enthalten. Die Pansporoblasten liegen meist zu mehreren in einer gemeinsamen, vom Wirt gebildeten Kapsel. Nach dem Platzen der Pansporoblasten werden die 3 - 6 μm großen Sporen frei. Aus ihnen schlüpfen Amöboidkerne, die sich zu neuen Sporoblasten entwickeln. Durch diesen Vorgang kommt es zu einer permanenten Selbstinfektion, und somit zu einer Ausweitung der Krankheit. Da auch die Nieren befallen werden können, gelangen die Sporen mit dem Harn nach außen. Hier können die Sporen dann mit der Nahrung in den Darmtrakt gesunder Fische kommen und eine Infektion bewirken.

Pathogenität: Die Krankheit ist sehr gefährlich, da sie die Muskulatur in starkem Maße schädigt. Muskelfasern werden durch die Pansporoblasten auseinander gedrängt und teilweise aufgelöst. Es kommt zu Muskelschwund. Auch seitliche Verbiegungen (Skoliose) der betreffenden Fische können auftreten. Die Sporen gelangen mit dem Blut auch in Leber, Niere und Unterhaut und bilden dort neue Infektionsherde. Neuinfektionen sind jederzeit möglich.

Therapie: Es gibt keine Heilmittel gegen diese Krankheit. Aus diesem Grund sind vorbeugende Maßnahmen von großer Bedeutung. Ist *Plistophora*-Befall festgestellt worden, müssen sofort alle erkrankten Fische entfernt und vernichtet werden. Becken, Bodengrund und Kescher sind zu desinfizieren. Am besten dazu eignen sich Salzsäure oder Chloramin. Nach SCHUBERT verhindert auch eine durchlöcherte Bodenplatte, daß die Fische neue Sporen aufnehmen. Diese Methode ist jedoch zweifelhaft.

Enteritiscoccidiose bei Cypriniden

Krankheitsbild: Die erkrankten Fische haben eingefallene Augen und sind oft abgemagert. Sie können durch Kopfstehen auffallen. Ihr Darm ist entzündet und bei Druck auf den Bauch tritt am After gelblicher Darminhalt aus.

Untersuchungstechnik: Der Darm eines frisch getöteten Fisches wird geöffnet. Man entnimmt mit einem Spatel ein wenig Inhalt und schabt etwas von der Darmschleimhaut ab. Beides wird in einem Tropfen Wasser unter dem Deckglas bei 150 - 600 facher Vergrößerung mikroskopiert. Meist findet man 8 - 14 µm große Oocysten, in denen sich manchmal viele ovale Sporen (Oosporen von 5 - 8 µm Länge) erkennen lassen.

Erreger: Enteritiscoccidiose wird von dem Sporentierchen *Eimeria cyprini* hervorgerufen. Die Infektion beginnt durch die Aufnahme der Parasiten mit dem Aquarienschlamm oder durch Aufnahme des Kots bereits infizierter Fische.

Pathogenität: Die Krankheit ist ziemlich ansteckend. Befallen wird die Darmschleimhaut (Mucosa). In ihr und dem unmittelbar angrenzenden Teil der Submucosa laufen intrazellulär Schizogonie, Gametogonie und Sporogonie des Sporentierchens ab. Die Krankheit ruft eine starke Entzündung des Darms hervor. Der erkrankte Teil des Darms fällt durch eine gelbliche Färbung auf.

Therapie: Enteritiscoccidiose kann therapeutisch nicht behandelt werden. Dagegen können die Fische durch vorbeugende Maßnahmen geschützt werden. Die Krankheit kann leicht durch *Tubifex* und Zuckmückenlarven aus Gewässern mit Fischbestand eingeschleppt werden. Man sollte deshalb eine Fütterung mit Tieren aus solchen Gewässern vermeiden. Befallene Fische müssen entfernt werden, außerdem sollte das Aquarium dann einer Desinfektion unterzogen werden.

Hexamita- (*Octomitus*-) Krankheit (Hexamitasis)

Krankheitsbild: Erkrankte Fische machen schießende Bewegungen. Die Tiere magern ab und neigen zur Dunkelfärbung. Bei der Sektion der Tiere findet man birnenförmige, schnell bewegliche Einzeller im Enddarm, in der Gallenblase und im Blut. Der Darm ist stark verschleimt und oft entzündet. Im Darminhalt kann sich Blut befinden. Bei stark befallenen Tieren ist die Gallenblase vergrößert und verhärtet.

Untersuchungstechnik: Es eignen sich nur solche Fische zur Untersuchung, die kurz vorher durch Genickschnitt getötet werden. Die Tiere werden geöffnet, und es werden von Gallenblase und Enddarm Zupfpräparate angefertigt. Diese werden bei 120 facher Vergrößerung mikroskopiert.

Krankheiten

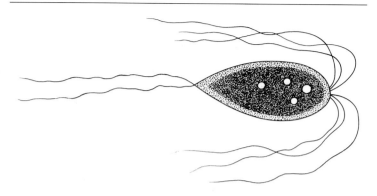

Flagellata = Geißeltierchen: *Hexamita* sp.

Erreger: Die Hexamitasis wird durch Geißeltierchen (Flagellata) der Gattung *Hexamita* (=*Octomitus*) hervorgerufen. Die bekanntesten Arten sind *Hexamita salmonis*, *H. symphysodonis* und *H. intestinalis*. Eine weitere Gattung (*Spironucleus*) ähnelt *Hexamita* sehr und ist im Aquarium nicht von dieser zu unterscheiden. *Hexamita salmonis* hat einen ovalen Zelleib, der zwei Kerne aufweist. Am Vorderende befinden sich je drei Geißeln, am Hinterende zwei lange Steuergeißeln. Die *Hexamita*-Art ist 7 - 13 µm lang. *Hexamita*-Arten fallen durch ihre ruckartig-taumelnde Fortbewegung auf.

Pathogenität: *Hexamita* verursacht in der Gallenblase Entzündungen und eine Verdickung des Gallenblasenepithels. Dadurch magern die Fische oft stark ab und können eingehen. Obwohl alle Zierfische befallen werden können, spielt dieser Parasit im Aquarium keine besonders große Rolle. Dagegen kann *Hexamita* bei Neuimporten zu sehr hohen Ausfällen führen. Einzelne dieser Parasiten kommen bei jedem Fisch als harmlose Darmbewohner vor. Erst durch Streßsituationen, die durch eine andere Krankheit oder Milieuveränderungen hervorgerufen werden, kommt es zu einer Massenvermehrung von *Hexamita*. Infektionen dieser Art treten häufig zusammen mit Fischtuberkulose auf.

Therapie: Da *Hexamita*- und *Spironucleus*-Arten durch Lebendfutter aus Teichen eingeschleppt werden können, die Fische beherbergen, sollten niemals Futtertiere aus solchen Teichen Aquarienfischen angeboten werden. Medikamente gegen diese Parasiten befinden sich noch im Stadium der Erprobung.

2. Tierische Vielzeller

Blutwurmkrankheit (Sanguinicoliasis)

Krankheitsbild: Die Krankheit bewirkt, daß die Fische eingehen. Die Fische zeigen blasse, teils verfärbte und aufgehellte Kiemen. Sie fallen durch träges, schlappes Schwimmen auf. Bevorzugt tritt diese Krankheit bei karpfenartigen Fischen auf.

Untersuchungstechnik: Frisch getöteten Fischen werden Proben von Leber, Niere und Kiemen entnommen und daraus Zupf- und Quetschpräparate hergestellt. Diese werden bei 120 - 600 facher Vergrößerung mikroskopiert. Bei Blutentnahmen sind die charakteristischen, mützenförmigen Eier der Parasiten leicht zu erkennen.

Erreger: Die Blutwurmkrankheit wird durch digene Saugwürmer der Gattung *Sanguinicola* hervorgerufen. Geschlechtsreif sind diese Würmer 1 - 1,5 mm lang; sie leben im Blutgefäßsystem der Fische. *Sanguinicola* bevorzugt vor allem den Bulbus aortae der Kiemengefäße und die Nieren. Adulte *Sanguinicola* haben eine spindelförmige Gestalt. Im Genitaltrakt des Weibchen befindet sich immer nur ein Ei. Die Eier werden im Sommer und Herbst gebildet und wachsen nach ihrer Ablage im Blut auf das Doppelte ihrer Anfangsgröße heran. Sie werden vom Blutstrom in Kiemen, Herzmuskulatur, Leber, Niere und andere Organe transportiert. Die Länge der Eier beträgt 40 - 70 µm, ihre Breite 30 - 40 µm. Aus den Eiern schlüpfen Wimpernlarven (Miracidien), die sich nach außen bohren und eine Wasserschnecke befallen. Im Inneren der Wasserschnecke entwickelt sich aus jedem Miracidium eine redien-

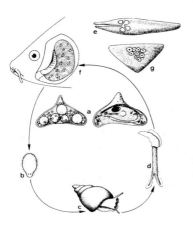

Trematoda = Saugwürmer
Entwicklungskreislauf von *Sanguinicola inermis*: a) Eier, b) Miracidium = Flimmerlarve, c) Schnecke = Zwischenwirt, d) Cercarie (*Cercaria cristata*), e) geschlechtsreife *Sanguinicola*, f) *Sanguinicola*-Eier in den Kiemen, g) degenerierte und verklumpte Eier in der Niere

Krankheiten

und cercarienhaltige Sporocyste. Diese entläßt die Cercarien. Die Cercarien sind freischwimmend und befallen wieder einen Fisch. Nach dem Eindringen der Cercarien in den Fisch werfen sie ihren Gabelschwanz ab und wachsen zum geschlechtsreifen Wurm heran.

Pathogenität: Diese Blutsaugwürmer bzw. ihre Eier können bei Massenauftreten Gefäße und Kapillaren der Kiemen verstopfen. So kommt es zur Bildung von Thrombosen mit Todesfolge. Auch werden die Eier in die Niere geschwemmt, wo sie in Zysten eingekapselt werden und dann degenerieren. Weiterhin kann Kiemengewebe absterben, was zu einer Verkleinerung der respiratorischen Oberfläche führt.

Therapie: Nach dem Ausbrechen der Krankheit gibt es keine Heilungsmöglichkeiten. Sie kann aber nach einiger Zeit überwunden werden, wenn alle Schnecken (= Zwischenwirte) im Aquarium vernichtet werden. Ein schneckenfreies Aquarium ist die beste vorbeugende Maßnahme gegenüber der Blutwurmkrankheit.

Befall mit Bandwürmern (Cestodes)

Krankheitsbild: Der Darm der befallenen Fische ist entzündet und verschleimt. Bei Massenbefall kann er verstopft sein. Die Fische magern ab und zeigen oft Blutarmut (helle Kiemen). Bandwurmlarven findet man überall im Körper der Fische als weißliche oder auch dunklere Knötchen. Die Augen der Fische können vergrößert und trüb sein.

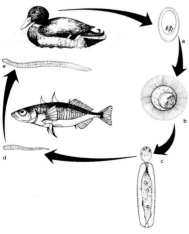

Cestodes = Bandwürmer
Entwicklungskreislauf von *Schistocephalus solidas,* parasitiert in Stichlingen: a) Ei, b) Coracidium, c) Procercoid in einem Copepoden = 1. Zwischenwirt, d) Plerocercoid im Stichling = 2. Zwischenwirt, e) erwachsener Wurm in einem Wasservogel = Endwirt. Die verschiedenen Stadien sind nicht maßstabsgetreu zueinander gezeichnet.

Untersuchungstechnik: Sektion eines kurz vorher getöteten Fisches zeigt die Würmer als 8 - 15 mm lange Gebilde im Darm. Die Bandwurmlarven können anhand von Quetschpräparaten der Muskulatur oder der inneren Organe identifiziert werden. Die Larven haben schon ausgebildete Saugnäpfe am Kopf, wie erwachsene Bandwürmer.
Erreger: Für den Aquarianer sind zwei Gattungen der Nelkenwürmer interessant: *Caryophyllaeus* und *Khawia*. Teilweise kann auch die Riemenwurmkrankheit (Ligulosis) auftreten, die durch *Ligula intestinalis* hervorgerufen wird. *Caryophyllaeus* und *Khawia* schmarotzen als erwachsene Würmer im Darm von Fischen, während die Ligulosis durch die Larven von *Ligula intestinalis* hervorgerufen wird.
Der Entwicklungskreislauf der Bandwürmer ist meist kompliziert und mit einem einfachen oder doppeltem Wirtswechsel verbunden. Adulte *Khawia sinensis* sind 80 - 170 mm lang und 3 - 3,5 mm breit, während erwachsene *Caryophyllaeus fimbriceps* dagegen nur 15 - 25 mm lang und 1 - 1,5 mm breit sind und einen unsegmentierten Körper haben. Beide Würmer haben als Zwischenwirt *Tubifex*, in dem sie die Larven (Procercoid) entwickeln. Wird ein infizierter *Tubifex* von einem Fisch gefressen, schlüpft das Procercoid und wächst zum geschlechtsreifen Wurm aus. Erwachsene Riemenwürmer leben im Darm von Wasservögeln. Die Eier von *Ligula* gelangen ins Wasser, dort schlüpft eine bewimperte Larve, das Coracidium. Diese wird von einem Ruderfußkrebs (*Diaptomus*, *Cyclops*) gefressen und entwickelt sich in deren Leibeshöhle zur Vorfinne (Procercoid). Der Krebs ist der erste Zwischenwirt. Wird er nun von einem Fisch (= 2. Zwischenwirt) gefressen, so wandelt sich das Procercoid in der Leibeshöhle des Fisches zu einer Vollfinne (Plerocercoid) um. Nach Aufnahme eines infizierten Fisches entwickelt sich im Vogeldarm der geschlechtsreife Wurm.
Pathogenität: Durch starken Befall kommt es zu einer Schädigung der Darmschleimhaut. Abmagerung und Wachstumshemmung der Fische sind die Folge. Bei Aquarienfischen können schon einige Exemplare von *Khawia* und *Caryophyllaeus* zum Tode führen. Bei Infektion mit *Ligula* zeigen sich histologisch Angiorhexis, Druckatrophie innerer Organe und lokale Nekrose.
Therapie: Vorbeugende Maßnahmen sind sinnvoll, da der Befall mit Bandwurmlarven nicht heilbar ist. Infektionen kann man vermeiden, wenn keine Ruderfußkrebschen und *Tubifex* (beides Zwischenwirte) verfüttert werden. Eine chemische Therapie scheidet größtenteils aus, da die Wurmbekämpfungsmittel bisher in gewissem Maße für die Fische giftig wirken. AMLACHER (1976) gibt Hinweise für die Bekämpfung von Bandwürmern im Tierbereich.

Krankheiten

Befall mit Fadenwürmern (Nematodiasis)

Krankheitsbild: Schwach befallene Fische zeigen kaum Symptome an. Ist die Infektion stärker, werden die Fische matt, fressen schlecht und magern ab. Leber und Darm können entzündet sein. Gelegentlich sieht man die Würmer aus dem After heraushängen.

Untersuchungstechnik: Nach Sektion der vorher abgetöteten Fische erkennt man die Würmer als dünne, 1 - 2 mm lange Fäden im Darm. In Ausnahmefällen sind die Tiere auch länger. Ihre Eier sind im Kot mikroskopisch leicht erkennbar. Dazu wird etwas Darminhalt in einem Wassertropfen eingebracht und bei 50 - 120 facher Vergrößerung betrachtet. Die Eier haben als charakteristisches Merkmal immer zwei Knötchen an den Enden. Um Nematodenlarven zu finden, werden von verschiedenen Organen Proben entnommen und als Quetschpräparate mikroskopisch untersucht.

Erreger: Die Nematodiasis wird von weißlichen bis bräunlichen, im Quetschpräparat drehrunden Würmern aus der Klasse *Nematoda* (Fadenwürmer) hervorgerufen. Die Tiere sind vorn zugespitzt, sie sind getrenntgeschlechtlich. Es gibt unter ihnen eierlegende und lebendgebärende Formen. Die Männchen sind meist kleiner als die Weibchen und haben an ihrem Hinterende vorstreckbare spitze Dornen (Spiculae). Fische können für Fadenwürmer sowohl Endwirt als auch Zwischenwirt sein. Sind die Fische Zwischenwirt, so findet man die Nematodenlarven in Haut, Muskulatur und inneren Organen. Die Nematodenlarven werden vom Fisch mit Bindegewebe abgekapselt und bilden auf diese Weise 0,5 - 1 mm große Knötchen. Sind die Fische dagegen Endwirt, so kommen die erwachsenen Nematoden im Darmtrakt vor. Fadenwürmer können fast jeden Aquarienfisch befallen, doch werden dabei einige Gruppen bevorzugt. Für die Aquarienfische sind die Haarwürmer (*Capillaria*-Arten) die gefährlichsten Nematoden. *Capillaria* findet man oft bei Welsen und Cichliden, wobei Skalare die häufigsten Träger dieser Parasiten sind.

Pathogenität: Nematoden können bei Fischen schwere Gesundheitsschäden hervorrufen, da sie und ihre Larven auch die inneren Organe befallen. Außerdem kann die Darmwand geschädigt werden und Entzündungen zur Folge haben. Die Fische magern ab und gehen ein.

Therapie: Nematodenbefall ist schwer zu bekämpfen, da die bekannten Wurmmittel (z. B. Neguvon) bei Fischen nur mit größter Vorsicht angewendet werden können. Fische reagieren auf diese Mittel sehr empfindlich. Befallene Fische werden am besten herausgefangen und getötet oder isoliert, damit eine direkte Infektion der noch gesunden Tiere mit Capillarien vermieden wird. In der Literatur wird empfohlen, mit in Parachlorometaxylenol eingeweichtem Trockenfutter zu füttern. Auch Bäder mit diesem Mittel sollen helfen. Encystierte (abgekapselte) Nematodenlarven können nicht behandelt werden.

Befall mit Kratzern

Krankheitsbild: Einzelne Kratzer werden von den Fischen meist ohne äußere Reaktionen vertragen. Doch bei stärkerem Befall magern die Fische ab und können eingehen. In manchen Fällen ist der After entzündet. Beim Öffnen eines Fisches findet man Kratzereier im Darminhalt. Der Darm ist oft verstopft und entzündet.

Untersuchungstechnik: Die Leibeshöhle eines vorher abgetöteten Fisches wird geöffnet und der Darm wird entnommen. Im Darm sind die Kratzer mit einer Lupe gut sichtbar. Am sichersten kann man erwachsene Kratzer an ihrem charakteristischen Rüssel erkennen. Kratzerlarven befinden sich meist in der Leibeshöhle.

Erreger: Kratzer (*Acanthocephalla*) sind milli- bis zentimeterlange, im Darm parasitierende Würmer. Sie sind weißlich oder gelblich bis orange gefärbt und haben einen runden Querschnitt. Auffälligstes Merkmal ist ein mit Haken besetzter Rüssel, der auch zur Bestimmung der Art herangezogen wird. Kratzer sind mund-, darm- und afterlos. Die Nahrungsaufnahme erfolgt über die gesamte Körperoberfläche. Die Geschlechtsorgane sind stark ausgebildet. Kratzer haben einen kompliziertem Entwicklungskreislauf mit verschiedenen Larvenstadien und einem einfachen oder doppelten Wirtswechsel. Als Zwischenwirte für die Kratzerlarven fungieren Bachflohkrebse, Wasserasseln, Wasserinsektenlarven (Schlammfliegenlarven der Gattung *Sialis* und Fische. Endwirte sind ebenfalls Fische und Warmblütler.

Pathogenität: Vereinzelter Befall mit Kratzern scheint den Fischen nichts auszumachen. Doch bei starkem Befall (300 Tiere und mehr) kommt es zu ernsthaften Gesundheitsschäden, die besonders bei kleinen Fischen zum Tod führen können. Mit dem hakenbewehrten Rüssel wird die Darmwand verletzt, und es entstehen innere Blutungen, die den Fisch schwächen. Weiterhin schädigen Kratzer ihren Wirt durch den Entzug der Nahrung. Treten die Würmer in großer Zahl auf, wird oft der Darm völlig von den Parasiten verstopft, und es kommt zum Darmverschluß.

Therapie: Eine Bekämpfung der Kratzer ist nicht möglich, da es bisher kein Mittel gibt, das die Parasiten im Fischdarm abtötet. Es gibt auch keine Heilungsmöglichkeiten bei Befall mit Kratzerlarven. Zum Glück sind Kratzerinfektionen bei Aquariumfischen selten. Sie treten meist bei Neuimporten auf. Befallene Tiere sollte man herausfangen und abtöten. Die wichtigsten vorbeugenden Maßnahmen zur Verhinderung eines Befalls mit Kratzern ist der Ver-

Krankheiten

zicht auf Fütterung von Bachflohkrebsen, Wasserasseln und Wasserinsektenlarven, da diese Zwischenwirte der Kratzer sind.

3. Pilze

Ichthyosporidium-Krankheit (Ichthyosporidiose)
"Taumelkrankheit", "Lochkrankheit"

Krankheitsbild: Das markanteste Symptom diese Krankheit ist die Schuppenrauhigkeit erkrankter Fische, die auch als Sandpapiereffekt bezeichnet wird. Diese Rauhigkeit wird durch viele kleine Knötchen, meist unter 0,1 mm, hervorgerufen. Typisch für die Knötchen ist ihre Schwarzfärbung. Durch die Zerstörung der Epidermis kommt es zu Hautabschilferungen und nekrotischen Flächen. Diese Fische können außerdem noch Beulen, blutige Geschwüre und kraterartige Hautverletzungen ("Lochkrankheit") aufweisen. An inneren Organen (Herz, Leber, Niere) treten weiße Knötchen auf. Befallene Fische zeigen oft unkontrollierte Schwimmbewegungen (Taumeln) und ein Auftreiben des Leibes.

Untersuchungstechnik: Erkrankte Tiere werden durch Genickschnitt getötet und es werden Gewebeproben von folgenden Organen entnommen: Herz, Leber, Niere, Milz und Gehirn. Von diesen werden Zupfpräparate angefertigt, die dann bei 50 - 120 facher Vergrößerung mikroskopiert werden. Der Erreger kann teilweise auch dadurch nachgewiesen werden, daß man frische Geschwüre ausschabt und die Schabmasse mikroskopiert.

Erreger: Ichthyosporidiose wird durch den Algenpilz (Phycomycet) *Ichthyosporidium* (*Ichthyophonus*) *hoferi* hervorgerufen. Der Lebenszyklus dieser Pilze ist relativ kompliziert und läuft folgendermaßen ab: bei einer Infektion über den Mund entstehen im Verdauungstrakt aus Latenzzysten kleinste einzellige Stadien, die Amöboblasten. Durch An- und Verdauung der Amöboblastenhülle werden Amöboidkeime frei. Sie durchdringen die Darmschleimhaut

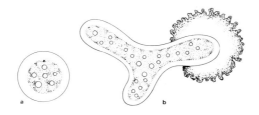

Ichthyosporidium hoferi: a) Latenzzyste, b) auskeimendes Plasmodium

und gelangen in die Blutbahn. Das Blut transportiert die Amöboidkeime in verschiedene Organe. Hier runden sich die Amöboidkeime ab und umgeben sich mit einer Hülle. Der Pilz wächst nun schnell mittels vieler aufeinanderfolgender Kernteilungen heran. Hat er eine bestimmte Größe erreicht, scheidet er eine feste Hülle ab, gleichzeitig werden Wachstum und Zellteilung gestoppt. Der Wirt seinerseits bildet eine Hülle um den Parasiten. Nach einer Ruhephase von einigen Tagen schlüpfen aus diesen Zysten mehrkernige Plasmoiden (= vielkernige Plasmamassen), die sich teilen und Tochterplasmoiden bilden, die ihrerseits wieder neue Zysten entstehen lassen. So kommt es durch diese sekundäre Vermehrung zu einer Überschwemmung des infizierten Organs. Alternde Zysten können Dauersporen abschnüren. Nach dem Tod des Wirtes wird die Mutterzyste verlassen und es entstehen Sproßhyphen. Diese verdicken sich an ihren Enden keulig und schnüren die Infektionsplasmoiden ab. Werden diese von einem neuen Wirt aufgenommen und zerfallen unter dem Einfluß der Magen-Darmsekrete in die Infektions-Amöboblasten, so ist der Kreislauf abgeschlossen.

Pathogenität: Ichthyosporidiose ist in manchen Fällen hochpathogen und führt schnell zum Tod der Fische. Die Krankheit löst in den befallenen Geweben chronische Entzündungen und die Bildung von Granulomen aus. Die Muskulatur zeigt Neigung zum Zerfall. Erkrankte innere Organe sind mit kleinen Zysten durchsetzt. Diese zehren das lebende Gewebe ziemlich stark auf und können es somit funktionsunfähig machen. Es treten auch Verbiegungen des Skeletts auf, die Verkrüppelungen hervorrufen.

Therapie: Eine medikamentöse Behandlung der Ichthyosporidiose ist bisher nicht möglich. Tritt eine *Ichthyosporidium*-Infektion im Aquarium auf, hilft nur die Vernichtung des gesamten Fischbestandes und gründlichste Desinfektion des Aquariums. Da im Anfangsstadium nur die Darmwand infiziert wird, kann die Krankheit durch den Zusatz von Tetracyclin (1 mg Tetracyclin auf 50 - 100 g Körpergewicht der Fische) zum Futter manchmal erfolgreich geheilt werden.

4. Viren

Schwimmblasenentzündung (Aerocystitis)

Krankheitsbild: Anfangs fressen die Fische nicht mehr. Während des weiteren Krankheitsverlaufs kommt es durch Entwicklung von gas- und flüssigkeitsgefüllten Zysten im hinteren Bereich der Leibeshöhle zu einem Auftrieb, der ein "Kopfstehen" der Fische bedingt. Durch Wachstum der Zysten erweitert sich gleichzeitig

Krankheiten

der Leibesumfang. Die Sektion erkrankter Fische zeigt eine Entzündung und Verdickung der Schwimmblasenwand. Es kommt zu Degenerationserscheinungen. Die Schwimmblase enthält Eier. Im Endstadium sind auch noch andere Organe (Niere, Milz, Leber) betroffen.
Untersuchungstechnik: Eine genaue Untersuchung der Krankheit ist für den Laien nicht möglich, da hierfür histologische, bakteriologische und virologische Methoden angewandt werden müssen.
Erreger: Die Schwimmblasenentzündung ist eine virusbedingte Erkrankung. Der Temperaturbereich für Wachstum und Vermehrung des Virus liegt zwischen 4 und 33° C, das Optimum liegt zwischen 15 und 28° C.
Pathogenität: Aerocystitis ist ansteckend. Sie verursacht Bindegewebswucherungen um den Ductus pneumaticus (Verbindungsgang zwischen Schwimmblase und Darm), Ödeme in der Niere und Veränderungen an Milz und Leber. Weiterhin führt Schwimmblasenentzündung zu Blutarmut und Bewegungsanomalie der Fische.
Therapie: Erkrankte Fische müssen herausgefangen und getötet werden. Eine medikamentöse Bekämpfung mit Antibiotika, Sulfonamiden und Methylenblau als Futterbeigabe kann den Krankheitsverlauf in Grenzen mildern.

5. Nichtparasitäre Krankheiten

Geschwulstkrankheiten

Krankheitsbild: Es handelt sich bei Epitheliomen (Hautgeschwülsten) um Wucherungen der Oberhaut. Bei bösartigen Geschwülsten unterscheidet man, je nach Vorkommen der Wucherungen und den am Aufbau beteiligten Geweben, zwischen Knorpel-, Knochen-, Muskel-, Nerven- und Herz-Carzinomen.
Ursache: Gutartige Geschwülste können durch bestimmte Reizeinwirkungen entstehen. Bösartige Geschwülste sind oft erbbedingt und werden dadurch ausgelöst, daß gewisse Futtersubstanzen carzinogen (krebserzeugend) sind.
Therapie: Gutartige Geschwülste verschwinden oft, sobald der Reiz aufhört, bösartige sind in den seltensten Fällen heilbar.

Mangelerkrankungen

Mangelerkrankungen sind in den meisten Fällen entweder auf das völlige Fehlen von Vitaminen (Avitaminose) oder das ungenügende Angebot von Vitaminen (Hypovitaminose) zurückzuführen. Siehe hierzu das Kapitel "Vitamine" auf S. 874 ff.

Gruppe 11

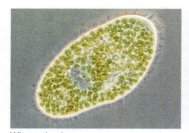
Wimpertierchen

Wasserfloh

Yabby; Krebs

Radargarnele

Rennschnecke

Krallenfrosch

Axolotl

Bergmolch (geschützt)

Andere Aquarientiere

Auf vielfachen Wunsch unserer Leser und auch des Fachhandels haben wir den AQUARIEN ATLAS, Bd. 1, erweitert auf solche Tiere, die neben den Fischen oder separat im Warmwasseraquarium gepflegt werden. Insbesondere sind dies Krallenfrösche, Krebstiere, Schnecken und Muscheln. Einige andere Tiere kommen gelegentlich als Beifang mit Lebendfutter ins Netz. Sie kurzzeitig einmal zu beobachten, lohnt sich bestimmt. Von den Fröschen haben wir nur solche Arten ausgewählt, die ihr ganzes Leben im Wasser verbringen.

Ein separates Büchlein für diese Tiere herauszubringen, erschien uns nicht lohnenswert, zumal ein TERRARIEN ATLAS "Amphibien" bereits für 1997/1998 im Verlag geplant ist. Die in diesem Band ausführliche Beschreibung der Einrichtung und Pflege, Chemie, Technik etc. kann auch für die Haltung der "anderen" Aquarientiere übernommen werden. Diesen Teil für die Pflege der "anderen" Aquarientiere in einem separaten Büchlein zu wiederholen, erschien uns ebenso nicht in Ihrem Sinne.

Pipa pipa, siehe Seite 958

Fam.: Ambyostomatidae — Querzahnmolche

Ambyostoma mexicanum (SHAW, 1789)
Axolotl

Vork.: Mexiko; Xochimicosee.

GU: ♂ mit Seitenwulsten an der Kloake.

Soz.V.: Räuberische Tiere.

Hält.B.: Wasserstand soll gleich Tierlänge sein. Sand- oder Kiesbodengrund. Etwas Filterung. Beim regelmäßigen Wasserwechsel Bodengrund absaugen und neues Wasser mit gleicher Temperatur verwenden; pH-Wert neutral. Bepflanzung mit einheimischen Kaltwasserpflanzen wie Wasserpest, Hornkraut etc.

ZU: Die neotenen Larven pflanzen sich fort. Für die Zucht setzt man vorher getrennt gehaltene Geschlechtspartner zusammen und bringt Eis oder sehr kaltes Wasser (mehrtägige Kühlschrankhaltung bietet sich ebenfalls an) in das Aquarium ein. Das ♂ scheidet einen Duftstoff aus den Kloakendrüsen aus, der das ♀ anlockt. Das paarungsbereite ♀ folgt dem ♂ und stößt mit der Schnauze in die Richtung der Kloakenregion des ♂. Das ♂ setzt daraufhin bis zu 25 Spermatophoren auf dem Bodengrund ab. Das ♀ nimmt eines oder mehrere dieser Spermienträger mit Hilfe seiner Kloakenlippen auf. Wenige Stunden später kann das ♀ bereits mit der Eiablage beginnen. Es erfolgt eine innere Befruchtung. Das ♀ legt 300 - 600 Eier verstreut zwischen Wasserpflanzen oder auf dem Boden ab. Jetzt kann man die Elterntiere entfernen und den Wasserstand senken. Oder man entnimmt den Laich durch vorsichtiges Absaugen und überführt diesen in einen kleineren Behälter (Aquarien von 40 cm Länge sind ausreichend). Auch hier den Wasserstand auf nur etwa eine Handbreite bringen. Das Wasser sollte mit einer kleinen Umwälzpumpe (z.B. Rena) mit vorgeschalteter Schaumstoffpatrone gesäubert werden. Bei 20° C schlüpfen die Larven etwa nach 14 Tagen und brauchen feines Lebendfutter wie *Artemia* oder *Cyclops* für die ersten Tage, dann Daphnien, Mückenlarven usw. Das Wasser sollte jetzt alle 2 Tage fast völlig gewechselt werden, weil die Larven in schlechtem Wasser schlecht wachsen und leicht Hautinfektionen bekommen.

FU: K; Lebendfutter, besonders Regenwürmer, kleine Fische, Insektenlarven. Rinderherz und Fischfleisch, junge Mäuse, Krallenfroschpellets.

Bes.: Besonders beliebt sind die hellrosa Weißlinge. Die Tiere bleiben zeitlebens Larven, die ihre Kiemen nicht verlieren. Nur künstliche Injektionen mit Schilddrüsenhormonen lösen die Umwandlung zur Landform aus. Es sind häufig Weißlinge im Handel. Geschützte Art.

T: (4) 18 - 23° C, **L:** 30 cm, **BL:** 80 cm, **WR:** u, **SG:** 2

Amphibien

Ambyostoma mexicanum

Ambyostoma mexicanum

Fam.: Ambyostomatidae   Querzahnmolche

Typhlonectes compressicauda (kein Text)

Necturus maculosus (kein Text)

Amphibien

Siren intermedia (kein Text)

Ambystoma mexicanum (Weißling), Text siehe Seite 948

Fam.: Pipidae — Zungenlose Froschlurche

Hymenochirus boettgeri (TORNIER, 1896)
Böttgers Zwergkrallenfrosch

Vork: Nigeria und Kamerun über das Zairebecken bis Ostzaire, Afrika. Bewohnt beschattete Urwaldtümpel und -weiher mit dichtem Wasser- und Sumpfpflanzenbewuchs. Das weiche, saure Wasser hat eine Temperatur von 24-30° C. Die Gewässer sind meist schattig und relativ dunkel.

Hält.B.: Haltung in kleineren Aquarien möglich. In den weichen, sandigen Bodengrund pflanzt man dicht feinfiedrige Wasserpflanzen, die genügend Sichtschutz bieten. Filterung und Durchlüftung empfehlen sich. Eine Vergesellschaftung mit kleineren afrikanischen Fischarten ist möglich, z.B. mit Killifischen und Mormyriden.

ZU: Die Fortpflanzung läßt sich im Aquarium durch Fischwasserzugaben induzieren. In einem Purzelbaum-Amplexus werden bei jeder Umdrehung 5-10 Eier an der Wasseroberfläche abgegeben. Die insgesamt bis zu 200 Eier sind 1,5 cm groß. Bei 25° C schlüpfen die Larven und nehmen tierisches Plankton als Nahrung. (zuerst Infusorien, dann *Artemia*). Nach 35-37 Tagen ist die Metamorphose beendet.

FU: K; *Cyclops, Daphnia* und Ostracoden, aber auch *Tubifex* und Enchyträen.

T: 24 - 30° C, **L:** 4 cm, **BL:** ab 40 cm, **WR:** u, **SG:** 2

Xenopus muelleri (kein Text), weitere *Xenopus*-Arten auf den Seiten 954 und 962

Amphibien

Hymenochirus boettgeri

Hymenochirus boettgeri

Fam.: Pipidae   Zungenlose Froschlurche

Xenopus borealis   PARKER, 1936
Gelbgefleckter Zwergkrallenfrosch

Vork: Kenia, unterhalb von Marsabit. Kommt in unterschiedlichen stehenden Gewässern über 1.500 m NN vor.

Hält.B.: Einfache Laboraquarien ohne jegliche Einrichtung eignen sich ebenso wie mit Kies und dichter Bepflanzung ausgestattete Schaubehälter. Haltung bei Zimmertemperatur möglich. Gutes Abdekken des Behälters oder niedriger Wasserstand verhindern das Entweichen der Pfleglinge.

ZU: Die Paarung läßt sich nach längerer Kühlhaltung mit Frischwassergaben und anschließendes Aufheizen oder durch Hormongaben (Human-Choriongondotropin) stimulieren. Bis zu 1.000 Eier werden frei ins Wasser abgegeben. Getrennte Aufzucht von Eiern und Larven empfiehlt sich (Kannibalismus). Schlupf nach 2-3 Tagen, die planktonfressenden Larven erhalten Algensuspensionen, aufgeschwemmtes Brennesselpulver und Bäckerhefe. Nach 35-45 Tagen metamorphosieren die Tiere und fressen danach Tümpelfutter, *Tubifex*, Enchyträen und kleine Stücke von Innereien.

FU: Krallenfroschpellets, Regenwürmer, Fische, Innereien.

T: 24-28° C, **L:** 9,5 cm, **BL:** 80 cm, **WR:** alle, **SG:** 1

Xenopus fraseri   BOULENGER, 1905
Fraserscher Zwergkrallenfrosch

Vork: Südkamerun und Nordgabun. Bewohnt unterschiedliche permanente stehende Regenwaldgewässer.

Hält.B.: Einfache Laboraquariuen ohne jegliche Einrichtung eignen sich ebenso wie mit Kies und dichter Bepflanzung ausgestattete Schaubehälter. Haltung bei Zimmertemperatur möglich. Gutes Abdecken des Behälters oder niedriger Wasserstand verhindern das Entweichen der Pfleglinge.

ZU: Die Paarung läßt sich nach längerer Kühlhaltung mit Frischwassergaben und anschließendes Aufheizen oder durch Hormongaben (Human-Choriongonadotropin) stimulieren. Bis zu 1.000 Eier werden frei ins Wasser abgegeben. Getrennte Aufzucht von Eiern und Larven empfiehlt sich (Kannibalismus). Schlupf nach 2-3 Tagen, die planktonfressenden Larven erhalten Algensuspensionen, aufgeschwemmtes Brennesselpulver und Bäckerhefe. Nach 35-45 Tagen metamorphosieren die Tiere und fressen danach Tümpelfutter, *Tubifex*, Enchyträen und kleine Stücke von Innereien.

FU: Krallenfroschpellets, Regenwürmer, Fische, Innereien.

T: 25-32° C, **L:** 5 cm, **BL:** 80 cm, **WR:** alle, **SG:** 2

Amphibien

Xenopus borealis

Xenopus fraseri

Fam.: Pipidae   Zungenlose Froschlurche

Pipa carvalhoi (RIBEIRO, 1937)
Mittlere Wabenkröte

Vork.: Südamerika: Brasilien. Tümpel und Randgewässer, die nicht zu schattig liegen, also eher in trüben Savannen- als in klaren Urwaldgewässern.

GU: ♀ mit Kloakenwulst (nur zur Paarungszeit bei ausgewachsenen Tieren).

Soz.V.: Vergesellschaftung mit anderen Wassertieren wenig ratsam. Im Aquaterrarium kann man landlebende Amphibien, insbesondere Laubfrösche, zusammen mit dieser Art halten. Sie verläßt ihr Heimatgewässer nur in Notfällen (Austrocknung).

Hält.B.: Sandiger bis mulmiger Bodengrund, vermischt mit Laub. Evtl. Laubschicht als Versteckmöglichkeit. Laubverwendung siehe folgende Art. Haltung aber auch im "hygienischen" Aquarium ohne Einrichtung möglich, vor allem für die Zucht zu empfehlen. Saures Wasser mit Torffilterung ist von Vorteil, aber nicht Bedingung. In saurem Wasser vermehren sich jedoch Bakterien oder andere Krankheitserreger nicht so schnell (Keimhindernde Wirkung). Versteckmöglichkeit mit Wurzeln bieten. Bepflanzung nur mit sehr dauerhaften und festwurzelnden Arten möglich. Regelmäßig Wasser wechseln, sonst verpestet das Aquarium infolge der Exkremente sehr schnell. Wasserstand mindestens 30 cm je nach Dekoration auch höher.

ZU: Vor der Paarung ruft das ♂ etwa eine viertel Minute lang in rasch tickenden Impulsen. Andere vorbeischwimmende Beckeninsassen werden er- und abgetastet. Die Tiere haben dafür ein ausgeprägtes Gespür (Tastsinn ist hoch entwickelt). Abwehrbewegungen des vermeintlichen Partners bedeuten, daß es sich um ein weiteres ♂ oder um ein paarungsunwilliges ♀ handeln muß. Dieses streckt

Fortsetzung nächste Seite

Amphibien

Pipa carvalhoi, Larve

Krallenfroschfuß von *Xenopus laevis laevis*, siehe Seite 960

Fam.: Pipidae   Zungenlose Froschlurche

Fortsetzung von voriger Textseite *Pipa carvalhoi*

die Hinterbeine steif und lang aus und läßt einen Abwehrruf erklingen. Ein Zittern zeigt deutlich Unwilligkeit zur Paarung. Sofern jedoch Kontakt zu einem laichbereiten ♀ aufgenommen wurde, beginnt die eigentliche Paarung. Das ♂ umklammert das ♀ von hinten, das dann einige Eier ausstößt. Während des purzelbaumartigen Paarungstanzes fallen die Eier auf den Rücken des ♀, wo sie in die Haut einwachsen. Nach mindestens 2 Wochen bricht die Rückenhaut, zunächst nur an einigen Stellen, auf, und die ca. 12 mm langen, glasklaren Kaulquappen suchen sich ein Versteck im Aquarium. Die Elterntiere müssen aus dem Aquarium herausgefangen werden, sonst verspeisen sie ihre eigene Brut. Die Kaulquappen füttert man mit feinstem, gemahlenem Flockenfutter, z.B. MikroMin oder TetraMin, TetraPhyll, Algensuspension und Bäckerhefe. Die Larven sind Filtrierer und entwickeln nach etwa 8 Wochen bei ca. 25° C die Hinterbeine, nach 20 Wochen auch die Vorderbeine. Nach insgesamt 3 Monaten sind es kleine Frösche von etwa 3 cm Länge, die mit Lebendfutter (Wasserflöhe, *Tubifex*) ernährt werden. Nach 5 - 8 Monaten tritt bereits die Geschlechtsreife ein.

FU: K; Lebendfutter aller Art. Mitunter werden auch *Xenopus*-Pellets genommen. Kleine Fische. Ausgeprägter Geruchssinn ermöglicht es den Tieren, auch totes Futter zu riechen.

Bes.: Beliebtes Aquarientier, auch für Anfänger.

T: 20 - 25° C, **L:** 5,5 cm, **BL:** 60 cm, **WR:** u, **SG:** 2

Pipa pipa   (LINNAEUS, 1758)
Große Wabenkröte

Vork.: Südamerika: Brasilien bis Mexiko, in stehenden Gewässern, auch in langsam fließenden Randgewässern. Weit verbreitet.

GU: ♀ mit ringförmigem Hautwulst, um die Kloakenregion.

Soz.V.: Gesellige Tiere ohne Revierverhalten, Lauerjäger am Gewässerboden. Nicht mit Fischen vergesellschaften. Große Fische stören die Kröten, kleine werden verspeist. Dämmerungsaktiv.

Hält.B.: Bodengrund nicht unbedingt erforderlich, Kies und grober Sand sind geeignet. Versteckmöglichkeit unter Steinen oder Wurzelholz bieten. Bepflanzung nicht erforderlich. Nicht eingetopfte Pflanzen werden meist ausgewühlt.

ZU: Die vollständige Entwicklung der Jungtiere erfolgt in den Brutkammern der Rückenhaut, so daß fertig metamorphosierte Frösche freigegeben werden. Für die Paarung wird ein sehr geräumiges Aquarium benötigt, da die Tiere einen großen Radius bei ihrem Paarungstanz aufweisen.

FU: K; Lebendfutter passender Größe, Regenwürmer, kleine Fische, Herzfleisch, Leber.

T: 22 - 28° C, **L:** bis 35 cm, **BL:** > 50 cm, **WR:** alle, **SG:** 3

Amphibien

Pipa carvalhoi

Pipa pipa, Biotopfoto Brasilien

Fam.: Pipidae   Zungenlose Froschlurche

Pipa pipa

Pipa pipa, Text siehe Seite 958

Amphibien

Silurana tropicalis (GRAY, 1864)
Tropischer Krallenfrosch

Vork.: Afrika: Tiefer gelegene Regenwaldgebiete von Senegal bis Nigeria (Crossfluß). Flache Urwaldtümpel.

GU: ♂ mit schwarzen Brunftschwielen an den Vorderextremitäten, die ♀♀ tragen gut erkennbare Kloakenpapillen.

Soz.V.: Wie die anderen Krallenfrösche.

Hält.B.: Wie nachstehende Art, allerdings wärmebedürftiger und schwieriger. pH-Wert neutral bis leicht sauer.

ZU: Paarungsruf: "rooarooarroa". Zunächst bei 25° C halten. Dann über einige Tage Frischwasserzugabe (Regenzeit) und Erhöhung der Temperatur bis 28° C.

Die Larven schlüpfen nach ca. 36 Stunden. Elterntiere entfernen, da diese ihre Nachkommen als Futter betrachten (Kannibalismus). Die Larven ernährt man mit Phytoplankton, ersatzweise mit aufgeschwemmter Bäckerhefe und Brennesselpulver.

FU: K; Regenwürmer, Krallenfrosch- oder Fischfutterpellets. Herz und Leber.

T: 25 - 32° (28) C, **L:** 7 cm, **BL:** 60 cm, **WR:** u, m, **SG:** 3

Fam.: Pipidae   Zungenlose Froschlurche

Xenopus laevis laevis   (DAUDIN, 1802)
Gemeiner Krallenfrosch, Großer Krallenfrosch

Vork.: Afrika: Südafrika, Namibia bis Malawi.

GU: Die ♀♀ wachsen schneller als die ♂♂ (ca. 20 % größer) und sind an der Größe leicht voneinander zu unterscheiden. Die ♂♂ tragen an den Vorderbeinen dunkel pigmentierte Brunftschwielen. ♀♀ mit Kloakenpapillen, ♂♂ mit -wülsten.

Soz.V.: Kannibale und Räuber; Vergesellschaftung mit Fischen nicht ratsam.

Hält.B.: Die Art kann außerhalb der Zucht im unbeheizten Aquarium (in beheizten Räumen) gehalten werden. Eine Bepflanzung mit kräftigen, ausdauernden Pflanzen, z.B. Riesenvallisnerien (evtl. in Blumentöpfen), ist möglich. Die Frösche wühlen und graben gern. Deshalb ist eine kräftige Filterung erforderlich.

ZU: Zur Zucht ist zunächst für 4 - 8 Wochen eine kühle Hälterung bei 10 - 12° C empfehlenswert. Während dieser Ruhepause wird nicht gefüttert. Nach Erhöhung der Temperatur auf ca. 22° C erfolgt die Paarung im allgemeinen sehr schnell. Es werden ca. 1000 Eier mit einem Ø von 1,5 - 2 mm abgelegt. Will man Larven aufziehen, werden die Elterntiere herausgefangen. Die Larven schlüpfen nach 2 - 3 Tagen und werden mit Staubfutter, Brennesselfutter, Bäckerhefe-Aufschwemmung etc. gefüttert. Nach 35 Tagen beginnt die Metamorphose zum Frosch.

FU: K; Lebendfutter aller Art, Pellets, Herz und Leber, Fischfleisch.

Bes.: Von der Art sind 5 Unterarten beschrieben worden.

T: 12 - 36° C (22° C), **L:** 12 cm, **BL:** 80 cm, **WR:** u, m, **SG:** 1

Xenopus laevis laevis, weitere *Xenotus*-Arten auf den Seiten 952-955

Amphibien

Xenopus laevis laevis

Xenopus laevis laevis, Larve

Fam.: Ampullariidae — Blasenschnecken

Ampullaria scalaria (?)
Apfelschnecke

Syn.: *Pomus scalarius. Ampullarius gigas, A. australis* sind keine Synonyme, sondern wahrscheinlich andere Arten.

Vork.: Tropisches Asien, Südamerika.

Ersteinf.: Ca. 1920.

GU: Im Gegensatz zu den meisten Schnecken ist diese Art kein Zwitter (zweigeschlechtlich), sondern eingeschlechtlich. Geschlechtsunterschiede sind dennoch nicht erkennbar.

Soz.V.: Friedlich, gesellig, aber auch Einzelhaltung möglich. Zwei Tiere können sich gegenseitig paaren. Vergesellschaftung mit kleinen Fischen gut möglich. Größere Fische, insbesondere Schwertträger, Cichliden, Sumatrabarben, Trichogaster u.a. zupfen am Atemrohr. Wird es beschädigt, geht die Schnecke bald ein.

Hält.B.: Becken gut abdecken, manche Schnecken verlassen das Wasser gern. Hartes Wasser ab 15° dGH wird bevorzugt, besonders für die Vermehrung. Nitrathaltiges Wasser mögen die Schnecken nicht, obwohl sie ihre Atemluft mittels eines Siphons von der Oberfläche holen. Bepflanzung gut möglich, bei Nahrungsmangel werden jedoch junge Sprosse mancher zarten Pflanzen gefressen.

ZU: Die Eier werden in einer Kalktraube oberhalb der Wasseroberfläche an Pflanzen oder an einer Scheibe abgelegt. Die wabenförmigen Zellen der Traube sind stets feucht zu halten (Becken gut abdecken). Die Jungschnecken schlüpfen nach ca. 18 - 40 Tagen und nehmen sofort jedes feine Futter am Boden oder im Algenrasen an.

FU: H, O; Futterreste. Daher zum Sauberhalten in Jungfisch-Aufzuchtbecken gut geeignet. Salat, Broccoli, Erbsen (gefroren). Tierische Kost und Aas.

Bes.: Verletzte Schnecken aus dem Aquarium nehmen, da verendete Tiere wegen ihrer großen Eiweißmasse das Wasser schnell vergiften (Nitrit-/Ammoniakvergiftung). Die wesentlich größere *Ampullaria gigas* wird sehr groß (10 cm). Sie wird selten angeboten. Die Blasenschnecken können recht gut auch an Land leben. Sie besitzen rechts in der Mantelhöhle eine Kieme und links einen Lungenflügel - ein seltenes Phänomen in der Natur. Sie werden bis zu 10 Jahre alt. Eßbar.

T: 22 - 30° C, **L:** 4 cm, **BL:** 60 cm, **WR:** alle, **SG:** 2

Marisa cornuarietis — LINNAEUS, 1758
Südamerikanische Posthornschnecke

Syn.: *Marsilea* sp.

Vork.: Nord- und Mittelamerika; Mexiko.

Ersteinf.: Nicht bekannt.

GU: Kein Zwitter. ♂ hinten mit spitzem Fuß, ♀ hinten mit rundem Fuß.

Soz.V.: Friedliche Art. Wie Apfelschnecken zu pflegen. Geht jedoch nicht aus dem Wasser. Pflanzenfresser.

Hält.B.: Wie die Posthornschnecke, jedoch wärmer halten.

ZU: Laicht unter Wasser. Die weißlichen Eier schlüpfen nach 8 - 14 Tagen, und die 1 - 2 mm im Ø messenden Jungschnecken suchen sich dann das Futter.

FU: H; Pflanzenkost, Algenrasen mit den darin lebenden Kleinlebewesen, Detritus, Futterreste. Salatblätter, Pflanzen.

Bes.: Die Schnecke verhält sich so ganz anders als die runde Apfelschnecke. Die Art gleicht eher einer Posthornschnecke als einer Apfelschnecke und ist für das bepflanzte Aquarium nicht empfehlenswert. Sie frißt sogar Javafarn.

T: 18 - 28° C, **Ø:** 5 cm, **BL:** 40 cm, **WR:** alle, **SG:** 4 (Pflanzenfresser) sonst 2

Schnecken

Ampullaria scalaria

Marisa cornuarietis

Fam.: Lymnaeidae — Schlammschnecken

Lymnaea stagnalis — LINNAEUS, 1758
Spitzschlammschnecke, Spitzhornschnecke

Vork.: Europa, meidet südlichere Regionen. Lebt in pflanzenreichen stehenden und fließenden Gewässern.

GU: Zwitter, Selbstbefruchtung jedoch nur in Ausnahmefällen.

Soz.V.: Friedliche Art.

Hält.B.: Die Spitzhornschnecken sind, da es sich um Teichbewohner handelt, recht anspruchslos.

ZU: Die Fortpflanzung ist unkompliziert und recht produktiv. Bei der Paarung wirkt meist eine der zwittrigen Schnecken als ♂, die andere als ♀. Der Laich wird in gallertartigen Hüllen an Wasserpflanzen und andere Gegenstände geklebt. Aus den Eiern schlüpfen die bereits fertig ausgebildeten winzigen Schnecken.

FU: H; Wasserpflanzen, Salatblätter.

Bes.: Die Schale dieser Schnecke hat eine sehr typische Form, die Umgänge sind schräg abgesetzt und wenig gewölbt. Der letzte Umgang ist stark erweitert, ungegabelt und mit einer hornfarbenen Schicht (= Periostracum) überzogen. Die Spitzhornschnecke kann im Süßwasseraquarium zur Bekämpfung von *Hydra* eingesetzt werden. Die Schnecke rupft beim Beweiden des Aufwuchses alles, also auch Hydren, vom Substrat und verspeist alles Verwertbare. Kleinere Exemplare aus dem Teich sind gutes Futter für Schmerlen und andere Schneckenfresser.

T: 4 - 25° C, **L:** 6 cm, **BL:** 40 - 60 cm, **BL:** 20 cm, **WR:** alle, **SG:** 1

Fam.: Melaniidae — Turmdeckelschnecken

Melanoides tuberculata — MÜLLER, 1774
Indische Turmdeckelschnecke

Vork.: Indien; tropisches Asien.

Ersteinf.: Ab ca. 1900 in die Aquaristik.

GU: Zwitter.

Soz.V.: Sehr friedliche Schnecke. Kann auch einzeln leben. Hauptsächlich nachtaktiv. Bei reichlicher Fütterung sind die Schnecken auch tagsüber auf Pflanzen, Steinen und über dem Bodengrund sichtbar.

Hält.B.: Die Schnecken bevorzugen mittelhartes bis hartes Wasser ab 12° dGH, bei geringerer Härte kümmern sie und bleiben recht klein.

ZU: Lebendgebärend. Ein großes Tier von 3 cm Länge bringt ca. 30 kleine, 1,5 - 2 mm lange Jungschnecken hervor. Bei Überfütterung kann es zu Massenvermehrung kommen.

FU: O; Allesfresser, besonders Detritus im Bodengrund. Wenn es zu unerwünschter Vermehrung kommt, ködert man die Schnecken mit überbrühten Salatblättern und sammelt diese mit dem Fangnetz ab.

Bes.: Natürliche Feinde sind Schmerlen der Gattung *Botia* und Kugelfische. Die Schnecken sind nützlich, da sie den Bodengrund durchwühlen und belüften. Sammeln sich die Schnecken an den Scheiben dicht unter der Wasseroberfläche, so kann etwas mit dem Aquarium nicht in Ordnung sein. Nitrit-/Nitratgehalt sowie Sauerstoffzufuhr (Filtermaterial auswaschen) sind zu überprüfen.

T: 15 - 30° C, **L:** 3,5 cm, **BL:** 40 cm, **WR:** alle (u), **SG:** 1

Schnecken

Lymnaea stagnalis

Melanoides tuberculata

Fam.: Neritidae — Nixenschnecken

Neritina zebra (LAMARCK, 1816)
Rennschnecke, Nixenschnecke

Syn.: Keine.

Vork.: Indonesien, Singapur, Malaysia bis Tahiti, Philippinen.

Ersteinf.: Nicht bekannt.

GU: Zwitter.

Soz.V.: Beschädigt keine Pflanzen, frißt kein Javamoos und kann daher auch daran nicht eingehen. Es können mehrere Tiere - auch mit Cichliden und kleinen Schmerlen - vergesellschaftet werden. Größere Schmerlen ab 8 cm Länge könnten den Schnecken Schaden zufügen.

Hält.B.: Die Art bevorzugt hartes Wasser um 15 - 30° dGH. Kiemenatmer, deshalb muß die Wasserqualität (Nitrit etc.) ausreichend gut sein, wie etwa die der Frösche mit SG: 2! pH-Wert 7 - 8.

ZU: Eigebärend (ovipar). Die Jungschnecken schlüpfen, sofern die Eier befruchtet waren, voll entwickelt aus dem Ei.

FU: Algen, Futterreste. Blaualgen werden gemieden. Detritus vom Boden, Aufwuchs von Pflanzen.

Bes.: Es kommt häufig zur Eiablage, aber selten schlüpfen Jungschnecken daraus. Man sollte mehrere Tiere pflegen - bis zu 10 Exemplare in einem 100-l-Becken. Becken gut abdecken, manchmal klettern die Tiere heraus und fallen dann vom Rand des Beckens und vertrocknen. Jedes Tier ist anders gefärbt (gemustert).

T: 22 - 28° C, **L:** bis 3,5 cm, **BL:** 50 cm, **WR:** alle, **SG:** 2

Fam.: Thiaridae

Pachychilus sp.
Rio Palenque-Turmdeckelschnecke

Vork.: Mexiko, Chiapas, im Rio Palenque.

GU: Zwitter.

Ersteinf.: 1981 durch WISCHNATH.

Soz.V.: Friedliche Art, jedoch starker Pflanzenfresser. Zur Vergesellschaftung mit Lebendgebärenden, kleinen Killis etc. geeignet. Schwertträger zupfen an den kleinen Fühlern.

Hält.B.: Sauerstoffreiches, kühles Wasser. pH-Wert neutral bis schwach alkalisch (7,5 - 8,1); Härte 10 - 20° dGH. Für das wenig bepflanzte Bachaquarium geeignet.

ZU: Bisher haben sich die Tiere noch nicht im Aquarium vermehrt.

FU: H; viel Algen und auch höhere Pflanzen, Futterreste und Aas. Überbrühte Salatblätter.

Bes.: Nur für Spezialisten, im Handel kaum anzutreffen.

T: 15 - 22° C, **L:** 7 cm, **BL:** 60 cm, **WR:** u, **SG:** 2 - 3

Schnecken

Neritina zebra

Pachychilus sp.

Fam.: Planorbidae — Tellerschnecken

Planorbarius corneus
Posthornschnecke
(LINNAEUS, 1758)

Vork.: Mitteleuropa, in fast allen sauberen stehenden, seltener in Fließgewässern.

GU: Zwitter.

Hält.B.: Nicht zu kalkarmes Wasser bieten. pH-Wert 6,5 - 8; Härte 10 - 30° dGH. Im Aquarium erreichen die Tiere selten ihre volle Größe. Nitrat/Nitrit verträgt diese Schnecke nicht. Die Posthornschnecke ist als Nahrung im Aquarium bei Kugelfischen und *Botia*-Arten beliebt.

ZU: Flache Laichballen werden an Steine, Wurzeln und vor allem an Wasserpflanzen geklebt. Nur bei guten Wasserbedingungen und gutem Nahrungsangebot vermehrungsfreudig.

FU: Detritus, Algen, Futterreste. Bei Nahrungsmangel auch Pflanzenteile, besonders neu austreibende Sprosse.

Bes.: Der rote Blutfarbstoff, ähnlich dem Hämoglobin des Menschen und der Roten Mückenlarve, ermöglicht eine hohe Sauerstoffanreicherung des Blutes. Deshalb kommt diese Schnecke selten zum "Luftholen" an die Wasseroberfläche. In einem geeigneten Gewässer kommen die unterschiedlichsten Größen dieser Art vor. Die Jungtiere sind meist rötlich gefärbt. Überwinterung im Teich im Schlamm. Im Aquarium ist die Überwinterung in einem ungeheizten Becken von Vorteil, sonst kümmert der Bestand nach 2 - 3 Jahren.

T: 4 - 25° C, **Ø**: bis 3 cm, **BL**: 40 cm, **WR**: alle, **SG**: 1 - 2

Planorbis planorbis
Tellerschnecke
(LINNAEUS, 1758)

Vork.: Europäische Art.

GU: Zwitter.

Soz.V.: Sehr zierliche Schnecke für das Kaltwasseraquarium mit Stichlingen, Elritzen, Bitterlingen etc. geeignet.

Hält.B.: Wie die Posthornschnecke wird auch die Tellerschnecke gelegentlich mit Lebendfutter ins Aquarium gebracht. Überwinterung im Bodenschlamm. Die Tellerschnecke hält sich auf Dauer nur in kühleren Aquarien, während die Posthornschnecke sich auch in Warmwasseraquarien vermehrt. Im Winter kühl halten (10° C). An die Wasserbedingungen werden keine hohen Anforderungen gestellt. Das Becken soll lediglich gut belüftet werden. Ein kleiner Sauerstofffilter reicht aus.

ZU: Die Eier werden in kleinen "Tellern" an Pflanzen abgelegt. Im Aquarium laichen sie auch in den mit Silikon verklebten Aquarienecken. 5 - 30 Eier. Nach 10 - 15 Tagen schlüpfen die jungen Schnecken.

FU: O; Allesfresser, Futterreste, Algen, Kot von Fischen etc.

T: 4 - 27° C, **Ø**: 17 cm, **BL**: 20 - 40 cm, **WR**: alle, **SG**: 2

Schnecken

Planorbarius corneus

Planorbis planorbis

Fam.: Unionidae — Flußmuscheln

Anodonta cygnea LINNAEUS, 1758
Teichmuschel, Schwanenmuschel

Vork.: In stehenden und träge fließenden gesunden Gewässern in Mitteleuropa in mehreren Unterarten.
GU: Äußerlich nicht erkennbar.
Soz.V.: Da eine Vermehrung im Aquarium unwahrscheinlich ist, kann man diese Tiere auch einzeln halten.
Hält.B.: Im Aquarium nur mit friedlichen Fischen (Kaltwasserarten) vergesellschaften. Besonders bekannt ist die gemeinsame Pflege mit Bitterlingen. Die ♀♀ legen mit einer Legeröhre ihre Eier in die Kiemen der Muschel. Bodengrund aus feinem Sand. Pflanzen in Töpfe setzen, da diese sonst ausgegraben werden. Schwache Filterung.
ZU: Die Eier werden innerhalb der Kiemenhöhle befruchtet. Die ♂♂ geben die Spermien ins freie Wasser ab. Diese gelangen durch die Atmung an die zwischen den Kiemen befindlichen Eier. Bis zu 300.000 Larven kann eine weibliche Muschel beherbergen. Die Larven überwintern in der Muschel und werden im Frühjahr ausgestoßen. Sie sinken dann massenweise in Klumpen zu Boden. Sobald sich ein Fisch nähert, klappen die winzigen Schalenhälften der Larve zusammen und verhaken sich an der Fischhaut. Die winzige Wunde verheilt und die Larve wird vom Fisch eingekapselt. Nach 2 - 10 Wochen platzt die Hauptkapsel infolge des Wachstums der Larve, die sich jetzt zu einer richtigen Muschel gewandelt hat. Der Fisch reibt sich, wohl infolge eines Juckreizes, und die Muschel beginnt ihr Leben am Boden dort, wo der Fisch sich gerade befindet. Somit ist eine Verbreitung der Muscheln gewährleistet.
FU: O; feinstes Lebendfutter, das aus dem Schlamm gefiltert wird. Eine Muschel kann pro Stunde bis zu 40 l Wasser umwälzen. Die Muscheln wirbeln den Schlamm auf, um an die Nahrung zu gelangen. Im Aquarium sind sie aufgrund dieser Lebensweise gut mit planktonischer Nahrung zu versorgen, da sie dort sonst leicht verhungern.
Bes.: Die Teichmuschel ist zur Wahrnehmung von Schatten befähigt. Im Mantelrand befinden sich lichtempfindliche Sinneszellen, die vor möglichen Feinden bewahren. Zunächst werden nur die Tentakel eingezogen, bei stärkeren Reizen klappen die beiden Schalenhälften ganz zusammen. Die Muscheln können sich bei Austrocknung (z.B. Abfischen der Teiche) meterweit in wasserführende Gewässerteile zurückziehen. Dabei entstehen tiefe Spuren im Schlamm. Geschützte Art.

T: 4 - 28° C, L: 7 - 20 cm, BL: 80 cm, WR: u, SG: 2

Unio pictorum LINNAEUS, 1758
Malermuschel

Vork.: Saubere Süßgewässer Europas nördlich der Alpen; östlich über den Ural hinaus.
GU: Keine äußeren erkennbar, getrenntgeschlechtlich.
Soz.V.: Brutpflegende Art.
Hält.B.: Wie *Anodonta cygnea*. Gegen Nitrit empfindlich, pH-Wert 7 - 7,8; KH >8; GH >15.
ZU: Im Gegensatz zur Großen Teichmuschel, die sich im Winter fortpflanzt, geschieht dies bei der Malermuschel im Sommer. Größere weibliche Tiere entwickeln bis zu 200.000 Eier/Larven, die nach etwa einem Monat ins freie Wasser entlassen werden. Die Larven leben eine kurze Zeit planktonisch und suchen sich dann einen Wirtsfisch, um sich bei diesem in den Kiemenblättern einzunisten.
FU: O; auch bei dieser Art feinstes Lebendfutter (Plankton), das frei im Wasser schwebt und für das reichlich gesorgt werden muß.
Bes.: Der Name leitet sich daher ab, daß die Schalen der Muschel früher von Malern zum Anmischen ihrer Farben benutzt wurden. Geschützte Art, Gefährdungsstufe 2.

T: 4 - 20° C, L: 10 cm, BL: 80 cm, WR: u, SG: 2

Muscheln

Anodonta cygnea

Unio pictorum

Fam.: Libellulidae Libellen

Libellula depressa (Larve)

Libellula depressa
Plattbauchlibelle

LINNAEUS, 1758

Vork.: Europa, in allen sauberen Gewässertypen, besonders stehenden.

GU: Nur beim fertigen Insekt zu erkennen. Das ♂ ist blau, das ♀ grün am Hinterleib.

Soz.V.: Gefräßiger Räuber, der selbst kleine Fische nicht verschont. Zur Vergesellschaftung mit Schnecken geeignet. Fische ab 10 cm Länge fressen die Larven, ebenso Krebstiere.

Hält.B.: In austrocknenden Gewässern graben sich die Tiere ein. Aquarienhaltung wegen des Schutzes nicht erlaubt. Will man die Tiere beobachten, so empfiehlt es sich, sie zum Fotografieren in einen Glasbehälter im Freien zu setzen und danach wieder dem Gewässer zu übergeben, aus dem sie stammen.

ZU: Die fertigen Libellen fliegen von Mai bis August. Das ♀ legt die Eier insbesondere an der Krebsschere (*Stratoites aloides*), einer Wasserpflanze, ab. Siehe Seite 276.

FU: K; Allesfresser, besonders Insektenlarven.

Bes.: Nur zur kurzzeitigen Beobachtung im Aquarium halten. Libellen sind geschützte Tiere.

T: 4 - 30° C, **L:** 3,5 cm, **BL:** 40 cm, **WR:** u, **SG:** 1

Fam.: Notonectidae — Insekten

Notonecta glauca — LINNAEUS, 1758
Rückenschwimmer, Wasserbiene

Vork.: Europa, selbst in kleinsten Gewässern.

GU: Bei der Paarung sitzen die ♂♂ obenauf, sonst nicht erkennbar.

Soz.V.: Räuber.

Hält.B.: Sauerstoffreiches Wasser. Haltung mit Fischen nicht zu empfehlen. Zur Beobachtung kann man einige Käfer für ein paar Tage im ungeheizten Aquarium halten. Dieses ist jedoch gut abzudecken, sonst entweichen die Käfer und vertrocknen, sofern sie nicht ins Freie gelangen können.

ZU: Das ♂ paart sich nacheinander mit den häufigeren ♀♀. Die Eier werden nach der Überwinterung dicht unterhalb des Wasserspiegels in frisch ausgetriebene Pflanzenteile gelegt. Larven schlüpfen nach 3 - 6 Wochen, häuten sich fünfmal, verpuppen sich nicht und schlüpfen im späten Frühjahr. Die geschlechtsreifen Insekten überwintern unter dem Eis.

FU: K; Fische, Molche und deren Larven, Kaulquappen werden angestochen und ausgesaugt. Mit Lebendfutter wird der Käfer gelegentlich erbeutet und kann dann leicht aussortiert werden.

Bes.: Gutes Futter für Großcichliden, für kleinere Fische kann der Rückenschwimmer tödlich sein. Die Art fliegt gut. Die Atmung erfolgt über eine luftgefüllte Blase am Hinterleib. Vorsicht: der Stich schmerzt wie ein Bienenstich.

T: 4 - 30° C, **L**: 2 cm, **BL**: 40 cm, **WR**: o, **SG**: 1

Fam.: Atyidae

Atyopsis moluccensis (DE HAAN, 1849)
Molukken-Garnele, Radargarnele

Syn.: *Atya gustavi, A. armata, A. dentirostris*.

Vork.: Die Art kommt nicht nur auf den Molukken, sondern auf vielen südostasiatischen Inseln und auch auf dem Festland vor. Noch ist nicht klar, ob anders gefärbte, aber anatomisch identische Tiere nur eine Farbvariante oder eine Lokalform sind oder gar als eigenständige Art angesehen werden müssen.

Ersteinf.: Unbekannt.

GU: Bei den ♂♂ ist das erste Schreitbeinpaar deutlich kräftiger, so daß sie unbeholfener, aber auch eindrucksvoller wirken als die ♀♀, bei denen alle drei Schreitbeinpaare gleichermaßen entwickelt sind. (Die Unterschiede werden erst bei einer Länge von 5 - 6 cm deutlich).

Soz.V.: Ruhige und friedliche, in Freiheit sicher in Kolonien lebende Garnelen, die schon deshalb keinen Schaden anrichten können, weil sie keine Scheren besitzen.

Hält.B.: Molukken-Garnelen sind robust, unempfindlich und anpassungsfähig. Fast in jedem Wasser fühlen sie sich wohl. Für ein paar Tiere genügt schon ein kleines Becken von etwa 60 cm Kantenlänge, das man nicht zu dicht bepflanzt und mit Steinen und Wurzeln versteckreich einrichtet. Das Wasser sollte leicht strömen - weitere Ansprüche stellen sie nicht.

ZU: Ob man *Atyopsis moluccensis* im Aquarium nachzüchten kann, ist nicht geklärt. Zwar laichen sie ab, so daß die ♀♀ regelmäßig Eier tragen, die man als dunkle Masse am Hinterleib erkennt, doch verschwanden die Eier bisher stets nach etwa 3 Wochen, ohne daß man Larven oder Jungtiere fand.

FU: Die Scherenfinger dieser Garnelen sind zu seltsamen "Borstenhänden" umgestaltet: Sowohl am vorderen als auch am hinteren "Finger" jeder Schere befinden sich Borsten, die einen halbkreisförmigen Fächer bilden, so daß sich insgesamt ein kreisförmiger Fangapparat ergibt. Er kann weit geöffnet, aber auch zusammengefaltet werden. Die *Atyopsis* und *Atya* stammen wohl aus strömendem Wasser, wo sie ihre Fächerhände vor und über sich strecken, um feine und feinste Planktonteilchen aufzufangen. Im Aquarium suchen sie auch den Bodengrund nach Futter ab, wobei sie die Fächerhände über etwas Freßbares stülpen und zugreifen. Große Futterbrocken werden nicht genommen, so daß man besser *Artemia*-Nauplien, Teichfutter und feines Flockenfutter anbietet. Mit großem Eifer machen sie sich auch über Futtertabletten her, die beim Aufweichen in feine Partikel zerfallen.

Bes.: Beliebte Garnele im Aquarium. Besser nicht mit Fischen zusammen halten. Kleinere Welse wie z.B. *Corydoras* schaden den Garnelen jedoch nicht.

T: 24 - 30° C, **L**: bis 10 cm, **BL**: ab 60 cm, besser mehr, **WR**: u, **SG**: 1

Atya* cf. *innocous (HERBST, 1792)
Antillengarnele

Vork.: Venezuela, im Capayafluß; Antillen; Mittelamerika.

Alle anderen Angaben ähnlich voriger Art.

Bes.: Das Tier auf dem Foto stammt aus dem Capayafluß in Venezuela. Von dort ist die Art bisher nicht nachgewiesen. Deshalb ist der Name *Atya innocous* nicht gesichert. Es könnte sich auch um ein Jungtier von *Atya scabra* handeln.

T: 20 - 28° C, **L**: > 10 cm, **BL**: 80 cm, **WR**: u, **SG**: 2 - 3

Garnelen

Atyopsis moluccensis

Atya cf. *innocous*

Fam.: Palaemonidae

Caridina serrata (?)

Vork.: Die Art wird aus Hongkong eingeführt, von wo auch andere Süßwassergarnelen bekannt sind. Ihre Heimat sind die Oberläufe des Lam Tsuen in den sogenannten "New Territories".

Ersteinf.: Unbekannt.

GU: Die ♂♂ erkennt man an den verlängerten Schwimmfüßen, während man am Hinterleib der ♀♀ die Eier durchscheinen sieht.

Soz.V.: Die *Caridina* sind völlig harmlose Garnelen, die schon deshalb keinen Schaden anrichten, weil ihre Scheren viel zu winzig sind. Statt dessen müssen wir sie vor den Angriffen größerer Fische schützen. Man kann sie also nur zu kleinen und friedlichen Fischen setzen.

Hält.B.: In Freiheit meiden die *Caridina* Brackwasser und halten sich vorzugsweise in weichem und leicht saurem Wasser auf (pH-Wert 6,8). Am besten pflegt man die Tiere unter sich. Ein kleines Aquarium von 10 l Fassungsvermögen genügt dazu vollauf. Wenn man für viele feinfiedrige Pflanzen und kräftigen Algenwuchs sorgt, das Becken also möglichst hell plaziert, geht fast alles wie von selbst. Peinliche Sauberkeit ist nicht angeraten. Die Tiere ernähren sich von Algen (sogar von Bart- und Pinselalgen), pflanzlichen und tierischen Abfällen und fühlen sich erst richtig wohl, wenn sich eine Mulmschicht gebildet hat, weshalb man auf einen Filter durchaus verzichten kann.

ZU: Wenn die Tiere sich wohlfühlen, was übrigens bei hohen und niedrigen Temperaturen der Fall ist, werden sie sich problemlos vermehren. Die ♀♀ tragen bis 25 Eier mit sich, die sich während einer Zeitspanne von 28 - 33 Tagen entwickeln. Schließlich schlüpfen schon weit entwickelte Junggarnelen, die bereits alle Larvenstadien im Ei durchgemacht haben und deren Aufzucht schon deshalb keine Schwierigkeiten macht, weil sie in einem "alt" eingerichteten Aquarium mit dichtem Algenrasen nicht speziell gefüttert werden müssen. Hinzu kommt, daß die Alttiere den Jungen nicht nachstellen.

FU: Es genügt, wenn man gelegentlich etwas fein zerriebenes Flockenfutter oder Futtertabletten anbietet.

Bes.: In Freiheit leben die geselligen *Caridina* in Populationen von großer Dichte, weshalb man auch im Aquarium eine größere Anzahl Tiere gemeinsam halten sollte.

T: 22 - 28° C, **L**: bis 4 cm, **BL**: ab 30 cm, besser mehr, **WR**: u, **SG**: 1 (Artbecken)

Macrobrachium sp. cf. *nipponense*

Vork.: GUS: Amurfluß.
GU: Wie obige Art.
Soz.V.: Gesellige, friedliche Art.
Hält.B.: Wie obige Art.

ZU: Wie obige Art.
FU: Alle Futterreste, besonders gern Flockenfutter und Futtertabletten.

T: 10 - 24° C, **L**: 6 cm, **BL**: 60 cm, **WR**: u, **SG**: 1

Garnelen

Caridina serrata (?)

Macrobrachium sp. cf. *nipponense*, vorne ♀, hinten ♂

Fam.: Palaemonidae

Macrobrachium sp. aff. *vollenhovenii*
Mittelamerikanische Großarmgarnele

Vork.: Von den über die gesamten Tropen verbreiteten *Macrobrachium* gibt es so viele Arten, daß sie kaum zu bestimmen sind. Die hier vorgestellte Art wurde in Mittelamerika im Rio Maria Linda auf der pazifischen Seite Guatemalas gefunden.

Ersteinf.: 1994 durch WERNER & BREIDOHR.

GU: ♂♂ sind größer, mit deutlich längeren und kräftigeren Armen und Scheren.

Soz.V.: Ruhig und friedlich, schlimmstenfalls kleineren Fischen gefährlich.

Hält.B.: Flußbewohner, die in reinem Süßwasser leben und durchaus nicht auf Brackwasser oder hartes Wasser angewiesen sind (Karbonat- und Gesamthärte 6 - 18°). Die Wassertemperatur schwankt je nach Herkunft und Jahreszeit zwischen 23 und 34° C. Ein versteckreich eingerichtetes, niedriges Becken von 100 - 200 l und möglichst großer Grundfläche reicht für die Pflege einiger Tiere völlig aus. Als Lieblingsplatz wählen sie meist einen höher gelegenen "Freisitz", den sie behende verlassen, wenn man ihnen Futter reicht.

ZU: Bestimmte *Macrobrachium* kann man durchaus züchten. Nach der Paarung tragen die kurzarmigen ♀♀ am Hinterleib, zwischen ihren Schwimmfüßen, graugrüne Eipakete. Nach ungefähr 10 Tagen setzen sie zahllose Larven frei, die mit dem Kopf nach unten im Wasser treiben und sich hüpfend fortbewegen. Meist kann man sie mit frisch geschlüpftem *Artemia*-Nauplien anfüttern. Andernfalls muß man mit kleinerem Futter (Pantoffeltierchen, Rädertierchen, Essigälchen, Liquifry oder staubfeinem Trockenfutter) experimentieren. Nach etwa 14 Tagen macht die weißliche Färbung der typischen Transparenz Platz und allmählich nehmen die Kleinen die Form und die substratgebundene Lebensweise ihrer Eltern an.

FU: K, O; die Tiere sind Allesfresser, schätzen aber vor allem tierische Kost (tiefgefrorene Mückenlarven, gehacktes Rinderherz, Fischfleisch o.ä.) und Futtertabletten, die sie geschickt packen und zwischen ihren kurzen, brüstenartigen "Händen" drehen, um so die feinen Futterpartikel abzulösen.

Bes.: Das Wachstum der Garnelen bedingt (wie bei allen Krustern) gelegentliche Häutungen, bei der verlorengegangene Gliedmaßen problemlos (wenn auch zunächst etwas kleiner) ersetzt werden. Da die Tiere nach der Häutung zunächst hilflos und "weich" sind, so daß sie für größere Fische oder Artgenossen eine leichte Beute wären, halten sie sich meist einige Zeit versteckt.

T: 25 - 30° C, **L**: 10 cm, **BL**: ab 80 cm, **WR**: u, **SG**: 1

Macrobrachium vollenhovenii (HERKLOTS, 1857)

Vork.: Tropisches Westafrika.

Ersteinf.: In den 90er Jahren.

GU: ♂ größer und mit längeren Scheren.

Soz.V.: ♂♂ oft angriffslustig.

Hält.B.: Wie oben.

ZU: Bei dieser Art uns unbekannt, wahrscheinlich wie bei anderen *Macrobrachium*, von denen jedoch einige kannibalisch sind.

FU: Allesfresser.

Bes.: Diese Garnele wird einigermaßen regelmäßig eingführt.

T: 20 - 30° C, **L**: 10 cm, **BL**: ab 60 cm, **WR**: u, **SG**: 2

Garnelen

Macrobrachium sp. aff. *vollenhovenii*

Macrobrachium vollenhovenii

Fam.: Palaemonidae

Macrobrachium pilimanus (?) aus Djakarta, Indonesien

Macrobrachium pilimanus (?)

Vork.: Indonesien.

Ersteinf.: Anfang der 90er Jahre in die Niederlande.

GU: ♂♂ mit dickeren Scheren.

Soz.V.: Anscheinend recht friedliche Art gegenüber Fischen.

Hält.B.: Warmwasseraquarium mit Höhlenverstecken. Wasser: pH-Wert neutral, weich bis mäßig hart, 5 - 15° dGH.

ZU: Nicht bekannt.

FU: O; Allesfresser, besonders Fischaas, Muschelfleisch, Futterpellets.

Bes.: Anscheinend hat sich die Art im Handel nicht gehalten und ist wieder verschwunden. Wer hält noch Tiere? Die rechte Schere ist stark vergrößert (Foto).

T: 18 - 28° C, **L:** 12 cm, **BL:** 80 cm, **WR:** u, **SG:** 2 - 3

Garnelen

Macrobrachium sp., Venezuela

Macrobrachium sp., Venezuela

Fam.: Grapsidae

Pseudosesarma moeshi
Rote Mangrovenkrabbe

Vork.: Die Art lebt in Japan und Hongkong, auf den Philippinen und Celebes, auf den Nicobaren, den Andamanen und auch auf Sri Lanka und Südthailand.

Ersteinf.: Unbekannt.

GU: Die ♂♂ entwickeln eindrucksvolle große Scheren, die ♀♀ haben lediglich schmale Greifzangen.

Soz.V.: Friedliche Tiere, deren ♂♂ sich gelegentlich bekämpfen.

Hält.B.: Keine Süßwasserbewohner, doch wandern sie auch in Freiheit in reines Süßwasser ein, und so nehmen erwachsene Krabben bei der Pflege im Süßwasseraquarium keinen Schaden. Natürlich kann man ihrem Lebenselixier etwas Salz zusetzen. Zur Vergesellschaftung bieten sich dann (asiatische) Fischarten an, die ebenfalls hartes oder leicht brakkiges Wasser mögen. Schon ein kleineres Aquarium von 60 cm Kantenlänge reicht aus, um 4 - 6 Tiere zu beherbergen. Da sie amphibisch leben, darf man das Becken nur zur Hälfte befüllen und muß Wurzeln und Steine so einbringen, daß nicht nur zahlreiche Verstecke entstehen, sondern daß die Tiere auch aus dem Wasser herausklettern können und im Luftteil großflächige Sitzplätze vorfinden. Die Luft darf nicht zu kalt und trocken sein, weshalb man das Aquarium auf 25 - 27° C beheizt und gut abdeckt. Bei gleichzeitiger Beleuchtung des Aquaterrariums werden sich eine Lufttemperatur von 28 - 30° C und eine hohe Luftfeuchtigkeit ergeben. Den Wasserteil kann man durchaus bepflanzen, muß aber in Kauf nehmen, daß zarte Triebe angeknabbert werden. Womöglich wählt man gar Gewächse, sie sowohl submers (untergetaucht) als auch emers (über der Wasserlinie) wachsen.

ZU: Leider ist es kaum möglich, die hübschen *Pseudosesarma* zu züchten. Da sie keine "echten" Süßwasserkrabben sind, müssen sie zur Laichzeit Brack- oder Seewasser aufsuchen. Die am Hinterleib des ♀ befestigten etwa 3000 Eier werden bis zum Schlupf der Larven herumgetragen und von den ♀♀ naß gehalten, bis die sogenannte *Zoea*-Larven nach 6 - 8 Wochen ins freie Wasser entlassen werden. Ihre Aufzucht ist unter Aquarienbedingungen nahezu unmöglich.

FU: O; Allesfresser, die sowohl tierische Nahrung (Frostfutter) als auch pflanzliche Abfallstoffe, Tabletten- und Flockenfutter fressen.

Bes.: Alle Krabben sind möglichst nicht mit Fischen zusammen zu halten. Diese Art bildet wegen ihrer geringen Größe wohl eine Ausnahme.

T: 25 - 28° C, **L**: um 5 cm, **BL**: ab 60 cm, besser mehr, **WR**: u, **SG**: 1

Pirimela denticulata
oder eine junge *Carcinus aestuarii* ?

Vork.: Tunesien, im Brackwasser.

Hält.B.: Wie obige Art.

Bes.: Von solchen Krabben, die der Wollhandkrabbe ähnlich sind, sollte der Aquarianer die Hände lassen. Sie sind arge Räuber.

T: 15 -30° C, **L**: um 8 cm, **BL**: 100 cm, **WR**: u, **SG**: 2 - 4 (K)

Krabben

Pseudosesarma moeshi

Pirimela denticulata oder eine junge *Carcinus aestuarii* ?

Fam.: Potamonautidae

Potamonautes armata MILNE-EDWARDS, 1887
Tanganjikaseekrabbe

Vork.: Afrika: Tanganjikasee (endemisch).

Ersteinf.: Unterwasserfoto; wahrscheinlich noch nicht eingeführt.

GU: ♂ mit größeren Scheren und kräftiger rot gefärbt. Die ♀♀ sind bräunlicher.

Soz.V.: Räuber, meist einzeln lebend.

Hält.B.: Bisher nicht beschrieben. Wasser wie von Tanganjikasee-Buntbarschen bekannt. pH-Wert 7,8 - 8,2. Härte 20 - 30° dGH. Höhlenversteck bieten. Geröll- und Sandboden.

ZU: Nicht bekannt.

FU: K; Fleischfresser, besonders Schnecken und Aas.

Bes.: Das Vorkommen solcher Tiere im Süßwasser zeigt deutlich, daß sich das Leben in den afrikanischen Grabenseen ähnlich wie im Meer entwickelt hat.

T: 20 - 25° C, **L:** 15 cm, **BL:** 120 cm, **WR:** u, **SG:** 2 - 3

Fam.: Trichodactylidae **Krabben**

Poppiana dentata (RANDAL, 1840)
Sägezahnkrabbe

Vork.: Venezuela, Trinidad, Surinam, Guyana.

Ersteinf.: Nicht bekannt; 1992 durch Tropifish, Niederlande.

GU: ♂ mit größeren Scheren.

Soz.V.: Einigermaßen friedliche Krabbe. Die Vergesellschaftung mit kleineren Fischen ist jedoch nicht angeraten.

Hält.B.: Aquarium mit Sandboden. Größeres Versteck aus Steinen oder unter Wurzelholz wird gern angenommen. pH-Wert neutral. Härte 10 - 30° dGH.

ZU: Nicht bekannt.

FU: K, O; Allesfresser. Im Aquarium Fischfleisch und Futtertabletten. Kneift auch gern Pflanzen ab.

Bes.: Im Artbecken unproblematisch, bei Zusammenhaltung mit Fischen liegen wenig Erfahrungen vor.

T: 20 - 28° C, **L:** 12 cm, **BL:** 80 cm, **WR:** u, **SG:** 2 - 3

987

Fam.: Cambaridae

Orconectes limosus (RAFINESQUE, 1817)
Amerikanischer Flußkrebs, Kamberkrebs

Vork.: USA, in Europa seit ca. 100 Jahren eingebürgert.

Ersteinf.: 1890 durch M. BORNE.

GU: ♂♂ haben sogenannte Gonopoden oder Befruchtungsbeinchen, die an der Unterseite leicht zu erkennen sind. Zwei Paar dieser Gonopoden ragen beim ♂♂ vom Abdomen nach vorne zwischen das letzte Beinschreitpaar. Außerdem haben ♂♂ am 3. Schreitbeinpaar zwei Dornen oder Spitzen, mit denen sich bei der Paarung beim ♀ verhaken.

Soz.V.: Einzelgänger, jedoch mit recht kleinen Territorien. Alle 1 - 2 m kann sich ein Tier in einer Höhle am Bachufer aufhalten. Vorwiegend nachtaktiv.

Hält.B.: Sand- oder Lehmboden. Verstecke bieten. Kaltwasserbecken! Bei einer Temperatur von über 20° C leiden die Tiere schnell an Sauerstoffnot. An die Wasserbedingungen werden kaum Ansprüche gestellt. Viel Sauerstoff - wenig Nitrat - kein Nitrit!

ZU: Flußkrebse pflanzen sich gewöhnlich im Oktober/November fort. Zur Paarung dreht das ♂ das ♀ auf den Rücken. Das ♂ setzt seine Spermien in den *Annulus ventralis* (kleine Leibesöffnung). Monate später legt das ♀ Eier, indem es sich krümmt und so mit seinem Körper eine Art Kammer bildet. Die befruchteten Eier werden an den Hinterleibsbeinen etwa 4 - 6 Wochen mitgetragen. Im Mai bis Juli des folgenden Jahres schlüpfen die den Eltern bis auf den verhältnismäßig größeren Vorderkörper und den dünneren Schwanz ähnlichen Larven. Sie klammern sich noch 1 - 2 Wochen am Körper des ♀ fest und werden nach der zweiten Häutung selbständig als kleine Krebse. Im ersten Lebensjahr erfolgen 8 Häutungen.

FU: O; Allesfresser, vorwiegend tierische Kost. Futterpellets, Mückenlarven; auch Pflanzen und Schnecken.

Bes.: Kleiner, beliebter Speisekrebs, den man auf dem Fischmarkt lebend erhalten kann. Vorsicht ist geboten, denn die meisten Tiere sind schon halbtot. Besser ist der Erwerb von eingewöhnten Tieren im Fachgeschäft. Dieser Krebs wurde nach 1931 häufig in europäischen Gewässern ausgesetzt, um den Europäischen Flußkrebs zu ersetzen. Der Amerikanische Flußkrebs ist gegen die Krebspest, eine Pilzkrankheit, immun und hat sich deshalb hier gut eingebürgert. Dadurch droht er jedoch, Restbestände des Europäischen Flußkrebses zu verdrängen und behindert eine Erholung dieser Bestände. Nicht im Freiwasser aussetzen.

T: 4 - 20° C, **L:** 12 cm, **BL:** 100 cm, **WR:** u, **SG:** 2

Cambaroides dauricus ?* (PALLAS, 1772)

Vork.: Amurbecken.

Ersteinf.: Bisher noch nicht importiert.

GU: ♂ mit längeren Scheren.

Soz.V.: Nicht bekannt. Nachtaktiv.

Hält.B.: Wegen der Größe ist Einzelhaltung evtl. zusammen mit einigen handlangen, friedlichen Fischen angeraten. Höhlenversteck bieten. Pflanzen in Töpfen. Der robuste Kerl gräbt das ganze Becken um. Kies und Steinplattenboden.

ZU: Nicht bekannt.

FU: K; Muscheln, Schnecken, Fischfleisch, Insektenlarven.

Bes.: * Dr. TÜRKEY bezweifelt den Artnamen, den wir von dem Direktor des Aquariums Moskau Alexander KOCHETOV übernommen haben. TÜRKEY vermutet die Zugehörigteit zur Gattung *Austropotamobius*.

T: 8 - 20° C, **L:** 20 cm, **BL:** 150 cm, **WR:** u, **SG:** 4

Krebse

Orconectes limosus

Cambaroides dauricus ?

Fam.: Cambaridae

Cambaroides schrenckii   KESSLER, 1874
Amurkrebs

Vork.: GUS-Staaten, Amurfluß.

Ersteinf.: Bisher wird die Art nur in Rußland gehalten.

GU: ♂♂ mit kräftiger entwickelten Greifzangen.

Soz.V.: Recht aggressive Art, von der ein Paar wenigstens 1 m Beckenlänge benötigt. Mit großen Fischen bedingt zu vergesellschaften. Besser ist Arthaltung.

Hält.B.: In mittelhartem Wasser halten sich die Tiere am besten. pH-Wert neutral bis 7,8. Bepflanzung ist schwierig, evtl. Javamoos versuchen. Höhlenverstecke bieten.

ZU: Bisher liegen uns keine Berichte vor.

FU: O; Allesfresser, besonders Aas, Pflanzen. Jegliches Flockenfutter.

Bes.: Speisekrebs.

T: 4 - 20° C, **L:** 15 cm, **BL:** 100 cm, **WR:** u, **SG:** 2 - 3

Krebse

An Teich- und Bachbewohnern im Aquarium kann man kurzzeitig interessante Beobachtungen machen.

Fam.: Parastacidae

Cherax destructor CLARK, 1936
Yabby

Vork.: Weit verbreitet in Australien von der kühlen Victoriaregion bis in die Hitze Zentralaustraliens. In Flüssen, Seen, Kanälen, Zisternen etc. In die USA ausgebürgert.

GU: Die Scheren des ♂ sind größer.

Soz.V.: Nacht- und dämmerungsaktiv. Aggressiv bis kannibalisch, wenn ohne Versteckmöglichkeit in zu kleinen Behältern gepflegt wird. Die Art kann sich jahrelang im Schlamm in austrocknenden Gewässern vergraben und kommt dann plötzlich während einer Regenperiode wieder zum Vorschein.

Hält.B.: Wegen des großen Appetits ist eine kräftige Filterung mit einem leicht zu säubernden Innenfilter notwendig. Der Krebs gräbt sich am liebsten selbst eine Höhle. In Ermangelung von festem Uferschlamm oder Erde muß man jedem Tier mindestens eine Höhle (Drainagerohr) o.ä. anbieten. pH-Wert 7,5 - 8,5. Sauerstoffbedarf 4 mg/l. Bepflanzung nahezu unmöglich.

ZU: Ein laichwilliges ♀ ab 7 - 9 cm Länge wird von einem ♂ aufgesucht. Das ♂ gibt sein Sperma auf die Unterseite des Schwanzteiles (Abdomen). Das dauert nur etwa eine Minute. Das ♀ verteilt das Sperma mit den hinteren Schreitbeinen, und nach einem Tag gibt sie ihre blauen Eier ab, die an die feinen Borsten (Setae) unter dem Schwanz anhaften. Nach ca. 3 Wochen schlüpfen bis zu 300 Junge, die 3 Häutungen durchmachen, ehe sie nach 5 Wochen den Schutz der Mutter verlassen.

FU: O; Allesfresser; von Fischen, Aas, Würmern bis zu Gemüse wie Kartoffeln und Wasserpflanzen. Forellen- und Karpfenpellets, Hundekuchen. Jungtiere: Detritus.

Bes.: Etwa 110 Arten Krebse leben in australischen Süßgewässern. Die hier vorgestellten beiden Arten werden regelmäßig und in Mengen zu Speisezwecken gezüchtet. Becken gut abdecken und Scheibe beschweren.

T: 20 - 28° C (< 10° C), **L**: 25 cm/300 g, **BL**: 100 cm, **WR**: u, **SG**: 2 - 3

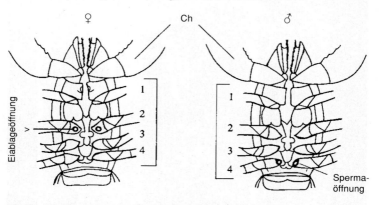

Geschlechtsunterschiede der Krebse. Ch = Chelipeds (Beinpaar mit Scheren). Tiere, die beide Öffnungen haben, sind ♂ ♂. Die Eiablageöffnung bleibt ohne Funktion.

Krebse

Cherax destructor ♂, braune Form

Cherax destructor ♀

Fam.: Parastacidae

Cherax quadricarinatus CLARK, 1936
Red Claw

Vork.: Australien: Nordqueensland, Timor Sea-Zuflüsse, Golf von Carpentaria.

GU: ♂♂ mit roter Zeichnung an den Scheren.

Soz.V.: Dämmerungsaktiv. Die Futteraufnahme erfolgt permanent, wenn man die Tiere dunkel hält (zu Speisezwecken). Sonst ist eine Lichtverteilung von 12 Stunden Licht/12 Stunden Dunkelheit normal (tropisch).

Hält.B.: pH-Wert 7 - 7,5; niedrigere Werte führen zu Stress. Salz wird kurzzeitig, etwa zur Quarantäne, bis zu 10g/l vertragen. Nur noch geringe Futteraufnahme bei unter 20° C. Die Wasserqualität soll sehr gut sein. Sauerstoffbedarf > 8 mg/l. Während der Häutung brauchen die Tiere ihre Höhle besonders.

ZU: Die großen ♀♀ leben bis zu 1400 Eier. Die Jungen wachsen gut in einer Schwimmpflanzendecke, z.B. *Pistia*, auf. Sonst wie bei voriger Art. Wenn sie das Gewicht von 1 - 2 g erhalten haben, geschieht die Übersiedlung auf das Bodenleben. Zur Zucht kann es 3 - 5mal im Jahr kommen.

FU: O; hauptsächlich Pflanzenkost. Abends füttern; Futterreste absaugen. Die zur Aufzucht von Larven erforderliche planktonische Nahrung bekommt man durch aufgeschwemmte Gartenerde in einem beleuchteten, separaten Aquarium, Heuaufguß oder Protogen-Granulat.

Bes.: In der bisherigen Aquarienliteratur wurde die Art fälschlich als *Cherax tenuimanus* bezeichnet. Zu unterscheiden sind beide Arten leicht an den nur teilweise roten Scheren von *C. quadricarinatus*. Bei *C. tenuimanus* sind die Scheren durchgefärbt. Dieser Krebs wird Marron genannt und bis 3 kg schwer.

T: 15 - 25° C, **L:** 35 cm, **BL:** 120 cm, **WR:** u, **SG:** 2

CL = Carapax-Länge
TL = Totallänge
AbdB = Abdominal-Breite
G = Lage der Gastrolithen (Krebssteine)
OCL = Occipital-Panzerlänge

Körperbau eines Krebses
aus: Merrick, John R., und Lambert, C. Nick: The Yabby, Marron and Red Claw - Production and Marketing (auch Zeichnung auf S. 992)

Krebse

Cherax quadricarinatus ♂

Cherax quadricarinatus ♀

Fam.: Potamobiidae

Procambarus clarkii (GIRAND, 1853)
Roter Amerikanischer Sumpfkrebs

Vork.: Sumpfgebiete der USA. In Europa seit 1972 vielerorts durch Aussetzen eingebürgert. In vielen reinen stehenden und fließenden Gewässern anzutreffen.

GU: Die Greifzangen des ersten Brustbeinpaares sind an den Gonopoden beim ♂ stärker entwickelt.

Soz.V.: Einzelgänger, revierverteidigend. Die Vergesellschaftung ist nur mit größeren Fischen ab 12 cm Länge möglich.

Hält.B.: Die Tiere benötigen Steinaufbauten und Höhlen aus Wurzelholz. Grober Kies als Bodengrund. Evtl. Schwimmpflanzendecke. Kräftige Filterung.

ZU: Ähnlich zu *Orconectes limosus*. Die Entwicklungszeit hängt sehr von der Wassertemperatur ab, z.B. 17 Tage bei 22,8 °C, aber 130 Tage bei 10 °C. Allein daran kann man schon die hohe Anpassungsfähigkeit dieser Krebse sehen. Wo gibt es einen Fisch, der bei 30 °C ebenso laicht wie bei 10 °C? Die Jungtiere wachsen sehr schnell und extrem unterschiedlich im Vergleich zu einheimischen Krebsen. Bei hohen Temperaturen im Zimmeraquarium ist die Fortpflanzung das ganze Jahr über möglich.

FU: Pflanzen, Algen, Futtertabletten.

Bes.: Der wohl am häufigsten gepflegte Krebs im Aquarium. Wenn Sie nicht wissen, wohin mit der Nachzucht, dann kann man die Kleinkrebse gut an größere Fische verfüttern. Dieser Krebs ist sehr anfällig gegen Krebspest und eine Gefahr für aus Unwissenheit ausgesetzte Tiere. Er wandert kilometerweit über Land, weshalb er auch nicht im Gartenteich gehalten werden darf.

T: 8 - 28° C, **L:** 10 cm, **BL:** 80 cm, **WR:** u, **SG:** 2

Procambarus clarkii ♂

Krebse

Procambarus clarkii ♂

Procambarus clarkii ♀

Fam.: Gammaridae — Bachflohkrebse

Gammarus pulex, das sich paarende ♂ ist hell, das kleinere dunkle Tier ist das ♀

Gammarus pulex
Bachflohkrebs

(LINNAEUS, 1758)

Vork.: Pflanzenreiche Bäche und auch stehende Gewässer in Asien, Europa und Afrika. Fehlt in Island. Lebt unter Steinen.

GU: ♂ größer als ♀. Vor jeder Paarung sitzt das ♂ bis zu 8 Tagen auf dem ♀. Trächtige ♀♀ erkennt man an den schwarzen Eiern an der Bauchseite.

Soz.V.: Sehr gesellige Tiere.

Hält.B.: Die Tiere mögen hartes Wasser. In ganz weichen Gewässern unter 2° dGH fehlen sie in der Natur. Kaltwasserpflanzen in das Aquarium einsetzen, nach Möglichkeit auch Strömung erzeugen. Evtl. Land/Wasserteil mit Uferzone und viel Kieselsteinen (20 - 40 mm Ø) einrichten. Unter flachen Steinen in feuchten Höhlungen halten sich die Tiere am liebsten auf.

ZU: Eine Häutung erfolgt 10 mal bis die Tiere geschlechtsreif werden. Hauptfortpflanzungszeit ist der Herbst. Je nach Temperatur liegt die Geschlechtsreife zwischen 3 und 9 Monaten. Die Eizahl beträgt zwischen 20 und 120, je nach Größe der ♀♀. Die Befruchtung erfolgt mit den Beinen der ♂♂. Die Entwicklung der Eier dauert knapp 3 Wochen.

FU: Detritus, Aas, Futtertabletten.

Bes.: Die Tiere sollten vor dem evtl. Verfüttern von jedem Aquarianer einmal im Artbecken gehalten werden. Das lustige Treiben und die Jagd der ♂♂ auf die ♀♀ sind dies sicher wert.

T: 4 - 20° C, **L:** 15 - 20 mm, **BL:** 40 cm, **WR:** u, m, **SG:** 2

Fam.: Asellidae — Asseln

Asellus aquaticus
Gemeine Wasserassel

LINNAEUS, 1758

Vork.: In allen Wasseransammlungen mit modernden Pflanzenteilen in Nordamerika und Europa.

GU: ♂ mit stärkerer Greifzange des ersten Brustbeinpaares.

Soz.V.: Gesellige Tiere mit ausgeprägtem Brutpflegeverhalten der ♀♀.

Hält.B.: Aquarium mit Land/Wasserteil bzw. Aqua-Terrarium. Flache Steine dienen als Unterschlupf.

ZU: Die Vermehrung erfolgt meist im Winter. Das ♂ sitzt über eine Woche auf dem ♀. Bei der Paarung heften sich die Tiere mit den Bauchseiten aneinander. Bis zu 100 Eier wurden schon im Brutraum des ♀ gezählt, daraus entwickeln sich etwa 50 Jungtiere. Die Eier konnten bisher nicht außerhalb des Brutraumes zur Entwicklung gebracht werden. Das ♀ soll eine Nährflüssigkeit für die Jungtiere abscheiden. Die Jungen tragen bis zur ersten Häutung kiemenartige Anhänge am Kopf.

FU: Detritus, faulende Blätter und andere Pflanzenteile.

Bes.: Die Tiere haben im allgemeinen zwei Augen, es gibt jedoch auch blinde Höhlenformen. Obwohl viele Menschen diese Tiere nicht mögen, sollte besonders der junge Aquarianer die possierlichen Asseln einmal in einem kleinen Aquarium beobachten. Die Asseln werden von manchen Großcichliden als Futter genommen.

T: 4 - 20° C, **L:** ♂ 2,0 cm, ♀ 1,5 cm, **BL:** 10 cm, **WR:** u, **SG:** 1

Index

Verzeichnis der gültigen wissenschaftlichen und deutschen Fischnamen, der Synonyma sowie der Sachwörter

In diesem Stichwortverzeichnis sind die Gattungs- und Artnamen *kursiv* geschrieben.
Die Familien und Unterfamilien sind **fett** gedruckt.
Ist eine Seitenzahl **fett** gedruckt, so bedeutet dies, daß sich für die Art auf der angegebenen Seite ein Steckbrief befindet. Ist jedoch die Seitenzahl mager gedruckt, so handelt es sich bei den einzelnen Taxa (Arten) um Synonyma.

A

Aalstrichschmerle	368
Abdeckleuchte	69
Abdeckscheibe	69
Ablegerpflanzen	76
Abraminae	412, 424
Abramis bipunctatus	**379**
Abramites	
hypselonotus	**233**
microcephalus	233
Absperrhahn	889
Acanthocephala	942
Acanthocephalus	
guppii	598
reticulatus	598
Acanthodoras cataphractus	**481**
Acanthoperca wolffii	800
Acanthophthalmus	
fasciatus	364
kuhlii	364
shelfordii	364
Acanthopodus argenteus	804
Acanthopsis choirorhynchus	366
Acantopsis	
biaculeata	366
choerorhynchos	366
dialuzona	**366**
dialyzona	366
diazona	366
Acara	
aequinoctialis	672
amphiacanthoides	784
brasiliensis	704
crassa	686
crassipinnis	682
curviceps	662
dimerus	672
dorsigera	662
faceta	688
festiva	742
geayi	666
guianensis	666
Acara	
maronii	668
minuta	670
ocellatus	682
portalegrensis	670
punctulata	696
rivulata	672
spuria	684
subocularis	684
tetramerus	672
thayeri	664
viridis	672
Acarichthys geayi	666
Acerina	
cernua	808
czekanowskii	808
fischeri	808
vulgaris	808
zillii	778
acus	488
gracilis	488
Achlya	923, 926
Achtbindenbuntbarsch	692
Acipenser	
dubius	207
gmelini	207
jeniscensis	207
kamensis	207
pygmaeus	207
ruthenicus	**207**
ruthenus	207
Acipenseridae	206, 207
Acnodon normani	**350**
Acorus	
gramineus	**108**
pusillus	108
Adinia	
multifasciata	**521**
xenica	521
Adiniops	
guentheri	568

Index

Adiniops	
palmqvisti	570
rachovii	570
Adonissalmler	220
Adrianichthyidae	572
Adventivpflanzen	77, 78
Aequidens	
curviceps	662
dorsigera	662
duopunctatus	664
geayi	666
guianensis	666
hercules	696
latifrons	670
madeirae	696
mariae	**668**
maronii	668
pallidus	664
portalegrensis	670
pulcher	**670**
rivulatus	**672**
tetramerus	**672**
thayeri	664
thayeri	664
Aerocystitis	944
Afrikabecken	188, 190
Afrikanische Schlammfische	818, 861
Afrikanische Kognakpflanze	92
Afrikanische Längsstrichbarbe	390
Afrikanische Lungenfische	208
Afrikanischer Bodensalmler	230
Afrikanischer Einstreifensalmler	228
Afrikanischer Messerfisch	856
Afrikanischer Argusfisch	810
Afrikanischer Schlammfisch	861
Agamyxis pectinifrons	**482**
Agassiz' Zwergbuntbarsch	674
Ahls Rotmaulsalmler	278
Ährenfische	814, 822
Aktivkohle	888
Aland	424
Alandblecke	379
Alburnoides bipunctatus	379
Alburnus bipunctatus	379
Alestes	
acutidens	**222**
bequaerti	216
curtus	216
fuchsii	216
fuchsii taeniata	216
humilis	216
imberi	**216**
Alestes	
lemairii	216
longipinnes	**218**
Alestidae	216
Alestinae	216
Alestopetersius interruptus	**222**
Algen	892
Algenfarn	142
Algenfresser	418, 448
Algenmagnet	886
Algenpilze	931
Algensalmler	330
Allesfresser	202
Alternanthera	
reineckii "lila"	**92**
reineckii "rotblättrig"	**92**
rosaefolia	92
Altolamprologus compressiceps	**732**
Altum-Scalar	765
Amazonasschwertpflanze	120
Ambassis	
lala	800
ranga	800
wolffii	800
Amblydoras hancockii	**482**
Amblyodoras affinis	482
Ambyostoma mexicanum	**948**
Ambyostoma tigrinum	**950**
Ambyostomatidae	948
Ameiurus punctatus	**485**
Amerikanische Bunge	118
Amerikanische Messerfische	814, 819, 821, 862
Amerikanische Rotflossenorfe	428
Amerikanischer Flußkrebs	988
Amerikanischer Hundsfisch	870
Amerikanischer Messerfisch	840
Amerikanischer Weißstirn-Messerfisch	821
Amerikanisches Perlkraut	88
Amerikanisches Speerblatt	118
Ammannia senegalensis	92
Ammoniak	38, 891
Ammoniaklösung	917
Ammonium	38, 891
Ammoniumhydroxid	917
Amphibien	948
Amphiprion	
scansor	615
testudineus	615
Ampullaria	900, 901
Ampullaria scalaria	**964**

Index

Amurkrebs	990
Ampullariidae	964
Anabantidae	618
Anabantinae	618
Anabantoidei	616
Anabas	
africanus	620
ansorgii	620
argentoventer	620
elongatus	619
fasciatus	621
fasciolatus	621
houyi	623
macrocephalus	615
maculatus	622, 623
microcephalus	615
muriei	623
nanus	623
ocellatus	624
oxyrhynchum	624
peterici	620
pleurostigena	622
scandens	619
spinosus	619
testudineus	**619**
trifoliatus	619
variegatus	619
weeksii	624
Anablepidae	814, 820
Anableps	
anableps	**820**
anonymus	820
gronovii	820
lineatus	820
surinamensis	820
tetrophthalmus	820
Anacyrtus microlepis	248
Ancistrinae	486, 492
Ancistrus	
cirrhosus	486
dolichopterus	**486**
gibbiceps	496
hoplogenys	**486**
leucostictus	486
multiradiatus	496
pulchra	**494**
temminckii	486
vittatus	494
vittatus var. *vermiculata*	494
Anematichthys	
apogon	412
apogonides	412
Anionen	38
Anodonta cygnea	**972**
Anodus taeniurus	320
Anomalochromis thomasi	**748**
Anoptichthys	
antrobius	256
hubbsi	256
jordani	256
Anostomidae	233, 318
Anostominae	233
Anostomus	
anostomus	**234**
gronovii	234
plicatus	236
salmoneus	234
taeniatus	**234**
ternetzi	**236**
trimaculatus	236
Ansaugkörbchen	886
Ansorges Salmler	230
Antennenwelse	510
Antillengarnele	976
Anthias testudineus	619
Antibiotika	929, 930, 945
Anubias	
barteri var. *glabra*	**114**
barteri var. *nana*	**114**
lanceolata	114
nana	114
Apfelschnecke	900, 901, 964
Aphaniinae	522
Aphanius	
calaritanus	522
fasciatus	**522**
iberus	**522**
Aphyocharacinae	242, 250
Aphyocharax	
affinis	242
alburnus	242
analialbis	252
analis	252
anisitsi	**242**
avary	242
eryhrurus	242
filigerus	252
maxillaris	308
paraguayensis	284
rubripinnis	242
Aphyocypris pooni	446
Aphyosemion	
australe	**524**
beauforti	532

Index

Aphyosemion
  bertholdi — 580
  bitaeniatum — 525
  bivittatum — 524, 534
  bualanum — 526
  calabaricus — 582
  chaytori — 582
  coeruleum — 538
  cognatum — 526
  cyanostictum — 556
  deltaense — 528
  elberti — 526
  exigoideum — 528
  exiguum — 530
  fallax — 532
  filamentosum — 530
  gardneri — 532
  gulare — 532
  liberiense — 582
  liberiensis — 582
  loboanum — 530
  marmoratum — 532
  mirabile — 536
  "mulleri" — 580
  multicolor — 525
  occidentale toddi — 540
  occidentalis — 584
  puerzli — 536
  riggenbachi — 538
  roloffi — 580
  rubrifascium — 526
  "ruwenzori" — 530
  sjoestedti — 538
  spurrelli — 542, 564
  striatum — 540
  taundense — 530
  tessmanni — 526
  toddi — 540
  volcanum — 534
  walkeri — 542, 564
Apistogramma
  aequipinnis — 676
  agassizii — 660, 674
  bitaeniata — 674
  borellii — 676
  cacatuoides — 676
  klausewitzi — 674
  kleei — 674
  macmasteri — 678
  ornatipinnis — 678
  perense var. *bitaeniata* — 674
  ramirezi — 748
Apistogramma
  reitzigi — 676
  ritense — 676
  rondoni — 676
  steindachneri — 678
  trifasciata — 680
  wickleri — 678
  "U^2" — 676
Apius owsianka — 424
Aplocheilichthyinae — 542
Aplocheilichthys
  dhonti — 544
  macrophthalmus — 542
  pumilus — 544
  spilauchen — 544
  typus — 544
Aplocheilidae — 524
Aplocheilinae — 524
Aplocheilus
  affinis — 548
  blockii — 546
  celebensis — 572
  chrysostigmus — 548
  dayi — 546
  javanicus — 572
  lineatus — 548
  melastigmus — 572
  panchax — 548
  parvus — 546
  rubrostigma — 548
  sexfasciatus — 562
  vittatus — 548
Apomotis
  chaetodon — 794
  cyanellus — 796
  obesus — 796
Aponogeton
  bolivianus — 128
  crispus — 128
  elongatus — 128
  fenestralis — 130
  madagascariensis — 130
  ulvaceus — 130
  undulatus — 130
Apteronotidae — 814
Apteronotus albifrons — 821
Aquarienaufstellung — 21
Aquarienauswahl — 23
Aquarienbeleuchtung — 42, 71
Aquarienchemie — 29
Aquarieneinrichtung — 68
Aquariengröße — 20

1003

Index

Aquarienpflanzen	70
Aquarienreinigung	886
Aquarienständer	22
Aquarientypen	24
Arahuana	858
Archicheir minutus	344
Argentinische Wasserpest	88
Argulus foliaceus	925
Argusfische	789
Ariodes clarias	510
Aristeus	
fitzroyensis	852
fluviatilis	850
rufescens	852
Armbrustsalmler	244
Arnoldichthys spilopterus	**216**
Arnolds Rotaugensalmler	216
Arothron schoutedeni	868
Arowana	858
Artemia	879
Artemia salina	879
Artemia-Kultur-Methode	879
Artenbecken	186, 187
Ascorbinsäure	875
Asellus aquaticus	**999**
Asiatischer Fähnchen-Messerfisch	856
Asiphonichthys condei	248
Aspius bipunctatus	379
Aspredinidae	454
Asseln	999
Assellidae	999
Astatotilapia burtoni	680
Astronotus	
crassa	686
nigrofasciatum	690
ocellatus	**682**
severus	694
Astyanax	
aurocaudatus	258
bartlettii	255
bimaculatus	**255**
fasciatus mexicanus	**256**
jacuhiensis	255
lacustris	255
orientalis	255
riesei	**256**
Atebrin	913, 919
Atherina signata	822
Atherinidae	814
Atya	
armata	976
cf. *innocous*	**976**

Atya	
dentirostris	976
gustavi	976
Atyidae	976
Atyopsis moluccensis	**976**
Auchenoglanis macrostoma	456
Aufwuchsfresser	202
Augenfleck-Prachtbarsch	750
Augenfleck-Stachelaal	848
Augenfleckbarbling	432
Augenfleckbuntbarsch	694
Augenflecksalmler	284
Aulonocara	
hansbaenschi	**682**
jacobfreibergi	**780**
Aureomycin	913, 932
Ausströmerstein	891
Australienbecken	192
Austrofundulus dolichopterus	584
Außen-Bodenheizer	54
Außenfilter	58, 886
Axelrodia riesei	256
Axolotl	948
Azolla filiculoides	**142**
Azurblaue Wasserhyazinthe	102

B

Bachbunge	118
Bachburgel	96
Bachflohkrebse	878, 998
Bachröhrenwürmer	880
Bacopa	
amplexicaulis	92
caroliniana	**92**
monnieri	**94**
Badidae	786
Badis	
badis	**790**
buchanani	**790**
Bagridae	455
Bagrinae	456
Bagroides melapterus	**455**
Bagrus clarias	510
Bakterielle Flossenfäule	931
Bakterien	928
Balantiocheilus melanopterus	**380**
Balitora	
burmanica	**449**
melanosoma	**449**
Balitoridae	449
Ballonkopf-Erdfresser	708
Bambusstab	65

Index

Bänder-Stachelaal	848
Bänderkärpfling	604
Bandwürmer	939
Banjowelse	454
Barbatula	
barbatula	**376**
toni	376
tonifowleri	376
tonifowleri posteroventralis	376
Barbensalmler	318
Barbodes	
pentazona	396
rubripinna	394
schwanenfeldi	**398**
Barbus	
apogon	412
arulius	380
callipterus	**382**
camtacanthus var. *cottesi*	390
conchonius	382
cumingi	384
everetti	386
fasciatus	386
filamentosus	388
frenatus	402
gelius	388
holotaenia	**390**
hulstaerti	**390**
johorensis	384
kahajani	396
kalopterus	418
kessleri	**390**
lateristriga	392
mahecola	388
melanampyx	386
melanopterus	**380**
nigrofasciatus	392
oligolepis	394
orphoides	394
pentazona	396
rubripinnis	394
"*schuberti*"	398
schwanenfeldi	398
semifasciolatus	398
stoliczkanus	400
tetrazona	363, 400
ticto	400
titteya	**402**
viviparus	**402**
zelleri	392
Barclaya longifolia	**114**
Barilius	
chrystyi	404
nigrofasGiatus	406
Barschfische	786
Bartalgen	893, 896
Bartgrundel	376
Basalt	65
Bassamsalmler	266
Bastard-Ludwigie	100
Bauchflossen	157
Bauchwassersucht	928
Beckenhöhe	83
Bedotia madagascariensis	**822**
Bedotiidae	822
Bedula hamiltonii	806
Beilbauchfische	324
Beleuchtungsdauer	44
Beleuchtungsregelung	48
Beleuchtungsstärke	44
Belichtungsmesser	46
Belichtungszeiten	46
Belone cancila	826
Belonesox belizanus	590
Belonidae	814
Belontia	
hasselti	**626**
signata	**626**
Belontiidae	626
Belontiinae	626
Bergia altipinnis	250
Bertholds Prachtkärpfling	580
Bestimmungsmerkmale	156
Betta	
bellica	**628**
coccina	**628**
fasciata	628
imbellis	630
pugnax	630, 632
rubra	630, 632
smaragdina	**632**
splendens	630, **632**
trifasciata	632
Beulenkopfmaulbrüter	718
Bimetallthermostat	52
Bio-Filter	56, 60
Biogene Faktoren	909
Biotodoma	
agassizii	674
cupido	**684**
trifasciatum	680
Biotopaquarien	180
Bitterling	442

Index

Bitterlingsbarbe	402
Black Molly	602
Blattfisch	805
Blasenschnecken	964
Blaualgen	886, 894, 897
Blauaugenkärpfling	606
Blaubarsch	790
Blaubarsche	786
Blauer Antennenwels	486
Blauer Fächerfisch	552
Blauer Fadenfisch	648
Blauer Fadenmaulbrüter	746
Blauer Glassalmler	252
Blauer Gurami	648
Blauer Kongocichlide	744
Blauer Malawibuntbarsch	762
Blauer Neon	294
Blauer Panzerwels	470
Blauer Perusalmler	258
Blauer Prachtkärpfling	538
Blauer Raubsalmler	322
Blauer Sonnenbarsch	798
Blaukehlchen	690
Blaupunktbuntbarsch	670
Blaupunktsalmler	334
Blauspiegelplaty	611
Blaustrichtetra	260
Blehers Schwertpflanze	120
Blei	905
Bleistiftfische	337
Blenniidae	814
Blennius	
alpestris	825
anticolus	825
fluviatilis	825
frater	825
lupulus	825
Bleptonema amazoni	252
Blinder Höhlensalmler	256
Blutenstielloser Sumpffreund	90
Blutsalmler	282
Blutsaugwürmer	939
Blutwurmkrankheit	938
Blyxa novoguineensis	**102**
Bodenfilter	56
Bodengrund	26, 71
Bodengrundheizer	54
Bodengrundreiniger	887
Bodenheizmatte	54, 889
Bodensalmler	314
Boehlkea fredcochui	**258**
Boettgers Zwergkrallenfrosch	952
Boivins Wasserähre	128
Bolbitis heudelotii	**138**
Boraras	
brigittae	**440**
maculatus	**436**
Borellis Zwergbuntbarsch	674
Borneodornauge	364
Botia	
berdmorei	**366**
helodes	**368**
horae	**368**
lohachata	**370**
macracanthus	**370**
modesta	**368**
morleti	**368**
rubripinnis	**372**
sidthimunki	**372**
taenia	374
Botinae	366
Boulengerella maculata	**316**
Brabant-Buntbarsch	782
Brachsensalmler	233
Brachyalestes	
acutidens	222
imberi	216
imberi affinis	216
imberi curtis	216
imberi imberi	216
imberi kingsleyi	216
Brachychalcinus orbicularis	**254**
Brachydanio	
albolineatus	**404**
analipunctatus	**406**
kerri	**406**
nigrofasciatus	**406**
rerio	**408**
Brachygobius doriae	**836**
Brachyrhamphichthys elegans	862
Brackwasser	38, 196
Branchiomyces	931
Branchiomycose	931
Branchiura	925
Brasilianischer Wassernabel	104
Brasilianisches Mooskraut	106
Brasilperlmutterfisch	704
Brassenbarbe	398
Bratpfannenwelse	454
Breitbandsalmler	230
Breite Amazonaspflanze	120
Brillantsalmler	302
Brine Shrimps	884

Index

Brochis			*Callichrous bimaculatus*	516
coeruleus	458		**Callichthyidae**	458, 460
dipterus	458		**Callichthyinae**	458, 476
splendens	**458**		*Callichthys*	
Brokatbarbe	399		*adspersus*	476
Brünings Prachtkärpfling	580		*aeneus*	460
Brutfürsorge	177		*armatus*	460
Brutpflege	177		*asper*	458
Brycinus			*barbatus*	**460**
bequaeri	216		*callichthys*	**458**
curtus	216		*coelatus*	458
"*fuchsii*"	216		*exaratus*	478
imberi	216		*hemiphractus*	458
jacksoni	216		*laeviceps*	458
"*lemairii*"	216		*longifilis*	478
Bryconalestes longipinnis	218		*loricatus*	458
Brycon			*paleatus*	**470**
falcatus	**244**		*personatus*	478
macrolepidotus	244		*splendens*	458
schomburgki	244		*tamoata*	458
Bryconinae	244		*thoracatus*	478
Bryttus			*Callieleotris platycephalus*	832
chaetodon	794		*Calliurus*	
fasciatus	796		*diaphanus*	796
gloriosus	794		*floridensis*	792
longulus	796		*melanops*	792, 796
melanops	796		*punctulatus*	792
mineopas	796		*Callopanchax*	
murinus	796		*occidentalis*	**584**
obesus	796		*toddi*	**540**
signifer	796		**Cambaridae**	988
Buckelkopfbuntbarsch	768		*Cambaroides*	
Bunocephalinae	454		*dauricus*	**988**
Bunocephalus			*schrenckii*	**990**
bicolor	454		*Campylomormyrus tamandua*	**854**
coracoideus	454		*Capillaria*-Arten	941
Buntbarsche	654		*Capoeta*	
Bunter Prachtkärpfling	524		*guentheri*	398
Buntsandstein	65		*hulstaerti*	390
Burtons Maulbrüter	680		*oligolepis*	394
Büschelmücken	883		*Carapus*	
			fasciatus	840
C			*inaequilabiatus*	840
Cabomba			*Carassius*	
aquatica	**94**		*auratus*	361, **410**
caroliniana	**94**		*carassius*	410
furcata	**94**		*vulgaris*	410
piauhyensis	95		Carcasone	937
Cacodoxus argus	810		*Cardamine lyrata*	**102**
Calamichthys calabaricus	210		*Caridina serrata*	**978**
Calamoichthys calabaricus	210		*Carinotetraodon*	
Calanus	885		*chlupatyi*	866

Index

Carinotetraodon	
lorteti	866
somphongsi	866
Carlastyanax aurocaudatus	**258**
Carnegiella	
marthae marthae	**324**
myersi	**324**
Carnegiella	
strigata fasciata	**326**
strigata strigata	326
Caryophyllaeus	940
Cataphractus	
americanus	481
callichthys	458
costatus	484
depressus	458
punctatus	**470**
Cauca-Raubglassalmler	248
Celebes Sonnenstrahlfisch	824
Celebes-Ahrenfisch	822
Celebeskärpfling	572
Centogaster rhombeus	804
Centrarchidae	786
Centrarchus	
irideus	791
macropterus	791
sparoides	791
viridis	792
Centropodus rhombeus	804
Ceratophyllum demersum	**88**
Ceratopteris	
cornuta	**138**
pteridioides	**138**
thalictroides	**138**
thalictroides f. *cornuta*	138
Cercanen	920
Cestodes	939
Ceylon-Makropode	626
Ceylon-Stachelflosser	626
Ceylonbarbe	384
Chaca	
bankanensis	479
chaca	**479**
Chacidae	479
Chaenobryttus	
antistius	792
coronarius	792
cyanellus	796
gulosus	792
Chaenothorax	
bicarinatus	458
semiscutatus	458
Chaenotropus punctatus	318
Chaetodon	
argenteus	804
argus	810
atromaculatus	810
maculatus	702
pairatalis	810
quadrifasciatus	802
striatus	810
tetracanthus	810
Chaetostomus	
alga	486
dolichopterus	486
gibbiceps	496
hoplogenys	486
leucostictus	486
malacops	486
nigrolineatus	492
tectirostris	486
vittatus	494
Chalceus	
angulatus	244
ararapeera	244
eryhrurus	244
fasciatus	238
macrolepidotus	244
nigrotaeniatus	240
Chalcinopelecus argentinus	250
Chalcinus	
angulatus	244
nematurus	244
Chanchito	688
Chanda	
lala	800
ranga	**800**
wolffii	**800**
Chandidae	·788
Channa	
gachus	828
micropeltes	**827**
obscura	828
orientalis	**828**
striata	**830**
Channidae	814
Chaoborus plumicornis	883
Characidae	242
Characinae	246
Characidiidae	314
Characidiinae	314
Characidium	
fasciatum	**314**
rachovii	**314**

Index

Characidium	
zebra	314
Characiformes	212
Charax bimaculatus	255
Chaytors Prachtkärpfling	582
Cheilochromis euchilus	**712**
Cheirodon	
alburnus	242
axelrodi	260
parahybae	**260**
Chela laubuca	**412**
Chemie	29
Chemische Filterung	62
Cherax	
destructor	**992**
quadricarinatus	994
Chevaliers Hechtling	558
Chilodonella	
cyprini	915
sp.	915
Chilodonelliasis	915
Chilodontinae	318
Chilodus punctatus	**318**
Chininhydrochlorid	911, 918
Chininverbindungen	913
Chironomus elumosus	882
Chitinpanzer	878
Chlor	890, 905
Chloramin	935
Chloramphenicol	931, 932
Chondrococcus columnaris	932
Chriopeops goodei	566
Chromidotilapia	
exsul	722
finleyi	**684**
guentheri	**686**
Chromis	
andreae	778
brasiliensis	704
buroni	680
busumanus	778
crassa	686
dumerili	768
facetus	688
meeki	690
mossambicus	768
proxima	706
punctata	672
rivulatus	672
tristrami	778
uniocellatus	672
zillii	778
Chromys acora	742
Cichla ocellaris	660
Cichlasoma	
"*biocellatum*"	692
crassa	686
cyanoguttatum	724
"*Cichlasoma*" *facetum*	**688**
Cichlasoma	
festivum	742
hedricki	692
hellabrunni	686
nsigne	742
nsignis	742
"*Cichlasoma*" *managuense*	688
Cichlasoma meeki	690
"*Cichlasoma*"	
nigrofasciatum	690
octofasciatum	692
Cichlasoma portalegrense	**670**
"*Cichlasoma*" *salvini*	**692**
Cichlasoma severum	694
"*Cichlasoma*" *spilurum*	694
Cichlasoma temporale	686
Cichlidae	654
Cichlidogyrus tilapiae	917
Ciliata	914, 915
Cirrhinus fasciatus	386
Citharinidae	224
Citharinus chilodus	318
Clarias	
batrachus	**480**
magur	480
marpus	480
punctatus	480
Clariidae	480
Cleithracara maronii	**668**
Cliola	
billingsiana	428
cliola	428
forbesi	428
gibbosa	428
iris	428
jugalis	428
lutrensis	428
montiregis	428
suavis	428
Clownbarbe	386
Cobitidae	360, 364
Cobitinae	364, 374
Cobitis	
anableps	820
barbatula	374, 376

Index

Cobitis	
elongata	374
fossilis	374
fossilis var. *mohoity*	374
fuerstenbergii	376
kuhlii	364
macracanthus	370
micropus	374
taenia taenia	362, **374**
toni	376
Cochliodon nigrolineatus	492
Coelenterat	909
Coiidae	788, 802
Coius	
chatareus	812
microlepis	**802**
nandus	806
polota	802
quadrifasciatus	**802**
Cojus cobujius	619
Colisa	
bejeus	634
chuna	**634**
fasciata	**634**
labiosa	**636**
lalia	**636**
lalius	636
ponticeriana	634
sota	634
unicolor	**636**
vulgaris	634
Colletti-Salmler	300
Colossoma	
macropomum	**350**
nigripinnis	350
oculus	350
Columnaris-Krankheit	932
Copadichromis chrysonotus	**710**
Copeina	
argirops	332
arnoldi	**332**
callolepis	332, 334
carsevennensis	332
eigenmanni	332
guttata	**332**
metae	334
Copelandia eriarcha	796
Copelands Salmler	280
Copella	
arnoldi	332
metae	334
nattereri	**334**

Copella	
nigrofasciata	**334**
Copepoda	923
Coptodon zillii	778
Coregonus amboinensis	310
Corethra	883
Corydoradinae	458
Corydoras	
acutus	460
aeneus	460
agassizii	468
arcuatus	460
armatus	460
axelrodi	460
baderi	470
barbatus	460
blochi blochi	462
blochi vittatus	460
bondi bondi	462
concolor	462
eigenmanni	460
elegans	464
ellisae	464
eques	464
evelynae	464
garbei	464
geoffroy	470
gracilis	466
griseus	466
habrosus	466
hastatus	466
julii	466
kronei	460
loxozonus	462
macrosteus	460
marmoratus	470
melanistius melanistius	468
melini	468
metae	468
napoensis	474
ornatus	470
paleatus	470
parallelus	474
punctatus	470
pygmaeus	472
rabauti	468, 472
reticulatus	472
septentrionalis	474
sychri	474
Corynopoma	
albipinne	250
aliata	250

Index

Corynopoma
  riisei — 250
  searlesi — 250
  veedoni — 250
Costello-Salmler — 268
Costia — 911
Costia necatrix — 911, 912
Costiasis — 911
Crenicara
  brasiliensis var. *strigata* — 698
  elegans — 696
  filamentosa — **696**
  punctulata — **696**
Crenicichla
  brasiliensis var. *vittata* — 698
  dorsocellatus — 698
  johanna var. *strigata* — 698
  johanna var. *vittata* — 698
  notophthalmus — **698**
  strigata — **698**
Crenuchidae — 317
Crenuchus spilurus — **317**
Crinum thaianum — 108
Crossocheilus siamensis — **418**
Crustacea — 923
Cryptobia cyprini — 934
Cryptobia-Krankheit — 933
Cryptobiasis — 933
Cryptocoryne
  affinis — 132
  aponogetifolia — 136
  balansae — 132
  becketti — **132**
  ciliata — **132**
  cordata — **134**
  crispatula — **134**
  griffithii — **134**
  haerteliana — 132
  nevillii — 136
  petchii — **132**
  purpurea — **134**
  siamensis — 134
  usteriana — 136
  var. *crispatula* — **132**
  walkeri — **136**
  wendtii — **136**
  x *willisii* — **136**
Cryptocorynenbach — 182
Cryptoheros
  nigrofastciatus — 690
  spilurus — **694**

Cryptops
  humboldtii — 862
  ineatus — 862
  virescens — 862
Ctenobrycon spilurus
  hauxwellianus — **262**
Ctenoluciidae — 316
Ctenopharyngodon idella — **414**
Ctenopoma
  acutirostre — 617, **619**
  acutirostre — 624
  ansorgii — 620
  argentoventer — **620**
  denticulatum — 624
  fasciolatum — 621
  kingsleyae — **622**
  maculatum — 622, **624**
  multifasciata — 622
  muriei — **623**
  nanum — 623
  ocellatum — **624**
  oxyrhynchum — **624**
  peterici — 620
  petherici — **624**
  weeksi — **624**
Ctenops
  nobilis — 650
  pumilus — 650
  vittatus — 650
Culex pipiens — 882
Cupea sternicla — 328
Curimata multilineata — 320
Curimatidae — 320
Curimatinae — 320
Curimatus taeniurus — 320
Cyanocobalamin — 875
Cychla rubroocellata — 682
Cychlasoma pulchrum — 670
Cyclocheilichthys
  apogon — **412**
  rubripinnis — 412
Cyclops — 878
Cynolebias
  alexandri — **550**
  bellottii — **550**
  dolichopterus — 584
  gibberosus — **550**
  ladigesi — **554**
  maculatus — 550
  nigripinnis — **552**
  robustus — 550
  whitei — **552**

Index

Cynolebias
  urostriata — **476**
Cynopoecilus ladigesi — 554
Cynopotamus microlepis — 248
Cyphocharax multilineatus — **320**
Cyphotilapia frontosa — **700**
Cyprichromis leptosoma — **700**
Cyprinella
  billingsiana — 428
  bubelina — 428
  complanata — 428
  forbesi — 428
  suavis — 428
Cyprinidae — 376
Cypriniformes — 361
Cyprininae — 380, 426
Cyprinodon
  calaritanus — 522
  fasciatus — 522
  floridae — 564
  iberus — 522
  macularius — **554**
  marmoratus — 522
  nevadensis — **556**
Cyprinodontidae — 522
Cyprinodontiformes — 518, 586
Cyprinodontinae — 554
Cyprinus
  acuminiatus — 414
  amarus — 442
  auratus — 410
  bipunctatus — 379
  carassius — 410
  carpio — **414**
  conchonius — 382
  coriaceus — 414
  cylindricus — 322
  devario — 416
  elatus — 414
  eryhrophthalmus — 444
  gelius — 388
  gobio — 420
  hungaricus — 414
  idus — 424
  laubuca — 412
  macrolepidotus — 414
  phoxinus — 430
  regina — 414
  rerio — 408
  rex cyprinorum — 414
  specularis — 414
  ticto — 400

Cyprinus
  chrysonota — 710
  compressiceps — 710
Cyrtocara
  epichorialis — 712
  euchila — 712
  labrosa — 714
  linni — 716
  livingstonii — 716
  moorii — **718**
  polystigma — 718
  rostrata — 720
  venusta — 720
Cytophaga columnaris — 932

D
Dactylogyrus — 917, 921
Danio
  aequipinnatus — **416**
  albolineata — 404
  alburnus — 416
  anilipunctatus — 406
  aurolineatus — 416
  devario — **416**
  kerri — 406
  lineoatus — 416
  malabaricus — 416
  micronema — 416
  nigrofasciatus — 406
  osteographus — 416
  rerio — 408
Daphnia
  magna — 878
  pulex — 878
Datnioides
  microlepis — 802
  quadrifasciatus — 802
Decapogon
  adspersus — 476
  urostriatum — 476
Deissners Prachtgurami — 640
Dekoration — 65
Dekorationsmaterial — 65
Delphinbuntbarsch — 666
Denitrifikation — 38
Dermogenys pusilla — **841**
Deschauenseeia chryseus — 646
Detergenzien — 906
Devario-Bärbling — 416
Diagonal-Panzerwels — 468
Diamant-Killifisch — 521
Diamantbarsch — 796

Index

Dianema longibarbis	**476**
Diapteron cyanostictum	**556**
Dickfelds Schlankcichlide	726
Dickkopf-Scheibensalmler	352
Dicklippenmaulbrüter	752
Didiplis diandra	**96**
Dimidiochromis compressiceps	710
Dimmer	48
Dinoflagellat	910
Diplomit	65
Diplopterus pulcher	845
Diplozoon	918
Diskussalmler	254
Distichodinae	224
Distichodus	
abbreviatus	226
affine	226
affinis	**226**
decemmaculatus	224
fasciolatus	224
leptorhynchus	226
lusosso	**226**
sexfasciatus	**228**
Doppelfleck-Glaswels	516
Doppeltier-Krankheit	918
Doradidae	481
Doradinae	481
Doras	
affinis	482
blochi	481
cataphractus	481
costatus	482, 484
hancockii	482
pectinifrons	482
polygramma	481
truncatus	482
Dormitator	
lineatus	832
maculatus	**832**
microphthalmus	832
Dorngrundeln	360, 374
Dornwelse	481
Drachenflosser	250
Dreibandbarbe	380
Dreibandsalmler	288
Dreibinden-Ziersalmler	346
Dreieckspanzerwels	464
Dreifarbiger Jamaika-Kärpfling	596
Dreifleck-Anostomus	236
Dreigestreifter Panzerwels	474
Dreilinienbärbling	440
Dreischwanzbarsche	788
Dreistachliger Stichling	834
Dreistreifen-Zwergbuntbarsch	678
Dreitupfen-Kopfsteher	236
Drosophila	884
Drüsensalmler	250
Dünnstielige Eichhornia	102
Dunkelbäuchiger Schlangenkopf	827
Dysichthys coracoideus	**454**

E

Echinodorus	
amazonicus	**120**
aureobrunata	124
berteroi	**120**
bleheri	**120**
brevipedicellatus	120
cordifolius	**122**
horizontalis	**122**
leopoldina	120
magdalenensis	126
maior	120
martii	**120**
osiris	124
osirisrubra	124
paniculatus	120
parviflorus	**125**
peruensis	**125**
quadricostatus	**126**
radicans	122
rangeri	120
rostratus	120
tenellus	**126**
tocantins	125
Echte Afrikanische Salmler	216
Echte Amerikanische Salmler	242
Echte Barsche	788
Echte Störe	206
Echte Welse	515
Echter Diskus	772
Egel	898
Egeria densa	**88**
Eichhornia	
azurea	**102**
crassipes	**142**
Eidechsensalmler	296
Eierlegende Zahnkarpfen	518
Eigenmannia	
humboldtii	862
virescens	**862**
Eilandbarbe	394
Eimeria cyprini	936
Einbinden-Ziersalmler	340

Index

Einfarbiger Panzerwels	462
Einpunkt-Fiederbarwels	506
Einrichtung	68
Einzeller	910, 933
Eisen	905
Eisendüngung	72
Eisessig	916
Eiweißgehalt	873
Ektoparasiten	878
Elassoma evergladei	**792**
Electrophoridae	816
Electrophorus	
electricus	**831**
multivalvulus	831
Elefanten-Rüsselfisch	854
Elektrische Aale	816
Elektrische Organe	169
Elektrische Welse	500
Elektrolyte	38
Elektronische Wärmeregelung	54
Eleocharis	
parvula	**108**
prolifera	**110**
vivipara	**110**
Eleotrinae	832
Eleotris	
grandisquama	832
gundlachi	832
marmorata	832
mugiloides	832
omocyaneus	832
quadriquama	832
sima	832
somnoentus	832
Elodea	
crispa	104
densa	88
Elritze	430
Enchyträen	881
Engmaulsalmler	233
Enneacampus	
ansorgii	**864**
chaetodon	**794**
eriarchus	796
gloriosus	**794**
guttatus	796
margarotis	794, 796
obesus	**796**
pinniger	794, 796
simulans	796
Entchlorungsmittel	890, 905
Entengrütze	144
Enteritiscoccidose	936
Enthärtungsfilter	890
Entwicklung	171
Epalzeorhynchos	
bicolor	154, **422**
Epalzeorhynchos	
erythrurus	**422**
frenatus	**422**
kalopterus	**418**
siamensis	418
stigmaeus	**420**
Ephippicharax orbicularis	254
Ephippus	
argus	810
multifasciatus	810
Epicyrtus	
exodon	246
microcepis	248
paradoxus	**246**
Epiplatys	
annulatus	**558**
chevalieri	**558**
chinchoxcanus	562
dageti	**560**
fasciolatus lamottei	560
lamottei	**560**
macrostigma	562
sexfasciatus	**562**
singa	**562**
spilauchen	544
Epitheliomen	945
Erdfresser	706
Eretmodus cyanostictus	**702**
Ergasilus	922
sieboldii	923
Ernährung	872
Erpetoichthys calabaricus	**210**
Erythrinidae	322
Erythrinus	
brevicauda	322
erythrinus	**322**
gronovii	322
kessleri	322
longipinnis	322
microcephalis	322
salmoneus	322
salvus	322
unitaeniatus	322
vittatus	322
Esox	
cancila	826
panchax	548

Index

Espes Bärbling	434
Espes Ziersalmler	344
Essigwasser	886
Etropiellus buffei	**513**
Etroplus	
coruchi	702
maculatus	**702**
Euchosistopus koelreuteri	838
Eupomotis	
aureus	798
gibbosus	798
macrochirus	798
Europabecken	194
Europäischer Schlammpeitzger	374
Eutropiellus vandeweyeri	513
Eutropius buffei	513
Everetts Barbe	386
Exodon paradoxus	246

F

Fachausdrücke	38
Fadenalgen	892
Fadenprachtkärpfling	530
Fadenwürmer	941
Fahnen-Kirschflecksalmler	284
Falscher Wasserfreund	96
"Falscher Ulrey"	288
Farben	161
Farbkontraste	73
Farbstoffe	161
Farlowella	
acus	**488**
gracilis	**488**
Federsalmler	280
Feenbarsch	732
Feenbuntbarsch	780
Felsenlandschaft	184
Fettgehalt	873
Fettleber	884
Fettwels	510
Feueraal	848
Feuermaulbuntbarsch	690
Feuerschwanz-Fransenlipper	422
Fiederbartwelse	501
Filtergröße	56
Filterleistung	56
Filtermasse	888
Filtermaterialien	60
Filterreinigung	887
Filtertopfdeckel	888
Filterung	56
Fischfang	154

Fischgröße	204
Fischimport	154
Fischkrankheiten	904
Fischkunde	156
Fischlauskrankheit	925
Fischmaul	157
Fischschimmel	926
Fischtuberkulose	929, 930
Flagellata	912, 937
Flaggenbuntbarsch	742
Flaggensalmler	274
Fleckenbarbe	388
Fleckensalmler	270
Fleckschwanzsalmler	317
Fleischfresser	200
Fliegensalmler	246
Flittersalmler	290
Flockenfutter	872
Floridakärpfling	564
Flösselaal	210
Flösselhechte	210
Flossenblätter	788
Flossenfäule	931
Flossenfresser	232
Flossenklemmen	912
Flossensauger	449
Flossenstrahlen	157
Flügelflosser	550
Flußbarsch	808
Flußlandschaft	184
Flußmooskraut	106
Flußmuscheln	972
Flutendes Pfeilkraut	112
Folsäure	875
Fontinalis antipyretica	**140**
Forellensalmler	332
Formkontraste	73
Formol	912, 916, 923
Fossorochromis rostratus	720
Fowlerina orbicularis	254
Fransenflosser	250
Friedlicher Kämpfer	630
Froschlöffelähnliche Ottelie	118
Froschwels	480
Fruchtbarkeitsvitamin	875
Fundulidae	**521**
Fundulinae	520, 566
Fundulopanchax	
bivittatum	524
filamentosus	530
gardneri	**532**
gularis	**532**

Index

Fundulopanchax
  luxophthalmus   542
  sjoestedti   538
Fundulosoma thierryi   **564**
Fundulus
  bivittatus   524
  caeruleum   538
  fuscus   870
  gardneri   **532**
  goodei   566
  guentheri   568
  gularis   **532**
  palmqvisti   570
  sjoestedti   538
  xenicus   521
Fünffleckenbarsch   722
Fünffleckmaulbrüter   720
Fünfflecktilapie   778
Fünfgürtelbarbe   396
Fünfstreifen-
  Tanganjikaseebuntbarsch   736
Futteranalyse   873
Futterautomat   902

G

Gabel-Beilbauchfisch   326
Gabelbart   858
Gabelschwanz-Brabantbuntbarsch   784
Gabelschwanz-Schachbrettcichlide   696
Gabelschwanzbuntbarsch   732
Gambusia
  affinis holbrooki   590
  cubensis   604
  formosa   592
  holbrooki   **590**
  modesta   602
  patruelis holbrooki   590
  plumbea   602
  vittata   604
Gamitana   350
Gammaridae   998
Gammarus
  pulex   **998**
Garachamawels   496
Gardonus rutilus   444
Garnelen   976
Garrinae   418
Gasblasenkrankheit   907
Gasteropelecidae   324
Gasteropelecinae   324
Gasteropelecus
  coronatus   328

Gasteropelecus
  fasciatus   326
  maculatus   **326**
  securis   328
  stellatus   328
  sternicla   **328**
  strigatus   326
  vesca   326
Gasterostea pungitius   834
Gasterosteidae   816
Gasterosteus
  aculeatus   **834**
  argyropomus   834
  biaculeatus   834
  bispinosus   834
  brachycentrus   834
  bussei   834
  cataphractus   834
  cuvieri   834
  gymnurus   834
  leiurus   834
  niger   834
  noveboracensis   834
  obolarius   834
  occidentalis   834
  ponticus   834
  pungitius   834
  semiarmatus   834
  semiloricatus   834
  spinulosus   834
  teraculeatus   834
  tetracanthus   834
  trachurus   834
Gastrodermus
  armatus   460
  elegans   464
Gebänderter Bodensalmler   314
Gebänderter Buschfisch   621
Gebänderter Harnischwels   498
Gebänderter Leporinus   238
Gebänderter Messerfisch   840
Gebänderter Prachtkärpfling   524
Gebänderter Ziersalmler   344
Gebänderter Zwergschilderwels   494
Gebißformen   159
Gefiedertes Tausendblatt   90
Gefleckte Grundel   838
Gefleckte Schläfergrundel   832
Gefleckter Beilbauchfisch   326
Gefleckter Buschfisch   622
Gefleckter Hechtsalmler   316
Gefleckter Kaudi   594

Index

Gefleckter Riesenfiederbartwels	501
Gefleckter Sägesalmler	358
Gefleckter Schnabelsalmler	232
Gefleckter Schwertträger	609
Gefleckter Spitzschwanzmakropode	640
Geflecktes Dornauge	364
Gefriergetrocknete Futtermittel	884
Geißeltierchen	912
Gelbbinden-Fliederbartwels	504
Gelber Bachling	578
Gelber Kongosalmler	218
Gelber Maulbrüter	760
Gelber Prachtkärpfling	**532**
Gelber Salmler	282
Gelber Schlankcichlide	726
"Gelber von Rio"	282
Gelblippen-Buntbarsch	664
Gemalter Schwielenwels	478
Gemeine Wasserassel	999
Gemeiner Antennenwels	510
Gemeiner Argusfisch	810
Gemeiner Dornwels	481
Gemeiner Eidechsensalmler	296
Gemeiner Hechtling	548
Gemeiner Krallenfrosch	962
Gemeiner Nadelwels	488
Gemeiner Sonnenbarsch	798
Gemeiner Stechrochen	209
Gemeines Hornkraut	88
Genoppte Wasseröhre	128
Genoppter Wasserkelch	132
Geophagus	
agassizii	674
altifrons	706
australe	708
australis	708
balzanii	708
brasiliensis	**704**
bucephalus	704
cupido	684
duodecimspinosus	708
hondae	706
jurupari	704
labiatus	704
leucostictus	704
megasema	706
obscura	704
pappaterra	704
proximus	**706**
pygmaeus	704
rhabdotus	704
scymnophilus	706
Geophagus	
steindachneri	**706**
surinamensis	**706**
vittatus	668
Georgis Rotmaulsalmler	308
Geradsalmler	224
Geruchsorgane	167
Gesamthärte	29, 38
Gesäumter Schillersalmler	310
Geschmacksorgane	175
Geschwulstkrankheiten	945
Gesellschaftsbecken	180, 181
Gestreckter Schabemundmaulbrüter	730
Gestreifter Barbensalmler	320
Gestreifter Dornwels	482
Gestreifter Fadenfisch	634
Gestreifter Grundelbuntbarsch	702
Gestreifter Kopfsteher	234
Gestreifter Leporinus	240
Gestreifter Ohrgitter-Harnischwels	492
Gestreifter Prachtkärpfling	540
Gestreifter Raubsalmler	322
Gestreifter Schleierkärpfling	576
Getupfelter Gabelwels	485
Gewellte Wasserähre	130
Gewimperter Wasserkelch	132
Gewöhnliche Wasserschraube	112
Gewöhnliches Quellmoos	140
Ghana Prachtkärpfling	542
Girardinus	
caudimaculatus	594
formosus	592
garmani	592
guppii	598
metallicus	**592**
petersi	598
poeciloides	598
pygmaeus	592
reticulatus	598
vandepolli	602
Girinocheilidae	448
Giton fasciatus	840
Gitterpflanze	130
Glänzender Zwergbuntbarsch	744
Glanzsalmler	244
Glanztetra	272
Glaridichthys caudimaculatus	594
Glasbarsche	788
Glasbeilbauchfisch	324
Glasrasbora	440
Glasstäbchen	883
Glaswelse	513

Index

Glossolepis incisus	850
Glühkohlenbarbe	386
Glühlampen	43
Glühlichtrasbora	438
Glühlichtsalmler	268
Glyphisodon	
kakaitsel	702
zillii	778
Glyptoperichthys gibbiceps	**496**
Gnathocharax steindachneri	**246**
Gnathonemus	
petersii	**854**
pictus	854
tamandua	854
Gobiidae	816
Gobio	
fluviatilis	420
gobio	**420**
venatus	420
Gobiomarus koelreuteri	838
Gobioninae	420
apogonius	838
barbarus	838
doriae	836
sadanundio	838
xanthozona	836
Goldbinden Ziersalmler	344
Goldbrauner Algenfresser	420
Goldener Mondplaty	611
Goldfasan Prachtkärpfling	584
Goldfisch	410
Goldgelber Wasserschlauch	106
Goldmäulchen	404
Goldorfe	424
Goldringelgrundel	836
Goldsaum Buntbarsch	672
Goldstaubsalmler	290
Goldstirn-Glassalmler	252
Goldstreifen-Kopfsteher	236
Goldstrich-Glassalmler	266
Goldtetra	272
Grapsidae	984
Grasartige Schwertpflanze	126
Grasartiges Pfeilkraut	110
Grasbarsch	796
Grasblättriger Wasserkelch	134
Graskarpfen	414
Grauband-Distichodus	224
Grauer Panzerwels	466
Grießkörnchenkrankheit	912
Grindalwürmchen	881
Großaugenmaulbrüter	760
Großblättriger Sumpffreund	88
Große Süßwassernadel	865
Großer Krallenfrosch	962
Großer Stichling	834
Großer Wasserfreund	96
Großes Fettblatt	92
Großes Papageienblatt	92
Große Wabenkröte	958
Großflosser	638
Großlippenmaulbrüter	712
Großmaulwels	479
Großmaulwelse	479
Großpunkthechtling	562
Großschuppensalmler	216
Großsystematik	149
Grünalgen	892
Grundeln	816, 836
Gründling	420
Grüne Schmerle	372
Grüner Argusfisch	810
Grüner Diskus	770
Grüner Fransenlipper	422
Grüner Kugelfisch	866
Grüner Leporinus	238
Grüner Messerfisch	862
Grüner Neon	268
Grüner Panzerwels	458
Grüner Sonnenbarsch	796
Grüner Streifenhechtling	546
Grüner Tigerlotus	116
Grünflossenbuntbarsch	690
Grünglanzbuntbarsch	672
Gruppenpflanzung	73
Guatemalakärpfling	594
Günthers Prachtbarsch	686
Guianacara owroewefi	**666**
Guppy	598
Guppy-Zuchtformen	600
Gürtelstachelaal	846
Guyana-Wasserfreund	98
Gymnocephalus cernuus	**808**
Gymnocoronis spilanthoides	**96**
Gymnocorymbus	
nemopterus	254
ternetzi	**262**
thayeri	**264**
Gymnogeophagus	
australis	**708**
balzanii	**708**
Gymnotidae	816
Gymnotus	
albifrons	821

Index

Gymnotus
    brachiurus   840
    carapo   **840**
    carapus   840
    electricus   831
    fasciatus   840
    notopterus   856
    putaol   840
    regius   831
Gyrinocheilidae   448
Gyrinocheilinae   448
Gyrinocheilops kaznakoi   448
Gyrinocheilus aymonieri   **448**
Gyrinocheilus kaznakoi   448
Gyrodactyliden   918
Gyrodactylus   918

H
Haarwürmer   941
Haertelscher Wasserkelch   132
Haibarbe   380
Haiwels   509
Haken-Scheibensalmler   354
Halbschnäbler   817, 841
Haligenes tristrami   778
Halogenlampen   43
Hammerschlag-Wasserkelch   **136**
Haplochilichthys pumilus   544
Haplochilus
    annulatus   558
    bualanus   526
    calliurus   524
    calliurus var. *australis*   524
    celebensis   572
    chevalieri   558
    dayi   546
    dhonti   544
    exiguus   530
    liberiensis   582
    lineatus   548
    lineolatus   548
    macrostigma   562
    melanops   590
    panchax   548
    panchax var. *blockii*   546
    playfairii   574
    pumilus   544
    riggenbachi   538
    senegalensis   562
    spilauchen   544
    striatus   540
    tanganicanus   566

Haplochilus
    walkeri   542
Haplochromis
    burtoni   680
    chrysonotus   710
    compressiceps   710
    epichorialis   712
    euchilus   712
    labrosus   714
    linni   716
    livingstonii   716
    macrorhynchus   720
    moorii   718
    multicolor   754
    philander dispersus   754
    polystigma   718
    rostratus   720
    simulans   720
    venustus   720
Haridichthys reticulatus   598
Harnischwelse   486
"Harnröhrenwels"   517
Härte   29,891
Hasemania
    marginata   264
    melanura   264
    nana   **264**
    rudolfi   652
    servus   652
    tambakkan   652
Hautgeschwüre   945
Hechtbärbling   426
Hechtkärpfling   590
Hechtkopf   845
Hechtköpfe   817, 845
Hechtkopfiger Halbschnäbler   841
Hechtsalmler   316
Heizkabel   889
Heizleistung   54
Heizmatte   54
Heizung   50
Helleri   606
Helmcichlide   768
Helostoma
    oligacanthum   652
    temminckii   **652**
Helostomatidae   652
Hemiancistrus
    gibbiceps   496
    pulcher   494
    vittatus   494
Hemianthus micranthemoides   **88**

Index

Hemichromis
  bimaculatus **722**
  fugax 722
  guentheri 686
  lifalili **722**
  ivingstonii 716
  subocellatus 50
  tersquamatus 686
  thomasi 748
  voltae 686
Hemigrammalestes interruptus 222
Hemigrammopetersius caudalis **218**
Hemigrammus
  armstrongi 272
  bleheri 272
  caudovittatus **266**
  elegans **266**
  erythrozonus **268**
  gracilis 268
  heterorhabdus **288**
  hyanuary **268**
  levis **266**
  marginatus **266**
  nanus 264
  ocellifer **270**
  pulcher **270**
  rhodostomus 278
  rodwayi 266, 272
  ulreyi **274**
  unilineatus **274**
Hemihaplochromis
  multicolor 754
  philander dispersus 754
Hemiodidae 330
Hemiodinae 330
Hemiodopsis quadrimaculatus
  quadrimaculatus **330**
Hemiodus quadrimaculatus 330
Hemioplites simulans 794, 796
Hemiramphidae 817
Hemirhamphus fluviatilis 841
Herbivore 201
Herichthys cyanoguttatum **724**
Heros
  acaroides 688
  coryphaeus 694
  crassa 686
  cyanoguttatus 724
  efasciatus 694
  facetus 688
  festivus 742
  goeldii 686
  insignis 742
  jenynsii 688
  managuense 688
  modestus 694
  multispinosus 724
  nigrofasciatus 690
  octofasciatus 692
  savini 692
  severus **694**
  spilurus 694
  spurius 694
  temporalis 686
  triagramma 692
Herotilapia multispinosa 724
Herpetichthys calabaricus 210
Herzblättriger Wasserwegerich 122
Heterandria
  cubensis 592
  formosa **592**
  guppyi 598
  holbrooki 590
  metallica 592
  ommata 592
  uninotata 590
Heteranthera zosterifolia **104**
Heterogramma
  borellii 676
  steindachneri 678
  trifasciatum 680
Hexamita-Arten 921, 937
Hexamita-Krankheit 936
Hexamitasis 936
Hexenwels 498
Hintergrunddekoration 72
Hochrückensalmler 262
Hoher Segelflosser 764
Holländisches Pflanzenaquarium 198
Holopristes ocellifer 270
Holopristes riddlei 308
Holz 65
Homalopterinae 449
Hongkongbarbe 398
Honiggurami 634
Hopleryhrinus unitaeniatus **322**
Hoplosternum
  aeneum 460
  longifilis 478
  magdalenae 478
  thoracatum 478
  thorae 478
Horas Schmerle 368

Index

Horizontale Amazonaspflanze	122
Hornhechte	814, 826
Hummelgrundel	836
Hummelwels	455
Hundsfische	819
Hüpferlinge	923
Hydra	898, 909

Hydrargyra
- *atricauda* — 870
- *formosa* — 592
- *fusca* — 870
- *limi* — 870

Hydrocotyle leucocephala	104
Hydrocynus maculatus	316
Hydrogenkarbonate	38
Hydromistria stolonifera	144
Hygiene	903
Hygrogonus ocellatus	682

Hygrophila
- *conferta* — 98
- *corymbosa* — 96
- *difformis* — 96
- *guianensis* — 98
- *polysperma* — 98
- *stricta* — 96

Hylsilepis iris	428
Hymenochirus boettgeri	952
Hymenophysa macracantha	370

Hyphessobrycon
- *anisitsi* — 266
- *bentosi bentosi* — 280
- *bentosi rosaeeus* — 280
- *bifasciatus* — 286
- *bifasciatus* — 282
- *callistus bentosi* — 280
- *callistus rosaceus* — 280
- *callistus rubrostigma* — 284
- *cardinalis* — 260
- *copelandi* — 280
- *eques* — 282
- *"eos"* — 284
- *erythrostigma* — 284
- *flammeus* — 286
- *griemi* — 286
- *herbertaxelrodi* — 288
- *heterorhabdus* — 288
- *inconstans* — 290
- *innesi* — 307
- *loretoensis* — 290
- *megalopterus* — 298
- *"metae"* — 290
- *minor* — 290

Hyphessobrycon
- *ornatus* — 280
- *pulchripinnis* — **292**
- *"robertsi"* — 292
- *robustulus* — 290
- *rosaceus* — 280
- *rubrostigma* — 284
- *scholzei* — **294**
- *simulans* — 294
- *sweglesi* — 298
- *vilmae* — 290

Hypogymnogobius xanthozona	**836**

Hypoptopoma
- *bilobatum* — 490
- *thoracatum* — 490

Hypoptopomatinae	490
Hypostominae	490, 496

Hypostomus
- *multiradiatus* — 496
- *pardalis* — 496
- *punctatus* — **490**
- *subcarinatus* — 490

Hypselecara temporalis	**686**
Hystricodon paradoxus	246

I

Ichthyborinae	232
Ichthyobodo necatrix	912
Ichthyophthiriasis	912
Ichthyophthirius	912
Ichthyophthirius multifiliis	912, 913, 914
Ichthyospodirium-Krankheit	943
Ichthyosporidiose	943
Ichthyosporidium (Ichthyophonus) hoferi	943

Ictalurus
- *punctatus* — 485
- *robustus* — 485
- *simpsoni* — 485

Icthelis
- *cyanella* — 796
- *melanops* — 796

Idus
- *idus* — 424
- *melanotus* — 424

Iguanodectes
- *rachovii* — 296
- *spilurus* — **296**
- *tenuis* — 296

IIctaluridae	485
Indische Flußbarbe	412
Indische Glasbarbe	412

Index

Indische Turmdeckelschnecke	966
Indischer Brachsen	412
Indischer Buntbarsch	702
Indischer Glasbarsch	800
Indischer Glaswels	515
Indischer Streifenwels	456
Indischer Wasserfreund	98
Indischer Wasserwedel	96
Innenfilter	58
Inositol	876
Inpaichthys kerri	**296**
Insekten	975
Inselbärbling	406
Ischnosoma bicirrhosum	858

J

Japanisches Schaumkraut	102
Javafarn	142
Javakarpfen	428
Javakärpfling	572
Javamoos	140
Javanischer Kampffisch	632
Jobertina rachovi	314
Jordanella floridae	**564**
Julidochromis	
dickfeldi	**726**
marlieri	**726**
ornatus	**726**
regani	**728**
transcriptus	**728**

K

Kahles Speerblatt	114
Kaiserbuntbarsch	682
Kaisersalmler	304
Kaisertetra	304
Kakadu-Zwergbuntbarsch	676
Kalabar-Prachtkärpfling	582
Kaliumpermanganat	916, 923, 926, 927
Kalkentferner	886
Kalkflecken	886
Kalkstein	65
Kalomel	937
Kaltwasserbach	182
Kamerun-Kärpfling	530
Kammdornwels	482
Kammkugelfisch	866
Kammschuppen-Regenbogenfisch	850
"Kap Lopez"	524
Kap York-Regenbogenfisch	852
Karausche	410
Karbonate	39
Karbonathärte	31, 39, 82
Kardinalfisch	446
Kardinaltetra	260
Kardinalslobelie	104
Karfunkelsalmler	270
Karnivore	200
Karolina-Fettblatt	92
Karolina-Haarnixe	94
Karpfen	414
Karpfenähnliche Fische	360
Karpfenfische	376
Karpfenlaus	925
Karpfenschmerle	449
Kastenfilter	58
Kationen	39
Katzenwelse	485
Kaulbarsch	808
Kehlkopfsalmler	250
Keilfleckbärbling	434
Keilfleckbuntbarsch	784
Keilfleckrasbora	434
Kerri-Danio	406
Keulensalmler	330
Khawia	940
Kiemenbogen	157
Kiemenfäule	931
Kiemenfleck-Diamantbarsch	794
Kiemenkrebs	923
Kiemenkrebskrankheit	922
Kiemensackwelse	480
Kiemenwurmkrankheit	917
Kieselalgen	886, 894
Kiesreinigung	27
Killifische	518
Kirks Prachtfundulus	568
Kirschfleckensalmler	266, 272
Kleine Mummel	116
Kleine Süßwasserrnadel	864
Kleine Wasserlinse	144
Kleiner Kampffisch	630
Kleiner Maulbrüter	754
Kleiner Nadelwels	488
Kleiner Raubsalmler	317
Kleiner Schneckenbarsch	758
Kleiner Stichling	834
Kleiner Wasserkelch	136
Kleines Fettblatt	94
Kleine Schlammschnecke	899
Kleinohriger Büschelfarn	146
Kleinschuppiger Glassalmler	248
Kletterfische	616, 619
Klingenreiniger	886

Index

Kneria sp.	844	L	
Kneriidae	817	*Labeo*	
Knochenzungler	818, 858	*bicolor*	422
Knurrender Gurami	650	*chrysophekadion*	**426**
Knurrender Zwerggurami	650	*erythrurus*	422
Kobaltorangebarsch	740	*frenatus*	422
Kobaltwels	456	*Labeotropheus*	
Koboldkärpfling	590	*curvirostris*	730
Kochsalzlösung		*fuelleborni*	730
911, 912, 915, 916, 917, 919, 924		*trewavasae*	730
Kohlendioxid	31	"*Labidochromis*	
Kohlenhydratgehalt	874	*caeruleus likomae*"	740
Kohlensauredüngung	72	*joanjohnsonae*	740
Koi	414	*lividus*	**714**
Kokosnußschale	65	*Labrus*	
Kongo-Wasserfarn	138	*badis*	790
Kongokugelfisch	868	*irideus*	791
Kongosalmler (Blauer)	222	*jaculatrix*	812
Königscichlide	750	*macropterus*	791
Königssalmler	296	*opercularis*	638
Kopfbinden-Panzerwels	468	*trichopterus*	648
Kopfbindensalmler	348	Lachsroter Regenbogenfisch	850
Kopfstrich-Dornwels	484	Lachssalmler	322
Korallenplaty	610	Ladiges Fächerfisch	552
Körpermaße	157	*Ladigesia roloffi*	**220**
Korthaus' Prachtfundulus	568	*Laemolya taeniata*	234
Krabben	984	*Laetacara*	
Kratzer-Krankheit	942	*curvicepps*	**662**
Krause Wasserähre	128	*dorsigera*	**662**
Krause Wasserpest	104	*thayeri*	**664**
Krebse	988	*Lagarosiphon*	
Kreiselpumpen-Außenfilter	887	*major*	**104**
Kreiselpumpen-Topffilter	58	*muscoides* var. *major*	104
Kriechende Ludwigie	98	Lampentypen	42
Kriegerischer Kampffisch	630	*Lamprichthys*	
Krobia guiaensis	**666**	*curianalis*	566
Kryptopterichthys palembangensis	515	*tanganicanus*	**566**
Kryptopterus minor	**515**	*Lamprologus*	
Kuba-Bachling	578	*brevianalis*	734
Kubakärpfling	604	*brichardi*	732
Kugelfische	819, 866	*compressiceps*	732
Kupfer	905	*dhonti*	**776**
Kupfermaulbrüter	754	*leleupi*	734
Kupfersalmler	264	*marginatus*	734
Kupferstrichsalmler	234	*tetracanthus*	734
Kupfersulfat	911, 932	*tretocephaus*	736
Kürbiskernbarsch	798	*werneri*	**736**
Küssender Gurami	652	Landschaftsbecken	180, 182
		Langbart	510
		Langbärtiger Panzerwels	476
		Langblättrige Barclaya	114
		Langblättrige Wasserähre	128

Index

Langflossensalmler	218
Langflossiger Schleierkärpfling	576
Längsbandziersalmler	342
Lasur-Wunderkärpfling	536
Laternensalmler	270
Laubensalmler	242
Laubuca	
laubuca	412
siamensis	412
Laugenkrankheit	908
Lava	65
Lavagestein	61
Lebendfutter	878
Lebendgebärende Nadelsimse	110
Lebendgebärende Wasserähre	130
Lebendgebärende Zahnkarpfen	586
Lebias	
calaritanus	522
fasciatus	522
ibericus	522
Lebiasina astrigata	**336**
Lebiasinidae	332, 338
Lebiasininae	336
Lebistes	
poeciloides	598
reticulatus	598
Leitungswasser	890
Leiurus aculeatus	834
Lembesseia parvianalis	602
Lemna minor	**144**
Leopard-Buschfisch	617, 619
Leopardkugelfisch	868
Lepidarchus adonis signifer	**220**
Lepidocephalus	362
Lepidomus cyanellus	**796**
Lepomis	
charybdis	792
cyanellus	796
gibbosus	**798**
gillii	792
gulosus	**792**
lirus	796
macrochirus	**798**
melanops	796
microps	796
mineopas	796
murinus	796
Lepomotis nephelus	798
Leporinus	
affinis	**238**
anostomus	234
fasciatus affinis	238
Leporinus	
fasciatus fasciatus	**238**
hypselonotus	**233**
margaritaceus	240
nigrotaeniatus	**240**
novem fasciatus	238
striatus	**240**
Lernaea	924
Lernaeocera	924
Leucaspius	
abruptus	424
delineatus	**424**
relictus	424
Leuchtaugen-Kärpfling	606
Leuchtstofflampen	42
Leuciscinae	424, 444
Leuciscus	
bipunctatus	379
erythrophthalmus	444
filamentosus	388
idella	414
idus	**424**
kalochroma	436
laubuca	412
lineolatus	416
lutrensis	428
phoxinus	430
pygmaeus	870
rutilus	444
scardafa	444
trinema	426
Libellen	974
Libellula depressa	**974**
Libellulidae	974
Liberia-Prachtkärpfling	582
Lichtbedarf	45, 49
Lichtfarbe	42
Lichtmenge	44
Lifalili Buntbarsch	722
Ligulosis	940
Limia	
arnoldi	596
caudofasciata tricolor	596
cubensis	604
melanogaster	**596**
nigrofasciata	**596**
nigrofasciata x L. dominicensis	597
pavonina	604
tricolor	596
vittata	**604**
Limnivore	202

Index

Limnobium		*Lysimachia nummularia*	100
laevigatum	144	Lysol	925
stoloniferum	144		
Limnochromis		**M**	
leptosoma	700	*Macrobrachium*	
otostigma	780	*pilimanus*	982
Limnodrilus hoffmeisteri	880	sp. aff. *vollenhovenii*	980
Limnophila		sp. cf. *nipponense*	978
aquatica	88	*vollenhovenii*	980
sessiliflora	90	*Macrognathus*	
Lindan	923, 924, 926	*aculeatus*	848
Linienbarbe	384	*armatus*	846
Liniendornwels	484	*circumcinctus*	846
Liposarcus		*erythrotaenia*	848
altipinnis	496	*maculatus*	848
jeanesianus	496	Macropode	638
multiradiatus	496	**Macropodinae**	628, 638, 650
pardalis	496	*Macropodus*	
scrophus	496	*concolor*	638
varius	496	*cupanus*	642
Lobelia cardinalis	104	*dayi*	642
Lobochilotes labiatus	738	*filamentosus*	638
Lobotes ocellatus	682	*opercularis*	638
Lobotidae	788, 802	"*opercularis concolor*"	638
Lochkrankheit	943	*opercularis* var. *viridi-auratus*	638
Ionen	38	*pugnax*	630
Ionenaustauscher	39	*venustus*	638
Loretosalmler	290	*viridi-auratus*	638
Loricaria microlepidogaster	498	*Macropteronotus*	
Loricaria parva	498	*batrachus*	480
Loricariidae	450, 486	*magur*	480
Loricariinae	488, 498	Madagaskar-Ährenfisch	822
Lucania goodei	566	Madrashechtling	546
Luciocephalidae	817	Malabarkärpfling	416
Luciocephalus pulcher	845	Malachitgrün	915, 916, 927, 932
Luciosoma trinema	426	Malachitgrünoxalat	913
Ludwigia		Malaiischer Gurami	644
arcuata	98	**Malapteruridae**	500
mullertii	100	*Malapterurus electricus*	500
natans	98, 100	Malermuschel	972
palustris x repens	100	*Malpulutta kretseri*	640
repens	98	Managua-Buntbarsch	688
Lutjanus		*Maravichromis epichorialis*	712
scandens	619	Marienbuntbarsch	778
testudo	619	*Marisa cornuarietis*	964
Lux	45	Marmor	65
Luxmeter	45	Marmorgrundel	832
Lycocyprinus sexfasciatus	562	Marmorierter Beilbauchfisch	326
Lymnaea stagnalis	966	Marmorierter Fiederbartwels	504
Lymnaeidae	966	Marmorierter Panzerwels	470
Lymphocystis-Krankheit	932	Marmorierter Prachtkärpfling	534
Lymphocystose	932	Maronibuntbarsch	668

Index

Marron	994
Marsilea	
drummoindii	**140**
sp.	964
Masoten	917, 923, 924, 926
Mastacembelidae	**817**
Mastacembelus	
armatus	846
circumcinctus	846
erythrotaenia	**848**
zebrinus	**848**
Mastemcembalus cancila	826
Mato-Grosso-Tausendblatt	90
Maulbrütender Kampffisch	630
Maulschimmel	932
Mayaca	
fluviatilis	**106**
rotundis	106
Mechanische Filterung	60
Meersalat-Wasserähre	130
Megalamphodus	
megalopterus	298
sweglesi	298
Megalechis thoracatum	**478**
Meinkens Prachtkärpfling	534
Melaniidae	**966**
Melanochromis	
auratus	**738**
exasperatus	**740**
joanjohnsonae	**740**
johannii	**740**
labrosus	**714**
vermivorus	**742**
Melanoides tuberculata	**966**
Melanotaenia	
fluviatilis	**850**
maccullochi	**852**
splendida fluviatilis	850
splendida splendida	**852**
Melanotaeniidae	**817**
Melanura annulata	**870**
Mesogonistus chaetodon	**794**
Mesonauta	
festivus	**742**
insignis	742
surinamensis	806
Mesops	
agassizii	674
cupido	684
Messeraale	816, 840
Messerbuntbarsch	710
Messerfische	818, 856
Messerrücken	922
Messing	65
Messingbarbe	398
Messingmaulbrüter	754
Messingsalmler	272
Messingtetra	282
Metacercarien	920
Metall-Panzerwels	460
Metallkärpfling	592
Metasalmler	334
Methylenblau	945
Metynnis	
anisurus	352
argenteus	**352**
callichromus	352
dungerni	352
eigenmanni	352
erhardti	352
fasciatus	352
goeldii	354
heinrothi	352
hypsauchen	**352**
ippincottianus	**354**
orbicularis	354
rooseveIti	354
seitzi	354
smethlageae	352
Micraethiops ansorgii	230
Micralestes	
acutidens	222
interruptus	222
Micranthemum micranthemoides	88
"*Microbrycon coehui*"	258
Microcorydoras hastatus	466
Microctenopoma	
ansorgii	**620**
fasciolatum	**621**
nanum	**623**
Microgeophagus ramirezi	748
Microphis brachyurus aculeatus	**865**
Microsorium pteropus	**142**
Mikrogeophagus ramirezi	**748**
millimol/mml	30
Millionenfisch	598
Mineralstoffe	876
Misgurnus	362
fossilis	**374**
Mittelamerikanische Großarmgarnele	980
Mittelmeerkärpfling	522
Mittlere Wabenkröte	956
Mochokidae	501

Index

Mochokinae	501
Moderlieschen	424
Moenkhausia	
agassizi	302
australis	302
bondi	264
collettii	**300**
illomenae	302
intermedia	**300**
pittieri	302
profunda	264
sanctaefilomenae	**302**
ternetzi	262
Mohanga tanganicana	566
Mollienesia	
helleri	606
sphenops	602
velifera	604
Molukken-Garnele	976
Mondschein Gurami	646
Mondschein-Fadenfisch	646
Moniana	
couchi	428
gibbosa	428
jugalls	428
laetabilis	428
leonina	428
pulchella	428
rutila	428
Monocirrhus	
mimophyllus	805
polyacanthus	**805**
Monodactylidae	788
Monodactylus	
argenteus	**804**
rhombeus	804
Montezuma Schwertträger	612
Moorkarpfen	410
Moorkienholz	65
Moosbarbe	363
Mormyridae	817
Mormyrus	
petersii	854
tamandua	854
Morphologie	157
Morulius	
chrysophekadion	426
dinema	426
eryhrostictus	426
pectoralis	426
Mosaikfadenfisch	644
Mosambik-Maulbrüter	768
Motor-Außenfilter	58, 888
Mückenlarven, Rote	882, 929
Mückenlarven, Schwarze	882
Mückenlarven, Weiße	883
Mühlsteinsalmler	356
Mulm	886
Muschelblume	144
Mycobacterium	930
Myleinae	350
Myletes	
duriventris	356
hypsauchen	352
imberi	216
lippincottianus	354
nigripinnis	350
oculus	350
orinocensis	352
schreitmülleri	352
Myleus rubripinnis	**354**
Myloplus	
asterias	354
ellipticus	354
rubripinnis	354
Mylossoma	
albicopus	356
argenteum	356
duriventre	**356**
ocellatus	**356**
unimaculatus	356
Myriophyllum	
mattogrossense	**90**
pinnatum	**90**
scabratum	90
tuberculatum	**90**
Mystus	
ascita	510
atrifasciatus	456
bimaculatus	**456**
vittatus	**456**

N

Nachtsalmler	320
Nackenbinden-Buntbarsch	668
Nackenfleckkärpfling	544
Nährstoffdüngung	72
Nahtbarbe	402
Namensgebung	148
Nanderbarsch	788, 806
Nanderbuntbarsch	732
Nandidae	788
Nandus	
marmoratus	806

Index

Nandus	
nandus	806
Nannacara	
anomala	744
taenia	744
Nannaethiops unitaeniatus	228
Nannobrycon	
eques	340
unifasciatus	340
Nannocharax fasciatus	230
Nannostomus	
anomalus	342
aripirangensis	342
beckfordi	342
bifasciatus	342
cumuni	344
eques	340
espei	344
harrisoni	344
kumini	344
marginatus	346
simplex	342
trifasciatus	346
trilineatus	346
unifasciatus	340
Nanochromis	
dimidiatus	744
nudiceps	746
parilus	746
Napo-Panzerwels	474
Natriumdampflampen	44
Natriumthiosulfat	890
Natterers Sägesalmler	356
Necturus maculosus	950
Neetroplus carpintis	724
Neguvon	925, 941
Nemacheilinae	376
Nemachilus	
barbatulus	376
compressirostris	376
pechilensis	376
sibiricus	376
sturanyi	376
Nematobrycon	
amphiloxus	304
lacortei	304
palmeri	304
Nematocentris	
fluviatilis	850
maccullochi	852
splendida	852
Nematoda	941
Nematodiasis	941
Nematopoma searlesi	250
Neolamprologus	
brichardi	**732**
leleupi	**734**
tetracanthus	**734**
tretocephalus	**736**
Neolebias	
ansorgii	**230**
landgrafi	**230**
Neonfisch	306
Neonkrankheit	934
Neonsalmler	306
Neontetra	306
Neritidae	968
Neritina zebra	968
Nesseltier	909
Netzpanzerwels	472
Netzschmerle	370
Neunstachliger Stichling	834
Nevada-Wüstenfisch	556
Nikotinsäure	875
Nilbuschfisch	623
Nilem	428
Nilhechte	817, 854
Nimbochromis	
linni	**716**
livingstonii	**716**
polystigma	**718**
venustus	**720**
Nitrat	39
Nitratation	39
Nitrifikation	35, 39
Nitrit	39
Nitritation	39
Nitrobacter	40
Nitrosomonas	40
Nixenschnecke	968
Nomaphila stricta	96
Nomorhamphus	
liemi liemi	**842**
liemi snijdersi	**842**
Nothobranchius	
guentheri	**568**
kirki	**568**
korthausae	**568**
melanospilus	519
palmqvisti	**570**
rachovii	**570**
schoenbrodti	568
sjoestedti	**538**
walken	564

Index

Notonecta glauca	975
Notonectidae	975
Notopteridae	818
Notopterus	
kapirat	856
nigri	856
notopterus	**856**
Notropis lutrensis	**428**
Nuphar pumila	**116**
Nuria albolineata	404
Nymphaea lotus	**116**
Nymphoides aquatica	**116**

O

Oberflächenbewegung	62
Octomitus-Krankheit	936
Odessabarbe	400
Omnivore	202
Ompok bimaculatus	516
Oodiniasis	910
Oodinium	910
pillularis	910, 911, 921
Ophicephalus	
kelaartii	828
micropeltes	827
tevensi	827
striatus	830
Ophiocephalus	
micropepeltes	827
obscurus	828
serpentinus	827
striatus	830
vagus	830
Ophthalmochromis ventralis	746
Ophthalmotilapia ventralis	746
Opsaridium chrystyi	404
Orange-Buschfisch	620
Orangeblauer Maulbrüter	763
Orangeflossen-Kongosalmler	216
Orangeroter Zwergsalmler	220
Oreias toni	376
Oreochromis mossambicus	**768**
Oreonectes limosus	**988**
Orfe	424
Orthrias oreas	376
Oryzias	
celebensis	**572**
javanicus	**572**
melastigmus	**572**
Oryziinae	572
Osiris-Schwertpflanze	124
Osmose	891
Osphromenus	
malayanus	644
microlepis	646
notatus	644
saigonensis	648
siamensis	648
triatus	650
trichopterus	644, 648
trichopterus var. *cantoris*	646
trichopterus var. *koelreuteri*	648
vittatus	650
Osphronemidae	652
Osphronemus	
deissneri	640
gorami	652
gourami	652
notatus	652
olfax	652
satyrus	652
Osteochilus hasselti	**428**
Osteogaster eques	464
Osteoglossidae	818
Osteoglossum	
bicirrhosum	**858**
ferreirai	**858**
vandelli	858
Otocinclus affinis	**492**
Ottelia alismoides	**118**
Ouergestreifter Schlangenkopf	830
Oxidation	40
Oxyeleotris marmoratus	**832**

P

p-Aminobenzoidsäure	876
Pachychilus sp.	**968**
Pachypanchax playfairii	**574**
Paddelpumpenfilter	58
Palaemonidae	978
Palembang-Kugelfisch	868
Palmqvists-Prachtfundulus	570
Paludarium	187
Panaque nigrolineatus	**492**
Panchax	548
argenteus	572
australe	524
buchanani	548
chevalieri	558
cyanophthalmus	572
dayi	546
jaundensis	530
kuhlii	548

Index

Panchax
   lineatum 548
   lineatus 548
   loboanus 530
   macrostigma 562
   melanopterus 548
   panchax 548
   panchax var. *blockii* 546
   parvus 546
   playfairii 574
   polychromus 524
   sexfasciatus 562
Pangasiidae 509
Pangasius
   hypophthalmus **509**
   sutchi 509
Pangio
   kuhlii **364**
   shelfordii **364**
Pantodon buchholzi **860**
Pantodontidae 818
Pantothensäure 875
Panzergeißeltierchen 910, 911
Papageienplaty 614
Papiliochromis ramirezi 748
Parachanna obscura 827
Paracheirodon
   axelrodi **260**
   innesi **307**
   simulans **294**
Parachlorometaxylenol 941
Paradanio aurolineatus 416
Paradiesfisch 638
Paragoniates
   alburnus **252**
   muelleri 252
Paragoniatinae 252
Paraguay-Maulbrüter 708
Parallelstreifen-Panzerwels 474
Parachanna obscura **828**
Parachromis managuensis **688**
Parapetenia managuensis 688
Parasitenwelse 517
Parasitosen 910
Parastacidae 992
Paratilapia
   chrysonota 710
   compressiceps 710
   frontosa 700
   leptosoma 700
   multicolor 754
   thomasi 748

Paratilapia
   ventralis 746
Paratrygon
   laticeps 209
   sp. 205
Parauchenoglanis macrostoma **456**
Parodon piracicabae 330
Parodontinae 330
Parophiocephalus obscurus 828
Parosphromenus
   dayi **642**
   deissneri **640**
Peckoltia
   pulcher 494
   vittata **494**
Pellegrina heterolepsis 244
Pelmatochromis
   dimidiatus 744
   frontosus 700
   guentheri 686
   klugei 752
   kribensis 752
   kribensis klugei 752
   pellegrini 686
   pulcher 750
   subocellatus 750
   taeniatus 752
   thomasi 748
Pelvicachromis
   pulcher **750**
   subocellatus **750**
   taeniatus **752**
Pelzalgen 893
Peplis diandra 96
Perca
   cernua 808
   gibbosa 798
   scandens 619
   fluviatilis **808**
Percidae 788
Perciformes 616, 654, 786
Percoidei 786
Perez Salmler 284
Perilampus
   aurolineatus 416
   canarensis 416
   guttatus 412
   laubuca 412
   malabaricus 416
   mysorius 416
   striatus 408

Index

Periophthalmus	
argentilineatus	838
barbarus	**838**
dipus	838
juscatus	838
kalolo	838
koelreuteri	838
modestus	838
Perlcichlide	724
"Perle von Likoma"	740
Perlhuhnwels	502
Perlmutterregenbogenfisch	850
Peru-Rotmaulsalmler	308
Petchs Wasserkelch	132
Petersius	
caudalis	218
codalus	222
spilopterus	216
Petitella georgiae	**308**
Petrotilapia tridentiger	**752**
Pfauenaugenbarsch	791
Pfauenaugenbuntbarsch	682
Pfauenaugenbuschfisch	624
Pfauenaugensonnenbarsch	791
Pfauenmaulbrüter	720
Pfennigkraut	100
Pflanzenausdünnen	77, 79
Pflanzendekoration	72
Pflanzendüngung	72
Pflanzenfresser	197, 201
Pflanzenkultur	70
Pflanzenpflege	77, 78
Pflanzenstutzen	77, 79
Pflanzenverjüngen	77, 79
Pflanzenverziehen	77, 79
Pflege	886
Pfrille	430
pH-Wert	33, 40, 83, 890, 891, 908, 909
Phago maculatus	**232**
Phallichthys amates amates	**594**
Phalloceros	
caudimaculatus	**594**
"*caudimaculatus caudimaculatus*"	594
Phenacogaster bondi	264
Phenacogrammus interruptus	222
Phenol	906
Phenolderivate	905
Phoxinus	
aphya	430
laevis	430
phoxinus	**430**
Phractolaemidae	818
Phractolaemus ansorgei	**861**
Piabuca spilurus	296
Piabucina astrigata	336
Piabucus spilurus	296
Piaractus nigripinnis	350
Piku	548
Pilze	926, 943
Pimelodidae	510
Pimelodinae	510
Pimelodus	
arekaima	510
argentinus	485
argystus	485
blochii	**510**
caerulescens	485
caudafurcatus	485
furcifer	485
gracilis	485
graciosus	485
hammondi	485
houghi	485
macronema	510
maculatus	485, 510
megalops	485
notatus	485
pallidus	485
schomburgki	510
vulpes	485
Pinguinsalmler	312
Pinselalgen	895, 896
Pipa carvalhoi	**956**
Pipa pipa	**958**
Pipidae	952
Piramutana macrospila	510
Pirimela denticulata	**984**
Pistia stratiotes	**144**
Pithecocharax	
anostomus	234
trimaculatus	236
Plagegeister	892
Planorbarius corneus	**970**
Planorbidae	970
Planorbis planorbis	**970**
Plastik-Eckfilter	58
Platax scalaris	766
Platinbeilbauchfisch	328
Plattbauchlibelle	974
Platy	610
Platydoras costatus	**484**
Platypodus furca	638
Platypoecilus	
maculatus dorsalis	614

Index

Platypoecilus	
mentalis	602
nigra	610
pulchra	610
rubra	610
spilonotus	602
tropicus	602
variatus	614
variegatus	614
xiphidium	615
maculatus	610
Platystacus chaca	479
Platystoma	
fasciatum	510
lima	510
luceri	512
punctifer	510
truncatum	510
Pleckostomus	
commersoni	490
commersoni affinis	490
commersoni scabriceps	490
pardalis	496
punctatus	490
affinis	490
Plistophora hyphessobryconis	934
Plistophora-Krankheit	934
Plötze	444
Poecilocharax weitzmani	279
Poecilia	
amates	594
bensoni	544
caudomaculatus	594
cubensis	604
maculata	610
melanogaster	596
metallica	592
nigrofasciata	596
pavonina	604
poeciloides	598
reticulata	**598**
sphenops	602
spilauchen	544
vittata	604
velifera	**604**
Poeciliidae	586
Poecilioides reticulatus	598
Poecilobrycon	
auratus	340, 346
espel	344
ocellatus	340
trifasciatus	346
Poecilobrycon	
unifasciatus	340
vittatus	346
Poecilurichthys	
agassizi	302
hemigrammus unilineatus	274
maculatus	255
Poeiiliopsis amates	594
Polyacanthus	
cupanus	642
cupanus var. *dayi*	642
dayi	642
einthovenii	626
fasciatus	634
hasseltii	626
helfrichii	626
kuhli	626
olivaceus	626
opercularIs	638
signatus	626
Polycentrus	
punctatus	806
schomburgki	**806**
tricolor	806
Polypteridae	206, 210
Polypterus ornatipinnis	**210**
Pomotis	
bono	672
chaetodon	794
fasciatus	784
gibbosus	798
gulosus	792
guttatus	796
longulus	796
obesus	796
pallidus	796
ravenelli	798
vulgaris	798
Pompadurfisch	772
Pomus scalarius	964
Pongosalmler	330
Poppiana dentata	**987**
Poptella orbicularis	254
Porphyr	65
Posthornschnecke	899, 900, 970
Potamobiidae	996
Potamogeton gayii	**106**
Potamonautes armata	**986**
Potamonautidae	986
Potamotrygon laticeps	209
Potamotrygonidae	209
Pracht-Zwerggurami	640

Index

Prachtbarbe	382
Prachtflossenbarbe	382
Prachtglanzbarbe	380
Prachtkopfsteher	234
Prachtsalmler	317
Prachtschmerle	370
Preßkolbenlampen	43
Priapella intermedia	**606**
Prionobrama	
filigera	252
madeirae	252
Pristella	
maxillaris	**308**
riddlei	308
Proataria spathaceum	**922**
Procambarus clarkii	**996**
Procatopus nototaenia	**574**
Prochilodontidae	**320**
Prochilodontinae	**320**
Prochilodus taeniurus	320
Proserpinaca pectinata	**106**
Proteingehalt	873, 877
Protopteridae	**206**
Protopterus dolloi	**208**
Psettus	
argenteus	804
rhombeus	804
Pseudambassis lala	800
Pseudanos trimaculatus	**236**
Pseudariodes	
albicans	510
clarias	510
pantherinus	510
Pseudepiplatys annulatus	**558**
Pseudocorynopoma doriae	**250**
Pseudocrenilabrus	
multicolor	**754**
philander dispersus	**754**
Pseudomugil	
signatus	822
signifer	**822**
Pseudoplatystoma	
fasciatum	**510**
punctifer	**510**
Pseudorhamdia	
piscatrix	510
uscita	510
Pseudosesarma moeshi	**984**
Pseudosphromenus	
cupanus	642
dayi	642
Pseudotropheus	
auratus	738
aurora	**756**
"daviesi"	740
elongatus	**756**
estherae	**763**
fainzilberi	**758**
joanjohnsonae	740
johannii	740
lanisticola	**758**
lucerna	**756**
macrophthalmus	**760**
tropheops	**760**
zebra	**762**
Psilorhynchus aymonieri	448
Pterolebias	
elegans	552
longipinnis	**576**
zonatus	**576**
Pterophyllum	
altum	764, **765**
eimekei	766
gibbiceps	496
scalare	**765**, 766
Pterygoplichthys	
gibbiceps	496
jeanesianus	496
pardalis	496
multiradiatus	496
Puffer	40
Pungitius pungitius	**834**
Punktierter Buntbarsch	702
Punktierter Kopfsteher	318
Punktierter Kropfsalmler	244
Punktierter Schilderwels	490
Punktierter Zwergraubsalmler	336
Punktlinien-Zwergpanzerwels	466
Punktstrahler	43
Punktstreifen-Leporinus	240
Puntius	
arulius	**380**
conchonius	**382**
cumingii	**384**
everetti	**386**
fasciatus	**386**
filamentosus	**388**
gelius	**388**
guentheri	**398**
johorensis	**384**
lateristriga	**392**
melanopterus	380
nigrofasciatus	**392**

Index

Puntius
  oligolepis   394
  orphoides   394
  pentazona   **396**
  phutunio   384
  rhomboocellatus   396
  rubripinna   394
  schwanenfeldi   398
  semifasciolatus   **398**
  tetrazona   400
  ticto   **400**
  titteya   **402**
  viviparus   402
Purpurkopfbarbe   392
Purpurprachtbarsch   750
Purpurroter Wasserkelch   134
Putzmittel   890, 906
Pygocentrus
  altus   356
  dulcis   358
  melanurus   358
  nattereri   **356**
  nigricans   358
  stigmaterythraeus   356
Pygosteus
  occidentalis   834
  pungitius   834
Pyridoxinsäure   875
Pyridylmercuracetat (PMA)   932
Pyrrhulina
  filamentosa   332, **348**
  guttata   332
  nattereri   334
  nigrofasciata   334
  rachoviana   332
  vittata   **348**
Pyrrhulininae   332

Q
Quappenbuntbarsch   774
Quarantäne   903
Quecksilberdampflampen   43
Querbandhechtling   560
Querbinden-Zwergbuntbarsch   678
Querzahnmolche   948

R
Rachovs Prachtfundulus   570
Rachows Grundsalmler   314
Radargarnele   976
"Ramirezi"   748

Rasbora
  argyrotaenoides   438
  borapetensis   **431**
  calliura   440
  dorsiocellata dorsiocellata   **432**
  dusonensis   438
  elegans elegans   **432**
  espei   **434**
  heteromorpha   **434**
  hereromorpha espei   434
  kalochroma   **436**
  lateristriata var. *elegans*   432
  leptosoma   438
  maculata   436
  myersi   438
  pauciperforata   **438**
  stigmatura   440
  trilineata   **440**
  urophthalma brigittae   440
Rasborinae   404, 416, 426, 446
Raubsalmler   322
Raubwelse   453
Rautenflecksalmler   266
Rautensalmler   255
Red Claw   994
Redox-Potential   40
Redox-System   40
Reduktion   40
Regenbogencichlide   724
Regenbogenfische   817, 850
Regenbogentetra   304
Regenschirmsimse   110
Regenwürmer   881
Regler   52
Reglerheizer   52
Rehsalmler   334
Reinigung   886
Reitzigs Zwergbuntbarsch   676
Rennschnecke   968
Rhamphichthyidae   819
Rhamphichthys
  elegans   862
  mirabilis   862
Rhodeinae   442
Rhodeus
  amatus   **442**
  sericeus   442
  sericeus amarus   442
Rhombenbarbe   396
Riboflavin   875
Riccia fluitans   **146**
Riemenwurmkrankheit   940

Index

Riesen-Schwertpflanze	120
Riesenpacu	350
Riesenvallisnerie	112
Riesenwasserfreund	96

Rineloricaria
fallax	**498**
microlepidogaster	**498**
Ringelhechtling	558
Rio Palenque-Turmdeckelschnecke	968
Rittergrundel	838
Rivanol	919, 927
Rivulinae	550

Rivulus
cylindraceus	**578**
macrurus	576
marmoratus	578
ommatus	592
xanthonotus	**578**

Roeboides
caucae	**248**
microlepis	248
Rohfasergehalt	873

Rohita
chrysophekadion	426
hasselti	428

"*Roloffia*"
bertholdi	580
brueningi	580
calabarica	582
chaytori	582
liberiensis	582
occidentalis	584
occidentalis toddi	540
toddi	540
Rooseveltiella nattereri	356
Roosevelts Scheibensalmler	354
Rosafarbener Panzerwels	460
Rosensalmler	280
Rostpanzerwels	468, 472

Rotala
macrandra	**100**
rotundifolia	**100**
Rotalgen	893, 897
Rotauge	444
Rotaugen-Kaisersalmler	304
Rotaugen-Moenkhausia	302
Rotbuckel-Buntbarsch	704
Rote Mangrovenkrabbe	984
Roter Amerikanischer Sumpfkrebs	996
Roter Buntbarsch	722
Roter Goldflecksalmler	286
Roter Griessalmler	256
Roter Guinea Regenbogenfisch	850
Roter Kampffisch	628
Roter Kongocichlide	744
Roter Kongosalmler	216
Roter Leuchtaugenfisch	542
Roter Neon	260
Roter Phantomsalmler	298
Roter Piranha	356
Roter Prachtkärpfling	526
Roter Spitzschwanzmakropode	642
Roter von Kamerun	230
Roter von Rio	286
Rotes Tausendblatt	90
Rotfeder	444
Rotflossen-Distichodus	226
Rotflossen-Glassalmler	252
Rotflossenbarbe	394
Rotflossenrasbora	431
Rotflossensalmler	242
Rotgrüner Buntbarsch	686
Rothauben-Erdfresser	706
Rothee ticto	400
Rotkopfsalmler	272
Rötliche Haarnixe	94
Rotmaulsalmler	278, 308
Rotrückiger Procatopus	574
Rotschwanz-Ährenfisch	822
Rotschwanzkärpfling	566
Rotschwanzrasbora	431
Rotstreifen-Stachelaal	848
Rotstreifenbarbling	438
Rotvioletter Prachtbarsch	750
Rotwangenbarbe	394
Rotweiderich	100
Rückenschwimmender Kongowels	506
Rückenschwimmer	975
Rückschnitt	77, 81
Rückwand	67
Rüsselschmerle	366
Ruderfußkrebse	923, 924, 940
Rundblättrige Rotala	100
Rüssel-Polystigma	716

Rutilus
erythrophthalmus	**444**
rutilus	**444**

S

Säbelkärpfling	550
Sägebauch	358
Sägesalmler	350
Sägezahnkrabbe	987
Säurebindungsvermögen	31

Index

Sagittaria
  earonii 110
  graminea 110
  lorata 112
  pusilla 110
  subulata **110**
  subulata var. *subulata* 112
Salaria
  fluviatilis **825**
  varus 825
Salat-Wasseröhre 130
Salmler 212
Salmo
  albus 358
  anostomus 234
  bimacularus 255
  biribiri 240
  caribi 358
  clupeoides 244
  fasciatus 238
  gasteropelecus 328
  humeralis 358
  immacularus 358
  iridopsis 358
  pectoralis 328
  rhombeus 358
  saua 310
  timbure 238
  tiririca 240
Salvinia auriculata **146**
Salvins Buntbarsch 692
Salzsäure 886, 933, 935
Samenvermehrung 77, 78
Samolus
  floribundus 118
  valerandi **118**
Samtkrankheit 910
Sanguinicola 938
Sanguinicoliasis 938
Saprolegnia 923, 926
Sargus maculatus 810
Sarotherodon mossambicus 768
Satanoperca
  jurupari **704**
  leucosticta 704
  macrolepis 704
  proxima 706
Sattelfleckbuntbarsch 666
Sauerstoffanreicherung 62
Sauerstoffmangel 906
Sauglippenbuntbarsch 712
Saugwürmer 917, 919, 922, 938

Säure 41
Säuregrad 33, 40
Säurekrankheit 908
Scardinius erythrophthalmus 444
Scatophagidae 789
Scatophagus
  argus argus **810**
  argus atromaculatus 810
  fasciatus 810
  macronorus 810
  multifasciatus 810
  ornatus 810
  tetracanthus **810**
Schabemundbuntbarsch 730
Schabracken-Panzerwels 460
Schachbrett-Schlankcichlide 726
Schachbrettschmerle 372
Schafpacu 350
Schaufelfadenfisch 646
Schaufelmaul 510
Schaumstoff-Filterpatronen 888
Schaumstoffpatronenfilter 58
Scheibenbarsch 794
Scheibensalmler 352
Scheibenwürmer 898, 909
Scherenschwanzsalmler 300
Schiefer 65
Schilbe
  intermedius **514**
  mystus 514
Schilbeidae 513
Schilbeinae 513
Schilfrohrdickicht 184
Schillerbärbling 404
Schillersalmler 310
Schizodon trimaculatus 236
Schizophallus holbrooki 590
Schläfer 716
Schläfergrundeln 816, 832
Schlafkrankheit 933
Schlammbeißer 374
Schlammschnecken 966
Schlammspitzschnecken 900
Schlammspringer 838
Schlangenhautfadenfisch 646
Schlangenkopffische 814, 827
Schlanksalmler 244
Schlauch-Schnelltrennkupplung 889
Schleier Rivulus 576
Schleier-Kardinalfisch 447
Schleimfische 814, 825
Schlüssellochbuntbarsch 668

Index

Schlußlicht-Drachenflosser	246	Schwarzbinden Panzerwels	468
Schlußlichtsalmler	270	Schwarze Amazonaspflanze	125
Schmalbarsch	756	Schwarzer Fächerfisch	554
Schmales Papageienblatt	92	Schwarzer Flaggensalmler	288
Schmerle	376	Schwarzer Fransenlipper	426
Schmerlen	360	Schwarzer Knochenzüngler	858
Schmetterlingsährenfisch	822	Schwarzer Makropode	638
Schmetterlingsbarbe	390	Schwarzer "Neon"	288
Schmetterlingsbuntbarsch	748	Schwarzer Pacu	350
Schmetterlingsfische	818, 860	Schwarzer Phantomsalmler	298
Schmuckbärbling	432	Schwarzer Spitzschwanzmakropode	642
Schmuckflossen-Fiederbartwels	508	Schwarzer Zwergbarsch	792
Schmuckpanzerwels	470	Schwarzfleckbarbe	388
Schmucksalmler	280	Schwarzfleckenkrankheit	920
Schnecken	899, 964	Schwarzlinien-Harnischwels	492
Schneckenbarsch	776	Schwarzrücken-Panzerwels	468
Schneckenbekämpfungsmittel	901	Schwarzschwingen-Beilbauchfisch	324
Schneckenlaich	899	Schwarzweißer Schlankcichlide	728
Schneider	379	Schwarzwurzelfarn	142
Schneiderbarbe	402	Schwefelwasserstoff	905
Schokoladen-Buschfisch	624	Schwermetallionen	905
Schokoladengurami	644	Schwert-Platy	615
Schomburgks Vielstachler	806	Schwertträger	606
Schönflossenbarbe	418	Schwielenwels	458
Schönflossenbärbling	436	Schwierigkeitsgrad bei Fischen	203
Schönflossenrasbora	436	Schwierigkeitsgrad bei Pflanzen	82
Schönflossensalmler	292	Schwimmblase	163
Schönflossige Rüsselbarbe	418	Schwimmblasenentzündung	944
Schraffierter Panzerwels	464	Schwimmender Hornfarn	138
Schrägschwimmer	312	Schwimmfarn	146
Schraubenvallisnerie	112	*Sciaena*	
Schreitmöllers Scheibensalmler	352	*jaculatrix*	812
Schrot-Schwielenwels	476	*maculata*	832
Schulterfleck-Stachelwels	456	*Scleromystax*	
Schuppenarten	1 57	*barbatus*	460
Schuppenformen	165	*kronei*	460
Schuppenstraube	929	*Scomber rhombeus*	804
Schützenfisch	812	Sechsbandhechtling	562
Schützenfische	789	Seegrasblättriges Trugkölbchen	104
Schwanenfelds Barbe	398	Seenadeln	819, 864
Schwanenmuschel	972	Seewasser	41
Schwanzfleckbarbling	440	Segelflossensalmler	317
Schwanzfleckbuntbarsch	694	Segelflosser	766
Schwanzflosse	157	Segelkärpfling	604
Schwanzstreifen-Panzerwels	476	Seitenlinie	173
Schwanzstreifenbuntbarsch	684	Seitensprosse	77, 78
Schwanzstreifensalmler	320	*Semaprochilodus taeniatus*	**320**
Schwanzstrichsalmler	274	**Serrasalmidae**	350
Schwarzband-Sägesalmler	358	**Serrasalminae**	356
Schwarzbandbarbe	392	*Serrasalmo piranha*	356
Schwarzbandkärpfling	596		
Schwarzbandsalmler	294		

1037

Index

Serrasalmus
- *aesopus* 358
- *maculatus* 358
- *nattereri* 356
- *niger* 358
- *paraense* 358
- *rhombeus* **358**
- *spilopleura* **358**
- *ternetzi* 356

Siamesische Rüsselbarbe 418
Siamesische Saugschmerle 448
Siamesischer Kampffisch 632
Siamesischer Wasserkelch 134
Sichelfleck-Panzerwels 466
Sichelsalmler 292
Sicherheitsloch 889
Sierra Leone Zwergsalmler 220
Signalsalmler 215
Silberbeilbauchfisch 328
Silberdollar 352
Silberflossenblatt 804
Silbermantelsalmler 264
Silberner Buschfisch 620
Silberstreifen-Panzerwels 468
Silberstreifentetra 266
Silberwels 514
Silurana tropicalis **961**
Siluridae 515
Siluriformes 450
Silurinae 515
Siluroidei 450

Silurus
- *batrachus* 480
- *bimaculatus* 516
- *callarias* 510
- *callichthys* 458
- *cataphractus* 481
- *clarias* 510
- *costatus* 484
- *electricus* 500
- *fasciatus* 510
- *gerupensis* 512
- *lima* 512
- *mystus* 514
- *punctatus* 485
- *vittatus* 456

Simpson Platy 611
Simpson-Tuxedoplaty 611
Siren intermedia 951
Skalar 766
Smaragd- Fächerfisch 554
Smaragd-Buntbarsch 686
Smaragd-Kampffisch 632
Smaragd-Panzerwels 458
Smaragdbetta 632
Smaragdprachtbarsch 752
Solitärpflanzen 75
Sonnenbarsche 786
Sonnenmäulchen 404
Sorubiminae 510

Sorubim
- *infraocularis* 512
- *lima* **512**
- *luceri* 512

Spanienkärpfling 522

Sparus
- *aureus* 798
- *scandens* 619
- *surinamensis* 706
- *testudineus* 619

Spatelwels 512
Spathiphyllum wallisii **118**
Speisegurami 652
Sphaerichthys osphromenoides
- *osphromenoides* **644**

Spiegelkärpfling 610
Spiranthes cernua 126
Spirlinus bipunctatus 379
Spironucleus 921, 937
Spitzbarschfisch 854
Spitzblattrige Ludwigie 98
Spitzhornschnecke 966
Spitzmaul-Ziersalmler 340
Spitzmaulkärpfling 602
Spitzschlammschnecke 966
Spitzzahnsalmler 222
Spritzsalmler 332
Spurenelemente 876
Squalius delineatus 424
Stabheizer 51
Stachelaale 817, 846
Stachelwelse 455
Stahlblauer Maulbrüter 742
Stahlblauer Prachtkärpfling **532**
Stahlblauer Wüstenfisch 556
Staubfutter 884

Steatocranus
- *casuarius* **768**
- *elongatus* 768
- *elegans* **862**

Stecklinge 76
Steinbeißer 374
Steindachners Zwergbuntbarsch 678
Steine 65

Index

Steinholz	65
Stengeliges Fadenkraut	102
Sterlet	207
Sterlethus	
gmelini	207
ruthenus	207
Sternarchus	
albifrons	821
maximiliani	821
virescens	862
Sternfleckensalmler	308
Sternopygus	
carapo	840
carapus	840
humboldrii	862
limbatus	862
lineatus	862
microstomus	862
tumifrons	862
Stethaprioninae	254
Stevardia	
albipinnis	250
aliata	250
riisei	250
Stichlinge	816, 834
Stickstoffabbau	35
Stickstoffverbindungen	906
Stigmatogobius sadanundio	**838**
Strabo nigrofasciatus	852
Stratoites alismoides	118
Streifenbuntbarsch	670
Streifenhechtling	548
Streifenkampffisch	628
Streifenprachtbarsch	752
Strom	50
Stromlinien-Panzerwels	460
Strudelwürmer	909
Stummelfliegen	884
Südamerikabecken	190
Südamerikanische Posthornschnecke	964
Südamerikanischer Froschbiß	144
Südamerikanischer Großschuppensalmler	244
Südamerikanischer Schmetterlingsbuntbarsch	748
Südamerikanischer Vielstachler	806
Südostasienbecken	188
Sulfonamide	931, 945
Sumatrabarbe	400
Sumatrafarn	138
Sumpfaquarien	186
Sumpfpflanzen	70
Surinam-Perlfisch	708
Süßwasser-Hornhecht	826
Süßwasserpolypen	909
Süßwasserrochen	206
Symphysodon aequifasciatus	
aequifasciatus	**770**
aequifasciatus axelrodi	771
aequifasciatus haraldi	771
discus	**772**
Syncrossus berdmorei	366
Synechoglanis beadlei	485
Syngnathidae	819
Syngnathus	
ansorgii	864
pulchellus	864
Synnema triflorum	96
Synodontis	
alberti	**502**
angelicus	**502**
angelicus zonatus	502
decorus	**501**
depauwi	504
eupterus	**508**
flavitaeniatus	**504**
labeo	501
maculatus	506
nigriventris	**506**
notatus	**506**
ornatipinnis	506
robbianus	502
schoutedeni	**504**
tholloni	502
vittatus	501
werneri	502
Synodus erythrinus	322
Systematik	1 48
Systomus	
apogon	412
apogonoides	412
assimills	388
conchonius	382
gelius	388
lateristriga	392
melanopterus	380
oligolepis	394
ticto	400
tripunctatus	400

Index

T

Tanganjikasee-Beulenkopf	700
Tanganjikasee-Clown	702
Tanganjikasee-Goldcichlide	734
Tanganjikasee-Knurrhahn	780
Tanganjikaseekrabbe	986
Tanganjikasee-Zebrabuntbarsch	738
Tanichthys albonubes	**446**
Tapirfisch	854
Tauchkreiselpumpenfilter	58
Taumelkrankheit	943
Teichlebermoos	146
Teichmuschel	972
Teleogramma brichardi	**774**
Telipomis cyanellus	796
Tellerschnecke	970
Telmatherina ladigesi	**824**
Telmaterinidae	824
Telmatochromis	
bifrenatus	**774**
caninus	776
dhonti	776
vittatus	**776**
Temperatur	83
Temperaturschwankung	890
Terranatos dolichopterus	584
Tetracyclin	930, 944
Tetragonopterinae	255
Tetragonopterus	
argenteus	**310**
artedii	310
callistus	282
chalceus	**310**
collettii	300
compressus	254
heterorhabdus	288
jacuhiensis	255
maculatus	255
ocellifer	270
orbicularis	254
orientalis	255
ortonii	310
rubropictus	242
rufipes	310
sanctae filomenae	302
sawa	310
schomburgki	310
spilurus	262
ternetzi	262
ulreyi	274, 288
unilineatus	274
Tetraodon	
biocellatus	**868**
lorteti	866
nigroviridis	**866**
schoutedeni	**868**
similans	866
somphongsi	866
Tetraodontidae	819
Tetraonchus monenteron	917
Teufelsangel	706
Thaigobiella sua	836
Thailand-Hakenlilie	108
Thayeria	
boehlkei	**312**
obliqua	**312**
Thermometer	55
Thiamin	875
Thiaridae	968
Thomas Prachtbarsch	748
Thoracocharacinae	328
Thoracocharax	
maculatus	326
magdalenae	326
pectorosus	328
securis	**328**
stellatus	**328**
Thorichthys	
helleri meeki	690
meeki	**690**
Tiefkühlfutter	884
Tigerbarsch	802
Tigerfisch	802
Tiger-Querzahnmolch	
Tigerschmerle	368
Tigerspatelwels	510
Tilapia	
aurata	738
dubia	778
dumerili	768
labiata	738
mariae	**778**
mariae dubia	778
meeki	778
menzalensis	778
mossambica	768
natalensis	768
philander	754
rostrata	720
tristrami	778
zebra	762
zillii	**778**
Tonkingstab	65

Index

Torf	62	
Torffilferung	888	
Torpedosalmler	330	

Toxotes
- *chatareus* — **812**
- *jaculator* — 812
- *jaculatrix* — **812**

Toxotidae — 789
Trauermantelsalmler — 262
Trematocranus jacobfreibergi — 780
"*Trematocranus trevori*" — 780
Trematoda — 919, 922, 938
Trichodactylidae — 987
Trichodina — 916, 921
- *pediculus* — 916

Trichodinella — 916
Trichodiniasis — 916

Trichogaster
- *chuna* — 634
- *fasciatus* — 634
- *labiosus* — 636
- *lalius* — 636
- *leeri* — **644**
- *microlepis* — **646**
- *pectoralis* — **646**
- *sota* — 634
- *trichopterus* — **648**
- *unicolor* — 636

Trichogastrinae — 634, **644**
Trichomycteridae — 517

Trichopodus
- *beteus* — 634
- *chuna* — 634
- *colisa* — 634
- *cotra* — 634, 636
- *lalius* — 636
- *leeri* — 644
- *maculatus* — 648
- *microlepis* — 646
- *pectoralis* — 646
- *trichopterus* — 648

Trichopsis
- *harrisi* — 650
- *lalius* — 636
- *microlepis* — 646
- *pumila* — **650**
- *striata* — 650
- *vittata* — **650**

Trichopus
- *cantoris* — 648
- *leeri* — 644
- *microlepis* — 646

Trichopus
- *parvipinnis* — 646
- *sepat* — 648
- *siamensis* — 648
- *striatus* — 650
- *trichopterus* — 648

Tridens brevis — 517
Tridensimilis brevis — 517
Tridentopsis brevis — 517
Triglachromis otostigma — **780**
Trinematichthys trinema — 426
Tripartiella — 916

Triportheus
- *angulatus* — **244**
- *flavus* — 244
- *nematurus* — 244

Tropheus
- *annectens* — 782
- *duboisi* — **782**
- *moorii* — **782**
- *polli* — **784**

Tropischer Krallenfrosch — 961
Tropischer Wasserkamm — 106
Tropischer Wasserschlauch — 106
Tropisches Laichkraut — 106
Trypaflavin — 911, 912, 913, 915, 916, 918, 919, 931
Tuberculosis piscium — 930
Tubifex — 880, 940
Tüpfelantennenwels — 486
Tüpfelbärbling — 406
Tüpfelbuntbarsch — 662
Tüpfelhechtling — 574
Turbellaria — 909
Türkensalmler — 244
Türkisgoldbarsch — 738
Turmdeckelschnecke — 899, 966
Tylonectes compressicauda — 950

U

Uaru
- *amphiacanthoides* — **784**
- *imperialis* — **784**
- *obscurus* — **784**

Ulreys Salmler — 274

Umbra
- *limi* — **870**
- *limi pygmaea* — 870
- *pygmaea* — **870**

Umbridae — 819
Unio pictorum — **972**
Unionidae — 972

Index

Urlaub	902
Ussuria leptocephala	374
Usteris-Wasserkelch	136
Utricularia	
aurea	**106**
gibba	**146**

V

Vaimosa spilopleura	838
Vallisneria	
americana var. *americana*	**112**
americana var. *biwaensis*	**112**
gigantea	**112**
spiralis var. *spiralis*	**112**
spiralis f. *tortifolia*	**112**
Venusfisch	446
Verätzung	908
Vergesellschaftung	178
Vermehrungsformen	76
Vesicularia dubyana	**140**
Vielfarbiger Maulbrüter	754
Vielfleckkärpfling	594
Vielfleckmaulbrüter	718
Vielzeller	917, 938
Vierauge	820
Vieraugen	814, 820
Viergürtelbarbe	400
Vierstreifen-Schlankcichlide	728
Vierstreifiger Tigerfisch	802
Viren	928
Vitamine	874, 875
Vollstreifenbarbe	390
Vordergrunddekoration	73

W

Waben-Schilderwels	496
Wabenschwanz-Gurami	626
Wabenschwanz-Makropode	626
Wagtail-Platy	611
Walkers Prachtkärpfling	542
Walkers Wasserkelch	136
Wanderwels	480
Warmwasserbach	182
Warmwasserboiler	890
Wasser	29, 41, 71
Wasseraufbereitung	62
Wasseraufbereitungsmittel	890
Wasserbanane	116
Wasserbiene	975
Wasserdüngung	71
Wasserflöhe	878
Wassergehalt	874
Wasserhaarnixe	94
Wasserhornfarn	138
Wasserhyazinthe	142
Wasserlinsen	898
Wasserpolypen	878
Wasserportulak	96
Wasserreaktion	83
Wassersalat	144
Wasserstieglitz	308
Wassertemperatur	890
Wasserwechsel	886, 888, 890
Weißkehlbarsch	768
Weißpunkt-Brabantbuntbarsch	782
Weißpünktchenkrankheit	912
Welse	450
Wendt'scher Wasserkelch	136
Werners Grundcichlide	736
Westafrikanisches Speerblatt	114
Whites Fächerfisch	554
Wildmolly	602
Wimpertierchen	914, 915, 916
Wolffs Glasbarsch	800
Wulstlippenbuntbarsch	714
Wulstlippiger Fadenfisch	636
Wurmstar	922
Wurzeln	65

X

Xenagoniates bondi	**252**
Xenentodon cancila	**826**
Xenocara	
dolichoptera	486
hoplogenys	486
Xenomystus nigri	**856**
Xiphophorus	
brevis	606, 609
guentheri	609
helleri	**606, 609**
helleri brevis	606
helleri guentheri	609
helleri helleri	606
helleri strigatus	606
jalapae	606
maculatus	**610**
montezumae	**612**
montezumae montezumae	612
pygmaeus	**612**
pygmaeus pygmaeus	612
rachovii	606
strigatus	606
variatus	**614**
variegata	614

Index

Xiphophorus
  xiphidium — 615
Xenopus
  borealis — **954**
  fraseri — **954**
  laevis laevis — **962**
  muelleri — 952
Xiphostoma
  maculatum — 316
  taedo — 316

Y
Yabby — 992

Z
Zahnformen — 159
Zebra-Geradsalmler — 228
Zebra-Wulstlippenbuntbarsch — 738
Zebrabärbling — 408
Zebrabuntbarsch — 690
Zebrakärpfling — 522
Zehnfleck-Geradsalmler — 224
Zeichenerklärung — 200
Zellophanpflanze — 120
Zeus scalaris — 766
Ziegelsalmler — 286
Zierbinden-Zwergschilderwels — 494
Zierfischernährung — 872
Zierhechtling — 558
Zierkarpfen — 414
Zills Buntbarsch — 778
Zitronensalmler — 292
Zitteraal — 831
Zitterwels — 500
Zonancistrus pulcher — **494**
Zügelfransenlipper — 422
Zungenlose Froschlurche — 952
Zweibandcichlide — 774
Zweibinden-Ziersalmler — 342
Zweifarbiger Bratpfannenwels — 454
Zweifleckbarbe — 400
Zweipunktbarbe — 400
Zweipunktbuntbarsch — 664
Zweitupfen-Raubsalmler — 246
Zwergamazonaspflanze — 126
Zwergbärbling — 436
Zwergbarsch — 792
Zwergbuschfisch — 623
Zwergdistichodus — 224
Zwergdrachenflosser — 250
Zwergfadenfisch — 636
Zwerggraskalmus — 108
Zwergharnischwels — 498
Zwerghechtling — 558
Zwergkärpfling — 592
Zwergkleefarn — 140
Zwergnadelsimse — 108
Zwergpanchax — 546
Zwergpanzerwels — 472
Zwergpfeilkraut — 110
Zwergregenbogenfisch — 852
Zwergschmerle — 372
Zwergschwertträger — 612
Zwergspeerblatt — 114
Zwergstichling — 834
Zwergteichrose — 116
Zwergwasserschlauch — 146
Zwergzebra — 762
Zwergziersalmler — 346
Zygonectes
  atrilarus — 590
  manni — 992
  melanops — 590

Literaturverzeichnis

Aldinger, H. (1965): Der Hecht. Verlag Paul Parey, Hamburg.
Amlacher, E. (1976): Taschenbuch der Fischkrankheiten für Veterinärmediziner und Biologen. VEB, Gustav Fischer Verlag, Jena.
Arnold, J. P. (ohne Jahr): Alphabetisches Verzeichnis der bisher eingeführten fremdländischen Süßwasserfische. Verlag Gustav Wenzel & Sohn, Braunschweig.
Arnold, J. P. und E. Ahl (1936): Fremdländische Süßwasserfische, Verlag Gustav Wenzel & Sohn, Braunschweig.
Autorenkollektiv (1978): Kosmos-Handbuch Aquarienkunde- Das Süßwasseraquarium. Franckh'sche Verlagshandlung, Stuttgart.
Axelrod, H. & L. Schultz (1971): Handbook of Tropical Aquarium Fishes. T.F.H. Publications, Neptune City, N. J., USA.
Bade, E. (1909): Das Süßwasser-Aquarium. Verlag für Sport und Naturliebhaberei Fritz Pfenningstorff, Berlin; 3. Auflage.
Baensch, U. (1980): Bunte Zierfischkunde. Tetra Verlag, Melle.
Banarescu, P. & T. T. Nalbant (1973): Das Tierreich, Lieferung 93: Subfamilia Gobioninae. Verlag Walter de Gruyter, Berlin.
Bailey, R. M. (1970): A list of common and scientific names of fishes from the United States and Canada American Fish. Soc., Spec. Publ. No. 6, Washington D. C., USA.
Bauch, G. (1954): Die einheimischen Süßwasserfische. Verlag J. Neumann, Radebeul und Berlin.
Bell-Cross, G. (1976): The fishes of Rhodesia. Trust. Nat. Mus. Monum. Rhodesia, Salisbury.
Berg, L. S. (1958): System der rezenten und fossilen Fischartigen und Fische. VEB Deutscher Verlag der Wissenschaften, Berlin.
Blache, J. (1964): Les poissons du bassin du Tchad et du bassin du Mayo Kebbi. Off. Rech. Scient. Tech. Outre-Mer, Paris.
Blätter für Aquarien- und Terrarienkunde. Illustrierte Zeitschrift für die Interessen der Aquarienkunde. Herausgegeben von Dr. W. Wolterstorff. Stuttgart 1920. Verlag von Julius E. G. Wegner.
Boulenger, G. A. (1901): Les Poissons Du Bassin Du Congo. Publication de l'Etat Independant du Congo.
Brittan, M. R. (1954): A revision of the Indo-Malayan freshwater fish genus Rasbora. Bureau of Printing, Manila.
Daget, J. (1962): Les poissons du Fouta Dialon et de la basse Guines. Mem.IFAN, Dakar.
Daget, J. & A. Iltis (1965): Poissons de Cote d'Ivoire. Mem. IFAN, Dakar.
Dathe, H. (1975): Wirbeltiere 1: Pisces, Amphibia, Reptilia. VEB Gustav Fischer Verlag, Jena.
De Wit, H. C. D. (1970): Aquarienpflanzen. Verlag Eugen Ulmer, Stuttgart.
Düringen, B. (um 1896): Fremdländische Zierfische. Zweite Auflage. Creuz'sche Verlagsbuchhandlung (R. & M. Kretschmann), Magdeburg.
Duncker, G. &. W. Ladiges (1960): Die Fische der Nordmark. Kommissionsverlag Cramm de Gruyter & Co., Hamburg.
Duden: 17., neu bearbeitete und erw. Auflage. Bibliographisches Institut Mannheim; Wien; Zürich. Dudenverlag.
Eigenmann, C. H. (1918): The American Characidae. Mem. Mus. Comp. Zool. Harvard Coll., Cambridge
Fowler, H. W. (1941): Contributions to the biology of the Philippine Archipelago and adjacent regions. Smithonian Inst. U. S. Nat. Mus. Bull. 100, Washington, USA.
Fowler, H. W. (1948-1954): Os peixes de agua doce do Brasil, Vol. I. + II. Arq. Zool. Est. Sao Paulo, Sao Paulo.
Flauaus, G. (1975): Der Goldfisch. Franckh'sche Verlagshandlung, Stuttgart.
Frey, H. (1971): Zierfisch-Monographien, Band 1: Salmler. Verlag J. Neumann, Radebeul.
Frey, H. (1974): Zierfisch-Monographien, Band 2: Karpfentische. Verlag J. Neumann, Radebeul.
Frey, H. (1974): Zierfisch-Monographien, Band 3: Welse und andere Sonderlinge. Verlag J. Neumann, Radebeul.

Literaturverzeichnis

Frey, H. (1978): Zierfisch-Monographien, Band 4: Buntbarsche - Cichliden. Verlag J. Neumann, Melsungen.
Gärtner, G. (1981):Zahnkarpfen - Die Lebendgebärenden im Aquarium. Verlag Eugen Ulmer, Stuttgart.
Géry, J. (1977): Characoids of the world. T. F. H. Publications, Inc. Ltd. Neptune City, N. J., USA.
Gilchrist, J. D. F. & W. W. Thompson (1917): The freshwater fishes of South Africa. Ann. S. Afr. Mus. 11, Kapstadt.
Goldstein, R. J. (1971): Anabantoids, Gouramis and related fishes. T. F. H. Publications, Nep, N.J.,USA.
Goldstein, R. J. (1973):Cichlids of the world. T. F. H. Publications, Neptune City, N. J., USA.
Gosse, J.-P. (1975): Revision du genre Geophagus. Acad. Roy. Scien. Outre-Mer, Brüssel.
Greenwood, P. H. (1979): Towards a phyletic classification of the genus "Haplochromis" (Pisces, Cichlidae) and related taxa, part 1. Bull. Br. Mus. nat. Hist. (Zool.) 35, London.
Greenwood, P. H. (1980): Towards a phyletic classification of the genus "Haplochromis" (Pisces, Cichlidae) and related taxa part 11. Bull. Br. Mus. nat. Hist. (Zool.) 39, London.
Heilborn, A. (1949): Der Stichling. A. Ziemsen Verlag, Wittenberg Lutherstadt.
Holly, M., H. Meinken & A. Rachow (o. J.): Die Aquarienfische in Wort und Bild. Alfred Kernen Verlag, Stuttgart.
Inger, R. F. & Ch. P. Kong (1962):The freshwater fishes of North Borneo. Fieldiana Zool. 45, Chicago.
Jackson, P. B. N. (1961): Checklist of the fishes of Nyassaland. Nat. Mus. S. Rhodesia, Sambya.
Jackson, P. B. N. & T. Ribbink (1975): Mbuna-rock-dwelling cichlids of lake Malawi. T. F. H. Publications, Neptune City N. J., USA.
Jacobs, K. (1969): Die lebendgebärenden Fische der Süßgewässer. Edition Leipzig, Leipzig.
Jacobs, K. (1976/1977):Vom Guppy dem Millionenfisch, Band 1 + 2. Landbuch Verlag, Hannover.
Jordan D. S. & B. W. Evermann (1896): The fishes of North and Middle America. Smithonian Institution, Washington.
Jubb, R. A. (1967):Freshwater fishes of Southern Africa. Gothic Printing Comp., Cape Town-Amsterdam.
Kasselmann, Christel (1995): Aquarienpflanzen, Ulmer-Verlag, Stuttgart.
Knaack, K. (1970): Killifische im Aquarium. Franckh'sche Verlagshandlung, Stuttgart.
Kramer, K. (1943): Aquarienkunde. Bearbeitet von Hugo Weise. Gustav Wenzel & Sohn, Braunschweig.
Kraus, O. (1970): Internationale Regeln für die zoologische Nomenklatur. Verlag Waldemar Kramer, Frankfurt/M.
Krause H.-J. (1981):Einführung in die Aquarientechnik. Franckh'sche Verlagshandlung, Stuttgart.
Kuhn O. (1967): Die vorzeitlichen Fischartigen und Fische. A. Ziemsen Verlag, Wittenberg Lutherstadt.
Kuhnt, M. (ca. 1922): Exotische Zierfische. Illustriertes Handbuch für Aquarianer. Verlag Vereinigte Zierfischzüchtereien, Berlin-Rahnsdorf.
Kullander, S. O. (1973): Amerikas Cichlider: Gullänget, Schweden.
Kullander S. O. (1980): A taxonomic study of the genus Apistogramma Regan, with a revision of Brazilian and Peruvianspecies (Teleostei; Percoidei; Cichlidae). Bonner Zool. Monograph., Nr.14; 1-152.
Ladiges, W. (1976): Kaltwasserfische in Haus und Garten. Tetra Verlag, Melle.
Ladiges, W. & D. Vogt (1979): Die Süßwasserfische Europas. Verlag Paul Parey, Hamburg; 2. Auflage.

Literaturverzeichnis

Lagler, K. F., J. E. Bardach &. R. R. Miller (1962): Ichthyology. John Wiley & Sons, New York, N. Y., USA.
Linke, H. &. W. Staeck (1981): Afrikanische Cichliden, I. West-Afrika. Tetra-Verlag, Melle.
Lowe-McConnell, R. H. (1977): Ecology of fishes in tropical waters. Edward Arnold, London.
Lüling K. H. (1977): Die Knochenzüngler-Fische. A. Ziemsen Verlag, Wittenberg Lutherstadt.
Matthes, H. (1964): Les poissons de lac Tumba et de la region d'Ikela. Ann. Mus. Roy. Afr. Centrale, Tervuren.
Mayland, H. J. (1978): Große Aquarienpraxis - Band 1-3. Landbuch Verlag, Hannover.
Mayland H.J. (1981): Diskusfische - Könige Amazoniens. Landbuch Verlag, Hannover.
Meyers Neues Lexikon in 8 Bd.; herg. u. bearb. von d. Lexikonred. d. Bibliograph. Inst. Mannheim; Wien; Zürich: Bibliographisches Institut.
Müller A. H. (1966): Lehrbuch der Paläozoologie, Band 3: Vertebraten, Teil 1: Fische im weiteren Sinne und Amphibien. VEB Gustav Fischer Verlag, Jena.
Munro, I. S. R. (1955): The marine and freshwater fishes of Ceylon. Dept. Extern. Affairs. Canberra, Australien.
Munro, I. S. R. (1967): The fishes of New Guinea. Dept. Agriculture, Stock and Fishereis. Port Moresby, New Guinea.
Myers G. S. (1972): The Piranha book. T. F. H. Publications, Neptune City, N. J., USA.
Nikolski G. W. (1957): Spezielle Fischkunde. VEB Deutscher Verlag der Wissenschaften, Berlin.
Osetrova W. S. (1978): Handbuch der Fischkrankheiten. Verlag Kolos, Moskau, USSR.
Paffrath, K. (1978): Bestimmung und Pflege von Aquarienpflanzen. Landbuch-Verlag GmbH, Hannover
Paepke, H.-J. (1979): Segelflosser - die Gattung Pterophyllum. A. Ziemsen Verlag, Wittenberg Lutherstadt.
Paysan, K. (1970): Welcher Zierfisch ist das? Franckh'sche Verlagshandlung, Stuttgart.
Pellegrin, J. (1903): Contribution a l'etude anatomique, biologique et taxonomique des poissons de la famille Cichlides. Mem. Soc. Zool. France 16, Paris.
Petzold H.-G. (1968): Der Guppy. A. Ziemsen Verlag, Wittenberg Lutherstadt.
Piechocki, R. (1973): Der Goldfisch. A. Ziemsen Verlag, Wittenberg Lutherstadt.
Pinter, H. (o. J.): Handbuch der Aquarienfischzucht. Alfred Kernen Verlag, Stuttgart.
Pinter, H. (1981): Cichliden - Buntbarsche im Aquarium. Verlag Eugen Ulmer, Stuttgart.
Poll, M. (1957): Les genres des poissons d'eau douce de l'Afrique. Ann. Mus. Roy. Congo Belge 54, Tervuren.
Poll, M. (1953): Poissons non Cichlidae. Explor, Hydrobiol. Lac Tanganika, vol. III, Brüssel.
Poll, M. (1956): Poissons Cichlidae. Explor. Hydrobiol. Lac Tanganika, vol. III. Brüssel.
Poll, M. (1957): Les genres des poissons d'eau douce de l'Afrique. Ann. Mus. Roya. Congo Belge 54, Tervuren.
Poll, M. (1967): Contribution a la faune ichthyologique de l'Angola. Diamang, Publ. Cultur. no. 75, Lissabon.
Puyo, J. (1949): Poissons de la Guyane Francaise. Libraire Larose, Paris.
Reichenbach-Klinke, H. H. (1980): Krankheiten und Schädigungen der Fische. Gustav Fischer Verlag, Stuttgart; 2. Auflage.
Reichenbach-Klinke, H. H. (1968): Krankheiten der Aquarienfische. Kernen Verlag, Stuttgart.
Reichenbach-Klinke, H. H. (1970): Grundzüge der Fischkunde. Gustav Fischer Verlag, Stuttgart
Reichenbach-Klinke, H. H. (1975): Bestimmungsschlüssel zur Diagnose von Fischkrankheiten. Gustav Fischer Verlag, Stuttgart.
Ringuelet, R. A., R. H. Aramburu & A. A. Aramburu (1967): Los Peces Argentinos de agua dulce. Comm Invest. Cientifica, La Plata.

Literaturnachweis

Roman, B. (1966): Les poissons de haute-bassins de la Volta. Ann. Mus. R. Afr. Centrale, Tervuren.
Rosen, D. E. (1979): Fishes from the uplands and intermontane basis of Guatemala: revisionary studies and comparative geography. Bull. Amer. Mus. nat. Hist., 162.
Schäperclaus, W. (1979): Fischkrankheiten, Band 1+2. Akademie Verlag, Berlin; 4. Auflage.
Scheel, J. J. (1972): Rivulins of the world. T. F. H. Publications Neptune City N. J., USA.
Scheel, J. J. (1974): Rivuline studies - taxonomic studies of Rivuline Cyprinodonts from tropical atlantic Africa. Ann. Mus. R. Afr. Centrale no. 211, Tervuren.
Schubert, G. (1971): Krankheiten der Fische. Franckh'sche Verlagshandlung, Stuttgart.
Schülerduden der Biologie/hrsg. u.bearb. von der Red. Naturwiss. u. Medizin d. Bibliogr. Inst. unter Leitung von Karl-Heinz Ahlheim. 2. vollst. überarb. u. erg. Aufl., Mannheim; Wien; Zürich: Bibliographisches Institut, 1986.
Seegers, L. (1980): Killifische. Eierlegende Zahnkarpfen im Aquarium. Verlag Eugen Ulmer Stuttgart.
Smith, H. M. (1945): The freshwater fishes of Siam or Thailand. U. S. Govern. Print. Oflice, Washington,
Staeck, W. (1974/1977): Cichliden: Verbreitung - Verhalten - Arten, Band 1+2. Engelbert Pfriem Verlag, Wuppertal-Elberfeld.
Staeck, W. & H. Linke (1982): Afrikanische Cichliden. II. Ostafrika. Tetra-Verlag, Melle.
Stansch, K. (1914): Die exotischen Zierfische in Wort und Bild. Kommissionsverlag: Gustav Wenzel & Sohn, Braunschweig.
Sterba, G. (1968): Süßwasserfische aus aller Welt. Urania Verlag, Leipzig-Jena-Berlin.
Sterba, G. (1975): Aquarienkunde, Band 1+2. Verlag J. Neumann, Melsungen-Berlin-Basel-Wien.
Sterba, G. (1978): Lexikon der Aquaristik und Ichthyologie. Edition Leipzig, Leipzig.
Suworow, J. K. (1959): Allgemeine Fischkunde. VEB Deutscher Verlag der Wissenschaften.
Thorson, T. R. (1976): Investigations to the ichthyofauna of Nicaraguan lakes. University of Nebraska, Lincoln, USA.
Thys van den Audenaerde, D. F. E. (1968): An annotated bibliography of Tilapia. Mus. R. Afr. Centrale no. 14, Tervuren.
Tortonese, E. (1970): Osteichthyes - Pesci Ossei, parte prima. Edizione Calderini Bologna, Italien.
Trewavas, E. (1935): A synopsis of the cichlid fishes of lake Nyassa. Ann. Mag. nat. Hist. 16, London.
Vierke, J. (1977): Zwergbuntbarsche im Aquarium. Franckh'sche Verlagshandlung, Stuttgart.
Vierke, J. (1978): Labyrinthfische und verwandte Arten. Engelbert Pfriem Verlag, Wuppertal-Elberfeld.
Vogt, C. & B. Hofer (1909): Die Süßwasserfische von Mitteleuropa. Verlag Wilhelm Engelmann, Leipzig.
Weatherly, A. H. (1972): Growth and ecology of fish populations. Academic Press, London + New York.
Whitley, G. P. (1960): Native freshwater fishes of Australia. Jarracanda Press, Brisbane, Australien.
Zukal, R. & S. Frank (1979): Geschlechtsunterschiede der Aquarienfische. Landbuch Verlag, Hannover.

Fotonachweis

Dr. Gerald R. Allen: 813 o, 851 u.
Aqua Medic: 19.
Hans A.Baensch: S.18, 41, 80, 85,183 o, 187 (2), 191 (2), 193, 195, 291 u.r, 319, 351 o, 461o.l., 463 m.l., 465 u.r., 467 o.l.+o.r., 471o., r.+u.r., 603 o, 660 u, 699 u, 707 u, 719 u, 763 o, 765, 895 o.l., 897 (2), 899 (4), 929 (2), 946 u.l., 967 (2), 971 (2), 974, 998, 999.
Dr. Ulrich Baensch: 87.
Heiko Bleher: 279 o, 293 o.
Dieter Bork: 669 u.
Gerhard Brünner: 119 u.l.
Ingo Carstensen: 535 o, 547 o, 569 m, 577 o.
Horst Dieckhoff: 683 u, 986.
Hans-Georg Evers: 221 o, 335 o, 359 u.
Dr. Walter Foersch: 481, 489 u, 525 u, 527 u, 533 o, 555 (2), 607 o, 650, 807o, 820, 851 o.
Dr. Stanislav Frank: 297 u, 303 o, 387 u.
K.A. Frickhinger: 946 o.l.
S. Gehmann: 995 u.
Hilmar Hansen: 209, 231 o, 429 u, 461 u, 673 u, 687 o, 737 u, 813 u, 841, 844, 849 m, 867 o.
Klaus Hansen: 946 m.o.l., 995 o.
Andreas Hartl: 442.
Dr. Hans-J. Herrmann: 946 m.u.l., 950 (2), 951 (2), 952, 953 o, 955 (2), 956, 957 o, 959 o, 961, 963 (2).
Peter Hoffmann: 247 u, 517 u.
Kurt Huwald: 539 o, 545 u, 561 u, 581 u, 583 o.
Heinrich Jung: 333 c, 675 u, 677 u.
Juwel Aquarium: 12, 13.
Burkhard Kahl: 219 o, 223 u, 227 u, 235 o + m, 243 u, 257 o, 259 u, 261 o, 263 (2), 265 u, 269 (2), 271 (2), 273 (2), 281 (2), 283 (2), 285 (2), 287 (2), 289 (2), 291 o, 293 u, 295 o, 303 o, 305 u, 306, 309 u, 313 o, 325 o, 327 u, 341 (2), 343 o, 345 u, 347 u, 353 u, 355 o, 357 (2), 365 m, 367o, 369 u, 371 u, 373 u, 381o, 383 u, 385 u, 393 u, 394, 395 o, 399 o+ u, 401 o, 407 u, 409 (2), 423 o, 427 o, 431, 433 (2), 437 (2), 439 u, 447 o, 451, 463 o, 467 m.r. 471 m + u.l., 472, 475 m.r. + u.l., 477 u, 484, 487 o, 489 o, 499 (2), 505 u, 513, 525 o, 537 u, 541 u, 567 u, 569 u, 571 u, 575 o, 581 o, 585 o, 593 (2), 595 u, 597 o, 601 o. r., 603 o, 607 u, 608 (2), 610, 611 o + u.r., 614, 633 u, 635 o, 637 (2), 639 u, 645 o, 649 o, 653 u, 691 o, 693 u, 701 o, 715 o, 719 m, 729 (3), 739 (2), 745 o, 755 o, 757 u,761 o, 762, 764, 766 (2), 767 (2), 769 u, 771 (2), 772, 779 o, 783 u, 787, 790, 793 u, 823 o, 837 u, 845, 847 u, 853 o, 855 o, 857 o, 869 o, 880, 885, 893 o.r., 895 o.r. + u, 908, 926.
Horst Kipper, Dupla Aquaristik: 47, 49, 183 u.
Karl Knaack: 557 o.
Alexander M. Kochetov: 811 u, 979 u, 989 u, 990, 991, 995 o, 997 u.
Ingo Koslowski: 679 u.
Maurice Kottelat: 422.
Axel Kulbe: 770.
Horst Linke: 425 o, 631 u, 633 o, 643 u, 685 u, 695 u, 723 o, 747 o, 751 (2), 946 u.l. + o.r., 949 (2), 975.
Anton Lamboj: 749 u.
Peter Lucas: 957 u, 962.
K. H. Lübeck: 421 o.
H. J. Mayland: 711 o.
Meinken-Archiv: 663 o, 781 u, 782.
Manfred K. Meyer: 591 u, 597 u, 602 o, 605 u, 613 o, 759 u.
Arend van den Nieuwenhuizen: 11, 14, 15, 74/75, 198/199, 213, 221 u, 253 o,309 o, 335 u, 343 u, 349 (2), 379, 385 o, 389 u, 399 m, 403 o, 407 u, 441 u, 471 o.l., 480, 512, 519, 522, 523 (2) 525 m, 527 o + m, 531 (2), 533 u, 536, 537 o, 539 u, 543 o, 545 o, 547u,

Fotonachweis

549 (2), 551 o, 553 o, 559 u, 565 o, 573 (2), 579 u, 583 u, 587, 618, 631 o, 697 u, 833 o, 835 o, 847 o, 863 o, 871 u, 947, 960 (2)

Aaron Norman: 211 o, 215, 217 u, 219 u, 225 o, 229 o, 233, 235 u, 239 o, 241(3), 243 o, 245 (3), 249 o, 253 m, 261 u, 265 o, 267 (5), 275 u, 280, 282, 291 m.l. + m.r. + u.l., 299 o, 301 u, 305 o, 311 (2), 313 u, 315 (2), 321 (2), 323 o, 327 u, 329 o, 331 (2), 336, 351 u, 355 u, 387 o, 389 o, 391 (2), 393 o, 395 u, 397 (2), 403 u, 413 (2), 419 o, 427 u, 429 o, 435 u, 439 o, 446, 448, 455, 457 (2), 461 o.r. + 2 m.l + 2. m.r., 463 m.r. + 2 u, 465 o.r. + u.l., 467 m.l. + u, 469 m.l. + m.r. + u.l., 475 m.l. + u.r., 477 o, 478, 479, 483 u, 485 (2), 493 u, 495 u, 497 o, 501 u, 507, 508 u, 514, 517, 521, 577u, 620 o, 627 o, 647 u, 665 (2), 671 o, 683 o, 689 u, 694, 703 o, 705 u, 709 (2), 713 o, 715 o, 724, 727 u, 731 (2), 733 u, 740, 757 u, 763 u (2), 773, 778, 785 u, 793 o, 795 u, 797 (2), 799 u, 801 o, 803 o, 805, 810, 827 u, 833 u, 836, 839 o, 843 u, 849 u, 853 u, 855 u, 859 u, 869 u, 871 o.

Gerhard Ott: 365 u, 449 (2)

Kurt Paffrath: 89 -147, 893 o.l. + u.

Klaus Paysan: 232, 325 u, 345 u, 359 o, 367 u, 375 o, 383 o, 441 o, 465 m, 543 u, 801 u, 864, 865.

Eduard Pürzl: 411 u, 445 u, 557 u, 595 o.

Hans Reinhard: 205 (2), 207, 208, 211 u, 227 o, 239 u, 251 u, 254, 255, 257 u, 316, 323 u, 361, 365 o, 373 o, 375 u, 381 u, 411 o, 415 (2), 421 u, 423 u, 425 u 430, 443 (2), 445 o, 459 o, 465 u. l ., 469 o + u.r., 473 o, 475 o, 491 (2), 500, 501 u, 503 (2) 505 o, 508 o, 509, 511 (2), 51 6, 551 u, 598, 617, 625 (2), 627 u, 635 u, 645 o, 647 u, 649 u, 655, 671 u, 681 u, 713 u, 716, 730, 733 o, 735 u, 741 u 756, 783 o, 785 u, 791, 795 o, 799 o, 803 o, 804, 809 u, 821, 825, 826 (2), 827 o, 829 o, 831, 835 u, 839 o, 840, 849 o, 857 u, 859 o, 860, 863 u, 901, 913, 973 (2).

Günter Reitz: 185 u, 189.

Hans Joachim Richter: 217 o, 229 u, 231 u, 237 (2) 247 o, 249 u, 253 u, 259 o, 295 u, 297 o, 299 u, 301 o, 307, 317, 329 u, 333 u, 335 m, 347 o, 353 u, 363, 369 o, 371 o, 401 u, 405 u, 408, 417 (2), 419 u, 435 o, 447 u, 454, 459 u, 469 u.l., 473 u, 474, 483 o, 487 u, 493 u, 507o, 515, 541 o, 553 u, 559 o, 561 o, 563 u, 565 u, 567u, 569 o, 575 u, 579 o, 585 u, 591 o, 599 (2), 601 alle 7 außer o.r., 605 u, 609, 611 m.l + m.r., + u.l 620 u, 622, 623 (2), 639 o, 641 (2) 643 o, 651 o, 653 u, 660 o, 675 o, 677 o, 679 o, 681 o, 691 u, 697 u, 703 u, 705 u, 717 u, 723 u, 725 u, 727 u, 735 o, 737 o 741 o, 745 u, 753 u, 755 u, 769 o, 775 (2), 781 o, 807 u, 811 o, 824, 837 o, 843 o, 867 m + u.

Uwe Römer: 959 u.

Hans Jürgen Rösler: 651 u, 749 o

Lucas Rüber: 777 o.

Mike Sandford: 497 u.

Gunther Schmida: 823 u.

Dr. Jürgen Schmidt: 621, 624, 629 (2), 829 u, 946 m.u.l., 965 o, 969 o.

Erwin Schraml: 689 o.

Dr. Gottfried Schubert: 921 (4), 924, 934.

Lothar Seegers: 495 o, 529 (2), 535 u, 557 u, 563 o, 571 o, 761 u, 777u, 861.

Ernst Sosna: 275 o.

Dr. Andreas Spreinat: 693 o, 711 u, 717 o, 719 o, 721 (2), 743 o.

Dr. Wolfgang Staeck: 701 u, 747 u, 753 u, 759 o.

Rainer Stawikowski: 667 (2), 669 o, 673 o, 682, 685 o, 687 u.

Tetra Archiv: 10, 181, 185 o, 306.

Dr. Jörg Vierke: 830.

Vogelsänger-Studios: 16/17.

Uwe Werner: 663 u, 695 o, 699 o, 707 o, 725 o, 743 u, 779, u, 946 m.o.r., 977 o, 979 o, 981 o, 985 o, 993 o, 996.

G. Westdörp: 993 u.

Ruud Wildekamp: 3, 223 o, 225 u, 251 u, 405 o., 951, 953 o, 977 u, 981 u, 982, 983 (2), 985 u, 987, 989 o, 995 u, 997 o.

Lothar Wischnath: 375 m, 613 u, 615, 809 u, 815, 965 u, 969 u.

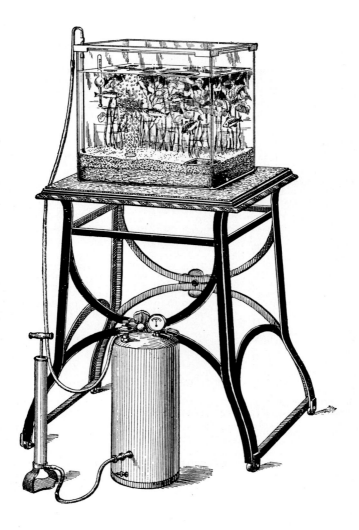

Aquarium um die Jahrhundertwende, aus dem Katalog "Aquarien" der Fa. A. Glaschker, Leipzig

Die Autoren

Rüdiger Riehl wurde 1949 in Gombeth (bei Kassel) geboren. Die unmittelbare Nähe des Flüßchens Schwalm prägte von Kindesbeinen an sein Verhältnis zu den Fischen. Schon mit sechs Jahren wurden einheimische Fische in Einmachgläsern gehalten und beobachtet. Bald folgte das erste Aquarium und der Umstieg auf exotische Fische.
Nach der Ablegung es Abiturs im Jahre 1967 folgte das Studium der Biologie an der Universität in Gießen. Hauptfach war Zoologie, wobei das besondere Interesse immer den Fischen galt. Er promovierte 1976 in Gießen zum Dr. rer. nat. mit licht- und elektronenmikroskopischen Untersuchungen über die Oogenese (Eibildung) von einheimischen Süßwasserfischen.
Von 1974 bis 1979 war Dr. Riehl am Institut für Allgemeine und Spezielle Zoologie in Gießen als wissenschaftlicher Mitarbeiter tätig. Seit dem 1.8.1979 arbeitete er an der Universität Heidelberg in der Forschungsgruppe Dermatologie über Hautkrebs bei Menschen.
Im Oktober 1982 wechselte Dr. Riehl an die Universität Düsseldorf und ist dort als Akademischer Rat für die elektronenmikroskopischen Einrichtungen der biologischen Institute verantwortlich.
Neben seiner wissenschaftlichen Tätigkeit fand Dr. Riehl immer noch die Zeit, sich der Aquaristik zu widmen. Davon zeugen eine Anzahl aquaristischer Veröffentlichungen, von denen die Reihe "Kleine Fischkunde" in den Tetra-Informationen besonders erwähnt werden soll. Zum anderen war Dr. Riehl zwei Jahre Redakteur bei der Deutschen Cichliden-Gesellschaft. Seine Lieblingsfische sind die Buntbarsche und Schmerlen.

Die Autoren

Hans A. Baensch, geboren 1941 in Flensburg, wuchs in der Umgebung von Hannover auf. Die heimische Wasserfauna und -flora wurden dem Biologensohn durch den Vater schon früh vertraut.
Nach einer Lehre als Zookaufmann trat er 1961 in die väterliche Zierfischfutterfabrik ein, bereiste nahezu alle Zierfischzentren der Erde und nahm an zwei Amazonas-Expeditionen teil, wobei er an der Entdeckung von drei Fischarten beteiligt war. Er taucht und fotografiert leidenschaftlich in tropischen Gewässern. 1974 erschien sein erstes Buch "Kleine Seewasser Praxis", dessen 7. Auflage 1992 erschienen ist. 1977 konnte er die bekannte Meinken-Bücherei, eine der größten ichthyologischen Bibliotheken in Privathand, mit über 3000 Titeln und Zeitschriften erwerben. Im gleichen Jahr machte er sich mit einem eigenen Verlag selbständig.
Er lebt heute auf einem kleinen Bauernhof bei Melle, inmitten von Wald und Wasser, wo er aktiven Naturschutz für heimische Amphibien, Reptilien und Fische betreibt. Er schreibt und verlegt Bücher, die Naturfreunden Freude bringen und Wissen vermitteln.

GARTENTEICH ATLAS
Rund um den Gartenteich und
das Kaltwasseraquarium
Baensch, Paffrath, Seegers

Was dem Taucher ein prächtiger Unterwassergarten, ist dem Gartenliebhaber sein Gartenteich.
Der Band gibt Tips und praxisbezogene Beispiele zur Errichtung und Pflege eines Teiches. Ein breiter Teil ist den Tieren im und um den Teich gewidmet. 440 Land- und Wasserpflanzen werden von Kurt Paffrath in Farbfotos vorgestellt.

1024 Seiten, 1100 Farbfotos, zahlreiche Zeichnungen.
Format wie alle MERGUS ATLAS - Bände 12,5 x 19 cm.

ISBN 3-88244-024-4 (festgebunden) Kunstleder
ISBN 3-88244-109-7 Taschenbuchausgabe

Sonderedition zum 20jährigen Bestehen des MERGUS Verlages

Auflage limitiert auf 100 Serien, handgebunden,
numeriert und signiert, Halbleder mit Goldprägung.
Mit zwei Buchstützen aus Wurzelholz, handgefertigt.

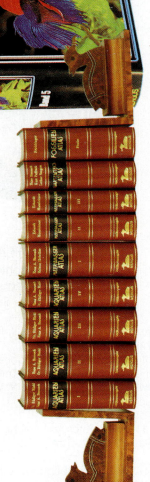

Die Sonderedition enthält auch den neuen
AQUARIEN ATLAS Band 5

1977 - 1997
20 Jahre MERGUS Verlag GmbH • Postfach 86 • 49302 Melle